U0667438

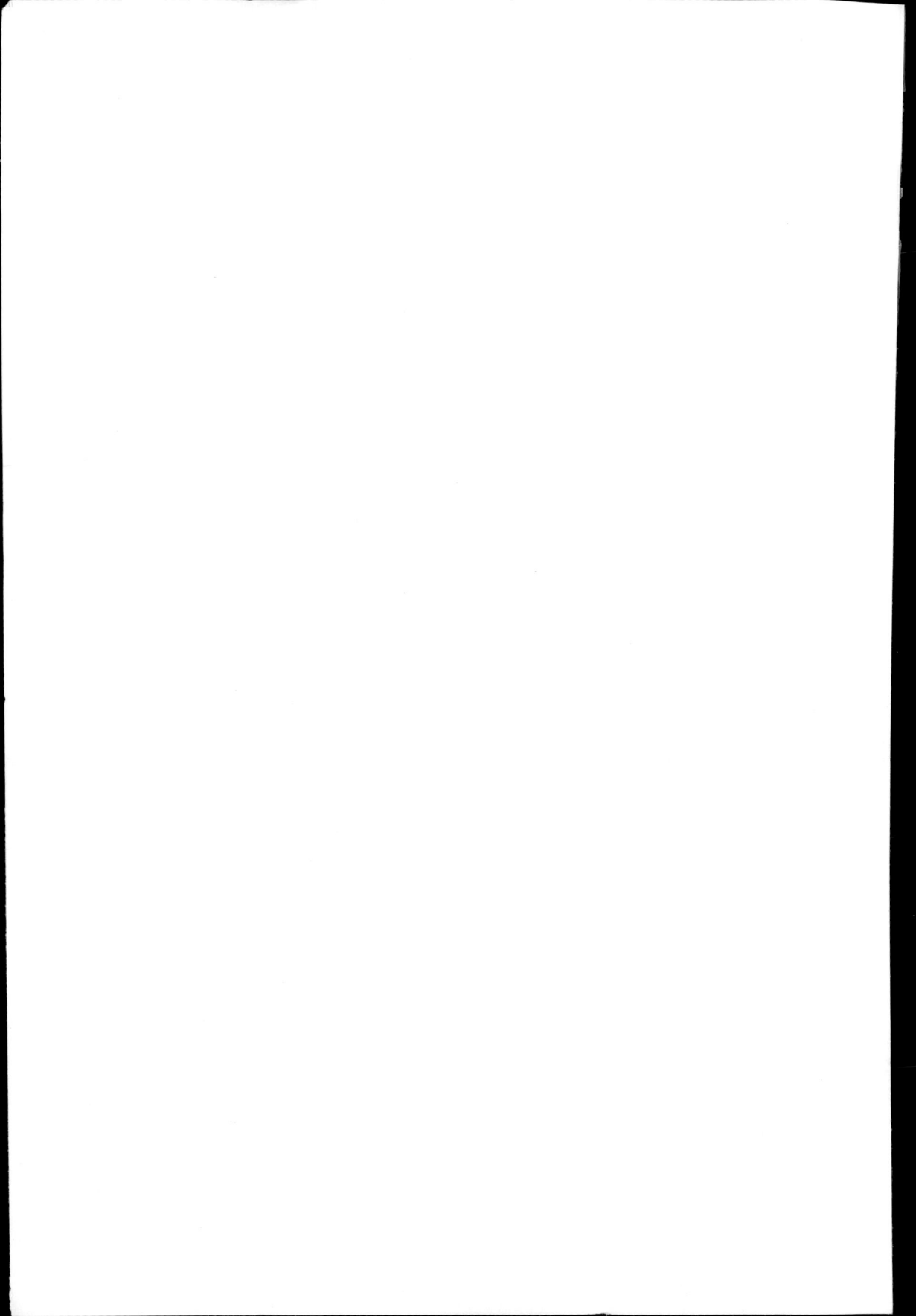

德国统一史

第三卷

Geschichte der deutschen Einheit（Band 3）

克服分裂：
1989～1990年德国内部的统一进程

Die Überwindung der Teilung:
Der innerdeutsche Prozess der Vereinigung 1989/90

图书在版编目（CIP）数据

德国统一史. 第 3 卷, 克服分裂: 1989～1990 年德国内部的
统一进程/（德）耶格尔，（德）瓦尔特著；杨橙译. —北京：
社会科学文献出版社，2016.1
（东西德统一的历史经验研究丛书）
ISBN 978 - 7 - 5097 - 8204 - 0

Ⅰ.①德… Ⅱ.①耶… ②瓦… ③杨… Ⅲ.①德国 – 历史 –
1989～1990 Ⅳ.①K516.5

中国版本图书馆 CIP 数据核字（2015）第 250743 号

· 东西德统一的历史经验研究丛书 ·

德国统一史（第三卷）
——克服分裂:1989～1990 年德国内部的统一进程

主　　笔/〔德〕沃尔夫冈·耶格尔（Wolfgang Jäger）
合　　著/〔德〕米夏埃尔·瓦尔特（Michael Walter）
译　　者/杨　橙
审　　校/杨解朴　郑春荣 等

出 版 人/谢寿光
项目统筹/祝得彬
责任编辑/刘　娟
特邀编辑/欧阳甦

出　　版/社会科学文献出版社·全球与地区问题出版中心（010）59367004
　　　　　地址：北京市北三环中路甲 29 号院华龙大厦　邮编：100029
　　　　　网址：www. ssap. com. cn
发　　行/市场营销中心（010）59367081　59367090
　　　　　读者服务中心（010）59367028
印　　装/北京盛通印刷股份有限公司

规　　格/开本：787mm × 1092mm　1/16
　　　　　印张：53.75　插页：1.75　字数：890 千字
版　　次/2016 年 1 月第 1 版　2016 年 1 月第 1 次印刷
书　　号/ISBN 978 - 7 - 5097 - 8204 - 0
著作权合同
登 记 号/图字 01 - 2013 - 2663 号
定　　价/238.00 元

本书如有破损、缺页、装订错误，请与本社读者服务中心联系更换

△ 版权所有 翻印必究

国家社科基金重大项目

中国社会科学院创新工程学术出版资助项目

东西德统一的历史经验研究丛书

德国统一史

第三卷

Geschichte der deutschen Einheit（Band 3）

克服分裂：
1989～1990年德国内部的统一进程

Die Überwindung der Teilung:
Der innerdeutsche Prozess der Vereinigung 1989/90

〔德〕沃尔夫冈·耶格尔/主笔
（Wolfgang Jäger）
〔德〕米夏埃尔·瓦尔特/合著
（Michael Walter）
杨橙/译
杨解朴、郑春荣 等/审校

社会科学文献出版社
SOCIAL SCIENCES ACADEMIC PRESS (CHINA)

Geschichte der deutschen Einheit. Bd. 3 Die Überwindung der Teilung by Wolfgang Jäger

© 1998 by Deutsche Verlags – Anstalt

a division of Verlagsgruppe Random House GmbH, München, Germany

根据兰登书屋德国分支 DVA 出版社 1998 年版译出

东西德统一的历史经验研究丛书

主　　编　周　弘

编 委 会　周　弘　梅兆荣　程卫东　陈　新　刘立群
　　　　　　　杨解朴　郑春荣　祝得彬　胡　琨

顾问委员会　（以姓氏字母排序）

顾俊礼　　　　　　　（Gu Junli）

黄平　　　　　　　　（Huang Ping）

彼得·荣根　　　　　（Peter Jungen）

李扬　　　　　　　　（Li Yang）

梅兆荣　　　　　　　（Mei Zhaorong）

史明德　　　　　　　（Shi Mingde）

霍斯特·特尔切克　　（Horst Tetschik）

维尔讷·魏登菲尔德　（Werner Weidenfeld）

朱民　　　　　　　　（Zhu Min）

总序一

在人类发展的历史长河中，有一些重大的历史事件，因产生跨越时代的深远影响而受到广泛的关注和不断的挖掘，如罗马帝国的衰亡、民族国家的出现、工业和技术革命的滥觞、苏联的解体、新中国的复兴以及德国的统一（或"德国问题"）等都是为研究者乐此不疲的研究课题。

德国近现代的统一历程分为两个不同的历史阶段。在19世纪末的德国统一和20世纪末的德国统一之间，最主要的区别就在于前次是通过战争实现的，而后者则是用和平方式完成的。在这个和平的统一进程中没有武装冲突，对于外界来说，德国统一似乎就是瞬间发生的，但这并不意味着德国的统一进程中没有其他形式的博弈。事实上，东西德统一经历了一系列跌宕起伏的经济、社会和政治博弈，夹杂着经济危机、社会动荡、移民浪潮、街头政治、外交斡旋、制度兴替等扣人心弦而又耐人寻味的故事。

20世纪末的德国统一进程用和平的博弈方式改变了疆界，实现了民族统一，进而改变了欧洲的力量格局，并通过改变欧洲的疆界而重构了整个世界的力量格局。这个进程中都曾经历了哪些重要事件？牵涉到哪些人物和势力？在这些力量之间发生过怎样的较量或互动？采取了哪些行动和措施？以怎样的方式改变了哪些政策、制度、法律、社会组织、思想观念、行为方式——以至于最终导致了国家疆界的改变？所有这些问题都强烈地吸引着我们的求知欲。

为了满足这一求知欲，为了透过我们所熟知的历史现象，透过宏大的统一仪式和庄严的统一宣示，去挖掘东西德国最终在制度上的衔接、磨合和融合的深层故事，我们于三年多前启动了"东西德统一的历史经验"研究，并受到国家社科基金重大项目的资助。呈现在读者面前的是本项目的第一期成果，五本相关权威著作的中译本：四卷本的《德国统一史》，由慕尼黑大学的维尔讷·魏登菲尔德（Werner Weidenfeld）教授、弗莱堡大学的沃尔夫冈·耶格尔（Wolfgang Jäger）教授和慕尼黑大学的迪特尔·格鲁瑟尔（Dieter Grosser）教授联合主编，以及一卷由当时在德国总理府任职的霍斯特·特尔切克（Horst Teltschik）以当事人的身份撰写的日志。这些著作因为获得了保密档案的特别使用权，并且掌握了大量第一手资料而具有珍贵的史学价值。

《德国统一史》的第一卷为《科尔总理时期的德国政策：执政风格与决策（1982－1989）》（即"政治卷"），由卡尔－鲁道夫·科尔特著，刘宏宇译，刘立群主持审校。该卷从政治的角度梳理了德国统一的进程，详尽地介绍了当时的德国总理科尔在两个德国之间出现统一的可能时，如何通过权力的运用、决策的引导和政策的落实，领导了德国统一的进程。

第二卷为《货币、经济和社会联盟的冒险之举：与经济学原理相冲突却迫于形势的政治举措》（即"经济卷"），由迪特尔·格鲁瑟尔撰写，邓文子翻译，胡琨审校。该卷从经济的角度梳理两德的统一进程，指出虽然从经济规律来看，在东西德之间建立货币、经济和社会联盟的时机并不成熟，但是西德为了统一政治的需要，而东德则因为要"从沉船跳入冷水"，双方都采取了违背经济学原理的政策，结果使德国马克的应用成为"德国统一的基石"（特奥·魏格尔，Theo Waigel）。

第三卷为《克服分裂：1989～1990年德国内部的统一进程》（即"社会卷"），由沃尔夫冈·耶格尔主笔，杨橙翻译，杨解朴、郑春荣等审校。该卷逐一介绍了东西德的各种政治和社会力量，包括西德联邦总理府、东德政府、西德和东德的各个党派、社会组织及社会团体在德国统一问题上的态度、政策和作为，以及这些力量随着统一进程的展开而发生的变化。

第四卷为《争取德国统一的外交政策：决定性的年代（1989－1990）》（即"外交卷"），由维尔讷·魏登菲尔德主笔，欧阳甦翻译，梅兆荣等审校。该卷从外交角度梳理和分析了两德统一的进程，重点讨论了德国与邻国之间的外交沟通，分析了一些主要国家在德国统一问题上的立场和观点，生动地介绍了科尔和密特朗在欧洲经济与货币及政治一体化问题上的交易，苏联对德国经济援助的诉求，以及西德政府与其他西方国家之间就统一问题进行的外交。

《329天：德国统一的内部视角》，由霍斯特·特尔切克撰写，欧阳甦翻译，胡琨审校。该卷可以作为前四卷的简本来阅读，其中汇集了当时西德方面负责统一问题外交谈判的特尔切克在1989年11月9日至1990年10月3日期间撰写的工作日志，再现了德国统一进程的329天中西德联邦总理府的日常工作，特别是科尔总理及总理府工作人员对德国统一进程的思考和决策。

关于东西德国在 20 世纪末叶的统一进程，不同的人群从不同的视角、不同的立场、不同的利益出发，会观察到不同的现象，得出不同的结论。呈现给读者的这五卷本中既有丰富的历史故事，也有很多的结论性判断。在两德统一的问题上还有其他许多不同的结论和判断。作者们的结论和判断尽管不同，但是观察到的现象必然且自然地汇入有关两个德国统一的那段多层面、多角度、立体、庞杂而又能动的历史画面中，使我们对于 25 年前那曾经改变了欧洲乃至世界格局的历史事件有了更加全面和深刻的了解。

如前所述，本套译作的问世只是"东西德统一的历史经验"课题的第一期成果，未来还有很多研究工作要做，很多历史事实需要挖掘，很多问题需要分析和解读。德国统一涉及的领域广，层面多，层次深，而且当事人和研究者分布在俄美英法等多国，还需要集政治史、经济史、社会史、金融史、法律史、思想史、文化史等多领域研究为一体的综合性学术研究，研究工作的难度会更大，内容也会更精彩，需要关心这段历史的同仁们与我们共同努力去探究。

这部卷帙浩繁的翻译丛书为我们提供了德国统一史中很多鲜为人知的内情故事，而翻译难度也超出了我们的预期。回眼望去，三年多的辛苦努力过程中有许多中外人士提供了智慧或付出了努力，我仅在此表达诚挚的谢意。

需要感谢朱民和荣根先生，这套译作的动议来自与他们的思想交流产生的火花。要感谢阿登纳基金会的魏特茂先生，他积极地回应了我们对于资料和审校的要求。

在中国方面，中国社会科学院陈奎元前院长的支持是关键性的，而李扬前副院长则除了资金支持以外，还不断地给予精神鼓励。积极的支持同样来自我在中国社会科学院欧洲研究所的同事们，罗京辉书记、程卫东和陈新，他们的支持和参与坚定了课题组攻坚克难的信心。

这套译作的问世有赖于海内外两个团队的接力式努力：以欧阳甦为首，包括刘宏宇、邓文子、杨橙等在内的译者队伍，他们面对高难度的翻译工作而不却步，为项目的完工奠定了基础。由梅兆荣大使、刘立群教授和他的学生们、郑春荣教授以及我的同事杨解朴副研究员和胡琨副研究员构成的审校团队保证了翻译丛书的质量：他们从头至尾逐字逐句地校订了各卷。需要特别感谢梅兆荣大使，他以 80 岁的高龄，不辞寒暑，字斟句酌地审校了"外交卷"的书稿，还以顾问身份始终关心项目的进展并参与项目的重要决策。感谢刘立群教授在很短的时间内，带领他的学生团队，完成了几乎是不可能完成的"政治卷"的审校工作。感谢郑春荣教授和杨解朴副研究员信守承诺、坚持不懈、善始善终地校订了"社会卷"。感谢我的主要助手胡琨副研究员，除了审校"经济卷"和《329 天》这两部译著外，他还是整个项目不可或缺的联络人，这项工作占去了他大量的时间。还要感谢其他所有参与过翻译和审校的人员，赵柯、张浚、李以所、黄萌萌、李微、孙嘉惠、邹露、刘惠宇、王海涛、李倩瑗、唐卓娅、窦明月、丁思齐、孙浩林、陈扬、詹佩玲、赵飘，等等，有些人我至今尚未谋面，却感觉到他们的投入。

这套译作的问世还有赖于社会科学文献出版社和谢寿光社长的支持。在这里需要特别感谢我们多年的合作伙伴祝得彬编辑，他不仅积极参与了组织策划，还集合了海外翻译团队，并请欧阳甦担任特邀编辑，与他的助手杨潇等社会科学文献出版社的同事们一道，让难度很大的编辑工作在相对较短的时间内完工。

虽然经过了三年多的辛苦努力，但是在这套翻译著作问世之际，我们仍心有惴惴，深知其中错漏在所难免，还望各位方家不吝赐教，以期在后面的版次中予以更正！

周　弘

总序二
德国与欧洲分裂的弥合：一段成功史

德国统一的实现与欧洲分裂的弥合是具有深远历史影响的重大事件。数十年来，人们已习惯事实上的东西对立。一切看来都是那样不可撼动。

德国与欧洲的分裂体现在以下几个基本方面：

- 是世界政治东西冲突的组成部分；
- 是不同人类自我形象的表达：人类是作为自由的个人（西方的人类自我形象）还是作为"类本质"（Gattungswesen），以及与此相关的不同政治与经济秩序景象；
- 陷于争夺政治权力与经济利益的交锋之中。

从这段历史中，我们能够学习到什么呢？即我们在这一克服深刻分裂的历史重大事件之外，还能看到什么？

第一，不以战争武力形式应对危机。人们致力于预防冲突，避免战争发生。

第二，人们尝试借助和解政策保持人员往来，如有可能甚至加强这种往来。

第三，西方生活方式的吸引力有如一块磁铁。自由的生活条件、旅行自由、人员流动、社会市场经济、欧洲一体化——对于那些始终被隔绝于外的数百万人来说，这些充满了吸引力。

1989年11月9日，当作为分裂巨大象征的柏林墙戏剧性地因此而倒塌时，进一步的行动在深思熟虑后得以实施，包括：

1. 采取的战略措施必须符合德意志联邦共和国与德意志民主共和国民众的意愿。

2. 四个战胜国的同意与沟通必不可少，它们仍拥有决定德国地位的权利。这涉及建构关乎整个欧洲的未来框架。

3. 德国与波兰沿奥德－尼斯河边界的有效性在任何时候都不容置疑。两德统一应发生在两个德意志国家的边界之内。

就此而言，须对许多细节作出规范：为统一实施政治结构、经济与行政事务、社会与法律状况的改革，这一切在高明的战略下得以实施：两个德意志国家商定一个货币联盟，以及一份落实政治统一的条约。人们在一体化欧洲的机制之上讨论，德意志民主共和国的辖区应如何整合进欧洲。在与战胜国美国、苏联、法国和英国谈判中确保了所有法律问题的最终解决。1990 年 10 月 3 日，柏林墙倒塌不到一年后，统一的德国作为主权国家成了欧洲和平秩序的一员。

这真可称为一个巨大的成功故事。并且，对于世界历史的其他舞台来说，无疑将从中受益良多。

维尔讷·魏登菲尔德
慕尼黑大学应用政治中心主任
欧洲科学与艺术学院萨尔茨堡总校校长

总序三

在德国统一进程 25 周年之际，中国社会科学院将该时期最重要的文献翻译成中文，并在中华人民共和国出版，在此表示祝贺。

20 世纪，人类经历了两次世界大战，数亿人因此丧命。1945 年，几乎在二战结束的同时，又出现了西方自由民主国家与东方共产主义国家对峙的所谓冷战。这一长达数十年的东西方冲突，伴随着军备竞赛、经济制裁、政治孤立、高墙和铁丝网。而所有这一切，在 25 年前出人意料地结束了。没错，结果是革命性的——一次被所有东西方负有政治责任者所接受的、和平的革命。中华人民共和国领导层也对德国的统一表示赞同。

呈现在读者面前的这一四卷本囊括了那一时期大量的重要政治文件、分析、描述和评估。读者可借此一览当时德国国内与国际层面重要决策过程的全貌，形成自己的判断，并为当下其他热点地区危机的解决找到答案。

德国统一成为可能，得益于国际政治领域之前发生的一些重要变化。1967 年，北约出台所谓《哈默尔报告》，战略出现转向，即面对华约集团，不再对抗，而是在确保安全的基础上，代之以对话与合作政策。安全与缓和政策从此被视为不可分割。尽管苏联在 1968 年 8 月镇压了"布拉格之春"，但在这一新信条的基础上，著名的欧洲安全与合作会议（欧洲安全与合作组织前身）进程并未中断，并最终于 1975 年 8 月在赫尔辛基签订《赫尔辛基最后文件》。如何通过共同的缓和政策塑造未来，是这一东西方共同签署的文件所包含的重要原则。

当然，挫折也曾出现。1983 年，美苏在日内瓦关于削减中程核导弹的谈判失败，新的冷战阴云开始笼罩。然而，在米哈伊尔·戈尔巴乔夫 1985 年 3 月担任苏共总书记后，苏联重启与美国的对话和裁军谈判，并在随后几年促成了迄今为止影响最深远的裁军和军控协定。

国内政治促使戈尔巴乔夫启动深层次的经济与政治改革，并向华约集团的盟国许诺，苏联不再干涉它们的内政。随后，波兰和匈牙利出现改革，并最终波及所有华约国家。这些变化有一个共同的原因：经济与财政问题已经失控，深层次的体制改革无法避免。

民主德国的统一社会党政治局在 1989 年秋认识到，民主德国经济与财政已破产。1989 年借道波兰、捷克和匈牙利等邻国逃往联邦德国的民主德国公民，超过 20 万。统一社会党关于旅行便利化的新决议导致了柏林墙的突然倒塌。

对于联邦政府，尤其是联邦总理赫尔穆特·科尔博士及其联合执政伙伴、外交部长汉斯－迪特里希·根舍来说，重要的是，如何从 1980 年代所有华约国家这些戏剧性变化的背景中，得出必要且正确的结论。避免民主德国出现政治上失控的混乱并演化为暴力行为，是首先须要考虑的。

另外，应对此负责的还包括美国、苏联、法国和英国四个二战战胜国，它们对于德国作为整体仍然负有法律和政治上的责任。庆幸的是，四大国时任领导人，美国总统乔治·布什、苏联总书记米哈伊尔·戈尔巴乔夫、法国总统弗朗索瓦·密特朗和英国首相玛格丽特·撒切尔，均令人信服且富有能力。他们与联邦政府一起，致力于推动德国统一尤其以和平与和谐的方式进行。

对于德国的重新统一，联邦政府毫无现成的预案，即使有，也都会是错的。1989 年与 1990 年之交，主要的工作是为不同层面的决策作准备、与所有伙伴协调并立即落实。在双边层面，主要是联邦政府与不停变换的民主德国领导人以及四个战胜国政府的密集谈判。同时还有美苏两国的双边对话。而多边层面的谈判，则发生在两个德意志国家和四大国代表之间（"2＋4"谈判）。联邦总理利用欧共体（欧盟前身）和七国峰会的机会，为苏联和华约集团国家募集经济援助。经其努力，北约在 1990 年 7 月的峰会上宣布：向华约集团国家伸出友谊之手。

柏林墙倒塌 329 天之后，1990 年 10 月 3 日，德国和平地统一了。次日，联邦总理科尔在联邦议院宣布："所有邻国对此都同意。德国历史上首次不再有敌人。"所有一切都和平地发生：德国统一了，欧洲的分裂结束了，欧洲也因此统一了。对抗的两极世界体系消亡了，新的世界秩序将要开辟。今天，我们称之为一个多极的世界体系，中华人民共和国在其中扮演着关键的角色。没错，这是一次革命，一次和平的革命，在 1989 年与 1990 年之交，没有一枪一弹。

1990 年 11 月，欧洲安全与合作会议 35 国的所有国家和政府首脑在巴黎会晤，签署了《巴黎宪章》。其共同目标在于，建立从温哥华到海参崴的全欧洲和平与安全秩序，所有成员国能因此享有同样的安全。这是一种什么梦想！两次世界大战以降，对于整个欧洲以及北美来说，如此一个历史机遇首次出现。它的实现也将有助于中国和整个亚洲的和平。自那以来，我们浪费了许多时间、错过了许多机会，但是我们为了我们共同的利益，不应放弃这个目标。

霍斯特·特尔切克

代　序

　　在社会科学文献出版社这次集合出版的五卷"东西德统一的历史经验研究丛书"中，本卷（也就是由耶格尔教授主笔的，探索东西德国统一的内部磨合的《克服分裂：1989～1990年德国内部的统一进程》，这里简称"社会卷"）集中披露了在两德统一的过程中，东西两个德国国内各派政治力量和社会力量在德国统一问题上的观点、作为和互动。作者从当代展现了德国统一的社会全景。作者大量地使用了有些至今尚未完全公之于众的档案，使读者有身临其境之感，似乎目睹了德国统一进程中联邦德国（西德）和民主德国（东德）各派政治和社会力量经历的定位危机、角色转换、力量重组、机制建构，观察到这些力量在大变动时期演绎的时代变革。在那场距我们并不久远的变革中，有些力量崛起了，有些力量则衰落、瓦解，甚至消失了，我们至今都还在探索个中的原委，预测变革给世界带来的警示和影响。

　　"社会卷"告诉我们：虽然国家统一为很多德国人所魂牵梦萦，但是要使梦想成真，固然在很大的程度上依赖于"时机"和外部环境，却也难以离开内部条件，也就是为统一进行理念、制度、舆论和组织方面的准备。谁准备得充分及时，谁就掌握了主动和先机。

　　1989年2月16日，西德总理科尔提出，"在统一的欧洲框架下实现德国的统一"，当时德国统一的理念还不为东西德各派政治力量所接受。在历史大潮袭来之时，各种政治力量，包括东西两德的政府、政治领导人、政党以及各种社会组织和社会团体，他们的表现堪称各具特色。西德社民党最初的态度是：边境难民是暂时现象，可以通过东西德对话加以解决。后来，以前总理勃兰特为代表的社民党人抓住了历史的重要时机，及时地将社民党关注的问题扭转到改革、和平和统一。西德绿党因为坚持两德并存，固守以生态问题为中心的政治理念，而没有及时回应事态发展提出的重大政治议题，结果在选举中落败，又于选举失利后放弃两德并存的政治主张，转而采取积极的影响两德社会共同成长的立场。至于享有主权国家地位的民主德国，虽然难民潮已经动摇了执政党的社会根基，但是各派社会力量开始时都没有意识到难民潮的政治影响力，也没有将两德合并的可能性作为重要的政治议题。大部分东德民众开始时是反对统一的，71%的民主德国公民支持独立自主的社会主义国家，反对因为改革而退回资本主义。

与此相对照，西德的执政联盟为了实现统一的理念而进行了战略谋划，这个理念就是所谓的"欧洲屋顶"下的"德国大厦"建设，也就是依托西欧的力量，平衡东欧的力量，在欧洲统一的进程中实现作为东西欧分裂前沿的德国的统一。由于既有的社会和政治力量是不会轻易赞同体系性变革的，所以西德政府的策略是"寄希望于民众的渐变"，调动起"所有人一同努力，跨越鸿沟、打破边界"。

汹涌的难民潮和边界通道开放问题成为东西德处理关系的关键窗口，这也是德国统一历史机遇的窗口。1989年，有34万之众的东德人越过边界，迁移到西德，其中多数通过各种非法通道成行。大量青壮年劳动力的流失给东德经济带来失血危机，安置这些移民也成为西德政府的沉重负担。西德方面并不希望通过将所有的人都吸引到西德的方式实现统一，而是既要树立"人道主义"的形象，又要东德"留住人民"，还要以更优的方式实现统一，经济援助加上"原则坚定的路线"就成为最佳策略选择。

书中多次提到西德承诺的经济援助，也多次提到这些经济援助并非无条件赠予，也不是政府对政府的对等援助，而是带有强烈政治色彩的，旨在削弱东德政府和执政党，培植社会力量，争取民意的一箭多雕之举。在这里，经济援助的附加条件是关键，这个条件就是要东德实施"彻底的改革"。

如果说聚焦边界和移民问题导向了两德统一的前景，那么聚焦改革议题则导致了统一方案和方式的形成。改革成为政治合法性新的来源，不仅因为东德政府曾经置苏联的改革号召于不顾，已经失去了领导改革的主动权，而且由于此时的东德迫切地需要来自西德的经济援助。在东德面临经济不景气、财政崩溃、五年计划无法实现、国际收支不平衡、信用等级天天下降、生活水平降低约30%、社会裂痕日益加剧、大规模示威游行频发的危急时刻，西德观察到东德执政党的行动计划空洞、口号空泛和领导能力缺失，在承诺"已经做好了全方位援助的准备"的同时，提出了实行"彻底的"政治经济制度改革的要求，甚至直接提出要干预"东德马克基金"的用途，要东德实行政治普选等要求，提出这是让人民愿意留在东德而放弃逃亡的唯一途径。于是，有条件的西德援助就成功地使事态沿着向西方制度统一的方向转移。西德政府不是直接提出主权转移，但是通过提出改革条件而逐渐地达到制度趋同。制度趋同成为国家统一的第一步骤。通过制度趋同，"两个德国之间现存的边界形式变得多余"。

在欧洲，以制度竞争为基础的这场东西德战略对峙并没有受到苏联的重视。在戈尔巴乔夫看来，四大战胜国从未质疑过德国统一的原则，但是他似乎并没有考虑过，东西两个德国将在什么样的制度下实现统一。来自西德的及时而慷慨的经济援助承诺同时附带了坚决抵制在东德重新巩固社会主义的条件，结果，所有的改革和稳定措施都包含了破除现存的社会主义制度的内容。经济援助的条件除了"民主德国进行彻底的政治经济体制改革"以外，还明确了：①不支持政权，②支持拥护两德统一的意见领袖。经济援助的战略性更加突出，从第一阶段向医疗保障系统提供紧急援助，协调私人直接援助，第二阶段援助电信网络、铁路、交通和能源系统，到第三阶段向社会市场经济过渡，其中甚至细致到包括退休金和收入的保障，以及对西德环境标准的使用。而这时的东德政府和执政党并没有准备好挽救社会制度的具体和可行的方案，因此在书中被讥讽为"神圣的""社会主义空壳"。

以1989年11月28日科尔提出了《十点纲领》演说为标志，西德掌握了统一德国的主动和方向。"创造性地将西部的活跃发展和欧洲东部的改革进程联系在一起"，实际上就是制度变迁，也就是利用西方的经济发展优势促成东部改革进程向西化的方向发展。在科尔亲自动笔修改的讲稿中加进了"重新统一"的明确概念。这使科尔从执政党领导变成支持德国统一的意见领袖，也使国家统一明确为用西德社会市场经济制度替代东德的社会主义制度，使东德政府提出的建立"条约共同体"，成立具有"共同组织机构的"邦联、保持军事中立等步骤无果而终。

为了保证用一种社会制度成功地替代另外一种不同的社会制度，机制建设是必不可少的。西德为统一而成立了内部关系部，后来又成立了德国统一内阁委员会，招徕了各路专家，组成了六个工作组，专门研究东德如果急速向西德体制转型可能遇到的法律、经济、社会以及财政等方面的主要议题和步骤，及时掌握准确的信息，包括高层的力量对比，民众的意愿，甚至失业率和失业保障金的数额。这些准备工作多数不是在高政治的领域，而更多的是在低政治的领域，在环境保护、邮电通信、交通、建筑、旅游、法律援助、刑事犯罪、媒体交流，以及社会和劳动等领域，十分具体而务实。这与东德执政党的决策滞后、例行公事和表面文章形成对照。

攻击权力堡垒的密钥也是机制建设。西德在东德支持建立了由所有社会党团参与决策的圆桌会议。作为一个新的决策平台，各个党派平等参与讨论，本身就对执政的统社党形成了压力，并且削弱了统社党的权威。圆桌会议成员直接就"条约共同体"方案进行谈判，然后让东德政府签字，再由新选举产生的政府启动条约批准过程，圆桌会议承担监督职责。在这个新的平台上实现了政治力量新的组合，新的机制和程序也使圆桌会议逐渐取代了议会的权力，成为新的权力中心。

伴随着统一进程的舆论战显示出巨大的威力。多种行为体的参与带来了多种舆论。民族主义、军国主义、种族主义、家长制等议论一时沉渣泛起，瑞典模式、生态基金会、社会联合体等主张也曾此消彼长。政党在主流舆论形成的过程中担当首任。除了科尔的一系列口号以外，西德社民党前主席威利·勃兰特打造的统一主旋律——"属于彼此的东西，终将共同成长"赢得了广泛的喝彩。东德基民盟提出"具有社会约束力和生态负责感的市场经济"并带着密集的组织网络集体转向，直至与西德基民盟组成政党联盟，获得竞选胜利。绿党、社会党团纷纷宣布放弃两德并存的主张。自民党也以"让我们掌舵掉头"为口号，提出"自由党人联合起来，也能整合整个德国"。很多小党派在舆论压力下纷纷离散，也有些实现转向后改为支持统一，并提出了选举法、政党法、媒体法等政治议题，有些社会团体变成利益集团代表，有些西德的兄弟姊妹党更是主动提出接触，一方面劝说"不要再尝试社会主义了"，另一方面在组织上成立了竞选联盟，由西部的大姐姐党提供"热心肠的"援助。

党派的转向和新的政纲与群众游行打出的"德国——统一的祖国"的横幅，报纸上出现的"我们是一个民族"的口号彼此呼应。"街头人民运动"也公开喊出"支持社会市场经济，反对中央及计划经济""支持祖国统一，反对分裂"等口号。舆论的作用使支持统一的民众人数发生了逆转，促成了历史性的变迁。

这些都是本卷中披露的惊心动魄而又发人深省的故事。

周　弘

目　录

引　言 ……………………………………………………………… 1
　　40 周年庆典 ………………………………………………… 1
　　联邦政府在柏林墙倒塌前所推行的德国政策 …………… 4
　　联邦总理府的决策过程：总理政体的复苏 ……………… 9
　　统一的内部政治进程 ……………………………………… 12

第一章　联邦总理府的指导方向以及斯多夫和莫德罗政府 ……… 13
　　第一节　1989 年秋天新德国政策的重心：柏林墙倒塌前后 ………… 13
　　第二节　联邦总理的德国政策攻势：《十点纲领》（1989 年
　　　　　　11 月 28 日～1989 年 12 月 19 日） …………… 46
　　第三节　从德累斯顿到人民议院选举 …………………… 74
　　第四节　总结 …………………………………………… 119

第二章　联邦议院内反对党的德国政策 ………………………… 122
　　第一节　社会民主党 ……………………………………… 122
　　第二节　绿党 ……………………………………………… 158

第三章　民主德国转型时期的新旧政党 ………………………… 173
　　第一节　德国统一社会党（统社党）/民主社会主义党（民社党）
　　　　　　…………………………………………………… 173
　　第二节　非共产主义的民主党派的重新定位 …………… 190
　　第三节　新建的党派 ……………………………………… 222

第四章　民主德国转型时期的社会力量 ………………………… 264
　　第一节　公民权团体 ……………………………………… 264
　　第二节　社会多元化：群众组织的瓦解过程 …………… 286

第三节　教会的新旧角色 ·················· 304

第四节　题外话：知识分子与重新统一 ··········· 315

第五章　政治自治组织在过渡时期的尝试 ········· 327

第一节　圆桌会议 ······················ 327

第二节　地方管理：莱比锡案例 ·············· 348

第六章　通过选举实现民主合法性 ············· 357

第一节　人民议院竞选 ··················· 358

第二节　1990 年 3 月 18 日的人民议院选举 ······· 365

第三节　地方选举 ······················ 377

第七章　德梅齐埃政府 ··················· 380

第一节　部长会议 ······················ 380

第二节　管理部门的转型 ·················· 400

第八章　从经济统一到德国统一 ············· 414

第一节　选举条约 ······················ 414

第二节　统一条约 ······················ 419

附　录

注　释 ······························· 461

访　谈 ······························· 720

文献资料 ····························· 725

名称缩写一览表 ························ 750

大事年表 ····························· 755

致　谢 ······························· 773

人名索引 ····························· 775

引　言

40 周年庆典

1989 这一年，两个德国并存的历史局面既达到了其巅峰状态，又同时走向了终结。5 月，联邦德国尚斥巨资庆祝其建国 40 周年，短短数月之后，11 月就发生了柏林墙倒塌事件，随之而来的是在民主德国日益高涨的统一呼声。而民主德国建国 40 周年庆典和柏林墙开放之日，更只相差了一个月。

联邦德国建国 40 周年庆典的核心，是对《基本法》、宪法实践以及民主制度的赞许。人们在联邦德国以往的"成功历史"中能重新找到所有这一切，虽然人们也发现了政治，乃至民主的缺失。1988 年底，贡特·霍夫曼（Gunter Hofmann）在《时代周报》上写道："去问问那些共和制的支持者和反对者，他们是如何看待这过去的 40 年的，你会得到一个相当令人惊讶的结果。所有人，几乎所有人，在对待共和制（不是国家本身）的时候，都态度谨慎，有时甚至充满深情，但从不冷漠排斥。人们会批评内部宽容不足、民主缺失、国家集权、自满情绪以及平庸作为，但是无论左派还是右派，都很少有人试图撼动共和制的基础。"[1]

如果不考虑两德分裂的局面，联邦德国似乎终于找到了它的国家身份认同。这一身份认同的核心，便是联邦德国在历史发展中所形成的宪政共识。

民主认同一直都是历史在自由环境下发展的结果。18 世纪末发生在美国和法国的大革命，以及革命产生的长存于世的影响，都是民主认同的具体体现。共和制的基本原则，人权、人民主权和宪政国家，是民主认同的中心内容，它们排除了极端民族主义的干扰，以真正的革命成果和民族遗产形式保留下来。自由的历史在旧式民主的政治文化中，表现为一种充斥着神话、传说和象征符号的历史认知。正如美国人对于他们 200 年前那场革命的记忆，就和真正的历史情况相去甚远。若用史实来衡量，美国的民主认同不过是一个建立在扭曲历史观上的革命神话罢了。

在成立 40 年之后，联邦德国在回顾其过去时看到的也是一部独特的自由史。诚然德国人没能通过自身力量将国家从纳粹的独裁统治中解救出来，议会委员会虽然成绩卓然，自由宪法最终还是沦为了西方战胜国的赏赐。但是，40 年的宪政和民主实践多少弥补了这一缺陷，因为德国人民在旧式民主时期争取宪政国家的斗争中意识到，自由只能靠自己争取。正如在其他国家一样，联邦德国的这一发展过程里也不乏历史性的误解或者传闻。首当其冲的便是"68 学生运动"的神话以及 1969 年的"内部重建"的论点。那些在"基民盟执政"晚期产生的、对于民主推动力的解读，即使经不起严格的当代史角度的推敲，也极大地促进了左翼政党在宪法政治上的融入，特别是因为文化领域也无可争议地发生了一场变革。康拉德·阿登纳（Konrad Adenauer）时期的那种政府导向的、信奉权威的政治风气几乎产生了 180 度的转变。新的参与形式，诸如参与公民倡议团体以及多种多样的公共抗议示威，正体现了人们对自由二字的全新理解：自由，必须既从参与的角度——通常作为对立面——也从解放的角度去解读。

这一发展状况的背景，是对联邦德国民主认同的改写，它被贴上了"宪法爱国主义"的标签。这一概念于 1982 年由多尔夫·施特恩贝格尔（Dolf Sternberger）提出，并于 1986 年由于尔根·哈贝马斯（Jürgen Habermas）推广开来。它并不仅仅是温和的学术环境的产物，也不只是用来替代缺失的民族身份认同的、高智商的"后民族"构思。宪法爱国主义所代表的，是联邦德国在宪法实施数十年后所产生的政治文化。

如果在欧洲一体化的大背景下考虑，民族国家的统一和联邦德国的身份认同并不相互矛盾。卡尔-迪特里希·布拉赫尔（Karl - Dietrich Bracher）在 1987 年撰文写道："根据我们所处的历史和政治的前提条件，想要实现两德统一，从统一民族国家的意义上克服分裂，这个问题只有在欧洲范围且给予自由民主宪法头等重要的地位才有可能得到解决。"[2]

1989 年 2 月 16 日，在联邦德国成立 40 周年庆典的开幕式上，联邦总理赫尔穆特·科尔（Helmut Kohl）同样对联邦德国的宪政共识作出如下评价："我们的愿景，是实现可以把东部和西部的欧洲人结合在自由中的和平秩序。从这个欧洲的视角出发，我们希望通过和西欧的紧密联系，以及和东欧的均衡合作，克服德国的分裂。这一目标在历史、政治、经济，乃至文化方面都有其重要性：核心就是与所有人一起共同努力，跨越鸿沟、打破边界、联合各族人民、促进国家间合作。在这种意义上，德国分裂的问题，就像欧洲分裂的问题一样，首先是一个道德层面的问题，它让我们追溯自由的理念。因此，我们有义务在考虑'德国问题'时，始终不忘实现整个欧洲的重新统一。"[3]

1989 年 10 月 7 日，民主德国建国 40 周年庆典和几个月前联邦德国建国 40 周年庆典几乎如出一辙。不过这并不是说民主德国的领导人在庆祝本国的社会主义属性。有意思的是联邦德国对此的反应。在西德，人们似乎或多或少地更愿意承认第二个德意志国家存在的事实。从 1989 年 8 月初开始，就连施普林格出版社在提到"DDR（民主德国）"这一简称时，都不再对它加注引号。人们把希望更多地寄托于民主德国的民主化发展之上，也就是说，向米哈伊尔·戈尔巴乔夫（Michail Gorbatschow）在波兰和匈牙利顺利推行的开放政策靠拢。当时绝大多数观察家们可能和联邦德国前国务秘书、东柏林常驻代表克劳斯·伯林（Klaus Bölling）的观点一致，伯林在民主德国建国 40 周年庆典上表示，戈尔巴乔夫"就算做梦也不会同意，让个别（没有什么影响力的）来自联邦德国的、鼓吹两德统一的预言家们去处置那些处于两大军事阵营分界线上、因为地缘政治因素而依然无比重要的苏联盟国"。[4]尽管如此，所有人还是对民主德国的民主化抱有期望：如果那些民主德国的"老顽固们"不肯接受这一份"民主大餐"的话，"那么'现实社会主义'所带来的长年痼疾将一发不可收拾"。[5]基民盟秘书长福尔克尔·鲁厄（Volker Rühe）在一份公开声明里敦促民主德国，使自己适应在华沙条约组织中所处的环境，以使得"在民主德国生活是有价值的，且留在民主德国有几分意义"。[6]

有很多人认为，也希望看到，如果世界政治环境，或者说苏联政治允许两德统一，那么通过实现民族自决，东德的民主化道路必将带来两德的统一。只要德国统一还被视为可能的选项，就可以大致区分两种德国政策方案。一种观点认为，借着民主德国内部改革的呼声，有机会把德国统一问题一起提上日程。联邦议院基民盟/基社盟（CDU/CSU）议会党团发言人爱德华·林特内尔（Eduard Lintner）表示：我们也可以"利用全世界对德国问题的关注，来进一步思考有关方案……"[7]。另一种更加偏重于社会民主导向的观点则担心，关于统一的言论只会对民主德国内可能发生的改革进程造成负面影响。例如，民主德国问题专家赫尔曼·韦伯（Hermann Weber）在《前进报》中写道："面对目前的结盟局面以及即将到来的西欧一体化，想要实现民族国家的'重新统一'似乎不大可能。那些关于统一的夸夸其谈只会阻碍民主德国的改革进程。"[8] 两德统一遭到了联邦议院绿党（Die Grünen）议会党团的极力反对。他们在一封致德国统一社会党（SED）中央委员会政治局的"公开信"中这样阐述道："绿党之所以支持两德并存，并且反对重新统一，是因为认识到，只有在这样的基础上，才能建立起一个共同的、文明的欧洲，才能保持和发展联邦德国的民主自由，民主德国的社会变革也才能不用面对可能由统一带来的恐惧，从而顺利地实施下去。"[9]

联邦政府在柏林墙倒塌前所推行的德国政策

1987 年，昂纳克（Honecker）对联邦德国进行了访问。自从 1969 年西德的东方政策发生转向以来，1987 年这一年无疑是两德关系发展中的高潮以及转折点。

从表面上来看，人们首先观察到的还是两德关系的延续性。联邦政府的德国政策方面的政治家们试图和他们民主德国的对话伙伴们一起，把昂纳克访问所取得的成果付诸实践。尤其是沃尔夫冈·朔伊布勒（Wolfgang Schäuble）以及亚历山大·沙尔克 – 哥罗德科夫斯基（Alexander Schalck – Golodkowski），在双方的谈判中，就提高西柏林过境签证费用总额、易北河边境线走向问题、开放新的过境通道、修缮部分高速公路、旅客与访客往来，以及一些人道主义问题进行了激烈讨论。朔伊布勒在这一场场艰苦的谈判中战胜了民主德国方面的反对力量，在没有正式一揽子建议的情况下，把各种各样的问题，最重要的是把财政拨款和人道救济，联系在了一起。[10]

即便如此，谈判所达成的共识还是惊人得少，几乎和那次在波恩的会面取得的实质性成果一样少。如今，联邦政府以它前所未有的力度大加强调，他们——用联邦部长多罗特·魏姆斯（Dorothee Wilms）的原话来说——本来也没想取得什么"轰动性的成果"，"如果真是那样的话，还甚至可能造成两国的负担。谈判的目的更多是给人们带来实际利益，实现各个生活领域的持续性提高"。[11]

针对民主德国带有镇压性质的政权及其内部合法性问题所产生的不满情绪，与最初几年不同，科尔/根舍政府如今采取了克制态度。其原因可以归结为民主德国的内部发展，和联邦政府对这种发展状况的认知。

戈尔巴乔夫在苏联打响了改革和开放的战役，民主德国也随之掀起了一场反对运动。统社党的领导层认为，并没有必要把苏联的革命应用于民主德国，因此采取了更加强硬的镇压措施，同时却继续同联邦德国保持政治合作关系。[12] 显而易见的是，国内外对于民主德国这一政权认可度的差距越来越大。昂纳克在外交中忙于塑造自己和平政治家的形象，在 1988 年初甚至获得了西方三大国之一法国的接待，在巴黎进行国事访问，并且在东柏林向西德政治家们敞开大门，但在民主德国内部，越来越多的人仍然坚称要进行改革、转变并且最重要的是要实现人权。用阿尔贝特·希尔施曼（Albert O. Hirschman）的概念来表述，反抗主要体现为抗议和迁移这两种形式。[13] 一种形式从内部反对这种社会制度，另一种形式则通过向外迁移或者向外逃离来打破它。

统社党领导层身陷极其艰难的处境。问题并非来自西方，而恰恰来自东方。从维利·勃兰特（Willy Brandt）开始，联邦政府奉行的德国政策就是在公民层面上加强两个德意志国家内部间的交流与沟通；此外为了获得外界的认可，民主德国参加欧洲安全与合作会议实施的国际人权政策。这两点奠定了基础，使得民主德国必须日益要面对来自国内的、自由法治国家等规范性要求。面对从东方传来的要求实现更高民主化程度的呼声，统社党进退维谷。他们没法说这是帝国主义阶级敌人的阴谋诡计，毕竟苏联已经在这样做了。而数十年以来，苏联在民主德国可是一直扮演着神圣的领导榜样角色。民主德国的领导人因此感到惴惴不安，强硬还是让步，防守还是进攻，种种行为轮番上演，特别是因为戈尔巴乔夫的改革像细菌一般侵袭了统社党的上上下下。昂纳克很清楚，在内部实行过度镇压只会毁掉他毕生的努力成果——外界的认可，还会让他在西方阵营再次遭受耻辱，甚至在东方阵营，他也会被苏联以及与戈尔巴乔夫交好的政府孤立。

联邦政府不仅非常清楚民主德国领导人正面临的不稳定的状况，而且准确地判断出他们的处理方式只会越来越摇摆不定。因此联邦政府保持克制，耐心等待，避免一切可能被解读成干预民主德国内政的事件。例如

1988 年 1 月，在民主德国爆发一场为了纪念惨遭谋杀的卡尔·李卜克内西（Karl Liebknecht）和罗莎·卢森堡（Rosa Luxemburg）的游行示威，民主德国安保部队对示威者进行镇压后，朔伊布勒就秘密向沙尔克－哥罗德科大斯基允诺，联邦政府将保持克制。[14]

从联邦德国的角度来看，民主德国这一时期的动荡局面会带来极大的风险。老昂纳克本就面临换届，谁知道他的接班人会不会是个改革派。苏联在民主德国供养着 40 万人的精英部队，倘若在民主德国的苏联军人和他们的家庭受到威胁，苏联对民主德国的内部动乱将作何反应？苏维埃帝国驻守在西方的前哨一旦动摇，又会如何影响戈尔巴乔夫与苏联共产党（KPdSU）内保守力量间的斡旋？联邦政府必须有意稳固同东德建立起的友好关系，并且在长期发展上相信苏联，毕竟没有它的同意，两德统一无法实现。不过这也要建立在戈尔巴乔夫会取得成功的前提之上。

因此，联邦德国从总理、外交部长、总理府部长到两德内部关系部长对于民主德国内政所持有的节制态度，是具有政治家水准的。虽然要坚持德国政策的目标与基本原则不变，但是绝不做火上浇油的事情，并避免和民主德国内部的不同政见者接触过密。与此同时，科尔政府着力改善与苏联的关系。1988 年 10 月 24～27 日联邦总理到访苏联，1989 年 6 月 12～15 日戈尔巴乔夫回访联邦德国，无疑将两国关系推向了高潮。这位苏联政党领袖的到访掀起了一场令人激动的"戈比热"，肯定在很大程度上影响了两个德国对戈尔巴乔夫的态度[15]：联邦德国与苏联的关系日渐缓和，而昂纳克与戈尔巴乔夫的关系则愈发紧张起来。

联邦总理访问莫斯科几周之后，便在 1988 年 12 月 1 日发表了"处于分裂状态德国的民族形势报告"。他在报告中称，联邦政府对于"民主德国政治体制面临的内部问题"表示担忧。"我们绝不希望看到，民主德国的内部问题继续恶化。"他巧妙地为民主德国指明了戈尔巴乔夫道路："……我觉得，长期来看，民主德国的领导人不可能置身于变革浪潮之外，因为改革在整个中欧、东欧以及南欧都已经是大势所趋。"他仍然将德国问题，即克服分裂表述为目标，但到底何时能实现这一目标，他的态度则很谨慎。"我们一如既往地没有理由相信，两德问题会很快得到解决。我们可能会时不时地听到一些这样的幻想，但我只能告诫大家不要盲目相信。"[16]

1989 年 2 月 25 日，总理府部长朔伊布勒在巴德博尔新教学院

（Evangelische Akademie Bad Boll）的讲话中更加清晰地表明了这一态度。他完全就是在直接恳求人们降低对迅速解决德国问题的预期，以防止出现这样的幻想。"不管问题多么严峻，民主德国政权还没有面临分崩离析。……所有的迹象都表明，苏联仍然想把民主德国维持为其霸权体系在西方世界的前哨和最后一枚棋子。……因此，在目前的条件下以及可以预见的时间段里，德国问题都没法得到解决。"针对戈尔巴乔夫所带来的进展，朔伊布勒表示说："我们也不可以忽视，这种转变可能带来的风险。期望值往往都远高于现实的可能性。"关于统社党针对国内反对运动所采取的行动，他这样评价："民主德国政府对此做出了多种反应，他们或者镇压示威行动，或者宣传些陈词滥调，但也尝试着去引导事态的发展，比如出台了新的出境旅行规定、引入了行政诉讼制度。很明显，他们很担心这种大范围的变动会影响政局的稳定性。……倘若我们关注真正的进步，我们就必须……寄望于渐变，而非革命。……德国目前正处于非常关键的时刻，此时如果发生政局不稳的状况，只会导致谁都不愿看到的后果。"[17]

总理府部长、德国问题政治家朔伊布勒讲话中请求克制的态度引出了一种猜想，他其实并不像自己所说的，而是对目前的局势发展有更多期待。很显然他是在担心联邦政府对民主德国反对派的任何鼓励和煽动，以及由于联邦德国的因素引起的民主德国政局不稳的情况，会导致实现统一的努力适得其反。

即使在1989年10月18日昂纳克下台，以及1989年11月9日柏林墙开放之后，联邦政府在德国政策上始终保持着"既克制、原则又坚定的路线"（霍斯特·特尔切克）（Horst Teltschik）。[18]但这并不简单意味着，联邦政府在僵化地重复以往的行为模式和陈词滥调，而是在灵活适应不断变化的外界条件，但同时，在德国问题上，它也未危险冒进。这其中有三点非常值得关注。

第一，两国政府在各个层面的、现有政策领域的合作都得到了加强。双方政治家的互访也继续了下去。作为对于民主德国公然侵害人权，或者民主德国因此遭到西方批评的反应，偶尔拒绝出访或取消邀请，其象征意义要大于实际意义。

第二，相较前些年，民主德国领导层对其国内不断增长的批评声音的镇压行为，必须更加重视联邦政府在其公开表述的德国政策中的人权问题。在此过程中，人权问题的内容发生了本质性变化，达到了使民主德国在社会主义阵营里自我孤立的程度。数年前，人权侵犯问题还被归咎于现实社会主义，而现在，就只剩下孤立无援的统社党来承担所有罪名。在戈尔巴乔夫大力推行改革，并号召社会主义兄弟国家实行内部变革的时候，民主德国对此没有理会。结果导致现在只要谁不满民主德国的非法政权，就可以援引戈尔巴乔夫的话。因此，不仅在民主德国内部，而且在西方要求改革的呼声也越来越高。对于人权的要求演变成了人们敦促统社党遵循莫斯科领导层的改革。特别具体的表现就是，1989 年 8 月民主德国开始出现民众大规模向社会主义邻国逃亡的事件，主要逃往匈牙利。这种任何一方都不希望看到的"用脚投票"，就是民主德国的民众对于昂纳克政府不肯改革的直接回应。9 月 11 日，匈牙利政府甚至允许数千逃亡者出境进入西方阵营，至此，民主德国连社会主义阵营的团结一致都无法指望了。统社党似乎有必要围绕国境建一堵墙。每一个明眼人在这一天都清楚看到，昂纳克政权走到尽头了。改革英雄戈尔巴乔夫在民主德国建国 40 周年庆典时到访东柏林，使这一政权的合法性更加摇摇欲坠。几天后，大规模抗议游行的参与者们相信，自己在要求改革这一点上是和这位苏联政党领袖站在一起的。起初还残酷镇压游行的统社党领导人，很快被来自社会主义阵营的时代精神撞了个踉跄。他们没戏了。10 月 18 日的昂纳克下台来得太晚了。

第三，联邦德国的德国政策，不仅要仰仗戈尔巴乔夫的成功以及改革在民主德国能够成功实施，同样也需要整个欧洲的稳固作为支持。联邦总理科尔在 1989 年 9 月 5 日的联邦议院财政预算辩论上着力强调一点："两个德国对彼此的行为态度是维持欧洲稳定中非常重要的一环。对于某些观点，我只能警告说：谁要想破坏这一稳定性，必须清楚地知道，这将对所有参与者造成怎样的后果。"[19]

这种观点表明，联邦政府仍然只会在苏联领导层就德国问题的发展动向所允许的范围内，尝试推进克服德国分裂的根本目标。在波恩，人们尤其注意到，虽然戈尔巴乔夫自 1987 年就将两个德国并存称为现实，但当涉及两德统一的问题时，并没有直接地说"不行"，而是表示要以史为鉴，要以他所描绘的欧洲共同家园为蓝图，努力"克服欧洲的分隔"。[20]这一说法被解读为苏联在其德国政策上的放松，其现实意义在于苏联领导层要求放弃勃列日涅夫主义，这个过程"于 1989 年春季完成"[21]。由此，人们也期望民主德国民众能实现自决，如果统社党领导层也不得不在民主改革的压力下低头。

　　分析联邦政府的公告可以发现，虽然态度仍然很谨慎，但从 1989 年夏末开始，统一的目标不再只是纸上谈兵，而是进入了操作性政策阶段。联邦总理几年前还声称，统一问题"现在、今天都无法提上世界政治的议事日程"[22]。在 1989 年 8 月 22 日的联邦新闻发布会上，他则庄严宣布："过去几周的事态清楚地表明，与世界各地，也包括在我们这里所说的不同，德国问题一如往昔地列在国际政治的议事日程上。"[23] 从这一刻开始，这就成了联邦政府的口径。

　　每个现实的政治家都知道，想要实现欧洲以及德国的统一，有个重要的前提是德国承认波兰的西部边界。一些联盟党的政治家还在不断坚持 1937 年时这部分领土的法律地位，这些言论在国外特别是对于东方具有刺激性的作用。苏联外交部长爱德华·谢瓦尔德纳泽（Eduard Schewardnadse）专门在联合国第 44 次全体大会上提出警告，提防"复仇主义势力"在欧洲抬头。要归功于外交部长根舍，是他在纽约立即向波兰外交部长致函，在世界大众面前证实联邦政府的立场。他表示，德国绝不想让历史的车轮倒转。经过基民盟内多次争论后，联邦总理在他发表的国情报告中重申了根舍在纽约的承诺，1989 年 11 月 8 日，联邦总理访问波兰的前一天，联邦议院也以压倒性多数通过了这一决议。[24] 这并不是德国政治立场的大转变，联邦总理和联邦政府成员多年来已经公开表示过这一立场。有一些其言论在国外被过高吹捧的不可教化之人，不断强迫联邦政府坚持《华沙条约》的内容。但无论怎样，波兰的最终边界已经被正式写入了和平条约的附加条款中。这些反对派们不过是搞些国内政策的小把戏，利用难民问题攻击联邦总理，使得这些言论在国外获得了额外的反响。

联邦总理府的决策过程：总理政体的复苏

　　从社会科学和史学的视角来看，东西方冷战的结束，东方集团的解体以及随后而至的两德统一，都给政治家个人在政治、历史发展进程中所扮演的角色赋予了新的意义。谁也不会否认，苏共中央总书记米哈伊尔·戈尔巴乔夫在相当程度上控制了苏联以及世界政治的发展方向。

　　当然结构性和系统分析性解读仍保有各自的价值。但是，它们的排他性影响再次遭到了质疑。有一种观点重新得到了认可，那就是个人同样可以影响历史发展。

这一观点同样适用于联邦德国的政府体系。联邦总理的权力范围就是其最好体现。《基本法》赋予联邦总理的突出地位，以及第一任联邦总理康拉德·阿登纳所主张的领导权，给这一政府体系贴上了起初有敌意，尔后却成为规范性典范的总理政体的标签。阿登纳时期过后，政治学见证的发展状况是，联邦总理的行动余地似乎在不断缩小，并为此列举了大量理由：比如待解决的问题越来越复杂，被认可的门槛越来越高，决策所造成的后果和副作用越来越敏感，以及各党派缺乏发展导向。联邦德国的政府体系似乎从总理政体转向了协商式民主。从此以后，联邦总理就承担起了艰难的使命，要将数量众多的行为体聚集到决策过程中来，经常为了达到一致同意的结果而辛苦努力，这样就只能是形成最小公分母了。

这些分析的结果似乎在 1989 年秋天突然发生了大逆转。在民主德国"变革"以及两德开始统一进程期间，波恩出现了一个控制中心，它使得总理政体的概念重又名副其实。政治学家汉斯－赫尔曼·哈特维希（Hans－Hermann Hartwich）分析得出，联邦总理在统一进程中显示出出色的调控成就，涉及"政府职能的所有方面"，从政治管理到"维护权力的艺术"，"从对外展示、获取合法性"到展示"魅力元素"。[25] 就连反对任何形式"个人崇拜"的格哈尔德·莱姆布鲁赫（Gerhard Lehmbruch）[26] 都写道："赫尔穆特·科尔的特点是敢于采取临时行动，这带有深远的影响和巨大的风险。"[27]

只要稍加科学分析就可以肯定，政治学的视角推荐的是一种以个人为中心的决策方式。这种决策方式的核心，可不是根据"理性选择"原则建立一个精准的目标等级，或者对成本、风险、收益进行逐一评估。[28] 从实用主义角度出发，或者考虑下常识，都应该清楚，决策应该是一个"增量"的过程。[29] 但联邦政府是如何应对就德国政策现状所提出的挑战的呢？在做出决定之时，又如何能看清决策后果呢？以个人为中心的决策方式主要依据的是联邦政府对于决策内容、基础条件、可预见结果的认知，尤其是对行动情况和其他行为体反应的评估。由于被《基本法》赋予了指令权的联邦总理很明显就是联邦德国方面的主要行为体，因此决策过程也必然集中在联邦总理府进行。

还有另外两点可以支持这一分析路径。

第一，联邦德国的历史表明，联邦总理在对外关系领域最能体现总理政体的典范。首先，在外交政策以及德国政策上，行政机关的作用至关重要。在这些领域，参与的行为体减少了，这是因为相比内政领域，议会在此很少是政策的共同拟定者。

其次，在行政机关内部，由于民主德国特殊的国际法地位，德国政策并没有归属外交部，而是落在了联邦总理府头上。可是为此设立的德意志内部关系部（BMB）却没有被民主德国承认，所以实际上，联邦总理府几乎就是负责两德关系的专管部门。虽然具有负责德国政策的权限，但因为德意志内部关系部在整个西德政府机构里的地位不高，所以基本不具威信。而且这个部门由总理所属的政党执掌，在与联邦总理府相处时就更不具有什么抗争能力了。

所以，当民主德国发生"变革"之时，联邦总理府不需要去争取它那几乎是垄断的、超越总理指令权的管辖权，它甚至是维利·勃兰特就任总理以来的德国政策"天生"的结果。

第二，在民主德国"变革"以及"变革中的转折"发生之时，总理决策内容的质量也是一个重要的框架条件。占主导的是宣传性和象征性的行动，联邦总理注定要承担这些行动，特别是因为彼时联邦总统在犹疑不定，在很大程度上从政治舞台上后撤。换取柏林墙倒塌前的改革而不断扩大的援助项目、两德统一的《十点纲领》以及货币联盟方案向民主德国从统社党的高层到普通民众的所有行为体呈现了发展前景。

适宜的框架条件可以辅助，但不可替代治理国家的能力。所以也必须权衡领导人的个性因素。联邦总理的个人成就，始终需要加以一并思考。他如何应对挑战？他是否充分利用机会，并避免卷入某些处境和陷阱？他有多大能力预料到自己做出的决定可能造成的后果，或者干脆就是凭直觉行事呢？

第一部分集中对联邦总理府决策过程的研究，为有关政治事件的庞大数据提供了选取标准。最让人感兴趣的首先是波恩政治家们的信息掌握情况。这对于两德关系而言包含着这样一个问题，即联邦政府对于民主德国，尤其是它高层的力量对比了解多少，对于民众的意愿，以及他们活跃的力量又了解多少。除此之外，为了更便于读者理解，也会在分析中引入民主德国发生的事件。

统一的内部政治进程

两个德国主要的政治力量，也就是他们的政党，必须在此着力研究。我们阐述的内容包括：在西德，联邦议院内的反对党对统一进程的态度与行为；在东德，结成联盟的民主党派的转型过程以及新党派的形成过程。

转型，意味着民主化和向联邦德国的自由民主基本秩序靠拢。民主德国的政党，以及"现实社会主义"体制中的群众组织都面临着这一挑战。特别值得一提的是政治自主组织的革新尝试，这些尝试体现在"圆桌会议"和务实的、地方性的问题解决方案中。比如除了对行政转型的一般介绍之外，更在大城市莱比锡进行了实证调查。在附加讨论中也对知识分子在统一进程中的作用加以阐释和思考。

选举，作为民主合法化的最重要机制，自然赢得了特别关注。1990年3月18日进行的第一次自由、秘密的人民议院选举，就是最好的例子。在长达几乎60年的时间里，东德先后被国家社会主义和共产主义统治，从本次选举中终于产生了首个具有民主合法性的议会。

在第一次民主的人民议院选举之后，两德关系领域的决策过程也有了结构性的进展。不管是联邦德国的决策体制，还是——在很大程度上嵌入在前者之中的——两德在统一进程中的谈判，都受到了西德政治体制中共识民主特征的影响，这特别是因为按照宪法法的要求把联邦州融入进来。在统一谈判过程中，人们不再能称之为总理政体。

本书以大量官方的、私人的书面资料以及与参与其中的政治家及官员的谈话内容为基础，描写了两德统一的内部政治进程。这是一本当代史著作，书中不仅记载了数年后仍有现实意义的历史见证者的访谈，也囊括了联邦政府和民主德国一些鲜为人知的政府文件。

第一章 联邦总理府的指导方向以及斯多夫和莫德罗政府[*]

第一节 1989 年秋天新德国政策的重心：柏林墙倒塌前后

1989 年对于赫尔穆特·科尔来说是无比重要的一年，他在短短数月之内从事业的低谷转向高潮，走出失败的深渊，登上治国的巅峰。春季的时候，这位联邦总理都想把这些破烂事儿扔到一边去了，按他自己的形象表达，暂时实在是看不到什么可能性，能把"两端联系到一起"[1]。一个被暗淡的选举前景压抑的政党似乎再没有融为一体的可能；基民盟秘书长和主席团也不再支持这位党主席。此外，总理还有身体上的病痛。只有科尔的亲信才知道，他患有一种痛苦的疾病，这对他的精神状况也肯定有影响。

赫尔穆特·科尔忍受着病痛，熬过了换届，决定像从前一样坚持战斗。在 4 月他改组了内阁的联盟党成员；9 月在不来梅党代会上，顶着党内的强烈反对撤销了海纳·盖斯勒（Heiner Geißler）的秘书长职务，并使自己续任党主席。对此行为，反对派都没有勇气来推举一个科尔的竞争对手。

在联邦总理为了自己的政治生涯的延续而奋斗的时候，米哈伊尔·戈尔巴乔夫夏日的访德让他感觉到世界历史将要发生改变。科尔此后不断提到过他和戈尔巴乔夫在莱茵河畔总理府花园围墙上的晚间会谈。[2]

在 9 月的基民盟党代会上，科尔谈到了一个"历史进程"的开端，谈到了要"创造性地将西部的活跃发展和欧洲东部的改革进程联系在一起，以此来克服欧洲的分裂以及我们德意志祖国的分裂"[3]。当时驻联邦德国的

* 格尔德－吕迪格尔·施特凡（Gerd－Rüdiger Stephan）协助撰写。

苏联大使认为通过这次党代会已经能看到"未来可能的发展方向，以及波恩政府所持的观点"[4]。但是，这些想法暂且只能停留在观点层面上。联邦政府在行动上表现得极为保守。它所做的一切，都是为了不至于转移统社党政权与戈尔巴乔夫之间的矛盾，以及为了不至于对民主德国内部的情绪火上浇油。毕竟联邦情报局（BND）局长汉斯－格奥尔格·维克（Hans－Georg Wieck）在 10 月 9 日，即莱比锡周一大游行的关键之日，还告知联邦总理称，民主德国的安全机构"仍掌控着内部局势"[5]。

从 1989 年春季到夏日来临，东柏林的局势越来越严峻，而民主德国的领导机构对此却似乎不予理会。5 月、6 月，各种各样的事件使得已经复杂的局势变得更加尖锐：5 月 2 日，匈牙利开始拆除与奥地利之间的边境安保设施，人们在最初完全无法预料这一行为最终产生的影响。[6] 5 月 7 日对于民主德国反对派来说，是一个决定性的日子。在这一天，整个民主德国的地方选举开始了。[7] 政府对选举结果的公开作假行为，终于让公民权维护者、教会以及其他批评者无法继续忍受下去。最终，本就不受欢迎的教育部长玛戈特·昂纳克（Margot Honecker）在柏林召开的第 9 届教育工作者大会上发表的"阶级斗争般"的好战演说，震惊了那些原本还在期望政府态度转变的老师和学生们。[8] 玛戈特讲话中声称，"必要时用武力维护"社会主义，幸运的是这一要求并没有成为现实。至少从 6 月开始，国家安全部就在内部警告说，匈牙利颁布的新的旅行条件可能会带来危险。民主德国代表试图通过与布达佩斯方面的会谈让后者进行修订，但是 7 月初的暑假一到，就发生了一场几乎无法控制的出境浪潮，数万名民主德国民众涌向布达佩斯及周边，在那里等待去往西部避难的机会。[9] 在瞭望塔无人监守的地点，已经有如此多的逃亡者越过边境到达奥地利，以致引发了联邦政府对"难民潮"的恐慌。[10] 统社党的领导层和其他所有国家机构都陷入了失语的状态。对于越来越大的内部压力，他们用消极态度和坚持口号加以应对。埃里希·昂纳克在 7 月初于布加勒斯特染病，必须转往柏林进行手术，然后有数周的时间无法进行政治活动。而他居然没有让公认的接班人埃贡·克伦茨（Egon Krenz）为自己代班，却选择了以极端教条主义立场出名的中央委员会主管经济的书记君特·米塔格（Günter Mittag）。

民主德国内阁的无知和愚昧在作为总理团或部长会议讨论基础的议事日程中表露无遗：当东德"特拉比"（Trabi）车队已经把数以千计的东德逃亡者带向奥地利－匈牙利边境，联邦德国在布达佩斯、布拉格、华沙和东柏林的代表机构开始人满为患时，民主德国的总理团居然还有心思在 1989 年 7 月 27 日的议事日程的第一项中提出，要处理紧急的"生产保障"问题，包括 25 万只胶皮靴、7700 万个晾衣架、20 万块熨衣板、1300 万把圆头刷、200 万根搅拌棒、200 万块早餐板和 45 万根擀面杖。[11]

从部长会议的会议记录也看不出曾进行过超出议事日程的讨论。[12]这种例行公事一直延续到了 9 月以后。

8 月中旬，为了迎接来自埃尔福特的微电子技术人员，昂纳克又短暂地露了一次面。借此机会，他发表了令人啼笑皆非的、可能更好地说是坚持的口号："无论公牛还是驴子都不能阻止社会主义"；之后他又回归沉寂了。[13]在此期间，对于一些过于戏剧化的事件，民主德国外交部不得不做出必要的反应，并且向昂纳克汇报匈牙利首都的情况，那里为了接纳难民，已经在人满为患的大使馆之外又设立了好多个应急避难所。[14]

8 月 14 日，联邦德国驻东柏林的常驻代表弗兰茨·贝特乐（Franz Bertele）转交了联邦总理的一封信，信中科尔表示，由于越来越多希望出境的民主德国居民前往联邦德国的代表机构，"双方政府代表之间有必要举行秘密谈话"[15]。作为回应，8 月 18 日，民主德国外交部副部长赫尔伯特·克罗利克夫斯基（Herbert Krolikowski）和联邦部长鲁道夫·塞特斯（Rudolf Seiters）进行了一次会谈，但并没有能让局面产生任何改变。[16]

次日，在欧洲议会议员奥托·冯·哈布斯堡（Otto von Habsburg）和匈牙利国务部长伊姆雷·波茨盖依（Imre Pozsgay）的庇护下，泛欧联盟（Paneuropäische Union）和一个匈牙利反对派组织共同策划了一场"泛欧野餐"活动，700 多名民主德国公民利用了这一机会，通过从厄登堡（Ödenburg）通往靠近索普隆（Sopron）的艾森施塔特（Eisenstadt）的老街，抢占通向奥地利的边境。波茨盖依与内政部和边防军队首脑已经商量好，卫队指挥官在关键时刻保持克制；记者甚至从一位政府发言人那里得到了逃亡"最佳时机"的提示。虽然没有进行过实际商榷，联邦德国外交部也同样对这一行动进行了准备。[17]

民主德国内阁的内部记录证明，8 月 24 日，也就是联邦德国因为过度接受难民而关闭了布拉格使馆后的第二天，民主德国内阁进行了一次"原则性的讨论"。充当题目的又是那个令人尴尬的"物资供给问题"。[18]属于核心领导层的玛戈特·昂纳克部长和海因茨·凯赛勒（Heinz Keßler）部长强调指出：“恰恰鉴于反对者煽动形成的政治局面，不可以出现供给短缺现象，或者在处理贸易和供给问题时疏忽大意。”[19]政府首脑维利·斯多夫（Willi Stoph）在《关于艾伯斯瓦尔德（Eberswalde）县供给问题的报告》中提出了一些听起来很好听的推论，可惜根本没有涉及真正的问题。

一直到 8 月 29 日，政治局才开始正式讨论民众出境问题。[20]虽然一些讨论参与者也承认存在内部原因，例如维利·斯多夫谈到了由于供给、教育、国家机构方面的缺陷导致民众愤怒，但是“真正的罪魁祸首”（沙博夫斯基）是确定无疑的：就是联邦德国的那些帝国主义分子，妄图用他们的“煽动言论”和对我们的“攻击”来散播“不安情绪”（米塔格）。

与此相应，第二天昂纳克在致联邦总理的回信中驳斥了他“对别国主权事务进行干涉”的行为，并且要求联邦德国拒绝让民主德国民众滞留在联邦德国驻外代表机构中。[21]

又过了两周时间，直到 9 月 14 日，部长会议才开始讨论这个已经十分尖锐的政治局势。在此 3 天前，匈牙利政府对民主德国民众开放了通往奥地利的边境。[22]短短 72 小时内就有超过 15000 东德人出境。几周前，匈牙利的边境士兵还被告知要抓捕难民，审问并把他们遣送回民主德国，[23]如今士兵们就像统社党政治局和部长会议一样不知所措。在内阁会议结束前，斯多夫对于“反对派的猛烈攻击”表明了态度。虽然他很清楚情况非常严峻，“与民众间的信任关系”也早已千疮百孔，但结论还是很简单。既没有进行讨论，也没有采取有效的措施，民主德国的政客们就像在等待奇迹降临一样，而且在干部圈子里，人们还试图安慰自己说，在民主德国建国 40 周年庆典举行后才能采取变革措施。[24]

与这种成规相应的是，9 月 21 日，部长会议成员又一次通过物资供给问题绕着弯对局势进行了表态。军队首脑海因茨·凯赛勒又给出了若干进行揭露的“建议”：人们应该探究所出现问题的根源，调查相关负责人，并对他们问责！至少，邮政部长鲁道夫·舒尔策（Rudolph Schulze）（基民盟）、环境部长汉斯·赖歇尔特（Hans Reichelt）（德国民主农民党，DBD）、交通部长奥托·阿伦特（Otto Arndt）（统社党）还肯承认，变化甚至是“可感知的变革”即将到来。而总理以议事日程为由又一次压制了这种观点。

在匈牙利的难民营被疏散了之后，必须要为滞留在联邦德国驻捷克斯洛伐克和波兰的代表机构内的意欲出境者找到一个解决方案。在纽约举行的联合国全体大会间隙，汉斯－迪特里希·根舍（Hans－Dietrich Genscher）和来自东柏林、莫斯科、布拉格的同事们进行了协商，之后，统社党政治局最终在 9 月 29 日决定，"用德意志帝国铁路的火车，把滞留在联邦德国驻布拉格和华沙使馆中的民主德国民众，从布拉格和华沙，经过民主德国领土，送往联邦德国"。[25]根舍在自己的回忆录里将如下场景描述为"我政治生涯中最为感动的一刻"，那天晚上，他从阳台上向布拉格使馆中的难民宣布了这一解救性的消息："我们走上阳台。我刚开口说了一句'亲爱的同胞们'，巨大的欢呼声就爆发出来。'我们来这里是为了告诉你们……'我的这句话还没有说完，就又一次爆发出无法描述的欢呼声。直到今天，当回顾那些年的时候，我还是会被这一记忆中深深的感动所包围。"[26]

10 月 1 日，超过 6000 名移民到达了霍夫（Hof）和赫尔姆施泰特（Helmstedt）火车站，他们在那里受到了热烈的欢迎。见证了那一幕的人说，这简直就和 50 年代从苏联回国的德国战俘受到的欢迎阵势一样。[27]在上弗兰肯（Oberfranken）和下萨克森地区发生的这些场景，促使又一批数以千计的难民踏上了去往布拉格的路。虽然捷克斯洛伐克的安全部队暂时封锁了洛布科维茨宫（Lobkowitz Palais），并粗暴地武力镇压难民，但是还是有 4500 多人成功冲破了警察的拦截，翻过铁制的格状篱笆，翻进还开着的窗户。而这个数字每小时都会增加 100 人左右。因为无法忍受的卫生状况，大使馆不得不关闭。在波兰首都，数百人重又挤向已经关闭的联邦德国使馆外建起的临时应急亭。为了阻止难民潮，10 月 3 日，民主德国终止了与捷克斯洛伐克社会主义共和国的免签往来。第二天，政治局决定，再次启动特别列车计划[28]。历史证明，这是一个后果严重的错误决定：当载着曾逗留在联邦德国驻布拉格代表机构内外的约 7600 名民主德国民众的列车缓缓驶过德累斯顿时，数千名想要跳上列车的出境者和安全部队发生了类似于内战的冲突。驻东柏林的联邦德国常驻代表团工作人员推测，很多人把这当成自己逃离民主德国的最后一次机会，他们担心民主德国政府在 40 周年国庆庆典后将采取严厉的报复行动。

这种担心不幸得到了应验，在庆典间隙发生的和平示威游行人士遭到了无比残酷的镇压。与此同时，无论在民主德国还是联邦德国，人们都发现，政治局的那些榆木脑袋们不能再指望戈尔巴乔夫对他们的支持了。决定性的变革发生在 10 月 9 日。虽然知道可能发生最可怕的情况，超过

70000 名莱比锡市民还是战胜了自己的恐惧，参加了晚间的周一大游行。这是一次自 1953 年 6 月 17 日以来最大规模的抗议活动，但由于所有参与者的理性克制，之前担心的政治升级事件并没有发生。

1989 年 10 月 12 日，民主德国领导层终于无法继续回避问题，做出了相应声明。在其间重新行使职权的总书记的领导下，政治局内部进行了激烈的讨论，最终给公众呈上了一份首次真正明确了某些问题但还是半心半意的声明。[29]但是，这份由政治局成员，也是当时的反对派埃贡·克伦茨、君特·沙博夫斯基（Günter Schabowski）、约阿希姆·海尔曼（Joachim Herrmann）和君特·米塔格做最后编辑的妥协文件，仍无法带来哪怕只是初步的改变。昂纳克的执政生涯走到了尽头。在克伦茨、沙博夫斯基、洛伦茨（Lorenz）、蒂施（Tisch）和赫格尔（Herger）的共同筹划下，10 月 17 日，斯多夫向政治局提出了罢免昂纳克统社党总书记职务的动议。次日，昂纳克主动提出"由于身体状况不佳"而辞去一切职务，该"申请"获得了中央委员会委员们的批准，只有一票反对。[30]

斯多夫明显在考虑自己作为总理也会被取代，不过似乎也有那么一瞬间，想要接任昂纳克成为国务委员会主席。[31]斯多夫在 10 月 19 日在内阁对第 9 次全体大会进行了"分析阐释"，从中可以清楚看到，昂纳克的继任者克伦茨前一天也在民主德国电视上公开宣告的一整套革新计划，不过是做表面文章，而不是做深层次的变革。这位政府首脑发表的都是些空洞的口号，什么真诚的、符合真理的、毫无禁忌的分析，什么对于社会的集体责任，什么思虑周详的、亲民的决策，还有什么行之有效的、引人关注的公众活动或者不遗余力的努力奋斗，希望借此来提升国家机构的形象和权威。[32]但是这些革新计划根本未辅以具体方案，它们从最开始就不过是一叠废纸。在其报告的后面部分，斯多夫果然又回归以往的陈词滥调，强调加速经济绩效的提升有多么重要，根本不提任何至今路线的替代方案。最后，他干脆把新的规划开始的日期推迟到了 1990 年上半年！由此，最初描述得天花乱坠的、立刻实现明显改变的要求，就站不住脚了。

"变革"时期的典型做法就是发表一篇简短的通讯稿，通报会议的举行。[33]但毕竟还是提及了就当前问题进行讨论。虽然宣告内政部长在筹划一部旅行法以及司法部长在准备一份立法计划，但都没有提及具体的出台时间。除此之外，已然被唤醒的民主德国民众还被告知："随着会议的进行，部长会议做出了很多紧急措施，尤其是关于 1989 年第四季度和 1990 年初的生产保障和民众供给。部长会议指出，加强冬季储备非常重要。"[34] 在如此"精确的"指示之下，根本不可能重新赢得之前大肆吹嘘的民众信任。

尽管如此，这一发言还是在部长会议内部得到重视。80 年代时，不管是在统社党领导层还是国家领导层，这种公开的意见交换都很不常见。"直到最佳时机已过，他们才想起可以用讨论的机会来阐明一些问题。"参与讨论的与会者[35] 首先关心的是自己负责领域的问题，而绩效和工资、补贴政策、外贸平衡、出境旅行、反对派和利益集团，还有媒体政策等基本问题经常只是间接地以及作为举例被提及。

除了斯多夫，克莱伯（Kleiber）、凯赛勒和阿尔弗雷德·诺伊曼（Alfred Neumann）之外，还有其他三位政治局成员参加了讨论，因而几乎不令人惊讶的是，对新路线的普遍赞同声明就如同旧式阶级斗争口号一样被宣布了。凯赛勒明白无误地强调说，他认为坚定不渝地"揭发社会主义的敌人"无比重要，并且表示拥护"延续与革新"应相统一。就连民主农民党成员赖歇尔特也表示不能"放任敌人通过大众传媒在我们国土上组织政治思想工作"[36]。

诺伊曼在其发言中最后总结强调，部长会议的行动之所以注定失败，一方面是因为抵制了改革，认为这一改革会削弱"工人和农民的力量"，另一方面是因为把"冬季物资储备"作为了当前需要处理的问题。归根结底，部长会议从极端冷漠的情绪出发，转入了不切实际的痴心妄想里，较少参照以急迫问题呈现的现实情况。其实可以预见，在党的领导层发生人员变化之后，政府机构也面临着这样的换血。但是，由此任何实质性的问题都没有得到解决。部长会议甚至连宪法赋予的功能都未恢复。它依然追随着那个摇摆不定、在重新定向上犹豫不前的统社党领导层的沉重步伐，依赖的是陈旧的思想、陈旧的人员和陈旧的方案。积极介入社会讨论的尝试，既没有经过谨慎思考，也未以任何方式积极去做。

昂纳克下台两周后，整个民主德国沸腾了；"变革"的情绪遍布全国；在人民的压力下，媒体为批评的声音开大了一条缝。1989 年 11 月 3 日，联邦总理府将一份基于"联邦情报局消息"撰写的报告呈交给联邦总理，其中这样写道："尤其是这次大规模人口迁移将民众引入了多年未见的开放讨论中，因为几乎每个人在此期间都在自己的社会生活环境中受到了它的影响。对很多人而言，难以置信的就是自己的领导层表现出来的束手无策，这给人们留下了政府已经彻底瘫痪的印象。大量的情报局信息可以证明，这种混乱的气氛最终导致的结果是部分原本无动于衷、听天由命的人民，又被完全重新唤醒，变得更加渴望变革，也做好了更充分的冲突准备。"[37]

虽然大多数民主德国的政客们在公开场合不断把"改革"二字挂在嘴边，但即使现在也还谈不上出现了政权结构的转变。昂纳克的接班人就是权力格局将维持原状而不会变革的明证。虽然波恩方面不把埃贡·克伦茨——旧官职表上最著名的成员之一——划到"强硬派"内，而且警察之所以在10月16日莱比锡大游行中保持克制，要归功于"克伦茨本人的干预"[38]，但他还是和昂纳克如出一辙，不顾基层的反对，把统社党总书记、国务委员会主席、国防委员会主席这些头衔纷纷收入囊中。一个非常特别的信号可以表明统社党领导层不遗余力地捍卫自己的权力，就是他们一直坚称统社党的领导角色，并且颂扬民主德国即使面对着改革的压力，仍然是优越于西方社会的"社会主义民主体制"。统社党政治局成员兼柏林党主席君特·沙博夫斯基，在外把自己塑造成改革者的形象，可当他把民主德国描述成法治国家的时候，东德的民权活动家和西德的民众们就没法不怀疑民主德国领导层的改革能力了。沙博夫斯基是这样描述的："我相信，我们无须称民主德国正在转向一个社会主义的法治国家。在民主德国身上，可以看到一个社会主义法治国家所必需的所有决定性要素，但这个发展过程当然没有结束，在这次我们通过革新以及与所有民众阶层对话实现的变革过程中，民主德国还将不断完善自己。这不是什么声明，而是我们从很久以前，以及数日以来就在推进的进程。"[39]

11月1日，克伦茨到莫斯科访问戈尔巴乔夫期间，统社党最高领导层的对外声明又显得自信满满。在出访前一天，克伦茨在苏联电视访谈上充满了阶级斗争的语言。改革的问题被局限到经济方面，除此之外，他称民主德国在"全面扩大社会主义民主"，这是"资产阶级民主完全无法相比的。前者是为人民服务的，后者则是为资产阶级服务的，二者决不可混淆"。民主德国在光明中闪耀："我们的社会是多元的，是社会主义式的多元。我们必须继续构建这样的局面。其他的党派也都为此做好了准备，并且他们再一次强调了统社党在这个过程中的重要领导地位。""我们国家的基本法律"——宪法是"自由的、民主的、社会主义的基本原则"。[40]这种对联邦德国宪法秩序的无耻套用着实让人无语。

与戈尔巴乔夫会谈之后，这位党主席回到自己国家的时候明显更加自信也更加有斗志。他认为苏联共产党主席支持他的政策，即无论如何维护一个在统社党领导下的社会主义的民主德国。[41]

克伦茨还向戈尔巴乔夫报告了 11 月 4 日由一个柏林艺术家倡议团体筹划的、将在亚历山大广场举行的游行示威活动，同时阐述了政治局的处理意见，他们决定鼓励党员们参与其中，并提名政治局成员沙博夫斯基讲话，"以此来防止这次示威成为反对派们内部进行的活动"[42]。

戈尔巴乔夫鼓励克伦茨与改革力量进行合作，只要他们不反对社会主义、不犯法就可以。"不能把人民当成敌人看待。"他们中的大多数只是"因为操心很多被忽视的问题而变得躁动不安的劳动人民"。"克伦茨同志强调，统社党会在这一原则指导下处理问题。但这将是一个长期的过程。"[43]

但是克伦茨回国之后，他处理这个棘手问题的方法却并没有获得民主德国民众或者波恩观察家们的信任。例如，联邦政府的一份内部文件称："值得注意的是，最近克伦茨表现出对苏联的改革进程非常赞同。但是如果再仔细分析，就会发现这种热情不过是嘴上说说而已。克伦茨还是保持其演说中阐述的一贯原则：对话的意愿是有的，可以表示要进行些改革，但是统社党的集权地位不可动摇。"[44]

在克伦茨领导的统社党新领导班子的推动下，部长会议于 11 月 2 日通过了一份新的出境法规草案。[45]这些年来各个机构之间积累起来的权力争锋，借着这份法规草案又引发了争端，但核心问题就是如何阻止不断攀升的出境人数。在昂纳克 10 月 3 日作出的、11 月 1 日生效的"暂时终止与捷克斯洛伐克的免签往来"的决定又被废除之后，出境人数又创新高。[46]数千人再次涌向了联邦德国驻布拉格使馆。事态升级已然迫在眉睫。

11 月 3 日，埃贡·克伦茨以新任国家首脑的身份接见了各国外交使团。每个外交使团团长只有短短的 20 秒钟时间进行自我介绍。当轮到联邦德国国务秘书、联邦德国驻东柏林常设代表处负责人弗兰茨·贝特乐自我介绍时，他没有把时间浪费在泛泛的外交辞令上，而是利用这短暂的 20 秒向克伦茨提出了更重要的问题。通过电话交流，贝特乐获得了总理府部长塞特斯以及联邦总理府司长、德国政策工作组（ASD）组长克劳斯 - 于尔根·杜伊斯贝格（Claus - Jürgen Duisberg）的支持，于是他要求在当天与克伦茨进行一次会面，布拉格的"灾难性局面"必须立刻得到解决。这些话说完，礼仪官就已经叫到下一位。在咨询了苏联大使科切马索夫

— 21 —

（Kotschemassow）之后，克伦茨在接见仪式结束后，再次联系了联邦德国的常驻代表，以及民主德国外交部长奥斯卡·菲舍尔（Oskar Fischer）共同进行商谈。贝特乐解释说：“我们在布拉格已经面临着非常戏剧化的局面。在过去的几小时里又有一千多人到达了使馆。事情已经失去控制了。现在只有一个解决办法：您必须马上同意捷克斯洛伐克政府让这些人出境去往联邦德国境内。”[47]克伦茨接着询问了菲舍尔，民主德国对此采取了什么措施。菲舍尔说，一天前他们已经向布拉格派遣了4名工作人员，处理难民的出境申请。贝特乐反驳道：“部长先生，我们可是知道的，您的人员每天只能处理75份申请，而我刚才也说了，仅几个小时内就有一千多人到达使馆，这样根本行不通了。”晚上8点左右，民主德国外交部联邦德国司司长卡尔·赛德尔（Karl Seidel）通知这位常驻代表，民主德国政府已经接受了捷克斯洛伐克政府的建议，即刻起允许滞留在布拉格的民主德国民众自由出境。[48]第二天一早，边境正式开放了。

当天晚间，内政部副部长迪特尔·温德里希（Dieter Winderlich）在《时事聚焦》栏目中表示，以后永久出境申请不再需要通过行政机构，只要到主管的警局办事处申请出境就可以了，无需绕道捷克斯洛伐克了。[49]从这一天起，“民主德国驻布拉格大使馆直接用身份证发放签证，并且保证国籍问题不受影响，每个出境了的民主德国公民还是可以回到民主德国去的”[50]。

所有人，包括统社党的领导层都很清楚，允许难民直接从捷克斯洛伐克去往联邦德国的决定，已经使柏林墙名存实亡。[51]民主德国德通社（AND）报道称，3天内就有23000名民主德国居民利用了这一出境机会。[52]沃尔夫冈·朔伊布勒在回忆80年代和沙尔克的对话时说，当时沙尔克和整个统社党领导层都已经承认，柏林墙的开放终将带来两德的统一。[53]

在亚历山大广场大游行的前一天晚上，克伦茨通过广播和电视向民主德国人民发表讲话。[54]他号称自己遵循戈尔巴乔夫的建议，与改革力量进行了合作，这种说法几乎可以称作厚颜无耻。克伦茨直接把革命运动据为统社党领导层所有，并称这是“在我们领导下进行的政治改革”[55]。如果他始终抓着统社党的领导权不放，不断强调安全防卫机构的必要性，那么，关于建立宪法法院、进行行政改革、出台一部社团法的预告又有什么说服力呢？许多“功勋突出的”政治局成员，如赫尔曼·阿克森（Hermann Axen）、库尔特·哈格尔（Kurt Hager）、埃里希·米尔克（Erich

Mielke)、埃里希·米肯贝格尔（Erich Mückenberger）、阿尔弗雷德·诺伊曼相继引退，"为了给年轻力量腾出位子"的说法，听起来也不像真正改革的信号。

同一天，《经济周刊》出版了对"低调的改革者"沙博夫斯基进行的采访，他在访谈中也明确表示说，"我们的改革必须依据民主德国的宪法进行"。这里意指的是统社党对领导权的垄断，接下来的这句话说明了这一点："我和'新论坛'的创始人之一——延斯·赖希（Jens Reich）教授进行了一次谈话。他在他的自我描述中解释说，这一组织毫无保留地拥护民主德国宪法。赖希教授也拥护党的领导地位……"[56]

10月31日，经过政治局的基本同意后，部长会议决定于11月6日在媒体上发布新的出境法规草案[57]，这样做也特别是因为亚历山大广场上的数十万示威者坚决要求出台新的出境法规。草案立即遭到民众广泛地反对。每人每年只有15德国马克的旅行支付资金，30天的申请处理时间以及含糊不清的"拒签理由"，都遭到了猛烈批评。出境法规草案像飞镖一样飞回了原点。对于很多人而言，这是民主德国领导层无能和政权自负的终极体现。即使在人民议院内部，这个以往并不以批评行为著称的地方，也出现了法律委员会对草案的拒绝，以及多个党派联合要求立即召开议会，以讨论国家现状，这一切预示着一个新时代的开始。[58]

通过部长会议记录可以看出，斯多夫在这场极具感情倾向性的讨论会里，很难控制住局面。10月25日，在政府首脑与各地区议会主席的协商讨论中可以看出，各区目前的局势很复杂，尤其是在出境大潮的影响下，劳动力情况堪忧。因此，负责劳动与工资事务的国务秘书沃尔夫冈·拜罗伊特尔（Wolfgang Beyreuther）接到了一个令人啼笑皆非的"危急时期"任务，要与中国政府协商，把中国的劳动力运送到民主德国来。失去了"上面"的帮助，大部分行政区都陷入了对问题束手无策的局面。[59]

不断持续的出境浪潮是东德人对未来的恐慌以及没有安全感的信号。但是新的统社党领导层难道不是在拖延时间吗？施特凡·海姆（Stefan Heym）在11月6日的一篇《明镜周刊》短评上写道："现在所有一切都悬而未决。"而且，"无论是武装警察还是便衣警察都在摩拳擦掌等待行动，正如列宁曾经说过的，谁针对谁，都还没有定论"[60]。11月8日早晨，贝贝尔·博勒（Bärbel Bohley）在德国电台里表示："出境法案其实是一个信号，说明这里也在消耗时间……出境法案也只是一个信号，表明政府还没有准备好真正认清局面。"[61]

在西方世界，人们也带着紧张的观望态度，全神贯注地观察着昂纳克接班人的举棋不定的行动以及新一轮的逃亡浪潮。像民主德国的公民一样，西方阵营的人也在问自己，克伦茨所宣誓的改革"行动计划"到底对自己有什么影响，在这个不确定的局势里，人们又应该如何作为？

在民主德国内部，不仅仅是游行民众，就连所有的党派和组织都开始要求现任政府下台，11月7日，被拖延了极长时间的领导班子改选终于发生了。君特·福克斯（Günther Fuchs）接替了玛戈特·昂纳克，沃尔夫冈·梅耶（Wolfgang Meyer）成为新任政府发言人。[62]在这之前，政府已经正式辞职。梅耶的第一个任务就是宣读辞职声明。在新任部长会议成员选举出来之前，原有成员仍继续履行自己的职责。下野的政府向民众呼吁，要"维持对生活举足轻重的职能"。[63]全部经济活动和公共秩序要继续保持。最后连那些几周前还"不值得同情的"想出境的人[64]，都被明确要求，再三考虑自己的决定，因为："我们的社会主义祖国需要你们所有人，需要你们每一个人！"[65]但是这些被动员的人民却对决定性的变革发生的可能性失去了信心。他们想要到另一个体制中生活，因而去往了联邦德国。

1989年11月7日下午，部长会议成员的辞职仪式只持续了20分钟。建立一个新内阁的道路终于畅通无阻了。

1989年11月8～10日，党和政府的大部分领导机构几乎不间断地开会。11月8日，第10次中央委员会会议开幕。首要内容就是解决等待多时的领导层改选。但是新的政治局也不完全由新成员组成，例如雅罗温斯基（Jarowinsky）、凯赛勒和格哈尔德·许雷尔（Gerhard Schürer）就从老班子继续过渡到了新班子。[66]因为曾经参加过一次也包含反对克伦茨的口号的游行活动，汉斯·莫德罗（Hans Modrow）的提名遭到了一些反对意见[67]，但这位德累斯顿的统社党区书记的当选是必定的，事实上在6月的第8次中央委员会会议之后，他就被联邦情报局放弃了。[68]此外，莫德罗在没有竞争对手的情况下被提名为新任总理，这一决定受到了广大民众的欢迎。但其他政治家是否也是如此，就不好说了。年轻有活力的新成员比例始终不高，从全体大会的第一次讨论会到最后一次讨论会上，关于改选决定的混乱局面持续不休，这些都让人对统社党领导机构的决定，以及克伦茨在中央委员会面前的讲话本来就持有的巨大怀疑进一步增加。[69]

在这种情况之下，联邦总理在 11 月初第一次做出了干预性举措。科尔在 11 月 8 日，也就是他访问波兰的前一天晚上，在联邦议院发表了《联邦政府关于处于分裂状态德国的民族形势报告》。[70] 在提到民主德国时，科尔试图达到一个很艰难的平衡。这与反复提到的克服"祖国目前违反常情的分裂状态"，以及"全体德国人民的自由决定权"无关。科尔必须首先明确他对持续且再次扩大的来自民主德国的难民浪潮的态度。他把"以年轻人为主的数万民众，从民主德国逃至德国的自由部分"的行为描述为用脚投票，并且接受他们的要求："根据我们现在每天经历的事情，明确的是：民主德国的人民不能再容忍统社党的集权统治，仅仅更换几个领导人，或者几个领导人的下台也无法使他们满意。评判新任总书记工作的标准将是，他是否真正开启民主德国在国家、社会以及经济领域深入改革的大门。现在是改革的最紧要时刻了！"[71]

联邦总理表示说，这种大规模的向外迁移当然不符合"德国人民的利益"，并向所有留在民主德国的人民给予"我们特别的尊重和同情"，承诺不会拒绝他们逃亡过来。联邦政府希望"鼓励"所有的民主德国人民，并且"增强他们的信心，即在民主德国内部，民主改革的进程在可预见的时间里就会彻底实现。当这一进程开始，我们应该，而且必须推进这一进程。为了实现这一目标，在必要的时候，我们也做好了努力的准备"。

然而，这种努力仍然建立在德国政策连续性的基础上。联邦政府决定，"以两边的人民的利益为中心，延续其目前的、推进双方实际合作的政策"[72]。

联邦总理对于出境往来限制的放宽给予了特别关注，并且对民主德国领导层刚刚宣布的新规则寄予了希望。

在长达一小时的讲话里，直到最后一部分科尔才提出了全新的、令人意外的重点内容。因为他打破了演讲的系统性，这部分也必然引起了关注。关于民主德国改革的必要性，科尔如是说："我们，联邦德国，并不希望加固那些无法长久维持的状况。但只要民主德国的确认真进行彻底的政治经济改革，我们已经做好了全方位的帮助准备。统社党必须放弃自己的集权，允许独立的政党的活动，并且负责任地保证自由选举。在这种前提下，我才愿意就由我们提供全新规模的经济援助进行会谈。不言而喻的是，如果经济体制不能进行彻底改革，官僚的计划经济体制不瓦解，市场经济秩序不建立起来，我们即使提供经济援助最终也将是徒劳的。推进民主德国全面的政治和经济改革，是整个民族的共同责任。"

科尔继续表示说："自由出境的权利、自由迁徙的权利以及共同合作都会实现，我对此深信不疑，而这也将克服欧洲的分裂。在此背景下，柏林墙也将时日无多了。"[73]

这次讲话发生在柏林墙倒塌的前一天，联邦总理用演讲的最后一部分赋予了联邦政府的德国政策以新的含义。这有着令人兴奋的来历。其起因出自统社党高层。

故事的开端是民主德国糟糕的财政状况。在 10 月底时，政治局收到了一份国家计划委员会提供的秘密文件：《对民主德国经济的现状分析及结论》。"受统社党中央委员会总书记埃贡·克伦茨同志的委托"，这份 22 页的、所谓的煽动性文件向克伦茨不加掩饰地展示了民主德国的经济现状[74]。现阶段，只有"在民主集中制的最佳安排下，发展一个以市场条件为导向的社会主义计划经济，其中，解决每个问题的地方是对此所需的、更大的权限所在的地方"，只有这样才能阻止民主德国经济的结构性缺失。然而，对于民主德国财政上的疲软，这份文件并未看到任何补救措施：民主德国没有出口盈余，而出口盈余对于国家偿付能力起着至关重要的作用。"1985 年时，如果非常努力的话，还有可能实现出口盈余。但今天根本不存在这种可能了。就算只想阻止 1990 年的债务继续增长，就要将人民生活水平降低 25% 到 30%，民主德国也将变得无法治理。"

作为最重要的结论，文件建议："应该制订并且协商一份建设性的方案，就是和联邦德国合作，以及和那些有意将民主德国力量的增强作为平衡联邦德国的政治筹码的资本主义国家合作，比如法国、奥地利、日本。"到 1992 年，按照文件所列出的解决办法，应该就可以提高外汇收入，"保障国家的偿付能力。但是想要保证 1991 年国家的偿付能力，民主德国就无法避免在特定时刻和联邦德国政府就在现有的贷款线以外提供 20 亿 ~ 30 亿外汇马克的财政信贷进行谈判。必要时投入 1996 ~ 1999 年的过境签证费作为担保"。

文件的结尾明确强调了民主德国的主权独立：民主德国"绝不和联邦德国谈任何关于统一或者建立邦联的想法"。但是又表示说："为了让联邦德国清楚知道我们的诚挚的愿望，必须要说明的是，通过现行的以及不断发展的两国之间的经济和科学技术合作，在这个世纪，就可能达到那些所需的前提条件，使两个德国之间现存的边界形式变得多余。"总的来说就是急切希望联邦德国重现 1983/1984 年时，弗兰茨·约瑟夫·施特劳斯（Franz Josef Strauß）促成为民主德国提供信用担保时的情景。和当时一样显而易见的是，联邦政府会想要获得相应回报，但是到底是以官方还是非官方形式可以暂且不论，目前情况下，只能是在出境管理方面有所放松。为此，政治局授权富有经验的谈判代表、国务秘书亚历山大·沙尔克－哥罗德科夫斯基，与波恩政府进行一次"非官方的会谈"。

在沙尔克漫长的夏日休假里，波恩政府根本无法联系到他[75]。10 月 24日，他才第一次在波恩，与总理府部长塞特斯以及内政部长朔伊布勒进行了非官方会面，从沙尔克对此的评论中可以猜测，会谈不是与两人共同，而是分开举行的。[76]此时昂纳克下台刚刚一周，谈话中可见，沙尔克还完全遵循统社党政权的旧有原则进行磋商。

虽然在克伦茨的领导下，统社党领导层想要继续进行改革，采取进一步的措施以"实现民主的共同决定"，以及"建立法治国家"，但是民主德国的社会主义制度不能变，统社党的领导地位不能变。不存在建立新的组织，比如"新论坛"的需求。在平等的基础上，民主德国愿意在政治、经济和文化关系方面迈上与联邦德国合作的"新台阶"，包括合作形式也可有所进步，就像和社会主义国家的合作一样。

针对出境法这一具体问题的解决办法，沙尔克认为，"联邦德国针对民主德国公民的违反国际法的做法"是一个"非常严重的障碍"，并且要求联邦德国至少逐步作出对民主德国的妥协。民主德国最终打算实现的无限制出境[77]，目前会带来很大的经济负担。"为了尽快贯彻新的法规，以促进双边总体关系的发展和人民的利益，需要双方共同为平衡额外的经济负担找到解决办法。"[78]

在 10 月 24 日的波恩之行中，沙尔克把民主德国的情况描绘得比在他的评论中所表达的糟糕得多。这位民主德国谈判代表分析称，如果联邦德国不提供 150 亿德国马克的紧急援助，民主德国就终结了，所有的谈判伙伴把这一说法归为给现实评价留出足够空间。[79]

西德的谈判方在民主德国公民问题上表现得立场坚决，绝不让步，并且基于民主德国经济的疲软现状，对所谓的广泛合作建议持怀疑态度。不过出台境法规的新规定的意图得到了西德方面的支持。财政补助的问题他们会加以考虑。塞特斯安慰沙尔克说，在向联邦总理报告后再与他举行一次非正式会谈。[80]

10 月 26 日，科尔和克伦茨进行了电话会谈，对于民主德国提出的这些建议，他发表了和自己的两个部长 2 天前的表态相似的看法。他在原则问题上没有任何让步，并且要求统社党采取具体行动：比如"对于出境自由权的新规定"，比如赦免所谓的国家流亡者，还有"为所谓的使馆流亡者提出一个积极的解决办法"。此外，科尔和克伦茨考虑让塞特斯和沙尔克再进行一次会谈。[81]

11 月 6 日，又一次"非官方"会谈重新在波恩举行。还是像上次一样，沙尔克分别和塞特斯、朔伊布勒会面。[82]

民主德国高层在这次会面时的谈判地位明显变差了。柏林的游行示威以及 11 月 4 日亚历山大广场上的集会都表明，统社党正失去控制权，而"街头人民运动"[83]正在接管它失去的权力。

沙尔克在波恩的谈判面临着紧迫的时间压力。因此，在描述民主德国糟糕的经济状况和提出财政资助要求方面，他也比上次更为具体。[84]

"我们民主德国准备好，在未来两年里接纳总额最高为 100 亿结算单位的定向长期贷款，这些贷款应由需新建的生产设施再融资。"此外，"我们也愿意商议以自由外汇形式的额外的贷款额度，可以从 1991 年开始，每年提供 20 亿~30 亿德国马克"。

两位联邦部长对此表现谨慎。只有谈到出境费用的时候，塞特斯暗示了一个解决办法，但也没有表示绝对可能：如果取消西德人进入东德的强制兑换政策，同时取消给予进入西德境内的东德人的欢迎金的话，"以考虑建立一个由联邦德国出资的出境费用基金（如果有 1250 万出境者的话，这个基金的数额大概可以达到 38 亿德国马克）"。不过联邦政府要求，和民主德国共同决定由强制兑换政策形成的"东德马克基金"的用途。[85]

每个参与会谈的人都清楚，沙尔克的要求引出了一个政治代价的问题。在联邦德国方面，这个问题就是在内政的实施上存在困难。对于沙尔克来说，这个政治代价可以视作统社党高层的改革派可以利用的工具。这就是沙尔克给其西德伙伴留下的切实印象。联邦总理府还有某些工作人员记得，联邦总理府将沙尔克 11 月 6 日的出现解读为统社党"改革派"向西德请求一个"信号"，而东德作为"回报"，尤其会在出境法规问题上表现得更加宽容。[86]

对于塞特斯和朔伊布勒来说，沙尔克的建议有着很重要的影响，毕竟他在当时还被西德媒体视为把持民主德国经济多年的领导人君特·米塔格最有可能的接班人。《星期日世界报》在前一天还报道称，君特·米塔格将有可能由亚历山大·沙尔克－哥罗德科夫斯基接位。联邦政府认为，"鉴于波恩对于民主德国改革的支持"，这一决定"对双方都是有利的"。[87]

尽管联邦总理和基民盟领导层在与民主德国的关系上行事谨慎，但基民盟联邦理事会还是在 11 月 6 日对于"民主德国现状"的公开声明里强调了自己的态度。这份声明要求民主德国领导层贯彻实施"真正的政治改革"，并且要"提高民主德国的生活水平，至少达到让人们愿意留下来的程度"。[88]当天下午，在基民盟/基社盟党团理事会会议上，就有两名基民盟议员批评了这份声明，因为它没有提及统一问题。对此，联邦部长朔伊布勒充满讽刺地说，他确定"这份决议的收信人似乎是民主德国，因为收信人会觉得要求两德统一是错误的"[89]。

当天晚上，科尔、塞特斯和朔伊布勒一起在总理官邸碰头[90]作为对沙尔克讲话的反应，拟订了他讲话中所请求的那个"信号"，即为了回报"民主德国国内彻底的政治改革"，将就提供新的规模的经济援助进行讨论。补充的内容在总理官邸被录入，在联邦总理的书面指示下，在做细微修改后纳入了手边的有关民族状况的发言稿的最后一章中。[91]一天以后，11月 7 日，即在科尔在联邦议院发表讲话之前，塞特斯通过电话把科尔的决定通知了沙尔克。

沙尔克又致函克伦茨。联邦德国公共舆论以及"德国社民党圈内人士"，都要求把"联邦德国提供的相应物质与财政支持"和民主德国国务委员会主席发表一份公开声明绑定在一起，在这份声明里，民主德国要"允许反对团体的存在，保证在尚需明确的时间范围内实现自由选举。必须强调的是，只有统社党放弃自己的绝对领导权，这条路才能走下去。……如果能实现这些条件的话，联邦总理认为民主德国的许多要求都是可行的，且所有的要求都是可以想象的"[92]。

沙尔克很着急。随着国内街头运动压力的增长，民主德国的信用等级每天都在下降。11 月 8 日，统社党中央委员会第 10 次会议召开，旨在提出一个改革的行动方案。沙尔克自己也是这一行动方案编委会成员。因为他觉得有可能在方案中满足科尔提出的要求，所以想要在极短的时间内安排一次科尔和克伦茨的会面。从中央委员会会议上出来，沙尔克还向塞特斯建议说，联邦总理可以从波兰回国的路上，在东柏林经停一下。结果在当天，联邦总理就拒绝了这一邀请。第二天沙尔克又提出了请求，希望能进行一次简短的会面，"若有可能的话，包括和联邦总理"。波恩方面对此没有做出任何回应。[93]

东柏林政府忙于解决出境法规问题。

11月7日早上，统社党政治局成员进行了会面。前一天晚上莱比锡发生了迄今为止最大规模的游行示威，并且首次提出了罢工警告[94]，捷克斯洛伐克党和国家领导人也不断抱怨，对民主德国提出了直接的行动要求。他们要求民主德国结束国民的出境浪潮，并威胁民主德国将使用自己的办法进行边境监管，甚至是封锁边境。[95]政治局随即委托制定一份实施细则，据此，"出境法规内涉及永久出境部分的内容，应立即生效"[96]。11月9日，中央委员会内继续讨论，激烈讨论的中心是埃贡·克伦茨在15：30左右提出的如下建议。

你们都很清楚，我们现在深受一个问题所累：就是出境问题。就像之前匈牙利的同志们一样，捷克斯洛伐克的同志们也已经慢慢觉得这对他们而言是个负担。我们面对这个情况也做出了行动，但我们迈出了错误的一步，我们封锁了通往捷克斯洛伐克的边境，我们惩处了那些本质上善良的民主德国民众，他们没法出境，于是向我们施加影响。但即使这样做也无法控制这个问题；但现在联邦德国的常设代表处已经告知我们，他们已经完成了修缮工作。这就是说，他们要重新开放了，我们也将又一次面临出境问题。作为现任总理，斯多夫同志建议下达一项命令，我马上就要宣读这一命令了。虽然它已经得到了政治局的首肯，但是鉴于它的影响很大，我还是想要在中央委员会这里再咨询一次。

《关于改变民主德国公民经由捷克斯洛伐克永久出境，去往联邦德国的状况的决议》

决定如下：

1. 随着新出境法规的生效，1988年11月30日颁布的公民出境条例永久失效。

2. 以下关于公民从民主德国去往外国的旅行及永久出境情况的临时过渡条例，即刻开始生效：

a）私人出境旅行不需要满足任何条件（如出境理由或者亲属关系）即可申请。签证申请将在短时内被批准。只有在极特殊情况下才可能被拒签。

b）民主德国各地区警局的护照和户籍部门已经得到指示，毫无延迟地发放永久出境证照，无需满足现行的永久出境条件。永久出境申请和目前一样，也可以在内政部门进行办理。

c）允许从民主德国所有出境地点去往联邦德国以及柏林（西）的永久出境行为。

d）此前暂时由民主德国驻外代表机构签发相应许可以及凭民主德国居民身份证通过第三国永久出境的规定，因此失效。

3. 对于临时过渡条例，应于 11 月 10 日公布以下所附新闻通告。

此新闻通告的文字如下：内政部的新闻司通知，民主德国部长会议已经决定，在相应的法令经人民议院批准生效前，应履行《关于公民从民主德国去往外国的旅行及永久出境的临时过渡条例》。

然后就是刚才提到的那四点，我就不用再宣读一遍了。

我认为：我们现在的做法，和过去完全背道而驰。但是这是解决我们问题的唯一办法，把所有的事情都通过第三国来处理，不利于民主德国的国际形象。

文化部长汉斯－约阿希姆·霍夫曼（Hans–Joachim Hoffmann）担心，"临时"这种说法可能让民众觉得时间紧迫，要马上出境才行。内政部长弗里德里希·迪科尔（Friedrich Dickel）认为，这个通告不应该由他的新闻司发表，而应该由总理发表。克伦茨总结说："我建议，让政府发言人来发表通告。我们既不说'临时'也不说'过渡条例'，就说在出境法规经人民议院通过生效前，做出这样的命令。——同意吗？——谢谢。"[97]

根据与会者的说法，这项决定在部长会议内传阅后获得批准。有关资料来源证实了这一点。11 月 9 日，传阅的草案《关于民主德国公民旅行及永久出境的规定》[98]被作为"机密文件"处理。[99]

出境规定应该在新的出境法令出台之前具有法律效力，并且在 11 月 10 日才正式开始生效。但是无论如何这一规定绝不应带来完全的迁徙自由。像以前一样，出境还是需要签证的，那也就是需要有护照作为前提，但是到目前为止只有 400 万公民持有护照而已。而且处理申请仍然还需要时间。"规定中的一些诸如'可以'申请，或者'在短时内被批准'，除非'在极特殊情况下'等说法，都给相关'机构'留下了足够的任意解读的余地。"归根结底，新规定只是"稍微放宽"访问和旅行规定，"为了给统社党领导层提供一个喘息的机会，直到出境法令的出台"。[100] 即使是为了这样一个规定的出台，克伦茨还是在 11 月 7 日寻求苏联对此的同意，在外交部副部长阿波依莫夫（Aboimov）匆忙致电苏联驻东柏林大使科切马索夫之后，在 11 月 9 日中午前后获得了苏联方面的首肯。[101]

在这一刻，谁也没有想到这个新出境规定的出台，会导致柏林墙的倒塌。一个由于匆忙发表"改革举措"而造成的失误，引出了革命性的后果。党的首脑克伦茨把他的那份部长会议草稿交给了沙博夫斯基，以便后者在 11 月 9 日晚（18 点）举行的中央委员会全体会议的新闻发布会上作为"世界级新闻"宣布，由此他自己取消了宣布此规定的限制期（11 月 10 日）。沙博夫斯基本来就疲惫不堪，信息不了解，他漏看了决议的最后一句，也就是 11 月 10 日才可通过媒体宣布，于是在当晚新闻发布会快结束，大概 19 点的时候，他就宣读了这份部长会议决议[102]，当有一位记者问及生效时间的时候，他回答说新的出境规定"即时即刻"开始生效。[103]

这次新闻发布会是通过民主德国电视台现场直播的。几乎是立刻，尤其当西德的电视频道也发布了这个轰动的消息之后，大批的东柏林市民潮水般涌向边界，"要马上试试看这个新出境规定是不是有效"[104]。面对不断壮大的人群，监管边境的士兵束手无策。在当晚深夜，波恩霍尔姆街上的几个小兵面对数千名催促着的市民，干脆放弃了管制，并开放了边境。到了午夜时分，东西柏林间所有的边境都已经开放，稍后，东西德之间也畅通无阻了。"东边和西边的政府机构全都震惊了：几个小时之内，人民群众就从全副武装的哨所席卷而过，对这个世界上耗费最大精力才建立起来的边境管制视若无物。柏林墙倒塌了。"[105]

联邦总理府内，人们面对着电视里播出的柏林市民大规模跨越边境的情景，也感到难以置信。根据沙尔克要求的信号和科尔 11 月 8 日的回应，科尔周围的人虽然预计到了边境管制会放松，但未曾预料到会发生这样具有时代意义的结果。

总理府部长塞特斯在与联邦总理通话之后马上赶回了联邦议院。[106] 两名实地观察的记者描述了那里发生着的"令人动容的场面"[107]："20∶20，联邦议院副议长伦格尔（Renger）宣布，应各议会党团主席的要求，会议暂停一刻钟。与此同时，大厅电视机前正聚集着越来越多的人群，难以置信的情绪蔓延开来。20∶46，中断的会议重新开始，总理府部长塞特斯代表联邦政府做了简短声明，然后福格尔（Vogel）代表社民党议会党团讲话，其后，基民盟/基社盟议会党团主席德雷格尔（Dregger）、绿党议会党团发言人利佩尔特（Lippelt）以及自民党议会党团主席米什尼克（Mischnick）都依次发表了讲话。从速记员的会议记录来看，所有发言人的讲话，都被'来自所有党团'的掌声再三打断，这在议会历史上可是非常罕见的。在坐满了参观者的观礼台上，掌声也不断爆发出来。一位富有责任感的联邦议院官员一直着急地打着手势，想让他们的掌声平息下来，因为观礼台上的人可是不能在这里发表自己意见的。许多参观者都留下了泪水，有几个议员也因为情绪激动无法控制自己的行为。在米什尼克的讲话之后，突然有两三个联盟党议员站了起来，用颤抖的声音唱起了国歌：统一，正义和自由，为了我们的德意志祖国……自民党议员也站了起来，绿党和社民党随之也受到了感染。'就连绿党也唱了起来'，就数胡贝特·克莱纳特（Hubert Kleinert）唱得声儿最大，自民党议员乌塔·维费尔（Uta Würfel）在之后的某天这样回忆道。当时绿党内部已经开始争辩，唱歌这个行为到底算不算'民族主义'。"

实际上，在议会内发生的激情洋溢的民族团结行为让绿党懊悔不已。第二天，绿党联邦理事会发言人露特·哈梅尔巴赫尔（Ruth Hammerbacher）表示说，希望"把演唱联邦德国国歌的行为，当作是对于民主德国发生的重大民主化进步的反应，它是联邦议院的唯一一次出轨。否则的话，联邦议院不出几个月就要变成合唱团了"[108]。

柏林墙倒塌之时，联邦总理还在华沙。当晚，波兰总理马佐维耶茨基（Mazowiecki）为了迎接科尔精心准备了国宴，而就在宴会开始前，科尔通过联邦总理府专线收到了同事爱德华·阿克曼（Eduard Ackermann）的电话，获悉了柏林正在发生的事情。[109] "他简直不能相信，"阿克曼回忆说，"这件事让他震惊得说不出话来。"[110]饭后科尔就他的波兰访问召开了记者招待会。但比起他的波兰之行，记者们明显都更关心他怎么看待民主德国发生的事情。有人提问，鉴于"民主德国发生的突破"，他是否考虑缩短在波兰的行程，尽快回到波恩，科尔对此没有明确回答。但是在晚宴期间，他已经和波兰总理就中断访问进行了简短的交谈。[111]

午夜，科尔又让阿克曼打电话给他，了解德国的事态。联邦总理府建议他马上回国。随后科尔就和在华沙的随同人员考虑这个建议。时间已经是凌晨一点，他担心如果现在离开波兰，可能会引起波兰人的不满，但还是更倾向于当天就动身回国。睡了一觉之后，科尔告知波兰政府，下午晚些时候他就想飞回波恩。[112]在他又一次和阿克曼交谈的时候，电话背景里，一个阿克曼办公室的同事影射康拉德·阿登纳当年的决定——阿登纳在1961年8月柏林墙建立起来的时候没有回到柏林——并喊道："如果他不来，他就可以辞职了。"[113]

上午时分，联邦总理府告知科尔，基民盟计划在柏林举行一次大型集会。没过多久又传来一条消息，柏林市议会也同样号召举行集会。特尔切克是这样描述科尔的反应的[114]：

"在和波兰政府会面的时候，有消息传到我们这里：柏林市长瓦尔特·蒙佩尔（Walter Momper）呼吁在柏林舍内贝格区政府前举行群众集会，集会将在下午举行，联邦总理也将参加。"

"科尔非常激动不安，他对此一无所知。蒙佩尔宣布这次活动开始的时间是下午4点半，但没有与联邦总理或者哪怕只是与波恩的"看守人员"商议过。这不仅是不同寻常的行为，我们还怀疑蒙佩尔是故意将群众集会安排在这么早的时间，如此一来，即使科尔使出浑身解数也无法及时赶到柏林，对总理来说，这在公众中留下的印象将是灾难性的，而我们相信蒙佩尔在耍阴谋诡计。"

除了立刻动身，科尔别无他法。而且他不只想要在舍内贝格区政府前发表演说，还要在基民盟的集会上讲话。因为联邦总理不能乘坐联邦国防军的飞机直接飞往柏林，所以他必须在汉堡换乘一架美国的军用飞机。在美国大使维侬·沃尔特斯（Vernon A. Walter）的帮助下，科尔一路劳顿奔忙地飞往了柏林。[115]虽然及时出现在舍内贝格区政府，结果却让科尔大失所望。3000～5000名民众用"尖锐刺耳的口哨嘘声"迎接了他。集会总人数高达20000～50000人，显然柏林的左翼和另类圈子人士也参加了这次集会。科尔的演讲从头到尾都伴随着"震耳欲聋的口哨嘘声"，而市长瓦尔特·蒙佩尔，前任联邦总理维利·勃兰特以及外交部长汉斯－迪特里希·根舍的讲话却都得以顺利进行。[116]

唯有瓦尔特·蒙佩尔的演讲饱含激情。他通过使用"人民"一词达到澎湃激昂的效果。"我们德国人，现在是世界上最幸福的人民。"带着这样的激情他继续赞美"民主德国的人民"，他们"用德国的第一次民主革命，写下了德国历史上激动人心的一章"。蒙佩尔不断地重申着他对两德并存的好感："昨天并非两德重新统一的日子。昨天，是我们柏林城的两部分重新相见的日子。"他还说："我们祝愿民主德国的民主化运动，祝愿它可以如它所愿地构建自己的国家，也就是第二个德国。"蒙佩尔为"民主德国人民的民主文化"大唱颂歌，他说联邦德国的公民也"可以从中学习一二"，比如"社会责任感"还有"对尔虞我诈的社会说不"，在蒙佩尔的溢美之词里，闪耀着民主社会主义之梦，作为一个左翼民主形式的民主德国的合法化基础。[117]观看着现场直播的电视观众可以感受到，站在蒙佩尔身旁的联邦总理对他充满党派政治倾向的演说深感难堪，而且他毫不掩饰自己的不满情绪。

其他人的演讲重心则都是克服两德分裂的现状，并且强调——在欧洲框架里的——"自由中的统一"这一主题。每个人都用自己的方式敦促人们要深思熟虑。维利·勃兰特以其独一无二的有保留的态度陈述："没人想要和那些现在还在德国土地上的苏联军队过不去。"[118]根舍说："民主德国的人民用庄严、谨慎和成熟的态度，表达他们对自由的诉求，整个民族因他们而自豪。"这位外交部长的讲话主要是针对邻国："德国人民在追求自由和民主的过程中，从未成为其他民族的威胁。"[119]

联邦总理科尔要求说，"在我们民族历史上这样欢乐而又艰难的时刻，我们一定要保持清醒，聪明地作为。聪明地作为意味着，不要去跟随那些极端的口号或者声音。"科尔在讲话中重申了对"民主德国负责人"的要求，放弃权力垄断，并且重复了在经济上给予援助的意愿。在这次集会的发言中，联邦总理是唯一一个对"美国、英国以及法国朋友的支持和团结一致"表达谢意的人。两德统一和欧洲统一联系在了一起："事关德国，事关统一、法制和自由。自由的祖国德国万岁。自由而统一的欧洲万岁！"[120]

离开舍内贝格区政府，联邦总理赶往基民盟在纪念教堂前组织的集会，在那里他受到了超过 10 万人的热烈鼓掌欢迎。[121]遗憾的是，媒体几乎没有怎么报道这场集会，反而是舍内贝格区政府前的那场"口哨音乐会"被全世界铺天盖地地传播，并被作为黑胶唱片附在《日报》上[122]。

接下来，科尔又前往查理检查哨，在那里他和游行人群以及特拉比轿车一起在队伍里行进。特尔切克说道："几乎看不到他本人，而'赫尔穆特、赫尔穆特'的呼叫声则响彻天际，人们向他伸出手臂，流下了眼泪。显然，被人群团团包围给总理带来了力量。当我们再次坐进汽车时，他对我说：'在这里，可以看到人们的真实想法是什么。'"[123]有一些经历让科尔对民众情绪的感知得到了强化，让他在面对记者和知识分子的意见时充满自信，这次经历就是其中之一。

在返回波恩的航班上，总理府部长塞特斯向科尔汇报了他今天和内政部长朔伊布勒一起，与民主德国国务秘书沙尔克－哥罗德科夫斯基进行的电话会谈。会谈里再次提到出境法规和民主德国领导层对经济支持的期望。沙尔克还建议科尔与克伦茨在第二天见一次面，科尔拒绝了这个提议。他想先和这位统社党总书记通次电话。

在与英国首相玛格丽特·撒切尔（Margret Thatcher）以及美国总统乔治·布什（George Bush）[124] 通过电话之后，科尔在晚上的时候和塞特斯、朔伊布勒、特尔切克、魏格尔（Waigel）、克莱因（Klein）和魏姆斯（Wilms）女士共同商讨了最近的局势。在讨论期间，美国总统的国家安全顾问布伦特·斯考克罗夫特（Brent Scowcroft）给特尔切克打了个电话，告诉他了一个有趣的消息。"有秘密情报称，戈尔巴乔夫要求统社党的高层必须保证民主德国的'平稳过渡'。"[125]

当天下午，第 10 次中央委员会全体大会结束了。鲜少有人再关注会议的结果，比如统社党的行动方案。柏林人在彻夜狂欢。对出境和再次入境进行管制的尝试未获成功。所有的阻拦都被冲破了。所有联邦德国和民主德国之间的出入境检查站实际上都已经开放了。本应持续整个周末的、相对自由的出入境往来，在一晚上就彻底实现了，尤其在高速公路上，交通状况几近混乱。在民主德国公民的出境文件中签注旅行许可，这也未再被真正当回事。

下午 3 点，部长会议召开了会议。会议由已经从政治局引退的斯多夫主持。旅行及出境规定得到确认，并要求所有部委和中央机构都做好更完善的工作准备。此外，会议还决定为了迎接从联邦德国返回民主德国的民众，要成立一个部委间的工作小组，特别的是，该小组由斯多夫的副手君特·克莱伯来领导，他作为政治局委员在中央委员会表决中刚刚败北。会议认为必要的决定还包括确定开放新的过境通道。[126]到新年的时候已经开放了大概 70 个新过境通道，而到了 1990 年 1 月底，总共已经有 174 个官方过境通道可供使用。此外还有数百个"未经许可的"通道。很多地方，居民自己动手造通道，就像在格拉登施泰特，在边界安全机构和人民警察的眼皮底下，他们把铁栅栏切开，跑到联邦德国那一边和西德邻居聚会。有时候东西德人与边境军队一起相互帮忙，创造过境机会。[127]

1989 年 11 月 11 日早上，科尔和克伦茨通电话。[128]通话的主要内容是确定塞特斯飞往东柏林的具体时间，他将在那里筹备科尔和克伦茨在民主德国的会面。在其他方面，联邦总理科尔表现得非常谨慎。而克伦茨则以谦卑的态度，对联邦总理就两个请求纠缠不休。一个是表明边境开放不等于边境撤销。两个德国的统一还不在日程之上。对于这个问题联邦总理以《基本法》的要求作出了驳斥。另一个，克伦茨比较隐晦地暗示了曾经说好的以改革换经济支持的交易——这曾是沙尔克和塞特斯的谈话内容以及11月8日科尔讲话的内容，克伦茨当然没有提到这一来历。"我们已经准备好做出彻底的变革。我们和其他的政治力量，包括教会力量共同合作。我们预先已经做出了一系列的努力，总理先生，这您在我们的谈话里也屡次提到过。所以我想，我们已经创造了一个良好的氛围来澄清一些事情，一些关于出境往来的、和经济方面有关的事情。"科尔只回答了一句"是的"，当克伦茨想继续问清楚他的意思时，科尔突然地、几乎是不礼貌地结束了谈话。[129]

　　在中午时分，联邦总理主动给戈尔巴乔夫打了电话。[130]就像同一天外交部长根舍和爱德华·谢瓦尔德纳泽的电话会谈一样，和戈尔巴乔夫的谈话主要也是围绕"稳定"二字展开的。戈尔巴乔夫警告，预防出现"不合时宜的行为"或者混乱局面。苏联领导层方面最大的担心明显是局面会发展得失去控制。

　　和戈尔巴乔夫的谈话让联邦总理终于放心，苏联军队不会参与。特尔切克回忆说："现在，我也最终确定不会再出现充斥暴力的倒退。联邦总理也松了一口气。在过去的两年中，双方的关系发生了何等变化！科尔如释重负，他解脱地对我微笑，并用地道的普法尔茨地区方言对我说：'已经削去了梨子皮'，这是他在复杂的问题得到了圆满的解决时最喜欢用的字眼。眼下我们知道，戈尔巴乔夫也不会干涉民主德国内部的发展。"[131]

　　对于联邦总理而言，柏林墙的开放代表着两个德国关系的重新洗牌。统社党总书记再也不是东德方面处理德国问题时候的枢纽人物。在联邦政府面前，他不再是独立的行为体，而是一个被事件动态驱赶着的人。他再也不能指望莫斯科老大哥的帮助了。变革的动力已经扩散至大街小巷。柏林墙的开放明显不能判断为是统社党高层的自主决定，而是在人民压力之下取得的革命成果。"现在就实行民主"德国领导层还试图援引11月9日前的谈话，声称柏林墙开放是他们改革的体现，因此作为回报应得到经济支持，显得是自取其辱。联邦政府很清楚，民主德国经济已经不行了；民主德国领导层也不再有行动余地了。

尽管如此，联邦政府还是面临着一个艰难的状况。因为他们自己很明确，也很急迫地想要阻止难民继续迁移。基民盟秘书长鲁厄讽刺地说，抛开物质上的困难不谈，总不能让人民都跑到西德境内，然后就这样实现两德统一了吧。[132] 为了鼓励民众留在民主德国，联邦德国需要为民主德国提供短期的援助和长期的发展前景。但是援助不应巩固那个尽管实施了改革但仍死守社会主义不放的统社党政权；对于长期发展前景的促进，这就是说希望能进行彻底民主改革的愿望，不应使民主德国内支撑民主改革的力量变得极端化。

联邦政府暂时满足于，采纳和增强公民权维护者的改革愿望，并把改革声明为给予有效的财政与经济援助的条件。只要有机会，联邦总理和总理府部长就正式或者非正式地重复 1989 年 11 月 8 日的民族现状报告中的那段话。尽管已经失去了对出入境往来的控制，统社党还是在继续贯彻柏林墙倒塌前在两德关系上开辟的道路。11 月 10 日，政治局批准了在柏林墙倒塌之前呈送给它的一份决议草案，这份草案委托沙尔克同志"以非官方形式将民主德国采取的措施告知联邦政府，并且表达出希望联邦政府支持相关措施的意愿"。其中以怪异的、官腔十足的语言暗示了以改革换援助的交易："此外，根据上次的非官方会谈以及传递过来的信息，民主德国方面认为，在预期中的、党和国家领导层的相应决议公布之后，就能开启有关民主德国与联邦德国之间关系进一步发展的非正式会谈。统社党中央委员会总书记，兼国务委员会主席克伦茨和联邦总理科尔在短期内应该进行一次高峰会谈。"[133]

11 月 11 日，星期六，时任的斯多夫政府举行了其最后一次例会。[134] 像之前的许多次会议一样，这次会议也进行得毫无效率。但是一些讨论的内容如今成了火药味极浓的、极具现实意义的问题，例如政府应该如何控制柏林墙开放后的新局面。现在是政府承担责任的重要时刻，至少要有方案，努力回归有序的状态。

斯多夫政府下台发生的时刻是，民主德国所有政治领导结构处在一场紧急的危机之中。统社党终于决定，在人事方面也进行"革新"。这一决定是基于对于政治体制改革的承诺，为此首先涉及政府，政府和其他组织与机构一样应恢复宪法赋予的权利。而在 1989 年秋天里发生的这些纷扰喧闹之间，想实现这些计划几乎是来不及的。

1989 年 11 月 13 日，人民议院召开了第 11 次全体大会。统社党党团推举的候选人汉斯·莫德罗[135]以一票反对，零票弃权的结果当选为新一任总理，承担起组建政府的任务。

莫德罗本人多次描述过这些事件。其间，他不断强调，自己立刻就废除了之前每一个决议都要经过统社党领导层同意的旧原则："这是我实现抱负的重要一步，作为总理，我不是为一个党派服务，而是为全体人民服务。"对于事件的后续发展，他解释道："第一份成熟的政府声明草案马上递交给所有联盟伙伴，供他们审阅和表态。11 月 15 日，我们在联盟协商会上彻底讨论了这个草案。所有党派之间达成一致的修改意见都被加入了草案中。我在 11 月 17 日，在人民议院发表的政府声明，是得到所有 5 个党派支持的，尽管在全体大会上展开了带有批评的讨论。声明针对的是对社会主义进行民主改革，以及民主德国在重新调整其与联邦德国之间关系的同时如何能续存。"[136]

当选的当天，这位新政府首脑就和时任的部长会议成员召开了一次正式的工作磋商会。磋商的主要内容包括：延续政府成员的业务工作、明确批准部委间工作小组研究边境开放带来的影响，以及继续阻止尤其是外国公民"投机买断"商品。[137]

在确保各部委现行工作顺利进行的同时，政府组建的筹备工作也开始了。早在 11 月 10 日，莫德罗就邀请了结成联盟的各民主党派的主席及其代表参加第一次联盟"圆桌会议"，以讨论政府声明和内阁组成问题。[138]一直到 11 月 13 日，临时内阁成员名单上还有许多空缺。在建立内阁的基本原则上大家的意见是一致的，但是对具体的人选只是暂时填入的。[139]莫德罗因此公开要求各卫星党不只是"寻求"在政府内的强势地位，而且也推举有能力的候选人。[140]

新任总理尤其努力在经济领域提出新的干部人选，并着手研究新的方案。虽然如此，他还是拖延到 11 月 15 日才和柏林卡尔斯霍斯特（*Berlin - Karlshorst*）经济学院院长克里丝塔·卢福特（Christa Luft）进行会谈，允诺她担任负责经济领域的副总理的职务。[141]这一切都发生在很短的时间内，而且，事情之所以变得困难，是因为旧的领导人团体对新的方案都报以非常不信任的目光。就这样，若干"遗老"还是进入了新成立的政府之中，一部分可能是因为没有替代人选，另一部分是因为他们得到了统社党系统的顾问的"推荐"。[142]新任总理在时间相当紧迫的压力下，坐在施普雷河畔的招待所里，近乎绝望地尝试着就人员和内容形成共识。

尽管如此，有几个重点还是清晰可见的：经济改革、政治体制改革、新的外交政策，还有和联邦德国的新关系。莫德罗不得不苦涩地认识到的是："在统社党的学术机构里进行的官方研究无法为深入彻底的改革提供方案"[143]，因此，他自称改革必须得依靠柏林洪堡大学以迪特尔·克莱因（Dieter Klein）和米夏埃尔·布里（Michael Brie）为首的科学家团体以及柏林经济学院科学家团体所做的一些前期工作，以及依靠外交部的专家意见。[144]在紧张的气氛下，第12次人民议院会议在11月17～18日召开，莫德罗紧张不安地发表了近两小时的政府声明，然后提出他的内阁供选举确认。他在一开始就强调了他的联合政府有个对他而言全新的特点，那就是一个"具有新内涵的、创造性的政治联盟"[145]。这个联盟的首要任务，就是确保民主改革顺利进行，并且稳定经济形势。但是对服务于民众利益的承诺，也导致出现了一些过于情绪化的，受到乌托邦社会主义虚妄想法影响的口号："一个更好的社会主义——那里人人都有机会过上好日子，这种生活色彩斑斓，内容充实，人们可以彰显个性，也可在集体里结下伙伴关系，而不是一个人是另一个人的魔鬼……一个这样的社会主义，只有通过全民的共同努力才能发展成为一个绩效社会，它应该有能力，用其经济成果为所有公民提供社会安全。"

自10月7日开始发生在民主德国的民主变革不可逆转，"所有胆敢复辟的人，都会被人民赶下台"。11月9日的边境开放就是最有力的证明。但也出现了一些危险，比如它关系到了劳动力的状况，还关系到了所谓的欧洲现状。

莫德罗对于有关联邦总理科尔和统社党总书记克伦茨之间将举行会面的公告表示了欢迎，但是要求索回民主德国政府对此的管辖权。显而易见，他已经不打算承认政治局或者其他政党委员会在涉及国家问题时候的决定权了。新总理阐述了改革计划的一些基本特点。具体提到的内容是，朝着有利于法治国家建设和法律稳定的方向进行政治体制改革，还有经济、教育、环保、管理方面的改革。为了体现领导和管理方面进行了支出的削减，部长会议成员从44名减少到了28名。在声明的结束部分，莫德罗谈及了外交与安全政策。他承诺延续裁军和缓和政策，就像80年代后半段这一政策的推进那样。实行新兵役法是必要的。民主德国的边境还将"继续由边境军队提供可靠的保障"。莫德罗保证民主德国会履行自己在

《华沙条约》中的义务。在欧洲安全与合作会议进程中，人们积极致力于
"解决欧洲分裂的问题，但不是作为解决社会体制不同的问题"。他又以类
似的方式表达了自己对两个德国关系的态度。他拥护"非常良好的睦邻关
系"，以及一种典范式的"合作共存"。莫德罗致力于两个德国之间建立一
个尽可能广泛的责任与条约共同体。与此同时，他也希望"用民主德国的
新的现实生活，对那些不现实而又危险的宣传两德统一的痴心妄想明确说
不"。

　　除了统社党高层现今的宣告以外，莫德罗的政府声明里没有提出什么
重要的和新的改革建议。

　　11 月 17 日晚间，各议会党团发言人以及人民议院全体大会一致通过
了莫德罗的政府声明。由莫德罗宣读的内阁名单，本应在第二天上午才由
人民议院进行最终确认，但是当晚似乎也获得了承认并在媒体中公布了。[146]
不过在基民盟的施压下，第二天还是对名单进行了一次修改：东德基民盟
人士对于教育和青少年事务部部长的暂定人选表示反对，这名候选人是由
德国自由青年团（FDJ）推举的少先队组织领袖维尔弗里德·鲍斯纳
（Wilfried Poßner），东德基民盟担心他上任后会把学校和青少年与儿童组织
混为一谈。统社党担心在全体投票的时候，会因为他而造成整个候选人名
单被推翻，因此在最后时刻重新提名了科学院副院长汉斯－海因茨·埃蒙
斯（Hans－Heinz Emons）作为替补候选人。[147]政府发言人梅耶告知公众，
统社党议会党团怀疑鲍斯纳的能力，实际上统社党和鲍斯纳本人都不太清
楚具体情况。[148]电视机前的数百万名观众都能从这位青少年领袖脸上震惊的
表情中看出，这样的人事决定是在何种条件下做出的。[149]

　　新政府共由 28 名成员组成[150]，其中 9 名来自于原来的斯多夫政府。[151]
其他成员来自原来各部的领导层。那些预言曼弗雷德·施托尔佩（Manfred
Stolpe）、沃尔夫冈·福格尔（Wolfgang Vogel）、格雷戈尔·居西（Gregor
Gysi）和马尔库斯·沃尔夫（Markus Wolf）会被提名的人，现在只能感到
失望了。人民议院的议员们根本不认识大部分被任命的部长，记者们也不
认识他们，只能一头雾水地在一旁翻查相关的个人资料。[152]

　　虽然统社党以 16 个部长职位保持着自己的优势地位，但是和过去比起
来，新政府的代表性增强了，联盟党德国民主农民党和德国国家民主党
（NDPD）各有 2 个职位，基民盟有 3 个职位，德国自由民主党（LDPD）
有 4 个职位。在 11 月 13 日的人民议院议长竞选中，德国自民党主席曼弗

雷德·格尔拉赫（Manfred Gerlach）意外地败给民主农民党候选人君特·马洛伊达（Günter Maleuda），因此，作为对此的"补偿"，德国自民党的彼得·莫瑞斯（Peter Moreth）获得了副主席的职位。[153]

人民议院会议结束后，新政府立刻召开了第一次成立大会。莫德罗在简短的讲话中表示，将基于政府声明展开建设性的工作。为了引起民主德国民众的共鸣，他说道："信任很容易流失，保持信任、获取信任并扩大信任，是一项非常艰巨的任务。"[154]莫德罗又一次阐释了他对现状的认识："我们国家的局势目前很困难，就如我们在政府声明里面估计的那样，情况极其复杂并且充满矛盾。这些问题虽然是因为历史原因而产生的，但它们也和最近一段时间以及目前的情况息息相关。所以我们现在最重要的就是尽力而为，关注边境动向以及出境往来问题，并且负责任地重视人民议院讨论……讨论中有关投机行为等问题的提示，就是针对政府说的话，我们下周就要对此进行研究。"[155]

莫德罗还提出了一些可以预见的工作组织方面的困难，比如由于各个工业部门合并而造成的问题。他自己也是在正式当选后才进得了部长会议机构大门，虽然彼时他已经在第10次中央委员会会议上被提名为总理，但当时的主席斯多夫就是不肯对他提前表示支持，甚至不允许他进入部长会议的大门。[156]莫德罗认为政府工作的重中之重是所谓的原则问题，但具体是什么原则他没有进一步解释。

莫德罗希望把他所说的基本原则落实到实际政策之中。虽然在第10次中央委员会会议他刚被选举为政治局委员，还属于统社党领导层的一分子，但他明显不再打算接受统社党领导层在内政、外交核心问题上的篡权行为。

到目前为止，一直属于总书记专属领域的德国政策成为试验的范例。11月15日，沙尔克和塞特斯进行了一次"非官方会谈"。在民主德国谈判代表为克伦茨所做的会议评论中[157]记载，联邦总理的态度明显转向强硬。"会面和谈判过程都变得极其复杂"。塞特斯首先说明，联合政府中的"强大力量"坚称，"不能给予民主德国直接的出入境财政援助"。"政治影响大的人员圈"则更倾向于提供一定贷款，"使民主德国可以通过自身努力扩大出口，这样就可以把收益中的一部分作为旅行偿付资金"。

"会谈的一个首要问题"是"民主德国政治体制"的重组：要求民主德国修改宪法第一条，要求于1990年就实现地方选举，以及于1991年

"在宪法做总体修订的条件下"进行人民议院选举，还要求允许"新的党派和团体"的建立。在"联邦德国总理和民主德国国务委员会主席及总理会面前，有一件事必须说清楚，那就是民主德国会如何应对这些要求。只是承诺会考虑这些问题是不够的"。

　　一个非常明显的信号表明谈判情况发生了改变，联邦德国对民主德国领导层与联邦德国政治家往来时的行为有了新的要求。塞特斯"清楚地转达了联邦总理的意见，据此，民主德国领导层不应和没有相应权限的政治家进行谈判。从联邦总理的角度来说，不能接受的是，其他人在搞什么'庆典'，而让联邦政府做工作、开展谈判和承担责任。譬如说，哪一天民主德国在联邦政府事先不知情的情况下与其他政党或者政客打招呼，就把勃兰登堡门作为新的过境通道开放了，那只会让民主德国与联邦政府之间的官方谈判变得异常困难。如果发生这样的情况，科尔个人会感到受到了侮辱"。

　　这是不加掩饰的威胁。联邦总理想要终止联邦德国的反对党政治家们和州长们所推行的任何形式的附带外交政策，多年来，他们被统社党利用来和联邦政府对着干，自己又在向民主德国领导层献媚。柏林墙倒塌之后科尔觉得可以不那么把统社党当回事儿了；现在他的首要对话伙伴和目标群体不再是民主德国的领导层，而是那些在大街上呼喊着两德统一的革命群众们。

　　11月20日，埃贡·克伦茨和总理府部长鲁道夫·塞特斯进行了一次官方会谈，莫德罗总理也积极参与其中。[158]随同塞特斯参加会谈的有联邦德国驻民主德国常驻代表贝特乐、联邦总理府处长杜伊斯贝格、部长办公室主任施佩克（Speck），还有德意志内部关系部司长多贝伊（Dobiey）。民主德国代表团成员则为克伦茨、莫德罗、外交部长菲舍尔、国务委员会秘书埃希勒（Eichler）、沙尔克－哥罗德科夫斯基、民主德国驻波恩常设代表处负责人诺伊鲍尔（Neubauer），以及外交部（MfAA）联邦德国司司长赛德尔。

　　根据东、西德双方的评价来看[159]，克伦茨和莫德罗在会谈的大部分时间都在辩解否认。这两个人，尤其是莫德罗（西德会议记录执笔人杜伊斯贝格写道）不断证明"他们准备好重新开始，为此也对现存结构中的许多方面提出质疑"[160]。改革进程不可倒退。而且，不仅仅是修改宪法第一条就够了，而且还要有新的变化。统社党不要求垄断真理，而是鼓励意见多样化、宽容，以及为了实现最优解决方案而进行真诚的争辩。统社党主张国家和政党之间的分离。统社党支持在新的选举法基础上进行自由、普遍、平等和秘密的选举。[161]但是，民主德国仍然是一个社会主义主权国家，对此存在着广泛的政治共识；重新统一个在议程上。[162]鉴于在民主德国正在发生一场"由人民掀起的"[163]革命，由此，自决权的问题也得到了回答——克伦茨如是说。

塞特斯阐述了联邦政府的公开立场。联邦政府现在就做好准备，在环保以及扩建通信网络方面采取实质性措施，以及在民主德国"进行彻底的整治变革和必要的经济改革的前提下，提供全面的援助和合作"[164]。这位总理府部长提交了一份联邦经济部的文件，其中包括促进"经济合作"的六点建议。[165]

在克伦茨和莫德罗阐述的中心内容中，不出所料地出现了"向联邦德国寻求援助和支持的请求"[166]。首先似乎就提到了开放柏林墙的费用问题："作为放宽出境法规的回报，克伦茨要求联邦政府参与建立一个出境基金，方法是承担每个出境者兑换 100 德国马克（总数据说有 16 亿德国马克）以及继续提供欢迎金所产生的费用。"[167]

克伦茨甚至有点威胁性地暗示道，如果"联邦德国的支持"不能尽快到位的话，尚未出台的出境法规有夭折的危险。"他不排除人民议院要求国家保持经济上的巩固。"[168]

这次财政政策方面会谈中可能最有趣的部分，要数莫德罗提出的对于货币投机以及不可控巨额资金流动后果的担忧：这是"一个非常非常重要的问题"。根据需要，莫德罗要求通过联邦银行来支持民主德国货币。他的想法是，让联邦银行大量购买货币，然后按照一定的汇率重新输送回民主德国。[169]

最后，莫德罗还提出，在经过一段长期合作之后，要求联邦德国赔偿民主德国在战后所承担的"超比例的战争赔款"。他引用了西柏林社民党的说法，后者估计这个数额有 240 亿德国马克之巨。[170]总理府部长塞特斯表示了解了这些愿望，并将向联邦总理汇报。

在波恩，联邦德国对这个"赔偿给苏联的战争赔款"的荒诞要求干脆置之不理，但是重视货币问题和出境费用的融资问题。4 天之后，在黑森州州长瓦尔特·瓦尔曼（Walter Wallmann）访问东柏林的间隙，莫德罗才得到联邦德国在民主德国的常驻代表贝特乐的首次回复，贝特乐自己为瓦尔曼的东柏林之行写了评论[171]："之后在莫德罗的要求下，我和他进行了一次非常短暂的二人会谈，我告诉他说，他跟塞特斯提出的通过联邦银行的干预来稳固民主德国货币的请求，是不可能实现的。出于很多原因我们都不可能考虑这样做。但是，我们可以在出境费用融资的问题上建设性地参与，前提是民主德国也适当承担部分费用，这是我从上周四在波恩参加的会谈中得知的。"

11 月 20 日进行的塞特斯与克伦茨、莫德罗的会谈，在改革承诺方面，民主德国方面出现了某种不平衡。比起只是泛泛援引政府声明的莫德罗，克伦茨的言辞表现得更具体一些。[172]塞特斯访问的第二天，也就是 11 月 21 日，在中将沃尔夫冈·施瓦尼茨（Wolfgang Schwanitz）受任国家安全局局长仪式上，莫德罗发表了一次演说，这次演说的内容可以解释他前一天的含糊其辞。[173]这次在斯塔西军官面前进行的脱稿演讲博得了党内同志们极大的信任。

演讲中，莫德罗向"同志们"阐述了他在联合执政谈判中在德国政策上的心里话。针对由于"开放边境"所带来的收入损失，他抱怨道："过去每一个民主德国过境通道能带来千万甚至上亿的收入。而现在我们增加了 63 个通道，一共多达 93 个过境通道，居然只能遗憾地叹息，它们大概再也不能带来什么经济收入了。他们也不是很和善。可以说这笔钱就被他们拿走了。另一个他们坚持，然后主要在联合执政谈判中有影响的问题是自由选举、宪法以及宪法第一条。我公开告诉那些党主席们，如果他们想继续这样做，即在人民议院就已经通过这一切，那我倒要问，我作为政府首脑，参加克伦茨同志和联邦总理的会谈时还能表示什么。"他主张，不要"现在就把选举日期定下来，不要把修改第一条定下来。我们要先和他们谈判，这是我的意见，好让那个科尔看看，我们是有改革准备的，但是必须要从中得到回报，这样我们的准备才能转化成实际的行动，而不是完全公开后这一切就结束了"。提及和总理府部长塞特斯的会谈，莫德罗补充说："我现在可以告诉大家，当塞特斯问我，我们是否要修改宪法第一条，我们告诉他：塞特斯先生，只要我们对'感觉'这个概念的理解一致，如果您感觉我们将这样做，这您不能隐瞒。但是您不能说我们得这样做，这件事的发言权在我们，而不是您。单纯从我的基本信念来讲，如果我说什么都不再有了，那我们就真的是只能乞讨了。"

克伦茨要么不知道莫德罗和联合执政谈判伙伴进行的磋商[174]，要么就是他在与塞特斯会谈时没有遵循这一口径。从杜伊斯贝格的评论中可以看出，直到在接下来的 3 人会谈中，莫德罗表明并且贯彻了自己的观点：克伦茨和莫德罗传递了"这样的感觉，即统社党可以放弃宪法中的领导地位，但是社会主义国家性质不能动摇。新的人民议院选举时间定在 1990 年秋季和 1991 年春季之间"。[175]

在 11 月 23 日的第二次部长会议上，莫德罗提交了有关和塞特斯会谈内容的报告。[176]另外做出了一个准备各项法令的决定。决议规定，到 1990 年底至少要在人民议院引入 47 部法令。共 9 个提案被归入《关于在民主德国扩大合宪的秩序》，其中除了对宪法本身进行修改外，还涉及了《选举法》和《法院组织法》的修改。还有其他 23 部法令，如《结社与集会法》、《征兵修正案》，还有《刑事诉讼规章》，目的是"全面实现公民的基本自由和基本权利"。最后还有"保证行政体制改革"的 5 点建议和"实现全面经济改革"的 10 份草案。每个部委需要准备的相关材料都进行了具体落实。[177]

莫德罗的做法和表现表明，这位新总理还是认为民主德国有很大的斡旋空间和调控可能性。他来自西德的对话伙伴联邦总理科尔则认为，民主德国的真正改革力量是民众的革命潜能。联邦总理和这种潜能联盟在一起，来对抗新的民主德国领导层，后者越来越迅速地陷入了外部主导的动力漩涡之中。

11 月的最后几天，尤其是公众对于原党和国家领导人特权、对滥用职权和贪污腐败的声讨激烈起来。事件的一根主要导火索是媒体工作者们于 11 月 23 日造访了隐蔽在森林中的住宅区万德利茨（Wandlitz），那里住着昂纳克时期的政治局成员。

第二节　联邦总理的德国政策攻势：《十点纲领》
（1989 年 11 月 28 日~1989 年 12 月 19 日）

一直等到 1989 年 11 月 28 日，联邦总理才开始在德国政策上采取攻势。在联邦议院财政预算辩论会上，他提交了解决德国以及欧洲分裂现状的《十点纲领》（Zehn - Punkte - Programm）。[178]首先，他表明联邦政府已经准备好立刻对民主德国实施援助，延续并发展与民主德国的合作。他又一次要求"民主德国进行彻底的政治经济体制改革"，尤其是要废除统社党的集权统治。科尔提到了莫德罗不久前阐述过的建立一个条约共同体的想法，但同时把它向前推进了重要一步。他建议道，"两国之间建立起以形成一个联邦，即联邦制国家秩序为最终目标的邦联式结构。"总理本人笃信两德将重新统一。"今天没人能断言，重新统一后的德国会是什么样子。但是只要德国人民有统一的意愿，统一就会实现，对此我坚信不疑。"对于总理来说，和重新统一目标一样重要的，是如何把它嵌入"全德进程"之中：其中包括深化欧洲一体化，强化欧安会进程，继续进行裁军和军控，并且构建"欧洲范围全面的安全结构"。

不论是对西方盟友，还是对联邦政府成员来说，联邦总理的这一主动出击都来得很突然，甚至连联邦外交部长汉斯－迪特里希·根舍事先也不知情。

科尔的演讲是恰当时刻的政治领导行为。他为德国和国际范围内有关德国问题的争论指明了方向。虽然国际上已经在疯传两德统一的猜测，但到那时为止，在联邦德国内，无论是媒体还是政治家表现得更多的都还是克制和不安。虽然柏林墙的开放得到了大肆庆祝，但人们还只是犹豫不决地试探关于重新统一的看法。在舍内贝格区政府前举行的、庆祝柏林墙开放的集会上，柏林市长瓦尔特·蒙佩尔发表的和联邦总理不同的演讲，就明确体现了当天的氛围，他说："昨天并非重新统一的日子，而是在我们城市里重新相见的日子。"[179]公众思考的主要问题不是统一，而是民主德国人民的自由和自主权，也许将来某一天会从中发展出两德统一的结果，但这只会是在欧洲的结构里实现。

这种态度并不令人诧异，并且它符合从阿登纳到勃兰特再到科尔的联邦德国政界的价值秩序。但是，西德的观望态度的一个更重要的原因在于一个大的不确定因素：民主德国的人民到底想要什么？谁若是像所有的西德的记者和政治家一样主张民主德国公民的自决权，就得把有关重新统一的决定留给他们。

人们只能猜测民主德国人民的愿望，因为他们的发言人都不具备民主合法性。对于西德来讲，他们要努力分辨民主德国方面多个行为体和多种意志表达方式之间的区别。最开始还是统社党控制的国家和政府的高层，他们数十年来享受着西方政治、经济和文化领域精英的献媚。但是他们的权威被逐步掏空。另一个行为体是各式各样的民权运动组织。10月的时候，这些组织所做的不过是上街游行而已，但是到了11月，他们似乎已经转变成了直接的行为体。最后，民意调查也日益被用作调查人民意志的手段。

到了 11 月中旬，联邦德国的观察家们已经感觉到，民主德国的大部分公民希望坚持国家的独立性。在 1989 年 11 月 15 日，弗里茨·乌尔里希·法克（Fritz Ullrich Fack）还在由他共同主编的《法兰克福汇报》中撰文称，统社党政权通过出境自由权在重要的一点上为自己获得了明确性："它没必要担心会有破除两德并存局面的要求"[180]。《新苏黎世报》在 11 月 16 日表示："实际上，西德媒体始终异口同声地表示，民主德国对于实现民族统一没有兴趣，而探寻一个拥有民主基本秩序和社会主义或非社会主义特征的'新的民主德国'的身份认同则成了重中之重。"[181]可以预期，民主德国政府将会就国家独立性明确表态。无论是统社党总书记埃贡·克伦茨，还是新总理汉斯·莫德罗都毫无疑问地表示过，对于他们来说，两德的重新统一"不在讨论范围内"。[182]

更重要的是主要民权运动人士坚持两个德国并存。似乎他们反对政府所取得的成果恰恰在于提出或发现一种民主德国的身份认同。公民运动组织"现在就实行民主"（Demokratie jetzt）成员沃尔夫冈·乌尔曼（Wolfang Ullmann）就表示说，与统社党自己所设想的不同，统社党关于民主德国国家目标的论点突然成为现实。[183]这一观点的高潮以及终结，是 1989 年 11 月 26 日发表的《为了我们的祖国》的号召，3 天后这一号召通过《新德意志报》公开发表。联名签署该号召的作家、艺术家、教会代表们都支持"民主德国的独立性"，支持民主德国作为"联邦德国的社会主义形式"存在，并且反对"廉价地出卖我们的物质和道德价值"，抗拒"民主德国早晚要被联邦德国吞并的可能"。[184]

此时，旁观者也可以看清，这些民权主义者的想法并不能代表所有人。在"精英"民权主义者和街头游行的群众之间很快产生了裂痕。只要反对统社党政权的游行还是按照民主德国宪法规定的和平的、合法的方式进行，就不可能提出两德统一的要求。但柏林墙倒塌之后，这一点不再有效。

"新论坛"（Neues Forum）的共同发起人之一延斯·赖希从 11 月 4 日亚历山大广场的游行中看到了第一阶段的终结。"之后的公民运动就要求两德统一了。不过，它们 11 月才开始。我不敢说它们表现得多么和平，莱比锡大游行就带有很明显的攻击性特点。这些运动也没有多么了不起，因为其中掺杂了太多的、对经济奇迹的渴求。"[185]

虽然 10 月中旬开始，在民主德国南部，尤其是普劳恩（Plauen）地区的游行已经打出了德国国旗[186]，但在联邦德国，一直到 11 月的后半个月电视上才开始报道这一"改革中的转折"。11 月 16 日，贝贝尔·博勒在一次奥地利媒体采访中抱怨道，"新论坛"内部已经由于统一问题发生了分裂。她已经不再计算"新论坛"的成员，而是只计算"那些退出的人，因为他们希望明天就能看到两德统一"[187]。媒体报道中可以看到，11 月 13 日的莱比锡周一大游行中第一次出现了要求统一的呼声，而且一次比一次响亮。人们抑扬顿挫地高呼并且将其写在横幅上："德国——统一的祖国"，那是贝歇尔（Becher）创作的民主德国国歌中的歌词，它在民主德国第二次修宪（1974 年）之后就不再允许被唱诵。"我们是人民"的句子被改成了"我们是一个民族"。在 11 月 13 日的莱比锡游行上已经可以看到这句话了[188]。正如两天前，11 月 11 日《图片报》文章所写："今天你们高喊'我们是人民'，明天你们就会高唱'我们是一个民族'。"[189]此时的媒体不仅仅是信息传播者，更是信息强化者。这一点在电视媒体上表现得尤为突出。起初只是偶尔出现的统一标语口号，因为媒体的集中曝光而加速了统一的动力。在民主德国境内外，两德统一的目标都因此被推到了议事日程的前列。因为"街头运动"，西方很快纠正了之前由民权主义者带来的、民众对统一不感兴趣的错误印象。

　　一场关于民主德国"人民的声音"解读的争霸赛，通过民意测验的形式上演了。民主德国在这个时期还缺乏足够的技术支持来进行这样严肃的民意调查，这为政治操控调查结果开启了大门。不足为奇的是，这些民意调查得出的结果相互矛盾的。《日报》11 月 13 日发表了有关 11 月出境大潮的《民主德国游客的快速民意调查的初步结果》。根据这一结果，"在东西方世界之间往来的人中，只有 26.1% 的被调查者支持建立一个民主国家，这一民主国家拥有一个通过共同选举产生的议会，而 73.9% 的人则希望看到两个民主国家，但边境相互开放"。[190]11 月 16 日，画报《快报》（Quick）则发表了相反的结果：有代表性的民意调查结果显示，59% 的民主德国公民希望两德统一；但在问到对独立的民主德国未来有什么看法时，67% 的被调查者希望那会是一个"有人性"的社会主义国家。[191]

　　11 月 20 日，另一个民意调查结果出现了，其中 67% 的民主德国公民支持两德统一。[192]3 天后，《明星周刊》杂志又报道了一次大型问卷调查，其中 61% 的民主德国公民支持两德统一。[193]《新德意志报》则在 11 月 25 日发表了相反的结果，根据受统社党中央委员会社会科学院和民主德国科学院的委托所进行的两项民意调查都显示，"绝大部分民众支持一个社会主义的民主德国"[194]。

联邦总理府对民意调查结果也很敏感，但他们更信任西方进行的严肃的民意调查，而不是对东德人心理状态的模糊解读。特尔切克在11月20日的工作日记中写道，在"德国电视二台的政治晴雨表"中，70%的联邦德国民众支持两德统一。[195]

面对民主德国内所发生事情的不确定性，波恩政界在柏林墙倒塌后的日子里对外仍然采用谨慎的政策，但是内部却很忙碌。

官方政策的主要内容还是联邦政府对民主德国的援助计划。联邦总理科尔在11月16日的政府声明[196]中重申了他11月8日在有关民族现状的联邦政府报告中做出的承诺。联邦政府准备好提供全面的紧急援助。其背后的考量当然是来自民主德国移居者的数量的膨胀，以及努力给予民主德国的人以前景，以便他们留在民主德国境内。作为提供"一个全新的维度"的"援助和合作"的前提条件，科尔再次要求"民主德国进行彻底的政治经济体制改革……我们不希望巩固那些无法长久维持的状况"。联邦总理绝不想支持已经摇摇欲坠的统社党政权。

这些天来的政治斗争就是围绕这些问题，它不仅仅发生在政府和反对党之间，也发生在各个党派内部。如何帮助民主德国的民主化运动，是应提供全面援助但以民主德国的变革为前提条件，还是通过无条件的慷慨相助来支持变革？

在西德人民之中，这种争论却没有发生。如果认真研究媒体报道的话，就会知道，这些争论不过是发生在政治舞台上的狭隘的、从政党策略出发的争吵罢了。特别是在柏林墙倒塌后的那天在柏林发生的那不体面的一幕还产生着持续的影响。在之后的那些天里，公众通过柏林的闹剧愈加看清了联邦总理和柏林市长之间的关系。科尔质疑蒙佩尔对宪法的理解是否还和他相同。[197]一周后，蒙佩尔在一次媒体采访中对之前有观察家指出，在舍内贝格区政府前的那次市民集会上，蒙佩尔抢了科尔的风头，做了回应："哎呀，那总理也的确说了些蠢话。"[198]

时任联邦总统理查德·冯·魏茨泽克（Richard von Weizsäcker）的"回忆"也体现了对联邦总理不利的情绪。魏茨泽克虽然还清楚地记得蒙佩尔在肯尼迪广场上进行的演说，却对科尔的演讲只字未提。[199]

在执政党和反对党讨论在波恩进行"圆桌会议"商谈的必要性时，也体现出了党派博弈的痕迹。社民党主席提出了这一建议，[200]而联邦总理则以议会中有明显的多数意见为由反驳了他的提议，[201]虽然不像1970年赫尔伯特·魏纳（Herbert Wehner）那样粗暴，后者驳斥莱纳·巴泽尔（Rainer Barzel）提出的寻求东方政策的共同点的提议时说："不，我不需要反对党。"[202]在11月11日的内阁会议上，执政联盟合作伙伴明确支持了科尔的这一态度。外交部长根舍说，议会实际上就是"圆桌会议"。[203]

报刊的社论撰写人对此变得焦躁不安。从《世界报》到《法兰克福评论报》，从《莱茵信使报》到《时代周报》都在要求政治家们，结束政党策略性博弈的把戏，在德国政策上提出方案性立场。[204]

各党领导层和联邦总理府都异常忙碌起来。谁能"占据"两德统一"这个主题"？谁能赢得"意见领袖"的地位？[205]民主德国新任总理莫德罗在11月17日迈出了重要的第一步。他在人民议院发表政府声明时说道，希望"两个德国之间通过条约共同体来作为责任共同体的基础"。对于两德统一他明确"表示反对"。政治体制的改革应该是"民主德国作为一个社会主义、独立自主的德意志国家的合法性"的革新。[206]

莫德罗的出击遭到了反对，不过这是他计划好的。如果他为两德统一设立起一道防线，这样西德政治家们就会觉得自己不得不努力向前推进一步，决不能让莫德罗成为话语领袖。更何况，民主德国国内宣扬两德并存的那些人不能代表民众的意愿，这已经是越来越明晰的事情。

在对莫德罗的回应中，提出的关键词是"邦联"，这个概念让上了年纪的人联想到乌布利希时代。几天以来，邦联二字就已经反复出现在媒体上。

为了给自己的政党加分，社民党联邦议会党团副主席霍斯特·艾姆克（Horst Ehmke）发起了攻势。11月20日，他发表了一份题为"在可行范围内实现两德统一"的德国政策方案，其中提出了"三个选项，但它们更多地被视作可能的解决方案的层层递进的阶段性建议"。据此，这条道路将把"两个彼此完全分裂的国家"引向"一个德意志邦联"，再在此基础上"通过一个较长期的过程，最终实现一个联邦制国家"。但是"一个这样的德国"不能成为北约成员。[207]艾姆克的这一观点来自党内德国问题及安全问题权威专家埃贡·巴尔（Egon Bahr），他几周前就表示过："统一和北约是互不相容的"[208]。

11月23日，社民党联邦议会党团外交政策发言人卡斯滕·福格特

（Karsten D. Voigt）提出了与艾姆克相似的方案，即"通过合作实现邦联"。[209]

让艾姆克生气的是，反对党领导人汉斯－约亨·福格尔（Hans－Jochen Vogel）没有听从他的、通过阶段性计划在德国政策上占取主动地位的建议。[210]不过，社民党人在随后的日子里甚至沦落到以防守的姿态出现，这件事却不能怪福格尔，而是奥斯卡·拉封丹（Oskar Lafontaine）的过错。这位社民党总理候选人认为，如果两德统一，迁徙至联邦德国的移民会造成联邦德国的财政负担，这一席话激起了一场愤怒的风暴，甚至在其党内也引起了恼怒。无论如何，社民党最高领导层可有的忙了，以便社民党在德国政策上不至于完全被排挤到一边去。

联邦总理府对于德国政策这个话题的处理显得更加巧妙。特别是在莫德罗出击后，这里人们也清楚，有些事情要发生了。11月20日，塞特斯访问东柏林的那一天，德国电视二台的政治晴雨表报道了执政各党公共支持率的不足。在著名的"周日问题"民调中，执政联盟没有获得多数支持。这次的政治晴雨表还表明，60%的联邦德国公民"支持两德统一，并保持中立"[211]。这一报道无疑是警告性的，政治引导必须立时介入。

11月21日，苏联信使尼古拉·波图加洛夫（Nikolai Portugalow）拜访总理顾问霍斯特·特尔切克，推动了此事。波图加洛夫是瓦伦丁·法林（Valentin Falin）派来的，他为特尔切克念了两份文件，其中第一份文件是和戈尔巴乔夫最亲密的外交顾问安纳托利·切尔纳耶夫（Anatolij Tschernajew）协商过的。法林和波图加洛夫认清了德国政策的发展趋势，并且，用波图加洛夫的话来说，试图"划定框框，并努力使那条不可避免的道路不至于走得太快，使发展态势不至于失去控制，而且，提出的问题也是这样表述的"[212]。波图加洛夫一方面想要知道联邦总理是怎么想的，另一方面想要通过表明苏联方面的设想重新夺回苏联在德国政策问题上的领导权。与此相关，波图加洛夫在讲话中使用了"任何形式的德国邦联"的概念，而干脆抛弃了"重新统一"这个概念。[213]

这次访问的确产生了影响，只不过和拔得头筹的意图恰恰相反。特尔切克仿佛"触了电"一样。苏联领导层的想法居然已经发展至此，这明显超出了德国人的想象。[214]而且苏联好像还没有完全打定主意。[215]不过不论怎样，波图加洛夫清楚表明，迄今为止，对于德国问题，苏联人比德国人自己看得更紧迫。特尔切克立即告知联邦总理这一消息，于是联邦总理在当天就形成了"分阶段行动的想法"。[216]

两天后，11 月 23 日，联邦总理最核心的人员聚集在联邦总理官邸召开工作会议，对进一步的行动做了具体布置。[217]到场的有总理府部长塞特斯，政府发言人克莱因，各部的司长特尔切克、阿克曼、瓦格纳（Wagner）以及贝格尔斯多夫（Bergsdorf），演讲撰稿人小组组长诺贝特·普利尔（Norbert Prill），以及他的组员米夏埃尔·梅尔特斯（Michael Mertes），总理办公室副主任施特凡·艾瑟尔（Stephan Eisel），还有尤莉娅娜·韦伯（Juliane Weber）和沃尔夫冈·吉波夫斯基（Wolfgang Gibowski）（来自"选举"研究小组）。[218]会谈的借口是如何改善"联邦政府目前糟糕的公关工作"。[219]大多数参与者都同意，有事情要发生了。特尔切克在普利尔、艾瑟尔和梅尔特斯的支持下，要求在德国政策上采取攻势，而塞特斯保持克制。科尔同意在特尔切克的主笔下制定一份方案。"为了达到出其不意的效果，即使在联邦政府内部也不许提前走漏风声。"[220]

特尔切克这一在第二天得到科尔支持的意图最初在联邦总理府内部遭到了反对。总理府部长兼总理府负责德意志内部关系的联邦部长塞特斯在联邦总理府司长、"德国政策"工作组组长克劳斯－于尔根·杜伊斯贝格的影响下，质疑这一德国政策动议的成功机会。在特尔切克组建的工作小组内，联邦总理府德国政策方面的政治家们[221]不仅对该倡议出台的时间点表示出顾虑，而且提出了根本性的反对意见。

处于核心的是有着两种不同社会化形式的部委官员之间的冲突。其中一种，以特尔切克为代表，把自己的事业完全维系在科尔一人身上，在任何情况下都紧紧追随他。他所有的行动都以对科尔有利为准则；因此在他的外交政策的职责中，他思考的主要出发点也是内政。从这个角度来讲，为科尔设计这个德国政策动议的任务，就是为了制定一份"使用方便的计划"，以便使这一计划能够抓住联邦德国内政上的民意。[222]这个计划之所以有 10 点，主要是为了起到足够的宣传效果：比如说人们当时也想用那个神奇的数字 7。为了配合形式，内容专门被分成了 10 个部分。[223]讨论的最多的内容是这个计划应该用什么题目。为了避免人们联想到过去的各种德国计划，这 10 点建议不被命名为"计划"，而是"纲领"。[224]

联邦总理府司长、德国政策工作组组长杜伊斯贝格，则是和特尔切克完全相反的另一种类型的部委官员。他是职业外交官，因此习惯把各种利益因素以及所有行为体可能的行动都纳入进来考量并对外交政策的各种相互联系进行仔细分析。在这个具体情况里，按照杜伊斯贝格的说法，这个计划至少有4个考量因素。

第一，民主德国原本就在逐渐分崩离析，但不能因为西德想要统一就让当前的局面以"洪流"一般的速度不可控制地发展下去。第二，莫斯科方面一直到1月份还在不断发出信号，就是如果民主德国受到本质威胁的话，不排除苏联军队会进行干预。第三，此外，还要注意安抚西方大国的情绪。所以联邦总理府的外交官们，包括特尔切克的副手彼得·哈特曼（Peter Hartmann），都认为不去咨询盟友的意见是个错误。第四，杜伊斯贝格才提到联邦德国内政支持率的问题。而且无论如何它也不能打破平衡，占据比其他三点都更重要的位置。[225]

从这个角度出发，脱离《基本条约》（1972年）的原则，即事实上承认两德并存的原则的时机还未到。杜伊斯贝格认为不能欺压民主德国；联邦德国的作为必须与民主德国的发展情况联系起来。两德统一是一个长远的最终目标，"它绝不是明天或者后天就能实现的"，而是一个长期发展的结果。[226]此外要避免某种会使人们质疑联邦德国的联盟能力的说法。只要人们认为德国若不退出北约，统一就没有可能的话，那么，这一思路就完全是合乎逻辑的。

周六，特尔切克和科尔的那些更为年轻的同事们在联邦总理府顶着德国问题专家的反对做出决定，总理不打算在演讲草稿里采用"邦联"二字，而意图使用普利尔建议的"邦联结构"的概念[227]："我们准备好再迈出关键的一步，也就是说在两个德国之间建立起邦联结构"（第5点）。联邦总理府希望用这种表达方式来强调这个阶段只是暂时的，而统一才是长期目标，并且防止人们联想到乌布利希的邦联概念。

就在当天，联邦总理就在他路德维希港的私人住宅中收到了这份演讲稿。科尔自己在演讲稿中添加了一些"补充和修改意见"（特尔切克）。他并不仅仅是做了一些文字编辑上的修改，而是让有关德国政策上的目标的内容更加明确详尽。联邦总理咨询了在场的拉姆施特尔（Ramstetter）兄弟，以及两个牧师朋友的意见。[228]科尔还打电话向前国防部长、国家法教师鲁佩特·朔尔茨（Rupert Scholz）请教了邦联和联邦的法律范围的差异。汉内洛蕾·科尔（Hannelore Kohl）用一台老式的旅行打字机打出了修改的部分。[229]

und vielen anderen Städten bewegt. Sie wissen, was sie
wollen. Sie wollen ihre Zukunft selbst bestimmen - im
ursprünglichen Sinne des Wortes. *[handschriftliche Einfügung]*

Wir im freien Teil Deutschlands stehen unseren Lands-
leuten solidarisch zur Seite. Wir werden dabei jede
Entscheidung, die die Menschen in der DDR in freier
Selbstbestimmung treffen, selbstverständlich respek-
tieren.

Bundesminister Seiters hat Anfang letzter Woche mit dem
Staatsratsvorsitzenden Krenz und Ministerpräsident
Modrow über die Vorstellungen der neuen DDR-Führung
gesprochen. Es ging uns darum zu erfahren, wie das an-
gekündigte Reformprogramm vollzogen werden soll und in
welchem Zeitrahmen die konkreten Schritte zu erwarten
sind.

Es ist verabredet, das Gespräch Anfang Dezember fortzu-
setzen. Wenn sich - wie wir hoffen - in diesen Ge-
sprächen erste Ergebnisse abzeichnen, möchte ich auch

Kohl [Unterschrift]

<u>Deutschlandpolitik</u>

Meine Damen und Herren! Seit Öffnung der innerdeutschen
Grenze und der Sektorengrenze in Berlin am 9. November
ist die Deutschlandpolitik in eine neue Phase einge-
treten - mit neuen Chancen und neuen Herausforderungen.

Wir alle empfinden große Freude über die neugewonnene
Reisefreiheit für die Menschen im geteilten Deutsch-
land. Mit den Deutschen in der DDR sind wir glücklich,
daß nach Jahrzehnten Mauer und Grenzsperren endlich
friedlich überwunden werden konnten.

Und wir empfinden Stolz darüber, daß die Deutschen in
der DDR mit ihrem kraftvollen und friedlichen Eintreten
für Freiheit, Menschenrechte und Selbstbestimmung vor
aller Welt ein Beispiel ihres Mutes und ihrer Freiheits-
liebe gegeben haben. *[handschriftliche Einfügung: Ein Beispiel der ...]*

Wir alle sind tief beeindruckt vom lebendigen und unge-
brochenen Freiheitswillen, der die Menschen in Leipzig

一份历史性文件：这份针对1989年11月28日联邦议院会议的、有关德国政策的《十点纲领》草案，是联邦总理科尔在11月25~26日这个周末在奥格斯海姆（Oggersheim）提交的。在38页和42页上插入的内容由科尔自己撰写，并由他夫人打字输入。

Der Aufbruch, den wir heute erleben, ist das Ergebnis von vielen politischen Entwicklungen der vergangenen Jahre. Wir haben mit unserer Politik maßgeblich dazu beigetragen:

- Entscheidend dafür war zunächst, daß wir diese Politik auf dem festen Fundament unserer Einbindung in die Gemeinschaft freiheitlicher Demokratien betrieben haben. Geschlossenheit und Standfestigkeit des Bündnisses in der schweren Bewährungsprobe des Jahres 1983 haben sich bewährt.

- Mit dem Übergang zu neuen Stufen der wirtschaftlichen und politischen Integration in der Europäischen Gemeinschaft haben wir erfolgreich das Modell des freien Zusammenschlusses europäischer Völker fortentwickelt, der weit über die Gemeinschaft Anziehungskraft ausübt.

- Auf der anderen Seite waren eine entscheidende Voraussetzung die Reformpolitik von Generalsekretär

[handschriftliche Notiz:] Ohne Klaren Kurz: NATO in der EG eine Reform...

selbst noch vor Weihnachten mit den Verantwortlichen in der DDR *[handschriftlich]* zusammentreffen.

Bundesminister Seiters hat in Ostberlin auch mit Vertretern der Oppositionsbewegung aus verschiedenen gesellschaftlichen Gruppen und den Kirchen gesprochen. Ich habe in der letzten Woche Vertreter der Opposition in Bonn empfangen.

Wir halten es für geboten, bei allem, was wir jetzt tun und entscheiden, auch die Auffassungen, Meinungen und Empfehlungen der Opposition in der DDR kennenzulernen. Auf diese Kontakte legen wir weiterhin großen Wert. Wir wollen sie auch in Zukunft intensiv pflegen.

Es eröffnen sich neue Chancen für die Überwindung der Teilung Europas und damit unseres Vaterlandes. Die Deutschen, die jetzt im Geist der Freiheit wieder zusammenfinden, werden niemals eine Bedrohung, dafür um so mehr ein Gewinn für das zusammenwachsende Europa sein.

30

Gorbatschow im Innern der Sowjetunion und das neue
Denken in der sowjetischen Außenpolitik. Ohne die
Anerkennung des Rechts der Völker und Staaten auf den
eigenen Weg wären die Reformbewegungen in anderen
Staaten des Warschauer Paktes nicht erfolgreich
gewesen.

- Zu der dramatischen Entwicklung in der DDR wäre es
nicht gekommen, wenn nicht Polen und Ungarn mit
tiefgreifenden Reformen in Politik, Wirtschaft und
Gesellschaft vorangegangen wären. Ich begrüße es, daß
sich jetzt auch in Bulgarien und in der CSSR ein
Wandel abzeichnet.

[handschriftliche Notiz]

- Eine bedeutende Rolle hat nicht zuletzt der KSZE-Pro-
zeß gespielt, in dem wir gemeinsam mit unseren
Partnern stets auf einen Abbau von Spannungsursachen,
auf Dialog und Zusammenarbeit und ganz besonders auch
auf die Achtung der Menschenrechte gedrängt haben.

- Ein neues Vertrauen in den West-Ost-Beziehungen
konnte wachsen dank der kontinuierlichen Gipfel-
diplomatie der Großmächte und den zahlreichen inten-
siven Begegnungen der Staats- und Regierungschefs
zwischen West und Ost. Der historische Durchbruch bei
der Abrüstung und Rüstungskontrolle sind sichtbarer
Ausdruck dieses Vertrauens.

- Die breit angelegte Vertragspolitik der Bundesregie-
rung gegenüber der Sowjetunion und allen anderen
Warschauer-Pakt-Staaten hat zur Entwicklung des
West-Ost-Verhältnisses wesentliche Beiträge geleistet
und ihr wichtige Impulse gegeben.

- Dazu gehört auch *die* konsequente Politik für den
Zusammenhalt *[handschriftlich]* Nation. Seit 1987 haben uns jährlich
viele Millionen Landsleute aus der DDR besucht,
darunter zahlreiche junge Menschen. Unsere "Politik
der kleinen Schritte" hat in schwierigen Zeiten das
Bewußtsein für die Einheit der Nation wachgehalten
und geschärft und das Zusammengehörigkeitsgefühl der

كلمة بنتس كسي - لماده ه ٥ بـ الا ييسهر ة الكنا

Deutschen vertieft. Das kommt in diesen Tagen ganz
besonders stark zum Ausdruck.

Heute stehen wir - für jedermann erkennbar - am Beginn
eines neuen Abschnitts der europäischen und der
deutschen Geschichte - eines Abschnitts, der über den
status quo, über die bisherigen politischen Strukturen
in Europa hinausweist.

Der Wandel ist zuallererst ein Werk der Menschen, die
auf die Gewährung von Freiheit bestehen, auf der Ach-
tung ihrer Menschenrechte und auf dem Recht, über ihre
Zukunft selbst zu bestimmen.

Alle, die in und für Europa Verantwortung tragen,
müssen diesem Willen der Menschen und Völker Rechnung
tragen. Wir alle sind jetzt aufgerufen, eine neue
Architektur für das europäische Haus, für eine dauer-
hafte und gerechte Friedensordnung auf unserem Konti-
nent zu gestalten - wie es auch Generalsekretär

33

Gorbatschow und ich in unserer Gemeinsamen Erklärung
vom 13. Juni dieses Jahres bekräftigt haben.

Dabei müssen die legitimen Interessen aller Beteiligten
gewahrt werden. Das gilt selbstverständlich auch für
die deutschen Interessen.

Wir nähern uns damit dem Ziel, das sich das Atlantische
Bündnis bereits im Dezember 1967 gesetzt hatte - ich
zitiere -: " Eine endgültige und stabile Regelung in
Europa ist ... nicht möglich ohne eine Lösung der
Deutschlandfrage, die den Kern der gegenwärtigen
Spannungen in Europa bildet. Jede derartige Regelung
muß die unnatürlichen Schranken zwischen Ost- und
Westeuropa beseitigen, die sich in der Teilung
Deutschlands am deutlichsten und grausamsten offen-
baren."

Den Weg zur Einheit können wir nicht vom "grünen Tisch"
aus oder mit dem Terminkalender in der Hand planen.
Abstrakte Modelle helfen nicht weiter. Aber wir können

schon heute jene Etappen vorbereiten, die zu diesem

Ziel hinführen. Ich möchte sie anhand eines Zehn-

Punkte-Programms erläutern:

Zunächst sind Sofortmaßnahmen erforderlich, die sich

aus den Ereignissen der letzten Wochen ergeben haben.

Insbesondere durch die Fluchtbewegung und die neue

Dimension des Reiseverkehrs.

Erstens: Die Bundesregierung ist zu sofortiger konkre-

ter Hilfe dort bereit, wo diese Hilfe jetzt benötigt

wird. Wir werden im humanitären Bereich und bei der

medizinischen Versorgung helfen, soweit dies gewünscht

wird.

Wir wissen auch, daß das Begrüßungsgeld, das wir jedem

Besucher aus der DDR einmal jährlich zahlen, keine Lö-

sung für die Finanzierung von Reisen sein kann.

Letztlich muß die DDR selbst ihre Reisenden mit den

nötigen Devisen ausstatten. Wir sind aber bereit, für

eine Übergangszeit einen Beitrag zu einem Devisenfond

zu leisten. Voraussetzung dafür ist allerdings, daß der

Mindestumtausch bei Reisen in die DDR entfällt, Ein-

reisen in die DDR erheblich erleichtert werden und die

DDR einen eigenen substantiellen Beitrag zu dem Fonds

leistet.

Unser Ziel ist ein möglichst ungehinderter Reiseverkehr

in beide Richtungen.

Zweitens: Die Bundesregierung wird wie bisher die Zusam-

menarbeit mit der DDR in allen Bereichen fortsetzen,

die den Menschen auf beiden Seiten unmittelbar zugute

kommt. Das gilt insbesondere für die wirtschaftliche,

wissenschaftlich-technologische und kulturelle

Zusammenarbeit. Besonders wichtig ist eine Intensi-

vierung der Zusammenarbeit im Bereich des Umwelt-

schutzes. Hier kann schon in Kürze über neue Projekte

entschieden werden.

Darüber hinaus wollen wir mitwirken, daß das

Telefonnetz der DDR rasch ausgebaut werden kann.

...den Ausbau der Eisenbahn Hannover-Berlin wird weiter
verhandelt.

Drittens: Ich habe angeboten, unsere Hilfe und unsere
Zusammenarbeit umfassend auszuweiten, wenn ein grund-
legender Wandel des politischen und wirtschaftlichen
Systems in der DDR verbindlich beschlossen und unum-
kehrbar in Gang gesetzt wird.

Reformen und die Ausweitung unserer Zusammenarbeit
müssen Hand in Hand gehen. Im Bereich der politischen
Reformen geht es vor allem um eine Änderung der
Verfassung. Das Machtmonopol der SED muß aufgehoben
werden. Ein Wahlgesetz muß verabschiedet werden, das
eine freie, gleiche und geheime Wahl unter Beteiligung
unabhängiger, auch nichtsozialistischer Parteien ermög-
licht.

Wirtschaftliche Hilfe kann nur wirksam werden, wenn
grundlegende Reformen des Wirtschaftssystems erfolgen.
Dies zeigen die Erfahrungen mit allen RWG-Staaten.

...die bürokratische Planwirtschaft muß abgebaut werden.

Wir wollen nicht unhaltbar gewordene Zustände stabili-
sieren. Wirtschaftlichen Aufschwung kann es nur geben,
wenn sich die DDR für westliche Investitionen öffnet.
marktwirtschaftliche Bedingungen schafft und privatwirt-
schaftliche Betätigungen ermöglicht. Joint ventures
wären unter dieser Voraussetzung bald möglich.

Dies sind alles keine Vorbedingungen, sondern sachliche
Voraussetzungen, damit unsere Hilfe überhaupt greifen
kann. Im übrigen kann kein Zweifel bestehen, daß die
Menschen in der DDR eine Wirtschaftsordnung wollen, die
ihnen auch wirtschaftliche Freiheit und damit Wohlstand
gibt.

Viertens: Ministerpräsident Modrow hat in seiner
Regierungserklärung von einer Vertragsgemeinschaft
gesprochen. Wir sind bereit, diesen Gedanken
aufzugreifen. Denn die Nähe und der besondere Charakter
der Beziehungen zwischen den beiden Staaten in

Deutschland erfordern ein immer dichteres Netz von
Vereinbarungen in allen Bereichen und auf allen Ebenen.

Diese Zusammenarbeit wird zunehmend auch gemeinsame
Institutionen erfordern. Bereits bestehende gemeinsame
Kommissionen können neue Aufgaben erhalten, weitere
Kommissionen können neu gebildet werden. Ich denke
dabei insbesondere an die Bereiche Wirtschaft, Verkehr,
Umweltschutz, Wissenschaft und Technik, Gesundheit und
Kultur. Es ist selbstverständlich, daß Berlin in diese
Zusammenarbeit voll einbezogen wird.

Ich rufe alle gesellschaftlichen Gruppen und Institu-
tionen auf, an der Ausgestaltung einer solchen
Vertragsgemeinschaft mitzuwirken.

Fünftens: Wir sind aber auch bereit, noch einen
entscheidenden Schritt weiterzugehen, nämlich
konföderative Strukturen zwischen beiden Staaten in
Deutschland zu entwickeln. Dies setzt
demokratisch legitimierte Regierung

Fünftens: Wir sind aber auch bereit, noch einen entscheidenden

Schritt weiterzugehen, nämlich konföderative und später föderative

Strukturen zwischen beiden Staaten in Deutschland zu entwickeln.

Dies setzt zwingend demokratisch legitimierte Regierungen in

beiden Staaten in Deutschland voraus. Dabei können wir uns bald
folgende Institutionen vorstellen:

- einen gemeinsamen Regierungsausschuß zu ständigen
  Konsultation und politischen Abstimmung,

- gemeinsame Fachausschüsse,

- ein gemeinsames parlamentarisches Gremium.

[...]. Dabei könnten wir uns [...] folgende Institutionen vorstellen:

- einen gemeinsamen Regierungsausschuß zur ständigen Konsultation und politischen Abstimmung,

- gemeinsame Fachausschüsse,

- ein gemeinsames parlamentarisches Gremium. [...]

Sechstens: Die Entwicklung der innerdeutschen Beziehungen bleibt eingebettet in den gesamteuropäischen Prozeß und in die West-Ost-Beziehungen. Die künftige Architektur Deutschlands muß sich einfügen in die künftige Architektur Gesamteuropas. Hierfür hat der Westen mit seinem Konzept der dauerhaften und gerechten europäischen Friedensordnung Schrittmacherdienste geleistet.

Generalsekretär Gorbatschow und ich sprechen in unserer Gemeinsamen Erklärung vom Juni dieses Jahres von den

---

Einschub Seite 38/2

institutioneller Kooperation, beispielsweise der Infrastruktur [handschriftlich] , des Umweltschutzes, des Verkehrswesens und der Telekommunikation weiterentwickelt werden können. [...] Formen institutioneller [handschriftlich] (Kooperationen können stufenförmig voranschreiten) zu Formen,

die in einer umfassenden innerdeutschen Vertragsgemeinschaft ihren

Ausgangspunkt nehmen können.

Ein solche [...] liegt in der Kontinuität der deutschen Geschichte. Staatliche Organisation in Deutschland [handschriftlich] hieß immer Konföderation und Föderation. Die Grundstrukturen der deutschen Geschichte bieten hierfür alle Voraussetzungen.

sie [...] eine wiedervereinigtes deutschen [handschriftlich] ...

Bauelementen eines "gemeinsamen europäischen Hauses". Ich nenne beispielhaft:

- Die uneingeschränkte Achtung der Integrität und der Sicherheit jedes Staates. Jeder Staat hat das Recht, das eigene politische und soziale System frei zu wählen.

- Die uneingeschränkte Achtung der Grundsätze und Normen des Völkerrechts, insbesondere Achtung des Selbstbestimmungsrechts der Völker.

- Die Verwirklichung der Menschenrechte.

- Die Achtung und Pflege der geschichtlich gewachsenen Kulturen der Völker Europas.

Mit alledem wollen wir - so haben es Generalsekretär Gorbatschow und ich festgeschrieben - an die geschichtlich gewachsenen europäischen Traditionen anknüpfen und zur Überwindung der Trennung Europas beitragen.

Siebtens: Die Anziehungs- und Ausstrahlungskraft der Europäischen Gemeinschaft ist und bleibt eine Konstante der gesamteuropäischen Entwicklung. Wir wollen sie weiter stärken.

Die Europäische Gemeinschaft ist jetzt gefordert, mit Offenheit und Flexibilität auf die reformorientierten Staaten Mittel-, Ost- und Südosteuropas zuzugehen. Dies haben die Staats- und Regierungschefs der EG-Mitgliedstaaten bei ihrem kürzlichen Treffen in Paris einmütig festgestellt.

Hierbei ist die DDR selbstverständlich eingeschlossen:

Die Bundesregierung befürwortet den baldigen Abschluß eines Handels- und Kooperationsabkommens mit der DDR, das den Zugang der DDR zum Gemeinsamen Markt - auch in der Perspektive 1992 - erweitert und absichert.

- bestimmte Formen der Assoziierung vorstellen, die die Volkswirtschaften der reformorientierten Staaten Mittel- und Osteuropas

an die EG heranführen und damit das wirtschaftliche

und soziale Gefälle auf unserem Kontinent abbauen

helfen. [Einfüg (II)] Mittel = 10 Osteuropas

Soweit diese Staaten die erforderlichen Voraussetzungen

erfüllen, würden wir es auch begrüßen, wenn sie dem

Europarat - und insbesondere auch der Konvention zum

Schutze der Menschenrechte und Grundfreiheiten - bei-

träten.

Achtens: Der KSZE-Prozeß ist und bleibt Herzstück

dieser gesamteuropäischen Architektur und muß energisch

vorangetrieben werden. Dazu müssen die bevorstehenden

KSZE-Foren genutzt werden.

- Die Menschenrechtskonferenzen in Kopenhagen 1990 und
  Moskau 1991.

- Die Konferenz über wirtschaftliche Zusammenarbeit in
  Bonn 1990.

Seite 42 einfügen (II)

Der Prozeß der Wiedergewinnung der Deutschen Einheit muß

ein europäisches Anliegen. Er ist auch im Zusammenhang mit

der europäischen Integration zu sehen. In diesem Sinne muß

die Europäische Gemeinschaft (sich) für die DDR und für die

anderen Staaten des östlichen Mitteleuropas und Osteuropas

offenhalten. Die EG muß nicht an der Elbe, sondern muß die

Offenheit nach Osten wahren. Nur in diesem Sinne kann

die EG Grundlage einer wirklich umfassenden europäischen Eini-

gung werden. Nur in diesem Sinne wahrt, behauptet und entwickelt

sie die Identität aller Europäer. Diese Identität ist nicht

nur in der kulturellen Vielfalt Europas, sondern auch und vor

allem in den Grundwerten von Freiheit, Demokratie, Menschen-

rechten und Selbstbestimmung begründet.

- Das Symposion über das kulturelle Erbe in Krakau 1991 und

- nicht zuletzt das nächste Folgetreffen in Helsinki.

Dort sollten wir auch über neue institutionelle Formen der gesamteuropäischen Zusammenarbeit nachdenken. Wir können uns über eine gemeinsame Institution zur Koordinierung der West-Ost-Wirtschaftszusammenarbeit sowie die Einrichtung eines gesamteuropäischen Umweltrates vorstellen.

Neuntens: Die Überwindung der Trennung Europas und der Teilung Deutschlands erfordern weitreichende und zügige Schritte in der Abrüstung und Rüstungskontrolle.

Abrüstung und Rüstungskontrolle müssen mit der politischen Entwicklung Schritt halten und deshalb möglicherweise beschleunigt werden.

Dies gilt im besonderen für die Wiener Verhandlungen über den Abbau konventioneller Streitkräfte in Europa

und für die Vereinbarung vertrauensbildender Maßnahmen sowie für das weltweite Verbot chemischer Waffen.

Dies erfordert auch, daß die Nuklearpotentiale der Großmächte auf das strategisch erforderliche Minimum reduziert werden.

Das bevorstehende Treffen zwischen Präsident Bush und Generalsekretär Gorbatschow bietet eine gute Gelegenheit, den laufenden Verhandlungen neue Schubkraft zu geben.

Wir bemühen uns in bilateralen Gesprächen mit den Staaten des Warschauer Paktes einschließlich der DDR diesen Prozeß zu unterstützen.

Zehntens: Mit dieser umfassenden Politik wirken wir auf einen Zustand des Friedens in Europa hin, in dem das deutsche Volk in freier Selbstbestimmung seine Einheit wiedererlangen kann. Dies bleibt das politische Ziel der Bundesregierung. Wir sind dankbar, daß wir in der

Jetzt begonnene Entwicklung stetig und friedlich verläuft.

Was diesen Prozeß stören könnte, sind nicht Reformen, sondern deren Verweigerung. Nicht Freiheit schafft Instabilität, sondern deren Unterdrückung. Jeder gelungene Reformschritt bedeutet für ganz Europa ein Mehr an Stabilität und einen Zugewinn an Freiheit und Sicherheit.

Erklärung des Brüsseler NATO-Gipfels vom Mai dieses Jahres erneut die Unterstützung unserer Verbündeten gefunden haben.

Wir sind uns bewußt, daß sich auf dem Weg zur deutschen Einheit besonders schwierige Fragen stellen, auf die wir heute noch nicht abschließend antworten können. Dazu gehört vor allem die Frage übergreifender Sicherheitsstrukturen in Europa. Die Verknüpfung der deutschen Frage mit der gesamteuropäischen Entwicklung und den West-Ost-Beziehungen - wie ich sie in zehn Punkten eben erläutert habe - ermöglicht eine organische Entwicklung, die den Interessen aller Beteiligten Rechnung trägt und ein friedliches Zusammenleben in Europa garantiert.

Nur miteinander und in einem Klima des wechselseitigen Vertrauens können wir die Teilung Europas und Deutschlands friedlich überwinden. Wir brauchen auf allen Seiten Besonnenheit, Vernunft und Augenmaß, damit die

对插入的句子的编辑修改（第38、38/2和42页）是按照联邦总理的命令，由米夏埃尔·梅尔特斯完成的。

科尔在家中又亲笔为邦联阶段补充了以后的联邦阶段，于是这句话现在变成了这样："……在两个德国之间建立起邦联式结构以及以后建立起联邦结构。"在新一周开始的时候，在联邦总理府进行的最后一次修改中，这句话又改成："在两个德国之间建立起邦联结构，最终目标是联邦，也就是说在德国实现联邦制国家的秩序"（第 5 点）。科尔此处对于统一进程插入的较长的句子援引的是"德国历史的连贯性。在我们的历史上，德国的国家组织形式几乎一直叫做邦联和联邦。"

"重新统一"这个概念也是由科尔加入演讲稿的。在 11 月 27 日，星期一，州长恩斯特·阿尔布雷西特（Ernst Albrecht）到联邦总理府与科尔会面，在和阿尔布雷西特会谈中，完成了第 10 点的终稿："重新统一，也就是重新赢得德国的国家统一"。[230]

联邦总理的第三个关心的内容是对第 7 点的着重强调，把欧洲共同体看做"欧洲真正大范围统一的基础"，并且将"重新赢得德国的统一"的进程视作"整个欧洲的关切"。

在周四晚间，人们在联邦总理官邸中达成共识，不管是盟友还是联邦政府其他成员，都不把总理的这次德国政策攻势告诉他们，以"确保达到出人意料的效果"。[231]因而美国总统、法国政府、英国政府以及苏联政府都直到演讲发表当天才知道这件事情。[232]

人们并不觉得有向盟国协商的义务。毕竟《波恩条约》的签字国也都确定了两德统一的最终目标，而且，在科尔担任总理期间，他不断公开提及这一条约。"要是我当初在执政联盟内部，或者甚至和我们的盟国商谈《十点纲领》的话，最后只能谈崩。当时不是采集顾虑的时刻，而是联邦总理在德国统一问题上，不再允许别人剥夺主动权的时刻。"[233]联邦总理在他的讲话中巧妙引用了 1967 年的北约声明："想要在欧洲建立长久稳固的秩序，必须以解决德国问题为前提，因为它是目前欧洲紧张状况的核心。"

11 月 27 日，当科尔在党团会议上谈到盟国的时候，他直言不讳地表示："谁要是以为我们的伙伴和朋友们现在愿意呼吁给予我们广泛支持，那他就是自我欺骗。"在欧洲共同体中那些和波恩执政党关系友好的政客那里，科尔获得的支持最少。在前一周的周三，吉斯卡尔·德斯坦（Giscard d'Estaing）在欧洲议会内对德国问题几乎"只字未提"。而科尔最早偏偏得到了社会主义国家政府首脑的支持。在西方盟友之中，布什总统却获得了"好评"，因为他"长期坚持支持我们在这个意义上的事情"。

"在涉及世界政治格局时，我们必须理智地、毫不虚夸地表明我们的立场，我们绝不会接受他人的否决，但我们知道我们的发展趋势在影响着东方和西方的其他人。"[234]

与联合执政伙伴自民党的关系则更加复杂。几周以来，联邦总理和他的来自自民党的外交部长一直关系紧张。虽然自从科尔把处理德国与波兰关系的任务委托给了他的手下特尔切克之后，联邦总理府和外交部之间就慢慢出现了竞争态势，但这次的关系紧张不只是与此相关，而且因为总理府对于自民党出现向社民党靠拢的迹象表示不满。因为根舍和柏林市长之间的相互配合，导致科尔 11 月 10 日在舍内贝格区政府前的演讲收效甚微。蒙佩尔在根舍演讲的时候给他递了张纸条，上面写了民主德国还要开放哪些过境通道，而且允许根舍直接宣读这个信息。[235]

在《十点纲领》演讲的前一天，周一，联邦总理和他的同事们在准备应该在什么范围推出这个惊人之举。科尔告知了基民盟主席团及理事会，以及基民盟/基社盟联邦议会党团，他打算在第二天提出一个分阶段的计划，但没有直接提及那十点，只说内容涉及人民自决权，"邦联阶段"到实现"联邦目标"。[236]在党团内部，科尔表达了他对民主德国民众所知所想的担心。毕竟在过去的 40 年里"不存在任何对照了解的机会"。"社会市场经济"一直被丑化成剥削形式。他们常年来从西方电视中听说的是，联邦德国"这个国家是多么悲惨"。"因此如果我们想要得到一个合情合理的结果的话，就要对我们的同胞极其耐心，并且从他们的角度换位思考。"虽然科尔对统一信心十足，但他也知道，这不是"指日可待"的事情。[237]

这天中午，特尔切克把这个信息告知了联邦总统[238]，傍晚时分，特尔切克又与总理府部长塞特斯一起向一个经过筛选的记者圈子透露了消息。[239]这一行动产生了影响。在演讲的当天，所有的媒体都充斥着对演讲内容的期待和预期。[240]在联邦总理还没有在联邦议院宣布《十点纲领》的具体内容时，其就已经在德国政策上占据了攻势。

等待观望的阶段已经过去。在演讲中，科尔不再仅仅把他所给出的方向提供给民主德国政府或者戈尔巴乔夫，而是直接介入民主德国方面的意见形成过程。从 11 月中旬起就在西方呼声颇高的两德统一得到了更多的支持，对于民主德国民众意志的不确定也终结了。在基民盟理事会会议上，也就是科尔介绍了他的阶段性计划的那次会议，已经开始着手准备一个以"我们是同一个民族"为座右铭的海报行动。[241]原本小心和试探的态度，对民主德国一直无法实现人民自决的姑息，如今让位给了主动争取实现统一的意志。科尔的十点演讲在国内外引起了巨大反响，最重要的一点是它表明了联邦总理在德国政策上占据了意见领袖地位。甚至自称当时主要考虑克制和谨慎的联邦总统，也表扬科尔的这次主动出击"方法适宜得当"[242]。

反对党社民党这下陷入了迷茫之中，这使他们完全丧失了在德国政策上的立场形象。在 11 月 28 日的联邦议院讨论中，他们还表现出政治家的沉着冷静。社民党的外交政策发言人卡斯滕·福格特在和党的首领福格尔讨论后表示，支持科尔的"所有十点提议"。媒体纷纷以醒目标题大肆报道议会内"广泛共识"和"共同意见"，只不过这里不包括绿党的意见。[243]

但是，这下社民党领导们必须在党内迅速为自己的行为做出辩解。面对批评他们讨好联邦政府的指责，社民党领导解释说，是科尔把社民党的德国政策据为己有了。11 月 29 日，社民党联邦议会党团发言人表示，"我们很意外总理的想法与社民党的设想不谋而合，对此我们表示无条件地欢迎。从混乱中产生邦联的想法"[244]。因此，社民党主席福格尔以及党团理事会都认为基民盟/基社盟、自民党、社民党应该对于科尔的十点内容提出一份共同的德国政策声明。但是在联邦议院辩论后的当天，社民党议会党团就要求共同声明中必须能体现出社民党的特色，否则就拒绝做出共同决定。他们声称要再加入 3 点要求："波兰西部边界的不可侵犯、自决权，……以及短程导弹的问题"[245]。

12 月 1 日，联邦议院仅仅以执政联盟的多数票通过了科尔的阶段性方案。社民党人弃权，绿党投了反对票。社民党和绿党自己提出的议案没有得到多数支持。[246]

社民党主席福格尔还在试图澄清，他们对于科尔的《十点纲领》除了希望做一些补充之外，大体是支持的，而联邦总理候选人奥斯卡·拉封丹则对实质内容表示明确的反对。他充满敌意地评论"科尔殖民主义"[247]，并且称联邦总理的《十点纲领》是"巨大的外交错误"。联邦总理的声明"完全没有说服力并且不值得信任"[248]。与此同时，拉封丹重申了他自己的要求，阻止来自民主德国的移民大潮。他建议道："第一，取消所有的额外给付；第二，检查社会保障体系并且大幅收回给予他们的权利。"[249]

社民党在公众心目中的形象每况愈下。一部分是由于他们的政策"极其混乱"[250]，另一部分是由于人们觉得他们在阻挠统一。他们提出的论据看起来只是出于低劣的政党策略原因，波兰西部边界问题就是其中之一；

毕竟11月8日时联邦议院已经以4票反对，33票弃权的多数优势确立了西部边界。[251]

绿党对于科尔的两德统一目标表示明确反对。他们在联邦议院决议提案中称，要"维护民主德国人民的绝对自决权"，并由此"必然"得出，"民主德国的国家主权亟待承认，联邦德国应放弃单独代表权"。[252]

联邦总理把他的联合执政伙伴自民党带入了艰难的境地。自民党没法不认为他的这种行为是赤裸裸的侮辱。总理不仅没有把自己的决定提前告知他的外交部长，就连自民党主席在联邦议院会议前几分钟问科尔，他为什么没有提前看到《十点纲领》时，科尔也只是回答："我也得做一回基民盟主席啊。"[253]

在科尔演说之后，外交部长根舍无论情愿与否都只能逆来顺受。据称他当时立刻向联邦总理表示祝贺说："赫尔穆特，这可真是一次伟大的演讲。"不过根舍的亲信们却表示，这不过是"总理的版本"罢了。[254]在公众面前，外交部长颇为"狡猾"地表示，这十点是"一直以来所奉行的外交政策、安全政策和德国政策的延续"。[255]

根舍在外交上表现得较为保守，而奥托·格拉夫·拉姆斯多夫（Otto Graf Lambsdorff）则在科尔演说之后的自民党在策勒（Celle）召开的联邦委员会会议上采取了"反击行动"。在实质内容上，自民党当然是同意这十点内容的，虽然这《十点纲领》没有提及波兰西部边界问题。拉姆斯多夫用直白的语言批评了科尔的行事方法，谴责他不与西方盟国、苏联或者自民党提前进行商议。他列举了一长串观点，说明总理府如何笨拙，犯下错误。"在外交政策上，我们得看紧基民盟迈出的每一步……他们要是这么笨的话，就干脆用自民党的外交链子拴住他们。"[256]

在策勒的会议上进行了言语攻击之后，拉姆斯多夫又极力避免因此在政府内部产生冲突。他表示自民党和科尔之间"没有什么意见分歧"；联盟内出现了危机这种说法是不恰当的。[257]

无论如何，科尔《十点纲领》的冒进始终是时任外交部长的眼中钉肉中刺。多年之后，根舍的亲信们还试图弱化"联邦总理提议两德建立联邦"这种观点。他的想法"难道不是早就面临被事件的进展赶超的危险？……反正在哈勒人根舍的眼中，科尔的这个阶段性计划是非常欠考虑的"[258]。

在根舍的回忆录里，他对这十点内容的贬低还要更尖锐。在内容上他几乎完全针对"邦联式结构"这个说法，认为它"只能引起歧义和不确定"，并且"没什么生命力"。根舍不无挖苦地说，《十点纲领》唯一的加分是，科尔"在没有和联合执政伙伴自民党商议下"，也就是作为基民盟主席，将"欧安会进程称作整个欧洲建筑的核心"；根舍表示："这是基民盟/基社盟在欧安会政策上的转向，这对于自民党和本人是一个感到满意的特别理由"。根舍认为"声明"的一个"不足"是没有对"德国东部边境"问题表态。除此之外，他当时也很清楚，十点声明虽然在国内还是会"广受好评"，"但实际上，联邦总理的声明已经远远落后于两德统一的实际发展进程"。[259]

在这种评论中不难发现，这是以事后发展动态为特征的评价。但是，当时的种种反应更确切地说表明了与此相反的观点，即联邦总理的设想超前于事件的进程。

民主德国人民也是这样评价科尔的攻势的，如果他们的确理解了他的意图。民主德国"官方"就明显在理解上有困难。国务委员会主席克伦茨的第一次回应还带着那个惯有的句子，即两德统一问题不在考虑范围内。除此之外，只是对于"邦联"这个概念进行了些讨论。[260]莫德罗总理认为他提出的条约共同体建议被科尔接受并认可了。[261]在12月初，他和国务秘书贝特乐谈话时指出，"那个希望两德统一的《十点纲领》，他现在不会着手处理，而且他补充道，就算到了2005年他也不会处理这个问题"。但是不过几周之后，尚在与联邦总理在德累斯顿会晤之前，他就表示"统一会在2000年左右实现"[262]，1月中旬的时候又说在1995年就处理这个问题。那些高呼"为了我们的国家"，寻求民主德国独立性的知名民权主义者们，对《十点纲领》表现出抵制态度。英格里德·克佩（Ingrid Köppe）以"新论坛"的名义表示支持在一个独立的民主德国建设民主社会主义。[263]"新论坛"的延斯·赖希没有表示支持也没有表示反对，不过他个人更倾向于"在可以预见的时间内保持两德并存的现状"[264]。"民主觉醒"的基督新教神学家弗里德里希·朔尔勒莫（Friedrich Schorlemmer）表达了相似的看法，并且假定科尔的阶段性计划是以"大德国"为目标。[265]"民主觉醒"的牧师莱纳·埃佩尔曼（Rainer Eppelmann）认为科尔的建议提出得"过早了"。社民党人易卜拉欣·伯梅（Ibrahim Böhme）也对这种"过早的邦联计划"表示反对。[266]基民盟的新任主席洛塔尔·德梅齐埃（Lothar de Maizière）态度保守，他支持建立邦联的建议，但是警告说不要手持时间表，"对政治实行计划经济"。[267]

民主德国的各种反应表明的是焦躁，它起到混乱不堪的影响，就像对于两德统一问题上的民意的总体判断一样。《十点纲领》的实际效果超出了其提出者的预期。科尔不仅仅在公开舆论上占据了德国政策这一主题，而且也切实加速了统一进程。11 月 28 日，他自己还估计统一想要实现还需要 5 到 10 年的时间。特尔切克在他的记录中这样写道："我们一致认为，即使是本世纪末才能实现统一，那也将是历史的幸事。"[268]

从联邦德国决策的角度来讲，在各种国际反应中，他们最关心莫斯科的反应；毕竟是联邦总理府对苏联政治家在德国政策上的思考的洞察，触发了《十点纲领》的提出。12 月 6 日，特尔切克司长在一份纪要中向联邦总理通告了莫斯科的"考虑意见"[269]：

"通过您和戈尔巴乔夫总书记约定的秘密渠道，我获得了所附的'官方的'和'非官方'的考虑意见。消息传达者还清楚地告诉我，'官方态度'包含'高层'（总书记戈尔巴乔夫）的考虑意见；'非官方'意见是中央委员会国际部讨论的结果［政治局成员雅科夫列夫（Jakowlew）］。

"1 到 7 点可以表明，您关于德国政策的《十点纲领》采纳了苏联领导层的主要考虑意见。"

"非官方的部分（第二部分）记录了苏联领导层对于统一问题从各种角度进行的具体的讨论。您的《十点纲领》避免了世界公众由于联邦政府立场未公开而不得不面对苏联在德国问题上的各种建议。"

实际上，莫斯科的"官方"和"非官方"意见传达了三个信息：苏联领导层认为德国问题已经可以提上世界政治的日程；他们在民主德国发展的问题上赋予了联邦德国关键角色；最后，"无论出于什么原因"，他们担心，"两德之间的关系可能走向他们不希望看到的危险方向"。[270]

在呈送纪要的那一天，外交部长根舍留在莫斯科，安抚由于科尔的《十点纲领》演讲而暴怒的戈尔巴乔夫。在统社党领导层收到的苏联方面的报告中，这种气愤程度显露无遗："戈尔巴乔夫同志明确告诉根舍，联邦德国现在不仅威胁到了民主德国的利益，还威胁到了两个德国人民的共同利益。现在不允许任何人在欧洲范围内如此激烈地代表局部立场。如果联邦德国要采取这样的态度的话，那他们就要做好准备，为此付出高额代价，即使不是今天，明天也会发生。"[271]

根舍保证说，他在公开发表声明之前对于科尔的十点演讲完全不知情。并且恳请苏联方面信任他。他会尽自己权力范围内的一切努力，保证两德关系发展平稳。同时他还说，德国问题已经无法从议程中取消掉。[272]

根舍的估计证实了特尔切克的报告："一方面，戈尔巴乔夫明显不希望外界产生他对事件的发展猝不及防的印象。他希望继续扮演行为者、设计者的角色，想要把控发展态势，而不想陷入防守地位。另一方面，他也非常清楚，鉴于民主德国所发生的诸多事件，德国问题现在必须得到一个解答。他在我们告别时的说明传递了一个战略性的讯息：苏联领导层已经做好思想准备来迎接不可避免的两德统一。现在只是在等待合适的情形和时机。"[273]

由此看来，科尔凭借十点演讲，担当起了某种领导角色，这个角色是戈尔巴乔夫经分析形势为了两德关系而赋予科尔的。苏联的愤怒源于对苏联的行动选项会受到限制的担心。然而，民主德国内部情况更加尖锐。12月1日，海因里希·特普利茨（Heinrich Toeplitz）（基民盟）在人民议院中宣读了处理滥用职权和腐败问题委员会的第一份报告，这份报告指控原统社党领导层有严重责任。议员们几乎一致同意从宪法中删除关于统社党领导地位的表述。从11月中旬开始，一轮新的退党浪潮更是削弱了党的力量。仍然留下的党员的压力越来越大。大量的县代表会议要求政治局和中央委员会让位，并要求成立一个为党代表大会做准备的工作秘书处。[274]领导层终于投降了。12月3日，政治局和中央委员会的成员辞职。[275]

为了在每周例会外协调各部间的合作，从12月开始每天都进行一次当前形势商讨，参与人员包括副总理彼得·莫瑞斯，他的副手曼弗雷德·普莱斯（Manfred Preiß），部长会议秘书长哈里·默比斯（Harry Möbis），以及他的副手曼弗雷德·绍尔（Manfred Sauer）。这些商谈建立在政府全权代表所呈递报告的基础上，他们平日里在各个区与市民委员会共同工作。[276]比起党的组织以及国家机构来说，这些政府代理人提供的信息要可靠得多。[277]

1989年12月4日，汉斯·莫德罗在华沙条约主要政治家磋商会议的间隙，与苏联总理尼古拉·雷日科夫（Nikolaj Ryschkow）会面。莫德罗向苏联方面通报了民主德国的情况、政府工作以及外交政策上和民主德国与苏联外交关系上的几个问题。

据他的估计，由于党和人民之间信任的丧失，民主德国目前的危机情势更加严重了。对原党和国家领导人滥用职权问题的揭露，使得这种发展变得更加复杂，并且极大限制了新的领导层的行动能力，未能"站到这场运动的顶峰"[278]。统社党内部面临着大规模的退党行为。工作委员会成立后正在筹备特别党代会。

他的政府主要试图从经济政策上稳定局面。最大的问题是高额外债以及由于出境大潮引起的劳动力不足。政府想尽一切努力防止出现通货膨胀。与此相关，民主德国非常希望能和苏联继续保持合作。因此必须尽快协商确定1990年的双边贸易，以及民主德国需要订购的原材料。

莫德罗还详细阐述了自己对德国问题的看法。虽然民主德国的大部分民众实际上都是反对两德统一的，但是现在有越来越多的人希望，在实现统一的情况下迅速达到西德的生活水准。目前可能最好的办法，就是"坚定不移地支持两德并存的立场"。但是必须同时继续维持和扩大与联邦德国之间的政治经济合作。一份为了莫德罗和戈尔巴乔夫会面而准备的特别文件再次强调了对于苏联方面的期望："我们未来仍然需要苏联的明确支持，以应对来自联邦德国的民族主义浪潮。"[279]文件中进一步称，在保证两德并存立场的基础上，完全可以讨论建立邦联的想法。为了稳妥起见，应该采取一系列影响公共舆论的措施。[280]

雷日科夫批评道，在前几周时间里，统社党或民主德国领导层做出了一些非常欠考虑的决定，导致现在产生了令人意外的后果。[281]苏联总理明确表示拒绝实现所谓的德意志邦联，这只能使整个欧洲的政治格局变得不稳定。雷日科夫同时表示，和其他现实社会主义国家相比，民主德国人民的生活水平已经相对较高，他怀疑他们会因为"和联邦德国的经济水平相差大而陷入现在的困境中"。他建议道，对于西德的许多提议要多加考虑，而不要立刻就接受。

根据经济互助委员会（RGW）的规章，苏联方面已经计划了一种贸易活动的新形式，即与世界市场接轨，在一到两年的过渡期之后"以可自由兑换的货币结算为基础"。最后雷日科夫表示，希望这些危机现象"会过去"。苏联仍然与民主德国有着友好的联系。[282]

12月7日，民主德国部长会议又一次对国内的紧张状况进行了研究。他们呼吁民众保持谨慎的态度。[283]所有的决定都是操作性要求，以至于从文档来看，场面相当匆忙且混乱。例如，如下决议逐一被敲定：准备第45次经互会会议以及与联邦总理科尔的谈判，对此没有进一步详细的阐述；调查清楚进行大规模刑事犯释放可能造成的影响；审查1990年的国家奖励政策，向地方国家机构指出联邦德国城市或乡镇提供的合约，如此种种。最后总算做出决定，将逃往西德的国务秘书亚历山大·沙尔克－哥罗德科夫斯基过去负责的商业协调领域的工作分配给相应的对外经济部门，以及财政与价格部门。以法律草案的形式确定了第一部用以规定民主德国内具有外资成分的企业应该如何成立并运营的法规。[284]

在国家安全局局长沃尔夫冈·施瓦尼茨告知内阁他的部门打算解散的计划之后[285]，12 月 14 日，部长会议批准了国家安全局的解散申请，并且确定要建立一个新的情报机构，以及一个宪法保护部门。对此也有相应的公告发表。此外具有准军事性质的"工人阶级武装团体"也被终止继续活动。[286]最后决定成立一个"部长会议特别委员会，调查与商业协调领域工作相关的滥用职权和贪污腐败问题"[287]。

与此同时，关于德国统一的讨论广泛展开，包括以前那些最初坚决反对或者表态很谨慎的民权组织也参与了进来。不过，科尔追求的建立一个全德范围的联邦制国家的长期目标退至了次要地位，讨论的重点变成一个邦联的具体结构，或者莫德罗提出的条约共同体。12 月中旬，也就是科尔《十点纲领》演说的两周后、他去德累斯顿和莫德罗会面的几天前，人们也能直接在联邦德国获得这样的印象，那些主要的公共舆论塑造者在降低公众对于统一这个长远目标的期待。他们可能是担心事态发展变得无法控制，或者觉得有必要警告不要有幻想。而与此相关的最重要的言论出自联邦总统之口。

通过驻东柏林的波恩常驻代表弗兰茨·贝特乐，莫德罗请求联邦总统说些无论在联邦德国还是在民主德国"都能起平静作用的话"。根据莫德罗办公室主任卡尔－海因茨·阿诺尔德（Karl－Heinz Arnold）的报告，冯·魏茨泽克应"呼吁两国人民负起应有的责任。尤其是应提醒联邦德国的政治家们要清楚知道民主德国的危急情况，特别是他们自己肩负的共同责任"[288]。

12 月 13 日，理查德·冯·魏茨泽克在民主德国电视上接受了一次采访，其中有些言论可以看作是对科尔的《十点纲领》的反驳。虽然联邦总统对此在其他场合从没提起过，但是他言语中的一些用词颇有深意。一开始，魏茨泽克就援引了蒙佩尔在 11 月 10 日的演说中所使用的德国人民的"重逢"这个词。而后他还告诫说，联邦德国不要对民主德国的发展"火上浇油"。一周前，戈尔巴乔夫在莫斯科评价科尔的德国计划时也是这样对根舍说的。最后魏茨泽克建议说："目前我们主要应该做的，不是现在就来设计欧洲 20 年后图景的建筑大蓝图。"属于彼此的东西，终将共同成长，而我们不应该"试图拔苗助长"。而民主德国现在应该考虑的，是"致力于充分保持和建设生存能力"。[289]

12 月 17 日，魏茨泽克在波茨坦的采琪莲霍夫宫（Cecilienhof）与汉斯·莫德罗、曼弗雷德·格尔拉赫以及洛塔尔·德梅齐埃进行了会面。[290]

前任基民盟秘书长海纳·盖斯勒也支持联邦总统魏茨泽克的观点。他没有直接提及科尔的《十点纲领》，只是说，"所有类似于邦联的这种国家法方面的智力游戏"都会将人引入歧途。欧洲的统一才是正确的榜样。他提出的稍微有点特殊的要求是，统社党和施特凡·海姆这类人都不应该对社会主义喋喋不休，这样只能让人们"发疯"，因为他们实在是听够了社会主义，巴不得立刻实现国家统一。[291]

相比科尔，显然魏茨泽克和盖斯勒认为迅速实施统一进程更不可能，而且他们此刻担心，如果统一是出自西德方面之口，可能反而会带来负面作用。《法兰克福汇报》记者弗里德里希·卡尔·弗洛姆（Friedrich Karl Fromme）在魏茨泽克接受采访的当天撰写社论提醒人们警惕不切实际的幻想："许多情况尚表明，即使是现在这样一个领导人纷纷倒台的民主德国，也不可能在不久的日子之内就彻底解体，以至于它只能请求根据《基本法》第 23 条把它作为德国的一部分加入联邦德国。"统社党还始终牢牢掌握着"国家机构：从莫德罗政府到各区议会，再到县议会"[292]。

曾经因为民主德国民众在街头游行示威时打着要求统一的条幅而被燃起的希望，时不时地被浇冷水。例如，12 月 17 日，科尔访问德累斯顿的前两天，德国电视二台政治晴雨表报道了他们"首次在民主德国按西方模式实施的民意调查"，这次调查"于 12 月 1～8 日由东柏林科学院实施，被调查者为 1000 余名民主德国公民，调查结果由位于曼海姆'选举'研究小组进行分析"。这个调查"也许不具有绝对代表性"，但是提供了"一个初步的大众舆论的图景"。结果显示，71% 的民主德国公民支持保持一个独立自主的民主德国。[293]

鉴于民主德国民众意见始终不明确，目前应该全力投入到民主德国的具体变革和两德关系的扩建中去。民主德国的内部民主化进程，以及减轻两个德国之间往来人员的法律手续和物质上的负担，是当务之急。即使没有任何形式的统一，也必须预先解决这些问题。

　　民主德国的内部变革迈出的真正第一步，应该说是 12 月 7 日组建了"中央圆桌会议"。不管怎么说，人们还可以借鉴波兰的经验。就像统社党政治局在圆桌会议的草案中所写，"'圆桌会议'的建立实际上是政府和国会被剥夺权力的象征"[294]。11 月 22 日，政治局终于接受了民权主义者从 10 月就开始提议的建立圆桌会议的要求，并且建议"联合执政的各党和国内其他政治力量一起在一张'圆桌'举行会谈"[295]。所有参与者和观察者心情都不是很舒服。民权主义者清楚知道，统社党想要"领先于反对党"，以便"重新获得主动权"，"民主觉醒"的创立者之一埃尔哈特·诺贝伊特（Ehrhart Neubert）如是说。[296] 面对民主德国内反对力量的混乱状态，西德的心情也矛盾重重。非常了解民主德国情况的《日报》就明确表示了担心："至少从柏林墙开放以来，反对党处境明显凄凉，这也很可能是为什么统社党会提出这个令人意外的建议……统社党就是在算计反对力量的薄弱。一个弱小的反对派很可能被人拉拢……周三后，有了新的安抚反对党的缘由：那就是'圆桌会议'。"[297] 政治局当然想要把反对力量拉拢过来。作为它的决定依据的分析报告证明[298]，目的有两个：第一个就是认为大家有一个共识，"民主德国不想通过改革退回资本主义，而想要进化到社会主义，而且是民主的，公民可以安居乐业"。"新论坛"、"现在就实行民主"、"民主觉醒"都支持社会主义；声称自己接近"民主社会主义传统"的社民党（民主德国）支持"两德并存"；民主德国绿党则坚持"反法西斯主义"。因此统社党完全可以预计到，它可以把反对党们联合起来，共同对抗那些想要和非社会主义的联邦德国实现统一的人。当然——这同时也是第二个目的——圆桌会议不能像在波兰那样成为"副政府"："我们明确反对双重统治"。因此圆桌会议只能是"高层的偶尔碰面，也就是说不能过于频繁地"开会。在人民议院中没有代表的力量可以把自己的请求上报到人民议院的各委员会，在那里寻求协作可能性，"毕竟那里汇聚着绝大部分的专业权威人士。只有高层必须碰面以达成一致的时候，才进行'圆桌会议'"。

　　对此，波恩的观察家们冷眼旁观。结果无非有两个，或者统社党通过圆桌会议成功革新并稳固一个社会主义的民主德国，或者反对派组织像在波兰一样由此获得一个论坛，在那里他们可以发展成为具有行动能力的力量和民主的力量把统社党替换掉。但波恩方面也清楚，民主德国的民主化不一定必然推动两德统一。民权主义者以圆桌会议的形式实现对政府体制各个层面的自我组织式干预，这使得革命意识作为民主德国新的身份认同而得以制度化。12 月 7 ~ 8 日在东柏林进行的第一次中央圆桌会议就通过一致按统社党的意思做出的结论证明了这一点："圆桌会议的所有参与者都对我们深陷危机的祖国，它的独立性和它未来的长远发展表示深切的担忧。"[299]这一决议的支持者可以在魏茨泽克几天后的采访中感觉到他们的努力得到了印证。圆桌会议有机会成为民主德国"民族构建"中的焦点。但是想要和寻求统一的力量相抗衡，必须首先保证民主德国人民相信自己国家会有美好未来。这首先需要他们相信这个国家能履行自己的基本功能。那些迁移到联邦德国的人没有这种信任，而且他们的离开使得民主德国更加缺乏行动力。1989 年这一年里，就有超过 34 万人从民主德国迁移到联邦德国；12 月的时候每天最多有 2000 人离开。[300]民主德国在许多领域都已经几乎无法满足人民的基本需求。这个国家正面临着分崩离析。就单从这个原因来讲，保持民主德国独立性的支持者就已经输给了两德统一的支持者。民主德国想建立起人民对一个民主的民主德国的忠诚感，就必须以国家的运行能力为条件。

但是，至于民主德国的运行能力已经终结了，这直到 1990 年 1 月才凸显出来。在那之前，联邦政府德国政策的行动基础都是在内容上充实"条约共同体"（莫德罗）的方案和建立"邦联结构"（科尔）。

这条发展道路的高潮以及转折点是 12 月 19 日联邦总理科尔和民主德国总理莫德罗在德累斯顿的会面。

在 12 月 5 日，总理府部长塞特斯访问东柏林的时候，条约共同体的想法就有了雏形。[301]塞特斯与民主德国总理莫德罗达成了改善两德合作的具体协议。

事后看，这次塞特斯访问东柏林的意义其实主要在于为科尔访问德累斯顿做准备，同时这次访问也成为促进从柏林墙倒塌到人民议院选举期间发生迅速变化的动力之一。当时人们认为，这 90 分钟的会面是给两德关系长期以来的艰苦谈判画上了圆满的句号，得出了许多令人瞩目的成果，当天的报纸都是这样赞誉的。[302]这次会谈的基础是在 11 月 27 日由沙尔克率领的民主德国代表团访问波恩期间奠定的。[303]塞特斯的东柏林之行实现了柏林墙倒塌以来一直被反复要求的、西德到东德旅行规定的正常化：从 1990 年 1 月 1 日起，取消入境民主德国的联邦德国公民的最低货币兑换金额，签证也不需要了。此外，一个为了民主德国公民建立的访问西德的外汇基金终于成立，基金数额每年为 29 亿德国马克，民主德国的公民每人每年可从中以优惠汇率换取 200 德国马克的旅行费用。其中联邦德国承担了四分之三的费用；塞特斯成功地让民主德国也承担 7.5 亿德国马克，这震惊了许多人。"这笔以东德马克计算的费用会投入到双方感兴趣的民主德国基础设施项目上，尤其是交通建设中去，其中包括扩建过境路段和过境通道、旅游业、城市整修。关于此事将由双方政府共同决定。"[304]

塞特斯在这次会面时也像从前历次会谈一样再次强调了民主德国需要继续进行改革。他了解了"有关立法工作的进展情况，尤其是刑法改革和选举法"[305]，并且提出了"政治犯的问题"。在联邦总理访问德累斯顿之时，这个问题必须得到解决。[306]在谈及"逃亡者和移居者"这个话题时，莫德罗表示，"人们不得不考虑这个问题，是谁为这些移居者的教育埋单，而又是谁在从他们的能力中获利。这些受过培训的移居者为联邦德国带来了明显好处"[307]。

莫德罗反对民主德国的联邦化：他不那么赞同"施佩特（Späth）州长和瓦尔曼（Wallmann）州长的倡议，两位州长重点考虑的是原有的联邦州结构。目前在民主德国内部虽然也在讨论行政区划的划分，但人们总不能把 1952 年时已经改变过的东西，再简单地直接变回去。因此，他认为，更好的是把重心集中在乡镇和县之间的小规模联系上，而不是突出更大型的方案"[308]。

关于两德统一的问题，双方重申了各自不同的立场。莫德罗反对统一，并且以苏联的支持做后盾。塞特斯援引了科尔的十点演讲，并且强调说："这个计划具有前瞻性描述，而且代表着一种有机发展趋势。德国的建筑必须嵌入整个欧洲的建筑之中。克服欧洲和德国的分裂，这会涉及两德。我们对此的态度已经很明确了，最后还是要看民主德国民众的意愿。"[309]

联邦总理访问的时间最终确定在 12 月 19 日。民主德国接受了联邦德国的建议，把德累斯顿作为会面地点。[310]为此，确定了一系列主题和协议，以致力于实现"条约共同体"。

会谈结束后，莫德罗和塞特斯都向对方保证，"沙尔克逃亡事件"不会对会谈造成影响。[311]在沙尔克逃往西德的前一天，也就是 12 月 2 日，塞特斯还和他就准备东柏林会面进行了电话沟通。[312]

关于联邦总理访问民主德国的时间、会谈对象、具体地点的各种谣传已经持续了数周。最开始猜测的会谈对象是昂纳克接班人克伦茨，在克伦茨下台之后，全部注意力又都集中在莫德罗总理身上。会面时间也被逐渐确定为统社党特别党代会（12 月 15 ~ 17 日）和法国总统密特朗（Mitterrand）访问民主德国（12 月 20 ~ 22 日）之间。莫德罗自己告知了外界会面地点："在波恩政府的请求下，已经确定与联邦总理科尔的会面地点为德累斯顿。科尔不想去民主德国首都柏林。'英雄之城'莱比锡不在我们考虑之列。会面也不应该在瓦尔特堡（Wartburg）举行，这对我们来说象征意义过于浓重。"[313]

从形式上来看，德累斯顿的这次政府首脑会面完全可以列入《基础条约》签订以来发展起来的两德关系的重要历史事件之中。

在科尔和莫德罗 45 分钟的单独对话中，科尔的回忆中主要谈到了莫德罗对货币的担忧[314]，这次会谈结束后，有更多人员参与的会谈在紧接着的用工作餐时进行。[315]特尔切克报告了这一交流开始时的情况："莫德罗宣布代表团会谈开始。他几乎是匆忙地念打印出来的讲稿，长达 15 分钟。他脸色苍白，紧绷着脸，稀疏的头发立起，回避任何目光交流，在西服翻领处别着著名的统一社会党党徽。会谈期间，他几乎没有流露出任何的情感波动，也没有丝毫的笑容。"[316]

在总结单独会谈的结果时，莫德罗首先强调了他对"民主德国政治现状的估计"，即"这里面临着与激进主义力量和要求统一的力量的冲突的升级；时不时地也会发生暴力行为。革新进程正广泛地由民主的力量推进，目标是实现自由选举。自由选举是民主德国人民自己的事务；联邦德国不应该把自己的选战活动搬到民主德国来，反之亦然"。[317]

莫德罗的第二个关切是"负担平衡"问题，涉及针对 1990 ~ 1991 年的 150 亿德国马克的费用。

讲话的主要部分是如何将条约共同体纳入国际框架条件之中，诸如欧洲进程、一种"超越体系的和平秩序"、"裁减军备和军备控制"，以及民主德国继续留在它的联盟体系之中。这一切都在以下说法中达到顶点："两个德国并存的状态是世界政治格局的一等要务。两德统一不是在当前。"[318]

联邦总理首先表示现在是"历史性的时刻"，并且描述了在他眼中德国发展将如何影响国际环境。"我们必须始终考虑到所有邻邦的安全需求。"科尔也支持首先通过条约共同体"进行谈判，然后在春天取得结果"。为了改善民主德国的经济情况，科尔建议莫德罗改善民主德国的投资环境，申请加入国际货币基金组织，并且在"引入免签"后商谈"社会政策方面的事宜"。

"负担平衡"这个概念被科尔拒绝了，因为这个概念已经被先占了。"我们一方面不能让人觉得联邦德国把民主德国买了下来，另一方面不能让人觉得民主德国是个吸金的无底洞。现在更需要的是德国人民之间的团结。"

在复述谈话内容的纪要里，科尔对待莫德罗时小心谨慎的态度很是显眼。[319]他不仅强调双方实质上的共同点，而且他向莫德罗致以自己的敬意。"通过如此长时间的对话，两个政府之间还是存在很多没法解决的分歧和矛盾，但双方也存在许多共同点。对于科尔的《十点纲领》，除了其中一点，民主德国有可能完全接受（即使在表述上会有所不同）。科尔自己也不希望这十点被理解成一个时间表。人们现在应该把实现联邦的想法放在一边，集中于现在可以做哪些事情。对此，他认为，民主德国的改革进程已经是不可逆的了，春天的时候就会进行选举，政治刑法也会改革。我们完全不希望民主德国不稳定，或者产生不可控的发展态势。而且也要尽力避免会对其他国家的改革进程产生负面影响的事情。科尔完全明白参与起作用的情感因素。但是，靠情感是不能统治国家的，不过，必须考虑情感因素，特别是因为两德以外还有那么多人在看着呢。对于联邦总理来说，莫德罗总理现在是他的对话伙伴。要做的是，共同努力履行义务。分歧和冲突都应该得到绝对公正的处理。人们应该更多地相互交谈，而不是各自谈论对方。不应该屈服于媒体的压力，而是让理智引导自己。因此他坚决反对各自在对方范围开展竞选活动，虽然诸多事件对两边的人都有影响。"[320]

科尔提出的关于出入境往来的"请求"[321]中，也可窥见他对莫德罗的小心态度：建议免签政策在圣诞时就开始执行，并且尽快开放勃兰登堡门。科尔在二人单独会谈时提出了这一请求，并把主动权留给了莫德罗。

莫德罗总理根据二人会谈的内容谈到，有可能把取消签证和最低兑换金额的时间提前到圣诞节。联邦总理补充说道，这个决定还是要民主德国自己来判断。他个人认为如果这项规定在平安夜就开始执行，对双方都有好处。这一决定对莫德罗总理的声望和地位，都有积极的影响，不仅在我们这里，还在民主德国内。我们没有兴趣削弱他的地位。撇开所有的分歧，他还是我们的对话伙伴。莫德罗总理回应道，如果提前放弃签证和最低兑换金额的话，会给民主德国带来经济方面的影响；他估算为了补偿这段时间内由于取消最低兑换金额而造成的损失，大概需要 1.5 亿德国马克，所以对民主德国进行补偿是有必要的。联邦部长塞特斯表示，鉴于一整年估算的费用就高达 5.5 亿德国马克，前述金额明显估算过高，而且，他尤其质疑是否可把这样的一项规定作为交易的内容。联邦部长克莱因附议，并且认为即使真的需要所谓的补偿的话，也应该补偿在别的方面。在举行工作餐的过程中，双方最后达成一致，在 12 月 24 日，新规定就正式生效。

莫德罗总理还谈到了关于开放勃兰登堡门的想法。他解释说，不久前苏联大使还曾告诉他，决定权在民主德国自己手上……他可以理解，这个事情具有象征性意义。如果真的开放勃兰登堡门，那联邦总理、他自己、两个柏林的市长都要出席开放仪式。联邦总理表示他完全同意，并且询问是否可以向公众告知这个消息。莫德罗总理表示同意……[322]

在科尔和莫德罗会谈的同时，德累斯顿还进行着一场部长会谈，联邦德国方面的参加者有部长豪斯曼（Haussmann）、布吕姆（Blüm）以及魏姆斯，民主德国方面的参加者则为外贸部长拜尔（Beil），财政部副部长科尼希（König）以及劳动和薪酬部副部长诺亚克（Noack）。[323]会议记录中最重要的结果为："我们达成共识，建立一个共同的经济委员会，并且签署一份关于经济和工业合作的框架协议。对此，紧接着会谈后，对所附的函件往来进行了签字确认。"一系列委员会和专业组的成立，将在众多政治领域为条约共同体奠定基础。

午餐后两国政府首脑共同出现在公众面前，他们首先接受了民主德国电视台的采访（14：40）[324]，而后在德累斯顿文化中心里召开了共同记者招待会，接见了 1500 名记者[325]。在会议上分发了"共同声明"、一份关于开放勃兰登堡门的意向声明，以及一份关于"合作和友好邻邦关系的共同条约"（条约共同体）。[326]"赫尔穆特·科尔和汉斯·莫德罗都同意双方代表立刻着手就条约的文本内容展开谈判。计划在 1990 年春天的时候签署该条约。"[327]在记者招待会上发表各自的声明时，两位政府首脑都称赞今天是"美好的日子"或"谈话愉快"[328]，并且着重强调了勃兰登堡门的开放，以及免签政策将提前到 12 月 24 日。科尔重申了莫德罗的承诺，"所有的政治犯都将很快并且尽可能在圣诞之前得到释放"。

与准备好的声明情形不同的是，在回答记者提问时，两国政府首脑关于两德统一问题的不同立场得以更加清晰地体现。[329]而后科尔即刻动身前往圣母教堂废墟，为1945年的死难者献上花环，并且在近十万人面前发表了演说。

而后他又同新教联盟主席主教莱希（Leich），还有萨克森主教亨佩尔（Hempel）[330]进行了谈话，并再次出现在西德电视台的各种信息节目中。[331]

当日晚间，联邦总理邀请了几位知名艺术家。"森佩尔伯歌剧院歌手特奥·亚当（Theo Adam）、莱比锡画家沃尔夫冈·马托伊尔（Wolfang Mattheuer）、画家伯恩哈德·海西希（Bernhard Heisig）等人受邀于德累斯顿颇具传统风格的屈格尔根之家（Kügelgen – Haus）参加晚宴。这些人立刻分成两个阵营，一方是主流艺术家，另一方是受到统社党政权迫害的艺术家。不过情势很快就混乱起来，因为一方开始指责另一方和政府同流合污，卑鄙不堪。"[332]

在德累斯顿之行的第二天，联邦总理在上午首先会见了来自柏林和德累斯顿的天主教主教。"施特钦斯基（Sterzinsky）请求科尔对民主德国的民众施以援手，但不要对他们有什么要求。他应该唤醒人们的希望，这样他们才能重获信心，摆脱焦虑。对于某些民主德国公民表现出的不断增强的自信心，主教感到很惊讶。他说虽然社会主义已经只剩一个空壳，但是对于很多人来说，这个概念还是神圣不可侵犯的。他们坚信不可能一切都是错误的。"[333]

紧接着，科尔又和各个反对派组织代表进行了长达一个半小时的谈话：参与者包括德国基督教社会党（CSPD）的汉斯－威廉·埃伯林（Hans – Wilhelm Ebeling）和彼得－米夏埃尔·迪斯特尔（Peter – Michael Diestel），"民主觉醒"的沃尔夫冈·施努尔（Wolfang Schnur）和索尼娅·施勒特尔（Sonja Schröter），"现在就实行民主"的汉斯－于尔根·菲施贝克（Hans – Jürgen Fischbeck）和瓦滕贝格（Wartenberg）女士，"新论坛"的莱因弗里德（Reinfried）和阿尔布雷西特·瓦茨（Albrecht Vaatz），以及20人组织（*Gruppe der Zwanzig*）的赫尔伯特·瓦格纳（Herbert Wagner）和弗兰克·诺伊贝特（Frank Neubert）。"同样受到邀请的社民党并没有代表出席。"[334]由新任主席洛塔尔·德梅齐埃领导的东德基民盟没有收到邀请。[335]

联邦总理正面评价了他和莫德罗的会面，并且表示在1990年5月6日的选举之前就会和民主德国积极合作。"必须要准备好应对民主德国的不稳定局面以及持续的移民浪潮。在自由选举结束后，人们就可以开始建立民主架构。"有反对声音说，合作有可能"从一定程度上促进统社党稳固政权"，对此联邦总理这样回应道，"在接下来几个月的所有两德关系发展进程中，反对派组织都会被纳入进来"。民主德国需要有经济发展前景，这样才能减少移民人数。"两德之间有巨大的潜力来进行互惠互利的合作发展。联邦政府不想扮演'有钱舅舅'的角色。我们也可以从民主德国学到东西。鉴于很快就可以实现西德到东德的自由入境，现在最需解决的问题是两国货币价值间的落差。对此还没有明确的解决办法。"

民主德国的安全状况至关重要。"联邦总理提到，虽然民主德国存在法外空间，人民对警察的接受度不断降低，右翼以及左翼实施政治暴力的可能性不断上升，但民主德国的民众到目前为止都表现出了高度的冷静和和平处事的态度，这在世界范围内都获得了好评和尊重。来自右翼和左翼的暴力并不局限在民主德国。一个民主国家能够也必须经受住这一切。此外还要注意到，武力也不会因为外界挑唆就产生。有一名会谈的参与者担心在民主德国内因此发生军事独裁，科尔认为这目前来看完全不可能。"[336]

在谈到两德统一时，"联邦总理支持逐步、务实地推进，不需要时间表……最重要的是实现自由的、法治国家的发展。他对未来充满希望"[337]。反对派组织们表达了自己"在组织建设和活动内容设计上"的困难。联邦总理表示，只要这些组织愿意接受，可以通过"康拉德－阿登纳基金会对他们进行支持"。"联邦总理还补充说，基民盟目前还没有最终选定某个民主德国组织进行合作，要到明年的1月或者2月才能做出相应决定。"[338]

反对派组织的政治家因为科尔的谈话而感到他们未来的工作受到了"鼓舞"。"通过谈话他们也清楚知道，他们彼此之间存在的不清晰的政治关系，至少目前更多地还是由共同的思想而不是由彼此分离的思想所决定的。"[339]

两国政府首脑的会面是不平等的。虽然莫德罗想尽办法让自己看起来不像一个请愿者，科尔也从旁协助他了，但是这次谈判绝不是发生在两个势均力敌的对手之间。科尔明确表示在慷慨援助前，民主德国必须进行体制变革。在12月19日晚间，他在圣母教堂废墟前的集会更加清晰地表明了这一点，来自萨克森州各处的数万民众聆听了这次讲话。

在到达德累斯顿机场以及去往市中心的路上，科尔完全可以感受到两德统一的春风，许多挥舞着联邦德国国旗和萨克森州州旗的民众向他致意。他回忆说，在这一刻，他已经知道，统一在第二年就会实现。[340]如果此刻他这么想还稍嫌过早的话，那到当天晚上这个想法就完全可信了。特尔切克生动地描绘出当晚的情景："天色黑了下来，聚光灯打在圣母教堂的残壁上。联邦总理用恰当的声调发表演讲。他知道，全世界都在倾听这次演讲，尤其是莫斯科，但也有华盛顿、伦敦和巴黎。雷鸣般的欢呼声包围了他，人群抑扬顿挫地呼喊'德国、德国'，'赫尔穆特、赫尔穆特'和'我们是一个民族'的口号。他用下面的话结束了讲话：'上帝保佑我们的祖国——德国'，此时，总理本人好像也哽咽得说不出话来。"[341]

这次在圣母教堂前的演讲并不在计划内。可是当科尔看到那数万名向他汹涌致意的群众时，他知道"自己已经没有退路了，因为很明显，我肯定是要在某个地方说些什么的"[342]。到达美景酒店之后，科尔和他的随从开始就此事进行研究。[343]总理首先让人问他可否在新教的十字教堂演讲，但是遭到了拒绝，理由是人们不想把那里变成政治论坛。[344]"然后我们出现了一大段的肃静，我从没到过那个广场，但是有一些友好人士主动给我们提供了栏杆、几个麦克风和扬声器。"[345]联邦总理担心民族情绪会当场爆发。搞不好群众会在结尾的时候一起高唱德国国歌的第一段！为了防止这种情况出现，联邦总理让人去找一个唱诗班领唱，好在他发出信号后唱出"现在感谢全能的主"这首歌。[346]最后找来了"德累斯顿唱诗班的男声部"，安排在了演讲台旁边。合唱团指挥回忆说："联邦总理到达的时候，我被叫了过去。他问我，大概可能会唱什么样的曲子，他用不用准备。我告诉他，不用这样做，人们不会一起跟着唱这首歌的。他很快地回应道：'我只是想问问看'然后就迈上了那个小小的演讲台。"[347]科尔的担心是多余的。在他演讲结束后，人们唱的是德国足球场的"圣歌"："这样的一天，像今天一样美好，这样的一天，永远不该消逝"[348]。

莫德罗也认为这是一次"精心准备过的"[349]贴上了联邦总理标签的讲话[350]，演讲中的关键词都是联邦总理和他的亲信一起商量后手写的，然后现场在很大程度上即兴演讲[351]，这次演讲是一个杰作，恰到好处地融合了外交上的和缓与内容上的明确。联邦总理大量赞美了民主德国人民集会或者说革命的和平特征，寄望于"理智"、"远见"、"对可能的事情的感觉"，并且又提到了"德国大厦"的"欧洲屋檐"，以及"其他人的安全需求"。回溯到《十点纲领》的时候，他对实现统一的最终目标表示坚信不疑，即使统一"不是今天或者明天就能实现的"。"只要历史时刻允许，实现民族统一就始终是我的目标。"正如《十点纲领》中所说，科尔又强调说，想要"实现邦联式结构"必须以"一个自由选举出的政府"为前提。

仔细想想看：联邦德国的总理在民主德国的土地上，质疑他的谈判伙伴莫德罗具有与他进行严肃谈判的合法性。这位民主德国总理本就不希望看到这次集会[352]，并且全程没有出席，而是通过电视目睹着这场人民努力要求德国统一的集会。莫德罗的猜测是正确的，在这个晚上，科尔内心已经告别了建立条约共同体的路线。[353]他所做的不是一个客人的行为；这是联邦德国总理在和他自己的德意志同胞讲话。除非科尔一点政治敏感性都不具备，不然他自己也会有这样的感受，并清楚这会对德国统一道路带来影响。

联邦总理回到了波恩，他此行不只是观察到了民主德国人民对统一的渴望，而且带回了另一个、其后几周内都影响着他的决策的体验。就在当天，他告知内阁，他不觉得在民主德国人民身上会发生危险的极端化过程。[354]

3 天后，在德累斯顿感受到的情绪得到了印证，勃兰登堡门开放了。[355]暴雨中，两国政府首脑在东、西柏林市长的陪同下，正式从大门两边开启了 5 米宽的步行通道。数万人参与了这一仪式，局面混乱不堪，以至于科尔和莫德罗都没法像约定好的那样在帝国议会大厦内会面。人潮不断地把他们挤散。勃兰登堡门的开放仅仅是一个象征性的举措。因为 28 年以来，这扇门一直是两德分裂的象征。

第三节　从德累斯顿到人民议院选举

从德累斯顿回来之后，联邦总理指示，着手启动与莫德罗商定好的条约共同体事宜。为此成立了一个工作组；总理府部长塞特斯还要制定紧急措施，以便改善民主德国内的供给状况。就莫德罗在德累斯顿强调的民主德国货币问题，联邦总理通过电话听取了联邦银行行长卡尔·奥托·珀尔（Karl Otto Pöhl）的汇报。[356]

为了筹备条约共同体，联邦总理府和政府部委之间的交往恰恰体现了政治领导和政府部门官僚机构的关系。

德意志内部关系部和联邦总理府从一开始就为了条约谈判的负责权明

争暗斗；此外，对于条约的目标以及作用范围应采用的政治原则和设想，他们也有着不同的理解。

因为缺乏其他的准则，所以能作为政治原则的只有如下文件：11 月 28 日发表的《十点纲领》，12 月 20 日科尔和莫德罗在德累斯顿发表的"共同声明"，还有 12 月 21 日，科尔在联邦参议院发表的对德累斯顿访问的报告。

在联邦总理的德累斯顿之行结束后，德意志内部关系部基本原则问题分管司中的曼克（Mahnke）处长立刻开始起草条约草案，以及条约预案的草案。他基于如下考虑，"联邦政府最终的签约伙伴，不可能是一个不具有民主合法性的民主德国政府。同时，联邦政府也不希望以民主德国的民主反对派为代价，通过建立条约共同体稳固统社党的政权。根据联邦总理在德累斯顿发表的意向声明，这份条约预案在 1990 年春天就应该被正式签署，那么现在起草的内容，应如此具体，以至于那些参加了'圆桌会议'的民主德国力量也能批准。"由于存在批准的问题，甚至有意见表示，"更实际的做法是，干脆和莫德罗政府，还有那些'圆桌会议'的参与者一起直接对条约共同体的真正的条约进行谈判，然后让莫德罗政府签字；等到自由选举进行之后，再由那个具有民主合法性的民主德国政府启动条约批准过程"。因为没有为这位官员下达明确的政治原则，他最初考虑了"两种可能性"：第一种可能性完全集中于经济共同体，"因为共同声明里提到，条约共同体的根本组成部分就是经济"。第二种可能性就是"条约共同体要超越纯粹的经济合作，以稳固目前已经取得的政治成果（比如开放边界等）为基础，根据联邦总理 1989 年 12 月 21 日在联邦参议院的讲话内容，补充以实现未来联邦结构为目标的有条约法保障的选项"。

德意志内部关系部的法律专家最终选择了第二条道路，因为必须在条约法上确保，"民主德国不把建立条约共同体作为德国政治发展的真正终点，对于真正的终点德国政府已经以条约的形式做了规定。"[357] 这位政府官员认为条约共同体只是两德统一的第一步。

这份草案[358]没有获得联邦总理府的支持。更准确地说：曾经在《十点纲领》制定过程中表示出顾虑的、联邦总理府德国政策工作组组长杜伊斯贝格，在 1990 年 1 月 3 日联邦总理府召集的部门负责人讨论会上，发表了一份更为保守的方案。他认为这份条约"不应该成为一份两德重新统一的条约"；但是它也不能被用于"使两个德国并存局面长期维持下去"。因此，这份条约不应该对 1972 年签署的两德《基础条约》的任何部分有所修改和影响，而应仅仅作为"《基础条约》的补充"存在。它只是提供一个"制度框架"，"它可以根据以后德国局势的发展，补充以政治性内容，然后它可以朝着我们所努力的邦联结构方向扩充发展"。

部门负责人的讨论会对德意志内部关系部的草案仅进行了简短的讨论。联邦总理府代表建议说，在前言中"删去德意志民族这个概念，因为没法和民主德国就此谈判"。在内政部代表的支持下，这个概念才得以保存下来：毕竟这个概念可以援引自莫德罗的政府声明。不过德意志内部关系部草案中关于定居自由和迁徙自由的条款还是被删除了，"因为总理府认为，对于莫德罗政府而言这是不可接受的"，会议记录中这样写道。[359]

德意志内部关系部草案的撰写者在纪要里非常失望地给他的部长写道："我提出的条约草案所依据的概念，都可以在极大程度上稳固已经取得的政治成果，而且根据联邦总理 1989 年 12 月 21 日在联邦参议院的讲话内容，补充了以实现未来邦联结构为目标的、以条约法形式保障的选项，而总理府却反对我的提法，他们想建立一个在技术层面上构想出来的制度框架条约，内容上保持中立，但是又对未来的发展表示开放。联邦总理府在此援引在德累斯顿取得的协商结果，而我就必须接受它们作为基本政治决定。"这位官员补充写道："我个人认为，这样处理问题，不论是从条约技术角度而言，还是从政治概念角度而言，都是不利的。"[360]

德意志内部关系部是把自己视作未来的两德统一部的，因此一直遵循联邦总理多次公开发表的德国政策目标。总理府的德国政策工作组则恰恰与之相反，完全本着社民党－自民党的东方政策原则，援引德累斯顿声明中的最小公分母，并希望以此推进两个德国之间的关系。

不过德意志内部关系部和联邦总理府之间的矛盾也可以反过来解释。几年之后，杜伊斯贝格还对曼克当年起草的"荒谬至极的"条约草案大发脾气。[361]因为这份条约没有指明统一的方向，而仅仅是一份邦联条约，也就是说致力于稳固两国之间目前的关系。而实际上，它则应该将已经走入正轨的发展关系继续向统一的道路上推进。毕竟只实现条约共同体，本就不可能取得什么实质性成果。这一认识导致的考虑是，为两国政府间正常合作提供纯粹的形式上的框架，为由此而必需建立的共同政府委员会加设某种协调委员会，以便在两国共同成长的情况下，为一个共同的国体准备好基本架构。

德意志内部关系部原本希望通过德国政策的发展提升自己在波恩政府中的地位，但结果发现自己搞错了。因为现在德国政策朝着两德统一的方向发展，作为一个部门，德意志内部关系部随时都有可能被撤销。自从1969年以来，即使在科尔执政期间，德意志内部关系部存在的意义和声望都每况愈下。它对于德国政策的操作几乎没有任何影响，远远不如外交部的作用，在根舍的推动下，外交部一直在总理府内掌控着德国政策工作组一把手的位置，而内部关系部只能屈居二把手，即使总理府部长朔伊布勒和塞特斯对此也无能为力。德国政策工作组在总理府中有着特殊的地位。联邦总理赫尔穆特·施密特（Helmut Schmidt）曾经尝试，使之成为一个专门的部门，不过失败了。自民党主席兼外交部长根舍刻意对此进行了阻挠。即使在科尔的领导下，德国政策工作组也是一个特殊的部门，在组织结构上属于特尔切克的部门（外交和德意志内部关系；发展政策；外部安全），但是同时直接隶属于总理府部长。特尔切克对德国政策不太感兴趣，除非科尔给他下达了与此相关的任务。在这种结构之下，特尔切克和总理府部长之间就产生了一定的竞争关系，因为不只塞特斯（还有他之前的朔伊布勒）是联邦总理最亲近的工作伙伴，特尔切克也"占有一席之地"[362]。通常情况下，德国政策工作组组长协助总理府部长的工作。如果总理府部长不明令禁止的话——这也绝对如此，特尔切克会被告知发生的事情。[363]德国政策工作组组长杜伊斯贝格司长被联邦总理亲自归为没有创见的下属，在总理召集亲信商谈时也不邀请他参加。杜伊斯贝格的影响力仅限于他普遍被承认的工作能力，而在政治层面上，他的这种能力只有通过总理府部长才能起作用。因为塞特斯欣赏这位和他性格相合的，处事小心谨慎且追求关系平衡的外交官。

鉴于德意志内部关系部在波恩的地位，在争夺修改《基础条约》草案的负责权上所出现的结果，也就不足为奇了。

作为司长讨论会的结果，联邦总理府接管了"修改草案"的负责权。两周之后，德意志内部关系部得知总理府重新拟订了一份草案，只是"还没有得到高层的最后确认"。[364]

这份在总理府拟就的草案原本打算于1月10日向相关部门递交，之后又把时间改成1月16日，但是1月16日时，这份草案在德国政策工作组的附函中被标注为"个人草案"。递交行为在最后一刻被终止，1月16日时预定于1月18日举行的部委间商谈也取消了。[365]在1月17日和18日，这份草案又在联邦总理府内进行了一些小的技术结构性的改动，但是总理府的政治领导层还是不同意德国政策工作组组长递交该草案。[366]

正如 1 月 3 日在司长会议中所呈现的，总理府版本的草案被认为是对 1972 年《基础条约》的深化。"所有层面和领域"的合作都应该得到加强。组建一系列"共同委员会"和"委员会"来为"共同的问题"提供"共同的解决办法"（第一条）。前言是根据变革前的东方政策原则撰写的。条约共同体的目标是，"继续发展两个国家间的特殊关系，努力为结束德国和欧洲的分裂局面做出贡献"。不同于德意志内部关系部 1 月 2 日提交的草案，这份草案里一次都没有哪怕以"邦联"的形式提及一个统一的民族，或者东西德内早就能感受到的对于统一的动力。[367]

德国政策工作组的条约草案最终没有离开联邦总理府，因为 1 月 15 日时联邦总理决定，对外发表声明，"他不再继续谋求他在德累斯顿达成的协议，也就是在民主德国选举前完成条约共同体"。[368]

其实 5 天之前，莫德罗在第 45 次也是最后一次在索菲亚举行的经互会上向他的苏联同僚雷日科夫证实，联邦总理不会遵守他在德累斯顿做出的关于条约共同体的约定。但尽管如此，民主德国还是会在短期内向苏联呈上它和联邦德国的相关协议的条约草案。[369]

正如联邦总理在波恩所做的，莫德罗总理离开德累斯顿后也成立了多个委员会负责两德继续合作的相关事宜，尤其是经济方面的合作。他们计划要建立一个"共同委员会"，实现经济部长豪斯曼和卢福特的工作会晤，与主要大型工业企业的磋商会，举行专家会谈，与德国工商业联合会（DIHT）会面，凡此种种。1990 年 1 月 4 日，内阁做出的相关决议涉及了各个领域，包括环境防护和辐射保护、邮电和通信、交通往来、建筑业、旅游业、法律援助、汇兑、预防刑事犯罪、文化合作、媒体交流以及劳动/社会领域。[370]为了各项活动有机协调，也为了为内阁决定做准备，一个由 8 名部委成员组成，国务秘书沃尔夫冈·劳赫富斯（Wolfgang Rauchfuß）领导的国务秘书委员会正式成立了，工作指导原则是"维护民主德国的政治和经济利益"[371]。

与此相关，重要的是"对民主德国的货币稳定性进行评估"。在评估中，货币改革被称为"在政治和经济上看合理且有必要的"。需要注意的是这期间产生的超过 200 亿美元的外债。仅债务还本付息一项，每年就需支付 27 亿美元。唯一的出路就是采取"大规模的出口攻势"[372]。

1月12日，莫德罗面对美国众议院议员斯特芬·索拉兹（Stephen J. Solarz）就德国问题表达了自己的观点。这位前一天还在人民议院明确强调，民主德国和联邦德国的统一不在目前的议事日程之上的莫德罗主要谈及的是德国人民的自决权。欧洲目前的情况要求两德统一必须阶段性推进。莫德罗出奇坦白地进一步说道："苏联的发展和德国的统一会使国际政局动荡不安。所以我们要从条约共同体着手，它可以具有邦联式特征。至于以后怎么发展，现在谁也说不好。在波兰、法国、奥地利以及其他国家，人们都很害怕看到一个新的大德国出现。所以所有的发展进程，都必须和欧洲的发展、'欧洲共同家园'的建立联系在一起考虑。"[373]

我们致力实现的条约共同体会为所有德国人提供"一个美好安全的未来"。人们期待"联邦德国在经济领域表现出团结"。渴望从美国方面得到对建立共同体的政治支持，并获得贸易最惠国待遇。莫德罗对统一的德国成为北约成员国表示出了明确的拒绝。这个军事集团还是解散了的好。[374]

在此次会谈中，莫德罗暗示了两德统一时间上的新可能。

1月18日，当民主德国因为"总理就条约共同体反悔"一事气愤不已之时[375]，在联邦议院关于德国政策的辩论中，总理府部长塞特斯则正阐释说明联邦政府对德国政策的修改。[376]他首先猛烈攻击了不愿意改革的、试图重新加固自己集权地位的统社党，然后他表示说，一方面条约共同体必须超越《基础条约》的范围，作为"实现邦联式结构的第一步，它最终必须通往联邦，也就是德国的联邦制国家秩序"。这一前景必须清楚地写进需达成的条约里。另一方面，只有当"民主德国内出现一个广泛、自由、平等并且不记名的选举出来的议会时"，联邦政府才会签署这样性质的条约。在举行选举前就扩大两个德国间的合作，要与条约共同体的建立事宜分开来看待。"我们希望尽可能推进已经开始的日益联网的进程。因此我们会和民主德国进行对话，讨论在各个领域深化合作，以及在已经建立的和即将建立的委员会中如何进一步安排和协作。"

联邦总理府到了此时还没能达成共识。总理和总理府部长违反莫德罗的意愿，违反在德累斯顿的承诺，坚持把条约共同体直接改成两德统一，而德国政策工作组的成员则仍然要求修改一份中规中矩的条约草案，这一草案中的有些条款制定得甚至比民主德国的草案还落后。波恩的部门是在几天后通过东柏林常驻代表、国务秘书贝特乐的一份电传得知这一消息的。[377]他汇报了一个"这边知名的谈话伙伴"提供给他的信息。在这之后，

1月9日时，第一份在民主德国外交部主笔下的条约草案完成了，该草案是对"《基础条约》的某种更新"。在对这首份草案进行协商讨论时，也把国际政治经济研究所（IPW）[378]纳入了进来。"国际政治经济研究所方面批评指出，这份草案没能体现出莫德罗提议的条约共同体所应具有的'全新政治素养'，这一观点得到了广泛认可。国际政治经济研究所同时敦促作出一个强烈的政治表述，以体现民众的意愿。民众现在广泛希望实现统一，实现德意志民族的国家统一，对此要通过某种政治表达赋予其以前景。因此，在其间完成的第4版条约草案中就提出了在两个国家中组织起一个共同的德意志民族的观点。此外，条约共同体显著地为实现邦联'铺平'道路，并且明确这样的目标，即到了必要的时候，两个德国的人民必须以行使自决权的形式，来决定他们想生活在哪种国家形式之下。这份第4版条约草案还没有得到莫德罗的首肯，但是应该不难推测，国际政治经济研究所的这一路线迎合了莫德罗的政治意图。"

实际上，两天后总理府部长塞特斯访问东柏林时，在莫德罗总理交给他的草案里，虽然仍坚持"两个德国共存"，但是"是在一个德意志民族的框架中"，并且"坚定表示，将条约共同体作为民主德国和联邦德国之间相互关系的新维度加以构建，它将开辟通往邦联的道路，在这个邦联中，两个德国的人民就可以在他们的邻居们达成一致的情况下，商定他们共同生活的未来。"[379]

很讽刺的是，外交官杜伊斯贝格所领导的联邦总理府内负责此事的德国政策工作组一直坚定不移地遵循社民党－自民党的东方政策的遗迹，在表达两德统一的动力上的强烈程度，甚至不如一个在条约草案中仍坚持两德并存不松口的民主德国领导层。德国政策工作组不仅落后于总理府的政治领导层，甚至连民主德国政府都不如。

在联邦总理府中，德国政策工作组的行为遭到了其他部门的反对。尤其是来自爱德华·阿克曼所领导部门的接近总理的同事们，表示看够了总理府内那些德国专家的把戏。1月16日，也就是德国政策工作组原本打算上呈他们条约草案的那天，总理收到了一份由52组（负责沟通与公关工作；政治规划）组长普利尔和政府主管梅尔特斯联名签署的文件，其中猛烈批评了德国政策工作组的路线。[380]起因是马上到来的1月18日的联邦议院辩论，以及1月25日总理府部长塞特斯前往东柏林准备莫德罗访问波恩事宜。

"诚然，塞特斯主任不可能在陈述条约草案时讲解每个细节，但是他至少可以表明，在我们看来，条约共同体应该具有怎样的实质和框架，完全不需要顾虑统社党的想法。

"现在不是讲究外交礼节的时候。我们感觉到，联邦总理府内相关的专业部门在谈判时，总是以统社党是否能接受为判断标准。我们听说，原本条约草案序言里使用的'德意志民族'一词，就因为他们觉得这对'莫德罗先生来说不可接受'，而被删除了。"

"相反，我们认为，必须清楚地表明，条约共同体是通往邦联式结构的中间步骤，对我们来说也是实现联邦过程中，也就是说在德国内实现联邦制国家秩序的一个阶段。"

"当然前提是，我们的德意志民族继续存在。因此，在两德《基础条约》中写入的'关于原则问题、包括民族问题'的分歧，不能再在一份有关条约共同体的条约中出现。我们必须清楚且明确地表明这一点，换言之：条约共同体的条约必须超越两德《基础条约》。如果统社党觉得这无法接受的话，也没什么大不了。因为在 5 月 6 日之后，我们反正是要和一个准备好超越现状的政府打交道了（参见周末民主德国社民党的决议）。"

"而且，如果统社党现在被迫表明他们对民族问题的态度，这对我们只会是有利的。"

"您对这样的'行军路线'是否同意呢？"

总理很清楚问题所在，并且做出了回应。他明确指派普利尔和梅尔特斯参与到负责莫德罗访问的准备工作的工作小组中。在这个工作小组中，总理的亲信们"与主导工作小组的德国政策工作组代表，特别是其负责人，展开了激烈的对抗"[381]。

1 月 18 日，普利尔和梅尔特斯提交了一份针对德国政策工作组条约草案的"反对草案"，其中坚持要求"德意志民族的统一"，这符合总理的路线修正，也是德意志内部关系部几周前就在要求的，而且这份草案不再把1972 年的《基础条约》作为条约共同体的谈判基础。

总理不仅超越了他在德累斯顿承诺的条约共同体概念，而且现在也超越了《十点纲领》中的目标。1990 年 1 月 20 日，值不来梅举办纪念"1829 年设立的冰上竞赛"活动庆典之际，总理发表了"德国与不来梅讲话"，在其中他最后一次公开表示"《十点纲领》理念"：在两个德国之间建立邦联式结构，"以最终实现联邦，即德国的联邦制国家秩序为目标"。[382]在筹备 1 月 25 日塞特斯访问东柏林事宜时，可以清晰地察觉到这一路线修正，而塞特斯的访问是为 2 月份莫德罗访问波恩做准备。

德国政策工作组为塞特斯准备了"关于条约共同体的谈话路线"，联邦总理和他的亲信则把它进一步尖锐化了。原文中虽然包含了 1 月 18 日塞特斯在联邦议院阐述的趋势，但是在总理看来，提及统一问题的时候还是过于小心翼翼。原先含蓄的外交措辞如今变成了条约中"必须指明通往统一道路"的要求。[383]

当然，联邦总理 1 月中旬给出的方向是对德累斯顿决议的修正。但是，从心情上看，这种修正的产生还是源于德累斯顿之行。

引起联邦德国观察家持不信任态度的原因，是如下四个方面的发展形势：改革中的统社党/民主社会主义党（简称"民社党)（SED/PDS) 仍然顽固坚持马克思社会主义，莫德罗政府明显试图通过某种形式挽救"斯塔西"，还有在经济和政治体制两方面犹豫不决，迟迟不肯进行改革。

第一，统社党特别党代会连续两个周末（12 月 8 ~9 日以及 12 月 16 ~17 日）在东柏林举行，但是这次会议并没有展现出一个准备和过去 40 年独裁统治的政权说再见的政党形象。格雷戈尔·居西领导下的新领导层所策划的去斯大林化进程，以及因为"统社党过去的领导而导致国家面临生存危机"[384]而向人民表达的歉意，听起来都不那么具有说服力。民主社会主义的思想基础——"远离斯大林的伪社会主义和利润统治"[385]——更多体现的是统社党思想的延续而不是变革。统社党/民社党的新党章也是如此。比如党章内仍然坚持采用过去统社党的企业组织结构，并且将马克思主义作为"党的理论基础"[386]赋予几乎无与伦比的至高地位。在党的"主要根源"下，"特别"突出的是列宁传统。"社会主义体制里的多元主义"以及"没有剥削的社会"的目标不能证明民主德国真的准备好进行国家和社会的民主化。这种意识形态行话更多地指向的是过去为了对抗"资产阶级议会制"而进行的共产主义斗争的历史。

第二，莫德罗政府在处理国家安全部上的做法，让人从一开始就怀疑他是否有诚意进行体制的民主改革。在 11 月 17 日的政府声明中，这位新总理就表示要把国家安全部转型为"国家安全局"，由施瓦尼茨中将领导，他是米尔克迄今为止的 4 位副手之一。虽然民众立刻游行对此表示反对，但是莫德罗政府仍然坚持必须为国家安全部建立一个后续机构。[387]特别值得玩味的是后来人们所了解的这样一项决议，即政府给所有离开国家安全局的成员准备了极其慷慨的过渡期财政补助。

莫德罗担心，斯塔西解雇的工作人员会导致政局不稳，他向常驻代表贝特乐这样解释道："如果我就这样把他们扫地出门，会在极大范围内产生安全隐患；但现在任何一个国家，就连联邦德国，都需要一个情报机构。我们可以把一部分人转到一个民主的、社会主义的，尤其是民主的民主德国未来也用得到的机构中去，并且这样我也不用过于担心，有一群积极性颇高、全副武装且熟悉这个国家的一切的人，可能一夜之间转变为国家敌人。"[388]

但是，民主德国民权主义者和西德政治家都担心国家安全部的功能因此得到延续，最近的研究表明，他们的担心是不无道理的。莫德罗总理的政策正是指向这一方向。"通过莫德罗的指令，国家安全部领导层很快清楚知道，是要他们换个新名字，总体上继续执行从前的工作而已。国家安全局，正像从前的国家安全部一样，是专门服务于统社党的秘密情报机构，这一事实表明，那些新的政治力量和民主党派都继续受到暗中监视。这个新的国家安全局的特点还在于，所有成员都来自过去的国家安全部和统社党。"[389]

这样的行为完全不可能让民众相信这个政府会进行彻底的改革。[390]

随着中央圆桌会议的地位自成立以来戏剧性地急剧升高，它坚决反对任何维护"国家保护"机构的企图，并且坚决要求解散目前已经存在的类似机构。经过几周的斗争之后，民权主义者终于赢得了胜利，莫德罗政府被迫发表声明，在民主德国第一次自由选举之前不再成立任何形式的情报机构。1月11日，莫德罗在人民议院[391]做出了上述承诺，并在1月15日，第一次非常不情愿地参加圆桌会议时重复了这一内容。[392]

莫德罗在此呼吁所有的政治力量，协助保证变革和平稳定地进行。随后他提交了第一份建议，邀请圆桌会议共同参与政府工作，其中包括和联邦德国的谈判工作，以及对国家安全局的解散进行民事监督。由此，这位政府首脑在很重要的一点上做出了自我更正。在这之前，相比人民议院而言，莫德罗一直都不太把圆桌会议当回事。在整个民主德国范围内进行的罢工所带来的压力，乃至宣称进行总罢工的威胁，这些事实的力量终于让他学乖了一点。

但是，就在民权主义者取得胜利的这一天，民众中爆发了具有大规模影响的"夺取"斯塔西总部事件，代表着斯塔西危险的延续。当诺曼大街

（斯塔西总部所在地）"反对斯塔西和纳粹"的群众集会升级的警报消息传来，中央圆桌会议在 1 月 15 日下午晚些时候临时终止会议。[393]和易卜拉欣·伯梅、马尔库斯·梅克尔（Markus Merkel）（两位均是社民党党员）、康拉德·魏斯（Konrad Weiß）（"现在就实行民主"）以及其他人一起，总理直接从下旭恩恩豪森（Niederschönhausen）坐车赶到了事发现场，数千名愤怒的民众已经占领了斯塔西总部的主要建筑楼群。莫德罗试图安抚情绪激动的示威者，但仍然无法阻止他们继续毁坏一些建筑。一直到今天，这次"夺取"行动的具体情况都没有得到清楚解释。[394]某些迹象表明，其中几幢建筑被占领是国家安全部自己一手策划的。[395]这次事件对民主德国政府的公开影响是毁灭性的。诺曼大街的行动人们重新忆起，现在的政权依然缺乏民主合法性，要求立刻实现自由选举的呼声更加高涨了。[396]

在每次的联邦内阁会议上，内政部长朔伊布勒都会报告来自民主德国的移民数量居高不下，内阁成员因此十分担忧，他们认为移民的根本原因就是因为民主德国要重建新的秘密情报机构——联邦总理在 1990 年 1 月 10 日的会议上如是说。在 1 月 17 日的内阁会议上，联邦总理已经确定，相比 1989 年 12 月，民主德国内部气氛已经发生了根本转变。当时他们刚刚觉醒，对未来充满希望。而关于国家安全部门未来发展的讨论产生了灾难性的影响；对于变革的希望彻底被熄灭了。[397]来到西德的人阐述着民主德国人民对斯塔西持久的恐惧心理。"斯塔西无处不在，人们在任何地方都担心被他们捉到。人们害怕，斯塔西成员建立地下组织。斯塔西是一种病症，它已经深深植入人们心中。"国务秘书威廉·弗恩德兰（Wilhelm Vorndran）在一份纪要中这样描述他 1 月中旬在耶拿访问时的感受。[398]

1 月 23 日，也就是莫德罗承诺解散国家安全部/国家安全局之后差不多两周，联邦情报局局长向联邦政府报告说，虽然"国家安全部门在民主德国内的控制作用"在很大程度上"休眠了"，"但是邮政和电话控制又重新回到了以往的强度。负责这些领域的成员在年初的时候被遣散了，没多久又被重新聘用回来。与内容不同的报道相反，在某些领域里，国家安全部门专家实施的信件控制重又密集实施了。比如来自罗斯托克、格拉（Gera）、哈勒、新勃兰登堡、奥德河畔法兰克福地区以及卡尔－马克思城的信件中，每两封就有一封被拆阅。在其他地区这个比例要低得多；来自东柏林的信件就很明显没有被打开过"。

对于大批遣散斯塔西成员可能产生的后果，联邦情报局局长汉斯－格奥尔格·维克感到不容乐观。根据国家安全部前任成员的说法，"不排除产生内政动荡隐患的可能性（'影子斯塔西'?)"[399]。

第三，对于斯塔西问题的处理符合民主德国居于领导地位的党的总体作风，他们在致力改革的党代会召开之后还在顽固捍卫自己的权力。德国自由民主党（LDPD）主席曼弗雷德·格尔拉赫在回忆录中写道，统社党/民社党哪怕在删除了其在宪法中的集权统治地位后，还仍然想要维持自己在国家内的统治地位，这一点西德的人也都很清楚。

首先发生的是有关选举法的争斗。[400]统社党/民社党希望坚持这样一条规则，即群众组织也可以被选入国会。基民盟和德国自由民主党担心"统社党会通过这些团体在国会中重获支持"[401]。只是在提出联合执政问题后，这个规则才被放弃。联邦总理府也正以不信任的眼光观察着统社党/民社党的所作所为。1990年1月10日，特尔切克报告称："联邦政府今天私下得到了民主德国选举法的草案。它包括一系列的规则，它们明显损害了反对派团体针对统一社会党－民主社会主义党的选举机会。5月6日进行真正自由选举的目标也因而受到危害。显然，莫德罗试图确保统一社会党－民主社会主义党的霸权地位并削弱反对派。"[402]

此外，统社党/民社党顽固地拒绝公开自己的财产状况，这也令人产生怀疑。新任党主席居西凭借部分是软弱无力的论据（包括为解放运动提供财政支持），坚决拒绝他人了解他所在政党的财政情况。

在媒体政策方面，统社党/民社党也仍然奉行着旧式集权政党的处事原则。其他党派几乎没有渠道接触到电子媒体。一直到1989年末，即使在印刷媒体方面，权力关系也没有任何改变。在12月30日，基民盟主席德梅齐埃和德国自由民主党主席格尔拉赫还在联合执政谈判回合中抗议"仍然不合理且……过低的纸张配额"。居西对此表示同意，"纸张应该按需供给，并且新党派也应该有权利出版自己的日报"[403]。

在圣诞和新年之间，各种各样的曾经的政治组织又开始蠢蠢欲动，试图利用公开的极右倾向来转变民众态度，这更让人确信，统社党/民社党并没有做好下台准备。位于柏林特雷普托区（Berlin－Treptow）的苏联战争纪念碑，被充满民族主义和反苏联（"占领者滚出去"）的涂鸦口号损毁，虽然这件事从未被真正调查清楚，但统社党/民社党在这之后与其他党派和组织号召进行一场示威游行。[404]民主德国外交部向苏联大使馆致歉，几家莫斯科报纸出现的一些评论发现在就实行民主德国存在严重的右倾危险。在柏林举办的新年庆典之际的偶发事件又助长了这种情绪，以至于最终大约 25 万人参与了特雷普托的游行。其中最积极的当属统社党/民社会党干部、国家机构官员，尤其是被排挤的国家安全部工作人员，以及部分军人和警察。这场发生在 1 月 3 日晚的大规模活动具有"明显的民社党特点"。统社党/民社党的演讲人，尤其是居西希望通过这次集会呼吁民众"维护民主德国已有的成就，建立民主社会主义的社会制度"。[405]居西还警告大家提防新纳粹主义："仅仅靠言语是不能让它实现的"，因而人群像听命令似地高呼起"宪法保护，宪法保护"的要求。[406]通过这次活动，这样的一种观点传播开来，即社会变革制造了恐慌，应至少刹车，甚至还有必要倒退回去。

毫不奇怪的是，早在新年前后联邦德国的政客和记者就表达了统社党/民社党可能要试图"倒退"并且可能成功的担心。1989 年 12 月 29 日，基民盟/基社盟联邦议会党团德国政策发言人爱德华·林特内尔在一次新闻声明中警告说，"当心统社党的统治复辟的危险"，并且补充道："尽管我们西德人的急迫心情可以理解，但是我们不要以为，民主德国通向人民民主和社会市场经济的变革几乎是确定的。所以我们现在对于财政和经济支持的承诺也要有所保留，不然的话，就因为我们大意鲁莽的慷慨支持，民主德国的社会主义可能会毫无必要地长存下去。"[407]

第四，由此也可以理解经济体制变革上的拖延。从民主德国旧政权的角度来看，改变宪法和法规、设立规定允许外资进入民主德国企业，这已经向未来迈出了好大一步，而在西方观察者的眼里，这种程度的变革显得半心半意。西方的政治家和经济界负责人都清楚地观察到，莫德罗政府还想维持社会主义的社会制度不变。经济部长克里丝塔·卢福特在西方宣传的所谓从中央集权经济向"以生态为导向的社会市场经济"[408]的过渡根本不可信，因为 1989 年 12 月，卢福特在统社党的党代会上还表示说，"在我们国家仍应是社会所有制占主导地位"，并且把"合资企业"以及外资只能控股 49% 的限制政策都当成"锦上添花"的小事。[409]

事后，莫德罗为自己辩解道："如果有谁将来指责我们说，我们为了经济改革而制定出的法律法规是半心半意的话，我要反驳他，我们当时的出发点可是要建立一个社会主义市场经济。"而且，"外资绝不可取消国有资本的支配地位"[410]。克里丝塔·卢福特也坚定不移地支持社会主义"理想"。[411]

但是，对于在一个独立自主的民主德国内建立和维护无论何种形式的社会主义，联邦德国基民盟/基社盟和自民党政府以及经济界会有怎样的兴趣呢？再说历史上没有任何先例曾经把社会主义的社会制度和民主的政治制度结合起来。在西德眼中看来，莫德罗政府所采取的改革政策，只是以一种现代的统社党执政形式来延续两个德国的并存。移居人数仍然高居不下，到了1月平均每天都有2000人离开，可见民主德国居民对于情势也有类似的判断。

鉴于莫德罗政府的作为，以及民主德国的发展形势，联邦总理科尔基于基民盟/基社盟和自民党的德国政策，做出了完全合乎逻辑的决定：坚决抵制民主德国重新稳固社会主义，支持那些为了实现西方意义里的民主、实现两德统一而努力的力量。提供支持的先决条件是，能够为民主德国民众展现一个充满希望的未来。

从1月中旬开始，对内及对外政策上的行动局势愈发紧张起来。

对后来的局势发展起到重要作用的是1990年1月19～20日民主德国外交部长奥斯卡·菲舍尔对莫斯科的访问。登载在《真理报》上的关于菲舍尔和苏联外交部长谢瓦尔德纳泽会面的媒体声明，表明双方对于"条约共同体"都持支持态度。这次莫斯科二人会谈的纪要清楚表明，苏联这期间的情况也和民主德国一样紧张。谢瓦尔德纳泽列举了大量例子阐述苏联民众由于经济疲软而产生的越发严重的不满情绪。为了反抗苏联共产党以及政府统治，示威游行、罢工、扰乱治安等种种情况层出不穷。高加索和波罗的海诸国的民族问题已经扩大升级了。

苏联外交部长强调，民主德国的稳定是欧洲稳定的前提。德国问题对于大国间的力量均衡起着重要的影响作用。因此对于莫斯科来说，一个统一的德国存在于北约之中是"无法接受"的。

菲舍尔也承认，民主德国的危机出现了升级。但尽管如此也要以"一个民族在两个彼此紧密作用的国家中共存"为出发点，坚持实现条约共同体。但是联邦德国政府违反了自己当时的承诺。他们现在想等到选举之后再和民主德国签订条约，而且不再以实现邦联，而是以实现联邦制国家为最终目标。此外他们还积极地"利用一切可以利用的手段"来干预民主德国的内政，尤其是干预竞选。

鉴于事态发展，人们把有关事项推迟到了计划中莫德罗对莫斯科的访问。单凭苏联势力已经不足以在中期里保障民主德国的存在，这已经是众所周知的事实。但是，人们带着观望态度暂时坚持条约共同体。

可能对于民主德国倒台的担心，是绝大部分行为体采取政治行动的关键驱动因素。从几周前人们就开始对此议论纷纷。[412]

在这种情况下，关于莫德罗政府的能力以及前景的各种讨论明显变得更加尖锐。1月19日，在东德基民盟秘书长马丁·基希讷尔（Martin Kirchner）已经公开宣布卸任之后，该党主席团还是表示会继续他们的部长在内阁中的工作。1月22日，财政部长乌塔·尼克尔（Uta Nickel，统社党/民社党）辞去职务，因为有人指责他在莱比锡过去的工作中有不诚实表现并受到检察院调查，虽然几周后这种指责被推翻。1月26日，中央圆桌会议要求进一步的参与决定权，尤其要求建立一个独立于各党的政府。要求尽快实现两德统一的情绪在人民群众中占了上风，因为人们希望通过采纳西德的社会体制，尽快改善生活现状。

但是，到了1月底时，莫德罗总理自己变成了公开断言"民主德国处在危机状况之中"人士的领头人。众目睽睽之下，他试图将自己塑造成危机拯救者，以此获得合法支持。

1月28日，莫德罗终于准备好与圆桌会议进行彻底的谈判。

他对圆桌会议中的反对派组织主动出击，向他们建议构建一个大联合政府。莫德罗邀请了执政各党的代表、反对派组织的代表，以及中央圆桌会议的主持者共同在政府酒店约翰尼斯霍夫（Johannishof）举行一次会谈，会上确立了发展方向。莫德罗在此重申了他两周前就提议的政府扩建计划，并且也考虑了易卜拉欣·伯梅作为对策提出的提前选举的建议。

通过数小时艰苦的磋商达成的妥协，将人民议院选举以及决定进一步发展道路的"全民公决"，定于1990年3月18日进行。地方选举则仍定于5月6日不变。各反对党以及圆桌会议的各个派别应可以各派一名代表进入人员数量上扩大了的"民族责任政府"，担任无任所部长。通过这一结构，各行为体希望能够平稳维持到7周后的方向性选举。主要是原有党派以及社民党人对提前进行选举表示赞成，然而公民运动组织则因为准备时间突然缩短而处于非常不利地位。因此最后一批无任所部长的职位被预留给他们，用以体现他们从现在开始对于政府政策的影响力。[413]

第二天，莫德罗向人民议院汇报，阐释了这一"历史上"必要并且值得关注的决定。[414]毕竟政府无法修改选举时间，莫德罗需要赢得议会的支持。莫德罗总理强调，在他看来，目前社会中的经济和社会紧张状态都令人担忧。法律保障和法律制度正经受拷问。而这些与圆桌会议共同协商制定的规则可能是一个解决办法。莫德罗请求人民议院支持他的一揽子措施，这一请求最终获得了支持。

莫德罗可以将这一结果视作提升了他的个人权威。他赢得了重要反对派人物的尊重，并且希望外界相信，他为了控制危机局面做了一切可能的事情，并可以牺牲党派利益，仅仅以公共利益为重。曼弗雷德·格尔拉赫认为这次达成一致对于"维护国家稳定，建立公信形象做出了贡献"，"甚至有可能防止混乱局面的产生……从中又萌发出继续塑造和维持民主德国独立性的希望"。[415]

之后有推测认为，允许反对派成员进入内阁"无疑是政府、圆桌会议和人民议院硕果累累的合作中的最高峰"，鉴于从中体现出的妥协程度，可见这种推测是正确的。[416]另外，在社会动乱局势中，莫德罗政府也经历了一个旷日持久并极其痛苦的学习过程，最终才做出上述决定。这是对于现实的逐步承认，也是解决面临失去控制的局势的办法。政府制定战略时也越来越偏重于思考，怎样能保证民主德国的改革和平地进行。这其中必须包括破除现存的社会制度，一个"更好的社会主义"已经不可能再实现了；1989 年 11 月 17 日提出的改革计划也没有完全实现。各党派的利益实际上暂时退居次要地位。通过有关"民族责任政府"的决议，达成了一种新型的政治共识，正如康拉德·雅拉施（Konrad Jarausch）颇有道理确认的："主要持异见人士被增选进来，是将他们参与非行政管理性权力的制度化。但因为他们缺乏管理部门的技术能力，所以公民运动组织的参与只能局限于对原则性决定的政治控制上。基民盟可以继续留在内阁中，社民党也可以继续参与政府治理，不需要为他们过去的失误承担后果。"[417]

在接下去的几周就能看出，这一格局是如何经受现实考验的。首先，莫德罗在没有和政府、议会或者圆桌会议事先商议的情况下，令人意外地擅自试图扩大自己的行动领域，以挽回对这一快速发展的进程的实际影响力。

在离开人民议院之后，莫德罗立刻动身前往莫斯科。在准备过程中，莫德罗仅仅听取了外交部的建议。1 月，他还多次和驻民主德国的苏联大使维亚切斯拉夫·科切马索夫（Wjatscheslaw Kotschemassow）会面。科切马索夫把详细信息传回了克里姆林宫，通过这些信息苏联共产党领导层也做好了"准备"。[418]1 月下旬，在柏林，一份题为《为了德国——统一的祖国》的声明草案起草好了，这个题目摘自贝歇尔的国歌歌词，在几个月来的游行上都会被群众高唱。在去往莫斯科的飞机上，这份草案又一次被讨论修改。[419]1990 年 1 月 30 日，莫德罗与戈尔巴乔夫在莫斯科会谈，民主德国方面对这次谈话的原始记录还有案可查。[420]在会面之前就有媒体代表对双方提出了几个问题，戈尔巴乔夫在回答时明确表示了自己对德国人民自决权的高度认可："我感觉，东德和西德以及四大战胜国之间都存在着某种程度的共识，那就是德国统一在原则上从未在任何时候被任何人质疑过。"[421]

对于所有观察者而言，这是一个明显表示莫斯科方面态度变化的信号。实际上在这次会面前 3 天，苏联最高领导层之间进行过深入讨论。所有这一切表明，莫斯科领导层已经从原则上取得一致，不再从根本上反对两德统一。[422]

之后戈尔巴乔夫这样描述他与莫德罗会谈的准备工作："莫德罗来访前几天，我们在我的办公室内小范围地研究了德国问题。在场的有雷日科夫、谢瓦尔德纳泽、雅科夫列夫、法林、克留奇科夫（Krjutschkow）、阿什罗梅耶夫（Achromejew）和我自己的工作人员切尔纳耶夫、沙赫纳萨罗夫（Schachnasarow）。会议持续了 4 个小时。之后我们确定了未来的政策方针：两德统一不可避免。苏维埃社会主义共和国联盟应该主动发起'六方'会谈，即四个战胜国加上两个德国的会谈。同时应与民主德国领导层保持联系。我们在'德国问题'上的政策必须和巴黎以及伦敦紧密协调。阿什罗梅耶夫负责仔细考察将我们的武装力量撤出民主德国的问题。"[423]

在与莫德罗会面时，戈尔巴乔夫从一开始就表示出苏联政府、法国以及英国政府对于德国问题的一致性。联邦总理科尔则公开将自己的目标设定为，在民主德国内"对党派及其结构以及党派的干部给予打击。"[424]也许这是因为他担心社民党会在民主德国内获得如此大的影响力，从而对联邦政府的政策产生影响。

莫德罗立刻表示这次会面具有"决定性的意义"。他提交了一份声明草案，其中宣布了逐步实现两德统一的计划。在这一背景下，他向戈尔巴乔夫阐释了到目前为止的局势发展以及最新结果，包括民族责任政府的建立、选举时间的提前。"两个德国并存的想法，已经被越来越多的民主德国民众所背弃。"《为了德国——统一的祖国》这一声明就是考虑到了这一状况。

　　会议记录显示，戈尔巴乔夫对莫德罗的描述"印象深刻"。在进行政治判断时，他很赞成现实主义思想。而后他表示道："民主德国情况的特殊性在于联邦德国的存在，还有它涉及一个分裂的民族。这是一个需要被非常严肃考虑的因素。这个因素对于目前的情况以及未来的发展都有极大影响。谁也无法规避。数十年的分裂，两国之间的艰难往来，积聚许久的问题，现在都导致了人民情绪的极度亢奋。"

　　戈尔巴乔夫批评道，不管是赫尔穆特·科尔还是维利·勃兰特都为了搞政党政治而利用了民主德国的情况。虽然他尤其对科尔表示了不满，但还是准备好接下来在莫斯科和联邦总理进行会面："苏联方面会让科尔明白，在现在如此关键的时刻，不可以由于一方违背目前的政治协议而导致彼此间产生信任危机。"这位苏联最高苏维埃主席十分期待美国方面能够支持一个统一的中立的德国。他不仅支持新的选举时间，而且对莫德罗提出的阶段性统一计划也表示欢迎。戈尔巴乔夫会向苏联领导层转达这个建议，并且认为他们也会表示支持。之后他向莫德罗透露说："其实在几天前，就在这里，我们自己也有过类似的考虑。"同时他预测到，看起来，最复杂的问题就是如何实现民主德国和联邦德国的军事中立。现在必须"积极推进"莫德罗的提议，不能再发生更多协议内容被违背的情况。

　　在经过了长时间"十分热烈"的讨论之后，莫德罗建议说，首先在部长会议上讨论《为了德国——统一的祖国》这个议案，然后向民众公开发表。但是在莫斯科的记者招待会上，他只想暗示说，对于德国统一问题他有了新的想法。苏共方面当然也会暂时继续保留自己的建议。

　　之后他们又一次谈到苏联向民主德国提供石油的事项。莫斯科方面采用一贯的做法，避开了东德请求，没有进行正面答复。相反，戈尔巴乔夫想要发展苏联、联邦德国和民主德国尤其在经济方面的"三方合作"。

　　最后戈尔巴乔夫建议说："对于过去统社党领导层成员的处理要小心谨慎。"有犯罪行为的必须惩罚，但如果是政治错误，则要小心处理："如果按照政治原则的话，这世界上的每个政治家都要被判刑了，谁能没犯过错呢。"苏联的局势同样"非常复杂"，无论是在经济上、政治体制上，还是在苏联共产党内部。他们会用尽一切手段来控制局势。

　　这位苏共总书记表示说，莫德罗政府是人民议院民主选举准备事宜的危机处理小组，并经受了考验，但是在动态发展过程中却要不断面对无法解决的任务。[425]对于莫德罗的德国政策计划，他很快就表示非常理解。

— 91 —

从莫斯科回国之后，2 月 1 日，在柏林的一次记者招待会上，莫德罗以《为了德国——统一的祖国》为题阐述了他关于"迈向两德统一的道路"的构想。首先他略显晦涩地把这项议案纳入民主德国德国政策的历史："民主德国在过去曾经多次提出关于重建统一德国的具体建议。这些建议中也包括建立德国邦联的计划，可惜却从来没有得到恰当的回应。"由此为出发点，他继续谈道："即使在邦联条件下，两个德国也应该一步一步地共同从与第三方国家的联盟义务中解放出来，从而达到军事中立的状态。"莫德罗建议"实现两德统一应该分为如下几步"：①建立"条约共同体，其中应该包含经济、货币、社会联盟以及法律接轨这些基本的邦联要素"；②建立一个具有"共同组织机构的"邦联；③"两国将主权移交至邦联的权力机关"；④以德意志联邦的形式建立一个统一的德国，或者通过在邦联的两个部分中进行选举，组成德意志联邦，建立一个设立在柏林的、具有共同宪法和政府的统一的议会。

莫德罗还阐述了一些必要前提条件，其中包括这一政策如何与两个德国的外交以及国际责任相互协调。其中也包括要"严格执行两国之前所签订的条约，其中也规定了坚决不可干涉对方内政"。此外还要维护四大战胜国的利益，实现"所有欧洲人民对和平、主权以及安全边界"的要求。最后，民主德国和联邦德国在实现联邦的过程中应该保持军事中立。[426]

到底应该如何解读莫德罗的莫斯科之行，和他由此提出的德国政策议案，一时众说纷纭。波恩对此的反应摇摆不定，有人推测莫德罗终于决定实现统一，也有人担心其后隐藏着乌布利希时期的旧有的民主德国政策。[427]尤其是对于军事中立的要求，遭到了除绿党以外的所有联邦议院政治力量的反对，它也是造成对莫德罗议案不信任的动因。[428]

撇开军事中立问题不谈，波恩官方已经在很大程度上给人们的印象是，想要把莫德罗的计划看作是朝着西德路线的转向。联邦政府由此认为，莫德罗已经接受了科尔的《十点纲领》。反对党主席汉斯·福格尔也认为，莫德罗的议案在"重要问题上符合社民党对于两个德国问题上的观点"[429]。提到莫德罗政府的民主合法性时，联邦总理和反对党的观点一如既往地出现分歧。联邦政府明确表示，它只和民主德国 3 月 18 日民主选举出的政府进行正式谈判[430]，而且只有在那之后，才能提供莫德罗所希望的、在生存援助之外的数十亿转移支付资金。与此相反，福格尔则再次要求联邦政府立刻提供这一援助。[431]

莫德罗的这一德国计划是经过深思熟虑的，早在他前往莫斯科访问前就已经考虑成型。这是他作为联合政府首脑所提出的一揽子计划中的一部分，之前没有和任何党派通气。不过在前往莫斯科前几天，他倒是和民社党主席居西就此进行过讨论。[432]

莫德罗的计划成功制造了出其不意的效果。它在第一时间占据了各大报纸的头版头条。这位民主德国总理重新夺回了德国政策上的主动权。他成功地把自己塑造成一个"不以党派利益"，而以"人民利益"为行动标准的政治家，因为他要"最终负责"的是人民；2 月 5 日，莫德罗在人民议院如是说。[433]对他有利的是他所在的政党对此反应迟缓。

虽然外界没有意识到，但是统社党/民社党感到难以追随莫德罗的统一大计。到那时为止，他们一直坚持民主德国的继续存在，绝没有想过从条约共同体或者邦联式结构走上实现联邦的道路。党理事会成员托马斯·福克纳（Thomas Falkner）认为莫德罗的议案是"民主德国的终结"："再也没有任何重要的政治力量可以阻止两个德国的统一……我对汉斯·莫德罗的个人信任以及政治信任全部被彻底毁灭了。不过我是理事会内唯一一个这么想的，或者至少是唯一一个公开这样来说的人。党还是支持莫德罗的。"[434]

然而党主席居西却在党理事会会议上把莫德罗的计划更多地解释为是与现行的党"亲民主德国的导向"相符。尤其是他把莫德罗所要求的军事中立原则解释为可以保护民主德国；因为西方国家是肯定不会接受这一条件的。[435]党理事会通过的声明最后也支持莫德罗的计划，但把他的计划片面地解读为维持民主德国独立性及其认同的缓兵之计。

声明的核心内容还是实现邦联。军事中立甚至被升级成了"去军事化"。其他的内容包括"尊重民主德国的独立性和独立国家的身份"。"对于我们内政的干预"必须结束了。"民主德国的价值需要加以引入。"两个国家和社会都需要"变革"和"改革"。统一在短期内不可能实现。"两国的接近过程必须带来一个进步的、社会的、民主的、人性的，并且是坚决反法西斯的德国。"[436]西方媒体分析认为，统社党/民社党理事会提出的这一声明，其实毫无疑问地"中止"了莫德罗计划。[437]

不过这也没有那么绝对；因为如果不考虑去军事化这个要求的话，莫德罗计划完全包含着统社党/民社党声明中的表述：停止干预内政，将邦联作为德国整体的形式。不然那个实现"德国联邦"的目标还能有什么其他意思？莫德罗和统社党/民社党领导人的基本意图是完全一致的：为在灾难中蜿蜒前进的民主德国提供喘息的机会。从这个角度来讲，社民党联邦议会党团副主席霍斯特·艾姆克的说法是有道理的，他认为，莫德罗的建议更多地旨在加强两个德国并存的局面。[438]莫德罗和统社党/民社党举棋不定，他们既希望民主德国可以借此机会继续维持下去，又持有一种不屈不挠的想法，即如果民主德国必须灭亡，也至少要在统一过程中扮演一个自信的、可以提出条件的民主德国。无论怎样，目光聚焦在 3 月 18 日的选举。在那之前，莫德罗政府必须通过政治成果稳固自己的政权。

对于一部分人而言，民主德国继续存在的想法并不那么不可思议。毕竟莫德罗援引他在莫斯科的谈话说，戈尔巴乔夫也认为"在 3 月 18 日选举时，多数民众是会支持民主德国继续存在的"[439]。

如果莫德罗的德国计划不是民主德国灭亡前的垂死挣扎，而是真心实意的话，那他也未免过高地估计了自己。尽管他的那个计划，尤其打出军事中立"这张德国牌"是"富有技巧的"，但就像鲁道夫·奥古史坦因（Rudolf Augstein）所写的："莫德罗肯定有不错的参谋"[440]，可是莫德罗其实根本就没有牌可打。因为所有的牌都攥在莫斯科、华盛顿和波恩的手里。莫德罗的德国计划在现实中站不住脚，因为民主德国政府根本就没有任何斡旋的余地，只能依附其他人的态度。几天后，他将军事中立的表述加以相对化了，这也表明莫德罗自己很快也体会到了这一点，他说：那只是"为了对话"而提出的一个"考虑"。[441]

莫德罗计划诚然起到了影响，不过不是他所希望的那种影响。针对联邦总理在《十点纲领》之后一直处于被动地位，联邦德国媒体，尤其是反对党方面，越来越强烈地呼吁他重新占据主动。情况又变成了《十点纲领》面世之前那几天的样子。当时联邦总理必须对莫德罗要求建立"条约共同体"的提议做出回应，并且在德国政策上"更胜一等"。现在还是这样，他要超越莫德罗的提议，并且为民主德国人民规划一个如今在联邦德国眼中看来可行的、具体的、务实的前景。

毕竟从柏林墙开放以来的数周里，两德关系中现实制度很少有改变。1990 年 2 月 5 日，联邦德国德意志内部关系部部长提交给联邦总理府一份报告，题为《德意志内部关系中重要问题的现状——以 1990 年① 12 月

---

① 原文如此，应为 1989 年。——译者注

19～20 日两德政府首脑在德累斯顿发表的共同声明为基础》[442]。这份报告的结果是令人失望的，虽然几乎所有涉及合作的具体项目都"开始着手进行"，然而除了最初的洽谈、委员会的设立或者新的谈判轮次，几乎无法证明取得了任何具体结果。

公众也没看到有具体的结果。他们甚至连联邦预算为各项措施投入（旅游外汇基金，促进两国企业的经济合作等）的巨额资金都不知道。[443]由此，人们就能理解，为什么公民现在想要看到具体行动。

然而，面对民主德国戏剧化的衰落以及高居不下的移民数量，即使莫德罗没有采取行动，联邦总理在 1 月底也必须提出一个具体的前景。1 月 31 日，联邦总理在内阁会议上再次强调，他不打算再谈论条约共同体的事情，并且宣布已经开始起草一个更深入的计划。特别是施托滕贝格（Stoltenberg）和魏格尔部长对于起草这样一个"阶段计划"表示欢迎。起草过程中人们同时要考虑到，可能会在很短时间内突然到达两德统一的最后一个阶段。[444]

2 月 1 日，即莫德罗提出《为了德国——统一的祖国》这一计划当天，常驻东柏林的波恩代表弗兰茨·贝特乐也向联邦部长塞特斯，以及德国政策工作组组长杜伊斯贝格发去了一份报告——《民主德国的内部局势或者移民大潮可能被停止吗？》[445]。这是面对每天有 2500 人"成群结队地离开"民主德国[446]的情况而发出的紧急呼救。由于两德统一势在必行，而且已经没有时间供"双方缓慢地共同成长"[447]，必须现在就严肃考虑，"我们是否可能和民主德国协商，尽快将德国马克在民主德国也作为唯一货币使用"[448]。这"对于所有人而言都将是一个明显的证据，即两德统一的发展不可逆，而且在民主德国境内很有可能实现经济迅速复苏"。贝特乐尤其指出，"从两德统一的发展趋势看，民主德国继续出现任何损失的话，不久后也将是我们自己的损失。"[449]

虽然与公众意愿相悖，但联邦总理科尔对于莫德罗的回应远远不如对两项与统一息息相关的挑战的关注：首先必须让民主德国的民众以最快的速度恢复对自己祖国未来的信心。换句话说：在 3 月 18 日决定命运的大选到来之前，剩下的这几周必须平稳过渡。其次，必须利用这段时间将人民议院选举设定为公民对于民主德国民主建构的表决，以及对于德国统一问题的表决。这当然意味着西德对东德内政的干预，但是如果不这样，还能如何平衡统社党/民社党在组织上和制度上，尤其是在媒体中的优势地位？

在 12 月的时候，为了帮助东德社民党，西德社民党作为第一个西德政党进行了明显的干预，其中包括利用一场 12 月 19 日维利·勃兰特在马格德堡的声明活动，这天也是联邦总理科尔访问德累斯顿的日子。[450]

对于联邦总理兼基民盟主席赫尔穆特·科尔而言，这些目标包含三个具体任务：将支持这些目标的政治力量组织起来，展示出一个民主政府可以实施的计划，但是要能够立刻给予民主德国人民以希望，同时不能加固莫德罗政府，最后是要减弱国际范围内的冲击。从 2 月 5～10 日短短的几天内，科尔把这三个任务全都解决了。

首先，这位长时间态度犹疑的基民盟主席在最短的时间内就将民主德国基民盟、德国社会联盟（DSU）以及"民主觉醒"三大组织，打造成"德国联盟"（Allianz für Deutschland），作为竞选联盟参加人民议院选举。联邦总理到那时还有疑虑，犹豫是否应该把他的政党置于前"民主党派联盟成员"的位子上，因为社民党的合作伙伴，它东德的姐妹党就身家清白，没有参与过统社党的独裁统治。两个考量因素起了决定作用：第一，民主德国基民盟有着良好的组织结构，而这是新成立的社民党所不具备的。第二，科尔可以比较现实地预期，如果基民盟能展现出明确的前景，那么，民主德国的选民看到基民盟这一标签的时候，并不会把它归为民主党派成员，而会觉得那是联邦总理的党派。[451]

为此，在实现了"德国联盟"之后的那天，即 2 月 6 日，科尔向基民盟/基社盟联邦议会党团阐述了实现货币联盟的建议，令所有人感到意外。当晚联邦总理就在电视上宣布，他明天会向联邦内阁提出如下建议："联邦政府已经准备好与民主德国立刻就建立伴随经济改革的货币联盟展开谈判。"[452] 2 月 7 日，联邦内阁不仅同意了这一建议，而且还做出了另外两个重要的德国政策决议：在 3 月 18 日的人民议院选举之后，联邦政府将立即与民主德国进行"两个德国关于进一步共同成长问题的邦联式合作的对话"。为了准备接下来的行动，在联邦总理领导下，建立起了一个名为"德国统一"的内阁委员会，下设 6 个工作小组，其中有特奥·魏格尔领导的"货币和财政问题"小组，还有沃尔夫冈·朔伊布勒领导的"国家结构以及公共秩序"小组。[453] 几周以来，各路专家和政客一直在公开深入讨论货币联盟问题。[454] 例如 12 月 13 日，在科尔访问德累斯顿前，沃尔夫冈·朔伊布勒就在总理与核心顾问的商谈中建议："立刻向莫德罗政府提供一个货币与经济共同体"[455]。不过当时他的这个提议并没有获得积极回应。

公共讨论遭遇了概念模糊的难题。因为货币联盟这个概念可以有很多种不同的解读。讨论的核心内容围绕两个基本解决办法展开。一种办法，也就是所有专家包括联邦银行支持的办法，是希望在民主德国已经进行过彻底的法律和经济体制改革之后，才与之建立货币联盟。而另一种办法，几乎只有政客们支持的观点认为，鉴于目前巨大的移民人数，民主德国经济的迅速衰落，以及对于民主德国马克的信心不断减弱，已经没办法再等下去了。他们想要立刻把德国马克作为支付手段引入民主德国，并且将货币联盟作为引发经济秩序转型的导火索。[456]

在政界方面，特别是社民党联邦议会党团副主席英格里德·马特乌斯－迈尔（Ingrid Matthäus－Maier）数周来在各种声明和采访中要求立刻实现货币联盟。[457]基民盟/基社盟党团的经济政策发言人马蒂亚斯·魏斯曼（Matthias Wissmann）在1月中旬也要求"首先实现共同货币，然后在通往邦联的道路上实现政治统一"[458]。而在接下来的几周里，魏斯曼则表现得保守的多。[459]与之相反，基民盟理事会成员库尔特·比登科普夫（Kurt Biedenkopf）要求在1990年1月就立刻引入货币联盟。[460]1月22日，虽然并非在自民党主席拉姆斯多夫的倡议下，而是在副主席亚当－施瓦策尔（Adam－Schwaetzer）的领导下，自民党主席团也声明支持"尽快与民主德国建立经济与货币联盟"[461]。

1月底，联邦财政部长魏格尔采纳了大多数专家意见，拒绝"立刻引入货币联盟"，并且敦促民主德国首先实现彻底的经济改革："然后要做的是，通过阶段性的市场经济改革，在相似的生产力水平上建立一个统一的经济区。"[462]

然而，自从1月中旬以来，魏格尔在财政部内部的机密谈话中，早已暗示了另一种可能的直接解决办法。从1月的第一天开始，面对民主德国货币的迅速贬值，国务秘书霍斯特·科勒尔（Horst Köhler）就协同"货币与信贷"司司长一起探讨，"在什么样的条件下，才可能设想在某一个截止日将民主德国融入德国马克货币区"[463]。在魏格尔对此表示出关注后，科勒尔请求哈勒尔（Haller）司长，"在准备魏格尔部长要求于1990年1月30日召开的部长及部门领导闭门会议同时，也将共同商讨在某个截止日将德国马克直接引入民主德国的模式作为准备内容。"[464]1月26日，"民族货币问题"处处长蒂洛·萨拉辛（Thilo Sarrazin）接到任务，拟定"截止日"的货币转换模型。[465]在1月30日的闭门会议上，这一提议被认为"可行的货币政策"，但是"要以民主德国不断为实现市场经济创立法律条件为前提"。[466]魏格尔对于"准备与民主德国建立经济与货币联盟"一事开绿灯放行。[467]在这次闭门会议上已经清楚表明，实现统一的道路已经铺设好了。享有盛誉的立宪主义者布鲁诺·施密特－布莱布特罗伊（Bruno Schmidt－Bleibtreu）司长汇报了实现统一的法律可能性，并且强调，"联邦德国和民主德国签订一份关于建立共同经济和货币区的国家条约，可以是根据《基本法》第 23 条实现国家统一的第一步"[468]。

作为闭门会议的结果，魏格尔在他的职权范围内建立了一个跨部门的"德意志内部关系"工作小组。几天之内，"截止日解决方案"以及依据《基本法》第 23 条实现统一的道路就具体化了。[469]

这一切都在没有与其他联邦部委、总理府或者联邦银行正式沟通的情况下就在联邦财政部内部执行了。不过在联邦内阁做出货币联盟的决定前两周，财政部还是向外发出了信号。一份旨在"迈向两德货币联盟"的十点阶段性计划在 1 月 15 日以财政部纪要形式上呈给了财政部长魏格尔[470]，哈勒尔司长在 1 月 26 日将这份计划寄送给了联邦总理府、外交部、经济部，以及德国联邦银行。附函中首先提到，"联邦财政部拟定了一份计划，研究如何能在整个改革进程中，分阶段解决民主德国的货币问题。"信中还写道："不过鉴于目前民主德国迅速的政治变革，也不能完全排除在短时间内必须找到新的解决办法。"[471]

这个时候，经济部和联邦总理府的路线还是总理的阶段性计划。不过在总理府内也已经出现了路线转变的初步信号。1990 年 1 月 24 日，总理府经济政策部门组长路德维希（Ludewig）为总理府部长塞特斯所做的评述尤其值得注意。其中评述之一总结了 1 月 23 日两德经济委员会的会谈结果，其中路德维希个人补充道，德国工业联邦联合会主席内克尔（Necker）在 1 月 23 日的基民盟/基社盟议会党团会议上建议，"将两德经济与货币联盟的建立时间定于 1992 年 12 月 31 日（！）（该时间与欧共体内部市场的最终建立时间一致）"。路德维希还补充道："我个人认为，可以把它当作条约共同体第二阶段（1990 年 5 月 6 日以后）的核心内容。"[472]第二个评述旨在为塞特斯访问莫德罗做准备，路德维希援引当天《法兰克福汇报》引用的联邦总理的一个表述这样评价，"现在把货币联盟问题或者其他类似的货币政策步骤列为讨论的重点，这显得为时过早"[473]。

但是，莫德罗在德国政策上的主动出击使联邦政府加速了决策过程。

莫德罗的《为了德国——统一的祖国》议案中也包含一段有关经济与货币联盟的内容，[474]作为对此的回应，魏格尔在 2 月 2 日向公众发表了一份阶段性计划的"替代方案"："为了让民主德国人民立刻看到值得信任的未来，有必要直接将德国马克作为官方支付手段引入民主德国。"[475]

在同一天，科尔的亲信们向科尔提出了一个请求。[476]这些人来自"社会与政治分析部、沟通与公关工作部"以及"经济与财政政策部"。"德国政策工作组"也参与其中，不过既不是发件人也不是分发名单上的收件人。普利尔、戈托（Gotto）、梅尔特斯、路德维希以及内林（Nehring）等科尔的亲信建议联邦总理重新占据德国政策的主动权。

按照《十点纲领》的模式，面对莫德罗的建议、公众的期待和反对党社民党的压力，他们觉得现在是时候让联邦总理"重新站到运动的顶峰"了。现在"那些潜在的、准备好移居的民主德国人民需要一个清楚的信号，使他们相信自己的祖国在可预见的时间里就会向好的方向发展"。设定时间上的前景可以产生"有益的决策压力"。重中之重是"已经启动的"民主德国竞选。"还在组建中的中间派别的竞选联盟"即刻需要一个"方案（＝竞选纲领）"。"如果这个方案能在莫德罗来访前就确立下来，那是最好不过了。"人们不能忘记，莫德罗不仅仅是与科尔相对应的政府首脑，还是科尔的竞选对手。除此之外，联邦内阁和康拉德－阿登纳大厦（基民盟总部）都认为把 5 月 6 日的选举日期提前至 3 月 18 日，是对尚未建成的竞选联盟的极大不公平。[477]

这个作者团队向联邦总理提交了两份"文件"：一份关于"政治统一"的声明，和一份关于"德国经济统一"的"关键词方案"。

声明草案是一份五点计划，用于总理可能召开的新闻发布会。声明的中心思想就是确立统一问题的政治优先性："我会努力尽快作出重新建立德国的国家统一的决定……我相信，在今年内就可以做出一些为德国统一做准备的决定。"第一步就是在 3 月 18 日的大选之后立刻建立"经济与货币联盟"。"这一联盟必须包含条约共同体和邦联式结构的要素。"同样，在大选之后，也可以同时建立"共同的政府委员会，致力于德国法律的统一，目的是将民主德国的法律秩序提升到欧洲共同体的水准"。其他的建议中还包括成立由两方议会和联邦州的代表组成的"全德委员会"（Gesamtdeutscher Rat）。"这一'全德委员会'的任务是为一个共同的联邦制国家制定一部自由的宪法。"最后，必须"在欧安会进程框架内，在欧洲建立具有决定性意义的安全结构"。北约依然不可或缺。"而最终目标必须是以联邦形式，即在一个联邦制国家内实现德国的国家统一"，作为欧洲共同体的一部分，并"在欧洲一体化进程中发挥积极作用"。

第二份"文件"题为《实现德国经济共同体的步骤》，首先提出其"前提"是："迅速实现政治统一的决定！"相较财政部的提案，这份文件更加清晰地表明了政治的优先地位：建立货币与经济联盟是快速实现德国统一的工具。关于统一的总体政治决定控制着货币和经济政策的步骤。这份文件分为三段。第一段要求"立刻引入德国马克作为德国的共同货币"。第二段描述了一个向民主德国提供"短期援助的计划"：向医疗保健系统提供紧急援助，调动协调私人直接援助，为民主德国设立中期基础建设项目，建立电信网络、铁路和道路交通并对其进行现代化建设，提供能源，扩大对建立中小型企业的国家扶持并推出一份特别的重建计划。第三段对于向社会市场经济"顺利过渡"提出了关键词："不要社会主义，要自由。"其中包括"对于退休金和收入的社会保障"、建立一个有效的社会保障体制以及"逐步在民主德国采用联邦德国的环境标准"。

这两份"文件"的作者们有意让他们的"草稿"延续伟大的经济政策学家路德维希·艾哈德（Ludwig Erhard）的理念，并且向联邦总理上呈了一篇艾哈德于 1953 年撰写的文章：《两德统一的经济问题》。[478] 科尔的同事们着重强调了其中一段："必不可少的第一个举措就是在苏占区内实施货币新秩序，也就是说，将他们引入我们的货币体系中。由此，必然会使价格水平和工资水平向联邦德国的状况靠拢。在此可以参照 1948 年货币改革的经验……"科尔的同事们补充道："值得注意的是，这里就是社民党打算剽窃的句子，来使他们自己的提案合法化。"

最后，他们又向总理强调了一次，他们所提出的决策建议的原则上的政治意义："如果您从原则上同意这份实现德国经济统一的草案，各个要点需要再次仔细审查一次，而且要在和联邦财政部长以及联邦银行共同商讨下进行。"

2 月 3 日，科尔在达沃斯举办的世界经济论坛上作了题为"欧洲——所有德国人的未来"的演讲。[479] 在演讲中，总理阐述了他已经广为人知的德国政策基本原则，尤其重申了为民主德国人民"在经济和社会领域里提供看得见、摸得着的改善措施"的必要性[480]。

民主德国总理莫德罗也出席了这次世界经济论坛，当问及他与联邦总理科尔的私人谈话时，莫德罗和他的同事阿诺尔德这样说道：莫德罗首先讲道，"联邦政府所承诺的援助计划进行得太慢，事实上完全就还没有开始"，科尔听后开始讲起"联邦德国货币改革"的故事。"货币问题对于人们来说是'最重要的事情'。总理能不能给他列举 2 到 4 位'非教条的思想家'吗？就只说'货币改革'这个词就够了。48 小时之内能做到吗？当然，我们会电话告诉总理府这些人的名字的。谈到这里，对话基本就结束了。第二天我们就提供了 3 个名字，但联邦总理再也没有回到这个话题上来。他其实早就想好了：在波恩会面之前就已经'完全非教条'地通过西德媒体向外宣称，联邦政府将向民主德国建议成立货币联盟，而且就在人民议院选举结束之后下一个可能的时间。"[481]

联邦总理这次是否已经提出货币联盟的建议了呢？科尔的办公室主任瓦尔特·诺伊尔（Walter Neuer）对于达沃斯会面的纪要也没能回答这个被激烈讨论着的问题。文件中最重要的一段仅仅记录着："联邦总理提到了货币问题。"[482]科尔带回国的印象主要是，"民主德国马上就要倒台了"。[483]这也是媒体在接下来的周一所持的主流观点。[484]

基于个人印象和公众感知，联邦总理觉得有必要立刻采取行动。而且总理顾问特尔切克在周二早间从斯图加特文化部长格哈尔德·迈耶－弗菲尔德（Gerhard Mayer－Vorfelder）处得知，巴登－符腾堡州州长洛塔尔·施佩特（Lothar Späth）第二天也打算提议建立经济与货币联盟。[485]施佩特 2 月 2 日曾到访民主德国，当时他就在和莫德罗会谈时表明，现在如果想要控制"大规模的民主德国人民离境"，"只有把我们在经济和货币领域的合作提高到一个新的维度，并且要尽快进行"。[486]

科尔从达沃斯回来的那个周末立刻就做出了决定。[487]

科尔没有从外部请参谋。在经济和财政政策领域，他最信任联邦总理府的路德维希处长、财政国务秘书霍斯特·科勒尔，以及汉斯·蒂特梅耶（Hans Tietmeyer），蒂特梅耶在 1989 年年底前任联邦财政部国务秘书，之后转任德国联邦银行董事会成员。[488]

2 月 5 日，也就是联邦总理对外宣布货币联盟建议的前一天，科尔和魏格尔还和联邦银行行长卡尔·奥托·珀尔进行洽谈，后者将去东柏林访问会谈。显然，他们只是泛泛地告诉了珀尔这个新的方案，但完全没有向他透露第二天的决定。[489]3 周后，珀尔在《明镜周刊》的采访中暗示，这一行为伤害了他："我当然会觉得很遗憾，我在东柏林和国家银行行长、经济部长谈到了这些问题，但是却不知道联邦总理当天就会向民主德国提出这个建议。最过分的是，我在前一天，不仅和联邦总理还和联邦财政部长就此问题进行了详细洽谈。可是在这些谈话过程中，没人跟我说过一个字，没人告诉我说这个建议马上要被公之于众。这简直太不寻常了，而且让人气愤。"[490]

2月7日的内阁会议，珀尔也参加了。会上，他却表示理解联邦总理这样做的动因，并且表示自己愿意服从政治优先权[491]。虽然就在一天前，他和东德国家银行行长霍斯特·卡明斯基（Horst Kaminsky）、经济部长克里丝塔·卢福特还共同认为，这一步还太早。[492]当天晚间，他和魏格尔一起在电视上忠诚地为这一内阁决议辩护。[493]

为什么2月5日联邦总理和联邦财政部长不把2月6日这个即将宣布的决定告诉联邦银行行长呢？最可能的解释为，魏格尔和科尔虽然达成了共识，但是他们毕竟还没有与联合执政伙伴协商过，而后者的人毕竟还担任了经济部长。因此，在2月5日的时候，这个决定其实还没有最终敲定。

2月6日，在各位党主席把他们的决议告知各自的议会党团前不久，科尔、魏格尔和拉姆斯多夫进行了执政联盟会议。

在下午的议会党团会议上，联邦总理着重强调了民主德国内部"出现了严重的信任危机"[494]，而且"公共管理机构完全失去方向"[495]，而后宣布了内阁决议："希望你们都能清楚，这句话会带来什么结果"[496]。此外科尔说道，他预计通向统一的道路依然是"艰辛坎坷的"："实际上我希望，在未来那个代表着民族统一的德国议会中的联盟党党团里（也许不在这个房间，而是在另一座城市的另一个房间里），当人们回顾1990年这一年，思索我们的所作所为时，也许会评价说：他们正确理解了时代的指引，并且履行了自己的职责。"[497]科尔同时重复道："阿登纳说得对，德国问题只有在欧洲框架下才能得到解决。"[498]

联邦财政部长魏格尔在议会党团会议中这样阐释决议可能带来的结果[499]："只有在民主德国事先彻底转向市场经济之后，才有可能建立一个货币联盟。"[500]在货币政策领域"民主德国需要放弃主权，也就是说完全服从联邦银行的指挥"[501]。在讨论中，库尔特·比登科普夫表示支持这份决议[502]，并且像魏格尔之前一样[503]提及了民主德国"结构变革"可能带来的失业后果："这种情况最多持续一年到一年半，不过会产生类似于1948年之后联邦德国的那种混乱状态。"[504]

　　这一第二天由内阁做出的决议有哪些形式上和实质上的意义呢？无论是公众舆论还是当代历史文献都在很大程度上分析认为，这一决议意在实现后来的货币、经济和社会联盟也的确落实的内容。不过实际上可不是这么回事儿。这一内阁决议包含的只是这样一个意图，即建议民主德国政府立刻就实现货币联盟进行谈判，并不等到经济改革的实施。从内容上而言，这个决议实际是一个正式的妥协，而不是简单地落实财政部拟定的那个"截止日解决方案"。自民党主席拉姆斯多夫、经济部长豪斯曼一直以来都支持阶段性计划，因而在执政联盟会议之后，自民党明显地表现出了不满态度。第二天，财政政策发言人、自民党联邦议会党团副主席赫尔曼·奥托·索尔姆斯（Hermann Otto Solms）在媒体采访时批评道，现在"根本是各说各话"，"缺少协调"。[505]索尔姆斯补充说："德国马克是否会首先引入民主德国，现在还没有定论。关键的问题就是让民主德国的公民手里握有一种稳定的货币。对此，也可以通过让他们自己的货币变得稳定，来实现这个目的。"2月6日，联邦总理在晚间电视节目《今日新闻》上发表"他的"决议的时候，他冗长琐碎的陈述方式也体现出了这一决议的不确定性和隐晦特征："在预先讨论的这几天里，我已经为自己找到了结果，我想，我明天就会向内阁上呈这一提议，在此我希望可以再一次向你们宣读它：联邦政府已经准备好，立刻与民主德国展开建立货币联盟及实施经济改革的谈判。"[506]

　　所以在2月7日时，经济部长豪斯曼作出关于"最后一份阶段性计划的公开讨论"的报告，并没有什么值得嘲笑的。[507]除了财政部长的这个方案之外，其他的各种议案在这份执政联盟决议中都还占有一席之地。这在2月7日内阁会议后联邦议院的"提问时间"的讨论中也有明确体现。总的来说，联合执政各党在同一份内阁决议中所持立场不尽相同，却还用各种方式声明彼此间不存在意见分歧。财政部长魏格尔虽然宣称，所有的阶段性计划全部过时了，但是当他谈及自己的方案时，还是以非常小心谨慎的态度对待他的同事，"我们要如何建立一个货币联盟，实现一次——这需要我的同事豪斯曼来确认——绝对必要的、在之前或者整个过程中进行的经济改革"。[508]拉姆斯多夫支持联邦政府的决议，但是更偏向于"奥地利模式"："其实根本没有什么时间上的损失。把西德马克引入民主德国明显会引发更多问题……更好的方式是，把东德马克和西德马克结合起来，而在这个过程中民主德国国家银行应将其稳定导向的政策委托给德国联邦银行进行领导。"[509]豪斯曼本人在辩论中则强调货币联盟和经济改革之间的统一性。[510]社民党财政政策发言人为财政部长的方案叫好，因为她的政策终于得以实践。她亢奋地宣称："德国马克的引入将为民主德国的经济奇迹打响发令枪。"而与此相反，她将拉姆斯多夫的奥地利模式评价为"废话"[511]。

一天前，就在联邦总理宣布执政联盟会谈中商定好的内阁决议提议的那一档晚间节目《今日新闻》中，联邦经济部长还在称之为"较长期的前景"，并且为"奥地利模式"做宣传。[512]而且在内阁做出决议后的当天，他又强烈反对自己的阶段性计划自此成为废纸。他说"即使这样，我们也必须根据一定的优先次序，（以及按照）短期的阶段性计划行事"。不仅仅把"绝对必要的法律体制"转用过去是必需的。"如果民主德国的经济生产力不能提高，即使建立货币联盟也不可能解决问题，而只能进一步造成不稳定局面。"在这一点上，他知道魏格尔和珀尔和他是一致的。[513]

鉴于内阁决议的多层含义以及带有妥协性的特点，它暂时只是一种象征性的行为，期望能对民主德国人民产生心理安慰，主要鼓励他们留在自己的祖国。不过这一象征性行为很快转化为了一项政治上的方向性决定。其催化剂是专家团体以及公众舆论对这一内阁决议的认可。他们完全不清楚这一内阁决议包含了多少执政联盟内的紧张关系，而只是单一地从联邦财政部长所阐述的角度接受了它。自民党领导层也得以不动声色、不丢脸面地加入这一队伍。

专家团体并不只是按照联邦财政部长的意思来解释这项内阁决议，他们之所以勉为其难接受它，主要是因为他们把它看成政治形势所迫的结果。卡尔·席勒（Karl Schiller）很有代表性地表示说："最开始的时候，我像很多联邦德国其他的经济学家一样，认为应先建立经济联盟，做出秩序政策和实体经济方面的调适，然后在两国货币间建立一个合理的汇率，当然这个汇率会倾向于保护民主德国利益，通过它实现两国经济的完全融合。——虽然这个模式的最终结果也是共同货币，但是因为两方面的政治原因，现在要把这个模式反过来进行。我们必须先从货币联盟开始。"[514]其他的方式是完全不可行的，因为"现在就实行民主德国的民众已经走上了反对自身货币的道路"[515]。

在准备莫德罗来访的过程中，这份内阁决议在政府内部按照"截止日解决方案"的理解被进一步明确了。先行开路者还是联邦财政部。2月8

日，国务秘书科勒尔就上呈了一份文件："将民主德国融入德国马克货币区（将德国马克作为支付手段引入民主德国）"。[516]这份文件部分地方详细得多地阐述了一份简明扼要但增加了若干经济改革主题的意见书中的所有要点；在2月13日，联邦总理科尔在波恩把这份意见书交给了莫德罗总理。[517]这份意见书是在一次部际会议上商定的，参与者主要为国务秘书级别〔联邦总理府派出路德维希处长，联邦银行派出副行长施莱辛格（Schlesinger）〕，会议主持为财政国务秘书科勒尔。[518]

联邦内阁为了迎合条约共同体的主题，表示要在3月18日大选后就"邦联式结构"展开谈判，而相关的西德政治家们则从开始就在公众场合明确表示，他们对于货币联盟的理解远远不止于此。联邦财政部长魏格尔提出民主德国需要放弃部分主权，即"货币和现金领域的主权"。他公开表示，《基本法》第23条可以是实施工具。[519]魏格尔援引第23条是目标明确的：如果像普遍的观点一样，把科尔所谓的"伴随经济改革的货币联盟"理解为民主德国在放弃货币主权情况下采用德国马克，以及采用相关的联邦德国的法律制度，那么就不需要根据《基本法》第146条为其召开制宪会议。由此，在达成任何国际法上的一致之前，通过民主德国加入联邦德国货币与经济区的方式，已经实现了事实上的统一。

波恩的政府成员最晚从2月7日的内阁决议作出后也就按照《基本法》第23条实施的路径做好了准备。"德国统一"委员会的工作小组虽然还挂着考虑"邦联式结构"这一任务，但是他们很快就认识到，这一任务早已随着货币联盟的讨论而过时了。联邦部长朔伊布勒调整他领导的"国家结构与公共秩序"小组以及另一个额外设立的部长的"德国统一"工作组的工作，让它们遵循第23条的目标方向。在1990年2月，朔伊布勒不再忙于"认真准备邦联式结构或者其他的辅助架构。我希望民主德国根据第23条加入，并由此尽快实现统一"[520]。内政部席费尔（Schiffer）司长在2月19日向外交部、司法部、财政部、劳动部、德意志内部关系部、联邦总理府的同事们递送了"关于德国统一之宪法法问题的思考"[521]。其中他分析并比较了《基本法》所提供的、"建立统一后德国的宪法秩序的两条路径"。2月21日时，他又补充研究了"根据两个德国自身的修宪规定签订国家条约，并通过这种方式建立全德国的宪法秩序"[522]。内政部的"思考"虽然表面上表现得态度中立，但是却含蓄地表现出对于基于第23条路径的偏爱。[523]外交部在2月22日就表明了自己的态度，并且更加尖锐地阐明了反对第 146 条的理由："至于反对第 146 条的理由，还应进一步突出的是，依照第 146 条的程序不仅耗时更长，而且几乎是难以确定的，它隐含的风险在于有可能导致对统一进程有利的固有动力的丧失，以及不利因素则可能加强。"[524]

联合执政伙伴自民党以及反对党社民党——后者稍微缓慢些——对根据第 23 条实现统一的想法表示了同意。在 1990 年 3 月 6 日，执政联盟会议上明确通过了这一意见。[525]

在波恩政府做出决定后，民主德国的选民们清楚了他们所面临的状况。联邦总理兼基民盟主席科尔向他们倡议，在 3 月 18 日，最终就民主德国迅速加入联邦德国做出决定。他们只需要为科尔打造的"德国联盟"投票就行了。2 月 20 日，科尔第一次在埃尔福特的一次大型群众活动中介入了民主德国的竞选活动。[526]随后又 5 次出现在就实行民主德国的各大城市。特尔切克这样总结科尔传递的中心讯息："如果已经创造了必要的框架条件并采取了必要的立法措施，那么我们可以与民主德国人民一起，'尽快创造一个繁荣昌盛的国家'。"[527]

如果没有国际保障，即莫斯科的默许，科尔如此清晰的德国政策倡议是无法想象的。联邦总理在 1990 年 2 月 10 日到访莫斯科会见戈尔巴乔夫[528]，媒体和一些专业分析人士都常常低估这件事的重要性。10 天前莫德罗访问时莫斯科承诺说，德国人应该自己解决德意志民族的统一问题，而科尔的访问带来的并不只是这一承诺的重申。这期间联邦德国提出了建立货币联盟的建议，它带来了众多后果，包括民主德国放弃主权以及加入等问题。正如美国国务卿贝克（Baker）已掌握了情况，并且在 2 月 20 日内政部长朔伊布勒访问华盛顿时详细地打听了此事[529]，苏联方面也对此知晓并且感兴趣。[530]因此，当戈尔巴乔夫在科尔访问期间表示，德国人必须自己选择"建立何种国家形式，在怎样的时间段内，多快，以及在何种条件下实现统一"[531]，那么，这一表态的分量就远远大于他给予莫德罗的声明。戈尔巴乔夫对于波恩开启的路径没有提出任何异议，甚至在军事地位问题上也没确定一个"最终的解决办法"[532]。

这样看来，《南德意志报》的评论是正确的，戈尔巴乔夫在莫斯科已经把"解决德国问题的钥匙"交到了联邦总理手上。[533]

鉴于联邦德国做出的决议以及国际形势，2 月 13 日莫德罗的波恩之行就显得时机不当和多余，这次访问本意是作为科尔访问德累斯顿的回访，由塞特斯于 1 月 25 日访问东柏林时敲定下来[534]。莫德罗的具体要求其实当时已经向塞特斯陈述过了。[535]中央圆桌会议的意见书，以及莫德罗向联邦总理转达的各个派别的额外要求，都与在德累斯顿商定的条约共同体的方案相关，并且以建立"邦联"为目标。[536]他们希望"两个德国"长年的、分阶段的"共同成长"。"圆桌会议不同意草率地放弃民主德国的财政权。"圆桌会议和民主德国政府最迫切的要求还是团结互助金："我们认为 100 到 150 亿德国马克的金额数量比较合理，而且应该不受任何其他谈判影响地立刻实施。"[537]联邦总理科尔和财政部长魏格尔拒绝了民主德国代表团的资金要求，并且向莫德罗呈递了自己的意见书，内容为众所周知的"建立共同的经济与货币区"[538]。这份意见书比内阁决议更为详细具体，列举了"引入社会市场经济"的最重要的要求，并且直截了当地表示"在经济秩序的重要领域必须实现法律接轨"。

由来自所有 13 个政党和派别的部长——其中包含 8 名由圆桌会议代表担任的无任所部长——组成的民主德国代表团[539]只有表示抗议而别无他法。在讨论中，莫德罗主要把那些新任部长推到前面。沃尔夫冈·乌尔曼（"现在就实行民主"）"坚决反对根据《基本法》第 23 条将民主德国加入联邦德国"[540]。其他的民权主义者，例如马蒂亚斯·普拉策克（Matthias Platzeck）也纷纷表示对"不能自主决定"的担忧[541]，这让联邦总理头疼不已。塞巴斯蒂安·普夫卢格拜尔（Sebastian Pflugbeil）表示，反对西德政治家参与民主德国竞选。[542]莫德罗自己则强调，"民主德国将把自己的精神价值带入统一的德国。"[543]虽然作为商谈的结果，决定设立一个"共同委员会"，由它立刻展开有关建立"货币联盟和经济共同体"的会谈[544]，但是，清楚的是，联邦政府和莫德罗政府已经明显没有什么可谈的了。联邦政府等待着 3 月 18 日大选后，与那个民主合法的政府商谈。莫德罗也感到："莫德罗政府对于他①而言，已经不再是谈话伙伴了。"[545]

实际上，这根本不是一次平等伙伴间的会面，甚至连国事访问的印象也没给人留下。还不如把它比作一次说客团体在联邦总理府的拜访，但因为人们认为，这些"利益代表"并未得到这家"利益集团"成员的真正合法授权，所以，他们自始至终没有被认真对待过。

莫德罗总理回国后接连做了几次关于波恩访问的报告，2 月 15 日在内

---

① 指联邦总理。——作者注

阁[546]、2月19日在东柏林中央圆桌会议[547]以及2月20日在人民议院，但这些报告也只能给人留下上述印象。报告中逐一列举了他在波恩声明的立场，联邦总理如下的回应就已经被解读为访问的成果："联邦总理科尔清楚地表示，他的政府并不是想要吞并民主德国。这就完全可以说明，我们，民主德国的人民，不管过去犯过什么错误，在两德共同成长和统一过程中，都可以保有自己的价值。"[548]

这明确无误体现出，这个政府已经没落。他们已经没法提出任何要求：因为他们已经沦为了其他人的交易物品。

圆桌会议根据莫德罗报告所做出的决定充分证明了他们对自己过分高估，对形势缺乏正确判断。最明显的体现莫过于他们基于统社党/民社党的声明所提出的"未来统一的德国必须保持去军事化状态"以及拒绝根据《基本法》第23条实现统一进程的要求。[549]

在圆桌会议坚决反对民主德国"加入"联邦德国之时，人民议院第二天则开始为即将到来的谈判中所应持有的基本态度做准备。其中包括维护社会安全，承认财产关系，要求提供团结互助金，以及民主德国的文化和物质价值。与此相应，内阁还详细阐述了维护经济领域多种所有权形式的要求，即维护所谓的国家与人民财产，维护合作社和私人财产。为此还委托起草一份关于《保护民主德国公民作为地产租用以及使用者权利》的草案。指向类似方向的还有制定一份所谓的社会宪章的计划，它应指出"社会市场经济所需的社会框架条件"[550]。莫德罗以政府的名义强调称，实现德国统一不仅需要"理智和责任感"，还需要自信。

现在，所有的政治力量都将目光投向3月18日。民主德国的民众应当通过一次人民议院的民主选举来决定：是否可以接受西德所提议的，通过民主德国加入联邦德国的形式实现统一，从而有望获得迅速而又全面的援助。

在壮观的政治层面下面，莫德罗来访波恩和人民议院选举之间的这段时间也得到了充分利用。莫德罗和科尔共同决议建立的，同时也是中央圆桌会议所希望的两德专家委员会旨在为经济与货币联盟的建立做准备，在2月20日，该委员会已经在东柏林召开了第一次会议。在3月5日和13日又接连召开了另外两次会议。西德代表团团长是来自联邦财政部的国务秘书霍斯特·科勒尔；知名的成员有联邦银行副行长赫尔穆特·施莱辛格（Helmut Schlesinger），联邦经济部的国务秘书迪特·冯·伏尔岑（Dieter von Würzen)，以及联邦劳动部的国务秘书伯恩哈德·雅戈达（Bernhard Jagoda）。西德代表团为了表示这次专家会谈只是临时性的，所以都挑选了部长级以下成员参加。东德代表团则与之相反，团长是无任所部长瓦尔特·龙姆贝格（Walter Romberg）（东德社民党）。这是为了显示专家委员会的工作是超越莫德罗政府的执政任期的。其他的民主德国成员分别为国家银行行长霍斯特·卡明斯基，财政国务秘书沃尔特·西格尔特（Walter Siegert），机械制造部长，前身为国家计划委员会的经济委员会主席卡尔·格林海德（Karl Grünheid），还有劳动和薪酬部的司长英戈尔夫·诺亚克（Ingolf Noack）。[551]

在此阶段，政府工作的内容几乎完全被竞选最后阶段的冲刺所覆盖，特别是 2 月 24 ~ 25 日，在柏林举行为期两天的统社党/民社党选举党代会上，经过多个回合激烈的辩论，汉斯·莫德罗最终被说服，以最高候选人身份参加人民议院选举。这一决定使他被"党的基层"逼迫着违背了之前的承诺，例如"党需要新人来担任议员"，再如"他要为全体人民，而不单单为一个党负责"。[552]纵然政府工作必须庄严体面地收尾，不过绝大部分部长们也已经着眼 3 月 18 日后的状况了。

在接下来的 3 月 1 日的部长会议上确定，民主德国应莫斯科政府邀请，派出高级代表团于 3 月 5 ~ 6 日访问莫斯科，团长为莫德罗，成员为各部长，也包括无任所部长们。访问日程中最重要的是"民主德国政府关于财产关系的声明以及致戈尔巴乔夫和科尔的信"。其中这样写道："基于所有民主德国人民的直接利益，也基于联邦德国应该提出的要求，民主德国政府认为，民主德国的财产关系是二战后在国际法协议基础上，在盟国德国管制委员会，当时的苏战区法规以及民主德国的法律法规基础上制定的，它的保留不应该存在争议。归根结底就是，民主德国人民在过去 40 年的劳动中所创造的人民公共财产仍应维护在以往的法律范畴之内。这涉及法律保障、经济保障以及社会保障。"[553]具体而言，需要维持不变的法律法规包括：苏占区对于没收纳粹和战争犯财产的规定，苏联军事管制机构的命令和 40 年代后期基于全民公决的州法律，50 年代苏联移交给民主德国的、根据以前赔偿相关规定属于苏联的企业，还特别提到了 1945 年的土地改革。此外还需要为所有的房屋租赁关系提供广泛的解约保护。只有实现这些要求，才能与联邦德国共建货币与经济联盟，两个德国才能一步一步实现联合。这份草案也被转发给了法国、英国以及美国政府。

此外，民主德国内阁还对经济及财产关系做出了规定，其中包括关于出售所谓的全民所有建筑的法律草案，关于民主德国内外国分公司的法律草案，最后要求建立"全民所有财产的信托管理机构"，来配合"全民所有制的企业、机构、联合企业以及主管经济的机关向股份公司转型条例"。建立信托机构的决议规定，将这一机构作为"公法机构"，并"按地域组织"，从 3 月 1 日起正式设立运行。其中还写道："随着信托机构的正式建立，它将接管以企业、机构、联合企业、经济主管机关以及其他在全民所有制经济登记册中登记的经济单位等为基金所有人的全民所有财产。……此信托机构有权委托法人与自然人担任资合公司的创立者和股东，或者履行从各种参资参股中产生的权利和义务。"[554]

上述条例中描述了全民所有制联合企业以及企业向股份公司转制的具体程序。部长会议的决议还规定，在 1990 年 12 月 31 日之前全部完成这一转制过程。在 3 月 15 日之前，将出台关于此信托机构权利和义务的章程。[555]

1990 年 3 月 2 日，苏联外交部长谢瓦尔德纳泽与民主德国社民党主席易卜拉欣·伯梅在莫斯科会面，民主德国部长瓦尔特·龙姆贝格以及大使格尔德·科尼希（Gerd König）陪同出席。谢瓦尔德纳泽表示了自己对德国统一进程速度的担忧。他认为，这一进程应该和欧洲安全结构的建立"同步"进行。如果没有相应的安全保障，那统一就会对改革造成打击。[556]

伯梅显然把自己当做了新任民主德国总理。他对谢瓦尔德纳泽的大部分担忧都表示赞同。联邦德国会借围绕《基本法》第 23 条的讨论，人为地迫使统一进程加速。3 月 18 日选举后的新任民主德国政府的任务应该是像人民解释这一过程的复杂性，并且正确引导舆论方向："民主德国会履行联盟的义务，不脱离华沙条约，以保证整个欧洲进程不会受到影响。"

谢瓦尔德纳泽批评了科尔和根舍对于两德统一的态度。苏联仍然不可能接受统一后的德国作为北约成员。龙姆贝格对此表示赞成。苏联外交部长期待"民主德国不去看科尔脸色地建立政府"，而正是在这种情绪的影响下，导致他后来提出一个无比荒谬的想法，即举行一个"欧洲范围的全民公决"来决定两德统一问题。

最后伯梅阐述了选举获胜可能性。他表示支持组建一个"广泛的联盟"，在此过程中，对德国统一的态度是决定性的："民主德国的法治国家性质、民主德国公民的社会权利，以及他们对于土地的权利，必须不受侵犯。"在统一前，必须先在两德内部实施和解进程。

莫德罗在此期间忙于准备他最后一次对莫斯科的正式访问。此前两方外交部的专家们已经召开了双边磋商会。民主德国方面感觉到，莫斯科的相关负责人在许多问题上明显还处于"初级阶段"。虽然苏联对于阻止民主德国根据《基本法》第 23 条加入联邦德国这一首要任务表示支持，但是似乎还并不想公开表态。此外他们如今在期待"2＋4"谈判的开始，预计谈判会针对"德国问题签订和平条约"。他们拒绝统一后的德国作为北约成员。如果西方军事力量依然驻守在联邦德国领土上，那么，苏联军队也应继续驻扎在民主德国土地上。[557]

3 月 6 日，莫德罗与戈尔巴乔夫会面。莫德罗总理向他的谈话伙伴介绍了民主德国国家机构目前权威进一步丧失的情况。由于联邦政府的干预，民主德国政府越发不能施展拳脚。目前的核心问题就是要避免按照《基本法》第 23 条将民主德国加入联邦德国。莫德罗表示赞成建立一个"全新的国际法主体"，它把原来两德所签订的条约的全部权利和义务接纳过去，当然，这样做并不那么简单。他还再次坚持两德统一和欧洲统一的进程必须相一致。苏联方面应该通过做出"澄清性表态"，来对此作出决定性贡献，毕竟另一方是支持在北约的框架里"加入"东德。除了就奥德－尼斯河边界、苏联军队西部分队在民主德国的驻扎问题、民主德国和苏联的经济协议等问题作出规制，还涉及"在统一过程中保持民主德国的财产关系不变"。为了"保障"所谓的全民所有财产，民主德国政府此前还专门向戈尔巴乔夫致函表明其立场。

民主德国政府代表团和戈尔巴乔夫在克里姆林宫会面之时，多位无任所部长对当前实际问题发表了个人观点。莱纳·埃佩尔曼首先点了一支蜡烛对苏联党和国家领导人表示感谢，感谢苏联将德国从希特勒法西斯中解放出来，感谢他亲身为裁减军备而做出的努力，以及在民主德国变革过程中所发挥的作用。[558]致谢之后，他紧接着请求苏联加速欧洲统一的进程，废除民主德国和苏联之间往来的签证义务，并且继续通过适当措施改善双边关系。沃尔夫冈·乌尔曼表示，拒绝接受统一德国的北约成员身份，并建议两个军事阵营解体，由政治联盟取代。马蒂亚斯·普拉策克建议德国与苏联合作建立青年组织，反对双方共同发展核技术。格尔德·波佩（Gerd Poppe）以公民运动组织的名义支持去军事化和解散军事联盟。此外他还指出了联邦德国政治家干预民主德国选举结果的危险性。他认为，这可能导致"新一轮的不稳定"。

埃佩尔曼、乌尔曼、普拉策克和伯梅在与最高苏维埃的议员们会面时也发表了意见。来自苏共的德国政策专家瓦伦丁·法林也参与了这次会面。他指出，"德国问题的解决，可能为未来解决其他安全问题提供一个范例。"苏联已经准备好"给予德意志民族充分信任"，然而在"统一的过程中，必须为其他欧洲人民提供法律和其他保障"。

回到柏林之后，莫德罗总结了这次谈判的结果。在谈话中，双方达成共识，"联邦德国的《基本法》第23条并不适合作为两德靠拢和统一进程的基础"559。此外，"苏联坚决反对统一德国的北约成员身份"。虽然这个想法不太切合实际，但他们有这样一个认识，即"民主德国和联邦德国建立货币联盟，并由此将德国马克作为支付手段引入民主德国之后，将在可预见的时间内大幅改变国内经济状况以及对外经济关系"。最后，苏联方面再次就"保障民主德国的财产关系"表示支持。在3月18日之后，"双方关系仍将继续稳定发展"，其中包括一系列雷日科夫和莫德罗商定的组织方面的约定，诸如建立工作小组等。

3月13日，两德专家委员会研究出台了一份"中期报告"，实际上这也是他们的总结报告。560报告表明，专家委员会的研究主要包含两个方面：一个是"事实调查"561，另一个是找出尚需解决的问题。联邦政府委托的任务被作为人民议院选举之后需要进行的谈判的计划加以具体化了。562在货币和经济改革方面，虽然反复强调研究结果基于"共同基础"，基于"双方代表团的共识"，但这些结果明显是基于西方的考量。只有在社会政策领域才能感受到一些民主德国的声音。与1990年3月5日的中央圆桌会议意见书一样563，报告中提到了"社会联合体"564。

曾任联邦财政部处长的蒂洛·萨拉辛也是委员会成员之一，他说道："联邦德国方面在它提议的条件及这些条件的严格性上必须保持强硬的态度，但是要通过有礼有节的灵活方式体现出来。民主德国方面想要把他们认为的体制中有保存价值的要素保存下来，这一愿望是可以理解的……从专家委员会开始，他们才一步一步地认识到，鉴于政治上必要的短暂期限，民主德国必须迅速地几近全面地接受西德的经济法、税法和社会法，不存在其他选择。……在这次会议结束时（作者注：指3月13日），龙姆贝格教授的结束辞不仅致以联邦德国代表团，而且带着强烈的感同身受的情感也致以自己代表团的成员，众所周知，东德代表团里的许多人在选举之后就不会出现在这个位子上了。几乎可以感觉到，房间里弥漫着一个时代终结的气息。坐在桌子对面的东德伙伴们所流露出的那种令人倍感矛盾的忧伤情绪也触动了我。"[565]

专家委员会的这份中期报告没有就两德之间货币联盟协议的达成程序以及法律形式做出说明。在报告中，两方代表在人民议院选举前都表现谨慎。民主德国方面想避免所有"结合货币联盟谈论迈向德国统一的后续步骤"的企图。[566]而西德方面对于正式程序应该如何也不确定。结果是双方暂且达成要签订一份国家条约的共识。不过，虽然联邦政府确定要根据第23条实现统一，但是，某些人对这一统一路径表示出怀疑。3月5日时，联邦财政部施密特－布莱布特罗伊司长就提交了国家条约草案，"事后来看，这一草案与最终版本的国家条约有着惊人相似的结构"[567]。不过仅仅两天后，这一草案就被正式撤回。3月6日，执政联盟会议终于就根据《基本法》第23条实现统一问题达成一致。第二天，司法部国务秘书克劳斯·金克尔（Klaus Kinkel）在"德国统一"内阁委员会下属的"货币与财政问题"工作组会议上表示，"根据与根舍以及其他人的沟通，要提出紧急劝诫：现阶段不可与民主德国以任何形式商讨国家条约问题，哪怕只是对此问题进行内部研究"[568]。

如果说根舍的考虑主要出于外交政策方面的动机，那么，财政、内政，以及德国政策方面的政治家则更多地从统一技术方面进行考虑。财政专家们"观察到了民主德国方面在落实具体的秩序政策改革方面犹豫不决"，因而要求"签订明确的、有法律约束力的协议"，这也特别是因为在工作过程中，亟待改变的法律内容层出不穷。[569]相反，那些更多地从统一政策方面进行思考的人则自问，在根据第23条实现统一之前，在货币和经济体制领域有多少内容应通过国家条约作出事先规制。

联邦总理府德国政策工作组为总理府部长和联邦总理所做的评述指明了决策的状况。3月12日，一份上呈给塞特斯的报告[570]这样写道："联邦财政部有意向，在1990年3月13日与民主德国就撰写建立货币联盟的中期报告的协商过程中，递交一份解释《基本法》第23条的非文件。目前为止，双方谈判代表都认为需要为建立货币联盟签订一份国家条约。而"德国统一"内阁委员会对此主要表示反对。无论如何，只应和民主德国就最必要的问题签订条约。通过这份非文件，民主德国可以清楚了解，第23条提供了何其广泛的签订协议的可能性，由此，在协商货币联盟问题的时候，协议中就只需要对尽可能少的内容进行规定。"

这份非文件的草案尤其详细地解释了，那些将在民主德国土地上新建的联邦州在其加入"《基本法》规定的财政体系"后拥有哪些构建可能性。这份评述的撰写者施特恩（Stern）司长建议，仅限"机密对话圈子"之内传递这份文件，但不要扩充这份文件的内容。"在与民主德国就统一问题进行会谈之前，不应以书面形式递交内容过于广泛的论断（尤其是在还没有完全考虑清楚这些论断的后果之前）。"不过递交这份非文件，可以"为《基本法》第 23 条做宣传，并且让民主德国在谈判建立货币联盟时，放弃通过国家协议对尽可能多的领域进行规制的想法"。

在 3 月 13 日的一份手写补充说明中，总理府部长决定不递交这份非文件。

3 月 15 日，也就是人民议院选举前三天，德国政策工作组组长为联邦总理所做的另一份评语阐述了选举后"实现两德统一的后续行动"[571]。撰写者杜伊斯贝格司长将货币联盟紧紧地嵌入到统一进程中。他对货币联盟协议与统一程序之间关系的考虑特别令人感兴趣："想要实现货币联盟，就必须在民主德国加入联邦德国之前，签订一份条约，可能双方还要对条约进行批准。但是，就这一内容专门签订一份条约，也就同时巩固了民主德国的国家存在，并且开启了根据《基本法》第 146 条实现统一的可能性。因此，只有当这份条约明确与将来民主德国加入联邦德国相联系，我们才能签署它；否则的话，我们虽然承担了全部的经济与财政风险，交出了自己最重要的砝码，最后却不知道统一进程所需要的时间和最终结果是什么。"

这也是选举后进行谈判的方向。结果是：《关于建立货币、经济和社会联盟的国家条约》的序言部分就明确表示"根据联邦德国《基本法》第 23 条实现国家统一"。[572]

毫无疑问，联邦政府在人民议院选举之时已经准备好，与一个民主合法的民主德国政府正式进入关于两德统一具体步骤的谈判。所有的准备工作都已经完成，以至于双方能在最短的时间内达成协议。3 月初时，财政部"与总理府以及联邦银行在官员层面协商后估计，在政治统一之后，从技术上落实经济与货币联盟至少需要 8 周时间。那就是说至少 5 月初要实现政治统一"。这个估计甚至都过于保守了。魏格尔部长和龙姆贝格部长 5 月 18 日在波恩签订了条约；7 月 1 日，条约就正式生效了。

对于在人民议院选举前夕，联邦政府内对统一进程所面临的挑战的磋商，人们可以用现状盘点和问题意识等概念进行描述。3 月 9 日，即选举前 9 天，一份上呈给德意志内部关系部部长多罗特·魏姆斯的通报说明总结了"德国统一"内阁委员会内迄今的磋商。[573] 这个于 1990 年 2 月 7 日成立的委员会的任务是"为联邦政府方面做出必要决定，以保证在 3 月 18 日之后，'两个德国可以立刻就邦联式合作以及未来的共同成长进行对话'"。委员会由 6 个工作组组成，成员来自多个职能部门以及联邦政府以外（如联邦银行）的专家。各个工作组的任务是，列举出在民主德国迅速向联邦德国的法律、经济、社会以及财政体系转型的过程中会涉及的主题与步骤。在此过程中，这些部委官员和专家讲究实际，不仅仅指出体系转型会遇到的困难，还权衡了财政成本以及其他成本。比如，他们估计，作为引入货币与经济联盟的结果，失业率可能达到"10% 到 15%，失业保障的成本在最初阶段可能达到 45 亿到 95 亿德国马克"[574]。

2 月初时，联邦总理虽然借由货币与经济联盟的目标设定在两德关系中重夺主动权，但是他却由于波兰西部边界这个历史问题卷入一场外交和内政上的无谓的争论中，并因此陷入被动局面。年初的时候，联合执政伙伴自民党在去年 11 月 8 日联邦议院声明的内容以外，将承认奥德－尼斯河边界置于政治议程之上。在外交政策方面，法国越来越大声地公开提出这个要求，在此也尤其援引了外交部长根舍的意见。出于内政原因，主要考虑到联盟党内的团结，联邦总理坚守着这样一个法律立场，即只有一个独立自主的统一的德国才可以决定是否在国际法上最终承认奥德－尼斯河边界。[575] 在这之后，国内来自各方的、对总理的压力越来越大。2 月底的时候，采取行动的迫切要求已经无法避免。总理"知道，他必须动一动了，虽然他并不想这样"——特尔切克对 2 月 28 日的一次总理会议就是这样报道的。[576]

总理府成员梅尔特斯和汉茨（Hanz）与他们的司长阿克曼共同商讨出了一个解决办法。在一份 2 月 27 日标识为"个人/机密"的报告中，他们建议联邦总理，在 3 月 18 日的人民议院选举前就采取主动。因为此举直接越过了外交政策部门负责人特尔切克，事后他们收到了特尔切克的一次严厉警告[577]。

梅尔特斯和汉茨在报告开始指明，"此时……诸如约翰·乔治·莱斯穆勒（Johann Georg Reißmüller）（《法兰克福汇报》1990 年 2 月 27 日）等保守的政治评论家也敦促"联邦总理，"在波兰西部边界问题上，表态支持由联邦议院和即将重新选举产生的人民议院发表一份共同的政治意向声明"。一方面，从宪法法角度来讲，这一要求没有问题，"因为一份这样的意向声明对于未来独立自主的整体德国不具有法律上的约束力"。但另一方面，这样的一份声明有"可能被解读为内政上的'失败'"。因此这两位总理府成员建议，"您（尽可能与被驱逐者联盟商定）在 3 月 18 日的人民议院选举前就提出如下倡议"：联邦总理虽然应该强调其至今的立场，也就是说不能以未来独立自主的整体德国的名义做出国际法上有约束力的承诺。但是他应该解释这样的意图，即统一的德国与波兰签订一份"睦邻合作友好条约"，其中应包括如下要点：

　　– 序言：德国与波兰的和解，以及德波友好睦邻关系是未来欧洲和平秩序的重要构成要素；
　　– 以爱丽舍条约为榜样，就定期举行德波双边磋商作出约定；
　　– 最终承认波兰西部边界；
　　– 波兰彻底放弃赔款要求；
　　– 波兰做出有国际法约束力的承诺，尊重在被驱逐区域生活的德裔少数群体权利。

　　梅尔特斯和汉茨认为，他们提供给联邦总理的建议可以把在边境问题上的让步隐藏在一个"由给予与回报构成的'包裹'之中"，由此使之变成一场攻势行动。少数群体权利的提出使得这一条约对很大一部分被驱逐者而言是"受欢迎的"。而且要求放弃赔款的条件肯定"会在联邦德国内部受到广泛支持"。

　　联邦总理接受了他们的建议。3 月 2 日，政府副发言人福格尔表示，联邦总理希望将一份"基于联邦议院 11 月 8 日决议的内容相同的声明"，与放弃赔款以及保障在波兰德国人的权利这两项要求联系起来。"在两个被自由选举出来的德国议会共同作出决议的基础上，应由作为整体的一个政府与波兰政府签署条约，并且由一个全德议会批准通过。"[578]

　　联邦总理的攻势非但没能平息公众对此问题的讨论，反而有火上浇油的趋势。自民党在最开始持支持态度，不过不久后再次表示了反对。[579]但总理仍然表现得很强硬。特尔切克同样表现出与这一立场保持一定距离，他其实支持尽早承认波兰西部边界[580]，但他在记录中这样写道："科尔的强硬态度几乎是值得钦佩的。如果换做其他人，大概早就妥协了。我猜出于内政原因总理也要如此毫不退让地展示这种强势的力量。最后，这种态度可以帮助他赢得右翼选民。"[581]而事实上，总理自己在 3 月 5 日的党团理事会会议上还强调了来自右翼的危险。"总理在奥德－尼斯河边界问题上强调，其他的政治力量都意图扩大自己的政治行动空间。只有基民盟/基社盟想要阻止共和党人的势力发展。所以他的观点是，只有独立自主的整体德国才在这些问题上拥有法律上的行动能力。不过由于新的波兰提案产生了较大压力，所以现在就需要签署各项声明以制约未来的新政府。"然后，科尔提到了"少数群体的问题"以及"有关赔款的规定"，并请求党团的支持。[582]

3 月 6 日，联合执政伙伴经过激烈争论终于商定出一份两个党团的共同决议草案[583]，题为《德国与波兰》。[584]也就是在这次执政联盟会议上，联合执政伙伴就根据《基本法》第 23 条的加入程序达成了一致。基于联邦议院于 1989 年 11 月 8 日发表的声明，以及欧洲安全与合作会议的最后文件，两个经自由选举产生的议会应该发表一份与原文字句相同的声明："波兰人民应该清楚，我们德国人无论是现在还是未来，都不会通过提出领土要求而对他们在安全边境内生活的权利提出异议。"在这个意义里，应该"通过德国作为整体的一个政府和波兰政府签订一份关于边境问题的条约来对边境问题作出规定，并确保两国人民间的和解"。1953 年时波兰宣布放弃向德国索取赔款的要求，也适用于统一后的德国。声明没有明确提及在波兰生活的德国人的少数群体权利。而是提到佐维耶茨基（Mazowiecki）总理和科尔总理在 1989 年 11 月 14 日发表的共同声明仍然有效，在该声明中包含有与此内容相关的一段表述。[585]

在执政联盟会议之后，科尔向他的党团阐述了声明内容。科尔巧妙地让大家深信：虽然只有新选出的整体德国的议会才可以对边境问题作出国际法上的承认，但是，如果声明中不承认奥德－尼斯河边界，统一是无法维持的。[586]将边境问题与在波兰德国人的权利、放弃赔款要求，以及竞选基本宗旨联系在一起，可以促使党团支持总理的决定。[587]

开启讨论过程的议会党团外交政策发言人米夏埃拉·盖格尔

（Michaela Geiger）（基社盟）声称，承认边境是"我们实现统一的代价"，为此她遭受了部分议员的批评。就连致力于驱逐者政策的政客赫尔伯特·切亚（Herbert Czaja）也认为该决议是"可以接受的"[588]，不过他对于有关领土要求的表述作出了非常独特的解读："我要明确表示：我们不提出任何领土要求。在以和平条约形式作出规定前，是波兰共和国提出了领土要求，且是针对那些并不是希特勒掠夺来的领土。"因为战胜国们是根据1937年时的边境情况就边境问题作出决定的。[589]

在其具有历史意义的回应中，联邦总理强调了德国人面对他国时的行为[590]："我们必须维持自己的地位……长久以来，我们德国人总是只有两种形象：不是没法拒绝力量的诱惑，从而对周边而言是不可接受的；就是陷入自怨自怜之中，从而引发更多的厌恶情绪。让我们尝试以一种正常且正派的方式寻找穿过历史的道路，充分考虑他人的利益，但也不要抛弃自己的利益"。[591]

基社盟主席、联邦财政部长魏格尔也体现出了他融合同事的能力。他为盖格尔女士辩护，并且同时感激切亚提出的"有建设性的想法"[592]。

3月8日，德国联邦议院以执政联盟的多数票——有5名联盟党议员弃权——通过了该声明。[593]社民党和绿党提出了自己的内容更广泛的议案[594]，以执政联盟的议案不充分为由表示反对。议会辩论过程极其激烈。社民党和绿党批评总理的政策是"政治风险因素"（福格尔）[595]，是"政治纵火"（施穆德）（Schmude）[596]，是"蒸汽压路机"（利佩尔特）[597]，并且试图挑唆外交部长根舍和科尔对着干。[598]根舍回避任何争论，并因此获得了联邦议院内双方的赞许，同时根舍对于少数群体问题以及放弃赔款要求也都没有发表意见。[599]联邦总理接受了反对党的挑战，并且抨击社民党为昂纳克及其政权提供"继续生存的保障"[600]。另外，科尔从很早以前就把执政联盟的各党团议案广泛嵌入他的德国及欧洲政策中，彼时他还没有对决议草案的具体内容进行研究。[601]

反对党的猛烈攻击，以及红绿反对党和联盟党态度间严重的两极分化，一方面导致了联邦总理的"换边站"——他原本是不支持这一声明的——在很大程度上未被公众察觉；另一方面促进了基民盟/基社盟党团的紧密团结。

对于联邦总理而言这是巨大的成功。特尔切克在3月8日总结评论道："基民盟/基社盟经过漫长的努力，终于做出了这个不可避免的决定。"[602]

这项声明在人民议院选举前得以通过，为德国统一奠定了对外以及对内政策上绝对必要的基石。在国际"压力背景"下，成功促成联邦议院事实上明确表态，需要由一个独立自主的整体德国对波兰西部边界进行承认，这是一个"不可思议的结果"（科尔）[603]。即使对于各家被驱逐者联合会而言，除了为统一付出代价，他们也别无他法。

第四节　总结

盘点从"变革时期"到人民议院选举之间，波恩在两德关系领域的政治决策过程，必须首先分析既有的框架条件和联邦总理的个人影响可能性之间的关系。

除了最开始提到的制度条件以及政治主题条件之外，还有两个框架条件值得一提。它们与政治力量以及人物的格局有关。

第一，联合执政伙伴自民党的重要性不仅因德国政策的权限布局而受到削弱，而且还受到自民党经济部部长豪斯曼弱势表现的拖累。这一点在就货币、经济和社会联盟表决的过程中，表现尤为明显。联邦财政部及其同时担任基社盟主席的部长特奥·魏格尔在整个过程中都积极参与，而经济部则总是事事落在后面。因此，经济部以及自民党主席格拉夫·拉姆斯多夫在联邦议院，乃至公众心目中在其固有的政策领域都留下了无能的印象。在内阁已经做出"截止日解决方案"的决议之后，他们仍然坚持阶段性计划（豪斯曼），或者支持奥地利模式（拉姆斯多夫）。[604]于是，在诸多经济政策问题上，联邦总理府的经济政策部门就在很大程度上取代了缺席的经济部。

第二，很重要的一个框架条件是反对党的弱势，这将在后面几章具体说明。反对党弱势使得政府轻易将自己展现为一项以未来为导向的、受历史潮流支撑的政策的载体。虽然政府延续了社民党－自民党的德国政策，但是在绝大部分时间内在言语上一如既往地坚持要实现德国统一，并且在民主德国要求得到国际法上的承认这个问题上决不让步。与此相反，社民党则成了自身成就的牺牲品；1982年后，社民党作为反对党满足于接受两个德国并存。在这一点上绿党表现得更为严重。这使得反对党在适应新环境时困难重重。他们给人争吵、内部意见不合的印象。尤其是社民党总理候选人奥斯卡·拉封丹，以一名自私的联邦德国人的形象反对统一。维利·勃兰特虽然和科尔一样对新环境有足够的敏感性，但是也只能略微修正社民党在公众心中留下的可怕形象。

联邦总理最大的个人成就源于他对民主德国发展趋势的敏感性。民主德国的局势一直处于一种尴尬的局面当中：一方面是要抵御街头运动的极端化并稳固积极发展的局势，另一方面要推行促使统社党政权解体的政策。应有控制地激发局势向民主和统一的方向转变。不应提供给统社党使用以抵抗外敌为借口来转移对它与民众之间矛盾注意力的惯用伎俩。必须在这一背景下，解释联邦总理的每一步行动。与此相关，从 11 月 9 日开始，可以观察到政府政策日益与民众的意愿为导向。自从柏林墙倒塌之后，联邦总理的行动对象就不再是统社党领导下的政府，而是民主德国的民众，只要他们的意愿是可以估计的。可作为对此说明的是 1989 年 12 月 19 日科尔的德累斯顿访问。他一方面以全体德国人的总理的形象出现，对民众进行有节制的煽动；另一方面努力让莫德罗承认，他是民主德国的稳定因素。

联邦总理的核心决策都是精心权衡过的，每一步都充分利用当时呈现的行动余地，在不造成任何不可估计发展状况的前提下，实现改革和统一的目标。

在谈到两德统一进程中的个人因素时，除了联邦总理之外，还有一位西德政治家不得不提，那就是联邦内政部长沃尔夫冈·朔伊布勒。在两德统一的那一年，除了联邦外交部长根舍外，他就是在德国政策上最重要的主管部长，在他在统一条约谈判中作出杰出成就前很久就如此。

无论在过去还是现在，在分析统一进程时，公众舆论以及学术文献都几乎未认识到，内政部长凭借其在移民问题上不卑不亢且不取悦于民的态度，在德国统一的迅速实现过程中扮演了一个关键角色。

早在 1989 年/1990 年更替之前，西德人民对与来自民主德国的"兄弟姐妹"重逢的兴奋，转变为了担忧和恐惧。移民大潮被认为是负担甚至威胁。乡镇、城市和州县无法再每天持续接纳数千名新移民。社民党总理候选人奥斯卡·拉封丹成功地成为以下那些人的领头人：他们要求修改接受移民的程序，并且削减由联邦和州支付给难民的给付。他的理由是，不应让民主德国的人民得到激励，通过向西德移民来让民主德国流尽血。大部分西德人支持这类要求，特别是因为在联邦政府通过货币联盟计划向民主德国人民提供了未来前景之后，移民人数仍然不减。

2月21~23日，福尔萨民调研究所（Forsa - Institut）在联邦德国进行了一次民意调查，68%的受访者支持停止移民入境，一半的联邦德国公民认为，民主德国的移民在联邦德国享受着"不合理的优待"，55%的人还认为，他们抢走了联邦德国公民的房子和工作。[605]

公众态度以及地方政客的压力也在联合政府内产生了影响，尤其是在基社盟中，不过在朔伊布勒自己的党派内也有所体现，其中，下萨克森州州长恩斯特·阿尔布雷西特就是批评人士的领头人。在所有的州长之中，只有洛塔尔·施佩特站在朔伊布勒一边。[606]

随着基民盟/基社盟联邦议会党团的分裂，大部分基民盟成员都反对内政部长，在人民议院选举前一周的基民盟主席团会议中，情况也是如此。面对所有的反对，朔伊布勒坚称，只有在移民浪潮消退之后，才可以取消紧急接纳程序。[607]选举后两天，3月20日，在执政联盟的一次会谈中做出了最终决定。在一天前，虽然移民数量大大减少，但还是有1539名移民，只是不再有2700之巨。[608]朔伊布勒在执政联盟会议中以及随后的内阁决议中虽然没能贯彻自己的意见，即不确定接纳程序结束的时间。但是，等到1990年7月1日，也就是到货币联盟建立的日子，解决办法就出现了，这个时候移民很可能已经没有任何意义了。由于自民党外交部长根舍的支持，内政部长的努力才得以实现。

这两位联邦部长都很清楚，无论是从对内还是对外政策角度而言，移民问题对于统一进程都有着重要的影响。

在柏林墙倒塌之后，大批移民从民主德国逃离的行为其实是反抗共产党政权的革命的重要组成部分：按照希尔施曼的概念，我们除了"抗议"（voice）还可以"离开"（exit）。这不仅是对统社党政权缺少合法性，也是对民主德国人民对两德统一意志的最为清晰且最为持久的表达。

联邦德国终止了民主德国的移民浪潮，这一行为在国内外被解读为一种信号，即两德统一其实也不是非要进行不可。至少统一进程真正动力，即民主德国人民统一的意愿，变得不那么迫切了。内政部长朔伊布勒以及外交部长根舍在移民问题上的处理，对于国际上的统一谈判速度起到了重要影响。

第二章　联邦议院内反对党的德国政策

第一节　社会民主党[*]

从艾哈德·艾普乐演讲到 6 月 17 日再到柏林墙倒塌

对于社民党而言，"战后时期的传奇之年"[1]是从德国政策上的例行程序以及东西德间繁忙的往来互访开始的。在上半年，力推社民党的"平行外交政策"（Neben - Außenpolitik）[2]的任务包括：社民党党主席以及党团主席汉斯·福格尔，州长比约恩·恩格霍姆（Björn Engholm）和约翰内斯·劳（Johannes Rau），市长瓦尔特·蒙佩尔和海宁·福舍劳（Henning Voscherau），还有由社民党主席团成员埃贡·巴尔领导的社民党和统社党安全政策问题共同工作组成员[3]。除了考虑如何改善两德关系之外，主要讨论的内容是安全政策问题。[4]但是，出于对"东西德安全合作伙伴关系"[5]这一方案的顾虑，之前只有少数知名的社民党人公开抨击民主德国的人权侵害行为[6]，但是社民党现在逐步决定放弃原来的克制态度。[7]

在 1987 年签署名为《意识形态冲突以及共同安全》的冲突与对话文件时，统社党和社民党关于政治和意识形态问题的讨论达到了高潮[8]，原本社民党的一些政客还期望通过这一讨论推动民主德国的深入改革进程，但他们的失望与日俱增。民主德国的对话伙伴虽然向社民党人证实，这份统社党和社民党的文件促进了讨论进程[9]，但是社民党还是遭到批判，他们被指责无谓地提升了统社党政权的地位，却忽视了反对派。

1989 年 3 月 29 日，社民党理事会的基本价值委员会对与统社党的对话做了一个批判性的中期评价，并且告诫谈判伙伴说："谁要是拒绝内部

---

[*]　米夏埃尔·瓦尔特协助撰写。

的对话，那么，他也损害了对外的对话。"[10]

1989 年 6 月 17 日，通过艾哈德·艾普乐（Erhard Eppler）在德国联邦议院就民主德国人民起义纪念活动所作的致辞，可以明显看出社民党在德国政策问题上变得清醒了。[11]艾普乐经常与民主德国进行对话，他怀疑统社党领导层进行变革的能力，并且指出，德国人民的民族归属感仍然活跃，而且这种感情在民主德国甚至比在联邦德国还要强烈。不过他还是认为，尽管大部分民主德国人民尚未希望看到国家的终结，而是希望看到变革，但是他预言道："如果统社党还像我们过去几个月中观察到的那样，不顾事实情况盲目自满自负的话，那么，两年后，不希望国家终结的大部分人民就会变成少数分子。"[12]

艾普乐的演讲得到了所有联邦议会党团的支持。联邦总理第一个对他的演讲表示祝贺。与此相反，埃里希·昂纳克在两天后与瓦尔特·蒙佩尔会面时，以干涉民主德国内政为由驳斥了艾普乐的说法。[13]社民党和统社党之间的气氛由此剑拔弩张。

在 8 月发生戏剧性事件期间，社民党领导人开始强调与联邦政府的一致性。[14]埃贡·巴尔以及其他人与联邦政府达成一致，在他们和东柏林接触时共同致力于问题的解决办法。[15]与此同时，对外政策负责人卡斯滕·福格特（Karsten Voigt），社民党联邦议会党团副主席兼外交与安全政策工作组负责人霍斯特·艾姆克宣告了德国政策上的路线变化。虽然人们希望民主德国继续保持稳定，但是却不希望他们保持现状，而是希望他们进行深入的变革。[16]

9 月，社民党和统社党之间的紧张关系进一步升级。[17]1984 年 3 月，社民党联邦议会党团的一个代表团访问人民议院之后，双方商定于 1989 年 4 月进行第二次东柏林访问。在统社党的要求下，访问被推迟到 9 月 18 ~ 20 日。[18]由艾姆克率领的 14 人代表团计划要与人民议院代表、政府代表以及统社党代表进行对话，还要和作家协会成员、教会代表，以及革新组织中的积极分子会面。[19]在访问结束时，艾姆克希望在一次国际新闻发布会上对民主德国的现状发表一份重要声明。[20]

除了社民党联邦议会党团代表团之外，弗赖穆特·迪夫（Freimut Duve）领导的艺术与文化工作组成员也想前往民主德国，与文化部副部长和文化圈子的成员进行会谈。[21]鉴于紧张的局面，基民盟秘书长福尔克尔·鲁厄评价上述两个访问是"讨好统社党的政策变革"[22]，因此有意见质疑进行这样的访问是否真的恰当，就连社民党主席自己都表示出疑虑。在迪特里希·施托贝（Dietrich Stobbe）和汉斯－于尔根·维什涅夫斯基（Hans－Jürgen Wischnewski）的鼓励下，党顾问委员会主席诺贝特·甘索（Norbert Gansel）发自肺腑地阐述了他对社民党德国政策的气愤：在一篇引起轰动的发表在《法兰克福评论报》上的文章中，甘索要求他所在的党与统社党以及民主德国领导层进一步保持距离："和统社党的那群榆木脑袋合影留念，只能给民主德国的内部变革帮倒忙"。甘索建议说，在目前的"通过接近实现变革"这一口号的基础上，应该再加上一句"通过距离实现变革"。至少要通过象征性的手段鼓励反对派，并且给统社党施加压力。[23]由此甘索所采取的是与埃贡·巴尔及其追随者的德国政策"恰好相反的态度"。[24]在议会党团内，大概有三分之一的成员支持甘索的意见，但是这并未在投票结果中反映出来。霍斯特·艾姆克为访问人民议院辩白称，有必要进行适当的面对面接触，这样才能对改革进程的开启施加影响。[25]

此时社民党内部共有三种观点：几位居领导地位的社民党人认为，民主德国难民涌入联邦德国只是暂时性问题，不需要为此出台操作性政策，而其他人则想通过与统社党领导层进行对话来解决这个问题。这种态度的持有者包括汉斯－于尔根·维什涅夫斯基，他就要求对民主德国的那些顽固分子"直言不讳"。埃贡·巴尔多次试图在东柏林进行类似会面，但是都失败了。第三种观点的代表人物有汉斯·比希勒（Hans Büchler），他是社民党在联邦议院德国内部关系委员会中的负责人，并兼任党团的德国政策发言人，他认识到了这一发展的历史重要性，并且支持社民党改变德国政策路线。[26]9月11日，主席团会议做出了最终决定。在激烈的讨论之后，比约恩·恩格霍姆、奥斯卡·拉封丹和格哈尔德·施罗德（Gerhard Schröder）的观点获得了广泛的支持：既要与政府、人民议院以及统社党代表继续进行官方会谈，而且还要与教会和革新组织商谈。谈话要涉及所有的重要问题，包括"裁减军备，和平政策，改革和人权"[27]。9月13日，在长达3个多小时的辩论之后，党团以6票反对、3票弃权的结果最终敲定了这次访问。[28]

不过这次会面最终还是告吹了。汉斯－约亨·福格尔在匈牙利－奥地利边境开放几天后在联邦议院表示，之所以有难民潮产生，都是因为"目前的民主德国领导层无能并且不愿"进行改革。[29]霍斯特·艾姆克在一次记者招待会中也警告统社党中的那些"榆木脑袋"不要做出错误估计："以为屁股坐在凳沿上就能挨过戈尔巴乔夫的改革"[30]，在此之后，被批评者们不高兴了。虽然在 9 月 12 日的统社党政治局会议上，还有多名成员表示支持与社民党代表团进行会谈[31]，民主德国方面还是在 3 天后临时取消了会面。在解释原因时，民主德国方面表示，艾姆克和福格尔的公开言论具有"侮辱性和挑衅意味"，从而使"这次访问变得很没有必要"。[32]在德意志通讯社（ADN）公开这一消息的数小时之后，人民议院议长辛德曼（Sindermann）才通过一封既无称谓又无问候语的信件通知了社民党这个决定。艺术与文化工作组也随后取消了它的访问计划。

汉斯－约亨·福格尔分析认为，这一取消邀请的行为代表民主德国领导层内部目前是反对改革的人士占主导地位。[33]虽然如此，这位党主席仍然充满信心地表示，在统社党内部还是存在可以与之重启对话的力量。[34]

民主德国的各大报纸庆祝辛德曼通过取消邀请而给社民党带来的"耻辱"。[35]艾姆克反驳称，民主德国对于取消邀请的解释"完全没有说服力"[36]，并且公开了他原本准备在东柏林记者招待会上发表的演说作为回应。[37]他现在打算只拜访教会和反对派组织，不过在听取了于尔根·施穆德（Jürgen Schmude）的建议后放弃了这个想法，因为他肯定不会拿到入境许可的。[38]

在 1987 年 12 月，新教教会代表会议主席施穆德，连同格尔特·魏斯基兴（Gert Weisskirchen）以及霍斯特·西拉夫（Horst Sielaff）受党理事会正式委托，与民主德国的和平组织和革新组织建立联系。[39]虽然数名社民党人，如艾普乐和魏斯基兴，"在哪怕党内条件也十分恶劣的情况下"仍表现出积极的个人态度[40]，但是社民党还是没能和正在形成中的反对派组织建立更密切的关系。[41]为了不破坏缓和政策，社民党表示继续尊重民主德国政权的"疼痛阈值"。[42]但是在民主德国取消访问邀请几天后，当魏斯基兴和迪夫试图前往民主德国时，他们在边境上仍被作为"现阶段的不速之客"遣返回国。[43]

9 月 18 日，党理事会内进行了一场关于社民党德国政策的激烈辩论。根据理事会成员的报告，诺贝特·甘索倡议的"通过距离实现变革"的口号，惹得奥斯卡·拉封丹大动肝火。[44]意见分歧还发生在两派人之间，一派已经想要将两德统一确立为目标，另一派则要求谨慎行事。[45]正如弗赖穆特·迪夫和彼得·勃兰特（Peter Brandt）对社民党德国政策的分析所确证的，"社民党中 30～60 岁担任职务者中的大部分成员"早就放弃了将统一的德国作为目标[46]，不仅仅是因为到目前为止这一目标实现起来还遥遥无期，也因为越来越少的社民党人还从根本上希望统一。[47]作为讨论的结果，党理事会最终一致做出了一个有关德国政策的决议。[48]决议中首先赞赏了民主德国在 80 年代的积极发展，比如废除了死刑，改善了出入境规定，但同时也严厉批判了统社党："为取消访问邀请而列举的那些原因只能证明，目前的领导人不仅拒绝必要的改革，而且也没有能力分析自己的现状，或者对于自身行为的原因和后果进行批判性对话。"虽然如此，社民党还是时刻准备好进行对话的。因此，实际上这份声明"是一份隐藏起来的呼吁，目的是号召统社党内部潜在的改革人士夺取领导权"[49]。由于"编辑上的问题"[50]，与之前的声明相比，这份决议中对话伙伴的顺序被颠倒了，重心也因此发生了转移，决议中首先表示要和教会以及革新组织进行对话，然后第三位才提到统社党。[51]

汉斯·比希勒试图结束党内争端。他回忆说，联邦德国的政治家们"当然始终把《基本法》的任务，即维护民族统一，放在心上"[52]。但是"民族的统一"不一定非要通过建立一个统一的民族主权国家来实现，这点社民党在 1984 年论及德国政策时就已经强调过了："民族统一并不等同于两个德国的统一。"[53]如果使用一些解读的技巧，所有的态度其实都可以从这句话中找到出处。帷幕之后，争端仍在继续。"表面上的妥协虽然可以把两个翅膀绑在一起，但是用这样的翅膀，党无法飞翔，正如 1990 年的情况所证明的"，埃贡·巴尔在回忆时如是说。[54]

在民主德国拒绝社民党代表团访问之后没多久，社民党人重又遇到了与一名重要的统社党的领导人物进行会谈的机会。9 月底，莫德罗接受了巴登－符腾堡州社民党的邀请。[55]虽然莫德罗的访问明显引起了统社党高层的不满，但是中央委员会书记处还是确认了这次访问。[56]西德认为，这次为期 4 天的访问足以证明，虽然拒绝了联邦德国的议会党团代表团的访问，但是统社党方面还是有兴趣继续进行对话的。当中主要有经济方面的原因，比如这次访问就是为了促成德累斯顿区与巴登－符腾堡州企业之间的技术合作。德累斯顿区委书记的说法受到了众多前来采访的媒体的广泛关注，根据他的说法，统社党内部也开始对难民潮产生的原因进行"思考"。如巴登－符腾堡州社民党议会党团主席迪特尔·施珀尔（Dieter Spöri）所言，对话双方虽然都拒绝对统一问题进行讨论，[57]但是当社民党谈及民主德国内侵犯人权的问题时，彼此间则产生了分歧。此外，不仅仅是社民党人对于第一手资讯感兴趣。令社民党感到高兴的是，尽管基民盟秘书长福尔克尔·鲁厄反对，但是基民盟州长洛塔尔·施佩特——迪特尔·施珀尔在此次访问的准备过程中与他进行了协商，以及斯图加特基民盟市长曼弗雷德·隆美尔（Manfred Rommel）却利用这次机会，也与莫德罗进行了会谈。[58]

在德累斯顿访问期间，波恩的社民党理事会就开始了新一轮关于东方关系问题的讨论，为此通过了《关于与统社党及其分部以及民主德国的机构、党派、组织和团体进行接触的基本原则》。虽然社民党人仍然坚持遵循《基础条约》和统社党与社民党间的文件，但是同时强调，不允许"模糊双方的差别和分歧"，而是应更多地通过"实事求是的，但是坚定的描述"来澄清各自的观点。[59]

在到处都在猜测，汉斯·莫德罗能否进行一场自上而下的改革之时，艾哈德·艾普乐是社民党内最早一批提出以下问题的人之一，即"现在再想建立一个改良更新过的，但是仍保持社会主义性质的民主德国是不是已经太晚了，合适的时机是不是已经错过了"[60]。7月初，艾普乐在与民主德国反对派组织商谈时清楚了解到，民族问题重又成为现实问题。他观察发现，"那些谈论重新统一或德国统一的人是已经对民主德国的改革能力绝望的人"[61]。所以，他不仅在社民党主席团，还在公众面前要求说，联邦德国政界必须"就民主德国某一天被证明是没有存续能力的情况，留好德国统一的政策选项"[62]。

艾普乐略有保留地评价说，他的观点在党内"不是完全没有异议的"[63]。例如，埃贡·巴尔在分析当前情势时表示，和平开始变得比"自决权越来越重要"，而且，"人道减负的道路"就是"民族自我保存"的道路。一切都没有改变："德国问题的解决还没有提上议程"[64]。不过在东欧发生了一些重要的改变，因此，德国政策也需要新的特性。[65]

实际上，移民大潮质疑的不仅是民主德国的存在权，还有社民党德国政策的前提。尽管如此，巴尔作为社民党最重要的决策者之一，还是没能摆脱至今一贯的思维定式。他虽然要求在民主德国进行改革，但是这对他来说始终是维持稳定的一种方法，这其中甚至包括继续支持昂纳克政权。巴尔在1989年10月极其认真地表示昂纳克思想开放并且对现实情况有清醒认识，在巴尔眼中昂纳克是唯一"有能力并且有权威做出必要决定的人"[66]。联邦德国必须支持民主德国追寻自我认同的道路，欧洲统一的进程也需要"民主德国作为一个运转正常的国家存在"[67]。

社民党名誉主席维利·勃兰特却对此表示反对，他强调自己和科尔一样，认为应该以自决和统一作为欧洲统一进程中民族发展的参照。在柏林问题上，这位前柏林市长重申自己的预测："柏林会挺过去，并且柏林墙会倒塌"[68]，他在几周之后又充满骄傲地重复了这句话。9月底时他推测："不能排除有这样一种可能性，也许某一天在莱比锡和德累斯顿，在马格德堡和什未林，甚至在东柏林，将有不是几百，而是几十万人走上街头，为自己的国家公民权利申诉。"[69]德国统一不仅仅可以以一个统一的国家的形式实现："而是更多地会有某种其他人用'邦联'概念加以描述的东西。"[70]

1989年10月初科尔与福格尔进行了一次个人意见交换。[71]联邦总理阐释了自己的提议，如果统社党进行真正的改革，就在经济上支持民主德国。鉴于民主德国的局势，福格尔建议联邦总理说，可以借鉴1977年血腥的"德国之秋"时期的经验，以类似的"特殊形式"建立政府和反对党之间的"合作"。[72]紧接着，这位反对党领袖对联邦政府人道解决难民问题的努力以及各家使馆方面的工作公开表示他的赞赏。

不久后，福格尔去往华沙和布达佩斯。他在波兰会谈的一个重要内容就是了解600多名身处华沙的联邦德国使馆的民主德国公民的情况。10月11日，波兰外交部长克日什托夫·斯库比斯泽夫斯基（Krzysztof Skubiszewski）向这位社民党主席保证，从当天早上开始，民主德国的难民将不再被迫遣返回国。[73]

6天后，维利·勃兰特在莫斯科会见了戈尔巴乔夫。[74]这位社民党名誉主席感觉到，戈尔巴乔夫预计民主德国"可能在较短期内做出重大的改革努力"[75]。勃兰特掌握的信息明显更准确，因为第二天早上，他在参加社民党/自民党执政联盟周年纪念日的一场活动时透露，这一天会载入民主德国的史册，这让宾客们纷纷感到意外。[76]几个小时后，各通讯社就发出通告，昂纳克"出于健康原因"卸任统社党总书记一职。

在评价新任总书记埃贡·克伦茨时，社民党开始表现得很谨慎。他们清楚在其履新的首次致辞中的矛盾心情，所以社民党打算等待他的具体行动。[77]在一次记者招待会上，福格尔表示，对克伦茨的"试金石"是："出入境自由、信息自由、言论自由、承认独立团体、承认社会民主党派，进一步的试金石则是放弃统社党的集权统治"[78]。《新德意志报》为此猛烈攻击社民党：如果福格尔以及新成立的民主德国社民党打算废除民主德国宪法第一条，以及其他重要原则的话，那就是在"号召人们作出有组织的反宪法行为"。[79]

10月29日，蒙佩尔、艾姆克以及比希勒试探了一下民主德国的现实情况。[80]在米瑟维茨（Misselwitz）牧师夫妇居所，还有被国家安全部门监视着的、位于普伦茨劳贝格山脉的贝贝尔·博勒工作室中，社民党人和来自"新论坛"及民主德国社民党的反对派成员进行了会面。民权主义者们质疑克伦茨的改革诚意。他们认为承认公民运动组织非常重要，之后必须就建立一个"圆桌会议"进行商谈。[81]虽然民主德国方面的会谈参加者支持继续维持两个德国并存的局面，但是他们也意识到，"在他们的许多新成员中，对国家统一的诉求正在快速普及开来"。[82]正如艾姆克事后告知他的工作组的，反对派们认为自己还没有能力接管领导权，而且也缺乏具体的经济计划。[83]拼命监控录像的斯塔西评注道："除了双方表示希望重复这样的会谈之外，没有达成任何约定。"[84]

应主教会议主席曼弗雷德·施托尔佩的邀请，蒙佩尔市长紧接着又和君特·沙博夫斯基以及东柏林市长艾哈德·克拉克（Erhard Krack）进行了会谈。[85]会谈的主题包括已经计划好的出入境法规。[86]如蒙佩尔后来解释的，统社党对于改革的态度明显是严肃的。新法规将使柏林墙从两个方向都更容易通过。为了准备即将到来的"盛大的重逢典礼"，西柏林政府在10月31日成立了一个项目小组，名为"准备迎接大批来自东柏林和民主德国的访客"[87]。在柏林墙开放之后，这个项目小组的工作被证明是有价值的。

在同一天，社民党理事会对于自己到目前为止所推行的德国政策的成功给予了肯定，但未来的发展方向问题仍然引发了激烈争论。最终党内达成一致，发表了一份以民主德国人民自决权为核心的声明。[88]在与民权主义者对话后，社民党领导层认为，民主德国的民主化以及个人自由的实现应该占据首要地位。因此请求人们"不要陷入对统一的狂热之中"。同时强调两个德国都属于同一个民族，拥有共同的历史。社民党将"努力使德国的统一和欧洲的统一共同实现"[89]。

考虑到民主德国的革新运动，那些在党内支持统一的社民党人，在公众面前也像联邦政府一样表现得比较保守。这其中就包括福格尔[90]，作为主席，他还必须代表党内大量反对统一的人。社民党青年团（Juso）联邦委员会明确表示：他们支持在国际法上承认民主德国，并且要求"放弃"《基本法》"有关重新统一的规定"。[91]

福格尔的华沙对话伙伴要求明晰波兰西部边界问题，为了从联邦政府获得对于这个问题的明确态度，11月8日社民党向联邦议院递交了一份决议提案，其内容照搬了联邦外交部长1989年9月27日在联合国对此问题的表述。波兰人民在安全边境内生活的权利，无论在现在还是将来都不会受到威胁。[92]鉴于26名联盟党议员反对这一承诺，社民党在接下来的数月内都以此为理由，不断敦促对波兰西部边界的认可。

在一次党团理事会会议上，福格尔指出，民主德国的危机升级了，并且要求与会人员提出应对建议。诺贝特·甘索提议了一个应急方案，计划为民主德国提供物质和财政援助，并为实现免签的"贸易往来"而开放边境，为此"应该尝试与联邦政府共同做一些事情"[93]。当甘索在联邦议院全体会议上阐述自己对于"民主德国情况的16点建议"时，议员们已经聚集在电视机前，密切关注沙博夫斯基的演讲。甘索并不是今晚唯一一个，可以将开放边境从自己的要求清单中划去的人。

期间，柏林墙开放的消息也传到了福格尔的耳朵里，此时他还在和塞特斯、德雷格尔以及米什尼克在总理府开会。在通过电话确认了从柏林传来的消息属实之后，政治家们赶忙涌入联邦议院，以简短致辞的方式对这一激动人心的事件作出回应。福格尔眼睛看向维利·勃兰特并表示，柏林墙现在已经失去其作用了。[94]社民党人和其他党团的议员们在会议结束时全体起立，高唱德国国歌的第三段，他们深受感动，饱含泪花，这些人像勃兰特一样曾痛苦地经历了柏林墙的建立，也有人则更多地对这一民族象征性行为心怀某种不满。[95]

几小时前，约翰内斯·劳还和新任统社党总书记埃贡·克伦茨进行了短暂会面。这位州长、社民党副主席值北莱茵－威斯特法伦州在莱比锡举办一场文化活动的开幕之际访问民主德国，这是较长时间以来就已经计划好的。基于当前发生的事件，这一访问自然具有了特殊意义。克伦茨在第10次中央委员会全体大会中间休息的间隙在部长会议办公大楼接见了来访者。劳向这位新任统社党最高领导提出了诸多关于计划中的政治经济变革，可能的经济援助，出入境可能性以及自由选举的问题。劳清楚地告诉克伦茨，自己"不会给他太多的在任考虑时间，因为克伦茨原本多年追随昂纳克，现在又突然和他疏远，这让其可信度大打折扣"[96]。克伦茨虽然坚持所采取的政治步骤必须与体制相符，并强调，社会主义从根本上不可动摇，不过"虽然局势复杂"，他还是有继续对话的兴趣。[97]

这位统社党总书记并没有提前告知这位北莱茵－威斯特法伦州州长即将开放边境[98]，对于这件事情，同样参加了会谈的联邦德国常驻东柏林代表弗兰茨·贝特乐是这样分析的，他在向波恩方面汇报时表示，这证明了边境开放"一事本不是这样计划的。统社党高层明显再次被事态的发展抛在后面"[99]。约翰内斯·劳至今仍"确信克伦茨自己当时也不知道当晚会发生什么事情"。[100]

劳和贝特乐是晚上在莱比锡获悉德国内部边境开放的消息的，当时他们在与教会代表和民权组织代表进行会谈。劳很早以前就已经和新教教会及教会组织，且从 80 年代初以来也和反对派有着良好联系，通过这次会谈他观察发现，虽然反对派们公开还只是在谈论民主德国的变革，但他们内部其实已经探讨过德国统一问题了。[101]

从柏林墙倒塌到柏林党代表大会

两天后，约翰内斯·劳与候任总理汉斯·莫德罗在德累斯顿会面。弗兰茨·贝特乐在他的会议记录上写道，莫德罗表现得"自信、开放而且有深度"。社民党人可能特别注意倾听了莫德罗对于自己 9 月访问巴登－符腾堡州社民党之行的看法：根据会议记录，莫德罗认为，"从西德媒体传递出来的、对他的此次巴登－符腾堡州之行的报道中可以看出，民主德国公共舆论对于自己的评价有所突破，而民主德国的媒体对此事似乎就没有报道过。"这似乎证明了，那些支持与统社党内部的改革力量继续进行对话的人是正确的。[102]

第二天，又有一位社民党州长，即比约恩·恩格霍姆赶来和莫德罗会面时[103]，此时，劳正在向联邦总理和联邦外交部长通报他的民主德国之行。[104]借此机会，他转达了莫德罗的态度，莫德罗称自己被选为民主德国总理之后会"做些事情"："那时，联邦总理的对话伙伴将不再是克伦茨，而是他。"[105]在 40 年党政合一的历史之后，莫德罗试图使自己未来政党职位更加独立，更加不依附于统社党，劳评价这是"民主德国的党派和国家机构自我认知上的一次小革命"[106]。在杜塞尔多夫州议会上，北莱茵－威斯特法伦州州长劳发表了一份政府声明，其中他赞成建立若干两德常设委员会。声明还表示，政府成员、专家以及社会组织代表应该聚集在一起，讨论外汇、经济、交通以及环境问题。[107]

11 月 18 日，在北莱茵－威斯特法伦州社民党党代会上，劳反对"进行关于统一的抽象辩论"。但是在受邀嘉宾民主德国社民党发言人施特凡·希尔斯贝格（Stephan Hilsberg）谈到"德意志民族的统一"之后，劳又表示要重新审视自己的立场：希尔斯贝格"不偏不倚的态度"值得深思。"我们必须反省，是否被禁锢在了自己的概念里。"[108]

在柏林墙开放后的那天，社民党内的相互对立的立场呈现在了电视机前的数百万观众前。在舍内贝格区政府前的大型集会上，维利·勃兰特在演讲中的措辞为"两边的同胞"，而蒙佩尔则采用了"民主德国人民"的说法，这一说法也招致了联邦总理的不满。[109]

社民党主席团在 11 月 11 日召开的一次特别会议上确定，尽管有柏林墙存在，但是"休戚相关的感觉依然保持着"[110]，这种说法受到了更为广泛的认同。前一天，党理事会及社民党联邦议会党团执行理事会在一份共同决议中声明："将两个德国并存作为信条坚持下去，就和将民族主权国家视作从《基本法》的统一规定中推导出的唯一结论一样，都是错误的。"[111]

不久后社民党就重复了无数次那个应该成为德国统一主旋律的句子："属于彼此的东西，终将共同成长。"据勃兰特所说，这句话是他在飞往柏林的英国军用飞机上想出来的[112]，可是几乎没有人意识到，这句话其实根本没有出现在勃兰特在肯尼迪广场上的演讲中。[113]由柏林政府出具的演讲稿文件中也没有这句话[114]，这也是为什么在勃兰特演讲后的几天里几乎没有任何一篇报纸报道引用过它。[115]在一本勃兰特演讲文集中它却突然出现了，不过却是出现在一个有关欧洲共同成长的演讲的段落中。[116]

虽然如此，但是，这句话在接下来的几周甚至几个月中如此符合社会基调，以至于它真正的出处也就变得不那么重要了。

这期间，一些居领导地位的社民党人在党内呼吁，明确支持德国统一。例如，海宁·福舍劳这样说道："社民党必须注意，不要因为目前为止的设想都被小心翼翼地守护着，就错过了德国统一的最佳时机。"[117]克劳斯·冯·多纳伊（Klaus von Dohnanyi）也指出，社民党现在就像 50 年代面对西方一体化以及社会市场经济问题一样，面临着错过关键性政治话题的危险。[118]多纳伊这样描述当时的场景："我永远也不会忘记，1989 年 11 月 20 日，当我在社民党理事会会议中申辩要支持统一政策时，是如何被一位在党内居于领导地位的好友驳斥的，他说民主德国人民自己都不想要统一，然后居然援引了贝贝尔·博勒和施特凡·海姆说的话！"[119]

霍斯特·艾姆克在同一天发表了一份题为《在可行范围内实现两德统一》的德国政策阶段性计划。根据这一计划，可以首先从两个国家状态转变为邦联，然后经过一个较长期过程最终实现一个联邦制国家。但这个统一后的德国不能是北约成员。[120]埃贡·巴尔也不厌其烦地强调，包括两个德国在内的两大阵营，都是维护欧洲稳定的重要因素。北约和重新统一不能兼得。[121]

11月25日，奥斯卡·拉封丹为《南德意志报》所做的访谈引起了巨大的轰动。这位萨尔州州长要求人们再三思考是否继续援助移居者。[122]通过经济诱惑来促进民主德国的"失血而亡"不是爱国行为。拉封丹指出，贝贝尔·博勒要求承认移居者的民主德国国籍。[123]这一说法不仅遭到了政治对手的批评。就连在自己的政党内部，绝大部分人也反对这种说法。主席团在11月27日发表声明，间接地与这位萨尔州人的表述拉开距离。声明指出，移居者是德国国民，因此享有《基本法》所赋予他们的权利，社民党不打算改变这一法律依据。但是，每一个有移居打算的人，也应该审视一下，难道没有足够的理由留在民主德国并且为了民主德国的改革进程而奋斗。[124]福格尔表示，他会建议联邦议院建立一个两德之间的邦联，这一邦联一直存在到在统一的欧洲框架里实现一个统一的德国。[125]据福格尔回忆，汉斯－乌尔里希·克洛泽（Hans－Ulrich Klose）反对将德国统一和欧洲统一联系起来。对此，大部分主席团成员虽然支持邦联的建议，但是反驳他的观点。[126]

11月28日，社民党主席在联邦议院提议的五点计划的核心是：

"德国的统一和自由，应该同赫尔辛基进程协调一致，最迟与欧洲的统一和自由一起完成。在实现这个目标的道路上，我重复一下，是实现这个目标的道路上，而不是最终目标，共同的机构和一个德意志邦联的建立是和将现有的联盟转向一种欧洲和平秩序同样重要的步骤。一个这样的邦联连同其经自由选举出的共同机构、组织和委员会组成，可以在经济、交通、文化以及环保等重要领域在这些联盟还存在的阶段就实现统一的生活标准。将民主德国维系于欧洲共同体，这也可以使这样的一个邦联的建立更加容易。"[127]

在不久以后，联邦总理提出了自己的《十点纲领》，社民党议员们对他给予了支持。社民党外交政策发言人卡斯滕·福格特，在与党团主席短暂商讨后表示，社民党支持科尔提出的全部十点。这遭到了党内的猛烈批评。[128]考虑到联邦议院竞选，拉封丹警告说，不要因此模糊了社民党与联邦政府在德国政策上的区别。[129]作为讨论的结果，社民党只能一步一步对它草率做出的支持决定加以限定。

社民党试图让自民党一起提出一份共同的决议提案，其中将11月8日联邦议院关于波兰西部边界的决议写进去，虽然自民党对这一尝试表示出赞同，但社民党的这一提议最终还是因为联盟党的反对而失败了。[130]在接下来的数月内，社民党人也一直不断地将保障波兰西部边界的要求置入议程中。[131]

1989年12月2日，从霍斯特·艾姆克开始，社民党人接连访问民主德国。应"新论坛"邀请，艾姆克在波茨坦的上万人集会上致辞。虽然来自柏林的联邦议院议员格哈尔德·海曼（Gerhard Heimann）事后向同为社民党的艾姆克汇报说，听众对演讲总体来说"反响积极，并且对社民党产生极大好感"[132]，但是人们发现，他对听众的称呼"亲爱的同胞们"获得了最热烈的掌声。[133]

虽然有些社民党人感到如此强调民族共同性难以接受，但对于他们的名誉主席而言，民主德国的人民始终是"同胞"。除了联邦总理之外，没有任何一位政治家在民主德国能像维利·勃兰特一样受到那样热情的欢迎。在上一次访问罗斯托克之后53年，1989年12月6日，勃兰特又一次来到了这座汉萨城市。在圣玛丽教堂前，数万民众顶着严寒欢呼着"维利，维利"，迎接这位曾经的联邦总理。[134]就连和社民党过往不甚密切的人也要承认："对于罗斯托克人而言，维利·勃兰特代表的是一种品格，一种他们在自己的领导人身上不曾看到的品格：那就是公信力。"[135]对于社民党来说，拥有这位"依然年轻的名誉主席"（《图片报》）[136]，"毫无争议的东西方明星"（《日报》）[137]，以及"危难中的救星"（《法兰克福汇报》）是一件幸事。[138]

政治对手们不厌其烦地引用勃兰特的一句话：勃兰特自己曾经提到德意志帝国，称打上引号的"重新统一"已经成为"第二个德意志共和国特别的生活谎言罢了"。[139]特奥·魏格尔曾在联邦议院对于这位前联邦总理在柏林墙开放后所讲的深思熟虑的话表示由衷的"感谢和尊敬"[140]，就连他也在一段时间后不得不向勃兰特承认："对我来说，很难把您看作德国统一的反对者。"[141]联邦总理科尔也公开解释：勃兰特"在历史进程问题上是比较宿命论，也许还有些失败主义。但是我从未怀疑，维利·勃兰特是希望德国统一的"[142]。如特尔切克所说，恰恰在中欧变革时期，对联邦总理而言重要的是，勃兰特作为社会党国际（*Sozialistische Internationale*）主席对他的东方对话伙伴施加影响，以支持改革运动的进行。[143]

在此期间，社民党致力于在党代会之前及时确立一条统一的德国政策路线。12 月 7 日时还有 3 个草案有待讨论[144]：埃贡·巴尔主管的德国小组拟订的讨论文件一如既往地以两个德国长存为出发点。文件的中心是自决权。必须在外交与安全政策上保证两国有控制地共同成长，所以国家统一只可能与欧洲和平秩序平行实现。[145]奥斯卡·拉封丹也支持这一路线。[146]汉斯－乌尔里希·克洛泽提出了意见相左的草案，并受到比约恩·恩格霍姆、安科·福克斯（Anke Fuchs）以及约翰内斯·劳的支持，这份草案认为，德国统一是实现欧洲新秩序道路上"必要的中间步骤"[147]。最后，汉斯－约亨·福格尔努力谋求一个妥协方案，因此他的文件虽然把德国统一和欧洲统一的目标联系在了一起，但是没有明确规定先后顺序。[148]

在几周的争论和长达 6 小时的夜间讨论之后，社民党主席团终于在 12 月 10 日通过了一份《柏林声明》草案，其纲领性标题为《欧洲的德国人》。经过党理事会和顾问委员会的同意，这一草案将作为提案提交党代会。[149]

在最后时刻，又是奥斯卡·拉封丹引起了不满和愤怒的情绪。几周以来他一直在强调，他不希望通过一个带有旧式特点的民族主权国家形式实现重新统一，而应该是以欧洲合众国的形式，就像社民党从 1925 年的《海德堡纲领》开始一直要求的那样，在其中联邦德国和民主德国都有自己的位置。如果德国统一不违反这个目标的话，那还是可以接受的。[150]但是决定性因素却是"人们拥有更多的自决、自由和物质富裕"。如果这样的话，那他们"去西班牙旅游的时候车牌到底是哪个国家的"就是次要问题了。[151]用巴尔的话来说，不久后有主席团成员"迫切地请求，几乎是乞求，但愿他能说一下，他为统一感到高兴"，而拉封丹却驳回了他们的请求。巴尔说："诚实的回答应该是，他不是这样想的，这个人不想被曲解，他最终也不觉得自己的观点和西德的大部分人有什么不同。"[152]

虽然党主席和联邦干事长福克斯以及其他人努力控制这番言论造成的伤害，并且表现得好像拉封丹的批评只涉及德国政策的个别方面，但是党内左派的掌声证明，这涉及的是更为原则性的东西。例如，社民党青年团主席莫贝克（Möbheck）亢奋地表示：鉴于"这种民族混沌状态不断蔓延，在社民党内部也是一样，像奥斯卡这样的人可以为他们好好地打一针清醒剂"。[153]

此时党内同事才知道，这位萨尔州州长已经委托他的州长办公厅就1950年8月22日的紧急接收法[154]撰写一份法律专家意见，旨在探寻限制移民者移居的具体办法。此举遭到了各方的猛烈攻击，包括北莱茵－威斯特法伦州社民党。约翰内斯·劳强调"我们数十年来要求推翻柏林墙，不是为了重新建立起一个哪怕只是由条款堆成的新围墙"，而理事会成员莱因霍尔德·特立尼乌斯（Reinhold Trinius）从此刻起，彻底否认拉封丹在德国政策上的能力。[155]

由11名成员组成的社民党主席团"一致"——也就是说包括这位萨尔州州长的投票，驳回"拉封丹在媒体中提出的限制民主德国移居者移居的要求"。[156]拉封丹为自己饱受争议的建议进行辩护，"把社会冲突放在德国政策的中心位置"，这是必要的。在萨尔州州议会竞选中，民众的反应就表明，为移居者"提供集装箱和体育馆"，这是无法为继的。向党代会提出的决议提案中采取了拉封丹希望发展两德经济与社会政策的请求。[157]实际上，当涉及移民对两国社会福利体制、劳动力市场以及住房市场的威胁，以及重新审视所有为战后时期制定的法规的必要性时，《柏林声明》是援引了拉封丹的想法的。

在声明开头，社民党首先对自己德国政策一直以来的连贯性表示了肯定："不能忘记社民党一直努力寻找并且利用一切机会，促进德国统一：例如在1952年提出《斯大林照会》之后，在联邦德国加入北约之前，还有1959年的德国计划。"在建立了柏林墙之后，社民党也"努力减轻人民负担，维护并加强民族团结，并通过《四国协定》将（西）柏林从危机边缘中解放出来"。而后声明指出，在《基础条约》和《德国统一信函》[158]中都有提及民族问题。其中，社民党保持了"致力于一种欧洲的和平状态——在此和平状态中，德意志人民通过自由的自决重新实现它的统一"的诉求和愿望。社民党坚持这一目标。摘自《德国统一信函》中的一段话——福格尔在媒体面前称之为声明的"核心语句"——在夜间会议时显然引起了最长时间的争论。[159]

声明再次强调了德国统一和欧洲统一的紧密联系。社民党的目标是，与朋友和伙伴们共同商讨，在《基础条约》的基础上，经由各项协议、条约共同体和邦联，最后实现"联邦制国家形式的统一"。这个邦联应该在这些联盟尚存的时刻实现，人们想到的是在 90 年代末期前。民主德国的人民彼时应保证拥有自决权。这也适用于他们有关经济秩序和财产秩序的决定。

相比科尔的《十点纲领》，社民党的文件更具体地涉及了实际问题。在一份旨在支持民主德国内改革的紧急计划中，社民党人建议，联邦德国应提供援助帮助民主德国克服物资缺乏的困境，促进货币政策方面的合作，扩建基础设施，为共同的企业和私人投资创建基本框架条件，以及促进两德间的旅游以及空中交通。为了改善两德间的关系，福格尔请求莫德罗在圣诞节之前就贯彻他已经公开宣布的、放宽联邦德国公民进入民主德国的限制政策。[160]

一个"带有中期目标的条约共同体"是通向一个邦联的进一步的步骤。共同的委员会、机构以及会议都应致力于拉近两国人民的生活水平。中期里，社民党致力于保证"人民有权利在两个德国内自由选择居住地点"，并且努力达成一项"有关国籍的规定，它应使每个德国人在两个德国内都能以国民的身份享受同样的权利，履行同样义务"。正如福格尔所阐述的，这不是在承认民主德国国籍，而是试图在国籍身份之外，提供一个"邦联身份"。这位社民党主席指出，条约共同体和邦联之间并没有固定界限。不过，人们认为，将条约共同体作为开端更为明智，但重视这个模式的"通道特征"。

社民党试图利用这一声明重新占据主动。福格尔表示，社民党的方案和联邦总理的德国计划具有相似性。同时，社民党人强调了两者间的三个重要区别：首先他们的方案在启动一个紧急计划和建立条约共同体及实现邦联方面要具体得多。此外，他们"没有任何附加条件"地承认波兰西部边界。最后，声明明确表示，社民党认为，实现德国统一进程的先决条件是，加快裁减军备，并且长期有效地解散军事联盟。他们不支持两个德国分别脱离自己所属的军事阵营，同样也反对北约将自己的势力扩展到奥德河畔。[161]

党内关于这份德国政策声明的讨论充分表明，并不是所有同志都对此满意。外交政治家格尔诺特·埃勒尔（Gernot Erler）批评说，在经过两小时的辩论之后，福格尔的建议，即统一进程"最终也"必须通向以联邦制国家形式实现统一，得到了贯彻，压倒了另一种表示"可能也可以"的观点[162]，对此，埃勒尔认为，发展向德国统一的"终极目标"确定得过于强制。巴尔反驳说，这份文件在前景上就是致力于"实现国家统一的。像《德国统一信函》一样，对于具体形式并未作出规定"，艾姆克对此观点也表示了声援。[163]

在东柏林统社党以及东德基民盟召开各自的特别党代会的时候，12月18日，在西柏林会议中心，社民党正以这期间已经成为标语的"属于彼此的东西，终将共同成长"这句话为指导原则，召开旨在修订党纲的党代会。[164]

在《哥德斯堡纲领》通过之后30年，社民党在柏林发布了一份新的基本纲领。但是会议第一天的内容还是围绕着德国政策进行的。原本计划在党代会的前一天，讨论并通过一份简短的德国政策声明。但是由于这个话题实在意义重大，主席团、理事会、顾问委员会以及提案委员会在党代会的前夜再次对声明草案进行激烈的讨论。[165]《柏林声明》草案临时在一些段落上得到了明确表述和补充，例如，将德国统一进程融入欧洲统一进程，这一点得到了更多的强调。[166]

原草案中并没有明确规定，"两个国家的德国人是否以及如何在欧洲和平秩序之下，建立机构共同体"[167]。修改后的草案将"是否"二字删除，这暗示了党内主张两国并存的力量——党的术语称之为"两国论者"——正处于下风。在最后一刻，他们提出一份修正提案，再次尝试着将邦联——"一种联邦制国家形式的统一也许也可"从中形成——作为两个德国彼此接近的目标确定下来，但是他们的尝试在表决中失败了。但是社民党巴登－符腾堡州州协会还是违背了党理事会和提案委员会的意愿，成功提出了两处草案修改意见。修改后，邦联被看作"目前可行的宪法秩序"，它"赋予两个德国里的人民实现统一的愿望以机构性表达形式"。[168]《柏林声明》在党代会大多数代表支持下获得通过后，至少从形式上来看，社民党人在德国政策上的争端有了定论。

东德社民党创始人之一马尔库斯·梅克尔作为嘉宾到会发言。在他发言之后，441名代表在3票弃权下通过了一份决议，其中将民主德国社民党称为"姐妹党"，不过也应保持与其他革新团体的联系。所以来到国际会议中心参会的客人中，还有来自"新论坛"、"民主觉醒"、"现在就实行民主"和其他团体的代表。

然而，应该如何对待统社党，在这一点上还存有争议。社民党方面终止了对话尝试，以及福格尔明显表现出了与这个至今为止的国家党的疏远[169]，这些都让一些党内人士感到不满，他们反对"对话禁令"和"限制接触规定"。要是这样的话就等于社民党偏偏在统社党摆脱其老干部的阶段屈服于联盟党的压力。[170]为了在党代会召开前调停这一争端，党理事会同意了艾哈德·艾普乐的折中建议：只要统社党内是这样一些力量得到贯彻，他们"在民主、自由以及人权方面的想法和我们的想法接近"，"我们就不把他们从对话中排斥出去，毕竟这一两个德国内不同政党间的对话是值得欢迎的"。[171]

汉斯－约亨·福格尔在他的致辞中提到了过去几周内"偶然发生的令人困惑的不和谐事件"。但现在，社民党愿意坚强有力并自信十足地表态，他们"在未来"也会"强有力地宣扬民主社会主义"，因为这一目标现在比以往任何时候都要鲜活。[172]

应福格尔的请求，维利·勃兰特在当天——这天他正好迎来76岁生日——作为第一天会议的主要演讲人出席会议。这位社民党名誉主席在他的演讲中[173]比声明内容还要清晰地表达了自己的看法。虽然他在演讲开始时有所限制地表示："欧洲是真正的目标，德国是一个重要的分主题。"但是伴着热烈的掌声他强调说："现在也可看作确定的是，不论在哪何种形式的'屋檐'之下，我们都离德国统一更近了，这在不久之前还完全不能想象。"勃兰特自信地要求，德国人有权利在没有战胜国监管的情况下解决其"内部问题"。没有任何一个地方规定了，"在整体欧洲的列车进站之前"，德国人"必须停留在停放线上"。

在1个多小时的演讲中，维利·勃兰特收获了长达数分钟的喝彩。正如《南德意志报》观察到的，这之后紧接着发生的"场景是，勃兰特对旁边的奥斯卡·拉封丹说：'我的演讲对你来说太民族主义了吧？'拉封丹回答道：是的，不过他可以理解，因为他也知道，德国这段变革时期的哪些回忆触动了这位前党主席。"[174]

第二天，拉封丹就新的基本纲领进行了一次不足1小时且在很大程度上脱稿的演说，让那些多数倾向于后民族主义的"孙子"辈们[175]松了一口气，这是因为演说对勃兰特的爱国主义宣言提出了一个反对意见，将个人的自由置于政治行动的中心，并将其嵌入"必须在国际范围实现的社会公正的理念中"，以及使之与工业社会的生态革新联系在一起。演讲的这一段获得了特别热烈的掌声，此时拉封丹阐述道，对于人民而言，在两个德国内组织好社会公正，这比讨论法律架构重要得多。"这是保守派致命的弱点。我们可以通过这点击败他们"，拉封丹此时就已经在确定竞选策略了。

实际上，在党代会代表和观察家们看来，通过他的很有影响且一再被热烈掌声打断的演讲，拉封丹提前就总理候选人问题给出了定论：那就是他。较长时间以来的民调结果本来就证明他比汉斯－约亨·福格尔更有机会击败总理，[176]只有当拉封丹在即将到来的萨尔州州议会选举中失利，才会再次威胁拉封丹的竞选。

从党代表大会（党代会）到人民议院选举

党代会之后，维利·勃兰特立刻再次前往民主德国。和罗斯托克的情况一样，12月20日在马格德堡，勃兰特又一次受到了无比热情的欢迎，为了迎接他的到访，周一大游行甚至被推迟到了周二进行。在他生日的第二天，六七万人高唱着"生日快乐"和"健康长寿"为他庆祝。

与此同时，联邦总理正在德累斯顿访问，在媒体报道中，总理的访问盖过了社民党的党代会和勃兰特对马格德堡的访问。总理访问过程中，四处可见飘扬的德国国旗[177]，在马格德堡虽然没有那么多国旗出现，但是被"这么多国旗包围着"，这位社民党名誉主席也已经感受到民主德国人民支持德国统一的意愿。[178]在发表演说前，勃兰特就告诫民主德国年轻的社民党人，不能忽略人民的感受："我们必须注意，不要被人民的浪潮冲垮了自己。"[179]正因为如此，在勃兰特以"亲爱的同胞们"称呼民主德国人民时，马格德堡人民用拉长声的"是"回应了他。因为统一需要"从底层"实现，必须由民主德国的人民自己决定未来两个德国之间的关系。在提及"正在德累斯顿发生的重要会面"时，勃兰特说自己不"爱挑剔"，但他提出要思考清楚，不要把过渡期政府和"真正"的政府混淆了。[180]对于已经商定好的条约共同体，尤其是在经济合作方面，他没什么好反对的。[181]

像科尔在德累斯顿的表现一样，勃兰特也选择了比较适度的措辞，并且告诫人们不要对苏联士兵或者统社党官员进行攻击。[182]这次勃兰特的访问比罗斯托克访问更为清晰地表明，勃兰特的露面已经处在竞选的背景下。为此，连民主德国社民党发言人梅克尔都希望"社民党可以从这一天起再次振兴"[183]。勃兰特在哥达（Gotha）和莱比锡的出场仍然吸引了数十万民众参与，这无疑暂时给这种希望添加了养分。不过在此之后，社民党不得不承认，就连他们的名誉主席的登场也不再能像联邦总理的登场那样吸引那么多关注了。[184]

原本以为经过党代会后，党内终于能实现团结，不过事后证明这种想法为时过早了。在莫德罗访问联邦德国前夕，出现了对此互相矛盾的意见。例如，鉴于改革力量受阻，汉斯·比希勒建议"在联邦德国内成立民主人士联盟，以对抗统社党不公平的做法"[185]。如果他们不改变立场的话，那么，联邦政府也要把原本计划于2月进行的条约共同体谈判推迟到选举后。艾姆克也发表了类似的意见：与莫德罗政府达成原则性协议，其实类似于对统社党和民主党派的强有力的助选，它们披着表面民主化的外衣，一心只想维护自己的权利。[186]福舍劳则在媒体上反驳道，艾姆克这番"逃避言论"恰恰证明了与他自己过去言论不一致。"其内容错误，目光短浅，并且愚钝不堪"，相比联邦总理一贯稳定的政策，他只能"自叹不如"。[187]

1月13日，汉斯－约亨·福格尔与莫德罗在东柏林会面。他这样向社民党党团理事会汇报会谈结果：莫德罗总理介绍了他对条约共同体计划的基本看法，不过福格尔"虽然再三询问，却没能从中打探到他对协议具体内容有什么意向"[188]。

从莫斯科回国后，这位民主德国总理自己将民主德国和联邦德国统一的问题提上了议事日程。勃兰特言简意赅地评论道："这事开始启动了。"[189]福格尔对莫德罗的表态表示欢迎，但是也表示，民主德国总理要求德国实现军事中立，这对社民党来说，就像联盟党要求统一后的德国具有北约成员身份一样不可接受。[190]

在回应联邦总理的政府声明时，福格尔要求立刻建立由联邦议院和联邦参议院代表组成的委员会，来准备那些亟待处理的决定，建立一个联邦议院和人民议院共同议会委员会，以及在民主德国选举后建立一个两个政府的共同委员会。[191]

但是，这位社民党主席再次特意强调了联邦德国的社会稳定问题，并且要求同等对待移居者和联邦德国公民。这一观点在其他党派中受到了越来越多的支持。[192]因此，社民党联邦议会党团申请，停止被驱逐者身份的新申办，在整个联邦德国实行统一的国籍法，并为移居者制定新的规定。[193]

在社民党成员克劳斯·韦德迈尔（Klaus Wedemeier）市长的领导下，不来梅成为第一个宣布停止接收移居者的联邦州；已经接收了移民总数约40%的萨尔州和北莱茵－威斯特法伦州也相继效仿。联邦参议院最后终于达成一致，于 1990 年 7 月 1 日开始停止难民紧急接收程序。

在 1 月 13 ~ 14 日的代表会议上，东德社民党人发表一份声明，它已将德国统一确立为目标。这一清晰的表述，终于让联邦德国姐妹党内还一直希望两德并存的那些人闭嘴了。现在辩论的中心内容变为如何通过更好的法律路径实现国家统一。[194]

1990 年 2 月 4 日，在东柏林宫殿酒店召开了西德社民党和东德社民党共同政治委员会的第一次会议。这个委员会的目的是商讨组织德国统一问题上的方案。来自东德的委员会成员之间存在政治意见分歧，人员内部关系紧张，这也影响到了他们和西德社民党人的合作。由于东德社民党代表在委员会中没能团结一致，所以西德方面尽管一再强调平等的合作关系，还是扮演起了政治领导者的角色："在共同委员会中讨论的文件，以及最后发表的声明，都来源于西德社民党人。"[195]2 月 4 日，福格尔指出，"鉴于民主德国的最新发展，以及关于《基本法》第 23 条的讨论，邦联这个概念已经失去其意义，现在的工作重点是处理经济与货币联盟这一主题。"[196]

在汉斯－约亨·福格尔、汉斯·比希勒、克劳斯·冯·多纳伊，以及经济政策发言人沃尔夫冈·罗特（Wolfgang Roth）的支持下，社民党联邦议会党团财政政策发言人英格里德·马特乌斯－迈尔提出了建立货币联盟的建议，帮助她的党派迅速占领了主动地位。1989 年 12 月 10 日，马特乌斯－迈尔和罗特在斯特拉斯堡举行的欧共体峰会上提议，"与欧洲统一进程平行发展，联邦德国和民主德国也分阶段地实现更紧密的相互合作，直至建立一个共同的经济与货币联盟"[197]。在同一天，主席团就把这一想法加入《柏林声明》的提案中。[198]1 月份时，马特乌斯－迈尔就在多篇新闻报道中阐述过自己的构想，2 月 6 日，在社民党联邦议会党团会议上他重申道：为了停止移民浪潮，必须为民主德国的人民开启一个新的前景。德国马克应该被允许作为官方支付手段进入民主德国，而且东德货币也应该逐步退出流通。[199]

因此，当联邦总理在联邦议院发言表示启动关于货币与经济联盟的谈判时，马特乌斯－迈尔与罗特对此积极表示支持。[200]德国经济研究所所长卢茨·霍夫曼（Lutz Hoffmann）却激烈反对，并警告称，如果这个建议得到落实，将会引起东德的大规模失业。[201]专家委员会也表示反对，认为这一步并不适合于限制移民浪潮，并且会对总体经济产生负面影响[202]，对于再次试图寻找与政府阵营对抗机会的拉封丹来说，这些结论令他如虎添翼。在 2 月底东德社民党的莱比锡党代会的间隙，维利·勃兰特和易卜拉欣·伯梅还在鼓励快速实现货币联盟[203]，而拉封丹则在自己的受邀演讲中反对"破坏性的解决方法"，并且以联邦银行也有所顾虑为由，要求将货币联盟推迟几个月考虑。[204]在共同委员会内，东德的社民党人汇报称，联邦总理打算在访问莱比锡时宣布，将德国马克以 1∶1 的兑换汇率引入民主德国。据说前联邦总理赫尔穆特·施密特将在科尔访问之前几天到达莱比锡，他必须抢先于联邦总理提出相应要求，以改善社民党的胜选机会。不过鉴于那个 1∶1 的兑换汇率，施密特在货币政策上还抱有很大的怀疑。[205]

有关经济与货币联盟的讨论紧张进行的同时，爆发了有关《基本法》所提供的两种实现德国统一的方式的争论。社民党联邦议会党团内形成了分裂局面；和东德社民党人类似，党理事会多数倾向于按照第 146 条的路径，但是也不排除按照第 23 条的替代方案。[206]在一份名为《迈向德国统一的步骤》的理事会文件中，这一点也有所体现，在其中社民党更新了自己的德国政策立场。[207]在与东德社民党协商后，将目标确定为实现带有"得到社会保障的经济与社会联盟"的"联邦制国家形式的统一"。1990 年 3月 6 日，党团讨论了这份草案。许多工作组都提出了修改意见。那些支持按照第 146 条程序的人，希望德国统一"以伙伴精神和慎重态度"来实现[208]，并且不要"按照科尔的方式进行"，彼得·葛罗茨（Peter Glotz）如是争辩道。[209]而第 23 条的支持者们则以《民主德国根据〈基本法〉第 23条加入联邦德国的宪法法考虑》这一文件为依据进行反驳，这份文件于 2月 6 日由赫塔·多伊布勒－格梅林（Herta Däubler－Gmelin）领导的法律工作小组提出，其中将按照第 23 条加入联邦德国的萨尔州作为两德统一的样板。

这一务实的模式获得了议会党团内多数人的支持，因此，理事会的建议作出修改。修改后的文件中首先提到第 23 条，现在的表述为：德国统一"既可以按照第 23 条通过加入来实现，也可以按照第 146 条通过一部新宪法的生效来实现"[210]。

拉封丹则偏偏是要保证"萨尔州模式"不再被重复。这位总理候选人警告过于草率的统一进程会引发的风险，并且坚决要求按照第 146 条进行统一。社民党青年团再次支持拉封丹[211]，而其他人则指出，人民议院可自行决定按照第 23 条加入《基本法》的适用范围，拉封丹必须让步。尽管如此，党理事会最终还是采纳了党团理事会的草案。据此，统一应该"根据《基本法》第 146 条，通过一部新宪法的生效来实现，这一新宪法应该由人民自由决定"。新宪法应该"以《基本法》为基础，进行对于建立联邦制国家有必要的，或者民主德国的特殊情况使之显得必需的修改和补充"[212]。只有在此之后，才适用第 23 条。[213]一个由双方代表平等组成的"德国统一委员会"应该通过提出构建性建议来帮助统一进程的进行，并且起草必要的宪法规定。[214]

在经济专家们忙于建立货币联盟，法律专家们忙于研究第 23 条和第 146 条的优缺点时，其他人开始讨论统一进程的外部因素。2 月 10 日，联邦总理科尔和外交部长根舍在莫斯科得到了苏联方面对德国统一问题的绿灯放行，两天后，马尔库斯·梅克尔、瓦尔特·龙姆贝格、汉斯·米瑟维茨以及埃贡·巴尔在一次记者招待会上公布了他们的外交以及安全政策的"日程安排"：在成功组建了新的人民议院和民主德国政府之后，"两个德国政府应该立刻着手进行商谈，研究与四个战胜国开会时应持的共同立场"。要准备好"在六国会议时同时邀请德国所有的邻邦，以便和他们共同准备秋天即将举行的欧洲安全与合作会议"。两个彼此敌对的军事阵营，必须被一个整体欧洲的安全机制所取代。这意味着，"统一后的德国既不能是北约成员也不会是华约成员，而是属于欧洲安全体系中的一个平等伙伴"[215]。

而在社民党联邦议会党团的外交政策工作组中，这个说法则被驳斥了。[216]会议记录显示，彼得·葛罗茨这样说道："德国一秒钟也不能在一个联盟以外存在。"总的来说，对于根舍提出的德国继续维持北约成员身份，但是不允许北约向东扩张的建议，大家都没有什么异议。海德玛丽·维乔雷克－措伊尔（Heidemarie Wieczorek－Zeul）表示说，支持德国继续保持北约的政治成员身份，而不是军事成员身份。[217]相反，诺贝特·甘索则提醒他的党内同事们，不要表现得"比苏联还苏联"。继续保持北约成员身份，"也符合德意志一体化的利益，另一方面也可解释为，我们可以接受苏联军队继续驻扎在现在的民主德国领土上，不过是在苏联希望这样，并且符合维也纳协议的前提下"。汉斯－于尔根·维什涅夫斯基反对在记者招待会上"提出的六国与德国的所有邻邦进行磋商作为中间阶段的建议；实际上，未来的发展将是一方面成立经济与货币联盟和共同机构，另一方面两个军事联盟继续并存"。

埃贡·巴尔辩护道：内容上他严格遵照了柏林党代会的决议，"仅仅补充了让邻邦参与这一点。而且他也预计，德国统一进程与建立欧洲安全体系将以不同速度发展，但对此谁也没法保证。"

霍斯特·艾姆克总结了讨论结果：虽然没让第一工作组参与"是不对的"，但是巴尔毕竟"代表了社民党现有的立场；第一工作组也明确认为，德国政策的发展会迅速带来这一态度的变化（方向：北约应在一个过渡时期内起作用）"。这个态度在后来得以落实。如福格尔所说，勃兰特可能也为这一结果做出了贡献，他坚持德国应属于北约，并且在 1990 年 4 月 22日的一次会议上表示，联邦德国如果离开北约的话，就是"头脑不正常了"[218]。

4 月 24 日，霍斯特·艾姆克在议会党团会议上发表了他领导制定的文件《从两大阵营对立到欧洲安全体系》，文件采纳了联邦外交部长的观点，[219]即统一后的德国应该留在其军事作用有所改变的北约之内，并且民主德国领土应该享有特殊军事地位："在这片土地上，无论北约还是联邦国防军都不能驻扎军队。"[220]维利·勃兰特和奥斯卡·拉封丹支持这一文件[221]，而其他人则反对继续维持北约身份，同时也反对美国和加拿大军队加入这个社民党所推崇的未来安全体系。海德玛丽·维乔雷克－措伊尔以及党团裁减军备工作组组长赫尔曼·舍尔（Hermann Scheer）提出了反对提案。他们于 3 月 5 日发表了《对于统一德国维持北约身份问题的研究报告》，要求这个军事联盟回退至 1949 年的北约结构，即没有武装力量一体化，也没有共同的总司令部，所有的成员都应该保持法国和西班牙的状态。[222]但这个意见没能得到落实。三分之二的党团成员还是支持艾姆克的文件。

从人民议院选举到第一份国家条约

虽然克劳斯·冯·多纳伊和其他理事会成员都猛烈批评奥斯卡·拉封丹[223]，就连党主席自己也有些疑虑[224]，但是在社民党看来人民议院选举已经落败的当天[225]，党理事会就遵从了福格尔的建议，一致请求这位萨尔州州长担任总理候选人。1 月 28 日，拉封丹以创纪录的 54.4% 的得票率在萨尔州赢得了绝对多数票。这样，他实际上提早坐实了社民党联邦议院选举总理候选人的身份，这主要是因为福格尔在竞选期间就公开提名他了，这点让拉封丹和一些其他同志很不高兴。[226]3 月 27 日，党顾问委员会也提名拉封丹为总理候选人。当时人们想着，9 月底通过旨在为竞选准备的党代会来就总理候选人作出决定，只是个形式罢了。

拉封丹接受了这个挑战。他看到了社民党赢得联邦议院选举的现实机会；不过前提是要提出与联邦政府有明显区分的政策。[227]在"快速实现统一并迅速引入德国马克的赛跑中"，赫尔穆特·科尔赢了。[228]在这个问题上，社民党不可能大幅突出自身形象。党内有些人出于内心信念、以国家利益为重或者缺乏有说服力的替代方案等原因，选择与联邦政府的意见一致，甚至试图建立大联合政府[229]，与他们不同，拉封丹想要的是政策的极化。因为在当时看来，在 1990 年就实现两德统一以及全德范围选举还不太可能，于是拉封丹在刚刚拉开序幕的联邦议院竞选中把自己的计划集中于联邦德国。很可能是基于萨尔州州议会竞选的经验，他准备把宝押在群众情绪恶化以及联邦德国人民不断下降的牺牲精神之上。[230]

在联邦政府作出决定，取消拉封丹所批评的移民援助之后，讨论的中心内容就变成了实现统一进程的适当速度。拉封丹继续要求以更谨慎的态度准备货币联盟。社民党下萨克森州州议会竞选的州长候选人格哈尔德·施罗德支持这一观点并且强烈要求按照第 146 条实现德国统一。[231]然而，让社民党很失望的人民议院选举结果却证明快速统一支持者的观点是对的。汉斯·比希勒考虑到民主德国民众的情绪，要求立刻对两德统一问题进行谈判，并且快速实现统一。而统一到底是按照第 23 条还是第 146 条来进行，就是次要问题了。减少给移民的给付并不能阻止难民潮。如果不立刻采取行动，还有可能导致民主德国人民上街游行反对新政府。[232]

在有东德社民党参与的德梅齐埃新政府成立十天后，东西德社民党各自的主席团以及社民党联邦议院和人民议院党团执行理事会主席团聚集在一起，讨论国家条约的内容。福格尔对于联合执政协议以及德梅齐埃内阁的政府声明表示支持，因为它们包含了"重要的社会民主观点"以及对于货币转换的明确态度。但是，在已公开的国家条约草案中则尚存很多漏洞。[233]

在讨论进一步的统一进程时，拉封丹强调了他的后民族统一概念。他的目标并不是重建民族主权国家，而是要经过多年发展才能实现的社会统一。作为总理候选人，他必须考虑到，这个过程要顾及人民的利益。他认为，到目前为止关于建立货币、经济和社会联盟的决定，都没有做到这一点。突然引入德国马克对于民主德国的许多企业都会带来负面影响；而且还不知道"联邦德国民众到底需要为此付出多少代价"[234]。

理查德·施罗德（Richard Schröder）不同意拉封丹的看法："现在已经存在黑市交易，目前局面一片混乱。"所以德国马克必须尽快引入民主德国。这个问题还涉及政治改革进程的公信力。社民党人不可以阻挠或者阻断德国马克的引入。沃尔夫冈·蒂尔泽（Wolfang Thierse）和卡尔－奥古斯特·卡米力（Karl－August Kamilli）也发表了类似意见。[235]

这些悬而未决的问题本应迅速得到澄清，但因为一件恶劣事件的发生受到了影响：4月25日，在科隆－米尔海姆的一次竞选活动结束时，这位萨尔州州长被一个神经不正常的女人刺成重伤。[236]人们跨越党派和国家界限对此表示震惊，并且做出了同情的举措。然而与此同时，拉封丹的政治立场却在康复过程中变得愈发软弱。几周之后，他终于重新发起动议，并敦促做出最后决定。由此开始，社民党领导们给拉封丹在萨尔布吕肯的私人住所打了数不清的电话，甚至"朝圣"般前来拜访。福格尔预先将社民党对于国家条约的基本选项做了总结：

　　– 在联邦议院以及联邦参议院拒绝该草案来阻止它生效，或者
　　– 从时间上拖延它开始生效的日期，并且提前兑换一部分金额，或者
　　– 在努力实现草案的改善后表示赞同。[237]

这位党主席自己支持第三个选项[238]，因此5月11日，他在"德国统一"议会委员会成立会议上表明，社民党党团会"建设性地参与德国统一进程"。[239]

两天后，约翰内斯·劳率领社民党在北莱茵－威斯特法伦州州议会选举中取胜，这是社民党连续第三次取得绝对多数票。格哈尔德·施罗德在同一天赢得了下萨克森州州议会选举，并且取代恩斯特·阿尔布雷西特担任州长。这些结果都增强了拉封丹及其追随者们的立场，即将社会问题及统一进程所需要付出的成本列为首要问题。随着社民党接管了汉诺威的政府之后，社民党第一次在联邦参议院中占据多数席位。一直以来，他们只能向联邦政府提出刻板的要求，即联邦政府不能将德国政策问题作为总理的"私事"处理，但是现在，联邦参议院内新的多数席位分布使得社民党终于有机会积极介入德国统一进程。因为关于经济、货币和社会联盟的条

约草案须经联邦参议院批准，所以只要社民党在最后一刻说"不"，就可以使草案夭折。在劳和施罗德胜选后的几周时间内，党内一直在激烈争论这个问题。一方面鉴于目前谈判已经到达的阶段，以及民主德国人民的期望，几乎不太可能再让草案夭折；另一方面社民党也实在想用自己刚刚获得的优势来提出自己的想法。[240]

5月15日，福格尔在拉封丹遇刺事件发生后第一次去往萨尔布吕肯拜访拉封丹。他向正在康复的拉封丹阐述了《联邦参议院表态》草案，该草案是由北莱茵-威斯特法伦州国务秘书沃尔夫冈·克莱门特（Wolfgang Clement）受各州委托起草的。这份文件认可国家条约为"实现国家统一道路上关键的第一步"，但是批评它忽略了各州利益。[241]拉封丹想要给联邦政府施加更大的压力。如果社民党凭借联邦参议院多数席位的优势，还是不能对国家条约做出重要修改以更好保障民主德国经济的话，他就要以放弃总理候选人资格相逼。根据第二天提交给"德国统一"委员会的一份共同文件可以看出，福格尔向拉封丹妥协了，而其他州社民党部长们对此也表示接受：社民党人批评联邦总理，认为他应该对"国家条约签署的程序，以及由此产生的史无前例的时间压力"负起责任。[242]但社民党不想纯粹批评，而是要与东德社民党共同对此进行补救。在与联邦总理会面时，这些社民党州长们也相应表现得很配合。[243]当天晚上，西德社民党高层政治家与东德社民党人在帝国议会大厦进行了会面。虽然福格尔试图努力调节纷争，但是不同观点间还是发生了激烈碰撞：迪特里希·施托贝和党团副主席鲁道夫·德雷斯勒（Rudolf Dreßler）坚决支持条约草案，而格哈尔德·施罗德和霍斯特·艾姆克则支持拉封丹的路线。[244]在与拉封丹电话协商后，艾姆克在第二天建议联邦议会党团不要支持条约草案。[245]他因此在党团理事会的一次特别会议上遭到猛烈攻击。[246]

5月18日，财政部长特奥·魏格尔和瓦尔特·龙姆贝格签署了第一份国家条约。第二天福格尔再次前往萨尔布吕肯，劳在那里接过了调停者的角色[247]，这也特别是因为，除了政治立场分歧外，"总理候选人和党主席之间的某些个人恩怨"也使解决分歧变得更加困难。[248]福格尔报告说，党团执行理事会在前一天已经表示反对拉封丹的路线。如果西德社民党在联邦政府已经妥协的前提下[249]仍然反对国家条约的话，就等于在侮辱已经同意这一条约的东德社民党。拉封丹仍然保持强硬态度。福格尔和劳试图与拉封丹的亲信——莱因哈德·克里姆特（Reinhard Klimmt）共同寻求解决办法，但也以失败告终。[250]

5 月 20 日，拉封丹向福格尔表示，货币联盟的建立已经无法阻挡。而根据福格尔的说法，拉封丹仍然坚持让社民党联邦议会党团以及所有社民党执政的联邦州都对此在联邦参议院投反对票。如果由社民党/自民党联合执政的汉堡投赞成票的话，那条约还是有可能通过的。但如果社民党反对他的路线，他就放弃他的总理候选人资格。[251]

为了进一步商讨对策，党团理事会在联邦议院大厦会面，而社民党各州主席则在北莱茵－威斯特法伦州的波恩代表处集合。在那里，瓦尔特·蒙佩尔以及克劳斯·韦德迈尔表示，他们不会在联邦参议院对条约表示反对。他们决定派出一个代表团前往萨尔布吕肯，去和拉封丹谈谈。属于少数派的格哈尔德·施罗德则支持拉封丹，并且已经准备好和比约恩·恩格霍姆一起承担起这个任务，恩格霍姆在多数派中代表的是"同意，但有保留"的立场。[252]

施罗德、恩格霍姆、拉封丹以及克里姆特在萨尔布吕肯商讨出了一个联邦参议院决议的修改方案：拒绝条约草案目前的版本。他们要求进行修改，以及增加各联邦州在全德联邦议院选举时间确定上的参与决定权。

在此期间，福格尔再次在党理事会上告诫，不要使条约夭折。延期引入德国马克的话，东德人不会责怪联邦总理，而是会归咎于社民党。在提及全德选举时，他批评指出："我有时候感觉，我们中的有些人眼里就只有选举。"但是，对于福格尔来说，受到威胁的不仅是选民的选票，还有自己的诚信，他反问道："人们怎么可以苛求那些为党代言的人，突然将自己的立场转变成他并不认同的观点？"[253]

党理事会若通过一份决议，可以避免明显的分裂局面的出现。在党团理事会驳回了反对条约的意见后，党理事会内则是多数人支持拉封丹的观点。社民党人不能批准这个版本的草案；引入德国马克的先决条件是，必须至少以额外的书信或者记录声明的形式对草案进行修改。正如福格尔在"德国统一"联邦议院委员会中所强调的，有四点是重中之重："第一要防止那些有生存能力的企业倒闭，那些企业只要能挺过头几个月，就有机会，这样可以防止造成大规模失业；第二关于环境的法规，要给予环境联盟和其他三个联盟同等的地位；第三统社党、东德基民盟以及其他民主党派、群众组织的财产要被用于公益性目的；第四特别强调社会安全和防护措施，以期最大程度地阻止社会崩溃出现。"此外，社民党还要求联邦总理承诺，在未来关于德国政策的决议过程中更多地让社民党参与其中。[254]根据福格尔的提议，社民党联邦议会党团以少数反对和弃权的结果，"肯定并了解"了理事会的声明。[255]

5 月 28 日，与联邦政府的对话开始前一天，拉封丹的一项新提议又引起强烈不满。在《明镜周刊》采访中，他重申"自己一如既往地认为，7 月 1 日将德国马克的适用范围扩展至民主德国的决定是个错误"[256]。理事会已经决定不支持目前的条约，那么，在联邦议院内，"也没有必要，共同支持这个必将导致大规模失业的决定。社民党的否决权已经迫使政府就条约的修改进行谈判。对于联邦参议院内占多数的社民党而言，是有可能让条约通过的"[257]。由此，人们从形式上使条约的通过成为可能，但同时强调了议会反对党所扮演的竞争性角色。这个提议引起了潮水般的抗议：艾姆克在回忆录中写道，他在电话里气愤地质问拉封丹，"他在做事之前，能不能至少偶尔和一个成年人商量一下"[258]。据艾姆克所说，联邦议会党团"对于这种试图制约他们的想法气愤不已"[259]。多名议员公开表示，他们会支持条约。[260]东德社民党也对此提出严肃批评。例如，理查德·施罗德这样说道，对于条约犹豫不决只能让局势越来越复杂[261]，而汉斯－约亨·福格尔则拼死努力，试图不让公众产生党内出现意见分歧的印象。[262]现在只有包括莱因哈德·克里姆特和格哈尔德·施罗德在内的少数人支持拉封丹了。

在这种背景条件下，5 月 29 日，联盟党和社民党代表在联邦总理府内展开谈判。[263]最开始的两轮谈判处理的议题包括"斯塔西/民主德国党"和"兑换以及滥用规定"，在这两轮的争论之后，据科尔的经济顾问约翰内斯·路德维希（Johannes Ludewig）的评价，第三次会面"没有产生什么实质性的分歧"。因此，意见差异主要集中在可预见的失业率，以及相应应采取的应对措施等细节问题。[264]

还在谈判期间，可怕的消息又一次从萨尔布吕肯传到奥伦豪尔大厦（Ollenhauer－Haus）。6 月 5 日，拉封丹告诉党的领导层自己将辞去总理候选人一职。辞职信已经写好，在接下来的几天内就要寄给党主席。媒体再次报道涌向萨尔河的旅行。6 月 7 日，在维利·勃兰特提前赶来之后[265]，第二天他的"孙辈们"，恩格霍姆、施罗德、沙尔平（Scharping）、施珀尔、希尔泽曼（Hiersemann）以及克里姆特纷纷聚集在拉封丹家中。艾姆克作为波恩方面党高层的代表出席。[266]约翰内斯·劳没法亲自参加，因为他的直升机受天气影响无法起飞，所以通过电话方式参与了会谈。[267]在长时间的商谈中，他们建议拉封丹继续保持候选人身份，并且收回自己的那些条件，因为"在联邦参议院和联邦议院中，主要还是'同意，但有所保留'的态度"[268]。政治批评是要进行的；但出于时间原因，考虑到民主德国人民的利益，这份条约不能再被阻止了。艾姆克回忆说："我们还谈到了一份相应的文本，还有党内以及党团内的下一步程序。奥斯卡·拉封丹不会寄出他的辞职信了，但是仍然抱怨，自己作为候选人没有什么发言权。多数人表示，那他就必须成为'全德'党主席。"[269]

这次会谈的成员在第二天正好有机会试探拉封丹这位未来的全德党主席在东德社民党人那里的受欢迎程度。他们在哈勒举行的特别党代会上，坚决要求联邦德国的姐妹党支持这份国家条约。[270]福格尔和勃兰特竭尽全力稳定伙伴的焦虑情绪，保证说现在条约不会夭折了。

第二天上午，福格尔、恩格霍姆和克里姆特又一次和拉封丹会面进行深入交谈。劳通过电话参加了会议。福格尔强调，"拉封丹所希望的那种表决行为无法实现，连我自己都不能再反对了。"拉封丹仍然维持候选人身份，不要给党造成因他辞职带来的后果。沙尔平向福格尔电话告知了"孙辈们"会面的结果，福格尔于是建议拉封丹，必要时在统一党代会上就接任党主席一职。拉封丹表示了拒绝。拉封丹对于继续担任总理候选人提出了各种所谓的或者是实际的条件[271]，在对此进行争论之后，谈话终于变得比较切合实际。福格尔对结果进行了总结：

－关于货币联盟的决议过程将像我描述的那样继续进行；
－奥斯卡·拉封丹继续担任候选人；
－关于他是否应该，或者是否愿意在统一党代会上就接任党主席一职这个问题，在他度假放松回来后，我们会继续讨论。[272]

第二天，拉封丹电话告知社民党主席，自己继续担任候选人。[273]

特奥·索默（Theo Sommer）将这次党的危机与"《哥德斯堡纲领》发表前党内的窒息以及围绕扩充军备的激烈争论"相提并论[274]，而解决危机后的轻松并没有维持多长时间。当福格尔尚在离开萨尔布吕肯的回程中，他就通过电台听到了艾姆克的采访，节目中这位党团副主席公开表示，考虑"党的领导是否应该交到更年轻的人的手里"[275]。这位受冲击最深的[276]

党主席，在第一时间不愿意对此说法进行公开回应，而其他人发表了激烈的批评意见。[277] 在一次记者招待会上，福格尔将有关他自己所提要求的报道做了相对化处理：他说自己从来没有要求过担任全德社民党主席，仅仅是没有排斥这种可能性罢了。[278] 除了施罗德等少数人公开支持艾姆克的观点之外，社民党主要领导人对于拉封丹可能竞选主席一职都表现得有所保留。主席团在6月11日的会议上批评了艾姆克擅作主张。[279] 关于汉斯－约亨·福格尔可能辞职的传言得到了正式否认。[280]

6月14日，在刺杀事件后拉封丹在党的各委员会面前的第一次登场，他再次阐述了自己的德国政策立场。[281] 至于应该如何评价与联邦政府的谈判结果，这引发了争议。虽然在一些领域中，例如社会联盟和保障党产等领域，[282] 社民党所要求的"修改"得以实现。而且，伴随着国家条约也应有一部新增的环境框架法生效，这也被看作是社民党的成功。[283] 此外，关于经济和社会政策问题的一些进一步修改，也被社民党人写在自己的功劳簿上。[284] 但是，社民党对于谈判结果还是总体表示不满意。[285]

6月21日，在对国家条约草案进行二读时，联邦议会党团中的大多数成员还是投票支持经济、货币和社会联盟的建立。少数社民党议员（25名）投了反对票。第二天，除了萨尔州和下萨克森州之外，社民党执政的其他联邦州也在联邦参议院表示支持该条约。当福格尔将这一投票结果作为胜利果实划入自己名下时，应用社会科学研究所（Infas）和埃姆尼德（Emnid）民意调查的结果显示，拉封丹的民众支持率在一周内跌落了6个百分点。[286] 根据一份福尔萨民意调查结果，赫尔穆特·科尔第一次在支持率上反超他的竞争对手。甚至接近三分之一的社民党选民认为，如果他们的党换一个总理候选人会有更大的胜选机会。在问及全德社民党主席人选时，只有34%的社民党选民支持拉封丹，而54%的人则支持福格尔。[287]

6月23日，东德社民党顾问委员会拒绝在统一党代会上重新选举整个党理事会，并由此对拉封丹追随者提出的相应建议予以驳回。[288] 两天后，在只有1票反对的情况下，西德社民党主席团推荐福格尔担任全德社民党主席。[289]

从一对一到"2＋4"再到统一

关于第一部国家条约的风波平息之后，人们终于可以开始关注其他的问题。在实现德国统一之前，尚有一些屏障需要跨越。最主要的就是商讨并且批准通过另外三部条约："2＋4"条约、选举条约，以及统一条约。

社民党人和联邦政府在外交政策方面的分歧最少。[290]5月5日，联邦德国、民主德国，以及四个战胜国在波恩进行了"2＋4"对话，联邦外交部长定期向社民党主席转达商谈结果。[291]在谈判开始阶段，社民党还反复强调要对波兰西部边界问题作出一份有约束力的保障承诺。[292]1990年6月21日，由德国联邦议院以及人民议院通过的相应声明再次强调了承认奥德－尼斯河边界以及放弃领土要求的政治意愿。[293]7月17日，"2＋4"对话的成员们与波兰外交部长斯库比斯泽夫斯基在巴黎共同制定了后续步骤。[294]

前一天，苏联在高加索峰会上同意统一后的德国继续维持北约成员身份。与戈尔巴乔夫成功谈判后，科尔和根舍回国后还受到了社民党主要领导的祝贺，其中包括福格尔和拉封丹。[295]

现在社民党试图加快统一进程的速度，民主德国加入的时间被建议定于1990年9月15日，拉封丹更是建议马上加入。[296]那样的话，就不是要通过一份国家条约，而是必须通过一揽子的过渡期法案。

期间可预见的是，与社民党原本的设想相悖，就在当年就可能进行全德联邦议院选举。社民党要求，要在国家统一之后，有了统一的选举法以及针对全部选区的5%门槛后才举行此选举。[297]他们希望借此与那个财政以及人员方面都装备精良的民社党相抗衡，并且尽量阻止它进入全德联邦议院。社民党也将公民运动组织成员列入社民党候选人名单上。社民党人对于自己的立场解释说，他们有民主、宪法法方面的担忧：[298]如果没有统一的选举法，那么对选民选票的权重评估就会有所区别，并且议员们也会出现"双重合法性"。[299]社民党为此威胁说，如果规定的是不同的限制条款，那么他就向联邦宪法法院起诉。[300]

社民党主席团以及大部分社民党联邦理事会成员都支持这一观点，甚至东、西德自民党以及个别基民盟政客也表示赞成，但是有许多社民党成员对于统一选举法的要求表示反对。主席团成员彼得·冯·厄尔岑（Peter von Oertzen）称他的党的做法"气量不足"并且"没有效果"。[301]

在社民党党团向联邦议院申请制定统一选举法之后，不来梅、北莱茵－威斯特法伦州、萨尔州以及石勒苏益格－荷尔斯泰因州也在联邦参议院提出了相应提案。[302]社民党领导的下萨克森州和柏林，因为顾忌它们的联合执政伙伴（绿党和"替代名单"等）的态度，所以不能对提案表示支持。[303]

在东德社民党发出最后通牒之后，1990 年 7 月 26 日，在联邦议院和人民议院的 "德国统一" 委员会的一次在以很大程度上谋求共识的会议上，选举法条约获得通过。[304]而限制条款的问题仍没有得到解决。

沃尔夫冈·朔伊布勒提议，以州为单位实施 5% 门槛，除了格哈尔德·施罗德以外[305]，社民党高层均对此表示反对，在加入区域单独实行 3% 门槛的提议也同样遭到否决。然而，党及党团副主席赫塔·多伊布勒－格梅林与东德姐妹党协商一致，表示愿意商讨在整个选举区域降低限制条款标准。[306]奥斯卡·拉封丹指出，这种做法将不仅协助民社党，而且还有 "共和党人" 进入联邦议院。[307]

政府和反对党最终形成的妥协方案为：在整个选举区域实施统一的 5% 门槛，并且允许两个彼此没有竞争关系的党派在第一次全德联邦议院选举时合并它们的候选人名单。[308]社民党人虽然还有顾虑，但还是表示了同意。[309]之后社民党也支持后来对选举条约的必要修改[310]，并在联邦宪法法院否决了第一份法律草案之后，又支持了新的法律草案。

在签署选举国家条约时，具体的选举时间还存有争议。当民主德国总理德梅齐埃建议，民主德国加入《基本法》适用范围，以及全德联邦议院选举的时间都定为 1990 年 10 月 14 日[311]，社民党对此表示极其愤慨。德梅齐埃这个令人震惊的提议，不仅仅破坏了联邦政府和反对党之间的协定，还影响了社民党的竞选策略：拉封丹等人原本期待，随着民主德国的环境和社会问题不断升级，选民们会将责任归咎于联邦政府。[312]波恩联合政府尝试 "将选举时间列到重要位置"，无非是想让人们将注意力从自己统一政策的失误上移开。社民党不会同意联邦议院选举延期进行。[313]

相反，社民党坚持民主德国根据《基本法》第 23 条加入联邦德国的时间最晚为 9 月 15 日，全德联邦议院选举则定为 12 月 2 日。[314]最后两边都必须做出让步，8 月 9 日，联邦政府决定，还是维持最初的选举时间不变，而社民党则要在民主德国加入时间上妥协。[315]拉封丹在选举时间上的胜利让他的追随者们对联邦议院选举获胜充满期望，不过事后证明这不过是徒劳的。

在经济、货币以及社会联盟条约生效之前，关于第二部国家条约（统一条约）的讨论就开始了。[316]由于涉及要对宪法修订作出规定，条约的批准需要获得联邦议院以及联邦参议院中三分之二以上多数支持。刚刚获得了联邦参议院多数席位的社民党从一开始就占据了相比统一进程刚开始时更为强有力的地位。而且现在东、西德社民党路线统一，这无疑也是一种助力。因此他们试图充分利用自己的影响力来实现自己的主张。在谈判过程中，联邦政府和联邦议院反对党之间的分歧，甚至比东德和西德谈判负责人之间的分歧还要多。[317]

6月末，社民党联邦议会党团在一份文件中表明了自己对于民主德国加入联邦德国的协议的立场。总的来说，他们同意签订一份合并条约，但是这份条约应建立在广泛的基础之上。社民党再次要求把联邦议院、联邦参议院、人民议院以及公众纳入谈判中来。全德选举应该在民主德国加入联邦德国之后，在统一的选举区域内进行。在过渡时期内，需要重新规定联邦和各州之间的财政法规。[318]

1990年夏天，条约谈判开始了。联邦德国代表团成员有社民党执政的联邦州代表沃尔夫冈·克莱门特、汉斯－约阿希姆·克鲁斯（Hans-Joachim Kruse）和迪特尔·施罗德（Dieter Schröder），他们分别是北莱茵－威斯特法伦州州长办公厅主任以及柏林和汉堡市市长办公厅主任。联邦议院"德国统一"委员会的成员也参与了条约文本的讨论。那些悬而未决的问题则最终在与联合政府的高层会谈中加以处理。[319]

在谈判期间，福格尔承认，"比起第一部国家条约"，反对党这次被"更具体地"纳入政治进程当中。在《基本法》修改的问题上，他重申道，要将国家目标写入《基本法》，并且要就新的宪法文本举行一次全民公决。堕胎和财产关系问题也需要重新规定。[320]

第二天，萨尔州州长、社民党总理候选人奥斯卡·拉封丹表示说：社民党"不仅仅将在国家条约问题上，而且将在所有目前需要通过的法律上发表自己的观点"。他强调指出，对东德各党的财产、东德能源结构的建立，以及新宪法的全民公决做出规定，是必要的前提。当然，占据联邦参议院多数席位的社民党在谈判过程中"将就所有的决定征求联邦议会党团，还有民主德国朋友们的意见"[321]。

在党派讨论中有四个基本问题需要处理。首先就是关于新宪法的争论。与联邦政府相反，社民党希望借着德国统一的契机，能谈判达成《基本法》的彻底改革。其依据是"对于宪法的动态理解，据此，《基本法》应成为变革和进步的政治任务表"。社民党人会努力"深化并且扩大"一个共同共和国中的"民主本质"，方法是通过对《基本法》内容的"详细阐释"。其中，包括在宪法中要确立环境保护、工作权利，以及其他国家目标性规定。此外，企业、公司和办事处员工的共决权都要在宪法法上落实，并且要实现全民请愿及全民公决的可能性。中心要求仍然是，"新的共和国的宪法要由全体德国人民表决产生"[322]。社民党没能实现这个要求，但是通过统一条约的第5条至少争取到了一个妥协方案。[323]

其次，争议最大的问题之一是统一的筹资问题。为此，令各州恼火的是，再次陷入了对于营业税的重新分配以及各州财政平衡的争论中。[324]社民党站在他们东德姐妹党一边，要求提供更好的财政配备。英格里德·马特乌斯－迈尔解释道："如果民主德国的各州得到的财政资金配备只能让它们一直给整个民族拖后腿，那么，这不仅仅会危及民主德国，而且，对于联邦德国以及其他西方国家来说也是致命的。"[325]社民党努力"从一开始就给那些即将建立的联邦州和乡镇提供必要的财政支持，尤其是要保证它们的创新能力"，可惜这些努力失败了。不过社民党执政的那些老联邦州也要对此负责任，因为它们在这个问题上表现更多的是犹豫不决。[326]

再次，谈及如何处理统社党政权没收的财产的问题，东德和西德的社民党从原则上共同反对联邦政府。他们认为应该基本采用补偿原则，只有在特例情况下，才能退回已经被没收的财产。尤其是海宁·福舍劳和沃尔夫冈·克莱门特反复劝说联邦司法部国务秘书克劳斯·金克尔，旨在让他相信，联邦政府所希望的程序不仅要花费数十年直到继承人共同体形成，还会妨碍重要的投资活动。[327]社民党的想法只得到了部分实现。虽然他们提出的原则上适用补偿的要求失败了，但是统一条约的第41条却规定，如果补偿能促进投资的话，那么补偿也是可能的。[328]

最后，最艰难的细节问题之一，是堕胎。根据福格尔的说法，对这个问题的争论最为激烈，尤其要反对基社盟的观点。社民党支持民主德国采用的一定期限内允许堕胎的方式，而且，因为妇女具有自我实现以及自我决定的权利，所以社民党支持放松《刑法典》（StGB）第218条的规定。最终，社民党和执政各党达成协议，允许不同的法规在过渡时期彼此并存。[329]

8月19日，在第三轮谈判之前，社民党执政的各州对自己的批评意见进行了总结：目前的条约草案既没有解决投资法律保障缺失的问题，也没能赋予民主德国各州和乡镇必要的财政行动能力，对拥有近两百万工作人员的民主德国公共部门的未来也缺乏明确规定，至于如何使用统社党/民社党、以前的民主党派以及群众组织的财产，也是模糊不清。社民党拒绝由国家对行政资产、金融资产以及信托资产进行集中管理的规定。此外，社民党还要求统一后的德国应实现更好的社会保护功能，并且建立统一的合法关系，尤其是涉及堕胎、选择服兵役或者服民役的权利、赦免80年代由于进行和平游行而被判刑的犯人等。最后，他们要求对未来的德国宪法做出更具体的表述。[330]

随着谈判接近尾声，波恩社民党内部批评的声音也越发强烈。一些社民党人对整个条约草案都不信任，要求立刻实现统一，并且对过渡法案进行补充。福格尔表示，这些都是纯粹的策略性行为，"因为没人真正"觉得，统一条约的批准会因为社民党的反对而夭折。[331]英格里德·马特乌斯－迈尔和沃尔夫冈·罗特解释说，之所以要求迅速实现统一，是因为"被犹豫不决耽误的每一个月，纳税者至少要付出10亿马克的代价"，而且尚未被撤换的统社党领导下的官僚机构会阻碍东德经济的调整过程。[332]

在统一条约谈判时，社民党的策略摇摆于对抗与寻求共识或合作之间。由于联邦议院竞选，"社民党试图在条约中尽量明显地体现其在构建过程中的影响力"。社民党主动与联邦政府进行的高层对话也是在追求这一目的。[333]随着日益接近谈判尾声，就连拉封丹都表现得越来越合作。[334]社民党这一表现的原因有两个：一个是因为谈判过程没有对外公开，另一个是因为社民党在民意调查中支持率不断降低。[335]

最后，被社民党列为特别重要的争端问题都得到了一致解决。相比第一部国家条约，社民党人利用了更多机会来实现自己的立场。赫塔·多伊布勒－格梅林在联邦议院对统一条约进行一读时满意地表示："我们认为，目前最重要的问题都在统一条约中得到了妥善处理。"汉斯－约亨·福格尔也表示，这份条约中明显能看出社民党的"手迹"。因此，社民党联邦议会党团绝大多数成员赞同这份条约。[336]

在实现国家统一前的最后几个月中，东、西德社民党在政治上齐心协力，再也没有什么能够阻止一个全德社民党的重建。序曲是9月26日，东德和西德社民党在柏林分别召开党代会，做出两党合并的决议。第二天，两党内全部573名代表以及理事会成员共同组建了全德社民党，在遭到纳粹打击57年之后，以及在由于东德社民党被迫与德国共产党（KPD）合并而造成两党分裂44年之后[337]，它们终于又联合了。通过修改章程，西德社民党分配给了东德社民党20%的代表席位，远远超过了后者根据选举结果和成员数量（据媒体估计，其成员数量在1万到3.5万之间）应得的席位数。原本出于象征性原因，要在东柏林举行党代会，但是预定作为会议地点的国家宫殿因为受到石棉污染被关闭了，所以党代会临时被改为在西柏林的国际会议中心进行。在那里，所有州协会和区协会的主席，以及党的高层在欢快的庆典中，签署了《德国社民党重新统一宣言》。[338]其中，社民党明确指出，"在 90 年代，社民党应作为决定性的政治力量引领德国发展"。

党主席福格尔的第四位副主席是沃尔夫冈·蒂尔泽，其他 3 位分别为奥斯卡·拉封丹、赫塔·多伊布勒－格梅林和约翰内斯·劳。通过增选，另有 10 名东德社民党人加入了从 40 人扩大到 50 人的党理事会。在拉封丹的强烈要求下，会议以无记名表决方式选举了社民党全德联邦议院选举的首席候选人。拉封丹获得了几乎 99% 的支持率，这下他可以认为党是认同自己的政治路线的。展望 12 月选举将取得所希冀的结果，在党代会结束时，社民党已经提出了自己的执政纲领。

第二节　绿党[*]

戈尔巴乔夫的那条格言不仅适用于统社党政权，也大致适用于绿党："谁来得太晚，谁就会受到现实的惩罚。"作为德国政党版图中"最具联邦德国特征的"政党，绿党要求明确承认两个德国的并存。他们所持的观点至少是与 1989 年夏天前的两德的现状最为相符的。这一现状的改变特别对绿党产生了影响。在统一问题成为决定性的政策领域之后，绿党陷入了严重的困境中，因为其党内的各种团体和流派并不是追求同一目标。最开始，即使在这种异质结构之下，绿党还能勉强跟上德国政策发展的脚步。而在他们终于达成一致，决定反对国家条约之后，他们就与事件的发展脱节了。在这之后，绿党在两德统一问题上仅还扮演无足轻重的跑龙套角色。[339]他们试图占据其他政策领域，并引起公众注意，但由于德国统一问题的议题主导地位，这种尝试也失败了。而且，党内有关对民社党的态度的讨论也有损绿党的形象。其后果是绿党在 1990 年 12 月的第一次全德联邦议院选举中取得的选举结果是毁灭性的，它退出了联邦议院。[340]

回想绿党初建时的状况，有助于我们分析 1989～1990 年绿党的德国政策。

---

[*]　西比勒·希克（Sybille Schick）协助撰写。

绿党的成立和联邦德国的战后历史密不可分。绿党 1980 年形成的根由是和平运动、学生运动和公民运动。绿党及其前身组成并促进了 80 年代一种后物质主义的、几乎完全被生态理念所主导的生活方式。相应地，绿党并不是一个真正意义上的社会主义政党，而是在其异质性的组成中包含了许多不同的组织，而这些组织因来源不同而对于社会主义的态度千差万别。对于学生运动，以及从中产生的干部团体而言，社会主义是一种替代体制，而公民以及和平运动更致力于推行单项的政策，在政策的背后不存在体制方面的构想。生态运动在开始时甚至充斥着更确切地说保守的元素。[341]

1989 年，基于德国政策方面的态度，绿党内部主要可区分如下几个派别：

第一，左派，其中包括"左翼论坛"、"社会生态主义者"，以及"替代名单"，他们认为联邦德国体制在民主、经济以及生态方面都亟待改进。激进民主方案和社会主义作为政治和经济体制被视为替代方案。[342]由此，在社会主义被看做替代体制的背景下，他们鼓励两德并存，也认为两德并存应作为战略选项加以维持。[343]据此，左派是怀着体制批评的态度看待联邦德国。

第二，"现实派"，虽然把自己视为一个左右政治坐标体系中的左派，但是，他们随着从事议会工作而被迫放弃了议会外反对派的立场，并选择了小步政策的道路。他们对于联邦德国的态度也是改革导向的；他们并不想从根本上改变联邦德国体制，而是想在个别的政策领域进行变革，比如社会政策、生态领域、联盟以及和平政策。[344]由于纳粹主义和大屠杀的发生，对于现实派来说，德国问题被视作已经结束。基于这种罪责关系，两德并存局面被看做是可接受的并且不可改变的现实。[345]

第三，1988 年，为了回应 80 年代中期现实派和左派之间的党内派系斗争，"觉醒团体"围绕着安特耶·福尔默（Antje Vollmer）和拉尔夫·菲克斯（Ralf Fücks）建立起来。他们要求，在绿党内作为独立团体克服派系原则。在其异质的纲领中的共同点是，他们都要求绿党给予生态问题以中心地位。[346]"觉醒团体"也支持两德并存的要求，但是并没有提出自己的非常明确的德国政策方案。因此，这个团体在德国政策方面最为灵活，在绿党的德国政策发生变化时也可以占到先机。

绿党的绝大部分由这三个组织构成，除此之外，还有一些来自和平运动的独立个人，比如佩德拉·凯利（Petra Kelly）、格尔特·巴斯蒂安（Gert Bastian）也是绿党成员。在 80 年代民主德国发生反对派运动时，他们主张非暴力行动，并且与公民运动组织的主要代表保持联络。这些人也要求承认两德并存状态。[347]

绿党内只有极少数人，比如威廉·克纳贝（Wilhelm Knabe）和阿尔弗雷德·梅西特斯海默（Alfred Mechtersheimer）——后者作为无党派人士隶属绿党联邦议会党团——认为两德统一是克服军事集团对抗，并由此维持长期世界和平的必要条件，但统一的德国不可加入任何联盟且要保持中立。[348]

对于从开放了的奥地利 – 匈牙利边境进入联邦德国的民主德国移民，绿党的态度在拒绝和理解之间游移。"替代名单"态度鲜明地对此表示反对：他们的代表建议说，应该像对待非欧共体成员国外国人一样对待民主德国移民。对于他们来说，这是两德并存要求所得出的合理结果，因为对于两个权利平等的国家来说，不存在什么"入籍优先权"[349]。正如 8 月 29 日，维利·布吕根（Willi Brüggen）在《日报》上所写，"替代名单"承认民主德国改革的必要性，但是这些改革并不等同于直接采用议会式民主和市场经济。改革的前提应该是承认民主德国的独立国家属性："我们只能期盼，民主德国的转型阶段可以逐步进行，在不突然打破现存体制结构的情况下，逐步实现个体自由权、政治参与权，以及工业体制的生态改造。这一发展的前提是，从外部保障国家存在，并且可以通过由我们这里提供有目的的经济和生态支持来促进发展。"[350]

8 月末，联邦理事会与联邦议会党团的代表以及被驱逐出境的民主德国公民讨论了"替代名单"提出的提议。讨论结果认为，虽然有必要承认民主德国的独立国家属性，但是这并不意味着由此需要"承认统社党对民主德国公民拥有所有权"[351]。大家认为，移民浪潮的主要问题是将造成民主德国失血而亡，由此那些对于消除公民出境缘由而言必要的改革行动反而变得难以实施，甚至变得完全不可能。联邦理事会和联邦议会党团试图寻找一种平衡：一方面理解民主德国公民出境的意愿，另一方面支持民主德国的改革运动，并由此在全党的共识范围行动。

随着柏林墙的倒塌，绿党内部德国政策的离心力越发强劲，在此之前这个党一直是靠着表面上的妥协勉力维持着。虽然绿党官方在柏林墙倒塌后在德国政策上的选项还是坚持两德并存的立场，希望能成功完成民主德国公民以和平方式要求的改革进程："改革运动明确无误地表明，他们想要走一条独立的道路。我们要求联邦政府尊重他们的独立性。议程中应讨论的不是两德统一，而是民主、裁减军备，以及整个欧洲在克服军事阵营基础上的合作"，联邦议会党团如是说。[352]

虽然如此，但是，民主德国自决权和独立性的问题还是成了中心话题。应如何诠释民主德国的自决权，是采用某种邦联形式、统一形式，还是严格的两个国家形式，对于这个问题，绿党内部看法不一。

左派是那些一直到年底及之后都坚持要求两德并存的人。他们之所以支持两德并存、反对统一，理由是为了防止大德意志民族国家的再次复活，以及为了挽救社会主义这一替代方案，它会因为资本主义的体制输出而被破坏殆尽。

1989 年 11 月 17 ~ 19 日[353]，绿党在萨尔布吕肯召开了前景展望大会，其中"左翼论坛"的意见书收集了左派反对统一方面的各种保留意见，并且明确表示，在他们看来，民主德国展现了必要的体制选择的不同方案。然而，通过"左翼论坛"的要求可以看出，他们努力的目标并不是真正要实现民主德国的改造和变革，而更多是关注民主德国发生的事件对联邦德国内必要改革的影响。

绿党的"左翼论坛"试图阻止资本主义体制的"战略输出"，同时将其工作的重点定为，推动一场绿党内有关民主德国的民主革新运动对于绿党在联邦德国的意义的深入讨论。[354]

绿党一再公开要求承认民主德国的独立性。在"替代名单"一贯的措辞，表示反对统一、反对资本主义、反对"阴暗的德意志民族主义"[355]之时，绿党议员西格林德·弗里斯（Sieglinde Friess）、泰·埃希（Tay Eich）于 11 月底上呈了一份题为《反对重新统一》的法律草案。草案指出，《基本法》中涉及两德统一、从法律上使之可行的段落和条款都应该被修改或者删除：比如前言、第 23 条和第 146 条。议员们重申了"左翼论坛"的观点，并且表示，除了这份法律提案外，"对于民主德国独立性最重要的支持，就是所有左翼成员在联邦德国为了实现人道的社会主义而奋斗"[356]。1989 年 11 月 24 日，西格林德·弗里斯还在波恩参与了一次由不同左翼团体举行的"反对统一集会"，集会的宣传文章中要求："我们不希望民主德国屈居联邦德国的第 12 个联邦州，我们支持两个民主的德意志国家，在那里人们可以反叛和自信地行使权利。"[357]

左派的这种"僵化"态度"源于在德国问题上，左翼思想中充斥着禁止，让人感到排斥甚至粗鲁的情绪"，他们也因此在党内受人指摘[358]。与此相反，"觉醒团体"的德国政策则非常灵活，并在它向萨尔布吕肯的前景展望大会提交的意见书中提出了新的方向。除了要求继续贯彻民主德国公民的自决权，他们还要求绿党在德国政策问题上彻底重新定位，并且改变"被自己的人民当作旧日的左翼敌人的形象"，鉴于"德国大地上第一次成功的革命"，这种形象已经过时了。

"觉醒团体"反对教条式的方案，并且关注公民的愿望和需求。"如果民主德国的人民感觉他们在生活感受、爱好、想法、过去和未来的愿景中，没有什么重要的东西被分割了，如果他们确定在德国并不存在两个民族，确定 28 年的分裂不能分离他们共同的文化，两个德国并存的局面不仅在 1948 年和 1960 年，甚至在 1990 年也是人为造成的，那么，他们就会结束这种分裂的局面。"[359]但对于"觉醒团体"而言，两个国家仍然是一种受欢迎的备选方案。

在前景展望大会后几周内，"觉醒团体"将对重新定向的要求具体化为安特耶·福尔默描述的"温和的两德并存"形式。这种形式是迅速统一和严格两国制之间的第三条道路，"不仅可以不断拉近两国人民的距离，而且可以保证彼此的独立性，维持必要的距离"。为了保证民主德国的自身发展以及执行能力不受联邦德国影响，"觉醒团体"建议，在一个被"觉醒团体"称为"生态邦联"秩序模式中给予民主德国政治否决权。这种模式可以保证两点：首先，通过邦联的制度形式，可以使得经济实力较差的民主德国在政治层面上和联邦德国平起平坐；其次，"新提出的工业社会中的生态问题就不会被忽视，而是从一开始就被纳入社会革新的方案中"。"觉醒团体"认为，这种缓慢的，类似于欧洲统一方式的运动，不仅对德国内部有利，而且对整个欧洲都有利：德国政策的可预见性有利于欧洲国家，而且它也可以作为欧洲统一的范例。从长远来看，德国统一的可能性是绝不能被排除的；这一决定取决于全体德国人，既包括民主德国也同样包括联邦德国。与现实派不同，"觉醒团体"明确反对将历史问题作为两德并存的理由："这个民族并未因为大屠杀，就失去自主决定国家性质的权利。"然而，"觉醒团体"认为，德国历史的"要义"在于，"德国土地上，不可以再出现战争"，因此"也不可以再出现民族主义"。[360]"觉醒团体"认为，不应该将民族和民族主义画等号，正如拉尔夫·菲克斯所说，它们

"并不是相同的"[361]。绿党"智囊"诺贝特·克斯泰德（Norbert Kostede）和赫尔穆特·维森塔尔（Helmut Wiesenthal）因此要求，要取得"民族"这个概念的所有权，坚决防止将"民族"与"民族主义"混为一谈。[362]

1989 年 11 月 16 日，在《日报》发表的一篇文章中，约施卡·菲舍尔（Joschka Fischer）仍然坚持用历史原因解释两德并存，这可以看做现实派针对前景展望大会的意见书。[363]即使经过"第二次德国十一月革命，'人民'这个词，在德国政治语言中重新获得了良好的、正派的声誉，代表了民主、自由和人权，而不再是民族主义、集权国家、步调一致或者战争"，但两国制的基石，也就是第三帝国内那种无法控制的民族主义还是有其存在基础的。菲舍尔支持两个德国在欧洲框架下的紧密合作（紧密联系却又分离），因为对于菲舍尔来说，绿党的长远利益也包括将整个东欧的发展纳入进来："不管未来隶属于欧盟的是两个德国，还是一个联邦德国，都完全不重要。"此前，由于绿党与欧共体整体上是一种消极的关系，特别是与法国的关系恶劣，使得其欧洲政策只能退回到联邦德国的民族行动框架中，对此政策，菲舍尔给予了明确拒绝。[364]

"原则性决定"让菲舍尔不禁担忧，它会导致"欧洲统一和西欧一体化，还是两个德国实现国家统一"，因为"这两件事不可能同时发生"。绿党的目标应该是支持欧洲向东部扩张，并且反对统一，反对与统一密不可分的再民族主义化。因此绿党必须履行如下"基本原则"："德国越是统一，就越要把主权让渡给欧洲。"[365]

1989 年 12 月，由现实派主导的绿党黑森州州协会发表的德国政策声明可以看作现实派观点的"官方陈述"[366]。其中支持两个德国在欧洲框架下的共同合作，但是不支持统一，重新统一不仅仅从历史角度来看是过时的，而且如果想要解决目前的生态、经济和社会问题，这种方式也是错误且不合适的。"一种德国以及欧洲的新秩序，如果是以德意志民族主义的重生为基础的，那就是历史的倒退，而不是未来的解决办法。"[367]

与此相反，还有观点强调民主德国公民的自决权，即他们应该由自己来决定，是让民主德国继续走独立道路，还是与联邦德国合并。从中呈现了两种无法妥协的观点之间的潜在冲突。这一冲突最后只有通过其中一方，即反对统一的现实派在 1990 年 2 月放弃其立场，才得以解决。

11 月底的联邦议院预算案辩论，使得绿党各个团体在德国政策核心问题上的一致和分歧得到了又一次体现。左派和现实派在反对统一问题上观点一致，现实派又同意"觉醒团体"所说的，如果民主德国失败，那么社会主义，或者说联邦德国的社会主义备选方案也就失败了。但是"觉醒团体"并不像现实派那样赞成有社会缓冲的"莱茵资本主义"，而是认为体制斗争的结束反而是绿党的政治机遇。[368]

虽然各团体都支持实现自决权，但是在是否把统一选项包括进来的问题上则意见不同。这个有限共识达成了，是因为此前甚至在左翼内部都日益认识到，统一"正在比预想更快地成为话题"。例如，"替代名单"承认，由于民主德国发生了革命性事件，它没能发挥作用，这是因为它在德国政策上过于寄望于维持现状。[369]就连左翼都开始怀疑，如此明令禁止统一发生，是否就能自动制止他们担心看到的，资本主义殖民民主德国的局面。[370]

一方面，绿党内的绝大多数成员还是一如既往地反对统一，因为一旦统一，他们就失去了历史上绝无仅有的，建立"另一种"社会形式的机会。其中各种核心要素（社会主义、社会福利、生态、不结盟、中立、欧洲）的重要性各不相同。另一方面，他们批评单独由民主德国公民在民主德国作出每个决定的预期。

1989 年 11 月 30 日，联邦议会党团发表了一份所谓的"七点计划"（*Sieben - Punkte - Plan*）决议提案，作为对于科尔 1989 年 11 月 28 日发表的《十点纲领》的回应，对于所有的绿党团体而言，这份提案是都可以接受的妥协方案。联邦议会党团在提案中明确表示，民主德国的公民"享有不受任何限制地决定自己发展道路的自决权，摆脱生态环境受到严重破坏、民众照料无法得到保障的计划经济，以及一党专政造成的斯大林式的管束"，但是同时反对"现在或者未来根据 1937 年边境重建一个全德范围的民族国家"。此外，他们要求不带任何附加条件，为民主德国提供经济援助，继续贯彻裁减军备措施，并为东欧国家提供生态保护方面的援助。接下来，两德政策应该通过多个步骤发展：首先承认民主德国的国家主权，放弃单独代表权，直到迈向服务于欧洲一体化的合作。[371]

在年末的时候，绿党内要求绿党通过积极的目标和方案来应对几乎无法再阻止的统一进程的声音越来越响亮。11 月底，诺贝特·克斯泰德和赫尔穆特·维森塔尔在一份德国政策讨论文件中表示，绿党判断失误了，统一进程其实早就开始了，"两个国家宪法并存也不过是法律层面的空想而已"。绿党现在不能再为了威胁性的资本主义及其后果痛哭流涕，是时候开始思考具体的问题，并为此提出应对办法了。[372]

1990 年初，现实派以及"觉醒团体"已经为统一"趋势"做好了思想准备。民主德国经济现状堪忧，民主德国公民缺乏维持其国家的意愿，而且苏联共产党中央委员会总书记戈尔巴乔夫也表示，德国的统一是德国人自己的事情，因此，约施卡·菲舍尔在 2 月初表示，如此看来，内政与外交的方向都指向统一。"在政治上，现在争论的问题已经不是要不要统一，而是怎样进行统一。"[373]

由于左派始终坚持两德并存，他们在联邦议会党团内的地位越发被动。左翼议员泰·埃希要求将统一的规定从《基本法》序言中删除，这一提案虽然往常属于绿党的标准要求，但是如今就连党团发言人赫尔穆特·利佩尔特都在预算案辩论中，将其称为"政治愚钝"的表现。[374] 而且在 1990 年 1 月 16 日的党团主席选举后，来自现实派的维利·霍斯（Willi Hoss）和瓦尔特劳德·舍佩（Waltraud Schoppe）以及来自"觉醒团体"的安特耶·福尔默当选，其中再没有左派代表。只有在联邦理事会中，左派还能维持其两个德国并存的观点，并且在 1 月的时候，凭借自己的多数优势，阻止了对那些已经落后于民主德国现状的德国政策立场的修订。[375]

随着党团理事会选举的进行，党内的多数势力分布又发生了新的变化。"觉醒团体"一直以来被认为更倾向左派，因为其"思想极端"[376]，比如对于民主的理解等，而现实派一直以来，至少在反对统一这个问题上是和左派站在一条战线上的。现在，现实派开始要求绿党奉行新的德国政策立场，而"觉醒团体"更多地参与到日常的政治活动中，通过这种方式两个团体实现了彼此靠拢。

"觉醒团体"和现实派的合作通过所谓的"绿色回合"（Grüne Runde）得到了加强。在长达两个月的准备工作之后，这个讨论平台于 2 月底建立，主要探讨的内容为生态、德国政策，以及党的改革，"尤其在左派看来，这是'觉醒团体'和现实派之间的战略联盟"[377]。"觉醒团体"的拉尔夫·菲克斯在一份文件中反驳说，绿色回合"提供了一个场所，在那里我们超越过去的流派界限，商讨目前变化的局势，以及可能对绿党政策造成的影响"。在这一过程中，他认为，即使存在"对于思想极端的担忧"，这仍是"觉醒团体"和现实派之间的合作机会。这与同左派的合作不同，左派"用冰冷的教条主义应对两德发展"，并且任何一位支持统一者都会被盖上"德意志民族的反动派"的标签。[378]

1990 年 2 月 6 日，绿党联邦议会党团正式宣布放弃要求两德并存，因为"自 1989 年 11 月 9 日以来的迅速发展已经证明，继续坚持两国制的基础已经不再存在"。虽然如此，但是，党团所期望的秩序原则仍然不是欧洲中部的德意志民族国家，而更多的是拥护"在条约保障下的两国合作，以逐步消除贫富差距为目标"。对于党团而言，应由民主德国公民自己决定，"在处理德国关系时，是选择统一，还是选择两国并存"。而欧洲统一还是重中之重，具有超越德国统一的优先权，这特别是因为党团担心，德意志民族国家的建立可能危及欧洲稳定。

绿党基本上支持圆桌会议于 1990 年 2 月 5 日提出的"反对西德嘉宾发言人干预民主德国选举"的要求，但是还是决定在西柏林建立一个援助办公室，在 3 月 18 日选举到来前为有需要的团体提供帮助。因此绿党要求联邦理事会，"立刻建立一个基金，用以支持在民主德国的绿色民主团体"[379]。

在党内，这个放弃两国并存要求的决议遭到了强烈批评。从内容到形式，党团决议都被否定了。内容上而言，背离两国制以及这个决议内在的矛盾性都被人指摘。1990 年 2 月 7 日，左翼议员西格林德·弗里斯、玛丽-路易丝·施密特（Marie – Luise Schmidt）以及泰·埃希在一次媒体声明中表示，绿党联邦议会党团"在圣诞之后两个月，拿着许愿清单"站到了支持德意志民族国家成立的队伍里。对此，他们要求，"如果想要正经反对大德国重建的话，至'自我控制'的政策就是从坚持两德并存开始的。"[380]安特耶·福尔默没有参加 2 月 6 日的决议制定过程，她这样批评决议的内在矛盾性：一方面要求"在条约保障下的两国合作"，另一方面却又放弃要求两国并存。她支持保留迅速统一的、唯一"真正理智的对立方案"，就是建立邦联。[381]

对决议形式的批评在于：像放弃两国制这种如此重要的立场转变不应该仅仅由联邦议会党团单方决定，而应该由党代会来决定[382]，或者至少由联邦议会党团与联邦理事会共同协商决定。[383]党团理事会发言人赫尔穆特·利佩尔特"对于这一决议形式的不满甚至更甚于其结果"。他评价决议过程混乱并且草率，根本就没有足够的时间，对这样重要的变化进行探讨。对于利佩尔特而言，绿党现在"开始仰仗他人"，而他们本应该提出"独立和更为谨慎的观点"，尽管现在统一的支持者占多数，前述观点也会在社会中获得赞同。[384]

有一些人则为党团的决议辩护，他们认为，绿党"必须对两个国家、两个社会的'共同成长'过程施加政治影响，并参与对其的构建"。议员克莱纳特、贝克－奥伯多夫（Beck－Oberdorf）、希勒里希（Hillerich）、特伦茨（Trenz）和梅内塞斯－福格尔（Meneses－Vogl）在他们针对党团决议的表态中表示，绿党应该把握机会，"将这个已经启动的进程塑造成联邦主义的、民主的、政治和平的过程，以防在未来重蹈覆辙"[385]。

在有关党团决议的争论中，可以看出绿党内问题重重。一方面是作为彻底的反对派所秉持的态度，即使"从任何政治可能性来看，统一都无法被阻止"，也要组织大家"反对统一进程"，同时较少去关注现实政治中的具体问题。[386]另一方面则有一些人恰恰要求致力于这些具体问题，以便不至于完全被政治边缘化。鉴于3月18日人民议院选举即将进行，人们开始讨论支持民主德国的绿党，并且与民社党进行合作。虽然绿党中的多数人更偏向按照《基本法》第146条实现统一，因为这样还可能维持民主德国的独立性，但是他们也得考虑统一按照第23条实现的可能性。例如，绿党议员兼德意志内部关系委员会副主席卡里塔斯·亨泽尔（Karitas Hensel）在2月9日向党团上呈的一份文件中，就提出了上述要求。通过德意志内部关系委员会的讨论，她清晰感觉到，"现在不要再谈什么邦联、共同成长，也不要再谈放缓进程、团结一致或者重新统一，现在的情况是民主德国加入联邦德国"，而且是按照第23条进行，所以绿党的"这些讨论，都早已经跟不上形势发展了"。因此，对于亨泽尔来说，现在应该对于第23条，以及"立刻加入的可能性"进行讨论，因为"没有人，也没有任何机构可能阻止一份这样的加入声明"。绿党应该"抓住自己还拥有的构建以及影响这个发展的机会"，并且为"会在1990年12月举行的全德选举"做好准备。[387]

在统一的路径上，现实派和"觉醒团体"的代表在很大程度上持相同立场。虽然对于绿党而言，第146条是最佳解决办法，但是人们现在也清楚知道，"民主德国（或者其各州）发表加入《基本法》适用范围的声明，这在宪法上是根本无法阻止的：加入与否，这是民主德国人民（或者说人民议院）自己的决定。"[388]

1990年2月6日党团决定的建立援助办公室计划在决议作出后不久就开始启动。该决议规定，除了绿党之外，也帮助其他民主－生态类团体，否则它们是不可能从其他的西德党派那里得到支持的。这些团体中包括："现在就实行民主"、"新论坛"、和平和人权倡议。援助范围还扩大到了独立妇女联盟（UFV）以及"联合左翼"，这是因为这些民主德国的反对团体们已经达成共识，虽然彼此间政见不同，但仍要在竞选中相互支持。鉴于绿党对于其他西德党派干涉民主德国选举提出了批评，援助办公室的成员只能在他人的明确要求下提供帮助。[389]

有人担心援助办公室本身也会过于干涉民主德国的选举，但这种担心没有得到印证。1990年2月12日发表的一份关于联邦议会党团办公室工作的报告证明，民主德国的伙伴们很感激能够获得西德绿党的支持。但报告的撰写者迪特里希·威策尔（Dietrich Wetzel）和于尔根·施纳佩茨（Jürgen Schnappertz）指出，西德绿党以及"替代名单"到目前为止提供的帮助都没有起到真正的作用，"选举到来只剩40天，可是既没有竞选计划，也没有提供最基本的技术和组织上的条件"。为了从财政、人员以及专业角度来支持这些团体，绿党估算需要投入45万德国马克。但是支持这些组织参与3月18日的选举对于西德绿党而言到底有多重要呢，威策尔和施纳佩茨明确表示说："若民主德国组建一个红绿联合政府，将使我们的德国政策立场得到广泛的认可，即在无民族主义情绪，并在生态民主的条件下实现统一。"[390]此外，人们认识到，如果这些践行基层民主和主张生态保护的团体取得糟糕选举结果的话，也会威胁到绿党自己的存在，因为大众将不再关注"绿色"话题。

1990年3月18日的人民议院竞选中，联邦层面的绿党采取的保守态度被证明是不利的：绿党和独立妇女联盟的合并名单只获得了1.97%的选票。相反，"德国联盟"的选举胜利被认为是人们赞同迅速统一，它的胜利让人"恨得牙痒"。[391]1990年3月30日到4月1日，在哈根（Hagen）举行的联邦党代会上，西德绿党对于因人民议院选举而明显改变的德国政策方面的局面做出回应，并且开展讨论，绿党在未来应该和民主德国的哪些团体、哪些党派继续合作。

在提交上来的各份德国政策提案中，在绿色回合中讨论过的那一份提案得到了贯彻。在提案中，面对由于人民议院选举而产生的重大转折，整个党如今都只能放弃继续要求两国并存："这个国家面对着令人震惊的经济、生态和道德危机，人民希望通过快速加入来达到联邦德国的生活水平，这一切都使得对民主德国保持独立性的期望从根本上失去了基础。"[392]即将到来的统一必将引发新事物的产生，于是绿党要求，即使统一会按照第23条进行，也需要研究制定一部新的宪法。

　　2 月时，约施卡·菲舍尔就要求按照以下准则进行一次宪法辩论："新的德国国家越大，它的内部政治就越应具有分散性和联邦性。"[393]1990 年 3 月 24 日，在黑森州绿党于福尔达（Fulda）举行的全体大会上，现实派列举了新宪法应具备的、应通过举行一次全民公决加以通过的基本元素，其中包括：国家的民主义务、和平保障义务、欧洲统一义务、环保义务，以及对于弱势群体的特殊保护义务。此外还应该增强联邦主义，引入直接民主形式，以及除了党派外，公民运动组织也应该获得宪法地位。他们建议的宪法要素中包括通过给予所有在德国出生的婴儿居留权以实现社会的多元文化特征，这对于现实派而言，就是民主的保障，以及抵制德国民族主义复辟的保障。[394]以上立场在哈根会议中得到了认可。

　　因为"民主德国面临的经济现代化也蕴藏着生态改造的机会"，绿党觉得有必要确定一个"生态框架"，防止民主德国重复西德曾犯下的错误。所以他们反对立刻引入经济与货币联盟，这只会"彻底剥夺民主德国在环境与社会政策领域的独立行动能力"。与此相反，绿党提议建立一个绿桌会议（Grüner Tisch），以此来"抗衡联邦德国企业发起的经济攻势"。为了保证统一不会以牺牲社会弱者为代价，绿党要求建立一个社会联盟，并且对高收入者征收附加税。而且，联邦德国以及民主德国内的妇女运动各自取得的成果应得到保存、维护。[395]

　　讨论最激烈的还是结盟政策的问题。西德绿党与民主德国绿党和公民运动组织的合作有多顺利，与民社党的合作就有多曲折。早在人民议院选举之前，原西德共产主义者联盟成员、现任绿党联邦理事会成员于尔根·雷茨（Jürgen Reents）就建议与民社党进行合作。对这一建议的解读则各有不同。雷茨的本意是，"民主德国内全部左翼、生态并且激进民主的反对派组织们在波恩没有后台"，绿党应该支持它们，雷茨承认，这当中就包括"民社党的一部分"。[396]但他绝没有让绿党和民社党合并的打算，最多是"偶尔"进行合作。[397]与此相反，现实派代表，比如联邦理事会发言人露特·哈梅尔巴赫尔却认为，"绿党就像特洛伊木马一样，被滥用于'真正'的目的，即建立一个新的左翼政党"[398]。党团发言人瓦尔特劳德·舍佩清楚地为绿党回答了这个棘手的问题："民社党想要一种社会主义的方案替代过去的体制。与他们不同，我们想要一种生态的替代方案。"[399]这个话题的争论不断尖锐，甚至出现了对绿党内部分裂的猜测。[400]在哈根举行的联邦全体大会的声明明确了对结盟政策的态度，"民主德国的一些团体和个人，长年进行着非法的、危险极高的、值得钦佩的工作，使得革命成为可能，他们才是我们在民主德国的政治联系伙伴。"而我们反对与民社党合作，因为"民社党才刚刚完成革新，我们还没法判断，他们是不是真正彻底并且令人信服地脱离了斯大林主义"。但绿党不希望回避与民社党之间的政治讨论，并直接否定那些"煽动者"说，"不要把斯大林主义和社会主义画等号，不要因为其中一个的消失值得庆贺就得出结论，就对每一个在工厂主和规划层级没有停止脚步的、激进民主化的思想应加以拒绝"。绿党"希望通过与民社党的公开讨论，将自决的工作和社会公正的乌托邦，与生态的经济和生活的理想联系起来"[401]。

哈根决议只是在短期内修复了党内的分歧。在此之后，关于对民社党态度的争论继续一跃成为德国政策的首要问题。对于绿党而言，减缓统一进程，或者努力以生态政党的身份获益于 12 月的联邦议院选举，都因此退居次要地位。

关于对待民社党态度的问题最终归结为自身定位问题：绿党到底应该带有多少社会主义的成分，或者多少生态的成分？"觉醒团体"和现实派的回答很清晰。例如，约施卡·菲舍尔在 1990 年 6 月就要求绿党明确放弃社会主义，因为"它作为对资本主义的历史回答……或者作为有利于工薪阶层或者无产阶级、更为公正和团结的工业社会可实现的乌托邦，都被历史证明是失败的"[402]。鉴于许多左翼的绿党成员都转而投入了民社党，"觉醒团体"的代表也表示，民社党"又一次使绿党面对这样一个问题，即他们自己是什么，他们想成为什么"，而且对于绿党而言更聪明的做法是与"左翼的一锅粥"划清界限，毕竟后者对于"民族主义、军国主义、种族主义、家长制、社会福利削减"等问题的态度都差不多。[403]人们认识到，不要再与民社党在"左翼"或"社会主义"等概念上竞争，而是要将"绿色"政治和社会主义政治之间的根本差别突出出来。

而且，更为极端的左翼绿党成员也不再将绿党视作社会主义在其中有一席之地的政党，并且相继退党。他们退出的理由是，左翼政策在绿党内缺乏影响力，代表人有迪特尔·胡默尔（Dieter Hummel），他是前绿党巴登-符腾堡州州协会理事会发言人。而且，安特耶·福尔默[404]、贝恩德·乌尔里希（Bernd Ulrich）以及从原来的现实派转到"觉醒团体"的乌多·克纳普（Udo Knapp）要求，联邦德国应该负起它新近获得的世界大国角色的责任，最迟从此刻开始，绿党整体呈现右倾，这也遭到了左翼绿党成员的指责。[405]

　　为了阻止党的分裂，6 月 8 ~ 10 日，在多特蒙德的联邦党代会上重新选举了联邦理事会，新理事会成员有：非教条主义左翼代表蕾娜特·达姆斯（Renate Damus），来自反分裂倡议行动的海德·鲁勒（Heide Rühle），以及曾任红军旅（RAF）辩护人的汉斯－克里斯蒂安·施特勒贝勒（Hans－Christian Ströbele），这样理事会内再没有现实派或者"觉醒团体"的成员代表，与联邦议会党团明显又形成了清晰的彼此抗衡局势。新成立的联邦理事会的中心要求之一，就是调停两方的矛盾，并重建绿党的多元化结构："从左翼到价值观保守"[406]。

　　除了党内在对社会主义和民社党的态度上的争论之外，绿党还继续努力至少减缓两德统一的速度，既然统一之势已经无法再阻挡。绿党的愿望是，让公民参与到统一过程中来："由于选择通过《基本法》第 23 条的方式，两个国家的统一没法从下往上成长而成，而是从上层开始发展，仿佛民主德国空降到联邦德国，议会、公众都仅仅是观众而已，而且很多人肯定会因为这个过程而头晕目眩"，"德国统一"委员会中的绿党成员杰拉尔德·哈夫纳（Gerald Häfner）、阿尔穆特·科特维茨（Almut Kottwitz）以及安特耶·福尔默这样说道。他们要求，"在国家条约中要纳入一份关于制定一部新的共同宪法并且新宪法要由人民接受的协定。"[407]

　　绿党表示，他们之所以反对国家条约和统一条约，主要原因就是其中缺乏上述协定。绿党联邦议会党团以及人民议院党团在一份关于国家条约的共同声明中表示，他们的反对态度主要出于"重要的宪法法、政治以及经济方面的顾虑，还有因为不负责任地设定实现货币联盟的时间而引发的严重社会影响"。虽然所有阵营的人就这一持反对态度的理由达成一致[408]，但是反对的动机却各不相同。现实派和"觉醒团体"成员如今原则上积极看待德国统一，而余下的左派则不希望看到"联邦德国以及其经济体制的胜利和势力扩大"[409]。

　　对此，除了要求召开立宪大会之外，绿党还要求采取财政措施，比如免除民主德国企业的债务，采取社会措施，比如引入以需求为导向的基本社会保障，采取生态保护措施，比如退出核电。[410]6 月 8 ~ 10 日的多特蒙德党代会通过了这些要求，并且对民主德国绿党与联邦德国绿党的合作表示欢迎。国家条约被批评为"单纯让民主德国加入联邦德国的文件"。声明对于国家条约和德国政策表示，如此迅速的统一进程不是在历史上独一无二状况下采取负责任政策的表现，而只是联邦总理和联邦政府"单纯维护权力"的表现。[411]随着统一条约的通过，绿党认识到这回彻底失去了利用德国统一来对联邦德国进行生态和社会改革的机会。在9月22～23日的拜罗伊特联邦代表大会上，统一条约被评价为"没收条约"，因为这份条约拒绝给予民主德国以及联邦德国人民实施制宪行为的民主权利。[412]党团方面对于统一条约的不满，主要集中在对于堕胎、财产、能源供给以及斯塔西档案处理的规定方面。[413]

对于提前举行联邦议院选举，绿党也认为它受"政党策略性的权力算计"决定，并对此表示反对，因为这次选举"意味着民主德国按照《基本法》第23条直接加入联邦德国，甚至连表面上的宪法讨论也被排除在外"。虽然他们"对于如此无情的加入政策表示反对"，但还是赞成制定一部新的选举法，这部法律应废除在绿党看来不民主的5%门槛，以及应打破政党垄断，以便允许名单关联和公民运动的参与。[414]

为了迎接12月的全德选举，联盟层面的绿党在6月致力于和联盟90（Bündnis 90）的成员共同竞选。与民主德国绿党的结盟形式在多特蒙德会议上还没有最终确定，虽然会议就在社会、生态和宪法法问题上开展紧密合作做出了决议。[415]直到9月底在拜罗伊特，才为全德联邦议院选举通过了一份题为《关于绿党/联盟90竞选联盟的声明》，根据这份声明，在东德名为"绿党/联盟90"之下的各个相关组织将和联邦德国绿党合并候选人名单。[416]

新的选举法规定了分立的选区，以及不相互竞争的政党间的名单合并可能性，这是联邦宪法法院针对绿党的要求的确认。但是这只是表面上的成功，因为西德绿党并没有预料到，他们在原联邦德国的选区内只获得了4.8%的选票。如果适用一个统一选区，他们就可以和东德绿党和民权主义者一起进入联邦议院。如此一来，新的选举法使西德绿党"自掘坟墓"[417]：西德绿党没能进入第一届全德议会。

第三章　民主德国转型时期的新旧政党

第一节　德国统一社会党（统社党）/民主
社会主义党（民社党）[*]

在 1988 年 12 月 1～2 日的统社党中央委员会第 7 次全体大会上，已经可以明显察觉到，民主德国的政治体制正面临分崩离析的危机。1988 年 1 月的李卜克内西－卢森堡游行已经清晰预示着，苏联改革政策引起的各种现象将不可避免地在民主德国发生。1988 年 11 月，苏联人造卫星出售禁令，民主德国影院禁播一些苏联电影，种种事件使得内部政治局面越发紧张，在民众以及党内引发激烈争论，但这些在 12 月的中央委员会议上没能起到任何作用。会议体现出的只是停滞不前、自以为是、目光短浅以及对改革的彻底抵制。[1] 第 12 届统社党党代会提前召开，虽然在某些人看来说明了党内多少开始关注迫切问题，但是这次党代会的召开更多是因为昂纳克不想再被戈尔巴乔夫领导下的苏联共产党操控自己的政治路线，而且他需要宣布自己再次当选总书记。[2]

1989 年夏初，局势继续恶化。地方选举结果造假，匈牙利拆除边防设施，以及第 9 届教育工作者代表大会，[3] 这些都在党内造成了持久影响。尽管如此，1989 年 6 月 22～23 日的第 8 次中央委员会全体会议不仅仍然停滞不前，并且四面楚歌[4]；从中央委员会书记约阿希姆·海尔曼的报告以及平淡无奇的讨论中，能够看出这已经是统社党的垂死挣扎[5]。与此基调一致的是，几天后，昂纳克就在布加勒斯特患上了胆绞痛，不得不飞回柏林。

---

* 格尔德－吕迪格尔·施特凡协助撰写。

1989 年夏天，在总书记昂纳克生病缺席期间，他指派君特·米塔格代理其工作。一直到 8 月 29 日，由于昂纳克缺席而不断被拖延且不断升级的民众出境问题，才第一次在君特·米塔格领导的政治局得到讨论。匈牙利政府决定从 9 月 11 日起对民主德国人民开放通往奥地利边境，对此，统社党完全不知如何应对。党和国家领导人都在全力准备 10 月 7 日的民主德国成立 40 周年庆典。在党派机关内部，大家都认为只有在这以后才有可能发生真正的改变。可是在庆典之前，在布拉格的联邦德国大使馆内，局势就已经升级了。10 月 9 日晚间爆发莱比锡周一大游行，好在结果有惊无险，由此正式启动了社会大变革。在接下来的两天内，政治局第一次认真研究民主德国的社会危机，并在喧嚣的会议结束后，应克伦茨的倡议发表了声明，其中对于一系列问题采取了谨慎的态度。[6]

在剧变前的几个月和秋季发生的各种事件中，统社党高层处于极端不利的条件之下。[7]想要拯救体制和本党，他们必须发挥积极、可塑的作用。然而功能和人员条件都不具备，没有任何能解燃眉之急的纲领和方案。面对急剧恶化的危机症状和危机进程，中央委员会的领导和统治机关不作为不反思，这清楚地证明了这一权力结构顽固不化，无力促进社会体制的结构性改革。[8]

在这期间，埃贡·克伦茨领导下的一个小组专门准备昂纳克下台事宜，[9]他们所有的工作重心就是罢免总书记，至于这之后该怎样，更多的是组织方面的设想，而非方案构想。第 9 次中央委员会全体会议头一日刚宣布，第二日就召开。会议伊始，昂纳克本人就宣读了由克伦茨和沙博夫斯基准备的声明。[10]总理维利·斯多夫就昂纳克的卸任申请组织表决。除了一票反对，其他所有与会者都表示同意。而后斯多夫发表了早就准备好的致辞："埃里希·昂纳克同志请求大家理解，他出于健康问题不再能参与中央委员会会议。昂纳克同志将毕生的政治生涯致力于为社会主义和和平事业而奋斗，我建议中央委员会对此表示真诚的感谢，并致以真切的祝愿。"会议记录写道，在昂纳克离开会议大厅的时候，"所有的中央委员会委员和候选人都起立鼓掌良久"[11]。接下来，克伦茨立刻全票当选统社党中央委员会总书记。对于克伦茨而言，身为接班人的角色，自 1983 年以来在中央委员会中负责有关国家、法律以及安全方面的工作，1989 年 5 月 7 日担任选举委员会主席，对于中国的政治风波的态度，明显的茫然无头绪的状态，这些都令他从一开始就不堪重负。

斯多夫向同样卸任的海尔曼和米塔格致谢，感谢他们所承担的工作，而后新任总书记接过了话筒。他"关于本党当前的政治局势以及工作任务"的演讲只是表明了改正的意愿，但并没有提出任何解决危机的办法。[12]在之后的讨论过程中[13]，还是有几位参会者努力说明目前局势的严重性，而其他人则表示反对，讨论最终不欢而散。会议以克伦茨需要出席电视采访为由结束，制止了讨论向不可控制的方向发展，希望到下一次11月的中央委员会全体大会时能达成一致。

之后克伦茨立刻离开，接受了民主德国电视节目的访问，并且在晚间录影棚里重复了他在中央委员会会议上的演讲。他的表现草率且生疏，"亲爱的同志们！"这种不合时宜的称呼，太多打着"统社党官腔"的段落，最重要的是演讲核心并没能对于急需改革的现状提出有效的解决办法，这些对于克伦茨以及整个统社党已经悲惨的开局而言都是雪上加霜。昂纳克卸任，海尔曼和米塔格免职，克伦茨当选新一任总书记，这些都只是换汤不换药的表面功夫，根本没有改变执政风格。旧有权力中心没有准备任何新策略；在深陷变革的社会中，解决办法也不可能自己从"匣子里"凭空变出来。

1989年10月31日，政治局商讨进行一项"行动计划"，并起草新的出境法规。这份草案在11月6日才公布[14]，并立即遭到了民众的极大反对。两天前，11月4日，成千上万的民众聚集在亚历山大广场，为了推进民主和社会变革，为了反抗党的领导及其对权力的滥用，举行了示威游行。这种爆炸性的态势和对于统社党不断强烈的批评指责促使克伦茨在游行的前夜，在第二次临时安排的电视演讲中，宣布要出台深入的一揽子改革计划，并公告了政治局委员阿克森、哈格尔、米尔克、米肯贝格尔和诺伊曼卸任的消息。[15]接下来的几周，始终充斥着这种亡羊补牢式的政策。

11月4日，中央委员会的信访办公室详细分析了许多这期间各个阶层的统社党党员上呈的信访。[16]现在有必要制定新的纲领和章程，要求将"新论坛"以及其他反对派力量合法化的呼声也增多了。在信访所提的要求中，尤其重要的几个方面涉及经济改革、"社会主义民主"、党务工作、压缩行政管理机构、信息与媒体政策、培训与教育、所有民主德国公民的出境可能。

11月1日，戈尔巴乔夫和克伦茨在莫斯科的会面意义重大。[17]统社党总书记希望在所有的经济和政治问题中获得苏共的支持，克伦茨尤其抱怨了经济形势的不景气。经济增长放缓，五年计划没法实现，国际收支不平衡，急需新的贷款。每年支付的 45 亿美元利息就抹掉了整个出口收益的62%。这种收支情况在民主德国很少见，它必将导致生活水平下降约30%。戈尔巴乔夫感到震惊，并建议在即将到来的中央委员会会议上阐明现状。

11 月 8 日，中央委员会的新一轮协商开始。克伦茨将造成目前悲惨局面的责任推卸到"某些同志身上，他们将就国家发展以及社会发展进行重大决定时所采用的思想方法中的主观主义作为党员的观点发表并加以落实"。[18]因此政治局申请集体辞职，这一要求获得了一致通过。克伦茨为新的政治局推荐了候选人名单，他提名的大部分人都以多数票当选，有的还是全票当选。但还是有几个克伦茨推荐的候选人落选，需要其他人来替补。

在午休之后，克伦茨做了一个报告，其内容几乎被全文刊登在媒体上。[19]这一"迈向革新"的努力令人警醒，克伦茨提不出任何有具体建议支撑的方案。而报告的其中两段没有被发表：一段是对于负债数据的估计，民主德国亏欠非社会主义国家"大约 200 亿美元的"债务。[20]另一段是解释民主德国公民之所以自由出境有困难，主要是由于收支逆差造成经济能力有限。

"行动计划"的编委会主任西格弗里德·洛伦茨（Siegfried Lorenz）在会议间隙时解释了新一届政治局在与"新论坛"打交道时的一项提议。[21]根据该提议，主管的国家机关可以在民主德国宪法的基础上接受成立联合会的申请。内政部在当天还提出愿意与"新论坛"的申请人——受贝贝尔·博勒和尤塔·赛德尔（Jutta Seidel）委托的格雷戈尔·居西律师——进行会谈。这一措施也补充以"特洛伊木马"策略："党的领导机关以及基层组织在管辖范围内对成立过程施加影响，以保障对宪法的忠诚性，与反社会主义趋势作斗争。这也包括在即将建立的联合会中，党内同志要有针对性地发挥影响。"[22]

在长达数小时的报告后，克伦茨又跑到中央委员会大楼前应对上千统社党党员的示威游行。他们要求召开特别党代会，但是遭到了克伦茨的拒绝。他宣扬现在要实现的社会主义，"是经济高效的、政治民主的、道德高尚的、一切为人民的"社会主义[23]，但这一口号十分空洞，没有什么说服力。

第二天早上的全体大会讨论，此前统社党中央委员会进行的任何一次讨论都不能与之相提并论。这次讨论多次被重要或者不重要的意见交换，甚至"历史性的"决定所打断。中央委员会委员的意见不合在这场舌战中表露无遗。在15点30分左右，克伦茨发表了由部长会议拟定的出境与旅行新规定。对内容进行轻微修改之后[24]，中央委员会做出了推倒柏林墙的爆炸性决定，但没有对其内容、影响范围以及后果做出估量。

下午晚些时候，全体大会的讨论转向了一个对于后续政治发展十分重要的方向。奥托·莱因霍尔德（Otto Reinhold）分析了社会所面临的，同时也是本党面临的危机。党的领导将失去两个方面的权威性，一方面是全体人民，另一方面是200万统社党党员，这两种影响都极其恶劣。莱因霍尔德批评中央委员会到现在还没有认清局势的紧迫性："如果没有统社党，民主德国就不会有社会主义，没有统社党，民主德国未来也不会有社会主义……没有社会主义，长远来看就不会再有两个德国了。"[25]

中央委员会部门领导艾伦施佩格（Ehrensperger）指出，民主德国背负着385亿德国马克的纯债务，这令在场人员震惊不已。"如果我们想走出这种困境，就必须至少刻苦工作15年，并且保证消费低于产出。"[26]克伦茨打断了他的发言，表示中央委员会现在不应该继续进行讨论，而应该等到第二天，听取长年担任国家计划委员会主席的格哈尔德·许雷尔（Gerhard Schürer）的意见。20点45分，会议决定延期。

11月10日上午9点，全体大会重新召开时，上千人还在庆祝柏林墙倒塌。克伦茨在此期间已经向戈尔巴乔夫汇报了情况。[27]记录显示，会议开始商讨之时完全没有提到关于开放边境的内容。个别成员承认，他们也感到极其"困惑"。但对于大多数人而言，这一结果并不意外，而更多甚至是一种对出境问题终于解决的如释重负。会议当时没有对其长远影响进行估计，而是重新讨论起令人讨厌头痛的干部人选问题。克伦茨宣布彻底将伯梅、开姆尼策尔（Chemnitzer）、朗格（Lange）、瓦尔德（Walde）从政治局除名。原本希望通过许雷尔和雅罗温斯基的发言来平息经济数据引发的骚动不安，但也以失败告终。[28]许雷尔证实了艾伦施佩格提供的大量数据，[29]民主德国补贴的提高（1970年：80亿马克，1989年：580亿马克）只有在经济增幅达到7%的情况下才负担得起。雅罗温斯基补充说明了，结构性政策的错误决定如何导致了收支不平衡的灾难性局面。出口产品的外汇收入越来越少（1马克支出，19芬尼收入），产生了"纯粹的指令与支付经济"。作为回应，克伦茨第一次发出了涉及柏林墙倒塌事件的号召。

从昨晚开始，边境"压力"越来越大。如果不考虑武力解决的话，就没有任何解决办法。而后他又请求，不要让外界知晓目前的财政局势。

面对民主德国的经济与财政状况，与会人员都深感震惊。边境开放更加重了局势混乱与无政府状态的感觉。中午时分，克伦茨告知已如惊弓之鸟的会议成员，目前已经形成了"极其复杂的局面"。莫德罗和沙博夫斯基被委任，立刻与民主党派进行联络，重新建立政府。刚刚当选为政治局候选人的汉斯－约阿希姆·维勒尔丁（Hans－Joachim Willerding）则必须被任用，中央委员会的公信力不能再继续减弱了："核心问题就是党，而党不理解我们。"[30]

第10次全体大会加速了统社党统治的灭亡。社会结构不断瓦解，经济局势一片萧条。边境开放使得局面进一步恶化，统社党领导人的决策无法引领变革。那个半成品的"行动计划"原则上被通过，编辑委员会全权负责修改工作。应该由一个委员会查明造成这种经济局面的原因，以及相关人员的责任。[31]为了防止对政治局、书记处以及中央委员会等现有领导机构进行彻底的人员更换，1989年12月15~17日召开了第10次党内大会，根据章程，这次会议只允许中央委员会增添人员，但基层却要求彻底转变路线，更换领导人。

在紧张的人民议院会议之后，中央委员会在11月13日晚间再次召开会议。克伦茨承认，召开党内大会并不符合"大多数党内基层人员的要求和期望"。结果现在中央委员会已经完全不被信任。此外，统社党的多数组织都没有执行力，因此有必要在1989年12月15~17日，在柏林召开一次特别党代会，[32]主要任务就是选举新一届中央委员会。此后，克伦茨开始了讨论阶段，此次讨论充分体现了中央委员会思路混乱，没有能力以建设性的姿态应对目前的发展。这位统社党领导人表示现在的"情况让人没法忍受；每天我都从三四个不同的同志那里得到各种各样的建议，有人今天这样建议，明天又换了想法"[33]。在讨论过程中克伦茨明确表示，个别行政区党组织认为统社党的生存受到威胁。会议决定召开特别党代会，但没有做出其他决议。[34]全部注意力重新转移到了行政区和专区上，而没有产生什么真正能促进"斗争"的动力，哪怕是实用的操作定位。

在克伦茨领导下，统社党的政治无能加速了"旧权力"的瓦解。统社党内没有能够创造机构前提条件，争取对未来道路达成共识。而且他们似乎没法理解，不管是在国家还是党内要求改革的运动，都不只是要求政治风格进行改变而已。在 11 月 4 日的游行以及 11 月 8 日和 10 日的柏林基层党员集会之后，党员越来越不愿意支持这种不断摇摆的政治路线。与此同时，国家安全部内也出现了受到侵蚀的现象。[35]

国内的各种游行 10 月就已经让一部分人意识到，不论是统社党还是民主德国都没救了。在柏林墙开放之后，党的机构内部关于统社党灭亡的担心越发强烈。党内开始思考，如何能挽救党的财政[36]和党的组织机构。相比党内高层，底层更快地开始尝试吸收新的政治力量。而以克伦茨为首的统社党领导层则建议自身继续担任统社党领导。像过去一样，党代会的筹备工作还是由委员会负责，这也明确体现出坚决避免切实变革的意愿。在政治局的第一次党代会筹备会议中就可以看出，党代会"早就被预先组织好了"。在委员会的推动下，党代会组织很大程度上被这样一群人操控着，他们在延续性与变迁的巨大张力中，还是相信能够考虑各机构的利益，维持统社党的稳定，也就是说，完好无损保留本党。[37]

11 月底，作为斯多夫的继任，莫德罗已经担任总理，政治局好像还在相信能保持延续性。最明显的体现就是克伦茨，他拥有党组织的部分权力，以及一些德国自由青年联盟干部的支持。在与新任的行政区区委书记和副书记的会面中[38]，政治局委员不得不清醒地认识到，统社党在决策结构中所处的地位已经发生改变。在政治局及党组织和统社党其余力量之间的裂痕已经出现，这使得政治局的命运实际上掌握在行政区区委书记的手里。不仅仅在中央委员会机构的领导层进行了新的人事任命，而且在行政区和专区层面，在近期也新任命了一些第一甚至多数还包括第二书记，他们还是由政治局提名的。因为在专区层面和重要的基层组织内，骨干领导都已经被改换，所以昂纳克时代老的政治组织早在克伦茨上任后就不再完整了。这不仅削弱了党组织的统一性，也就是说政治局的"操控能力"，而且反而增强了行政区领导的权力；不过，他们在面对专区或者重要基层组织时是否也具有不受制约的领导力，还是令人怀疑的。

这期间，统社党党员和民众不断出逃民主德国。反对派运动也提出了参与政治决策的要求。此外圆桌会议被提上议事日程，自由民主党要求制定新的选举法，基民盟退出民主阵营，莱比锡周一大游行人数达到 20 万。11 月 28 日，政治局不得不面对科尔的《十点纲领》。在同一天，《为了我们的祖国》宣言正式公开发表。11 月底，12 月初时，局势越发紧张。党和国家各级职能机构，尤其是统社党领导层，都面临滥用职权的严重指责。[39]此外，12月1日，在人民议院，统社党还不得不接受将自己的领导角色从宪法中删除。保加利亚和捷克斯洛伐克政治局势的发展使得人民群众中反抗统社党的负面情绪越发强烈。[40]

政治局的形势清晰反映了党的领导层的两难困境：他们到1989年11月底还一直试图让人相信，原本的领导结构还完好无损，虽然最重要的前提之一，即能贯彻落实党中央意愿的能力早已经消失。人民代表的选举显示了该党已经极大丧失了信任。11月30日，在柏林的电视电子厂成立了"电视电子厂平台"（Plattform WF）这一反对派组织，局势显然岌岌可危。新的趋势明显朝着反对克伦茨的方向发展。在12月1日的政治局会议上，统社党总书记建议在12月3日召开中央委员会特别会议，并在此前召开一次政治局会议，还需要与统社党行政区区委书记进行协商。[41]

12月2日，格雷戈尔·居西在中央委员会前的一次示威活动上要求政治局和中央委员会引退。[42]居西的这一言论不过是顺应了事件的发展，毕竟这一要求已经在许多专区代表会议上通过"电视电子厂平台"以及柏林普伦茨劳贝格的统社党组织提出过了。

几天后，政治局委员及候选人聚集在一起，通过了政治局和中央委员会集体辞职的申请。行政区区委书记立刻在其后与中央委员会书记处的协商会上确认了这一决定。[43]第12次中央委员会特别会议在13点召开。克伦茨首先阐明了目前的严峻局面，指出党的命运未卜，民主德国危机四伏。核心内容是中央委员会"集体"辞职。为了筹备党代会，应当由一个委员会负责起草《造成统社党危机以及社会危机的原因的问责报告》。此外，这关系到16人开除出党和开除出中央委员会。[44]克伦茨为政治局作出了辞职声明，其中承认，领导层没有能力揭露过去许多政治局委员犯下的种种错误，而且也没办法应对全党面临的生存危机。统社党莱比锡区书记罗兰·韦策尔（Roland Wötzel）在各行政区区委书记的委托下提出申请，为筹备党代会成立一个工作委员会，委员会成员"也将自始至终支持新的统社党"，并成立调查委员会专门调查滥用职权和特权待遇问题。鉴于正在会议大楼外进行的示威活动，具体的决议草案[45]还经历了一番周折，指定的工作委员会主席赫尔伯特·克罗克（Herbert Kroker）[46]指出时间紧迫，这才得到了通过，确认了政治局集体辞职。在得到克罗克的同意后，克伦茨在14点50分结束了统社党中央委员会的最后一次会议。当天晚上，居西作为调查委员会主席查封了政治局办公室。当示威游行的口号从"我们是人民"转变成"我们是一个民族"时,统社党已经失去了昔日的无上权力。

11 月 30 日成立的"电视电子厂平台"和 12 月初的专区代表会议都清晰表明,过去的党领导已经失去了基层的信任,并且没有可能再将其赢回来。[47]现在人们纷纷离去:政治局的辞职并不是出于对自身失败的承认,而是不得不这样做。但党组织明显还想维护自己的权利,并且组建了 25 人的"统社党特别党代会筹备工作小组"作为过渡领导机构。一方面,这个小组的成员大部分都来自旧有机构,并且还维持着曾经的忠诚,部分人在党内断断续续小有成就;另一方面,其成员到目前为止在党内没有担任过高层职位,都不为人所知。这为那些虽然愿意"清理"党派,但是并不想让它彻底从政治舞台上退场的人提供了某种继续下去的可能。[48]统社党彻底瓦解的危险迫在眉睫[49],所以只能抢救那些能救得回来的,比如统社党这个政党,放弃那些没法再维持下去的,比如过去的党领导。只是这一步必须这么早完成,以保证尚可运转的机构得以保存,在 12 月初的时候还是有一些的。政治局提出的骨干选拔决定以及其他措施建议都获得了不完整的中央委员会批准通过,而这个中央委员会之后自己就辞职了。[50]这样做是否合法的问题完全被忽略了。[51]这一问题关系到保证某种延续性,工作委员会的组成就能证明这一论点,一方面,新任区委书记们接管了党领导的工作,另一方面,原来的党组织在人选提名上占据支配地位。委员会事实上接手了原来政治局准备的所有文件(尤其是为特别党代会准备的文件),还有一个组织架构,从现在开始居西在其中领导一个重要的调查委员会。[52]委员会安排具有党代会代表资格的成员组成党代会主席团[53],通过了居西作为党主席的提名,商议了党代会的策划以及关于解散还是重建本党的讨论的主线。

在党派基层,对于工作委员会的批评既不一致又不强硬,或者说他们根本不想这样做。[54]除了法兰克福的贝恩德·迈耶(Bernd Meier)和哈勒的罗兰·克劳斯(Roland Claus)之外,大部分新上任的行政区书记都是"变革路线"的追随者,但并不支持"电视电子厂平台"的"以革新求转变"的观点。他们试图阻挠统社党基层那些坚持不懈的改革者通过具体的建议参与影响转型过程[55],这是党组织实现其利益的又一证明。虽然工作委员会事后补选了一名"电视电子厂平台"的代表,但是同时也切断了与外界的一切联系:"大楼"以外,没有任何人可以窥探操作计划;所有努力的成果只有在特别党代会上才会向公众推出。因此几天后,人们才能在会上知道"政党余部"和新领导层未来的路线如何。

在 1989 年 12 月 8～9 日以及 16～17 日的两次有些波折的特别党代会会议上，德国统社党突变成统社党/民社党。统社党内改革派同时发表的草案[56]勾勒出了新政策以及新党派的轮廓，非常之模糊，很多代表并没有真正理解它，也没有热烈欢迎它。[57]一方面表明这个党派还是准备抛弃那片陈旧的意识形态，就这点上说，党内至今没有公开谴责过斯大林主义。另一方面，高枕无忧的人们并没有把过渡到另一个党派理解成反斯大林主义取向的表现，而这一取向也需要个人接受。[58]那些反对解散统社党的论据有的荒谬，有的伤感，还有的实用主义：比如党组织的所有成员将面临失业，还比如要放弃党的财产。居西最终的结论是，解散或者分裂该党都没有可能。莫德罗辩解道，戈尔巴乔夫已经断言，改革和挽救统社党休戚相关，再说人民也希望该党能挽救民主德国。最后莫德罗强调了能否挽救民主德国取决于内阁的执政能力，而后者还是取决于该党的生存，统社党也为此将责任托付给了代表们。[59]维护欧洲和平成为反对解散该党的论据，也是顺理成章的。

特别党代会决定由 101 人组成的理事会取代现有的中央委员会[60]，并任命居西为新领导班子主席，莫德罗、贝格霍费尔（Berghofer）和波尔（Pohl）为副主席。除了莫德罗之外，还有 3 位原中央委员会委员继续任职，分别是格尔德·科尼希、赫尔伯特·里希特（Herbert Richter）和汉斯－约阿希姆·维勒尔丁。克伦茨政治局中增补的克劳斯·霍普克（Klaus Höpcke）也成为理事。除去这些人，整个骨干核心全部被调换人选，尽管这个已经声名狼藉的政党没有直接解散，给原本计划好的新开端增加了沉重的负担。理事会选出了党主席团，并且在接下来的 6 周里都没有做出其他决策。

统社党/民社党的加名过程是在 12 月 16～17 日晚间的闭门协商会议上完成的。其他诸如"德国社会主义党""社会主义人民党""民主左翼党"等名字都没能入选。[61]双重名称的形式应该既体现出延续性，又象征了变革性。在"关于统社党/民社党下一步的任务"决议中，其内容却与此初衷相矛盾："作为全新的、现代化的社会主义政党，我们将政策建立在现代社会科学知识上，并且坚持运用马克思、恩格斯和列宁的思想著作。"[62]虽然对于过去的错误做出了许多声明，但没有解释在意识形态、人员和物质上与前统社党的关系。[63]不仅由于围绕着"如果解散然后怎么办"的一系列讨论，而且因为历史学家米夏埃尔·舒曼（Michael Schumann）的报告《社会危机和原因以及统社党的责任》[64]包含了对远景的纲领以及对过去的批评性看法，造成了广泛的不安情绪，党代会大多数代表决定将纲领的讨论延期。[65]对自我认知的转变体现为反对官僚行政管理的社会主义，反对镇压性的中央集权，但是除了从马克思到列宁的传统路线保持了延续性之外，反对营利性经济、反对剥削的态度也显然没有动摇。[66]

1989 年 12 月 3～17 日的发展可以看作一个完整的阶段。工作委员会成功让党代会代表们感觉到，如果能顺利地重新掌控一切，一方面老的统社党要退位，另一方面新的时代要建立起来——通过自我批评甚至咒骂曾经的核心领导人，将旧式革新的传统催化因素引向成功。但是这个决定中自欺欺人的成分在党内经历了发酵，其过程由于政治经济的持续变化而加速，尤其当人们越发相信，民主德国——亦即宣称必须保持"老"党延续性的关键要点——很快就不复存在。

从统社党到民社党的过渡有两个特征：

一方面，随着承载统社党的国家和社会体系的灭亡，统社党也无法再发挥领导作用，同时多党制也得以建立起来；

另一方面，统社党的领导机构和机关组织彻底瓦解，中央集权的组织原则和组织结构不再适用，曾经的政治人物纷纷退位。

而其他方面，比如党内政治文化新形式和新内容的发展，对于统社党政治实践开展批判讨论的范围，党员在民主以及多元化条件下对于党内和社会变革的接受能力，这些都很难弄清。各种发展进程彼此交错又彼此制约，被打断，之后又继续发展，多次被重新拾回。

党代会并没有解释清楚本党未来会扮演怎样的政治角色，就连重要的组织结构问题也暂时没有定论。总体来说，协商的结果主要体现出临时性特征。[67]

1990 年 1 月 3 日，在柏林特雷普托的苏联阵亡烈士纪念碑前，统社党/民社党在反新法西斯主义和反右翼极端主义的示威游行中试图重振本党的传统价值与地位，但这次尝试彻底失败了。[68]1990 年 1 月 15 日，位于柏林里希滕贝格的原国家安全部大楼被攻占，该党对国家安全部的缓和政策也同样失败了。

各种各样的平台相继建立起来，这加大了革新的压力。在 12 月 31 日，德国共产党成立纪念日，共产主义平台建立起来，其中主要聚集了统社党/民社党内部反对社会民主主义发展趋势的人士。而其他的团体，例如柏林一个名为"第三条道路"的社会民主主义的研习平台，以及莱比锡大学的"民主社会主义"平台，共同指责统社党/民社党，认为它对于变革只做了表面文章。他们考虑是否要组建新党，或者变成统社党/民社党内的派系，虽然按照新的章程来说这还是明令禁止的。他们甚至考虑与民主德国的社民党合作。[69] 1 月 18 日，这些平台在会面时达成共识，要求统社党/民社党理事会召开一次党代会，并在会议上解散该党，并在公众监督下进行"清算"。如果理事会拒绝这个申请，那就必须启动一项倡议，成立一个新的社会主义政党。[70] 统社党/民社党主席团的后勤运转正常，数次展现出了优势。作为对这一倡议的应对，1 月 19 日，"民社党倡议团体"就在中央委员会大楼内集合，与会人员成分混杂，有许多是来自统社党和自由青年联盟的组织成员，当然还有许多改革力量，不过他们现在是担心自己工作不保。他们的目标是"为了政治谱系的多样性拯救统社党的余部"[71]。

如同莫德罗一样，居西在 1 月 20 日党代会的全天会议上以苏联利益为由据理力争，即统社党解散就等于民主德国瓦解。再准备新一轮党代会的工作过于繁重，进行全党公决只能使本党瘫痪，而且从组织性上讲也没法落实。居西不久前还在批判党领导的个人化，现在自己却深陷其中，这从他第一次的辞职威胁上就可见一斑。在其他方面也可以瞥见这个曾经的国家党的复苏。居西表示，统社党代表着社会，如果政党解散，社会就会陷入混乱之中。这番言论通过"居西工作组"的申请上呈给了理事会成员，并促使大多数成员做出如下决定：为了解除本党压力，应该建立一个民族责任政府，正式将统社党这个几个字从党派名称中删除。1 月 26 日，在居西前往莫斯科之前，主席团就准备好了更名声明，但在 2 月 4 日居西回来之后才正式落实。

这次更名过程并没能彻底改变公众对这个党派的评价。1 月 21 日，副主席沃尔夫冈·贝格霍费尔连同其他政治、经济和科学界人士（其中包括该党德累斯顿行政区的整个执行理事会）退党之后，局势再次变得紧张。40 位前党员发表声明称，只有在统社党/民社党解散后，才有可能迎来新的开始。[72] 德累斯顿的集体退党引发了一轮新的退党浪潮。许多党员面对复辟倾向决定辞职，或者对整个局势感到绝望。[73]

圆桌会议建立，国家安全部解散，反对派即将获得参政权利，原有的经济政策原则被抛弃，这些都标志着统社党退出整个社会的重要时刻，并迫使统社党/民社党寻找到自己的定位。但是它始终没有阐明"民主革新"到底意味着什么，因为相关的讨论与未来发展道路的讨论联系在一起，而后者却停滞不前。

1990年1月，统社党/民社党又面临着另一方面的新情况：莫德罗总理开始一步一步令自己和本党摆脱从长期维护民主德国主权国家的思想[74]，为此他遭到了党内多数人的反对。很明显，苏联力量已经不足以在中期内保障民主德国继续存在。莫德罗和戈尔巴乔夫在1月30日的会面时达成共识，不再从原则上反对两德统一。莫德罗在回国之后发表了《为了德国——统一的祖国》，公众一片哗然，党派基层更是目瞪口呆。

从名称上使民社党脱离统社党只是"解散政策"的一方面而已，其他措施还包括对于所有政治局曾经的成员和候选人引入仲裁程序，清除过去的领导干部。然而，想要把在1989年12月3日的中央委员会第12次会议前没有开除的"政治局官僚"彻底从民社党中清除的要求并没有实现[75]，其中一些人甚至官复原职。与此同时，党组织也恢复重建。

1990年1月底，前统社党的262名专区书记中，还有31位任主席和35位任副主席，继续在统社党/民社党专区理事会中任职。1989年10月7日前就职的行政区书记和副书记中，没有任何人继续在领导机构中任职，但大部分12月3日之前被选出或任用的书记都在任职。在前统社党行政区书记处成员中，还有13人（6%）仍留在民社党行政区理事会中工作。[76]

由于竞选原因和成本原因，民社党进行了迅速的大规模人员裁减，并且"私有化"了一部分组织及其资源。[77]统社党曾经有44000名工作人员。从1990年初，民社党就开始削减这个数字。1990年5月初，就只有10000名专职人员，其中大部分是技术人员，到了1990年7月1日第三季度一开始，总共就只有4104名专职政治和技术工作人员，594名在理事会，84名在理事会的机构中。还有2707名成员收到合同，从7月1日起失业或者提前退休。[78]早在12月，主席团就撤销了前国家安全部及国家安全局的党组织，而后在1月，顶着一些方面的强烈反对，撤销了国家人民军（NVA），并为了居民区的基层组织解散了按照生产原则建立的基础组织，这导致了大规模的成员流失和结构失衡。1月初决定了新的领导机构，改组和新建政治机构时，在主席团建立了许多委员会，其命名方式往往和前统社党组织有所区别，但一开始很少涉及新的政策领域。

党产问题一直贯穿在民社党彻底脱离统社党的过程中。特别党代会之后，对于没收财产的担心以及如何利用它的问题是财务管理的两大动因，毕竟统社党/民社党已经达成了非正式的共识，要挽救统社党的财产；居西在党代会演讲中指出的法律和财务后果继续产生影响。[79]在 1989 年 12 月 21 日，理事会就批准建立了"保护统社党/民社党财产工作组"，并决定采取具体措施保护党的财产。1990 年 1 月，主席团决定，将统社党的财产归还国家"用于选举"[80]，进行出售，或者通过其他方式进行保护。此外，统社党/民社党开始将党的财产向莫德罗政府转移，2 月初就转移了数额高达 30.41 亿马克的统社党企业"没有消耗的"盈利，或者作为贷款方借给私人或创业者。根据居西访问莫斯科的记录，这位民社党主席有意"与苏联共产党共同成立企业。民社党会首先提出 2~3 个试点项目，西方企业也可以参与进来。通过这样的方式，也能为德国共产党和西柏林统社党提供具体的支持"[81]。后来的"普特尼克交易"（Putnik Affäre）大概就是这样开始的。[82]

将统社党财产从国家手里抽走的意图——1990 年上半年就有 3.66 亿马克[83]——决定了该党继续尝试保护财产。1990 年 6 月，人民议院出台法律建立"民主德国党派和群众组织财产独立审查委员会"，引发了新一轮财产没收的恐慌。独立委员会以及后来的托管局采取的限制和控制措施限制了该党的财务行动能力，同时迫使他们进行自主筹资，并放弃统社党留下的大部分财产。尽管如此，统社党的财务这一章还保留在政治议事日程中，且后来证明，民社党虽然声称与过去断绝一切关系，但还是深受统社党的"敌对环境"思想的侵蚀。

1990 年 1 月和 2 月，在有关继续维持还是解散政党以及后来有关更名的讨论中，该党的组织凝聚力增强，其内容上的一致性也表现出加强的势头。虽然局势的发展导致该党损失了越来越多的成员、骨干和职权，但是民社党还是成功制止了政党的瓦解，并开始着手进行竞选准备，为此还成立了选举办公室，并且筹集了竞选资金。[84]

在 12 月的特别党代会上已经出台了一个临时党章，该章程与传统的马克思列宁主义政党的党章完全不同，但是在禁止成立派系这点上还是带有正统的共产党的组织特征；一些政治平台着手提议取缔"旧"党。第一次正式的党代会于 1990 年 2 月 24～25 日在东柏林召开，在这次"选举党代会"上，代表们通过了新的规章，允许政治平台、利益团体以及劳工团体入党。仍然禁止组成派系，而且多元化也只在有限范围内适用。真正的领导机构是理事会的主席团，其成员包括党主席、副主席、委员会主席、财务主管以及其他人员（新闻发言人，"常驻特邀嘉宾"）。在 12 月特别党代会上选出的 101 名成员中，已有 31 人到第一次正式党代会召开之前辞职。

党员的流失仍在继续。2 月底时还有 33.9 万人"交党费"，3 月底就只剩下 22 万登记注册。而 1990 年 5 月有党员 350491 的说法，显然是按照党员登记卡上统计的数字。1990 年 12 月底登记注册的党员数减少为 283882，其中绝大部分党员年龄较大。[85]民社党社会结构的变化也是由于统一和转型进程所带来的变化。前统社党的那些"中流砥柱"们，现在变成了自营职业者、工薪阶层、提前退休人员，或者是社会地位岌岌可危的人。[86]

在准备人民议院选举的过程中，民社党越发脱离传统的统社党，不仅仅是因为党员们现在开始努力使本党政策具有民主合法性，而且还因为现在不再由统战政策或者汇总政策来决定议席和行政职务的任命。虽然很缓慢，但这个变化还是逐渐被人们所认识到。1990 年 2 月的"选举党代会"就是民社党展示自己的平台，他们是一个想要维护民主德国身份、保护民主德国"成就"的党派。通过出台新的章程和新的纲领，领导层希望本党能适应变化了的外部条件，抵制一再要求解散民社党的呼声。由一群改革派提出的纲领[87]明显远远落后于舒曼在 12 月党代会上所做的报告。

虽然反斯大林主义仍占据主导地位，但是复辟的趋势开始变得明显。1990 年 2 月提出的纲领并不理想。民社党希望继续脱离传统的统社党，于是提及了资本主义在经济和文化方面的成就。而社会主义更可以实现"社会公平，团结，受压迫者获得自由，弱势群体获得帮助"。民社党将自己描述为一个社会主义政党，一个"由德国乃至国际工人运动、由德国人民的革命和民主传统以及反法西斯主义"创造出的政党，愿意接受基于"和平主义以及宗教信仰的观点立场"。[88]这些说法表明了民社党继续脱离马克思列宁主义的决心，不过民社党这样宣传自己，也有很大一部分原因是为了赢得竞选，毕竟他们现在要在多党制中参与竞争，这可是以前从未经历过的压力。[89]

竞选纲领包括一系列要求，其中主要强调了民主德国的感受：德国统一应该有条不紊地逐步实现，民主德国的社会价值和社会成就应该得以保存。选举党代会确定了人民议院选举的候选人名单，扩充了人丁凋零的理事会及仲裁委员会，并且在居西的建议下，选举莫德罗为民社党名誉主席；这很明显是为了感谢莫德罗改变了自己的初衷，在人民议院选举中作为民社党首席候选人站在居西一方。

3月18日，"德国联盟"的竞选成功标志着两德统一亮起绿灯。不过，民社党的竞选也还算成功：他们获得 16.4% 的选票，取得 66 个议席，成为第三大党。民社党克服了在多党制中立足的制度障碍，拥有自己的组织机构及有组织的支持者，并在民主选举中坚持了下来。但是他们的变革过程并没有结束；他们的多党制并未确保能够长期生存。民社党现在面临的不仅是新的政治秩序，也是本质上不同的经济和社会秩序，它现在需要在全新的条件下证明自己在全德国范围内以政党存在的资格。

在 1990 年 5 月 6 日的地方选举中，民社党只获得了 14.6% 的选票。这不仅是支持率的下降，从中还能看到南北方支持率的差异。在东柏林，民社党支持率高达 30%，在梅克伦堡－前波莫瑞州为 19%，在勃兰登堡还有将近 17%。而在萨克森州、萨克森－安哈尔特州和图林根州就只有 13%、12% 和 11%。

民社党因此在政治上更加孤立。他们在民众中获得的支持越来越少，因为他们在很多方面都咄咄逼人地反对民众意愿，最明显的例子就是在德国统一问题上，这一点从他们反对统一条约就可以体现出来。选民支持率持续走低。很快，领导层决定，只有扩大影响范围才能阻止这一态势。于是在 1990 年初夏，民社党开始将触角向西方伸展。但直到人民议院选举前，才与德国共产党进行了初步会谈，但十分失败，毕竟后者自身也面临存亡危机。谈判停滞不前，无以为继。呼吁 7 月末在科隆召开"民主德国的并轨及左翼党并轨问题工作会谈"的发起者们成为盟友。[90]主要讨论的有两种方案：第一是建立一个共同的党派，这是"左翼名单"/民社党（Linke List/PDS）的西德发起人倾向的方案，第二是只在西德选举区域成立"左翼名单"/民社党，这是民社党领导人更中意的方案，他们希望进行候选人名单合并。在 1990 年 9 月，在柏林召开的"左翼名单"/民社党选举会议上，左翼联盟中的意见分歧表露无遗。[91]

民社党多少清楚向西德扩张的风险。首先他们缺乏系统的方案：现代的民主社会主义应该向哪个方向发展？它应该建立在怎样的经济和政治基础之上？其次他们必须有明确的意愿，去批判和清算统社党的历史遗产。没有这些基本要素，该党在西德的政策宣传立马就会失败，因为随着现实社会主义的没落，在西德左翼对于民主德国持同情态度的人士中，最多还保有些批判性的团结意愿，但绝不会有追随的想法。在7月（民主社会主义的前景）以及9月（革新会议[92]）的两次会议上，到底应该选择"现代"的社会主义，还是传统的社会主义，这个问题得到了初步探讨。

对于资本主义的批评清晰表明，民社党将长期作为反对党存在，尤其关注社会安全、生态和全球问题，并且希望组织政治文化的抗议活动。这种多样性的定位表明，在民社党内部许多不同的流派和推动力都在施加影响。因而人们越发怀疑，民社党在自己矛盾的变革过程中能否处理好这种多样性的发展趋势，甚至能不能顺利维持下去。同时出现了其他问题，比如该党是否具备作为群众性政党、凝聚性政党、全民党或者地方党的明显特征——这总要带有某种社会运动的核心要素，或者该党是否明确自己作为反体制的政党或是坚定的改革党的角色。[93]在争论中，西德左翼党的理论主张与东德左翼党正统或非传统的观念之间发生碰撞。但是只有少数人参与了这些讨论，党内大部分人则是带有怀疑的甚至不解的态度看待它而已。

在1990年9月15~16日的选举会议上，如何调动力量向联邦德国扩张的问题引起了民社党成员的不安，这个问题一直没怎么让人琢磨透。一方面，人们相信如果没有西德联盟伙伴的帮助，民社党在整个德国地区没法超越5%门槛，所以有意让民社党成为汇聚全德左翼力量的运动核心。另一方面，民社党的领导层并不希望看见本党成为一个大杂烩，吸纳所有西德的共产主义者、社会主义者以及宗派主义的左翼知识分子，毕竟他们没有明显的社会基础，并且在思想上和东德同志完全不同。对于许多西德左翼成员而言，他们对东德成员也报有相同的想法。所以实现了一个"开放的人事联盟"计划，命名为"'左翼名单'/民社党"。方案中包含将组织问题和选举问题分开的内容，这在西德引起了不满情绪。尽管如此，选举还是对未来合作的一次考验。只有竞选成功才可能继续商讨民社党向西德各州进行组织扩张的问题。[94]

尽管有种种内外部的阻挠，1990年10月3日夜，"民主德国的篇章"还是彻底落下了帷幕。在一年之内，统社党从民主德国的执政党转变成了民社党这样一个在统一后德国新政治体制中处于边缘的反对党。在剧变发生，1990 年春被剥夺了民主德国所有执政责任之后，这个政党主要忙于自身的政治定位，并清算历史。但直到 1990 年底，他们在这条路上也没能走出多远。

第二节　非共产主义的民主党派的重新定位

基督教民主联盟（基民盟）[*]

虽然民主德国的危机局势日益显现，但是东德基民盟[95]高层在很长一段时间内都没有对统社党表现出疏远态度。长期任基民盟主席的杰拉尔德·格廷（Gerald Götting）一直到最后都试图阻止党内的改革力量，期望始终维持"工人阶级政党"的路线不变。与此相反，从行政区和专区传来的党内信息则明确传递出基层的不满情绪。[96]不过最开始只有少数人敢于公开表示反抗。[97]

这些人中包括东德基民盟的 4 名成员，他们在 1989 年 9 月 10 日于埃森纳赫（Eisenach）召开的新教教会联盟代表会议上发表了《致德国基民盟党员以及理事会的魏玛来信》（以下简称《魏玛来信》）。[98]结尾署名的分别是高级教区委员会成员马丁·基希讷尔、牧师克里斯蒂娜·李卜克内西（Christine Lieberknecht）、律师玛蒂娜·胡恩（Martina Huhn）以及教区委员会成员戈特弗里德·穆勒（Gottfried Müller）。他们在信中要求，"面对现实、不加掩饰地认清民主德国现存的问题，公开讨论这些问题，并且提出解决问题的建议。"他们认为，如果可以在社会意见形成和决定的过程中提出自己的建议，基民盟能够树立鲜明的特色。主要任务是促进公众意见的形成，尊重民众的成熟度，公开经济问题、出境问题，以及出台新的媒体政策。

有批评认为，这些要求"还是过于保守，过于无害"[99]，马丁·基希讷尔这样为《魏玛来信》辩护：当时人们都不相信"我们能比所谓新式、人道的民主社会主义模式走得更远"。在提出要求的时候，我们希望用上"15 ~ 20 年的时间"实现体制的转型。我们没有预料到，变化的发生会快得多。所以，《魏玛来信》更多应该从"战术而非战略角度去审视"[100]。

---

[*]　米夏埃尔·瓦尔特协助撰写。

9 月 11 日，这封信抵达了柏林的基民盟总理事会。信件复印件也被寄送到了所有专区和行政区的理事会。[101]党的高层立刻对这封信做出了回应，并且采取"避免其影响扩大的措施"[102]。党的机关刊物《新时代》强烈谴责了这 4 名基民盟成员的行为，认为民主德国现在腹背受敌，有人想要瓦解甚至彻底消灭社会主义，因此必须注意，"不能在这场心理战中为虎作伥，帮助那些反对国家和人民的人"[103]。这份声明使得《魏玛来信》这份改革文件获得了更多关注。[104]格廷试图开除这几个批评者的党籍，但遭到了基民盟领导层其他成员的反对，他们对于党主席的立场越来越不能认可。

9 月 26 日，主席团成员和总理事会秘书在中央党部进行了一次会谈，参与者包括阿道夫·尼格迈尔（Adolf Niggemeier）和维尔讷·温施曼（Werner Wünschmann），还有戈特弗里德·穆勒、马丁·基希讷尔和克里斯蒂娜·李卜克内西。[105]后几位强调，他们并不认为自己是党内反对派或者社会反对派，他们支持"民主德国建立在社会主义秩序的基础之上"[106]。这一点在新闻发布中也得到重申。[107]在党内，《魏玛来信》被继续传播至行政区和专区秘书处。总理事会在附函中指出，"作为一个国家的中流砥柱，基民盟绝对不会"和反对派组织画等号，并要求基民盟党员在党员大会上抵制"那些反对社会主义德国的过度煽动性言论"，要"与联邦德国那些再次吹响冲锋号攻击民主德国社会主义基本原则和基本价值的团体展开辩论"。[108]关于改革的讨论并没有就此结束。许多党员以《魏玛来信》为契机，在公开讨论或公开信中要求，借着主席卸任、党代会提前召开，党的领导层应该改变方针路线。[109]在 10 月 11 日统社党政治局表示了对话的意愿之后，基民盟内反对改革的人士也倒向了新的路线。格廷改口称，"要广泛与人民进行对话，与那些支持我们社会主义社会和法律秩序的人对话"。《魏玛来信》"推动""我党毋庸置疑地展示了自身作为基督教政党的特色，并使其更加明确"。[110]

主席团小心翼翼地进行自我批评说："出于对社会主义成就的担忧"，本党"没有尽早注意到自己队伍里的信号"，而是过于强调延续性。现在我们已经准备好，公开谈论社会问题，并共同解决它们。总理事会接受了《魏玛来信》提出的要求，宣布基民盟会进行公开的、现实的社会对话，尊重民众的独立自主，拓宽出境机会，并改善供给水平。总理事会同时表示，"任何有益于民主德国的社会主义及其本质特征的东西，对于本党都是不可放弃的"[111]。

10 月 26 日，《魏玛来信》终于得以在《新时代》上发表。[112]不久后，总理事会主席团发表了《基民盟当前及未来的立场》文件的初稿，基民盟在其中将自己描述为"独立且独特的党派"，并且表示支持深化改革。[113]

11 月 2 日，格廷被解除职务，[114]临时委托副主席沃尔夫冈·海尔（Wolfgang Heyl）担任领导人。海尔指出自己在以往政策制定中也承担了共同责任，所以他拒绝参与党主席的竞选。反而是目前为止在党内没有任何职务的洛塔尔·德梅齐埃和在总理事会中主管艺术的温弗里德·沃尔克（Winfried Wolk）参与了竞选。

德梅齐埃自 1956 年加入基民盟，担任新教教会联盟代表会议副主席及东柏林律师委员会副主席，对改革持积极态度。因此后来的圆桌会议基民盟代表之一、总理事会成员格哈尔德·维尔克宁（Gerhard Wilkening）在10 月底就询问了德梅齐埃，如果格廷下台，他是否愿意接任基民盟主席一职。新的主席应该满足五个条件：正直、属于教会、在党内不任职、有组织才能、有能力在大众中产生影响。德梅齐埃尤其在最后一项标准上有顾虑。但在第二次会面时，维尔克宁认为，还是应该再考虑考虑。就像"结婚"一样："谁也不能集齐所有的优良品质。因为德梅齐埃能满足最重要的那些条件，那其他的方面也能再帮他加把劲儿"。[115]

关于是否接任基民盟主席这个问题，德梅齐埃向福克（Forck）主教以及他的律师同行格雷戈尔·居西寻求了意见。两个人都建议他接过这个担子。居西尤其强调，在现在这样动荡的时代，由理智清醒的人担任领导是多么重要。几周后，当居西犹豫是否要接任他所在政党主席时，德梅齐埃用同样的话对他进行了鼓励。[116]

由于画作参展，画家沃尔克于 10 月和 11 月在联邦德国逗留[117]，并在采访中明确表示了自己对东德这个围墙国家当前形势的看法，引发了公众的广泛关注。一个东德基民盟的总理事会成员在西德的电视上说出这样批评性的话语，这在民主德国的观众中几乎引发了轰动。[118]沃尔克此行还与联邦德国的基民盟的政界人士进行了多次会谈。

11 月 10 日的总理事会第 7 次会议做出了许多影响深远的决定[119]：在会议开始，沃尔夫冈·海尔承认，党领导辜负了基层的期望，常年依附于统社党，一味接受基民盟高层的"权威主观主义"，应该要感谢那些带来了新思潮的人们。随后主席团成员以及总理事会秘书处成员就要求开展信任投票。10 名主席团成员和 3 名秘书处成员因此被免职。[120]

在第一次匿名投票中，基民盟总理事会以 118 票中 92 票通过的结果，选举洛塔尔·德梅齐埃为新一任党主席。[121]在同一天，1989 年 11 月 10 日，德梅齐埃就关闭了本党财务处。不久后，因为怀疑格廷挪用公款，总检察院对他进行了一次调查。调查持续到 1990 年 2 月，而被剥夺了权力的政治家格廷需要返还本党 15.3 万马克。1991 年 7 月，柏林地方法院以贪污罪判处格廷 18 个月有期徒刑，缓期执行。[122]

在上任后的第二天，德梅齐埃在《新时代》上进行了自我介绍。为了重新确定基民盟的内涵，德梅齐埃要求党内朋友们，"从全新的角度理解我们名字中的基、民、盟这个三个字，要让它们名副其实，以此对本党的革新和社会的革新做出合适的、独一无二的贡献"[123]。他指出，想要克服社会危机，新约四福音书可以带来精神上的支持，但民主才是"这些以主体及其合法需求来衡量的行为的政治环境、气候、组织结构和发展框架"。"社会主义民主"的概念，"只有在社会主义这个词代表更多民主、更多个人权利的时候"，才可以被接受。[124]

随着东德基民盟高层的人事变动，阻碍易北河两岸的东、西德基民盟建立联系的最重要的围篱被拆除了。[125]因为西德的基民盟和基社盟与民主德国的联系一直限制在政府层面，从 40 年代末开始，东西德基民盟之间就没有过正式会面。[126]《魏玛来信》的公开发表也引发了不同的反应。因此基民盟社会委员会德国政策发言人乌韦·莱曼 - 布劳恩斯（Uwe Lehmann - Brauns）建议本党，认为虽然"不能在联邦理事会层面"联系，但是至少可以与东德基民盟的专区和地方组织机构进行对话。[127]基民盟秘书长福尔克尔·鲁厄则反对与东德基民盟建立正式接触，只要这个党派"还是依附于统社党的联盟伙伴"就不行。[128]在格廷卸任后，他改口认为，可以与东德基民盟非领导层的党员加强联系。[129]

西德基民盟党主席在很长时间内都表现得很保守。科尔在议会党团内提醒人们记住那些苏占区的基督教民主党人的命运，并说道："如果论及东德基民盟的话，我指的是官方的东德基民盟，我们绝不可能与那个组织坐在一起谈话，因为这个组织的领导人在过去出卖背叛了我们许许多多的朋友。"[130]但是他表示可以和个别的党员进行联系，毕竟有很多人只是因为想逃脱统社党的掌控才加入民主党派的。

11 月 5 日，柏林基民盟州以及议会党团主席艾伯哈德·迪普根

（Eberhard Diepgen）与东柏林基民盟地区理事会主席西格弗里德·贝格豪斯（Siegfried Berghaus）进行了党派层面上的首次会面。两方都清楚现在的状况"如履薄冰"。[131]会谈主要内容是民主德国的局势发展，东柏林的代表认为，为了鼓励民众留下，必须发出明确的信号，包括在国家结构上进行彻底的改革。贝格豪斯补充道，基民盟不仅需要新的纲领，而且需要新的人员。洛塔尔·德梅齐埃则主张不能抹去与西德的区别：市场经济总体来说是好的，但是他不想要一个工业服务于军备的体制。[132]而且被管束了这么多年之后，东德并不想再次被管束——这次是被西德。[133]

在11月11日的全国统一战线会议上，德梅齐埃表示拥护一个独立自主的、社会主义的民主德国。在几天前，他还和迪普根说，现在还"没法要求"剥夺统社党的领导权[134]，现在他明确不再提其领导权。[135]在同一天，德梅齐埃在《时事摄像机》节目中强调，和其他的民主党派不同，他的政党"自下而上"进行革新。基民盟要重新寻求自我价值，并将它建立在基督教性质的"坚实基础"之上。德梅齐埃的目标之一就是实现"自由的、普遍的、匿名的选举"。

西德基民盟首先将人事调整作为双方建立联系的前提条件，在德梅齐埃当选后，就将关注点转移到了这个民主党派的纲领革新上。[136]最大的争议是"以基督教的责任感实现社会主义"问题，东德基民盟将它作为自己的指导原则。而面对这个新任党主席，西德基民盟并没有减少自己的怀疑，因为他在采访中将社会主义描述成"人类思想最美好的愿景之一"[137]，这让他们十分气恼。德梅齐埃也同意，这个概念过时了，但是即使作为它的替代方案，也不能选择"弱肉强食的"资本主义："完全开放的市场经济是不可能在我们党内落实的。我们可不想要一个没有底线的强权社会。"[138]

这位基民盟主席同意德意志民族的统一，但是拒绝联邦德国合并民主德国："我们没有兴趣被当作破烂一样扔到联邦德国脚下。我们希望自己的国家痊愈，然后以平等伙伴，甚至是以小弟弟的身份，共建一个邦联，而不是街上捡回来的野孩子。"[139]

西德还批评德梅齐埃称，他作为副总理、教会事务部长，在莫德罗内阁中接受着"某种也许稍稍缓和了一点的统一战线原则"[140]束缚，就像他的党内好友、建筑和住房部部长格哈尔德·鲍姆加特尔（Gerhard Baumgärtel）以及邮政和电信部长克劳斯·沃尔夫（Klaus Wolf）一样。这位基民盟主席原本并不想自己参加内阁，他更希望枢机会议主席弗雷德·

施托尔佩去参与政府工作。但是在最后一刻，施托尔佩担任部长一事由于新教教会联盟理事会而告吹，后者要求他进入内阁就必须放弃宗教职务。[141]在与施托尔佩通话后，德梅齐埃在组阁会议之前临时表示自己愿意出任部长。为此他提出了三点要求：准备自由选举，开始着手货币联盟谈判，从宪法中删除统社党的领导权。[142]在12月1日，人民议院大多数议员通过了最后一项要求。而基民盟党团的其他申请，如将宪法第一条第一款压缩为"民主德国是一个社会主义国家"，以及删除"工人与农民的国家"这种自我定位，则遭到了拒绝。[143]

在接近4周的讨论后，基民盟总理事会出台了《基民盟当前及未来的立场》文件的第二版草案。[144]其中基民盟虽然仍然"支持一个人道的、民主的社会，一个符合基督教对社会主义理解的社会"，但是不再称自己为"社会主义的政党"。[145]在联邦总理的《十点纲领》出台前几天，这份文件第一次提及了"两个德国在目前的边境内建立邦联"，"并以这种形式实现德意志民族的统一"的可能前景。[146]此外，文件还要求在最晚于1990年中进行自由选举，并与所有的社会力量进行圆桌会议对话。[147]这份意见书应该在1989年12月16～17日的特别党代会上由代表们投票表决。

11月24日，德梅齐埃和鲁厄进行了第一次对话。鲁厄批评说，东德基民盟参与联合政府，再度置自己于不利，为此德梅齐埃援引了过去的许多问题，指出这些问题都只有合作才能应对。在统一问题上，德梅齐埃表示，目前这还不是人民的意愿，并且对民主德国也无益，但是他觉得可以将邦联形式作为过渡阶段来考虑。在鲁厄问及东德基民盟的经济政策立场时，德梅齐埃重复说，他们拥护的社会与生态的经济不可等同于市场经济。虽然真正的社会主义已经不存在了，[148]但是双方的保留态度没有因为这次会面而消除。[149]

11月28日，在一次由统社党临时提议的统一战线会议上，恰逢基民盟为会议轮值主席，德梅齐埃提议解散民主统一战线。需要寻找一种新的合作形式，与此同时废除一致同意的原则。目前已经存在的圆桌会议为此提供了一种可能。不过在一些与会者警告解散统一战线的行为鲁莽草率之后，德梅齐埃放弃了投票表决的想法。[150]1989年12月4日，在第一次中央圆桌会议3天前，基民盟正式脱离了民主统一战线。

虽然相互多有保留，但是11月底、12月初，东西德基民盟代表间的非正式往来还是越发密切起来。联邦内政部长沃尔夫冈·朔伊布勒就是其中一位早就主张进行合作的人士。[151]在弗雷德·施托尔佩的协调下，12月3日，在枢机会议主席办公室内，朔伊布勒和新任基民盟主席会面了。朔伊布勒和德梅齐埃都积极评价了这次会面。朔伊布勒大概是西德基民盟领导人中唯一和德梅齐埃长期保持友好关系的人。[152]

为了了解前民主党派的政治立场，波恩方面在12月第2周周末的一次联盟委员会会议上不仅邀请了"民主觉醒"和"新论坛"的成员，还邀请了马丁·基希讷尔、温弗里德·沃尔克和迪特马尔·乔克（Dietmar Czok）。[153]这些民主德国的来宾用了2小时讲述他们的经验和担忧。东德基民盟半心半意地表示承认过去的罪责，但对于"民主觉醒"的反对派人士而言，这种程度远远不够。所以当基希讷尔说道，"在民主德国内所有的施害者和受害者，受害者和施害者都是一样的"时候，莱纳·埃佩尔曼激动地反驳道："有些施害者活得好好的，可有些受害者处境糟透了。"[154]类似的考虑也加重了波恩基民盟中怀疑者的担心，是否要支持这些"民主德国的墙头草"。福尔克尔·鲁厄这样说道："14天前，德梅齐埃主席还跟我宣传社会主义的优点。我现在都害怕，再过14天，他又会跑来跟我说，他太左倾了，应该多读些米尔顿·弗里德曼（Milton Friedman）的书才行。"[155]阿尔弗雷德·德雷格尔（Alfred Dregger）对这次会面的评价则更积极一些：东德基民盟"非常明确地表示了支持联邦总理的德国计划，支持社会市场经济，支持逐步实现德国的国家统一"[156]。

开启革新的决定性标志是12月15～16日在柏林召开的东德基民盟特别党代会。[157]在开场的报告中德梅齐埃呼吁，基民盟也应承担"我们社会的畸形和危机"的部分"政治罪责"。[158]但是因为在民主德国的政治体制里，基民盟也饱受其苦，却始终努力试图实现民主和理性，因此基民盟也"属于人民的一部分，今天终于可以用自己的双手掌控历史发展"。[159]社会主义这个概念"已经只剩下一个空壳，因此不能再使用"[160]，但我们"不可忽视的是，那些反对这个概念的人认为它是斯大林主义，专制独裁、欺骗民众，但是对于我们而言，这个概念今天依然重要，因为我们认为那是150年工人运动的理想，是全世界无产阶级的希望，执政的共产党及其领导使这个希望可耻地落空了"[161]。德梅齐埃表示应建立严格的法治国家，贯彻落实三权分立的原则。尤其当他要求恢复过去的联邦州结构时，获得了热烈的掌声。在结束语中，德梅齐埃再次要求在整个欧洲背景下来解决德国问题。[162]

总理事会的意见书中提出了"在目前的边境内实现两个德国的邦联"建议，这对于很多党派成员而言太过保守。[163] "实现统一"的要求被上呈给计划委员会。这至少证明发言人克劳斯－彼得·格哈尔德（Klaus－Peter Gerhard）阐述的观点是错误的，他认为德国，"即统一的德国"，自从"奥斯维辛之后就彻彻底底地不存在了"。[164]

在经济政策方针的问题上也存在分歧。大部分代表都支持采用联邦德国模式，但是纲领草案中并没有质疑中央计划模式，只是要限制在"国民经济的基本比例"之内。[165]

最后争议的问题是和波恩基民盟的合作：一个代表在大厅正门上贴了张标语，上面写着"我不要被西德基民盟监管"[166]，而其他人则较为支持"两个党派间的合作"[167]。在简短的嘉宾致辞之后，艾伯哈德·迪普根和基社盟秘书长埃尔文·胡贝尔（Erwin Huber）强调了对于加强合作的兴趣。迪普根的到访受到代表们热烈欢迎，而胡贝尔则"完全是不请自来"[168]，他还和德梅齐埃在波兰西部边界的问题上产生了争论。德梅齐埃明确指出，"关于奥德－尼斯河边界再没什么可谈的了"，并获得了经久不息的喝彩。[169]

从人事角度而言，这次党代会标志着与过去的决裂。洛塔尔·德梅齐埃以 759 票中 714 票赞成的结果当选党主席。[170]马丁·基希讷尔被选为 1966年以来的第一位秘书长。[171]代表们选举了卡尔－赫尔曼·斯坦伯格（Karl－Hermann Steinberg）、鲁道夫·克劳泽（Rudolf Krause）、霍斯特·考贝拉（Horst Korbella）以及戈特弗里德·穆勒为副主席。[172]83 人组成的理事会成立，代替目前的主席团秘书处，克里斯蒂娜·李卜克内西特也被选入理事会。这样，《魏玛来信》的三位作者就都进入了党的领导层。在理事会中还有 15 位成员在前政府内曾经担任主席团以下层级的职务。[173]

在党代会结束时，代表们发表了《基民盟当前及未来的立场》以及另外一份文件，其中拥护"具有社会约束力和生态负责感的市场经济"，拥护"以德国邦联的过渡形式（原文如此），在自由统一的欧洲内，在各民族自决权基础上实现德意志民族的统一"[174]。因为不希望直接采用西德基民盟的基本纲领，计划由编纂委员会在 3、4 月的时候制定出东德基民盟自己的纲领。[175]

特别党代会的种种决定收获了不同的反应。一些反对统一的人离开了会议大厅，其他一些人则批评本党没有充分反思过去，这其中就包括温弗里德·沃尔克，他直接退还了自己的党员证。[176]在党代会之后，立刻有3500人退党。[177]与此相反，福尔克尔·鲁厄则认为党代会"向正确的方向迈进了一步"[178]。联邦德国的流亡基民盟（Exil–CDU）主席西格弗里德·杜贝尔（Siegfried Dübel）向德梅齐埃当选表示了祝贺。自从雅各布·凯瑟（Jakob Kaiser）被免职以来，"中部德国的"基民盟终于重新出现了"合法的主席与合法的发言人"。[179]

党代会结束两天后，各联邦州的基民盟/基社盟党团主席就决定，正式与东德的基民盟各分部进行接触，并且宣布在选举中"不遗余力地"帮助他们。[180]

这个决定也不是完全没有争议的。北莱茵–威斯特法伦州基民盟秘书长赫尔穆特·林森（Helmut Linssen）就表示，这个决定让他吃了一惊，因为东德基民盟的可信度尚存疑问。[181]联邦总理在访问德累斯顿时也拒绝与德梅齐埃会面，[182]科尔更愿意与"民主觉醒"、德国基督教社会党（Christlich Soziale Partei Deutschlands）、"现在就实行民主"、"新论坛"以及"20人组织"的代表们谈话。联邦总理解释道，他的党还没有决定与民主德国的哪位伙伴合作，相关决定要在1月或者2月才能做出。但是他通过阿登纳基金会向所有这次会面的对话伙伴提供了援助。[183]

这些新团体、新党派既不具有成员数量优势，在基础设施上也不能和曾经的民主党派相提并论：根据总部的数据报告，虽然有多人退党，民主德国基民盟在1989年12月31日仍有134507名党员[184]，有密集的组织网络，15个行政区联合会办公室，超过200个专区联合会秘书处，还有1100多名全职人员。5079个地方联合会，1140个据点，力量覆盖至民主德国7530个乡镇中的6219个。[185]虽然西德基民盟的分析指出他们的技术设备"紧缺并且陈旧"[186]，但还是远远超过那些新团体。此外，西德基民盟总部在选择合作伙伴时不能忽视，自从柏林墙开放以来，两个德国基民盟党员间的交流已经日益深入。

在新的一年里，有关基民盟是否继续留在莫德罗政府的讨论越发激烈。福尔克尔·鲁厄在电视中要求该党脱离政府。[187]在基民盟自己的队伍里，也产生了相应的要求：波茨坦专区主席就表示，"市议员将全体辞职"。如果基民盟不快点离开这个执政联盟，就有可能发生党派分裂。[188]

在新组成的党理事会中，德梅齐埃对于一系列批评内容进行了回应。[189]首先有批评说，与西德基民盟核心层的接触还不够令人满意，德梅齐埃对此进行了反驳。他表示，一方面合作必须从基层开始发展，另一方面这个问题也和波恩核心层一直保持观望态度有关。[190]出于战术原因，他还警告不要公开将自身定位为"保守党"，因为如果这样的话就会错失选民中"极强的社会民主思想要素"，由此"白白损失相当重要的一部分中间力量"。[191]

理事会会议两天后，1990年1月8日，东德基民盟在中央圆桌会议上公开强调了保持独立性的要求。由于在建立新的安全机构问题上有争议，反对团体和党派临时决定退出圆桌会议谈话，基民盟代表则拒绝继续参加执政联盟代表的协商，拒绝与曾经的联盟伙伴签署共同声明。相反他们发表了自己的手写声明，作为观察员出席的政客乌韦·泰森（Uwe Thaysen）评价这份声明是"具有历史意义的文件"[192]。声明中，基民盟支持反对者的示威，对于有些组织的退出表示惋惜，并且希望继续进行对话。[193]

1990年1月13日，在埃希霍茨城堡（Schloss Eichholz）举行的克罗内－埃尔万根－专区（Krone－Ellwanger－Kreises）会议上，新任秘书长马丁·基希讷尔仔细阐述了目前的政治局势。[194]他强调说，自己的党派和西德基民盟在纲领上相近，并且指出东德基民盟始终坚持摆脱党内有历史问题的官员，现在最重要的是新旧政党当下的纲领。关于那些新成立的政党，基希讷尔表示，人们"印象当中那是一群笨蛋，那也不是完全没有道理的"[195]。"新论坛"是"明确无疑的左翼政党"[196]。原来的老党虽然有历史污点，但是相对这些新团体而言有组织结构，也有执政经验。

基希讷尔辩解说，参与过渡政府工作是因为有必要为自由选举创造条件。基民盟自己也知道，必须离开政府。"但是具体的时间和因由，只能由我们自己决定，而不是其他任何人。"[197]

基希讷尔的贡献，不仅仅是明显获得了联邦总理的信任，而且消除了他对这个前民主党派的顾虑。[198]

阿尔弗雷德·德雷格尔在1990年1月16日的党团会议上进行了中期总结：东德基民盟已经表示支持自由的法治国家，支持社会市场经济，支持两德统一，这就已经满足了联邦德国对其提供支持的前提条件。洛塔尔·德梅齐埃虽然没有历史污点，但是他"极度苍白"。早就应该和前政权分离，但另一方面，那些新党派"的确还尚处于学习阶段"[199]。

联邦总理指出，社民党已经展开了攻势，他认为，"我们必须清楚认识到，我们在所有方面都处于劣势，因为我们和他们的党派名称是一样的，因此就对我们产生笼统的偏见，简直是无法想象的不公平。但事实是，很多民主德国选民对这个问题的想法是：我可不想跟他们产生什么关系，那是个民主党派。而这种观念又不幸被强化了，因为德梅齐埃这个完全没有污点的新人加入了政府。"[200]这样看来，在民主德国寻找合作伙伴的路"大概还要拓宽一些"，虽然这并不是什么令人高兴的事情。[201]

与此同时，德梅齐埃收到上百封信件对他的工作表示了支持。但是，也有人批评党的形象不好，在高层缺乏具有人格魅力的领导人，在底层又有太多名誉败坏的官员还在任职。很多党员对于留在还是退出莫德罗政府言辞不一。[202]

德梅齐埃提出了两个主要论点来阐明为什么参与政府工作：第一，他认为，他的党派对于民主德国的现状也是要负一定责任的，因此也必须承担自己的过错。第二，德国自由民主党和德国国家民主党都表示，如果基民盟退出政府，那它们也要离开政府。但是德梅齐埃认为，不能让一个完全由统社党人组成的内阁大权在握，因为他担心人民会对此感到不满。[203]在前斯塔西办公大楼被人民占领之后，这种担心更加严重了。

尽管如此，1 月 17 日，秘书长基希讷尔还是在《时事摄像机》栏目中宣布本党将退出政府。基层对此的反应又是既有支持也有反对，甚至还出现了罢免基希讷尔的要求，因为他面对鲁厄的"敲诈勒索"屈服了。[204]德梅齐埃否认了基希讷尔的说法，表示"绝没有事先协商过"[205]。"由于基民盟需要对我们国家的执政能力负责"，1 月 19 日，主席团以 8 比 2 的投票结果决定继续留在政府内。

西德基民盟总部对此气愤不已。福尔克尔·鲁厄警告东德基民盟，他们做出的这个决定会让自己"迈入政治边缘地带"。相反的，海纳·盖斯勒以及艾伯哈德·迪普根则公开表示支持合作。[206]基希讷尔的失败至少让波恩方面清楚认识到，民主德国基民盟内部的力量对比到底是怎样的。[207]

1990 年 1 月 22 日，德梅齐埃和朔伊布勒进行了第二次会面。会谈的主要内容是安全问题。基民盟主席朔伊布勒希望，联邦政府可以适度平息民主德国民众的愤怒，以免暴力升级。[208]面对让他退位的要求，德梅齐埃表示，他想要作为副总理，引导民主德国不发生流血事件，顺利过渡到选举那天。朔伊布勒对他的立场表示理解，但是反驳了德梅齐埃认为选举后的规划次要的观点。基民盟主席要是真的有这种想法的话，那如果联邦总理对他有所保留，他也不要意外。"联邦总理现在总是考虑未来，考虑权力，考虑那些他认为正确的政策能否落实。"[209]

在回到波恩后，这位内政部长向本党理事会建议与这一曾经的民主党派进行合作。[210]在几天后的议会党团会议上，后来的联盟伙伴代表得到机会，详细介绍自己的党派，并希望获得联邦德国基民盟的支持。[211]

1月25日晚间，东德基民盟主席团召开了一次特别会议。经过几周的讨论，该党终于决定退出政府。德梅齐埃解释，做出这个决定是受到"现在的新形势"影响：民主德国的局势"变得更不稳定了，莫德罗政府靠着本来已经很有限的合法性和更有限的权威性，是没法控制住这种局势的"[212]。汉斯·莫德罗同意了基民盟的要求，并且在没有与之商议的情况下，邀请圆桌会议的其他党派和团体接任部长职务，在这以后，德梅齐埃、鲍姆加特尔和沃尔夫只是临时主持各自部委的工作。[213]

建立"一个民族责任政府"使得基民盟有机会继续承担执政责任，但不必充当对统社党/民社党唯命是从的党羽。同时，选举时间提前至3月18日，也要求基民盟立刻采取行动。德梅齐埃在党理事会强调，改变选举时间不是基民盟的主意。对于本党而言，"时间段极其短暂"也造成了很多问题。另外，"政府不能长期将自己的工作局限于危机管理"，重要的决定还是必须由具有民主合法性的机构来做出。[214]

根据当时的民意调查，社民党很有可能取胜，而西德基民盟在东德新成立政党中的那些潜在伙伴最多只能获得四分之一的支持率。因此西德基民盟总部上下都很清楚，和东德基民盟组成竞选联盟，这条路是绕不过去的。德梅齐埃方面明确表示，他最终要和科尔本人谈话。[215]

1990年1月底，科尔和德梅齐埃终于进行了第一次个人会晤。对于科尔总理而言，这主要是一次彼此认识熟悉的机会，所以一开始谈的都是些家庭背景、世界观之类的话题。而会谈的时间比预想的要长，德梅齐埃认为这是个良好的信号。[216]但是这两位政要此后的关系也并不是完全没有问题。德梅齐埃客观冷静，拥有开明新教和普鲁士式的工作伦理，十分抗拒科尔普法尔茨式的快乐，认为他"不够敏感"[217]。在谈到竞选联盟问题时，科尔也对基民盟曾经加入统一战线表示顾虑。但是他也强调珍惜其优势所在："对于西德基民盟而言，东德基民盟就像一个离异的女人：虽然有那么一两个孩子拖累，但是她有经验啊！"[218]德梅齐埃告诉科尔，他的政党肯定是有历史的，但是正因为这样，所以在各地区都有自己的据点。[219]

1990 年 2 月 1 日晚，竞选联盟的候选人第一次与科尔、塞特斯、鲁厄、尤莉娅娜·韦伯在西柏林联邦政府酒店进行商讨。东德基民盟代表是洛塔尔·德梅齐埃和马丁·基希讷尔，"民主觉醒"党的代表是沃尔夫冈·施努尔和莱纳·埃佩尔曼，德国社会联盟（DSU）代表是汉斯－威廉·埃伯林和彼得－米夏埃尔·迪斯特尔，德国论坛党（DFP）代表是霍斯特·考夫曼（Horst Kauffmann）和于尔根·史密德（Jürgen Schmieder）。前一天时，东德基民盟主席团已经决定，以"中间联盟"（*Allianz der Mitte*）为名，连同德国论坛党、德国社会联盟还有"民主觉醒"共建竞选联盟。这一联盟的目标是"共同利用办公场地、技术设备，共同出席选举活动、商谈未来联合的可能性"[220]。

这些新党派的代表们对于和这个前民主党派合作，甚至有可能被它控制的想法不大感兴趣。科尔使出浑身解数，以联盟的必要性为由，说服了那些持反对态度的谈话伙伴。[221]

虽然出现了一些波折，但是 2 月 5 日，东德基民盟、"民主觉醒"党和德国社会联盟共同建立了竞选联盟。德国论坛党则因为偏向与自由党人结盟而退出了中间联盟。"德国联盟"这个名字是在商谈过程中才敲定的。因为合作伙伴想要得到一定的安全感，东德基民盟主席自称采用了一家保险公司的标语："希冀安联保险，我们创建'德国联盟'"，"意在创造一个稳定、保守、安全的环境"。[222]汉斯－威廉·埃伯林接下来也宣布"德国联盟"这个名字的版权归他所有。[223]科尔和塞特斯解释道，这个名字是讨论得出的结果，所有人共同参与。科尔最终推行了这个名字。[224]

科尔总理向党团阐述了建立联盟的必要性：现在不是"自己潇洒地一马当先的时候，而要进行有意义的妥协合作"[225]。东德基民盟虽然改换了高层人事，但是在竞选中不可避免会因为前民主党派的身份遭到指摘。所以除了该党，"需要争取其他团体，使其没法再对它进行这样的批评"[226]。虽然存在各种问题，但是科尔认为，他"很少从一开始就对一件事有这么好的感觉，昨晚我们会谈接近尾声的时候，我恰恰感觉很好。这点我必须强调指出"[227]。

德梅齐埃也向本党理事会坦言，这个竞选联盟的成立"十分复杂"。基民盟也有兴趣维持各党派的独立性，因为选民们只知基民盟，不知"德国联盟"，独立性得到了保存。而且那个时候还不确定的是，选举法是否会同意不同党派合并候选人名单。所以德梅齐埃很高兴的一点是，虽然创造出了法律基础，但最后还是违背了科尔的愿望，没有进行名单合并。如果不是这样的话，他有理由担心各党在竞选当晚就会爆发争吵，争论三个政党中是哪个为最终选举结果赢得了更多选票。[228]

在此期间，党内开始发生组织分化过程。1月份开始，行政区协会已经被州联合会所取代。在柏林墙倒塌当天成立的基督教民主青年团（Christlich – Demokratische Jugend）在2月初召开了第一次联邦会议。随着基督教社会委员会（Christlich – Sozialer Ausschuss）、妇女联盟（Frauen Union）、中小型企业联合会（Mittelstandsvereinigung）以及基督教民主职工联合会（Christlich Demokratische Arbeitnehmerschaft）的成立，东德基民盟逐渐建立起了与西德基民盟的兼容性。

1月份，东德基民盟党理事会曾要求制定自己的德国统一阶段性计划，但是当联邦总理、社民党和莫德罗总理拿出了他们的纲领计划之后，东德基民盟放弃最初的想法。[229]人们转而开始关注补充性倡议，其中包括主席团建议重新恢复各州宪法和民主德国1949年宪法的法律效力。[230]德梅齐埃建议说，民主德国1949年的宪法有几个地方需要修改：比如臭名昭著的第6条，在50年代是"封锁追捕"要犯案件的基础，应该被删除，而且组建政府的程序也应该改变。应该以一个宪法法院取代宪法委员会。德梅齐埃的提案虽然进入了人民议院，但是在那里还是失败了，甚至大多数基民盟议员都否决了这一提案。[231]

党主席认为，2月初开始讨论的货币联盟计划"从经济角度来看，不是什么特别经济理性的决定"。但是迅速实现货币联盟是必须做出的"政治决定"，以便阻止目前持续不断的移民浪潮。[232]

此时的民意调查显示，只有11%的选民有意投票给基民盟。[233]但是科尔总理一再告诫说，不要被民意调查结果所影响。[234]那些舆论调查员在经过了40年的专政统治之后，根本不可能对于选举结果做出什么正确的预测。3月初，"德国联盟"开始呈上升势头。同时，科尔也希望，通过党内成员为民主德国伙伴所进行的积极竞选活动，能够同时振兴他自己的党派。[235]事实上，民主德国的发展以及随之而来的成就明显减弱了联盟党内先前的危机情绪。[236]

虽然竞选研究者们到最后都认为社民党胜算最大，但终究还是"德国联盟"赢得了人民议院选举的胜利。基民盟以40.59%的支持率毫无疑问地获得了竞选胜利，并且以163席位的结果成为新一届人民议院最大的党团。

东德基民盟的人员减少情况一直持续到 2 月，之后又重新出现了增长势头。在人民议院选举那一个月里，党员数增加了 1281 人，总数达到 131351。到了 4 月，又有 2683 人入党。[237]

鉴于东西德基民盟合并已经可以预见，此时一份党员结构的比较分析显得很有意思：民主德国基民盟中女性比例为 45.3%，远远高于西德基民盟的 22.9%。在年龄结构上，两党也有区别：东德基民盟 30 岁以下成员占 16.8%，比联邦德国基民盟高了 10%。极其引人关注的还有工人所占比例，东德基民盟也比西德高了 10%，尽管在 1989 年秋天发生剧变之前统社党宣称是"工人阶级"的代表。[238]

问题出现在人员情况上：东德基民盟的行政区联合会中还有超过 200 名专职人员。在这段时间内建立的 6 个州联合会中也还有 100 名工作人员。与此相比，基民盟北莱茵 – 威斯特法伦州联合会虽然党员数有东德两倍之多，但是工作人员数量还不及他们的一半。[239]

当基民盟党员和机关工作人员在为 1990 年 5 月 6 日的地方选举进行动员时，这个问题凸显了出来：在超过 30% 的乡镇中，基民盟没法推举候选人。基民盟在有些地方能登上"志愿消防队、社民党与基民盟"的合并名单，便已经被科尔总理评价为"形势大好"。[240]基督教民主党人虽然仍旧是选举的赢家，但相比于人民议院选举，支持率明显下降了。[241]

在地方选举之后，与西德基民盟的合并重新成为热点话题。在波恩的基民盟联邦委员会中，德梅齐埃强调说，"即使两个党派合并，也必须以实际意义上的共同发展为重。"[242]虽然如此，观察人士还是认为，在这场合并谈判中，主要还是"到目前为止的民主德国党派向西德基民盟兼容的过程，即使不是全部一致，也至少在章程和组织结构上被同化"[243]。

与合并进程同时进行的还有自 5 月开始的与前民主党派德国民主农民党的合并会谈。[244]有些基民盟的干部像对待"脏兮兮的小屁孩"一样对待民主农民党内愿意合并的党员，而把自己塑造成"清白"的形象[245]，但 8 月时，基民盟本党的可信度却发生了猛烈回弹，因为几个月来一直疯传马丁·基希讷尔与斯塔西有关联，而这一传言正变得愈加确凿起来。为此，基民盟执行主席考贝拉立刻免除了秘书长的职务至各种指责澄清之前，而且其决定立即生效。[246]

1990 年 9 月 8 日，东西柏林基民盟专区联合会合并成了完整的柏林州联合会。[247]在 8 月份基民盟和民主农民党已经合并了州联合会之后，农民党的中央代表大会在 9 月 15 日也完成了两个党派的彻底合并。在同个周末，东德基民盟、"民主觉醒"党以及德国社会联盟的青年联合会也和联邦德国的青年联盟完成了合并。[248]

在德国统一之前，1990 年 10 月 1~2 日，东德基民盟的几个州联合会在汉堡加入了联邦德国基民盟。[249]为了不让人觉得这是一次"加入"，在职领导全部辞职，为重新选举铺平道路。赫尔穆特·科尔连任联邦主席，洛塔尔·德梅齐埃以 97% 的支持率当选其唯一的副手。此外，人民议院主席萨宾娜·贝格曼－波尔（Sabine Bergmann－Pohl），基民盟萨克森州主席克劳斯·赖兴巴赫（Klaus Reichenbach），梅克伦堡－前波莫瑞州主席、基民盟/"民主觉醒"人民议院党团主席君特·克劳泽（Günther Krause）也加入了 14 人的主席团。另外 6 名东德基民盟代表也加入了新的联邦理事会，其中包括 1 名"民主觉醒"党党员，1 名农民党成员。

党代会的一名观察人士总结道："谁如果担心或者希望，东德基民盟，'雅各布·凯瑟的继承人'加入后就会在汉堡党代会上'左转'，那他就要失望了。没有发生任何方向性的改变，这个合并党派的首要目标是增加更多的女性、更多青年、更多教会成员、更多社会工作者，也许还有更多的自信基础。"[250]总体来说，这不太像合并，而更像一种"加入"，而且"东德基民盟虽然在合并党代会上也提出了自己的新计划，但是在讨论中基本没有发挥任何作用"。[251]

德国自由民主党（德国自民党）[*]

相比其他前民主党派，德国自由民主党（LDPD）[252]不仅在党员当中，甚至在高层内也早就做好了迎接改革的准备。[253]德国自民党主席曼弗雷德·格尔拉赫在观察了 1989 年 4 月的国家安全情况之后，表示支持"公开讨论社会问题，对不同意见保持宽容；媒体报道要接近真实情况；更重视经济方面的效率原则，在计划经济方面去官僚化；提高人民代表、统一战线、民族战线在重要机构中的地位；强化德国自民党的非马克思主义政党特色，鉴于德国自由青年团的衰落，努力开展自身的青年工作"[254]。正值卡尔·冯·奥西茨基（Carl von Ossietzky）100 岁生日之际，格尔拉赫在党报《晨报》（Morgen）上发表了一篇深受瞩目的文章，明确表明了革新意愿。[255]

---

[*]　米夏埃尔·瓦尔特协助撰写。

这位国务委员会副主席在文中指明了现实与理想的巨大鸿沟，这是民主德国第一位这样做的领导人。在其他民主党派或者群众组织的卷宗之中，都可以看到有许多人要求本党领导人以德国自民党为榜样。虽然格尔拉赫的目标最终并没能脱离现存制度本身，但是在剧变发生前，德国自民党党员数量的快速增长和这位主席的政策是分不开的。[256]

在中央理事会第 6 次会议上，该党领导申明无限制地拥护民主德国的政治体制，改革意愿由此划出了临时的界限。德国自民党人属于"多党制"的一部分，格尔拉赫就明确将其定义为统社党领导下的"政党联盟"。[257]对于那些公民运动组织中愿意"根据宪法进行对话"的人，德国自民党领导也愿意给他们参与决定权，而"工农国家的敌人"则需要"用力所能及的方式"来应对。该党认为，设立"圆桌会议"是多余的，因为民主统一战线已经承担了它所能起到的作用。[258]

鉴于局势不断升级，10 月 10 日，中央理事会秘书处进行了一次特别协商，与会者包括行政区联合会主席、部门负责人以及中央理事会代表。[259]因为昂纳克的 40 周年讲话"极其令人失望，充斥着廉价的空话套话"，所以格尔拉赫提出了自己的口号："让我们掌舵调头！"他相信，苏联大使科切马索夫是支持他的路线的，政治局则只肯为统社党说话。格尔拉赫表示，如果统社党继续不作为的话，他就要自己占据主动了。他认为不必担心行动过于草率："禁止我党是不可能的，因为我们没有宪法法院。'转回去'（原文如此！）也是不现实的，因为所有的环境条件都不允许这样。"[260]

1989 年 10 月 24 日，在埃贡·克伦茨竞选国务委员会主席时，德国自民党队伍里投了若干反对票和弃权票，这也是统社党逐步衰败的标志之一。虽然有很多人，包括民权主义者莱纳·埃佩尔曼和弗里德里希·朔尔勒莫都支持德国自民党主席作为竞争候选人[261]，但是他还是不得不拒绝这一建议，因为根据当时的宪法，提名权还掌握在统社党手里。

德国自民党的改革进程在联邦德国也获得了越来越多的关注。在 10 月底自民党联邦议会党团访问民主德国时，双方进行了多次非官方的会谈。事实证明，两德自由民主党人间的关系比起两德基民盟间的关系好得多。[262]有人猜测，通过两党之间不断接触，意识形态也会逐步趋同。格尔拉赫对此进行了坚决反驳，他表示德国自民党是"一个社会主义的民主党派"，民主德国"绝不可能成为第二个联邦德国，否则马上就可以合并了"。[263]联邦德国方面，自民党主席奥托·格拉夫·拉姆斯多夫（Otto Graf Lambsdorff）表示支持许多党员想要和德国自民党分支机构深入联系的愿望。不过，由于该党试图与所有社会组织间寻求对话，一开始只是认为政党伙伴关系比机构化的伙伴关系要有意义。联邦层面还是希望继续和德国自民党理事会深入接触。[264]

1989 年 11 月 1 日，德国自民党基本原则委员会开始筹备制定新的党纲。中央理事会的秘书处在第二天发表了一些具体要求，成为《时事摄像机》的焦点新闻，[265]其中关于政府下台的要求可以被称为"中等爆炸新闻"[266]。为了让反对派组织有可能参加竞选，德国自民党建议颁布联合会法。党主席一再强调，总的来说大部分的反对派团体中，至少有 50% 的人支持德国自民党的意见。实际上，"新论坛"的人甚至请求德国自民党为公民运动组织的利益代言。[267]德国自民党人还主动要求帮助"新论坛"在《晨报》上发表他们的文件。公民运动组织接受了这份提议[268]，虽然他们对于德国自民党的态度还有些矛盾。一方面大家追求的目标相同，都是在独立自主的民主德国内对社会主义进行改革。另一方面，格尔拉赫自己后来也承认，德国自民党其实在努力"拉拢新成立的政治团体，并且逐步吸纳他们，就好像他们想要渗透到德国自民党中一样，至少我是这样感觉的"[269]。

与此同时，德国自民党人加强了对统社党的压力：11 月 15 日，德国自民党人民议院党团公开提出申请，要从宪法第一条中删除"工人阶级以及其马克思列宁主义政党的领导地位"。德国自民党的这份新选举法草案还提出，在未来只能允许政党作为议会代表。这一条是针对那些过去"为统社党扮演着伸长了的触角"的群众组织而言的。有人猜测，这也就是为什么在 11 月 13 日的人民议院议长选举时群众组织代表拒绝投票支持这位德国自民党主席，因而造成了格尔拉赫意外落选。

作为"补偿"，德国自民党获得了主管地方国家机关的副总理一职，由彼得·莫瑞斯担任，这是莫德罗新政府内新增的一个部委。另外还有 3 人获得部长职位，即彼得－克劳斯·布迪希（Peter－Klaus Budig）担任科学与技术部长，布鲁诺·本廷（Bruno Benthien）担任旅游部长，汉斯－约阿希姆·霍伊辛格（Hans－Joachim Heusinger）担任司法部长。[270]

11 月 22 日，德国自民党发表了自民党人在民主改革过程中的立场及政策的"行动纲领"，一致要求从宪法及德国自民党章程中删除统社党的领导地位。但基层还要求有进一步行动。德国自民党高层和大部分党员之间的分歧越发严重，这种矛盾在有关《自由民主党目前政策的指导原则》的讨论中尤为明显，这些指导原则发表在 11 月 17 日的《晨报》特刊上，其目标还是"在民主德国进行社会主义民主改革"，而许多党员已经要求进行彻底的重新定位。[271]

11 月 24 日的第 7 次中央理事会会议释放了新的信号，一些长期任职的官员卸任，带来了人事变动。[272]政治委员会全体成员以无记名投票通过了秘书处发起的信任案。格尔拉赫获得了 131 票中的 130 票赞成，这是对他一直以来的方针路线的肯定。[273]秘书处申请"从章程中删去所有涉及承认统社党领导地位的表述"，由此强调了本党新的自我认知。[274]格尔拉赫解释道，现在那个"与统社党交好"的政党不复存在了，德国自由民主党更多是 5 个同等地位政党当中的联合执政伙伴。[275]德国自民党支持一个统一的欧洲，"两个德国都在其中拥有一席之地，不会湮灭未来民主的、整个欧洲都可以接受的民族问题的解决方案"[276]。

格尔拉赫所预计的民主德国的"危机谷底"一直都还没有出现。此间出现了"第一波反社会主义的立场"，以及不容忽视的要求"两德统一"的呼声。[277]伴随着政治危机出现了经济危机。德国自民党主席明确强调，民主德国需要欧共体以及联邦德国的帮助。为此必须"掌握政治的艺术，获得最大限度的支持，但是不要将民主德国变成——这里要带个引号——被保护国，变成联邦德国的一个联邦州。不能这样，我们要维持自己的独立自主"[278]。"改革进程中的关键问题"是进行人民要求的竞选。[279]

在讨论中，一些发言人表示要进行坚持不懈的党内改革，并且指出，德国自民党在民众中的信任度降低。[280]正如格尔拉赫稍后承认的，他们在需要的时刻没有做出必要的决定："如果我们在这次会议时已经召开了特别党代会，中止并且拒绝了与统社党的任何合作，退出统一战线，向莫德罗政府提交一份要求清单，并且率先提出放弃社会主义的话，我们就会重新获得信任和好感，德国自民党就会在改革进程中获得领先地位。而基民盟在 12 月 15 ~ 16 日召开了特别党代会，已经抢走了这个角色。"[281]

德国自民党没有准备好彻底放弃社会主义，这一行为招来西德自民党总部的不满。在接下来 11 月 26 日的一次德国自民党和西德自民党高层间的会谈中，格尔拉赫虽然支持绩效原则，支持竞争和市场经济，但还是要求建立"人道的社会主义"[282]。拉姆斯多夫表示，这样死守社会主义不放，

"说得委婉点，对于合作不是特别有利"。但是 1989 年 12 月 4 日，德国自民党人退出民主统一战线的行为则受到了欢迎。德国自民党秘书处告知理事会，将终止与这个联盟所有层面的合作，撤回在民族战线委员会的代表，转而支持公民委员会的工作。[283]

在埃贡·克伦茨退位之后，12 月 5 日，联合政府必须选举出一个新的国务委员会主席。[284]德国自民党主席接受了这项任务，但是公开强调，他这样做只是因为国务委员会的工作必须继续下去。[285]这个决定受到了德国自民党基层的反对。西德自民党也不同意格尔拉赫接管这个职务。[286]德国自民党高层不彻底的改革，波恩方面采取了"双重对策"进行回应。一方面支持德国自民党人的民主化过程，另一方面通过促进其他新团体的发展来削弱他们的地位，比如东德自民党、德国论坛党以及"民主觉醒"党。1 月份，西德自民党主席团制定了一份与德国自民党合作需要完成事项的要求清单。[287]

越来越多年轻的德国自民党党员对高层施压，他们在 11 月中旬成立了"自由青年行动"（JuliA）。[288]12 月 11 日，在格尔拉赫和"自由青年行动"代表会面时，他们要求对德国自民党进行彻底的人事调整。[289]第二天，格尔拉赫就向政治委员会提出了辞职申请，但是政治委员会担心这样会削弱本党，格尔拉赫最终撤回了申请。[290]中央理事会也支持这个决定。[291]在理事会成员热烈的掌声中，"自由青年行动"代表也为格尔拉赫辩白，他"让本党挺过了斯大林主义的黑夜，且没有玷污自己的名誉"[292]。同时，政治委员会提出了一项计划落实《自由民主党目前政策的指导原则》。其中德国自民党脱离了"带有社会主义烙印的第三条道路"，转而支持市场导向的经济体制，并在 1989 年边界基础上积极促进可能的国家统一进程。[293]

党内高层还是没有彻底脱离社会主义。关于这个计划的讨论就表明，有些人还是希望将社会主义作为联邦德国体制的替代方案。鉴于对未来路线的矛盾分歧，1990 年 2 月 9 ~ 10 日召开了特别党代会以理清头绪。[294]很多党员批评这个会议召开得太晚，但是它至少提供了正式机会，重新选举所有代表，这恰恰迎合了那些想要对本党进行彻底革新的人的想法。[295]

在重新制定党纲的同时，人事变动也继续进行着。由于汉斯－约阿希姆·霍伊辛格需要为现行的司法政策承担责任，他承受的压力越来越大，12 月 5 日，德国自民党终于将他从政府中撤回。[296]中央理事会又免去霍伊辛格副党主席的职务及秘书处成员的身份。[297]新任副主席由库尔特·温舍

（Kurt Wünsche）担任，在 1972 年之前他都担任司法部长职务，曾是霍伊辛格的前任，从 1990 年 1 月开始又成了他的继任。

12 月 19 日，德国自民党人公开表示与社会主义断绝关系，转而支持社会、生态的市场经济。[298]在德国问题上，德国自民党人将"1989 年的边界"内的国家统一奉为目标，但应该通过"分步统一"的途径：成立条约共同体，采取邦联结构，建立经济及交通联合体，建成拥有全德国家机构、联邦议会、联邦首脑和共同的联合国成员国身份的德意志联邦。[299]

关于德国自民党未来方针的讨论在特别党代会上愈发激烈。党内高层不断被迫提前做出纲领性的决定，其中包括在基民盟退出后，继续支持莫德罗政府。虽然基层的要求和波恩的压力彼此对立，但是德国自民党大部分情况下还是表示要留在联合政府内，因为这样才能维持自民党对政府政策的影响力。此外，反对派代表也应该加入内阁。[300]

1990 年 1 月 18 日，德国自民党和西德自民党又一次会面，曼弗雷德·格尔拉赫、汉斯－迪特尔·拉斯佩（Hans－Dieter Raspe）、沃尔夫冈·米什尼克（Wolfgang Mischnick）以及自民党联邦议会党团议会干事长托尔斯滕·伍尔夫格拉姆（Torsten Wolfgramm）参加了会议。会谈话题为人民议院选举，即将到来的党代会，还有本党未来的名称问题。格尔拉赫想用回过去的自由民主党（LDP）这个名字，联邦德国方面则希望能统一成自由民主党（FDP）。[301]但是这个名字已经被民主德国自由民主党（FDP der DDR）占用了。名字的问题在后来的几周里都成为重要的话题，因为它与许多重要的纲领表述都有关联。西德自民党中仍然有许多人犹豫是否要与德国自民党合作，他们指责称，德国自民党在结构上和人员上都没有进行彻底的革新。[302]虽然一些西德自民党的机构已经开始对德国自民党的基层组织进行物质支持，但是他们还是在继续扩展与其他团体的接触。[303]

在与西德自民党未来关系的问题上，格尔拉赫表示要推进更密切的合作，但是强调说："德国自民党会保持民主德国自由主义者的党派不变。"和党主席一样，许多党员也担心会失去刚刚重新定位的自我身份认同。尽管如此，德国自民党的终结也已经出现了征兆。个别专区联合会已经改名换姓，并决定合并到西德自民党中去。在图林根州，自民党的波恩代表甚至要努力不让那里的州联合会脱离德国自民党，以防德国自民党阵营的分裂一发不可收拾。[304]

1990 年 2 月 9～10 日，950 名代表在德累斯顿出席了特别党代会，这次会议也成了"革新和选举的党代会",无论是在党内还是在对外影响上都对该党的未来有着决定性的意义。这时候,相比 11 月底的民意调查,德国自民党的竞选支持率只剩下 23%,降低了 3 个百分点。[305]西德自民党由党主席奥托·格拉夫·拉姆斯多夫率队的官方代表团以嘉宾身份参加了此次会议。曾经的自由民主党成员米什尼克和根舍现身,受到了长达数分钟的掌声欢迎。虽然德国自民党的纲领讨论中明确拒绝了社会主义,并接受议会制民主、法治国家、市场经济以及两德统一,[306]但是拉姆斯多夫和米什尼克还是直言不讳地表示,他们觉得目前为止的人事更新没有什么说服力。[307]随着来自罗斯托克的数学教授莱纳·奥尔特勒布(Rainer Ortleb)当选,党代会终于走上了预期的轨道。[308]

除了党的高层选举之外,对于过去的反思也始终是个问题,关于名字的讨论因此再一次获得关注。[309]人们最终达成共识,把缩写中的"德国"(D)去掉,以后重新启用 1952 年时使用的自由民主党这个名字,以强调回归成立阶段的自由传统。毕竟到 1988 年底,还有 12.7% 的党员留在党内,经历了党派发展的整段岁月。[310]但是没几个人还记得,这个政党在发表成立宣言时就叫做"德国自由民主党"了。明明要支持两德统一,最后却把名字中的"德国"二字删除了,这似乎有点荒谬。在党代会结束时,荧幕从文化宫的舞台上缓缓落下,挡住了原来的名称缩写。幻灯片上显示的是自由民主党这个新名字,背景是湛蓝的天空和金黄的油菜花田。幻灯底部出现了口号:"春天来了,我们自由了。"[311]竞选由此开始。与其他自由党派合作的事情也必须有个答案了。12 月 19 日中央理事会还在以裁军回应东德自民党的成立宣言[312],奥尔特勒布现在则这样召唤潜在的合作伙伴说:"让我们这些自由主义者联合起来,我们也能联合整个德国。"来自联邦德国自民党的演讲嘉宾也都清楚表明,他们很期待自由党派的联合。拉姆斯多夫有些担心,如果根舍为一个"南部郊区"的党派宣传,但他自己同时又支持另一个"中部的党派",这在竞选中没什么意义。[313]在这种实际的考虑背后,自然是西德自民党最基本的两难境地,必须要结合潜在合作伙伴的优点,才能平衡他们的不足。与德国自由民主党的单方面合作有可能被他们的民主党派历史所拖累,但是他们有 11 万党员和丰富的政治经验,更不要说该党的财产和遍布各处的组织基础结构,这都让人不想,也不能放弃合作。小一些的党派虽然没有什么历史羁绊,而且初始的名声也不错。但是除了这种象征性的价值,他们也只能带来数千党员和一小部分工作人员而已。[314]

党代会当晚，关于未来合作的谈判就开始了。1990 年 2 月 12 日，德国自民党决定与东德自民党及德国论坛党组建名为"自由民主者联盟"（BFD）的竞选联盟，确立目标是"年内与德国统一的发展步调一致，筹备全德选举，实现自由民主党派的统一"[315]。建立竞选联盟是联邦德国自民党进行大规模选举援助的前提条件。然而，3 月 18 日，选举联盟以仅仅5.27%的支持率败北。

选举两天后，奥尔特勒布、门采尔（Menzel）和史密德建议他们的领导小组合并为"自由民主党—自由党人"（*Freie Demokratische Partei - Die Liberalen*），主席由奥尔特勒布担任，将德国自民党的纲领和章程作为暂定的合并基础。[316]对于很多人来说，他们对新党派的热情恰恰来源于脱离了曾经的民主党派，这种卷土重来的主导姿态让他们无法接受。由于基层的态度和时间压力，东德自民党各州委员会拒绝了合并提议，原计划于 3 月 27日召开的共同代表会议因此告吹。论坛党内部也反对和原来的民主党派进行合并。[317]由于这两个党派都担心被吞并而拒绝了合并计划，德国自民党就利用这次会议将它自己改名为"自由民主者联盟—自由党人"。不仅东德自民党和德国论坛党对于这种做法感到非常愤慨，就连德国自民党自己的党员都对此表示反对，《晨报》评价其为"故弄玄虚"。一天后，许多人的愤怒继续升级，因为加入这个新联盟的不是小型的自由党派，而是德国国家民主党，该党在失去了统社党的庇护之后，并没能成功对自己进行重新定位。自由民主者联盟 17 万党员[318]的压倒性优势最终阻止了它与东德自民党和论坛党的合并，甚至还阻止了与西德自民党的合并。在地方选举时，这 3 个党派重新分开，独立进行竞选。

1990 年 8 月 11～12 日，在汉诺威举行了全德统一党代会。民主德国各党派有约 13 万党员，而西德方面只有 6.7 万，由于数量相差悬殊，必须制定一个复杂的代表分配方案，以保证西德自民党不会处于被主导的地位。遵循上次联邦议院、人民议院选举中选民的绝对数量，西德自民党获得了 400 个代表名额，自由民主者联盟获得 160 个，民主德国自民党 55个，论坛党 45 个。虽然自由民主者联盟随后又获得了 60 个客座代表名额，但是这并不能改变"党内绝大多数人的观点，他们认为自由民主者联盟的代表数没法保证他们能够发挥本党真正的政治潜能"，自由民主者联盟最终"偷鸡不成蚀把米"。[319]而且从纲领性角度来看，西德无法认同自由民主者联盟的立场。[320]

尽管如此，联合的自由党人在公众面前还是表现得一团和气。[321]随着莱纳·奥尔特勒布和布鲁诺·门采尔（Bruno Menzel）当选联邦副主席，自由民主者联盟和东德自民党的主席就都进入了西德自民党的领导小组。[322]此外，德国论坛党的克里斯蒂娜·佩措尔德（Christine Pätzold）和自由民主者联盟的约阿希姆·君特（Joachim Günther）也成为扩大主席团成员。大家共同发表了章程以及《为了自由的德国》原则声明。通过4个自由党派的合并，第一个全德政党诞生了。

德国民主农民党（民农党）[*]

与上两个前民主党派相比，民农党与统社党的决裂要晚得多。[323]1989年10月10日，被运动浪潮席卷的党领导才第一次认识到民主德国正在发生的变革。[324]虽然基层已经越来越强烈地表示，"民农党现在不应该再无条件地支持统社党的政策了"[325]，党主席君特·马洛伊达则坚定地宣称："民农党过去、现在、未来都始终是工人阶级政党可以信赖的联盟伙伴！"[326]同时主席团也表示，社会主义的"地位不会动摇"[327]。从党的内部报告以及寄给党主席的信件看，民农党高层和大部分迫切要求进行内部改革的党员还是没什么大矛盾的。[328]在这种背景之下，1989年11月4日，主席团发表了《在民主德国社会主义改革进程中的德国民主农民党》的立场文件，其中同样提出了制定新的选举法、政党法以及媒体法等要求，[329]但同时又再一次表明了与统社党结盟的态度。[330]

党员们纷纷反对这种隶属性质的结盟，而高层承担更多责任以加强民农党实力的意愿则获得了赞同，不过，计划和人事可能性之间的区别被反复强调。[331]在1989年11月11日的中央统一战线会议上，民农党利用这个机会树立特色，推举君特·马洛伊达为人民议院主席候选人。两天后，民农党主席被选为了人民议院的新任主席。[332]

因为11月4日的文件留下了很多未回答的问题，民农党应该在10天后的第9次党理事会会议上明确党的独立性。马洛伊达强调了强化自身特色的意愿，并且要求删除宪法第一条。[333]民农党希望在民主统一战线中"以平等的身份参与合作"，并且支持自由选举。[334]但是，"民主德国维持社

---

[*] 米夏埃尔·瓦尔特协助撰写。

会主义性质"和德国内部边界问题一样不可改变。[335]由于党员中有人要求整个党派高层退位，马洛伊达为主席团提出了信任投票建议。由于担心党派群龙无首以及其他诸多原因，理事会成员以匿名投票方式通过了全部16名主席团成员的留任资格，而且支持率远高于50%的最低标准。[336]在莫德罗政府中，民农党需要负责两个部委，其中汉斯·瓦茨克（Hans Watzek）被推举负责食品、农业和林业部，汉斯·里歇尔特（Hans Reichelt）负责环保和水利部。3天后，内阁候选人名单得到了人民议院通过。

民农党一直尝试在革新过程中确定本党立场。与此同时，政治傲慢、滥用职权以及贪污腐败引发了不满情绪。[337]越来越多的成员表现出被动或者逆来顺受。许多官员对于个人的未来发展感到担忧，毕竟党派在自由选举中的胜算有多大还很值得怀疑。[338]此外，党内信息还表明，绝大多数党员反对两德统一，反对"邦联这种虚伪的变化形式"，还反对联邦总理的《十点纲领》。[339]马洛伊达在几天后当选为人民议院主席之后，批评德国统一和《十点纲领》，认为它们"极其不合时宜"。[340]在这种紧张的情绪中，他担心联邦总理的提议并不能使民众平静下来，反而会让他们更加"亢奋"[341]。因此党员们赞成与联邦德国签订条约共同体，但是也有支持统一的人，因为这是"摆脱严重危机"的唯一可能。[342]

12月5日，主席团公开要求所有国务委员会委员辞职。同时，民农党宣布结束在民主统一战线的工作，转而支持圆桌会议政策。[343]但是，该党在基民盟和德国自民党宣布退出民主统一战线后才宣布退出，这不能不让人怀疑高层的革新意愿。根据长期观察民主德国的约阿希姆·拉普（Joachim Lapp）判断，到年底为止，民农党是与统社党分歧最少的一个党派。[344]尽管如此，1989年12月15日发表的"纲领性指导原则"修订版中表示，民农党未来"将不再隶属于任何一个其他党派，或者扮演只能出谋划策而无法做决定的角色"。民农党"在社会的革命性变革中看到了历史性机遇，可以为德国大地提供民主的、人道的、社会主义的替代方案"[345]。许多党员认为民农党领导层的这些决议还不够深入。那些不希望对社会主义进行改革、希望两德统一的人，获得了越来越多的关注和赞同。[346]12月底，行政区和专区理事会已经发现，相对于学习党理事会的文件，基层党员对于如何解决现实问题更感兴趣。在1989年最后一个季度，共有7000党员退出了民农党。[347]民意调查结果不太乐观，结果显示，只有1.6%的被调查者有意选举民农党。[348]

马洛伊达在年底又一次重申了本党会继续支持莫德罗政府，秘书处急忙解释说，这并非人民议院的选举结盟声明，与民农党对统社党/民社党的态度也没有直接联系。民农党仅仅是"出于社会责任，发挥专业能力参与政府工作"，因为毕竟民主德国在选举到来前还需要有人执政。[349]即使基民盟在1月底宣布撤出政府内的所有部长，民农党也坚持自己的立场。但是他们建议，如果由反对派团体参与的大联合政府无法成立，那就提前进行选举。[350]

1990年1月27～28日，970名代表在东柏林出席了民农党特别党代会。马洛伊达在开幕致辞中表示，从现在开始，民农党坚决拒绝"斯大林主义特色的社会主义行政官僚模式，正是它造成了国家危难、人心向背的局面"[351]。与此相反，我们现在要努力建成"反法西斯主义的、民主的、人道的社会"，"保障所有居民的社会安全，保障城市和农村均衡发展"，将"和平与民族沟通作为其最高关切"。[352]党内提出了改换名称的建议，备选项有"德国民主党"（Demokratische Partei Deutschlands）、"民主人民党"（Demokratische Volkspartei）、"绿色人民党"（Grüne Volkspartei）以及"中央党"（Zentrumspartei），马洛伊达与党理事会共同劝阻了这些提议。同样的，党章上的犁和麦穗也都保留下来。[353]

民农党表示自己是所有农民的利益代言人，尤其是私人农场主和园艺工人的代言人，支持"解决德国，直至两德统一，并将其与建构和平民主的欧洲联系在一起"，实现民主、法治国家、环保，"以及市场经济导向的经济改革"。[354]但是民农党不同意按照基本法第23条实现统一，因为这会"造成民主德国农业的彻底崩溃"。统一的前提必须包括维护农业生产合作社（LPG），园艺生产合作社（GPG），国营农场（VEG），保证土地改革结果不可侵犯。这些要求都符合党员们最重要的诉求。[355]

在党主席选举时，与其他前民主党派不同，民农党维持了人事上的连续性。在匿名选举中，君特·马洛伊达以615票（64%）赞成的结果，轻松击败乌尔里希·荣格内斯（Ulrich Junghanns）及其他3位候选人，继续担任党主席。[356]

因为大多数党员对党代会结果感到满意，民农党现在终于可以集中精力应对竞选。因为缺乏西德的支持，他们采用了很多来自基层的倡议。但是在人民议院选举时，民农党还是不得不接受早已经预料到的失败结果。民农党的支持率为2.18%，只获得了人民议院的9个席位，由于每个党团至少要有 10 位议员，民农党议员只能与德国民主妇女联盟（DFD）的一名代表共同组成了一个党团。

1990 年 3 月 26 日党的领导层会议上，党主席马洛伊达表示，虽然在某些行政区和专区中的结果还可以，但是总体来说并没有达到预期，他表示对于差劲的选举结果负有责任，并要求引咎辞职，但是党理事会主席团没有批准。[357]

在此期间，该党未来的原则性问题越发受到重视。从 1989 年 10 月 1 日开始，已经有 25278 名，即 20% 的党员离开民农党。1990 年 3 月 31 日，该党官方数据显示党内还剩余 98595 名党员。越来越多的地方团体集体退出。[358]其他的团体，尤其是在萨克森和图林根的团体全部转入了基民盟或者德国社会联盟。在法兰克福/奥德河行政区区联合会中出现了与民社党进行联合的讨论，其他的地区则更倾向于自由党人、社会民主党或者左翼的反对派团体。[359]民农党的未来几不可见。鉴于该党缺乏前景，1990 年 4 月 17 日，主席团决定开始与可能的合作伙伴进行对话。[360]11 天之后，理事会委托主席团"以建立政治联盟或者合并为目标，立刻开始与民主德国的保守政党进行正式谈判"[361]。德国社会联盟成为谈判伙伴[362]，因为他们的秘书长彼得－米夏埃尔·迪斯特尔主动提议进行合作。与此无关的是，在地方选举时候选人名单的政党合作也根据区域而大不相同。[363]

相比人民议院选举，在 1990 年 5 月 6 日的选举中，民农党在民主德国范围内的支持率上升到了 3.7%，在很多专区超过 10%，在施特拉尔松德（Stralsund）甚至超过了 21%。[364]尽管如此，这个结果还是不足以让民农党在多党制中获得自己独立的一席之地。内部的侵蚀也在继续。

1990 年 5 月 21 日，党理事会做出了关于未来道路的决定，其中将民农党的立场定义为"保守自由"。[365]第二天，媒体发言人威廉·尼克斯（Wilhelm Nix）公开拒绝了社民党主席沃尔夫冈·蒂尔泽的提议，不同意将民农党党员加入社民党。[366]此前尼克斯已经承认，有关与德国社会联盟合作的问题在党员中存在不同意见。[367]该党领导层因此不得不停止与德国社会联盟的对话。[368]

1990 年 6 月 19 日，主席团内以 8∶3 的多数票结果，向党理事会提出建议，将民农党与基民盟合并。[369]马洛伊达提议，以超过三分之二赞成标准来决定是否进行合并，并提议将其提交党代会，但两项提议都遭到了拒绝。[370]

1990 年 6 月 25 日，荣格内斯在理事会会议上又一次详解阐述了合并决议的进程。[371]民农党在统一后的德国内不可能"有机会"进入议会，这点并无人质疑。所有的党派都对合作甚至是与民农党合并有兴趣。主席团得出了如下结果：虽然和自由党人有很多共同点，但是民农党党员在自民党内是没有出路的。从内容方面看，和东德社民党之间"有很多一致性"，而且"两个党团在人民议院中的良好合作"也是有目共睹的。虽然如此，主席团还是不同意与社民党合并，因为社民党"从根本上而言是一个工人党"，民农党自己反而越来越像"一个有产者的党派，越来越成为一个企业主的政党"。[372]主席团以"多数票决定"建议党理事会"与基民盟同商共创未来发展"。[373]从民农党新的自我政治定位来看，基民盟和民农党在纲领方面，在对于具体政治问题的表述上，以及"心态上"都很接近。[374]大多数州联合会代表也支持与基民盟进行合并。君特·马洛伊达则表示反对，他没法"选择这个未来德国的大资产阶级政党"[375]。虽然有这样的顾虑，但是党主席的想法还是少数派。58 名在场的理事会成员中，有 46 名成员同意主席团的建议，"努力在德国内增强保守自由阵营的影响"。[376]因为这个决议结果，马洛伊达又一次请求辞职。他建议乌尔里希·容格内斯做他的接班人，该建议获得了一致通过。

州联合会以及行政区的报告显示，在本来就没什么人出席的党员集体大会上，对于理事会决议的反对态度占压倒性优势。大部分党员都没有准备好又加入一个新的党派，甚至他们干脆就没准备好在政治方面积极行动起来。[377]报告中记录："大规模的退党接踵而来"[378]。党的高层不理会基层党员意愿而自行做出决定的行为受到了强烈的批评，人们指责负责人只追求及时保住自己的前途。反对加入基民盟最常用的理由就是他们的农业政策，人们认为，正是基民盟的农业政策造成了民主德国农业目前面临的紧张局面。[379]

西德基民盟并没有直接参与谈判，对于合并没有什么反对意见。[380]但是基民盟的民主德国分部却不能始终保证这样。有时候会让人感觉到，基民盟是想以民农党为代价，洗白自己犯下的历史罪行。但是也的确存在很多平等合并的成功例子。总体来说还是取决于单个政要的决策。如果没什么官员准备好加入基民盟的话，对于基层当然也会产生负面影响。

在 8 月份州联合会的合并结束之后，1990 年 9 月 15 日，两个党派的合并终于完成了。[381]在这个新成立的基民盟州联盟中，民农党党员也处于核心地位，他们中的许多人被提名为基民盟州议会选举的候选人。6月底的数据显示，民农党共有8.1万注册党员[382]，其中只有不到10%以上述方式加入了基民盟。在汉堡党代会上，这个联合党派也加入了全德基民盟之中。

德国国家民主党（国家民主党）*

德国国家民主党（NDPD）[383]是民主党派中在自我定位上问题较多的党派。1948年，国家民主党作为整合前德国国家社会主义工人党（NSDAP）中"罪行较轻的"党员和德国国防军成员的组织成立。自从1956年开始[384]，国家民主党成立的第二个动机就开始占据主导地位，即为统社党与"公民力量"抗衡时提供多数票的保障。国家民主党试图招揽手工业者、小型企业家、民众中的知识分子和职员，这使得这个党派始终与德国自民党进行竞争。[385]这种竞争在1989年的秋季剧变开始时越发明显。据党内的《时事消息》报道，"德国自民党的一些言论意图对我党的朋友造成不良影响。"[386]这种评论尤其适用于德国自民党主席曼弗雷德·格尔拉赫褒奖奥西茨基的演讲。[387]而其他一些人并不这样想，认为"格尔拉赫的演讲对本党而言也是值得关注的榜样"。[388]

党派高层感到难以应对这种发展趋势。在10月17日的主席团会议、10月18日的与行政区主席开完研讨会之后，党派高层表示，如果进行讨论能促进社会主义的话，他们已经准备好，"在1989年10月18日统社党第9次中央委员会会议的内容指导下"，进行"以结果为导向的讨论"。[389]党主席海因里希·霍曼（Heinrich Homann）在《时事摄像机》节目中主动提出，与所有的"民主力量"进行对话。不过国家民主党主席仍然奉行统一战线政策，并且保持与统社党的合作关系。即使在10月18日昂纳克下台、克伦茨接任后，他仍继续保持这一立场不变。[390]

党内成员对此的反应莫衷一是。马格德堡、格拉和法兰克福分部的态度积极，德累斯顿行政区秘书处则表示反对，并转述基层对此的看法："党派高层到现在还没能搞清楚当务之急"[391]。此外，越来越多的人开始质疑民主德国"工人阶级的领导者地位，以及民主力量联盟的作用"[392]。国

---

* 米夏埃尔·瓦尔特协助撰写。

家民主党的"第一核心原则"规定承认工人阶级及其政党的领导地位，也越发动摇起来。[393]

1989年11月2日，霍曼宣布引退，[394]继任者是之前担任副主席、国家民主党人民议院党团主席的君特·哈特曼（Günther Hartmann）。

在霍曼下台的那一天，主席团就发表了《国家民主党在民主德国社会改造时期的基本原则和目标》草案，这是该党纲领革新的重要标志。[395]虽然这份文件还是宣称要维持民主德国的主权、社会主义以及与统社党的联盟，但是第一次提出了"获得平等的联盟伙伴身份，获得提出不同意见，代表不同立场、不同利益的权利"的要求。[396]此外，国家民主党还支持引入民主的法律体制，引入包括国有制、半国有制、合作社制及私有制的混合经济体制。[397]

不过有许多党员根本不了解这份文件。所以在1989年11月13日的人民议院会议上，哈特曼利用这次机会宣传自己的观点，表示如果能实现权利平等这个前提条件，国家民主党准备好加入统社党总理领导的联盟。[398]莫德罗内阁内有两位国家民主党代表，即担任贸易和供给部长的曼弗雷德·弗莱格尔（Manfred Flegel），以及担任了轻工业部长的贡特·哈尔姆（Gunter Halm），但是国家民主党对这个结果还是感到失望，因为他们只获得了两个部委，而德国自民党获得了四个。[399]

在1989年11月17日的第12次人民议院会议上，哈特曼的演讲获得了广泛关注，这位国家民主党主席成为首位提出邦联想法的民主党派高层代表。[400]他建议道，第一步是建立由所有联邦德国和民主德国的党派代表组成的委员会。根据汉斯·莫德罗所说，苏联对哈特曼的言论"很是气愤"[401]。不过这并没什么大不了。国家民主党高层现在对于和苏联乃至东欧的紧密联系以及民主德国的国家主权问题，都开始质疑。[402]

成立邦联的建议获得了党内成员们的欢迎。"我们的党派终于有一次做出了自己独特的贡献。"[403]但是没几周之后，政治讨论的重心就从邦联转移到了实现德国统一。因为国家民主党高层仍然坚持两德并存的观点不放，所以错过了引领统一运动的机会。[404]

在主席团于11月27日通过了党纲草案之后，总委员会于11月28日召开了第6次会议。总委员会选举出主席团内改革路线的新代表，由此实现了人事更新，并且决定召开一次党代会，[405]以发表新的纲领和新的章程，实现政党领导的民主合法化。到那时，原章程中承认统社党领导地位的前言和第一段会被删除。[406]1989 年 12 月 7 日，国家民主党宣布结束在民主统一战线中的工作。[407]

国家民主党前任党主席霍曼贪污了 25 万德国马克并因此被开除党籍[408]，在这个消息曝光之后，越来越多的党员相继退党。[409]

在这一背景之下，12 月 10 日，总委员会召开了第 7 次会议。哈特曼阐述了克服危机的两种解决办法：国家民主党领导层可以集体退出总委员会、主席团，以便为新的人员选举腾出位子。但是这样该党会缺乏行动力，甚至存亡堪忧。因此他建议将人事更迭推迟到党代会时进行，在这之前通过积极地参与政府、人民议院以及圆桌会议的活动来塑造自身的鲜明特色。前一天，主席团就已经表示了支持这条道路。[410]总委员会也愿意遵循哈特曼的建议，并且借此稳固了党领导的权力地位。[411]

国家民主党能否发挥政治影响，对此的怀疑情绪持续扩散。根据 12 月中旬的调查结果显示，只有 1% 的被调查者支持国家民主党。[412]由于对高层的不满，一些专区的国家民主党威胁要自行解体。许多党员打算根据党代会的结果来决定是否继续留在党内。[413]埃尔福特和其他一些行政区纷纷建议国家民主党与德国自民党进行合并。[414]

在长久坚持社会主义之后，年底前党内高层终于决定进行重新定位。12 月 27 日，哈特曼将本党定义为"民主德国的中间派民族政治力量"，愿意"与所有左派或右派民主力量合作"。虽然这样说，他们还是和"统社党/民社党、民农党、基民盟、东德自民党"统统划清了界限。[415]

1990 年 1 月 20～21 日，国家民主党在东柏林召开了第 14 次特别党代会，会议讨论表明，该党还是没能成功定义自身在民主德国新的多党制中的立场。[416]最后达成的一致是，在竞选纲领中将国家民主党定义为"中间党派，传统上以反法西斯为基本态度的民族的、民主的党派，追求和平的、言论自由的党派"[417]。国家民主党支持社会的、生态导向的、混合所有制形式的市场经济，支持个体中小型企业，支持维护职员的权利（40%的党员是职员），并支持重新引入职业公务员制度。[418]绝大多数代表拒绝了与德国自民党合并的提议。个别党组织建议解散国家民主党，成立新的"统一党"或者"欧洲党"，或者改换本党名称，这些提议也都遭到了拒绝。[419]

基民盟和德国自民党领导机构刚刚表示留任莫德罗政府的第二天，哈特曼也表示会继续和联合政府进行合作，[420]前提条件是，莫德罗遵守 11 月

17 日政府声明中所做的承诺，与圆桌会议进行合作。[421]

国家民主党聘请了一个私人广告公司进行民意调查，党主席根据调查结果宣布支持率可能达到 8% ~ 10%[422]。就连代表们自己都不齿于这一打肿脸充胖子的行为，认为结果不实[423]，而且党员数量在这期间减少了将近10%，官方数字已经缩小到了 10 万人。[424]

哈特曼支持两德统一的行为收获了热烈的掌声，这位党主席现在放弃了自己的抗拒态度和原来的立场，将目前所追求的邦联称为重新统一的过渡阶段。[425]竞选纲领接纳了"八阶段计划"，这个计划的第一步就是建立经济与货币联盟，1992 年应该在柏林国会大厦建立共同的各州议会和邦联政府，1995 年宣布德意志共和国不结盟，实现军事中立，1996 ~ 1997 年，与四个战胜国就和平条约进行谈判，撤出所有外国驻德国的武装力量。[426]

在经过人事政策的激烈讨论之后，在第二天的协商会议上以极其糊涂的程序完成了一场党主席的竞选[427]，来自萨尔的候选人沃尔夫冈·格莱泽（Wolfgang Glaeser）取得了胜利。格莱泽用简短的讲话结束了党代会，他表示国家民主党会接受各种可能的支持，并且宣布"向所有方面展开竞选攻势"，尤其要针对统社党/民社党。[428]短短 48 小时之后，格莱泽就宣布下台。理事会和大部分基层人士对他演讲中的措辞和表现出来的趋势进行了强烈批判。[429]

还有其他原因造成了该党的激烈讨论。为了维护原有的权力结构，在制定党理事会候选人提名时，前任高层成员明显被"无声地"安排到了行政区候选人名单中。[430]此外还有批评指出，党代会领导很有可能"扼杀"了那个阶段计划。尤其是那些担心自己职位不保的全职官员[431]，就拒绝到1995 年时实现两德统一。与党代会决议相悖，基层要求和德国自民党合并的呼声越来越高，这更提高了党派分裂的可能性。[432]一些基层组织宣布要整体退党，转而加入"其他党派，首选就是自民党"。[433]

2 月 11 日，第 14 次党代会第三次讨论会召开，代表们选举国家外交学学者沃尔夫冈·劳尔斯（Wolfgang Rauls）接替短暂任职的党主席格莱泽，哈特曼和拉森（Laßen）继续担任副主席，以保证人员的连贯性。因为所有的预测结果都表明选举结果不容乐观，大部分代表要求各民族党派和自由党派缔结选举联盟。[434]劳尔斯把竞选中的合作当作一个测试阶段，以确立未来组建一个以民族主义和社会自由为特色的全德政党时的构成。[435]但是德国自民党、自民党和论坛党都不同意国家民主党加入自由民主者联盟，因为他们对丁垦济政策的观点不一致。[436]国家民主党代表和西德自民党[437]的谈判也无疾而终。

没有联盟伙伴，没有西德党派的支援，党内情况一团糟，所有的目标群体都已经被更有吸引力的政党招徕，缺乏具有说服力的特色，国家民主党在 3 月 18 日的人民议院选举上机会全无。他们完全浪费了自己的机会，只获得了 0.39% 的支持率[438]，两个议院席位。由此，国家民主党面临政治破产。

因此，选举后的周一，国家民主党代表和西德自民党代表已经会面，重谈这个昔日的民主党派加入自由党派联盟事宜。[439]国家民主党毕竟还有 72768 名党员[440]，估计 1.27 亿马克的党产，超过 200 个办事处的基础建设，这不能不让潜在的合并伙伴感兴趣。和对待德国自民党的情况类似，西德自由党人也要求国家民主党必须首先进行人事大换血。不久后，哈特曼和拉森两位副主席宣布退位。[441]

1990 年 3 月 31 日，国家民主党领导层做出决定，"通过协作性合并，加入自由民主者联盟，成为中间党派"[442]。此刻，国家民主党这个名字也就从党派名单中除名了。3 天后，国家民主党最后一次召开大会，500 名代表以欢呼喝彩通过了加入自由民主者联盟的决议。[443]

于尔根·弗罗利希（Jürgen Fröhlich）曾作为专家参与了德国联邦议院调查委员会的调查报告《德国统社党专制统治的历史及后果的清算》，研究了国家民主党的整个历史，他所得出的结论不无道理："国家民主党经历了曲折的政治路线变更，首先是'纯粹'的右派，至少在很长的一段时间都属于'进步'阵营，最后成为政治中间派。全德中间党派于 1990 年 8 月成为现实，而国家民主党的加入却全然不能带来任何纲领性的贡献。回顾他们的纲领发展过程，即使党内高层想要如此，也完全不可能。"[444]

第三节　新建的党派

东德社会民主党（东德社民党/社民党）*

相比其他今天在联邦德国国会中占有一席之地的党派，东德社民党的

---

* 尼古拉·瓦尔克（Nicolai Walcyk）协助撰写。

发展非常不同。首先东德社民党（SDP）（和联盟 90 一样）并非出身于民主党派，而是在 1989 年 10 月 7 日以一纸成立证书，成为民主德国内第一个公开反对统社党一党集权国家的党派。[445]这使得他们从一开始就具有独特的定位，与西德社民党也不尽相同。事实上，波恩的那些社会民主党人的确没有对东德社民党的成立产生任何影响；他们在这个发展最初阶段更多地持较为怀疑的态度。

正如其他 1989 年成立的党派一样，东德社民党的前身也是那些 20 世纪 80 年代具有教会背景、追求国家进一步改革、要求东西方停止军备竞赛的组织。[446]其中之一是"流动和平研讨会"，他们自 1982 年发起，此后每年都会举办。东德社民党的两个主要发起人——牧师马丁·古特蔡特（Martin Gutzeit）和马尔库斯·梅克尔——就来自这一组织。他们是 1974 年在柏林的语言学校认识的，也是在这里，他们和后来的社民党人民议院党团主席理查德·施罗德以及曼弗雷德·伯梅，别名易卜拉欣·伯梅，共同创立了一个神学—哲学工作小组。[447]

主要参与者们认为，之所以数年的反对派工作之后产生建立政党的需求，主要是由于以下几个因素同时出现：1988 年 1 月，卢森堡/李卜克内西游行之后发生的逮捕和驱逐出境等事件，使得体制改革的可能性显得越发渺茫。与此同时，反对派组织内部散漫的态度也越发明显。[448]古特蔡特和梅克尔认为，有约束力的、持久的工作制度（比如章程）以及清晰的纲领，对于未来的政治工作非常重要。所以他们形成了日渐清晰的想法，即建立"党派"无疑是最合理的组织形式，强大到足以反抗统社党统治，至少他们是这样希望的。[449]他们不想再继续忍受统社党的一党专政，开始为它设立竞争对手。

1988 年秋天时，马丁·古特蔡特就考虑要建立一个新的社会民主党派。[450]从 1989 年 1 月开始，他在马尔库斯·梅克尔的共同帮助下，以书面草案的形式将这一思想具体化了，以此为基础，他们于 1989 年 7 月 24 日在马格德堡撰写了《为在民主德国建立东德社民党这一社会民主党派而成立倡议小组的号召》。[451]2 月时，他们已经向更多的反对派人士宣传了这个想法，比如贝贝尔·博勒、乌尔里克·波佩（Ulrike Poppe），以及格尔德·波佩。但他们并没有获得多少支持，寻找联盟的努力最开始也没有什么结果。即使在这个圈子里，"政党"这个词也显得丢脸；他们可不想要固定的结构。[452]

鉴于夏天时民众大规模向西德迁移，古特蔡特和梅克尔觉得，现在向公众发起宣传的时机已经成熟了。1989 年 8 月 26 日，在柏林各各塔县（Golgatha）举行的研讨会结束时，梅克尔发出了号召。[453]此前，牧师阿伦特·诺亚克（Arndt Noack）和易卜拉欣·伯梅也加入了他们的行列，在呼吁书上签了字，虽然他们在内容上没有做出任何影响。[454]不过在 90 人左右的听众中，这份呼吁书只获得了稀稀拉拉的掌声。[455]虽然原计划于 9 月 3 日在教会基层中进一步公开呼吁书，但实际上在 8 月 31 日，它在稍微删减了一些内容后就已经发表在了《法兰克福评论》和《今日时报》上。通过教会渠道，它迅速在民主德国传播开来。

梅克尔 7 月 28 日时在梅克伦堡的一次教会活动上，向伯梅介绍了他的呼吁书，其内容在 8 月 3 日就上呈到了国家安全部。[456]8 月 30 日，一位教会负责人要求梅克尔立即停止一切建立倡议组织的活动。梅克尔拒绝了这一要求，并表示，他的所作所为不仅应当从对一个牧师的职责角度，也必须从民众的角度进行评价。[457]

9 月 18 日，一个 10 人倡议小组响应呼吁书的要求，第一次在语言学校会面，其中包括 8 名牧师、易卜拉欣·伯梅以及唯一的女性成员——生物学学者安格莉卡·芭布（Angelika Barbe）。[458]由于民主德国局势不断恶化，原先在小团体中分散筹备建党事宜的计划不得不被放弃，因为从耗费的时间和精力来看，这样做明显推迟建党时间。倡议小组单独决定将 10 月 7 日定为最终成立时间。其后的几次会面（9 月 26 日，10 月 1～2 日）的首要任务，都是筹备建党事宜。古特蔡特和梅克尔进行任务分配，[459]包括寻找合适的地点，制定党章草案，当然还有继续寻找潜在的合作者，为此古特蔡特和梅克尔在 9 月 12 日还起草了呼吁书的删减版。[460]这一系列工作中，教会的基础设施功不可没。[461]

将东德社民党的成立时间选在民主德国成立 40 周年纪念日那一天，并且连庆祝活动也安排在一起，并不是一个偶然。古特蔡特承认，虽然筹备时间仓促，他们还是早在 8 月 26 日就选定了这个时间。[462]也可能是他们指望着当权者不想在这个时间点上让外国进行负面报道，因此不会采取激烈手段回应。尽管如此，倡议小组还是担心国家机关可能会阻挠建党，因而秘密进行着计划，试图采取一些措施来预防此种事情发生。首先就是在 10 月 1 日到 10 月 2 日的夜间会议上，在语言学校"秘密提前建党"，这样即使被逮捕了，他们还是可以向西方媒体传递东德社民党已经成功建立的消息。[463]其次，不是所有倡议小组成员都知道，汉斯·米瑟维茨（Hans Misselwitz）会在建党期间留在联邦德国，他肩负向西德社民党传达建党消息的重任，同时请求加入社会党国际（SI）。[464]不过，通过别名"马克西米利安"的斯塔西非正式情报人员易卜拉欣·伯梅，国家安全部还是提前就知道了这些计划。[465]

尽管有着各种担心，建党集会还是平静地召开了。与古特蔡特相熟但没有公开出现过的牧师约阿希姆·凯勒（Joachim Kähler）在奥拉宁堡（Oranienburg）施万特（Schwante）的家中提供了集会场所，不过几位成员动身前往集会的过程就遭到了斯塔西的监视。[466]集会参与者大约有 40～50 人。康纳德·埃尔默（Konrad Elmer）宣布会议开始之后，议事日程内容是梅克尔作纲领性的报告，[467]接下来对于党章进行讨论，一些人感觉讨论时间太短。据埃尔默回忆，由于梅克尔指出考虑到斯塔西可能出现，必须立刻进行建党仪式，因此讨论不得不中止。[468]最后，古特蔡特起草的章程中，只有前 10 节的核心内容获得了通过，[469]从第 11 节开始的建党组织机构内容直到 1990 年 2 月 10 日的莱比锡党代会上都没有得到确立。[470]成立证书一式四份，每份都有接近 40 个签名，签署证书后，暂时确立了党章，并通过了加入社会主义国际的申请，之后开始选举产生职能部门领导[471]：理事会共由 15 人组成，其中施特凡·希尔斯贝格被选为发言人；马尔库斯·梅克尔和安格莉卡·芭布被选为副发言人。伯梅担任秘书长，格尔德·德灵（Gerd Döhling）负责财务。之所以没有选择党主席而选择了发言人这个职务，是为了像绿党那样，明确向基层民主结构靠拢。希尔斯伯格虽然担任发言人，但是梅克尔是在施万特才第一次见到他，还有其他的人事决议，都没有进行过事先讨论或者商议，筹备小组自然愿意继续承担责任。[472]而希尔斯伯格的当选，很大程度是因为他们不想让一个牧师担任新党派的第一要职。[473]

施特芬·赖歇（Steffen Reiche）当天就踏上了前往西柏林的路，他会在那里通知媒体这个消息。作为新任秘书长，伯梅则被委托书面告知民主德国国家领导建党的消息。东德社民党这样做并不是为了获得许可，只是不想耗费精力和当局争斗。此外，东德社民党的章程已经明确表示，新党派不打算在民主党派中扮演任何角色，并且反对统社党一党专政。[474]内政部于 1989 年 10 月 23 日作出回应，在上呈政治局的建议中，宣布呼吁书和"建党"为违法违宪行为，他们表示，接下来要教育"公民伯梅"，"仅凭登记并不能获得建党的认可，必须立刻撤销目前为止进行的违法建党，并停止进一步行动"。如果不遵守这些要求，要准备好承担法律责任。[475]不过这并没有说得那么吓人。除了埃尔默 15 岁的女儿因为在学校散发章程传单而被短期逮捕等少数几个例外，在施万特集会之后，几乎并没有发生对参与人员及其从属人员的压制。[476]

为什么国家政权没有像不久前对待"民主觉醒"成立时那样对待东德社民党的成立呢?[477]他们是不能，还是不应该？在几个反对派团体主要成员斯塔西非正式情报员的身份相继曝光后，流言四起，认为国家安全部在这些新党派中不作为的态度，是为了搅乱统社党的统治。不过到目前为止，都没有档案能印证这一猜想。相反的，斯塔西在东德社民党成立过程中的很多行为，都是出于不友好的意图。[478]原计划的成立日期前两天，施万特图书馆被关闭，并且被用作"行动据点"，"以保证立刻派驻德意志人民警察（*DVP*：*Deutsche Volkspolizei*）力量"。[479]

到底有没有打算强行阻止建党仪式呢？国安部 1989 年 9 月 21 日的档案记录对此做出了回答："之前已经估计到，反对派的发展已经到了无法轻易肃清的地步。鉴于局势发展，国安部没法实施镇压措施。所以政治影响和引导才是最重要的。"[480]

这种估计到底是出于担心暴力镇压如果被曝光可能产生政治后果，还是仅仅出于保护伯梅的身份不被戳穿，现在已经不得而知。估计在建党仪式上还有几个斯塔西成员在场，但是他们明显都隐藏在了幕后。虽然斯塔西的"马克西米利安"在东德社民党内身居要职，但即使国安部有意为之，也不太可能对其进行控制。因为除了个别独立工作内容之外，伯梅在东德社民党中的工作一直遵循着"社会民主党派的原则"，他也必须这样做。[481]梅克尔在回顾过去时，认为国安部扮演的角色无足轻重："斯塔西几乎从始至终都在，他们阻碍了一些事情，但是就我看到的方面而言，他们几乎没有阻止任何事情的发生。"[482]

施万特的"建党元老"们具有如下特征：梅克尔自己评价这 43 人小组的组成非常偶然。[483]尽管如此，党内还是（基督教）神学界人士占绝对多数，和倡议小组的人员比例情况一样，而构成社会民主党选民基础的工人和职员则只占了很小一部分。[484]虽然梅克尔有意担任发言人，但最终还是选择了"非牧师"的施特凡·希尔斯贝格，就可以证明他们自己是清楚这种不合理结构的。最开始其实本想让伯梅担任发言人的，但是他自己拒绝了。[485]这些"施万特人"的组合本身就表明，建党呼吁书并没有波及广泛的人民群众，感兴趣的人都是那12个倡议小组里成员的熟人。这些人本就都是神学界人士，他们当然也只能在教会圈子里产生影响。沃尔夫冈·赫茨贝格（Wolfang Herzberg）与帕特里克·冯·米伦（Patrick von zur Mühlen）共同访谈了许多东德社民党建党成员，赫茨贝格根据自己对这些人生平的研究得出结论，他们大部分都生于长于基督教环境之内，这注定了建立一个社会民主的党派。[486]梅克尔则对此表示反对，并指出许多其他团体内也有这样的现象，比如"现在就实行民主"党或者"民主觉醒"党。[487]对于民主德国内的"政治替代文化"而言，宗教社会化至少创造了不错的前提条件，这种推测肯定是没错的。[488]而梅克尔宣称这些人的组合非常偶然，也可以表明，不是所有成员都想要积极投身于政治，有些人甚至弃党而去，而其他一些人则一直到今天还在联邦德国社民党内工作。当时的核心人员中，大部分都转行专职投身政界。[489]

因为建党成员中大部分人的年龄都小于40岁，他们的社会化仅仅在统社党的统治下完成。柏林墙的建造，冷战的高潮，这些事情他们就算经历了，当时也还只是孩子。[490]因而完全可以理解，很多这个年代的人想要实现两德统一，只是出于统一后可以提高生活水平，获得更多民主权利等原因，这一点在东德社民党的章程里就可以得到体现。[491]

建党成员，尤其是古特蔡特和梅克尔总是不断被人提问，他们为什么建立了一个社会民主党派。安格莉卡·芭布总是这样回答："我们更倾向于绿党的发展方向。我们想要建立一个生态为导向的党派。"或者施特芬·赖歇会回顾过去说："如果仔细研究呼吁书以及后来1989年夏天的章程，就能发现，这个党派其实原可以起别的名字。"[492]这里必须区分古特蔡特、梅克尔和其成员的不同观点。梅克尔就不认同上述说法，并且辩护说，章程是有意识带有社会民主性质的。[493]古特蔡特自己承认，他在1989年1月时主要都是在参考瑞典模式，思考生态基金会、财产分配等问题，并没有好好留意过西德社民党的章程，比如生态导向的社会民主之类的。[494]就连埃尔默也是既对绿党，又对维利·勃兰特充满好感。[495]事实上，东德社民党的宣言和后来的章程中，都明显带有生态特点，并且宣扬将国际责任和社会责任相结合。一个牧师主导下的倡议小组为什么没有建立一个基督教党派或者基督教社会党派，赖希和梅克尔主要以神学观点回答了这个问题，他们不允许政治"披上基督教的外衣"。[496]

在选择党派名称的时候，对社会民主的历史以及其代表人物的认知自然也发挥了一定的作用。[497]人们希望有意遵循社会民主的"德国传统"，并且成为一个"全民党"，虽然最开始对于全民党这个提法颇有争议。[498]在图林根和萨克森，由于东德社民党过高估计了社会民主的传统对于当前的影响，导致在后来的选举中结果不利，而且在建立政党的地方组织结构时也遇到困境。[499]

虽然与西德的姐妹党有许多共同点，东德社民党还是从一开始就希望成为独立于西德姐妹党的独特政党。[500]从命名中就可以看出他们树立自身特色的意愿，"东德社民党"（SDP）而不是"社民党"（SPD）。不过在1946年，德国共产党和社会党被迫结合产生了统社党，因而也可以将统社党看做社民党在民主德国的法律继承人，所以东德社民党没有取名为"社民党"也可能是因为不想和统社党因此进行法律诉讼。形式上来说其实东柏林的社民党还继续存在，但是因为受到统社党的压力，社民党柏林理事会在1961年解散了那8个专区组织，或者说"冻结"了它们。[501]1989年8月时，一些西德社会民主党人猜测东柏林社民党将重建，但这看来并没有对东德社民党的命名产生影响。[502]不过东德社民党建党过程中的确讨论过与东柏林社民党进行组织结构上合并的可能性。[503]

8月26日的建党呼吁书在西德媒体中获得了热烈回应，[504]但是西德社民党最初的反应却至多只能被称为客气的疏离，至少官方没有明确表示过支持态度。这背后必然有多种原因。首先，波恩社民党在1989年夏天，"因为与统社党的对话政策而遭到了党内及公众的广泛批评，在德国政坛居于下风"。其次，虽然社民党明显冷淡了与统社党的关系，还是有人质疑他们的改革能力。[505]卡斯滕·福格特（Karsten D. Voigt）在东德社民党发表呼吁书3天后表示，这样一个党派的建立虽然肯定是"合法的"，自己"也在政治和道义上与他们团结一致"，但是他认为本党不合适对这个新党派提供帮助。[506]8月30日，媒体引用了瓦尔特·蒙佩尔的观点："现在在民主德国内部，通过小团体建立党派根本不能推动什么"，"重要的是，改革压力要从民主德国群众以及统社党的部分党员上升到党内高层。因为在可以预见的时间内，大权在握的还是统社党，所以只有通过这条路才能进行变革。"[507]

社民党波恩总部的信息缺乏肯定也在其中起到一定影响，他们几乎只和统社党、教会还有其他比较官方的官员保持了对话关系。[508]虽然有过与其他组织的个别接触，但是当时梅克尔、古特蔡特、伯梅、赖希或者芭布这些名字在西德还算不上"知名的反对派人士"。呼吁书起草者和西德社民党唯一的一次接触，就是 1989 年 6 月 10 日古特蔡特和联邦议院议员格尔特·魏斯基兴在汉斯·米瑟维茨位于潘科（Pankow）的住所进行的一次会面，当时古特蔡特想要设法弄到一些学术文献，以及"关于社会民主主义以及政党的资料"，但并没有提及东德社民党成立的计划。[509]就算后来东德社民党的成立公布了，西德社民党也只是彬彬有礼地表示祝贺，表达了思想上的支持，但并没有认真地对待这个新党派。埃贡·巴尔认为："我觉得这并不是一个党派，而是一个团体，他们因为社会民主或者民主社会主义的观点而走到了一起。"[510]虽然缺乏支持让新党党们感到失望，但是这也恰好排除了将东德社民党看作西德社民党傀偏的嫌疑。[511]

为数不多的西德同志在东德社民党成立之后主动寻求和"小妹妹"进行接触，这些人中的大部分人之前就已经和民主德国的反对派圈子有过交流，比如格尔特·魏斯基兴，还有诺贝特·甘索。[512]甘索在 10 月和伯梅、芭布、古特蔡特进行了会面，并且将自己积极的印象传递回了波恩。[513]但是为了达到双方的联系沟通，东德的党派首先得有一位代表前去波恩。在没有和其他人商议的情况下，赖希借着自己祖母生日之机，在东德社民党成立一周后前往了西德，并在那里引起了媒体的极大兴趣。[514]他和奥斯卡·拉封丹、赫尔穆特·施密特共同出席了一次电视节目（"焦点"），接受了电台以及报纸采访。但是直到 10 月 23 日，赖希才努力争取到了一次和党主席汉斯－约亨·福格尔进行谈话的机会，并在 20 分钟的谈话之后临时受邀参加主席团会议，波恩社民党的态度转变至此才初露端倪。[515]因为在这之后，即昂纳克下台 5 天后，埃贡·巴尔就表示，在他们新的对话伙伴中，东德社民党排在第一位的。[516]虽然东德社民党在建党初期遭遇许多困难，但是并不想接受社民党的物质援助，尽管如此，两个党派间的关系还是日渐紧密起来。[517]

建党之后，参加施万特集会的几个人的首要任务就是在全国建立联系，寻找感兴趣的人士。因为他们想要成为全民党，必须建立广泛的群众基础。为了实现这个目标，必须在各地促进成立东德社民党地区组织。在柏林墙倒塌之后，虽然成立了越来越多的行政区级别的东德社民党联合会以及地方基层组织，但是覆盖面广、运作良好的照管网络还是只建成了一部分。

个别党派组织间的合作并不顺利，原因包括办公设备的缺乏，沟通条件恶劣，当然还有柏林的党中央经验不足，工作负担过重，所以总是没法总揽全局。[518]因为 10 月 7 日的党章明确规定了权力分散化，并且没有强制规定区级结构，所以也可以从这个角度来解释问题所在。[519]此外，他们也担心统社党的党员会大规模转移到本党，因此地方联合会就要根据自己的挑选和审核能力，自行负责吸纳新党员。[520]这种显得有些"脑体脱节"的行为多少导致了基层和高层的疏离，并表现在理事会、政党委员会和个别成员之间的思想差异之上。[521]这个问题在人民议院选举中有着特殊的意义。

虽然缺乏自己的基础设施，但是党员数在最开始还是迅猛增加。因为有很多党员都没有被总部登记在案，最开始几个月的确切数字已经不得而知。估计在 1989 年底时，大概有 1 万到 1.5 万人。[522]

12 月初，圆桌会议正式确定，在第二年 5 月进行首次自由人民议院选举，其后伯梅和福格尔在东柏林进行了正式会谈，并决定接受社民党提供的援助。[523]姐妹党的竞选援助首先表现为西德社民党高层领导公开出面，此外还在政党制度建设过程中提供物质和后勤帮助。[524]其他曾经的民主党派都具有基础设施方面的优势，而通过西德社民党对东德社民党的帮助，应该可以抵偿它们的优势。

为了党派发展，党员们积极参与全国范围内的圆桌会议工作。在柏林的中央圆桌会议，东德社民党创始人伯梅、古特蔡特、芭布、布林克斯梅尔（Brinksmeier）、梅克尔和赖希等人就参加了不同内容的工作组。[525]最终，1990 年 2 月 5 日，瓦尔特·龙姆贝格被选为民主德国的第一位社民党无任所部长，与圆桌会议的 7 位其他代表一起加入了"民族责任政府"，此前莫德罗曾向伯梅主动提供了环保部副部长职务，但是被伯梅拒绝了。[526]

在中央圆桌会议之外，东德社民党曾和其他 5 个反对派团体、党派组成了竞选联盟。1 月 3 日，社会民主党人又脱离了联盟，因而所有的机会都要靠自己来争取。[527]1 月底，西德社民党鉴于民主德国的局势不断升级，要求将人民议院选举时间提前到 3 月 18 日，并且实现了自己的提议。

面对即将到来的选举，在纲领方面最关键的问题无疑是对于两德统一的态度，社会民主党人对此的怀疑态度常常表露在外，无法有效树立特色。沃尔夫冈·蒂尔泽在加入党派之前，早在 1989 年 11 月 10 日就对此提出了具有现实意义的观点："我和民主德国大部分知识分子的观点不一样，我认为，如果问问民主德国人民的话，大部分人都准备好迎接统一了"[528]。虽然他这样认为，但是理事会的很多成员还是坚持梅克尔提出的"第三条道路"[529]："我们承认，两个德国并存的局面是本民族以往罪责导致的恶果。虽然这并不排除未来可以在欧洲的和平秩序下发展，但是这毕竟不是目前行动导向下的政治目标"[530]。

1989 年 12 月 3 日，东德社民党理事会发表了《德国问题声明》，虽然他们承认了"德意志民族统一"，并提醒需要双方共同建构，但是同时也警告不要过于草率急躁。[531]仅一个多月之后，1990 年 1 月 14 日，东德社民党东柏林代表会议又发表声明称："马上能发生的事情，就应该马上实现。"[532]这一声明也代表了基层的意愿，因为从柏林墙倒塌之后，两德统一的思想在这边也开始占据越来越重要的地位。

关于党派名称的讨论也可以体现出对于统一的态度，因为"东德社会民主党"这个名字原意是要强调民主德国的独立性。[533]赖希表示，州代表大会发现，由于基层的压力，"东德社民党"这个名字不利于开展工作。[534]此外，一些代表还建议彻底放弃党章中所使用的"民主社会主义"这个概念，关于这个问题的决议被推迟到了党代会。[535]新名称的选择很明显地倾向联邦社民党；毕竟马上要开始地区选举了，而示范效应的重要性是不言而喻的。

1990 年 2 月 22～25 日，在莱比锡举行了第一次正式党代会，这个年轻的党派在会议上终于为自己的组建过程画上了句号，虽然这个过程中充斥着合法性方面的临时决定和结构性的权宜之计。除了党章和原则纲领，524 位代表还通过了竞选纲领，该纲领参照 12 月时已经发表的以平等身份实现统一的计划，制定了一份"德国统一时刻表"，但列出了具体建议。[536]

莱比锡通过的这几份纲领的基础，是 1989 年 8 月的呼吁书以及由梅克尔拟就，并在建党之日所作的纲领性报告。变化首先体现在形式上。莱比锡的原则纲领已经非常接近西德社民党在 1989 年 12 月发表的相关纲领文件了。与呼吁书和报告不同，原则纲领和竞选纲领中的内容明显将生态放在了比较次要的地位，而在报告中，生态则与社会、民主共同构成三大主要准则。有怀疑认为，西德社民党对于东德社民党的莱比锡纲领产生了直接影响，这遭到了双方的否认。[537]

在东德社民党成立后很短的时间里，伯梅就受到了媒体的追捧，这从很大程度上造成了他在没有竞选对手的条件下被选为党主席以及人民议院选举首席候选人。他的受捧和他能言善辩的能力分不开，当然他偶尔表现出不愿意从事俗气的办公室工作也有所帮助。[538]梅克尔也有兴趣担任党主席一职，但他和伯梅常常意见不合，考虑到选举策略，他做出了让步，更何况原来的党理事会明显更倾向于伯梅。[539]尽管如此，梅克尔还是与安格莉卡·芭布和卡尔-奥古斯特·卡米力一起当选了副主席。施特凡·希尔斯贝格接替伯梅担任秘书长，此外，在建党创始成员之中，康纳德·埃尔默、萨宾娜·莱格尔（Sabine Leger）、马丁·古特蔡特、施特凡·芬格（Stefan Finger）、西蒙娜·曼茨（Simone Manz）和弗兰克·伯格什（Frank Bogisch）也都加入了33人的总理事会。[540]随着维利·勃兰特当选为名誉主席以及更多西德社民党著名人士的出场，社会民主党人中弥漫着团结一致的气氛，并对人民议院选举充满了乐观态度。

3月18日的选举并没有按照预料的那样，然而失败的责任并不应该由那些代表社民党参选的人承担。[541]不管是因为多次表现出不一致的观点，还是后来在德国统一问题上的转变，或者因为个人观点的传达不够充分，再或者是不够有影响力，总之，东德社会民主党人在最重要的领域失去了选民的好感。此外，该党并没有开发足够的传统社会民主的代言对象，重新挑选出的东德社民党党员中工人的比例还是偏少。[542]也许这个问题之前并没有严肃对待，因为大量的选举预测都明确将西德社民党视为胜利者，甚至已经将伯梅看作了未来的政府首脑。此外，西德社民党的德国政策对选举失败所起的作用不可低估。1990年前几个月的乐观主义之后，低得令人难以置信的21.76%支持率对其迎头泼了一盆冷水。

获得竞选胜利的"德国联盟"主动在3月19日向失望的社会民主党人提议，在未来的政府中共同合作。社民党突然面临选择，要么以第二大党团的身份扮演大联盟的小伙伴，要么与民社党一起坐上反对党的冷板凳。[543]这是一个艰难的决定，安格莉卡·芭布事后说道，这个决定造成了很多人的退党。[544]最大的阻力被认为是德国社会联盟，他们不仅与社民党政治观点不同，而且竞选中也对社民党做了很多不友好的抨击，没有结盟能力。更何况选举前，社民党人还断然拒绝与德国社会联盟以及民社党组建竞选联盟。讨论过程中，有人指责某些议员是为了自己的事业才竭力主张社民党加入政府。[545]除了党主席伯梅之外，"青年社会民主党人"也反对加入大联合政府。而且东柏林方面已经收到了波恩社民党议员的大量警告信。[546]

支持社民党参与政府工作的人认为，这样至少能实现社民党部分的政治设想；而反对者则持批判态度，认为由两届保守自由党派政府达成的一致意见有可能会被误读，在公众心中会被迅速评价为"与民社党狼狈为奸"。[547]

关于即将踏上的统一之路也尚存争议，即使在选举之后，东德社民党中大部分党员还是非常反对民主德国根据基本法第 23 条"加入"联盟德国，他们更支持按照"时刻表"中所说的以平等身份进行统一，并根据基本法第 146 条保留由人民投票表决的新宪法。在这个问题上，伯梅以捍卫者的形象坚称按照第 146 条实现统一，而他的继任理查德·施罗德则支持按第 23 条的程序行事。[548]虽然 1990 年 3 月 21 日时，社民党理事会和党顾问委员会都不建议与"德国联盟"组建联盟，但是它们还是达成一致，将这个问题交由党主席团和党团理事会进行处理，而后者支持进行谈判。[549]从这当中已经体现出来，社民党内部的权力正在向党团理事会转移。[550]

3 月 21~22 日，社民党人民议院党团召开了成立会议，选举克里斯蒂娜·卢奇卡（Christina Lucyga）、弗兰克·特佩（Frank Terpe）和理查德·施罗德担任党团主席伯梅的副手，马丁·史特佩特和阿尔文·齐尔（Alwin Ziel）担任秘书长。[551]此外，会议还决定，所有曾经以任何形式为国安部工作过的议员都必须向党团高层坦白，并且交回议员席位。

议员的工作环境一开始非常恶劣。新的人民代表一直等到 5 月中旬才拿到补助津贴，基础设施也完全没有什么好指望的。在局势缓慢好转起来之前，社民党的第一次党团会议因为没有场地，而只能在共和国宫的走廊中举行。[552]

早在莱比锡党代会时就有谣言称，伯梅和国安部牵扯不清，3 月 26 日的《明镜周刊》给这个消息又添爆料。新近当选的党团主席一开始对此进行了否认，但是却暂停了他两个职务下的工作。在查阅了斯塔西档案室内自己的档案之后，伯梅终于在 1990 年 4 月 2 日彻底辞去了职务。[553]

"能出卖的信息，他都出卖了个干净"，古特蔡特如是说，而在伯梅身份暴露之前，他一直身居要职，接触的都是重要决定。[554]作为反对派，其实人们已经习惯了被安全部监视，但是伯梅的背叛还是让相关人员十分震惊。毕竟他从小是个孤儿，而且不管是他从最开始成为党内要人，还是后来成为秘书长、党主席乃至人民议院党团主席，一直都被很多人视为惹人喜爱且天资聪颖。在反对派圈子里，他交友广泛，颇受认可。[555]1975 年以前，伯梅一直很积极地在格莱茨（Greiz）负责"亚历山大·冯·洪堡"这一文化团体。在此期间，他化名"奥古斯特·德雷普克尔"（August Drempker）和"保罗·邦卡尔兹"（Paul Bonkarz），为斯塔西暗中监视许多人，其中主要包括具有批判精神的抒情诗人莱纳·坤泽（Reiner

Kunze）、音乐家君特·乌尔曼（Günter Ullmann），甚至还有他的"寄养家庭"——医生蕾吉娜（Regina）和格哈尔德·哈特曼（Gerhard Hartmann）夫妇以及他们的孩子。在一段神秘的牢狱之灾过后，伯梅在1978年中旬又出现在诺伊施特雷利茨（Neustrelitz），化名"罗洛夫博士"（Rohloff）继续为国安部工作。他到底在哪里坐牢，多长时间，甚至到底有没有坐过牢，到今天都是个谜，但曾被关押起来这一点澄清了很多人认为他为"公司"工作的猜疑。[556]1984年开始，他被安插到柏林，在古特蔡特和梅克尔身边工作，之后还为"和平与人权倡议"撰写报告。[557]伯梅在柏林作为反对派广受尊重。早前也有过对伯梅斯塔西活动的怀疑，但是没人把它当回事儿。[558]而且他从来都毫不避讳地承认，自己的政治理念是"替代性的马克思主义者"。[559]

因为《明镜周刊》的指责，曾经的政治"明星"陨落了，但是因为还没有出现确凿的证据，伯梅的一些朋友和党内同事仍旧认为他是清白的，所以直到1990年8月21日，他还继续留在党团内。仅仅10天后，伯梅放弃了自己人民议院的席位，整个党团以掌声表达了敬意。[560]同年9月，他又一次参与竞选全德社民党理事会职务，而且竟然打败理查德·施罗德获得了胜利。一直到秋天，莱纳·坤泽出版了《代号诗歌》（Deckname Lyrik）一书，其中有段落明确描写了伯梅的斯塔西工作，至此，"昔日的马克西米利安"才彻底卸下了所有职务。[561]伯梅的行为对东德社民党所造成的伤害不仅包括个人的失望和政治威望的损害，还有党内的困境。梅克尔说，他不认为伯梅是"战略上最聪明的人"，而且大家应该防止他"全国乱跑，然后对媒体胡言乱语"。[562]作为例子他列举了1990年1月的竞选联盟时期，当时伯梅突然出现，然后"随便就签署了什么东西"，而同样出席了联盟会议的古特蔡特就拒绝签署那份联盟文件。[563]梅克尔同时表示，他们也不能"就这么毁了"这个"讨人喜欢的年轻人"，毕竟他的"个人魅力"十分强大，在党内曾"受到狂热的拥戴"。[564]

4月3日，基民盟、德国社会联盟、"民主觉醒"党以及社民党的高层进行了会面，社民党代表是临时党主席梅克尔。两天后，他们委托德梅齐埃在第10届人民议院首次成立会上建立政府。组阁谈判结束之后，社民党党团在4月11日批准了该协议，其中包括根据第23条实施加入。社民党得以将以1∶1的汇率兑换货币以及由宪法确立社会保险法的要求写入协议。[565]

　　沃尔夫冈·蒂尔泽是伯梅下台之后重新选出的党团副主席，他最开始强烈反对和基民盟，尤其是和德国社会联盟组成联合政府，但是在政府成立之后，他在 4 月 18 日的人民议院演讲中表示，社民党的这步棋走得对。他宣称，社民党即使在一个大联合政府中也能维持个性，并且继续发扬自己 "自 1989 年秋天建立起的新传统"[566]。

　　算上无党派的农业部长彼得·波拉克（Peter Pollak），社民党一共占据了新内阁 23 个席位中的 7 个席位。在政府工作中，东德社民党人进退维谷，作为反对派的西德姐妹党所批评的一些决策，他们也必须共同参与。尤其在涉及民主德国逐步加入问题时，需要波恩方面和东柏林的联合政府达成一定共识，然而社民党还是来回徘徊，游走在 "民族责任"、贯彻东德独有的政党政治内涵以及为了未来的选举实现全德社会民主党人利益之间。实际上其影响力并没怎么被外界认可。在 5 月 6 日的地方选举中，该党支持率仅为 21.27%，想要通过承担政府责任来提升形象的打算并没有实现。[567]

　　在联合政府内部，某些部长的工作总是不断引起激烈的争论，甚至上升到公开的批评。[568] 在特奥·魏格尔和瓦尔特·龙姆贝格签署第一份国家条约前，联合政府内部出现了严重的危机，需要在基民盟例如养老保险方面做出一些修缮后才得以平息。[569]

　　在整个参政过程中，社会民主党人对于统一谈判所施加的影响显然十分有限，而且总体上的印象是，他们对于资质深厚的波恩官僚体制的主导地位没有足够的反抗。因此 1∶1 进行兑换的要求没能完全实现，同样想对基本法进行改革的愿望也没有实现。在统一条约上也存在分歧，尤其在加入时间、托管、归还没收地产以及第一次全德选举等问题上的意见不一致。

　　社会民主党内对于联合政府合作的方式方法以及结果的不满越发严重。虽然党内批评不断，1990 年 7 月 27 日，社民党党团还是决定继续留在联合政府内，尽管就在 3 天前他们还考虑如果基民盟不让步就退出。

　　8 月中旬，在两名社民党部长被德梅齐埃辞退之后，社会民主党人终于无法继续参与政府工作。尤其是财政部长龙姆贝格在工作上出现了一些问题，他在统一条约关于部委职能谈判时就不愿认可政府首脑主管原则性问题的权限。[570] 施罗德回忆说，1990 年 8 月 19 日，从休假中被叫回来的党团在 "压抑的气氛中" 决定退出联合政府，之前没有进行任何商议，也没有满足德梅齐埃向他们作解释的愿望。[571] 社民党议会党团主席曾一直支持留在联合政府内，他在两天后解释其辞职的原因时表示，他"没办法在一天之内掉头以反对党领导的身份去批评那些他曾经共同参与制定的政策"[572]。党团原本已经决定提交反对德梅齐埃的不信任案，批评德梅齐埃的做法为违宪行为，但党团最后还是放弃了这个打算，并且同新选举出的主席蒂尔泽进行了关于统一条约跨党派共识的对话。[573]最终于 1990 年 8 月 22～23 日，人民议院特别会议以超过三分之二的多数支持率通过了按照第 23 条加入联邦德国的具体时间以及选举条约。而后西德社民党也被请求附议。

在决定实现德国统一之后，两个德国的社会民主党在 9 月 26 日首先分别通过了合并为一个党派的决议，而后又于 9 月 27～28 日在柏林党代会上正式合并，东德社民党和西德社民党分别作为独立党派存在的历史在不足一年之后彻底结束了。在党代会上，目标是共同创建未来。西德社民党以90 万成员先行迁就了不足 3 万成员的东德"小"妹妹，[574]决定到 1993 年党代会前提高联邦新州党代表的百分比，同时扩充了党理事会和主席团。除了沃尔夫冈·蒂尔泽外，还有一位东德社民党的候选人以副党主席的身份加入了党内高层。物质方面也需要继续获得支持，因为第一要务就是建立新的州联合会。[575]只有互相让步才能实现真正平等的合并，这主要表现为施万特的建党人士放弃了自己特有的、开始还保留了的工作方式（但这在很大程度上也许是因为当时所有人都缺乏专业政治能力）。一些东德社民党的创始人，比如梅克尔、埃尔默、芭布或者希尔斯贝格得以继续在波恩的舞台上或者通过其他公职获得认可，其他人则在统一之后自愿或者被迫放弃了从政。

结语

有人猜测，1989 年 10 月东德社民党的成立，是其创始人常年担任反对派的必然结果，这并非完全正确。因为在施万特签署了社民党成立文件的 43 人之中，有一部分人是不久前才刚刚对这个想法有所了解。因此梅克尔说，这群人聚在一起十分具有偶然性，这句话没有完全错。

真正的"奠基石"，即 1989 年上半年在纲领上的筹备工作，实际上只是两个牧师的手笔，但是这件事他们基本上都是脱离了教会的保护，以公民身份完成的。因此，只能在有限的程度上将东德社民党的成立评价为"牧师的思想成果"。而党派创始人所要求的信仰、教会、国家三者明确分离的思想也补充强调了这一点。

统社党通过逮捕和驱逐反对人士，体现出了自己抵抗改革的意愿，这更促进了党派的成立。与此同时，东德社民党的倡议者们也认识到了，公民运动组织和倡议团体的工作机制不够有效率。国安部通过伯梅很早就知道了党派将要成立的消息，但是却没有加以制止，甚至几乎没有什么阻挠，其原因难以准确得知。

西德社民党由于在很长时间里仅将统社党作为唯一的对话伙伴而受到了指责。在1989年12月两个社会民主党正式决定建立伙伴关系时，"大姐姐"在政党建设和竞选方面努力帮助东德社民党。这些援助对于东德社民党而言十分必要，因为与那些前民主党派相比，他们缺乏现成的基础设施，而这也造成柏林的党内高层和基层间的沟通不能始终保持畅通。最重要的是，在两德统一问题上，党内高层对于基层和选民的意愿了解得太晚。人民议院选举过后，起初在民主德国社会中一直追求的"第三条道路"已经明确失去了大部分人的支持。

东德社民党在1990年3月的竞选中失败，作为联合政府的次要伙伴，他们不可能在统一进程中扮演领导者的角色，但是在统社党解散之后的头几个月里，他们还是被赋予了十分重要的意义。当时，他们是统社党之外唯一有着可行性政策方案的备选党派，并由此成为从高度异质化的公民运动组织向西德特色的、高效的政党体制转型的先行者。

"民主觉醒"（民觉）*

和许多其他反对派团体一样，"民主觉醒"（DA）[576]也是在新教教会环境中成立的。　"民主觉醒"最知名的人士有东柏林弗里德里希海因（Friedrichshain）撒玛利亚教区教堂（Samariter – Gemeinde）牧师莱纳·埃佩尔曼，柏林宗教社会学家伊尔哈特·诺伊贝特，柏林神学家鲁迪·帕恩克（Rudi Pahnke），埃尔福特牧师埃德尔贝格·里希特（Edelbert Richter），还有维腾堡（Wittenberg）牧师弗里德里希·朔尔勒莫。

1989年4月19日发生在柏林撒玛利亚教区教堂的一次活动促进了民主德国反对组织集会的发展。[577]这次活动计划以名为《意识形态冲突以及共同安全》的文件开启统社党和西德社会民主党的对话，由此引发整个民主德国社会的大讨论。所以除了西德社民党和统社党代表之外，莱纳·埃

＊　米夏埃尔·瓦尔特协助撰写。

佩尔曼还邀请了弗里德里希·朔尔勒莫和贝贝尔·博勒参加。但是最终统社党代表却没有出现，对话没能以预期的形式开展。然而人们还是商议决定，要召集支持变革的人士。大多数人当时并没想要建立一个具有固定结构的机构，他们更多是想借鉴波兰反对派的经验，在集会运动中贯彻落实自己的设想。[578]

1989 年 5 月的地方选举舞弊被揭穿后，反对派组织纷纷建立起来。[579]6月 23～24 日，新教联盟的神学研究部分召开了一次题为"教会和团体"的研讨会。[580]除了正式的讨论之外，还有一拨人在秘密筹划，埃佩尔曼、诺伊贝特、帕恩克以及里希特悄悄决定在 8 月进行第二次会面。后来共同成立了"新论坛"的第二个圈子，在同一时间思考未来工作的构想。

8 月 21 日，埃佩尔曼、诺伊贝特、帕恩克、里希特、朔尔勒莫、撒玛利亚教区的托马斯·赛尔（Thomas Sell）和托马斯·韦尔茨（Thomas Welz）、时任莱比锡附近的牧师哈拉尔德·瓦格纳（Harald Wagner）以及罗斯托克的律师沃尔夫冈·施努尔在德累斯顿进行了会面。[581]施努尔凭借自己为不同政见者所做的不懈的努力赢得了教会代表和反对派的信任，只有个别人当时曾怀疑他为国安部工作。谈到未来的组织形式时，有一些在场人员提议建立党派。[582]一个妥协性的建议是建立政治联合会。他们希望，这样的形式可以避免国家立刻对其进行干预。德累斯顿会谈也确定下了"民主觉醒党——环保－社会"这个名字。有人建议加上"社会主义的"这个词，但是遭到了绝大多数的反对，因为"现存的"社会主义已经把这个词搞臭了。里希特和诺伊贝特的任务是在下次会面前拟定政策内容；施努尔则要制定章程。每个在场人员都要和 10 个熟人宣传会议结果并且在下次会谈时把人带过来，以期尽最大可能将影响扩大到整个民主德国。[583]

根据国安部门的情报，埃德尔贝格·里希特和莱纳·埃佩尔曼在此后不久就借着公务以及私人出境的机会前往联邦德国，和政治家以及媒体代表会面。[584]至少里希特和绿党以及社民党代表会谈的经历是发人深思的。[585]当他得知"新论坛"已经面向公众之后，他就自作主张地向西德媒体通报了有关"民主觉醒"成立的倡议。[586]他解释说，民觉首先应被看作为实现民主公共领域而建立的集会运动，不带有明确的政治取向，只有首先强调同反对派团体的共同点以后，才可以开始区分它们的不同点。[587]

但是有些被"民主觉醒"创始人争取的人并没有准备好参与这一圈子，"和平与人权倡议"协会和"现在就实行民主"团体也同样表示了拒绝。个人的敌对情绪也起到了一定影响，比如贝贝尔·博勒就拒绝与沃尔夫冈·施努尔共事，因为她曾经怀疑施努尔为国安部门工作。[588]也有些人认为埃佩尔曼过于看重权力而拒绝他。相反的，埃佩尔曼还指责贝贝尔·博勒，说她没有按照约定，在面向公众宣布之前互相通报倡议的进展情况。[589]随着"新论坛"成立并于9月9日发表呼吁书，他认为这一组织已经没有了共同的基础。[590]

当由布拉格和华沙出发的特别列车载着上千人最后一次缓缓驶过民主德国时，民主德国所有的反对派在收获节周日（Erntedanksonntag）相聚在东柏林。9月份，许多地方的倡议团体相继成立之后，"民主觉醒"计划召开成立大会，[591]其目标是制定出一个纲领草案，以提交公众作为讨论基础。[592]原计划打算在撒玛利亚教区的公用建筑进行会面，但是遭到了大批警察和国安部维稳力量的破坏。[593]17位参与者逃到了伊尔哈特·诺贝伊特的家中，其他人则聚集在米瑟维茨牧师位于阿尔特潘科（Alt - Pankow）的教区中心中，镇压机关禁止其他人继续进入这些建筑。此事惊动了福克主教，他表示了强烈抗议，这才避免集会的彻底失败。[594]最终的政治纲领以及组织结构的确立不得不被推迟，于是分散在两边的小组通过电话商定，各自分头进行工作。到了较晚的时候，被分散的反对派们才终于能够比对各自的草案，并且继续进行商谈。

因为集会遭到破坏，发言人和理事会的选举也受到了影响。但是出于政治原因，还是向公众宣布成立"民主觉醒"[595]，并且在第二天发表了成立呼吁书。[596]临时基本原则声明中要求，为了与统社党进行平等对话，需要建立类似"民主觉醒"这样的"其他政治力量"。对于"现存社会主义"的批判并不等于"否定社会主义的社会秩序"，而是通过"民主觉醒党，创造一个高效的、以生态和社会为基本导向的工业社会"。[597]

在接下来的几周，"民主觉醒"继续在全国寻找支持者，并且为"民主觉醒"的正式成立进行筹备。[598]10月29日，位于东柏林里希腾堡地区的伊丽莎白女王医院中，"民主觉醒"临时组建起来。在组织结构的问题上再次产生了分歧，[599]最终将"民主觉醒"定义为"希望发展为政党的政治联合会"[600]。相比之下，更重要的争论内容则是：是否以及如何才能对民主德国的社会主义进行改革。[601]新党派决定维护"社会主义理想以及其基本价值"，但是将"最初阶段需要关注的社会主义目标定义为持续追求社会公平"。[602]是否要继续承认统社党的领导地位也引发了争论。埃佩尔曼、诺伊贝特、里希特和其他一些人都质疑其领导地位，而朔尔勒莫和施努尔则认为，不应该和国家权力机关发生正面冲突。

虽然"民主觉醒"中很重要的一部分由新教神职人员构成，但是这个党派并不认为自己是基督教党派。想要和教会保持距离的意愿[603]直接影响了人事决定的结果：到党代会成立之前，一直是由临时理事会在负责，这个10人理事会的主席是沃尔夫冈·施努尔，副主席是伊尔哈特·诺贝伊特，以及来自耶拿的律师布里吉塔·凯格勒（Brigitta Kögler）。与此相反，身为牧师的埃佩尔曼和里希特则只能安于临时理事会成员的身份。但因为埃佩尔曼媒体经验丰富，又额外担任了新闻发言人。

沃尔夫冈·施努尔上任不到两个小时就通知了斯塔西。[604]这下这些苏联肃反委员会的同党们可高兴了：他们的线人不仅可以随时通报反对派组织的发展，作为"民主觉醒"的主席，他还可以根据统治者的意愿来控制方针路线。施努尔为"民主觉醒"所起草的章程就和斯塔西商议过。[605]但是想要阻止民主运动的想法还是落空了。在成立集会几天后，施努尔就表示，他的党派现在已经有上千名成员了。[606]

在这个阶段，德国问题在"民主觉醒"中只占次要地位，大部分人都可以接受两德分裂的局面，并且认为这是"在为希特勒时代犯下的罪行进行赎罪"[607]。以里希特和诺伊贝特为代表的其他人则坚决认为应该着手处理德国问题。不论是出于信念，出于言不由衷，还是受到国家策略的影响，反正很长一段时间内，"民主觉醒"中很大一部分成员都是反对谈论民族问题的。

个别民觉党员签署了《为了我们的祖国》的呼吁书，其他人则强烈批评了这一行为，这又引起了一轮讨论。纲领委员会在媒体声明中表示，"他们对这一号召的影响力感到震惊"，这种"言论、风格或者传播方式"都不能解决紧迫的问题。德意志民族可以"为了长久的欧洲和平秩序，扮演重要的中间人角色"[608]。

西德党派也渐渐对"民主觉醒"感兴趣起来。施努尔和埃佩尔曼在两天的波恩之行中和所有党团的政客都进行了会谈。民觉的两位代表借着会谈的机会介绍自己的党派，而联邦德国方面则利用这个机会了解民主德国的情况。[609]

在此期间，民觉纲领委员会在筹备第一次党代会，讨论文件的内容，并积极参与筹备中央圆桌会议的活动。[610]在一次会议中，委员会的成员得知了联邦总理的《十点纲领》，于是在一次媒体声明中表示对于科尔这一倡议的支持。12月3日，"民主觉醒"第一个以反对派组织的身份宣布支持两德统一。[611]这受到了激烈的反对，反对者中包括鲁迪·帕恩克和弗里德里希·朔尔勒莫。这位维腾堡人批评《十点纲领》是"边境开放以来最大的灾难"，因为联邦总理"没有增强我们的自信心，而是增加了我们的贫困"[612]，他们批评纲领委员会中的负责人，指责他们打算通过"民主觉醒"建立一个"同乡会"。[613]理事会的态度相反，他们表示支持声明。但是民觉发言人里希特还是批评说，《十点纲领》忽视了裁减军备问题，并且没有明确波兰西侧的边界问题。[614]关于统一问题的讨论就这样不断升级，因为这个新成立的党派几乎没有什么工作能力。

1989年12月16日，在统社党、基民盟召开党代会的同一时间，"民主觉醒"在莱比锡成立党代会。[615]尽管当时没有法规承认这一行为的合法性，"民主觉醒"还是第一个正式召开党代会、正式以党派形式组建的反对派团体。虽然可以召开党代会，但是相比其他地位稳固的党派，民觉在准备人民议院竞选时的启动条件还是明显差得多：民觉有大约2万马克的财产，7000马克的债务。[616]电脑、复印机、纸张都主要来自于联邦德国的捐赠，他们还没有办公室，办事处甚至还没有电话。因为没有自己的报刊，党代会的纲领草案只能在《莱比锡人民报》上发表。组织结构的匮乏体现了民觉所陷入的两难困境，要组织示威游行，参与圆桌会议和其他委员会的工作，晚上监视斯塔西大楼，组建党派，制定内涵方案，向公众公开一切，同时还要寻求自我认知。一位会议成员一针见血地指出："我们像傻子一样闷头苦干，但是却根本不知道我们到底是谁。"[617]

此时的潜在成员数大约有1万人，但是他们却持有不同的世界观。埃佩尔曼、里希特还有其他人在会议中告诫称，民觉不能将自己定位到联邦德国党派范围内，因为民觉汇聚了基督教、自由、民主、社会主义以及共产主义种种方向。[618]但是统社党成员还是要在目前所在党派和"民主觉醒"之中选择一个。[619]有改革意愿的同志并不是"民主觉醒"的主要问题。裂痕更多出现在就实行"民主觉醒"的创立者之间。埃佩尔曼和朔尔勒莫的党内羽翼间的争论很个人化，他们分别代表了基督教保守派和基层民主导向的基督教环保派。许多联邦德国的政治名流出席了民觉的党代会，他们分属于联邦议院内的各个党派，民觉对于他们的出现所做出的反应[620]就可以表明，民觉党代会250名代表中的大部分人都已经在联邦德国政党谱系中找到了自己的位子。诺贝特·布吕姆评论说："我愿意和你们进行重新统一"，还说"你们不要再尝试社会主义了"，为此他收获了雷鸣般的掌声。[621]而来自绿党联邦总委员会的托比亚斯·弗鲁格（Tobias Pflüger）则只获得了一片嘘声。[622]

这次党代会最鲜明的特点是代表们就纲领草案中的经济政策部分展开了激烈的讨论。代表们通过的《莱比锡纲领》（Leipziger Programm）中，终于表示支持民主德国经济转型为"有高生态要求的社会市场经济"[623]。《战略文件 90》（Strategiepapier 90）则要求为外资、从业自由、企业共决、社会基金、劳方对生产材料的所有权制定短期投资保护协定，并且为"不可控制的廉价出售地产"采取预防措施。[624]

另一个主要话题就是德国统一。代表们在这个问题上取得一致，要"在承认目前边境"的基础上实现德意志民族统一，与欧洲邻国及战胜国和睦相处，以欧洲大环境为背景，阶段性地逐步实现从"合约性两个德国的联合，到国家联邦，最后实现不结盟、非军事化的联邦国家"。[625]

在没有公众旁听的情况下进行了激烈的全体讨论。部分代表批评了过渡阶段的党派高层与西德党派，尤其是与基民盟之间的接触。他们担心，"民主觉醒"在这些西德党派的包围之下，会丧失自己的独立性。从选举结果中，也可以看出许多成员对于这个临时代理的党派高层有着不满情绪。施努尔仅以一票的优势勉强战胜了莱比锡的女医生索尼娅·施勒特尔当选为主席，施勒特尔随后以高票当选副主席，耶拿人贝恩德·芬戴斯（Bernd Findeis）也被选为副主席。由于埃佩尔曼过于专断独行而受到批评，克里斯蒂安娜·齐勒尔（Christiane Ziller）接替他担任了媒体发言人一职。

《南德意志报》评论称，党代会之后，那个追求改良社会主义的反对派组织转变成为"保守兼自由的、民族的党派，并略带绿党的痕迹"[626]。虽然党派的公开分裂又一次被阻止了，但是政治上，尤其是人员上的终结已经无法避免。朔尔勒莫、帕恩克以及其他有威望的成员已经无法再和"民主觉醒"保持一致，因而离开了党派。索尼娅·施勒特尔和克里斯蒂安娜·齐勒尔辞职。施勒特尔和另外 10 名成员后来转向了"现在就实行民主"，里希特和朔尔勒莫则加入了社民党。

其他党派都已经找到了联邦德国的合作伙伴，"民主觉醒"现在也有必要寻求后续的物质和人员支持，以便在即将到来的大选中保持竞争力。期间有一些联邦德国的支持者提供了帮助，并且在民觉主席柏林办公室内帮忙，这一办公室当时作为民觉的联络中心。这些热心人大部分都来自基民盟，这对民觉后续的政治发展也产生了影响。[627] 1 月中旬，沃尔夫冈·施努尔告知党理事会，西德基民盟邀请他与联邦总理进行对话，并且说明，他需要一个秘书长来协助自己工作。理事会破例选定了牧师奥斯瓦尔德·武茨克（Oswald Wutzke）。[628] 施努尔和武茨克与科尔的会面到底谈了些什么，民觉理事会并不太清楚，埃佩尔曼后来分析认为，会谈的情况应该既包括主席和秘书长如何理解自己的职务，还包括理事会成员缺乏专业能力。[629]

1990 年 1 月 25 日，东德基民盟退出了莫德罗政府，这样民觉与曾经的民主党派基民盟以及德国社会联盟合作的可能性越来越大，而此时，民觉成员则继续流失。就连埃佩尔曼也有担忧，但是找不到替代办法。虽然如此，他还是努力争取了一次和汉斯－迪特里希·根舍的谈话机会，可是到了预定的时间，根舍却没有出现。[630]

2 月 3 日，在哈勒的"民主觉醒"总委员会会议上，做出了加入"中部联盟"的决定。决议获得了 43 票支持，5 票反对，2 票弃权。[631] 人们希望联盟可以提出明确的国家统一前景，建立对生态负责的社会市场经济及自由的法治国家。[632] 2 月 5 日，东德基民盟，德国社会联盟，以及"民主觉醒"的代表和联邦总理取得一致，建立"德国联盟"。同一天，人民议院同意建立"民族责任政府"，莱纳·埃佩尔曼在其中担任无任所部长。[633] 埃佩尔曼认为，德国统一"不应该追求速度，而应该追求质量"[634]，而施努尔则在选举活动上表示，要尽快实现两德统一。[635]

在提名人民议院选举候选人时，波恩方面也施加压力，希望尽量挑选历史清白的候选人。[636] 最后埃佩尔曼警告称，不要让"你在 1989 年 10 月 7 日之前做过什么"这个问题影响选举结果。[637] 他没有想到，自己的党派就恰恰就被这个问题所牵连：早在 1 月时，圆桌会议就宣读了一条信息，不同的党派、报纸以及教会的神职人员都收到了匿名信件，内容暗指高级政客为斯塔西工作，这其中就提到了"民主觉醒"主席。[638] 3 月初，关于施努尔和国安部秘密联系的传言卷土重来。这些流言蜚语让"民主觉醒"陷入了无法挽回的危机之中。1990 年 3 月 14 日，施努尔宣布辞职。第二天，总委员会以其行为致使党派形象受损为由，开除施努尔党籍，并任命埃佩尔曼为代理主席。[639]

12 月中旬的时候，沃尔夫冈·施努尔还为民主德国成立的新党派辩白说，只有他们是"没有污点的"[640]，现在"民主觉醒"连公信力这一"最重要的政治法宝"也失去了。[641]施努尔身份的曝光肯定影响了"民主觉醒"在人民议院选举中的结果，但是只获得了 0.92% 的支持率却不完全由于这个原因。毕竟几个月之前，民意调查就已经显示出了这种趋势。[642]由于民觉仅有 4 位议员，没能获得建立党团的资格，所以他们就和基民盟共同组建了党团。相比选举结果，民觉在成立政府过程中可谓收获颇丰。莱纳·埃佩尔曼当选裁军和国防部长，此外这个党派成员还取得了 6 个国务秘书，一个政府副发言人，以及一系列其他工作人员的职位。

1990 年 4 月 22 日，在什未林召开的特别党代会上，埃佩尔曼终于担任了党主席。[643]一些代表要求与基民盟保持更远的距离，以加强自身形象的树立。秘书长武茨克宣布了"民主觉醒"向联邦德国扩张的决定。[644]但是还存在一些人员和基础结构方面的问题。莱比锡代表建议说，与其独自加入现有联盟之中，不如加强和自由论坛党的合作。[645]于是在地方选举中，"民主觉醒"就和基民盟以及德国论坛党一起合并了候选人名单。但是在有些地方，民觉还是通过自身努力获得了不俗的成绩，比如在图林根州的凯拉（Keila）（57.4%），鲁多尔城（Rudolstadt）（44%）和魏森湖（Weißensee）（30%），还有许多其他的乡镇，都获得了市长的职位。[646]但是选举的总体结果仍然只有 0.5%，这个令人无比失望的结果导致一大部分民觉成员决定与基民盟合并。[647]

1990 年 8 月 4 日，在东柏林的特别党代会上，代表授权理事会和党主席，"a）共同确定是否达到了最低要求，b）如果达到了就立刻实现合并"[648]。作为条件，基民盟要为"民主觉醒"建立一个工作小组，并且"在理事会中、在州议院和联邦议院的候选人名单中，也要给'民主觉醒'的成员适当的照顾"[649]。这些要求都得到了满足。民主德国消亡的 3 天前，"民主觉醒"也正式从法律层面上消失了。一些坚持至今的党员又一次回忆起了"民主觉醒"的第一份传单，就是在这一天为了人民议院选举而制作的，过去的一年就成为追忆了。

很长一段时间以来，"民主觉醒"都不清楚自己到底应该往哪个方向发展。一直到莱比锡党代会，才明确敲定反对改良社会主义，支持社会市场经济；反对民主德国以独立主权国家身份继续存在，支持两德统一。这种立场转变以及少数党羽的退出使"民主觉醒"得以加入"德国联盟"。绝大多数成员都转向了东德基民盟，以求在 1990 年 10 月 1~2 日的汉堡统一党代会上正式加入全德基民盟。

德国社会联盟（德社盟）[*]

与"民主觉醒"不同，很多新成立的党派，在建立之初就明确向联邦德国的联盟党靠拢。其中包括德国基督教社会党（CSPD），基督教社会联盟/德国自由联盟（CSU/FDU），还有图林根论坛党（FPT）。与其他团体一起，它们在1990年1月共同成立了德国社会联盟（CSU）。[650]鉴于上述各党派中的领导层、目标、理念和冲突对于德社盟的发展产生了重要作用，所以有必要先了解一下各党派的来历。

1989年9月30日，来自莱比锡托马斯教堂的牧师汉斯－威廉·埃伯林创建了一个非正式的小团体，就是后来德国基督教社会党的前身。在几次会谈后，人们接受了埃伯林的提议，同意建立一个政党，把这个话语圈中目前参差不齐的流派整合成一个拥有共同理念的团体。由于基督教的自我认知、社会问题导向以及德国统一构成了成员的共同基础，所以最后的名字确定为"德国基督教社会党"。埃伯林担任党主席；法学家彼得－米夏埃尔·迪斯特尔担任秘书长。1989年12月7日签署了成立文件。没多久就有7000余名与德国基督教社会党志趣相投的民众加入了党派，他们"在纲领上处于西德基民盟和基社盟之间的位置"[651]。

埃伯林和迪斯特尔试图得到联邦总理的支持。科尔的回应则很谨慎。[652]就连基社盟总部弗兰茨·约瑟夫－施特劳斯大厦最开始也有所保留。原则上来讲，基社盟很愿意在民主德国找到一个历史清白的团体加以扶持，更何况人们还不清楚东德基民盟会发展成什么样子。在克罗伊特（Kreuth）1976年的头脑风暴讨论中也讨论过是否可以将基社盟的势力范围跳出巴伐利亚州至少扩张到民主德国南部。[653]但这不仅会造成基社盟仅在巴伐利亚州独有的这一形象上的损失，而且会使得与基民盟之间的关系更为紧张。更理智的做法是在民主德国寻找伙伴。在此期间，除了德国基督教社会党之外，也建立起了一些其他有可能进行合作的党派。

这其中就包括基督教社会联盟/德国自由联盟，这个党派于1990年1月6日在莱比锡市郊的韦德里奇（Wiederitzsch）由许多不同的小团体合并而成。[654]这个双党派的主席是莱比锡物理学家约阿希姆·胡贝图斯·诺瓦克（Joachim Hubertus Nowack）。第一份传单就指明了最重要的目标："支持社

---

* 米夏埃尔·瓦尔特协助撰写。

会市场经济，反对中央计划经济。支持自由民主的基本制度，反对社会主义。支持祖国统一，反对分裂。"[655]

和德国基督教社会党和基督教社会联盟/德国自由联盟一样，1989年12月12日成立的图林根论坛党也有着自己的基础。创始人保罗·拉图塞克（Paul Latussek）、哈特穆特·克鲁格（Hartmut Krüger）及汉斯约阿希姆·瓦尔特（Hansjoachim Walther）认为，"新论坛"已经不能再提供有力的基础，很多人都没有勇气和旧制度真正决裂。[656]为了表明态度，图林根论坛党要求放弃社会主义，支持社会市场经济以及德国统一。这个新党派的成员数量也因此飙升到了2000至3000人。

但按照基社盟估计，这些新党派的活动还是杂乱无章的。因此基社盟试图让这些因为通信条件恶劣而彼此鲜有了解的分散力量在人民议院选举前的准备阶段聚合起来。有历史污点的东德基民盟拒绝脱离莫德罗政府，这加强了基社盟将这些小党派聚集在一起的决心。[657]作为支持这些小党派的前提，基社盟要求他们必须支持民主法治国家，支持德国统一，支持社会市场经济。[658]

1990年1月20日，继1月中旬的预备性会谈之后[659]，来自德国基督教社会党、基督教社会联盟/德国自由联盟、图林根论坛党、基督教民主社会联盟、基督教社会联合会（Christlich Soziale Vereinigung）、德国和平联盟、进步人民党（Fortschrittliche Volkspartei）、青年联盟、社会公民联盟（Sozial-Bürgerliche Union），还有萨克森人民联盟的代表统统受到了基社盟的邀请，在莱比锡的金色皇冠酒店共同组建了一个新的政党。这个新政党的名字是个大问题：萨克森的基社盟坚持保留自己的名字，但是慕尼黑人说，想要得到基社盟的支持，就要放弃自己的名字。[660]最后大家同意命名为"德国社会联盟"。在基社盟有力的助产之下，这个由11个团体组成的党派诞生了，并将自己的性质定义为"自由-保守，基督教-社会"。[661]汉斯-威廉·埃伯林被选为新党派主席。副主席包括来自东德基社盟的约阿希姆·胡贝图斯·诺瓦克、图林根论坛党的汉斯约阿希姆·瓦尔特，还有德国自由联盟现任主席马丁·维塞尔（Martin Wisser）。彼得-米夏埃尔·迪斯特尔担任临时秘书长。两天后，基社盟表示，德国社会联盟是它在民主德国唯一的合作党派。[662]作为"联邦德国基民盟和基社盟的姐妹党派"，德社盟"反对新的社会主义试验"，要求"尽快实现两德统一"。[663]因为联合的目的是继续推进共同的政治目标，因而放弃了进行纲领性的基本原则的辩论。但这却是一个致命的错误，日后愈发明显的党内分歧体现了这一点。

埃伯林还在坚持着双党战略，即既同基社盟交好，又与基民盟结伴，但是在德国社会联盟联邦理事会内部，成员已经完全倒向了基社盟方面。迪斯特尔在这里扮演了重要的角色。这位秘书长越过党主席直接和慕尼黑方面联系，以至于那边相信，迪斯特尔比埃伯林更有能力，因此他才是真正合适的对话伙伴。[664]

基社盟党理事会要求它下面的区协会帮助德社盟的州协会建立政党组织。德社盟的党员上了大量的课程，了解民主与国家制度构建、审计制度、竞选，以及公关工作。除了基社盟以及与基社盟关系紧密的汉斯·赛德尔基金会以外，基民盟总部和一些私人及企业也为德社盟提供了物质援助。虽然有各方支援，但是政党建立过程还是十分混乱。在1月底制定德社盟的指导政策时，基社盟既没有收到纲领，也没有派代表出席。基民盟则由其内政部长海纳·鲁埃克（Heiner Lueg）代表。一个与会者带了一叠基民盟的纲领文件，所以德社盟的纲领就是在基民盟纲领的基础上制定出来的，个别地方甚至连细节都一样。[665]

1月底，东德基民盟退出莫德罗政府，为与波恩姐妹党的合并肃清了道路。因此，德社盟原本想排挤掉前民主党派成员，独自和西德基民盟协商的愿望没法实现了，甚至有一些基民盟政客为了讨好东德基民盟而要求解散德社盟。虽然德社盟联邦理事会的多数反对和这个有污点的东德基民盟合作，但是1990年2月4日，在和联邦总理谈话之后，埃伯林同意建立一个保守党的竞选联盟。[666]

德社盟正式成立的党代会在1990年2月18日于莱比锡歌剧院举行。在埃伯林的筹划下，出席的人士中除了大部分基社盟成员之外[667]，还有来自西德基民盟的代表。他的演讲内容大部分是海纳·鲁埃克起草的[668]，其中要求民主德国根据基本法第23条快速加入联邦德国。[669]这一要求完完全全地迎合了在场人员的意愿。埃伯林被全体一致推选为主席。党代会提名汉斯约阿希姆·瓦尔特为副主席以及首席竞选候选人。直到人民议院选举之后，才有越来越多的声音批评说，1月20日被任命的党派高层几乎就是整个搬到了莱比锡，也没有竞争对手就被欢呼着"内定"了，整个过程完全是按照会议流程进行的。[670]

党代会之后，特奥·魏格尔立刻在歌剧院前的广场上以一次大型集会拉开了德社盟竞选的帷幕。随后，100 场与西德政客共同举办的活动，还有德社盟基层委员会举办的数量繁多的活动接踵而来。活动中散发出了"200 万传单，200 万不干胶贴和纽扣，以及分 2 次发放的每次 400 万份的《德社盟信使报》（*DSU – Kurier*）"，还有 50 万宣传海报。[671]

在和其他党派来往的时候，德社盟一点都没矜持。它不仅对民社党进行了猛烈攻击，而且在基社盟的建议下（"左派是敌人，其他人都是朋友！"[672]），纵使埃伯林不情愿[673]，基层也表示反对[674]，德社盟还是毫不客气地抨击了社会民主党人，公民运动组织也因其担心"廉价出卖"民主德国而遭到了批评。在联盟伙伴之间，感情色彩浓重的讨论也逐步升级。[675]尤其是德社盟秘书长迪斯特尔就在竞选中抨击东德社民党，说自己不愿意披上他们"肮脏的外衣"。[676]

由于很早就确立了根据第 23 条实现统一的政治目标，再加上其他一些原因，德社盟主要在民主德国南部地区树立起了自己的形象。但是在北边，这个党派却组织得很糟糕。虽然他们鼎盛时期也有 1.2 万人，但是却几乎没有财政资金；党费也少得可怜，而且实际上他们就没怎么收到过党费。[677]

德社盟在 3 月 18 日的竞选结果远远没有达到他们的预期，但是却稳固了"德国联盟"的胜利。德社盟共获得 6.31% 的票数，25 个席位，成为第四大党派，其中有 16 个席位属于萨克森。[678]

竞选结束当晚，关于党派未来的讨论就开始了。第二天，魏格尔表示，"德国联盟"已经完成了自己的使命，所以与基民盟的合作也就到此为止了。[679]德社盟应该在慕尼黑方面（基社盟）的帮助下继续在民主德国广建自己的组织，从而在未来与基民盟相抗衡。只有埃伯林对这个决定表示担忧。他希望能仿照联邦议院基民盟/基社盟组成的联盟党的模式，建立一个党团共同体，但是遭到了基社盟，以及德社盟联邦理事会的反对。[680]

"德国联盟"的主席和秘书长们却决定，在人民议院内建立一个相对宽松的、截至目前的联盟党的"工作共同体"。[681]如果德社盟连这种形式的合作都要拒绝的话，那他们到底想不想参与联合政府就很值得怀疑了。想要达到修改宪法所需的三分之二多数，犹豫不决的社会民主党人无疑是值得考虑的合作伙伴。公众的注意力都集中在社民党的讨论之上，而忽视了德社盟是否参与政府也是一个有争议的问题。最后终于决定参与合作的人这样说道："如果我们现在反对一个由基民盟领导的政府的话，就是反对德国统一。"[682]

因为在竞选时，社民党人就决定，既不和民社党结盟，也不和德社盟结盟，因此很长一段时间以来，社民党参与联合政府最大的阻碍就是德社盟。一直到4月5日，埃伯林和瓦尔特与马尔库斯·梅克尔和理查德·施罗德进行了一次调解会谈，才终于扫清了障碍，双方决定接受"信息对话"，以便"彻底研究，在这个大联盟中有哪些施展空间"。[683]

在联合政府谈判过程中，关于德社盟应该获得几个部长职位产生了分歧。德梅齐埃只想给它们两个部长职位，而德社盟和基社盟高层商议过后，认为至少要先获得4个部长职位[684]，此外还对新设立的国务秘书或者人民议院议长的位子表示出兴趣。最终埃伯林担任经济合作部长，迪斯特尔担任内政部长以及副总理。拿下内政部对于德社盟而言是个成功的标志。但是埃伯林被任命为发展援助部长，则被认为是将德社盟主席驱赶到相对次要岗位上。[685]实际上，这是因为德梅齐埃认为埃伯林能力不够，所以才这样安排，以避免他担任副总理。[686]而迪斯特尔，在竞选中让基民盟主席领教了什么叫"蛮横无理，粗野不堪"，却在谈判中让总理评价为"周到审慎，能力出众"。[687]

同时，德社盟党团自己向公众发表了一份原则性文件，其中一系列的要求都没有和联盟伙伴商议过。其中要求，所有莫德罗政府颁发的法律法规，都必须通过审查，而如果"违背人民利益"，就必须废止。[688]群众的呼声还要求立刻建立一个调查委员会，公开党派和群众组织的财产。德社盟党团认为，"为弥补受斯大林主义和统社党专政迫害的那些牺牲者"，应没收那些非法获得的财产。[689]埃伯林起初表示和这份文件撇清关系，但是在迪斯特尔表示支持党团决定之后，埃伯林又表示对基本内容没有异议。[690]

在联合政府谈判结束之后，党内的方向也确定下来。4月21日，埃伯林在联邦理事会会议上表示，他没法同时承担组建经济合作部和自己党派的双重任务，所以他建议，为自己寻找一个副手，设立一个执行主席。[691]虽然他认为瓦尔特忠心不二，但还是更倾向于选择权力意识强烈的诺瓦克，认为他更适合领导党的建设。为了减轻迪斯特尔的工作，拉尔夫·席克（Ralph Schieck）接管了临时秘书长一职。[692]

此时党内的气氛十分紧张。原因一部分是人事上的，一部分是结构性的。人们不相信埃伯林能扛过与迪斯特尔的权力斗争。而人们又不知道迪斯特尔的政治目标到底指向何方。[693]更麻烦的是，这两位部长都认为有义务遵守内阁原则，达成让德社盟党团感到头疼的妥协。埃伯林和迪斯特尔都以自己职位的独立性为由，无视党派决议，所以他们也就失去了党团的庇护。此外，人们也很清楚，如果不明确党派特点，在竞选中是没有出路的。因此，党派高层的一些成员决定，通过"宫廷革命"至少先把埃伯林替换掉，如果有可能就把这两个人都革职。[694]"政变分子"的机会来了。埃伯林提前离开会议后，他们就开始进行书面记录临时改换领导人的决议。通过媒体报道可以看出，埃伯林和迪斯特尔都被革职了。

埃伯林是在飞往纽约的飞机上得知自己"被免职"的消息的。他在飞机着陆后立刻否认了这个说法，但之后只能痛苦地放弃自己的党内工作。随着埃伯林的卸任，那些不赞成他对西德基民盟方针的人达到了自己的目的。基社盟因而升起新的希望，将德社盟作为东德支点，在全德范围内扩大自己的行动能力，可惜这个希望很快破灭了。因为这个新的姐妹党派无论在纲领上、组织上，还是人事上长期看都缺乏吸引力。

因为之前统社党的专政统治，官员中有很多人都退避到与政治相去较远的领域工作，比如数学，或者自然科学等。因此他们在政治上的专业技能往往不足。很多官员和议员终日忙于自己的新任务，而与基层联系甚少，甚至几乎不出席地方选举。虽然党员数曾达 1 万人[695]，但是没有一次能在萨克森州为所有的选区和乡镇找到候选人。所以德社盟在民主德国境内也只覆盖了不到一半的选区。[696]地方选举中德社盟只获得了 3.4% 的支持率，相比人民议院选举几乎下降了一半。但是德社盟参与竞选的选区内，还是能保持 3 月人民议院选举时的支持率，甚至更高。在萨克森州，他们就几乎获得了 1000 个乡镇席位，其中包括 38 个市长、副市长，还有一个县长。[697]

德社盟的很多成员因为全身心投入地方政治，而忽略了党务工作。官员更替频繁；走后门的人越来越多。德社盟成为政治冒险家的舞台，这使得慕尼黑神经坚强的政客们也精疲力竭。

5 月初，德社盟公开了想要和德国民主农民党合作的意愿，而民农党彼时同样也深陷生存危机。虽然德社盟靠着西德援助，还有竞选经费补贴[698]在全部的 6 个州协会中，以及大部分行政区中都建立了自己的办事处[699]，但是民农党的基础设施和后勤保障还是能让他们获益。但是在几次谈话之后，联合意向还是没能落实。因为与民农党合作会造成信任度的下降，并导致选民接受度的降低。

德社盟梅克伦堡－前波莫瑞州代表则有另外的想法。早在人民议院选举结果不利的时候，他们就开始打算撮合德社盟和洗白的东德基民盟合并。[700]在马格德堡，德社盟区协会成员相继离开，希望重组一个基督教社会党。[701]其他人则希望将德社盟扩张到整个德国范围。从一开始，慕尼黑方面就警告称，如果德社盟做出这样的决定，就将它看作政治敌人。[702]德社盟的负面报道层出不穷，使其形象大受影响：内政部长迪斯特尔因为一些有待商榷的人事决定，丧失了党团对他的信任。[703]越来越多的州协会要求他卸任。迪斯特尔反击说，党派的权利越发流失，主要是因为德社盟人民议院党团中的6位成员不肯承认奥德－尼斯河是最终的边界。

德社盟的最后一枪发生在夏初，他们在5月31日向人民议院提交了一份由媒体大肆报道的提案，建议撤下民主德国全部公共建筑外部的国徽。经过激烈的辩论，这份申请以执政联合的多数同意获得通过。当天晚上，工人们就将主会议厅正墙上的国徽取下了。这一情景被拍摄下来，刊登在多家媒体之上，它对于民主德国的灭亡有着重要的象征意义。[704]

还是这次人民议院会议中，德社盟使一项决议获得通过，即成立一个委员会，调查清楚所有党派和群众组织的财政状况。到8月时，党团提交了《关于没收党派和群众组织不动产的法规》草案，部分被涉及的人员对此表示强烈反对。[705]最终德社盟的这个草案没能通过。但是一个政府委员会承担了相应责任，对统社党/民社党的财产以及其他前民主党派和群众组织的财产进行信托管理。[706]

6月17日，德社盟党团也没有什么新的进展。这一天，人民议院和联邦议院议员们举行纪念1953年人民起义的会议，德社盟在会后出人意料地提出申请，"就在今天"，根据基本法第23条将民主德国加入联邦德国。[707]这又一次引起了轩然大波，大部分人都认为这一申请过于仓促草率。最后议员们把这一申请转交给了相应的委员会。[708]8月9日，这份申请正式被否决。

1990年6月30日，德社盟第一次党代会正式召开，口号为"德社盟和基社盟，为了德国的自由和富裕"。在党派成立初期，高层都是靠暗箱操作内定选出来的，这次终于要选举一个民主合法的理事会了。人民议院党团成为党派的中心：党团主席瓦尔特天天出现在电视屏幕上，而临时党主席诺瓦克却在莱比锡远离镜头，无论大众还是其他的专区的党派成员都不知道他的存在。[709]因此瓦尔特被提名为党主席似乎是合乎逻辑的，即使基社盟并不喜欢这个局面，因为他们觉得瓦尔特能力不足。[710]他们更喜欢诺瓦克。最终瓦尔特以 334 票对 147 票的结果当选为党主席。[711]第一副主席是党团发言人于尔根·施瓦茨（Jürgen Schwarz）[712]；近 500 名代表选举了出生于慕尼黑的亚历山大·阿奇米诺夫（Alexander Achminow）为秘书长，他之前一直负责人民议院党团的组织工作。[713]

为了彻底结束"姐妹党派"间的抱怨，特奥·魏格尔要求彼此间更加紧密团结。其实他自己也很清楚，德社盟的大部分党员巴不得立刻摇旗呐喊着加入基社盟。不过具体的策略方针一直到了 6 月初与联邦总理的一次对话中才确定下来。[714]根据谈话内容，基社盟应该继续维持在巴伐利亚州内发展，德社盟负责东德地区，而基民盟则覆盖除巴伐利亚州以外的全德地区。[715]绝对不能出现"经过克罗伊特到达莱比锡"的局面。人们希望通过纲领性的联合，以及加强对东德姐妹党党建工作的支持，来阻止德社盟逐渐被侵蚀。[716]代表们在党代会上临时提名魏格尔担任名誉主席[717]，这不仅具有强烈的宣传效果，而且事后证明，这还是一招妙棋。许多德社盟党员立刻就要求他们的名誉主席承担起自己的责任。一些人还希望，通过这一任命能够释放一个两党合并的信号。魏格尔在党代会上要求德社盟保持"绝对民主，不可有民族主义倾向"，并且要与"共和党人"保持距离。[718]实际上，个别德社盟的党员、官员还有地区协会在寻求和极右势力进行合作的机会。[719]这件事曝光后，党派做出官方决议反对这种接触。

虽然基社盟高层努力想维护德社盟的完整，但是还是无法阻止迪斯特尔在党代会短暂露面几小时后就递交了他的书面辞职报告，其他的代表对此鼓掌欢迎。迪斯特尔的辞职引发了一大批有声望的党员的离开。埃伯林同样以德社盟的右倾倾向为由退出党派。[720]除了这两位部长，拉尔夫·席克、约阿希姆·胡贝图斯·诺瓦克，国务秘书迪特尔·施瓦策（Dieter Schwarze），一直担任新闻发言人的托马斯·容克尔（Thomas Junker），以及勃兰登堡州协会主席德克·维斯劳（Dirk Weßlau）也相继离开了党派。

包括埃伯林和迪斯特尔的大量德社盟党员加入了基民盟，他们受到了不计前嫌的热烈欢迎，基社盟很不高兴地批评其为"不友好的行为"。[721]其他的德社盟不同政见者，则违背基社盟的意愿，试图复兴东德基社盟。1990 年 7 月 10 日，不同的倡议者，包括一批德社盟地方协会成员共同组成了"基社盟－萨克森"。[722]

由于德社盟代表与"共和党人"的接触和一部分党派知名人士的离开，基社盟在民主德国的势力又倒退了一大步。当波恩、杜塞尔多夫、基尔等地的团体试图打着德社盟的旗号活动，引起了新一轮的问题。不过对于这种搭便车的人，基社盟还是可以轻松处理的。[723]

与此同时，统一的具体时间仍没有定论。8 月 22 日的人民议院特别会议上，德社盟再次提议民主德国立刻加入联邦德国，但再次失败。而基民盟/民觉党团则建议，在 10 月 3 日实现统一，最后连德社盟的议员对此也表示满意，他们感觉，自己要求立刻统一的迫切心情促成其最终的实现。[724]但是在党团中还是存在关于统一条约的争论。保罗·拉图塞克一派就反对统一条约，因为条约中承认了奥德–尼斯河边界。[725]党团方面认为，这些有不同意见的人是出于良心做出这样的选择，值得尊敬。

曾经受益于统社党统治的人继续受到严酷的打击。在人民议院中，德社盟主席攻击内政部长迪斯特尔，称他忽视了统社党专政下"牺牲者的社会利益"。对于"斯塔西骨干绝不允许留有半分余地"。对迪斯特尔进行革职的提案在议会没有获得多数通过。[726]

作为一个党派，对于德社盟未来更关键的是有关选举权的讨论。基于人民议院和地方选举的结果，德社盟希望能废止 5% 门槛规定。但是党团却乐观地认为，萨克森和图林根的好结果就可以保证获得一些直接席位，保证一个小团体可以进入联邦议院。虽然慕尼黑方面一直提供支持，不过主要是精神支持，但还是不能避免德社盟的落败。[727]

正如其他新成立的党派一样，德社盟成立时也没有原有的组织机构可以依靠。从党派成立到人民议院选举之间短短的 8 周内，即使有西德方面的帮助，对于一个大部分成员都没有经验的党派而言，几乎不可能同时建立党派机构、完成党纲和党章的制定，并且组织参加选举。尤其是组建阶段缺乏明确理念，后来被证明是明显的弱点。此外，党内还出现了越来越多对形象成瘾的激进分子。内部不协调、对外观点矛盾，这种状态当然不可能维持人民议院选举的结果，更不用说提升它。在这种背景之下，对于基民盟而言，不仅很容易赢得德社盟的选民，而且还可以招揽一批积极的党派成员。但也有一些人因为第一次党派工作受挫，而彻底退出了政坛。只有在地方层面，选举结果与个人而非党派联系紧密的地方，以德社盟的市议会党团或专区会议党团的形式还保存着"最后一批改革的雇佣兵"（阿奇米诺夫）。

德社盟的一个固有悖论是：实现德国统一达成了他们的目标，统一却让这个党派变得多余。基社盟为他们设计的中期战略是"东德的利益代表人"，德社盟秘书长阿奇米诺夫也支持这一观点，但是这一战略从本质上来讲就是与德社盟不相容的，因为这个战略就是一方面承认统一，一方面又要专门代表东德利益。不过选民是否会支持德社盟扮演这样的角色，已经不得而知了。

德国论坛党（德论党）[*]

德国论坛党[728]，与其说它是新成立的党派，倒不如说它是"新论坛"的"分裂"或者"独立"出的一部分。早在 1989 年 11 月 11 日，"新论坛"民主德国南部行政区的成员就要求"新论坛"从公民运动组织过渡成政党。转型的愿望和引入市场经济、快速实现统一，以及将统社党成员清理出公民运动组织等要求都结合在了一起。[729]

成立党派的决定，引起了激烈的讨论，因为"新论坛"内也有一些成员想要维持目前的公民运动组织性质。"新论坛"的州发言人委员会就批评这是违背自己初衷的背叛。[730]然而在地方层面上却不时出现紧密的合作。在德累斯顿，"新论坛"协调委员会与德国论坛党的地方协会的领导班子是同一群人。[731]

德累斯顿的"新论坛"还提供了 2000 马克的借款，用于支援德论党1990 年 1 月 27 日在卡尔马克思城的建党大会。[732]党代会代表制定的纲领将德论党定义为"一个政治中立的人民党，起源于公民运动组织新论坛"并且"乐于接受持有不同世界观的人士"。他们要求"建立民主的法治国家，实现社会市场经济，保护我们的自然环境"。德国统一应该"尽快实现"。[733]代表们选举了来自开姆尼茨（Chemnitz）的于尔根·史密德担任党主席；东柏林人霍斯特·考夫曼担任秘书长。

人们原本打算由一个或者多个党派共建一个"东德党"，一个在统一后的德国也可能被接受的党派。但这个想法很快就被证实是不切实际的。虽然很多人都报有成立"东德党"的想法，但还是和所有政治中间派团体进行对话，试图为了人民议院选举而建立竞选联盟。在当选为德论党主席的那一天，史密德就和自民党代表普福诺尔（Pfnorr）进行了会谈。因为

---

[*] 米夏埃尔·瓦尔特协助撰写。

很多德论党成员认为，最理想的合作伙伴是"民主觉醒"，所以史密德第二天又和沃尔夫冈·施努尔进行了会面。随后他们前往了西柏林的联邦政府宾馆。在那里，德论党主席意外地遇见了基民盟秘书长福格尔·鲁厄，总理府部长鲁道夫·塞特斯，以及东德基民盟和德社盟的代表。西德基民盟代表还试图拉拢史密德共建竞选联盟。但是史密德要求先和他的主席团进行商议。

虽然党内支持与基民盟紧密联系，但是史密德还是认为，也应该和西德自民党进行谈判，他的这一观点获得了党内领导层的支持。两天后，他就在自民党总部和自民党高层代表进行了协商。虽然在这次会谈中，已经提前决定论坛党与自民党共建竞选联盟，但是关于"中部联盟"的谈判还继续进行着。2月1日，史密德和考夫曼前往西柏林进行后续商谈，这次联邦总理也参与了会谈。随后考夫曼在一份机密的情报文件中写道，这次商谈中又一次谈到了以"德国联盟"的名义建立一个"比较松散的联盟"，以抵制可能会发生的"社民党霸权"。但是由于"基民盟和国安部的联系"，使得这些新成立的党派对于东德基民盟的厌恶情绪不减反增，最后大家还是决定放弃进行候选人名单合并。[734]

不过德论党主席团中的多数人士还是决定要和自民党进行合作。2月5日，联邦总理和联盟候选人进行了又一次会谈，但还是没能扭转德论党高层的意愿。[735]史密德表示，他的党派可不想成为东德基民盟的摆设。除了这个问题，一部分德论党成员还无法认同德国社会联盟的立场。但是他们的确有兴趣，也许"在竞选之后，加入某个联盟"[736]。

1990年2月11日，德国自民党、东德自民党，以及德论党的主席们以自由民主者联盟的形式共同参与人民议院选举。[737]德论党获得了如下谈判胜利成果："改换德国自民党理事会人员，修改德国自民党纲领（比如德国问题），以比例代表制作为统一候选人名单的原则，获得西德自民党的物质和技术支持，商议在选举活动中共同出席"[738]。他们认为不足的地方有："德国自民党继续存在，合并名单中德论党的占据比例不高（只有20%）"[739]。在自由民主者联盟建立之后，西德自民党帮助论坛党改善了他们组织机构上的不足，使其更有能力。但是德论党还是觉得自己吃亏了。感觉上，西德自民党主要还是在支持德国自民党这个更大的联盟伙伴。[740]

1990年3月18日，自由竞选联盟的结果差强人意，奥尔特勒布、门采尔和史密德意图合并他们的党派，成立"自由民主党—自由党人"。但是迫于成员压力，德论党高层还是不得不重新宣布退出。[741]自由民主党人利用这个机会重新成立了"自由民主者联盟—自由党人"，并和德国国家民主党进行了合并。尽管德论党内部不满情绪严重，但是继续合作的大门并没有彻底关上。论坛党的 7 名议员就在人民议院中与自由民主者联盟的代表以及东德自民党代表共同组建了一个自由党团。党团发言人由德论党秘书长考夫曼担任。[742]

德论党、自由民主者联盟、民主德国自民党以及西德自民党的主席在 1990 年 4 月 18 日再次会面，表明了他们 4 个党派共同组建全德自民党的意向。[743]不过在地方选举上，这 4 个党派还是分别独立参加了竞选。德论党的竞选结果表明，这个党派已经没有幸存下来的机会了。它们仅仅获得了 0.03% 的支持率，沦为没有意义的党派类别。

1990 年 5 月 26 日，柏林召开的德论党党代会改换了党派高层。柏林人洛塔尔·拉敏（Lothar Ramin）之前一直担任史密德的联邦党派办公室负责人，这次被意外地选举为新一任党主席。此外，还做出了一项重要的决议：联邦理事会决定以合作形式加入自由民主者联盟，但是具体时间没有确定。这遭到了一部分成员的强烈批评。萨克森州协会的成员就建议他们的州协会与德社盟进行合作。[744]而拥有四分之一党派成员的开姆尼茨德论党就提出相反建议，要求立刻加入自由民主者联盟。论坛党的人民议院议员们要求党派高层，遵从开姆尼茨方面的意愿。[745]尽管如此，一直到了 1990 年 8 月 11~12 日，全德自由党联合时，这一合并才在汉诺威真正实现。

虽然合并时，德论党的官方成员只有 500 人，但是在确定代表席位时，他们却被慷慨地分配了 45 个席位。比德论党大得多，却只获得了 160 个代表席位的自由民主者联盟对此感到非常不满。拉敏对于"民族意识"的认知也挑起了短暂的争论。格拉夫·拉姆斯多夫随后质疑，是否还有必要区分民族自由党人和自由思想人士。[746]

这场分歧又一次体现了德论党的基本矛盾。这个党派在其短暂的存续期内从来就没能代表一个足够一致的成员利益，而只有这样统一一致的成员利益才能将他们自身的纲领性特色带入全德自民党。

民主德国自由民主党（自.民.党.）*

除了德国自民党、德国论坛党，或者也可以算上德国国家民主党之

---

* 米夏埃尔·瓦尔特协助撰写。

外，民主德国自由民主党（F. D. P.）[747]是第四个以自由为自我认知的党派。1989 年 9 月起草了第一份纲领文件之后，他们从 11 月开始提出了许多不同的建党倡议。[748]这个团体中的一部分成员来自德国自民党，他们认为民主党派的改革进行得太过缓慢。还有许多民众也加入了民主德国自民党，这些民众主要来自于以前一直远离政治的所谓的知识分子阶层。成员成分的异质性导致了在组建阶段没能制定出统一的纲领性路线。共同的目标就是废除社会主义。

一直到 12 月底，在东柏林成立了建党委员会之后才开始进行组织结构上的集中化。不久后在萨克森和图林根召开了成立党代会。1990 年 1 月 27 日，在东柏林的一次中央代表会议上，真正实现了整个州范围内的合作。自由民主党人表示支持"对生态和社会负责的市场经济"，并且要求"尽快"实现德国统一。[749]

领导小组是由选举产生的 18 人的执行理事会。为了努力重建东德的联邦结构，在这个"各州发言人委员会"中，柏林、勃兰登堡、梅克伦堡、萨克森、萨克森－安哈尔特以及图林根各派出 3 个代表出席。民主德国自民党的"首席发言人"是来自德绍的、曾经的无党派人士布鲁诺·门采尔医生。临时党派领导的任务是到成立党代会之前，制定出纲领草案。在这个过程中，联邦德国自民党的"自由宣言"所产生的影响远大于一般性的指导性建议。因此，民主德国自民党党纲《自由在未来的机会。自·民·党·自由的宣言——民主德国各州协会》从结构、内容到措辞上都和 1985 年的《萨尔布吕肯宣言》极为相似。[750]

在东德自民党正式成立之前，联邦德国就提供了援助。[751]西德自民党北莱茵－威斯特法伦州党团主席阿希姆·罗德（Achim Rohde）在杜塞尔多夫州议院中向西德自民党领导小组传递了其对于东德代表大会正面印象[752]，此后第二周，门采尔以及他的副手就在波恩会见了西德自民党高级代表。[753]这次会面明显也留下了良好的印象，因为 1990 年 2 月 4 日民主德国自民党在东柏林白湖区文化宫正式成立的时候，几乎整个波恩自民党高层都参加了成立仪式。

党代会代表选举了布鲁诺·门采尔担任民主德国自民党主席；副主席由德绍的于尔根·诺伊贝特（Jürgen Neubert），以及东柏林的彼得·蒂茨（Peter Thietz）担任。党代会还制定了临时党章和竞选政纲。其中又一次强调了生态导向的市场经济，在人民议院选举后迅速实现经济与货币联盟，以及重建联邦州。应建立全德国务委员会以奠定两德统一的政治和法律基础。作为"中间派的政治力量"民主德国自民党想要赢得那些还在犹豫不决的选民。代表们反对在党代会上决定是否与德国自民党结成联盟。而是应该首先等待德国自民党党代会的结果。估计如果出现不确定的情况，西德自民党将只会支持历史清白的政治力量，但是东德自民党深信，自己可以对于自由党派阵营产生足够影响。

面对现实的力量对比，西德自民党不断发出警告，小心自由党派阵营产生分裂。面对前德国自民党成员在波恩表现出来的一定程度的"怀旧心理状态"，东德自民党表示不能理解，这种心态会使人误以为自由民主党派已经青春不再。[754]这一指责的矛头主要针对沃尔夫冈·米什尼克，因为他没有阻止民主德国自民党和其他两个自由党派进行合并。在德国自民党于德累斯顿召开党代会的当天早上，米什尼克还和门采尔讨论了这个问题，门采尔是反对这三个东德党派先进行"特殊统一"，尔后再与西德自民党进行合并。虽然人们不能把这些党派的成员一概而论称为"民主党派成员"，但是东德自民党还是拒绝了一些德国自民党和德国国家民主党的县协会想要集体加入西德自民党的意图。

在德国自民党党代会确定了与其他自由党派进行合作之后，民主德国自民党、德国自民党和德国论坛党在人民议院选举前5周建立了竞选联盟"自由民主者联盟"。但是因为在东德自民党还没有表示同意之前，格拉夫·拉姆斯多夫就在现场直播的镜头前宣布了这个消息，这引发了强烈的不满情绪，甚至差点导致整个项目的流产：只有刚刚超过50%的州议会成员同意参与联盟。门采尔和其他参与决策者认为，这是对前民主党派遗留的基础设施进行充分利用的机会。但是在图林根和柏林的东德自民党中，反对的声音则非常明显。[755]最后反对联盟的人不得不屈服于波恩自民党的压力，因为他们威胁要撤销竞选援助。[756]

这种紧张的氛围在竞选中也没有消失，并且很可能是造成联盟只获得5.27%得票率这一悲惨结果的原因之一。先是东德自民党副主席在选举之前表示：在执政联合中他们很可能"更倾向于'德国联盟'，而不是社民党"[757]，尔后东德自民党代表们欣然表示愿意加入德梅齐埃政府。

反对接收德国自民党的要求并没有随着人民议院选举结束。门采尔不得不在人民议院党团成立会议上表示基层成员反对目前联盟伙伴间的合并。[758]因为东德自民党州委员会也决定，不派代表出席原定于3月27日的统一会议。

在 5 月的地方选举上，东德自民党又独立参加了竞选。萨克森州主席气愤地指责联邦德国自民党在竞选中"都不曾给我们的打字机提供点破烂的色带"[759]，结果党派最后只获得了 0.5% 的选票。[760] 成员发展方面也可以看出党派的意义不再。在竞选时，成员数还有"大约 8000 人"[761]，而到了此时，官方数字只剩下 2000 人。就像其他新成立的党派一样，东德自民党首先也面对着缺乏有能力的领导人的问题，曾经的一些领导人都因为政治生涯前途难测而放弃了自己的工作。但是大部分党派成员只希望废止社会主义，并且"在东德政治版图上插上自民党的大旗"，而这些目标明显是得以实现了的。[762]

在汉诺威自由党派的统一党代会上，55 名代表最后一次代表东德自民党出席会议。在东柏林成立仅仅过了半年之后，这个党派短暂的历史就被终结了。

绿党 *

民主德国绿党成立于 1989 年 11 月 24 日，与联邦德国绿党合并于 1990 年 12 月 3 日，它的生命太过短暂以至于没法在民主德国的党派势力分布中占据自己的位子。但是绿色运动在民主德国的历史却长得多，可以追溯到 80 年代初期。

从 80 年代开始，民主德国就开始了独立环保运动。随着民主德国生态出现问题的地区环境破坏越来越严重以及全世界不断增强的生态意识，民主德国的和平运动开始逐渐将环境问题和人权问题区分为两个不同的问题，而在 70 年代的时候，这两点还被混为一谈。环境方面的工作主要涉及的内容是环境保护以及科学技术进步带来的危害，相比维护人权的工作，维护环境的工作对于政府方面产生的威胁更小。因此在教会的庇护下，生态环保团体一直能比较顺利地发展。一直到 80 年代中期之前，这些团体主要都是分散的，彼此鲜有联系；诸如植树行为，或者骑自行车游行等活动都是一次性的，并且有地方局限性。所以这些组织的工作一直都强度不够，虽然公众对一般的信息有所了解，但是无法引起国家的重视。[763]

国家对于民众的环保兴趣也做出了一定回应。1980 年，自然与环境协

---

* 西比勒·希克协助撰写。

会（GNU）成立，在文协下作为为环保爱好者提供的论坛。政府这样做，一方面是为了顺应潮流，另一方面也是想通过自然与环境协会将这些人控制起来。[764]

1986年4月的切尔诺贝利核反应堆事故不仅提升了环保运动团体的合法性，更推进了他们的活跃程度。自然与环境协会一直想要摆脱国家的掌控，这致使出现了许多城市生态环保团体，它们"要求参与解决地方环境问题的讨论，并且敢于对国家的建设政策以及交通政策提出批评"[765]。

1986年9月，在新教教会系统下，环境图书馆在柏林成立，这是环保运动的一种新型机构形式。环境图书馆负责的工作包括撰写环保传单，还有协调各个团体之间的合作。环境图书馆甚至是第一个对国家提出慎重批评的教会环保运动团体，这导致了斯塔西1987年彻底搜查图书馆，并且将个别成员关进了监狱。[766]

1988年，由卡罗·约旦（Carlo Jordan）和马里奥·哈梅尔（Mario Hamel）组建的一个团体开始抱怨说，环保组织之间的联系仍然太少，这两个人后来成为绿党的创始人。关于组织发展的讨论促成了方舟网络（*Netzwerk Arche*）的成立，方舟网络独立于所有现存的组织结构，将不同的环保团体进行网络化连接。组织目标是通过科学支持以及跨地区、主题明确的宣传活动将环保工作专业化。[767]

1989年年中，在准备地方选举工作时，主要来自和平运动团体和环保运动团体的候选人就构成了一个绿色候选人名单。方舟网络试图和9月成立的"新论坛"进行合作，但是因为人事和组织上的分歧没能实现，因此1989年11月5日，成立民主德国绿党的想法被提了出来。与公民运动组织不同，绿党应该尤其专注于生态问题。即使公民运动组织以及前民主党派也开始同样认识到生态问题的重要性，但是绿党还是希望通过自己决不让步的态度，以及对于不同世界观的包容性，与其他党派区别开来。因此绿党也试图和自然与环境协会进行合作。建党的突出贡献人员主要来自于方舟网络，比如卡罗·约旦、马里奥·哈梅尔、格哈尔德·贝歇尔（Gerhard Bächer）。已经建成的团体应该最大限度地保持自己的独立性，而作为政党则需承担更重要的职能，比如参与竞选等。

建党的倡议者们很现实地认识到，民主德国的民众还希望通过这些革新团体实现物质追求。[768]因此他们认为，自己的任务还应该包括充分展示西德环保方面的不足，以使得"我们国家的这些革新团体不用承担那种不理智、目光短浅、物质性的压力，去建立一个弱肉强食、浪费成性、喜新厌旧的社会"。建党声明中也是这样描述的。持续保护生态的基本态度是进行充分社会变革的基础，因为"受到污染的不仅仅是我们的环境，更是我们的思想意识"[769]。

1989 年 11 月 24 日，在柏林第 6 次生态研讨会上，来自教会和国家的环保组织齐聚一堂，共同落实了这一号召。格哈尔德·贝歇尔宣布绿党成立。鉴于民主德国目前的变革，生态这个话题有可能被忽视，因此马里奥·哈梅尔指出，有必要"在未来的民主议会中，拥有我们自己的政治力量"[770]，因此要建立一个独立的生态党派，以便和人权、公民权运动团体分庭抗礼。

这一既成事实受到了强烈的谴责，批评的声音甚至来自那些原本支持绿党成立的人士[771]，因为原计划是要和 300 名参与者共同讨论绿党的组织形式的，但是最后居然没有进行提前商议就直接宣布了建党。人们指责绿党的创始人通过绿党将民主德国的环境运动团体分裂。被批评者则反驳称，只有当这些团体都加入其他的各种反对派团体时，绿色运动团体之间才称得上分裂了。[772]党派的支持者和社团模式的拥护者之间产生了矛盾，最后调停的方法是在那一周的周末再建立一个绿色联盟（Grüne Liga），作为民主德国环保组织的总协会。[773]绿党既作为民主德国生态运动团体的一分子，又作为欧盟乃至国际绿色运动的一部分，在这个框架下，它的目标是进行议会工作。在生态研讨会上，临时的发言人委员会就被选举出来[774]；制定纲领和章程的工作小组也被确定下来。

绿党和绿色联盟很快得以区分。因为协会和党派的工作内容不同，所以也没有权限争夺。在中央圆桌会议上，这两个组织都被邀请，并表现出了彼此亲和。[775]

在绿党出人意料地宣布建党之后，组织建设工作就立刻开展起来。1990 年 2 月 9～11 日，在哈勒举行的成立党代会上，400 名代表通过了这个已有 3000 名成员的党的章程和纲领，其中赋予生态和社会最高地位，[776]此外还选举出了一个新的理事会。[777]

在组建党派和准备竞选中最基本的问题就是如何建立"高效的基础设施"[778]。中央协调办公室负责指导行政区和专区层面地方组织的工作。最重要的是要脱离教会的势力范围，也就是说要寻求自己独立的活动空间。为了首先加强内部沟通，每个行政区办事处都配备了电脑、复印机和传真机。[779]1990 年 2 月 24 日，民主德国代表委员会成立，它是党代会休会期间最重要的组织领导机构。代表委员会开了 14 天会，未来的每个州派出 4 名代表组成该委员会。代表委员会的目标是快速做出决定，再通过直接与基层组织建立反馈，保证基层的民主合法化。[780]

绿党不仅受益于莫德罗政府提供给新成立党派的财政补助[781]，而且还获得了联邦德国绿党在财政上[782]、纲领上和组织上的支持。在联邦议会党团的帮助下，东德绿党起草了自己的党纲[783]；在绿党政策的问题上还举行了多次双边会谈。[784]此外，西德绿党在 2 月初还在西柏林建立了一个援助办公室，以支持绿党竞选。[785]

鉴于人民议院选举时间被提前，在起草纲领之外，代表们也不得不讨论竞选联盟的问题，提前的选举时间对于新成立的政党而言，明显造成了巨大的机会损失。但是由于人民议院选举并没有限制性附加条款，新成立的团体并不是必须加入较大的竞选联盟之中。与"新论坛"之类的公民运动组织的合作并没有获得大多数支持，因为绿党想要集中精力，重点明确地致力于生态问题。民社党是统社党的继任，所以绿党也拒绝与它们合作，而左翼联盟因为对民社党态度暧昧，也没被绿党接受。[786]基于竞选战术上的切实考量，绿党最后与独立妇女联盟组成了竞选联盟。因为独立妇女联盟主要关注的是妇女问题，所以与绿党在纲领上不冲突，人们更希望通过这种男女平等和生态问题的结合，在公民运动组织的选民中取得好的机会，但是 3 月 18 日的选举结果证明，这一想法是徒劳的。

因为绿紫联盟仅获得了 1.97% 的选票，所以绿党的 8 个议员就和联盟 90 的 12 个议员共组了一个党团。由绿党和独立妇女联盟组成的绿紫联盟在选举之后就关系破裂了：因为候选人名单合并的原因，独立妇女联盟一个席位都没有获得，但是绿党也不打算听从他们要求的，把自己的 8 个席位分给他们 3 个。[787]

和公民运动组织相似，绿党也要求民主德国进行社会改革，要求国家维持自己的主权独立性。所以两德重新统一必须建立在两个德国彼此平等的基础之上。对此比较有代表性的例子是在党章中就没有明确关于统一的观点；只有一份《绿党对于德国问题的第一次党代会声明》。声明中将两德分裂归结为"德国挑起的第二次世界大战的恶果"。因为民众"强烈要求""结束所有的敌对情绪"，绿党建议召开欧安会高峰会议，目标是"尽快实现全面裁军，解散两个军事联盟，建立全欧安全体系"。

与此同时，人们还要求召开一次生态方面的世界安全会议。"从现在开始，民主德国和联邦德国以及其他国家的关系应该建立在平等的伙伴关系条约基础之上。"在军事联盟解体之后，"两个完全具有内部主权的德国应该建立德意志邦联"。其他的基本要求还包括确立奥德－尼斯河边界，"重视生态、社会公平、性别平等，并加强反法西斯主义以及反斯大林主义"。应以一部共同宪法作为两德彼此靠拢进程的终点。[788]

在面对统一进程以及国家条约时，东西德绿党态度一致，并且在一份联盟 90/绿党党团上呈给人民议院，联邦德国绿党上呈给联邦议院的关于国家条约的共同声明中总结了他们对于该条约的顾虑和否定。声明中包括绿党的种种要求，例如德国必须承认奥德－尼斯河边界，"加入一个从欧安会进程基础上发展起来的合作安全体制，并且退出原来的军事阵营"。新的德国也需要一部新的宪法："根据民主德国克服中央集权的经验，也根据联邦德国的经验，需要修订一部不雷同于基本法，而是更强调联邦结构和社会法制的宪法。"[789]

面对统一进程不断加快，地方选举结果再次以 2% 败北，以及 1990 年 12 月 2 日的全德选举，绿党越来越没有足够的空间来塑造党派形象，建立联盟的要求也越发迫切起来。

3 月底，东德和西德绿党开始商议合并事宜。最开始东德绿党表现得比较抵触，因为他们想保持独立性，并且不愿成为"西德绿党的山寨版"[790]。虽然两个党派在诸如生态、社会、基层民主以及非暴力等核心问题上观点一致[791]，但还是存在很大的差异，使得两个党派难以彼此理解。比如民主德国绿党的社会阶层就和联邦德国绿党不同。还比如西德绿党中著名的意识形态派系斗争，也不是东德绿党的特点。相反，东德绿党的政治文化更多注重和谐而不是内部斗争。[792]民主德国环保运动完全专注于生态主题，所以忽视了对于其他可能社会模式的讨论。[793]所以东德绿党也担心，在讨论西德绿党的各种不同流派的时候被利用。[794]

尽管如此，两个党派的代表还是达成共识，在统一的德国内也应该建立一个统一的绿党。1990 年 9 月 7～9 日，东德绿党在马格德堡召开第二次党代会，会议决定在联邦议院选举后完成两个绿党的合并。在意识形态互相仇恨，个别团伙在联盟内的权力斗争等危险被妥善处理了后，同时也由于东西德两个独立选区的选举法的特点不同，东德绿党在马格德堡决定与公民运动组织联盟 90、"新论坛"、"现在就实行民主"、独立妇女联盟以及"和平与人权倡议"团体组建竞选联盟[795]。

第四章　民主德国转型时期的社会力量

第一节　公民权团体[*]

在《政治小词典》中，统社党对于"反对派"这个概念的官方理解如下："在社会主义国家中，不存在反对派对抗主流社会国家关系的客观政治、社会基础。"[1]从这个描述中可以看出，"反对派"这个词不能脱离上下文独立存在，而必须与社会关系联系在一起：主流思想认为，作为一个现存的社会主义国家，民主德国根本就不应该存在反对派——党派、国家及社会对外宣传的身份认同中，都没有给反对派遗留任何余地。因此从逻辑上来讲，反对派是不可能以合法形式存在的；反对行为不仅是被禁止的，而且是违法的。我们就是要在这样的背景条件下，来研究民主德国"反对派"的成立及其影响。

在谈及民主德国"反对派"时，不能采用民主体制下对于反对党、反对派的理解，这里所说的更多是泛指政治上的敌对态度，是指与主流政治路线方针相偏离的行为。[2]从民主德国成立开始，政治敌对就体现在方方面面[3]：反对行为的形式和途径多种多样，从柏林墙建立前的根本性对抗（比如逃离民主德国），到1961年之后对制度本身的反对[4]；从那些通过服饰和发型展现出来的示威性反抗[5]，到党内的反对派；从自发的暴动到有计划的大规模群众行动。但在这种种反对派行为之中最具潜力的还是80年代以来的和平运动团体、环保运动组织，以及人权和公民权团体[6]，正是它们最终建立了"变革"时期的公民运动组织。

公民运动组织的起源至少可以回溯到70年代。它的前身，比如和平运动团体[7]，是从拒绝服兵役产生的，尤其在1978年引入军事教育课程之后，

＊　戴安娜·克劳斯（Diana Kraus）、阿明·内尔廷（Armin K. Nolting）协助撰写。

其抗议浪潮达到了一个巅峰。这是民主德国的第一个基层运动组织。[8]除了纷纷落户教会的和平组织之外，70年代的反对行为主要集中在知识分子圈子内（文化反对派），集中在一些小团体和个人身上。[9]在70年代末、80年代初的时候，各种各样的团体都开始调整自己诉求的重心。在越来越严重的环境破坏、南北冲突、核武器军备竞赛〔具体而言是在民主德国部署飞毛腿20型中程导弹（SS20）〕、加入联合国以及参与欧洲安全合作会议的大背景下，许多新的组织团体得以成立，它们不仅仅要求和平主义，还要求保护生态、实现人权和公民权。[10]因此，到了80年代中期，主要在新教教会体制内，一大批来自不同领域（和平与裁军，环保，妇女，第三世界，人权与公民权）的批判性圈子和团体相继建立起来，它们在很大程度上彼此孤立，缺乏联系[11]，并且"以文化而非权力为导向，实行基层民主而非权力集中，做出积极回应而非咄咄相逼"[12]。与波兰和捷克斯洛伐克的反对派运动组织不同，民主德国的这些专注于社会伦理问题的基层组织并不认为自己是现存制度的政治反对派，因为它们找不到以反对派身份生存的土壤。[13]不过尽管如此，它们还是随着时间的推移扮演起了"制度反对派"[14]或者"现存制度反对派"的角色。[15]

在民主德国，第一批以反对派身份自居[16]，且远远脱离教会庇护独立行动[17]的组织中，就有一个1986年初建立的"和平与人权倡议"。[18]原本计划于1985年底举行的人权研讨会因统社党和国安部的干涉而被阻止，因此一部分研讨会准备团体决定，建立一个独立的人权团体来落实未完成的工作。这个团体的创立者包括马丁·伯特格尔（Martin Böttger）、贝贝尔·博勒、乌尔里克·波佩、格尔德·波佩，以及沃尔夫冈·坦普林（Wolfgang Templin）。成立文件中这样定义这个团体的组织目标：

> 在这些重要问题上（人权与司法、教育、青年、环境、健康、和平和工作权），我们希望集中关注本国的局势和发展，但是也不排除和其他国家的人权倡议团体交换人权问题意见，团结合作。[19]

按照这份文件，这个团体与统社党国家直接对立，并且引发了对于民主德国局势，以及其人权工作必要性的关注。

"和平与人权倡议"宣称自己被命名为"第一个独立的反对派团体"[20]，1987年12月的一次国际人权会议上，他们的这种自我认知体现得非常明显：

> 这符合"和平与人权"倡议组织的自我认识，除了以请愿书和呼吁的方式向政府提出行使那些看似已经被承认，实际上却尚未被认可的权利外，还包括发行独立的出版物，举办自己的展览和活动。我们致力于促进这个社会信息和交流的独立，建立文化的第二个层面。[21]

他们试图与政客和公众进行对话。因此，"和平与人权倡议"积极开展工作，在 1986 年 6 月出版了第一份地下政治杂志——《临界情况》（*Grenzfall*）。当时没有固定的组织结构或者正式的成员。许多参与者都来自和平团体，且同时也在其他组织中工作。因此那些本就不应受地域限制的不同团体之间也产生了交流。[22]和平与人权倡议就这样促进了各种团体间的初期联系。

1989 年 3 月，"和平与人权倡议"号召全国的和平、生态、人权、第三世界团体以及批判性的群众进行合作。他们要求社会伦理团体不再孤立自己，而要面向全社会开放。[23]

创始人沃尔夫冈·坦普林和莱茵哈德·魏斯胡恩（Reinhard Weißhuhn）在回顾过去时发觉，"和平与人权倡议"因为成立较早，而具备"在全国范围内建立反对派组织的独特储备"。[24]就连民权主义者施特凡·比克哈特（Stephan Bickhardt）也评价称，"和平与人权倡议"所做的工作是"民主德国反对派形成的开端"[25]，并且认为它融合了团体所需的优秀特征："独立，网络工作已具雏形，组织公共影响力的行动，发行报纸……"[26]

从 80 年代中期开始，反对派运动的确开始呈现出全新的性质[27]：从人权问题的讨论开始，这些团体们的政治化[28]最终通过公共政治事件展现出来，也就是 1988 年的李卜克内西/卢森堡游行，以及 1989 年的地方选举。通过这种方式，这些团体或多或少地扮演着政治反对派的角色。虽然个别团体间也存在差异，但是共同目标是一致的，努力寻求团体内、团体间、国家和公众间更好的信息交流和沟通，终止极权主义的统治关系。只有极少数人向往西欧的社会模式；绝大部分积极分子的努力方向都是反对资本主义及改良社会主义。[29]

反对派组织的新性质也体现在组织结构上[30]：跨地区的网络化进程越

来越引人注意，以环境与和平图书馆为中心建立起了一个网络，并出现了大量的地下刊物［例如，除了《临界情况》之外还有《弗里德里希弗莱德火警》（*Friedrichfelder Feuermelder*）、《新星方舟》（*Arche Nova*）、《环境传单》（*Umweltblätter*）、《前后关系》（*Kontext*）］。[31]除此之外，妇女集会或者环保研讨会等活动也定期举办。伴随着不同组织之间人员和内容的重合交叠、更完善的沟通以及更广阔的信息交换，网络结构的建立反过来又促进了社会伦理团体的政治动员。通过网络结构，那些1989年秋天抗议活动的组织者，反对派团体的领导者，现在也有可能聚集在一起。[32]

尽管如此，这些团体的影响力还是相对较弱。[33]虽然它们在数量上增长很快，但是也不过是些小型边缘团体，几乎不能奢望产生大规模影响，或在这个受压迫的国家中得到"相关"人民的支持。[34]

1987年11月柏林环境图书馆被搜查以及1988年1月参与李卜克内西/卢森堡游行的上百人遭到逮捕掀起了团结的浪潮，改变了这些团体与民主德国民众之间的关系。[35]统社党希望通过这样的措施给那些独立团体致命一击，完全阻止反对派团体的建立；削弱目前的网络结构，孤立那些积极分子。[36]其结果是有效的，同时也产生了反作用：虽然逮捕和驱逐一部分反对派领导者使得这些团体的发展出现了倒退，但是这种行为却使得全国范围的民众和反对派团体以及反对派团体之间紧密团结在一起。[37]最后戈尔巴乔夫的新政策也给反对派撑腰；人们期望看到从莫斯科开始的改革，而逐渐减少了对于苏联干预民主德国内政的担心。[38]

1989年夏初，潜在抗议者的存在及行动力，以及他们共同作为的意愿和勇气得到了展现：1989年5月7日，网络组织和反对派团体们组织了一场全国范围内对于地方选举的独立观察，这次观察使得他们证明了统社党的选举造假行为。[39]统治者颜面扫地，人民群众怒不可遏。民主德国发生了第一批的逃离浪潮，并很快升级为大规模外迁行为。统社党国家的危机已经无法忽视。[40]在这样的背景之下，原本有针对性的抗议发展为对于统社党无良统治的普遍反对。[41]反对派们终于准备好，向统治者发起决定性的挑战。

到了这个时刻，反对派们已经具备了较为坚实的基础，积极分子也建立起了规模不大，但是紧密深入的网络。斯塔西报告[42]中将反对派团体称作"消极－敌对人员联合体"，报告显示共有大约160个基层团体，其中150个在教会范围内活动。大部分都是和平、环保、人权组织。此外还有

10 个联合体具有 "协调作用"，被描述为具有联络结网特点。国安部门统计大约共有 2500 名积极分子，其中 600 人为领导者，60 人属于真正的 "坚强的核心"。这一报告显示，人员的年龄结构大约在 25 到 40 岁之间。这些团体最初不过是 "人员联合体"，它们构成了正在形成中的反对派组织的基础。1989 年夏末成立了许多反对派联合会、公民运动组织平台，而创建它们的积极分子中，一大部分都来自这些 "人员联合体"。[43] 在这样的成立背景和历史环境下，人们可以很好地理解这些公民运动组织的纲领性见解，它们与社会主义、政党和政权的关系，它们在圆桌会议中的表现以及在统一进程中的行为。[44]

反对派正式形成于 7 月底到 9 月这段时间。[45] 在此期间，最重要的反对派团体纷纷以公民运动组织（"新论坛"、"现在就实行民主"）或者政治联合会（社会民主党、"民主觉醒"、左翼联盟）[46] 这些新的组织形式公开建立起来，由于危机突然恶化，统治者迅速丧失威信和合法性，这些团体得以转变为政治力量，并在变革时期扮演了关键的角色。

成立阶段的序曲是 7 月马丁·古特蔡特和马尔库斯·梅克尔为了建立社会民主党准备的《成立倡议团体号召》[47]，该文件于 1989 年 8 月 26 日公开发表。[48] 这份号召毫不掩饰地辱骂了统社党对于领导权的要求，并产生了带头作用，引发了一场成立浪潮。

9 月 9 日，"新论坛" 随之举行了成立会议。[49] "新论坛" 试图以政治联合会的形式合法化并进行官方注册，这一要求最开始虽然失败了，但是由于民众的强烈支持而最终得以实现。[50] "新论坛" 很快发展为人数最多的反对派组织，不仅影响力巨大，而且传播范围也最为广泛，在很短的时间内，就在民主德国所有地区都开展了积极活动。"新论坛" 主要聚集了那些在教会保护下的和平、生态团体。在成立宣言《觉醒 89——"新论坛"》[51] 中，起草人马丁·伯特格尔、贝贝尔·博勒、卡佳·哈费曼（Katja Havemann）、塞巴斯蒂安·普夫卢格拜尔、延斯·赖希、汉斯－约亨·蒂歇（Hans－Jochen Tschiche）要求进行 "民主对话"，因为 "国家和社会之间的沟通" 是受阻的。"新论坛" 从一开始就认为自己是 "多元化反对派的聚集地"[52]，为怀有不满情绪的民众提供宽广的平台；它应该使更多人可以加入改革进程中去，将个人和团体的活动联系在一起。[53] 其目标是广泛动员群众，其纲领文件也同样务实。成立文件中只表明了 "希望实现公平、民主、和平，以及保护自然"[54] 这几点，而没有更加深入的内容。此外还有意地放弃了"社会主义"和"资本主义"这两个概念，以期为民主德国的未来留有余地。[55]"新论坛"纲领的含糊其辞、组织内部的参差不齐都是它最终失败的原因。

公民运动组织"现在就实行民主"的成立文件于 1989 年 9 月 12 日发表，在名为《参与内部事务号召》和《民主德国民主改革的论点》[56]的文件中该组织更为明确地定义了其纲领。文件中论及这个"被监护的、被党派统治的国家"；目标不是民主对话，而是结束社会主义，为了创立一个文明的社会进行"和平、民主革新"。"现在就实行民主"的倡议者们来自人权组织、环境组织和和平组织；创始者也包括活跃于"和平与人权倡议"中的乌尔里克·波佩，还有汉斯－于尔根·菲施贝克、路德维希·梅尔霍恩（Ludwig Mehlhorn）、沃尔夫冈·乌尔曼、康拉德·魏斯。[57]与"新论坛"不同，"现在就实行民主"放弃合法化，期望选择一种独特的方式进行组织，以使得反对派力量在下一次人民议院选举中可以提出自己的候选人名单。[58]

10 月初，"民主觉醒"终于成立了。[59]其建立的动机之一是对目前反对派组织的非正式组织结构不满意，希望通过建立一个联合组织来结束这种分散的状态。[60]因此"民主觉醒"首先就希望成为"所有其他反对派团体之家"[61]。在成立宣言中，"民主觉醒——社会，生态"就宣扬与其他组织团体共同合作，对民主德国社会主义进行民主改造革新。[62]与其他团体不同，"民主觉醒"力求接管政治责任；10 月底，大部分成员都签字同意"民主觉醒"从公民运动组织转型为政党，10 月 29 日，它最终改建为党派。[63]

在变革的初始阶段，东德社会民主党、"新论坛"、"现在就实行民主"和"民主觉醒"这些组织的成立在反对派团体中具有最重要的意义。在此之后，从 1989 年 10 月到 1990 年 1 月又掀起了第二轮成立浪潮，包括绿党、独立妇女联盟和左翼联盟。[64]

9 月起的成立浪潮将反对派组织的发展推向了一个新阶段。之前社会化的过程是从小圈子到团体再到网络，而全国范围内的独立政治联合组织的建立，将这个过程又向前推进了一步。[65]但是这些联合组织中的积极分子毫无疑问地只效忠自己的团体，并与其休戚相关。这不利于联合组织的广泛政治合作，也无法建立起一个与统社党相对抗的统一战线。不同的公民运动组织和联合体各自为政。反对派组织从成立阶段就体现出组织结构上的碎片化，这不仅仅是斯塔西的渗透瓦解或者其分化策略所导致的，这些不同组织间的差异造成了它们本质上的区别。除了一些个人恩怨之外[66]，主要是纲领性的倾向不同（社会民主主义的包括：东德社民党，"民主觉醒"；极端民主主义的包括："新论坛"，"现在就实行民主"，"和平与人权倡议"；左倾社会主义的包括：左翼联盟；极端环保主义的包括：绿党)，还有组织政策观念上的区别（建立了正式组织结构或属于政党的：东德社民党、"民主觉醒"、绿党；属于开放式联合组织/公民运动组织，具有基层组织性质的包括："新论坛"、"现在就实行民主"、"左翼联盟"）。[67]

尽管如此，它们还是尝试进行共同的政治行动：1989 年 10 月 4 日，不同反对派组织的代表们齐聚一堂，希望协商一个共同行动。目标是进行民主选举，为了选举要努力共建选举联盟。此外还建立了一个常设沟通小组，这个小组后来为反对派方面准备中央圆桌会议工作，并且负责不同团体间的谈判协调。共同声明中表示："对国家和社会进行民主改造的意愿将我们联系在了一起。"[68]

不同的组织间虽然有各种区别，但是至少有一点是一致的：大部分人都追求所谓的"第三条道路"（"既不是独裁也不是消费社会"[69]），也就是取代官僚中央集权的统社党专制，在主权独立的民主德国内建立民主社会主义。民主德国的集权统治行为遭到猛烈批评，同时联邦德国的资本主义社会秩序也遭到拒绝。因此大部分公民运动组织成员也不愿意和联邦德国进行组织联合，而宁愿为民主德国寻求一条独立的道路。[70]

当街头民众们已经开始高呼两德统一时，大部分民权主义者还是坚持这"第三条道路"。公民运动组织低估了这一发展趋势[71]；各处普遍爆发抗议活动，并在 10 月到 11 月民主德国成立 40 周年庆典期间发展到顶峰以及随后的转折，这些都给民权运动组织赋予了一个政治角色，而对于这一角色，它们几乎还没有准备好接受。现在的要求不仅是和国家权力进行对话，而是废除这一政权，将权力问题化为己任：在莱比锡周一大游行上，群众就要求"新论坛掌权"[72]。

权力问题最终导致了公民运动组织的分崩离析和政治边缘化。虽然它们没有组织群众游行，却突然成为群众运动的领导人。它们成为抗议运动的"希望承载者"，它们的活动成为不断增长的群众抗议活动可以积聚的"结晶点"。[73]面对新的情况，积极分子感到了行动的压力，尤其是在旧的权力机构不可遏制地遭到侵蚀的背景下，11 月 9 日这一形势更是达到了巅峰。公民运动组织新的领导者角色要求它们重新定义"与掌权者受阻的关系"（乌尔里克·波佩），并建立起更有行动力的组织结构。

不同的组织对此的回应各不相同：东德社民党和"民主觉醒"希望以政党形式进行组织，"新论坛"和"现在就实行民主"则坚持反对作为政党的态度不松口，要求维持基层民主的、围绕主题工作的联合组织形式。[74] 归根结底，这涉及的是在政党和公民倡议组织形式之间选择定位，涉及产生等级制度的危险，涉及参与国会等，这些问题和新方向，确实在一些组织之中造成了一定的人员分化和流失。一直到 1989 年 12 月，"新论坛"中的大部分人还是反对任何形式的等级化或中央集权化。

在中央圆桌会议上，公民权团体代表也表现出了对权力问题的犹疑、保守和不确定，这从整体上削弱了公民运动组织，并导致它们失去了民众的共鸣感。"新论坛"的创始人之一延斯·赖希还记得那些指责："在 11 月初的时候，你们无所作为睡了个好觉，这是你们的失败，也是你们在政治舞台上的终结。当时权力唾手可得。你们本应该努力爬到运动的巅峰之上。"[75]

公民运动组织所达到的成功的巅峰也同时是它们走下坡路的开端：随着民主德国独裁统治的结束，公民运动组织共同的目标，即民主公开性及自由选举变得不再遥远。边境开放使得民主德国的体制彻底被抛弃，于是对于国家未来的讨论开始了。这引发了公民运动组织间的分歧和争议。不论是它们的组织结构，还是纲领意见都不具有前瞻性："共同的敌人使我们团结到了一起。我们清楚自己反对的是什么，却不知道自己支持的是什么。从来没有进行过对于社会政治模式的讨论。"[76] 在解释为什么不同的公民权团体在取得了共同的胜利、废除了民主德国曾经的权力关系之后，却最终走向分裂甚至瓦解时，贝贝尔·博勒如是说。第一批反对派团体无疑是"革命者"，但却不是"改革者"，它们对于一个新的、民主的民主德国没有令人信服的、能团结多数的方案和想法。[77] 它们改革的设想局限于一个改良的社会主义，局限于"第三条道路"。而边境开放之后，这些团体的制度性论点都过时了。[78]

改革后的民主德国越来越无法得到民众的认可。1989 年秋末时，很多人已经预见了这是一次不确定的，但是难得的历史性机会，超越现存的统治关系，重新定义两个德国之间的关系。大部分的民众已经受够了 40 年社会主义管理的混乱，以及"谎言中的生活"［瓦茨拉夫·哈维尔（Václav Havel)］；他们终于也想参与分享他们一直遥不可及的西方式的富裕生活。[79]

由于行动不力以及多数人员对待德国问题态度消极，公民运动组织失去了大部分民众的支持。人们开始寻找公民权团体的替代者；3月18日的人民议院选举清晰地体现出了人民的决定。与获得联邦德国大力扶植的党派相比，公民运动组织无法与之相抗衡。它们从1989年秋天的革命先锋变成了1990年选举的殿后部队。[80]

在人民议院选举之前，公民运动组织没能建立起共同的选举联盟。这一分裂一方面显示出自（1989年）秋天的革命事件以来，这些团体之间在内容和组织结构上出现的分歧。另一方面，这一点也体现出了公民运动组织在1990年的碎片化和边缘化的特点，也显示出其政策应该不断专业化。

独立妇女联盟原本想要组建"广泛的左翼联盟"，最后却只能和绿党组成了一个绿紫选举联盟。[81]选举前一个月人们就不再抱有什么幻想了："我反正觉得我们的选举联盟没有什么太大的机会，最多也就能为我们在人民议院中争取到4到5个席位吧。"[82]这种估计还是过于乐观了，因为最后绿党把选举联盟获得的8个席位全部据为己有了。独立妇女联盟因此和绿党反目。[83]

同样在2月成立的联盟90由来自"新论坛"、"现在就实行民主"和"和平与人权倡议"的成员共同组成，这个选举联盟的成立可以回溯到（1989年）秋季就开始的合作之上。[84]尽管如此，这一选举联盟也没能制定出一个清晰的、可以协调这些公民权团体之间不同意见的纲领文件。[85]

人民议院选举的结果印证了公民权团体的悲观态度，于是联盟90和绿紫联盟在3天之后就共建了一个人民议院党团，共有20个席位。[86]

5月6日的地方选举验证了在人民议院选举时已经预示的趋势。除了个别地区取得的不俗成绩外[87]，公民运动组织在选民中的支持率继续走低。公民权团体建立的不同地区联盟或者独立参选虽然符合地方选举的要求，但是对于团体间的相互团结而言却有害无益。对于第一种情况，"科特布斯联盟"就是一个例证。[88]"新论坛"则与之相反，在安娜贝格独立且成功地参与了竞选。[89]

在人民议院选举和地方选举相继完成后，这个夏天给公民运动组织提供了弄清自我认知问题的机会。尤其是通过建立（选举）联盟，无论是组织间还是组织内部都清楚地认识到了差异所在。作为年初选举产生的松散、不牢固的组织联合会，反对派公民运动组织正面临着这样的两难境地：一方面，公民运动组织中很大一部分人对于权力还始终保持一种有疑问的、批判性的态度，并且认为自己是被形势所迫的民众的代言人。[90]另一方面大家都承认，由公民运动组织引入，通过圆桌会议实现的这种对话式的政治文化[91]不仅仅对于逐渐明朗化的两德统一有益，对于德国也非常重要。想要维护这一成果，就必须取得政治权力。这种矛盾的一种解决办法似乎是建立共同选举联盟。这样可以让公民运动组织区别于政党的基层民主特性得以保持。同时，选举联盟可以将剩余的潜在选民联系起来，并且是对于西德多党民主支配地位的容忍。在这里，与绿党，尤其是西德绿党的合作引发了争论。在秋季选举，尤其是州议院选举和第一次全德联邦议院选举中的合作策略之路走得十分艰辛。第一大反对派团体——"新论坛"就面临着一个十分棘手的角色。"新论坛"以及它自己的委员会谈判的立场是反对的且强势的。其反对态度表现为，"新论坛"的共和国发言人委员会一直都没有对8月29日商议成立的公民运动组织联合会和绿党共建的选举联盟公开表示支持。[92]一直到9月23日，发言人被民主德国论坛代表搞垮之后，这一危险的走钢丝行为才得到终止。[93]其强势态度表现为，"新论坛"建议将公民运动组织都合并到自己的名下。"新论坛"为此提出了两个论据。第一，将"联盟90"作为选举联盟的名字太具局限性，这只能代表人民议院中的国会工作，而没有体现出"在街头"的运动。第二，"新论坛"对自己充满自信，因为它们仍然是人数最多、最有名气的公民运动组织。[94]

历尽艰辛才实现的选举联盟成立没几天后，就因为联邦宪法法院对于选举法的新规定而显得过时了。[95]因为选举会在两个分开的独立选区中进行，且都将使用5%门槛规定，这使得和西德绿党形式上的紧密合作变成多余，同时也特别澄清了联邦德国社民党关于所承诺的候选人名单、席位的不确定性。[96]

除了竞选中共同采取行动的困难之外，对于公民运动组织最重要的试金石就是民族问题。虽然早在人民议院选举之前，大部分积极分子就不得不对此表示了谨慎的赞成，但是他们绝没有准备好，加入为两德统一高唱赞歌的队伍中去。[97]因为他们始终坚持，统一要建立在双方都做出调整的基础上，1990年夏天，公民运动组织失去了更多民众的支持。与对德统一问题的怀疑态度相似，公民权团体对于经济与货币联盟也表示反对。[98]他们担心国民经济的突然转型会引发崩溃，即使通过西方的大规模干预也无法缓冲其后果。[99]因此，除了两位议员外，公民运动组织的议员都对总理的提案表示了反对，拒绝根据《基本法》第23条加入联邦德国。[100]

总体来说，公民运动组织属于 1990 年的政治失败者。不过它们无疑在个别的具体问题上取得了成功[101]，并且通过参与公民委员会和多次圆桌会议促进了东德民主的政治文化的形成。

公民运动组织政治形象上的折损以及政治上的失控，在 1 月的"变革周"中就可以找到原因。它们共同接管了政府责任，与统社党/民社党和卫星党进行合作，这使得旧势力得以从它们的合法性中获益，模糊了过去的掌权者和改革力量之间的界限。[102] 1 月，公民运动组织第一次因为自身疏忽丧失了部分政治优势。对于民众心之所向的两德统一态度含糊，建立选举联盟时组织上的困境，使得它们进一步丧失影响力。[103] 在民主德国，反对派的公民运动组织敲开了统治关系的硬壳，联邦德国的党派很快填补上了由此出现的权力真空地带。

什未林案例[*]

1989 秋天那些轰动性的事件导致了统社党在民主德国统治的崩溃，这些事件主要发生在民主德国的南部以及"民主德国首都"（东）柏林。留在人们记忆中的事情并不多，只有 10 月 9 日的第一次莱比锡大游行——一次民众为了反抗国家政权及其暴力机构进行的和平示威，还有此前几天在柏林和德累斯顿发生的警察行动，它为莱比锡游行提供了诱因。[104]

除却无名的游行者，反对派的发言人们出名了，他们是"新论坛"或者"现在就实行民主"等新团体的代表，主要都来自柏林、莱比锡和德累斯顿的不同政见者圈子。[105]

相比之下，民主德国北部表现得比较被动。9 月和 10 月，南部城市的人民正越来越勇敢地对抗无能的统社党统治，而有相似境遇的三个北部地区——罗斯托克、什未林和新勃兰登堡则一直感受不到太多的情绪。这导致了对于北德民众的指责，批评他们思想懒惰、政治迟钝，并迫切地要求他们立刻觉醒，加入南德（和平）对抗统社党统治的斗争中来。

研究就是从这里开始。研究内容为 1989 年的觉醒[106]是如何在什未林实现的。但这并不是简单地按时间顺序罗列历史事件[107]，或者对于可能迟来的觉醒给出一个浅薄的答案。这里更关注的是，在 1989 年夏末到 1990 年春天的这段时间里，所谓的公民运动组织在什未林到底扮演了怎样的角

---

[*] 米夏埃尔·里斯克（Michael Liβke）协助撰写。

色，它们的目标是什么，它们如何左右事件的发展。这里所说的公民运动组织并不包括那些从一开始就以政党形式建立的团体，诸如东德社民党。还要探讨的内容包括那些突然成为政客的领导人，以及他们的早期经历。他们行事的成功，尤其是他们在市和行政区圆桌会议上表现出的行为会被着重研究。[108] 所有这些方面最终将帮助我们回答那个更重要的问题，即一个民主德国州府城市在变革发展中的独立性如何。[109]

1989 年 9 月 9 ~ 10 日那个周末，在卡佳·哈费曼（Katja Havemann）位于柏林附近的格林海德（Grünheide）的家中，柏林和民主德国其他城市的不同政见者聚集在一起，商议建立一个政治平台，他们想让民众之间、民众和国家政权之间进行公开民主的对话，讨论民主德国国家、社会、经济方面公认的危机，目标是实现公平、民主、和平、保护自然环境，他们将这一政治平台命名为"新论坛"。[110] 他们建立起了一个对民主德国变革时期至关重要的公民运动组织。格林海德的第一批签名者，即创始人中就包括来自什未林的马丁·克伦（Martin Klähn）。当时他就和乌塔·洛埃特（Uta Loheit）商议好，将"新论坛"作为政治联合会在什未林区议会进行官方登记并获得通过，一周后他们就付诸行动。这里体现出的完全不是北德反应迟缓；相反，什未林区从"新论坛"一成立就已经是首批最重要的公民运动组织的参与者。

这幕后进行运作的人并不止马丁·克伦一个，在"新论坛"成立的那个周末，他感到更多的是意外。[111] 他是作为什未林地区的一批团体、组织、个人的代表前去的，他所代表的这些组织从数年前就开始对于民主德国现状的不同方面提出批判，并且在官方机构中没能寻求到施展空间。早在 1989 年局势剧变之前，在什未林地区就存在着反对派团体结成的一个密集网络，当地的斯塔西对此也不是不清楚，这个网络联结了民主德国其他地区志同道合的人士，正是他们之中的人组成了 1989 年秋天新成立的公民运动组织中的积极分子。

什未林地区的批判性讨论、独立的组织以及公众行动的第一推动力是来自民主德国 70 年代末 80 年代初的环境状况，当时官方表示只存在一个资本主义的开采问题，而实际上在民主德国的许多地区都已经无法忽视环境污染。受到联邦德国绿党的诉求和成就的鼓舞，民主德国各地人民决定，收集并交换环境状况信息以对抗国家在信息和评估方面的垄断行为，同时通过具体的、受约束的行为来改善环境。和其他议题一样，这种会面也要在教会庇护的对话圈子内进行。之后出现的柏林锡安教会（Zionskirche）环境图书馆就是一个明显的例证。[112]

在 70 年代，民主德国北部虽勉强算是有工业聚集区，但与比特菲尔德（Bitterfeld）① 的发展程度还相去甚远，但是什未林的团体却属于环保反对派中的先驱者，这着实令人惊讶。早在 1979 年秋天和 1980 年春天的时候，他们就开始进行植树活动，因为那些 70 年代初期建立的城市板式住宅楼群[在兰科夫，大德雷施居民区（Lankow, Großer Dreesch）]缺乏植被，一片荒凉。[113]这一行为虽然和国有企业的绿化相一致，并且国企通过提供必要的树苗表示了支持，但是还是属于独立的个人行为，跳出了官方"一起干!"的宣传范围，而且他们集中做礼拜、公开集会、演讲，因此还是被定义为政治活动。很快在罗斯托克开始有人效仿他们，之后莱比锡和许多其他城市也是如此。正是因为这样，在什未林的帕希姆（Parchim）所筹划的后续行动受到了斯塔西的阻挠，带头人物被监视、刁难。但这并没能影响组织间保持交流，活动继续进行。1983 年在什未林召开了环保研讨会，之后又在柏林继续召开了研讨会，这些活动极大促进了不受国家控制的民众间的信息和意见交换。[114]

1983 年，同样的一群人抗议修建一段从什未林到维斯玛（Wismar）的高速公路（到今天也没能建成），因为这条路会横穿需要保护环境的地区。因为更熟悉环境，他们和警察进行了一场猫捉老鼠的游戏，并最终成功组织了抗议修建高速公路的自行车示威游行。但是和柏林的朋友一起组织的什未林范围外的自行车示威游行却遭到了国家安全机构的破坏。[115]

考虑到国家安全机构长期的打击和分化的因素，1989～1990 年的一些延续性的活动还是十分引人注目的：在 1989 年反对派的最前线，可以发现植树活动和自行车游行的积极分子，比如约恩·莫特思（Jörn Mothes）的身影；在 1983 年的自行车示威游行时，什未林的圣保罗教堂镇（包括里茨克牧师）就已经为反对派成员们提供了出发地和安全的藏身之处。围绕着这些人物组织起来的环保对话圈子一直坚持到了 1989 年，他们也是第一批加入"新论坛"的人。

从 70 年代末期开始，同样在圣保罗教堂镇发展起了公开的青年运动组织，年轻人们在教堂义工的指导下，定期在圣保罗教堂地下室进行开放的

---

① 属萨克森－安哈尔特州。——译者注

意见交换，而不会受国家直接控制。因此，这里成了那些组织和个人实现理想的出发地，他们在其他地方无法实现自己环保或者和平政治的要求，同时他们也在这里共同研究对抗国安部分化策略的相应措施。[116]

在同一时期也产生了其他的团体，它们反对民主德国官方的和平政策，因为这个政策只能致使对内和对外进一步的军事化进程，对内表现为从1978年起在所有学校加入了必修的军事教育课程，对外表现为在民主德国部署中短程核导弹，同时由于这一部署以及1979年的北约双重决定产生了对北约扩充军备的大规模抗议宣传活动。在什未林地区，来自居斯特罗（Güstrow）的神学家海科·利茨（Heiko Lietz）[117]出尽风头。他在1981年成立的社会和平服务倡议组织、（彻底）反对兵役倡议和影响力扩展到什未林地区的罗斯托克和平团体中都身居要职。[118]

并不是所有这个时期成立的组织都坚持到了1989年。罗斯托克和平团体不久后就分裂成了6个小团体，[119]但是它无疑将大量人士引入对抗统社党统治的反对派组织中去。这些反对派组织性强，具有潜在公众影响力，虽然免不了斯塔西的多方打压，但是这些人还是在这里学习了如何进行独立的政治思考，并且在民主德国可能的范围内进行独立的政治行动。[120]

大部分反对派人士致力于寻找新的主题、新的活动领域。例如1987年，在马丁·克伦和乌塔·洛埃特周围（前者参与了圣保罗教堂地下室活动并支持反对兵役倡议），建立起了一个读书与对话圈子，这里聚集了许多过去的环境和和平运动团体成员。由于目前这种令人窒息、没有生存空间的政治环境，而且近期内不可能改变现状，他们投奔了这里。[121]

其他一些人则负责在什未林和其他城市都已经成为常规的和平祷告（每周三晚在什未林大教堂）。因为这种和平祷告符合统社党推行和平政策的要求，所以统社党方面也很难通过政党和国家安全部门对其进行公开的斗争。在1988年左右和平祷告演变为想要出境者的平台和靠山，这些人中有些已经根据《赫尔辛基协定》提交了离开民主德国的申请，但却因此遭到当局的歧视。[122]这表明，教会方面，至少是他们在乡镇的代表们最晚在1988年已经准备好，承受它们活动的政治化所带来的后果并给予了活动空间上的许可。

位于什未林的新教－路德派梅克伦堡州教会领导人、州主教施蒂尔（Stier），彼得·穆勒（Peter Müller）主席领导的高级教会委员会小组，以及成员埃克哈特·什未林（Ekkehard Schwerin）都鼓励并支持这样的行为，他们面对党和国家的领导者依然强调尊重民主德国宪法中规定的言论自由和牧师自由。

这个圈子中还产生了那些在教会庇护下的、持批判态度的民众，他们作为观察家监督了 1989 年 5 月 7 日在什未林的地方选举计票过程并和其他地方的观察家一样，指责国家机构选举造假，这一点有据可查，1990 年后法院方面尽人皆知。州教会也因此向国家和政党的有关机构提出申请，催讨它们提供正确的计票结果，这体现了什未林地区的一贯特点。

针对统社党在什未林老城区实施的城市建设政策而进行的谨慎抗议发展为另一种完全不同的批判式的动员。什未林内城几乎完全没有受到战争的摧残，但是由于统社党七八十年代的租房和住房政策，这里越来越破落。尤其是所谓的谢尔夫城（Schelfstadt），它是于 18 世纪初期建成的巴洛克式新城区，今天是什未林内城最古老的一部分。它边上曾经有一块沼泽地，1985 年被彻底破坏，盖起了民主德国典型的板式住宅楼。1989 年，巴洛克式的谢尔夫城的其他区域也面临着相同的命运，其中一些街道和街旁建筑已经被拆毁。对此大批群众组织了积极的抗议活动，他们不仅仅尝试向城市和行政区呈文抗议，甚至还在城市相关部门的支持下举办了一次照片展览，名为"现在拯救我们的谢尔夫城"。虽然没有直接的政治上对立的要求，但是这里也发展出了一种形式的公民倡议组织，它们打破了统社党的垄断专政，（在民主德国可能实现的最大范围内）建立了公众抗议组织，并且展示了独立公开表达自身想法和意愿的可能性。

这种形式居然有可能实现，就证明了统社党的领导权已经受到了一定程度的侵蚀，即使这开始只发生在省内的地方区域，这里仅仅是选取什未林为代表。[123]

到 1989 年为止，什未林反对派团体的成长和活动反映出：统社党政权陷入了经济、社会、政治的萧条危机，早在戈尔巴乔夫的开放和改革政策之前，这一危机就已经导致了统社党领导权的损失；而相反的，这又促进了那些开始尚很弱小的反对派团体的成长，提升了它们的意义。

与 1989 年夏秋的表面现象相反，北部行政区在这一发展过程中绝不是一瘸一拐地落在所有人身后。无论是反对派圈子和不同政见者圈子的发展方面，还是教会为此扮演的保护者角色方面，什未林区和什未林市的表现都极其卓越。

因此，什未林区域为 1989 年的公民运动组织提供了良好的基础，这一点在"新论坛"的发展中清晰可见。

前面已经提到，1989 年 9 月 10 日签署成立宣言的"新论坛"创始人之一就来自什未林。马丁·克伦的确是唯一一个来自民主德国北部的代表，如果说他前往格林海德拜访环境图书馆的政治伙伴还不足以表明这次会面的意义的话，那他之后毫不犹豫、快速有效地落实了会面结果就可以表明态度了。[124]

1989 年 9 月 10 日晚上，他已经在朋友和政治上志同道合者之中收集第一批签名，大家共同提出成立宣言的要求并且成为"新论坛"成员。第二天，他就到自己曾工作的企业的秘书那里将宣言复印了许多份；这些复印件是招揽更多成员的基础，这一工作由乌塔·洛埃特，圣保罗教堂牧师，汉斯于尔根·里茨克（Hansjürgen Rietzke）以及什未林国家剧院的职员[125]负责。"新论坛"成立及其招兵买马的消息很快传播开来，一周之后就又有数百人加入。[126]这也使得马丁·克伦和乌塔·洛埃特感到有足够的信心，按照当时商量好的，在 1989 年 9 月 18 日向什未林区议会提出官方申请，根据 1975 年相关条例批准"新论坛"作为政治联合会成立。当然这只是一种示威行为，并没真的期望获得通过，除了斯塔西加强了监视之外[127]，最初官方并没有任何回应。但是这已经十分清楚地表明，"新论坛"这个公民运动组织以高涨的自信对抗民主德国官方机构，并且不想继续维持密谋反对派的身份。新教教会早期的支持[128]无疑也是一种助力。除了什未林，"新论坛"的分支很快在克里维茨（Crivitz）[海因里希·拉特克教授（Heinrich Rathke）]，在居斯特罗（海科·利茨）发展起来，并且在这里也建立了一个类似教会的团体网络。

1989 年 10 月 2 日，"新论坛"向什未林公众迈出了意料之外的第一步。受到创始人克伦和洛埃特的邀请，当时的组织成员和朋友们在圣保罗教堂的公用房子内会面，共同商议未来工作的目标、形式和组织结构。虽然对抗统社党和进行社会改造的时机已经成熟了[129]，但当时那些匿名或者公开的支持者们对要如何实现这一要求还无法取得一致。倡议者们脑海中浮现出了建立工作小组的设想，这些小组负责不同的内容，从理论上讨论"新论坛"对待公众、对待国家政权的下一步行动，并且做出实际的准备。有 200 人左右的积极分子之前在其他团体中已经彼此熟悉，并且大家也已经习惯了这种讨论和工作形式，但是"新论坛"的这次成员集会却召集了800 到 1000 人。这次集会自行迁往圣保罗教堂举行，并且演变成了一次公开大讨论，内容关于民主德国现在的种种弊端、消除它们的必要性，以及是否可能让"新论坛"这样的公民运动组织参与到消除过程中去。这次集会最主要的作用还是让大家放心，"新论坛"人数庞大、组织壮大，这又吸引了更多感兴趣的人，也让国安部和统社党更加焦虑。因此，对于很多人来说，10月2日才是"新论坛"在什未林真正的成立日。

接下来的一次集会在10月6日，还在圣保罗教堂，原本计划那天晚上的焦点是城市青年管理者之夜，并且凸显一下"新论坛"传播之迅速，但这次国家安全机构做了充足准备：上千人的参加者中，大约200人是斯塔西精心挑选的同志，他们试图通过进行相应讨论来按照自己的意愿控制集会发展；此外，国安部的力量还对前往圣保罗教堂的参加者进行堵截（还动用了高压水枪等），结果导致这次集会并没能对未来行动做出清晰的自我定位，而更多的是让人感到压抑恐慌。[130]

"新论坛"在一周内召开了两次大型集会，每次都有上千人参加，成功地向统社党行政区领导展示了它的批判性的要求，但是在上一次集会之后和10月9日莱比锡大游行爆发之前的这段时间，"新论坛"面临着一种担忧，统社党是否或者何时会对公民运动组织动用其统治工具。另外这也显示出，"新论坛"在什未林成立仅仅3周后，就发展成了一股对统社党地位有威胁的力量。

经过了10月6日的僵持之后，尤其是10月9日莱比锡游行的连锁效应清楚表明，"新论坛"在什未林不再肯受人压制。虽然这两次群众集会都没能在地方报刊上获得回应，但它们的消息还是很快传播开来并且继续寻找新的突破口。在什未林的大工业企业中，对于民主德国经济状况的公开的批评性讨论越来越多，对"新论坛"的要求也有越来越多的人同意，在建设性的对话中谈及了所有人都认识到的问题，但统社党就是不肯承认。因此"新论坛"的成员决定转型，不再采用教会的、环保的、和平运动的反对派团体的方式，而开始呼吁更具体的行动，虽然他们工程师之类的身份更应该被划分到科技知识分子而不是传统的工人阶级层面中。受到莱比锡样板的启发，什未林"新论坛"也决定减少在合作团体中纸上谈兵、单纯争论如何进行下一步行动，而要准备更多有公众影响力的行动，不再躲在教会的保护之下，要以街上的群众为目标。[131]

1989年10月23日，什未林爆发了公开上街游行，向统社党政权发起挑战。

　　首先是在企业中出现了相应的行动要求。10 月 18 日，"新论坛"的合作委员会在圣保罗教堂地下室决定，在 1989 年 10 月 23 日，周一，在什未林进行第一次"新论坛"公开游行。游行出发地是老花园，那里是统社党区行政部门所在地，也在国家剧院和宫殿附近，区议会在那里开会，这个选择不仅方便适宜，而且具有极大的象征性影响。游行者通过口号和传单进行宣传，大标题是"以民主通向社会主义"，具体要求包括承认"新论坛"，出境自由，新闻、集会自由，并且敦促实现严格的非暴力政策。

　　政党和国家安全机构当然也知道了这个消息，他们以自己独特的方式准备着。一方面他们准备好暴力解散游行队伍（攻击行为）[132]，国安部、警察和战斗队都因 10 月 23 日做了大力度的动员，并且进行大规模供给准备，甚至还准备好了护理伤员的物资。另一方面他们打算阻挠政治反对派的游行，伪装成什未林市民主阵营进行呼吁，在同一个地点举行一场平行的游行活动，口号是对话和行动，共同宣传"我们国家的革新"。这一"对话的最佳结果，是将我们联系在一起，而不是让我们彼此分离"，统社党会保证这个要求顺利实现，他们打算聚集不明情况的同志、公司职工、便衣警察以及其他社会群体前往游行地，为统社党区主席齐格纳（Ziegner）和市长大人奥德（Oder）的演讲鼓掌。他们已经深思熟虑过，自己设计的游行将在人数、技术和声势上超越"新论坛"的游行，这样就会让"新论坛"游行看起来像次要的干扰，并且给什未林（乃至什未林以外）的民众留下这样的印象，和民主德国南部不同，这里的统社党有对话准备，并且仍然可以控制局势。[133]

　　不过当天下午的情形表明，事实并非如此。尽管人民并不确定，国安部面对这一干扰了其官方活动的非法游行将采取何种应对措施，但是"新论坛"的拥护者们在附近的大教堂做过和平祷告之后，仍然一起向老花园进发，在那里开始进行示威游行，要求承认公民运动组织，进行对话而非政治宣传，要求实现改革，自由选举，出境自由，以及其他的口号。甚至许多官方的游行者也加入了这个队伍，最后人数约 4 万人。官方的活动则几乎没人关注，国安力量没能对"新论坛"游行进行干预，考虑到游行示威者的数量和他们表现出的纪律性，这一点之前真是难以想象。一周后，10 月 30 日，"新论坛"的拥护者们在什未林再一次进行示威游行。又有 4 万左右的游行者要求进行改革和对话，实现这些的前提条件则是允许建立公民运动组织，并无条件地承认它们的政治合法性。从此开始，一直到

1990 年 3 月，什未林定期周一游行，虽然并不是每次都有那么多人参加，但这清晰地表明了人民要求摆脱统社党统治的规则和程序，并参与到政策制定当中。

对于觉醒的人民来说，"新论坛"就是他们利益诉求的传声筒和催化剂，它把所有的反对派团体和持批判意见的公民聚集到了一起。通过 10 月 23 日和 30 日的两次游行，"新论坛"实际上已经成功对抗了统社党。但是将"新论坛"半官方地承认为政治联合会和工人阶级政党合法反对派身份的这一过程却进行得较为缓慢，而这一点恰对权力问题发挥重要作用。什未林的统社党领导人首先尝试通过各种各样的对话活动，将那些被煽动的群众和其他的群众组织联系到一起，同时不再承认周一游行对于开展对话的促进作用，并且私底下逼迫教会领导人和"新论坛"创始人缓和态度。[134]一直到 11 月 3 日，什未林区选出一个新的统社党主席汉斯 – 于尔根·奥德姆（Hans – Jürgen Audehm）。11 月 8 日，"新论坛"得到民主德国内政部批准承认之后，奥德姆才于 1989 年 11 月 17 日和"新论坛"成立者克伦、洛埃特之间进行了一次热烈的对话[135]，对话的结果是，"新论坛"两个月前提出的合法化申请终于得到了同意。也是从此开始，什未林市批准了周一游行，甚至在 12 月初为"新论坛"配备了一个（装有电话线）的办公室。

在什未林，因为可以和党派高层、管理高层直接对话，还有上面提到的一些对反对派组织有利的前提条件，什未林市发生的事件和那里"新论坛"的动向都为整个什未林区的政治发展起到了榜样作用。

公民运动组织在这个地区的其他城市也在发展壮大，居斯特罗和克里维茨就是如此。反对派人物利茨和拉特克很早就在这里进行活动，他们不仅在什未林的"新论坛"组织中扮演着重要角色，而且还推进了早期地方抗议团体和抗议活动的发展。

另一个有完整记录的例子[136]是帕希姆。在这里，教会也为不同政见者提供了足够的空间和统社党保持距离，一开始是青少年工作者，而后也惠及其他圈子。因此，附近什未林的影响力很快就波及帕西姆。仅仅在一次私下的、关于"新论坛""9 月号召"的信息交换之后，10 月 4 日，即什未林圣保罗教堂的第一次集会两天后，30 名帕西姆人建立了自己的地方公民运动组织。这个组织最开始称自己为利益共同体转型[137]，一个月后正式成为"新论坛"的一部分。每周三晚，这个组织都会定期举行活动，也就是在帕西姆的两个主要教堂内召开成员集会。一直到10月26日，他们进行了第一次要求民主德国转型的大规模示威游行，反对统社党，支持"新论坛"。[138]这次游行中也明显可以看出什未林的影响，因为在当地所进行的同样是反对统社党统治的觉醒运动。

所以直到11月中旬的时候，什未林市和什未林区都和南部完全一致地彻底贯彻着政治变革，这里的统社党迫于民众压力不得不将自己垄断的代表权交还给人民，需要与独立的反对派团体进行斗争，并且在党派和国家高层革新后还必须承认这些让它感到不安的团体。在同时期，柏林墙的开放给统社党的政权统治致命一击，统社党对此的反应一向拖延迟疑，已经变得勇敢起来的群众立刻抓住了这一机会并迅速扩大了其影响。

不久之后，柏林和什未林都试图寻找新的形式来进行反对派和（前）统治力量之间的斡旋，于是圆桌会议产生了。但是有很多细节都很模糊，比如对手有多强大，它的目标是什么等问题。在柏林和什未林，情况都是如此。

在什未林还进行了一次具有特别意义的讨论，虽然在当时到处都有这个问题，但是它在什未林比在柏林体现得更激烈，导致了前统治力量和公民运动组织在圆桌会议成立之前就针锋相对：这个问题就是国家安全机构的地方监控，即国安部办公室。

问题的导火索是早期大型集会和示威游行的组织者——"新论坛"代表们，要求通过市、区的行政机关更详细地了解10月23日事件的背景和责任，当时统社党领导层根本没有准备对话，而是进行了秘密的武装镇压准备。遵循柏林的先例[139]，什未林市议员会议也在11月底做出决定，成立一个调查委员会，彻查10月23日事件的始末。[140]虽然市议员会议中毫无疑问没有"新论坛"代表，但是"新论坛"还是可以派出4个成员，加入这个共13人的调查委员会，鉴于悬殊的比例差异，政府方面这种程度的让步并没有什么危险。委员会成立时间定于12月初，之后将逐渐展开工作。

尽管如此，这个委员会的工作和产生的影响最终还是和预期产生了偏差。因为在此期间，新的莫德罗政府致力于将目前的国安部进行转型，因此在整个民主德国境内，遭人厌恶的国安部门的工作，监控和组织成了一个问题。过去伤痕累累的经验教训让民众无法产生信任，并认为这一行为应引起警觉，它只是打着革新部门的旗号，给原来的国安部提供一个新的合法身份，而且不需要取缔陈腐的工作守则，还能销毁那些引发诸多不便的档案记录。在什未林区内，民众也同样敏感警觉。

1989 年 12 月 1 日，原计划的调查委员会正式成立，但是只有 5 名成员出席：其中包括 4 名"新论坛"成员[141]，1 名忠于体制的工人与农民监察机构代表。在什未林国家人民军军营中，档案被销毁的流言四起，这个 5 人委员会立刻朝着这个方向展开调查，为了大幅拓宽自己的权限，委员会以一个具有政治合法性的机构出现，有权审查所有的国家安全机构，并且可以阻止不期望发生的行为。仅仅几天之后，在广播电台记者队伍的陪同下，委员会代表们于 12 月 5 日前往了国安部区总部，原因仍然是怀疑他们销毁文件。虽然斯塔西成员数量远远多于他们，而且个个持有武器，委员会还是被成功放行，和第二天一样，他们在国安部区办公室中，保管了武器，没收了文件，确保了其他文件不会被继续销毁。即使这种保障并不能进行得十分彻底，委员会还是对旧势力进行了强有力的打击，解除了其武装。仅仅凭着一纸由市某机构颁发的形式和内容上都有所欠缺的公证书，以及公民运动组织代表的虚拟民主合法性，委员会就实现了上述行为。

在愤怒的游行者的支持和授权下，12 月 4 日、5 日，公民运动组织代表打开了国安部指挥中心，以及民主德国其他许多城市的拘留所的大门，包括莱比锡、苏尔（Suhl）、埃尔福特，当然还有什未林附近的罗斯托克和帕希姆。[142]这一不仅仅带有象征性意义的重要行为无可争议地确立了公民运动组织对抗统社党的胜利，而在此过程中，北部并没有表现出任何迟缓迹象。

现在必须解决的问题是，公民运动组织应该如何继续发展。在此之前，它们一直是人民群众利益的传声筒和催化剂，正如"新论坛"的成立宣言所号召的，越来越多的群众跨出了个人的小空间，加入公开集会和非法示威游行中去，他们要求国家、社会进行改造，要求实现民主、法治国家和出境自由。在宣扬这些目标、组织抗议和游行的过程中，很容易就可以把来自不同行业、不同生活圈子、不同党派和团体的人们[143]聚集在一起。

现在，公民运动组织需要明确，它们以后的目标是什么，以及通过什么样的方式可以实现这些目标。此外它们也完全不确定，除了示威游行之外，还有哪些有意义的政治行为可以用来对抗这个莫德罗领导下的、震惊惶恐的民主德国领导层。

公民运动组织通过圆桌会议找到了第二个问题的答案，它们利用共同责任，成功地对抗统社党的政权，并且从临时政府时期，一直到 1990 年 3

月和 5 月决定性的选举之间，公民运动组织在一种类似双政权的态势下，展现了自己作为唯一合法、有行动力的政治力量的身份。

为了确定政治运动和群众组织的目标及策略，需要有相应的组织机构和可控的操作程序。但公民运动组织首先就缺乏这两点，因为它们最初起源于与统社党持不同政见者的圈子，在私人往来的层面上达成一致，并且主要以密谋的形式展开工作。最开始在教会内的集会，也是通过口口相传的方式召集感兴趣的人。但是随着拥护者数量迅速增长，公众影响急剧扩大，在公民运动组织中，由于内部分化、缺乏规章制度和可控的公关工作而产生的压力也随之显现。

什未林的公民运动组织也不例外。过去为"新论坛"招募新成员所进行宣传的协商和活动都要通过现存的反对派圈子渠道运作。在教堂中的集会依靠的是教会机构和牧师代表大会。组织示威游行也只需要一个 9 人组成的协调委员会而已，成员都是初期的积极分子（克伦、洛埃特、里茨克等）。

然而，"新论坛"从一开始就要求建立基层民主论坛，让所有感兴趣的民众都可以参与进来。因此最开始就考虑过，应该如何建立一个相匹配的结构。在 10 月初的时候，什未林流传的一份"新论坛"信息简报中就提出过相应建议。建议指出，那些地方的、关注内容各异的讨论组是最重要的基本单位。这些小组选出自己的发言人，发言人们将自己小组工作的结果转述给其他小组；在区层面上建立临时协调委员会，负责必要的调解传达工作，并要保证和其他区之间意见一致。到了 12 月时，小组发言人将代替协调委员会选举出发言人委员会，到年底前，这个委员会将与其他行政区的发言人委员会进行联网。由于事态发展出乎意料，"新论坛"的领导地位以及积极分子的人数众多促使这一结构建立提前完成。在 11 月 5 日时，什未林已经选举出了 20 人的区发言人委员会，确定了 8 名柏林会议的代表和什未林的讨论组（例如，负责国家和法律、经济、艺术文化、卫生、教育、环保）以及各组发言人。但是根据会议记录，因为缺乏程序规则和明确的结构这个过程最开始有些混乱，这也向参与者们展示了基层民主的限度。

尽管如此，"新论坛"还是暂时建立了有工作能力的组织结构。从 11 月开始，每周都举行发言人委员会会议，成员们通过信息简报了解会议结果。此外，除了继续进行示威游行之外，还要对政府机构提出具体的要求，尤其是要解决公众对于信息公开化不断增长的要求，即要求有关部门公开计划和数据。12 月初开始，"新论坛"的一个信息办公室负责对此进行敦促，一份新发行的简报《觉醒 89》（*Aufbruch 89*）也起到了推动作用，这份简报在 1990 年初有一段时间甚至每周都会发行。结构上的稳定也使公民运动组织得以在圆桌会议上扮演举足轻重的角色。

总结

由于 12 月以后政治环境发生变化，民主德国和联邦德国统一的趋势越发明显，西德政党影响力增强，公民运动组织后来的政治道路发展大相径庭，当然这也和它们自我认知的差异性有关。"新论坛"仍然维持坚定的公民运动组织的身份，想要改变民主德国，但是不想成为政党。它相信，自己可以为所有人提供平台，并且单纯地推进切实可行的政治主张。"现在就实行民主"或者"民主觉醒"也属于第一批反对派团体的组织，则没有表现出那么明确的立场，东德社民党和绿党则是从名字中就可以看出，他们是想成为党派的，虽然它们都属于对抗统社党政权的联合公民运动组织。从 1990 年 1 月开始，民主德国未来政策的目标和道路都将通过选举作出抉择，那些非党派的公民运动组织的机会逐渐减小。

在什未林这一迹象尤为明显。"新论坛"、东德社民党和绿党诚然成为唯一重要的新的政治组织，但是其他的组织（除去这些组织中的少数个人）则从来没机会登上政治舞台。1990 年春天的发展形势使得"新论坛"越来越陷入不利境地，支持者数量不再攀升，政治好感度降低，而它在 1989 年冬天时还备受好评，并因此占据了圆桌会议中最多的反对派席位。大量的早期积极分子离开了"新论坛"，并且加入了"真正"的党派，因为他们在那里能找到清晰的政治立场和政治观点。2 月初，发言人委员会拒绝和其他的公民运动组织共建（选举）联盟 90，这时他们其实已经预见到了选举惨败，以及什未林"新论坛"继续政治边缘化的结果。而什未林"新论坛"作为重要变革力量的功绩，并没能对此做出什么改变。

第二节　社会多元化：群众组织的瓦解过程[*]

"群众组织"这个概念来源于共产主义运动词汇。[144]早在魏玛共和国时

---

[*] 格尔特·诺亚克（Gert Noack）协助撰写。

期，德国共产党就这样称呼那些由他们领导或者受他们影响的附属组织。当时以至到后期，这些组织的使命就是在党派组织以外产生影响，引领共产主义运动，占领那些出于各种原因而不适合政党涉及的政治领域。德国共产党从魏玛共和国时期极端的反对党转型成为民主德国苏占区的国家政党，这也改变了群众组织的地位和任务。

概括地说，在民主德国苏占区共有两种不同的群众组织：一种是"传统的"群众组织，它针对一个社会阶层，并且希望将统社党政策朝这个阶层方向转变；另一种是专业化的社团，根据负责领域来定义自己。第一类团体的定义较为明确，其中包括德国自由工会联合会（FDGB）、德国自由青年团、德国民主妇女联盟、文化联盟（KB）以及农民互助协会（VdgB），而第二类组织中则包括例如德苏友好协会（DSF）、人民团结（Volkssolidarität）、德国体育与运动协会（DTSB）、运动与技术协会（GST），还有消费合作社（Konsumgenossenschaft）等。民主德国的所有群众组织都有一些共同特征，比如承认统社党的领导地位，按照"民主集中制"[145]原则进行架构，拥有组织垄断，并且几乎所有统社党骨干都享有成员资格。

以下研究中将关注五个传统的群众组织，每个组织各代表了一个社会团体，它们分别是工人（德国自由工会联合会），农民（农民互助协会），知识分子（文化联盟），妇女（德国民主妇女联盟）以及青年（德国自由青年团）。[146]这些组织之所以被选中，也因为它们在人民议院中拥有独立的党团。通过人民议院的固定席位可以推断出每个组织的分量。[147]1986 年的人民议院选举后，自由工会联合会拥有 61 个席位，自由青年团 37 个，民主妇女联盟 32 个，文化联盟 21 个，农民互助会 14 个。与之相比，统社党拥有 127 个议员席位，每个民主党派有 52 个席位。群众组织中的议员几乎毫无例外地都是统社党党员，这样就能确保统社党党员在人民议院中占绝对多数，不过这种优势直到 1989 年秋天出现有争议表决的时候才派上点用场。此外，将要提到的这些群众组织也都属于民族前线和民主联盟。这一统社党特有的"联盟政策"形式在昂纳克时期完全僵化，并多多少少变得没什么意义。但是对于那些参与联盟的群众组织来说，至少表示它们相对其他组织有更大的价值。

农民互助会（农互会）

作为一个核心协会，农互会早在 1946 年就成立了，其目标是以农民群众组织的身份，支持德共党/统社党致力实现的广泛深远的农村财产体制改革。[148]随着 70 年代初集体化的结束，这一任务圆满完成，农互会也丧失了存在的意义。到 1982 年为止，成员数量从大约 48 万人降低到 12 万人。[149]根据统社党中央委员会的决议，同年开展了对于这个组织的重新激活计划，包括组织成员招募，再次被接收加入民主联盟，为它提供小型人民议院党团，以及从 1985 年开始每月发行题为《我们的农村》的月刊。[150]1989 年时，农互会拥有 65.4 万成员[151]，约 90% 的合作社农民和合作社园艺工人都身处其中，因此它在农村和农业生产合作社中的地位，如同工会联合会在企业中一样重要。农互会主席是弗里茨·达尔曼（Fritz Dallmann）（统社党），第一书记由同样来自统社党的曼弗雷德·舍勒（Manfred Scheler）担任。

一直到 1989 年 9 月，在农互会组织中都感受不到太多危机意识。农互会自诩扮演着社会主义群众组织的角色；《我们的农村》杂志大力宣扬"多姿多彩的民主德国的农业"[152]，诸如此类的东西。1989 年 5 月 25、26 日，农互会短暂成为公众关注的焦点，因为第八届中央代表大会在卡尔马克思城召开了。统社党代表团由政治局成员维尔讷·克罗利克夫斯基（Werner Krolikowski）带领，他在长达数小时的演讲中几乎就没有提出什么重点。所有的领导成员的职务都得以批准，致中央委员会的一封信也符合大会的例行作风，信中写道："我们向统社党中央委员会，以及亲爱的昂纳克同志本人保证，工人阶级政党始终可以依靠我们社会主义群众组织中来自农民合作社和园艺合作社的成员。"[153]

一直到 1989 年 9 月 26 日，中央委员会第二次会议之时，农互会高层才意识到统社党统治的危机。人们把大规模流亡的原因归咎于帝国主义的影响。[154]协会 10 月的杂志中也谈及了"敌人的总攻"。其他的内容都是些陈词滥调，但是有一页明显是在昂纳克下台之后匆忙加进去的，泛泛地号召进行讨论。[155]至少到 1990 年 1 月之前，农互会的发展都和当时的统社党，以及统社党/民社党的方针转变步调一致。但是农互会高层必须尽快了解到他们的见解，比如农业问题等，在公众心中几乎再无法占据任何地位。这个组织就这样被事态发展直接击溃。

1989 年 11 月 1 日，农互会主席团、人民议院党团、区主席共同召开会议，弗里茨·达尔曼发表了应于第 10 次统社党中央委员会会议上演讲的《农民讲话》。该讲话完全符合"克伦茨时期的统社党路线"，要求"坦诚公开"进行的"有建设性的讨论"。农互会拥护合作社式的结构，以及革新的社会主义，并且继续将自己看做群众组织。[156]

在所有被研究的群众组织中，农互会是唯一一个没有因为"变革时期"而进行人员变更的组织。整个组织高层，以及杂志的编辑部都一直坚持到了 1990 年春天，有一部分人在这之后甚至仍然继续任职。对这一现象的解释只能是农互会几乎没有引起媒体和公众的关注。很明显，所有的观察者都觉得，这个被人认为多余的群众组织很快就会解散了。

事实上，按照在"变革时代的公共场合"的曝光率以及受关注的政治倡议来衡量，农互会的"成就"十分有限。最大的成就也就是加入了中央圆桌会议。不过，虽然《我们的农村》用大标题醒目宣传道："农民在柏林游行反抗新的排挤。农互会夺取圆桌会议席位！"[157]但是它仍然无法蒙混过关。这项"成果"的获得其实具有偶然性，而且是在统社党/民社党的倡议下才实现的。借助于农互会，新老政治力量之间达到了精确的平衡。[158]

1989 年 12 月时，农互会就决定在 1990 年 3 月召开农民代表大会。在接下来的几个月，农互会的主要工作内容就是为这次会议进行纲领性和组织性准备。原计划首先确立指导纲领为《我们农民关于革新社会主义的讲话》。[159]农互会在这份文件中将自己定义为独立的组织，代表合作社农民。它强调了共同的利益，对于所谓的"分裂"危险进行了辩论，并且明确拥护其成员的政治影响和议会影响。此外它还提出了许多农民的要求，比如提高工资和薪金，改善工作条件，增加度假胜地。几周后，这份文件就被证明已经过时了。

2 月，农互会高层发表了新的原则文件以及规章草案[160]，其中出于较为现实的考虑放弃了政治群众组织的概念。农互会这次将自己定义为职业的利益代表。同时它又和莫德罗政府步调一致地表示支持两德统一。然而，统一应该缓慢地通过邦联形式实现，而不是通过出卖和背叛民主德国的"成就"来实现。[161]农互会现在希望在市场经济条件下维护合作社农民的利益。这就排除了它参与竞选的可能。尽管如此，这种转变还是来得太晚了。农互会不仅无法摆脱它的群众团体历史所带来的负累；其间还出现了竞争组织，使得农互会越发无法作为。新建立的合作社联盟和民主德国赖夫艾森联盟挤占了农互会原本可以进行活动的领域。农互会高层期望，农户会发展成能够与影响深远的德国农民联盟比肩的组织，但是这个想法很快也破灭了。

1990 年 3 月 8 ~ 9 日，在苏尔的农民代表大会上，经过了有些混乱的辩论之后，最终确立了新的纲领和章程，并且选出了新的社团领导。农互会转型为"民主德国农民联盟协会"，主席为无党派人士卡尔·德姆里希（Karl Dämmrich），他的副手维尔讷·古兹默（Werner Gutzmer）也是无党派，另一位是欧根·罗特（Eugen Roth）（德国民主党），是一名农业生产合作社主席。曼弗雷德·舍勒继续负责事务处理。在后来的日子里，这个组织没能树立起值得人注意的自身形象，也没能阻止自己的没落。随着货币联盟的引入，《我们的农村》这一社团刊物也不得不停止发行。与此同时，民主德国农民市场的变体，隶属于农互会的农民商业合作社（BHG）也消失了，原因是它没能抵挡住来自西方的竞争压力。

从组织角度看，后来的德国农民联盟的成员，即在新的联邦州内成立的州农民联盟已经不能看作是农互会的接班人了。想了解还存在多少人员上的连贯性，就必须要进行专门的调查研究了。

德国民主妇女联盟（民妇盟）[162]

1947 年 3 月 8 日，反法西斯的妇女委员会在柏林建立了民妇盟。最初的建立"统一的、无党派的、无宗教信仰的、民主的"妇女组织这一目标很快转变成统社党妇女政策的内容[163]，主要涉及妇女获得有偿工作等。在这项任务达成之后，民妇盟失去了一个非常重要的工作领域，这导致它在昂纳克时期丧失了制度性存在的意义。虽然民妇盟在 1988 年还拥有 150 万成员，但是接近半数成员的年龄都超过 50 岁。[164]尤其对于有着其他人生规划的年轻女性而言，这个年龄层偏大、极度自负、只会丢人地盲目照搬统社党口号的民妇盟，几乎没有任何吸引力。最典型的僵化代表就是联盟主席伊尔莎·蒂勒（Ilse Thiele），她从 1953 年就已经开始任职，即使在民主德国的群众组织中而言这也是极为罕见的。民妇盟毕竟在人民议院中还拥有一个党团、在统社党中央委员会中拥有一个主席职位，还主办了两份杂志（《为你》画报，以及官方机关刊物《学习与应用》），但是所有的观察者都认为这个组织在政治上缺乏影响力。

直到 1989 年，民妇盟的危机意识才迟迟到来。6 月 29 日的第七次联盟理事会会议没有提出任何革新政策[165]，1989 年 10 月 7 日的建国大典上也没有发表任何批评性的，哪怕是引人思考的言论。在民主德国庆祝成立 40 周年之时，民妇盟举办了一次竞赛，其口号为"我们为了社会主义祖国，为社会主义与和平贡献我们的知识和行动"，10月4日，在柏林召开的民妇盟"隆重喜庆的主席团会议上"，比赛结果被摆放上了"我们共和国的生日餐桌上"。[166] 但是，无论是伊尔莎·蒂勒还是政治局负责妇女问题的候选人英格·朗格（Inge Lange）都不得不开始注意到民主德国民众大规模逃亡的现象。朗格不得不承认，"很遗憾的是，一些女性，年轻的女性也完全失去理智，盲目且不负责任地走向了未知的未来"[167]。然而伊尔莎·蒂勒保证道："我们民妇盟的成员忠于工人阶级政党的政策，忠于我们的社会主义国家。"[168] 但是这种说法很快就被推翻了。在接下来跌宕起伏的3周时间中，民妇盟的领导始终处于一种无计可施、一筹莫展的状态之中。一直到10月26日，主席团才在一次扩大会议中聚集在一起，试图往统社党的新路线上靠拢。因此民妇盟开始宣传"广泛的开放的座谈"，但是必要的变革"不能通过感情冲动和示威游行"来实现。民妇盟高层在此期间对现实情况极端错误的估计表明，他们不仅仍然把统社党定义为"工人阶级领导力量的政党"，最重要的是还将自己的首要任务描述为："加强与社会各阶层妇女之间充满信任的政治对话，以期在我们的社会主义国家未来发展中更清晰地阐明她们的问题，引起更多的关注。"[169]

接下来的几周，民妇盟主要的行政机构不得不意识到，不能继续照搬老一套了。民妇盟在乡镇和行政区内的下属机构都开始抗议[170]，还有个别的"基层"，带着许多解决办法和抗议信向联盟主席团求助。相较其他的群众组织（德国自由青年团、德国自由工会联合会），这些抗议的影响力虽然不大——比如反对民妇盟高层的示威游行和民众集会不被人所知——但是还是产生了一定的作用。退盟浪潮仍在继续：1989年9月和10月，有报道说，民妇盟内开始出现政治上受到鼓动的退盟行为[171]，妇女们大批离开联盟。民妇盟机构不得不在一瞬间清楚认识到自己政治无能的事实。造成这种后果的原因也包括民妇盟高层长时间没有发表任何公开声明。当所有党派都公开发表了意见，德国工业联合会和德国自由青年团等大型群众组织从公众视线中溜之大吉之时，民妇盟仍然固守沉默。

一直到11月7日，前高层才终于发表了致成员的一封"公开信"。[172] 这封信鼓励民妇盟应该"精力充沛地参与到民主德国社会主义革新之中"。字里行间也隐约透露出一点自我批评的意味，信中表示，如果有所需求，现在他们会积极为妇女的权益努力。但是以蒂勒为核心的主席团还是被陈旧的思想所束缚，要求继续维持单极的权力垄断，并且仍沿用过去的结构展开工作。比如刚刚确定好日期的基层单位年度集会被看作和"妇女进行对话"的良好机会，就是这一点的清晰体现。

1989 年 11 月 16 日的第八次联盟主席团会议终于将"变革"引入了民妇盟。伊尔莎·蒂勒再次进行演讲，主张民妇盟进行"彻底的革新"，并在最后表明自己无法胜任这项任务，直接辞职。[173] 她建议伊娃·罗曼（Eva Rohmann）担任自己的接班人，并且罗曼的确也成功当选，这一点和其他的群众组织不同，一般卸任主席提议的继任候选人都没什么机会当选。这体现出民妇盟对于从昂纳克时代到克伦茨时代转变的切身理解。伊娃·罗曼比伊尔莎·蒂勒年轻差不多 20 岁，在 1989 年 11 月之前就已经被敲定为接班人。在第八次联盟主席团会议上，民妇盟领导将自己定义为"统一的、独立的、民主的"组织，在"革新进程中占有稳固的一席"。[174] 不过民妇盟高层很快就会认识到，他们将被发展浪潮击溃。

虽然民妇盟内部在争论未来的发展[175]，但是解散的趋势越发明显。此外，1989 年 12 月 3 日成立的独立妇女联盟也对民妇盟造成了严重的威胁。因为独立妇女联盟也获得了参与中央圆桌会议的一个席位，民妇盟就只能满足于得到一个观察员的身份。

1989 年 12 月 14 日，在一次联盟主席团特别会议上，伊娃·罗曼不得不承认组织解散的趋势，以及对于"联盟存在合法性"的广泛怀疑。[176] 在这种形势下，民妇盟和其他群众组织一样，于 1989 年 3 月 3 日在柏林召开特别联盟代表大会。因此专职机构的额外工作就主要集中为对代表大会进行内容和组织上的准备工作。

这次特别联盟代表大会表明了组织危机的严重性，但是和德国自由青年联盟不同，这次会议却不是民妇盟走向终结的开端。伊娃·罗曼在她的演说中[177]表示拥护联盟主席团担负起民主德国民妇盟发展的责任。否则的话，保守估计也可能会有 50 万成员离开民妇盟。因此，民妇盟主张社会市场经济、和平、裁减军备，并提出了多种多样的妇女政治要求。[178]独揽大权的要求也被彻底摒弃。想要实现"妇女的经济独立"，让她们参与"引领所有的社会进程"，以及改善农村妇女的生存条件，就应该让妇女参加竞选、参与议会工作。这无疑是一个失败的决议，因为在 1990 年 3 月 18 日的竞选中，只有 0.33%，也就是 38192 名女性选民投票给民妇盟的候选人。这只相当于一个人民议院席位。[179]

民妇盟越发捉襟见肘的财政状况使得它的工作更为棘手。尽管已经因陋就简，民妇盟高层后来还是调整为公益性工作。在头几个月里，民妇盟还拥有部分基础设施，比如办公室和设备等，这使得情况得到一定缓解。1990 年 7 月 14 日，5 个州协会建成，表示从 "1990 年 9 月 1 日开始彻底转变为公益性工作，并且自筹款项"[180]。最终，第八次联盟代表大会于1990 年 10 月 27 日在柏林召开，女作家吉泽拉·斯坦埃克特（Gisela Steineckert）当选主席，伊娃·罗曼仍然担任协会负责人。代表们同意更名为 "民主妇女联盟"，并通过了符合联邦德国结社法的组织章程。德国民主妇女联盟的转型至此彻底结束。[181]

德国自由青年团（德青团）[182]

1946 年 3 月 7 日，驻德苏联军事管理机构（SMAD）批准了唯一一个苏占区青年组织的成立，那就是德青团。成立纲领中表示要建立一个无党派的、统一的、民主的、反法西斯的青年协会，但是 1948 年之后，这一纲领很快变得苍白无力。德青团发展成为 "统社党的后备军" 以及一个曾拥有 200 余万成员的群众组织，几乎囊括了一半以上 14~25 岁的青年。[183] 德青团的工作完全依附于统社党，但是在发展过程也承接了一系列远不属于一个青年团体正常任务范围内的功能。在昂纳克时期，德青团中央机构实际上扮演着一个青年部的角色，拥有或者管理着可观的财政收入、不动产、企业以及媒体，比如民主德国发行量最大的日报《青年世界报》（Junge Welt）。从这个角度而言，德青团是排在德国自由工会联合会之下的民主德国第二大群众组织。德青团的骨干在统社党中央委员会中的地位就可以论证这一点。

80 年代后期的统社党政权危机最开始并没有在德青团身上体现出来。但是，和其他群众组织不同，德青团从 1988 年到 1989 年夏天逐渐形成了初步的危机意识。德青团领导层获益于他们和莱比锡青年研究中央研究所（ZIJ）的紧密关系。受德青团的研究任务委托，这个研究所是民主德国唯一一个在 80 年代还在进行民意调查的科研机构。虽然研究的原意是提升统社党青年政策的有效性，但是在研究工作中，还是不可避免地暴露出了一些令人不快的、与官方宣传相悖的事件。出于这个原因，几乎所有青年研究中央研究所的科研项目都是保密的，但是德青团高层作为项目委托人还是有渠道接触这些资料。1987/1988 年，中央研究所所长瓦尔特·弗里德里希（Walter Friedrich）觉察到，青年群体中出现了多次重大的变化，尤其是他们开始偏离民主德国，偏离现实社会主义及其价值。1988 年的问卷调查显示出"关于青年现状的复杂性"，根据这次调查，47% 的被访问者不再相信统社党。[184] 主席艾伯哈德·奥里希（Eberhard Aurich）领导的德青团领导层陷入了两难境地，他们虽然了解到自身影响力在减弱，但是青年协会中却缺乏改革的意愿和改革的可能性。伴随着顽固的自我吹嘘和换汤不换药的政策，内部产生了自我怀疑。德青团中致力改革的力量现在则因为青年协会完全附属于统社党而被束缚住了手脚。

1989 年 5 月 12～15 日的最后一次圣灵降临节会议，无疑是德青团旧式政策留在记忆中不可磨灭的一幕。尽管德青团在高校的基层组织提出了抗议，但是这次会议还是完全不合时宜地铺张浪费，策划了大量政治方面、体育方面、文化方面的活动，其高潮是德青团为政党和国家领导人精心准备的、长达数小时的传统毕业表演。《新德意志报》评论道："我们对社会主义祖国母亲抱有无尽的热爱和忠诚。我们用行动壮大并保护我们的国家。"[185] 几天后，第一批民主德国民众就逃往匈牙利，从那里进入了西德。年轻人在其中占了很大比例。

德青团高层紧密追踪着 1989 年 9 月的"局势剧变"。1989 年 9 月 11 日，当匈牙利开放边境之时，艾伯哈德·奥里希批准了《青年群体中政治意识形态工作的分析以及德青团政治意识形态工作的结论》（Analyse der politisch-ideologische Arbeit unter der Jugend und Schlußfolgerungen für die politisch-ideologische Arbeit der FDJ）[186] 发表。这一决议是一项史无前例的创新，这是政治高层第一次确诊民主德国的危机，并且较为开诚布公地讨论了存在的问题。研究的出发点是民主德国民众的大规模逃亡。随后阐明了官员面对危机不知所措、思想僵化，经济萧条，政策消极应对等。接下来又提及地方选举结果造假，与苏联改革开放的关系，以及昂纳克威信丧失的问题。在几周的时间里，德青团在一定程度上扮演了陈旧统治集团中领跑者的角色，但是从 10 月开始，它还是完完全全地被发展的态势超越。相比其他群众组织，德青团的先锋者角色极为显眼，其原因显而易见。其他群众组织的领导都年事已高，基本接近政治生涯的尾声，而德青团中央委员会的书记们则认为自己还有很长的路要走。他们从根本上忠诚于昂纳克领导的统社党政治局，但是因为年龄原因，必然还会出现换届情况。因此至少有几个德青团高层成员秉承着部长、政治局委员的观点立场。所以德青团高层 1989 年秋天的活动可以理解为他们在争取对自身最有利的起始位置。但是，1989 年 9 月 11 日的分析研究有多坦诚，它提出的行动建议就有多空洞：“组织上的建议，不过是在惯常工作程序内进行些传统的活动形式。”[187]

在民主德国成立 40 周年之际，德青团一丝不苟地扮演着统社党忠诚的群众组织角色，在 1989 年 10 月 6 日晚进行了一场火炬游行。但是在 10 月 9 日，莱比锡周一大游行的那天，艾伯哈德·奥里希，少先队组织主席维尔弗里德·鲍斯纳，中央委员会青年部长格尔德·舒尔茨（Gerd Schulz）与埃贡·克伦茨协商后，共同致函昂纳克和政治局。他们向统社党总书记上呈了一份对 9 月 11 日的决议再次加工的分析报告。[188] 在信中，昂纳克发现，德青团高层极为罕见地抨击了统社党的政策。[189] 如果昂纳克能在危机中再多坚持个几周的话，这些参与者肯定会遭到个人打击报复。然而，德青团高层的这次行动成为 1989 年 10 月 18 日昂纳克下台的奠基石。不过上呈的理由中却清晰地划清了界限。这与一个半成品的改革计划无关。无论是统社党的“领导者角色”，还是“经济与政策的统一”都不会被动摇，现实社会主义不会遭到质疑。只是需要一个新人（克伦茨）带领新的队伍（德青团的骨干）来“引领变革时期”。这一立场使得德青团陷入了无法澄清的矛盾之中。数周以来，艾伯哈德·奥里希一直拒绝在 9 月 18 日的《世界青年报》上发表摇滚音乐家们通过的一个决议，这一决议从肯定社会主义的角度要求进行对话和改革。[190]

彻底瓦解德青团所用的时间，其实只是 10 月中旬到 11 月中旬之间这短短的 4 周。1989 年 10 月 26 日，德青团中央委员会（第 12 次会议）召开，会议主张德青团进行革新，但并没有进行人员改换。[191] 一天后，德青团人民议院党团占据主动，违背人民议院议长霍斯特·辛德曼（Horst Sindermann）的抗议，要求召开特别会议，要求“人民代表”对于农村局势进行表态。这大概是德青团最后一次“进攻性”的行为了。

11 月，民主党派、公民运动组织以及大学里的学生会也相继建立了许多新的青年协会，这最大程度上制止了德青团独揽大权。与此同时，德青团的成员大量脱离组织，整个机构从基层开始瓦解。这个有上百万人的协会丧失了功能。不过等到协会高层意识到这个问题的时候，当然又过了些时日。1989 年 11 月 16 日，几百名青年人在柏林快乐花园（Lustgarten）呼吁奥里希下台，随后在 11 月 24 日的第 13 次中央委员会会议上，奥里希正式辞职。[192]他推举拉尔夫·瓦格纳（Ralf Wagner）担任他的接班人，瓦格纳是卡尔斯霍斯特经济学院的德青团基层组织书记。但这个建议没能被实施，瓦格纳在投票表决中输给了德青团德累斯顿区领导组第一书记弗兰克·图尔科夫斯基（Frank Türkowsky）。几乎所有的高层官员都随同奥里希一同下台。现在德青团不仅无力作为，而且还群龙无首。

虽然柏林还有上千封信件建议重建德青团，但是它们只让这个协会又勉力维持了几周而已。这个青年协会在政治上已经不再扮演任何角色。德青团没能获得圆桌会议的席位，而只得满足于观察员身份的事实就是一个例证。于是德青团自己建立了一个青年圆桌会议，这个组织的行为让人时常感到混乱，其工作内容也很快集中于如何分配德青团的财产。[193]

德青团自己尝试重启新纲领。第 14 次和 1989 年 12 月 14 日的最后一次中央委员会会议就明确表示和"过去的德青团"彻底决裂，放弃对民主德国青年的独家代表权，在勃兰登堡召开集体大会，那里是 1946 年德青团刚刚成立时第一任议会所在地。纲领草案被公之于众，不过却基本没有被相关人员获悉。新的德青团领导层由图尔科夫斯基负责，他明显无法胜任这个角色，就协会未来的发展，这个新的领导团体也几乎没能提出有说服力的纲领性和组织性的观点。此外，仍存在的中央专职机构还在那里把一切不相干的事情当作公开政策来推进。一方面，德青团试图通过成立和资助[194]保护组织来影响圆桌会议中的青年的多数比例；另一方面，不少拥有德青团财产的干部开始尝试进行资本主义自治。[195]

1990 年 1 月 27～28 日的勃兰登堡代表大会，也只是一场极度混乱的、关于操作程序和章程问题的争吵。会议并没能成功制定一条维系路线，因此也无法按照它开展一些有意义的工作。纯粹假设的话，这一路线应包括建立统社党/民社党的青年协会，然后以这个党派的接班人组织身份登上政治舞台。但是这个路线遭到了多数代表的否决，虽然将自己定性为左倾的青年协会，但是也是"民主的、政治的、独立的青年团体，不依附于任何党派，为了自己成员的权利和利益奋斗"[196]。在匿名投票之后，幼儿园老师比尔吉特·施罗德（Birgit Schröder）意外当选了新任主席，事后证明她完全不适合这个职位。

3 月 18 日，德青团和其他青年团体共同组建了"青年替代名单"（Alternative Jugendliste）参与人民议院竞选，这是德青团最后一次获得些许的政治关注。他们仅仅获得了 0.13% 的选票，连一个席位都没有得到。

在后来的选举中，候选人们登上了民社党的开放名单，赢得了1990年地方选举和州议会选举的几个席位。还在1990年，德青团就退化成了左翼中完全没有地位的政治派别。[197]

德国自由工会联合会（德自工会）

德自工会是民主德国成员数量最多、最重要的群众组织。1989年秋天，德自工会拥有约950万成员。1946年2月，它作为统一工会建立，在1948年的中央计划经济过渡时期，德自工会发展成了一个共产主义群众组织。利益代表及工资标准谈判等传统的工会任务很快屈居次要地位，它转而成为统社党在工人阶级中实现其目标的传送带。与此同时，德自工会变成了一个巨大的官僚组织，承接了越来越多本不属于工会范畴内的任务，它行使了劳动与社会主义部、社会保险担保人和旅行社的职能。为了完成这些任务，德自工会配备了一流的人员和物资，因此也是民主德国"最富有"的群众组织。因为主席是统社党政治局成员，这使德自工会的地位更加凸显出来。

德自工会1989/1990年的历史是许多研究的调查对象。[198]最让人感兴趣的就是，德自工会是唯一一个在原联邦德国拥有对应机构的大型群众组织，这个对应机构就是德国工会联合会（DGB）。在政治观察家的眼中，民妇盟毫无发展前途已经是板上钉钉的事情了，但是德自工会却没有简简单单地就自行消失，因为工会的利益代表无疑是社会市场经济系统的基本条件之一。关于1989/1990年德自工会瓦解的研究和出版物也大多具有这样的政治考量。

和其他的群众组织一样，在1989年9月到1990年10月之间，德自工会也被事态发展所推动着，没有扮演什么积极的角色。哈里·蒂施（Harry Tisch）领导下的德自工会高层一直到1989年秋天，都没怎么意识到1989年危机的征兆。有关工厂中抗议和不满情绪的报告被极大地忽视了。在涉及大规模离境问题时，工会自己的日报《论坛报》（*Tribüne*）完全跟统社党一个鼻孔出气，并且在10月2日以大标题撰文称，那些离境者"可以把自己从这个社会中除名了"。但是哈里·蒂施在9月和10月参与了政治局的"密谋团体"，这个团体推翻了昂纳克。[199]有可能这件事鼓舞了蒂施，使其在10月的下半月频繁在公开场合亮相，但无论如何，德自工会主席对德自工会造成了毁灭性的影响，并且加速了"他的"组织的灭亡。[200]10月17

日，昂纳克下台的前一天，在泰尔托（Teltow）成立了一个独立的企业工会[201]，否决了德自工会的无限权力。一直到 10 月 31 日，德自工会理事会才召开会议。在这短短的几天内发生了划时代的变革，这使得德自工会积极领导"工会变革"的想法彻底破灭。蒂施在这次会议上要求进行信任投票，但是被他"忠诚的"同志们延期了。接下来一件接一件的事情相继发生。德自工会由于卷入腐败丑闻被推向了舆论的风口浪尖。导火索是所谓的"南斯迪尔事件"（Nennstiel – Affäre）。1989 年 11 月 1 日，《柏林日报》报道了金属工业工会（IG – Metall）主席格哈尔德·南斯迪尔（Gerhard Nennstiel）的房屋建造，据称其间发生了违法行为。南斯迪尔的名字在几周内成了"工会高官"腐败和裙带关系的代名词，并造成了对于德自工会的普遍敌对情绪。[202]又一条内幕的曝光使局势更加严峻，德自工会曾为了筹措和德青团在圣灵降临节会面的经费而从团结基金中挪用了 1 亿马克。蒂施除了在 1989 年 11 月 3 日宣布辞职外，别无他法。和德青团的高层更换一样，前主席蒂施举荐的接班人，马格德堡工会主席恩斯特·沙德里茨（Ernst Schadlitz）没能当选。[203]而是柏林的德自工会主席安内利斯·金梅尔（Annelies Kimmel）接任了主席一职。她主张进行工会革新，并且设了 8 个工作小组，要求它们不依附于统社党的未来战略进行独立的政策制定。[204]然而总体上仍然维持原有阵容的联合会理事会却无法保证工作的延续性。尤其表现为，理事会没有能力独立查明腐败丑闻事件。1989 年 11 月 23 日首次曝光了蒂施爱好狩猎的细节。[205]为调查这种明显的特权行为成立了一个调查委员会，并且在 11 月 29 日将蒂施从德自工会中除名。在这一天召开的会议上，又决定于 1 月 31 日到 2 月 1 日在柏林召开特别联合会代表大会。1989 年 12 月 6 日，约 2000 名德自工会成员在柏林游行抵制在任的领导层，3 天后，金梅尔领导的联合会理事会集体辞职。由 33 人组成的"特别联合会代表大会筹备委员会"接过了领导的责任，东德印刷与纸张工业工会主席维尔讷·佩普洛夫斯基（Werner Peplowski）接任主席。[206]

自此，德自工会走向了一个瓦解的新阶段，虽然参与者们的初衷是重新开始。首先，民主德国行业工会的影响力越来越大，而之前它一直不过是以中央管理机构的身份存在于柏林而已；随着协会联合会的式微，民主德国的工会结构开始向联邦德国的形式靠拢。其次，德自工会及其专职机构制定出来的一些不切实际，但是权利意识强烈的法规、纲领和章程草案，严重影响着其未来发展。最后，德自工会陷入了政治辩论之中，并且越发遭到西方的批评指责。要求德自工会解体，建立新的独立工会的呼声越发高涨。[207] 德自工会先后遭受了退会浪潮和拒绝交纳会费的打击，并很快被逼到了资不抵债的境地。[208] 此外，企业中也呈现了大规模的解散趋势，企业工会领导人遭到企业职工的强烈批评。

佩普洛夫斯基领导的委员会专注于制定要在特别工会代表大会上发表的纲领文件，希望通过文件提供一个新的发展方向，挽救组织的衰亡。1990 年一二月间，发表了两份章程草案[209]，一份行动纲领[210]，一份修宪草案[211]，一份工会法规草案[212]。

所有的这些文件都显示出，德自工会试图最大限度地将权力和影响力集中到工会手中。同时，德自工会要维持最强大的工会联合会的身份，在它之下，有强大的工会组织发挥作用。此外，文件还要求禁止解雇罢工者，给予工会在立法程序中的否决权、权益代表的垄断权，即工会是在企业中唯一被授权的基层组织，还要求由企业支付专职工会代表的工资等。[213] 最后证明，目前这种勉强的作为"利益代表的尝试是适得其反的"。

就连西德社民党和德国工会联合会都对这些决议作出批评。而且 1990 年 1 月 31 日到 2 月 1 日的德自工会特别联合会代表大会上出现了一股激进的势头，恰恰对德自工会造成了损伤。尤其是当它反复强调，如果不能实现自己的最高要求就发动总罢工时，几乎所有的东德、西德评论员都批评德自工会高层不负责任。

代表大会意外地选举了科特布斯褐煤厂的经济学家和设计员赫尔加·毛施（Helga Mausch）（国民党）担任新主席，她毫无声望且经验匮乏，很快就被证明无法胜任这项工作。

工会代表大会之后，德自工会瓦解的第三阶段开始了。最终，它丧生在两德统一进程的车轮之下。虽然前人民议院在 1990 年 3 月 6 日的最后一次会议上，还发表了一个较为缓和版本的工会法规[214]，但这只是得不偿失的胜利，因为这一法规在它的整个政治生命中从来没有获得过重视。

1990 年春天，德自工会新高层推动了一些"群众抗议"，希望借此来凸显自己工人阶级利益代表的形象。其中 1990 年 4 月的那场反对 2 比 1 折算货币的抗议运动无疑是值得称颂的。1990 年 4 月 5 日时，德自工会还成功动员了约 100 万成员进行抗议活动。[215] 但是，这场"胜利"却无法掩盖德自工会逐渐失去影响力和认可度的事实。莫德罗政府尚且热情友好地与工会联盟共同合作，但是德梅齐埃政府却没这样的打算。导致德自工会彻底瓦解的致命一击是那些接连不断进行革新的子工会对于东德的特殊道路不感兴趣。它们借助于西德对应团体和德国工会联合会的帮助，向西德的组织形式靠拢，并且努力建立一个独立于工会联合会的协会组织。赫尔加·毛施领导下的德自工会高层，却没能预见到这一发展趋势对自身存在所带来的危机。1990 年 3 月 26 日，主席庄重宣布："我们不会一文不值地把自己卖掉……"[216]

1990 年 5 月 1 日的群众集会赤裸裸地显示了德自工会已经毫无影响力。只有 7000 名人员参与了德自工会的柏林游行。[217] 由于中央机构也已经出现了严重的财政危机，德自工会高层似乎决定孤注一掷：他们向德梅齐埃政府上呈了一份完全不合时宜的要求清单，希望可以重新调动起群众积极性。其中包括提高 50% 的工资，以全面的工资补偿为前提，引入每周 38 小时工作制，以及保障"企业、机构和组织的财政偿付能力"。[218]

结果和德自工会高层的期望背道而驰，这个工会联合会走向了终结。不仅德梅齐埃政府立刻驳回了这些要求，就连基层也拒绝提供支持，并且根本没有被这些不切实际的目标鼓舞起来。更糟糕的是，子工会和德国工会联合会现在不再信任德自工会。1990 年 5 月 8 日，德国工会联合会主席恩斯特·布莱特（Ernst Breit）声明，对他而言，德自工会已经不再是谈判伙伴。1990 年 5 月 9 日，子工会主席们决定解散德自工会。[219] 6 月，这些子工会加入了它们西德的对应组织。

政治上已经无力作为的德自工会在 1990 年 9 月 14 日正式结束了自己的政治生涯。经过 4 小时的辩论之后，114 名代表以 2 票反对的结果，决定于 1990 年 9 月 30 日解散这一组织。[220]

民主德国文化联盟（文联）[221]

1945 年 6 月 25 日，在德国共产党的倡议下，"德国民主革新文化联盟"成立了。其目标是建立无党派的知识分子组织，希望能协助清除民族社会主义的精神遗产。到了 1948 年，这个原本无党派的，或者至少说部分独立的组织，就变成了一个共产主义群众组织，为统社党担任联系知识分子的纽带。50 年代时，文化联盟继续丧志其政治意义，因为除了它之外还出现了一个艺术家联盟的组织。在昂纳克时期，这个知识分子组织变成了一个协会联合会，或者说伞形联合会，其中有大约 6000 个利益共同体。因为在 1989 年之前，统社党是不允许出现自治的联合会的，即使这些联合会完全没有政治意图也不可以，所以文化联盟就扮演了监督者和联系者的角色。文化联盟虽然拥有一个人民议院党团，但是这更多是过去时代象征政治权力的遗迹。1989 年，文联共有超过 28 万成员[222]。其主要据点是高校大学所在的大城市，在那里它拥有"知识分子俱乐部"和艺术馆等形式的不动产。

1989 年初秋，在 1977 年就开始任职的汉斯·皮施纳尔（Hans Pischner）的领导下，文联高层仍然坚决拥护统社党的政策。内部只出现了很有限的危机意识，对外宣传时也非常小心谨慎。在庆祝建国 40 周年的一次活动上，皮施纳尔表示，"第 14 次联盟代表大会（1987 年，作者注）的政治路线和方向被接受，因此我们相信，我们对和平、对社会主义、对我们国家的信仰，以及对于工人阶级及其党派的工作都会得到支持。我们相信，我们可以谨慎地继续在这条经受了考验的道路上走下去。我们打算在这些天里认真考虑、信奉拥护并且付诸行动。尽管这些天来，敌人的一连串攻击使一些民众混乱糊涂，甚至有些攻击还涉及我们的领域。"[223]副主席赫尔穆特·萨科夫斯基（Helmut Sakowski）的发言更加引人深思一些，他说道："在我为自己编织的美好画卷上，落下一些阴影。"[224]

10 月 9 日，主席团又一次表示拥护社会主义，同时也表示了对大规模出境事件的震惊，这使它相较统社党高层显得有些扎眼。因此这次会议的公报一直到 10 月 15 日才得以发表，而且仅仅发表在联合会内部的周报《周日报》（Sonntag）上。一周之后，这份报纸又较为公开地报道了 10 月 9 日的主席团会议，清晰地描绘了文联高层这段时间内的立场。联盟书记卡尔－海因茨·舒尔迈斯特（Karl－Heinz Schulmeister）（统社党）以及主席团成员君特·维尔特（Günther Wirth）（基民盟）都是文联在变革时期中的核心官员，这二人主张对外安装一个"保险销"，一方面针对帝国主义，另一方面便于内部进行对话，拒绝任何形式的暴力。[225]总体上而言，这就是"克伦茨时期的统社党路线"。联盟书记克劳斯·伦克（Klaus Lenk）的一篇社论也可以证明这一点，他在其中说道："我反对这样一些人，他们动摇社会主义，出于狂妄自大而质疑政治结构，寻求一些早已经存在的东西，比如多党派体制，以及反法西斯民主政党和组织的联盟。那是我们从 1945 年 7 月以来就有的圆桌会议。"[226]不过这样的论调却没能坚持太久。

1989 年 10 月 31 日，主席团再次集会，并为自己的组织描绘了一个活力四射的蓝图："和德青团、工会一样，文化联盟也没必要担心存亡问题。"[227]

11 月 28 日，主席团终于全体下台。为了准备特别联盟代表大会，建立了一个工作小组。随之并没有发生大规模的高层人员更替。虽然在所有与会者的努力下，主席皮施纳尔进入退休阶段，但是专职联盟书记们基本上还都在位。[228]在组织形象讨论的过程中确立了两个方向，并一直维持到了 3 月的联盟代表大会。第一，舒尔迈斯特和维尔特领导的高层希望从纲领上恢复 1945 ~ 1947 年间的早期定位。第二，一个文化组织的必要性被反复强调。第二条已经可以理解为组织开始为自己的存亡而斗争。因为很快就发现对于部分设计好的形象而言，文化联盟完全不适合。随着绿党和绿色联盟的建立，文化联盟作为城市生态利益团体的功能被它们吸收吞并。同时，由于两德统一的发展，这种协会联合会的存在是否合理也遭到质疑，毕竟在联邦德国是不存在这种组织的。

2 月，文化联盟明确了组织形象的努力方向，即一个无党派的组织，一个文化的公民运动组织，负责区域和地方的文化工作。[229]

1990 年 3 月 23 ~ 24 日的特别代表大会在波茨坦召开，会议通过了这一发展路线，并同意建立联邦组织机构。这个组织现在更名为文化联盟。大部分代表都不同意联盟自行解散，但是在代表大会上，新组织被大大削弱，因为集邮爱好者以多数同意票退出了联盟，建立了一个自己的协会。这毕竟涉及文化联盟中四分之一的成员。虽然普遍认为历史学家格哈尔德·布兰德勒（Gerhard Brendler）会担任新主席，但是选举结果意外地指向了文化联盟柏林克佩尼克（Köpenick）区主席玛丽安娜·皮尔（Marianne Piehl）。

文化联盟后来变得财政上越来越捉襟见肘，不得不取消掉多余的活动，并且只能依靠创造就业机会项目勉强维持。今天这个协会还在柏林、新联邦州和个别城市扮演着地方文化组织的角色。

总结

以上介绍的五个群众组织的衰败过程，既体现了一些共同特征，也展示了不同之处。由于它们都完全依附于统社党，所以这些群众组织的领导们首先都遵循统社党高层的指示。他们无视民主德国的危机状况，在为 1989 年 10 月 7 日的活动准备过程中大表忠心，在昂纳克下台后转向支持克伦茨的路线方针，呼吁从社会主义本质上进行对话。直到 1989 年 12 月初的统社党特别党代会时，群众组织的生存策略才彼此区分开来，彼时已经清楚表明，它们现在基本上要靠自己了，而且必须维护一个多元化的社团体系。

所有的群众组织的领导层都被事态发展击溃，而且永远处于被动地位，永远不会占据主动。危机意识也出现得过于迟缓。只有德青团领导层有所不同，但是他们除了诊断出危机存在，提出了一个半吊子的改革措施之外，也没有什么其他作为。而奔走呼号的各组织基层成员的反应则各有不同。民妇盟、农互会和文化联盟的成员几乎没有做出什么反应，但这也是这些组织冥顽不灵的一种表现。相反的，工会基层和德青团基层一直到1989 年 11 月中旬都完全参与掌控组织的命运。

除了农互会之外，所有名誉尽失的群众组织高层都在 11 月引退下台。所有的继任领导层，无论是工作主席团的形式（文联）还是主席形式（德自工会、德青团、民妇盟），都面临着这样的问题，他们既没有对未来的设想，也无法解决组织目前面临的分崩离析的现实问题。因此，所有的新任领导都号召成员进行讨论，并且安排在 1990 年冬末召开特别代表大会，以给自己提供喘息之机。在那之前的主要工作就是为准备活动内容而服务。除了民妇盟主席罗曼之外，其他所有新上任的领导人都只是一个过渡，到了 1990 年春天，他们就又被遗忘了。

1989 年 12 月到 1990 年 1 月的重新定位过程是顶着紧迫的时间压力进行。基层成员通过各种各样的信件和请愿书积极参与其中。所有的群众组织中都试图回归 1945 ~ 1947 年的组建初期的状态。比如德青团就把 1990 年 1 月的代表大会具有象征意义地选在了第一任议会所在地勃兰登堡。这种回归，重新赢得无党派性，摆脱枷锁的想法，从头就是有问题的，因为在苏占区成立的群众组织，永远不可能真的保持无党派性质，而只能在统社党遮遮掩掩的霸权地位下存在。1990 年局势加速恶化，因为两德统一的趋势使得群众组织不得不担心自己的存亡问题。

因此，所有群众组织的特别代表大会，都进行得混乱盲目，就没有什么可奇怪的了。突然到来的言论自由和缺乏训练的人员，使得原计划的新开端没能实现。到了这一时刻，人们也已经意识到，作为大型组织想要存在下去，必须在西德找一个相应的伙伴。原则上来讲，只有德自工会在西德有对应组织，其他的群众组织都找不到对应机构。

所有的群众组织在 1990 年都以转变形式的方式试图维持下去。其生存策略和最终达成结果各不相同。文联和民妇盟都多多少少地成功建立起了联合会，农互会则希望发展成专职的利益代表。德青团很快退化成了政治派别。德自工会解散了工会联合会，但是却在子工会和其成员推动下加入了德工会。虽然到今天为止，文化联盟、民妇盟和德青团都还存在，但是它们早已不再是群众组织。在那个它们曾经拥护的党派倒台之时，那最后几声模糊的回响就是它们历史的终结。

第三节 教会的新旧角色*

民主德国教会的任务，是在一个明确的无神论国家体制中，找到自己的身份定位。国家只能排斥教会，因为它质疑国家和社会的统一。就此埃里希·米尔克在 1956 年就说过："由于国家和教会的分离，民主德国教会对民众的影响被严重压制，并且它们不断被迫单纯致力于宗教事务。"[230]

新教和天主教两大教派分别寻求并发现了自己独特的方式，在民主德国以教会的形式存活下来。[231]对于那场最终导致了民主德国灭亡的划时代的政治变革，它们所做出的贡献有多大，有着不同的评估和权衡。

得到广泛认同的一点是，新教教会在民主德国变革时期，及其之前的发展阶段中扮演了重要的角色。[232]但是当具体分析评价这一角色时，则产生了相左的意见。影响这一分析评价的因素再一次归结于，如何评判民主德国新教教会在社会主义社会中所选择的道路。[233]

与天主教会不同，新教教会选择的是州教会的结构，对于它们而言很重要的一点是，决不能放弃其法律上独立性的要求。[234]

官方层面上，民主德国国家对于教会的独立要求是持尊重态度的。1949 年 10 月 7 日的民主德国宪法中就沿用了《魏玛宪法》中重要的国家教会法律法规内容。[235]1968 年的民主德国宪法中，也仍然保留了第 39 款（2）："教会和其他宗教团体在安排事务和开展工作的时候，要符合民主德国的宪法以及法律规定。具体事宜可以通过协商进行调整。"[236]这虽然表明教会有自治权，但是还是被国家限制在纯粹的"文化教会"范畴内。[237]然而，新教教会的自我认知却与此相悖，它不想放弃其社会影响力。新教对教会的认知中，并没有宗教世界和世俗世界之分。所以教会应该在多大程

---

* 埃尔克·罗斯迈耶（Elke Rosemeier）协助撰写。

度上参与社会问题，在民主德国国家时期一直是教会内部反复讨论的话题。

一直到 1969 年，两个德国的新教州教会还统一在 1948 年建立的"德国新教教会"（EKD）中。但是，当 8 个州教会共同参与民主德国社会活动，并且希望在面对国家权力时仍能保持其行动力，两个德国的州教会在组织上的共同体却没法继续维持下去。[238] 1969 年，8 个民主德国的成员教会脱离了德国新教教会，共同建立了"民主德国新教教会联盟"（BEK）。[239]这个组织的建立，并不单纯是教会为了适应宗教与国家之间的界限而做出的决定，而是教会对于自身任务的明确的神学认知：新教教会联盟应该成为民主德国社会的"见证和服务共同体"。

教会联盟的章程中，宣扬要坚定成为"德国整个新教基督教界特别共同体"的一部分，这段话自然成了民主德国领导层的眼中钉肉中刺，而成员教会希望保持信仰坚定、法律独立的事实，同样让他们感到不高兴。[240]民主德国新教教会联盟对于国家和社会的态度是"置身于民主德国社会主义社会之中"，不是"在它之外，更不是反对它"，阿尔布雷西特·舍恩赫尔（Albrecht Schönherr）在 1971 年 7 月，于埃森纳赫召开的联盟教会代表会议上如是说。[241]与此说法类似，还有同样著名的"社会主义中的教会"这一尚有争论的表达方式作为民主德国新教教会联盟的定位。[242]

民主德国教会寻求独立道路的尝试，最终引致了 1978 年 3 月 6 日国务委员会主席昂纳克和新教教会联盟代表进行的那次著名对话。当时的联盟领导，阿尔布雷西特·舍恩赫尔主教在他的讲话中表明了其立场："国家和教会关系是如此的好，就和每个基督教民众在地方所感受到的一样。"[243]

如何评价这次对话的意义，一时间众说纷纭。[244]但它并没有妨碍民主德国高层继续试图对教会的各个阶层及其成员产生影响。在讨论民主德国教会的发展道路时，斯塔西的影响不可小觑。[245]

但是教会组织的特殊性质阻碍着国家机构对于它的影响，因为新教教会是多重分割、差别化的复合体组织。[246]

与新教教会不同，天主教会在民主德国处于少数族群地位。根据 1990 年的数据，只有 6.5% 的居民信奉天主教，即 100 万人左右，但是新教教会拥有大约 510 万成员，此外独立教会和其他宗教团体中还有 60 万人员。[247]

即使在组织结构这种"普世的规章"上，天主教会也与新教教会有所不同。对于主教和教廷的依赖总是可以使教会免受国家调整意愿的影响。主教管区边界的例子就可以证明这一点，即使国家想要重新调整主教管区边界，让它适应民主德国教廷边界，最后也只能达成很小的妥协。[248]因为天主教徒居住的主教管区与民主德国的边界不相匹配，而且有些主教的驻地还位于联邦德国境内。独立的主教管区只有德累斯顿－迈森（Dresden － Meißen）教区和柏林教区。格尔利茨（Görlitz）是使徒管区（Apostolische Administratur）[249]；其他的天主教徒都居住在埃尔福特－迈宁根（Erfurt － Meiningen），马格德堡和柏林这三个主教管理（Bischöfliches Amt）的辖区内，它们管辖着部分富尔达（Fulda），维尔茨堡（Würzburg），帕德博恩（Paderborn），和奥斯纳布吕克（Osnabrück）教区。[250]

民主德国高层的本意是把这些主教管理的辖区都转型为独立的教区，然而罗马方面不同意这样做，只肯将它们改为使徒管区，不过也做出了一定让步，比如这些地区不再由位于联邦德国的主教负责，而直接归罗马管辖。[251]民主德国不会再新建主教管区；这是天主教会在组织结构上的权宜之计，也是官方教会一直到最后都乐见其成的权宜之计。[252]

但是如果完全没有自己的组织结构，民主德国天主教徒也没法应付过去：1976 年，自 1953 年起就成立的柏林教职人员会议（Ordinarienkonferenz）就作为独立的个体从德国主教会议联合会中脱离出来，并且自己建立了与德国主教区会议对应的独立"柏林主教会议"[253]（出自 1976 年 9 月 25 日教廷政令）。

想要了解天主教会在民主德国所扮演的角色，就会发现，在民主德国的社会生活中"很难找到天主教的痕迹"[254]。天主教会在很多年前就彻底放弃对民主德国社会产生影响，并且产生了一种少数派意识。[255]

这一方面是因为天主教会符合少数派教会人员稀少的特点。另一方面，也和天主教会的自我定义有关，它希望最大限度地远离国家，远离政党，从一开始就避免发生冲突。[256]但是这一理念到底有多成功，并且引致了怎样的结果，就仁者见仁智者见智了[257]：一方面，这样可以保护教会不与国家走得太近，妥协太多；另一方面，教会对于社会领域的克制保守也可能被理解为态度缓和的国家伙伴，"国家很高兴地认为，天主教会中不会产生敌对反抗的情绪"[258]。

80 年代时出现了重新定位。[259]与此相关的是 1983 年 1 月 1 日的《致和平的主教通告》，1986 年 9 月 8 日的题为《社会主义国家天主教会》的主教信，以及 1987 年 7 月的德累斯顿天主教徒集会。[260]最重要的还在于参与了"为了公正、和平以及保卫上帝所创万物的教会会议进程"，为此在德累斯顿（1988 年 2 月）、马格德堡（1988 年 10 月），又一次在德累斯顿（1989 年 4 月）分别召开了会议。[261]根据约阿希姆·戈尔施太奇（Joachim Garstecki）的说法，这一进程甚至加速了民主德国的瓦解，为"1989 年的变革做好了准备"[262]。

1989 年 10 月 16 日，全体天主教主教们第一次在一封柏林主教会议的主教信中表明了他们对出境浪潮的态度，这封信被在所有教会中公开宣读。[263]随后，天主教会越来越频繁地对于社会问题发表意见。1989 年 12 月 5 日的一份联邦议会议员的实时信息通报甚至明确表示："天主教会在民主德国扮演的角色已经发生了决定性的转变。"[264]

国家政府方面也察觉了天主教主教们越来越高涨的政治热情，作为回应，他们询问天主教方面，是否支持新任的柏林主教会议主席，乔治·施特尔金斯基（Georg Sterzinsky）主教对国务委员会主席埃贡·克伦茨进行就职访问。柏林主教会议代表格哈尔德·朗格（Gerhard Lange）主教主张尽早进行这一访问，还表示有兴趣尽快与总理进行会面。[265]

1989 年 11 月 12 日，民主德国主教[266]在一次礼拜仪式上宣读了一份共同声明，其中主教们呼吁所有的天主教徒，"从天主教角度加入社会变化的进程中"。[267]约阿希姆·戈尔施太奇甚至由于民主德国的社会觉醒而观察到了角色转换趋势："一直表现积极的新教教会正逐渐从社会责任中后撤，因为他们不再需要它了。与此相反，一直克制保守的天主教会则火力全开转为积极分子。"[268]

对于民主德国两大教会不同发展路线的分离提炼十分困难，甚至仍没有彻底完成。[269]不过，即使所选道路不同，在柏林墙倒塌之后的时间内，推进教会发展的就都是相似的问题了：其中包括在社会中扮演的新角色，与圆桌会议的合作，教会在马上要统一的德国国家结构中的新定位，在国立学校中的宗教课程，进步的世俗化发展以及越来越多退出教会的民众的去教会化，国家规定的教会税收，与学校相联系的成年仪式的保留。只有对军队进行心灵治疗的讨论留待新教教会处理，同样还有教会与斯塔西之间的问题，无论如何都着眼于媒体有效性。

教会在民主化进程中最重要的作用之一，就是它在圆桌会议中所起到的主持者作用。

从 1989 年 12 月到 1990 年 3 月，圆桌会议在柏林召开了将近 3 个月的会议，这被某些观察家评论为"东德和平变革的核心转折点"[270]。教会在圆桌会议的实现和持续存在过程中扮演了重要角色。[271]在解释其原因时，莱因哈德·亨基斯（Reinhard Henkys）这样说道："目前，只有教会还在所有的民主德国政治力量中享有这种信任，那就是它把自己的利益放在最后一位，全心全意投入圆桌会议的任务中来，让所有怀有不同要求的党派和团体共同进行对话，以推进整个革新进程的发展。"[272]

来自"新论坛"、"现在就实行民主"、"和平与人权倡议"、"民主觉醒"、社会民主党、绿党以及左翼联盟的代表首先进行了预备性讨论，而后他们也向新教教会联盟的代表，柏林主教戈特弗里德·福克表达了与莫德罗政府进行对话的意愿。[273]而后与高级教区委员会成员马丁·齐格勒（Martin Ziegler）的对话就展开了。主教戈特弗里德·福克和维尔讷·莱希在 1989 年 11 月 21 日一致表示支持这一想法。但是新教教会方面的意思是，在世俗的范围内进行这些对话。[274]

为了"准备自由选举"，新生力量请求"邀请在人民议院中出席的党派以及签署圆桌会议协议的团体和党派进行一次圆桌会议会面，并且保障其技术性落实"[275]，作为回应，1989 年 11 月 30 日，新教教会联盟在兄弟会的集会地——迪特里希·朋霍费尔故居（Dietrich - Bonhoeffer - Haus）公开发表了 1989 年 12 月 7 日的圆桌会议的邀请。[276]

作为会议"主持"，教会方面出席了 3 位代表：天主教会方面是卡尔－海因茨·杜克（Karl - Heinz Ducke）主教，他是柏林主教议副秘书长；新教教会方面是高级教区委员会成员马丁·齐格勒，作为基督教会工作小组成员；新教卫理公会教派方面则派出了牧师马丁·朗格（Martin Lange）。[277]

作为圆桌会议主持者，教会代表肩负着重要的任务：他们可以领导项目小组，建议全体大会的议事日程，监督秘书处工作，并且 3 人共同组成指导小组。但是他们不仅在组织结构方面至关重要，而且还可以通过对话，通过他们的对话技巧以及"将会议引向教会会议风格"来促成会议的成功。[278]

在圆桌会议第一次会面时，其实还尚未确定好教会到底应该在其中扮演怎样的角色。[279]但是随着邀请的发出，教会就必须承担起维护后续讨论的责任，并且在其中尤其秉承了教会和平的特征。[280]

教会担任着圆桌会议的组织者和主持者的角色。很难说清它的影响到底有多大，但是绝不可以过高估计这种影响力。就连教会方面的代表对于自身角色的理解也各有不同：牧师马丁·朗格就认为，教会代表只要在圆桌会议内起到主持和调停的作用就足够了，不需要参与到政治讨论中去。[281]高级教区委员会成员马丁·齐格勒则对成员有更多期待："如果教会已经提供了讨论的平台、活动的空间并发出了邀请，那么教会也必然有机会共同参与讨论，而不仅仅是简单地执行而已。"[282]

但是最终，教会方面还是放弃了以独立派别的身份参与圆桌会议。[283]

尽管如此，教会对民主德国革新进程的参与[284]并不仅限于参与圆桌会议的活动，或者那些请求教会代表担任邀请者和主持者的地方圆桌会议的工作，还包括创建圆桌会议本身。[285]此外还包括教会机构方面最广义的政治认可，以及一些教会成员的政治认可，其中涉及个别的教会或者牧师乡镇代表大会，教会圈子以及教会代表会议的不同层面。[286]

但是教会并不是有意为了"推翻"政府而努力；体制的动摇并不是他们的本意。[287]他们要求社会现实的改善，要求民主德国有能力留住人民。

从这个角度来看，教会还是为变革做出了准备。不过很难注明变革是从何时开始的，它的影子何时投向了民主德国。参与者们反复提及要将戈尔巴乔夫的改革"渗透"到民主德国。[288]

一方面，即使不是从这一刻起，新教教会自身才开始参与社会讨论。[289]例如在1989年这一年，新教教会领导会议发表的公开信就值得一提，在信中他们提出了在1989年9月2日的会议上向国务委员会主席的请求，要求政治高层以及其他人进行开诚布公的、切合实际的讨论。会议批评了面对社会问题和民主期望时所表现出来的傲慢和不作为。[290]

另一方面，新教教会也为某些团体提供"安全港湾"，这些团体最初也许不是受到宗教鼓动，而是因为想要"研究清楚社会生活的个别问题，并很快对整个体制都产生怀疑"[291]，或者它们在开展团体活动的过程中开始关心政治。[292]

在70年代末80年代初，这样的团体纷纷在新教教会的"庇护"下成立。[293]这些"团体"和教会领导间的关系从方方面面来看都很紧张[294]，但是民主德国高层却一直无法使得教会放弃这些团体以及它们的要求，它们在内容以及人员上都息息相关：[295]"教会成员、神学家和牧师所占的比例出奇得高"[296]。

由于教会为这些所谓的基层组织提供了保护伞和自由空间，因而越来越成为民主德国高层的眼中钉，所以他们试图对教会领导采取惩戒性措施。[297]在1988年3月3日，基督新教教会联盟主席和党和国家领导人埃里希·昂纳克进行最后一次对话时，州主教维尔讷·莱希一反教会过去不评论、不参政的"文化教会"要求，清晰表示说：鉴于目前人民的不满和担忧，鉴于政府的傲慢，教会感到自己"有必要采取代理性政治行动"。[298]

就这方面而言，教会认为自己主要是民主德国民众的"代言人"，是"传声筒"。在1989年，教会方面发表的进行彻底改革的要求和声明越发紧迫，批评之声越发响亮，这种情况一直持续到了埃森纳赫的联盟教会代表会议。[299]1989年9月，他们决定，呼吁改变竞选体制，并且允许其他替代组织参与竞选。

另一个例子是针对1989年5月地方选举中的系统性控制，摆出操纵结果的证明，并敦促尽快查明真相。[300]

从1989年10月开始，国家高层开始尝试拉拢教会，比如埃贡·克伦茨与新教教会联盟在1989年10月18日的对话就表明要开启"建设性合作的新开端"[301]。

但是民主德国高层对于他们的（基督教）公民的合作有着非常自我的设想，比如将教会行为描述为"滥用政治"，并且要求"结束那些影响谈话气氛的活动，诸如所谓的请愿礼拜仪式、庄严守夜、求情礼拜等"。[302]其中意图很明显：教会领导应该尽快缓和局势[303]，并且不再支持新的"集会运动"。当教会为新成立的团体和党派提供会面的场所时，他们的支持就表现得很明显了。[304]这是长期以来政治礼拜传统最广泛的延伸，是和平祈祷和求情礼拜的延伸，而后它们就成为大型示威游行的开端。[305]

此外，由专职成员和义工构成的教会享有丰富的讨论经验，熟知民主规则，并深谙会议领导之道。1990年3月新选出的人民议院的会议就是证明：当困难情况出现时，前新教教会大主教管辖区萨克森教会代表会议主席，国会副主席赫普纳（Höppner）就接过了领导大权。[306]在许多地方，牧师和其他的教会工作人员都参与到了公民委员会之中。后来他们大多被要求承担党内职务或者市长职位，而他们本身甚至都不属于那些新党派和运动组织的创始人圈子。因为数量庞大的教会职员和工作人员"站在反对派运动的最前线，所以他们也被算作了组织者和创建者"[307]。

由此，在1990年3月选举出的人民议院中，神学家和教会工作人员所占的比例过大；在 400 名人民议院议员中共有 21 名新教神学家，其中 19 人是受职牧师。在德梅齐埃内阁中也任命了新教和天主教的基督徒为管理人员。洛塔尔·德梅齐埃自己，唯一一个民主德国通过民主选举任命的总理，担任了民主德国新教教会联盟教会代表会议的副主席。[308]

从 1989 年 10 月起，民主德国高层开始寻找神学家个人和教会组织进行对话[309]，当然他们肯定也是希望能够在民众对教会的高度接纳性中分一杯羹，唤醒民众对新政府的信任。[310]

教会高校和教会培训场所等神学家培训场所都得到了国家的承认[311]，并决定重新引入宗教节日。在变革时期，教会频繁参与重要社会问题的公开讨论并提出相关建议，讨论的问题包括持续的出境浪潮、出入境规定、民役法规以及教育政策等。并且他们始终不忘指出变革对于民主德国居民所产生的人道上的后果及困难。[312]

这所有的一切都在短期内为新教教会带来了极高的声誉。因此，1989 年 12 月 5 日一位联邦议会议员的实时信息通报这样评价道："民主德国的教会，尤其是新教教会这些日子以来可以满意地认为，他们为民主德国政治和社会生活的变革做出了决定性的贡献。"[313]1990 年 1 月 18 日，两德委员会对于教会在民主德国的作用也做出了类似评价："新教教会在民主德国的政治变革中表现得尤为突出……在 1989 年这一年中，教会变成了反对派的疑难问题咨询处，也常常是著名示威游行的发源地。"[314]但是很快就有人质疑，民主德国教会是应该继续扮演政治角色，还是回退到自己的位子上。[315]阿伦斯巴赫（Allensbach）民意调查研究所的雷娜特·科谢尔（Renate Köcher）在 1990 年就做过相应分析，对于民主德国教会的评价得益于他们在变革时期扮演的角色，但是并没有促进"宗教团体的稳固"。[316]

不需要太久，"斯塔西讨论"就会决定教会在公众心中的声誉。如阿克塞尔·诺亚克（Axel Noack）正确估计的，教会在变革时期之后在一定程度上会受到斯塔西－教会关系的影响。[317]

新教教会仍然继续扮演着"代理人角色"，具体而言是在东西德分立的教会联盟重新统一的领域里。这一过程路途遥远，支持和反对统一的观点不分伯仲，就和对两德统一的争论情况一样。

天主教会对此感到容易一些。柏林主教会议和德国主教会议的第一次共同协商会议于 1989 年 3 月 7～8 日在奥格斯堡召开。主教们决定，"即使两个主教会议目前会分别继续存在下去，但是未来两方仍将共同开会、共同协商。"[318]

在奥格斯堡的协商会议上，天主教会对于德国政治的态度也进行了明确表决："联邦德国和民主德国的天主教主教们支持两个德国重新统一。"[319]1990 年 11 月底，两个主教会议实现了合并。而东德方面主教会议的独立任务，是于 1990 年 12 月初，在德国主教会议内部建立"主教工作小组——东部地区"。1994 年，所有教区都被重新规划。[320]

关于新教教会重新统一的具体考量首先发生在柏林－勃兰登堡州教会，它是唯一一个被德国内部边界分割两地的新教州教会。早在 1989 年 11 月，两个地区的教会领导就决定建立共同的工作组，工作组决定在柏林被柏林墙一分为二的 29 年后，1990 年 3 月，东德和西德的教会代表会议应该共同在柏林召开。[321]

不久之后，德国新教教会和民主德国新教教会联盟这两个大的教会联盟也开始致力于实现教会统一。

教会统一的实现，比预想的还要迅速。1989 年 11 月 23 日时，德国新教教会主席，西柏林主教马丁·克鲁斯（Martin Kruse）还表示说，为两个德国的基督教徒建立一个特别联盟根本不需要统一这个概念。[322]但是到了 1990 年 1 月 17 日，《洛库姆声明》（*Loccumer Erklärung*）中就明确表达了迅速实现教会统一的愿望。

这份声明是在一次共同闭门会议上产生的，德国新教教会和民主德国新教教会联盟在洛库姆的新教学院中共同出席了这次会议。早在变革发生前，这一会议时间就已经协商确定了。[323]闭门会议的目标是对德国新教教会和民主德国新教教会联盟超过 20 年的"特别共同体"进行思考。[324]自从 1989 年 10 月，形势发生了根本的变革之后，闭门会议的成员都面对着这样一个问题，这个"特别共同体"在变化的形势下应该如何自处。

对此问题有多种可能的答案。闭门会议参加者的答案已经在《洛库姆声明》[325]中有所体现，声明首先高度赞扬了新教教会在民主德国变革中所做出的贡献。[326]除了对于教会过去和现在行为的评价，声明还对未来发展从两个方面进行了表态：首先声明中发表了一个明确的投票结果，即应该建立一个"德国全体新教基督徒的特别共同体，教会也应做出组织结构上相适应的调整"。

在教会内部，这一建议既遇到了助力，也遭遇了阻力。各种各样形式的保留意见呼声很高。沃尔特·克雷克（Walter Kreck）从神学角度表示强烈反对，他认为这种想要合并的情感并没有什么意义，它"既不能通过圣经著作也不能通过宗教改革得到合理解释"[327]。

其他的保留意见主要都是担心，这种形式的教会统一，对于东德州教会而言，不过是"归属到西德教会之中"而已，其实是被收编。[328]

此外，人们还十分担心，民主德国教会的特殊经验没法带到重新统一的德国新教教会之中。就连原则上支持组织统一的民主德国新教教会联盟代表也有这种担心，马格德堡主教和洛库姆会议的参与者克里斯托弗·德姆克（Christoph Demke）如是说，德姆克希望两个教会联盟建立"彼此间合作的伙伴关系"，并且告诫不要草率地向统一方向行事。[329]但是德姆克低估了两德统一进程的动力，而教会也无法从这一趋势的影响中抽身。[330]

《洛库姆声明》表达的不仅是未来的教会道路，而是引发了一种轰动，它字里行间都在支持两个德国在全欧相互理解的进程中共同成长。维尔讷·莱希主教，新教教会领导会议主席，用如下的经验解释这种明晰的立场："对于统一的批判性态度，或者对这一问题保持沉默都反而会让听众堵住他们的耳朵，并且挑起抗议。"[331]

1990年1月26日，德国新教教会委员会在柏林施潘道（Spandau）举行的会议上，表示欢迎《洛库姆声明》，并且赞扬它"对于以建立一个教会为目标的共同体发展进程做出重要贡献"[332]。

作为对《洛库姆声明》的回应，1990年2月9日，《两个德意志国家基督教徒的柏林声明》（Berliner Erklärung von Christen aus beiden deutschen Staaten）诞生了，但是它在公众中引发的反响却不能与前者相提并论。[333]柏林声明的作者批评《洛库姆声明》，说它是有着政治影响意图的临时决定，并且在其准备阶段时"完全没有在教徒中间，没有在工作人员全体大会上，甚至没有在这个有唯一决定权的教会代表会议上进行过意见征询"[334]。

柏林声明的内容主要有4个主题，为了保证欧洲在和平和公平中共同成长，必须在目前仍存在的分裂状况下维持"特别共同体"（主题1），相对新的德国共同体，全体基督教徒的利益拥有优先权（主题2）。它告诫，不要否认教会在社会主义社会中所学习到的经验（主题3），或者忘却教会代表会议进程所面对的挑战（主题4）。

两个教会联盟的合并被认为过于急躁，柏林声明并不是唯一的反对声音。改革派的神学家们就发表了巴姆神学声明，警告提防新民族主义抬头，并且要求负责任地对待德国历史。[335]

1990 年 2 月 23～25 日在柏林召开了联盟教会代表会议，试图接纳对丁洛库姆声明的批评意见。但是在《我们教会的未来道路》[336]的会议决议中明确指出，现在根据教会的看法，他们的施展空间变窄了，因为"在两个德国，尤其是在民主德国，进程被一定程度上加快了，这是谁也没有料到的……大多数民众想要结束德国分裂的那一天，早晚要到来"[337]。

在另外的决议里，教会代表会议明确表示了他们对于德国新教教会和民主德国新教教会联盟建立共同委员会的态度。柏林声明的作者想要拖延时间的愿望没能实现。

在此期间，马格德堡主教兼民主德国新教教会领导会议（KKL）新任主席克里斯托弗·德姆克则感受到了一种压力，一种在他看来主要来源于经济问题的压力，他担心处理方式过于草率。[338]他仍然支持朝着《洛库姆声明》内容的方向发展，但是认为这个时间的选择有误："这份声明带来的更多是过度亢奋和情感刺激。"[339]

1990 年 5 月 27～30 日，德国新教教会和民主德国新教教会联盟的共同委员会在伊谢尔伦（Iserlohn）召开会议，开始准备两个教会联盟的"合并"。[340]当时还认为要到 1993 年才能彻底结束教会统一的进程。当时这个统一进程的目标并不是 8 个东德州教会的（重新）加入，而是在一个共同新宪法的基础上，以一种新的形式实现两个教会联盟的统一。[341]

为了核查教会方面对于教会新秩序的态度，民主德国新教教会领导会议在 1990 年夏天进行了一次问卷调查，由民主德国新教教会联盟成员教会负责领导。8 月底，调查结果出炉，民主德国新教教会领导会议成员以及委员会成员阿克塞尔·诺亚克，对结果做出了如下总结：

（1）成员教会支持"快速实现德国新教教会成员身份"。

（2）在可以预见的时间内，他们认为有必要建立一个柏林办公中心，负责处理特殊问题，8 个联盟成员教会在此进行紧密合作。（但是关于它具体应处理哪些问题还是存在不同意见。[342]）

因此，德国新教教会和民主德国新教教会联盟任命的共同委员会在 1990 年 9 月 9～12 日于德累斯顿召开的第二次会议上，就开始着手教会合并的暂行计划。但是直到 5 月时，会议内容还停留在"重新调整两方的秩序来制定一个新的基本秩序"，就有必要用到快速"实现德国新教教会成员身份"这个表达方式了。[343] 此后，1991 年 5 月时，德国新教教会和联盟教会代表会议要召开共同会议。此外还商定好，东德的州教会不会采用德国新教教会与联邦政府签订的对军队进行心灵治疗的合约。[344] 在 1990 年 9 月 15 ~ 16 日的会议上，德国新教教会委员会同意了共同委员会的决议。

几天后，1990 年 9 月 21 ~ 25 日在莱比锡召开的教会联盟的教会代表会议上通过了一个时间安排，其中拟定在 1990 年 11 月组建全德新教教会代表会议，并且解散民主德国新教教会联盟。具体操作过程为民主德国新教教会联盟的每一个成员教会都加入德国新教教会。[345]

1990 年 11 月 4 ~ 9 日，德国新教教会代表会议召开会议，会议中表示支持和东德州教会于 1991 年进行统一。1991 年 2 月，尚未统一的教会代表会议就已经需要实现必要的法律前提条件，以保证在 1991 年春天建立第一个全德教会代表会议。[346]

紧接着，民主德国新教教会领导会议就于 1990 年 11 月 9 ~ 10 日在柏林召开会议，表示反对过早进行教会统一。不过即使民主德国新教教会领导会议有异议，两个教会联盟还是于 1991 年成功进行了统一，在莱比锡的联盟教会代表会议上，《统一之路》的共同决议中就已经可以预见到这一结果。教会代表会议辩论环节之后，德姆克主教在结束致辞中谈到了统一快速实现的一个原因："我们没有那个能力实现开创性的结构。"[347]

第四节　题外话：知识分子与重新统一[*]

从根本上来说，政治行为总是包含两个维度：相应的对象，以及与之有关的想法。换言之：政策总是涉及社会层面和象征性层面——后者是这个行为意图的载体。由此承载的标准和价值深切地影响着以理想方式建构政治和社会现实的"文化意义框架"[348]。所有政治行为体都在这两极之间的张力中采取行动，即便作用强度各有不同。这两个层面的任务和功能彼此相对立的两个典型群体，就是政客，以及需要更仔细定义的知识分子。那些作为政策实践者必须履行"计划者、专家、决策者"职能的政客，对他们的衡量标准是效率，而这在民主国家中离开象征性的、有意义的维度就无法实现。[349] 与此相反，知识分子的功能则遵循着完全不同的标准：不是

---

* 英格博格·菲林根（Ingeborg Villinger）协助撰写。

效率，而是要求普遍适用性的标准和价值立场。无论知识分子以什么名义来表达这种标准和价值，无论是以人类和历史、"民族、人民、无产阶级、世间万物还是相似的实体"的名义[350]，在任何情况下，"远见卓识业"代表们的任务都不是计划和决策，而是批判。[351]

从社会学角度来看，"以批判为职业"［借助莱普修斯（Lepsius）提出的仍未被超越的定义］包括那些"无能力"或者"有部分能力"批判概念的代表人物，这些批判概念可不是针对"辱骂语历史"的传统，[352]而更多是对知识分子形式上的能力（比如职业归属或社会地位）进行分类。[353]"无能力"批判的典型代表就是作家和学生，他们都没有形式上的能力，可以理解为政客"授权"的对应者。"有部分能力"批判的代表主要是记者，但也可以算上在机构规范下的专业工作之外表达意愿的学者。简单地说，涉及的是所有操纵着"文字权力——今天人们还可以加上——以及操纵着图像权力的人"，而其意见在典型情况下不会受到现实责任的制约。[354]

这就引出了知识分子的一个重要标准：他的自主权。这就是说，他并不受命于上级主管部门，不管是政府还是什么机构组织，代表其利益，而仅仅是按照他自己的观点和要求发表意见。[355]19 世纪末，法国的德雷福斯事件（Affäre Dreyfus）为知识分子的此种自我认知奠定了传统。在这样的背景下，克列孟梭（Clemenceau）在 1898 年提出了"知识分子"这个概念，判断它的两个标准是才智和有作为，而后者是最重要的。这种作为并不是以个人名义，而是以压迫、以法国民族的名义，尤其是以埃米尔·左拉（Emile Zola）及其上呈给军队和政府的《我控诉》（J'accuse）诉状的名义，它将围绕着德雷福斯上尉发生的事情变成真正意义上的"事件"，给所有参与者都带来了巨大的后果。

在这个知识分子行动的"原始场景"中，就已经可以看到评价的矛盾性，而知识分子之后也不断经受这一点：这个行为将法国公众分裂成了支持和反对德雷福斯的两个阵营，也分裂成了支持和反对知识分子的两个阵营。在推崇和贬低的张力之中，知识分子从彼时就确立了他们的要求，即进行批判，充当"民族的良心"。[356]由于无法消解的悖论，产生了不忠诚、背叛等原则性的指责，这种悖论就是，以普世价值的名义操纵文字就意味着在具体的情况下为了某件事情偏袒一方，而事件中所涉及的各种在相关方看来是平等的利益会彼此冲突。这样的话，偏袒一方的作为就会从两个方面使知识分子遭受出卖普世理想的怀疑："批判者恰恰摧毁了他在绝对道德的教条主义蒙蔽下所想要维护的自由。此外，如果他试图通过政治权力来实现他所追求的效果，那他就必然会出卖他的理想。"[357]

因此，知识分子自己需要一种理念上的权威性，而不仅仅是一种形式上的权威性，这可以保护他不受上述指责的伤害。通过这种权威性，他可以导出正确评估事实并付诸行动的能力。对作家以及学者而言，权威性要靠他们在其他领域中取得的声名来提供。而在所有重要的文化中，作家的权威性总是附带额外的红利，这使得他的话语格外有分量：人们往往推测，当作家灵光一闪时，他不仅能获得更高的、其他人无法触及的知识源泉，而且还可以直接与超验相连接，这使得他们有能力在世俗化的社会中继承神职人员的事业。这种角色确定了作家与大众认知之间不可逾越的差异。然而，这种知识和见解能力的等级制度，是无法与一个思想开放的公民社会的自我认知相兼容的。

作家的特殊能力在民主德国成为一种制度化的职业，他在国家的委托下，承担着在民众和政党之间传递价值观的任务。这使作家丧失了其自主权，而自主权是知识分子"以批判为职业"的前提条件，所以在民主德国，不应该说知识分子（Intellektueller），而应该说"有知识"（Intelligenz）。莱普修斯很清楚地指明了这两者的区别：有知识，是指所有那些"通过提出宗教的、美学的、科学的生命诠释来升华生命存在的人，或者通过使用应对生活的理论知识，为创建生命存在合理化的理论条件做出贡献的人。"[358]这就是说，仅仅当而且只要当"有知识的人"提出批评时，他们才是知识分子。莱普修斯对于有知识的定义将民主德国"知识分子"的特点概括得非常准确，这可以通过官方的公告以及1989年秋季的辩论中作家的自我认知体现出来：诠释并应对生命，以此建构社会主义的社会现实，并指向在价值观约束性的意义上具有宗教特点的意识形态，这是有知识的人的任务，他们也由此成为国家领导干部的一部分。

随着"意识形态时代"的终结、现实社会主义的崩溃、冷战结束以及20世纪现代性所适用的价值正受到越来越多的质疑，知识分子的模式应该是怎样的？问题是，他们应以谁的名义，基于怎样的权威性提出自己的意见。对于东德有知识的人，直到社会主义国家崩溃时，他们才考虑到这个问题，他们从特权地位上艰难退下的斗争如此地发人深省又令人沮丧。因为除了极少数的例外，考虑到理念层面，他们由于对于社会主义乌托邦的明确支持而无法将这个没落的国家视为不公正的政权。虽然1989年秋天时，其整体规模，从柏林墙所象征的人权侵害行为到环境的毁灭，都已经明显暴露出来，但是他们还是坚持进行着那场从民主德国成立就开始的持久战——改善社会主义事业。他们使用"第三条道路"的概念，试图以"民主社会主义"的名义，以其声音的绝对权威性，掠过所有的肤浅，来维护这个国家。他们的"批判从未采取过人民的立场"[359]，他们无力在怀疑中扮演不同政见者的角色，这已经明确表明，他们的批判无论如何也无法符合此处所提及的知识分子的传统。因为如瓦茨拉夫·哈维尔所言，知识分子"对于政治的意义有着根本不同的见解"，因为他的使命首先是维护人权。[360]撇开理念层面来研究物质层面的话，可以从另外的角度分析，有知识的人为什么要为了这个国家，为了消灭"剥削资本主义和人道社会主义间的差异"而奋斗，当然这一差异随着社会主义的失败已经消失殆尽。[361]这种差异并没有"作为一层玻璃纸"用于维护象征性权力的统治，对于这点，海纳·穆勒（Heiner Müller）惯常公开地表达，而施特凡·海姆则遮遮掩掩地表达过：前者明确指出，在民主德国内，艺术家由于特权而与民众分开，自从柏林墙建立了之后，这种特权主要体现在大部分民众无法享受的出入境自由。[362]海姆在 1994 年进行回顾的时候，曾对作家面临的凄凉境况表示同情，他们在西德条件下没法再为自己的创作找到着眼点：一切皆灰暗平淡，不再有人把他们当回事，不再有实施惩戒的政府去表明作家的行为十分重要。很快的，除了伯尔（Böll）这个最后的例外，作家不再以"道德机构"的身份存在于西德，因为在这里所有的一切都必须"斤斤计较"。[363]

鉴于这样的结果，最常见的问题出现了：在西德社会中，知识分子的使命怎样了？多元化的责任通过何种方式存在于共同的视野内，或者"至少存在于共同的合理性下"？[364]直到乌托邦的政治终结之时，以前东德的知识分子才向自己提出这个问题。与之相反，西德的知识分子在 70 年代末期就开始从根本上质疑迄今为止的自我认知。随着现代性精神和线性进步的范式失去说服力，这种质疑就已开启。围绕着《古拉格群岛》的事件发展使这一转变加强了。这本书对于新法国知识分子的影响，就如同奥斯维辛对于批判理论的影响一般深远。社会主义的理念完好无损，暴政以它的名义庆贺胜利，而带着人类面貌的最后的世俗之神慢慢褪去光环。与此同时，政治与社会现实的复杂性与日俱增，最终宣告了有为知识分子的终结，因为知识分子所采用的普世性视角明显没有为解决民众问题做出贡献。但如果这种视角仍然被采用的话，那是因为——如同利奥塔（Lyotard）所言——知识分子并不清楚"西方历史中新的真实状况"，即已经无法存在什么"普世性的主体或者受害者"来以其名义，从"世界观"的意义上提出"谴责"。[365]因为对于这样的思想视野而言，"最受歧视者"从根本上只是一种"负面的、匿名的、实证的实体"，并不是具体的人或其必要性。［萨特（Sartre）曾试图采用"最受歧视者"的立场，以期在"不公平的迷宫"中找到一条主线。］[366]这样一种挑衅普世性标准的思想说法并不表示人类的命运不应该被关怀，而恰恰相反：每个人都应尽其所能，负担起同等的道德责任和公民责任，但是这种责任必须远离对极权主义的迁就，只能局限于防御性的、局部的表态。[367]这种干预绝不可以与"新随意性"的快人快语[368]相提并论，而是一种适宜的干预，因为这鉴于当前的时效性是唯一有效的可能性：公开、民主的社会具有其复杂性，它不是封闭的社会方案，而更多是一种自我组织的体制。[369]因此，只有具体地、逐步地实现人性的秩序。

"以批判为职业"的出发点的变化，并没能阻止东德以及西德的知识分子在两德统一过程中，再度以一个不受控制的实体的名义，提到这种早已名誉扫地的立场。这一点在下文还会展现。这种对立是典型的"维持乌托邦，拒绝统一"对"放弃世俗的救世说，希望统一"，这一点并不需要特别提及。但是必须强调的是，事情并不像第一眼看到的那么简单。因为即使是统一的支持者也带有目的论的目标。无论是"人民"或者"民族"实体，大多带有这种论点的人也希望保有千年盛世说，并且相信，没有共同的统一视野是不行的。

知识分子在德国统一进程中的象征性干预——东西德乌托邦的知识分子管理者

民主德国是怎样的，它的未来可能是怎样的，这是两个子问题，而它们的答案指向一个共同的思想视野，这一视野在 1989 年秋天的第一个高潮阶段经历了激烈的讨论。支持所谓"第三条道路"的知识分子代表，他们的论点体现出一种真正的两德共性，但区别在于，西德知识分子首先更为明确地欢迎公民运动而非改革运动。但是代表国家的东德"知识分子"在面对改革要求时则表现得犹豫不决，同时试图通过表述共同的目标来控制事态。出境浪潮和群众抗议第一次真正激怒了他们，在 10 月 13 日，施特凡·海姆还说民主德国以一种"可笑的方式"陷入了危机。[370]乌托邦的管理者们无视民众要求，无视"政治实践的现实标准"，现在所采取的思想视野以及象征性策略是怎样的呢？无论如何，已经出现了民主的征兆。[371]这里也明显体现出了东西德之间形式上的共性，尽管在内容上千差万别：他们扮演着现实和理念之间的调解人角色。一个特别令人难忘的西德的例子就是，君特·格拉斯（Günter Grass）的远见也触及了直接的日常生活，将其沐浴在前工业化封建主义社会结构所散发出的美化之光中。根据这一解读，民主德国日常生活的特殊之处，就存在于它未竟的现代化之中：民主德国的"小生境社会"有着"类似梅特涅（Metternich）时代的市侩庸俗"，并且使"缓慢的生活节奏"成为可能，提供了"更多交流的时间"。[372]而这种更值得过的生活在过去和现在都相当于国家对于民众明显的压迫，这显然被忽视了。社会现实维度的淡化与对架设理念视野的专注导致的结果是，正如弗兰克·希尔马赫（Frank Schirrmacher）所言，几乎没有人谈及"这个下了台的政权的极度残忍"[373]，而是民众陷入的"思想混乱"——至少施特凡·海姆直到 1989 年 10 月 24 日还是这样评价局势的，就连 11 月 9 日柏林墙的开放对他也不过是一场意外而已。[374]

经常前往西德的海纳·穆勒对于日常生活的阐释没那么理想化，即使它是符合现实的：他明确了"对于时间慢条斯理的态度"，并且将"社会主义现实"描述为一种"装置"，它被"调成了减速模式"，直到戈尔巴乔夫的政策引入了"加速原则"，引入了技术世界的时间模式。[375]生活节奏这个问题在支持或者反对社会主义身份认同的讨论中反复出现，所以为了不让人怀疑它只是无关紧要的细枝末节，他指出了与之相关的范畴，因为空间和时间的融合及其向更高存在形式的转化从核心上而言就是民主情景的前提条件："交流的时间""减速"都是比喻民主，"加速"以及"没有时间的人民"则比喻非民主的资本主义。[376]因为民主和讨论之间的关联不涉及国会，而是涉及人民及其日常生活，所以人们不禁会认为，对于民主情景的设想受到了卢梭（Rousseau）的人民思想的影响——（在一览无遗的乡间广场上）聚集起来、将所有意愿汇成公众意愿的人民。这种推断与剧变时期无所不在的"对话"概念彼此契合，这个概念在剧变时期成为维护更美好的民主德国的象征，尤其在 1989 年秋天，它传递着双重含义。一方面，知识分子很难找到另一种人民早就在大街小巷和广场上所使用的语言一样同样具有"对话性"以及创造力的语言。他们向民众提出要求，以对话、深入分析和会谈的形式"共同进行漫长的学习过程",这正体现了问题之严重。因为那些以人民的名义发表言论的人,恰恰不会使用他们偏爱的学习过程所需要的语言。另一方面,"对话"这个概念所象征的是要通过对话进行改变的国家实体,其榜样只能是一个"苦乐参半"但仍坚持到底的家庭。[377]或者按照希尔马赫(Schirrmacher)在两德文学论战中对克里丝塔·沃尔夫(Christa Wolf)所提出的批评那样:民主德国不会被看作一个极权主义的体制,而是一个"进行集体心理治疗的自我体验圈子",这种圈子只能以"私人关系框架"的范畴来考虑。[378]作为知识分子命定的交流方式,"对话"最本质的功能是将现有事物最优化,在几乎所有"第三条道路"的支持者那里,这一点通过反复赘述的归结已经体现得足够清楚了:对话使"日常生活经验和公开发表意见之间的矛盾"变得有益,充分动员"创造力与想象力""思维本质",使分析更深入,消除信任的缺失,安抚公众情绪,祛除猜忌以及不满,并打破理论和实践的矛盾。[379]借助对话的力量,东德知识分子试图稳定两个层面:公民日常生活层面,以及他们自身立场的层面。涉及日常生活的诠释策略时,令人注意的一点是,与上面提到的两个例子不同,东德日常生活远没有那么直接理想化:这一方面是出于自己不苟同于资本主义"闪闪发光的垃圾"的自信。[380]这种被迫放弃消费的行为被作家们拔高了,虽然作家本身可以毫不费力地获得西德的物资。而更为重要的是另一种拔高,将日常生活变成伟大未来承诺的载体,可以实现乌托邦的理想。这样说来,民主德国提供的是一种虽然"不轻松,但是有意义并且有乐趣的生活",而生活在这个国家的公民将共同参与到"维护民主社会主义愿景"的伟大变革中。[381]这里尤其明显地体现出了利奥塔所强调的世界观策略以及其援引的普世主体:生活现实的痛苦本身就可以转化为一种匿名的、纯粹实证性的实体,并且是以"社会主义"更高目标的名义。

"对话"这句咒语除了可以通过象征性的艺术拔高来稳定日常生活,还可以稳定知识分子的立场,因为它让作家和其他的艺术家一样变得不可被放弃。例如,在"艺术学院"意见书中,"艺术"在"民主德国的身份认同中占有重大的比例"。同时,一份由作家联盟委托完成的问卷调查针对人文和自然科学家[382],要求他们对于民主德国文学的任务以及作家扮演的角色作出回答,调查结果显示:艺术和艺术家应指明解决现存问题的新道路;他们应该先行于科学,反映社会现实,讨论前瞻性问题;在一个完全合理化的世界中阻止个体的贫困化；传播知识、科学、认识、情感和价值，使提高绩效成为可能，并通过此方式强化社会主义的地位。他们必须提出"环境良心"，积极维护民族意识以及社会主义社会的基本价值，表述法学所面临的挑战；他们应提供关于生活质量和生命情感，关于个体真实的道德心理状态的答案。这所有的一切被称为国家不可放弃的任务，也正是为什么学院应该在现在以及未来的很长时间为社会主义国家提供经验和能力。

文学被赋予的能力范围之广明晰展示了作家的核心地位：他们是地震仪，是现在和未来的精神领袖，需要提出对于社会而言至关重要的主题。[383]一直到1989年秋天之后很长时间里，写给国家的效忠信中都记录着，那些在官方联合会中组织起来的作家和艺术家，是真正在两个层面之间发挥核心调节功能的连接部分，他们主动要求共同合作，完善社会主义社会。1989年10月9日，作家协会主席赫尔曼·康德（Hermann Kant）在《青年世界报》上发表的一封公开信充分体现出，作家协会的成员不仅具有理念上的职能，而且具有切实的机构职能，这一基调他在柏林墙开放后第二天又重申过一次。康德在此抱怨"媒体新的自以为是"，它们"现在单独决定在报纸上发表什么，也就是决定什么是重要的"。这种对于开放自我认知的顽固否定清楚表明，人们对于言论自由这一民主基本权利的强烈要求——这构成了公民运动和示威游行反抗运动的序曲——在乌托邦的管理者那里根本就没有或只获得了极少的回应。他们想通过牺牲新闻自由来维护统社党对意见形成的垄断，这无疑暴露了其对于变革的忍耐度，同时体现了所谓"第三条道路"的危险性。

总体而言，抗议活动证实了施特凡·海姆的信念，即人民是"从党那里学来了抗议"，不过和所想的不同：不是因为马克思或者《共产主义宣言》时刻存在，而是因为无法忍受的监管。[384]那些有意或者被迫不属于官方联合会的话语或其他艺术的知识分子，他们很早就脱离了这一监管。"地下出版物文化"这个概念描述的不是组织，而是地点，是那些进行意见交换（到今天为止最著名的地点是普伦茨劳贝格）和思考的地点，从80年代起，他们就对于现实社会主义的想法和实践主要持有从批判到根本疏离的态度。[385]他们的艺术来源于"坚定不懈的个人主义精神"，这无法被"国家性的文化机构所接收或提携"。[386]在"底线守护者"们的强制要求下，进行了一场对于放弃传播社会主义思想成果的艺术和文学形式的大讨论，这反而不自觉地促进了现状的觉醒和变革。[387]这些声音是零散的，因为也不能算到任何圈子里，其主要基调几乎一边倒地希望放弃现有国家——有代表性的当属赫尔加·舒伯特（Helga Schubert）和乌韦·泽格（Uwe Saeger），二人都表示不希望社会主义试运行继续下去，并宣称民主德国已经破产腐朽。[388]

对于那些想要成为社会主义民主德国民主改造辩护人的西德知识分子而言，他们言论的政治必要条件同样也是保留社会主义。不过，除了少数特例（最著名的是君特·格拉斯），民主德国并不是主要是作为替代资本主义西方世界的方案，而只是间接借来对于联邦德国纯粹市场经济行为进行严厉批评。因此"合并"和"吞并"正体现了西德政府的不同步骤[389]，实际上只是想让民主德国的居民"体会到联邦德国秩序的好处"，通过消费的愿望掀起一场"民族运动浪潮"。[390]弗里德里希·克里斯蒂安·戴留斯（Friedrich Christian Delius）"反抗发霉的统一方案"[391]，在以《西部将更加狂野》为题的文章中回忆起雅斯贝尔斯（Jaspers）早在1960年就提出的"自由对统一"的二分法，在君特·格拉斯与鲁道夫·奥古斯丁（论战式的）争论中，这几乎成了格拉斯对于统一德国危险性的代号。[392]之所以对"大德国"这个想法有所担忧，其原因包括从过去到现在的种种历史，并且基于比如政治实用主义这样的想法：让保罗教堂从未实现的设想以及文化民族的想法得以实现，其政治附加值将是在世界范围内扮演解决冲突的典范（君特·格拉斯）；在马歇尔计划的指导下，弥补40年来独自承担的二战重负〔格拉斯、特奥·索默、君特·高斯（Günter Gaus）等人〕；感受"奥斯维辛"的征兆（君特·格拉斯）或者直接体会邻国法国受到的威胁〔沃尔夫·莱普尼斯（Wolf Lepenies）〕，避免产生大国幻想，这次不是军事上的，而是经济上的大国；"经济霸权地位的傲慢态度"将在东德以及西德造成不稳定局势（于尔根·哈贝马斯）；加快统一的速度，消除民主德国自有的东西，防止两个权利平等的德国进入欧洲联合体中。对于安全政策考量的主导方向是，如何能最有效地把一个"有着类似前科的德国的格列佛（Gulliver）"束缚起来。支持和反对民主德国加入北约的理由主要都受到"地理现实情况"的影响〔特奥·索默、乌尔里希·格雷纳（Ulrich Greiner）〕，根据帕特里克·巴纳斯（Patrick Bahners）的说法，后者已经被赋予了某种"形而上学的光环"，在猜测不断强大德国的"亲东部倾向"的过程中日益具体起来。[393]

20 世纪八九十年代，支持统一的西德知识分子对东德的批判形成了某种形而上学的层面，在两德文学论战中——这场论战也已经延伸到其他艺术——达到高潮。[394]西德的左翼知识分子反驳这是渴望大德国思想下出现的"官方统一方针"的"斯大林式"[395]体现，代表了从《法兰克福汇报》《明镜周刊》到《图片报》这些西德媒体的意见。[396]总体而言，面对德国的历史以及负债，这些知识分子被要求不可将眼光放在统一之上，而应放在欧洲之上，实践基层民主的做法。[397]

支持统一的知识分子

与之前介绍的"恐慌联盟"完全相反，有一群西德的知识分子认为民族的统一是"德意志民族"不可放弃的目标。[398]他们的辩论模式与那些以乌托邦必要性为第一标准评判政治行为的知识分子的模式，有着非常明显的，甚至跨越界线的家族相似性。因为在这两种情况下，无论是涉及乌托邦还是民族，承载思想的象征层面对于社会层面而言是生存所必需的。这两个群体都倾向于表现极大的热情，这是敌对宣言的基本模式，其核心建立在包含道德尊严的政治概念之上。一个令人印象深刻且善于辞令的例子是卡尔-海因茨·伯雷尔（Karl-Heinz Bohrer），他的辩论模式堪称典范，因此在此处作为代表被提及。[399]

如果说他对于客观和主观条件的描述是如此令人信服——这些条件使得对德国人来说，"民族"这个范畴今天已经变得没有意义了，他所设计的情形还是有问题的，他设想了如果丧失"集体历史及文化记忆财富的具有象征意义且可以反射自身的恒量"，将造成怎样的后果。这一说法本身就已经彰显了伯雷尔"民族"模式的意识形态基础：如果说他到此时用（可验证的）历史论点描述了"民族"范畴缺失的发展情况，那么现在他一下子就宣布这是集体回忆的基本恒量。他从历史到永恒适用性的跳跃等同于跳跃进了一个神话，一个他根据"见微知著"的基本原则发挥出的神话。在这一基础上，他设计了一个消极的千年盛世说，将民族的缺失夸大成真正的恐怖场景：民族缺失的后果将导致某种德意志人的精神自杀，或者是（自然神话意义上的）某种"更高层面的森林死亡"的形式，因为"死亡的不仅仅是树木"，而且还有"整个曾经叫做德国的文化传统"。他继续用"瘟疫"这种疾病象征集体记忆的消失，以及迄今为止对于"构建传统的组成部分"的背弃，正如浪漫派的"非理性"一样。"'联邦德国'

精神的地域狭隘化，其最典型的表现特点就是对文学及其理论的道德化"，根据语言的神秘原则，最终也同样只能归因于统一的精神性湮灭。因此，伯雷尔最后对于"精神－象征性标准"——即"民族"在面对跨边界的、全新的、不同的身份认同之时也不为过时——的背弃，也并不出人意料。民族代表了一种政治千年盛世说，就如同他在十年前的问题"德国——一种精神的可能性？"，如今转变成了"德国——一个精神的民族？"，这种千年盛世说无法与新的不同单元相符合，因为它属于冷战的武器之一，不过由于他对于技术和经济视角下的政治行为进行的强烈谴责而有所强化，他认为这些视角仅仅被用来防御"民族身份认同更深层的精神维度"。伯雷尔的论点体现出单一因果的专一性，遵循着象征性淡化具体社会生活现实的典型模式，代以要求唯一适用性的、匿名的实体与之抗衡。

与他的观点大相径庭的是统一支持者的论调，虽然他们认为民族统一是当务之急，但是同时也只把它看作一个必要的过渡阶段，是向其他多元化的统一形式发展的必经之路。[400]比如马丁·瓦尔泽（Matin Walser）和汉斯－马格努斯·恩岑斯贝格（Hans－Magnus Enzensberger），后者已经在民族以外的视野中设计了多元化的未来身份建构模式。尽管如此，从政治行为的两个层面，即象征性层面和社会层面来看，二者还是表现出了很高的重合度。重合度很高的还有那些在德国统一中不首先或者仅仅看到德意志身份认同的实现，而是看到民主特征的多样性的人：他们提出保留已经久经考验的《基本法》［海宁·里特（Henning Ritter）］，认为德国马克不仅是货币，也是法律体制的体现［米夏埃尔·施蒂默尔（Michael Stürmer）］，认可消费的愿望是渴求自由和自主权愿望的一部分，将对于更高生活水平的需求理解为对于民主自主权的追求，这属于人权的特性［奥斯卡·内格特（Oskar Negt）］，或者指出民主现实和经济现实无法分开的联系［迪特尔·维勒斯霍夫（Dieter Wellershof）］。其中恩斯特·诺尔特（Ernst Nolte）还提出，民主德国的经济体制是其困境的罪魁祸首，虽然联邦德国建立在一个（生产资料所有制）"不公平的"的体制之上，但是它凭借"社会市场经济"，更有成效地实现了社会主义的要素。[401]瓦泽尔与恩岑斯贝格为他们共同的论证对象采用最严格的理论范例，所遵循的思考结构不会从现实进入"精神王国"（帕特里克·巴纳斯）之中去。也就是说，它不会把"现实"和"随便一种想法"进行对比，而是和"其他的现实"进行对比。[402]

瓦泽尔和恩岑斯贝格都遵循这种模式：对于他们二人来说，人们现有的具体生活现实是核心要点，要从这里出发为未来的政治社会现实进行设计。与乌托邦管理者模式或者民族模式不同的是，这种模式无论如何考虑的都不只是一种单一的认同架构，而是开放的、开启多元化可能性的蓝图。

总结

知识分子不以"统一的歌颂者"，而是以统一进程的批判者身份出现，这固然是不可放弃的，不过，除了为数不多的例外，他们针对"历史上早该如此的情形"的批判忽略了两个关键要点：一点是忽视了"德国统一对于在整个欧洲持续扩大并巩固民主、法治国家、自由迁徙"带来的机遇。[403]另一点就是他们固守以"所有其他人的名义定义并解决问题"的立场，妨碍了在一开始所阐明的意义上修正知识分子的使命，而这原本早该完成。[404]对设计新的议事日程而言，剧变之年既不是试金石，也不是试验田。

第五章　政治自治组织在过渡时期的尝试

第一节　圆桌会议

中央圆桌会议[*]

在民主德国，圆桌会议对于民主化进程的意义是颇有争议的。圆桌会议来源于波兰和匈牙利，它是持有国家权力的统治政党和反对派团体之间机构化的、与体制相悖的对话方式。当决定将这样的组织引入民主德国的时候，其实并没有明确定义它具体的职能是什么：其职能跨度很大，从可以起到安抚和稳定作用的、不受限制的辩论组织，一直到类似议会性质的机构，甚至彻底改革的元素。后来，从圆桌会议中还产生了政治设计和调节的"第三条道路"的范式机构。事态发展证明，圆桌会议对于平稳紧张的局势，尤其是推翻统社党政权做出了重要贡献。[1]

圆桌会议建立的初始情况和条件都可以从东欧的发展历史中得到了解：当苏联、波兰和匈牙利都在发生社会和政治变革之时，民主德国却坚决拒绝向这一进程靠拢，并且继续沿用与其划清界限的政策。在 1989 年这一年中，民主德国民众越来越无法忍受这样的情况，以至于越来越多的人感到不得不逃离这里，或者至少公开进行抗议。那些想要改革这个体制的人，站在了发展的风口浪尖。在 11 月，公民运动组织代表要求与"旧势力"[2]通过圆桌会议进行共同会谈。

从 10 月开始，来自"新论坛"、"现在就实行民主"、"民主觉醒"、"和平与人权倡议"、社会民主党、绿党以及左翼联盟这些反对派团体的联络组代表就开始秘密筹备圆桌会议。[3]对他们而言，第一要务是实现国家的

---

[*] 戴安娜·克劳斯、安德烈亚斯·普赖辛（Andreas Preising）协助撰写。

民主化，这也就表示要对统社党的政治集权进行质疑。人们首先希望圆桌会议起到一个具体的对话组织形式的作用，在此之外，希望它能对政府进行有效控制，最后还应该实现更加民主、更多参与等要求。

新生力量所面临的棘手问题必然是担心通过与莫德罗政府合作而将自己变成原有政治体制的一部分。这使反对派面临着严峻的内部考验。另外一种担忧是，反对派因此为旧势力的骨干人物提供了一种新的或者额外的合法化[4]，而不是决定"当权力唾手可得时，坚决将它据为己有"[5]。原本就参差不齐的公民运动组织在处事和决定方面的弱点，主要是因为对于权力的基本关系有所分歧，这种分歧由于和多数民众渐行渐远，以及自我合法性的缺失，变得更加复杂。

统社党同意参加圆桌会议，是因为他们当时处境凄凉：他们不想让权力的缰绳彻底从手上溜走，于是表现出进行对话的准备，希望能够缓冲并引导批判的声音，最终为自己赢得时间。鉴于反对派力量所表现出来的良莠不齐的状态，政治局认为也许有可能瓦解掉他们。[6]统社党想尽一切办法站到事件发展的前线队伍中去，并且最后甚至上演了圆桌会议的发起人之一的角色。[7]

联络组中的所有反对派团体中，每个团体派出 15 名代表，基民盟、民农党、德国自民党（2 月起变为自民党）、国民党这些民主党派，以及统社党（后来的民社党）也派出 15 名代表，共同组成了圆桌会议。在头两次会议中，旧势力方面的群众组织，德国自工会和农互会也均在中央圆桌会议中争取到了一个位子，反对派则通过独立妇女联盟和绿色联盟的加入得到了扩张。[8]会议主持的责任委托给了卡尔－海因茨·杜克主教，高级教区委员会成员马丁·齐格勒和牧师马丁·朗格，他们分别代表天主教会，新教教会和卫理公会教会，这应该可以保证中立的主持态度。[9]

1989 年 12 月 7 日，中央圆桌会议的第一次成立会议在柏林召开，具体地点为位于迪特里希·朋霍费尔故居的亨胡特兄弟会教会大厅。[10]会议内容首先为对自我认知、政治纲领性目标、圆桌会议工作方式的定义。联络组准备的声明经过了长久的讨论，最后终于达成一致进行发表，内容如下：

> 圆桌会议的成员之所以聚集在一起，是出于我们对于深陷危机的祖国、国家的独立性以及它的长期发展有着深刻的担忧。成员要求对

于我们国家的生态、经济、财政情况进行公开。虽然圆桌会议不履行议会或者政府职能，但还是愿意提出克服危机的建议，并征求公众的看法。圆桌会议要求人民议院及政府将重要的法律、经济与财政政策决议及时向其通报，并要求参与到决策之中。它是我们国家公众监督的一部分。按照计划，它将一直履行其职责，直到自由、民主、不记名的选举实现为止。[11]

第一眼看过去，这份声明值得注意的不仅仅是内容上的保守，还有措辞上的谨慎[12]，失去了革命的冲劲。圆桌会议将自身定义为"出于"对在危机中动摇的国家的"担忧"而成立的、作为"公众监督一部分"的、没有"议会或政府职能"的组织，职能仅限于"提出克服危机的建议"。这里可以看出，圆桌会议清楚地意识到自己的合法性有限，并必须承担其后果。正如12月7日的辩论中所强调的，因为圆桌会议不是通过民选形成的，它唯一的合法性来源似乎是"街头运动"（"示威游行者的代表"），所以它"除了圆桌会议的工作之外，没法做出其他有约束力的决议"[13]。

再仔细研究一下这份声明的话，会发现其中还是具有一些激进的要求的：圆桌会议要求透明和参与（"公开"，"通报"并且"参与"，"监控"），这就明显站到了民主德国迄今为止政治实践活动的对立面，并且明确攻击了统社党的独裁统治。声明结尾要求的自由、民主、秘密的选举正表明了这一点。不过圆桌会议将此看做自己的最终目标，如果目标实现就自行解散，给这个组织进行了时间上的限制，这都与其合法性不足有关。

除了自我认知声明中的关键内容之外，圆桌会议的第一次会议还敲定了其他重要的政治目标[14]：其中包括制定新的宪法。由于圆桌会议全体会议无法承担法律条文撰写的任务，为此建立了一个工作组。

"新宪法"工作组的工作进行得如火如荼，远比人民议院中宪法修正的工作更有热情。[15]就字面意义而言，仅仅圆桌会议全体会议做出的那些决议是无法充当宪法草案的。[16]工作组工作更多是对后续立宪进程做出重要的程序上的规定，会包含一些核心内容上的关联性。[17]其中包括维持民主德国国家独立性，以及引入并加强公民表决中的意愿形成过程。

新宪法应该在选举出新的人民议院之后按照人民的意愿得到批准。但事实上，在统一即将到来的大背景下，工作组在1990年4月初上呈的宪法草案根本没机会得到落实，就被人民议院断然拒绝。[18]人民议院选举之后，

"新宪法"工作组面对着一个具有民主合法性的议会，而议会内各方力量对比态势所体现出的党派欢迎度与圆桌会议上的各党派席位分布大不相同。[19]在工作组草案中着重强调的参与权[20]已经不再适合目前的政治力量对比了。[21]

第一次会议的另一个重要决议是将选举时间确立为 5 月 6 日。如果时间太早，新的政治力量没有足够的准备时间，也就无法保证平等的政治机会。如果将选举推迟到夏天或者秋天，民主德国的竞选将被联邦议院竞选排挤到次要的舞台上。最后，会议还要求解散起源于国安部的国安局。由此引出了许多富有效果的要求，这些要求决定了新旧力量之间的权力斗争。[22]

虽然政府在 12 月 14 日通过了这些要求，但是坚持要建立一个宪法保护机构，作为国安局的替代物。此外还有政府没有给圆桌会议提供足够信息的问题，尤其是在解散斯塔西这个问题上。[23]这不仅仅在民主德国，甚至在联邦德国也引发了一种担忧，统社党在计划旧结构的复辟，而这种糟糕的信息政策是无法与旧体制对抗的。在 1 月 8 日的会议上，政府方面隐瞒信息所引起的冲突发生了升级，反对派组织威胁要退出圆桌会议，以此向政府下发了最后通牒：2 小时之内，莫德罗必须出现在圆桌会议上[24]，并且就内部安全问题做出报告。此外他们还坚决要求政府"在 1990 年 1 月 15 日之前，向圆桌会议上呈一份关于解散国安局的中期报告，以及后续措施的阶段性计划"[25]。反对派方面相信，只有通过这种彻底的对峙才能明晰政府和圆桌会议的权力关系。除了反对派的压力，民众也施加了压力：尤其是当莫德罗在人民议院发表了没有任何让步的政府声明后，示威游行变得更强势，也更激烈，其高峰是 1990 年 1 月 15 日对斯塔西总部进行了占领。在这一天，莫德罗出现在圆桌会议上，并向反对派主动提出合作请求。一周之后，政府下台已成定局：莫德罗又一次提出了合作申请，并且基本上向圆桌会议参与者保证，可以在他的政府内随便挑选部长职位。[26]

至此圆桌会议迈入了新的阶段：1990 年 1 月 8～15 日这变革的一周彻底改变了政府和圆桌会议之间的权力格局以及圆桌会议的任务，这为圆桌会议带来了新的职能，并改变了它的自我认知。

在民主德国灾难性的政治、经济背景下，莫德罗第一任政府下台，"民族责任政府"建立：统社党高层的贪污行为以及其他的阴谋诡计被一一揭穿，民主德国的民众在过去的几周不断面对着他们过去"谎言中的生活"（瓦茨拉夫·哈维尔），并引发了他们的暴怒和仇恨。让政府感到不安的不仅有关于政变计划的传言，也包括政府手足无措，毫无应对之法的灾难性的经济状况。最后，政府的存在从内部也受到了威胁，在面对执政伙伴时政府退却了，而反对派团体则建立了一个共同的竞选联盟。政府的日子到头了。

莫德罗提出让反对派参与政府，这对反对派而言是一种两难境地：一方面，从不使用武力和保障生存的利益角度出发，无论他们是否愿意，都越来越应该负起责任，共同承担这个疲惫不堪、马上濒临灭亡的国家，不能"抛下"政府不管。另一方面，加入政府就意味着为这个不受欢迎的政权提升了价值。除了这些考量之外，还有选举，人们想尽可能为竞选营造一个好的起点。由于局势的动荡，选举的时间成为问题："或者将选举时间提前，或者我们就干脆不选举；或者我们共同进入政府，或者我们就一起灭亡！"[27]

经过拉锯战的谈判之后，不同的反对派团体终于达成一致，决定参与政府。"民族责任政府"最终于1990年1月28～29日建成。除了28名有具体管辖范围的部长之外，还有8名来自反对派团体和公民运动组织的无任所部长。[28]

伴随着参与政府工作，圆桌会议除了监控与公开职能之外，还增添了选举和立法职能，并且使圆桌会议委员会成为"民主德国的中央指挥机构"。[29]早在第一次会议时，圆桌会议就批准了一个立法工作项目，并为此建立了工作组。[30]在中央圆桌会议工作组制定的许多草案和法规中，最重要的就是选举法、党派法与统一法、社会宪章以及之前提到的宪法草案，宪法草案应保障民主德国即使加入联邦德国，"民主德国也应该保有自己的社会成就"[31]。

随着圆桌会议新职能的出现，它对自己的认知也产生了变化：在莫德罗访问波恩的准备工作中，从圆桌会议对于对话内容的详细的预先设定，就可以看出圆桌会议到底想在多大程度上参与政府决定。波恩访问最终会影响到圆桌会议和政府之间的关系：联邦政府的行为被评价为傲慢无礼且令人蒙羞，这导致在圆桌会议上产生了"民主德国的新认知"，并与民主德国政府共同建立了"对抗联邦德国的团结联盟"（泰森）。

另外，联邦德国也对圆桌会议产生了影响："民族责任政府"还没建成之时，竞选就已经进入紧张的阶段，并且在圆桌会议上出现了新的阵线。对此西德也脱不了干系，因为联邦德国政党积极在东德进行干预。2
月初，新的竞选联盟依次建立。原本反对派团队对抗统社党和民主党派的
统一阵线，早就作废了。在"民族责任政府"建成之后，也就是对旧政权
的压制性胜利实现后，圆桌会议反对派团体的一项重要任务就完成了，于
是它们在竞选中开始越来越不团结，彼此分裂。

在前民主党派方面，范围广泛的革新进程正在进行。政党格局的重新
洗牌，使现阶段的政治阵营趋近于西德政党。这一过程在民主德国的发展
势头越强劲，公民运动组织就越应该保护"值得保留的成就"，"民主德国
未来自我身份认同"的问题也显得更重要。[32]因此它们还是坚持自己的目
标，维护一个独立自主的民主德国，并且只有当这种可能性已经不在选择
范围之内，并且不符合人民群众的基本意愿的时候，才可以缓慢地实现统
一。[33]

被提前到1990年3月18日进行的人民议院选举的结果明确表明，这
场"权力之争"倾向于投靠了波恩联邦政府的党派，对"第三条道路"的
观点不利，并且为统社党/民社党带来了意想不到的成果。

正如之前计划好的，选举结束之后，圆桌会议也就解散了，从12月到
3月中旬，圆桌会议一共召开了16次会议。

如果要对中央圆桌会议的发展做一个总结的话，可以参照泰森[34]的说
法得到如下结果：圆桌会议的谈判分为许多不同的阶段，在其中圆桌会议
展示了不同的职能：最开始的时候，统社党旧势力以及他们在民族阵线民
主阵营中的奴仆们站在一边，而公民运动组织的新力量，以及从中产生的
独立政党们站在另一边，彼此对峙。这是莫德罗政府和公民运动组织围绕
"旧权力争夺"的时期，在此期间，圆桌会议的职能是监督以及否决机构，
并履行公开信息的职能。1990年1月8日，圆桌会议的最后通牒结束了旧
权力争夺的时期，并开启了变革时期。最后通牒以及政府在1990年1月
8～15日这一周的让步，表现了新旧势力对峙的高潮，并且随着政府的下
台带来了权力真空地带。随着1月22日莫德罗政府最后下台，以及到1月
29日前建立"民族责任政府"的决定，围绕旧权力的争夺正式画上句号。
在这一阶段，圆桌会议实现了一次深入的变革：

> 在"民族责任政府"谈判时期，圆桌会议几乎承担起了所有议会
> 制下的人民代表组织的传统任务：监督、倡议、立法、公开职能……

1990 年 1 月 28 ~ 29 日，还增添了最重要的议会职责：政治选举的职能。[35]

在 1990 年 1 月的中下旬一切已经明朗化：因为民主德国的部分事务将不再由统社党（民社党）决定，而是由圆桌会议决定，因此圆桌会议已经晋升为民主德国的核心政治指挥机构。

"民族责任政府"的建立，不仅改变了圆桌会议的职能，而且也很快使其中的阵线格局发生了变化：在人民议院选举准备阶段的选战中，圆桌会议成为"新权力争夺"的舞台，由于西德政党和两德统一问题的影响，这场争夺已经不仅限于"新""旧"势力之间，而且也发生在"新势力"内部。

如果从今天的角度来研究中央圆桌会议的话，即使它存在着合法性的缺失，但却不能无视它在艰难的变革时期所做出的贡献。因此，尤其要强调圆桌会议作为危机管理工具的角色，是它保证并稳固了革命的和平发展。[36]此外，圆桌会议从革命分子发展到具有否决职能的机构，再发展到有立法和定规能力的政治指挥机构，这恰恰是整个和平革命进程的体现。[37]在反对派艰难获取了官方的宽容和承认之后，圆桌会议首先争取到了机会，使他们以示威者代言人的身份产生影响，并且协助独立党派站稳脚跟。考虑到这些，中央圆桌会议最重要的成就之一，也可以算上为自由、平等、秘密的选举做好了准备工作。

地方层面：什未林案例[*]

"变革"并不仅仅发生在柏林。不仅仅在莱比锡，在其他的行政区内，人民往往更迅速并且更彻底地推翻了统社党的独裁统治。[38]甚至于，在首都柏林（统社党权力丧失，圆桌会议）和其他小地方（从 1989 年 10 月 9 日的莱比锡反对派"胜利"开始）的发展是互相影响，互相促进的。通常都认为民主德国南部扮演着领跑者的角色，而北部则相对较晚"觉醒"。1989 年 10 月 23 日，一名报告人在联邦总理府中这样向总理府部长汇报所谓的"南北差异"：

---

[*] 米夏埃尔·里斯克协助撰写。

德国电视一台和德国电视二台在报道莱比锡、德累斯顿以及其他萨克森和图林根城市的大型示威游行的时候，暗示着民主德国内部存在着公民运动的南北差异，而这是否属实，我对此表示怀疑。但毕竟民主德国"南北居民"之间彼此存在隐藏的对立情绪（梅克伦堡人和勃兰登堡人反对萨克森人和图林根人）的印象是被强化了的，只是这次反了过来。一直以来，"北德人"都认为萨克森是统社党最忠诚的追随者，而根据我上周了解到的可靠消息所言，"北部"来的人（根据车牌辨认）则被骂作"共产主义猪"，他们在加油站被拒绝提供汽油，有些人的轮胎甚至被扎爆，仅仅是因为所谓的，民主德国北部没有足够积极地参与到反对国家政权的游行示威当中。

也许这是真的，对梅克伦堡人和勃兰登堡人而言，你得"给他们来个第二枪，他们才能醒过来"。但是这"第二枪"其实早就已经打过了。[39]

研究就是以此为入手点。首先要研究的就是，民主德国北部区域，比如什未林区，到底是什么时候加入了和平改革的进程。而这个问题其实跟随着另一个问题，那就是圆桌会议对于什未林市和什未林区产生了怎样的影响：反对派力量有多独立？圆桌会议的工作有多独立？首先是否能够感受到在柏林中央圆桌会议的议题和冲突？还是在什未林区，"变革"有着不同的节奏，有着自己的问题和冲突？最后仍需验证，上文所描述的中央圆桌会议的阶段和职能，在多大程度上是普适的。[40]

是何种力量在什未林对抗统社党、对抗统社党所宣称的统治霸权，导致"统治力量"不得不在圆桌会议上以"伙伴"的身份接受它？

什未林公民运动组织的历史会在其他章节[41]更深入地分析，因此这里只作一些总结性的描述。首先要再一次强调，"新论坛"就是在什未林成立的。并没有多少热衷于私人读书会、教会或者和平祷告圈子的积极分子，能为一个民主德国范围内的反对派运动组织建立起第一个地方避风港，而这个组织最开始就是在民主德国北部出现的。最开始，进行密谋的[42]"新论坛"成员就来自以往的教会和持不同政见者圈子的积极分子。

1989年10月9日的莱比锡大游行胜利后，越来越多的什未林企业中的"劳动人民"加入了"新论坛"，他们远离脑力辩论，直接采取具体的行动，要进行彻底变革。他们也是1989年10月23日的什未林大游行的主要策划者，这场游行标志着"变革"或者说"觉醒"的开始，并且为1989 年 12 月攻占斯塔西大楼事件聚集了力量。

此外还有东德社会民主党。来自什未林的牧师，今天的市长约翰内斯·科瓦史可（Johannes Kwaschik）就出席了 1989 年 10 月 7 日的东德社民党在施万特的成立代表大会，并且与后来的联邦议院议员延斯·哈克（Jens Hacker）共同组建了党派核心，就是围绕着他们，这个党派才在什未林建立起来。11 月底，东德社民党地方联盟正式在什未林成立，共有大约 100 名成员，延斯·哈克担任发言人。[43]

第三支反对派力量是绿党，同样于 11 月底以绿党身份成立，并且从一开始就在什未林市和什未林区活跃着。[44]

这三个党派/团体都通过它们的成立，驳斥了统社党及其民主党派想要为社会利益和冲突独家代言的要求。作为缺乏许可的"草根"运动组织，它们成功抵制了统社党的极权要求，阻止它掌控整个社会。

什未林市的圆桌会议

统社党高层权威丧失，此消彼长使得以"新论坛"为首的反对派团体声誉颇高，加上难以控制的示威游行所带来的压力，共同导致了什未林市和什未林区范围内都在寻求新的方式，来进行利益表达和决策。10 月底，为了与周一游行带来的对话（"周一对话"）相竞争，市委员会推出了一个对话机制，但这一机制没能获得足够的反响，因为反对派团体并不属于官方对话伙伴，它们不是已经建立的政党，因此只能在公众中表达自己的意愿。

但是，通过新的总理莫德罗，统社党至少表现出了与反对派力量协商的中央"对话准备"，这也制约了那些统社党的地方官。[45]就像在柏林一样，什未林也要求建立圆桌会议，将旧势力和反对派的对话在平等的基础上机构化。

1989 年 11 月 24 日，"新论坛"向公众呼吁，"以独立机构的身份建立'圆桌会议'，让所有社会力量的代表和市委员会代表共同参与其中。"[46]什未林的政治高层对此进行了积极应对。11 月 21 日，市委员会就已经邀请"新论坛"加入市议会的 18 个委员会（从建筑业到蔬菜供应）。

虽然这两个倡议动机不同，但是在市长奥德和 3 个反对派团体于 12 月 5 日进行了一些事前协商之后，1989 年 12 月 13 日在市政厅召开了什未林市圆桌会议的筹备会议，"旧势力"的 11 名代表（统社党，参与市议会的每个民主党派和群众组织各派出一个代表），反对派的 11 个代表（"新论坛"派出 5 个，东德社民党 4 个，绿党 2 个）还有 3 个主持会议的教会代表共同出席。这是"小地方"对于柏林所树立的榜样的仿效，并且也同样使得反对派获得了机构性认同，充当起统社党合法的、平等的"伙伴"。

这次筹备会议的内容主要是对"双轨统治"进行合法化。所有的参与者都承认圆桌会议是"针对市议会以及市委员会的监督机构和动员机构"[47]，有权利查阅档案文件，并且可以给市议会提供有约束力的建议。但是遇到具体情况时应该怎样处理，圆桌会议对于市议会以及其"机构"市委员会的监督范围到底有多广，并没有做出明确的规定，但不管怎样，反对派被"街头运动"合法化的参政要求得到统社党的同意。与此同时，统社党加紧动作，希望通过在圆桌会议中增加德自工会或德青团等由自己控制的群众组织，或者与自己意见一致的社会团体，如德国民主妇女联盟、消费合作社和文化联盟，来改变力量分配，以扩大它的"民主基础"。会议达成共识，虽然允许这个或者那个团体给予参考意见，但是最终的决定权只能属于最初的 11（旧势力）＋11（反对派）名代表（或者他们在不能出席的情况下任命的代理代表）。这样统社党就无法在圆桌会议占多数；而民主党派和群众组织的代表支持反对派的可能性，要比支持统社党的可能性更大。

新旧政治力量的第一轮论战就以不利于统社党的结果而告终。由于 1989 年 12 月 5～6 日什末林的国安部的办公场所被公开之后，下一次，也就是什末林市圆桌会议的第一次"正式"会议的主题拟定为目前最为爆炸性的话题"安全"，但是面对市高层/统社党高层向民众提出的"与警察在安全合作中维持冷静和秩序"的呼吁，大多数圆桌会议成员选择了不支持。毕竟统社党的现状描述政治意图太过明显，如果赋予它合法性，那么就等于承认"街头运动"威胁到了秩序和安全，而只有警察和其他的国家机构才能对此进行保障。

第一次符合章程的圆桌会议于 1989 年 12 月 21 日召开，仍然由教会代表主持，并且在易协调的教会场所举行。在什末林的斯塔西中心被开放，以及莫德罗政府在斯塔西/纳西问题上的来回拉锯之后，虽然国家管理部门和圆桌会议都还没有正式决定到底如何处理这件事情，会议拟定的"安全"主题还是不出意外地导致了统社党和反对派的激烈对峙。因此，提案和决议都主要针对民主德国政府。作为正式的城市领导人以及统社党/民社党成员的市长被会议委托将什未林圆桌会议的要求传达给柏林方面。

圆桌会议的讨论和决议内容一方面关系到前国安部工作人员的照管问题，因为随着国安部被改制成"国安局"，他们就失去了工作岗位。根据莫德罗政府的计划，这些斯塔西骨干应该被安排到其他的管理和国民教育岗位上。根据他们在国安部工作时所掌握的"技能"，他们会被归入相应的工资等级；如果他们的工作需要用到这些"技能"，那他们应该根据兵役法获得过渡金和补偿金，以保证他们继续获得比民主德国平均等级更高的收入。这背后是统社党的私心，想要继续给予其"盾牌利器"特权和资助，反对派自然也知晓其意，并尽最大努力进行反抗。因此，在只有4票反对的情况下，什未林圆桌会议向莫德罗政府提出申请，取消目前这种对于前国安部成员的优待，他们应该在财政和法律上（"仅仅根据劳动法规基础"[48]）与其他人平起平坐。此外其他决议还要求莫德罗政府，在1990年5月6日的人民议院选举之前，不得建立"宪法保护机构"（斯塔西和纳西的继承机构），并且立即废除国安局的所有指令。

由于圆桌会议和反对派力量在城市管理方面缺乏管辖权，因此能进行的斗争不多，取得的胜利也不多。随着纳西项目被否决，柏林的中央圆桌会议已经取得了胜利。所以地方上的任务仅仅是起到辅助和巩固效用。同样的，放弃建立"宪法保护机构"的要求当时虽然在柏林还没能实现，但是斗争仍十分激烈。在地方层面，圆桌会议间接向什未林斯塔西中央大楼占领者之一，"新论坛"的马丁·普罗克施（Martin Proksch）表示了赞赏，并且正式要求他向全国律师界发表通告，揭露针对他进行的谋杀和迫害威胁活动。

圆桌会议的下一步棋也已经确定好：下一次会议将在1990年1月4日召开，主题为"1990年国民经济草案"，市政当局必须及时将必要文件递交到圆桌会议的所有代表手中，时间期限很短，而且圣诞将至，这的确是一个很大胆的决定，但是它清晰地表明了圆桌会议的要求，与过去的国家机构不同，圆桌会议要共同参与并改变城市建设的核心问题。反对派的自我意识不断增强，并最终使得它们要求市政当局在下次会议开始前改善它们的工作环境（办公室、电话等），以后还要邀请媒体参加圆桌会议。

1990年1月4日的第二次会议内容制定得十分困难。与原计划不同，（国家）"安全"这个主题还是遗留了下来。第一次会议的决定大多针对柏林的政府。比如放弃国家安全局/宪法保护计划，对斯塔西遗产的处理情况进行公开的、民主的监控，但是柏林政府并没有准确无误地履行这些要求，因此柏林圆桌会议威胁，如果政府到 1990 年 1 月 8~15 日还不能满足要求，就离开圆桌会议，让这次政治对话的努力彻底失败，包括一系列政治后果。[49]什末林圆桌会议也配合斗争，通过反对派的威胁要求放弃国家安全机构，从国家各个层面进行清查，如果莫德罗政府最终不满足这些捆绑要求，就脱离圆桌会议。市长再一次被委任将这一信息立刻转达给总理。此外，针对国家安全局（原国安部）地方办公室从 1990 年 1 月 8 日起销毁 "不再需要的" 文件的计划，反对派代表也提出了批评。

原本计划的 1990 年的城市经济计划主题因此在圆桌会议上降为了第二要务。市计划委员会主席汇报了经济现状以及 1990 年的计划。对圆桌会议而言，有问题且值得讨论的题目主要是 "住宅建设/房地产业"，其内容包括：鉴于城南的老城区改造和拆除要耗费高额成本，最新建起的住宅区到底能扩建多少，而城市未来的住宅标准又应该是怎样的。在处理这些问题时存在老式观点，即大面积兴建新住宅，而忽视老旧建筑的维护，"社会精英力量" 应优先于 "社会贫困群体" 获得满足；也存在新式观点，即优先性要反过来。根据圆桌会议的决议，反对派轻松获胜（少数弃权票，无反对票）。

最后一个会议讨论题目是统社党/民社党的政策问题，这政策看似极右主义，实际是斯塔西操控的针对 "新纳粹主义罪行" 的保护者的行动。[50]圆桌会议多数表示反对统社党/民社党为了竞选而利用这件事，并造成 "社会两极分化，这不利于未来发展的和平进行"[51]。统社党/民社党要求，担任 "反法西斯" 共识的担保人和代表，这被理解为政治宣传并因此被驳回。与此相反，圆桌会议上的多数反对派表现为人民的真正代言人，民主党派代表现在也加入了这一行列。1990 年 1 月 8 日的新年首次周一大游行印证了这一判断，上千什末林人参与了游行并高喊口号："坚定不移地继续进行和平革命！反对右倾激进主义，反对统社党搞出的那些东西！"[52]

1990 年 1 月 11 日，圆桌会议的第三次会议主题为 "政党财政"，这是反对派团体发动的针对统社党/民社党，乃至民主党派一直以来享受优待的又一次攻击。与此相应，在辩论中也出现了激烈争论，统社党/民社党宣称从来不会，也没有获得国家资助，反对派代表表示强烈怀疑。统社党/民社党承认其收入来源于党派自己的企业（报刊等），民主党派的情况也与之类似，这招致反对派的抗议，并且向莫德罗政府上呈申请，出台法规来禁止政党"拥有生产资料"[53]。此外，圆桌会议还要求区委会通过独立的调查委员会调查统社党财政情况，并且在4月底之前作出相应汇报。最后对于目前统社党所拥有的不动产进行了处理，一部分用作反对派团体的办公场所，还有一部分用作大众的公共食堂或者招待所等。

还有一些涉及安全问题的题目重新被提上日程，在上次会议中，它们被归为了执法管制问题。其中就包括与退出圆桌会议的威胁有关联的，但一直没有被解决的要求，即让莫德罗政府放弃国家安全局/宪法保护计划。

什未林圆桌会议上的讨论与柏林中央圆桌会议的两大主题相关，这主要不是因为这两个主题已经在柏林预先设定，而是因为这些涉及全体民主德国人民的问题仍然"悬而未决"。每一次圆桌会议都要站在统社党/民社党的对立面，不仅要抵制他们继续维护国家安全机构的企图，而且在他们掩饰执政党和国家在财政、组织方面的联系时，也要与其斗争。就这点而言，柏林发生的旧势力和反对派的"权力斗争"[54]继续在地方进行了下去，区别在于，地方的统社党贪官污吏几乎没怎么抵抗反对派力量。党派高层方面自己也手忙脚乱，对于现实问题总是太晚表明立场，公众方面持续进行周一游行，越来越多"西德旅行者"离开民主德国，且局势不断尖锐化，什未林市长个人所代表的党派就只剩下一条路线，就是不断做出新的让步和承诺。到底在多大程度上违背自己的承诺，就要看莫德罗政府表现出来多大程度的合作或者反抗态度。在什未林圆桌会议的讨论中，政党曾经的"领导角色"早已经变质，虽然他们努力对此进行掩饰，但现在他们只能跟在别人身后苟延残喘。

反对派团体在圆桌会议上表现得自信非凡，作为"革命性的"合法监督机构与市管理部门进行对抗，他们选择的圆桌会议主题就是体现之一，这些题目不仅针对现实问题，也迎合了基本的、广泛的参政要求。

在"1990年经济规划之后"，需要讨论的问题为"医疗与社会政策"（第四次会议），"教育事业与教育政策"（第五次会议），"城市发展与城市改造"（第六次会议），"环保与生态"（第七次＆第八次会议），这些问题之前都是由中央政治局处理，仅仅间接涉及什未林市。没有经过讨论，市长和市管理部门就同意了圆桌会议对这些题目的处理意见，这足以体现出这个被反对派团体、政党以及与他们交好的民主党派代表所控制的圆桌会议，已经掌控了权力的天平。

1990 年 1 月 18 日，圆桌会议的第四次会议上，由于柏林的发展情况，以及反对派在柏林以及什未林对统社党/民社党政府[55]的"胜利"，之前的讨论重点——带有"旧势力"烙印的"安全"主题终于不再扮演重要角色。前一周，有接近两万人在周一（1990 年 1 月 15 日）参加了周一大游行，"反对统社党以及其安全机构的复辟政策"[56]；激动的民众对抗当局一直以来的阻挠，终于成功迫使其开放了秘密的国安局高层监狱（比如在什未林附近的"森林小城堡"）[57]；政府机关、警察以及公民运动组织共同宣布，到 1990 年 2 月 16 日，国家安全局以及便衣警察纳西－斯塔西地方机构（大约 300 个）彻底解散。[58]

因此可以按照原计划讨论城市医疗以及社会领域的情况，由于普遍缺乏场所、设备以及财政配备，加上从不久前医生和护理人员开始移居前往西德，这方面的局势恶劣起来。提案中很重要的一个部分讨论的是城市权限职能：比如为医疗和社会领域的工作人员提供更高的报酬，利用统社党的财产改善医疗机构的基础设备，建立代替兵役的民役，为愿意填补空缺的医生和护士优先提供电话和车子。针对城市的请愿书做出的决议包括改善残疾人现状，提供更好的住宅，建立新的护理机构，采取新的道路修建措施。市长保证，尽最大努力实现这些要求，或者转达给相关负责机构。

这次会议上几乎不存在争论。所有的决议都获得一致通过，或者只有少量的弃权或反对票。几乎所有的提案都来自反对派团体，证明了它们不是只会参与表决的力量。此外，会议反复表明，圆桌会议已经不仅仅是与市委员会及名义上的市议会相抗衡的力量，而面临以下的新情况：市长言听计从，邀请反对派团体未来以"相关市民"的身份加入市议会中；市委员会有"原则性"义务履行圆桌会议决议，圆桌会议对它也提出了具体的要求。圆桌会议，或者说反对派已经成为城市中决定性的政治力量，这点在媒体关于会议内容及结果的详尽报道中就可以体现出来。[59]

1990 年 2 月 1 日的第五次会议，主题是教育事业与教育政策，反对派要求参与核心政策的自信要求，贯穿这次会议始终。除此之外，圆桌会议意义的提升在一些组织性革新中也有所体现：会议第一次在广播电台直播；会议周期延长到了两周，这可以为会议的事前事后准备留出更多时间，这无疑是专业化的一大要素；最后委员会组成也发生了变化，德自工会、德青团、民妇盟、文化联盟以及消费合作社这些"社会组织"的席位取消，而基社盟、民农党、德国自民党、国民党以及统社党/民社党这些老牌政党则各自增加一票。这并没有改变"新"与"旧"势力之间的强弱关系（实际上这个分配根本就没有什么意义），但是却让圆桌会议更加政治化：它不再是统社党认为的那种虚构的社会代表，而是承担了更多党派的政治责任，甚至有更多青年和妇女代表参与其中。

　　这次会议的讨论和决议表明，"新势力"一如既往地愿意打破统社党的国家结构以及与之紧密定义的"政治"层面，其中就包括教育的组织形式和内容。会议的间接攻击目标是市长，直接目标是市教育局以及其下的机构，还有各级主管部门，是它们让学校沦为单纯的命令接受者和执行机构。为此，圆桌会议决定剥夺教育局的权力，一个由 12 人组成的咨询委员会"从旁"协助教育局的工作，成员包括教师代表、家长代表以及社会代表（反对派团体、教会、工会），没有咨询委员会的同意，教育局不允许单独做决定。这个委员会还需要调节法律争执，因为圆桌会议要求解聘那些有国安部或者德青团背景（友谊先驱带头人）的教师，其中有些是刚刚被聘用的教师。此外，学校的所有领导都要准备好被教师同事们连选或者罢选。处理这些问题时出现了当事人和圆桌会议中"亲体制"代表的矛盾，并通过地方媒体[60]传播开来（基本内容：针对优秀的、受欢迎教师的"职业禁令"，仅仅因为"所有人都被（国安部背景）一刀切"）。根据圆桌会议的观点，学校领导的职位以后应该先被空出，由咨询委员会来决定由谁担任。

　　此外，学校方面被禁止继续准备或者举行成人仪式。与此相反应该在学前阶段为教会机构提供更多空间。最后圆桌会议建议，以后将"生态学"设置为必修课，让残疾学生更好地融入学校，扩大家长和学生发表意见的权利。这是一个非国有化的、以学生愉悦和家长的利益为责任的示范学校，以基本的文化政策为新导向，这种示范作用将通过这一城市，辐射到整个民主德国。

　　这一次圆桌会议远远超越了对市政管理履行监督机构的作用；它同时是民主德国民主变革的论坛，通过"街头运动"的压力合法化。与圆桌会议第五次会议内容相符合，"新论坛"将 1990 年 2 月 5 日，即接下来的那次周一大游行设计为学生游行，上千游行者又一次要求对教育事业进行改革。[61]

　　1990 年 2 月 15 日，圆桌会议的第六次会议主题为"城市发展/城市改造"，再一次着重研究地方问题以及职责。首先就是调换城市规划上的一些优先次序，不再新建密集的板式住宅，转为保存和改造老城区，包括相应建设力量的再分配。这在什未林是个极其紧迫的问题，因为巴洛克式的新城区（Schelfstadt）正不断衰落。由于区建筑负责人没有出席讨论，使得讨论存在缺陷，但是圆桌会议还是一致通过了市建设政策的新方向。

在当天进行一般性政策讨论的时候，人们意识到，距离 1990 年 3 月 18 日的人民议院选举已经没有多少时日。但是也仅仅讨论了张贴布告（在市区内放置活动隔板）的问题，其他的事宜都被推迟到下一次会议。这证明了圆桌会议不想推进政党政治，而只关心城市的切实事务，以及民主德国的民主革新，而"外面的世界"则在热火朝天地准备竞选。

疏远政治的方针在接下来的会议中得以继续贯彻。1990 年 3 月 1 日的第七次会议上，负责竞选的领导向圆桌会议成员介绍了竞选准备工作（1990 年 3 月 18 日进行人民议院选举，问题有：找到足够的竞选帮手；1990 年 5 月 6 日进行地方选举，问题有：建立/组成竞选委员会，选区的数量和划分）。没经过太多辩论，圆桌会议就批准了这个报告，转而开始研究之前决定的"生态/环保"主题。

大家一致认同，什未林的环境状况需要立刻进行改善，围绕这个主题进行了热烈但是思路并不清晰的讨论。许多建议都涉及水域保护和水源污染，比如室外清洗交通工具（甚至苏联的装甲车也直接在湖里清洗），或者鱼类养殖都会对什未林湖造成污染。这些建议主要都针对市政管理部门，它们被指责信息缺乏，行动意愿不足。也正是因此，圆桌会议决定把这个题目顺延到下次会议上讨论，在那之前管理部门必须提交书面的信息和材料，除此之外没有做出任何其他决议。[62]

在讨论中，可以看出圆桌会议工作专业化、权力要求膨胀的基本特点：考虑到之前的会议讨论结果，"新论坛"建立了一个由 12 名独立于政党和管理部门的专业人员组成的"建筑业工作组"，通过这个小组向市委员会提出关于老城区改造的建议。这次，"新论坛"要求正式将这个工作组升格为圆桌会议机构，类似于建筑委员会，借此由一个赋有权限的委员会来监督管理部门的工作。因为市长对此表示反对，这个工作组的身份模糊不明；但是它向圆桌会议上呈的关于城市管理的建议却获得采纳。绿党还建议通过相似的方式建立一个"独立的监控机构"，来监督环保、水资源管理、疗养部门的工作。各方面都表示支持这个想法，但是将决定推迟到了进行管理改革的总体讨论时再做出。

1990 年 3 月 15 日，圆桌会议第八次会议继续了关于生态和环保的讨论，并扩展了讨论议题的范围。讨论和决议的内容包括什未林湖的水质，禁止野浴，市、行政区和中央管理部门在环保事务上协调不足，还包括促进什未林的旅游产业，在市郊建立换乘公共交通的停车场，禁止销售罐装饮料。

除了市长的谨慎被动的态度外，在这些问题上并没有出现明显的冲突，市长还必须再次承认市管理部门信息不足、决策和行动能力缺陷。讨论题目和决议的多样性，对于之前决议执行的监督力（教育局的咨询委员会及其对人事决定的影响，或者建筑工作组的建议等），这些都清晰证明，圆桌会议实际上已经成为什未林市的核心政治机构。因此，它也成为反对管理部门决定的申诉机构，越来越多会议之外的利益集团试图在圆桌会议中谋求正式代表的席位。在第七次和第八次会议上，青年圆桌会议、独立妇女联盟和左翼联盟就实现了这个目标。[63]虽然没有参与竞选的合法性，圆桌会议还是因此变得更有代表性，并且让之前的"新"势力与"旧"势力对抗的阵线变得几乎失去意义。

1990 年 3 月 29 日，第九次会议如期召开，主题是"什未林市土地面积使用规划"。这又一次证明，圆桌会议事实上已经成为市议会，这个议会严肃而热情地研究土地面积规划、交通规划等问题，其中一些直到今天还具有现实意义，如何规划加油站、停车场、内城商场、未来的商业区等，并讨论如何让市民也可以直接参与到这些规划中来。这次辩论不仅是一次典范，而且通过这样的规划为什未林的未来定下了基调，铺好了担任梅克伦堡－前波莫瑞州州府的道路。

与此同时，面对任务涉及范围以及决议所承担责任的复杂性等问题，圆桌会议不可避免地要向新的维度推进，但是它尚缺乏相应的政治合法性。十天前的人民议院选举导致社会主义和民主德国事实上的灭亡，并间接引入了《基本法》秩序及其政党体制，这为即将到来的地方选举指明了新的方向。因此，议事日程中"关于选举后'圆桌会议'工作的若干基本问题"的讨论最终决定，圆桌会议将不再召开会议。[64]

人民议院选举通过民主的方式实现了反对派运动组织最重要的目标，即推翻统社党统治，虽然很多积极分子在开始阶段对于所期望的竞选结果有不同预期。

在什未林，统社党的权力被消除，这尤其要感谢圆桌会议的影响。这个城市未来的发展应该由新的机构和新的人员来引领，他们将通过 1990 年 5 月 6 日的选举获得民主合法性，并决定其组织结构（新的地方法律，行政改革，包括联邦州的新建）。

什未林区的圆桌会议

11 月时，反对派建立圆桌会议的要求波及了所有的行政管理和决策层面，也就是说除了柏林的中央圆桌会议和市政地方之外，还有行政区。这符合民主德国的行政管理结构，以及到目前为止现实层面的权力分配，在政治局以下，统社党区主席就是党派和国家中真正的权力持有者，并且是未来的领导层骨干，至少汉斯·莫德罗就是这样的例子。

但是这样的等级制度在 11 月中逐渐崩溃。首先，党和国家领导层的不安情绪和决策缺陷延伸到了其他的阶层，这导致统社党权力丧失。但是地方层面还需要处理问题；因此与其他领域首先改换政党领导的情况不同，地方管理部门及其领导、市长仍保留了部分权威性，但这是由于其工作职责的原因，而不是政党的因素所导致的。最后，11 月下半月时，柏林中央圆桌会议从莫德罗手中获得了新的权威性，他表现得更像总理而不是党主席。这种发展趋势削弱了作为中间机构的行政区：相对于地方"紧急状况全权代表"（市长）和一个更关心民主德国存亡而不是行政区计划的总理，行政区发展前途未卜。面对过去的计划和管理机制的停滞，行政区不清楚自己到底应该对哪些领域负责。虽然与会人员都不希望看到这种结果，但这种状况还是妨碍了什未林区圆桌会议的工作。

随着什未林市和其他地方建立了圆桌会议，什未林区建立圆桌会议的要求也同时浮出水面。[65]12 月初统社党对此做出回应，并且正式通过区委员会于 1989 年 12 月 14 日发出了在什未林区召开一次圆桌会议的邀请[66]，反对派团体积极接受了这一邀请。

1989 年 12 月 12 日，什未林区第一次圆桌会议在天主教会场地内召开。在准备阶段，确立了由 5 个"旧"势力代表（进入区议会的统社党、民农党、国民党、基民盟、德国自民党每个党派各一个有表决权的代表席位）和 5 个"新"势力代表（"新论坛"、东德社民党、绿党、新教教会、天主教会）组成的平等的力量关系，并决定将会议周期定为 14 天，并且不对外公开会议内容。这次会议中最重要的，也是政治意义最高的内容就是圆桌会议的要求和自我认识。核心内容中这样描述，圆桌会议虽然不应该"执行人民代表或者国家领导的任务",但是将自己理解为"我们国家公共监督中的一部分",并且要求区行政机关"公开生态、经济、财政情况",以及"在重要决定之前及时让圆桌会议参与其决定,获得信息"。[67]

这种描述十分谨慎,并且没有说明,当面对民主德国危急之时,圆桌会议是扮演保守的还是改革的角色。但是会议最后明确拒绝了统社党提出的让其他(群众)组织(德青团、民妇盟、德自工会)加入圆桌会议的申请,坚决支持以新建联邦州为目标的管理体制改革,并将下一次会议主题定为"法治国家"。

12月28日的第二次会议强调了圆桌会议组成的限制性,拒绝了新团体——左翼联盟的加入申请,因为该团体不完全符合目前确定的标准——"通过党代会以及代表大会进行重新定位,不属于其他的政党或者流派,有足够的成员数量"[68]。会议主题是"安全和(区领导与"安全机构")滥用职权问题",警察和国家律师代表出席了会议,会议对斯塔西档案的保护和分析,以及对受到政治迫害人士的平反问题进行了冗长的讨论,最后决定建立一个相关的工作组。统社党/民社党代表还指出了极端右倾主义、反犹太主义和恐怖主义的危险性,并通过圆桌会议要求民主德国政府制定相应对策,虽然并不是所有人都愿意遵循这个政府的对策。

区圆桌会议彻底地处理当前的政治问题,但是由于将非直接行动授权者保持在一定的距离之外,因此区圆桌会议没有像市圆桌会议处理相关问题时那样一直争论不休。

1990年1月9日,第三次会议召开。这次又要处理社会/政治团体(左翼联盟、文化联盟)的加入申请(结果仍不同意[69]),这表明圆桌会议得到了很大程度的重视。两个教会代表把自己的投票权转让给了反对派团体"新论坛"和东德社民党(他们因此分别获得了在圆桌会议上的两票投票权,并成为最重要的团体),并因此加强了圆桌会议的(政党)政治的定位,老派政党5票,新的政党团体5票。

为了5月6日的选举,会议选择了为受迫害者平反、处理斯塔西文件,以及机会平等这些内容。"对于国家安全机构工作进行调查的调查小组工作"这个话题引发了深入讨论,但没有达成共识;仍停留在让民主德国政府建立法律基础的要求之上。讨论尤其集中在如何在即将进行的选举中保持机会平等。新团体以及基民盟和德国自民党都抱怨,认为统社党/民社党拥有结构优势(通过自有企业获得财政支持,有自己的媒体),应该通过出台新规则和自身努力来抵消这些优势。

1990 年 1 月 23 日的第四次会议在什未林广播电台演播厅中召开，并通过广播进行直播，这表现了圆桌会议地位的提升，会议内容主要涉及什未林区的经济情况。区委员会主席西格弗里德·亨佩尔（Siegfried Hempel）做了一次理智清醒的关于国家负面情况的报告，对此反对派也并不是那么意外，报告中努力讨论了在行政区进行住宅建设和实现发展任务所遇到的许多问题。会议之后再次谈及统社党/民社党的财政问题，要求解散国家安全局。对于这些有争议的议题，讨论的结果是再次建立一个相应的调查委员会。[70]

1990 年 2 月 6 日的第五次圆桌会议主题是"经济"。"新""旧"两股势力再次对峙，区委员会中经济领域负责人维尔讷·格兰博（Werner Grambow）的报告被批评"以陈旧的方式"[71]堆砌数据，没有什么实际意义，随之引发了在一周后就此议题召开圆桌会议特别会议的要求。[72]此外，什未林地方住宅管理局以最低价贱卖出了什未林湖畔位置最好的一两处住宅，这种值得怀疑的行为也引发了讨论。反对派团体质疑这一买卖的合法性，并且要求以后放弃这样的不动产买卖。最后，圆桌会议要求在石勒苏益格－荷尔斯泰因州/梅克伦堡地方委员会中获得更多发言权，这个委员会在联邦州新建过程中通过行政协助以及其他的支持方式，在石勒苏益格－荷尔斯泰因州和未来的梅克伦堡－前波莫瑞州之间建立了紧密的合作。

1990 年 2 月 13 日，计划外的第六次会议召开，因为"经济"这个主题在第五次会议时没有彻底处理完。这就显示出圆桌会议的参政意愿，它不肯将核心领域直接交给（统社党）管理部门负责。绿色联盟作为有投票权的成员加入圆桌会议，也表明了圆桌会议的政治地位在上升，东德社民党将自己不久前刚刚赢得的第二个席位拱手让给了绿色联盟。[73]对于有参政意愿的团体而言，加入圆桌会议显然是一个值得努力的目标。

但是圆桌会议这次的讨论重点却不是经济，更多还是那些"老旧"议题，尤其是曾经国安部成员继续以教师身份工作，以及继续使用曾经的斯塔西地产等。在这些问题上，圆桌会议主要采纳了"新论坛"的看法，只有当新教师能证明自己的师范教育能力时才可被聘用，国安部大楼则送给慈善机构。与之前相比，这次会议体现出了更浓重的竞选气氛，统社党/民社党和新的党派们都试图宣传自身形象。[74]

1990 年 2 月 27 日的第七次会议是圆桌会议的最后一次公开会议。虽然会议开始时还接纳了"民主觉醒"加入（"新论坛"为之转让了自己的一票），但是由于 3 月 18 日的人民议院选举将为新制度提供明确的合法性，区圆桌会议宣布自己的工作结束了。[75]

之前会议中关于房产出售、前斯塔西地产使用等问题的讨论重新被提上日程，但没有产生任何新结果。圆桌会议要求，未来这种房产交易必须在公开监督下，即获得圆桌会议的同意才能进行。

总结

回顾什未林圆桌会议的工作，应该做出怎样的评价？圆桌会议最终自我解散的事实，就已经表明参与者获得了令其满意的结果。很明显，他们认为已经完成了自己应尽的职责。从历史时代的角度来观察，这种观点也没有错：从统社党专政到多元化民主，在对民主德国"清算"的这一过程中，圆桌会议扮演了重要的角色。

比较什未林市圆桌会议和区圆桌会议的话，可以发现一些共同点和不同点：共同之处是都对抑制统社党统治做出了贡献。圆桌会议的建立由两种动力共同促成：第一就是统社党的无能，其统治被出境者和游行者的反抗所打破，因此它想要寻求其他的形式，以另一种方式来延续其统治地位。因此它跳上那列已经开动的列车，建议以论坛形式建立圆桌会议，让反对派力量和统治力量（统社党及相关党派）共同参与其中。对反对派方面而言，建立一个独立机构以反对统社党的愿望是至关重要的，这个机构应该打破"这个党派"一家之言的局面，但是又要避免出现无政府的混乱状态，以防被统社党利用，采取反动的政权保卫措施。反对派最开始对于圆桌会议肯定没有抱多大希望。他们估计统社党的地位还将很强大，而能够反对它的前景也显得很渺茫。

最开始就确定的"安全"这个议题，即如何具体处理斯塔西遗产，构成了与"旧势力斗争"的核心问题，清晰勾勒出交锋的最前线。在两次圆桌会议上，反对派都对统社党进行抵制，并共同确定下一步应采取的措施。反对派占据主动，统社党被动回应。这里什未林市圆桌会议扮演了决定性的角色，正是通过它，成功摧毁了国家安全机构。

还有一点很重要，市长在 1990 年 2 月退出了统社党，他在圆桌会议上的身份更像市民的代表，而不是统社党的代表。1989 年末，政党政治动荡不安，当时统社党进行高层更替，前民主党派基民盟和德国自民党与反对派结成联盟。市议会无法扮演重要的政治角色，因为它还是保留着统社党的比例代表制，并且它体积过于庞大，所以无法有效做出决定。

相反，市圆桌会议和区圆桌会议则具有优势：它可以通过每周的游行示威不断更新自己市民代表的身份。其他团体想要加入圆桌会议的努力就证明，它的确是被看作一个合法的代表团体的。各种各样的信函还表明，圆桌会议被看作一种形式的"监察专员"，负责所有反对政府管理的麻烦事。

比较这两个圆桌会议的话，市圆桌会议更为重要。它解决更多具体的问题，也召开了更多次会议。这也符合民主德国的管理职能的划分，其中行政区最终也只扮演了很小的角色。

在政党和公民运动组织之间并没有为竞选而展开"新权力斗争"。圆桌会议在对抗统社党统治的斗争中，已经完成了自己的使命。

从这个角度而言，市圆桌会议和区圆桌会议又没有共同点了。两个会议彼此独立进行，对不同的政治多数负责。它们是 1989/1990 年政治变革的代理人，在 1990 年的竞选后变得可有可无。

第二节　地方管理：莱比锡案例[*]

在 1989/1990 年的变革阶段，对于民主德国即将成为无政府混乱状态的担忧屡屡出现。尤其是地方情势堪忧：恶劣的经济情况、持续不断的出境浪潮以及由此带来的劳动力短缺，每周的大型示威游行，还有民众对政府机构越来越强烈的怨气，这些都让人觉得地方局势面临崩溃。[76]那么这种猜测到底在多大程度上符合现实，地方机构面对危机时又是如何应对的？作为案例，将着重研究莱比锡市的情况。选择莱比锡[77]有许多原因：

第一，"现实社会主义"的缺陷集中体现在这个工业和展会城市。多年来，市民的工作和生活条件就开始恶化，比民主德国其他地区严重得多。由此导致这一地区出现高于平均数值的移居浪潮。在 80 年代，莱比锡是民主德国唯一一个居民数量下降的城市。[78]

第二，和平改革是从莱比锡开始的，它因此引起了德国乃至国际的关注。每周举行的周一游行形成了一种符号，让这座"变革之城"成为东德

---

[*] 凯瑟琳·伊莎贝尔·弗勒林（Catherine Isabel Froehling）协助撰写。

民主运动的带头城市。[79]如果说是这种变革导致了地方管理体制的崩溃，那么这无疑在很大程度上符合莱比锡的情况。[80]

在 1989/1990 年的变革阶段，民众对于东德地方机构的信任缺失越发明显。主要表现在信任问题、官员辞职和市议会解散等现象上，它迫使地方管理部门与反对派团体进行合作。在莱比锡，政府机构解散的趋势也十分明显。[81]1989 年 11 月 3 日，市长贝恩德·赛德尔（Bernd Seidel）的辞职带来了短暂的稳定。他解释说，自己的做法是因为上层机构没有提供足够的支持，但是也承认了自身的错误。[82]市委员会[83]因此将部门领导的责任托付给了副市长、城市规划委员会主席君特·黑德里希（Günther Hädrich）。但是仍然无法阻止政府机构公信力的丧失。市委员会意识到，它必须尽快以政治领导部门的身份出场。2 月 21 日，一份到 1990 年 5 月地方竞选之前的阶段性工作计划出台[84]，这份计划获得了已经机制化的莱比锡市圆桌会议的确认。[85]早在 1 月底，1990 年的计划草案就已经上呈给了圆桌会议。其中明确了向"以社会、环保为导向的市场经济"转型及"地方进行自我管理"的绝对必要性。目标是以维护城市效率为第一要务。[86]

对于市议会和行政区议会[87]的信任丧失也可以察觉出来。议员辞职影响了委员会的工作。[88]1 月 26 日，市议会解散。[89]市委员会以一纸声明回应市议会的解散，声明支持圆桌会议的建议，并且表示在地方选举之前继续办公，甚至进一步主动要求圆桌会议参与工作，[90]目的是让反对派加入决策过程。1 月 31 日，圆桌会议自己发表声明，罗列了自己参与政府工作需要首先满足的前提条件：

"①前市议会的委员会要向圆桌会议汇报工作。还有一些有待处理的决议需要解释。②新委员会需要通过圆桌会议批准，成员中必须包含有经验的、有专业知识的市民，市民组织代表，以及圆桌会议代表。之前的成员应该在必要的范围内参与这项工作。③市委员会只有单纯行政的职责。不同职权范围的市委员会在圆桌会议以及其委员会中有提供专业性咨询的义务，也有发起提案的权利。委员会将工作计划上呈以待决定，之后对如下问题没有自主决定权：比如不动产、土地以及地皮的权利人/使用权利、财产支配权及超出前管理部门维持职能以外的协商和合约。"[91]

1990 年 1 月 17 日，圆桌会议第一次会议在莱比锡召开。[92]30 个党派和反对派团体参加了这次会议，现任市长以及市委员会成员也出席了会议。马吉瑞（Magirius）牧师和西弗斯（Sievers）教士担任主持。协商会应每周召开一次。[93]

从 2 月中旬开始，圆桌会议不再接受其他有投票权的党派或者政治组织。这样，到 5 月 6 日的地方选举之前，圆桌会议有 40 名成员，其中 20 人有投票权。[94]为了进行有效的合作，2 月初时圆桌会议将如下文件作为参考基础：1990 年的计划文件、市委员会工作计划草案、提案委员会的总结报告[95]，还有一份关于市议会常务委员会工作的报告。为了促进圆桌会议和市政部门的合作，市委员会建立了一个专门的联络办公室。[96]2 月中旬，圆桌会议制定了一份背景文件及一份关于行动计划的建议。核心目标确定为：有条理地过渡到两德经济联盟或者统一时期，并且立即开始为了这个目标进行管理、经济和社会方面的准备。[97]

在代理市长的要求下，反对派团体于 2 月中旬填补了空缺的委员会席位。[98]通过决议，圆桌会议承担起了过渡议会的责任。那些拥有投票权的、代表人民意愿的反对派团体和政党，体现了圆桌会议的合法性。它应该支持并且监督市委员会的工作。为此建立了 24 个专门委员。[99]前市议会的议员、圆桌会议中的民主政党和团体，以及其他感兴趣的市民应该共同参与到这项工作中来。[100]这些专门委员会中共有 500 名莱比锡人。[101]他们的建议有助于圆桌会议做出决议。

3 月底，在对于圆桌会议和市政部门合作的第一轮评估中，圆桌会议的代表沙伊布勒（Scheibler）向市长表示，人事方面的合作进展良好[102]，但是职能方面还有待提高。[103]圆桌会议决议因此被转换为对下属企业和机构的指示，并通过委员会对它们进行监督。此外，市委员会还建立了一个工作秘书处，并召开了提供管理人员信息的职工大会。[104]3 月中旬开始，人们共同评估圆桌会议的建议。[105]5 月 2 日召开了圆桌会议的最后一次会议，其中履行了其立法职能。[106]5 月 23 日再次探讨了过去的这段时间。圆桌会议一共召开了 17 次会议。人们克服最初组织结构上的困难，解决了紧迫的问题。统社党/民社党缺乏合作的态度，再次遭到批评，尤其是财产关系的解决令人不满。圆桌会议为新的市议会总结了它的基本决议。[107]

1990 年 1 月底，关于未来管理结构的考虑层出不穷。关于地方自主管理的设想到了这个时刻已经成型。[108]与民主德国和联邦德国其他城市和乡镇，例如联邦德国的友好城市汉诺威建立了联系。[109]3 月初，"管理改革"委员会的一个工作组接到任务，制订新的地方宪法草案。[110]报告中概略地描述了地方自主管理的基本特征、结构布局以及法治国家的基础，而后介绍了实现它的步骤。转型的核心就是对国有企业以及原政府机构进行清算。在经济改革的过程中，应实现地方产权。[111]这个进程的终点是市场经济条件下的地方自主管理定位。"管理改革"委员会建立了 10 个分别负责不同结构改革领域的工作组[112]，委员会中负责相应领域的成员、专业机构的领导都参与到它们的工作中。管理改革的最高原则就是严格区分政治领导和行政管理。[113]"管理改革"委员会完成了自己的任务，为新的管理结构制订了设计方案[114]，5 月中旬，圆桌会议就会收到一份约 500 页的管理改革工作结果汇报。[115]

管理改革得以成功，莱比锡与西德的紧密合作功不可没。比如巴登 - 符腾堡州就主动要求在建立地方结构过程中为未来的萨克森州提供帮助。[116]此外，莱比锡还通过行政协助这种直接的方式获得援助，比如它的伙伴城市汉诺威，法兰克福市，北威州的州长办公厅，以及鲁尔区的倡议团体等都提供了援助。[117]

出境浪潮加剧了之前就已经潜在的劳动力短缺[118]问题。1990 年 1 月中旬，当地劳动力短缺人数达到 12000 人。[119]1990 年的计划建议中，对于缺口的估计上升到了 29000 人。人们通过招揽辅助工来应对这一状况。他们主要负责对市民的供给、医疗以及建筑业。此外，国家人民军军人、人民警察、学生也投入了工作。许多莱比锡的企业主动向市委员会提供支持，准备好在重要领域提供人员。委员会成员也加入了当地的工作，一部分人在工作时间之外自愿参与。[120]市民中也有越来越多人愿意提供帮助。[121]

由于收入减少，1989 年的城市财政亏损严重。[122]市委员会认为，1990 年也很难实现收支平衡。要优先确保法律规定的社会措施不受影响。撇开结构改革的巨额投入，人们希望通过与西德的地方和企业合作，来改善财政状况。这些联系最终避免了财政崩溃。[123]1990 年 1 月 26 日，市计划委员会出台了 1990 年的计划建议。[124]市政第一次完全独立地决定可用资金的用途。[125]虽然财政状况不稳，但是到地方选举之前，市流动资金都得以保障，物价也保持平稳。[126]除了各种各样的节流措施之外，市委员会还试图寻找额外的开源途径，比如出租新市政厅内的房间等。[127]因为有很多市民表示愿意为城市捐款，12 月初时建立了一个"莱比锡捐款账户"。[128]伙伴城市汉诺威已经准备好，为了给莱比锡城 825 年庆典[129]筹资，举办一次抽彩售货活动，将卖出两百万彩票为莱比锡筹款。[130]此外，人们还向柏林方面索取由莱比锡展会获得的多种收入的支配权。[131]

在变革时期，虽然某些地方出现了营业时间缩短[132]、生产周期拉长和货物交付问题等常见的供货紧张局面，但总体来说，对市民的供给还是得到了保障。这些供货紧张的情况主要涉及食品供应，包括饮料，尤其是啤酒[133]、水果蔬菜以及肉类。[134]根据贸易与供给委员会的说法，现实情况并不像媒体所报道的那么夸张。供给不足可以通过从西德进口[135]来平衡，不过这导致了许多东德产品的销售问题。[136]多亏了1月温暖的天气，城市的能源和供暖也运转正常。[137]

为了维持供给，很重要的任务是推进地方工业、手工业以及中小型企业的发展。想要顺利引入经济改革，它就必须实施成效的原则和竞争的原则。[138]投资建议则必须通过圆桌会议的审核和通过。[139]5月2日，圆桌会议同意建立一个临时工商局。[140]由于缺少空间，目前实现职业自由还有些困难。[141]与联邦德国的经济合作立刻开始进行。[142]莱比锡和伙伴城市汉诺威在1月就建立了一个共同委员会，来促进和协调经济合作。同时还与西德银行和企业建立了联系。[143]

在公共短途交通和垃圾清理方面的人员短缺十分明显，通过投入人民军战士、大量的加班工作，以及西德的支援，才保证这些行业得以维持运转。[144]联邦德国的资金和技术还为垃圾堆储厂和污水净化方面的不良状况提供了解决方案，否则将导致严重的生态问题。[145]由于技术设备的大幅改进，这种状况到4月底已经得到明显缓解。[146]

对于安全领域，主要有以下几个问题，澄清1989年10月7、8日的示威游行中动用安全力量进行干涉、保卫国安部总部（"圆形转角"）行动，以及在周一大游行中的秩序维护。[147]由于安全力量人数过低，民众又不信任人民警察，因此决定与反对派团体建立"安全合作伙伴关系"。但是根据"秩序与安全，法制"委员会的总结报告[148]这种尝试失败了，因为圆桌会议成员自己都不尊重其做出的决议（大约与弥撒期间禁止举行竞选活动有关），或者没有坚定地落实它们（在人民议院选举之后清除"选举残渣"）。[149]1990年中，警察第一次与西德同事建立了联系。除了继续培训机会之外，联邦德国还提供了技术设备。[150]

国有住宅供给情况也不容乐观，而民主德国一多半的住房都是国有住房，数量上大约短缺250万套住宅，而现有住宅中的一大部分则面临着坍塌危险。在莱比锡，48000人在找房，27000个家庭没有自己的住房，而有3万住房不能成为莱比锡人自己的住房。[151]因此，市委员会在1990年的计划建议中，重点强调了建筑与住宅领域。[152]住房私有化必须成为城市改造中必不可少的一部分。[153]

但是由于建筑业缺乏原材料、机械以及劳动力，[154]因此国家人民军战士会被暂时征用。为了解决人员短缺问题，市委员会召回了在柏林工作的莱比锡建筑工人[155]，并且还配备了一部分波兰建筑工人。[156]工作重心不是建造新的房屋，而是改造现有住房。[157]为解地方上的燃眉之急，则再一次需要西德在财政、技术和人员上进行支援。企业间的合作，培训项目、进修项目等相继出现。[158]1月，一个非政府的人民建筑会议制定了一个市紧急项目，这个项目需要通过私人或者合作社的中小型建筑公司，以及放宽来自西德的建筑投资来实现。[159]圆桌会议也着重强调了促进建筑工艺发展的意义，希望能将莱比锡的建筑生产能力翻倍。[160]应该允许外资参与建筑结构的维护[161]，因为2月底时就有大约130个来自联邦德国的投资提议。[162]

如何分配住宅和房屋[163]成为市委员会和圆桌会议管理工作的核心内容。"住宅政策"委员会研究出了一个计划，对住宅进行维护和管理，并实现从地产主导到个人主导的租住补贴的转变。[164]委员会还决定，根据社会标准制定一个优先表，住宅管理需要以人为本。[165]市委员会的住房政策与住房产业部接管了协调工作，征得圆桌会议和市长的同意后，根据优先表决定了如何分配。[166]其中包括新建住宅的分配。[167]出售住宅和房屋对于地方产权保障有着决定性的影响，因此圆桌会议坚持自己拥有唯一决定权。[168]只要财产关系声明或者法律条文没有出台，就不允许进行任何出售行为。[169]4月底时相关政策终于[170]出台，当时已有400份购房申请和5000份购地申请[171]，为了处理这些申请文件，"住宅政策"委员会在5月初建立了一个工作组。[172]市委员会和圆桌会议也需要管理前国安部，统社党/民社党及其下属社会组织的地产。[173]每块地皮的分配都引发了激烈争夺，不仅仅是前所有者参与其中，在圆桌会议上也是如此。[174]最后只有"国安部建筑使用"委员会得以决定分配结果。[175]

在医疗方面，1989年时也缺少大约5000名护理人员，医学院大学生、士兵、新近通过的民役服役者[176]填补了这个空缺，同时将门诊和住院部人员进行换班也有助于实现平衡。[177]联邦德国的援助使药物短缺和技术问题得以解决。汉诺威在12月底提供了价值40万德国马克的包扎材料和医疗器械。[178]西柏林派送了7辆救护车，北威州派送了10辆大众运输车。[179]此外，为了维持医疗供给，市管理部门还获得了财政支援。西柏林提供了一张

100 万马克的支票[180]，柏林歌剧院又追加了 17000 德国马克。[181]为阻止护理人员的继续流失，必须改善工资、工作和住房条件。[182]为了进一步缓解这种局势，圆桌会议还希望鼓励医生设立私人诊所。[183]从 1989 年秋天开始，所有护理领域医务人员紧张的状况都加剧了，最明显的就是门诊护理。因此，2 月，莱比锡人民军队军用医院开始对市民开放。[184]除了医院之外，养老院和养护院也面临相似的情况，其资金筹措越来越成问题：为了提高工资，需要护理的病人及其家属必须共同负担护理费用。此外，2 月底时，莱比锡捐款账户中拿出了约 23 万马克进行两个护养院的改造。

由于房屋紧缺，学校和培训教育方面也受到了影响。[185]例如第七高级中学就因为不得不进行紧急屋顶维修而即将关闭。[186]在教育改革过程中，新学年所需的教科书和其他材料都稀缺。[187]教育方面最大的问题是教师聘用。3 月和 4 月时，公民委员会向圆桌会议提出申请，对 1989 年 10 月 7 日之后莱比锡教师所签订的工作合同追加有效期限[188]并且制定新的聘用准则。以失控的教师聘用行为归咎于管理部门、统社党/民社党、群众组织以及国安部的解体或者说转型。随着每周五天工作制的引入，原本的教师相对不足[189]的情况变成了教师过剩，这进一步引发了教师对于未来的恐慌。[190]因此首先要确定新聘用的教师数量有多少，然后根据资质、工作内容以及薪酬情况重新审核已经签订的教师合同。在最终的规定出台前，教师教研室和家长委员会对于聘用各负其责。[191]

在准备选举的过程中，技术上并没有什么问题[192]，然而不论是 3 月的人民议院选举，还是 5 月的地方选举，选举委员会的工作都出了些麻烦，[193]因此管理部门派出了工作人员提供支援。尽管由于 1989 年 5 月的地方选举造假，这个决定的确难以让人信任，[194]但是选举过程本身却进行得很顺利。[195]3 月初建立了一个市选举委员会[196]，主要负责登记要参与竞选的政党和组织、划分选区和投票区、制定选民名单等。[197]最后确定了 10 个选区，537 个投票区，也就是平均每 4150 个居民选出一个代表。最后共有 887 名候选人参与竞选。[198]根据选举办公室领导的建议，在 4 月初的管理部门改革中，成立了一个临时的选举部门。[199]根据仍有效力的决议，4 周内就会建立起市议会。在新的市委员会选举结果出来之前，代理的市委员会继续履行工作职责。[200]在过渡时期，圆桌会议也继续承担监督职能。[201]市议会的成立会议将于 5 月 30 日举行。[202]和人民议院选举时一样，地方选举的候选人们也需要经过审核，以证明与斯塔西并无牵连。[203]

参加选举的共有 21 个党派、政治团体、公民运动组织、合并名单以及 6 个独立候选人。投票率为 70.33%。选举的大赢家是社民党，获得了 35.13% 的支持率（45 个席位），第二位是基民盟，26.79% 支持率（34 个席位）。[204] 在市议会成立会议上，以无党派候选人身份进入市议会的马吉瑞牧师被选为新任市议会主席。[205] 6 月 6 日，来自社民党、基民盟和联盟 90 的议员所组成的议会多数选举了来自汉诺威的前市政院院长亨利希·莱曼－格鲁贝（Hinrich Lehmann－Grube）（社民党）为市长，他的竞选对手鲁道夫·阿纳特（Rudolf Ahnert）（基民盟）担任其副手。这样圆桌会议中占公认的共识原则得以保留。

在工作交接过程中，市议会手上获得了一份关于市委员会专业机构工作的回顾、包括 95 份圆桌会议决议的决议备忘录，以及其委员会的最终报告。其中对于从人员情况到存在问题的每个领域都有相应工作步骤和应采取措施的建议。[206] 6 月 6 日，新的市议会发表了莱比锡市主要的暂行法规。[207] 政治变革阶段正式结束。

总结

和整个民主德国一样，莱比锡市在 1989 年秋天也身处危机，这种危机涉及社会、生态以及政治层面。不断恶化的生活和工作条件，尤其是严峻的经济局势、短缺的住房供给以及有害健康的环境条件都加剧了莱比锡人的不满，这种不满通过游行以及持续的出境浪潮表现了出来。由于合法性的缺失，人员、财政以及物资上的不足变得更加严重。1989 年 5 月地方选举的造假行为被曝光之后，在莱比锡人眼中，政府机构已经没有资格领导这个城市。市政部门不断丧失民众的信任和可信度，并由此导致政治执行力下降。市政部门管控能力日益下降迫使市长和市委员会做出反应；在现实层面要保证物资供给，在合法性层面要重新赢得市民的信任。

上级始终没有下达指示，这迫使地方管理部门独立做出决定，并且在与柏林中央[208]和行政区高层[209]的斡旋中拓宽自己的活动空间。地方层面转变为真正的实践层面。[210]以这种方式，市政部门通过自己担责的政策说服了莱比锡市民，为自身形象加分。管理部门工作的目标就是以问题为导向进行城市资源投入。

将有关各方团结一致使得维持稳定供给变得容易。大量新设的联系站点和对话论坛使得莱比锡人可以发布并且获得资讯。在这个过程中，《莱比锡人民报》每周发表的"读者论坛"栏目功不可没。很早以前[211]，这个论坛就通过读者来信交换各种批评性的观点。民众不想放弃自己的城市并且要避免出现城市的崩溃，这一愿望鼓舞他们主动提出很多具体的协助措施，市政部门进行相应协调。此外，对于参与各领域管理工作的号召也得到了令人印象深刻的回应。不能忽视的还有联邦德国及早地提供了援助，对于保障供给做出了很大的贡献。

公民意愿直接影响着市政部门的决策过程。这体现在两个层面：一方面反对派力量通过圆桌会议机构正式地参与管理决策；另一方面公民也可以通过参与圆桌会议委员会的工作直接对决策过程产生影响。这种开放的决策结构使危机应对措施合法化了。管理部门的内部信息和专业知识，以及"相关人员的能力"[212]都得到了提升，并且在管理工作中有所应用。决策过程中始终以合作和共识为特点。两位主持人马吉瑞和西弗斯的整合者角色也不容忽视，为了解决公民运动组织之间，以及它们和市政部门之间的利益冲突，此二人做出了很大贡献。[213]

一些属于市民的核心利益，但还不至于引起崩溃或者影响日常供给的管理领域也存在着问题。在这些领域，处理问题的压力小一些。这些领域包括安全、能源以及建筑业。另外还有住宅供给，以及与此相关的前国安部和统社党办公楼的财产权和使用权。由于涉及所有参与者的权益，因此决策过程旷日持久，且争执不断。

总体来说，市政部门与圆桌会议及其委员会在工作中顺利完成任务，维持了城市的机能和治理。就这样，在1989年秋天，莱比锡的市政部门获得了足够的发现问题、处理问题的能力，与民众沟通交流并获取信任的能力，以形成共识和合法性，并且保证了局势稳定，实现了有序的体制更替。

第六章　通过选举实现民主合法性

在民主德国的民主化进程中，1990 年 3 月 18 日的第一次自由人民议院选举有着非同寻常的意义。从 1989 年 12 月开始，统社党数十年的统治地位一直处于被质疑的状态。定期举行的示威游行、不断从东德向西德迁移的移民浪潮带来了公众的压力并造成经济状况日渐萧条，这在 1990 年初给民主德国造成了前所未有的打击。时任的莫德罗政府很快失去了其权威性。鉴于这种局面，中央圆桌会议于 1990 年 1 月 28 日决定，将原定于 5 月 6 日的人民议院选举提前到 3 月 18 日。

在 1989/1990 年交替之时，从那些在 1989 年秋天还齐心协力、示威对抗社会集权统治的反对派团体中，发展出许许多多不同的政治组织。有一部分组织继续维持着公民运动组织的身份，其他则决定建立更稳固的组织结构。因此许多党派相继成立，以至于 1990 年 2 月，已经建立起一个多元化的政党体制。在即将举行的人民议院选举中，主要是公民的、自由的、社会民主的力量获得了西德伙伴的支持。

到了这个时刻，不同政治参与者对未来的纲领性设想已经千差万别。这些设想从立刻采用西德社会模型，到继续维持独立的、社会主义的民主德国不等。但是两德重新统一的速度问题还是成为关键性的政治议题。"德国联盟"支持立刻实现选举联盟，并且以最快速度实现两德统一；与此相反，自由联盟则更倾向于适度的统一速率。社会民主党人也要求在欧洲框架下，实现具有联邦性质的统一，而联盟 90 和绿党/独立妇女联盟则支持在东德和西德进行改革，并且缓慢地建立邦联。民社党主张逐步过渡到国家联盟，而左翼联盟则是唯一一个坚持民主德国保持独立的重要政治团体。

与政党及公民运动组织广泛的纲领导向不同，在 1990 年初，至少媒体向公众所传达的是两德统一的支持者主导着对未来的社会发展的讨论。大量的移居者以及每周群众游行时要求立刻实现两德统一的口号都凸显着人民对于旧体制的不满情绪。在这种背景之下，人民议院选举在大众的认知里也是一次对于国家未来社会政治发展的决定性选择。

第一节　人民议院竞选[*]

在人民议院竞选的初始阶段，由于统社党的霸权地位使得反对派处于体制上的弱势。因此最开始的时候，这似乎是一场羸弱不堪的反对派联盟与身强力壮的统社党之间的决斗[1]，然而很快在统治权的争夺战中，就表现出了新的形势。1月13日，社民党被从对抗统社党的联盟中剔除之后，剩下的党派几乎不存在任何获胜的可能，此外由于竞选时间提前，它们也面临着很大的压力。已经成立的大党派和新党派以及公民运动团体之间形成新的对阵局势。很有代表性的是，1990年1月8日所进行的关于未来选举法、政党法规以及协会法令草案的讨论。讨论不再只是为了削弱统社党的影响。人们激烈讨论着的是制定相关规则，以保证无论是年轻的、较为弱小的团体还是和西德有关联的政党都不受到歧视。其中前者涉及允许合并名单、引入3%限制附加条款，以及允许联合团体参与竞选[2]，后者则涉及草案中有关禁止西德支持的内容。[3]1990年2月5日，"和平与人权倡议"提出了一份申请，与社民党、基民盟、"民主觉醒"的意愿相悖（与法令讨论平行进行），中央圆桌会议决定放弃邀请西德的演讲嘉宾。但是这个决议无法落实[4]，因为在彼时，西德的援助措施已经大张旗鼓地开展起来了。2月20日通过的选举法最终还是屈从于现实，并且允许西德支援。不过和1天后通过的政党法一样，选举法只是将既存的事实合法化罢了。[5]对公民运动组织或者建立党派设立限制障碍的讨论都没有被合法化。这样竞选对手圈子就确定下来了；有关主题和意见的讨论可以开始了。

在公共生活的所有领域中出现最频繁的是"德国联盟"。[6]为了提供一个尽可能统一的路线，联邦德国基民盟总部设计了共同的宣传策略标语、图标、贴纸、宣传海报[7]、传单、招贴，甚至还有一份仿照西德马路小报的报纸，每次印刷300万到400万份。[8]所有的宣传资料都强调两个主题：使用黑—红—黄的装饰，以及一个使用了这种颜色的大大的"是！"。这些都清晰地表明了对统一的支持。许多人担忧引入德国马克后将产生的社会后

---

[*]　乌尔里希·艾特（Ulrich Eith）协助撰写。

果，但社会市场经济"比社会主义更社会"的说法[9]打消了他们的顾虑。"德国联盟"有意识地将"口口相传的宣传语"[10]设计得短小精悍，简单易懂，这赋予了他们竞选中舆论领袖的地位。而且没有一个竞争对手能够提出强有力的反对意见，这也使得"德国联盟"成功地完成了这一任务。[11]此外，聚焦科尔个人形象的战略家们成功给统一和富强这两大内容提供了一个名字和一个形象。选举报刊中的大部分照片出现的都是联邦总理，"德国联盟"的政治家一个都没有登报。[12]宣传文章中将科尔（以及其身后的执政力量）塑造成危机中的救星，只靠他一人之力就可以实现"发展奇迹"[13]。而且他出席的那些竞选活动直接使他和近百万人建立了联系，并成功地将自己的形象树立为具有核心公信力的人物。[14]每次大约有8万到25万人在活动现场聚集起来，情绪亢奋。"科尔滚回家"或者"不做科尔－殖民地的试验品"[15]的呼声和宣传几乎销声匿迹。但是到了竞选尾声的时候[16]，相应的抗议又剧烈起来，这之后整个基调强硬起来，关于破坏活动以及暴力袭击的报道持续增加。[17]对于一项统一一致的竞选策略来说，很重要的一点是西德基民盟政客的广泛支持，他们在东德共出席了约400场活动，而且还举办了1400场州协会的活动。[18]基民盟是唯一一个、在每一个层面都始终作为民主德国伙伴出现的西德政党代表。[19]

上文提到的策略促进了竞选内容的统一和简化，同样的，"德国联盟"的反社民党运动试图将政治交锋缩小成联盟党和社民党之间的决斗。在1月底时，巴伐利亚的基社盟就在宣传起源于1976年联邦议院竞选时的口号："德国需要的是自由而不是社会主义"。社民党（东德和西德都算上）因此被扣上了与自由镇压者统社党合作的罪名。基民盟总部在自己的选举论点和传单中也采纳了基社盟的这一竞选战略。[20]虽然"德国联盟"东德伙伴的党派主席最开始表达了相反的意见[21]，但是它们也很快选择了波恩方面的官方路线。[22]

但是和波恩策略家的设想相悖，竞选路线仍不是十分一致。"民主觉醒"和德国社会联盟缺少基础设施，"德国联盟"中的党派没有合作意愿，这些都阻碍了共同的工作。[23]竞选路线中最大的分歧是，"民主觉醒"和德国社会联盟对于东德基民盟仍然心存怨恨，它们认为自己有机会独立获得选举胜利[24]，因此试图在公众面前塑造独立的形象。德社盟极力向基社盟靠拢[25]，而基社盟在德社盟的试图独立的过程中也给予其慷慨的物资支持。[26]沃尔夫冈·施努尔最开始广受欢迎并被媒体追捧[27]，由他领导的"民主觉醒"试图将宣传运动的重心转移到他个人身上，也是因为与西德多次进行组织上的接触没有成功。[28]但是这个策略却适得其反，因为后来施努尔和斯塔西的纠葛被揭发出来。

与"德国联盟"的情况不同，作为合并名单组织，自由联盟的宣传资料上只带有"自由民主者联盟"的标志，而没有具体党派的名字。[29]而且联盟中的党派也没有特别在公众面前单独表现自己。[30]只有德国自民党搞过那么一两次单独行动。[31]它可以继续依靠自己的党报《晨报》[32]，但是这份报纸的受众相对较少。[33]在其他的媒体中，德国自民党虽然形象不错，但是其电视竞选节目内容幼稚，首席候选人莱纳·奥尔特勒布教授显得过于学究气而且脱离大众，因此也没什么优势。[34]

自由联盟的伙伴早在其成立声明中就取得一致，使用蓝黄色调，并采用"西德自民党的宣传形象"[35]，所以后来其重要竞选策略都是由西德自民党总部制定并负责实施的，也就不足为奇了。[36]从2月中旬开始，一轮由贴纸、传单、海报、行政区宣传册、广告以及电视短片、电台广告组成的经典西德模式的竞选拉开帷幕。[37]除此之外，西德自民党还出席了民主德国的200余场竞选活动。[38]但问题是，负责领导竞选的西德机构不太了解民主德国的情况。所以当自由联盟打出"自由是成就"的标语时，它原本希望表达的是在民主德国带来自由的成就已经实现了，但是却没被东德人民理解。[39]几乎没有机会去修改它，因为东德党派都没有参与到研究过程中。一般来讲，等到东德党派的意见被询问时，这些材料出于时间原因早就开始印刷了。[40]尤其在德国统一这个问题上，联盟内部存在不同意见，而统一的倡导者——西德的自民党伙伴却将这些意见引导到一条路线上。[41]

当"请您将我们的未来托付给汉斯－迪特里希·根舍信任的人！"[42]这句宣传语推出时，所宣传的并不是东德党派的能力，而仅仅是西德自民党中知名人士的权威性。在一个传单所包含的问题"如果您可以选择，您会选择谁？"的备选项中，就只有科尔、拉封丹和根舍。[43]根舍、拉姆斯多夫以及其他人在演讲中颂扬东欧改革者的勇气，预言民主德国将出现"发展奇迹"，并且试图唤起民族团结的感情。[44]一些原本出自东德的著名西德自民党人的卖弄风情只在他们的家乡引起了好感。例如联邦外交部长，他虽然在哈勒掀起了一片振臂高呼，但是在埃尔福特就没能达成这种效果。[45]

总体来说，以中产阶级为传统受众的西德自民党人，在东德缺乏目标群体[46]，所以没能同民主德国的现实情况联系起来。[47]

相比基民盟/基社盟和西德自民党，波恩的社民党在援助措施方面表现得更为保守。其背景一方面是因为党派智囊团提出，东德的选民比西德的一般选民要"政治化"得多，消息也更灵通，因此要求更多内容性的投入而不是宣传性投入。[48]另一方面则是十分实际的原因：东德党派缺乏稳固的组织结构，而且这个年轻的东德知识分子党派以质疑任何形式的权威著称，它对于政治原则问题的热情远高于结构性问题。[49]而协调西德支援出现的问题以及西德社民党摇摆不定的方针内容，则强化了这种缺陷。[50]

虽然东德社民党除了获得广泛的物质帮助[51]之外，还获得了在文章编辑上的指导和纲领上的建议。[52]但是西德社民党内还是倾向于努力维持东德伙伴的独立性。[53]从西德的选举报刊号外中可以看出这点[54]，这份号外的重点是介绍东德候选人，而在这个过程中，它试图将东德的无名小卒和西德的知名人士区分开来，淡化他们的存在。

相对前民主党派，新党派的成立在结构上有缺陷，因此他们没法像基民盟那样建立一个广泛的托管系统。而且由于社民党知名人士的参与，这个党派对竞选的投入准备也明显不如其他党派。拉封丹一共就只在三个地方露了下脸，而且即使在这三个地方也没能消除与东德党内好友间明显的疏远。[55]与此相反，维利·勃兰特则从 11 月 9 日一直到选举之前（虽然引起的反响越来越小[56]）不知疲倦地参与了竞选活动。[57]勃兰特的四处游说所起到的影响远不止一个竞选候选人，而更像是一个伟大的政治家，他就像在 1970 年时一样，乘着来往于民主德国和联邦德国之间的 D 455 次列车，鼓励人们重拾勇气，增强自信。他不断强调自己这种超越所有政党对垒的角色，他说："我属于一个党派的说法还真是传开了。"[58]老联邦总理表现得更像一个讲述者而不是一个演讲者[59]，他希望讲述那些"有利于统一"的关于德国的历史，并不想"引起争端"。[60]因此他尽量避免提到科尔的名字，并且不参与任何反对"德国联盟"的论战。[61]

尽管如此，人们还是越来越关注那些具体的问题，比如钱和工作，而不再对历史回忆或者引人深思的话语感兴趣。在埃尔福特和魏玛，勃兰特还能吸引 7 万民众。[62]但是在埃尔福特宫廷酒店窗下重现 1970 年 3 月 19 日那一历史性时刻的尝试，却因为寥寥数百的听众和广播器械的失灵而失败了。[63]

虽然勃兰特一直坚定地反对那些认为他和拉封丹之间存在"双重策略"[64]的指责，但是至少这两大社民党大人物产生的影响完全不一致。拉封丹扮演着"真诚的奥斯卡"的角色。[65]他劝告人们在实现富强和社会公平的过程中要保持耐心，而且还提醒到，维持自尊和尊严与维护德国马克同样重要。[66]

拉封丹这种冷静的、审慎的态度使他不仅有时会与听众拉开距离，甚至也和东德的发言人疏远开来：马尔库斯·梅克尔在马格德堡的群众集会上就公开表示，民主德国社民党的态度与拉封丹的不同。[67]社民党的黑—红—金具有象征意义的选举宣传海报，以及诸如"与维利·勃兰特手牵手迈入统一的祖国"的口号，都被这个未来的社民党总理候选人所提出的路线打乱了。[68]

因此在宣传活动中也可以再次看到社民党竞选的主要问题：组织结构的缺陷以及内部的争端。面对"德国联盟"的攻击，社会民主党人最开始表现的无助且被动。[69]他们继续期待着与反对派达成共识[70]，忽略了"竞选基本守则"中不需认真对待"德国联盟"这个对手的说法。[71]一直到3月18日之前没几天，社民党才重新占据主动，试图在基民盟的伤口上撒盐："他们自身的历史就是70年代缓和时期的制动器"并且"有着前民主党派的可疑历史"。[72]更大范围内的对抗也就只涉及了德社盟[73]，易卜拉欣·伯梅明确拒绝了与它们的合作，因为这个组织中40%的成员都是前统社党成员。[74]

绿党和独立妇女联盟组成的联盟以及联盟90中团结在彩虹标志下的团体不断尝试发展新的竞选形式。联盟90的口号是"公民代表公民"[75]，它不说"竞选"二字，而是更喜欢称其为"选举信息"。[76]在选举前的几周内，他们希望利用这段时间"提出关于未来道路的想法"，同时"获得并激活基层民主的元素"。[77]传单上的内容也首先要求人民共同参与到公民运动组织的工作中，而直到最后才提道："当然您也随时可以选择我们。"[78]简单但是充满想象力的宣传材料强调了联盟的基层民主特点[79]。与联盟有紧密联系的报纸的名称就指明了他们致力的方针，比如1月开始发行的"新论坛"的周报《另一种报》（*Die Andere*）[80]或者埃尔福特的地方报纸《新埃尔福特论坛报》（*NEZ*），自称是新闻业的另一种报纸[81]。

一个对于联盟90而言很重要的机会是，它可以让许多有着"好感加分"的知名人士出场。因此，在柏林选举办公室发行的《选举报》（*Wahlzeitung*）中，候选人的想法占有很重要的位置。总的来说，公民运动组织代表，比如延斯·赖希（"新论坛"），英格里德·克佩（"新论坛"），康拉德·魏斯（"现在就实行民主"），汉斯－于尔根·菲施贝克（"现在就实行民主"），沃尔夫冈·乌尔曼（"现在就实行民主"）以及玛丽安娜·波特勒（Marianne Birthler）（"和平与人权倡议"）在竞选活动上也存在争议。每当邀请西德客人参加时，都不是以政党政治为标准，而是选择知名的知识分子，比如君特·格拉斯或者瓦尔特·延斯（Walter Jens）。[82] 虽然联盟内考虑过和西德绿党政客进行合作，但是实际上并没有落实这个想法。[83] 但是西德绿党提供的技术设备、车辆和顾问等[84]，联盟 90 和绿党/独立妇女联盟却心怀感激地收下了。选举期刊《一路向前》（*Geradeaus*）上刊登的 26 个活动中，有 17 个在柏林举行，只有 9 个在其他城市进行。所以在选举结束后，当沃尔夫冈·乌尔曼评价这种竞选领导方式时，他说道："我们过于以柏林为中心，过于知识分子化了。"[85]

联盟 90 选举报刊的格言是"不右倾—不左倾。一路向前！"正如格言所说，联盟 90 和已有党派和在西德支持下新成立的组织都保持距离，划清界限。这些党派和组织在联盟 90 政客的想象中，就和民社党一样糟糕，"新论坛"在《elf 99》节目中播出的一则选举广告就强调了这种观点：一个蓄着络腮胡子的男人坐在路边，吹着风笛练习民主德国国歌《从废墟中崛起》（*Auferstanden aus Ruinen*）。下雨了。一辆代表着旧式独裁统治的沃尔沃国家首脑用车驶过，溅了他一身水。而后，一辆西德梅赛德斯（资本主义的象征），也同样溅了他一身水。最后一个穿着"新论坛"T 恤的好心仙女骑着自行车路过，扶起了这个男人。这时背景音乐响起披头士的歌曲：《你所需要的只是爱》。[86]

虽然联盟 90 对群众的参与热情抱有极大的信心，但是这种"爱"却还是被辜负了。在 1990 年 2 月 23 日于什未林举行的第一次联盟大型活动上，原本估计有 8000 人参与的活动却只来了 1500 人，其中大部分还是"新论坛"的积极分子。虽然活动开始朗读了理查德·冯·魏茨泽克和丽塔·聚斯穆特（Rita Süssmuth）称赞性的言论，而且希尔德加德·哈姆 – 布吕歇尔（Hildegard Hamm – Brücher）也出席了活动，但这还是无法掩饰公民权维护者已经失去了为群众代言的作用。甚至当他们在莱比锡的一次周一群众集会上讲话时，底下人一直沸沸扬扬不肯安静，演讲者不得不使用大喇叭才能让群众听清自己。[87] 尚在竞选期间，人们就已经意识到，这种方式所表达出来的民众的不信任是由公民运动组织的模式所引起的，因为这种模式被认为缺乏执行"正确政策"的能力。[88] 延斯·赖希后来表示，正是因为这样，"公民权运动"这个词"几乎完全失去了公众影响力"，因为除了知识分子和教会圈子之外，这个词的说服力太低了。进一步说，"就连'公民'这种称呼从心理学角度来讲都是错误的"，因为"公民"是边防机构倾向于使用的称呼。而且"公民"这个词有贬义含义，所以"公民代表公民"的口号很快就被理解成讽刺意义的变体，比如"小市民代表小市民"或者"小资代表小资"。[89]最终，在这场以公民为导向的选举之后，公民运动组织没能实现它们的要求。[90]

和联盟 90 一样，绿党和独立妇女联盟也试图寻找其他的竞选方式，但是它们愿意将政权的要求作为目标宣传，鉴于民主德国表面上高涨的环保意识，绿党和独立妇女联盟对于政权的要求很有胜算[91]。它们的"选举报刊"纸质粗劣，图片稀少，而且只有绿色这一种颜色。最重要的竞选方式是"绿紫旅队"，这个队伍从 3 月 3 日开始以"生态的、对妇女友好的、基层民主的、团结一致的而且非暴力的"方式穿行于 21 个城市，通过"想象力，幽默感以及文化"来鼓励妇女、男人和孩子："来和我们聊聊！"。这场喧闹的活动于 3 月 14 日在柏林落下帷幕，一个自行车车队从亚历山大广场出发驶向海勒斯多夫（Hellersdorf），要在布什马戏团的帐篷里庆祝绿紫联盟选举的开始。[92]其中西德绿党人员的参与并不十分愉快。内部报道说西德客人表现得"不合作、不敏感"[93]，面对西德方面的轻视态度，绿紫联盟立刻尖锐地劝告他们端正态度。[94]和联盟 90 一样，绿党/独立妇女联盟也反抗西德对其产生影响，尤其是反对"德国联盟"的影响。[95]可是与民权主义者不同，它并没有十分明确地和民社党划清界限："莫德罗总理看起来至少还想把民主德国卖个好价钱，在社会遗产方面也是这样。而与之相反，绿党和独立妇女联盟就没法不指责"德国联盟"了，它就想把我们整个国家白白地拱手相送，如果有需要的话也可以倒贴钱。"[96]

在竞选期间，联盟 90 和绿党的政客们除了生态主题之外，第一要务就是要维护值得保留的社会遗产。在这方面，他们试图通过原则性的、宪政为导向的讨论来解决问题。[97]在德国统一的问题上，大家的态度不一致，并且正如沃尔夫冈·坦普林后来承认的，他们错误地认为这里的关键问题是竞选。[98]

民社党拥有良好的人员、财政和组织装备，具体而言为 550 万马克的竞选预算，而东德基民盟只有 150 万，联盟 90 只有 100 万，东德社民党则不过 50 万[99]。因此虽然早就有传言说民社党要完蛋了，但是面对西德的竞选方法，民社党还是相对较快地做出了回应。[100]1990 年 2 月，民社党的第一次正式党代会召开，这次会议又被称为"选举党代会"，会议上民社党扮演起了民主德国身份认知和"成就"保卫者的角色。[101]民主德国心理状态这一竞选纲领也因此被推上舞台。德国统一应该谨慎从容地逐步实现，要考虑到全欧洲的利益，并且维护所谓的民主德国价值和成就，后者主要是从社会政治角度出发的。

民社党由两个人代表，这二人几乎都没什么影响力：汉斯·莫德罗代表着责任感和团结[102]；格雷戈尔·居西在民社党的选举广告里则穿着皮衣皮裤，年轻动感地骑着摩托车，在《生而狂野》的摇滚音乐中飞驰向未来。[103]竞选活动被控制在相对较小的规模[104]，居西主导着这些活动，不过它们从一开始就没被设计成大型活动，而主要是为了进行成员动员的。[105]"从前不胆小的人，现在也可以有勇气欣赏民社党的纲领"[106]，民社党用这样的宣传口号将自己塑造成唯一一个真诚的、坚韧的争夺权力的政党，而竞选一开始的情况则与此完全相反。

第二节 1990 年 3 月 18 日的人民议院选举 *

选举结果

这次选举以令人惊讶的结果结束。与之前长久以来的预测相悖[107]，"德国联盟"以 48% 的支持率获得了意外的胜利。其中前民主党派基民盟遥遥领先，成为市民阶层的最强力量。德社盟获得了南部地区第二位的结果，"民主觉醒"则只有微弱的 0.9% 支持率。社会民主党人以全国范围内 21.9% 的投票率当选第二大政治力量。民社党以 16.4% 的选票赢得第三位。自由民主者联盟获得了 5.3% 的选票。联盟 90 中的公民运动组织们只能满足于 2.9% 的支持率，而绿党/独立妇女联盟也只有 3.5%。高达 93.4% 的民众参与了选举，这明显高于西德联邦议院的选举参与比例。

人民议院中共有 400 个席位，其中"德国联盟"占有 192 个，自由民主者联盟 21 个。因此，在竞选中支持顺利实现两德统一的力量形成了明显的多数。再加上社民党的 88 个席位，与西德伙伴紧密联系的民主联盟和民主党派甚至达到了足以修宪的三分之二多数。此外民社党拥有 66 个席位。与西德的联邦议院选举不同，人民议院选举不存在限制门槛，因此联盟 90 和绿党/独立妇女联盟也分别向人民议院输送了 12 名和 8 名议员。民农党 9 个席位，国民党 2 个，民主妇女联盟和左翼联盟各 1 个。总体来说，发源于反对派和公民运动组织的团体虽然是变革时期的催化剂，但是却没能获得相应的选民支持。大多数民众的政治思想早就告别了国家独立，或者任何社会主义试验，而更希望快速实现德国统一。

表1中总结的民主德国15个选区的不同结果清晰地显示了地区差异。东北和西南两地展示了对立的两极，大致随着易北河的流向被区分开来。"德国联盟"与社民党，尤其是民社党的选举结果则近乎是彼此对称，"德国联盟"在一极，社民党和民社党在另外一极。除了柏林地区，"德国联盟"在所有选区都是最强的政治力量。不过其政治大本营还是位于南部地区，也就是今天的图林根州和萨克森州。在这两个区域的某些地方"德国联盟"获得了超过60%的投票率，并且占有绝对多数优势。在哈勒和马格德堡的选区，今天主要的萨克森－安哈特州，以及勃兰登堡州的科特布斯，"德国联盟"的支持率都略低于50%。在勃兰登堡州以及梅克伦堡－前波莫瑞州的北部选区，大部分支持率没有超过40%的门槛。而在柏林，"德国联盟"的结果最糟糕，只获21.5%的选票，落后于社民党和民社党，居于第三位。

表1　1990年3月18日的人民议院选举民主德国15个选区的选举结果

	投票率（%）	"德国联盟"	社民党	民社党	自民联盟	联盟90	绿党	其他
民主德国	93.4	48.0	21.9	16.4	5.3	2.9	2.0	3.5
柏林	90.8	21.5	34.9	30.2	3.0	6.3	2.7	1.4
新勃兰登堡	93.7	38.6	21.2	25.8	3.0	1.6	1.8	8.0
罗斯托克	92.0	37.8	24.8	23.2	3.4	2.7	1.9	6.3
什未林	93.6	42.3	25.4	17.8	4.6	2.5	2.4	5.0
科特布斯	93.2	48.3	19.3	17.9	5.2	2.7	2.0	4.6
法兰克福	93.2	32.0	31.9	22.1	4.2	3.2	2.2	4.4
波茨坦	93.8	34.9	34.4	16.6	4.9	3.9	2.2	3.2
哈勒	93.5	48.4	20.8	13.8	10.0	2.4	1.6	3.0
马格德堡	93.5	46.9	27.5	14.2	4.4	2.0	2.0	3.0
埃尔福特	94.0	60.7	18.5	9.9	4.5	1.8	2.1	2.3
格拉	94.4	58.8	16.5	12.6	5.1	2.6	2.1	2.3
苏尔	95.8	60.4	16.1	12.6	4.1	1.9	2.3	2.6
德累斯顿	93.4	59.9	9.7	14.8	5.6	3.7	1.8	4.5
卡马城	94.6	60.7	15.6	11.3	6.0	2.1	1.6	2.7
莱比锡	92.6	50.4	21.5	14.5	5.4	3.3	1.9	3.0

资料来源：Forschungsgruppe Wahlen（1990），S. 8。

　　社民党在柏林支持率最高，达到34.9%。此外在两个临近勃兰登堡的选区，法兰克福和波茨坦的支持率也超过了30%，这两地也是社会民主党的大本营。社民党在这里的支持率略低于"德国联盟"，但是远远高于基民盟。与此相反，社民党在南部地区可不怎么受欢迎，除了莱比锡选区之外，其他地方支持率都低于20%。民社党支持率受地区影响的特点更为明显。这个前国家政党在柏林获得最高支持率，达30.2%，在东北部的罗斯托克、新勃兰登堡和法兰克福选区也都高于20%。而在南部选区的支持率无一例外地低迷，在埃尔福特甚至低于10%。

　　其他的党派就只有在个别的选区有可圈可点的表现。比如联盟90仅仅在柏林获得了还值得称赞的6.3%的支持率。民农党在三个北方选区新勃兰登堡、罗斯托克和什未林获得了最为理想的成绩。而绿党/独立妇女联盟、民主妇女联盟以及国民党在所有选区都只获得了很少的支持率。

社会结构以及投票结果

　　选举结果除了有明显的地区性差异外，还有结构性特点。这里较为重要的影响因素是地方规模、职业群体以及信仰教派，而年龄和性别这两个特征对投票结果只造成很小的影响。[108]

表2　特定社会结构群体对党派的支持率

百分比总计	"德国联盟"	社民党	民社党	自民联盟	联盟90	绿党	民农党
	48.0	21.9	16.4	3.5	2.9	2.0	2.2
地方规模（县）							
大城市（N=18）	35.8	26.8	22.5	5.5	5.1	2.5	0.6
其他市县（N=20）	40.0	24.0	21.5	6.0	3.6	2.4	1.0
县（N=189）	53.2	20.0	13.6	5.1	2.1	1.7	2.9
地方规模（选区）							
<2000居民	56.4	19.3	10.5	4.5	1.6	1.4	5.0
2000~20000居民	52.2	20.5	14.5	5.4	2.4	1.8	1.7
20000~200000居民	44.2	23.0	19.0	6.2	2.9	2.1	1.0
职业群体							
工人	55.4	22.2	11.9	3.7	1.6	1.5	2.6
雇员	45.0	20.6	19.2	6.1	3.6	2.4	1.9
领导	44.3	21.6	20.2	6.1	2.3	0.8	3.5

续表

百分比总数	"德国联盟"	社民党	民社党	自民联盟	联盟90	绿党	民农党
知识分子	27.8	22.7	31.0	6.7	6.4	3.2	1.3
自由职业者	64.6	12.8	4.7	11.5	2.5	0.2	2.4
学生	34.5	17.4	19.7	5.9	6.2	8.7	2.0
宗教信仰							
天主教	73.4	12.1	4.5	4.6	1.9	1.6	0.7
新教	61.8	20.9	4.9	5.8	2.5	1.1	2.0
无信仰	36.9	23.5	24.6	5.2	3.3	2.6	2.4

资料来源：地方规模：Feist/Hoffmann（1990），S.260；职业群体，宗教信仰：Forschungsgruppe Wahlen（1990），S.14，16。

"德国联盟"在少于2000人的小乡镇里最受欢迎。随着地方规模的扩大，它的支持率也持续降低。在大城市中，尤其在柏林，它的支持率远低于平均值。而民社党和社民党的情况则恰恰相反。这两个党派随着地方规模的扩大，都获得了更高的支持率，所以它们在大城市的选举结果最为理想。相对社民党而言，民社党支持率的波峰和波谷的差距要明显得多。而自由人士的选举结果和地方规模之间联系甚少。他们最受欢迎的地区基本集中在哈勒区。民农党只在一些农村区域获得了值得一提的支持率，而联盟90，绿党/独立妇女联盟在相对大的城市中则有更佳的表现。

目前为止，讨论的投票结果都只和区域，也就是说区或者县相关联。一般来讲，在此无法推导出与个人行为有关的陈述。相关的内容可以通过民意研究机构的问卷调查结果得到。

首先，人民议院选举中最大的意外就是职业群体对于投票行为的影响。与西德经验相反，赫尔穆特·科尔建立起来的这个由基民盟、民觉和德社盟共同组成的市民的、保守的竞选联盟，在东德获得了大多数工人阶级的支持。超过半数的自由职业者也认同"德国联盟"，但是在领导岗位的人和知识分子之类的人中则只有不到一半支持它。民社党的结果在此又一次展现了与"德国联盟"反向的特点。原执政党在工人阶级中得到的支持率很低。但是随着职业群体社会地位的提高，支持率也相应提升了。在知识分子群体中，几乎有三分之一的人选择了民社党。自由派则只在自由职业者中获得了第二位的支持率，而这个群体在总量上并不占优势。联盟

90 和绿党/独立妇女联盟在学生和知识分子群体中获得了超过平均值的投票率。社民党的结果却并没有表现出什么特点。无论是工人、雇员还是知识分子或者领导对于社会民主党人的态度都很相似。

根据宗教信仰来分析投票结果的话，可以得到类似的情形。尤其是"德国联盟"和民社党的结构性区别表现得很明显。天主教徒和新教徒都绝对地支持"德国联盟"，但是他们只占民主德国大约三分之一的民众。无信仰人士中，只有三分之一的人投票给了"德国联盟"，即使这样，它仍排在社民党和民社党前面。有宗教信仰的选民对于民社党的好感非常低。但是无信仰人士对民社党的支持率则达到了近四分之一。从这个角度来看，社民党的结果在结构上最为均衡。至少新教徒和无信仰人士对于社会民主党人的支持率几乎相同。

这些发现共同组成了一个令人印象深刻的全景图：对立的社会结构特征首先体现在"德国联盟"和民社党的选民成分中。选民居住地、地方规模、职业和宗教信仰构成了区分这两个阵营的重要标准。"德国联盟"在乡村支持率最高，但是在民主德国南部的工业化地区同样如此。主要是工人和有宗教信仰的选民大力支持的结果。与此不同，民社党的大本营则在北部城市。它最强有力的支持者是知识分子。社民党处于这两个极端之间所特有的中间地带。其选民的社会结构没有很明显的特点。在所有被研究的团体中，社会民主党人获得的支持率都很平衡。相比这三大政治力量，其他参与竞选的党派和联盟所扮演的角色处于次要地位。

政治观点与投票结果

不同党派的支持者们，在政治观点上也有很明显的区别。根据已知的可能性，详细研究了如下四个主题：对于德国统一和货币联盟的看法，对于民主和社会主义的看法，民族认同的问题，最后是对于高层政客的评价。

德国统一问题在人民议院选举中发展成了主导性的政治议题。超过90%的民主德国居民在 1990 年 3 月已经完全支持两德统一，并且支持引入货币联盟。分歧之处只是在于统一进程的速度应该如何把握。近一半的民主德国民众在人民议院选举前就表示，应该在实现统一这个问题上多给点时间，保持耐心。但是 35% 的人则表示要以最快的速度实现统一。

表3　各个政党选民的观点统计

（1）您个人对于两德统一的观点是支持、反对还是无所谓？

（2）您认为两德统一应该尽快进行，还是应该留出充足的时间？

（3）尽快将德国马克作为官方货币引入民主德国已列入计划。您认为这是好还是不好？

（4）您如何看待社会主义？您对它的态度是非常支持、支持、一般、不支持或完全不支持？

（5）您如何看待联邦德国的民主？您对它的态度是非常支持、支持、一般、不支持或完全不支持？

列百分比	总数	"德国联盟"	社民党	民社党	自民联盟	联盟90
统一						
支持	90.7	96.1	92.2	79.2	95.3	87.1
反对	5.1	0.7	5.1	17.0	3.7	3.6
无所谓	3.7	2.4	2.7	3.0	0.0	9.3
统一速度						
尽快	35.9	58.1	27.1	1.2	37.3	13.5
放缓	54.4	37.8	64.8	75.7	58.0	73.7
德马作货币						
支持	91.1	97.6	92.2	68.8	83.6	91.2
反对	7.6	1.8	6.8	27.5	13.7	8.8
无所谓	1.3	0.6	1.0	3.7	2.7	0.0
社会主义						
非常支持,支持	25.8	13.5	27.4	75.2	16.1	30.3
一般	28.4	23.4	33.3	15.1	28.5	41.3
不支持,完全不	45.6	63.0	39.3	9.7	55.4	28.4
联邦德国民主						
非常支持,支持	52.5	70.4	47.2	20.4	63.5	38.6
一般	38.6	25.2	46.3	52.1	33.6	54.4
不支持,完全不	7.7	3.3	5.8	27.2	2.9	4.7

资料来源：Forschungsgruppe Wahlen（1990），S. 18，18，19，21，20。

　　参加选举的党派和联盟表现出各种各样的观点。相应的，在选民层面上，对统一速度的期望和投票结果有着明显的联系。支持尽快统一的选民中，几乎 58.1% 选择了"德国联盟"，只有 27.1% 选择了社民党，几乎没人投票给民社党。那些认为应该持谨慎观望态度的人当中，35% 支持社民党，22% 支持民社党，34% 支持"德国联盟"。[109] 因此在 1990 年 3 月，只有"德国联盟"的选民明显表现出多数支持快速统一的特点，而还有近一半的人是反对这一观点的。而在所有其他的政治党派和联盟中，支持放缓节奏的选民明显占优势。尤其是支持政府的阶层和公民运动组织中，谨慎观望态度占据主导地位。四分之三的民社党选民和联盟 90 的选民都认为，在统一问题上应该保持从容，给予足够时间。

有关 1990 年 3 月东德选民观点分布的说明中还包括对于意识形态导向的分析，这种导向是政治要求的基础所在。主要研究的是对于社会主义以及西德民主的态度。接近一半的民众对于社会主义立场持反对态度；四分之一的人一如既往地支持，甚至非常支持过去这种国家意识形态。与之相对的是，超过一半的被访者拥护联邦德国的民主模式。虽然这个问题促使被访者在不同的体制中做抉择，但是这两种立场不一定彼此排斥，水火不容。不过从这个方面来观察，不同政党选民的态度还是有很明显的区分度。

对于社会主义的看法，"德国联盟"和自由民主者联盟的选民绝大多数都持反对态度。他们在很大程度上支持联邦德国的民主模式。而民社党选民则恰恰相反，他们对西德的社会模式抱有怀疑甚至反对的态度。他们中的四分之三仍然一如既往地拥戴社会主义观念。对于社民党和联盟 90 的选民而言，他们不太容易在这两者之间做出选择。一方面，他们中的大部分可以找出社会主义好的一面；另一方面，又有 95% 的人至少部分认同西德的民主模式。从政治层面上来讲，这种观点所表达的就是对于资本主义和社会主义之间的"第三条道路"的诉求，希望建立一个可以改革的、民主的社会主义。

选民对于民主德国未来政治发展的观点分歧的最后一个方面，是政治身份认同的问题。在 1990 年 3 月，60% 的民众认为自己是德国人，而 40% 的人则更倾向于民主德国人。在这个问题上，"德国联盟"、自由民主者联盟和社民党，这些受到西德支持的政党和联盟的选民中的大多数都认为自己是"德国人"。与此相反，民社党、绿党/独立妇女联盟选民中的很大一部分人则认为自己属于民主德国。联盟 90 的情况则对半开。

表 4 各个政党选民的政治身份认同

您认为自己是民主德国人还是德国人？

归属感	总数	"德国联盟"	社民党	民社党	自民联盟	联盟 90	绿党
民德人	37.4	20.2	38.3	83.3	33.1	48.6	69.5
德国人	60.8	78.2	59.8	15.7	66.3	46.8	30.5

资料来源：Roth（1990），S.368。

这样，从三个不同的层面展示出了东德选民对于未来政治发展的不同观点。大多数人要求实现西德民主模式，并且对于民主德国继续保持独立性不是特别感兴趣。对于未来的设想很大程度上和两德统一的想法相联系，虽然这种想法在 1990 年 3 月时还带有乌托邦的成分。选举结果近乎完美地反映了这点：乐观主义者大部分支持"德国联盟"，而怀疑论者主要聚集在民社党周围。在中间地带摇摆的人群则选择了自由党人、社民党、公民运动组织和绿党。

在 1990 年的人民议院选举中，各党派和联盟的候选人扮演的只是一个次要角色。超过 40% 的选民在被问到希望哪名候选人当选总理时，都说不出一个名字来。获得最多支持的是执政的汉斯·莫德罗，所有选民共投给他 35.5% 的选票。即使在"德国联盟"的选民中，也有将近 20% 的人希望看到莫德罗担任未来的总理。相比之下，其他候选人就显得门庭冷落。洛塔尔·德梅齐埃（基民盟）和易卜拉欣·伯梅（社民党）即使在自己的阵营里也没得到强劲的支持，而民社党选民却大力支持其候选人莫德罗。

表 5 各个政党选民理想的总理人选

希望当选总理	总数	"德国联盟"	社民党	民社党	自民联盟	联盟 90
汉斯·莫德罗	35.5	18.7	39.7	83.7	28.4	37.4
洛塔尔·德梅齐埃	6.8	15.1	0.9	1.7	1.8	0.0
易卜拉欣·伯梅	6.6	2.6	17.6	1.8	3.8	0.8
不清楚	42.5	51.9	36.3	5.7	55.4	49.1

资料来源：Forschungsgruppe Wahlen（1990），S.23。

选票结果的理论分析

在代议制—多元的民主中，选举活动为行使政治权利赋予了有时限的合法性。它判定政治精英间的定期竞争，允许选民对于意识形态的基本信念得出结论并且实现他们的切实政治要求。因此选举展现了一个政治进程中可见的不同阶段，这个进程将政党体制的形式和不同社会利益发展平等地联系起来。因此获得关注的，不仅仅是选举当晚唱票的结果。公众兴趣和科研兴趣还集中在这次选举的进程，以及投票的分布情况。

选举研究是借助能够科学地推定证据的设备解释选民的行为：经理论和实证多次验证的模型将现实的选举结果置于不同的阐释因素的框架内。毫无争议的还有从三个不同切入点观察到的区别[110]：长期作用的环境影响的重要性将社会学角度观察的意义凸显出来。根据社会学说法，社会团体的归属，比如属于教会或者工会可以在很大程度上决定选民的投票结果。与此相反，个体心理学的阐释模型则假定，选民个体与党派之间存在感情联系，即所谓的党派身份认知。从这种观点出发，投票结果首先受到长期稳定的党派认同的影响。在个别情况下，对于现实的政治具体问题或者候选人的评价也可能导致出现与自身党派认同相悖的投票决定。个体心理学理论同时关注长期作用的和短期作用的解释因素。理性投票模式最后建立了与市场经济模式相似的模型，将个人的成本、收益考量放在首位。按照这种说法，选民选择的党派，将是最有可能实现选民个人的切实政治设想和愿望的党派。与前两种阐释模型不同，在这个利益最大化的投票模型中，无论是长期稳定的党派联系还是意识形态的基本信仰都不重要。归根结底，决定投票结果的是"议题投票"，即选民以现实的具体问题为导向进行投票。如上提到的三个理论阐释模型绝不是互相排斥的。它们只是揭示了投票决定过程中不同的方面，在实际分析中可以结合起来。对于人民议院选举中选民行为的科学阐释也可以在这三个模型中找到答案。[111]

具体问题导向与党派认同

1990 年 3 月 18 日的人民议院选举被从政治学、新闻学以及科学的角度进行了多方面的分析、阐释以及评价。[112]对于这次选举的价值以及其结果的直接影响的基本观点是普遍一致的。毫无疑问，人民议院选举是为了确定政治纲领性的未来方向。民主德国未来政治发展的核心问题需要得到确定。虽然联邦总理科尔凭借他对于未来统一的设想，在"竞选中展现了控制全局的人格魅力"[113]，但是对于选举而言，政客毕竟只占次要地位。因此分析家们在第一时间达成一致意见，这个结果可以被看作"对于统一的表决"[114]。

曼海姆的选举研究人员迪特尔·罗特（Dieter Roth）很早就提供了一份对于这次选举分类的言简意赅的科学报告。他分析的重心是这次选举的方向性意义，并且证明了"东德选民以近乎纯粹的形式进行了'议题投票'"[115]。因此他们的投票行为"很大程度上的影响因素是，他们认为哪个党派能最快实现他们个人的目标设定"[116]。罗特排除了历史性的、长期的党派联系因素。这是因为：一方面，"德国联盟"恰恰在魏玛时期的社会民主党传统大本营获得了令人意外的竞选成功；另一方面，根据地区和职业群体划分的选举结果并不"符合在西德民主体制中建立起来的社会结构的阐释模型"[117]。

在民意研究者眼中，人民议院选举的结果非常符合广泛传播的"议题投票"这个说法。选民对未来政策的设想和他所选择的党派的纲领性立场高度一致。但是这种观察角度却没有考虑投票结果的社会性背景因素。选民好像是在政治上未绑定，仅仅以具体问题为导向的生物。因此这种阐释模型的代表认为，人民议院选举对于未来的选民行为分析只能提供有限的参考。[118]因为目的理性、以具体问题为导向、与党派没有情感性联系的选民每次选举都会改变自己的想法，只按照当时的好恶来选择。

未绑定选民的说法并不是没有受到质疑。问卷调查结果的分析显示，长期因素对于1990年的选举结果的确也是有着影响的。[119]在个体心理学的阐释模型中，这种影响被解释为长期的党派导向或者说党派联系。尚在民主德国时期，它就可以依靠西德的电视节目的广泛传播而建立起来，并且在1990年的选举中展示出其影响力。尤其是在人民议院选举时，得到西德支持的党派以出色的方式获得成功，这恰恰支持了"长期影响因素对于民主德国民众投票行为产生影响"的说法[120]：他们十分熟悉西德的政治结构。[121]如果戴上个体心理学阐释模型的理论眼镜来观察，未来的前景也很乐观。相关的研究特别强调，在1990年时东西德选民的行为就已经存在共通性，并且预言未来会继续彼此同化。[122]

许多人主张，在分析人民议院选举的时候也必须考虑到长期作用的影响因素。毫无疑问，大部分民主德国的民众对于联邦德国政治局势的认识，主要是从公开合法的电视节目中看到的。[123]此外，在西德联邦议院选举时，一部分东德人在精神上也共同参与了选举，似乎也是可信的。民主德国时期长期的党派联系及其对 1990 年选举影响的说法并没有真正的有说服力。[124]首先，选举结果就不符合这种假说。臆想中的稳定的党派联系在这个史无前例的时刻并没有产生影响。在第一次自由的人民议院选举中，东德人民将亲民—保守的"德国联盟"推向了胜利，但却没有如几周前民意调查和公众舆论中所期望的那样，支持社会民主党人。随后的许多次投票都证明，这次的选举并不是个例外。东德选民跨地区的一致性行为表明他们的社会结构因子达到惊人的稳定，并且直到今天还和西德联邦州的选民行为有着明显差异。[125]另外，这种强调投票结果、社会结构，以及民主德国现实生活间联系的阐释模型正在逐渐销声匿迹。因此这个理论无法令人满意地解释"德国联盟"以及后来基民盟在东德工人阶级中的胜利。

所有人都推测，个体心理学理论要在未来才能表现出它对东德选民行为进行分析的价值。在政治变革情况下以及 1990 年不同的选举的推动下，个体的党派偏好得到了加强，这种说法绝对具有说服力。与在所有的西方民主政体中一样，这种不断累积的选举经验会形成鲜明的党派身份认同，对政治认识进行结构化并且决定选民行为。两德统一几年之后，才显示出了一些这方面的发展迹象。[126]

社会学的阐释模型

早在 1990 年秋天，莱纳 – 奥拉夫·舒尔泽（Rainer – Olaf Schultze）就发起了对于东德选民行为的历史 – 社会学观察。[127]这种阐释模型建立在这样一种假说的基础上，即一个社会的社会结构会在选举结果中反映出来。运用社会学对于 1990 年 3 月 18 日人民议院选举中选民的行为进行阐释的出发点是民主德国社会可能出现的冲突，这个社会在自由的条件下体验了一次政治充电。

民主德国是一个中央集权的社会，但绝不是一个平均主义的社会。[128]政治高层都集中在柏林和其他 15 个行政区的首府。几乎所有的社会领域都受到政治控制。民主德国社会垂直性内部区分的最重要的标准，就是与政治统治的远近关系。想要提升社会地位，或者长期在政府、文化、经济领域保持领导职位，基本前提条件就是政治忠诚和相应的责任心。只有教会有一定的权威性。在那里，除了统社党无处不在的政治和社会霸权之外，还可以维持一种非社会主义的世界观。加入教会的仪式、组织性的交流以及基础设计，共同强化了与群体的联系。[129]

人民议院选举的核心政治话题是未来的政治发展。所有选举分析都一致表明了社会结构和投票结果之间的直接联系，这种联系反映了社会先决条件以及民主德国第一次自由选举的框架条件。个人的投票决定在很大程度上与民主德国特殊的社会政治经验以及对于相应人员和团体的评价相关。

从这个角度来看，人民议院选举的结果就像一场多维度的中央和外围争夺战的结果。[130]最明显的首先是地域维度。左倾的党派，尤其是民社党在柏林以及与之交界的北部地区成绩最好。而"德国联盟"则在外围南部获得了最多支持。相应的结构特点在单个行政区内也有体现，民社党和公民运动组织就在各自所属的首府最受欢迎。第二个维度是对民主德国世界观的解释权。依靠着过去的中央政府的意识形态，民社党在社会主义的、亲近政府的圈子里还是获得了支持。"德国联盟"则在这个社会主义国家的少数意识形态群体中，在基督教群体中获得了最强有力的支持。在这两种情况下，党派都可将目前已建立起的群体结构政治化。直到今天，这还是民社党和基民盟在东德最核心的选民储备来源。第三个维度是建立在社会、职业等级制度之上。具有领导职能、接受过更高等正式教育或者具有更高社会地位的人常常会选择民社党。工人阶级则与此相反，这些人在这个社会主义的工人和农民的国家中，处于社会等级的最底层，每天面对着陈旧体制所带来的经济和组织缺陷，他们明确地支持"德国联盟"，反对现存体制。

总结

1990 年 3 月 18 日的人民议院选举毫无疑问地决定了两个德国尽快实现重新统一。民主德国的大部分民众都反对在原有体制崩溃之后继续进行新的社会主义试验，也就是反对民主德国继续保有其独立性。

对于很多观察者而言，选举结果最开始显得很出人意料，但是如果在流行的观点模型之外，考虑到民主德国的社会结构和现实情况的话，这个结果就容易理解得多了。在这次确定未来方向的选举中，"德国联盟"和民社党构建了这个政治光谱中最针锋相对的两极。与"德国联盟"有着社会结构联系的、最坚定的选民来源是教会，民社党的选民则是来自社会主义群体。此外，在工人阶级和中下阶层之中，"德国联盟"也获得了很高的支持率，社会主义给他们带来的只有挫败的经验，因此他们希望尽快地进行体制转换。社会民主党人则处于一种陌生的中间地带。作为新成立的党派，它的形象在社会结构和意识形态方面都缺乏特点。其他的党派和联盟在这次选举中只扮演了次要的角色。尤其是在变革时期获得了各方各面好感的公民运动组织，它们对于未来的设想在选民中只获得了很少的支持。

第三节 地方选举 *

人民议院选举结束 7 周之后，民主德国的民众们就再一次被要求进行选举。1990 年 5 月 6 日的地方选举在民主德国的 7787 个城市和乡镇举行，共有 119652 个议席。[131]这次选举被普遍认为十分必要，因为反对派团体指出上一次于 1989 年 5 月 7 日举行的地方选举有大规模选举造假行为。老旧政权试图制造出人们仍对它怀有坚定不移的忠心的假象，但这种伪装彻底失败了。很大一部分的民主德国人认为，统社党，民主党派或者民族阵线都无法为他们代言，这一公开认知在后来大大促进了反对派运动的产生和稳固。[132]

1990 年的人民议院选举和地方选举都遵循了自由、普遍、平等、直接、不记名的选举基本原则。南德式的地方委员会宪法中规定，市长和乡镇代表必须在不同的、彼此独立的选举过程中被选出，但是 1990 年 5 月的地方选举与此不同，它根据尚未失效的民主德国宪法仅仅选举了地方议员。这些议员再选出相应的市长。这两轮选举都要同时对党派和名单进行表决。尽管如此，这两轮投票的结果并不完全具有可比性。[133]首先，根据以往的经验，相比全国性投票过程，在地方投票过程中，地方特性扮演着主导，至少是重要的角色。尤其在小县城中，候选人都是当地有名望的人士，通常为选民所熟知。因此在很多情况下，真正影响选民投票的因素，不是候选人所属的党派或者候选人意识形态的基本方向，而是他对于当地政治中有争议问题的态度。其次，民主德国的这两场首次自由选举并不是建立在同一部选举法之上。在 3 月的人民议院选举中，使用的还是一票选举名单式选举法，而到了 5 月的地方选举时，选民就可以把 3 张不同的选票分别投给来自不同党派或者联盟的至多 3 个候选人。这时还没有限制门槛的规定。最后，这两次选举中候选人的组成也是区别很大。一方面，在地方选举中就连大党派和联盟也没能在所有城市和乡镇中参与竞选。另一方面，5月6日的地方选举中还出现了很多新的地方团体和联盟，它们并没有参加人民议院竞选。基于以上种种原因，虽然媒体定期发表相应的总结报表，但是还是没法进行全国性的、总体的输赢情况计算。从可比的角度来看，也只能显示出一些基本的趋势走向。

表 6　1990 年 5 月 6 日的地方选举 15 个选区的选举结果

百分比	基民盟	社民党	自民联盟	民社党	其他
民主德国	34.4	21.3	6.7	14.6	23.1
柏林	17.7	34.0	1.2	30.0	17.1
新勃兰登堡	25.0	18.2	8.3	20.1	28.5
罗斯托克	28.9	22.2	5.0	18.8	25.2
什未林	28.8	21.2	7.4	16.8	25.9
科特布斯	34.3	17.8	6.7	15.7	25.5
法兰克福	21.1	30.3	4.3	19.7	24.7
波茨坦	25.3	33.4	5.6	15.6	20.0
哈勒	36.2	20.8	10.5	12.5	20.0
马格德堡	34.7	25.7	7.8	12.8	19.1
埃尔福特	41.8	20.6	5.6	9.4	22.6
格拉	39.5	18.9	8.2	10.3	23.1
苏尔	37.6	18.0	7.7	11.9	24.9
德累斯顿	41.8	9.1	7.1	12.5	29.6
卡马城	44.8	12.7	6.8	10.3	25.4
莱比锡	35.6	25.0	6.8	11.8	20.8

资料来源：Matthias Jung, *Aus Politik und Zeitgeschichte*, B 27/1990, S. 13。

虽然有明显的支持率下降，但是基民盟在这次选举中仍然是超过社民党和民社党的最强党派。总参与投票率高达 80% 以上，这一投票率在西德是十分少见的，民主德国的选民以此方式再一次确认了他们 3 月的选择。除了基民盟之外，民社党和德社盟的选票也明显下降，社民党则基本和 3 月的结果持平。而自由党人、农民党、新成立的农民联盟、联盟 90 和绿党则有所提升。各种各样的地方团体，合并名单共同获得了 5% 到 10% 的选票。

　　这次全国范围内党派参选的结果，和 3 月的人民议院选举结果非常相似。"德国联盟"的大本营还是在南部地区，不过德社盟在那里却不得不承受大规模损失。基民盟除了在莱比锡之外，在其他所有的南部区府都把竞争对手远远甩在身后，但在中部和北部地区却损失惨重。民社党最强的支持者还是来自东柏林以及北部地区。在许多中部城市，民社党也获得了高于平均值的选票；在新勃兰登堡和奥德河畔法兰克福，它甚至是最强的党派。在什未林第六选区，民社党甚至将近乎四分之三的选票收入囊中。[134]从跨地区的角度来观察，曾经的执政党在整个民主德国的支持率都有所下降，但仍然保持着在基民盟和社民党之后第三大党的地位。

　　最让人意外的当属农民党和农民联盟的选举胜利。尤其在梅克伦堡的农村地区，它们常常可以获得超过 10% 的选票。相比 3 月的人民议院选举，在农业结构仍然占主导地位的民主德国北部城市，这些和转型问题抗争的农民明显改变了他们对于"德国联盟"的支持。[135]

第七章　德梅齐埃政府[*]

第一节　部长会议

人民议院选举的结果在 5 月的地方选举中再一次获得了证明，这一结果表明，大多数民主德国民众都支持尽快实现两德统一。现行的现实社会主义政治体制已经被抛弃，现在应该由社会市场经济接任。

在新的政府建立起来之前，前内阁仍在汉斯·莫德罗领导下执政。1990 年 3 月 22 日和 29 日举行了与现任的部长会议成员的业务讨论会。在会议上提出了关于目前局势的判断，为人民议院的建立以及地方选举的组织进行了准备。[1]在莫德罗主持的最后一次会议上，内阁获悉了解散国家安全局的消息，并把后续决定留给了下一任政府处理。[2]此外，他们还被告知，埃里希·昂纳克和玛戈·昂纳克搬至林多/马克（Lindow/Mark）的一处政府招待所的搬家计划，由于当地居民的反对而无法实施。昂纳克夫妇目前的唯一出路就是待在洛玻塔（Lobethal）的一处牧师住宅中。

建立政府

"德国联盟"获得选举胜利后的第二天，基民盟主席洛塔尔·德梅齐埃就主动邀请社会民主党人加入政府，因为"鉴于目前存在的问题的困难性"，需要建立"一个十分广泛的政府"。[3]社民党认为，和德社盟不可能共同组建大的执政联盟，因此这个失望的落选方起初拒绝了加入政府的邀请。[4]他们指责德社盟在选举中污蔑诋毁社会民主党的政客，并且破坏他们的竞选活动。但是在社民党内部，这种拒绝的态度也是有争议的，在社民

---

[*] 格尔德－吕迪格尔·施特凡、拉尔夫·卡德莱特（Ralf Kadereit）协助撰写。

— 380 —

党中身居要职的成员中，也有人支持加入政府。毕竟不仅是社民党，就连东德基民盟主席也和德社盟有过节。[5]

虽然存在各种各样的敌对情绪，"德国联盟"还是努力宣传组建大联合政府。[6]虽然"德国联盟"与自由党人加起来占据了政府的足够的多数（400票中的214票）。但是在即将到来的修宪决议中，还是需要依靠社民党人的票数，因为修宪需要获得人民议院中三分之二多数的支持。基民盟和"民主觉醒"本来就相信，成立大联合政府是民主德国艰难转型过程中不可或缺的一步，是为了在尽可能广泛的民主基础上建立政府。[7]当然，如果基民盟方面想通过联合社民党获得对抗德社盟的有利地位的话，肯定也需要策略上的考量。社民党毫无疑问会支持基民盟的立场，不同意草率进行统一。[8]

波恩的联盟党派也同意邀请社民党参加联合政府。[9]波恩方面希望削弱西德社民党：如果东德社民党加入政府，必然要共同参与德国的统一计划，这肯定会破坏总理候选人拉封丹一贯的反对派政策的总路线。

选举后的第二天，德梅齐埃就和自由民主者联盟的代表进行了首次对话，他们来自德国自民党、民主德国自民党以及德国论坛党。双方顺利敲定，自由党人将加入大联合政府。

而社会民主党人开始则强硬坚持自己的反对派政党角色[10]，并且对拒绝联合政府的德社盟发起了言论攻击。[11]基民盟不得不充当调停者。有观点认为，社会民主党如果继续保持反对态度，就必然要和"民社党出现共同点"[12]，这对东德社民党的高层也形成一种道德压力。社民党也是自己把自己逼上了这条路：在选举前他们就说，要努力建立"尽可能广泛的联合政府"[13]。但是人民议院选举一结束，社民党理事会就推翻之前的说法，一致建议"党委员会和党团拒绝参与'德国联盟'领导的联合政府"。同时又主张"与所有参与政治进程的各方进行信息交流"[14]，拒绝加入联合政府，同时又建议进行信息交流，这清晰地表明了大联合政府的支持者和反对者之间的紧张关系。[15]

3月21日，"德国联盟"党派以及基民盟/基社盟的主席和总书记在波恩的总理府会面。[16]首先要阐明的问题就是，由谁担任民主德国的总理，因为第一大政党还没有提名任何候选人，而德梅齐埃对这个任务又表现得没什么积极性。埃佩尔曼因此提议弗雷德·施托尔佩担任替补候选人。科尔听后脸色沉了下来，这个建议也就立刻被撤下台面。[17]联邦总理请求德梅齐埃公开接受这个职位。但是德梅齐埃称由于健康方面的压力，他需要一些时间考虑。最后大家达成一致，在 14 天之内建立起一个有执行力的政府，并且在这一年夏天建立货币联盟。

东德基民盟和德社盟潜在的矛盾促使东柏林的社会民主党人接受加入政府的提议。社民党党团表示已经准备好，立即与基民盟和"民主觉醒""进行信息交换对话"[18]。这使得波恩社民党不得不匆忙应对，力挺联合政府的反对者。反对者们希望能选举易卜拉欣·伯梅——拉封丹路线的支持者——担任社民党党团主席。[19]

3 月 22 日晚，社民党副主席马尔库斯·梅克尔以及洛塔尔·德梅齐埃进行了第一次试探性会谈。他们二人将在几天后的联合政府斡旋中扮演关键性角色。越来越多的波恩社会民主党人也倾向于支持加入政府。[20]

3 月 26 日发生了两件事，最终铺平了"德国联盟"和社民党进行正式的联合政府对话的道路。洛塔尔·德梅齐埃 3 天前终于决定作为政府首脑的候选人，3 月 26 日时，党执行委员会就在一票弃权的结果下，一致任命他为候选人。仅仅数小时之后，东德社民党的党主席和党团主席易卜拉欣·伯梅因为被怀疑为斯塔西工作而卸任。马尔库斯·梅克尔接受了党主席一职，理查德·施罗德则担任党团主席。

这样，在党派和党团高层中，一下就出现了两位大联合政府的明确支持者。当天，东德基民盟理事会表示支持与社会民主党人进行联合。第二天早上，社民党人民议院党团决定，与基民盟进行信息交流会，同时通过了一份诉求清单作为谈判协商的基础：社民党要求，承认奥德－尼斯河边界，民主德国放弃军事上加入北约，与东部和西部的欧洲邻居共同决定统一进程，承认 1949 年土地改革的法律效力，保护民主德国的私有财产权。[21]

3 月 28 日，德梅齐埃表示支持社民党人民议院党团的政治观点，他在一天前以刚刚超过半数的支持率（82/158）被选为临时党团主席。[22]

在得到奥斯卡·拉封丹的同意之后[23]，通往谈判的道路上已经再没有阻碍。[24]社民党和基民盟的第一次筹备会谈定在了 3 月 29 日，出于社民党的意愿没有让德社盟参与其中。[25]

东德社民党在这次会谈上的表现，在多大程度上受到了 1990 年 3 月 24 日"西德社民党对于参与政府工作的考虑"[26]的影响，人们不得而知。其中说到，"如果社民党认为自己确实还是应该参与民主德国政府工作的话"，那必须要注意到，"不能在多数派党团中只担任一个跑龙套的角色"。

因此他们建议，社民党需保障自己拥有财政部和法律部的"最高优先权"，因为"财政部长任何时候都可以提出有说服力的事实论据，通过所有人都认同的切实问题来终止已经不具有任何政治意义的联合政府"。[27]西德社民党方面并没有表现出真正的参与政治讨论的意愿。这里要考虑到他们目前岌岌可危的处境：其东德的党派伙伴们正在积极论证，拉封丹只会两极分化的竞选方案荒谬不堪。

东西德基民盟的步调却一致得多。虽然德梅齐埃被怀疑与国安部合作，但是他的地位却意外地被巩固了。此外，德梅齐埃还得到社民党的主要领导人的信任，并且完全可以预见，德梅齐埃在很大程度上影响着联合政府谈判的走向。

在第一次社民党和基民盟的信息交流会上，社民党派出了党派高层参与[28]，这强调了他们参与政府筹备的严肃态度。两方谈判的代表团后来都认可了会谈的建设性氛围，表示在具体问题上的态度基本一致。具体的共识表现为认可奥德－尼斯河边界，保障财产安全，以及以1:1的兑换比例建立货币联盟。

4月1日，基民盟和社民党进行了另一次信息交流会。借此机会，两大党派甚至已经开始谈论如何进行职权分配问题。[29]但是彼时既没有一个工作分配计划，社民党代表团也完全没有资格进行正式的联合政府谈判。

第二天，谈判负责人梅克尔就收到了他急躁草率行事的账单：梅克尔虽然被选为伯梅的继任担任党主席，但是他的支持率非常勉强，这就表明社民党理事会并没有支持建立大联合政府。12票对6票的结果最终决定，建议主席团和社民党党团不要进行联合政府会谈。[30]而梅克尔的代表团已经为4月3日的第一次联合政府会谈做好了准备。一直到4月2日晚间，东德社民党主席团和党团理事会才建议加入联合政府。他们最后决定，违背党执委会的建议，同意社民党谈判代表团进行正式联合政府会谈。

4月1日时，一条来自波恩的流言传得沸沸扬扬，据说联邦政府和联邦银行达成一致，努力在工资以及养老金方面建立1:2的兑换比例，民主德国各党闻之一片哗然。德梅齐埃立刻表示反对波恩的兑换计划。[31]他坚决对抗联邦政府的态度在赞成建立联合政府的社民党圈子中赢得了好感。民主德国社民党参与联合政府谈判的决定明显因此变得更容易落实。对于梅克尔而言，其努力的标准是："社民党的党纲在政府声明中能够体现多少。"[32]

联邦政府关于货币联盟问题的立场显著加快了民主德国建立政府的进程。东德社民党和基民盟发现，在一个由其他联合政府补选人建立起来的反对联盟之中，他们彼此自发地临时联合了起来。在以下核心问题上，尤其是对外政策和安全政策，以及货币联盟问题上，他们的态度是一致的，也就是建立"大反对党"，反对波恩政府的方针。但是在民主德国的内政和经济政策规划这种敏感问题上，社民党和基民盟的意见还是大相径庭的。

4月3日，各方代表团在"国会议员中心"，也就是从前统社党中央委员会所在地召开了第一轮联合政府会谈。代表团的比例与魏玛比例相似。严格区分的话，共有7个党派参与了这次会谈（基民盟，社民党，德社盟，民觉，论坛党，自民党，德国自民党）。[33]

在正式开始进行内容谈论之前，社民党就进行了大量的准备工作，奠定现在的谈判基础。[34]"德国联盟"和自由党人提出的提案较为保守，催促尽快实现统一。从社民党的角度而言，看来没法和"德国联盟"建立"意见一致的联合政府"[35]了，不然本可以为他们省去准备谈判斡旋的麻烦。社会民主党人希望制定一份细节完备的联合文件，通过这份文件，他们可以确定未来的执政伙伴。最后决定一共需要进行6轮谈判[36]，才能分配好所有的部委分工，商议好内容广泛的联合政府协定。

在第一轮会谈中，代表们就达成一致，在经济、货币和社会联盟中，坚持1:1的兑换比率不变。德社盟代表在会谈开始的时候就对社民党人表现出和解态度，希望能减缓社民党向基民盟靠拢的速度，以免对自身造成压力。[37]德社盟的秘书长彼得－米夏埃尔·迪斯特尔具有良好的谈判技巧，他通过与社民党谈判负责人的私人谈话消除了双方之间的紧张气氛。迪斯特尔的第一枚胜利果实，就是梅克尔在第一轮正式联合政府会谈中表示，对社民党而言，关于"德社盟问题""基本上做出了积极的决定"。[38]

在第一轮联合谈判中，德梅齐埃对于波恩兑换计划的态度使他成功地在代表中建立了一种共同体的情感。第二天，一位社民党谈判组的成员这样评论道："我们必须帮助德梅齐埃，不被波恩方面愚弄了才好。"[39]

会谈决定成立五个专业小组，它们将承担联合政府协定的准备工作。在每个专业小组中，基民盟和社民党各派出两名代表，其他党派各派出一名代表。这五个小组负责内容分别如下：

（1）外交（负责裁减军备、安全以及国防）；

（2）经济（财政、农业、交通以及建筑业）；

（3）社会（医疗卫生、家庭、妇女、青年以及体育运动）；

（4）内政（司法、建州、斯塔西、财产问题以及统社党）；

（5）文化（科学、教育以及媒体）。[40]

基民盟为了让社民党立刻同意加入政府煞费苦心，德梅齐埃主动提议，如果社民党明确表明加入联合政府的话，他就支持社民党候选人获得人民议院议长的职位。社民党没有对此做出回应。他们希望首先进行联合政府协商，然后在这个基础上考虑是否加入政府，而不想"背负起促使联合政府成功的道德压力"[41]。

社民党犹豫不决的态度第二天就付出了代价，基民盟成员违背其主席的意愿，提名萨宾娜·贝格曼－波尔为自己的候选人。尽管如此，会谈的气氛还是相对融洽，在第一轮谈判结束的时候，洛塔尔·德梅齐埃将其总结为"毫无疑问的一致"[42]。

在4月4日的第二轮谈判中，社会民主党人将一项联邦德国也在讨论的建议纳入讨论范围，即在两德统一进程结束时，需要出台一部崭新的、全德通用的宪法。社民党要求民主德国和联盟德国根据《基本法》第146条进行合并。但是"德国联盟"和自由党人却不约而同地坚持民主德国根据第23条加入联邦德国。在这个问题上，东德和西德的党派都有同样的争论。

社民党进一步要求，民主德国宪法中关于工作、教育和住房的权利不可改变，未来要直接沿用至全德宪法中。[43]但是社民党还是表现出了达成共识的准备，暂时搁置了这个要求。

施罗德和埃佩尔曼建议说，未来的民主德国政府应该提议在人民议院和联邦议院中建立一些议会委员会。这些委员会的职责是保证被选出的人民代表可以合理参与统一进程。这个建议后来得以落实，不过"德国统一"委员会在两个国会中都没有扮演突出的角色，因为无论是在民主德国还是联邦德国，处理统一问题从一开始就是在部长层面上进行的。[44]值得一提的是，在第二轮联合政府会谈中，德梅齐埃对于梅克尔一个观点所做的笔记："梅克尔：在统一进程中，不会有其他的机构参与进来。毫无疑问，对它进行规划的工作只属于政府。"[45]这其中间接表达出了参与政府的意愿，即使不是整个社民党，但至少社民党主席对于外交部长这个职位的早期野心在此已经可见一斑。

而德社盟主席埃伯林相应的野心则被德梅齐埃一直打压。就连科尔想要推举埃伯林担任内政部长的尝试[46]，也因为德梅齐埃的反对而没能实现。[47]德梅齐埃认为德社盟的秘书长迪斯特尔更有能力，而且迪斯特尔本人也知道如何通过一些策略性的计谋来让自己在部长头衔分配过程中获得优势。[48]梅克尔也表现出了朝着目标前进的决心以及权力意识。[49]每当谈判停滞不前的时候，梅克尔和德梅齐埃常常通过私人的协商重新恢复谈判进程。

在第一轮人事分配中，在"民主觉醒"和自由民主者联盟分别获得了国防部和司法部后，社民党通往外交部的道路因此畅通无阻。迪斯特尔也努力使德社盟支持社民党领导外交部。作为补偿，他要求德社盟得到内政部，后来证明这是包含私心的。[50]

第二轮谈判在内容上达成共识，莫德罗时期的那个阻碍投资的工会法应该被企业法所取代。[51]

4月5日，即人民议院成立大会的那天，没有举行联合政府谈判。曾经被制止过的重新审核议员是否与斯塔西有牵连的举动在全体大会上投下了阴影，也因此破坏了庆祝这一庄严事件的气氛。此外，在同一时间，全国上下都开始了一场由德国自由工会联合会组织的、反对联邦德国和民主德国货币兑换计划的大游行。民主德国民众对于快速重新统一的热情似乎有所削减。"两德间的气候突变"[52]将民主德国人民又聚拢在了一起。

在4月6日的第三轮谈判准备会议上，这点也有所体现。社民党和德社盟几经波折，现在终于决定进行和解对话。[53]人们感到，未来的两大政府伙伴现在握紧了双手。不过这两个党派之间的嫌隙并没有完全消除，因为后来他们分别坚持向对方领导的外交部和内政部中派遣了一位自己的国务秘书。

虽然社民党抱怨其他党派联合执政协议的内容没有设想，但是专业小组的工作还是取得了良好进展。[54]根据"德国联盟"和自由党人的说法，社民党人想要在联合执政协议中落实太多具体内容。

4月7日的第三轮谈判被给予了很高的期望。与会者闭门召开了整整6小时会议，而大约21点30分的时候，社民党代表团离开了谈判室，为了进行单独商讨而转战隔壁。基民盟秘书长基希讷尔向媒体报告了一份简明扼要的声明："如果社民党肯接受我们提出的所有条件，谈判也不会失败的。对于部长职位的分配问题本来就存在很多种可能性，但社民党表现出好像很意外的样子。"[55]

社民党完全没有预料到，在关键性的时刻要面对这样的事情。虽然他们的谈判代表团一直都清楚，德梅齐埃本人的态度决不能等同于整个基民盟的态度。[56]由社民党人担任外交部长明显已经是基民盟领导可承受范围的极限。除了总理职位之外，基民盟还拟定获得 11 个部门（共 24 个）的管辖权，社民党可以负责社会与财政部，但他们绝不同意社民党再占据副总理的位子。总的来说，社民党获得一个外交部，以及基民盟主动提供的另外 6 个部门之外就应该满足了。社民党感觉到，他们为联合执政协议做出了那么多前期准备工作，在马上就要实现目标的时候，突然要被基民盟控制未来事情的发展方向了。

23 点左右，社民党代表终于回到了谈判室。不久后党派代表向媒体宣布，他们刚刚在建立共同联合政府问题上达成一致。4 月 12 日，新政府将宣誓成立。在那之前还有一些协商工作要做。[57]4 月 8 日，新民主德国政府继续调整人员分配。外交部、内政部和司法部已经敲定了人选。双方协商达成共识，认为基民盟应该管理经济部，而社民党则负责财政部。

现在的问题就是，两党是否能够落实自己的人事建议。联合政府的民主传统是，核心部门应该由党主席（德梅齐埃、梅克尔、埃佩尔曼）或者秘书长（迪斯特尔）领导。自民党人是目前的唯一例外，允诺给他们的司法部长职位被一个颇有经验但同样颇富争议的法学家担任：库尔特·温舍，他从 1967 年到 1972 年担任司法部长，在莫德罗政府时期就担任了几周的司法部长。基民盟放弃了提名艾玛·碧洛德（Elmar Pieroth）担任经济部长，将国民经济学家格哈尔德·波尔（Gerhard Pohl）作为讨论的人选。[58]

社民党方面也提出了关于财政部领导人的建议：数学家瓦尔特·龙姆贝格在莫德罗执政时期就已经是无任所部长。虽然德梅齐埃表达了对龙姆贝格能力的怀疑[59]，但他还是成功当选财政部长。后来他和德梅齐埃的合作并不十分顺利。

劳动和社会部由社民党人雷吉娜·希尔德布兰德（Regine Hildebrandt）负责，她在 1989 年 10 月离开了"现在就实行民主"，加入了社民党。

虽然社民党在人民议院中议席比例颇高，但是他们获得了"内阁中许多核心位置"[60]这点还是令人十分惊讶。因为德国政策的决策更多的是在部总理办公室中而不是在单个部门中做出的，这应该有助于人们理解，为什么基民盟这么慷慨地放弃了许多重要部门。后来的绝大部分的政府工作也的确是由总理掌控的。

为了创造出一个和波恩联邦总理府相对应的机构，德梅齐埃为他的办公室配备了两名值得信赖的政治家。克劳斯·赖兴巴赫，常年担任基民盟总理事会成员，承担起了"总理办公室主任"的职责。他扮演的是与总理府部长相对应的角色。君特·克劳泽则成为"总理办公室议会国务秘书"。克劳泽要与波恩的内政部长朔伊布勒共同进行统一谈判。

其他部门的人事安排都没什么问题。社民党和基民盟中各需要派出一名无党派人士作为部长候选人。由于部门管辖权分配过程中可能出现势力不平衡的现象，所以他们果断地将一个部门劈成两半。原来的一个部门被分成了青年与体育运动部（基民盟）以及家庭与妇女部（基民盟）。[61]

社民党是否能获得副总理的职位还是存在争议。梅克尔和迪斯特尔都对这个位置表现出了兴趣。德梅齐埃支持迪斯特尔，而迪斯特尔却在没有和德社盟主席埃伯林或者党团主席瓦尔特商议的情况下[62]，把德社盟想要得到的研究与技术部让给了社民党，作为应对平衡社民党的对策。这样瓦尔特没有得到任何部门，埃伯林也被推到了一个不怎么重要的发展援助部，他们二人肯定很不高兴。

第二天，内阁名单最终发表的时候，基民盟获得了12个（包括总理）部长职位，社民党7个，自由党人3个，德社盟2个，"民主觉醒"1个。[63]新内阁中有4位女性部长，这一比例并没有比莫德罗政府提高多少。莫德罗时期的3位前部长又一次加入了新政府（洛塔尔·德梅齐埃，基民盟；库尔特·温舍，德国自民党；瓦尔特·龙姆贝格，社民党）。

如果将民主德国的新内阁名单和联邦德国的蓝本进行对比，可以发现法学家数量很少而神学家比例较高。与司法机构相比，教会似乎是一个更适合招募历史清白的候选人的地方。[64]

4月9日拟定召开最后一次联合政府谈判，在这次会议上，所有的联合政府协议都应当被敲定。但是关于未来的社会政策、分拆大型企业，以及与北约关系问题的讨论比预期所需的时间长了一些，所以代表们必须在第二天再次开会继续谈判。

4月12日，德梅齐埃将被选为总理，他的内阁也将在人民议院正式成立。执政党派们取得一致，将整个内阁作为整体接受表决。他们希望通过这种方式，避免某一个或多个妥协候选人无法得到必要的多数支持。明确地说，就是德梅齐埃不得不担忧，基民盟或者德社盟的议员反对社民党的候选人。

4月12日，洛塔尔·德梅齐埃以265票支持（大联合政府中共303

票）的结果当选总理。之后整个内阁经受了表决，共获得 274 票支持。为了应对尚有效力的民主德国宪法规定的社会主义誓言，德梅齐埃使用了圆桌会议一个工作组提供的宪法草案："我宣誓，我将会全心全意努力创造人民的福祉，维护民主德国的法律法规，认真履行自己的义务，并且公平公正地对待每一个人。"

关于联合执政协议的修改工作一直持续到深夜。直到全体大会召开之前才正式完成。因为个别领域的内容还无法加入政府声明，必须再推迟一周左右。联合执政协议的前言是这样开始的："自 1989 年 11 月 9 日开始，民主德国陷入了特殊的情况，这使得我们在应对两德统一进程所带来的未来的任务时，有必要将政党自身的利益放在一边，为了两个德国的共同成长建立一个大联合政府。"[65]

签署协定的党派这样描述他们的目标："在与联邦德国谈判之后，德国统一将在《基本法》第 23 条的基础上迅速而认真负责地进行。"[66]根据第146 条进行统一的可能性已经不复存在。事实上，统一的速度到底应该多快？参与的党派都预计，很可能不再需要制定一个新的民主德国宪法了。[67]

在"最强的执政联合伙伴主席的带领下"建立了一个联合委员会，它需要负责联合政府党团提出的议会提案不得违反联合执政协议的内容。关于"组织协商"的段落以一句意味深长的话语结束："要确保总理设定大政方针的权力，尤其是在德国问题上的大政方针。"[68]在执政期间，德梅齐埃可没少利用这条规定。

接下来说明了外交、内务、社会以及经济政策领域的核心方针，重要的问题是，刚刚被选举出来的民主德国政府在重要的政治领域制定了哪些新的规定。

根据协定，未来的政府在外交和安全政策上"以承认波兰西侧边界为出发点，就如与波兰签订的《格尔利茨条约》，以及民主德国与波兰签订的《华沙条约》所规定的那样"[69]。为了不给修正主义留下任何漏洞，参与者们宣布，"德国"，这里表示的是全德国，"不会提出任何针对其他国家的领土要求"[70]。在"立刻大规模裁减所有德国武装力量军备"[71]这条要求之后，协定中表明，外交和安全政策必须以"整体解除二战联盟国对于德国的权利"[72]为目标。

新任内政部长的工作除了警力改革以及国家安全机构解散（"不允许存在任何秘密警察"[73]）这些敏感区域之外，还包括改造司法制度，查明统社党财产以及重新规划联邦州结构。从目前的行政区中划定的州和县应该基本和1952年时的结构相一致。

改造司法制度，一个最紧迫的问题[74]就是建立宪法法院制度和行政法院制度，组建劳动法庭和社会法庭，并且废除军事法庭裁判权。对于即将到来的经济、货币和社会联盟，法律改革有着非同寻常的意义，因为只有通过法律调整以及相应的法律保障，才能落实这样影响范围深远的协议。

与此相关，在社会与经济政策章节中提出的方针也有着特殊意义，它们是为了国家条约的谈判而提前撰写的。对联合政府的党派而言，"社会联盟的内容"[75]意味着，将退休金提高为"净退休金标准为70％"[76]，控制租金，制定促进就业的法规，并且"以适合的形式"[77]采用联邦德国的企业法规。

在青年、妇女以及家庭政策方面的规定则为："维护托儿所和幼儿园场地的权利"，"广泛保护未出生生命，以及免费为妇女准备避孕措施"。[78]这种社会内容和道德内容相拼接的妥协性形式，在统一后的德国无法得到延续。联合文件的经济与财政政策部分也列出了类似的法律和财政方面的障碍，其中表明了对波恩方面的许多要求，比如"调换储蓄存款"，"调整工资和薪金"，还有"将退休金调整到1：1的比例"。[79]将这些财政政策的"细节""明确写入民主德国和联邦德国的国家条约之中"，[80]在一定程度上是东柏林联合政府不可侵犯的要求。

在准备经济联盟的过程中，民主德国政府提出了一系列"对于经济改革进行立法的计划"。[81]值得注意的是，这里所说的并不是从计划经济向市场经济转型，而是"改善"现存的经济结构。[82]这毫无疑问是异想天开。但它表现出了当时的政府层面具有怎样的假设和期望。

当联合执政的党派在立法时简单地写到，"保障民主德国居民其他形式的财产权和所有权"[83]时，他们绝对无法预见到财产问题未来会带有多么强大的爆炸力和政治张力。即使所有小型不动产都是以"善意"[84]的方式获得的，也无法让这个棘手的事件变得容易些。民主德国的自然人和法人在售卖民主德国财产时虽然"在规定时间内有义务提供出卖品"[85]，但是由于缺乏购买的财力，这种义务不过是无力的慰藉而已。为了在一定范围内保证西德对曾经被没收财产的所有权，在10年的时间里，只能存在具有优先购买权的永佃权。这条规定与后来"归还先于赔付"的说法大相径庭。

1987年昂纳克访问波恩之后，联邦政府开始和民主德国进行谈判，商议"如何在所有的生活领域持续发展，以满足人们的切实需求"。联邦德国内部关系部部长多罗特·魏姆斯表示，他们并没期待取得什么"举世瞩目的成果"（上图为1989年，多罗特·魏姆斯在民主德国边境吕贝克）。

1989年夏天民主德国发生了戏剧性的变化，直接导致了昂纳克下台。10月24日，埃贡·克伦茨被选为民主德国国务委员会继任主席。下图照片中左起：德国自民党主席格拉尔赫，斯多夫总理，克伦茨，人民议院议长辛德曼。

1989年10月9日，超过7万名莱比锡市民参加了周一晚间大游行，这是自1953年6月17日以来最大规模的一次示威活动。人们担心的示威升级成冲突并没有发生。

1989年11月9日，由于柏林墙开放，勃兰登堡门和舍内贝格市政厅门前聚集了大量民众，老总理勃兰特11月10日在市政厅前的演讲进展顺利，而时任总理科尔的演讲则多次被打断。

时隔28年，德国内部的边境终于开放，最初几天内就有100多万人涌向西德。上图是特拉比轿车成排等待通过黑尔姆施泰特/马林伯恩（Helmstet/Marienborn）过境通道。下图是民主德国人民警察挂着背包驻守波茨坦广场新开设的过境通道，背包里放着检查出境护照的用具。

民主德国士兵在新的波茨坦广场过境通道处拆除部分柏林墙，成群的民众涌向西柏林。

1989年12月19~20日，联邦总理科尔和民主德国总理汉斯·莫德罗在德累斯顿会面（上图摄于贝尔维尤酒店的一次记者招待会）。当天晚间，赫尔穆特·科尔在圣母教堂废墟前面对数千名欢呼着的德累斯顿市民演讲。

1989年11月22日，在联邦总理科尔、外交部长根舍、东柏林市长克拉克以及执行市长蒙佩尔的见证下，勃兰登堡门前的柏林墙开放了两处新的步行过境通道。

1990年1月25日，联邦部长鲁道夫·塞特斯（上图，右二）和总理汉斯·莫德罗（上图，左二）在东柏林进行会谈，主要内容是准备民主德国政府首脑访问波恩。

德国联盟：1990年3月1日科尔在联邦总理府会见"民主觉醒"创始人沃尔夫冈·施努尔、德社盟主席汉斯-威廉·埃贝林，以及东德基民盟主席洛塔尔·德梅齐埃（下图，右起）。

1990年，民主德国第一次人民议院自由选举群众集会：3月14日，联邦总理科尔在莱比锡剧院广场前向20余万民众致辞（上图），2月24日，外交部长根舍在魏玛的歌德广场。

选举当晚的电视采访：洛塔尔·德梅齐埃，未来的民主德国政府首脑（上图），东德社民党主席易卜拉欣·伯梅（左），以及公民运动组织新论坛的教授延斯·赖希（下右）。

1990年4月27日，国防部长格哈尔德·施托滕贝格与民主德国裁军与国防部长莱纳·埃佩尔曼（戴帽子的）进行非正式会面。

内政部长沃尔夫冈·朔伊布勒和米夏埃尔·迪斯特尔（下图右）进行两德对话。

1990年4月30日，在柏林国会大厦召开第一次人民议院议长和联邦议院议长的联席会议。

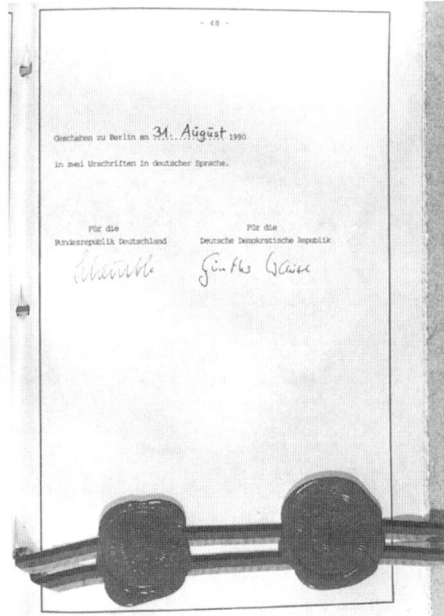

1990年8月31日，在德梅齐埃陪同下，联邦内政部长朔伊布勒与民主德国国务秘书克劳泽在菩提树下宫（*Palais Unter den Linden*）签署了统一条约，其中规定了民主德国加入联邦国的细节问题。

1990年9月27~28日，在柏林国际国会中心召开了东西德社民党人的统一党代会（演讲台上是维利·勃兰特，旁边坐着沃尔夫冈·蒂尔泽，奥斯卡·拉封丹，还有马尔库斯·梅克尔）。

10月1日，基民盟在汉堡完成了统一。前排左起：福尔克尔·鲁厄，赫尔穆特·科尔，洛塔尔·德梅齐埃。

跨越分裂的鸿沟：第二次世界大战结束45年后，1990年10月3日，近百万人在柏林国会大厦广场前庆祝统一。

德国政坛核心人物也悉数在场，左起：拉封丹，勃兰特，根舍，汉内洛蕾以及赫尔穆特·科尔，冯·魏茨泽克，德梅齐埃，维格尔。

1990年10月5日，来自前民主德国的新任部长们为了特别任务第一次到联邦总理府参加内阁会议（上图）。照片中下图左起：萨宾娜·贝格曼-波尔，洛塔尔·德迈齐埃，君特·克劳泽，沃尔夫冈·朔伊布勒，诺贝特·布吕姆，汉斯-迪特里希·根舍，莱纳·奥尔特勒布，贝格曼-波尔。

联合执政协议在很多领域中表现出的要求和野心都不是很理性的评述，不过在这个时期要求理性也几乎不太可能。协议中的内容更多表现出的是一个多党派联合政府的雄心壮志，作为联邦德国的谈判伙伴，他们认为自己更自信也更平等。一些过分不切实际的要求，即使在时间充裕、财政富足的情况下也很难完成。无论如何，联合执政协议体现了民主德国方面严肃的参与态度，它绝不认为自己是一个已经破产国家的破产管理人。

政府工作

1990 年 4 月 12 日下午，新内阁的组建会议召开了。德梅齐埃简短地总结了他对于未来政府工作的基本原则的设想："所有的政府成员紧密团结，共同合作，部长对于自己的管辖领域独立负责，独立按照指导方法落实决议，上呈政府政策的基本任务以进行协商，通过政府做出决定，并及时将它转交给政府成员以进行彻底准备，对于政府会议上的讨论内容，以及不宜外传的决策高度保密。"[86]德梅齐埃要求各部部长们，对于国务秘书职位候选人以及部长会议议事规程的新版本提出建议。[87]

4 月 18 日召开的部长会议持续了几乎一整天。在这次会议上，部长们就政治局势、政府工作分配计划、总理的政府声明草案进行了协商。局势报告中指出，德梅齐埃和部长们应该从 4 月 20 日开始，对于民主德国和联邦德国的第一份国家条约草稿进行讨论。在工作分配计划中规定，从 4 月 18 日开始，解除所有原政府副部长和国务秘书的职务。但是在他们的继任正式开始工作之前，他们还将留在岗位上。[88]

次日，德梅齐埃向人民议院上呈了他在联合执政协议基础上拟定的政府声明。根据他自己的说法，内阁章程"要求颇高"，未来的"道路更加艰辛"。[89]

德梅齐埃强调了四条标准，来衡量维护社会基本价值的政策的质量："不同政见者可以自由发言，所有人享受公正公平，对内对外都以和平作为发展的任务，对所有形态的生命负责。"

政府首脑确定建立对生态负责的社会市场经济，这也是绝大多数人可以接受的社会形态。在接下来的 8 到 10 周内，应该和联邦德国共同建立起经济、货币和社会联盟的基础，到夏天联盟就正式开始生效。最基本的"方针"就是货币兑换比例为 1∶1。德梅齐埃说："其中包括，保障通过土改和财产委托取得的财产权，这些财产是诚信合法获得的，因此也必须保持其正当合法性。其中还包括，在货币调整之前，将政府补助金费用有所区别地增加到工资和退休金上。只有这样才可以随着收入的提高逐步开放价格和房租。"德梅齐埃在声明中还表示，民主德国领土上的土改成果并没有作废，所有的财产形式在未来都会受到"平等"对待。在此背景下，德梅齐埃说了一段很好听的话，在以后的日子里他必须不断与此段话进行比照："统一必须尽快到来，但是其框架条件必须达到必要完善、合理、可持续发展。"内阁将保证德国统一沿着一条符合第 23 条的、经过条约协商的道路实现。

声明中同样提到了转型过程中的社会影响。由于失业人数同预期一样不断攀升，所以必须采取相应措施，包括转业培训，继续教育，建立更有能力的劳工局，提供失业救济金，建立解雇保护、企业法以及劳资协定方面的法规。在经济危机面前，社会保障体系必须保护失业者、病人以及老年人。1990 年在中产阶级领域再创建 50 万个工作岗位，在这种背景之下听来非常具有建设性。

但是这些时间上的设想普遍都没有考虑目前统一进程的速度。1990 年 4 月时的计划仍是到 1991 年之后才根据相应的选举重新引入联邦州结构。对未来民主德国如何适应《华沙条约》和经济互助委员会还没有做出最终决定。目前最紧要的问题是，作为整个欧洲安全体系的开端，新政府要通过跨联盟的结构脱离军事联盟。在相关负责人看来，有必要逐步扩张欧洲共同体，不过还没有把现实的结论考虑进去。

虽然联合政府涉及的范围非常广泛，但是新任总理的政府声明仍表现出了以共识为导向的特征。他们设定出可以承受的目标，不过国内政治局势日益紧迫，对外政治又变幻莫测，这些他们都只能在一定程度上进行预估。总体来说，政府计划是建立在一个长期的改革和转型过程基础之上的，这个过程在当时还没有和德国国家统一的时刻表协调起来。

第一部国家条约（货币、经济和社会联盟）

从 4 月初开始，关于货币、经济和社会联盟的具体准备工作就正式启动了。4 月 24 日，科尔和德梅齐埃两大政府首脑在波恩会面，双方达成一致，相应的国家条约在 1990 年 7 月初将生效。

第二天，民主德国总理向他的内阁报告了他和联邦总理的会谈情况。

根据谈话内容可以推断出："作为货币、经济和社会联盟谈判的基础，部长们会收到一份工作文件。这些文件的内容必须严格保密。总理会向部长会议转达具体的谈判情况。所有其他的工作都要以在 1990 年 7 月 2 日成立货币、经济和社会联盟为中心。"[90] 除此之外，贸易与旅游部以及劳动和社会部还接到任务，在 5 月 2 日之前根据收入等级，分析出在民主德国减少补助金将带来的影响。在做出了各种各样的决议之后，政府工作开始进入"日常的程序"[91]。

在多次预备性会谈之后，4 月 25 日，联邦政府任命的联邦银行行长汉斯·蒂特梅耶[92]和负责对联邦德国关系的民主德国国务秘书君特·克劳泽，带领着各自的代表团开始了关于第一部国家条约的正式谈判。民主德国政府方面撰写了一份意见书，作为后续协商讨论的基础。民主德国的国家银行提供了大量材料，主要包括 1990 年 3 月 31 日之前的信贷收支表。东柏林的经济部和财政部冒着风险对民主德国企业的效益进行了一次预测：2200 家一直以来由中央管理的企业，按 1990 年 12 月 31 日和 1991 年 12 月 31 日两个截止日被分类为可盈利的、需要整顿的以及濒临破产的三个等级。这样预估的结果是，31% 的公司可盈利（到第一个截止日裁减的工作岗位数量：12000 家；到第二个截止日：22000 家），42% 的企业需要整顿（工作岗位减少数量：54000 家以及 70000 家），27% 的企业濒临破产（工作岗位减少数量：26000 家以及 91000 家）。[93]

社民党财政部长龙姆贝格试图强调，在谈判中加入社会政策的要求[94]，并因此遭到了一些同事明显的厌恶。不过条约题目中还是按照民主德国的期望加入了"社会联盟"这几个字。[95]联邦德国方面有更大的顾虑，比如民主德国要求承认"各种形式的公有财产"[96]。民主德国国家银行希望参与制定货币管辖章程，但是遭到了拒绝。[97]全部对话一共只持续了几周。

在条约谈判的过程中，民主德国部长会议也一直在同时召开会议，此外总理还定期在局势报告里汇报最新进展。[98]但是原本的政府工作很快达到了数量极限，导致了力量的分散。5 月 2 日的第四次部长会议议事日程中就总计了 18 点内容，其中包括对于在民主德国建立联邦州法规、地方宪法以及司法部立法措施等方面的建议，但是也有一些让人感到奇怪的决定，比如通过国家财政提供一次性资金来降低精细产品的价格，用汽油燃料保障物资供给情况，或者建立管理委员会来决定如何使用变卖柏林墙残片所获得的收益。[99]

由于民主德国的集中化，莫德罗政府早就通过相似的方式让统社党政治局来讨论很多决议，而这些决议本应该是下属管理部门的任务。国家持续不断的危机迫使德梅齐埃政府在具有可操作性的重要问题上必须保持一定的连贯性，并且决议内容中很大一部分都是涉及范围较窄的问题。此外政府还有任命的责任，需要定期作出人事决定。新空缺的职位将在春天和夏天逐步找到合适人选。

在德梅齐埃政府上任之后，波恩方面明确无误地表示了自己的期望态度。在一些情况下，因为西德认为自己觉察到了东柏林方面的偏差，所以很急迫地要修正他们的路线。德梅齐埃在波兰边界问题上的谈判引起了联邦总理科尔的不快，于是他在 1990 年 5 月 31 日致函德梅齐埃称，"我们二人已经讨论过，在未来行动的细节上要互相取得一致。"因为民主德国草率地将困难的问题引入了与华沙方面的对话，所以科尔预见了未来"巨大的困境"。联邦德国不希望 5 月 5 日的波恩"2 + 4"谈判被波兰的态度"左右"[100]。

5 月 18 日早上，召开了一次部长会议特别会议，其中通过了建立货币、经济和社会联盟的条约草案，也包括其会议记录及附件。其中一条决议规定道："为了遵守协商确定的财政预算框架，需要以节省并且有效的方式使用财政物资，以保证到 1990 年 6 月 30 日之时，财政赤字不会超出预期。政府建议企业，无法承担的税款以 1∶1 的比例上报国家进行重新评估，不允许通过拖欠还款获取财政收益。"[101]

在这期间，波恩方面在一个很重要的问题上不得不背离自己的初衷：由于许多民众的强烈反对，原计划的东德储蓄存款兑换比率（民主德国马克换德国马克）不得不被修改并加以区分。每名居民只能将 4000 马克的储蓄存款以 1∶1 的比率兑换成德国马克（退休人员可换 6000 马克，儿童可换 2000 马克），超出这个范围的数额只能以 2∶1 的比率进行兑换。

经过短暂的谈判，在两国政府首脑的陪同下，两国财政部长瓦尔特·龙姆贝格和特奥·魏格尔就于 1990 年 5 月 18 日，在邵姆堡宫（Palais Schaumburg）签署了《关于建立货币、经济和社会联盟的国家条约》。[102]在隆重的庆祝声明中，联邦总理科尔将条约签署评价为一个自由、统一德国的诞生时刻。总理德梅齐埃也将这一举动赞为"德国真正开始实现统一的开端"，并且指明了条约所具有的和解妥协的特性。虽然并不是"所有的美梦"都成为现实，但是具有生态导向的社会市场经济无疑已经"蓄势待发"。[103]

在第 38 条中，条约规定民主德国在经济上加入联邦德国。最重要的成果就是将德国马克作为支付手段引入民主德国。与此相联系的，还有限制民主德国居民移居联邦德国，以及开始向社会市场经济过渡。东德要求进行社会保障，从而出现了对于劳动权、社会救助以及私人医疗保障的考虑，以及西德就养老、疾病、事故以及失业保险提供帮助。财政预算附加条款规定，通过国有企业私有化、减少政府补助金以及缩减人员开支来约束甚至平衡民主德国的赤字。民主德国的借贷额度限制为 100 亿德国马克，但同时联邦德国允诺了 220 亿的转移性支付。

国家条约中的内容为后续几周内的部长会议讨论提供了内容广泛的工作计划。在 5 月 23 日的部长会议例会上建立了一个政府委员会，它的任务是"研究国家条约落实过程中的、于 1990 年 7 月 1 日前有效的货币政策问题，并且提供相应的解决建议"[104]，具体的问题包括预付税款与租金、调整工资和薪金支付以及调整企业基金。[105]

一周后，内阁还是以法律草案的形式研究联邦德国法律法规在民主德国的应用，比如在 1990 年 7 月 1 日之前将民主德国税法向联邦德国靠拢，还有在民主德国进行货币调整，只要这种调整可以在民主德国的金融机构内实现。与此同时，部长会议要求"立马"建议提供劳工局办公楼。所有的部长都受到委托，在自己的负责领域内将多余的工作人员调到劳动和社会部，在劳工局领一份差事。[106]

5 月 30 日，德梅齐埃已经表明，他手下的部长们"无论是上班时间以内还是以外，或者在周末都必须保持可以随叫随到"[107]，他在 6 月 13 日的内阁会议上又一次提出紧迫的请求，拒绝个别部长的休假要求。在时间安排上，这种要求被证明是有问题的，此外东德政府部门官僚行政体制常常很少考虑盛夏时期进行协商会出现的问题。当波恩各部门的许多公务员都在这个关键的时刻放弃休假坚持工作时，东柏林的情况却是另外一种样子。[108]

1990 年 6 月 14 日，民主德国内阁召开了一次特别会议。议事日程的第一个问题就是两个德国处理尚未解决的财产问题的共同声明。除了财政部长龙姆贝格和司法部长温舍弃权之外，其他人都为这份声明草案投了赞成票。[109]

未来一个很重要的机构就是信托公司。6 月 17 日，人民议院通过了《信托法》。[110]法规将莫德罗政府时期组建的、以管理民主德国人民财产为目标的信托机构转型成了对人民财产进行私有化的机构。部长会议明确表示支持人民议院的这一决定。德梅齐埃亲自指示相关部长，"所有和托管局相关的任务都必须认真仔细地完成。尤其是要注意，托管局始终按照商业的考虑角度进行工作。这就表示，外籍投资者和来自联邦德国或者西柏林的公司拥有同样平等的机会，要根据经济学来评价他们的提议。"[111]

6月21日，人民议院以302票支持，82票（联盟90和民社党）反对的结果，通过了《关于建立货币、经济和社会联盟的条约》。联邦议院和联邦参议院也以大多数通过了这份将于1990年7月1日生效的条约。同时，联邦议院和人民议院通过了之前协商过的决议，承认奥德－尼斯河边界的合法性。

第二部国家条约（统一条约）

德国统一的最后一步持续了大约3个月时间。联邦总理科尔充分利用了民主德国民众的情绪以及各政治势力之间的关系，并以与戈尔巴乔夫的高加索会谈成果为靠山，科尔抓住了1990年夏天送到他眼前的这个机会。[112]

在此期间，内阁召开会议的工作量已经达到了新的纪录。6月4日的部长会议在6个半小时的时间里共讨论了36个议事日程的内容。除了政府政策的现实问题之外，不断有新的法规草案需要上呈人民议院，为适应联邦德国的法律标准而制定的调整规则以及人事决定也耗费着内阁的精力。几名部长的退党行为就可以明确体现出联合政府内的不满情绪。副总理、内政部长迪斯特尔在6月30日退出了德社盟（8月初他加入了基民盟）。他的战友，经济合作部长埃伯林在7月2日离开了党派。从7月3日开始，司法部长温舍也不再是自由民主者联盟的一员。[113]

虽然不久以后，联合政府党派间关于实现统一道路的讨论更加激烈了，但是7月25日，德梅齐埃仍表示，部长和国务秘书层面的人员改换"应该不会发生"，这句话他让写进了会议纪要里。[114]8月1日，内阁承担起了如下的自愿义务："通过政府成员的相应努力，抵制民众中产生的负面和不安情绪，并且创造出积极主动、愿意工作以及乐观主义的气氛，部长会议成员在公众面前发表的言论，必须以改善政府威信形象为目标。对于具体问题的不同意见不要散播到公众中去，而要在政府内部解决。"[115]

尽管如此，自由党人和社会民主党人还是离开了联合政府。8月16日，总理解除了财政部长龙姆贝格、司法部长温舍、农业部长波拉克以及经济部长波尔的职务。[116]4天后，社民党部长梅克尔、莱德尔（Reider）、希尔德布兰德、施内尔（Schnell）以及特佩共同退出内阁。因此公务主要由国务秘书来代理。外交部长工作由德梅齐埃本人接管。劳动和社会部被卫生部长克勒狄齐（Kleditzsch）分管，研究部工作则由教育部长迈尔分管。[117]

德梅齐埃和财政部长龙姆贝格本来就水火不容。在龙姆贝格去职之前，民主德国国家财政出现了一场危机，只能通过波恩方面的大规模援助才能缓解。[118]人们越来越担心，可能连公共服务人员的工资都开不出来。[119]因此当时任职的财政部长维尔讷·斯科乌伦（Werner Skowron）在1990年8月29日向波恩财政部长提出申请，提高信贷上限额度，使其超出100亿德国马克。联邦财政部现在只能慷慨地支付团结款。9月3日，波恩财政部传真表示，批准将额度提高60亿德国马克。[120]

在1990年7月1日，第一部国家条约实现之后，开始了关于第二部国家条约的谈判，这部条约很快就被称作统一条约。[121]在之后几周的时间里，两个政府间部门的会谈中出现了成打的草案、调整和修改的方案。[122]1990年8月31日，君特·克劳泽以及沃尔夫冈·朔伊布勒签署了《统一条约》。9月6日，德梅齐埃在人民议院中提出动议，批准这份条约。[123]

在准备批准条约的过程中，总理于9月11日与党团主席进行了会面。为这次会面准备的问题清单中共列举了9项可能产生危害的要素：斯塔西文件，恢复名誉法规，财产变更法规，关于修改建州法规的法规，"德国统一"委员会，议员赔偿，基金会法规，无线电台过渡法规，以及人民议院的后续会议。[124]德梅齐埃最基本的要求是："政府方面通过党团主席们请求人民议院，搁置可能威胁到统一条约的一切项目。"[125]许多主要旨在修复条约的个别问题让批准条约的程序无法完成。德梅齐埃辩解道："政府在实施人民议院的任务和提案的过程中越是艰辛，那就更应该看在它的份儿上不要在此刻再加重这种负担。现在更应该做的是让所有的力量都集中起来，达到必要多数，通过统一条约。"[126]

"2+4"谈判的成果以及最后的内政动荡

总体而言，民主德国内部的动荡已经不再能影响"德国统一项目"。

东柏林政府的财政危机在波恩的物资支持下得以安然度过，1990 年 8 月 31 日朔伊布勒和克劳泽签署了《统一条约》，国际框架条件已经适合 1990 年 9 月 12 日在莫斯科召开 "2＋4" 会谈。

民主德国内阁在 8 月 29 日商讨了结束其华沙条约以及经互会成员身份的事宜。首先确定的是，民主德国在 10 月 2 日向波兰政府，即华沙条约委托人宣告结束自己的条约成员身份。[127]经互会方面也是一样，只不过按照规章应该向苏联提出退出申请。[128]

9 月 5 日的内阁会议上，总理汇报了 "2＋4" 谈判的进展情况，还有苏联方面对撤出驻军以及全面交出占领权的保留条件。[129]关于交出占领权的问题在 9 月初/中旬的时候再一次将拟定好的计划推向崩溃边缘。美国总统布什在一封致德梅齐埃的信函中保证，他即将与戈尔巴乔夫就伊拉克入侵科威特事件于 9 月 9 日在赫尔辛基进行会面，其间他将努力让 "苏联除了在已达成一致的关于在今日民主德国领土上驻军以外，不再对统一德国的成员身份进行任何其他限制"。[130]民主德国总理立即对这种支持表示了感谢，并且承诺，民主德国将无条件支持联合国对伊拉克的解决方案和制裁手段。[131]

1990 年 9 月 7 日和 10 日，科尔和戈尔巴乔夫通过两次电话会谈达成了重要协定。联邦德国提供总计 150 亿德国马克的转移支付或贷款，并以德国国防政策作为担保，换取克里姆林宫在原则上同意签订 "2＋4" 谈判协定。[132]苏联在 1990 年春天时已经获得了 "巨额贷款"。[133]通过暗示提供高达数十亿财政担保的方式，联邦外交部长根舍得以于 9 月 12 日在莫斯科缔结 "2＋4" 谈判协定过程中，清除苏联最后的顾虑，同时也安抚西方盟国的不安情绪。最终在莫斯科达成协定，建立起主权的德国，并且批准了国家统一。

民主德国总理，8 月底开始也同时兼任外交部长的德梅齐埃在 9 月 19 日向政府做出了一份 "2＋4" 谈判最终会谈的报告。德梅齐埃评价其中的条款是历史性的，并且是德国历史上从 1933 年开始的一个 "时代" 的终结。[134]在报告中，德梅齐埃又一次强调了核心的内政义务，它们也写在两个德国的外交部长写给苏联、美国、英国和法国的同僚的信件中："坚决承认 1945～1949 年的土地改革成果；坚决不允许反对宪法秩序或者违背民族谅解的政党或者团体成立；保护战争牺牲者的墓地及纪念碑；保护在统一的德国内民主德国国际法条约的合法性。"[135]

在统一日到来前，在 1989 年 10 月 1~2 日于纽约举行的欧洲安全与合作会议的外交部长会议上，西方盟国通过协议，废除自二战结束以来使用的保留权利。这样，在德国国家统一前的几周内，需要处理的就只是一些次要的问题了。[136]

但不久以后，民主德国培养出来的专业人士的就业问题成为迫切需要解决的问题，所涉及的不仅是公共管理部门，而且几乎是所有领域。[137]9 月 11 日，在与联邦国防部长格尔哈德·施托滕贝格对话的过程中，德梅齐埃试图建议波恩政府做出决定或采取措施，"至少可以对一部分国家人民军的士兵表个态"[138]。德梅齐埃预测，统一大业的成功取决于所有东德人都成功地参与到自己的工作中来。

关于准备重新在东德引入联邦州结构的问题还需要设立一些条款。9 月 5 日，内阁着手进行州发言人的人事建议，以及在未来的联邦州建立部门。到 9 月 19 日部长会议再次处理了由于部门转交和关闭而造成的人事问题。一直到最后，民主德国政府都被苏联方面的询问、意愿或者行为指使得团团转。还在 9 月时，莫斯科就公开威胁停止"石油供给"[139]。9 月 26 日，德梅齐埃以一封电传求助苏联政府首脑雷日科夫，请求立刻重新开启前一天中断的施韦特/奥德河（Schwedt/Oder）石油供给，这一请求后来也得到了满足。[140]1990 年 9 月 24 日起，民主德国退出了《华沙条约》。[141]统一德国继续维持北约成员身份不变。10 月 1 日，盟国保留权条款在纽约被废止。[142]现在，根据《基本法》第 23 条实现新的联邦德国国家统一已经没有任何障碍了。

1990 年 9 月 28 日 8：00 到 19：30，德梅齐埃领导下的民主德国部长会议第 32 次会议（也是最后一次会议），顺利召开。议事日程中还包含 9 点内容。[143]在会议记录中，德梅齐埃将分别由两个德国的主管议会委员会批准的统一条约评价为"过去几周内杰出的政治成果"。最后，他介绍了 1990 年 10 月 2 日和 3 日的统一庆典的具体准备工作。[144]

总结

在总理洛塔尔·德梅齐埃领导下的民主德国大联合政府在 6 个月的时间内，实现了德国的统一。1990 年 3 月 18 日的选举结果表明，人民希望民主德国快速加入联邦德国，并按照波恩的模式全面过渡到西方民主制度以及社会市场经济，这促进了统一谈判的进展。通过两德之间建立经济、货币和社会联盟的国家条约、选举条约以及建立德国统一条约，尽快达到目标的意图顺利实现了。[145]

第二节　管理部门的转型*

管理部门的新建是从基层开始的，也就是说在城市、乡镇和县区之中开始。它们先于联邦州之前拥有了民主合法的代表机构，并体现了"唯一的机构延续性"[146]。早在汉斯·莫德罗于 1989 年 11 月 17 日发表的政府声明中就主张以逐步建设地方自治为目标。[147]联邦政府在 1990 年 2 月初表示支持这一目标要求。[148]

到 1990 年 5 月 6 日的地方选举为止，大概 75% 的乡镇和城市的市长尚在任职。县委员会主席在职的情况也很相似。为了重建由于选举造假而大大降低的地方公信力，人民议院决定，从 1990 年 1 月 29 日到 1990 年 3 月 1 日，承认公民委员会参与管理行为的合法性。[149]共有 1400 个此类委员会参与了维护地方生活的工作。[150]

但直到地方选举之后才产生促进乡镇和区县管理部门更新的强劲推动力[151]：地方代表机构、乡镇代表机构、市议会以及县议会纷纷建立起来。许多地方的民主党派和公民运动组织成员都在地方政治中占据了领导地位，担任比如市长、部门负责人，以及主管官员这样的职位。[152]大联合政府通常会避免一个党派控制管理部门。而且就算是大党派也无法派出足够的人员占据管理职位[153]，因此外部人员的加入是一个合适的解决办法。

但是新成立的地方管理机构还是面临着问题，他们的工作仍缺乏法律基础。[154]德梅齐埃政府不断立法，制定新的规章，这常常导致困惑和迷惘。[155]在西德治理专家的帮助下，5 月 17 日，地方宪法用了不足 3 个月的准备时间就出台了[156]，它终止了乡镇和区县的自治权，并建立了重新统一所需要的法律兼容性。[157]鉴于区县在原国家结构中的地位，将区县也涉及进来很有争议。这一点在有关所谓的"地方自治"的表述中被明确下来，圆桌会议工作小组拟订的宪法草案专门以"地方自治"为题进行讨论。[158]现行的地方宪法是源自西德州宪法的大杂烩[159]，这是因为时间紧迫，已经没法制订出完全独立的解决方案。此外人们希望避免仅仅将一部地方宪法模

---

* 乌尔里克·明希（Ulrike Münch）、露丝·赫滕（Rut Herten）协助撰写。

型用作模板。[160]在草案阶段所包含的自主独立性，比如地方对于民族谅解以及维护和平的管辖权等，由于统一政策的压力没法继续实行。因此，虽然原本被废止的地方外籍人员选举权以及地方乡镇自治的规章又被重新启用，但这只是一个例外而已。[161]引人注意的还有通过人民决议以及人民参与体现出来的公民表决特性，圆桌会议的这一特点始终与地方发展并驾齐驱。与草案时期的预期不同，市长和县长并没有被直接选举出来，而是选择了将市政委员制和市长制融合起来。[162]

随着地方宪法的生效，乡镇在财政方面仍然保持独立。但是不久之前，德梅齐埃政府的出售全民所有不动产的法规还是给他们造成了上百万的损失。[163]因为他们实际上没有款项收入，所以地方职责的履行受到了威胁。[164]根据经济、货币和社会联盟国家条约的规定，1990 年 7 月 1 日起，联邦财政将援助乡镇地区，并且也为乡镇公职人员准备了薪金。但是，在管理部门和财政部门的资产方面，以及前全民所有的地产方面还是笼罩着法制和计划的不确定性。[165]

为了不让管理工作完全处于停滞状态，人们努力在低层工作人员层面保持一定程度的连贯性。但是之前聘用的、因为未来前途渺茫而缺乏动力的工作人员与很大比例[166]新聘用的、虽然历史清白但是主要由自然科学家和教会代表组成的缺乏经验的领导层之间的关系紧张起来。[167]但是新生力量可以通过他们高涨的热情以及在民主德国时期掌握的交流能力弥补他们经验不足的弱点。[168]而在很大程度上仍习惯于中央集权决策体制的老骨干们[169]则需要调整自己，以适应以法治国家体制为导向的工作路径以及决策标准。总的来说，对于那些基本没有法律基础知识的人来说，新（联邦德国）的法规应用为他们带来了很大的困难。更麻烦的是，民主德国并没有专门的管理培训，之前一直以政治意识形态为首要的人事选拔标准。[170]有能力的工作人员跳槽到了经济部门，或者在地方选举之前就新建立的财政以及劳动管理部门，他们在那里能获得比乡镇更丰厚的薪水。[171]因此，地方管理部门建设过程中最大的阻力之一就是薪金水平过低，但是又没有法律条文或者规范这种最简单的辅助工具。[172]

纵然有许多人事困难，管理部门还是必须应对民众和投资者的厚望，以及全新的工作任务。这种局面的产生，一方面是由于中央国家在社会以及文化领域的撤退，尤其是在教育和医疗卫生服务方面的撒手，而联邦州层面上也同样有问题。[173]另一方面，原本属于全民所有企业和群众组织的任务落到了乡镇上，其中包括安排物资供给、垃圾清理、文化及社会发展，还有住房管理。[174]在住房领域方面，地方就必须和建筑坍塌问题进行斗争，更不要提大规模的环境问题和污染问题了。[175]环境机构的一份报告中就指出，只有3%的河流和静水是符合生态标准的。[176]

任务数量不断增长，但工作岗位并没有随之增多，这也是引发问题的原因之一。虽然实际的工作都是地方乡镇在做，但是工作岗位仍保留在行政区或者企业层面上，和同规模的西德城市相比较，部分乡镇的实际工作人员数量只占到西德的四分之一。[177]因为乡镇在民主德国地位十分低下，所以人员覆盖率也很低，比如图林根的大部分乡镇中只有2～4个工作人员。[178]但是这种局面也和小型以及极小型乡镇的数量过多有关：大约四分之三的乡镇中只有不到1000名居民，[179]而且也几乎没有任何教会机构或者福利事业联合会来分担部分社会工作。[180]纵使目前急需新人员的加入，但是在地方层面却出现了人员减少的现象。这种问题在技术领域尤为明显，其中包括对于民主德国管理部门并不少见的女性理发师和女性护理人员的流失，在教育和医疗卫生事业附属机构中也是如此。[181]

在县城中，工作任务数量（与乡镇情况不同）和从前基本相同。虽然它们的一部分工作现在由独立的乡镇接管了，但是又由于行政区层面的放手以及新管理任务的出现（比如社会救济和住房津贴）而获得了新的工作。[182]在州政府成立之前，1990年5月6日选举出来的县长代替州政府处理与乡镇之间的事务。[183]

在建立以咨询中心这种模式为主的地方自主管理机构过程中，地方获得了州以及地方层面的顶层协会的支援。[184]

特别是在建立伙伴城市关系这个领域获得了重要的意义，在1989年夏天已经建立了70对伙伴关系[185]，几个月之后就已经建立起了一个几乎覆盖全国的网络[186]，以至于到了1990年5月6日的地方选举时，城市代表会议已经可以确定646对正式缔结友好伙伴关系的城市，到了1990年10月3日，这个数字增加到了854对。[187]

在头几个月中，联邦德国方面提供了许多财政和运输方面的帮助，加开了临时列车和大巴运输，安排了访问项目以及城市游览，这让许多前来访问的民主德国居民第一次得以拜访他们在西德的伙伴城市。[188]但是西德方面的路线是，至少在人民议院选举之前对民主德国官方保持克制含蓄的态度[189]，以防止稳固一个不利于民主化进程的体制。随后人们尴尬地认识到，这种态度不但针对官方代表，而且涉及反对派团体以及教会。[190]但是后来西德的地方层面还是通过人员外借、咨询建议、召开研讨会，以及转让技术设备和办公用品等支援了东德管理部门的建立（一部分通过放弃自己城市原本的计划，一部分是像北威州那样借助州政府的帮助）。[191]这种地方层面的实际有效的帮助获得了广泛的好评，与联邦、州以及地方联合会总会组织常常进行的匿名捐助相比更具影响力。管理部门的组织形式和管理风格也相应地受到了伙伴城市的显著影响。[192]在很多情况下，东德伙伴整体照搬西德的管理体制的规划、编制或者主要章程。他们甚至还借鉴了参议院或者市政机构这些通常的名称，虽然地方宪法中完全没有相应的规定。[193]

尽管伙伴城市关系产生了明显的影响，但是我们不能忽视，很多小型的和极小型的乡镇并没有固定的西德伙伴城市，因此他们在管理部门建设过程中主要还是要靠自己。因此排除莱比锡、德累斯顿或者哈勒这种大城市，总体而言，西德人员在地方层面上担任的职位还是比在联邦州层面上少得多。[194]

1990 年 5 月 31 日，区委员会由于缺乏民主合法性被解散后，中央政府在各区最强党派的建议下建立了新的区委员会。它们隶属于德梅齐埃任命的州发言人。[195]新的区委员会受到地方圆桌会议[196]的支持，自 1990 年 9 月起还有中央顾问团的帮助，它们组建了地区及乡镇事务部。[197]但是这个行政区管理机构只到重新统一之前有效，它的工作任务十分模糊，其成员也由于未来前景黯淡而缺乏积极性。[198]

人们已经放弃重新选举一个行政区议会，来和中央导向的议会相抗衡，因为中层机构应该由州政府决定建立，但是联邦州本身还没有建立起来。[199]萨克森政府建议说，按照西德的模式，把那些还符合旧体制的行政区管理部门改造成中层机构。[200]但这一建议引发了联邦州和地方政治家的反对浪潮，尤其是被新选举出来的县长态度最强烈。他们抗议说，中层机构缺乏民主监控。此外他们还担忧，中层机构的监督职能会限制地方的自我管理。[201]这种国家对于地方监管引发的冲突将伴随新联邦州很长一段时间，这是地方政府面对国家影响时源于中央集权的经验而产生的防卫反应的一个很好证明。

总体来讲，在筹建政府管理部门的过程中，管理体制并不透明，而且在很大程度上缺乏正规性。[202]

即将新成立的联邦州首先获得了它们西德伙伴联邦州的支持。比如在图林根州的建立过程中，莱茵兰－普法尔茨州就全程提供咨询帮助以及金额高达 5000 万德国马克的三年项目。[203] 但是图林根支援经费的主要提供者还是黑森州，它将在 4 年时间内，为医疗卫生、环境保护、交通道路、跨界个人短途交通，以及文物保护方面共提供 2.5 亿马克的资金。此外，州议会还促进了中小型企业间的合作。11 月中旬，黑森州国务秘书以及图林根州行政区代表共同组建了一个工作组，它被委任处理最紧急的任务。[204] 1990 年中，巴伐利亚也和图林根、萨克森共同建立了"混合工作组"[205]，旨在将各州之间的合作机制化。在图林根，这种合作被刻意地与行政区独立开来[206]，而在萨克森，历史上的敌意已经被淡忘，并且出于有效性的考量，人们将行政区纳入 1990 年 1 月 30 日就已经与巴登－符腾堡州成立的混合委员会之中。[207] 委员会按照工作组进行结构划分，其工作任务自然也按照管辖范围进行了区分。[208] 在后来成立的州政府中，部长们就分别接管了相应工作组的职能。[209]

1990 年 6 月，西德联邦州内政部做出决议，将援助措施进行如下分配[210]：石勒苏益格－荷尔斯泰因和汉堡负责梅克伦堡－前波莫瑞州，不来梅和北莱茵－威斯特法伦州负责什未林区、罗斯托克以及新勃兰登堡，汉堡负责德累斯顿（城市及地区），下萨克森州负责萨克森－安哈尔特州，北莱茵－威斯特法伦州负责勃兰登堡、黑森州／莱茵兰－普法尔茨州和巴伐利亚州负责图林根州，巴登－符腾堡州和巴伐利亚州负责萨克森州，最后北莱茵－威斯特法伦州负责莱比锡及周边。这种分配基本符合年初时就已经成型的管理关系。[211] 夏天时，更多来自相应伙伴州的官员被以顾问的身份安排在了党团和人民议院的部门中。[212] 巴登－符腾堡州在 1990 年 8 月就已经为未来的萨克森州提供了超过 150 名担任顾问的官员，他们主要负责即将到来的州议会选举的组织工作。[213] 巴伐利亚州在德累斯顿设立了一个常驻咨询办公室。[214] 大部分的核心位置，比如管理领域、人事与财政预算领域，以及内阁部门和政策咨询的职位都被西德的人员占据着。[215]

在人民议院选举之前，联邦政府则对各州表现得很克制，因为他们不希望过早散发出民主德国加入的信号。[216] 但是 3 月底开始，第一批"先锋者"已经开始为民主德国部长提供意见。[217] 4 月中旬开始，联邦内政部决定，派遣联邦政府长期顾问进入民主德国部门。不久前，部长会议秘书长哈里·默比斯就向西德方面提出过相应的申请。[218] 根据联邦政府和原有联邦州的商议协定，民主德国的 5 个州发言人将获得由 50 名成员组成的高级顾问团的帮助，这个顾问团中一半人员来自州管理部门中，另一半来自联邦管理部门，都是最重要领域的精锐人员。[219]每个新联邦州的发言人都被指定 10 名顾问。顾问最重要的内容就是按照西德政党体制的样板发展新联邦州的政治结构，以及促进东西德在内部安全领域的共同合作。[220]

1990 年八九月开始，隶属于联邦内政部的联邦公共管理机构为民主德国高层管理人员准备了课程和研讨会，课程主要内容是管理技术问题。之前也预料到，这之所以是个问题，是因为部分受益于这一培训措施的人员，在很长时间内不会被纳入公共服务系统。[221]在民主德国，引入职业公务员的想法首先就被刻意放弃了。[222]

在统一条约谈判的最后阶段，一个额外的协调委员会于 1990 年 9 月 11 日成立了：这是一个为了协助管理而建立的联邦和州之间的合作调解机构（Bund－Länder－Clearing－Stelle）。[223]未来的州发言人就属于这个合作调解机构，联邦内政部、财政部、经济部以及劳动和社会部分别派出一个代表，还有 3 个地方层面的顶层协会成员。一直到 1990 年 10 月 3 日这个协调委员会的第一要务就是为州发言人提供咨询建议，在那之后它的主要工作就变成了前民主德国管理部门的破产清算。[224]

题外话：伙伴关系城市波恩对波茨坦的援助

这里将详细介绍一组伙伴城市关系，即波恩/波茨坦。在 1989 年 11 月之前，这对伙伴关系就已经存在了；在这一关系中涉及了两个中型城市，它们都具有一定的援助潜力，也因此体现了伙伴城市的典型特征。

11 月底时，波恩管理高层的一个代表团抵达哈维尔（Havel），希望与新的政治反对派团体、教会代表，以及报刊编辑建立联系。[225]两个城市的关系发展良好，波恩市议会在 1990 年 3 月 29 日为实施紧急援助措施准备了 220 万德国马克。其中 120 万是北莱茵－威斯特法伦州的特别拨款。这些资金将用于以下领域：16 万德国马克用于人道主义救援，21 万德国马克用于地方知识转让，15 万德国马克用于技术援助，还有 24 万用于会面会谈措施。[226]波恩市议会还规定了紧急援助的使用范围，原因是波恩方面认为波茨坦市政厅中建立的圆桌会议缺乏民主合法性。[227]1990 年底，波恩接受了新的市管理部门，并放弃了上述做法。[228]

人道主义救援资金帮助波茨坦的医疗卫生机构渡过了这段时间严重的

物资紧缺难关。[229]这些资金用于购买各种各样的医疗器械以及供给物资：从医生的工作服、敷料、一次性注射器到假体、轮椅、手术台，乃至一套医用急救电话系统及三台残障人士专用电梯。[230]建立运转正常的地方自治部门，其重点是地方知识转让，其中包括关于管理组织的信息、做出决议的过程、管理技能训练以及进修措施。尤其需要波恩方面关于特定部门的工作经验，这些部门在波茨坦新成立，必须白手起家，比如总局、交通局或者平等机构。

在波茨坦市长格拉姆利克（Gramlich）的请求下，波恩在管理部门结构建设方面给予了帮助：在地方选举后不久，刚刚退休的副市长兼组织与人事负责人绍尔伯恩（Sauerbron）以及波恩市总局局长休伯纳（Hübner）就为此被派往波茨坦一周。波茨坦的困难不仅是民主德国延续袭来的组织形式，还有这个由社民党、"新论坛"、基民盟共同组建的新领导层，它们常常没法达成共识。1990年，绍尔伯恩多次前往波茨坦。初秋时，他参照波恩市的财政预算计划，帮助波茨坦制定了1991年的财政预算以及对管理部门的要求。首先要做的就是克服羞怯心理，接受贷款或者申请援助金。

在技术支持方面，波茨坦获得了如下器械：两台垃圾车、三台道路清扫车、一辆救护车、一辆消防车、一辆市用小客车、一些复印机、一台有传真接口的无线电话、办公室机具以及办公室用品，还有用于申请社会救助的第一批表格。波恩市与新教教会共同购进了一台二手小客车，为"幼儿园提供餐饮"，为伙伴城市图书馆提供了3万德国马克用于购买文学著作和科学文献，还收集了幼儿园家具运往波茨坦。[231]此外还有一系列的第三方捐助，进行了多次会面。[232]

联邦化 *

1989年11月17日，莫德罗在政府声明中泛泛地表明要建立高效的管理部门，稍微具体些提及了地方自治问题[233]，但是在随后的辩论中，国民党和基民盟已经要求重新引入联邦州结构。[234]为此，政府在12月中旬建立了管理改革委员会，其主要任务就是设计民主德国未来的区域规划。[235]

但是，不仅是政府，党派和联合会也都遵循着联邦式设想，因此在所有的选举纲领中，包括民社党在内，都可以看到联邦化的目标。[236]此外，党

---

* 露丝·赫滕协助撰写。

派以及职业代表（同业协会、手工业同业协会以及联合会）在人民议院选举之前就建立了州联合会。这些联合会以 1946～1952 年的区域划分情况为基础，提前认识到了未来的发展趋势。[237]这种想法并不只属于他们，而恰恰是时代精神，因为民众在游行和竞选活动中也开始越来越多地使用以前的联邦州的颜色。[238]尤其是图林根的红盾白熊图案[239]，以及萨克森的白绿色彩[240]在这片黑红金三色旗帜的海洋中分外醒目。[241]重新引入联邦州结构的呼声如此之高不仅是出于对州人民的身份认同感，更是因为希望对抗旧体制的民主集中制，并且按照西德的样板引入自治以及分权模式。[242]

1990 年 3 月 18 日，民众做出根据《基本法》第 23 条实现统一的决定后，民主德国重新实现联邦化的决议也同时敲定，因为根本没办法把整个民主德国纳入西德的联邦州体制中去。[243]

因此，德梅齐埃政府在选举后委托一个由曼弗雷德·普莱斯领导的独立部门，处理"地方和乡镇事务"。这个部门又和司法部合作成立了一个委员会，负责制定民主德国建立联邦州的法律法规。[244]其目标应符合联合执政协议以及德梅齐埃的政府声明，即"建立一个联邦政府"[245]，在 1991 年重新建立联邦州结构。[246]在 1990 年 5 月 18 日国家条约的指导原则中，民主德国承诺，"根据自由、民主、联邦、法治国家以及社会秩序的基本原则"[247]构建其权利体系。但是建立联邦这个想法是否符合宪法受到了质疑，因为现行宪法中完全没有提到联邦州。中央圆桌会议的宪法草案中倒是有所提及，第 41 条包含了民主德国联邦州的划分，并在第 66～68 条中规定建立州议会作为州决议参与机构。[248]1990 年 4 月，大部分相关政治家们就已经搁置了制定全新宪法的讨论。[249]但是想引入联邦州结构，普遍观点还是认为有必要进行修宪，因此 1990 年 6 月 "宪法原则" 中第九条的修改法确立了民主德国的联邦国家属性，并且在序言中表示，与之相违背的宪法法规全部无效。[250]虽然联邦主义获得了承认，但是民众提出的尽快将东德生活水平提升到与西德持平的要求，所需要的更多是中央（议会）的决议，而不是底层的联邦性决定。[251]其前提条件是进行乡镇和区县的改革，但是鉴于统一在即的时间压力，这已经不可能实现。[252]

由于联邦州缺乏自己独立的管理机构[253]，决议过程还是由政府掌控着。因此在制定建州法规过程中，联邦州本身几乎没法产生任何影响。同时，地方圆桌会议（违背建议[254]）也没有参与这个过程，联邦化进程就完全由中央机构一手掌控。[255]这样，德国宪法历史上独一无二的情景出现了，一个联邦国家在其成员没有参与的情况下建立了。[256]1990 年 8 月，地方和乡镇合作部上呈了一份关于建立联邦政府以及处理民主德国领土上联邦州事宜的计划，其中表明，这种中央导向的联邦化在 1990 年将持续下去。[257]与此同时，在 1990 年进行首次州议会选举并随之实现联邦州自主独立的要求[258]，也被相关部长普莱斯以时机尚早为由拒绝了。[259]

虽然在建立联邦州问题上意见高度一致，但是在具体细节上，比如州的数量、边界等就引发了极大争议。负责建州法规的政府委员会收到了大约 1700 封相关信函，其中一大部分就都涉及联邦州边界问题。[260]

根据 1990 年 5 月 2 日的民主德国部长会议决议，联邦州建立（依据《基本法》第 29 条）不仅要以居民数量、经济适宜度、已存在的功能性和组织性关系等功能性标准为导向，还要考虑民众的故乡联系、区域联系，以及扩大的领土结构等历史情况。[261]

从功能性角度来考虑，汉堡市政府委员霍斯特·戈布雷希特（Horst Gobrecht）（社民党）的建议广泛传播开来，他在 1990 年 4 月提出将民主德国平分，并在联邦德国（根据 1972 年专家委员会的相应建议）进行区域改革。这将构筑起居民数量充足、经济强劲的联邦州，它们可以保证联邦德国的财政体制经受住压力的考验，并可以在欧洲层面上产生足够的影响力。[262]根据他的设想，民主德国应该以梅克伦堡－前波莫瑞和勃兰登堡建立一个北部州，萨克森和图林根建立一个南部州。在西部，黑森、莱茵兰－普法尔茨和萨尔组成一个州，同样汉堡、不来梅、石勒苏益格－荷尔施泰因和下萨克森组成一个州。戈布雷希特的设想在最初得到了支持[263]，但是最后仍没有获得足够的赞同，因为无论是联邦德国还是正在形成的民主德国联邦州都没有准备好，为了一个北部州或者南部州放弃自己的独立性。戈布雷希特不得不承受诸如"不顾历史的理性"[264]或者约束民主德国这样的指责。[265]

历史学家卡尔海因茨·布拉施克（Karlheinz Blaschke）的建议也没高明到哪里去，他提出成立三个联邦州，即梅克伦堡州，包括柏林在内的勃兰登堡州，以及萨克森－图林根州。他希望按照巴符和下萨克森的模式实现稳固的统一，并形成和西德联邦州相匹配的大小分布。在划分政府的行政区或者建立特定的自我管理机构时，应该考虑到底层的地方运动组织。[266]

但是，真正有竞争力的是一个建立四州的建议，这个建议受到了东柏林的洪堡大学的地理学家们，尤其是曼弗雷德·普莱斯以及政府委员会的支持拥护。其中规定重新恢复历史性的联邦州分布，只有萨克森－安哈尔特除外，因为它是 1945～1952 年由苏联占领者建立的。这样马格德保应归属勃兰登堡，哈勒归属萨克森。在政府委员会对于建州法规的新设想进行最终评价时，他们表明[267]，新成立的东德联邦州在面积和人口上与西德相比都较为弱小，这种模式可以对它们进行强化，其优点是不会把民主德国最重要的工业区哈勒/莱比锡分裂开，而是让它们同属一个州的管辖之下。[268]尽管优势明显，1990 年 7 月 22 日，建州法规还是选择了一个五州解决方案。这个方案中没有提到东柏林，因为虽然东柏林被赋予了"联邦州许可"，但是它即将和西柏林合并成一个城市。[269]建州法规为日后进行重新规划留下了可能性，尤其对柏林和勃兰登堡是否合并的问题态度暧昧[270]，但是鉴于联邦德国从来没有成功进行重新规划的历史，可以想象，如果想打破已经确立的联邦州结构将是极其困难的一件事。

在解释四州建议最终没能得以落实的原因时，曼弗雷德·普莱斯将它归结为群众的压力。人们已经如此习惯五个州的想法，以至于"任何中央集权的、从上头发布的要求"都行不通。[271]根据应用社会科学研究所的调查问卷结果，实际上有 55% 的民主德国民众想要恢复原有的联邦州结构。[272]这一结果第一眼看来很让人惊异，因为传统意识实际上只在萨克森以及有节制地在图林根和梅克伦堡有所发展[273]，但是在这样一个变化和动荡的时代，人们可能希望寻求地区政治的故乡。[274]卡尔海因茨·布拉施克提供了另外一种解释，他引用了一位政府委员会成员的话："实际上，这个合理的四州建议并不是因为群众意愿才破产的，而是在逐渐建立的萨克森—安哈尔特地区一群野心勃勃的政客游说的结果。"[275]

联邦德国的联邦州在实现五州方案的过程中也参与其中。从 1989 年11 月中旬开始，来自黑森和莱茵兰－普法尔茨的基民盟州议会主席克劳斯·彼得·默勒（Klaus Peter Möller）和海因茨·彼得·福尔克特（Heinz Peter Volkert），以及巴伐利亚的州长马克思·施特赖布尔（Max Streibl）都要求重新恢复原来的五州结构。[276]但是如果注意观察西德联邦州的接触，可以发现只有巴伐利亚和巴符支持萨克森[277]、黑森、莱茵兰－普法尔茨和巴伐利亚支持图林根[278]恢复原有的联邦州边境，并将其定位在国家层面上。除此之外，大部分支持措施（比如来自下萨克森和北威的援助）主要还是集中在地区和乡镇层面上，并以私人援助为主。[279]而且在所有的规划方案中，萨克森和图林根即使不是完全独立，至少是不可分割的，因此没法指责联邦德国的联邦州，它们在支持这两个州的时候就应该预料到会促进五州结构的形成。[280]

在成立五个联邦州的决议中，即使明确地将理性原因和管理技术原因都归于次要地位，地区归属性或者历史性的论点也没法得以贯彻。波美拉尼亚人民以及格莱福斯瓦尔德（Greifswald）新教地方教会要求建立前波美拉尼亚州（Vorpommern），索布人（Sorben）要求成立自己的卢萨蒂亚州（Lausitz），西里西亚人（Schlesier）也要求成立自己的下西里西亚州（Niederschlesien），但这些要求都没有被认真考虑。毕竟一个波美拉尼亚州有大约68.8万居民[281]，而一个下西里西亚州甚至只有38万人[282]。多摩维纳（Domowina），索布人的官方政治联合会就一次都没有共同提出成立卢萨蒂亚州的要求。但是人们承认分散在萨克森和勃兰登堡的索布人，在两个州的宪法中都明确规定了他们的文化独立性。[283]同样的，赋予格尔利茨、莱比锡和罗斯托克自由城市[284]的计划也没有成功的指望。基于文化基础建立迷你联邦州的提议也没有被严肃对待，而更加遭受冷遇的是那个某些时候突发的、整体上与国家条约协定对立的单独的重新统一计划。这样图林根的艾希斯费尔德县（Eichsfeld）无法加入下萨克森[285]，萨克森部分的福格特兰县（Vogtland）也没法加入巴伐利亚。[286]

虽然重新建立五个联邦州的决议已经通过，但是具体的边界问题还没有处理清楚。1990年4月的联合政府协定中主张沿用1952年的边界，这意味着重新后退到原来的州和城市的规划。[287]布拉施克还认为，这种方式是脱离统社党中央集权统治的必要形式："更多的民主意味着更少的官僚。"[288]但是区域规划政策的观点则与此相反：基础设施和住宅设施的分配都应以行政区的边界来确定；倘若如此，必须将8个县区，即339个乡镇，共36.3万居民彻底与现有的行政区划分离，32个区县将不复存在，1990年5月6日刚刚选举出来的县议会将重新失去意义。这样管理部门就没法继续工作，而想要顺利过渡到新的联邦州结构则必须保证它们的稳固。[289]因此立法委员会建议部长会议，在建州法规中，根据现存14个行政区的边界来划定5个联邦州边境。[290]这样只有行政区层级的管理部门需要被取消，而区县层面的管理部门就得以保留。

以1946/1947年时的边界为标准颇有争议，因此决定为这个问题设立两个全民公决的阶段。在做出建州法规决定之前，人们就在15个县区进行了问卷调查，这些县区在1952年时完全属于或者主要属于其他的联邦州。

在联邦州成功建立之后，在那些 1952 年时部分属于其他联邦州的乡镇又进行了一次问卷调查。联邦州将必要的修改留待在国家条约中进行处理。[291]虽然这个过程中主张严格遵循联邦国家的辅助性原则，但仍清晰反映了中央集权对全民公决第一阶段的影响：阿尔滕堡（Altenburg）、森夫滕贝格（Senftenberg）和巴德利本韦尔达（Bad Liebenwerda）的县议会无视大多数萨克森居民的意愿，建议将阿尔滕堡县归入图林根，另外几个县归入勃兰登堡。人民议院在通过建州法规时采纳了县议会的建议，同样没有给予全民公决足够的重视。[292]但是在第二阶段的调查中，这种意愿并没有因此被削减。根据媒体报道，在建州法规于 7 月底通过时，已经有 140 个城市和乡镇在第二阶段表示了对其进行修改的意愿。[293]

1990 年 7 月 22 日，随着建州法规和联邦州选举法的通过，重新恢复历史上的联邦州的原则性的决定已经敲定，但是在法规生效之前，尤其是在 1990 年 9 月 14 日的第一次州议会选举之前，还需要迈出走向联邦州独立的第一步。未来的政府结构完全是在联邦州内，由政策咨询委员会（PBA）自行筹备的。在这里有必要以图林根为例详细介绍一下这一委员会的工作。[294]根据人民议院选举和地方选举结果，政党和政治运动组织按比例派出代表组成图林根的政策咨询委员会，它还受到了科学家、区议员以及来自巴伐利亚、黑森以及莱茵兰－普法尔茨的州议会代表的建议性支持。[295]它的任务包括，建立州政府、管理部门、司法部门，从组织结构上以及立法草案上对未来的州议会的决议进行准备。对于州境内的全民所有财产进行私有化以及重组并不属于它的任务范畴，因为有信托机构专门对此负责。[296]

尽管政策咨询委员会的工作任务十分明确，但是地方和乡镇合作部仍然可以在地方权力和警察权力这类传统联邦州的工作领域内颁布法规。[297]即使没有进一步的介入，委员会还是决定准备首府的选址，因为这个主要在梅克伦堡－前波莫瑞、萨克森－安哈尔特[298]以及图林根最富争议的问题并没有在建州法规中加以规定。最后，在首府选址的争论中，又再次出现了历史文化和管理技术/理性选择相冲突的局面。具体化到图林根的情况下，前者支持魏玛，后者则支持埃尔福特，因为埃尔福特拥有行政管理部门工作必需的办公楼。委员会最终决定，交给州议员和市长在议会中通过表决决定。[299]

在委员会建立州机构以及制定州法规的时候，根据《基本法》第 28

条的一致性原则，在一个统一德国中要求法律统一，因此人们有意地遵循了《基本法》中关于法治国家以及机构建立的规定。[300]

这一点在图林根政策咨询委员会宪法工作组的工作中也可以感受到。8月底，这个工作组提交了一份草案，草案的一些领域（比如公民表决要素、加强州议会、环保、地方外籍人员选举权、堕胎）就以《基本法》，以及西德州宪法中的规定为出发点，并且有意对于（联邦德国）宪法辩论做出贡献。[301]政策咨询委员会不能理解这种想法。它将这份同样十分靠拢中央圆桌会议宪法草案的法律草案转交给了司法工作组，让司法工作组与莱茵兰－普法尔茨司法部对这份法案共同进行修订。但是这份草案也没能获得认可，最后在基民盟州主席伯克（Böck）的要求下，这一任务彻底落到了莱茵兰－普法尔茨州人的身上[302]，委员会只负责一个临时的、由基民盟和自民党提议的宪法草案，仅仅是为了给未来州议会和州政府的工作提供一个基础。[303]

在这期间，各种指导和合作也逐步走向机构化，混合委员会、工作组、联系办公室、包括所谓的合作调解机构也建立了起来。其中的问题是[304]，新联邦州的代表们只能在上述的委员会中平等地参与工作，但是在这些机构中无论是专业知识还是财权，都是西德占主导的。瓦尔特·瓦尔曼不切实际地设想在统一后建立共同的黑森－图林根联邦州成为东西德之间的"桥梁"[305]，马克斯·施特赖布尔在访问萨克森的代表团中，让一位萨克森公爵的王子随行，希望唤起对过去的回忆[306]，但是这些都无法掩盖一个事实，即对新成立的联邦州，这种密集的合作并没能加强对联邦主义而言至关重要的独立性和自主权。

在1990年4月12日的联合执政协议中，执政党就表示要依照《基本法》明确州权力和联邦权力之间界限，并且规定建立州议院。[307]相应地，1990年5月2日批准的建州法规草案（在很大程度上与中央圆桌会议工作组的宪法草案相同）也要求州议院参与到立法过程中，强调联邦权力高于州权力，对表决法与异议法进行了区分，同样区别了专门法、竞争法以及立法框架法。与《基本法》中不同，其中只对专门法的和框架法的立法权限进行了列举。所有其他没有被枚举的权限都属于竞争立法范畴。[308]此外并没有规定，这（按照《基本法》第72条）只能被局限于适用联邦一致规则的情况。通过这种方式，相比联邦德国的宪法权力，中央政权在立法方面获得了更多的权衡空间。管理权限的分配沿用了《基本法》中的规定，所以主要工作还是需要联邦州完成。[309]但是作为完成任务的基础所需要的财政方面的充分保证，却并没有在《基本法》的财政法中得到规定。草案中只是泛泛地要求财政平衡，这点还需要在单独的法规中进行规定。[310]这里也体现出了更强势的中央集权趋势。因此当 1990 年 5 月 28～29 日康拉德—阿登纳基金会召开专家研讨会时，财政平衡和竞争立法作为会议的两个主题就并不意外。[311]研讨会的参与者包括联邦参议院中民主德国的立法委员会代表，联邦政府以及几个联邦州的立法委员会代表，还有联邦德国的国家法教师。此外，人们认为由于建州法规的过渡性质，一些特定的规则，尤其是建立一个独立的州议院是不必要的，因此应该放弃这个要求，以便减轻统一必需的立法工作负担。为了不让联邦州完全被排除在与它们有关的立法工作之外，与会者同意未来让州长们以及柏林市长在特定情况下参与其中。在竞争法和立法框架法问题上、在州信托管理中的产权使用以及财政立法方面，他们可以使用申诉权。[312]尤其是考虑到联邦州参与到统一条约谈判时，这条规定显得令人担忧。

专家委员会的建议得到了重视，1990 年 7 月 22 日通过的建州法规就按照其建议进行了修改。

这个原本应该在 1990 年 10 月 14 日生效的"修订"版法规并没产生多大意义，因为统一条约又一次对它进行了修改。到了 10 月 3 日，建州法规中只有加入西德宪法体制所必需的规定得到了保留。其中包括领土的重新规划，民意调查的第二阶段，机构和人员从国家向联邦州的过渡，州议院建立，以及 1990 年 10 月 14 日进行相应选举。[313]这样东德提出的原本可以促进深入机构改革的想法，又一次因为统一进程的速度而被废弃，因为现在政治家们的首要想法都只是"不要对局势失去控制"[314]。

第八章　从经济统一到德国统一

第一节　选举条约

选举程序为权力分配设定了条件。因此西德的政治力量早在人民议院选举之前就开始商议、思考第一次全德选举的问题。事实上，1990 年 12 月 2 日进行联邦议院选举，这件事也已经确定下来。但是以君特·高斯（Günter Gaus）为代表的一批人就表示反对，他建议在波恩"通过法律程序决定，将今年的联邦议院选举推迟一到两年。德国人现在没有时间进行一场大选"[1]。基民盟秘书长福尔克尔·鲁厄也认为，在 1990 年就进行全德选举"完全是空想"[2]。

在人民议院选举之前的几周内，关于全德选举时间的讨论还较为谨慎。但在那之后，尤其是在复活节期间，大量的建议被提出讨论：将西德大选时间推迟到全德大选之时；或是在 1994 年的全德大选之前，将东德人民议院议员派遣到新选出的联邦议院之中[3]；或是维持 12 月的联邦议院选举以及其后的全德选举时间不变。联邦总理科尔表示，应坚持于 1990 年 12 月 2 日进行联邦议院选举，并努力在 1991 年底实现第一次全德大选。[4]内政部长朔伊布勒[5]也同样支持原定日期，并称全德选举的具体时间是"对民主德国提出的问题"。根据具体情况，补选也可能是正确的道路。[6]

4 月 24 日，科尔委任内政部长担任联合政府工作组组长，领导制订全德大选的解决方案。[7]自民党建议在 1991 年 1 月 13 日进行全德大选，遭到了总理拒绝。[8]

内政部对三种全德大选模式进行权衡：第一种模式提议在民主德国加入后尽快进行联邦议院选举，由于民主德国转交了其主权，则可通过联邦德国和民主德国之间的国家条约，以及将联邦选举法作为联邦法来实现选举。第二种模式主张民主德国提早加入，并在 4 个月之后，即 12 月或者 1

月，在统一的联邦法规的基础上准备进行全德大选。第三种模式建议，根据两部尽可能一致的选举法，在联邦德国和民主德国分别进行大选，在选举程序结束之后再实现民主德国的加入。[9]

第三种模式在功能性上等同于《基本法》第 146 条规定的全民公决。国家统一将"通过全德议会的选举实现"[10]。不难理解，君特·克劳泽和洛塔尔·德梅齐埃一直都很倾向这种模式。[11]

5 月中旬，波恩的联合执政党已经准备好在 1990 年 12 月 2 日，或者 1991 年 1 月 13 日进行选举。[12]沃尔夫冈·朔伊布勒表示，如果德国统一能快速完成的话，12 月 2 日就可以开始全德大选，[13]不过洛塔尔·德梅齐埃还不想对此表示承诺。[14]

在接下来的几周内，关于全德大选的讨论几乎都集中在一个问题上：限制附加条款，具体地说就是，是在全德范围内使用统一的限制附加条款，还是联邦德国和民主德国分别使用不同条款。讨论引导着所有争议的走向，无论是关于加入时间的问题，还是共同选举或者分别选举的冲突。支持统一限制条款的人，理所当然地反对分别选举的模式，并且支持尽快实现加入。

各方面的意向十分明显。社会民主党人支持采用 5% 的统一的限制附加条款，因为他们想要阻止社会主义竞争党派——民社党加入全德联邦议会。这一统社党继任党派在人民议院选举中获得了 16.4% 的支持率，如果采用统一的限制附加条款的话，它几乎无法进入联邦议院，因为它想实现这个目标（在不计入联邦德国的选票的情况下）在民主德国至少需要 22.39% 的支持率。而自民党人也不希望看到其他小党派加入国会，从而威胁到它作为大党平衡器的关键角色。

基社盟则主张在独立的选区内以不同的限制附加条款进行选举，因为只有这样，被它提携的德社盟才有可能获得机会。

基民盟（西德）的态度在很长一段时间内摇摆不定。联邦内政部长支持分别采用不同的限制附加条款，因为不应该苛求民主德国的新政党们在全德获得至少 5% 的支持率，才可以加入议院。他"坚定地相信，根据宪法，在第一次选举中不可能不对 5% 门槛进行任何限制或者补充就加以使用，这和'全德大选'应该按照三个模式中的哪一个来进行完全无关"。

在民主德国，民社党当然是支持朔伊布勒的立场的，尤其是公民权党派们对此表示欢迎，它们恨不得像人民议院选举一样彻底废除限制附加条款才好。共和党人也反对统一的限制附加条款。东德自由党人以及东德社民党人则持相反态度，它们迅速和西德伙伴们统一战线，要求立刻实现民主德国加入，并在全德内使用 5% 门槛。

争执持续了数周。内政部长，以及他的联邦议会党团和基社盟发现自己处于被动守势，因为执政伙伴和社民党同心协力进行抗争。这形成了一种很奇怪的局面：全德的社民党人和自由党人共同反对基民盟、绿党、新成立的民主德国政治团体，也同样反对民社党，只有在双方达成共识的条件下才能找到解决办法。[15]

从一开始就很明显，解决问题的关键和准则在于西德方面。其指标就是双方在符合宪法上的论证的说服力。双方，尤其是统一的限制附加条款的支持者们[16]，在第一阶段时就暗示在联邦宪法法院中可能不存在反对观点。反对派领导福格尔则威胁说，要在联邦宪法法院中提出不同最低限制门槛的要求。[17]

内政部长所提出的三种模式中到底应该选哪一种，仍然是个未知数。朔伊布勒部长不厌其烦地表明，这个决定首先应该服从民主德国的意见。[18]

相比波恩，东柏林对于选举规则的争论更为激烈。这不仅导致了政府危机，甚至在一定程度上分裂了联合政府。自由党人离开了政府，而社会民主党人也离这步不远了。

不仅在波恩，甚至在东柏林，执政党在选举法问题上的行为都不符合联合政府的一致性。德梅齐埃认为，在统一条约没有结束之前，最好完全不要搞什么选举规则，他的观点在西德被认为是顽固甚至混乱的。7 月 22日，人民议院决定，委任政府签订一项准备 12 月全德大选的协议，但这并不表明在内容上作出决议。之后这一决定又被解读成缓兵之计。在民主德国社民党下发最后通牒之后，7 月 26 日，"联邦议院和人民议院的德国统一委员会"在第三次协商会议中达成共识，签订选举法条约。条约中明确规定，使用统一的选举法规，在统一的选举区之内，利用统一的选举机构进行选举。[19]因此，社民党人违背总理候选人奥斯卡·拉封丹的意愿，继续留在了政府之内。[20]但是限制附加条款的问题还没有敲定。由于关于统一条约的第二轮谈判很快要在 8 月 1～3 日进行[21]，这个问题在此压力下意外地在西德迅速得到了处理。

社民党和自民党依然态度强硬，也拒绝仿照 1949 年的联邦议院选举，使用与联邦州相关的 5% 的限制条款。最后找到的折中方案是，非竞争党派之间可以进行名单合并。德社盟表示准备好与基社盟进行名单合并之后两周[22]，基社盟也对此表示了支持。社民党虽然有所顾虑但是还是同意了；关键性的问题就是统一的5%门槛的适用范围。8月1日，朔伊布勒在柏林进行谈判。8月2日，联邦部长朔伊布勒和民主德国国务秘书克劳泽已经可以草签选举国家条约，在联邦政府通过之后，就可以在8月3日正式签订。[23]

在整个选举国家条约意愿形成的过程中，关于联邦宪法法院意见的传言扮演了一个很奇怪的角色。在联邦德国的历史上，是否符合宪法的辩论很少在政治决议过程中产生这样的意义。内政部长朔伊布勒和司法部的权威人士，国务秘书金克尔关于这个问题的讨论近乎情绪化。[24]基民盟领导的内政部认为采用统一的5%门槛是违宪行为，而自民党领导的司法部则认为不存在这种担忧。

7月31日，在波恩联合政府会谈之前不久，朔伊布勒和金克尔在与宪法法官的谈话中了解到，选举法存在违宪的顾虑；但是金克尔提出，另一位宪法法官发表过相反的观点，根据他的说法二者并不存在矛盾。8月2日，草签当天，媒体再次报道了法院的严重顾虑[25]，并因此导致在联邦德国谈判代表团中产生了不安的情绪。[26]"在与联邦宪法法院成员进行了一系列电话会谈之后，这种紧张情绪才得以平复，因为晚间从卡尔斯鲁厄传来消息，被草签的选举条约在宪法法院还是可以站得住脚的。"[27]

选举国家条约后续的发展道路如下。8月8日，联邦议院第一次征求意见，8月9日人民议院征求意见。在民主德国议会中，关于选区划分尚有争议，选举条约草案在第一阶段就被否决：在长达11个小时的特别会议结束时，执政联合政府在凌晨时分由于参与人数太少，缺少5名以上的社民党议员的支持，而没能达到通过条约所必需的三分之二多数。[28]

在重新谈判之后，8月20日，朔伊布勒和克劳泽签署了选举国家条约的修改条约[29]，此后进入联邦议院二读程序。8月22日，人民议院达到了所必需的三分之二多数的支持率[30]，联邦议院在第二天也不顾绿党反对表示了赞同。[31]8月29日，联邦总统签署了这项法令。9月1日，联邦法律报对其发布之后，联邦德国和民主德国之间的通报程序也开始落实：条约缔结双方都保证，为了让"选举国家条约"以及其修改条约生效的国内条件都将得到满足。[32]

首先是"共和党人"，然后是绿党在联邦宪法法院发起了反对选举国家条约的机构诉讼。法院在 9 月 29 日发表了判决。其中再次验证了联邦内政部长朔伊布勒在夏天时就发表过的观点，即选举平等和机会平等的基本原则会遭到破坏。法院认为，应该在两个德国内根据区域使用 5% 限制附加条款，此外有必要给予民主德国境内的党派和其他政治联合会，进行名单合并的机会。[33]

在党派之间短暂讨论了限制附加条款，以及选举时间之后，波恩联合政府在 10 月 1 日重新向联邦议院上呈了新的法律草案：其中规定民主德国和联邦德国将采用不同的限制附加条款，并且可以进行名单合并。10 月 5 日，两德统一两天后，尽管绿党、民社党、联盟 90/绿党反对，联邦议院仍通过了这一法案。[34]从民主德国加入联邦德国生效之时起，东德党派也就迈入了《基本法》适用范围之内，通过 10 月 3 日 144 名民主德国人民议院议员的加入，联邦议院正式扩充为全德联邦议院。

除了绿党之外，所有的政党都努力将选举日期定为 1990 年 12 月 2 日。[35]

关于选举日期问题，在草签选举国家条约时还出现了一些争执。民主德国总理德梅齐埃一直以来对加入时间和全德选举时间都表现得犹犹豫豫，在 8 月 1 日访问沃尔夫冈湖时建议联邦总理，将两个日期都定为 10 月 14 日。民主德国的财政和经济情况都不允许再有任何拖延，而且 "2 + 4" 谈判肯定在 9 月也就可以结束了。

赫尔穆特·科尔对此表示同意。将选举时间提前完全符合总理的利益，他恰好可以沉醉在自己因国际成就而获得的声望之中。除了法学家，其他人对于提前解散联邦议院的宪法问题也并没有给予足够的重视。如果想要这样做，那这件事就应该可行。洛塔尔·德梅齐埃也这样认为。科尔根据自己和朔伊布勒的想象，认为德梅齐埃在接下来的几周内，也会向人民议院提出与之相应的建议。[36]但是德梅齐埃的说法却有所不同，他说科尔"委任"他将这个建议"同样告知给媒体"。[37]

第二天，联邦总理告知他的内政部长这个消息时，他正在进行第二轮统一谈判。第二天，当他们从记者招待会上得知，德梅齐埃公布了日期的建议，并且表示与科尔意见一致时，两个人都又一次感到意外和震惊（科尔完全"摸不着头脑"[38]）。不过联邦总理当然立刻就在自己的媒体声明中，对德梅齐埃的建议表示了欢迎。[39]

社民党对此则表现得异常暴怒。拉封丹和福格尔都嗅到了阴谋的气息，是联邦总理受到选举驱使而"进行操控的尝试"，对约定的反悔[40]，以及"选举法的突袭"[41]。沃尔夫冈·克莱门特，社民党统一谈判中的发言人，尤其感到受到了影响。他认为自己受到了沃尔夫冈·朔伊布勒的欺骗。内政部长费了不少力气，才让谈判重新平稳下来，并且让克莱门特相信，朔伊布勒方面没有背叛他的信任。[42]

社民党明确反对提前选举，这个决定在它看来只有坏处，这就剥夺了实现德梅齐埃建议的所有的可能性。8月3日晚间，朔伊布勒就通过电话将这个消息传达给了当时正在沃尔夫冈湖度假的联邦总理。科尔认为，1990年的情况比1982年更为特殊，因为根据《基本法》第68条提前解散联邦议院是合理的。[43]

朔伊布勒强调，1982年的问题是和社民党意见一致，是共同处理的。在目前的局势下，只能指望联邦总统在政府和反对派之间做出一个选择。不能逼迫总统扮演这样一个仲裁人的角色。此外，朔伊布勒在之前和理查德·冯·魏茨泽克谈话中得知，他不会解散联邦议院。[44]想要在10月14日进行选举，只有修改《基本法》这一条路了。而没有社民党的支持，这个办法也不可行。

科尔不得不让步。第二天早上，他要求社民党人同意修改《基本法》。这件事现在顺从了惯常的党派政治的航道。政府将社民党的态度解读为"反对"统一，而社民党则认为联邦政府的这一政策是其统一政策的破产宣言。8月9日，联邦内阁决定，维持12月2日的选举日期不变。[45]

这一周来的争辩终于结束，大部分参与者都心情不佳。只有拉封丹能为自己的胜利感到喜悦，但他的党派从中却甚少获益。洛塔尔·德梅齐埃一直到今天都坚信，科尔当时"对他的危难无动于衷"："这导致了我的威信第一次大规模崩塌"。[46]波恩联合政府的高层政客则又一次对民主德国总理的缺乏专业精神感到意外。有能力的沃尔夫冈·朔伊布勒认为，如果这个插曲没有发生的话，人们本可以及时向他咨询，但这个想法也没帮到他什么。

第二节　统一条约

决策过程的结构

1990年5月18日，财政部长魏格尔和龙姆贝格在波恩签署了《关于建立货币、经济和社会联盟的条约》，根据条约在民主德国引入"社会市场经济，成为条约缔结双方的共同经济体制"（第一条，第三段）。民主德国的核心法律领域都向联邦德国靠拢，并表示拥护"自由的、民主的、联邦的、法治国家的、社会的基本秩序"（第二条，第一段）。条约的序言部分阐述道："希望通过建立货币、经济和社会联盟，迈出根据《基本法》第23条实现国家统一道路上关键的第一步。"[47]

统一进程将如何继续发展？根据第23条的加入以及法律秩序的统一应该以何种形式，按照何种时间安排实现？这二者不一定必须同时进行。但不管怎样，民主德国都必须迈出第一步。"加入声明"是由民主德国发出的。在加入顺利完成之后，全德立法者将颁布过渡时期的法律。

从一开始，民主德国的态度就是明确无误的，即不应该立即通过过渡调整实现加入，而应该在加入前进行谈判，签订条约，民主德国在灭亡之前必须以具有完全行动力的谈判方身份，共同制定加入条件。联邦政府认为，这样做的好处是"在尽可能短的时间内达到相同的生活环境"[48]。过渡时期立法将占用多得多的时间，并且肯定会引发更多关于统一细节问题进行规制的要求。

因此，很早的时候，联邦内政部长朔伊布勒，以及后来他的民主德国谈判伙伴君特·克劳泽就已经习惯性认为，"他们必须并且允许共同制定、协商这个条约"[49]。朔伊布勒本人早在货币、经济和社会联盟国家条约签订完成之前就开始着手这件事了。

第二个决定也起到了节省时间的效果。联邦政府在面对民主德国时并不预先制定一个联邦德国的共同立场，而是让联邦德国方面的重要人物共同参与到与民主德国的谈判之中，这样联邦德国就可以在谈判中逐级形成自己的统一立场。

这并不仅涉及联邦政府内部有着不同的立场，比如内政部和司法部的合作等，而且还涉及联邦州政府和波恩的议会反对派。因为统一条约必然带来《基本法》的修改，因此它必须获得联邦议院和联邦参议院中三分之二的多数支持，也就是说要得到社会民主党人的认可。因此，朔伊布勒早早地就将联邦州政府，并且通过联邦州政府将议会反对派拉入谈判之中。[50]

民主德国方面，在货币、经济和社会联盟谈判结束之后，他们并不是很急于迈出下一步。在联合政府之内，德社盟、议会国务秘书、基民盟人民议院党团主席君特·克劳泽都主张大力推进民主德国加入道路，但是社民党以及其西德的姐妹大党，还有基民盟总理洛塔尔·德梅齐埃，都鼓励选择一条更从容的道路。[51]引入德国马克以及相应的经济秩序生效的那几周非常忙碌，而民主德国却几乎只把这个看作是最终目标。第一部国家条约被难听地评价为一部"屈辱的条约"[52]。

在获得选举胜利之后，基民盟（民主德国）主席德梅齐埃立刻表示，应该通过"经济、货币和社会联盟"为"谈判时期"创立适宜的条件。"在过去几个月里，人们一直感到在政治问题上无法主动出击，而只能被动回应。我们必须重新占领主动权。"[53]还在6月底时，第二部国家条约的准备工作已经进行得如火如荼，以德梅齐埃为代表的少数人又拒绝制定具体的"时间上的想法"。有人询问说，"波恩敲定了极其具体的日期"，他是否因此"受到波恩方面的时间压力"，德梅齐埃对此公开表示承认，并且自信地回答说："是这样的，不过在被迫承受某事，和主动让自己承受某事之间，一直是有着天壤之别的。"[54]

沃尔夫冈·朔伊布勒惊奇地注意到，洛塔尔·德梅齐埃"一直紧抓着这样的念头不放，他认为民主德国必须通过自己的力量恢复秩序，而且只有在那之后，才能开始考虑两个德国的统一"[55]。德梅齐埃一再地重复，"尽可能做到更快，但要尽量做到最好"："这不是胡乱地彼此投怀送抱，我认为，它的实现还应该带有一定的尊严"。[56]

在德梅齐埃自信的声明发表之后一个月，这个幻想就破灭了。7月底，总理就被噩梦折磨，担忧民主德国在加入之前可能彻底崩溃，虽然民主德国政府一直试图在公众中制造相反的印象。[57]在统一条约的第二轮谈判开始时，德梅齐埃和克劳泽"带着慌张的情绪"前往联邦总理科尔的度假地——沃尔夫冈湖。科尔事后告诉朔伊布勒，总理"被恐惧纠缠不休"，他"担心自己的国家不知道哪一天就经济崩溃，陷入大规模混乱之中"。因此，德梅齐埃希望立刻建议人民议院将加入日期定于10月14日，并且在这一天举行第一次全德联邦议院选举。[58]在几天前，克劳泽已经向朔伊布勒表明心迹："国家中的不安情绪越发明显。他们没有足够的钱。社保金马上就发不出了。货币联盟的国家条约中规定的1990年为民主德国提供140亿马克的援助根本就不够用……"[59]

在关于统一条约的第二轮谈判中，德梅齐埃抵达沃尔夫冈湖闪电访问了科尔，这次访问直接清楚地表明，这场谈判原本不是这样的。统一条约的结果并不是决定加入日期的前提条件。而是谈判的一方在考虑，如何在他设立遗嘱之前，就引来他不可避免的近在眼前的消亡。

德梅齐埃说，在这场谈判里，自己这方是要走向灭亡的[60]，这一特殊的局面引致了对于谈判结构和过程的分析性观察。朔伊布勒评价它为"多球游戏"[61]。这个游戏的结构主要有五个特点。

第一，虽然谈判中两国均有50人左右的代表团，但事实上，这一组织形式早就被先于国家统一实现的代表团统一覆盖了。政党、人员和利益之间的交错联系，控制着谈判伙伴的双重结构。代表团团长朔伊布勒和克劳泽的关系，就比他们与各自代表团中其他成员的关系还要紧密。东西德社会民主党人的关系也与此相似。

换种方式来说，在民法法典的概念中：统一谈判的内容不是一部相互平等的条约，或者是联邦德国和民主德国之间的买卖条约，而是社会条约。一个社会的成立者拥有"共同的意愿，希望社会运转良好。并且我们也真的觉得要对民主德国负责"[62]。朔伊布勒将这一观点贯彻在"联邦德国独揽大权的要求"之中，认为对民主德国有照顾的义务。[63]最后，一个西德控制的政府是否会在不久后也正式承担起东德的政治责任，已经完全和谈判结果无关了。

第二，西德代表团的组成结构比东德代表团复杂得多。相比民主德国代表团中相同的成分，让联合政府的执政党派、反对派，以及利益分歧严重的联邦州彼此合作，是更加困难的事情。提名人民议院议员担任未来民主德国的联邦州的利益代表，这并不足以抗衡联邦德国举足轻重的各州政府。最后民主德国方面还是要看人民议院的多数。

第三，在联邦德国，联合政府最大的内政对手就是社民党占据多数从而执政的联邦州。因此，对立的不是政府多数和反对派，而是政府和与反对派态度一致的联邦参议院多数。州长会议主席之位意外落到社民党领导的重量级北莱茵－威斯特法伦州头上，让这一局面更加紧张。

联邦州很气愤，在第一部国家条约的谈判中它们没能参与其中。它们之所以强烈要求参与统一条约的谈判，其担忧之一就是，统一可能推进中央集权化。[64]联邦州的部门的专家们也和联邦的各部紧密合作。社民党州政府除了越来越多的代表它管辖内联邦州的利益之外，还具有了"建立与议会反对派之间桥梁"的作用［克里斯蒂安·丹斯特纳尔（Christian Dästner）］。这一点在第三轮谈判开始前体现得尤为明显，社民党领导的联邦州联合社民党联邦议会党团将他们的基本批评意见归纳成了8点，通过所有党派主席进行会谈的形式，迫使联邦总理和社民党党主席福格尔进行期待已久的会面（8 月 26 日）。为此设立了一个工作组处理剩余的争议问题，社民党联邦议会党团就参与了这个小组。

在统一条约谈判的框架下，联邦参议院中占多数的社民党的高度党派政治化对于联邦议院和联邦参议院的多数形成，完全是产生了作用的。

第四，在加入和统一条约中，民主德国程序的合法性站不住脚。洛塔尔·德梅齐埃及其政府以理所当然的态度把民主德国原宪法进行了一些修改后，"就将它当成一部具有法治国家宪法性质的有效宪法"［约瑟夫·伊森泽（Josef Isensee）］，之后就认为想要做出加入联邦德国的决定，就必须达到三分之二支持票的改宪标准，西德的宪法学家们认为这不可理解。波恩的法律教师约瑟夫·伊森希认为，在前统社党统治时期的统治工具——社会宪法中，以及其国家组织的部分中，无论多么宽容都无法找到符合西德标准的法律基本秩序。[65]慕尼黑行政律师鲁佩特·朔尔茨同样评价 1974 年的宪法"在成功的变革之后已经被废止；它不再有效"。他"坚定认为，原来的司法秩序不再可能持续下去"[66]。就连西德代表团团长朔伊布勒也难以接受民主德国宪法作为法治国家的基础，以及改宪必须达到三分之二多数票的标准。因此他和君特·克劳泽时不时地会考虑，"即使不是紧急情况下，是否也可以在人民议院中以简单多数方式通过条约和加入决议"[67]。

此外，《基本法》作为不可更改的唯一标准具有优先性，民主德国宪法的合法性赤字也就不言而喻了。每个参与统一条约进程的人都清楚，每个与统一相关的法规都必须经得起西德联邦宪法法院的考验。

第五，在和联邦政府谈判的过程中，民主德国政府能力不足。从一开始，他们在复杂的法律问题上就处于弱势，还要依靠与他们利益相悖的人的帮助。为民主德国提供帮助的不仅是民主德国政府内的西德顾问，帮助还来自西德代表团。这种帮助的程度已经达到，沃尔夫冈·朔伊布勒会把他们针对民主德国方面准备的谈判草案提供给民主德国代表团主席克劳泽。5 月 29 日，朔伊布勒向他上呈了一份关于"建立德国统一国家条约基本机构"的"草案"。[68]回复文件当天就已经准备好，将在 6 月 1 日转交给内政部：按照"观点一致"或"立场不同"分别准备了两份。[69]经过后续调整，朔伊布勒最后在 6 月 23 日，波恩的总理节期间转交给国务秘书克劳泽一份"讨论文件"，其中包括"有关建立德国统一法规所需要素"。[70]"这些要素中主要包含的是后来统一条约的内容，这是我们在内政部中准备的。"这份讨论文件当然以克劳泽在第一轮谈判中提出的问题清单为基础。那份清单"与我们'要素'协调一致是很明显的"[71]。而朔伊布勒的小结明显带有讽刺意味："在对比我们的讨论文件立场和克劳泽的文件内容的时候，我们迅速且轻易地完成了这项工作，以至于我们的会议记录员连会议记录都没有写下来。"[72]

谈判情况的结构性特征表明谈判进程从根本上来说是一个范本，它反映了联邦德国在80年代，以及统一之后的时期，在内政方面主导的民主共识的谈判过程。联合政府的执政党，职能部门，联邦议院中的反对派，还有不仅仅在党派上，甚至在地方利益上也存在分歧的联邦州政府，在旷日持久的"讨价还价"中拉拉扯扯。做出决定的过程是费力的，但是可以保证决议一旦做出，其接受度是非常高的。

民主德国的参与者在谈判中只能占据一个狭小的空间，因为在谈判中，想要以加入问题作为筹码，来换取不同意见的否决权是完全不可行的。尤其是财政问题，民主德国因此仅仅成为西德的受施者，这时民主德国代表团变得更加无足重轻。民主德国还剩下哪些斡旋的空间呢？

民主德国一个不可谓不重要的任务，是发现问题或者定义问题的功能。他们要不了解详情的西德参与者知道，民主德国人民在转型时期要和哪些具体困难做斗争，并且指出必须为这些困难找到解决办法。克劳泽非常严肃地对待这个任务。比如5月29日，他就向朔伊布勒呈递了一份从他立场出发的文件[73]，文件"描述了民主德国具体的担忧，扫清了所有的法律概念"[74]。朔伊布勒挑选出了一些问题："我们应该如何让民主德国企业接受签订的条约？科尔的援助承诺对于就业意味着什么？对于进口，民主德国能获得税收优惠和税收保护吗？'耶拿卡尔蔡司'这个联合企业可以保留它传统的企业名称吗，还是西德奥博考恩（Oberkochen）的蔡司姐妹企业会对此加以阻挠？民主德国的妇女将继续获得家务劳动日、怀孕假期、子女补贴费，并获得让孩子入托的权利吗？第218段表明了什么？离婚法会更加严格吗？所有人的护照都一样吗？联邦机构的工作保障将立刻在新联邦州内实行吗？新的联邦州可以避免承担赔款等新的负担吗？免费的法律咨询会终止吗？双方的小学、大学以及职业毕业证书会获得彼此承认吗？"[75]

将这样的问题确定下来，也是解决它的一部分。西德参与者在考虑到全德联邦议院选举的时候，为了拉选票也的确有兴趣在东德民众心目中建立一个积极形象。

除了通过这种方式表明立场之外，民主德国代表团全神贯注于国家象征方面的政策内容以及程序问题。这些问题，在 1990 年 7 月 6 日，德梅齐埃在东柏林总理办公楼进行第一次代表团演讲时就被赋予了重要意义。比如，他"仔细地准备了关于未来国家标志的讨论"[76]。他建议重新统一的国家起一个新名字，叫作"德意志联邦共和国"，甚至还对于黑—红—金的国旗进行了研究，并且建议国歌的第一段使用贝歇尔创作的民主德国国歌原文。德梅齐埃觉得，首都还是应该像统一条约中规定的那样选择柏林。要进行谈判的条约，他也不想叫做第二部国家条约，而想称其为统一条约。朔伊布勒觉得这个建议完全可以接受。但是关于联邦德国名字、国歌，还有旗帜的问题他没有同意：毕竟是民主德国加入联邦德国，而不是反过来。[77]但是关于首都选址的建议，也符合朔伊布勒本人的想法，所以他严肃地对待了这个建议。事实上，他在后来和西德联邦州政府谈判的过程中，一直很聪明地反复指明这个要求的象征性含义："民主德国政府也是必须要维护自己面子的。"[78]

德梅齐埃的国家象征方面的政策中还包括，试图在《基本法》中写入新的国家目标。[79]至少工作权利应该作为一部分"积极"的民主德国身份认知，在重新统一的德国中保存下来。

为了体现民主德国人民加入联邦德国时的"尊严"，总理对加入形式提出了特殊要求：两个势均力敌的伙伴进行条约谈判，并通过各自分开的选举选出全德议会。通过这一选举，国家的统一也就可以看做民主德国民众全民公决的结果。朔伊布勒最开始也支持这个模式。[80]但是后来事情发展有变，主要是因为民主德国的衰落加速造成的。德梅齐埃无法控制这一发展局面，反而成了被发展变化所控制的人。

民主德国政府在统一条约谈判过程中的施展空间，除了定义问题，强调国家象征的问题之外，还有第三个关注点：拉拢不团结的西德代表团中的个别人士，或者聘请国际范围内的上层参与者，比如苏联。这样，民主德国在堕胎问题上就可以寄望于联邦德国代表团对第 218 段的分歧。在 1945 年"土地改革"问题上，他们引用了苏联的立场——这事到底是合法还是不合法可以先暂时搁置。[81]西德的一些参与者为了实现其目标需要利用民主德国代表团，这也为民主德国拓宽了活动空间。很典型的一个例子是，朔伊布勒试图将他对于联邦德国和民主德国法律适用范围的设想依靠民主德国代表团落实，不过这一尝试失败了。

在联邦政府内部，内政部和司法部还在争论不休，司法部认为应该随着德国统一，同时将基本的联邦德国法律引入加入区域，只在特殊情况时才继续沿用民主德国法律，朔伊布勒领导的内政部则认为应该将两者反过来。[82]在激烈的争执中，朔伊布勒败给司法部，因此不得不在第一轮谈判中违背自己的想法，为司法部的立场辩护。但他并不甘心失败，而是依靠民主德国代表团来宣传他原本的想法。克劳泽"更乐于见到，民主德国法律在《基本法》中得到延续，列举一些特殊情况，然后到后期再逐步地让联邦德国法律生效"。[83]朔伊布勒的计划没能成功，因为民主德国在第二轮谈判开始前不久，被联邦德国代表团的多数立场改变了看法。在克劳泽度假缺席期间，民主德国做出了这个决定。在征求了朔伊布勒意见之后，克劳泽保证会消除误会，撤销这个决定。朔伊布勒回顾时说："我非常意外，他（克劳泽）在这期间再也没有重新提起这个问题。民主德国这个改变的立场就这样延续下来，争议问题当然也就这样敲定了……我从来没有这么后知后觉过，完全不知道民主德国的立场是怎样就改变了；也许那些从波恩去往东柏林，为德梅齐埃政府提供咨询和帮助服务的同事要对此负责吧。"[84]

到了这一阶段，无论是东西德之间特殊的联系，还是西德在谈判中的主导地位，都已经十分明显了。

两德统一谈判的民主共识过程，与统一进程之前总理民主导向的决议过程，比如《十点纲领》以及货币、经济和社会联盟，形成了鲜明对比。但是，统一谈判中也体现出了总理民主的元素。比如联邦总理在对外政策以及国际舞台上的活动为统一谈判构建了框架，并在时间上和内容上对统一谈判进行了成功的引导。统一谈判是在"2＋4"谈判的后半段开始的。在统一谈判的第一轮和第二轮谈判之间，联邦总理和戈尔巴乔夫在莫斯科以及在高加索的对话取得了重大突破。这对于两德谈判又产生了多大的影响，特别是加入的发展本身出现了脱节，联邦总理甚至需要让那些人民议院中想要实现加入的力量刹车。[85]科尔担心，德国内部的发展动力可能脱离国际决议的进程。

谈判过程[*]

虽然联邦政府只愿意和一个民主合法的民主德国政府进行正式谈判，

---

[*]　凯瑟琳·伊莎贝尔·弗勒林协助撰写。

但是早在 1990 年 3 月 18 日的人民议院选举之前，双方就已经迈出了彼此靠拢的步伐。波恩方面也清楚，关于重新建立国家统一的决定权在民主德国民众的手中，他们的自主权一直是反复受到强调的。

自从 1989 年 11 月的《十点纲领》以来，关于"邦联结构"的考虑就开始了，它应该是向德国统一方向迈进的第一步[86]，并且在条约共同体（"关于合作以及睦邻友好关系的条约"[87]）的考虑中具体起来。在这个基础之上，应该为解决个别问题建立共同的委员会，并在地方层面上建立工作小组。共同合作的核心内容就是经济。从长远角度来看，双方希望建立两个国家的联邦结构。[88]

负责内部关系的联邦内政部从一开始就希望建立以政治为导向的邦联。联邦总理府希望将深入的合作机构化，但是在内容上保持中立；这种合作应该到后期才加入政治性内容。[89]为此，联邦部门在联邦总理府的主导下，内部准备起了条约共同体。为了实现东德的愿望研究了德累斯顿题目，并且成立了个别的"共同委员会"。[90]

此外，内阁在 1990 年 2 月 7 日决定建立"德国统一"委员会[91]，委员会由联邦总理科尔以及总理府副主席塞特斯领导。委员会常任成员包括外交部长、内政部长、司法部长、财政部长、经济部长、劳动部长、环境部长，以及德国内部事务部长。

委员会的任务是"为联邦政府方面做出必要决定，以便 1990 年 3 月 18 日时可以进行'两个德国以共同成长为目标的、关于邦联合作的快速对话'"。他们也准备好，立刻开展关于货币联盟的谈判。[92]委员会设立了 6 个工作组，他们在相关部门的领导下处理不同领域问题。

其中包括：

——"建立货币联盟及金融事务"（由联邦财政部领导）

——"推进民主德国的经济改革、能源与环境及基础设施建设"（联邦经济部）

——"协调两国的工作与社会秩序，教育及职业培训"（联邦工作与社会部）

——"法律问题，尤其是法律协调统一"（联邦司法部）

——"国家结构以及公共秩序"（联邦内政部）

——"对外政策以及安全政策的关联性"（联邦外交部）。

根据所需咨询的内容的需要，还会请求其他的部门和机构，联邦州及专家[93]，尤其是联邦银行加以辅助。工作组会向联邦总理府呈递完整版本报告，并向内阁委员会呈递缩减版本报告，报告内容会得到讨论。此外，联邦州，或者说执政联合的党团以及联邦议院的"德国统一"委员会也会得到相应材料。[94]

内政部长朔伊布勒领导着"国家结构以及公共秩序"[95]工作组，他的任务是从概念上准备两德统一进程，并且最好在人民议院选举之前提出可供下一步发展选择的路径。[96]为此，平行于政府层面的委员会，还组建了一个由大约20人组成的部门内部的"德国统一"工作组，后来的统一条约就是由他们准备的。其组长是施纳保夫（Schnappauff）处长。工作的主导思想就是预测民主德国发展趋势。同时，加入所需满足的宪法合法性以及按照政治需求进行讨论的内容必须彼此相协调。[97]所以工作组的第一要务就是协调工作。从内容上而言，就是相关负责部门独立处理自己的领域，并且将工作结果"彼此协调"。此外内政部还给每个工作组配备了一个观察员，以便把各个组的工作报告总结在一起。[98]

对于联邦总理科尔来说，面对不断增长的移民人数，在1月底时已经可以确定，民主德国的形势发展已经超越了《十点纲领》：条约共同体和邦联结构已经不够用了。只有通过经济、货币和社会联盟将东德的生活水平拉到与西德持平的程度，才能让东德人民留下。[99]3月中旬开始，这一观点已经越来越清晰，只有快速实现两德统一才能稳定东德局势。人们希望通过"加入声明"达到释放信号的作用。[100]在一个民主合法的民主德国政府成立之后，人们希望立刻开始进行谈判。在此有三个层面需要考虑：第一，必须和民主德国进行关于经济与货币联盟的双边谈判；第二，与民主德国进行关于德国统一的双边谈判；第三，与西方盟国进行关于德国统一外部问题的对话。[101]

在人民议院选举之后，德梅齐埃政府打响了发令枪。德梅齐埃总理表示，支持依照《基本法》第23条实现德国统一。通过3月18日的选举，德国民众无比清楚地表明了"支持统一"的态度，但是双方还要在具体条件上进行协商。东柏林希望在具体道路上参与"决定性发言"，并且实现"有尊严的统一"。[102]

联邦德国代表团负责人朔伊布勒放弃了与相关部门商议好的范围广泛、内容详细的对话纲要。他担心，双方为了过快达成共识，都投入了太多的政治力量参与其中。他希望条约的基本构想可以"通过伙伴间的协商，而不是对手的谈判"来制定达成，并且期盼时间压力可以迫使合谈加速实现。[103]

1990 年 4 月，内政部拟定了用于统一条约谈判的讨论要素，包括了西德角度看来必不可少的一些要点，这份文件最开始是机密文件。这份文件一直到最后都是统一条约谈判的核心。这些讨论要素全部在部门层面得到了商讨，即使有个别要素没有获得一致同意。[104]6 月 25 日，"德国统一"内阁委员会正式决定，将与民主德国加入有关的必要步骤在国家条约中进行规定，并委任朔伊布勒的团队负责这一进程。[105]现在，讨论要素已经向媒体、联邦议会党团、联邦州公开，并且给予了他们表态的机会。6 月 28 日的第一次修订版基本和之前内容保持一致，但是还包含了参与部门、司法部长、财政部长、外交部长的不同意见。[106]6 月 27 日，东柏林内阁就准备第二部国家条约进行商议的时候认为，各部门间的合作是必不可少的。克劳泽还提出了具体要求。[107]

除了朔伊布勒和克劳泽这些代表团领导之外，参与德国统一官方谈判的还有国务秘书层面的相关人员。联邦德国的谈判代表团成员包括内政部、司法部、财政部、外交部、经济部、劳动部、德意志内部关系部以及联邦总理府的代表。根据需求也抽调了一些其他部门的人员。联邦州（北威、汉堡、柏林、巴伐、巴符、下萨克森）的代表则由州府办公厅主任担任，欧洲共同体的参与者为来自共同体委员会的代表。朔伊布勒本人代表整个联邦德国。[108]西德代表团的立场表决首先在内部进行，然后再向东德代表团阐明。统一的谈判导向可以促进谈判进程有效进行。因曾担任总理府部长[109]及参与"德国统一"内阁委员会，朔伊布勒和联邦德国代表团的成员都熟识，这一点为他的工作提供了便利。他按照自己的想法尽量谨慎地处理职能部门的自身责任与管辖权限。这些都促成了一种建设性工作氛围的形成。[110]

东德方面的代表团成员包括来自内政部、经济部、财政部、司法部、环境/能源/核安全部、劳动和社会部、食品、农业和林业部、民主德国财产法律保障局的代表。[111]与代表团谈判相平行，两方党派还建立了工作组，处理个别的问题领域。

在第一轮谈判之初，双方就在柏林（1990 年 5 月 29 日）和波恩（1990 年 6 月 1 日）会谈中基本表明了立场。[112]根据德梅齐埃的要求，统一条约是以第一部《建立经济、货币和社会联盟的条约》为模板建立起来的：条约内容规定了德国统一最重要的步骤。朔伊布勒和克劳泽负责对其进行修改。根据谈判领导的委托，条约中关于加入规定的具体法律资料，将由双方的专业人员制定。[113]条约本身分为两个部分：第一部分同意过渡为联邦法律，修改并废止目前的法律；第二部分包括继续适用的民主德国法律。根据不同适用范围对它们进行了区分。[114]

1990 年 7 月 6 日，在友好的、建设性的工作氛围下，双方在东柏林进行了第一轮谈判。德梅齐埃上呈了一份厚度大约为 500 页的准备文件，它由所有民主德国部门共同制定起草。他主张根据《基本法》第 23 条第 2款实行加入，但是明确表示，这并不是无条件的，因此条约中必须规定一系列要点。朔伊布勒对这一决定表示欢迎并且愿意签订被命名为"统一条约"的第二部国家条约。他从自身角度强调说，《统一条约》只做出最必要的规定，其他问题留待全德联邦议院处理。[115]

随后克劳泽就向朔伊布勒递交了一份民主德国方面认为的最重要问题的清单[116]（首都、国家象征、五个新州的财政、托管机构的权限和职责），其内容和朔伊布勒的讨论要素[117]有很大程度的重合。双方关于谈判的内容，以及部门对话的指导原则[118]很快达成了共识。这时候就已经能够看出来，在联邦德国方面存在更大的分歧，尤其是在内政部、司法部、财政部和外交部之间。[119]

准备第二轮谈判的任务落在了职能部门头上[120]，它们需要负责法律资料的相互协调。每个联邦部门都有义务与民主德国相应机构进行协调，这一过程最开始是秘密进行的，后来变成了公开的。[121]在这个协调过程中，财政部负责监控经济影响，司法部负责审查通用的法律环境，内政部作为领导部门参与其中。在必要时，将审查条约中的规定是否与欧共体法以及联邦州的法律相符。此外，"德国统一"内阁委员会中的相关部门也应及时知晓谈判情况。[122]在联邦州的共同参与下，7 月 9 ~ 20 日在柏林和波恩举行了专业会谈。在这期间，成打的草案、调整方案和修改文件竞相出现。[123]会谈结果上报相关职能部门、"德国统一"内阁委员会、联邦议院委员会及联邦议会党团，还有各联邦州，并且要和他们共同进行商讨。[124]

1990 年 7 月 16 日的部长会议对与波恩后续谈判的出发点做出决定。特别内阁指导委员会负责处理德国统一条约的准备情况，并将由此产生的任务委派给各部门。[125]主要决议是："民主德国代表团在谈判中要以统一作为立场出发点。最具有决定性的尺度就是对在民主德国土地上生活了 40 年的 1600 万人民负责。对于联邦德国方面的不同观点，不需要民主德国方面做出澄清处理，也不允许单方面接受或者纳入谈判的内容。对于这类问题不要采取负责任的立场。"[126]指出谈判的基础是联合政府协议，应该由政府进行谈判，而不是代表政府的党派。着重强调的是在联合协议中应明确规定总理在德国政策中制定方针的权限。

为了应对与联邦德国方面谈判时出现不同意见的情况，会议决定："每个部门都列出一份与联邦德国方面谈判伙伴意见分歧的问题清单，上交给德国统一工作小组，即克劳泽办公室。对于每一个这样的问题，都要描述其影响后果，尤其是财政方面的后果。"[127]德梅齐埃以"迫切的请求"终结了内阁指导委员会，"在所有部门统一并且协调工作的基础上"，完成后续谈判工作。[128]在 1990 年 7 月 31 日和 8 月 2 日的特别部长会议上，国务秘书克劳泽阐述了两德政府谈判中出现的分歧问题。[129]

7 月中旬，民主德国政府内部的紧张关系让形势更加严峻。联合执政伙伴就具体的统一道路发生了严重争执。7 月 25 日，德梅齐埃向所有内阁成员呼吁，不要被有关加入日期以及选举形势的政党政治和议会政治的讨论所迷惑。[130]尽管如此，自由民主者联盟（7 月 24 日）以及社民党（8 月 19 日）还是由于内政以及德国政策上的分歧退出了内阁。但是自民党部长还是会继续工作到 8 月中旬。这些事件对于谈判进程并没有产生影响。朔伊布勒在 7 月 26 日与联邦德国党团主席以及各党派主席会面，准备即将到来的谈判。[131]

8 月 1~3 日，第二轮谈判在东柏林举行，民主德国方面对统一条约提出了粗略提纲。[132]职能部门的会谈成果，以及未得到解决的单独列出的问题都得到了仔细研究。负责的官员起草了一份条约草案，其中有争议的部分加上了方括号，并通过"D"（联邦德国）和"DDR"（民主德国）的标记区别了双方提出的说法。[133]德梅齐埃和克劳泽向 8 月 2 日的部长会议递交了统一条约的梗概。根据会议记录，会议达成一致，"谈判要以民主德国区域内五个联邦州人民的利益为重，所有的建议和讨论都要以此为标准"[134]。

不同的问题领域都进行了讨论。其中主要涉及财政问题，为统一德国制定新宪法的可能性，民主德国科学院的地位，家庭和妇女领域，还有某些国际条约和协议的继续实施的问题。在此又一次强调了希望"明确地"认可土地改革的成果。[135]

与两德代表团之间处于一种建设性的工作气氛相比西德代表团内部的

争议更大，以至于朔伊布勒得利用谈判间隙将其代表团带回，以澄清有争议问题，克劳泽和德梅齐埃则利用这段时间在联邦总理科尔度假的沃尔夫冈湖与他进行了会面。朔伊布勒努力让他的"团队"召开一次闭门会议：他试图阻止波恩方面其他人员（联邦州、政府反对派）。民主德国方面制造的时间压力正好发挥了作用。[136]

第二次会面结束时，条约草案第一稿已经成形。[137]双方很满意地作别；所取得的进展比预期要好，在条约的结构甚至条约本身的内容措辞方面都达到了很广泛的共识。不过关于条约附件还有一些工作需要相关部门处理。[138]谈判结果再一次转呈职能部门、联邦议院委员会、联邦议会党团、联邦州，以及欧共体委员会。[139]

到第三轮谈判之前，职能部门的主要工作完成了，即为制作附件提供一份指南：司法部建议拟定的附件要符合法律形式，内政部提交了一份制作附件的指导说明，财政部分发了一份关于财政影响概要的范本。这些成果被转交给所有职能部门、所有数据保护负责人、联邦银行、联邦审计院，以及联邦州常任代表手上。此外，欧共体委员会和联邦德国驻柏林的常任代表也收到了一份复印件。但是这之前司法部审核了其是否符合法律形式，财政部进行了成本评估。最后人们在条约及附件内容上达成共识，"德国统一"内阁委员会最后解释了一些尚未解决的问题，并且确定了第三轮谈判的方针。[140]这些都要清楚地体现出联邦政府的立场及联邦德国和民主德国的分歧所在。有争议的问题从约 30 个减少到 16 个。总的来说都保持了克制的态度，而没有危及大局。[141]

1990 年 8 月 8 日，民主德国内阁简短研究了财政领域的谈判结果，此外还决定在 8 月 15 日之前，将部门谈判结果转交给"德国统一"工作组。1990 年 8 月 18 日，部长会议收到了波恩方面提供的新草案，并再次确定了民主德国谈判方向的重点。[142]

第三轮，也是最后一轮谈判在波恩进行，由于时间压力紧迫，日期由原定的 8 月 27 日提前到了 20 日[143]，并且谈判过程极具戏剧性。首先，在东柏林的联合政府发生变化之后，民主德国的代表团人数减少了。此外，社民党（包括社民党联邦议会党团及其主政的联邦州）威胁说，如果他们在内容上的要求[144]不能实现，就拒绝为统一条约投赞成票。此外他们还建议，与其借助条约来完成法律适配的过程，还不如借助过渡阶段立法工具，将议会纳入谈判进程中来。

在联合政府中第一次出现了立场向政治对手方向靠拢的倾向：自民党主席格拉夫·拉姆斯多夫以及部分基民盟/基社盟党团成员支持这个想法。[145]朔伊布勒仍然保持不动声色。他坚信，任何一股政治力量都没有能力承担起拖延经济和社会建设的责任，以及由此产生的后果，而过渡阶段立法就将产生这样的后果。他仍然坚持"对于统一进行有效的强制"，只要大家都重新坐在谈判桌前，这就能产生效果。[146]

第三轮谈判协商按计划进行。柏林方面拟定的第一份内容全面的条约草稿递交到了双方代表团手中，大家逐条进行讨论。这样会产生一个新的概要，其中会详细地记录每一点修改、补充的内容，或者有出入、有分歧争议的观点。这一次，扮演关键性角色的是相关职能部门的代表，而不再是代表团领导，他们只在有问题的时候作为协调人士参与一下，尽可能地排除无法解决的问题。[147]

8月24日，双方代表团分别时，两边的条约草案已经在最重要的问题上达成了一致，虽然还没有达到能够签署条约的程度。"德国统一进展顺利。"[148]人民议院在前一天获得了363票中294票支持，即超过80%的支持率，确定10月3日为民主德国加入联邦德国的日期。

但是联邦德国方面的意见分歧再次拖延了朔伊布勒提出的时间计划[149]，该计划设想，在同一天结束谈判，签订条约。在第三轮谈判结束之前，对于谈判的管理权一直仅限于克劳泽和朔伊布勒二人，虽然朔伊布勒要定期向联邦总理汇报，但是除此之外他绝对自由。[150]但到最后阶段，科尔还不得不介入与联邦州、联邦德国党派主席及党团主席的谈判之中，原因是社民党主席福格尔要求进行高层对话。福格尔要求在财产形式、国家财政、堕胎法令以及宪法改革方面改善加入条件，并提出在决定性的政治阶段，在野党不仅仅要通过联邦参议院，还要通过联邦议院在最高层次上参与进来。只有通过这种方式，谈判才可能迅速结束。科尔赞成进行党主席会谈，因为他担心，在野党可能在政治上利用联合政府的内部矛盾。[151]

8月26日，党派主席和党团主席在总理府会面，进行了四次高层对话中的第一次。[152]福格尔首先阐述了就社民党角度而言，在签订条约之前还必须解释清楚的问题。其中依旧涉及对未决财产问题的规定、联邦州和乡镇改善财政配备，以及关于堕胎的规定。[153]不过福格尔也清楚，"这种压力的潜在效果并不是很大，因为没有人真的认为社民党会拒绝统一条约"[154]。朔伊布勒仍然保持一贯风格，至少在双方一致同意的情况下，将暂行的解决办法确定下来，如果个别情况无法达成共识，就将最终的决定权交由全德立法机构。他的座右铭是："宁可不予考虑，也不能危及统一。"而且大家在工作组中还是可以求得妥协的。[155]

联邦德国的代表团领导希望结束谈判，否则由于情况内容的复杂性，参与的政治力量可能不断提出新的要求。如果不确定谈判结束的日期，就没法实现统一。

条约应在 8 月 29 日草签。可在最后一分钟，朔伊布勒收到总理来电："您不要签署！"[156]这回是联合政府合作伙伴自民党提出了反对意见。自由党人突然不再同意有关堕胎法规协议内容，并得到了社民党的支持。8 月 29 日晚上以及随后的一天，联合政府伙伴间，或者说和社民党之间进行了拉锯式的会谈，制定了最后的妥协办法。[157]

8 月 29 日，德梅齐埃在内阁协商会中列举了他认为仍旧存在争议的问题："联邦参议院中联邦州票数的分配，刑法法典第 218 条规定，对于军人、警察、海关管理人员家属的特殊照顾，公职人员和官员的形象，提前退休的规定，名誉恢复以及与此相联系的财政问题和证据合法性问题，在子女生病时对妇女的财政援助的规定。"[158]尽管如此，在目标实现近在眼前之时，已经无法再承受统一条约的失败或者推迟了。8 月 31 日被确定为最终签署日期。[159]

在这一天上午，统一条约在双方代表团的第四次会面时终于得到草签。当天，联邦内阁和部长会议都通过了草签内容，于是下午 1 点，朔伊布勒和克劳泽在东柏林签署了条约。

在统一条约问题上，部长会议做出了如下决议："1. 总理强调了统一条约的重要特点，以及为此召开的部长会议特别会议。谈判的结果以及所提交的条约内容获得部长会议一致通过。2. 总理身边的议会国务秘书君特·克劳泽博士，以及所有统一谈判的参与者都在与会者的掌声中收获了对其工作的感谢。会议通报，1990 年 8 月 29 日于部长会议中讨论的问题，按照民主德国的谈判立场获得了意见一致的解释……4. 部长们，以及执行国务秘书都被委托，从自己负责的领域评价统一条约。"[160]在签署条约之后，德梅齐埃和朔伊布勒都只发表了简短的声明，声明中表达了他们对于成功签署条约的喜悦。

按照民主德国的意愿，还必须签订一个补充协议，因为人民议院恰好在条约签署之后也完成了一份内容丰富的立法方案。在统一之后，这些法律和规定应该以民主德国法律形式继续适用。联邦德国方面也支持后续谈判，因为条约签署者迫于时间压力，主要在附件中也犯了一些错误。这些错误应该从法律技术的角度得到修正。

9月10日，代表们在波恩内政部会面，准备补充协议。克劳泽转交给联邦德国代表团团长一个内容广泛的一揽子计划。新的协议被转交给职能部门再次进行内容上的协调。[161]

9月17日，双方通过了一些规则，其中一部分含有政治意义。其中最重要的是关于斯塔西文件的问题，以及大赦法规和受民族社会主义非法政权迫害的人的权利。一天后，联邦内阁和部长会议都通过了《联邦德国和民主德国关于落实和解释统一条约的协议》。在联邦议会"德国统一"委员会随后的协商会上，协议经历了和条约本身相同的批准程序。[162]

德国统一被牢牢安放在"规定的轨道上"。人们不仅仅实现了政府间的统一，而且超越了几乎所有的政治阵营取得了一致。[163]9月20日的议会批准根本只是个形式问题：在联邦德国方面，《联邦德国和民主德国关于建立统一德国的条约——统一条约》在联邦议院中获得了超过90%的支持率。具体结果为：442票支持，47票反对，3票弃权。反对票来自绿党以及13个基民盟/基社盟议员。在人民议院中，民社党党团和联盟90/绿党党团也表示反对。299名议员，即80%的议员表示支持，80名议员表示反对，1名弃权。联邦参议院在1990年9月21日一致批准了该条约。[164]

统一条约包括序言和45项条款，根据所规定的范围共划分成九章。在序言中提到，两个德国的人民希望在一个法治国家的、民主的、社会的联邦国家中实现统一。德国的统一是对欧洲统一的贡献，也是对建立欧洲和平秩序的贡献。其前提条件包括国家边界的不可侵犯性和领土完整性，例如所有欧洲国家在其边境内的主权。[165]

第一章对加入行动进行了规定：根据《基本法》第23条加入。此外，它还规定了10月3日，即加入日期为国庆日，宣布柏林为统一德国的首都。第二章的内容涉及由于加入而带来的《基本法》的修改，同时还对全德财政预算和金融进行了特殊规定。[166]第三章包括联邦法律在东德原则性的适用，以继续拉近两德法律体系为目标。这一点也适用于欧共体所确定的联邦德国标准。除了一般性的附加条款之外，统一条约的附件中还包括一些个别条款。附件中还记录了在特殊情况下继续沿用的民主德国法律。第四章包括联邦德国国际法条约的原则性继续适用。通过与条约伙伴的对话，民主德国的国际协定也保证被接受。[167]

基本上在加入区域、公共管理的行政机关和公共设施、司法部门以及其他公共机构都发生了交接。此外第五章还规定了公共服务中的雇佣关系以及继续维持东德管理部门的决议。统一条约的第六章阐明了前民主德国的公共财产和债务问题。这个范畴内的问题还细分为有关债务清偿、信托资产、德国国营铁路以及德国邮政的各种规定。此外第六章中还包括关于促进经济发展以及对外经济关系的条款。[168]

第七章内容为社会法规，包括养老保险、社会保险、意外保险和失业保险。这章中还包括对家庭与妇女、联合会与医疗卫生以及环保方面的规定。第八章的内容可以用文化、教育、科学和体育几个主题概括。其中对于所有在民主德国获得的教育毕业证书都予以了认可。尤其强调了要促进民主德国文化发展。[169]

统一条约的最后一章包括过渡条款以及最终决议。这里再一次涉及两德政府在 1990 年 6 月 15 日签订的《共同声明》中提及的未解决的财产问题的清偿。此外还规定了在德国统一和 1990 年 12 月的第一次全德选举之间的过渡时期，将东德议员派遣到第 11 届联邦议院中。而且在五个新联邦州州议院选举前，各州的全权代表也应该参与联邦参议院的会议。很重要的一个决定是，即使在德国统一之后，民主德国法律仍可适用于东德联邦州，因为在民主德国灭亡之后，条约内容就作为联邦法律存在了。[170]

条约最后还包含一份议定书，议定书包括对于条约内容的解释，和一份有关对条约条款进行落实和阐释的协议。[171]

具体的法规内容都在条约附件中，它占据了整个条约内容的接近93%。其中包括联邦法律过渡的特别法令（附件 I），还有仍然适用的民主德国法律（附件 II）。附件 II 中收录了《共同声明》。附件内容才是谈判中真正费力的部分。这和代表团中的分歧无关；因为两方职能部门间的谈话是在"极其良好且充满信任的气氛"中进行的。[172]大部分的决定都是在达成共识并且迅速取得一致意见后做出的。决定性的问题是数量巨大的法规撰写工作，这是真正需要克服的难题。

附件的内部结构是按照联邦德国各部负责的业务领域划分的，其工作人员和东德的同事共同研究出了具体内容。因此附件中的法规涉及范围包括外交、内政、司法、财政、经济、食品、农业与林业、工作与社会事务、国防、青年、家庭、妇女与健康、交通、环境、自然保护与核安全、邮政与电信通讯、土地规划、建筑与城市建设、研究与技术、教育与科学以及经济合作。

必要的宪法修改

宪法需要进行的修改范围和统一进程所选择的模式息息相关。《基本法》提供了两种可能性：可以根据第23条第二款，民主德国的加入区就成为《基本法》适用区；或者根据第146条，全体德国人民为两德地区进行全新的全德宪法立法。[173]

如果选择第23条的方式，需要民主德国方面提供"加入联邦德国的声明，以表明这是国民的自主决定"。这份声明可以由具有民主合法性的人民议院或者新建立的联邦州提交。由于加入的部分通过这种方式全盘接纳了《基本法》，所以联邦德国不能对于"是否"统一进行裁决。《基本法》并不是随着"加入声明"在加入区域自动生效，而是需要一个明确的生效规定。但是主流的观点认为，只需要一部简单的联邦法规就足够了。这部法规中包含了过渡时期的准则，双方通过它都可以有足够的活动余地，来决定"如何"实现统一。如果想让《基本法》的有效性不受限制，有鉴于双方的法律体制和经济体制相去甚远，可以制订一个阶段性计划。这样最初阶段，宪法在加入区域只有有限的效力，或者经过修改的效力。[174]

这一系列的问题都属于联邦内政部的业务范围，他们从联邦内政部的角度为这一道路提出了以下论据：被证明是合适的部分将得到保留，这也就意味着已经被熟知的对内、对外的宪法秩序会依然采用惯常的方式。其他尚未解决的宪法部分可以根据双三分之二法定人数取得一致的原则进行修改。有批评称联邦德国与民主德国是（政治上的）结合，对此他们争辩到，加入行为是自由自愿的，联邦德国本身没有权力决定"是否"加入。还有批评指出，宪法条文没有经过全民公决，对此他们反击称，西德的民众通过定期选举已经明确表达了自己对于宪法基本秩序的认可，而东德民众则通过"加入声明"归属于《基本法》之下了。[175]

如果想通过第146条实现德国统一，就需要以继续存在的德意志帝国的全德人民[176]的自决权作为基础。宪法条文并没有规定新的全德国家制度必须和原有秩序相联系。第146条的实施意味着德国国家机构的将重新架构，《基本法》的秩序将被取代。[177]

根据内政部的观点，这一模式由于缺乏符合宪法的预先定义，而可能引发对内对外的不安情绪。内政部的观点与另一种观点相比是占据优势的，这一观点认为新宪法可以为民主德国改革带来思想财富，这样对于新国家秩序的接受度就会被提高。此外，根据146条，宪法条文形成和通过仅仅需要全民公决以简单多数赞成即可，不必达成广泛的一致同意。与西方盟国的谈判可能会被拖延，就可能意味着统一进程的完成将耗费更多时日。

外交部强调，这样将"导致利于统一进程的动力流失，而阻碍它的要素得到强化"。有一点是毫无疑问的，无论是东德还是西德民众，大多数人是不想要一部新宪法的。实际上，他们更希望"延续在《基本法》基础上建立起来的生活、社会和经济秩序"，以便促进必要的国内外经济投资。[178]

选择第23条的决定随之引发了一个需要澄清的问题，全德宪法秩序以及由此引发的法律统一的问题，是应该通过国家条约还是通过过渡时期法规来彼此适应。

在过渡时期法规实行期间，《基本法》只需通过简单的联邦法律，无须三分之二多数就可以生效，而且没有修宪的可能。联邦议院有可能将过渡时期一揽子计划中的每个部分都拿出来单独讨论。但东德就没法参与其中了，并且必将造成统一进程时间上的拖延：完成加入和《基本法》的生效有可能无法同时进行。与民主德国的政治一致将无法通过条约形式固定下来。除了几个例外情况之外（军队和财政宪法，战争赔偿第120条），《基本法》必要的修改必须留待全德议会处理。[179]人们担心，为了处理个别的法规会浪费时间，并会引发"法律真空"[180]。

联邦内政部更倾向于一部合并条约。这部条约不仅将实现两个德国的联合，而且还将确立未来的宪法秩序以及统一德国的机构组织。这种方式可以"超越某种程度，考虑民主德国方面对于全德宪法结构的设想和意愿"，而不必进行新的立宪。民主德国可以"提出自己的意见"，并且至少在形式上获得平等地位的谈判伙伴的身份。但必须澄清的是，《基本法》及其权威性结构是不可动摇的。[181]

此外，联邦总理府还列举了另外一个政治观点：统一条约可以更好地记录两个德国共同成长的过程，并且可以反驳"吞并"东德的批评。[182]合并条约必须在谈判双方之间进行协商，并且在两德议会中以修宪所需的多数票加以批准。有关修改内容的实施在条约中得到了规定。[183]

但是也有反对国家条约这一解决办法的意见。因为条约谈判想要达成妥协十分困难，而且耗时耗力，并且必须得到联邦议院和人民议院中三分之二多数支持。[184]加入的实现、统一条约的生效，以及宪法和联邦法规的过渡需要彼此适应协调。如果修宪绕开第146条，没有全德人民参与的话，将导致激烈的政治讨论。[185]

财政部也认为，在对国家条约进行决策的时候不能简单地用"是"或者"否"来决定是接纳还是拒绝，就像第一部国家条约的已经出现的情况一样，要研究修宪的范围。此外，民主德国代表团也可以对于西德的国家秩序发表意见。[186]在修宪、条约和加入之间建立联系是没有必要的。司法部也有反对国家条约的倾向。因为它虽然从根本上来讲并不是违宪的，但是挑起了并不受欢迎的广泛宪法讨论。从宪政角度来看，在一部国际法性质的条约中加入修改《基本法》的内容，这并不受欢迎。联邦议院和联邦参议院之中的三分之二多数的要求，也导致了反对党和联邦州过早地参与到协商进程中来。[187]

最终，根据第23条采取行动以及签订国家条约的政治原因成了决定性因素：对于联邦政府来说，这是唯一能够对抗民主德国的移民大潮，并且稳定民主德国局势的可行办法。此外，他们只考虑到应该快速实现经济和货币联盟。[188]"这个程序更为简单，而且通过向我们行之有效的法治国家结构的过渡，共同成长会更容易一些。"[189]最重要的指导原则就是保障东、西德的安全和稳定。但是人们也认同，在国家条约中尽可能少地涉及《基本法》修改问题，以避免更大范围的宪法讨论。[190]

1990年3月的人民议院选举表明，大多数东德人民也是希望通过与统一条约相联系的加入方式实现德国统一。东德政府和人民议院希望其民众通过统一条约影响统一进程，而第146条就无法提供这种可能性了。[191]根据朔伊布勒的说法，《基本法》提供的统一方式迫使联邦政府迎合柏林所要求的模式。与此紧密相连的就是必须通过统一条约修改宪法，比如序言和第23条。批准条约又再次需要三分之二多数支持。内政部长在面对联邦德国伙伴的时候，总是不断强调这种相互关联。[192]

在联邦德国方面（政府层面和部分反对派），人们很快就必需修改[193]序言内容[194]达成共识，其中确定，德国人会在新、旧联邦州中实现德国的统一和自由。第23条所规定的德国的其他部分可以加入《基本法》的适用范围，这点也可以直接删除。东德代表团对此也很快表示同意。[195]在第一轮和第二轮谈判之间，联邦职能部门（内政部、司法部、财政部和联邦总理府）、民主德国的代表（总理办公室），以及来自北威和汉堡的联邦州的代表们进行了会谈，希望对这一系列问题进行协商。[196]需要向欧洲的邻邦清楚表明，德国统一实现了。大家基本同意采用《基本法》秩序，修改序言，取消第23条。《基本法》中新的第143条应根据不同的生活状况，在民主德国加入区域，对联邦法规进行修整给予有期限限制的合法性。在过渡时期内，两个德国都应该允许不同的法律法规存在。[197]基本内容是："只要由于不同的生活状况导致东德还不能完全适应《基本法》秩序，在加入区域就可以对《基本法》的规定进行调整……"[198]但是在西德方面，直到谈判临近结束还没能达成一致。这种不同的法律秩序应该维持多长时间，内政部建议将期限定为1992年12月底，而司法部则要求持续到1995年12月底并且争辩说，司法的转换是需要这么长时间的。最后还是采纳了内政部的建议。此外还指出了根据共同声明中对于未清偿的资产问题的规定，对财产进行干涉的行为将不再能够实施。[199]

最开始的时候人们认为废除第146条几乎是没有问题的。但是内政部和外交部却为这一条款的去留问题产生了争论，由此也引发了统一德国边界线确立的问题。外交部认为应该废除条款，因为这点已经在"2＋4"谈话中作为边境的法律保障通告盟友了。

内政部长朔伊布勒虽然个人还是认为应该废除该条款，但依旧对这一条款表达了保留的主张。他这样向其党团阐述自己的观点："我个人巴不得废除这一条款，我认为它实际上已经过时了，因此这个改变对我而言非常艰难……但是想要废除它我需要获得三分之二多数的支持，我没能达到。"[200]他担心，如果进行全民公决的可能性被排除的话，反对派不会通过统一条约。因为无论是联邦议院还是联邦参议院中都没达到废除条款所需的多数支持票，必须要制定一个妥协方案。社民党领导的联邦州并不打算放弃"没有期限限制的、彻底进行修正的机会"[201]。

在第二轮谈判期间，西德代表团召开闭门会议讨论对第146条进行补充说明，补充内容将阐明德国统一已经完成，在目前的边境法框架下可对后续宪法进行表决。新的条款内容为："在德国的统一、自由实现之后，即本法适用于全德人民，而它将在全德人民自愿决定推行的新宪法生效的那一天作废。"[202]

社民党和绿党认为全民公决的成分体现得还远远不够。社民党主席福格尔认为序言的修改以及重新修订的第 146 条限制了全德人民对于新宪法的最终决定权。他坚持要求将全民公决的成分嵌入统一进程之中。[203]

通过统一条约修改宪法所面临的最根本的问题是：在没有立法者直接参与的情况下，在一部政府条约中这样的修改应该被约束在何种范围之内。[204]无论如何，朔伊布勒都不希望条约的批准受到联邦议院或联邦参议院的威胁，因此他要求保持谨慎。宪法修改应该限制在与加入有关的必要的范畴内。[205]

他的妥协建议是，在《统一条约》中（第五条）保留日后修宪的领域，但不列出最后的细目。通过这样的方式，实质上没有确定未来的立宪者，但是条约批准仍意味着一种自我承诺。所有其他关于修宪的意愿都可以通过这种办法进行划分。人们决定采用如下说法："缔约双方政府都建议统一德国的立法组织，在两年时间内，致力于解决与德国统一相关的修改或者补充《基本法》的问题。"而后列举了一些最重要的主题。[206]如果内容上无法达到完全一致的话，双方也同意将这个问题留给全德立法者处理。通过这个程序建议，朔伊布勒实现了在修宪问题上达成最大范围内共识的目标。[207]

法律调整

除了《基本法》修改的一系列问题之外，两个代表团还必须在单一的联邦法如何在民主德国地区加以转化达成一致。想要通过法律的统一来构建相同的生活状况，就必须确立一个调整的进程。[208]

在这个问题上，内政部建议使用国家条约作为工具。这样民主德国在加入之前就知道他们将面临什么，而加入和法律调整也可以同时生效。修改和调整的想法都可以通过独特的立法文件捆绑起来，而不需要在竞选年中对过渡法规逐个进行无休止的争论。国家条约可以使民主德国对法律的修改施加影响，这个观点考虑到了民主德国的稳定性，并且保证了更高的接受度。[209]

这些考量的理论基础是，1989 年秋天的革命是一场未完的革命。它不仅是不流血的革命，而且主要是偏离了合法性。民主德国法律是得到人民议院根本认可的。人民议院并没有对法律进行彻底修改，而只是对个别法规进行了调整，目标是将原东德的"法律秩序"从法治国家的轨道上清除、原有的统治体系应被合法地废除。因此，在 1990 年 3 月的人民议院选举之后，民主德国宪法以及单一的东德法规都将继续维持有效性。[210]

在联邦司法部领导下的"法律问题，尤其是法律调整"工作小组，承担起了法律调整的任务，联邦司法部应将调整的需求加以明确。[211]他们的口号是：即使在统一实现后允许存在不同点，法律关系也是越统一越好。由于东德的法规填补工作存在不可预计性，其他的联邦德国职能部门也被迅速拉进了准备过程之中。法律统一化的问题就成了所有职能部门的共同任务。"国家结构及公共秩序"工作组就需要负责拟就联邦德国关于过渡时期立法的基本态度。

司法部的任务是制定关于法律调整的普遍标准。每个职能部门都要对法律调整的必要性、内容和范围进行独立的评判。合作进行得十分顺利。[212]根据自身权限以及内政部设定的范围，每个联邦职能部门都制定了独立的法规，希望在最短的时间内以最少的工作量，完成一部内容广泛的法规和条约集。

首先要对现行的民主德国法律进行一个概括。其困难在于东德没有编纂成册的法规集。波恩的公务员们必须自己收集法律法规，并对它们进行系统化。下一步，需要对那些在德国统一过程中立刻会在民主德国领土上生效的联邦德国法律逐个审查。在这之后，才能开始和民主德国职能部门进行谈判。[213]

联邦总理府也支持这种解决办法，而且它具有可操作性。将范围限制在必要的和基本的法规，可以让东德公共秩序的建立更容易一些，不要对其提出过分的要求，要迎合两个体制相互适应的过程。人们不希望因为民主德国法规而导致具有重大政治意义的统一条约超负荷。而且对民主德国民众而言，他们对法律还有了更清晰的认识，因为他们将更好地了解到，哪些法规对他们而言是适用的。[214]

司法部还有劳动部却反对这种做法，他们主张在民主德国领土上直接使用联邦法律（规则：联邦法）。只有在特殊情况下，在过渡时期内，才能沿用民主德国法律（负面清单/特例：民主德国法）。有人认为民主德国法律是不公正的。它缺乏法治国家、民众、市场经济的设想，因此应该尽可能减少它的使用。此外人们还希望更有力地促进投资，尽快完成向西德社会保障制度的过渡。因为两种意见无法达成共识，联邦职能部门只能暂时分别按照两种构想来开展工作。[215]

不过出于工作效率的原因，关于规则—例外关系的基本决定还是很快做出了。朔伊布勒本人在这个问题上，必须服从联邦政府多数的决定，采纳了司法部长及政党的立场。他现在只能盼望民主德国代表团在谈判中提出相反的要求，这样他可以通过迂回的方式实现自己的主张。事实上，克劳泽首先要求继续使用民主德国法律。[216]但是就在第二轮谈判开始前，民主德国代表团倒戈了。[217]但是内政部长仍然在"德国统一"联邦议院委员会中坚持表示，这个决定不能造成什么本质改变，因为现在还是50%的规则，50%的特殊情况法令对峙的情况；这对"最终结果几乎又没有影响"。[218]

由此决定联邦德国法律通过统一条约的一项总条款被转用于民主德国领土范围内。[219]所以统一条约的附录中包含了一些特殊情况，在过渡时期的这些情况下，仍然采用民主德国法律；一直以来作为工作基础的正面清单必须要转换成负面清单。不过这些特例的法规却几乎不在代表团的谈判内容之内。实际的工作都是由东西德相关职能部门的工作人员承担的。只有在个别问题上，克劳泽和朔伊布勒会因为解决方案激烈角力，比如在教育、健康卫生、社会领域中。[220]

在第三轮谈判中，需要对于不同法律秩序的过渡时间段的限定达成一致。必须确定下来，在新旧联邦州之内，彼此不同的法律可以共存多长时间。最后大家达成一致，在重新修改的《基本法》第143条中对不同法律领域的各自不同的期限给予明确的规定。[221]

首都问题

在东德关于国家象征性问题的要求[222]在第一轮谈判中被忽视了之后，他们就清楚关于未来统一德国首都的问题，必须用更强硬的态度来处理。[223]

对洛塔尔·德梅齐埃来说，柏林就是德国统一的特征点；除了那里，没有任何一个地方能够更好地记录德国的分裂和统一。这个被分裂了40年的大都会应该被确立为首都。人们不想把这个问题的决定权留给全德立法者。民主德国总理强调说，在他的国家中，只有这个对于民主德国人民万分重要的问题在统一条约中得到处理之后，才能达成共识。[224]

朔伊布勒基本上也是支持柏林作为首都的，但是他担心对于这个在联邦德国最富争议的问题的确定将危及统一条约的批准。整个联邦议院的所有党团都支持柏林，而联邦州则几乎全部反对柏林。因此迫于时间压力，无法达成一个双方都接受的解决办法。还存在一个很广泛的共识，即首都和政府所在地的问题，应该交给立法者决定。这个问题不应在政府条约中加以规定，而应转交给全德议会。联邦德国只能在这个基础上达成共识，因为谈判的斡旋空间的确太小了。[225]内政部长于是建议将首都和政府所在地选在不同的地点。但是德梅齐埃却对一个纯粹宣言性的规定无法感到满意。[226]

朔伊布勒又一次进行妥协尝试，计划通过统一条约原则上确定柏林为首都，也就是说需要借助新修订的第23条来完成。联邦议院应就联邦机构逐步迁往柏林做出决定。[227]克劳泽接受了这个建议，并在第二轮谈判时陈述了民主德国方面对于首都条款可能的版本的报告："统一德国的国家首都和政府所在地是柏林。1991年由全德议会确定由首都进一步发展为政府所在地的方式"。两方代表团对此无法达成共识，这一点仍存在争议；这种表达必须用方括号括起来。[228]

第二轮谈判期间，联邦德国代表团召开闭门会议，会议认为首都问题对于民主德国很重要，所以统一条约中必须得写点什么东西，否则的话人民议院很可能不通过这部条约。民主德国政府必须维护他的脸面：他们也需要在人民议院中取得三分之二多数支持才行。朔伊布勒还建议，在统一条约中确定那些本来就没有争议的问题。柏林应该成为统一德国的首都。而政府所在地的问题还没有解决。

在这个争议问题上，朔伊布勒遵循着他的准则，即解决无法协调问题的办法就是对规则的解读保留空间。经过长时间的反复讨论，最终同意了联邦内政部长的说法。这样就等于有意识地放弃了对于首都的本质进行明确的定义。[229]在党团中，朔伊布勒极力强调："首都问题是开放的、没有确定的。除了保持开放也没有其他办法……因为你们同意这个问题应该保持开放，除了保持开放外，也不能做什么别的事情了。它就是要保持开放。"[230]

在第三轮谈判之前提出一个议会决议，明确希望将议会和政府所在地放在一处。联邦总理府认为这个建议值得考虑。不过联邦和各州之间的意见还是不一致。柏林仍继续支持确定柏林作为首都，北莱茵－威斯特法伦州以社民党领导的重要联邦州身份，在巴伐利亚州的支持下，要求将这一条款从统一条约中删除。[231]因为联邦德国联邦州又撤回了对于朔伊布勒提议的暂时支持，首都问题在第三轮谈判中又再次成为讨论内容。双方论点没有改变，讨论无疾而终。

分歧主要存在于北莱茵－威斯特法伦州和柏林之间，北莱茵－威斯特法伦州不想为此在统一条约中进行修改，柏林则希望在条约中规定自己首都和政府所在地的地位。争议问题不仅在执政党和在野党之间造成了不和，还在社民党内部制造了嫌隙。在总理候选人奥斯卡·拉封丹的领导下，除了柏林外的大部分联邦州都威胁，如果波恩不能维持首都和政府所在地身份的话，就推动谈判失败。[232]

对于德梅齐埃而言，这个问题也是签订条约的"前提"。一直到最后，他也不乐意将这个问题交给不可预料的议会多数来决定。这种担心并不是没有原因的。在西德，联邦议院和联邦参议院内早就分成了两个混乱的阵营。一直到8月初，民主德国代表团才遵循朔伊布勒的建议，在条约中规定柏林的首都地位，而将政府和议会所在地的问题留待以后处理。

这种概念上的分割并没能去除西德联邦州内部的反对情绪。大部分联邦州都希望至少通过联邦参议院参与决定政府所在地。社民党主席福格尔却批驳了联邦参议院应参与决定联邦议院所在地的提法。批准条约不仅仅需要联邦参议院的同意，还需要联邦议院社民党的同意才行。

幸运的是，社民党谈判主席克莱门特想出了一种折中方式，可以让柏林之外的所有联邦州都接受。在统一条约的记录中，也就是对第二条的记录中，对于"决定"和"立法人"这两个概念采用复数形式。这样联邦参议院就有机会参与必要的决策。就这样，保留解读空间的措辞方式又一次解决了问题。[233]

未决财产问题

早在1990年2月，"未决财产问题"就已经呈现出一种迹象，即它将成为与民主德国政府谈判时的核心问题。未决财产问题中包括40%～50%的工商业设施，还有50%～60%的农业用地。[234]由于这个问题没法用一个简单的规定来解决，所以第一部国家条约中将它排除在外。[235]这涉及各种形式的产权。[236]

各种利益关系各有不同：过去的财产所有者向民主德国政府要求赔偿或者归还多年前被没收的财产，而民主德国政府则提出了一个金额高达10亿的反诉，作为"所谓的赔偿"。德意志内部关系部强调，西德的要求将遭到民主德国民众的反对，并将担心带来极重的财政负担。所以在和民主德国政府会谈的时候，对这个题目的处理必须"极其谨慎并且不可操之过急"[237]。

民主德国的国民经济是社会主义计划经济，生产资料国家所有制，工业生产和土地全民所有制。从西德角度来看，对未决财产问题的规划目标是，必须进行所有权转移，以使西德投资成为可能。[238]也就是要重新恢复原财产所有者的权利。在这个过程中，要区别1945～1949年被苏联占领国没收的财产，和1949年以后被统社党政权没收的财产。

通过《基础条约》获得共同基础的尝试失败了。建立独立的专家小组也没能带来什么进展。[239]

3月初，即人民议院选举之前，民主德国政府在一份声明中强调了财产关系，苏占区或者说民主德国在1945～1949以及1949以后建立的"财产秩序"，不可以被废止。根据莫德罗的观点，这关系到对民主德国居民"财产关系的法律保障"，以及由1945年8月2日签订的《波茨坦协定》所保障的经济和社会安全。这种保护还可以延伸到对于地产、建筑和住宅的财产权、承租权和使用权。他强调，这种法律观点是与联邦德国进行经济与货币联盟谈判以及"逐步实现两个德国联合"谈判中不可或缺的组成部分。"在两德统一过程中进行法律调整，要考虑到在历史进程中发展起来的法律状况。"[240]

莫德罗的继任德梅齐埃在4月12日的联合政府协定[241]以及4月19日的政府声明中明确无误地表示，如果"倒退回土地改革之前"，就不谈统一条约。不仅大部分民主德国民众不支持，而且苏联方面也有压力。

1990年4月28日，一份来自莫斯科的备忘录[242]使解决第一部分问题变得更加困难，它要求承认那一时期所采取措施的合法性。在这几周中同时进行的民主德国政府和苏联政府代表间的磋商表明，在认可对于纳粹财产的没收以及土地改革问题上，双方都以对它的认可为前提。德梅齐埃和戈尔巴乔夫意见一致。苏联清楚表示，这些决议既不需要审核也不需要修订。这是对德国统一可能陷入危机的准确无误的警告。[243]

朔伊布勒认为，将自1945年以来存在的财产关系倒退回去，是一种妄想。归还将引发民主德国民众大规模的恐慌，而他们对财产收入非常依赖。就法治国家必要性以及政治可行性角度而言，应该对他们所遭受的不公正进行补偿。

根据司法部的观点，这件事并不在于承认一个国家通过法律秩序对另一个国家财产权管理的干涉。更多的是要在两个德国法律秩序统一化的框架内实施规则。在内容设计方案上，双方达成了共识。解决办法要在承认财产关系、废除财产关系，也许还有进行赔偿这几种方式之间寻找。起决定性作用的主要是共同的政治意愿，以及作为司法考量的互相妥协的能力。[244]根据宪法，只有在民主德国加入的情况下，《基本法》第14条才即刻开始生效。如果苏联坚持1945～1949年时期的措施不可改变，联邦政府最后也不得不接受，以免影响莫斯科对于统一的支持态度。

德意志内部关系部认为这件烦心事该了结了。当然存在进行补偿赔付的可能。[245]波恩方面仍然认为，莫德罗3月初信函中表现出来的语气是符合民主德国民众总体态度的。赔偿金应该通过民主德国的负担平衡来提供费用，也要考虑到联邦德国的支付的负担平衡费用。对于让民主德国接受起来十分重要的是，新的民主德国政府，要在与联邦德国紧密协调的情况下，独自迈出最关键的几步。[246]

司法部国务秘书金克尔和克劳泽收到任务，制订出一个解决方案[247]。与此同时，联邦德国联合政府中爆发了一场争论，主要是自民党投票呼吁，撤销1945～1949年的没收财产的决定。

3月14日，"德国统一"内阁委员会决定了对于未决财产问题的话语规定，以作为下一步发展的基础。这一规定将成为公众发布会的基础，以及用于回答对政府的质询。[248]人们确定今后私人财产的原则仍然适用。根据法治国家标准，这一原则应该尽可能在民主德国重建起来。在未决财产问题上，主要关系到民主德国政府针对私人财产的强迫性措施。但是也要清楚地认识到，在40年民主德国历史中出现的新型社会和经济情况，不能简单地倒退回去，否则会出现新的不公正代替旧的不公正的危险。

有必要做出社会可以接受的妥协，并考虑到双方的利益。一个可以尽快出台的规定将结束过去的历史，建立法律保障，因为未解决的产权问题和财产问题不可以成为经济重建的障碍。要避免持续数年的政治及司法的争论；相应规定应该在统一的德国内得到广泛认同，这样才能保证稳固的社会和平。话语规定中强调，"规定民主德国到1989年11月9日为止的全部发展不变，就和把它们全部废止倒退回1945年5月8日一样不切实际"。[249]

1990年3月29～30日，"澄清未决财产问题"专家组的第二次会议中，大家一致认为，几乎不可能撤销土地改革成果，或者撤销苏联在1949年之前进行的财产没收行为，所以没必要继续进行谈判了。当然还有一个问题，就是由负担平衡引致的、利用民主德国财产进行赔偿的问题。[250]有关1949 年以来所采取措施的解决办法，存在很多种可能性。民主德国最主要的问题是，当民主德国居民的财产，或者是在土地册中登记的财务物权是通过正当方式获得的时候，应该如何处理。[251]西德方面确信，由于一视同仁的平等观点，想要对归还财产进行区别化对待是不可行的。如果确定进行赔偿的话，就应该由民主德国财产来负担这笔费用。[252]

两个德国的外交部长就财产问题致函苏联政府，信中对财产关系给予了保证，这是对于撤销 1945～1949 年财产没收行为的最终决定。克劳泽和金克尔在 1990 年 6 月中旬撰写完成了这封信件。[253]

谈判代表团还需要找到一种方法，来处理后来财产变化造成的不公平问题。朔伊布勒想要在过去和未来之间建立一种平衡。这只能通过一种笼统的规定来实现；若按照每个都公平对待的原则是没法实施的。[254]朔伊布勒告诉他的党团说："不可能为个案公平而追溯既往，而是只能尝试通过规范性的法规，建立某种程度的公平性。"[255]

人们最后终于达成一致，并在 6 月 15 日签署了《处理未清算财产问题的共同声明》。[256]两个德国政府都明确自己对于这个问题的基本准则。一方面，再次确定在 1945～1949 年根据占领区法律没收财产的决议不改变；另一方面，全德议会将负责决定与此相关的补偿金。这项声明使得后来在财产没收问题上，尤其是地产和不动产问题上，使用了"归还先于赔偿"的原则。"在不同利益之间进行社会可以接受的平衡"这种说法提供了一种较为恰当的妥协套语。在赔偿出现困难的情况下，还是可以设法发挥《基本法》第 14 条的财产保障法的作用。[257]在未来的统一进程中，这项声明应发挥创造经济前景、保证地产投资安全，以促进民主德国经济发展。[258]

在文件签署的准备阶段，朔伊布勒彼时正因为欧共体内政部长会议在都柏林逗留，而这份文件因为赔偿问题引发了一场混乱。当朔伊布勒在都柏林读到传真给他的文件内容时，他担心赔偿这个概念将永远被解读成国家义务，这将导致联邦德国承担的负担平衡进一步加重。

"赔偿"这个概念必须被删除。他建议改用"补偿金"这个说法，这个词后来也被声明采用了。这样就使得对目前的负担平衡进行比例和边界的规定成为可能。[259]这项声明制定出了解决未决财产问题的基本点。具体的法规细节就要交给专家来研究。[260]但是在统一之前，民主德国一定要公布对于这个问题的第一项法令。[261]

后来经过联盟党及其联邦议会党团又一次艰难的内部讨论之后，这项声明通过统一条约的第 41 条得到了确认。[262] 此外，条约中还写入了一条关于促进投资的法规，使地产具有了可支配性。可能发生的产权要求在这种情况下可以通过赔偿的方式解决。利用这项法规，人们做出了有利于基本原则的决定：相比重建产权，投资和创造工作岗位具有优先地位。[263]

在谈判的最终阶段，社民党领导的联邦州要求在 1949 年以后的时期内，也使用"赔偿先于归还"的原则。[264] 8 月 26 日，在总理府中举行的高层对话中，社民党主席福格尔又一次重申了这个立场。他表示，只有通过赔偿才能保证社会和平并提供民主德国投资所必需的法律保障。[265] 社民党的这种要求超越了共同政府声明的内容，而共同声明也是社民党同意通过的。而社会民主党人提出的这项要求在民主德国获得了民众支持，克劳泽也只能接受。国务秘书金克尔却强调说，赔偿原则与《基本法》第 14 条的财产保障相冲突，因此不被允许。[266]

在 1990 年 8 月 30 日的谈判结束之前，出现了来自另一个方向的批评之声。许多基民盟/基社盟联邦议会党团议员要求，还是要将归还形式扩展到 1945 ~ 1949 年这个时期内。不过朔伊布勒利用"补偿金"这个提法平息了党内朋友们的情绪，这个词不仅体现出了财政性能，而且提供了足够的塑造空间，因为在合适的情况下，前所有者是可以获得财产的优先购买权的。[267] 朔伊布勒成功阻挡了来自两个方向的攻击，虽然在批准程序过程中，60 个联邦议院议员要求将补偿金问题在未来必须得到更好的解决这件事记录下来。[268]

堕胎

在统一条约谈判的过程中，堕胎这个问题成为联合政府内最富争议的问题之一。[269] 争议之一就是，在不同的法规之中，是否应该使用居住地原则和行为地原则[270]。联邦总理府认为，这更多是一个政治争议问题，不具有现实意义，因此不必担心"出现大量妇女前往民主德国堕胎的现象"。在两方的管制区内，都有大约四分之一的妊娠被终止。妇女们还会继续前往西欧的其他国家。另外，人们还需要在不同法律法规的过渡期限上达成一致。[271]

朔伊布勒认为，两方不可能实现统一的法规，他主张使用居住地原则。[272]允许怀孕二个月以内的妇女中止妊娠的法律规定应该继续在民主德国使用。这样，应该按照居住地的原则对于采取了堕胎行为的妇女免予处罚。如果她住在联邦德国，就适用联邦宪法法院1975年开始批准的适合人工流产的法规，如果她住在民主德国，就是用个月期限的法规。在第三轮谈判中，联合政府伙伴经过艰难的谈判同意了这项原则，民主德国代表团也接受了这个解决建议。问题看起来被解决了。[273]

内政部长说服了他的党团，让他们相信如果想把适合人工流产的法规扩展到民主德国领土上，将威胁到统一条约，因为人民议院不会同意这项要求。在过渡时期，适合人工流产的法规和三个月期限的法规必须共存。通过这一方式，朔伊布勒还避免了统一条约成为通过新规定放宽联邦德国的堕胎法的一个杠杆。[274]他陈述说，没有德国统一，民主德国仍然继续沿用三个月期限规定，而没有统一条约的统一只会阻碍规定的出台。按照他的建议，至少两个德国境内的法律情况不会恶化。这个道义上的问题到底应该如何处理，就交给全德立法者来决定。[275]

在8月24日，就在条约签署之前，自民党突然说，如果行为地原则不能得到应用，他们将不再支持有关堕胎法规的约定[276]，这也正是反对党所要求的。[277]如果联邦德国妇女在民主德国堕胎，符合那里实施的三个月期限的规定，那就不应该受到处罚。司法部长恩格尔哈德（Engelhard）和社民党态度一致，在区分不同刑法秩序时，按照国际刑法惯例是以居住地原则为准的，而地区间的刑法则采用行为地原则。[278]仍然坚持居住地原则的朔伊布勒，在当天晚上和自民党政客金克尔、亚当－施瓦策尔，以及格拉夫·拉姆斯多夫进行会面，商讨妥协办法。

由于自民党只肯支持社民党认同的解决办法，这一计划就变得很困难。联盟党不希望在放宽堕胎法的问题上被社民党人打败。[279]1990年8月26日在联邦总理府进行的高层对话，也没能在党主席和党团主席间形成共识。基民盟在这个问题上内部观点不一致，与它的执政伙伴及社民党站在对立面上。[280]后续对话亟待进行。

在这一系列的主题中，第二个争议问题是这两个不同的法律规定应该共存多久。[281]司法部建议的期限是5年，朔伊布勒则认为最长只能2年。他担心，过长的期限会导致一部新的全德法规产生偏移。在联邦州内，巴伐利亚州表现得尤其不满，它认为两个期限都太长了。[282]

为了让自由党人接受居住地原则，基民盟必须接受更长的期限。科尔和朔伊布勒坚持认为，联合政府在涉及条约草案时应该共进退。他们希望和社民党明确划清界限，即使在这个问题上，这意味着他们将疏远自己的立场，转而迁就自民党。[283]对于联邦内政部长来说，即使在行为地原则上达成一致，也不可能把过渡期限放宽到 5 年那么长。只有在居住地原则的基础上，才可以讨论更长的期限。对于行为地原则目前不存在必要的操作基础。这项原则涉及 1975 年联邦宪法法院判决的保护范围，因此出于宪法原因只能提供最短时间的过渡期限。[284]

在 8 月 29 日的联盟党团的特别会议之前，联盟党的议员和政府成员考虑准备一项决议提案，明确党团对于这个问题的立场。朔伊布勒收到一份建议，其中表示，应通过范围广泛的家庭政策来缓解放弃居住地原则所带来的冲击。其思想是，对于未出生生命的保护，更应该通过社会政策，而不是处罚威胁来保障。但联邦内政部长认为，这一建议会给联邦财政造成过重的负担。由于缺乏财政支付能力，这个草案必须被否决，但是并没有公开谈及财政政策观点。除了反对派和自民党的反对意见，在联盟党内部也出现了战线对峙。在几通电话之后，朔伊布勒还是阻止了这一建议。这个提案被撤回了。[285]

即使没有提案，激烈的争论还在继续。一些人更愿意放弃统一条约，让行为地原则生效，另一些人则主张不可让谈判失败。他们认为联邦德国的法令需要得到改善，因此全德立法者应该尽快接过这个任务，所以过渡时期越短越好。这也是朔伊布勒本人的立场。他对于 2 年期限的坚持，最终导致其党团最后同意了行为地原则。[286]

在联盟党团会面之后，党派和党团主席在 8 月 30 日进行了对话。社民党参与到了期限问题的讨论中，并且表示，2 年的过渡期限不可接受。但朔伊布勒还是认为自己的立场更有利，他认为："社会民主党人将不得不解释清楚，在讨论和我们昨晚的决议之后，他们在这个问题上的立场将导致统一条约的失败。我非常放松，我在这个问题上完完全全不担心，与清晨的时光非常合拍。"[287]

与居住地原则或者行为地原则的决定不同，想决定过渡期限需要三分之二多数支持：这涉及在《基本法》第 143 条的基础上所进行的宪法修改。所以内政部长考虑，即使社民党不同意也要结束谈判，签署条约。反对派和人民议院只是因为过渡期限，才没有让统一条约失败，[288]但是立场并没有改变。社民党仍然拒绝接受 2 年的期限，联盟党仍然只肯在短期期限的基础上接受行为地原则。

朔伊布勒清楚，自民党在这个问题上更靠近社民党，而不是执政伙伴。在社民党内部长时间谈判之后，他们最后又同意了 2 年期限。此外这一派人还同意，在过渡期限结束后，虽然过渡法规不再被《基本法》覆盖，但是在前民主德国领土内也不会自动转换为带有惩罚威胁的适合人工流产法规。统一条约中的第 31 条中没有使用"没有出生的生命"（ungeborenes Leben）（基民盟/基社盟）的字眼，或者"即将出生的生命"（werdendes Leben）（社民党）的字眼，而采用了折中的"出生前的生命"（vorgeburtliches Leben）的说法，这彻底清除了堕胎法法规道路上的最后一道障碍。[289]

斯塔西的历史问题

在统一那一年中，与民主德国过去的交集主要集中在国家安全部问题上。这涉及两个问题：应该如何处理大量的斯塔西文件？应该如何对待斯塔西工作人员？

谍报机关的间谍尤其受到注意。西德的情报机关和民主德国德梅齐埃政府内政部共同主张只要活动目的是收集情报，也就是信息采集的话，应免于处罚。一方面，这种现象可以从东西德的矛盾和敌对情绪中找到解释，而且是符合民主德国法律制度的，从法律角度上来看本来就很难界定；另一方面还要防止这些间谍跑到其他的情报机关去效力。

联邦内政部和联邦司法部立场一致。在司法部内，正在制订一部《对于出卖国家、危及外部安全犯罪者免于处罚》的法规草案。其中涉及对联邦德国进行间谍活动的民主德国居民，也包括为民主德国秘密机构在联邦德国工作的西德人，将不再被判处 3 年监禁。

司法部长恩格尔哈德建议，在统一条约中写入大赦法规[290]，这一建议很快就被放弃，因为反对派根本不可能对此表示同意。联邦政府只能单枪匹马独自上阵。8 月 31 日，他们批准了恩格尔哈德的法规草案，但一周后就遭到了联邦参议院驳回："草案还不成熟，现阶段不应该对它继续研究。"[291]

接下来的几周内，公共讨论发展得如此激烈，且如此情绪化，以至于对法规内容进行区别化，变成有限制的大赦都不再可行。这个问题在"斯塔西大赦"的标签下，被当作"对所有斯塔西成员进行赦免"而进行讨论。当社民党最后将赦免受益人的范围泛泛地扩展到了 6 个月监禁（比方说应用到和平运动的静坐者[292]身上）时，联合政府的执政党，特别是基社盟，表现出了反对。联合政府撤回了这一法规草案，并且将大赦推迟到了民主德国 10 月 3 日的加入之后。[293]

有关处理斯塔西文件的讨论更加艰难。民主德国内政部长彼得－米夏埃尔·迪斯特尔在 1990 年 4 月公开宣称，这个问题至少涉及超过 600 万民主德国居民和 200 万联邦德国居民。[294]鉴于这个庞大的数字，这些资料一定会在民主德国引发公共舆论的轩然大波。德梅齐埃指示他手下的部长们：对于人民委员会在解散国家安全部和国家安全局时没有得到必要支持的言论，必须坚决反对。[295]

有公民运动团体将这些文件从彻底销毁中拯救出来，但他们拒绝接受西德方面的好意劝告。西德最担心的是文件遭到滥用，而且有可能出现告密者，而东德方面最先考虑的是对统社党专政加以清整，对这个政权牺牲者的个人生平进行整理。民主德国内政部长迪斯特尔却更希望把所有国安部的文件彻底销毁掉。[296]

民主德国政府必须就迪斯特尔的指责加以解释。内政部被指责没有按规定管理国安部文件，并且已经把它们销毁了。为此做出了一个专门决定："部长会议委托内政部长在公众面前说明，在对于前国安局文件的进行符合法治国家程序的处理上，部长会议，尤其是内政部长是如何支持议会解散国安部/国安局的。部长会议决定，请求议会委员会按照其宪法中规定的责任，将如上清单转交给相应负责的部门。部长会议委派职能部门，根据这些文件内容，在法治国家基础上对于这些人员作出合理的评判。"[297]

统一条约的两个谈判代表，朔伊布勒和克劳泽通过条约对斯塔西文件的使用进行限制。在全德立法之前暂行的法规中，联邦档案室应在数据保护监管人的严格监督下储藏档案资料。[298]

民主德国认为西德想要把这些档案据为己有。人民议院在 1990 年 8 月 24 日出台了自己《关于前国家安全部/国家安全局个人信息保障和使用的法令》。其中规定，国安部文件应该在新联邦州的特别档案室，以及柏林的一个中央特别档案室中保存。每个档案室都配备一个监督员。州监督员由州议会选派，中央档案室监督员由人民议院选派。

责任的拆分，以及其他的，特别是对于获取档案的数据保护法的规定，并不符合谈判者朔伊布勒和克劳泽的想法。[299]他们不想把人民议院的这项法规写进统一条约中，并且在条约签署之前，委托联邦内政部国务秘书诺伊泽尔（Neusel）和人民议院的斯塔西档案监管员高克对法规进行修改。[300]这项责任的承担者应该是由民主德国方面提名的联邦政府特别监管员。除此之外，还有三位民主德国的代表担任顾问组的成员。联邦档案室和联邦信息保护监管员也将支持他的工作。此外，全德议会也应制定出一项全面的法规。[301]

在统一条约签字之后，人民议院方面仍不满意；他们没法被其监管员高克所说服。[302]必须制定一项补充法规，并将它写入 9 月 18 日的关于落实和解释统一条约的协议中。其中希望全德立法者能够以人民议院 8 月 24 日的法规为基准。[303]这些数据的使用和传输应排除为情报机关服务的目的，尤其提出了要维护值得保障的第三方利益。

9 月 19 日，一项提议获得内阁决议通过，内容是将约阿希姆·高克（Joachim Gauck）任命为保管前国安部/国安局文件档案的联邦政府"特别监管员"。这样，这个问题终于有了暂时的结果。[304]

联邦州对谈判的参与[*]

虽然在统一问题上，联邦州通过各种顾问委员会、协调委员会，以及工作组的形式参与其中[305]，但是直到较晚的时候才得以参与到对于未来政治格局十分重要的两部国家条约谈判中。

州长府，或曰参议院府的主任层面一开始就加入了对话讨论。[306]联邦州利益的彼此协调配合并不是直接在"德国统一"工作组中开始的，而是在政治层面进行，因此成为联邦内政部长朔伊布勒、联邦总理府塞特斯以及个别职能部门部长的首要任务。[307]

代表联邦州参加谈判代表团的发言人是来自杜塞尔多夫的州长府主任沃尔夫冈·克莱门特，因为北莱茵－威斯特法伦州在此时任州长会议主席。他主要代表着社民党领导的联邦州的立场，但是他们的利益状况在重要问题上往往彼此不同。萨尔州州长府主任莱因霍尔德·柯普（Reinhold Kopp）作为总理候选人奥斯卡·拉封丹的代表而被赋予了特殊的角色。相反，不来梅、下萨克森和石勒苏益格－荷尔施泰因州对特殊的政党政治的利益表达得非常少；柏林也希望尽快实现统一。

---

[*] 英戈·比歇尔（Ingo H. Bücher）、露丝·赫滕协助撰写。

在统一条约谈判的范畴内，联邦和联邦州就联邦国家秩序的深层次改变进行了激烈讨论，其中主要涉及未来统一德国的财政法、联邦州在联邦参议院的表决票数的分配、立法的再联邦化的问题，以及建立新结构的可能性。

联邦州共同的谈判基础是一份在 1990 年 6 月形成的立场文件，标题为"在统一德国的联邦国家秩序中联邦州的要点"。[308]文件从对合作联邦主义的分析出发，称其为德国联邦国家秩序现实的体现，要求普遍加强联邦州的权限。宪法和宪法事实都表现为中央集权的发展方向，且联邦州缺乏参与影响、共同决策的机会。这点必须被纠正，因为在德国统一谈判范畴内，存在改革联邦国家秩序的机会，也就是说，通过《基本法》的修改使这个联邦国家"再联邦化"。

参考模式应为"参与式联邦主义"[309]。其结果应该恢复联邦主义，也就是联邦州重获独立和自治，不仅仅是通过联邦参议院机构参与到联邦的立法和管理之中。而这个联邦国家必须依赖实力突出、财政强劲的各联邦州。不论是竞争性的立法领域，还是《基本法》的财政秩序领域，都力求达到这种强化。

目前主流的宪法实践体现出竞争性立法领域联邦层面优势地位明显，这可以回溯到《基本法》第 72 条第 2 款的"必要性条款"。其维护（联邦范围内）生活条件统一一致的目标给予了联邦立法者近乎没有限制的行动力。对于五个新联邦州的加入，有人担心联邦层面可能会利用它的财政权力，使新的联邦州产生一种成员国对于中央国家的依赖性。财政法的新秩序将对德国的联邦平衡状态造成多大的影响，或者说在这种改革背后，隐藏了多少联邦层面以及联邦州层面的个体利益，还都是需要讨论的问题。

在第一部国家条约筹备阶段，联邦和西德联邦州一致同意，将东德联邦州从联邦州财政平衡中排除在外。[310]这种协议从联邦平等对待原则来看并非毫无问题，而在这协议背后，是对于补偿平衡机制造成过重负担的担忧，因为平衡机制要求联邦州的发展水平相近，采用相同的税收制度。[311]

巴登 - 符腾堡州州长洛塔尔·施佩特以及联盟 90/绿党提出，由于新联邦州的加入要对财政平衡进行彻底改革[312]，却遭到了拒绝。通过分配营业税为东德联邦州提供资金的提议由于联邦州的反对也失败了，因为需要联邦州提供接近一半的营业税收入。[313]作为财政平衡的代替物，创立了所谓的"德国统一基金"[314]，并通过这种方式把财政平衡的重担从联邦州转嫁到了联邦。这个解决方案中的获益者主要是富有的老联邦州，否则它们就需要在财政平衡中支付超过平均数的金额。[315]

基金的组成如下：联邦首先从分配支出和国防开支中节省出 200 亿德国马克；950 亿通过信贷方式支付，联邦和联邦州各付一半。从金融政策角度来看，除了考虑到财政平衡的因素外，这条由联邦和联邦州选取的信贷融资的道路并不是最佳选择。但是，经济与货币联盟的主要目的也是暂时阻止移民大潮，而不是提供一个系统性协调的长期解决方案。[316]

考虑到谈判伙伴所承担的时间压力和决议压力，似乎很容易理解，他们为什么选择了"在合法性上阻力最小的道路"[317]。因为人们的出发点是立刻改善局面，所以基金的款项应该呈逐步递减趋势。对于需求进行计算的基础是民主德国政府的估算，[318]但是基金的规模从一开始就不够满足需求的问题很快就凸显出来。[319]

尽管如此，在统一条约谈判中，联邦州还是努力维持经济与货币联盟框架下达成的谈判条件，不想承担更多财政负担。此外，对于"德国统一基金"协议中包含的修订条款，即根据情况变化进行调节适应的条款，联邦州也表示质疑。[320]

社民党执政的联邦州对维护其财产状况表现得尤为固执，在 1990 年 8 月 19 日发表的一份声明中，它们提出了一系列对于目前条约草案的修改要求。[321]因为在 1990 年 5 月 13 日到 1990 年 10 月 14 日期间，社民党在联邦参议院中占据多数，而且社民党执政的联邦州由于本身财政薄弱，倾向财政政策的保守主义[322]，所以不会做出任何对于现存制度广泛干预的决议。[323]

也因为这样，很长时间以来一直存在问题的、通过混合融资完成共同任务的方法（《基本法》第 91a 条，以及第 91b 条），还有《基本法》第 104 条规定的财政援助问题，都失去了在统一谈判过程中进行撤销或者改革的机会。只有巴登 - 符腾堡州表示，通过这种方式释放出来的资金可以用于东德联邦州。[324]但是财政薄弱的联邦州一直以来都是这笔资金的受益者，他们对这个提议表示了激烈的反抗[325]，由于即将到来的选举，这种反对还得到了强化。[326]

大部分的西德联邦州想要保留财政援助，却意图阻止由民主德国和联邦所要求的[327]将援助扩展到新联邦州的提议。[328]至少它们要获得联邦的承诺，即老联邦州的财政状况不会因为新联邦州的加入而恶化。[329]虽然它们没能获得这样广泛的承诺，但是得到保证，老联邦州内也将继续实施有关农业结构和高校建设的共同任务。但是它们必须在"地方经济促进"这个共同任务中削减支出，因为在这个任务中为东德财政需求所作的估算是如此之大，西德联邦州不可能再留有资金。[330]

统一条约谈判中主要的争议问题其实是营业税。它之所以具有特别重要的意义，是因为在这个问题上最容易产生大额财政资金的变化。在 1991 年时，1% 的变动就相当于 15 亿到 20 亿德国马克。[331]在讨论营业税分配问题的时候主要有两个方面：一方面是垂直分配，将覆盖原则扩展至东德联邦州；另一方面是水平分配，根据居民数量进行分配。

根据《基本法》第 106 条第 III、IV 款，联邦和联邦州之前的营业税（垂直）分配基本上是根据所谓的覆盖原则进行的，也就是说把联邦和联邦州总体的收入和支出分别进行对比计算，分析收入可以覆盖支出的多少。在平衡方面要保证联邦和联邦州的覆盖比例一致。这样营业税分配的结果就变成，如果之前的覆盖比例是 90% 和 84%，协调后的结果就都是87%。

前民主德国地区内的预期则是，支出会大大高于收入。因为如果联邦州总体能获益于更高的营业税比例的话，根据联邦的设想，覆盖原则是不应该应用于东德联邦州的。[332]而只有当联邦为前民主德国地区投入的支出不算入覆盖比例的计算结果之内，其他联邦州才肯对此表示支持。[333]关于这一点，联邦财政部通过声明形式表示了同意。[334]但是反过来，联邦州又推翻了自己最初的疑虑[335]，同意了联邦的要求，联邦最开始要求在"德国统一基金"中占 20%[336]，后来减为 15%[337]，这部分资金将用于完成前民主德国地区中央政府的管理任务。

但是水平营业税平衡还存在问题。联邦州之间分配的基本原则是根据《基本法》第 107 条 I4，按照每个州的居民数量进行分配。老联邦州想要对这个基本原则提出质疑，由于能够预见到在新联邦州将取得较少的营业税总额，当东德州按照比例添加到总体营业税收入中时，老联邦州的损失在 1990～1994 年将达到 40 亿到 50 亿德国马克。[338]它们认为，通过参与"德国统一基金"，自己已经履行了支援义务，并且坚决要求老联邦州保持现状不变。[339]因此它们建议，根据宏观经济的数据（这样将导致前民主德国地区获得少得多的权利要求）进行分配。[340]

无论是联邦，还是东德谈判代表团都对此表示反对。如果完全不考虑这种脱离居民原则的宪法合法性的问题，从联邦的角度，还是存在这样的担心：如果东德联邦州获得的财政配备过少，将导致联邦必须提供更多的财政支援。[341]东德代表团在对其谈判机会完全判断错误的情况下，要求到1994年底前，将所有的税收收入都用于五个新联邦州建设。[342]联邦提出了一个折中的方案，先将根据居民数量分配的营业税比例降低到老联邦州平均比例的60%，然后阶段性地提高，到1995年再达到100%。[343]

最开始，联邦州并不想在统一条约中确定具体的百分比，而更倾向于一种较为灵活的解决办法，即在财政平衡法规中获得规定授权。[344]不过最终联邦州还是同意了第一种方案[345]，因为联邦方面表示愿意将1991年的营业税比例降低到55%，到1994年提高到70%。联邦州在这点上的妥协，换来了在统一条约第4条中规定的"联邦参议院投票权的扩张"，这样在宪法修改问题上，大的老联邦州就能形成足够阻止动议表决的少数派。[346]

总体而言，西德联邦州成功维护了它们的财政状况，只承担了很低比例的一部分财政负担。[347]这种发展的原因在于，一方面由于东德联邦州缺乏民主合法的州代表，被排除在统一条约讨论之外；另一方面是由于时间紧迫的原因，联邦用于谈判的时间紧张，联邦州从中获益。[348]

巴符、北威、巴伐利亚这些大联邦州对于重新分配参议院投票数表现得很抵触。它们担心，那些面积小、财政差的联邦州可能在联邦参议院中以多数票胜过人口密集的联邦州。[349]7月中旬，巴伐利亚州首先提供了第一个具体的模型，其中分配给大型联邦州7票（之前一直是5票）。[350]巴登-符腾堡州和黑森州表示附议，但是柏林、不来梅、汉堡、萨尔州以及莱茵兰-普法尔茨州都拒绝接受对于票数比例进行这样的改动。[351]它们的理由是没有获得新联邦州的同意，还有这损害了联邦平等权利的原则。

事实上，如果新联邦州参与表决的话，是否能达到修宪所需的多数比例是极其不确定的。作为统一条约的一部分，在沃尔夫冈·朔伊布勒的倡议[352]下，这一规定被纳入统一条约，只是在没有民主德国政府的支持下，这个由社民党执政的联邦州提出的建议在8月底较为顺利地在联邦参议院获得通过。

根据《基本法》第51条第II款的新提法，这四个居民总数超过700万的大联邦州（北威、巴伐利亚、巴登-符腾堡、下萨克森）每个州可以获得6票。[353]巴伐利亚模型中所确立的，三分之一反对票可以形成阻止动议表决的少数派的规定保持不变。除此之外，之前的分配保持不变：在联邦参议院中，居民总数在200万人以下的联邦州（汉堡、不来梅、萨尔）拥有 3 票，200 万 ~ 600 万居民的州（石勒苏益格 – 荷尔施泰因、梅克伦堡 – 前波莫瑞、萨克森 – 安哈尔特、图林根、勃兰登堡、柏林、萨克森、莱茵兰 – 普法尔茨）拥有 4 票，超过 600 万居民的（黑森）拥有 5 票。

新的投票数比例明确了两件事：第一，西德联邦州更多地把来自东德的新联邦参议院成员看成危险的请愿者，而不是一个联邦共济会的成员；第二，到了这个时候，已经没人再相信会立刻出现新的联邦州结构规划，要是那样新的票数比例就没必要了。

1990 年 7 月 21 日，民主德国引入联邦州法规通过之后，所有以效率标准为导向的联邦州规划建议都失败了，对整个联邦国家领土进行重新划分的道路目前是被封锁的。《基本法》第 29 条中关于重新规划的程序是如此复杂，以至于没人相信它的可行性。因此，在统一条约谈判中，联邦方面坚决要求放宽重新规划的宪法条件。[354]

联邦内政部的草案预先规定了特殊的可能性，只要国家条约中规定采取全民公决，就极有可能在国家条约的基础上进行联邦州之间的领土改革。目前为止，这种形式的领土情况变更只可能发生在人口数量少于 1 万人的地区内。根据内政部的意愿，其目标是到 1990 年底前落实重新规划方案，应该建立这样的联邦州，即"根据其大小和行动力，可以更有效地完成属于自身责任的任务"。[355]在一些联邦州，重新规划项目获得了令人惊异的不同程度的支持，比如在巴登 – 符腾堡、汉堡和莱茵兰 – 普法尔茨。[356]

如同联邦参议院投票比例分配的问题一样，社民党执政的联邦州又表示，担忧新联邦州没有共同参与决定的机会。[357]对于大部分联邦州以及民主德国而言，在《基本法》第 29 条问题上，它们根本没有行动需求，因此拒绝对此进行修改。[358]不过在柏林的坚决要求下[359]，统一条约中还是规定，为柏林和勃兰登堡确定一个不同于《基本法》第 29 条的、更容易实现的、合法的重新规划可能性。[360]

在两德重新统一的时候，由于联邦和新联邦州的特殊项目，在联邦国家中原本就存在的任务和财政的交织变得更加紧密起来。[361]出于客观原因和财政经济原因，这种为新联邦州必要的经济和社会重建而产生的政治联系越发紧密也是完全合理的。

但是，因为错失了对财政平衡设立新秩序的机会，或者说没能对联邦地区进行重新规划，所以联邦州也失去了在统一德国中加强自身地位的机会。老联邦州的利益过于庞大，它们不仅拒绝承担过高的财政责任，而且正如联邦参议院投票比例新分配所表明的，它们担心失去自己在国家中的地位。联邦州参与统一条约谈判的问题还体现在，民主德国领土上新建的五个联邦州当时还没有成立，所有关于未来联邦国家秩序的决定都必须在没有它们参与的情况下做出。

总而言之，由于所有联邦州，尤其是联邦本身承受着时间压力和成功压力，没法提出从长远角度来看对联邦德国政治体制新秩序有意义且有效的解决方案。对于双方来说，都只能在最大程度上考虑各自利益的前提下，及时完成德国统一条约。

总结

1990 年 3 月 18 日的选举结果明确主张民主德国迅速加入联邦德国，并且根据波恩模式完全过渡为西方民主，以及社会市场经济的模式，这促进了德国内部统一谈判的进程。在基民盟总理洛塔尔·德梅齐埃领导下，民主德国民主合法的大联合政府在就职后 6 个月时间内实现了德国统一。

1990 年 8 月 31 日，仅仅在第一部《关于建立经济、货币和社会联盟的条约》生效 8 周后，统一条约就可以由民主德国总理议会国务秘书君特·克劳泽和联邦内政部长沃尔夫冈·朔伊布勒正式签署了。双方代表团，或者说相应的代表团领导成功地掌舵了统一进程。

波恩的管理者带着令人瞩目的毅力和决心，努力使在 1990 年春天可能会发生变化的"德国统一"成为现实。朔伊布勒成功的遵循了自己的座右铭，竭尽全力完成目标所要求的一切，放弃可能妨碍这个进程的一切。在这种方式下，双方达成了广泛的共识，这保证双方都达到了必要的三分之二多数支持。有争议的观点就通过极其模糊的措辞来规定，留出足够的解读空间，也就因此达到了一致。如果实在无法实现意见统一，就在过渡时期法规中寻求必要的共识，然后将最终决定权交由全德立法者。[362]

1990 年 10 月 3 日零点，"民主德国的篇章"落下了帷幕。德意志民主共和国顺利加入了德意志联邦共和国《基本法》适用范围。10 月 2 日，人民议院召开了最后一次会议。当天晚上，民主德国政府举行了庆祝活动。民主德国的外交关系终结了；东柏林和波恩的常设代表机构被关闭。国家人民军解散。午夜时分，在柏林市中心的议会大厦广场上举行了德国统一庆典。在成千上万人的见证下，联邦国旗高悬，自由钟声敲响，国歌旋律飘扬，绚丽烟花绽放。德国终于跨越了国家分裂的鸿沟。

附　　录

注　释

引言

1. Gunter Hofmann, »Von Identität reden, nach Normalität suchen. Vierzig Jahre Bundesrepublik: Bei den Jubelfeiern sollen – fast – alle dabeisein«, in: *Die Zeit* vom 30. 12. 1988.

2. Karl Dietrich Bracher, »Betrachtungen zur Entwicklung des Machtverständnisses in der Bundesrepublik Deutschland«, in: Zum Staatsverständnis der Gegenwart, hrsg. Von der Akademie für Politische Bildung Tutzing 1987, S. 101 – 110, S. 110.

3. HelmutKohl, »Neuanfang als Entscheidung für einen moralische Dimension der Politik«, in: ders. , Bilanzen und Perspektiven. Regierungspolitik 1989 – 1991, 2 Bde. Bonn 1992, Bd. 1, S. 45 – 54, S. 53.

4. KlausBölling, »Kann Gorbatschow die Blutung stillen? Nach vierzig Jahren hat für die Machthaber der DDR die Stunde der Wahrheit geschlagen«, in: *Die Weltwoche* vom 5. 10. 1989 [Presse-und Informationsamt der Bundesregierung-Zentrales Dokumentationssystem (Hrsg.), Deutschland 1989 (以下简称: Deutschland 1989), Bd. 13, S. 166f.].

5. 同上。

6. 1989 年 10 月 5 日媒体通告 (Pressemitteilung vom 5. 10. 1989)

（Deutschland 1989, Bd. 13, S. 168）。

7. Eduard Lintner, »40 Jahre DDR. Wirklichkeit und falscher Jubel«, in: *Bayernkurier* vom 12. 10. 1989（Deutschland 1989, Bd. 13, S. 224f. ）.

8. Hermann Weber, »Dauerkrise und Reformhoffnung«, in: *Vorwärts* – Sozial – demokratisches Magazin vom 1. 11. 1989（Deutschland 1989, Bd. 13, S. 226f. ）.

9. 1989 年 10 月 6 日，党团发言人的公开信（Offener Brief der Fraktionssprecher/innen vom 6. 10. 1989）（Deutschland 1989, Bd. 13, S. 175f. ）。

10. Werner Filmer/Heribert Schwan, Wolfgang Schäuble. Politik als Lebensaufgabe. München 1992, S. 214ff.

11. Bundesministerium für innerdeutsche Beziehungen（Hrsg. ）, Texte zur Deutschland-politik III/Bd. 6（1989）（以下简称：Texte zur Deutschlandpolitik）, S. 317.

12. Matthias Zimmer, Nationales Interesse und Staatsräson. Zur Deutschlandpolitik der Regierung Kohl 1982 – 1989. Paderborn 1992, S. 199ff.

13. Albert O. Hirschman, Abwanderung und Widerspruch. Tübingen 1974.

14. Filmer/Schwan（1992）, S. 219.

15. Timothy Garton Ash, Im Namen Europas. Deutschland und der geteilte Kontinent. München/Wien 1993, S. 169; Helmut Kohl: » Ich wollte Deutschlands Einheit «. Dargestellt von Kai Diekmann und Ralf Georg Reuth. Berlin 1996, S. 47.

16. Texte zur Deutschlandpolitik III/6（1988）, S. 472f.

17. 同上 III/7（1989）, S. 43ff. 。

18. Horst Teltschik, 329 Tage. Innenansichten der Einigung. Berlin 1993（zuerst 1991）, S. 23.

19. Texte zur Deutschlandpolitik III/7（1989）, S. 232.

20. 参阅戈尔巴乔夫和科尔就戈尔巴乔夫对联邦德国进行国事访问的共同声明（1989 年 6 月 13 日），（参阅 die Gemeinsame Erklärung Gorbatschows und Kohls anlässlich des Staatsbesuchs Gorbatschows in der Bundesrepublik vom 13. 6. 1989）同上, S. 148ff. 。

21. Jens Hacker, Deutsche Irrtümer. Schönfärber und Helfershelfer der SED – Diktatur im Westen. Frankfurt a. M. 1992, S. 60.

22. 例如 1986 年 10 月 23 日，对芝加哥对外关系委员会所作的演讲（Beispielsweise am 23. 10. 1986 in einer Rede vor dem Chicago Council on Foreign Relations）：Texte zur Deutschlandpolitik III/4（1986），S. 413。

23. 同上，III/7（1989），S. 225。

24. Richard Kiessler/Frank Elbe，Ein runder Tisch mit scharfen Ecken. Der diplomatische Weg zur deutschen Einheit. Baden – Baden 1993，S. 25ff. ；Hans – Dietrich Genscher，Erinnerungen. Berlin 1995，S. 14ff. 针对联邦总理的报告，以及 1989 年 11 月 8 日的德国联邦议会决议（Zum Bericht des Bundeskanzlers und zur Entschließung des Deutschen Bundestages vom 8. 11. 1989）（Drucksache 11/5589）；参阅 Zur Sache. Themen parlamentarischer Beratung 5/89。

25. »Die Bundesregierung im Prozess der deutschen Vereinigung（1989/90）. Skizze zu einer kategorial geleiteten Analyse des Regierungshandelns«，in：Hans-Hermann Hartwich/Göttrik Wewer（Hrsg.），Regieren in der Bundesrepublik III. System – steuerung und »Staatskunst«. Opladen 1991，S. 237 – 273.

26. Gerhard Lehmbruch， » Die deutsche Vereinigung. Strukturen der Politikentwicklung und strategische Anpassungsprozesse«，in：Beate Kohler-Koch（Hrsg.），Saat und Demokratie in Europa，hrsg. Im Auftrag der DVPW. Opladen 1992，S. 22 – 46，S. 27.

27. 同上，S. 25。

28. 总结了 Peter W. House/Roger D. Shull，Rush to policy. Using Analytic Techniques in Public Sector Decision Making. New Brunswick/Oxford 1988，S. 148ff. 。

29. 同上。

第一章　联邦总理府的指导方向以及斯多夫和莫德罗政府

1. 作者对一位联邦总理亲信的访谈。下文亦参阅 Kohl（1996），S. 75ff. 。

2. Kohl（1996），S. 43ff.

3. UiD28/29，S. 15f.

4. Julij A. Kwizinskij，Vor dem Sturm. Erinnerungen eines Diplomaten. Berlin

1993，S. 14.

5. 联邦情报局 1989 年 10 月 9 日的书信电报（BND – Brieftelegramm vom 9. 10. 1989）[30/31 C – 0203/89 VS – 机密]。

6. 下文亦参阅匈牙利事件：Hans – Hermann Hertle，»Der 9. November 1989 in Berlin «, in: Deutscher Bundestag（Hrsg. ），研究委员会资料（Materialien der Enquête – Kommission）»Aufarbeitung von Geschichte und Folgen der SED – Diktatur in Deutschland«［德国联邦议院第 12 次选举期间（12. Wahlperiode des Deutschen Bundestages）]，Bd. VII/1，Möglichkeiten und Formen abweichenden und widerständigen Verhaltens und oppositionellen Handelns，die friedliche Revolution im Herbst 1989，die Wiedervereinigung Deutschlands und Fortwirken von Strukturen und Mechanismen der Diktatur. Baden – Baden/Frankfurt a. M. 1995，S. 787ff.，hier S. 802ff. ; ders. ，Chronik des Mauerfalls. Die dramatischen Ereignisse um den 9. November 1989. Berlin 1996，S. 61ff. ; ders. ，Der Fall der Mauer. Die unbeabsichtigte Selbstauflösung des SED – Staates. Opladen 1996，S. 91ff. ［以下简称：Hertle（1996 b）]。

7. 选举结果参阅 *Neues Deutschland* vom 10. 5. 1989 据称民族前线合并名单（Einheitslisten der Nationalen Front）的有效支持率达到了 98. 85%。

8. 参阅 Margot Honecker, Unser sozialistisches Bildungssystem – Wandlungen，Erfolge，neue Horizonte。1989. 6. 13 ~ 15 于 Berlin 召开的第九届教育工作者大会（IX. Pädagogischer Kongress der DDR. 13. Bis 15. Juni 1989. Berlin）。对于联邦德国观察家的评价参阅 Gerd – Rüdiger Stephan（Hrsg. ）unter Mitarbeit von Daniel Küchenmeister， » Vorwärts immer, rückwärts nimmer! «。关于 1988/89 统社党及民主德国倒台的内部文件（Interne Dokumente zum Zerfall von SED und DDR 1988/89），Berlin 1994。

9. 关于国家安全部在布达佩斯的活动可参阅，国家安全部针对 1989 年 8 月 9 日和 10 日在布达佩斯进行的与匈牙利外交及内政部代表会谈情况的信息［前民主德国国安部门文件监督员（Der Bundesbeauftragte für die Unterlagen des Staatssicherheitsdienstes der ehemaligen DDR），中央档案室（Zentralarchiv）（以下简称：BStU, ZA），主要部门（HA）IX, 2450]。联邦德国方面：布达佩斯使馆［BA – B 137/15. 797 – 15. 799]。

10. 参阅关于移民浪潮所作的报告 in：Deutschland 1989，Bd. 9。

11. 联邦档案室，波茨坦部门，民主德国部长会议文件（Bundesarchiv, Abteilungen Potsdam, Bestand Ministerrat der DDR）（以下简称：BArch P, DC 20），I/4 – 6489。

12. 参阅同上，I/3 – 2844。

13. 1989 年 8 月 14 日，32 比特微处理器模型的转交于柏林进行。Honecker 演讲参阅 *Neues Deutschland* vom 15. 8. 1989。8 月 21 日，德通社通告，Honecker 由于胆囊问题进行了手术。8 月 29 日，当天出版的报纸刊登了统社党秘书长提前 4 天对 Honecker 77 岁生日的祝贺。最后，德通社于 9 月 1 日报道，他在医治结束之后，开始了康复之旅。

14. 1989 年 8 月中旬，民主德国外交部就联邦德国使馆在布达佩斯的情况，写给统社党秘书长埃里希·昂纳克的信件（Schreiben des DDR – Außenministeriums an SED – Generalsekretar Erich Honecker über die Situation an der Botschaft der Bundesrepublik Deutschland in Budapest Mitte August 1989）［BStU, ZA, HA IX, 2450］。

15. Stephan（1994），Dok. 14, S. 95f.

16. 对于民主德国外交部长赫尔伯特·克罗利克夫斯基与联邦部长鲁道夫·塞特斯于 1989 年 8 月 18 日在东柏林进行会谈的评论（Vermerk über ein Gespräch des stellvertretenden DDR – Außenministers Herbert Krolikowski mit Bundesminister Rudolf Seiters in Ost – Berlin am 18. 8. 1989）［BStU, ZA, HA IX, 2450］。

17. Gyula Horn, Freiheit, die ich meine. Erinnerungen des ungarischen Außenministers, der den Eisernen Vorhang öffnete. Hamburg 1991, S. 320；»Wie das Tor aufging«, in: *Die Zeit* vom 19. 8. 1994；»In Bonn Ratlosigkeit und tastende Suche nach einer neuen Politik«, in: Frankfurter Allgemeine Zeitung vom 21. 0. 1989［Deutschland 1989, Bd. 9, S. 479］。

18. 联邦档案室有关民主德国政党及群众组织基金会档案（Stiftung Archiv der Parteien und Massenorganisationen der DDR im Bundesarchiv），文件来源于民主德国统社党档案（以下简称：SAPMO – BArch, DY 30）/IV 2/1039/214。在克伦茨中央委员会办公室的文件中，找到了 1989 年 8 月底到 11 月初这段时间内，民主德国部长会议召开会议的内部信息。

19. 同上。

20. Stephan（1994），Dok. 13, S. 89ff., S. 92. Vorwort, S. 15f., und

Aufzeichnungen über Sitzungen des SED – Politbüros im August und September 1989, Dok. 15, S. 96ff.。

21. Stephan（1994）, Dok. 16, S. 107f.

22. 详细文件参阅 Stephan（1994）, S. 109ff. Und Horn（1991）, S. 314ff.。

23. 1989 年 9 月 12 日，米夏埃尔·瓦尔特与布达佩斯应招士兵 F. 的访谈，在审问被抓获的民主德国居民时，他负责翻译工作。

24. 总理团还在 1989 年 8 月 10 日和 17 日，9 月 7 日和 28 日，10 月 12 日和 26 日，以及 11 月 2 日召开了会议。他们例行公事地共处理了超过 50 个议事日程要点（建议草案）。很明显对于国家的情况没有进行直接研究。参阅 BArch P, DC 20, I/4 – 6494 至 6535。在 9 月 14 日的第 109 次会议后，整个部长会议实际上只在 1989 年 9 月 21 日，10 月 12 日和 19 日，11 月 2 日，7 日，10 日和 11 日（110 次到 116 次）的会议上讨论了对于现状的处理建议。

25. 参阅 1989 年 9 月 29 日统社党政治局会议记录，作为 Dok. 31 发表于 Stephan（1994）, S. 154f.。

26. Genscher（1995）, S. 23.

27. 参阅 »Erleichterung über das Ende des Flüchtlings – Dramas«, in: *Badische Zeitung* vom 2. 10. 1989。

28. 参阅 1989 年 10 月 4 日统社党政治局会议记录，以摘要方式作为 Dok. 32 发表于 Stephan（1994）, S. 155f.。

29. 统社党政治局的声明于 1989 年 10 月 12 日在民主德国新闻社（DDR – Presse）发表。参阅 » Erklärung des Politbüros des Zentralkomitees der Sozialistischen Einheitspartei Deutschlands «, in: *Neues Deutschland* vom 12. 10. 1989。背景参阅 Gregor Gysi/Thomas Falkner, Sturm aufs Große Haus. Der Untergang der SED. Berlin 1990, S. 33ff.。

30. 参阅 Gerd – Rüdiger Stephan, »Die letzten Tagungen des Zentralkomitees der SED 1988/89. Abläufe und Hintergründe«, in: Deutschland Archiv 26（1993）, S. 296 – 325, hier S. 307ff.；Günther Schabowski, Der Absturz. Berlin 1991, S. 243ff.；Egon Krenz, Wenn Mauern fallen. Die Friedliche Revolution: Vorgeschichte-Ablauf-Auswirkungen. Unter Mitarbeit von Hartmut König und Gunter Rettner. Wien 1990, S. 11ff.。

31. 参阅 Schabowski（1991）, S. 261 und S. 263。

32. 参阅 BArch P, DC 20, I/3 - 2861。

33. 参阅 *Neues Deutschland* von 21. 10. 1989。

34. 同上。

35. 1989 年 10 月 19 日出席的部长会议成员包括 Schürer, Junker, Kleiber, Dickel, Keβler, Beil, Reichelt, Thielmann, Grünheid, Heusinger, Lietz und Neumann [BArch P, DC 20, I/3 - 2861]。

36. 同上。

37. 关于: DDR: Stimmungsumschwung in der Bevölkerung, ALG, 3. 11. 1989 [612 - 35001 - De 2/64/89 VS – Vertr.]。

38. II A 2 - 22. 71, Holzapfel, 关于: Führungswechsel in der DDR. Bonn, 02. 11. 89, S. 2 [BA – B 137/10640]。

39. Schabowski in DFS - Tagesthemen am 25. 10. 1989 [Deutschland 1989, Bd. 18, S. 699f.]。

40. 在埃贡·克伦茨访问苏联的前一天, 苏联中央电视台对他进行的采访。(Zentrales Sowjetisches Fernsehen interviewt Egon Krenz am Vortag seines UdSSR – Besuches.) BPA/Ostinformationen/31. 10. 1989 [Deutschland 1989, Bd. 18, S. 716 - 719].

41. Kuhn (1993), S. 57ff. 与戈尔巴乔夫对话的记录被刊登于: Stephan (1994), Dok. 45, S. 199 - 224。

42. Stephan (1994), Dok. 45, S. 217f., 参阅同上, Dok. 44, S. 196ff.。国安部也试图产生有针对性的影响 [BStU, ZA, Dokumentenstelle 103. 600]。仔细研究 1989 年 11 月 4 日 Walter Süβ, » Die Demonstration am 4. November 1989 – ein Unternehmen von Stasi und SED? Wider Tendenzen zur historischen Legendenbildung«, in: Deutschland Archiv 28 (1995), S. 1240 - 1252。

43. Stephan (1994), S. 218.

44. II A 2 - 22. 52 SU – Dr. Dolezal – Bonn, den 03. 11. 1989. 关于: Besuch des neuen SED - Generalsekretärs Krenz in Moskau am 01. November 1989, S. 2 [BA - B 137/10640]。

45. 参阅 1989 年 11 月 2 日, 民主德国部长会议第 113 次会议的记录 (Protokoll der 113. Sitzung des DDR - Ministerrats am 2. November 1989) [BArch P, DC 20, 1/3 - 2862/1]。

46. 10 月 27 日的政治局指示及部长会议决议，同上，1/3 - 2865。

47. 1995 年 8 月 2 日，作者对弗兰茨·贝特乐大使在弗莱堡的访谈。

48. 同上。

49. 参阅 Hannes Bahrmann/Christoph Links, Chronik der Wende. Die DDR zwischen 7. Oktober und 18. Dezember 1989. Berlin 1994, S. 81。

50. Igor F. Maximytschew/Hans - Hermann Hertle, »Die Maueröffnung. Eine russisch - deutsche Trilogie «, in: Deutschland Archiv 27 (1994), S. 1137 - 1158, S. 1146.

51. 1989 年 11 月 3 日，国务秘书贝特乐的个人笔记。两页内容关于与克伦茨及外交部长菲舍尔的会谈；1995 年 8 月 2 日，作者与弗兰茨·贝特乐大使在弗莱堡的对话。

52. » Bereits 23.000 nutzten die neuen Freiheiten «, in: *Die Welt* vom 7. 11. 1989；»Die Zelte im Garten sind leer «, in: *Frankfurter Allgemeine Zeitung* vom 8. 11. 1989 [Deutschland 1989, Bd. 10, S. 1314, 1317].

53. 1995 年 8 月 4 日，作者在根恩巴赫（Gengenbach）与沃尔夫冈·朔伊布勒的对话。

54. 刊登于：*Neues Deutschland* vom 4. 11. 1989 [Deutschland 1989, Bd. 18, S. 731 - 733]，参阅 1989 年 11 月 3 日，政治局第 48 次会议记录（Protokoll Nr. 48 der Sitzung des Politbüros vom 3. 11. 1989）[SAPMO - BArch, J IV 2/2/2357].

55. 参阅汉斯·莫德罗的评论，Aufbruch und Ende. Hamburg 21991, S. 27。

56. »Interview: Ost - Berlins SED - Chef zur Lage der DDR. › Tempo zulegen‹. SED - Politbüro - Mitglied Günter Schabowski befürwortet schnelle Reform in Politik und Wirtschaft «, in: *Wirtschaftswoche* vom 3. 11. 1989 [Deutschland 1989, Bd. 6, S. 113f.].

57. *Neues Deutschland* vom 6. 11. 1989.

58. » Regierung der DDR zurückgetreten «, in: *Süddeutsche Zeitung* vom 8. 11. 1989 [Deutschland 1989, Bd. 19, S. 89f.].

59. »Vorschlag für Bemerkungen zur Beratung des Vorsitzenden des Ministerrates mit dem Vorsitzenden der Rate der Bezirke am 25. 10. 1989«，出自 1989 年 11 月 2 日，民主德国部长会议第 113 次会议材料附件（Anlage aus den Materialien der 113. Sitzung des DDR - Ministerrats am 2. November 1989）

［SAPMO – BArch, DY 30/IV 2/2862/1］。

60. *Der Spiegel* vom 6. 11. 1989［Deutschland 1989, Bd. 6, S. 120f.］。

61. DLF, 8. 11. 1989, 6. 41 Uhr » Informationen am Morgen «［Deutschland 1989, Bd. 6, S. 142］。

62. Wolfgang Meyer, »Deutsch – deutsche Widersprüchlichkeiten. Aus der Sicht eines DDR – Sprechers«, in: Detlef Nakath（Hrsg.）, Deutschlandpolitiker der DDR erinnern sich. Berlin 1995, S. 61 – 89, S. 61 – 65, S. 88 – 89.

63. 1989 年 11 月 7 日，部长会议第 114 次会议记录（Protokoll der 114. Sitzung des Ministerrats am 7. November 1989）［BArch P, DC 20, 1/3 – 2866］；参阅 *Neues Deutschland* und *Süddeutsche Zeitung* vom 8. 11. 1989：» In dieser politisch ernsten Situation... «［Deutschland 1989, Bd. 19, S. 4］。

64. 出自昂纳克亲自负责编辑的 1989 年 10 月 1 日一篇德通社述评。

65. *Neues Deutschland* und *Süddeutsche Zeitung* vom 8. 11. 1989.

66. 参阅 Stephan（1993）, S. 312ff. 。

67. 参阅 Modrow（1991）, S. 27。

68. 1989 年 6 月 28 日，联邦情报局的快报（Schnellbrief des BND vom 27. Jum 1989）, TgbNr.：32 C – 0074/89 VS – NfD. Kenn – ziffer POL A 0175/89, Bezirksnummer 32 CA 27068901, Az. 68 – 22 – 22, Titel：»DDR-Wertung der 8. Tagung des ZK der SED am 22. Und 23. Juni 1989«：» Massive Kritik an der Leitungstätigkeit der Dresdener Bezirksleitung der SED. Damit dürfte künftig allen Spekulationen über einen Aufstieg MODROWS der Boden entzogen sein. « 参阅 Stephan（1994）, Dok. 13, S. 89ff, S. 93。

69. 参阅 Egon Krenz, Referat auf der Tagung des ZK der SED. 8. November 1989. In: Schritte zur Erneuerung（1. Teil）. Berlin 1989, S. 3ff. 。

70. BPA – Bulletin vom 9. 11. 1989［Deutschland 1989, Bd. 22, S. 723 – 739］, 参阅 Kohl（1996）, S. 116ff. 。

71. 同上, S. 728。

72. 同上, S. 730f. 。

73. 同上, S. 736。

74. GVS b 5 – 1155/89 vom 27. 10. 1989. 作为 1989 年 10 月 30 日的政治局决议草案刊登于：Deutschland Archiv 25（1992）, S. 1112 – 1120。以下

引文都援引自这篇文章。

75. 1995 年 4 月 21 日，作者与杜伊斯贝格大使在波恩的对话。

76. Alexander Schalck, Vermerk über ein informelles Gespräch des Genossen Alexander Schalck mit dem Bundesminister und Chef des Bundeskanzleramtes der BRD, Rudolf Seiters, sowie mit dem Mitglied des Vorstandes der CDU, Wolfgang Schäuble am 24. 10. 1989；这里引自 Hertle (1995)，S. 831f. 。塞特斯和朔伊布勒在被询问时没有对会谈进行评论。[作者于 1995 年 3 月 9 日与退休的联邦部长鲁道夫·塞特斯在波恩进行的对话，于 1995 年 8 月 4 日与基民盟/基社盟联邦议会党团主席沃尔夫冈·朔伊布勒在根恩巴赫进行的对话。]

77. 参见»Grundsatze für den Entwurf eines Gesetzes zu Reisen von Bürgern der DDR in das Ausland«，这是 1989 年 10 月 24 日，埃贡·克伦茨、埃里希·米尔克、格哈尔德·许雷尔、弗里德里西·迪克尔（Friedrich Dickel）以及奥斯卡·菲舍尔在统社党政治局中提出的，并对此表示支持。刊登于：Stephan (1994)，Dok. 38，S. 173 – 174。

78. 总结和援引出自沙尔克的评论：Hertle (1995)，S. 832. ；参阅 ders. (1996 b)，S. 155。

79. 杜伊斯贝格大使于 1995 年 4 月 21 日与作者在波恩的谈话。

80. Hertle (1995)，S. 832；ders. (1996)，S. 102；ders. (1996 b)，S. 156.

81. 统社党中央委员会总书记埃贡·克伦茨与联邦德国总理赫尔穆特·科尔于 1989 年 10 月 26 日，8：30 到 8：44 的会谈 [民主德国官方记录] in：Stephan (1994)，Dok. 41，S. 180 – 186。

82. Alexander Schalck, Vermerk über ein informelles Gespräch des Genossen Alexander Schalck mit dem Bundesminister und Chef des Bundeskanzleramtes der BRD, Rudolf Seiters, sowie mit dem Mitglied des Vorstandes der CDU, Wolfgang Schäuble am 6. 11. 1989；这里引自 Hertle (1995)，S. 834ff. ；参阅 ders. (1996 b)，S. 159ff. 。塞特斯和朔伊布勒在结束了自己的陈述之后，没有对会谈做出评论 [作者于 1995 年 3 月 9 日与塞特斯在波恩进行的对话，1995 年 8 月 4 日与朔伊布勒在根恩巴赫进行的对话]。

83. Hertle (1995)，S. 834；ders. (1996)，S. 103.

84. Hertle (1995)，S. 835，根据沙尔克对于 11 月 6 日会谈的评论推断："塞特斯和朔伊布勒已经意识到，民主德国经济有即将坠入深渊的危险"
［类似于 ders, (1996), S. 107；ders. (1996 b), S. 159］。根据前德国
政策工作组组长杜伊斯贝格所言，早在 10 月 24 日，西德对话伙伴就
已经清楚了这个情况［与作者于 1995 年 4 月 21 日在波恩的对话］。而
根据朔伊布勒本人的说法，西德直到这次会谈之后，也没有对民主德
国经济灾难性的局面有一个完整的了解［1995 年 8 月 4 日与作者在根
恩巴赫的对话］。

85. Schalck – Vermerk, 援引自 Hertle (1995), S. 835；ders. (1996),
S. 108；ders. (1996 b), S. 159f. 。

86. 总理亲信之一的回忆。

87. » Auch Willi Stoph soll abgelöst werden «, in: *Welt am Sonntag* vom
5. 11. 1989 ［Deutschland 1989, Bd. 18, S. 974］. Ähnlich » Die Flut ist
nicht zu stoppen«, in: *Der Spiegel* vom 6. 11. 1989 ［同上, S. 975ff. ］.

88. 1989 年 11 月 6 日的媒体通告（Pressemitteilung vom 6. 11. 1989）
［Deutschland 1989, Bd. 23, 16. 1. 1, S. 158］.

89. Protokoll der Vorstandssitzung vom 6. November 1989, S. 3 ［基民盟/基社
盟联邦议会党团办事处，波恩联邦议院大厦］.

90. Kohl (1996), S. 116f.

91. 案卷 Mertes, Dok. 5。

92. 发表在: Peter Przybylski, Tatort Politbüro, Bd. 2: Honecker, Mittag und
Schalck – Golodkowski. Berlin 1992, Dok. 20, S. 394f. 。

93. 细节描述参阅 Hertle (1995), S. 837f. ; ders, (1996 b), S. 161f. 。

94. Günter Schabowski, » Vor fünf Jahren barst die Mauer. Erinnerungen und
späte Einsichten«, in: *Frankfurter Allgemeine Zeitung* vom 8. 11. 1994.

95. 详细的调查研究参阅 Maximytschew/Hertle (1994), S. 1146f. ; Hertle
(1996), S. 112ff. 。

96. 援引自 Maximytschew/Hertle (1994), S. 1146, 原文进行了强调处理。

97. Protokoll der 10. Tagung des Zentralkomitees der Sozialistischen
Einheitspartei Deutschlands, 8. – 10. November 1989 ［SAPMO – BArch,
DY 30/IV 2/1/707］, 参阅 Stephan (1993), S. 314f. ; Hertle (1995),
S. 839ff; ders. (1996), S. 116ff. ; ders. (1996 b), S. 164 ff. 。

98. 原始题目为: » Zeitweilige übergangsregelung für Reise und ständige

Ausreise aus der DDR«。

99. 参阅 Protokoll der 115. Sitzung des DDR – Ministerrats am 10. November 1989 [BArch P, DC 20, 1/3 – 2867]，在档案中可以找到 11 月 9 日司法部对草案的驳回文件，还有同一天内政部长请求总理批准修改的方案生效的信件。但是文件中没有明确表明，法规到底是通过何种方式得到通过的。

100. Hertle in：Maximytschew/Hertle (1994)，S. 1148.

101. 具体细节参阅 Maximytschew，同上，S. 1146 ff.。

102. 该决议包含在：Protokoll Nr. 50 der Sitzung des Politbüros des ZK der SED vom 8. , 9. , 10. 11. 1989, Anlage Nr. 4 [SAPMO – BArch, SED, ZK, J IV 2/2/2359]。

103. 与此相关的新闻发布会的记录刊登于：Eckhard Jesse, »Der innenpolitische Weg zur deutschen Einheit. Zäsuren einer atemberaubenden Entwicklung«, in：ders. /Armin Mitter (Hrsg.), Die Gestaltung der deutschen Einheit. Geschichte – Politik – Gesellschaft. Bonn/Berlin 1992。

104. Hertle (1996), S. 155. Hertle 提供了最为详尽也最为彻底的调查研究的分析。Spiegel – TV 发行了一部详细的纪录片，Der Fall der Mauer. Eine historische Dokumentation zum 9. November 1989, Leitung：Stefan Aust, 1994。

105. Hertle (1994), S. 1152.

106. 后续的发展记录见 Deutscher Bundestag：Zur Sache. Themen parlamentarischer Beratung 5/89, S. 129 – 135。

107. Ada Brandes/Sten Martenson, »Auch die Grünen singen das Deutschlandlied mit«, in：*Stuttgarter Zeitung* vom 11. 11. 1989 [Deutschland 1989, Bd. 14, S. 83].

108. Die Grünen, Nr. 174 vom 10. 11. 1989 [Deutschland 1989, Bd. 14, S. 528].

109. Teltschik (1993), S. 11; Eduard Ackermann, Mit feinem Gehör. Vierzigjahre in der Bonner Politik. Bergisch Gladbach 1994, S. 309f. Bei Kohl (1996), S. 59 steht irrtümlich Seiters.

110. Ackermann (1994), S. 310; Kohl (1996), S. 127.

111. BPA, DFS, 9. 11. 1989, 23. 30 Uhr [Deutschland 1989, Bd. 14, S. 371 – 377]；Kohl (1996), S. 128.

112. Teltschik (1993), S. 16. 同时参阅 Kohl (1996), S. 129f. 。

113. 在联邦总理府的访谈。

114. Teltschik (1993), S. 17.

115. 同上, S. 18；Vernon A. Walters, Die Vereinigung war voraussehbar. Hinter den Kulissen eines entscheidenden Jahres. Die Aufzeichnungen des amerikanischen Botschafters. Berlin 1994, S. 82f.；Kohl (1996), S. 130。

116. Teltschik (1993), S. 18ff. 。

117. Texte zur Deutschlandpolitik III/Bd. 7 (1989), S. 395 – 399；1989 年 11 月 10 日, 17：00 ~ 18：15, ARD 频道录制的电视节目。还可参阅 Momper 的叙述：Walter Momper, Grenzfall. Berlin im Brennpunkt deutscher Geschichte. München 1991, S. 165 f. 。

118. Texte zur Deutschlandpolitik III/Bd. 7 (1989), S. 399 – 403.

119. 同上, S. 403 – 405。

120. 同上, S. 405 – 407 [还可参阅 BPA Bulletin in：Deutschland 1989, Bd. 14, S. 378 – 380]。

121. Teltschik (1993), S. 20f.

122. *Die tageszeitung*, » Deutschland – Lied/Schöneberger Fassung «, West – Berlin 10. 11. 89 (Privatarchiv Michael Walter).

123. Teltschik (1993), S. 21.

124. Kohl (1996), S. 137ff. 。

125. 同上, S. 22 f. 。

126. 参阅 Fernschreiben von Egon Krenz an die 1. Sekretäre der Bezirksleitungen der SED. Protokoll Nr. 51/2 vom 12. 11. 1989, in：Protokoll der Sitzung des Politbüros vom 12. 11. 1989 [SAPMO, BArch, SED, ZK, J IV 2/2A/3257]。

127. BA – ZA – B 106/107. 437.

128. 刊登于：Stephan (1994), S. 243 – 249, 参阅 Konzeption für ein Gespräch zwischen dem Generalsekretär des ZK der SED und Vorsitzenden des Staatsrates der DDR, Egon Krenz, und dem Bundeskanzler der BRD, Helmut Kohl [SAPMO – BArch, SED, ZK, IV 2/2039/328, Bl. 38 – 46], 参阅 Kohl (1996), S. 139ff. 。

129. 同上，S. 248。

130. 苏联驻民主德国使馆转达给克伦茨的内容以 Dok. 52 的形式载于：Stephan（1994），S. 249f.；参阅 Kohl（1996），S. 141 ff. 。

131. Teltschik（1993），S. 29.

132. Rühe in BBC – Interview vom 9. 11. 1989 ［Deutschland 1989，Bd. 14，S. 419f. ］.

133. Beschluβentwurf für das Politbüro des ZK der SED，Anlage Nr. 5 zum Protokoll Nr. 50 der Sitzung des Politbüros vom 8. , 9. , 10. 11. 1989，TOP 6：Information an die Regierung der BRD über Maβnahmen der DDR ［SAPMO – BArch，SED，ZK，J IV 2/2/2359］.

134. Protokoll der 116. Sitzung des DDR – Ministerrats am 11. November 1989 ［BArch P，DC 20，1/3 – 2868］.

135. Anlage Nr. 2 zum Protokoll Nr. 50 der Sitzung des Politbüros vom 8. , 9. , 10. 11. 1989 ［SAPMO – BArch，SED，ZKJ IV 2/2/2359］.

136. Modrow（1991），S. 39.

137. Protokoll der Arbeitsberatung des neugewählten Vorsitzenden des DDR – Ministerrats mit amtierenden Mitgliedern des Ministerrats am 14. November 1989 ［BArch P，DC 20，1/3 – 2869］.

138. 参阅 Manfred Gerlach，Mitverantwortlich. Als Liberaler im SED – Staat. Berlin 1991，S. 320 ff. 。

139. 莫德罗与赫格尔的政治局草案内容如下：副主席提名 Luft（统社党）和 Gerlach（德国自民党）；国家计划委员会提名 Schürer（统社党）；基础产业提名 Singhuber（统社党）；金属加工业提名 Nendel（统社党）；轻工业提名友好党派，比如国民党；邮政/电信事业提名友好党派；比如基民盟；贸易/供给提名友好党派，比如德国自民党；建筑业提名友好党派，比如国民党；农业提名友好党派，比如民农党；环保提名 Reichelt（民农党）；科学/研究提名 Jacobs（统社党）或者 Pudig［Budig］（德国自民党）；财政提名 Nickel（统社党）；劳动提名 Pankraz（德国自由工会联合会的建议）；外贸提名 Beil（统社党）；外交提名 Fischer（统社党）；国防提名 Keβler（统社党）；司法提名友好党派，比如德国自民党；教育/青年提名统社党；文化提名 Hoffmann/Keller（统社党）；内务提名 Ahrendt（统社党）；健康卫生提名

Thielmann（统社党）；旅游业提名友好党派，比如基民盟；安全提名 Schwanitz（统社党）；国家银行提名 Kaminsky（统社党）；政府发言人提名 Meyer（统社党）。参阅 Vorschlag für die Neubildung des Ministerrates der DDR）［SAPMO – BArch, DY 30, J IV 2/2/ 2361］。

140. Interview mit Hans Modrow nach seiner Wahl zum Vorsitzenden des Ministerrates［Deutschland 1989, Bd. 19, S. 6ff. , hier S. 6］.

141. 参阅 Christa Luft, Zwischen Wende und Ende. Eindrücke, Erlebnisse, Erfahrungen eines Mitglieds der Modrow – Regierung. Berlin 1991, S. 21ff; Modrow（1991）, S. 32 f. 。

142. 参阅 Modrow（1991）, S. 31。

143. 同上。

144. 参阅同上，S. 37。

145. 下文亦参阅 »Diese Regierung wird eine Regierung des Volkes und der Arbeit sein«, in: *Neues Deutschland* vom 18. /19. 11. 1989［Deutschland 1989, Bd. 19, S. 2Iff. ］。该声明于 11 月 14 日在政治局中介绍了其基本特点，并获得了认可［SAPMO – BArch, DY 30, J IV 2/2 A 3258］。

146. »Diese Regierung wird eine Regierung des Volkes und der Arbeit sein«, in: *Neues Deutschland* vom 18. 11. 1989［Deutschland 1989, Bd. 19, S. 21ff. , hier S. 23f. ］.

147. Protokoll Nr. 54 der Sitzung des Politbüros des ZK der SED vom 18. 11. 1989［SAPMO – BArch, SED, ZK, J IV 2/2/2362］; Wilfried Poßner, Immer bereit: kämpfen, spielen, fröhlich sein. Berlin 1995, S. 292ff.

148. » Regierung auf einem Posten noch schnell verändert «, in: *Süddeutsche Zeitung* vom 20. 11. 1989［Deutschland 1989, Bd. 19, S. 156］.

149. » Poßner hat sich vergebens fein gemacht «, in: *Frankfurter Allgemeine Zeitung* vom 20. 11. 1989［Deutschland 1989, Bd. 19, S. 148］.

150. 内阁名单以仅 5 票反对，6 票弃权的结果获得通过，由国务委员会主席埃贡·克伦茨宣誓就职：

Hans Modrow，总理（统社党）；Christa Luft，经济副主席（统社党）；Lothar de Maizière，教会问题副主席（基民盟）；Peter Moreth，地方国家机构副主席（德国自民党）；Lothar Arendt，内政部长（统社党）；

Gerhard Baumgärtel, 建筑业与住宅产业部长（基民盟）; Gerhard Beil, 外贸部长（统社党）; Bruno Benthien, 旅游业部长（德国自民党）; Klaus – Peter Budig, 经济与技术部长（德国自民党）; Hans – Heinz Emons, 教育与青年部长（统社党）; Oskar Fischer, 对外关系部长（统社党）; Manfred Flegel, 贸易与供给部长（国民党）; Karl Grünheid, 机械制造业部长（统社党）; Gunter Halm, 轻工业部长（国民党）; Hans – Joachim Heusinger, 司法部长（德国自民党）; Theodor Hoffmann, 国防部长（统社党）; Dietmar Keller, 文化部长（统社党）; Hannelore Mensch, 劳动与薪酬部长（统社党）; Wolfgang Meyer, 政府发言人及新闻局负责人（统社党）; Uta Nickel, 财政与价格部长（统社党）; Hans Reichelt, 环保与水资源管理部长（民农党）; Heinrich Scholz, 交通业部长（统社党）; Gerhard Schürer, 国家计划委员会主席（统社党）; Wolfgang Schwanitz, 国家安全局局长（统社党）; Kurt Singhuber, 重工业部长（统社党）; Klaus Thielmann, 健康卫生与社会事务部长（统社党）; Hans Watzek, 农业、林业与食品业部长（民农党）; Klaus Wolf, 邮政与电信业部长（基民盟）。参阅 »Die am Sonnabend gewählten Mitglieder der Regierung Modrow«, in: *Neues Deutschland* vom 20. 11. 1989 [Deutschland 1989, Bd. 19, S. 149ff.]。

151. 他们是 Beil, Fischer, Flegel, Grünheid, Heusinger, Reichelt, Schürer, Singhuber 以及 Thielmann。

152. »Eine Gleichung mit unbekannten Größen«, in: *Frankfurter Rundschau* vom 18. 11. 1989 [Deutschland 1989, Bd. 19, S. 130f., hier S. 130]。

153. Modrow (1991), S. 29 und S. 32.

154. Rede von Hans Modrow auf der 1. Konstituierenden Sitzung des DDR – Ministerrats am 18. 11. 1989 [BArch P, DC 20/1/3 – 2870]。

155. 同上。

156. Modrow (1991), S. 36f; Gerlach (1991), S. 318.

157. Vermerk über das informelle Gespräch des Genossen Alexander Schalck mit dem Bundesminister und Chef des Bundeskanzleramtes, Rudolf Seiters, am 15. 11. 1989 [SAPMO – BArch, SED, ZK, IV 2/2039/328, Bl. 64 – 69]。参阅 Vorbereitung der DDR – Seite: Institut für Internationale Politik

und Wirtschaft der DDR, Arbeitspapier für Gespräche mit Bundesminister Seiters（其中包含一些对于民主德国与西柏林关系继续发展的深入考量）[SAPMO – BArch, SED, ZK, IV 2/2039/328, Bl. 132 – 149]。

158. Bericht über das offizielle Gespräch von Egon Krenz und Hans Modrow mit Rudolf Seiters am 20. 11. 1989 in Ost – Berlin [SAPMO – BArch, DY 30/ J IV 2/2 A/3262]；参阅 Kohl（1996），S. 154ff. 。

159. Vermerk über das Gespräch durch den Leiter Arbeitsstab Deutschlandpolitik Duisberg vom 22. 11. 1989 [BA – B 288 – 289]；Bericht über das Gespräch durch den Leiter der Abt. BRD im MfAA Karl Seidel） [SAPMO – BArch, DY 30 – J IV 2/2A/ 3262].

160. Vermerk Duisberg, S. 1.

161. Vermerk Seidel, S. 2.

162. Vermerk Duisberg, S. 6, und Seidel, S. 2.

163. Seidel, S. 3. 参阅 Duisberg, S. 7。

164. Duisberg, S. 4.

165. Anhang Duisberg – Vermerk.

166. Duisberg, S. 4.

167. 同上, S. 3。

168. Seidel, S. 16；参阅 Duisberg, S. 14。

169. Duisberg, S. 11, 14；同时参阅 Seidel, S. 16。

170. Duisberg, S. 10；Seidel, S. 10.

171. *Betr*. Deutsch – deutsche Beziehungen, Gespräch MP Wallmann – MP Modrow am 24. 11. 1989 vom 25. 11. 1989 [BA – B 288 – 289].

172. Duisberg, S. 9.

173. Dok. 54 in: Stephan（1994），S. 253 – 267. 下文引自 S. 256f. 。

174. Modrow（Stephan 1994, S. 257）报告称，克伦茨只是偶尔会参加联合政府会谈。

175. Duisberg – Vermerk, S. 15.

176. Protokoll der 2. Sitzung des DDR – Ministerrats am 23. 11. 1989） [BArch P, DC 20, 1/3 – 2871].

177. »Maßnahmen zur Vorbereitung von Gesetzen für den Zeitraum bis Ende 1990« [BStU, ZA, SdM 657].

178. Texte zur Deutschlandpolitik III/Bd. 7, 1989, S. 426ff.

179. 同上, S. 396.

180. »Absage an die deutsche Einheit? «, in: *Frankfurter Allgemeine Zeitung* vom 15. 11. 1989 [Deutschland 1989, Bd. 2, S. 141].

181. »Die Deutschen auf dem Weg zu mehr Einheit«, in: *Neue Zürcher Zeitung* vom 16. 11. 1989 [Deutschland 1989, B. 2, S. 154f.].

182. 比如莫德罗在 1989 年 11 月 18 日的民主德国之声中就表示过。[Deutschland 1989, Bd. 2, S. 835]。

183. 采访内容见 *Die tageszeitung* vom 18. 11. 1989 [Deutschland 1989, Bd. 2, S. 835]。

184. 签署了这一号召文件的包括作家 Volker Braun, Stefan Heym, Christa Wolf, 演员 Jutta Wachowiak, 教会代表 Christoph Demke, Günter Krusche, Friedrich Schorlemmer, 民权维护者 Sebastian Pflugbeil, Ulrike Poppe, Konrad Weiβ, 科学家 Reinhard Brühl, Dieter Klein, 参见 *Neues Deutschland* vom 29. 11. 1989 [Deutschland 1989, Bd. 2, S. 846]。由于统社党高层干部如埃贡·克伦茨立刻也表示支持号召，它的影响力因此有所削减。

185. Jens Reich, Rückkehr nach Europa. Bericht zur neuen Lage der deutschen Nation. München/Wien 1991, S. 171.

186. 电视台没有拍下这一幕；只有照片记录下了这些时刻。参阅 ORB, Chronik der Wende, hier vom 15. 10. 1989。

187. »‹Und Rau lächelt dazu...›. ‹Presse› – Gespräch mit Bärbel Bohley«, in: *Die Presse* vom 16. 11. 1989 [Deutschland 1989, Bd. 14, S. 552].

188. Neues Forum Leipzig, Jetzt oder nie – Demokratie. Leipziger Herbst' 89. München 1990, S. 251 (Fotographie).

189. 出自一篇文章的标题: *Bild* vom 11. 11. 1989 [Deutschland 1989, Bd. 14, S. 102]。

190. »Zwei Staaten ohne Kohl & Krenz«, in: *Die tageszeitung* vom 13. 11. 1989 [Deutschland 1989, Bd. 2, S. 125].

191. » DDR – Bürger: So wollen wir leben! «, in: *Quick* vom 16. 11. 1989 [Deutschland 1989, Bd. 6, S. 644].

192. »Immer mehr wollen Wiedervereinigung «, in: *Münchener Merkur* vom

20. 11. 1989［Deutschland 1989，Bd. 2，S. 181］.

193. 》Opposition vom － SED auf Rang 3《，in：*Stern* vom 3. 11. 1989
［Deutschland 1989，Bd. 6，S. 664f.，hier S. 665］.

194. 》übergroße Mehrheit für eine sozialistische DDR《，in：*Neues Deutschland*
vom 25. 11. 1989［Deutschland 1989，Bd. 2，S. 212f.］.

195. Teltschik（1991），S. 40f.

196. Texte zur Deutschlandpolitik III／Bd. 7，1989，S. 412ff. 。

197. *Welt am Sonntag* vom 12. 11. 1989.

198. 》‹ Der Kanzler hat einiges dummes Zeug geredet ›《，in：*Flensburger
Tageblatt* vom 17. 11. 1989［Deutschland 1989，Bd. 24，S. 395］.

199. 参阅 Richard von Weizsäcker，Vier Zeiten. Erinnerungen. Berlin 1997，
S. 363。

200. 参阅 Hans － Jochen Vogel，Nachsichten. Meine Bonner und Berliner
Jahre. München／ Zürich 1996，S. 300 u. S. 312。

201. U. a. auf seiner Pressekonferenz in Warschau am 9. 11. 1989［Deutschland
1989，Bd. 14，S. 371 － 377，S. 376］.

202. Dazu Karl Dietrich Bracher／Wolfgang Jäger／Werner Link，Republik im
Wandel 1969 － 1974. Die Ära Brandt. Bd. V／1 der Geschichte der
Bundesrepublik Deutschland，hrsg. Von Karl Dietrich Bracher／Theodor
Eschenburg／Joachim C. Fest／Eberhard Jäckel. Stuttgart／Mannheim 1986，
S. 62.

203. 作者在联邦总理府的访谈。

204. 此外，*Die Welt* vom 15. 11. 1989，*Frankfurter Rundschau* vom 15. 11. 1989，
Die Zeit vom 17. 11. 1989，*Rheinischer Merkur* vom 17. 11. 1989［Deutschland
1989，Bd. 2，S. 146ff.］。

205. Horst Ehmke，Mittendrin. Von der Großen Koalition zur Deutschen
Einheit. Berlin 1994，S. 404.

206. 援引自 Texte zur Deutschlandpolitik III／Bd. 7，1989，S. 422f. 。

207. Sozialdemokratischer Pressedienst 44／223 vom 20. 11. 1989［Deutschland
1989，Bd. 2，S. 692ff.］.

208. Egon Bahr，》Einheit und NATO sind unvereinbar《，in：*Vorwärts* vom
1. 10. 1989［Deutschland 1989，Bd. 2，S. 666］.

209. Sozialdemokratischer Pressedienst 44/225 vom 23. 11. 1989.

210. Ehmke (1994), S. 404.

211. 1989 年 11 月 20 日德国电视二台政治晴雨表副本［Deutschland 1989, Bd. 2, S. 176 – 179］。

212. Kuhn (1993), S. 82.

213. 同上；Teltschik (1993), S. 43f. 。

214. Teltschik (1993), S. 46.

215. 波图加洛夫对特尔切克的反应的解读参见 Kuhn (1993), S. 46。根据新任统社党主席格雷戈尔·居西在 1989 年 12 月 10 日晚间与米哈伊尔·戈尔巴乔夫进行会谈的对话记录，苏联方面已经彻底认清，在民主德国主权国家独立性的问题上已经"出现了在未来需要注意的新条件"，Telefongespräch des Generalsekretärs des ZK der KPdSU, Michail Gorbatschow, und des Vorsitzenden der SED, Gregor Gysi, am Abend des 10. 12. 1989, Protokoll Gregor Gysi vom 11. 12. 1989, S. 2 ［PDS – Parteivorstand/Archiv］。

216. Teltschik (1993), S. 46.

217. 参阅 Kohl (1996), S. 158ff. 。

218. Ackermann (1994), S. 314.

219. Teltschik (1993), S. 49.

220. 同上。

221. 这份草案在两次会议中（11 月 24 日，周五，10：30～19：00，以及 11 月 25 日，周六，9：00～15：00）由 Teltschik, Hartman, Kaestner（只出席了周五会议）［来自 Teltschik 的部门］, Duisberg, Kass 德国政策工作组, Prill 以及 Mertes［来自 Ackermann 的部门］共同商议制定出来。周五的时候 Bitterlich［来自 Teltschik 的部门］出席了大约一个小时的时间［Mertes 1989 年 11 月 29 日附注，案卷，Dok. 9］。

222. 1995 年 4 月 21 日，作者与杜伊斯贝格大使在外交部进行的访谈。

223. 1995 年 4 月 21 日，在联邦内政部与杜伊斯贝格以及内政部卡斯局长（Dr. Kass, 1989 年至 1990 年间就职于联邦总理府的德国政策工作组）进行的访谈。

224. 1994 年 4 月 21 日，作者与诺贝特·普利尔博士（Dr. Norbert Prill）在联邦总理府进行的访谈。

225. 与杜伊斯贝格大使的访谈。

226. 同上。

227. Teltschik（1993），S. 51，报告称，他在周六决定，尽管德国政治家们有所顾虑，他也要在发言草稿中采纳“邦联式结构”和“联邦”这“两个要点”。事实上，转交给联邦总理的文件中仍然只包含了“邦联式结构”这个概念，没有“联邦”这个概念［Von Kohl korrigierter Redeentwurf, Handakte Mertes, Dok. 9］。参阅 Kohl（1996），S. 159f. 。

228. Kohl（1996），S. 160.

229. 1995 年 5 月 29 日，与联邦总理科尔在总理住所的对话，参阅 Kohl（1996），S. 160。

230. 在联邦总理府中与梅尔特斯以及普利尔先生进行的访谈。

231. Teltschik（1993），S. 49.

232. 同上，S. 52，S. 57 f. 。

233. Kohl（1996），S. 167.

234. Protokoll der Fraktionssitzung am 27. 11. 1989，11/73，S. 17f［ACDP – VIII – 001 Nr. 1086/1］。

235. ARD 频道录制的 1989 年 11 月 10 日，17：00～18：15 在舍内贝格区政府进行的群众集会。同时可参阅 Momper 的叙述：Momper（1991），S. 166f. 。根舍很庄重地宣读了名单，每个名字都拉长了声宣读，享受着热情的欢呼。

236. Protokoll der Fraktionssitzung am 27. 11. 1989，11/73，S. 18［ACDP – VIII – 001 Nr. 1086/1］。

237. 同上，S. 22。

238. 参阅 von Weizsäcker（1997），S. 366。

239. Teltschik（1993），S. 53；Kohl（1996），S. 173f.

240. 这段总结来自 Deutschland 1989，Bd. 5，S. 153 ff. 。

241. Eghart Mörbitz，»Kohl legt heute Plan zur deutschen Einheit vor«，in：*Frankfurter Rundschau* vom 28. 11. 1989［Deutschland 1989，Bd. 5，S. 153］。

242. Von Weizsäcker（1997），S. 366.

243. 参阅报纸报道汇编 Deutschland 1989，Bd. 5，S. 157 ff. 。

244. Verlautbarung 2786 der SPD – Fraktion vom 29. 11. 1989［Deutschland

1989，Bd. 5，S. 74］.

245. Vogelin DFS, Bericht aus Bonn am 1. 12. 1989［Deutschland 1989，Bd. 5，S. 74］.

246. Verhandlungendes Deutschen Bundestages, 11. Wahlperiode（Bd. 394），S. 13. 907（D）.

247. Interview in RIAS vom 3. 12. 1989［Deutschland 1989，Bd. 5，S. 77］.

248. Sozialdemokratischer Pressedienst 745/89 von 3. 12. 1989［Deutschland 1989，Bd. 5，S. 89］.

249. 与 WRD 午间杂志的访谈：Sozialdemokratischer Pressedienst 750/89 vom 4. 12. 1989［Deutschland 1989，Bd. 5，S. 92］。

250. » Das eigene Profil «，in：*Westdeutsche Allgemeine* vom 30. 11. 1989［Deutschland 1989，Bd. 5，S. 194］.

251. Deutscher Bundestag, Zur Sache. Themen parlamentarischer Beratung 5/89，S. 116，262f. 其中不仅仅是反对派没能得到对波兰西部边界问题的保障。理查德·冯·魏茨泽克回忆说，"德国联盟"没能尽早获得知会感到很失望，此外他们非常关心边境问题："科尔使边境问题升级成了国际问题，而从心理学外交政策角度而言，最好不让它发生。"参见 von Weizsäcker（1997），S. 367，S. 375。

252. Pressemitteilung der Grünen Nr. 998/89 vom 30. 11. 1989［Deutschland 1989，Bd. 5，S. 106 f］.

253. Otto Graf Lambsdorff, » Fast alle haben sie ihn unterschätzt «，in：*Frankfurter Allgemeine Zeitung* vom 25. 10. 1996.

254. Kiessler/Elbe（1993），S. 54.

255. 同上。

256. » Auch die FDP kritisiert die zehn Punkte Kohls «，in：*Frankfurter Allgemeine Zeitung* vom 4. 12. 1989［Deutschland 1989，Bd. 5，S. 260］.

257. »FDP：Keine Differenzen «，in：*Die Welt* vom 5. 12. 1989［Deutschland 1989，Bd. 5，S. 265］.

258. Kiessler/Elbe（1993），S. 55.

259. Genscher（1995），S. 669ff.

260. Krenz am 28. 11. 1989 in DFS［Deutschland 1989，Bd. 5，S. 109 f. ］.

261. Modrow im ZDF am 30. 11. 1989［Deutschland 1989，Bd. 5，S. 120］.

262. Telex an das Bundeskanzleramt vom 2. 10. 1990：»Einige Gedanken kurz vor der Schließung der Vertretung. Berichterstattung der letzten 16 1/2 Jahre«, 7 Seiten，S. 6［Handakte Bertele］.

263. Koeppe am 28. 11. 1989 im BBC［Deutschland 1989，Bd. 5，S. 112f.］.

264. Reich am 29. 11. 1989 im DLF［Deutschland 1989，Bd. 5，S. 118f.］.

265. Fragen an Friedrich Schorlemmer, in：*Kölner Stadt – Anzeiger* vom 1. 12. 1989［Deutschland 1989，Bd. 5，S. 121f.］.

266. »Heym gegen ‹Ausverkauf›«, in：*Die Welt* vom 29. 11. 1989［Deutschland 1989，Bd. 5，S. 293］.

267. De Maizière im DLF am 4. 12. 1989 und »Zwiespältiges Echo der DDR auf Kohls Vorstoß«, in：*Neue Zürcher Zeitung* vom 1. 12. 1989［Deutschland 1989，Bd. 5，S. 124f.，301］.

268. Teltschik（1993），S. 52.

269. 关于 Die Sowjetunion und die »deutsche Frage«［AL 2 – 30130 S 25 – D 2/14/89］。

270. Amtliche Positionen«, S. 1［AL 2 – 30130 S 25 – De 2/13/89］.

271. Vermerk über ein Gespräch des Genossen Gregor Gysi, Vorsitzender der SED, mit Genossen Alexander Jakowlew, Mitglied des Politbüros und Sekretär des ZK der KPdSU, am 14. 12. 1989. Berlin, 15. 12. 1989, S. 13［PDS – Parteivorstand/Archiv］参阅 Telefongespräch des Generalsekretärs der KPdSU, Michail Gorbatschow, und des Vorsitzenden der SED, Gregor Gysi, am Abend des 10. Dezember 1989. Protokoll Gregor Gysi, 11. 12. 1989. S. 3［PDS – Parteivorstand/Archiv］。

272. Vermerk über ein Gespräch des Genossen Gregor Gysi, Vorsitzender der SED, mit Genossen Alexander Jakowlew, Mitglied des Politbüros und Sekretär des ZK der KPdSU, am 14. 12. 1989. Berlin, 15. 12. 1989, S. 13 f.［PDS – Parteivorstand/Archiv］.

273. Genscher（1995），S. 687. 戈尔巴乔夫分别时的意见如下："如果整个欧洲进程，以及苏联和联邦政府之间的关系良好发展的话，那么在德国问题上就可以有新的发展"（同上）。

274. 参阅 *Neues Deutschland* vom 2. 12. 1989；Stephan（1993），S. 323。

275. 参阅 das Kapitel zur SED/PDS。

276. Modrow（1991），S. 63.

277. 1989 年 8 月 2 日，作者对弗兰茨·贝特乐大使在弗莱堡的谈话。

278. Empfehlungen für das Gespräch des Genossen Hans Modrow mit Genossen Nikolai Ryshkow［BArch P, DC 20, 4973, Bl. 177 – 181, Bl. 178］.

279. Empfehlungen für ein Gespräch mit Genossen Michail Gorbatschow am 4. Dezember in Moskau［BArch P, DC 20, 4973, Bl. 182f. , Bl. 182］.

280. 在准备文件中具体谈到：苏联的代表不久将对民主德国进行国事访问，经济合作中一个全新的，还没有具体命名的"轰动性"目标，一个所谓的柏林和莫斯科之间的电视桥梁，与苏联专家进行电视讨论，研究目前的政治问题，以及通过驻扎民主德国的苏联武装力量促进经济发展的活动［同上，Bl. 183］。

281. 下文亦参阅 Aktennotiz über ein Gespräch des Genossen Dr. Hans Modrow, Vorsitzender des Ministerrates der DDR, mit Genossen Nikolai Ryshkow, Mitglied des Politbüros des ZK der KPdSU und Vorsitzender des Ministerrates der UdSSR, am 4. 12. 1989 in Moskau. Berlin, 5. 12. 1989［BArch P, DC 20, 4973, Bl. 184 – 189］以及 Niederschrift über die Ausführungen des Genossen N. Ryshkow in der Unterredung mit Genossen Modrow am 4. 12. 1989 im Kreml［同上，Bl. 190 – 195］。

282. 1989 年 12 月 4 日，华沙条约的党和国家领导人在莫斯科的会面主要研究了布什和戈尔巴乔夫关于马耳他峰会会谈的结果。仍然执政的国家主席克伦茨（12 月 6 日下台，继任为曼弗雷德·格尔拉赫）以及外交部长菲舍尔继续属于民主德国代表团。参阅 Neues Deutschland vom 5. 12. 1989。在会面过程中，莫德罗和戈尔巴乔夫也进行了一次会谈，但是目前为止没有找到相关记录。

283. 参阅 Modrow（1991），S. 65。

284. Protokoll der 4. Sitzung des DDR – Ministerrats am 7. 12. 1989［BArch P, DC 20, I/ 3 – 2876］.

285. 参阅 Walter Süβ,》Entmachtung und Verfall der Staatssicherheit. Ein Kapitel aus dem Spätherbst 1989《, Berlin 1994（BF informiert, H. 5/ 1994）; Nachdruck in: Deutschland Archiv 28（1995），S. 122 – 151。

286. 决议原文参阅 in den Anlagen zum Protokoll der 6. Sitzung des DDR – Ministerrats am 14. 12. 1989［BArch P, DC 20, 1/3 – 2879］。

287. 1989 年 12 月 21 日，部长会议敲定了特别委员会的组成。在维利·林德曼（Willi Lindemann）的领导下，共有 6 名来自各部门的工作人员参与其中。

288. Karl – Heinz Arnold, Die ersten hundert Tage des Hans Modrow. Berlin 1990, S. 14f. ; ders. /Hans Modrow, » Von Dresden über Davos nach Bonn. Drei deutsch – deutsche Begegnungen und ihr politisches Umfeld«, in: Nakath (1995), S. 39 – 60, S. 47. 作者与弗兰茨·贝特乐大使在弗莱堡的谈话。

289. Texte zur Deutschlandpolitik III/Bd. 7, S. 448 – 455. 同时参阅 » Europäische Einigung ist das Vorbild«, in: *Frankfurter Allgemeine Zeitung* vom 15. 12. 1989 [Deutschland 1989, Bd. 2, S. 349]。同时参阅 von Weizsäcker (1997), S. 392 f. 。

290. Arnold (1990), S. 15 f.

291. »Europäische Einigung ist das Vorbild«, in: *Frankfurter Allgemeine Zeitung* vom 15. 12. 1989 [Deutschland 1989, Bd. 2, S. 349].

292. »Steine auf dem Weg «, in: *Frankfurter Allgemeine Zeitung* vom 13. 12. 1989 [Deutschland 1989, Bd. 2, S. 329].

293. 记录于: Deutschland 1989, Bd. 6, S. 718ff. 。

294. »Zu einigen Problemen, die sich aus den Rund – Tisch – Gesprächen in Polen ergaben « von Olaf Horlacher (14. 11. 1989) [SAPMO – BArch, SED, ZK, J IV 2/2/2365].

295. Protokoll der Sitzung Nr. 55 [SAPMO – BArch, SED, ZK, J IV 2/2/2364].

296. Interview mit der *tageszeitung* vom 24. 11. 1989 [Deutschland 1989, Bd. 19, S. 170].

297. » Nach Polen und Ungarn jetzt die DDR «, in: *Die tageszeitung* 1989 [Deutschland 1989, Bd. 19, S. 182, S. 182f]；参阅 »Große Koalition der Vernunft in der DDR«, in: *Die tageszeitung* vom 7. 12. 1989；»Opposition in Konfusion«, 同上 [Deutschland 1989, Bd. 19, S. 189 – 191]。

298. Vier Vorlagen zur Behandlung im Politbüro vom 24. 11. 1989 [SAPMO – BArch, SED, ZK, J IV 2/2/2365].

299. 援引自 Helmut Herles/Ewald Rose (Hrsg.), Vom Runden Tisch zum

Parlament. Bonn 1990, S. 23。12 月 11 日，莫德罗的内阁在特别会议上研究了中央圆桌会议的问题。同意提供组织上和财政上的支持。关于内容上的问题，圆桌会议没有表明具体态度。参阅 BArch P, DC 20，1/3－2876。部长会议手中的一份名为《1989 年 12 月 7 日和 8 日圆桌会议对话的决议》，内容涉及了自我认知、议事章程、制定宪法草案、建立工作小组、法治国家以及再次会面的时间。此外所有的参与者都记录在案。

300. »In diesem Jahr 800.000 Menschen in die Bundesrepublik«, in: *Frankfurter Allgemeine Zeitung* vom 29. 12. 1989 [Deutschland 1989, Bd. 11, S. 244].

301. Vermerk von Ministerialdirigent Duisberg vom 11. 12. 1989 über das Gespräch. [BA－B 136/20. 578]. 民主德国方面的参与者包括：总理莫德罗，外交部长菲舍尔，对外贸易部长拜尔（Beil），常驻代表诺伊鲍尔（Neubauer），公使辛德勒（Schindler），财政部副部长科尼希（König）博士，民主德国国家银行副行长迈尔；联邦德国方面：联邦部长塞特斯，常驻代表贝特乐博士，司长杜伊斯贝格博士，施佩克先生，司长多贝伊博士。

302. 参阅专栏评论：Deutschland 1989, Bd. 23, S. 54ff. 。

303. Bericht des 1. Untersuchungsausschusses des 12. Deutschen Bundestages; Drucksache 12/7600, S. 454: Der Bereich Kommerzielle Koordinierung und Alexander Schalck－Golodkowski. Werkzeuge des SED-Regimes [Zur Sache 2/94 Textband].

304. Gemeinsame Presseerklärung über das Gespräch von Bundesminister Rudolf Seiters mit DDR－Ministerpräsident Hans Modrow vom 5. 12. 1989, in: Texte zur Deutschlandpolitik III/Bd. 7, 1989, S. 441－444, S. 442.

305. Vermerk Duisberg, S. 5.

306. 同上，S. 4。

307. 同上，S. 5。

308. 同上，S. 5f. 。

309. 同上，S. 4。

310. 同上，S. 2。

311. 同上，S. 6。

312. Bericht des 1. Untersuchungs – ausschusses des 12. Deutschen Bundestages, S. 454.

313. Modrow (1991), S. 96f. 参阅 Kohl (1996), S. 213ff. 。

314. Teltschik (1991), S. 88.

315. Vermerk Duisberg vom 20. 12. 1989 ［BA – B 136 – 20579］. 联邦德国方面参与者包括联邦总理科尔，联邦部长塞特斯，联邦部长克莱因，国务秘书贝特乐，局长特尔切克以及司长杜伊斯贝格；民主德国方面：总理莫德罗，外交部长菲舍尔，政府发言人梅耶，外交部副部长尼尔 (Nier)，常驻代表诺伊鲍尔，公使辛德勒（外交部）。"在午饭期间，联邦部长布吕姆（Blüm），豪斯曼（Hausmann）和魏姆斯（Wilms），以及民主德国方面的外贸部长拜尔参加进来，来报告他们会谈的情况。"

316. Teltschik (1991), S. 88.

317. Vermerk Duisberg vom 22. 12. 1989, S. 1f.

318. 同上，S. 2f. 。

319. 在 1995 年 5 月 29 日，作者与联邦总理科尔的对话中得到证实。

320. Vermerk Duisberg vom 22. 12. 1989, S. 4f.

321. 在德国政策工作组组长 1989 年 12 月 18 日上呈给总理的 »Vorschlag für Gesprächslinie« (Sprechzettel – O) 中如是说［BA – B 136 – 20. 578］。

322. Vermerk Duisberg vom 22. 12. 1989, S. 7f.

323. Vermerk über das Ministergespräch von Ministerialdirigent Meyer Sebastian aus der Ständigen Vertretung der Bundesrepublik Deutschland vom 19. 12. 1989, S. 1 f. ［BA – B 136 – 20578］.

324. übertragen im ZDF – Spezial ［Deutschland 1989, Bd. 23, S. 112f. ］.

325. Teltschik (1991), S. 90.

326. 载于：Bulletin Nr. 148 (S. 1249 – 1252) vom 20. 12. 1989 ［Deutschland 1989, Bd. 23, S. 137 – 140］。

327. 同上，S. 1252 ［S. 140］。

328. 莫德罗的声明发表于：ZDF – Spezial (Die Erklärung Modrows in：ZDF – Spezial) ［Deutschland 1989, Bd. 23, S. 133f］；科尔的声明发表于：Bulletin Nr. 150 (die Erklärung Kohls in：Bulletin Nr. 150) (S. 1263f.) vom 22. 12. 1989 ［Deutschland 1989, Bd. 23, S. 127f］。

329. 原文摘要（Stimme der DDR/Radio DDR/ADN）［Deutschland 1989, Bd. 23, S. 129 ff.］。

330. »In Dresden erlebte der Kanzler einen Deutschlandtag«, in: *General - Anzeiger* für Bonn und Umgebung vom 20. 12. 1989 ［Deutschland 1989, Bd. 23, S. 256f., hier S. 257］; Teltschik（1991）, S. 92.

331. Deutschland 1989, Bd. 23, S. 107ff, 115ff.

332. Kohl（1996）, S. 222.

333. Teltschik（1991）, S. 93. 参阅 Kohl（1996）, S. 223。

334. Vermerk über das Gespräch von MR Dr. Frick, unterzeichnet von Bertele vom 21. 12. 1989 ［BA - B 288 - 290］.

335. 与一名科尔亲信的访谈。

336. Vermerk über das Gespräch von MR Dr. Frick, unterzeichnet von Bertele vom 21. 12. 1989 ［BA - B 288 - 290］.

337. 同上, S. 4。

338. 同上, S. 4f.。

339. 同上, S. 2。

340. Kohl in: Kuhn（1993）, S. 89; Kohl（1996）, S. 214.

341. Teltschik（1993）, S. 91.

342. Kohl in: Kuhn（1993）, S. 90.

343. 下文亦参阅 Kohl（1996）, S. 217ff.。

344. 1995 年 5 月 29 日, 作者与联邦总理科尔的对话。

345. Kohl in: Kuhn（1993）, S. 90.

346. 1995 年 5 月 29 日, 作者与联邦总理科尔的对话; Teltschik（1991）, S. 88。

347. Bericht des Chordirektors Konrad Wagner »Begegnungen der › Dresdner Kapellknaben‹ mit Bundeskanzler Helmut Kohl« ［Bundeskanzleramt 521 - K - 405 211/9510001］, 参阅 Kohl（1996）, S. 218。

348. Schilderung »In Dresden erlebte der Kanzler einen Deutschlandtag«, in: *General - Anzeiger* vom 20. 12. 1989 ［Deutschland 1989, Bd. 23, S. 256f.］.

349. Modrow（1991）, S. 100.

350. Presse - und Informationsamt der Bundesregierung: Bulletin Nr. 150,

S. 1261f.（22. 12. 1989）.

351. 具体描述参见》Nicht von heute auf morgen《, in: *Der Spiegel* vom 25. 12. 1989［Deutschland 1989, Bd. 23, S. 313 ff.］；与杜伊斯贝格局长的对话。

352. Modrow（1991）, S. 99.

353. 同上。

354. 在联邦总理府的采访。

355. 关于开放仪式的描述参见 Der Pressespiegel Deutschland 1989, Bd. 15, S. 813ff, 同时参阅 Modrow（1991）, S. 100f; Kohl（1996）, S. 223ff. 。

356. Teltschik（1991）, S. 95（Tagebucheintragung vom 22. 12. 1989）.

357. II A 3 – 3890 – 13002/90 vom 28. 12. 1989（Dr. Mahnke）［BA – B 137/10876］.

358. Schreiben II A 3 – 2890, Abteilungsleiter II, vom 2. 1. 1990［BA – B 136/20635］.

359. II A 3 – 3890 – 13002/90 vom 4. 1. 1990（Dr. Kramer）［BA – B 137/10876］.

360. II A 3 – 3890 – 13002/90 vom 4. 1. 1990（Dr. Mahnke）［BA – B 137/10876］.

361. 1994 年 4 月 21 日, 作者与杜伊斯贝格大使在外交部的访谈。

362. 一名前德国政策工作小组成员在与作者的访谈中如是说。

363. 杜伊斯贝格大使的言论。

364. So der Vermerk des zuständigen Abteilungsleiters im BMB Dobiey vom 17. 1. 1990.

365. Schreiben 221 – 35014 Gr 8 VS – NfD vom 10. 1. 1990 und Schreiben 221 – 35014 Nr. 6 vom 16. 1. 1990 mit Stopp – Vermerk［BA – B 136 – 20635］.

366. Entwurf vom 18. 1. 1990［BA – B 136 – 20635］.

367. Schreiben und Entwurf vom 2. 1. 1990 – II A 3 – 3890 Abteilungsleiter II ［BA – B 136 – 20635］.

368. Teltschik（1991）, S. 108.

369. Vermerküber ein Gespräch von Hans Modrow mit Nikolai Ryshkow am 10. Januar 1990 in Sofia［BArch P, DC 20, 4973］.

370. Berichterstattung über das Treffen von Hans Modrow und Helmut Kohl am 19. Dezember 1989 in Dresden auf der 8. Sitzung des DDR – Ministerrats am 4. Januar 1990. [BArch P, DC 20, 1/3 – 2886].

371. 同上，沃尔夫冈·劳赫富斯已经是斯多夫政府的一员，在 1989 年 11～12 月期间，担任政治局成员以及中央委员会主管经济的书记。

372. 参阅 BArch P, DC 20, 1/3 – 2886。

373. BArch P, DC 20, 1/3 – 4964.

374. 同上。

375. »Des Kanzlers Fallrückzieher«, in: *Neues Deutschland* vom 18. 1. 1990 [Deutschland 1990, Bd. 2, S. 22].

376. Stenographischer Bericht der 188. Sitzung des Deutschen Bundestages vom 18. 1. 1990, S. 14508ff; 这里援引自 Deutscher Bundestag. Zur Sache 8/90, S. 275 ff.。

377. Fsur 0157 – 23. 1. 1990, 705.

378. 国际政治经济研究所隶属于部长会议，并且主要帮助统社党中央委员会进行工作准备。参阅 Andreas Herbst/Winfried Ranke/Jürgen Winkler, So funktionierte die DDR. Reinbek bei Hamburg 1994, Bd. 1, S. 416 – 420。

379. Entwurf vom 17. 1. 1990, nach einem handschriftlichen Vermerk »von Ministerpräsident Modrow am 26. 1. 1990 Bundesminister Seiters übergeben« [BA – B 136 – 20635].

380. Handakte Mertes, Dok. 14, Prill/Mertes vom 16. 1. 1990.

381. 梅尔特斯的言论。

382. Handakte Mertes, Dok. 17：总理自己修改的发言稿, S. 12f.。

383. 比较 1990 年 1 月 22 日和 23 日的草案。第二份草案中呈现出一份手写评论，指出了联邦总理的“修改”[BA – B 136 – 20635]。同时参阅 Handakte Mertes, Dok. 18, 19, 20, 21。

384. »Bericht zur Diskussion auf dem ersten Beratungstag des außerordentlichen Parteitages«, vom Parteitag am 9. 12. 1989 verabschiedet. 刊登于: *Neues Deutschland* vom 11. 12. 1989 [Deutschland 1989, Bd. 19, S. 1365 ff.]。

385. 同上。

386. *Neues Deutschland* vom 19. 12. 1994 [Deutschland 1989, Bd. 19,

S. 1477ff.].

387. 参阅 Protokoll der 6. Sitzung des DDR - Ministerrats am 14.12.1989 ［BArch P, DC 20, 1/3 – 2879］。参阅以下内容：Gespräch Michael Walter mit David Gill am 2.2.1994 in Freiburg und David Gill/Ulrich Schroter, Das Ministerium für Staatssicherheit. Anatomie des Mielke - Imperiums. Reinbek bei Hamburg 1993 (Erst veröffentlichung Berlin 1991), S. 177ff. 。两位作者都参与了斯塔西解散的过程。

388. 1995 年 8 月 2 日，弗兰茨·贝特乐博士与作者谈话中所做的回忆。

389. Michael Richter, Die Staatssicherheit im letzten Jahr der DDR. Weimar/ Köln/Wien 1996, S. 265.

390. 参阅最后一任国务委员会主席的回忆，Manfred Gerlach（1991), S. 380f. 。

391. 参阅政府声明原文：*Neues Deutschland* vom 12.1.1990。

392. 同时参阅 Uwe Thaysen, Der Runde Tisch。或者 Wo blieb das Volk? Der Weg der DDR in die Demokratie. Opladen 1990, S. 55ff. U. Ders. In Zusammenarbeit mit Hans Michael Kloth, » Der Runde Tisch und die Entmachtung der SED. Widerstände auf dem Weg zur freien Wahl «, in: Deutscher Bundestag (Hrsg.), Materialien der Enquête - Kommission （1995), Bd. VII, 2, Widerstand, Opposition, Revolution, S. 1706ff. , S. 1741ff. 。

393. Gill/Schröter（1993), S. 181f.

394. 同上，S. 185。

395. Richter（1996), S. 153 ff. , 274f.

396. 诺曼大街发生的事件促使在 1990 年 1 月 18 日召开的下一次部长会议上就与圆桌会议进行了更密切的协调．部长会议秘书处副主任曼弗雷德·绍尔以常驻政府代表的身份被安排进圆桌会议。对政治力量进行号召，"尽一切努力稳定国家的政体局势，抵制那些将造成经济损失和引发保障政策问题的持续罢工的出现"。夺取柏林的国安部办公楼，以及其他在行政区的首府以及专区政府产生的扰乱社会治安的行为受到了谴责。同时明确继续对于前国安部成员进行清算，尤其是要落实"工人力量的领导"。参阅 Protokoll der 10. Sitzung des DDR - Ministerrats am 18.1.1990 [BArch P, DC 20, 1/3 – 2897]。

397. 在联邦总理府的访谈。参阅 Kohl（1996），S. 247。

398. 国务秘书威廉·弗恩德兰博士在民主德国的行政区进行的信息访问。hier: Parteipolitische Fragen（A Ⅲ 7）；没有时间信息，S. 4［BA – ZA – B 106 – 95072］。

399. 30/31 C – 0029/90 VS – Vertraulich vom 23. 1. 1990. 关于：DDR – Innenpolitik：Aktuelle Erkenntnisse zur Situation des Amtes für Nationale Sicherheit und zu geplanten Nachfolgebehörden，S. 5 f. ［BA VS – B 106/ 4682］。

400. 参阅 Thaysen（1995），S. 1769ff. 。

401. Gerlach（1991），S. 375.

402. Teltschik（1993），S. 104f.

403. Gerlach（1991），S. 379.

404. Manfred Wilke，» Der instrumentelle Antifaschismus der SED und die Legitimation der DDR«，in：Deutscher Bundestag（1995），Bd. Ⅲ，1，Rolle und Bedeutung der Ideologie，integrativer Faktoren und disziplinierender Praktiken in Staat und Gesellschaft der DDR，S. 120ff，S. 138f. 据猜测，对此表示怀疑的人包括康拉德·魏斯："我一如既往地坚信，这不是右翼极端分子的行为，而是国家安全机构的行为。" Protokoll der 30. Sitzung，ebd.，S. 177. 口号中的措辞（《打破最后的人民牢笼，赶走苏维埃联盟》）也支持这种理论。柏林的光头党向一个报道组解释道，右翼极端分子更可能说"俄罗斯人（die Russen）"，哪个右翼极端分子会用"苏维埃联盟（UdSSR）"这种说法？参看 Spiegel – TV 的纪录片：Deutschland im Frühling 1990. Protokoll einer deutschen Revolution. Teil 2. Von der Öffnung des Brandenburger Tores bis zu den ersten freien Wahlen am 18. März 1990。

405. Gerlach（1991），S. 382.

406. 参看 Spiegel – TV 纪录片，Deutschland im Frühling 1990。

407. Pressedienst，刊登于：Deutschland 1989，Bd. 19，S. 1499f. 。

408. Luft（1991），S. 97.

409. 演讲，刊登于：*Neues Deutschland* vom 19. 12. 1989［Deutschland 1989，Bd. 19，S. 1472］。

410. Modrow（1991），S. 102.

411. Luft（1991），S. 141 f.

412. 1990 年 1 月 25 日的部长会议就记录了一系列关于经济问题的日程安
排要点，比如允许民主德国境内成立外资公司并从事业务活动的规
定，比如为投资保护法设立一个样板，以及外国居民在民主德国企业
中从事有期限工作的规定。两项决议的原文参阅 Protokoll der 11.
Sitzung des DDR – Ministerrats am 25. 1. 1990［BArch P，DC 20，I/3 –
2901］。同时部长会议的决议如下："对于民主德国目前的政治经济局
势的估计取得了一致性的看法。在部长会议成员的努力下，与圆桌会
议代表、反对派党派和公民运动组织的建设性合作得到了加强［同
上］。"

413. 重点参阅 Thaysen（1990），S. 82 ff.，ders.（1995），S. 1760ff. 以及
Manfred Gerlach 的报告，他重点参与了人民议院选举新日期的确立。
in：ders.（1991），S. 421。

414. 参阅 *Neues Deutschland* vom 30. 1. 1990。

415. Gerlach（1991），S. 421. 参阅 Arnold（1990），S. 76f. 。

416. 参阅 Modrow（1991），S. 77。

417. Konrad H. Jarausch, Die unverhoffte Einheit. 1989 – 1990. Frankfurt a.
M. 1995, S. 161.

418. 参阅 Wjatscheslaw Kotschemassow, Meine letzte Mission. Fakten,
Erinnerungen, überlegungen. Berlin 1994, S. 214f. 。

419. Interview Gerd – Rüdiger Stephan mit Hans Modrowam 17. 1. 1994 in
Berlin.

420. 参阅 Niederschrift des Gesprächs Hans Modrows, Ministerpräsident der
DDR, mit Michail Gorbatschow, Generalsekretär des ZK der KPdSU und
Vorsitzender des Obersten Sowjets der UdSSR, am 30. 01. 1990 in Moskau.
［BArch P，DC 20，4973］。但是记录中缺少一些重要的说明。莫德罗
根据他的记忆在与格尔德 – 吕迪格尔·施特凡（Gerd – Rüdiger
Stephan）进行访谈的时候对它们进行了补充。根据他的说法，外交副
部长 Harry Ott，民主德国驻莫斯科大使 Gerd König，以及他的私人助
理 Karl – Hienz Arnold 陪同他出访。在大约两个小时的会谈中，苏联
方面的参与者包括 Nikolai Ryshkow，Eduard Schewardnadse 以及
Valentin Falin。

421. *Neues Deutschland* 在报道 1990 年 1 月 31 日的会面时，立刻再次引用了 Gorbatschow 的这条言论。

422. 多名前莫斯科高层干部证实了这一点，他们包括 Valentin Falin，Julij Kwinzinski 以及 Anatoli Tschernjajew.

423. Michail Gorbatschow, Erinnerungen. Berlin 1995, S. 714f.

424. 下文亦参阅 BArch P, DC 20, 4973。

425. 参阅 Gorbatschow (1995), S. 714。

426. ADN vom 1. 2. 1990 [Deutschland 1990, 13d. 19, S. 11586ff.].

427. Teltschik (1991), S. 124："这些建议让我们想起 50 年代的乌布利希和格罗提渥。"

428. 参阅 Kohl (1996), S. 254f.。

429. »Bundesregierung und Parteien von Modrows Vorstoß überrascht«, in: *Frankfurter Allgemeine Zeitung* vom 2. 2. 1990 [Deutschland 1990, Bd. 19, S. 11693 f.]; »Bonn gegen Modrows Neutralisierungsköder«, in: *Neue Zürcher Zeitung* vom 3. 2. 1990 [同上, S. 11719f.].

430. 参阅 Rudolf Seiters am 1. 2. 1990 in den Tagesthemen [Deutschland 1990, Bd. 19, S. 11591]; Kohl (1996), S. 255。

431. Hans - Jochen Vogel am 1. 2. 1990 im Presseservice der SPD 51/90 [Deutschland 1990, Bd. 19, S. 11603].

432. Gysi/Falkner (1990), S. 140.

433. ADN vom 6. 2. 1990 [Deutschland 1990, Bd. 19, S. 11639].

434. Gysi/Falkner (1990), S. 140.

435. 同上。

436. »Eine sofortige Vereinigung ist nicht möglich. Erklärung des PrÄsidiums des SED/ PDS - Parteivorstandes«, in: *Neues Deutschland* vom 2. 2. 1990 [Deutschland 1990, Bd. 19, S. 11627].

437. »Die SED setzt sich deutlich von Modrows Plan ab«, in: *Frankfurter Allgemeine Zeitung* vom 3. 2. 1990 [Deutschland 1990, Bd. 19, S. 11721].

438. »Bundesregierung und Parteien von Modrows Vorstoß überrascht«, in: *Frankfurter Allgemeine Zeitung* vom 2. 2. 1990 [Deutschland 1990, Bd. 19, S. 11693].

439. Modrow (1991), S. 121; Gerlach (1991), S. 427.

440. Rudolf Augstein, »Es bewegt sich etwas«, in: *Der Spiegel* vom 5. 2. 1990 [Deutschland 1990, Bd. 19, S. 11643].

441. 1990 年 2 月 3 日，德国电视二台（ZDF）的一次采访中如是说 [Deutschland 1990, Bd. 19, S. 11635]。

442. Bericht des Staatssekretärs Priesnitz an Bundesminister Seiters vom 5. 2. 1990 [BA – B 136 – 20579].

443. 参阅 die Aufzählung von Bundesminister Seiters in der Bundestagsdebatte vom 18. 1. 1990 (Stenographischer Bericht der 188. Sitzung des Bundestages vom 18. 1. 1990, S. 14508ff.), hier zit. Aus: Zur Sache 8/90, S. 278.)。

444. 联邦总理府中的采访。

445. Handakte Bertele BK Nr. STV 203, 7 Seiten.

446. 同上，S. 1, 3。

447. 同上，S. 3。

448. 同上，S. 4。

449. 同上，S. 6。

450. Carsten Tessmer, Innerdeutsche Parteienbeziehungen vor und nach dem Umbruch in der DDR. Erlangen 1991, S. 164 ff.。

451. Tessmer (1991), S. 183 ff.；1990 年 8 月 4 日，朔伊布勒与作者在根恩巴赫的对话；Kohl (1996), S. 283 ff.。详细参阅关于东德基民盟的章节。

452. DFS – Tagesthemen [Deutschland 1990, Bd. 24, S. 14622]. 参阅 Kohl (1996), S. 259ff.。

453. 参阅 das Bericht von Rudolf Seiters vor dem Bundestag am 7. 2. 1990 [Texte zur Deutschlandpolitik III/8 a, 1990, S. 53 f.]。

454. Andreas Busch, »Die deutsch – deutsche Währungsunion: Politisches Votum trotz ökonomischer Bedenken«, in: Ulrike Liebert/Wolfgang Merkel (Hrsg.), Die Politik zur deutschen Einheit. Probleme – Strategien – Kontroversen. Opladen 1991, S. 185 – 207.

455. Schäuble (1993), S. 21；Korte (1994), S. 157.

456. 基本原则上参阅 Wilhelm Nölling, Geld und die deutsche Vereinigung. Hamburger Beitrage zur Wirtschafts – und Währungspolitik in Europa, Heft

8. Hamburg 1991。

457. Ingrid Matthäus – Maier, »Signal zum Bleiben. Eine Währungsunion könnte den Umbau der DDR – Wirtschaft beschleunigen «, in: *Die Zeit* vom 19. 1. 1990; dies, in DLF vom 22. 1. 1990; Pressemitteilung der SPD im Deutschen Bundestag Nr. 186 vom 25. 1. 1990;（zusammen mit Wolfgang Roth）同上, Nr. 256 vom 2. 2. 1990 [Deutschland 1990, Bd. 24, S. 14574ff.]。

458. 援引自 »CDU/CSU: DM auch in der DDR einführen? «, in: *Bild am Sonntag* vom 14. 1. 1990 [Deutschland 1990, Bd. 24, S. 14571]。

459. Pressedienst der CDU/CSU – Fraktion vom 26. 1. 1990 [Deutschland 1990, Bd. 24, S. 14591].

460. Interview in der *Augsburger Allgemeinen* vom 24. 1. 1990 [Deutschland 1990, Bd. 24, S. 14581].

461. Fdk 22 vom 22. 1. 1990 [Deutschland 1990, Bd. 24, S. 15000].

462. 措辞援引自 Erklärung des Bundesministers der Finanzen vom 2. 2. 1990, in: Bulletin des BPA [Deutschland 1990, Bd. 24, S. 14607f.]。

463. Horst Köhler, »Alle zogen mit«, in: Theo Waigel/Manfred Schell, Tage, die Deutschland und die Welt veränderten. Vom Mauerfall zum Kaukasus. Die deutsche Währungsunion. München 1994, S. 118 – 134, S. 119; 同时参阅 Gert Haller, »Das Wort › Anschluss‹ war tabu; einige persönliche Erinnerungen«, in: Waigel/ Schell (1994), S. 149 – 159。

464. Köhler (1994), S. 119.

465. Thilo Sarrazin, »Die Entstehung und Umsetzung des Konzepts der deutschen Wirtschafts – und Währungsunion«, in: Waigel/Schell (1994), S. 160 – 225, S. 182.

466. Köhler (1994), S. 119.

467. Sarrazin (1994), S. 190.

468. Köhler (1994), S. 120; Bruno Schmidt – Bleibtreu, »Zur rechtlichen Gestaltung des Staatsvertrages vom 18. Mai 1990«, in: Waigel/Schell (1994), S. 226 – 242, S. 228.

469. Sarrazin (1994), S. 191; Schmidt – Bleibtreu (1994), S. 229.

470. 发表于 Sarrazin (1994), S. 176 ff. 。

471. Schreiben vom 26. 1. 1990［BA – B 136 – 21664］.

472. Gruppenleiter 42, Vermerk vom 24. 1. 1990, S. 2［BA – B 136 – 20635］.

内克尔在一次柏林国会大厦的基民盟/基社盟的公开党团会议中，阐释了建立"经济与货币联盟"的阶段性计划："建立一个经济与货币联盟至少需要五个阶段。

但是现在我担心我的时间大大不够用，也许这些阶段还是应该直接跳过，而且……（听众高呼：不！）

对我来说第一阶段是：

在 5 月 6 日的选举之前，民主德国必须在宪法和法律中明确规定，

－私人财产也是生产资料，

－经济活动自由，

－投资自由，

－一部有利于投资并且具有竞争性的税法，

－取消对外贸易的垄断。

以上事项还不全面，但是是民主德国所需承担责任的最重要的一部分。

对我来说第二阶段是：

解决民主德国资金短缺。我设想，到 1990 年 9 月 30 日时实现以下目标：

－通过简明的国家财政预算，

－以及通过国家财产私有化，

－以及通过增长的物资供给，

我们知道，也正如很多人所说，民主德国的货币过剩并不是很严重。

对我来说第三阶段是：

在绝大多数经济领域，

－取消中央计划，

－撤销价格补贴，

－并且交给市场进行定价。

我可以设想，这个阶段到 1991 年 12 月 31 日前可以结束。

对我来说，这样第四阶段就是：

通过国内货币兑换并且通过对外关系中灵活的兑换比率，在市场中测试西德马克和东德马克之间的兑换比例——不是通过政策确立，而是

让市场决定。

第五阶段则为：

所有的东德马克都通过一个现在尚没有确定，而是经受了市场检验的兑换比率兑换成西德马克。民主德国国家银行因此失去自己印刷货币的权利，并要遵循联邦银行的货币原则。

目标设定：到 1992 年 12 月 31 日前实现。

我想要再次强调一下：由于时间原因，这样的提纲没法十分完善。但是从另一方面我们必须清楚认识到，如果缺乏明确的设想，所有参与者都将面临一条漫长并且昂贵的苦难之路。

我认为，由于许许多多原因，与民主德国建立经济与货币联盟在时间上都应该优先于国家统一。这样，国家的统一就是历史发展的逻辑结果。"［Fraktionssitzung vom 23. 1. 1990, 11/77, ACDP – VIII – 001 Nr. 1087/1, S. 21 f.］.

473. Gruppenleiter 42, Vermerk vom 24. 1. 1990, S. 2［BA – B 136 – 20635］.

474. 条约共同体中应该"已经包含了重要的邦联要素［…］比如经济、货币与交通联盟，以及法律调整"［Texte zur Deutschlandpolitik III/8 a, 1990, S. 49 – 81, S. 50］。

475. Erklärung des Bundesministers der Finanzen vom 2. 2. 1990: Bulletin des BPA［Deutschland 1990, Bd. 24, S. 14607f.］.

476. Handakte Mertes, Dok. 22（2. 2. 1990）.

477. 总理同事梅尔特斯的言论。

478. Ludwig Erhard, » Wirtschaftliche Probleme der Wiedervereinigung. Unbegründete Befürchtungen der Planwirtschaftler hinsichtlich ungünstiger Rückwirkungen«, in: Bulletin des Presse – und Informationsamtes der Bundesregierung Nr. 174（12. 9. 1953）, S. 1453 f.

479. Bulletin Nr. 21 vom 6. 2. 1990, 此处援引自 Helmut Kohl, Bilanzen und Perspektiven. Regierungspolitik 1989 – 1991, 2 Bde. , Bonn 1992, Bd. 1, S. 404 – 412。

480. 同上，S. 411。

481. Arnold/Modrow（1995）, S. 54f.

482. Vermerk Neuer vom 5. 2. 1990, Gespräch des Bundeskanzlers mit dem Vorsitzenden des Ministerrates der DDR, Modrow, am Samstag, dem 3.

Februar 1990 in Davos, S. 5 ［12 – 301 00（56）－ Ge 28（VS）］．原文中标注下划线强调。

483. 联邦总理府的局长内林博士对于科尔报告的回忆。参阅 Kohl（1996），S. 257f.。同时参阅 Modrow 的叙述：Modrow（1991），S. 128f.。

484. Teltschik（1991），S. 128.

485. 同上，S. 129f.。参阅 Hans – Peter Mengele, Wer zu Späth kommt … Baden – Württembergs außenpolitische Rolle in den Umbruch – Jahren. Tübingen/Stuttgart 1995, S. 203。

486. Gesprächsprotokoll vom 2. 2. 1990, unterzeichnet von Bertele ［BA – B 288 – 289］.

487. 参阅 die Rede des Bundeskanzlers in der 53. Sitzung der Enquête – Kommission »Aufarbeitung von Geschichte und Folgen der SED – Diktatur in Deutschland« in: Materialien der Enquête – Kommission（1995），Bd. V/l, S. 915ff. , S. 943f.。

488. 作者与联邦总理科尔的对话。

489. Sarrazin（1994），S. 190，文中称，2 月 5 日，魏格尔在与珀尔二人私密对话中向他阐述了“基本考量”。

490. *Der Spiegel* vom 26. 2. 1990 ［Deutschland 1990, Bd. 24, S. 14772 ff.］.

491. Teltschik（1991），S. 131.

492. Pöhlin DFS – Tagesthemen vom 6. 2. 1990 ［Deutschland 1990, Bd. 24, S. 14625f.］；同时参阅 Luft（1991），S. 190ff.。

493. Niederschrift DFS（Im Brennpunkt）vom 7. 2. 1990 ［Deutschland 1990, Bd. 24, S. 14631］.

494. Protokoll der Fraktionssitzung vom 6. 2. 1990, 11/78 ［ACDP – VIII – 001 Nr. 1087/2, S. 3 – 14, S. 3］.

495. 同上，S. 4。

496. 同上，S. 6。

497. 同上，S. 14。

498. 同上，S. 8。

499. 同上，S. 16 – 22。

500. 同上，S. 18。

501. 同上，S. 21。

502. 同上，S. 23 – 26。

503. 同上，S. 25。

504. 同上，S. 25。

505. FDP – tagesdienst Nr. 157 vom 7. 2. 1990［Deutschland 1990，Bd. 24，S. 14635f.］.

506. DFS vom 6. 2. 1990 – 22. 35 Uhr［Deutschland 1990，Bd. 24，S. 14622f.］.

507. Sarrazin（1994），S. 190.

508. Aktuelle Stunde, 援引自 Deutscher Bundestag（Hrsg.），Auf dem Weg zur deutschen Einheit, Bd. I, S. 487 f.，S. 490。

509. 同上，S. 497。

510. 同上，S. 505。

511. 同上，S. 496E，S. 500。

512. DFS, 6. 02. 1990, 22. 35 Uhr［Deutschland 1990，Bd. 24，S. 14621］.

513. DLF, Informationen am Morgen, 7. 18 Uhr［Deutschland 1990，Bd. 24，S. 14643］.

514. Interview mit *Neue Ruhrzeitung* vom 6. 3. 1990［Deutschland 1990，Bd. 24，S. 14794］；同时参阅 Schiller im WDR – Morgenmagazin vom 8. 2. 1990［同上，S. 14665］。

515. Interview mit *Süddeutsche Zeitung* vom 9. 3. 1990［Deutschland 1990，Bd. 24，S. 14818ff.］.

516. 发表于：Waigel/Schell（1994），S. 121 – 126。

517. »Angebot zur Schaffung eines gemeinsamen Wirtschafts – und Währungsgebiets« 刊登于：Nölling（1991），S. 11f.。

518. Sarrazin（1994），S. 191.

519. Interview mit DFS am 9. 2. 1990［Niederschrift in：Deutschland 1990，Bd. 24，S. 14668 ff.］.

520. Schäuble（1993），S. 65；同时参阅 S. 53ff.。

521. Gesch. – Zeichen VI 1 – 110 013/3 vom 19. 2. 1990［BA – B 137 – 10878］.

522. 同上。

523. 表达时已经过修辞处理：在"评价（Bewertung）"段落中对观点进行

对比时有正有反：“赞成基本法第 23 条第 2 款的方式”以及“反对这一方式所能引用的论据”。作者就基本法第 146 条表达如下：“可以支持按照基本法第 146 条的方式”以及“反对这一方式必须引用的证据”。

524. Auswärtiges Amt 510 – 510. 01, 22. 2. 1990 ［BA – B 137/10878］.

525. Teltschik（1993）, S. 168.

526. 参阅 Kohl（1996）, S. 313ff. 。

527. Teltschik（1993）, S. 154.

528. 参阅 Kohl（1996）, S. 267ff. 。

529. Schäuble（1993）, S. 59 ff. 。

530. 与联邦总理的对话。

531. Offizielle Erklärung der amtlichen sowjetischen Nachrichtenagentur TASS: Texte zur Deutschlandpolitik III/8 a, 1990, S. 86 – 88, S. 87.

532. Teltschik（1993）, S. 141.

533. *Süddeutsche Zeitung* vom 12. 2. 1990；同时参阅 Teltschik（1993）, S. 144, S. 156.

534. Antonius John, Rudolf Seiters. Einsichten in Amt, Person und Ereignisse. Bonn/ Berlin 1991, S. 150.

535. Protokoll vom 29. 1. 1990 des Gesprächs von Bundesminister Seiters mit Ministerpräsident Modrow am 25. 1. 1990, unterzeichnet von Duisberg ［BA – B 288 – 289］.

536. 立场文件于 1990 年 2 月 12 日，圆桌会议第 12 次会议时通过。刊登于 Herles/Rose（1990）, S. 115ff. 。

537. 同上, S. 116。

538. 刊登于 Wilhelm Nölling（Hrsg. ）, Wiedervereinigung. Chancen ohne Ende? Dokumentation von Antworten auf eine einmalige Herausforderung. Hamburg 1990, S. 11f. ; Karl – Rudolf Korte, Die Chance genutzt? Die Politik zur Einheit Deutschlands. Frankfurt a. M. 1994, S. 161 f. 。

539. 民主德国代表团中包括：部长 Christa Luft, Gerhard Baumgärtel, Gerhard Beil, Bruno Benthien, Tatjana Böhm, Rainer Eppelmann, Gunter Halm, Sebastian Pflugbeil, Matthias Platzeck, Gerd Poppe, Walter Romberg, Klaus Schlüter, Wolfgang Ullmann, Heinz Watzek,

Wolfgang Meyer，外交部国务秘书 Herbert Krolikowski 以及大使 Horst Neubauer。

540. Modrow（1991），S. 132；对话过程参阅 aufgrund der Aufzeichnungen von Seiters John（1991），S. 158ff. 。

541. Kohl（1996），S. 295；同时参阅 1990 年 8 月 2 日，作者与大使贝特乐博士在弗莱堡的对话；Arnold/Modrow（1995），S. 58f. 。

542. Protokolldes Gesprächs von Seiters mit den Ministern ohne Geschäftsbereich am 14. 2. 1990（Vermerk Duisberg vom 19. 2. 1990）［BA－B 136－20579］.

543. Luft（1991），S. 171 f.

544. 联邦总理在 1990 年 2 月 13 日共同新闻发布会上的发言。

545. Modrow（1991），S. 134.

546. Protokoll der 14. Sitzung des DDR－Ministerrats am 15. 2. 1990［BArch P, DC 20, I/ 3－2912］.

547. 刊登于 Herles/Rose（1990），S. 162－166。

548. 同上，S. 165。

549. 同上，S. 168。

550. Protokoll der 15. Sitzung des DDR－Ministerrats am 22. 2. 1990［BArch P, DC 20, I/ 3－2916］.

551. Sarrazin（1994）S. 195；同时参阅 Jürgen Gros, Entscheidung ohne Alternativen? Die Wirtschafts－, Finanz－ und Sozialpolitik im deutschen Vereinigungsprozess 1989/90. Mainz 1994, S. 84ff. 。

552. Arnold（1990），S. 106.

553. Protokoll der 16. Sitzung des DDR－Ministerrats am 1. 3. 1990［BArch P, DC 20, I/ 3－2922］. 关于莫德罗转交给科尔的政府声明参阅 BArch P, DC 20, 1/3－5061。

554. 同上。

555. 1990 年 3 月 1 日所作的其他的会议决议还有"在经互会框架内重新建立合作的设想"，任命了一名民主德国部长会议的外国人代表，确定了用以解散国安局的委员会构成。

556. Vermerk über ein Gespräch des Vorsitzenden der Sozialdemokratischen Partei in der DDR, Ibrahim Böhme, mit dem UdSSR－Außenminister

Eduard Schewardnadse am 2.3.1990 [BArch P, DC 20, 1/3 – 4973].

557. BArch P, DC 20, 4973.

558. 参阅 Eppelmann (1993), S. 360f. 。

559. Protokoll der 17. Sitzung des DDR – Ministerrats am 8.3.1990 [BArch P, DC 20 I/ 3 – 2926].

560. 刊登于 Waigel/Schell (1994), S. 129 – 134。

561. Gros (1994), S. 85.

562. Sarrazin (1994), S. 197f.

563. Herles/Rose (1990), S. 238.

564. Waigel/Schell (1994), S. 131.

565. Sarrazin (1994), S. 196.

566. 同上, S. 199。

567. 同上。

568. 同上。

569. 同上。

570. GL 22, 12.3.1990 (Stern) [BA – B 136 – 21664].

571. LASD, 15.3.1990 (Duisberg) [BA – B 136 – 21664].

572. Texte zur Deutschlandpolitik, III/ 8 a, 1990, S. 215.

573. UAL II C, Vermerk für Frau Minister vom 9.3.1990. Betr. Bericht der Frau Minister vor dem innerdeutschen Ausschuss des Deutschen Bundestages über die Beratungen des Kabinettsausschusses » Deutsche Einheit am 14. März 1990, 15.00« [BA – B 137 – 10877].

574. 评论中第9页写着:"在内阁会议结束之后, 请检查 (这些数字) 是否适应公开发表。"

575. 参阅 Teltschik (1991), S. 100, 151, 163ff.; 下文亦参阅 Kohl (1996), S. 300f, 307, 312£ , 32Iff. 。

576. 同上, S. 164。

577. 梅尔特斯的答复。

578. Pressemitteilung des Presse – und Informationsamtes der Bundesregierung vom 2.3.1990, Nr. 90/90.

579. Teltschik (1991), S. 166.

580. 作者与联邦总理科尔的对话。

581. 同上。特尔切克错误地将党团会议的日期记成了 3 月 5 日。它应该在第二天召开的。3 月 5 日时召开了党团理事会。［参阅 Protokoll vom 5. 3. 1990, Büro der Geschäftsführung der CDU/CSU – Fraktion。］

582. Protokoll der Vorstandssitzung vom 5. 3. 1990, ebd. , S. 2 f.

583. 同上, S. 167f. 。

584. Deutscher Bundestag. Drucksache 11/6579 (6. 3. 1990).

585. Bulletin Nr. 128 vom 16. 11. 1989, S. 1094 – 1098, S. 1096 u. A. , Art. 45.

586. Protokoll der Fraktionssitzung am 6. 3. 1990), 11/80, S. 12f ［ACDP – VIII – 001 Nr. 1087/1］.

587. 同上, S. 13ff. 。

588. 同上, S. 23。

589. 同上, S. 28ff. 。

590. 同上, S. 30f. 。

591. 同上, S. 38, 41。

592. Deutscher Bundestag. Plenarprotokoll 11/200, S. 15429 A.

593. Deutscher Bundestag. Drucksache 11/6570, 6591. 6611.

594. Plenarprotokoll 11/200, S. 15410 A.

595. 同上, S. 15413 D。

596. 同上, S. 15413 A/B。

597. 同上。

598. 同上。

599. 同上, S. 15415 ff. 。

600. 同上, S. 15419 C。

601. 只有大约四分之一的演讲内容与之有关（同上, S. 1523ff. ）。

602. Teltschik (1991), S. 169.

603. 作者与联邦总理科尔的对话。

604. 参阅 Aktuelle Stunde am 7. Februar, in: Deutscher Bundestag（Hrsg. ）, Auf dem Weg zur deutschen Einheit, Bd. 1, S. 487ff. ; DLF, Informationen am Morgen vom 8. 2. 1990 ［Deutschland 1990, Bd. 24, S. 14 643］。

605. 出自 *Stern* vom 1. 3. 1990 ［Deutschland 1990, Bd. 64, S. 192］。

606. Schäuble (1991), S. 72f.

607. » Bonner Vorkehrungen gegen den übersiedlerstrom «, in：*Neue Zürcher Zeitung vom* 16. 3. 1990 [Deutschland 1990, Bd. 64, S. 653]．党主席、联邦总理科尔没有在主席团会议上发起表决。朔伊布勒表示："我在这一天好像输了"（1991，S. 75）。而且"我在讨论过程的整整几周中从来没有用退位要挟过，因为我认为这种举措不是适宜的政治手段，但我已经下定决心承担个人的后果，如果最后的决定让我看起来对民主德国的人民食言了"（S. 77）。

608. »Die Notaufnahme für übersiedler aus der DDR wird am 1. Juli aufgehoben«, in：*Frankfurter Allgemeine Zeitung* vom 21. 3. 1990 [Deutschland 1990, Bd. 64, S. 674]；Schäuble（1991），S. 76.

第二章　联邦议院内反对党的德国政策

1. George Schöpflin, »Das Ende des Kommunismus«, in：Europa – Archiv 45 (1990), S. 51ff., S. 60.

2. 追溯历史的话，这个源自政治反对派的概念是属于埃贡·巴尔的，参阅» Die Deutschlandpolitik der SPD nach dem Kriege «, in：Dieter Dowe (Hrsg.), Die Ost – und Deutschlandpolitik der SPD in der Opposition 1982 – 1989. Reihe Gesprächskreis Geschichte Heft 4. Bonn 1993, S. 11ff., S. 23；Egon Bahr, Zu meiner Zeit. Müchen^2 1996, S. 526, und Bahrs Aussage in der 52. Sitzung der Enquete – Kommission：» Phasen der Deutschlandpolitik« am 3. 11. 1993, in：Deutscher Bundestag (1995), Bd. V, 1, S. 755ff., S. 758。参阅 Eberhard Schulz, »Die Deutschland – und Entspannungs – politik von den sechziger Jahren bis 1985«, 同上, S. 466ff., S. 455f.。

3. 会谈记录被保存在：Heinrich Potthoff, Die » Koalition der Vernunft «. Deutschlandpolitik in den 80er Jahren. München 1995；参阅 Thomas Ammer, »Politische Kontakte Bundesrepublik – DDR im ersten Halbjahr 1989 «, in：Deutschland Archiv 22 (1989), S. 1019ff.。

4. 参阅 Wolfgang Jäger, » Die Deutschlandpolitik der Bundesregierungen der CDU/ CSU – F. D. P. – Koalition (Kohl – Genscher), die Diskussion in den Parteien und in der Öffentlichkeit 1982 – 1989«, in：Deutscher Bundestag (1995), Bd. V, 2, S. 1572ff., 1598ff.；Andreas Vogtmeier, Egon Bahr

und die deutsche Frage. Zur Entwicklung der sozialdemokratischen Ost – und Deutschlandpolitik vom Kriegsende bis zur Vereinigung. Bonn 1996, S. 265ff. 。

5. Thesen der SPD – Bundestagsfraktion zur Deutschlandpolitik vom 6. 11. 1984, in: Texte zur Deutschlandpolitik III/2 (1984), S. 427ff. 。

6. Tilman Fichter, Die SPD und die Nation. Vier sozialdemokratische Generationen zwischen nationaler Selbstbestimmung und Zweistaatlichkeit. Berlin/Frankfurt a. M. 1993, S. 174ff. 。

7. 可以参阅 Verhandlungen des Deutschen Bundestages, 11. Wahlperiode, Stenographische Berichte, Bd. 148, 134. Sitzung am 16. 3. 1989, Bd. 148, 134. Sitzung am 16. 3. 1989, S. 9907ff, Krenz (1990), S. 131 ff. ; Bericht von Krenz an das Politbüro [SAPMO – BArch, SED, ZK, j IV 2/2A/ 325]。

8. *Neues Deutschland* vom 28. 8. 1987; Kultur des Streits. Die gemeinsame Erklärung von SPD und SED. Stellungnahmen und Dokumente. Köln 1988; Texte zur Deutschlandpolitik II1/5 (1987), S. 171 ff. 参阅 Interview mit Erhard Eppler, »Es wurde gestritten, und wie! «, in: Martin Gorholt/Norbert W. Kunz (Hrsg.), Deutsche Einheit – Deutsche Linke. Reflexionen der politischen und gesellschaftlichen Entwicklung. Köln 1991, S. 186ff. ; Epplers Bericht in der 52。Sitzung der Enquete – Kommission am 3. 11. 1993, in: Deutscher Bundestag (1995), Bd. V, 1, S. 770ff. , S. 774ff. ; ders. , Komplettes Stückwerk. Erfahrungen aus fünfzig Jahren Politik. Frankfurt a. M. /Leipzig 1996, S. 174ff. ; Bahr (1996), S. 571; Hans – Jochen Vogel, in: Deutscher Bundestag (1995), 53. Sitzung am 4. 11. 1993, Bd. V, 1, S. 944ff, S. 948f. ; Thomas Meyer, » Der Streit der Ideologien und die gemeinsame Sicherheit. Zur Diskussion um das Streitkultur – Papier von SPD und SED «, in: Dowe (1993), S. 57ff. ; Stephan Hilsberg, 同上, S. 67 ff. 。Aus der Perspektive der SED bzw. Der Akademie für Gesellschaftswissenschaften beim ZK der SED: SAPMO – BArch, vorl. SED 42281 und DY30/IV 2/2. 039/ 311。

9. 参阅 Manfred Uschner, Die Zweite Etage. Funktionsweise eines Machtapparates. Berlin ²1995, S. 136ff. ; ders. , Die Ostpolitik der SPD. Sieg und Niederlage einer Strategie. Berlin 1991, S. 141 ff. ; Garton Ash

（1993），S. 475ff.；Ilse Spittmann，Die DDR unter Honecker. Köln 1990，S. 130。

10. Deutschland Archiv 22（1989），S. 713ff.，Zit. S. 715.

11. Verhandlungen des Deutschen Bundestages，11. Wahlperiode，Plenarprotokoll Nr. 11297，Stenographische Berichte，Plenarprotokoll Nr. 11297，Stenographische Bericht Bd. 149；*Vorwärts* Nr. 8/1989，S. 15 – 18；参阅 Eppler（1996），S. 188 ff.。

12. Verhandlungendes Deutschen Bundestages，11. Wahlperiode，Plenarprotokoll Nr. 11297，Stenographische Berichte，Plenarprotokoll Nr. 11297，Stenographische Bericht，Bd. 149，S. 11298f.

13. Potthoff（1995），S. 918ff, hier S. 944；Momper（1991），S. 43f.

14. 石荷州州长比约恩·恩格霍姆（Björn Engholm）向联邦总理府证实了"谨慎且讲究实际的小步发展政策"，»SPD – Politiker Engholm stellt sich hinter Bonner Deutschland – Politik «，in：*Die Welt* vom 17. 8. 1989［Deutschland 1989，Bd. 24，S. 531］；联邦议院副主席安娜玛丽·伦格尔（Annemarie Renger）也表达了相似看法，参见 » Renger：DDR tritt Menschenrechte mit den Füßen«，in：*Bild* vom 10. 8. 1989［同上，S. 3］，还有联邦秘书长安科·福克斯（Anke Fuchs），im Südfunk – Interview，DSR 1，vom 27. 8. 1989［同上，S. 14f.］。社民党其他政客如 Klaus von Dohnanyi，Johannes Ran，Wolfgang Roth und Hans – Jochen Vogel 也在与统社党代表的非公开会谈中，强调了过去这些年来联邦政府与社民党的共同之处。参阅 Müller（1995），S. 195f.。

15. Bahr（1996），S. 570.

16. RIAS 1，18. 8. 1989［Deutschland 1989，Bd. 24，S. 5 f］；» Ehmke und Voigt wollen eine neue Deutschlandpolitik «，in：*Hannoversche Allgemeine Zeitung* vom 18. 8. 1989.

17. 参阅 Vorlage für das SED – Politbüro über die weitere Zusammenarbeit mit der SPD vom 8. 9. 1989，刊登于 Detlef Nakath/Gerd – Rüdiger Stephan，Countdown zur deutschen Einheit. Eine dokumentierte Geschichte der deutsch – deutschen Beziehungen. Berlin 1996，S. 207ff.。

18. 塞特斯以及东柏林常驻代表也共同参与了访问的准备工作。除拉封丹的访问之外，只要社民党政客在东柏林有官方安排，后者都全程参与。

1995 年 8 月 2 日，作者与大使以特乐博士在弗莱堡的访谈。

19. Ehmke（1994），S. 381 ff.

20. » Der Stand der deutschen Dinge. Ausführungen des stellvertretenden Vorsitzenden der SPD – Bundestagsfraktion, Prof. Dr. Horst Ehmke, zu dem geplanten Besuch einer Delegation der SPD – Bundestagsfraktion bei der Volkskammer in Berlin auf einer Pressekonferenz am 14. September 1989 in Bonn«, in: Die SPD im Deutschen Bundestag Nr. 2079 [Deutschland 1989, Bd. 24, S. 56ff.] . 参阅 » Reformunfähigkeit als Staatsdoktrin? «, in: *Frankfurter Allgemeine Zeitung vom* 18. 9. 1989 [Deutschland 1989, Bd. 24, S. 84]。

21. » Duve: Jetzt sprechen mit denen, die bleiben! Kulturpolitiker der SPD fahren in die DDR«, in: Die SPD im Deutschen Bundestag Nr. 2114 vom 15. 9. 1989 [Deutschland 1989, Bd. 24, S. 488].

22. »Das politisch – moralische Defizit der SPD in der Deutschlandpolitik«, hrsg. Von der CDU – Bundesgeschäftsstelle. Bonn, den 25. 9. 1989 [Deutschland 1989, Bd. 24, S. 496ff, Zit. S. 501] . 参阅 FDP – Tagesdienst Nr. 936 vom 15. 9. 1989 [同上, S. 487], in dem der SPD » Anbiederungsversuche « vorgeworfen wurden。

23. »Wenn alle gehen wollen, weil die Falschen bleiben. . . «, in: *Frankfurter Rundschau vom* 13. 9. 1989.

24. Vogtmeier（1996），S. 319.

25. DLF – Ost – West – Magazin vom 14. 9. 1989 [Deutschland 1989, Bd. 24, S. 54f.]; »Wir wollen kein Problem ausklammern«, in: *General – Anzeiger* vom 15. 9. 1989 [同上, S. 61]; Die SPD im Deutschen Bundestag Nr. 2079 vom 14. 9. 1989 [同上, S. 56ff.].

26. 米夏埃尔·瓦尔特与诺伯特·甘索的访谈。

27. Ergebnisprotokoll der Sitzung des Arbeitskreises I vom 13. 9. 1989 [AdsD – FES – SPD – Bundestagsfraktion, AK I, Protokolle 1989]; Ehmke（1994），S. 397f.

28. Ergebnisprotokoll der Sitzung des Arbeitskreises I vom 13. 9. 1989 [AdsD – FES – SPD – Bundestagsfraktion, AK I, Protokolle 1989]; Ehmke（1994），S. 397f. ; Vogel（1996），S. 286f.

29. Verhandlungendes Deutschen Bundestages, 11. Wahlperiode Plenarprotokoll Nr. 11297, Stenographische Berichte, Bd. 148, 158. Sitzung am 14. 9. 1989, S. 12038f.

30. Ehmke (1994), S. 396.

31. Verlaufder Sitzung des SED – Politbüros am 12. 9. 1989 [SAPMO – BArch, SED, ZK, IV 2/2039/77], 作为 Dok. 30 公开发表于: Stephan (1994), S. 146ff. 。参阅 SAPMO – BArch, SED, ZK, J IV, 2/2A/32399。

32. »Mitteilung von ADN«, in: *Schweriner Volkszeitung* vom 16. /17. 9. 1989.

33. Tagesschau vom 15. 9. 1989 [Deutschland 1989, Bd. 24, S. 71 f.]; 参阅» Vogel: Wer ein Gespräch absagt, muss sich über die Folgen klar sein«, in: Die SPD im Deutschen Bundestag Nr. 2122 vom 16. 9. 1989 [同上, S. 78ff.]。

34. »Lage der DDR ist angespannt und verschärft sich weiter«, in: *Die Welt* vom 18. 9. 1989 [Deutschland 1989, Bd. 24, S. 92f.].

35. FDJ – Zentralorgan *Junge Welt* vom 21. 9. 1989; 参阅» Die SED – Propaganda wütet gegen die Kirche und die SPD «, in: *Frankfurter Allgemeine Zeitung* vom 22. 9. 1989 [Deutschland 1989, Bd. 24, S. 865]。

36. »Nach Ausladung greift SPD die DDR scharf an«, in: *Augsburger Allgemeine* vom 16. 9. 1989 [Deutschland 1989, Bd. 24, S. 77].

37. »Reformunfähigkeit als Staatsdoktrin? «, in: *Frankfurter Allgemeine Zeitung* vom 18. 9. 1989 [Deutschland 1989, Bd. 24, S. 84].

38. Ehmke (1994), S. 398.

39. 同上, S. 393。

40. Dowe (1993), Vorbemerkungen des Herausgebers, S. 5ff, S. 7.

41. Garton Ash (1993), S. 484f.

42. Dieter Groh/Peter Brandt, »Vaterlandslose Gesellen«. Sozialdemokratie und Nation 1860 – 1990. München 1992, S. 313; Bahr (1996), S. 575 f.

43. »Bedingungen der CDU «, in: *Neue Zürcher Zeitung* vom 21. 9. 1989 [Deutschland 1989 Bd. 24, S. 863].

44. »Diesmal platzte Oskar der Kragen «, in: *Heilbronner Stimme* vom 20. 9. 1989; 参阅» Heftiger Streit in der SPD über Haltung zu SED«, in: *Augsburger Allgemeine* vom 20. 9. 1989; »SPD und SED: Jetzt wird der Ton

scharfer«, in: *Bonner Rundschau* vom 20. 9. 1989；SR 1 – Das Journal vom 20. 9. 1989 [Deutschland 1989, Bd. 24, S. 99 ff.]；Interviews Michael Walter.

45. Vogel (1996), S. 289.

46. Fichter (1993), S. 167.

47. Groh/Brandt (1992), S. 323. 参阅 Bahr (1996), S. 579:"年长的人，通常也较为保守，他们将统一目标视为自己的愿望，而年轻人，大多数'左倾'，则自居为原联邦德国的爱国者。"

48. 1989 年 9 月 18 日关于德国政策的决议公开发表于：*Vorwärts* Nr. 10/1989, S. 30f. 。

49. Groh/Brandt (1992), S. 329.

50. 诺伯特·甘索（Norbert Gansel）在与米夏埃尔·瓦尔特的访谈中如是说。

51. Presseservice der SPD Nr. 595/89 vom 19. 9. 1989 [Deutschland 1989, Bd. 24, S. 95ff.]；参阅 Hans – Jochen Vogel, » Gesprächsverweigerung erhöht Gefahren in kritischer Phase«, in: *Allgemeine Zeitung Mainz* vom 23. 9. 1989 [同上, S. 119]；Vogel (1996), S. 288f. 。

52. Sozialdemokratischer Pressedienst 44/183 vom 22. 9. 1989 [Deutschland 3989, Bd. 24, S. 117 f].

53. Vorstand der SPD (Hrsg.), Sozialdemokratische Thesen zur Deutschlandpolitik, beschlossen von der SPD – Bundestagsfraktion, in: Politik. Informationsdienst der SPD Nr. 17, November 1984, Punkt 1. 2.

54. Bahr (1993), S. 36.

55. 关于莫德罗访问联邦德国，参阅媒体报道的文献资料：Deutschland 1989, Bd. 24, S. 868ff. 。

56. Beschluβ des ZK – Sekretariats über die Reise einer Delegation der SED – Bezirksleitung Dresden nach Baden – Württemberg vom 23. 8. 1989 [SAPMO – BArch, DY 30/J IV 2/3A/4864], 刊登于：Nakath/Stephan (1996), S. 201f. ; 参阅 Modrow (1991), S. 11。

57. DLF – Informationen an Morgen vom 28. 9. 1989 [Deutschland 1989, Bd. 24, S. 145 ff].

58. Mengele (1995), S. 160ff.

59. AdsD – FES – SPD – Bundestagsfraktion, Fraktion, Tagesordnung 14. 3. – 13. 9. 1989.

60. DLF – Interview der Woche vom 15. 10. 1989 ［Deutschland 1989, Bd. 24. S. 309 ff. , Zit. S. 309］.

61. 同上，S. 310；参阅 Eppler（1991），S. 170f. , S. 194f. ；Edelbert Richter, »› Die neue Partei konnte nur eine sozialdemokratische sein ‹ – der Demokratische Aufbruch bis zu seiner Spaltung « （Interview von Stephan Schnitzler），in：Andreas Dornheim/Stephan Schnitzler（Hrsg. ），Thüringen 1989/90. Akteure des Umbruchs berichten. Erfurt 1995, S. 42ff, hier S. 42。

62. » Die deutsche Frage ist offen «, in：*Stern* Nr. 40/1989 vom 28. 9. 1989 ［Deutschland 1989, Bd. 24, S. 137ff. , Zit. S. 138］；Eppler（1996）, S. 190.

63. Eppler（1991），S. 191.

64. Presseservice der SPD Nr. 617/89 vom 29. 9. 1989 ［Deutschland 1989, Bd. 24, S. 148ff. , Zit. S. 148］.

65. 同上，S. 149。

66. HR 1 – Frankfurter Gespräch vom 8. 10. 1989 ［Deutschland 1989, Bd. 24, S. 203ff, Zit. S. 203］. 此处参阅巴尔的自我批评性的回顾：ders. （1996），S. 574ff. 。

67. RTL – Nachgefragt – Politik aus erster Hand vom 8. 10. 1989 ［Deutschland 1989, Bd. 24, S. 206ff, Zit. S. 208］.

68. 同上，S. 170。

69. »Brandt：DDR – Veränderungen sicher wie das Amen in der Kirche«；in：*Bild* vom 29. 9. 1989 ［Deutschland 1989, Bd. 24, S. 160］.

70. 同上。

71. »Kohl und Vogel beraten über Deutschlandpolitik«, in：*Süddeutsche Zeitung* vom 6. 10. 1989 ［Deutschland 1989, Bd. 24, S. 596］.

72. 参阅 Vogel（1996），S. 300。

73. ORB, Chronik der Wende, Bericht über den 11. 10. 1989；Vogel（1996）, S. 296ff. 。

74. 参阅 Bahr（1996），S. 571 f. ；Teltschik（1991），S. 46；Vermerk Teltschik

über Chef BK dem Bundeskanzler vom 6. 12. 1989，» Gespräch von Bundeskanzler a. D. Willy Brandt mit Generalsekretär Gorbatschow am 17. Oktober 1989 in Moskau«，»Unterrichtung durch seinen Mitarbeiter, Herrn Lindenberg, am 21. 12. 1989« ［AL 2 – 30130 S 25 – De 2/15/89 geh. ］。

75. ORB, Chronik der Wende, Bericht über den 17. 10. 1989.

76. 同上，Bericht über den 18. 10. 1989。

77. »Drei Prüfsteine für Reformbereitschaft der DDR – Führung«, in：Die SPD im Deutschen Bundestag vom 22. 10. 1989 ［Deutschland 1989, Bd. 24, S. 323 ff.].

78. ORB, Chronik der Wende, Bericht über den 31. 10. 1989. 参阅 »Vogel：Wenn Reformen in Gang kommen, dann sind wir auch zu groäen materiellen Anstrengungen bereit «，in：Die SPD im Deutschen Bundestag vom 6. 10. 1989 ［Deutschland 1989, Bd. 24, S. 186f. ］；WDR 3 – Themen des Tages vom 6. 10. 1989 ［同上 S. 180f. ］。

79. » Herrn Vogels › Prüfsteine ‹ «，in： *Neues Deutschland* vom 3. 11. 1989 ［Deutschland 1989, Bd. 24, S. 616].

80. NDR 2 – Mittagskurier vom 30. 10. 1989 ［Deutschland 1989, Bd. 24, S. 350f. ］；» Im Zentrum steht der Ruf nach mehr Demokratie «，in：Sozialdemokratischer Pressedienst Nr. 210/44 vom 31. 10. 1989 ［同上, S. 352f. ］；»DDR – Bürger nun auch mit offenen Armen begrüβen«，in：*Heilbronner Stimme* vom 28. 10. 1989 ［同上, S. 358］。

81. Momper（1991），S. 99f. 同时参阅 "新论坛" 成立倡议书共同签署者尤塔·赛德尔（Jutta Seidel）对于与艾姆克和蒙佩尔对话的回忆，in：ORB, Chronik der Wende, Bericht über den 29. 10. 1989。

82. Ehmke（1994），S. 400.

83. Ergebnisprotokoll der Sitzung des Arbeitskreises I vom 7. 9. 1989, S. 2 f. ［AdsD – FES – SPD – Bundestagsfraktion, AK I, Protokolle 1989].

84. ORB, Chronik der Wende, Bericht über den 29. 10. 1989.

85. 同上。

86. Momper（1991），S. 101 ff.

87. ORB, Chronik der Wende, Bericht über den 1. 11. 1989；»Im Zentrum steht der Ruf nach mehr Demokratie «，in：Sozialdemokratischer Pressedienst

Nr. 210/44 vom 31. 10. 1989 ［Deutschland 1989，Bd. 24，S. 352f.］；Momper（1991），S. 106ff. 。

88. Deutschlandpolitische Entschließung des SPD – Parteirats vom 31. 10. 1989, in：Vorstand der SPD（Hrsg.），Jahrbuch der SPD 1988 – 1989. Bonn 1991，S. C 64；米夏埃尔·瓦尔特与诺伯特·甘索于 1996 年 9 月 27 日在波恩的访谈。

89. »Egon Krenz hat nicht viel Zeit«，in：*Süddeutsche Zeitung* vom 3. 11. 1989 ［Deutschland 1989，Bd. 24，S. 366］；Presseservice der SPD Nr. 680/89 vom 31. 10. 1989 ［同上，S. 354 ff.］。

90. 可以参阅 Fichter（1993），S. 172。

91. Jusos in der SPD，»Juso – Bundesausschuss：Zur Lage in der DDR«，in：Service für Presse – Funk – TV vom 25. 10. 1989 ［Deutschland 1989，Bd. 24，S. 338f. ，hier S. 338］。

92. Entschließung des Deutschen Bundestages vom 8. 11. 1989（Drucksache 11/5589）；参阅 Zur Sache. Themen parlamentarischer Beratung 5/89。

93. Norbert Gansel，Merkposten zur Situation in der DDR，9. 11. 1989；米夏埃尔·瓦尔特对诺伯特·甘索的访谈。

94. »Vogel：Nach 28 Jahren hat die Mauer ihre Funktion verloren«，in：Die SPD im Deutschen Bundestag Nr. 2612 vom 9. 11. 1989 ［Deutschland 1989，Bd. 14，S. 441］；Vogel（1996），S. 302f.

95. Klaus Moseleit，Die zweite Phase der Entspannungspolitik der SPD vom 1983 – 1989. Frankfurt a. M. 1991，S. 83.

96. 1998 年 3 月 6 日，约翰内斯·劳博士写给米夏埃尔·瓦尔特的信函。

97. Niederschrift über das Gespräch des Generalsekretärs des ZK der SED und Vorsitzenden des Staatsrates der DDR，Genossen Egon Krenz，mit dem »Ministerpräsidenten von Nordrhein – Westfalen und stellvertretenden Vorsitzenden der SPD，Johannes Rau，am 9. November 1989 im Amtssitz des Staatsrates ［SAPMO – BArch，vorl. SED IV/2/2. 039/328，Bl. 48ff.］. 文件被发表于：Potthoff（1995），S. 982ff. 。

98. Krenz（1990），S. 178.

99. Dr. Bertele，StäV，»Betr.：Gespräch MP Rau mit Generalsekretär Egon Krenz«，10. 11. 1989 ［Handakte Bertele］.

100. 1998 年 3 月 6 日约翰内斯·劳博士写给米夏埃尔·瓦尔特的信函。

101. » Rau: Klare Linie durch runden Tisch «, in: *Bild* vom 17. 11. 1989 [Deutschland 1989, Bd. 24, S. 394].

102. Dr. Bertele, StäV, » Betr. : Gespräch MP Rau – Modrow in Dresden «. Berlin, 13. 11. 1989 [BA – B 288 – 289].

103. 1998 年 3 月 6 日约翰内斯·劳博士写给米夏埃尔·瓦尔特的信函。

104. 同上。

105. 参阅 BArch P, DC 20, 5061, 刊登于: Nakath/Stephan (1996), S. 254f. 。

106. 参阅 Schreiben von Johannes Rau, Ministerpräsident von Nordrhein – Westfalen, an Hans Modrow vom 15. 11. 1989, 刊登于: Nakath/Stephan (1996), S. 239f. 。

107. » Rau sieht Chance in ständigen Kommissionen «, in: *Die Welt* vom 16. 11. 1989 [Deutschland 1989, Bd. 24, S. 629]; » Rau: Kollaps der DDR – Wirtschaft verhindern» , in: *Süddeutsche Zeitung* vom 16. 11. 1989 [同上, S. 630].

108. »Rau verlangt, Steuerreform auszusetzen«, in: *Die Welt* vom 20. 11. 1989 [Deutschland 1989, Bd. 24, S. 633]; 参阅 » Rau: Die Steuerreform verschieben«, in: *Süddeutsche Zeitung* vom 20. 11. 1989 [同上, S. 632]。

109. 参阅 die Presseberichte in Deutschland 1989, Bd. 15, S. 727ff. 。

110. »Kontroverse über Deutschlandpolitik «, in: *Die tageszeitung* vom 15. 11. 1989 [Deutschland 1989, Bd. 24, S. 626].

111. Presseservice der SPD vom 11. 11. 1989；参阅 Jörg Eschenfelder, » Wir sind ein Hühnerhaufen». Willensbildungs – und Entscheidungsprozesse zur Frage der deutschen Vereinigung 1989/90。未发表的硕士学位论文, München 1995, S. 30。

112. Willy Brandt, Die *Spiegel – Gespräche*, hrsg. Von Erich Böhme/Klaus Wirtgen. Reinbek bei Hamburg 1995, S. 474; Bahr (1996), S. 573.

113. 参阅 1989 年 11 月 19 日 ARD 电视台的演讲电视录像。

114. 参阅»Wir Deutschen sind jetzt das glücklichste Volk der Welt«. Die Reden am 10. November 1989 vor dem Rathaus Schöneberg, hrsg. Von der Senatskanzlei Berlin [Deutschland 1989, Bd. 15, S. 709ff.]。勃兰特本人

在回忆中也没有逐字引用自己说的话，参阅 Willy Brandt, Erinnerungen, erweiterte Ausgabe. Berlin/Frankfurt a. M. 1994, S. 502ff. 。

115. 根据我们的搜索结果，只有 *Express Bonn* 于 11 月 11 日在一份有关柏林墙倒塌反应的汇编文章中引用了它：»Jetzt wächst wieder zusammen, was zusammen gehört. «［Deutschland 1989, Bd. 15, S. 602］。

116. 参阅 Willy Brandt »⋯ Was zusammengehört «. Reden zu Deutschland. Bonn 1990, S. 37 ff. 。

117. »SPD sollte die deutsche Einheit nicht verschlafen «, in: *Die Welt* vom 28. 11. 1989［Deutschland 1989, Bd. 24, S. 416］。

118. 同上。

119. Klaus von Dohnanyi, Das Deutsche Wagnis. München 1990, S. 141.

120. Sozialdemokratischer Pressedienst 44/223 vom 20. 11. 1989［Deutschland 1989, Bd. 2, S. 692ff.］；参阅 Ehmke (1994), S. 404.

121. 参阅 z. B. DLF – Informationen am Morgen vom 13. 11. 1989［Deutschland 1989, Bd. 24, S. 388ff, hier S. 390］；»Einheit und NATO sind unvereinbar«, Egon Bahr 的评论, in: *Vorwärts* Nr. 10/1989, S. 14; Vogtmeier (1996), S. 329f. 。这里参阅巴尔的自我评批性的回顾: ders. (1996), S. 577f. 。

122. »Nichtdas Weggehen prämiieren, sondern das Dableiben«, in: *Süddeutsche Zeitung* vom 25. /26. 11. 1989.

123. 同上；参阅 » Entrüstung über Lafontaine «, in: *Frankfurter Allgemeine Zeitung* vom 27. 11. 1989［Deutschland 1989, Bd. 24, S. 638］。

124. »SPD: Gute Gründe, in DDR zu bleiben«, in: *Frankfurter Rundschau* vom 28. 11. 1989［Deutschland 1989, Bd. 24, S. 639］；Vogel (1996), S. 308.

125. Vogel (1996), S. 309.

126. 同上。

127. Deutscher Bundestag, Referat Öffentlichkeitsarbeit (Hrsg.), Auf dem Weg zur deutschen Einheit, Bd. L. Bonn 1990, S. 14f；参阅 Vogel (1996), S. 309f. 。

128. 社会民主党人对于《十点纲领》的反应参阅 Deutschland 1989, Bd. 5, S. 6Iff. ；参阅 Vogel (1996), S. 311ff. 。

129. Vogel（1996），S. 312；米夏埃尔·瓦尔特对诺伯特·甘索的访谈；Ergebnisprotokoll der Sitzung des Geschäftsführenden Fraktionsvorstandes am 4. 12. 1989 ［AdsD – FES – SPD – Bundestagsfraktion，Geschäftsführender Vorstand，Sitzungsunterlagen 11. Wahlperiode，29. 11. 1989 – 29. 1. 1990］。

130. 参阅 Ergebnisprotokoll der Sitzung des Geschäftsführende Vorstandes am 29. 11. 1989 ［AdsD – FES – SPD – Bundestags – fraktion，GeschäftsführenderVorstand，Sitzungsunterlagen 11. Wahlperiode，29. 11. 1989 – 29. 1. 1990］。

131. 详细内容参阅 Schuh（1997），S. 307ff. 。

132. Ergebnisprotokoll der Sitzung des Arbeitskreises I vom 5. 12. 1989 ［AdsD – RES – SPD – Bundestags – fraktion，AK I，Protokolle 1989］.

133. Ehmke（1994），S. 402.

134. »Die deutsche Sozialdemokratie ist wieder da«，in：*Stuttgarter Zeitung* vom 8. 12. 1989 ［Deutschland 1989，Bd. 24，S. 648f. ］；»Willy Brandt in Rostock«，in：*Norddeutsche Zeitung vom* 7. 12. 1989. 同时参见 Tage，die Bürger bewegten，Bd. 2. Ausgewählte Dokumente zur Chronik des Umbruchs in Rostock vom August 1989 bis zum Oktober 1989 von Bernhard Schmidbauer. Rostock 1991，S. 67 ff. 。

135. »›Es wird nichts wieder so，wie es war‹«，in：*Die Welt* vom 8. 12. 1989 ［Deutschland 1989；Bd. 24，S. 650f. ］.

136. »SPD für Deutschland«，in：*Bild* vom 19. 12. 1989 ［Deutschland 1989；Bd. 24，S. 761］.

137. » Die SPD sitzt zwischen den Stühlen «，in：*Die tageszeitung* vom 19. 12. 1989 ［Deutschland 1989，Bd. 24. ，S. 762f，hier S. 762］.

138. »Willy Brandt，der Mann von Erfurt，ist zum Retter in der Not geworden«，in：*Frankfurter Allgemeine Zeitung* vom 19. 12. 1989 ［Deutschland 1989，Bd. 24，S. 762 f. ，hier S. 762］.

139. 比如在一份"德国联盟"的传单中写着»Argumente zur Wahl am 18. März – SPD – Deutschlandpolitik – Vorsicht，Wendehälse«；同时参见 »Den meisten Beifall erhielt Helmut Kohl für seine Aussagen zur sozialen Sicherheit«，in：*Handelsblatt* vom 22. 2. 1990 ［Deutschland 1990，Bd. 37，

S. 700]；»> Wenn Helmut Kohl kommt, geht's los‹«, in: *Die Presse* vom 22. 2. 1990［同上，S. 701］；» DDR － Wahlen als Willensakt deutscher Einheit«, in. *Neue Zürcher Zeitung* vom 23. 2. 1990［同上，S. 702ff., hier S. 704］，勃兰特使用这个概念的上下文内容如下："德意志帝国长存这个理念——我的朋友卡罗·施密德（Carlo Schmid）的说法是'德国的全德主权'——让德国统一问题的处理更加困难。冷战及其后续影响导致'重新统一'变成了第二德意志共和国独特的生命谎言"（Lebenslüge），参见 Brandt（1994），S. 156f.。同上，S. 159，勃兰特又一次把"重新统一"与"奥德河东部地区"联系起来。"生命谎言"（Lebenslüge）这个概念参阅 Vogtmeier（1996），S. 287ff.。勃兰特认为，"重新统一"这个概念可以唤醒德国人重拾过去的印象。参阅» Der Reformprozess macht um die DDR keinen Bogen «, in: *Hamburger Abendblatt* vom 28. 9. 1989［Deutschland 1989, Bd. 24, S. 141 ff., hier S. 141］；» Es wäre falsch, die DDR jetzt missionieren zu wollen «, in: *General － Anzeiger* vom 23. 9. 1989。其他一些社会民主党人，他们从没放弃过德国统一期望，在党内强烈要求将国家统一宣布为目标并且大力推进相应进程，［参阅 Vogel（1996），S. 298］也明确拒绝"重新统一"这个概念。他们将其理解为试图在 1937 年边境内重建德意志帝国。约翰内斯·劳博士认为："我不用'重新统一'这个概念。""重新"这个词里暗示有复辟的意思，给人一种想象，人们可以在 1937 年的边境内"重建"德意志帝国。"在基本法中也没有说什么重新统一。我们最好是说德国统一。这点对我来说从来没有从政治日程中消失过。"参阅《Herr Rau, werden Sie der nächste Bundespräsident?》，in: *Bunte* Nr. 38 vom 14. 9. 1989［Deutschland 1989, Bd. 24, S. 60］。

140. Verhandlungen des Deutschen Bundestages, 11. Wahlperiode, Stenographische Berichte, Bd. 151, 176. Sitzung am 16. 11. 1989, S. 13340.

141. »Im Wortlaut: Waigel － Brief an Brandt. Niemals etwas vorgemacht«, in: *Frankfurter Rundschau* vom 1. 2. 1990.

142. 科尔在 1993 年 11 月 4 日的联邦议院任命的调查委员会的第 53 次会议上如是说，in: Deutscher Bundestag（1996），Bd. V, 1, S. 929；参阅 Kohl（1996），S. 136。

143. Teltschik（1991），S. 46.

144. 同时也参阅以下内容 Petra Schuh，《 Die SPD （ West ） im Einigungsprozess 1989/90. Positionen， Kontroversen， Strategien》，in：dies./Bianca M. Von der Weiden， Die deutsche Sozialdemokratie 1989/90. SDP und SPD im Einigungsprozess. München 1997， S. 181 – 348， S. 229f. 。

145. »Vogel regt Kompromiss für die Deutschlandpolitik der SPD an«， in：*Kölner Stadtanzeiger* vom 9. 12. 1989；»Die deutsche Einheit entzweit die SPD«， in：*Stuttgarter Nachrichten* vom 9. 12. 1989.

146. 参阅 Bahr（1993），S. 36。

147. »Streit in der SPD – Spitze über die deutsche Einheit«， in：*Frankfurter Note Presse* vom 9. 12. 1989.

148. »Vogel regt Kompromiss für die Deutschlandpolitik der SPD an«， in：*Kölner Stadtanzeiger* vom 9. 12. 1989；»Die deutsche Einheit entzweit die SPD«， in：*Stuttgarter Nachrichten* vom 9. 12. 1989.

149. Politischer Bericht vom 11. Bzw. 12. 12. 1989 ［AdsD – FES – SPD – Bundestagsfraktion， Geschäfts – führender Vorstand， Sitzungsunterlagen 11， Wahlperiode， 29. 11. 1989 – 29. 1. 1990， S. 3；Bundestagsfraktion， Fraktion， Tagesordnung 26. 9. 1989 – 12 – 12 – 1989］；Ergebnisprotokoll der Sitzung des Geschäftsführende Vorstandes vom 11. 12. 1989 ［AdsD – FES – SPD – Bundestagsfraktion， Geschäftsführender Vorstand， Sitzungsunterlagen 11. Wahlperiode， 29. 11. 1989 – 29. 1. 1990］. 参阅新闻报道 Deutschland 1989， Bd. 24， S. 653 und S. 719ff；Presseservice der SPD Nr. 756/89 vom 11. 12. 1989 ［同上，S. 673ff. ］.

150. 可以参阅 »Lafontaine：›Kohls Politik läuft gegen die Wiedervereinigung‹«， in：*Bild* vom 4. 12. 1989 ［Deutschland 1989， Bd. 24， S. 426］.

151. »› Die Idee der Freiheit wird sich in der DDR durchsetzen ‹«， in：*Süddeutsche Zeitung* vom 7. 10. 1989 ［Deutschland 1989， Bd. 24， S. 196ff. ， Zit. S. 198］.

152. Bahr（1996），S. 580.

153. »Vogel sucht die SPD in der Deutschlandpolitik zu einen«， in：*Frankfurter Allgemeine Zeitung* vom 6. 12. 1989 ［Deutschland 1989， Bd. 24， S. 645］.

154. 1950 年 8 月 22 日通过的法规的第一段内容为："居住地或者长期居住地或常驻地位于或曾经位于苏占区或者柏林的苏联区域内的德国国籍持有人和德国人，如果想在本法规生效领域之内停留且没有许可的话，需要办理长期居留的特殊许可证明。根据联邦德国基本法第 11 条第 2 款的规定，向联邦德国自由迁徙的权利受到如上限制。"根据》Volten in der Deutschlandpolitik：Lafontaine bremst sich aus《，in：*Die Welt* vom 12. 12. 1989 ［Deutschland 1989，Bd. 24，S. 654］。

155. 》NRW – SPD：Lafontaine demontiert sich《，in：*Die Welt* vom 12. 12. 1989 ［Deutschland 1989，Bd. 24，S. 656］；》Ein gutes Ergebnis in der DDR hatte uns beschwingt《，in：*Die tageszeitung* ［Deutschland 1990，Bd. 67，S. 934f］.

156. Ergebnisprotokoll der Sitzung des Geschäftsführende Vorstandes und Politischer Bericht vom 11. 12. 1989 ［AdsD – FES – Bundestagsfraktion – GeschäftsführenderVorstand，Sitzungsunterlagen 11. Wahl – periode，29. 11. 1989 – 29. 1. 1990］.

157. 》Ich argumentiere für das Gerechtigkeitsempfinden 《，in：*Saarbrücker Zeitung* vom 16. 12. 1989 ［Deutschland 1989，Bd. 24，S. 462 f］. 根据《明镜周刊》*Spiegel* 于 12 月对于政治局势的问卷调查，还有 44% 的联邦德国居民支持接收所有移居者。参见 》Schlechter SPD – Start ins Wahljahr《，in：*Der Spiegel Nr.* 1/1990，S. 34ff. 。

158. 有关《致德国统一的一封信》产生的历史可参阅埃贡·巴尔的论述：Deutscher Bundestag （1995），Bd. V，1，S. 814。

159. 》SPD streitet um deutsche Frage 《，in：*Die Welt* vom 9. 12. 1989 ［Deutschland 1989，Bd. 24，S. 652］. 有关在党主席团、党理事会、党顾问委员会中引发的"激烈的态度"，参阅 Anke Fuchs，Mut zur Macht. Selbsterfahrung in der Politik. Hamburg 1991，S. 195。

160. Schreiben von Hans – Jochen Vogel，Vorsitzender der SPD，an Hans Modrow vom 12. 12. 1989 ［BArch P，DC 20，5061］. 刊登于：Nakath/ Stephan （1996），S. 259f. 。

161. 参阅 WDR 2 – Das Morgenmagazin vom 12. 12. 1989 ［Deutschland 1989，Bd. 24，S. 442ff.］。《大转变的编年史》（Chronik der Wende） 中展示了社民党主席团新闻发布会的录像片段，有关 1989 年 12 月 11 日的

报道。

162. 参阅 Vogel（1996），S. 317；ders.（1993），S. 45。

163. Ergebnisprotokoll und Kurzprotokoll der Sitzung des Arbeitskreises I am 12. 12. 1989 [AdsD – FES – SPD – Bundestagsfraktion, AK I, Protokolle 1989].

164. 参阅报道：Deutschland 1989, Bd. 24, S. 746ff.。

165. » Die Stunde der groäen Emotionen «, in: *Süddeutsche Zeitung* vom 19. 12. 1989 [Deutschland 1989, Bd. 24, S. 752ff.]；» Vogel gibt der Deutschlandpolitik Priorität «, in: *Frankfurter Allgemeine Zeitung* vom 24. 11. 1989 [同上，S. 634].

166. Die Deutschen in Europa. Berliner Erklärung der Sozialdemokratischen Partei Deutschlands, hrsg. Vom Vorstand der SPD. Bonn 1989 (beschlossen auf dem Parteitag der SPD vom 18. Bis 20. Dezember 1989)；参阅 »SPD dringt auf Soforthilfe an die DDR«, in: *Frankfurter Rundschau* vom 19. 12. 1989 [Deutschland 1989, Bd. 24, S. 757f.]；»Die Stunde der groäen Emotionen«, in: *Süddeutsche Zeitung* vom 19. 12. 1989 [同上，S. 752ff.]。

167. Vorstand der SPD, Sekretariat der Programmkommission（Hrsg.），Das neue Grund – satzprogramm der Sozialdemokratischen Partei Deutschlands. Entwurf März 1989, S. 17 f.

168. 援引自 Eschenfelder（1995），S. 47。

169. ORB, Chronik der Wende, Bericht über den 13. 12. 1989.

170. » Die Stunde der groäen Emotionen «, in: *Süddeutsche Zeitung* vom 19. 12. 1989 [Deutschland 1989, Bd. 24, S. 752 ff.].

171. 同上；» Deutschland – Debatte in der SPD «, in: *Frankfurter Allgemeine Zeitung* vom 18. 12. 1989 [Deutschland 1989；Bd. 24, S. 744]。

172. »SPD drängt auf Soforthilfe an die DDR«, in: *Frankfurter Rundschau* vom 19. 12. 1989 [Deutschland 1989, Bd. 24, S. 757f., Zit. S. 757].

173. Willy Brandt, »Ein neues Gewicht für Europa«, in: ders.（1990），S. 63 ff.；参阅 » Schuld kann nicht durch zeitlos verordnete Spaltung getilgt werden«, in: *Frankfurter Rundschau* vom 20. 12. 1989 [Deutschland 1989, Bd. 24, S. 471 ff.]。《大转变的编年史》在有关 1989 年 12 月 18 日的

报道中播放了勃兰特演讲的录像片段。

174. »Akzente setzen in Berlin und Magdeburg«, in: *Süddeutsche Zeitung* vom 21. 12. 1989 [Deutschland 1989, Bd. 24, . S. 665 f., Zit. S. 666]; 参阅 Gunter Hofmann, »Zwischen Bonn und Saarbrücken«, in: Werner Filmer/ Heribert Schwan, Oskar Lafontaine. Düsseldorf/Wien/New York 1990, S. 292ff., S. 295。

175. 参阅 Fichter (1993) 对于社民党战后历史产生影响的 4 个时代的特点 (»Weimarer Rest – Elite«, »Kriegs – bzw. KZ – Generation«, »HJ – und Flakhelfer – Generation« und »Enkel – Generation«)。同时参阅 Bahr (1993), S. 36。

176. »Schlechter SPD – Start ins Wahljahr«, in: *Der Spiegel* Nr. 1/1990, S. 36.

177. 参阅 Ehmke (1994), S. 411。

178. »Brandt – als alter Freund in Magdeburg«, in: *Die Welt vom* 21. 12. 1989 [Deutschland 1989, Bd. 24, S. 663].

179. »Akzente setzen in Berlin und Magdeburg«, in: *Süddeutsche Zeitung* vom 21. 12. 1989 [Deutschland 1989, Bd. 24, S. 665 f., Zit. S. 665].

180. »Nicht wie in Erfurt 1970, weil die Rührung fehlte«, in: *Die tageszeitung* vom 21. 12. 1989 [Deutschland 1989, Bd. 24, S. 660]; »Jubel für Brandt in Magdeburg«, in: *Frankfurter Allgemeine Zeitung* vom 21. 12. 1989 [同上, S. 662]; »Willy, wir behalten dich gleich hier«, in: *Frankfurter Rundschau* vom 21. 12. 1989 [同上, S. 664].

181. »Brandt – als alter Freund in Magdeburg«, in: *Die Welt* vom 21. 12. 1989 [Deutschland 1989, Bd. 24, S. 663].

182. »Nicht wie in Erfurt 1970, weil die Rührung fehlte«, in: *Die tageszeitung* vom 21. 12. 1989 [Deutschland 1989, Bd. 24, S. 661].

183. »Brandt – als alter Freund in Magdeburg«, in: *Die Welt* vom 21. 12. 1989 [Deutschland 1989, Bd. 24, S. 663].

184. Ehmke (1994), S. 414.

185. »Büchler: Allianz der Demokraten gegen SED«, in: *Osnabrücker Zeitung* vom 1. 6. 1990 [Deutschland 1990, Bd. 67, S. 719f., Zit. S. 719].

186. »SPD fordert mehr Distanz zur SED«, in: *Morgenpost Hamburg* vom 6. 1. 1990 [Deutschland 1990, Bd. 67, S. 718].

187. » Vorm Bundeskanzler kann man nur den Hut ziehen «, in: *Kieler Nachrichten vom* 13. 1. 1990 [Deutschland 1990, Bd. 67, S. 739f.]；参阅 »Voscherau lobt Kohls Stetigkeit«, in: *Die Welt* vom 19. 1. 1990 [同上, S. 763]。

188. Politischer Bericht Hans – Jochen Vogels, Bonn, 15. 1. 1990, S. 4f. und Ergebnisprotokoll der Sitzung des Geschäftsführende Vorstands am 29. 1. 1990) [AdsD – FES – SPD – Bundestagsfraktion, Geschäftsführender Vorstand, Sitzungsunterlagen 11. Wahlperiode, 29. 11. 1989 – 29. 1. 1990]；参阅 Modrow (1991), S. 105f.。

189. 援引自 Momper (1991), S. 277。参阅 das Brandt – Interview » Die Einheit ist ge – laufen«, in: *Der Spiegel* vom 5. 2. 1990, S. 26。

190. »Hans – Jochen Vogels politischer Bericht vor der Fraktion«, in: Die SPD im Deutschen Bundestag Nr. 268 vom 6. 2. 1990 [Deutschland 1990, Bd. 67, S. 807]；参阅 Deutscher Bundestag, Stenographischer Bericht 197. Sitzung am 15. 2. 1990, Plenarprotokoll11/197, 15110 ff.。

191. Deutscher Bundestag, Stenographischer Bericht 197. Sitzung am 15. 2. 1990, Plenarprotokoll 11/197, Beratung des Antrags der Fraktion der SPD: Mitwirkung von Bundestag und Bundesrat am Zusammenschluss der beiden deutschen Staaten [Drucksache 11 (6462)].

192. 可以参阅 die Rede der FDP – Abgeordneten Hildegard Hamm – Brücher in der Bundestagssitzung am 7. 2. 1990, in Deutscher Bundestag, Stenographischer Bericht 193. Sitzung. Plenarprotokoll) 11/193, 14834, 同时参阅 14833。

193. Deutscher Bundestag, Drucksachen 11/6311 vom 24. 1. 1990 und 11/6381 vom 7. 2. 1990. 参阅 Presseservice der SPD vom 10. 3. 1990 [Deutschland 1990, Bd. 67, S. 872ff.]。

194. Vogel (1996), S. 319ff.

195. 1998 年 3 月 6 日, 约翰内斯·劳博士写给米夏埃尔·瓦尔特的信函。

196. Ergebnisprotokoll der Sitzung des Geschäftsführende Vorstandes am 5. 2. 1990S. 2 [AdsD – FES – SPD – Bundestagsfraktion, Geschäftsführender Vorstand, Sitzungsunterlagen 11. Wahl – periode, 5. 2. 1990 – 12. 3. 1990]；Momper (1991), S. 330ff.。

197. Die SPD im Deutschen Bundestag Nr. 2932 vom 10. 12. 1989.

198. 参阅 Schuh（1997），S. 242f. 。

199. »Frau Matthäus – Maier schlägt eine Währungsunion mit der DDR vor«, in：
Frankfurter Allgemeine Zeitung vom 18. 1. 1990；»Signal zum Bleiben«, in：
Die Zeit vom 19. 1. 1990 1990. 同时参阅» D – Mark als gemeinsame
Währung einer deutsch – deutschen Währungsunion und Sofortmaβnahmen
zur Unterstützung des Reformprozesses in der DDR：Ein Hoffnungssignal für
die Bürger in der DDR«, in：Die SPD im Deutschen Bundestag Nr. 256
vom 2. 2. 1990；»Anke Fuchs：Von Magdeburg bis Bonn«, in：*Vorwärts*
Nr. 3/1990, S. 30。

200. DeutscherBundestag, Stenographischer Bericht 193. Sitzung am 7. 2. 1990,
Plenarprotokoll 11/193.

201. Lutz Hoffmann, » Wider die ökonomische Vernunft «, in：*Frankfurter
Allgemeine Zeitung vom 10. 2. 1990.*

202. Sachverständigenrat zur Begutachtung der gesamtwirtschaftlichen
Entwicklung, Brief vom 9. 2. 1990 an den Bundeskanzler, in：
Sachverständigenrat, Auf dem Wege zur wirtschaftlichen Einheit
Deutschlands. Jahresgutachten 1990/91. Stuttgart 1990, S. 306 ff. 。

203. 参阅 Ehmke（1994），S. 424。

204. Rede von Oskar Lafontaine auf dem Parteitag in Leipzig vom 22. –
25. 2. 1990, in：Vorstand der SPD（Hrsg. ），Unkorrigierte Bandabschrift.
Berlin o. J. （1990）.

205. 1990 年 3 月 6 日，约翰内斯·劳博士写给米夏埃尔·瓦尔特的信函。

206. 参阅以下内容 Vogel（1996），S. 319ff；Schuh （1997），S. 247ff；
Ergebnisprotokoll der Sitzung des Arbeitskreises I vom 6. 3. 1990［AdsD –
FES – SPD – Bundestagsfraktion – AK I, Prot. 1990］。

207. 社民党党理事会决议 »Schritte zur deutschen Einheit«, in：Presseservice
der SPD Nr. 104 vom 7. 3. 1990。

208. Vogel 如是说, in Presseservice der SPD vom 18. 3. 1990［Deutschland
1990, Bd. 67, S. 887ff. ］。

209. Ergebnisprotokoll der Sitzung des Arbeitskreises I vom 6. 3. 1990［AdsD –
FES – SPD – Bundestagsfraktion – AK I, Prot. 1990］。

210. 参阅 Schuh（1997），S. 249f. 。

211. Politisch – Parlamentarischer Pressedienst Nr. 44 vom 5. 3. 1990，S. 3.

212. Presseservice der SPD vom 18. 3. 1990 [Deutschland 1990，Bd. 67，S. 887ff.].

213. 参阅 Schuh（1997），S. 251f. 。

214. Presseservice der SPD vom 18. 3. 1990 [Deutschland 1990，Bd. 67，S. 887ff.].

215. SPD（Ost），Pressestelle，Erklärung zur Pressekonferenz am 12. Februar 1990 von Markus Meckel，2. Sprecher der SPD（DDR），Minister Dr. Walter Romberg，Dr. Hans Misselwitz，SPD（DDR）und Egon Bahr，Abrüstungsexperte，SPD（BRD）[Deutschland 1990，Bd. 67，S. 816f.].

216. 还可参阅以下内容：1990 年 2 月 13 日第一工作组会议结果记录 [AdsD – FES – SPD – Bundestagsfraktion，AK I，Prot. 1990]；Vogel（1996），S. 328f. ；Schuh（1997），S. 313 ff. 。

217. 参阅 »Heidemarie Wieczorek – Zeul zu deutschlandpolitischen Fragen«，in：WDR 2 – Das Morgenmagazin，20. 2. 1990 [Deutschland 1990，Bd. 67，S. 835ff.]。

218. Protokoll über die gemeinsame Sitzung der Präsidien der SPD in der Bundesrepublik und der DDR sowie der Geschäftsführende Vorstande der SPD – Bundestagsfraktion und der SPD – Volkskammerfraktion am Sonntag，dem 22. April 1990，15. 00 Uhr in Bonn Erich – Ollenhauer – Haus，Vorsitz：Hans – Jochen Vogel；Vogel（1996），S. 328.

219. Ehmke（1994），S. 418f.

220. »SPD – Streit um Rolle der NATO«，in：*Frankfurter Rundschau* vom 21. 4. 1990 [Deutschland 1990，Bd. 17，S. 10713]；Karsten D. Voigt，»Deutsche Außen – und Abrüstungspolitik im Hinblick auf die deutsche Einheit«，in：Die SPD im Deutschen Bundestag Nr. 816 vom 18. 4. 1990 [Deutschland 1990，Bd. 16，S. 10107ff.]；Schuh（1997），S. 319 f.

221. 与此相反，奥斯卡·拉封丹在 3 月初还表示过："如果科尔认为德国能留在北约中的话，那他就错了"。格哈尔德·施罗德对此表示支持，认为统一的德国可以继续留在北约的想法是"胡说八道"。引自 »Lafontaine gegen NATO – Zugehörigkeit eines vereinten Deutschlands«，in：

Frankfurter Allgemeine Zeitung vom 5. 3. 1990 [Deutschland 1990, Bd. 17, S. 10625]。

222. »Nato – Staaten erhalten Frankreichs Status«, in: *Süddeutsche Zeitung* vom 6. 3. 1990 [Deutschland 1990, Bd. 17, S. 10627]; » SPD: Neutrales Deutschland erregt Misstrauen «, in: *Die Welt* vom 6. 3. 1990 [同上, S. 10628]; »‹Genscher – Plan kurzsichtige Konstruktion› «, in: *Stuttgarter Zeitung* vom 6. 3. 1990 [同上, S. 10629]; »Atomwaffenfrei in der Nato vereinigt? «, in: *Die tageszeitung* vom 6. 3. 1990 [同上, S. 10630]. 参阅 Schuh (1997), S. 317ff.。

223. Ehmke (1994), S. 417.

224. Vogel (1996), S. 324.

225. 参阅东德社民党/社民党在人民议院选举中的章节。

226. »Hans – Jochen Vogels politischer Bericht vor der Fraktion«, in: Die SPD im Deutschen Bundestag Nr. 268 vom 6. 2. 1990 [Deutschland 1990, Bd. 67, S. 807ff.]; 参阅 Deutscher Bundestag, Stenographischer Bericht 197. Sitzung am 15. 2. 1990, Plenarprotokoll 11/197, 15 110ff.; Ehmke (1994), S. 416; Vogel (1996), S. 325。

227. 参阅 Presseservice der SPD Nr. 123/90 vom 19. 3. 1990 [Deutschland 1990, Bd. 67, S. 898f.]。

228. So Lafontaine, » Viel Porzellan zerdeppert «, in: *Vorwärts*, Nr. 4/1990 [Deutschland 1990 Bd. 67, S. 929f.].

229. 其中包括 Björn Engholm, 参阅 Bahrmann/Links (1995), S. 155。

230. 参阅 Momper (1991), S. 330; *Der Spiegel* Nr. 6 vom 5. 2. 1990。

231. »DDR – Bürger müssen sich krummlegen«, in: *Augsburger Allgemeine* vom 2. 3. 1990 [Deutschland 1990, Bd. 67, S. 857]; 参阅 »Wir kümmern uns allzu sehr um die nationale Frage «, in: *Süddeutsche Zeitung* vom 14. 3. 1990 [同上, S. 880f.]。

232. » Unstimmigkeiten in der SPD über das Tempo der Einheit «, in: *Neue Presse* vom 31. 3. 1990 [Deutschland 1990, Bd. 67, S. 903 A].

233. 同时参阅下列内容 Vogel (1996), S. 229ff.。

234. Protokoll über die gemeinsame Sitzung der Präsidien der SPD in der Bundesrepublik und der DDR sowie der Geschäftsführende Vorstande der

SPD – Bundestagsfraktion und der SPD – Volkskammerfraktion am 22.4.1990 in Bonn [AdsD – FES].

235. 同上。

236. 有关刺杀事件的详细情况见 Filmer/Schwan（1990），S. 216ff.。

237. Vogel（1996），S. 333.

238. 同上。

239. Deutscher Bundestag, Ausschuss »Deutsche Einheit«, Konstituierende Sitzung und 2. Sitzung am 11.5.1990S. 5.

240. 参阅 »Ausschuss ‹Deutsche Einheit›: Positionen und Änderungsverlangen der SPD«, in: SPD im Deutschen Bundestag, Nr. 1058 vom 16.5.1990; Ehmke（1994），S. 427 f.。

241. »Dann wird der Kampf hei? «, in: Der Spiegel Nr. 21 vom 21.5.1990, S. 18ff., hier S. 28；同时参阅下列内容 »Auf den Kohl eindreschen«, in: Der Spiegel Nr. 22 vom 28.5.1990, S. 24; Filmer/Schwan（1990），S. 262 ff.。

242. 参阅 »Ausschuss ‹Deutsche Einheit›: Positionen und Änderungsverlangen der SPD«, in: SPD im Deutschen Bundestag, Nr. 1058 vom 16.5.1990.

243. »Dann wird der Kampf hei? «, in: Der Spiegel Nr. 21 vom 21.5.1990, S. 28.

244. 同上，S. 29.

245. Ehmke（1996），S. 427f.; Filmer/Schwan（1990），S. 262; »Der Kandidat stcllt die Machtfrage«, in: Süddeutsche Zeitung vom 21.5.1990.

246. »Der Kandidat stellt die Machtfrage«, in: Süddeutsche Zeitung vom 21.5.1990.

247. »Will die SPD ‹neue Mauer› gegen DDR – Bürger? «, in: Bild am Sonntag vom 20.5.1990.

248. 1998 年 3 月 6 日，约翰内斯·劳博士写给米夏埃尔·瓦尔特的信函。

249. Vgl. Staatsvertrag. Stand 4. Mai 1990. Wesentliche Veränderungen gegenüber dem Vertragsentwurf der Bundesregierung vom 24.4.1990, die auf den Einfluss der SPD zurückzuführen sind [AdsD – FES – Bestand SPD – Bundestagsfraktion, Gemeinsame Sitzungen GFV/Präsidium zu DDR u. Unterlagen I（1990）].

250. »Auf den Kohl eindreschen«, in: *Der Spiegel* Nr. 22 vom 28. 5. 1990, S. 24.

251. Vogel (1996), S. 332f.

252. 同上。

253. 同上, S. 25。

254. Deutscher Bundestag, Ausschuss »Deutsche Einheit«, 7. Sitzung, 15. 6. 1990, S. 285. 参阅 Beschluß des SPD – Parteivorstandes vom 21. 5. 1990; Interview mit Herta Däubler – Gmelin, in: *Stuttgarter Nachrichten* vom 1. 6. 1990 [Deutschland 1990, Bd. 67, S. 993]; Momper (1991), S. 335; Ehmke (1994), S. 427f.; Bahrmann/Links (1995), S. 231; Vogel (1996), S. 333。

255. »SPD – Fraktion nimmt ParteivorstandsErklärung zustimmend zur Kenntnis«, in: Die SPD im Deutschen Bundestag, Nr. 1116 vom 23. 5. 1990; »Ein harter Machtkampf hinter den SPD – Kulissen hinterlässt Spuren«, in: *Saarbrücker Zeitung* vom 24. 5. 1990.

256. *Der Spiegel* Nr. 22 vom 28. 5. 1990, S. 27.

257. 同上, S. 28。

258. Ehmke (1994), S. 428.

259. 同上参阅 Sabine Laue, Parlamentarische Opposition und deutsche Einheit. Zur Problematik »kooperativer Opposition« dargestellt am Beispiel der Beratungen über die Verträge zur deutschen Einheit im Bundestag. Egelsbach/Köln/New York 1992, S. 253.

260. Schuh (1997), S. 277E; »Neue Krise in der SPD: Wirft Lafontaine hin? «, in: *Bild am Sonntag* vom 27. 5. 1990 [Deutschland 1990, Bd. 67, S. 978]; *Der Spiegel* Nr. 22 vom 28. 5. 1990 S. 23.

261. 参阅 Bahrmann/Links (1995), S. 235。

262. 参阅 Heute – Journal, 28. 5. 1990 [Deutschland 1990, Bd. 67, S. 979f.]。

263. 参阅 Vermerk Ludewig für Kohl und Seiters vom 29. 5. 1990 für das Gespräch mit Vogel am gleichen Tag; ders. An Seiters, 6. 6. 1990, » Betr. : Heutiges Gespräch BM Dr. Waigel/ BM Dr. Schäuble zum Thema Staatsvertrag mit der DDR «; ders. An Seiters, 7. 6. 1990, » Betr. : Heutiges Gespräch BM Dr. Haussmann/ BM Dr. Blüm mit der SPD zum

Thema Staatsvertrag mit der DDR «, ders. An Kohl und Seiters, 11. 6. 1990, » Betr. : Ihr morgiges Gespräch mit der SPD zum Thema Staatsvertrag«。

264. Vermerk Ludewig für Seiters vom 7. 6. 1990 »Betr. : Heutiges Gespräch BM Dr. Haussmann/ BM Dr. Blüm mit der SPD zum Thema Staatsvertrag mit der DDR«, S. 2.

265. Ehmke (1994), S. 428; Vogel (1996), S. 333.

266. Vogel (1996), S. 333f. ; Ehmke (1994), S. 428f., »Gibt Kanzlerkandidat Lafontaine heute auf? «, in: *Welt am Sonntag* vom 10. 6. 1990 [Deutschland 1990; Bd. 67, S. 1300f.].

267. 1988 年 3 月 6 日约翰内斯·劳博士写给米夏埃尔·瓦尔特的信函。

268. Ehmke (1994), S. 429.

269. 同上。

270. »Gibt Kanzlerkandidat Lafontaine heute auf? «, in: *Welt am Sonntag* vom 10. 6. 1990 [Deutschland 1990; Bd. 67, S. 1300f.].

271. 参阅 »Widerrede wird nicht geduldet«, in: *Frankfurter Rundschau* vom 31. 1. 1990。

272. Vogel (1996), S. 335f.

273. 同上, S. 335。

274. *Die Zeit vom* 1. 6. 1990.

275. »Ist Vogel denn zu alt? «, in: *Bild* vom 11. 6. 1990 [Deutschland 1990, Bd. 67, S. 1014].

276. Momper (1991), S. 335.

277. 可以参阅 Björn Engholm »Meine Partei hat es sich nicht leicht gemacht«, in: *Frankfurter Rundschau* vom 13. 6. 1990 [Deutschland 1990, Bd. 67, S. 1024]。联邦党团执行理事会主席安科·福克斯认为，她感到"很安心，艾姆克说应该选择一个更年轻的人，这样就排除了他自己想接任的可能性"。援引自 »Lafontaine lässt Partei noch im ungewissen«, in: *Augsburger Allgemeine* vom 11. 6. 1990 [同上, S. 1017]。

278. » Lafontaine will doch Kanzler werden und SPD – Chef dazu «, in: *Abendzeitung* vom 12. 6. 1990 [Deutschland 1990, Bd. 67, S. 1020].

279. Vogel (1996), S. 336.

280.　Presseservice der SPD vom 13.6.1990［Deutschland 1990, Bd.67, S.1026］; Presseservice der SPD vom 14.6.1990［同上, S.1030］.

281.　»Lafontaine bekräftigt Führungsanspruch«, in: *Süddeutsche Zeitung* vom 15.6.1990; »22 Abgeordnete halten ihre Bedenken aufrecht«, in: Politisch – Parlamentarischer Pressedienst vom 15.6.1990.

282.　Deutscher Bundestag, Ausschuss »Deutsche Einheit«, 7. Sitzung, 15.6.1990, S.285. 参阅 Hans – Jochen Vogel, »Diskussion ehrt uns«, in: *Vorwärts* Nr.7/1990, S.5。

283.　同上, S.233。Vermerk Ludewig für Kohl und Seiters vom 11.6.1990, »Betr.: Ihr morgiges Gespräch mit der SPD zum Thema Staatsvertrag«, S.1: »Art.16 des Staatsvertrags und der inzwischen vorliegende Entwurf für ein DDR – Umweltrahmengesetz stellen ein Gesamtkonzept dar, mit dem die seitens der SPD vorgetragenen Ergänzungswünsche abgedeckt werden. «

284.　其中包括维持最低养老金，包括福利计划规定在内的企业劳资法的有效性，解雇保护，并且删除了允许解雇罢工者的段落。参阅 die Aussagen von Norbert Blüm und Rudolf Dreβler, in Deutscher Bundestag, Ausschuss »Deutsche Einheit«, 5. Sitzung (2. Teil), 30.5.1990, 30.5.1990, S.161; Schuh (1997), S.279f.。

285.　可以参见»Was nun, Herr Lafontaine?«, ZDF, 14.6.1990［Deutschland 1990, Bd.67, S.1032ff.］; »‹Die Richtigkeit unserer Kritik wird sich bald erweisen› «, in: *Süddeutsche Zeitung* vom 15.6.1990［同上, S.1037］; 参阅 Arbeitsgruppe »Deutsche Einheit« der SPD – Bundestagsfraktion, 13.6.1990: Zusammenstellung der Forderungen der SPD zum »Vertrag über die Schaffung einer Währungs –, Wirtschafts – und Sozialunion zwischen der Bundesrepublik Deutschland und der Deutschen Demokratischen Republik« und der erreichten Ergebnisse［AdsD – FES – Bestand SPD – Bundestagsfraktion, Gemeinsame Sitzungen GFV/Präsidium zu DDR u. Unterlagen I (1990)］; Hans – Jochen Vogel, »Diskussion ehrt uns«, in: *Vorwärts* Nr.7 vom 1.7.1990［Deutschland 1990, Bd.67, S.1060］; Vogel (1996), S.337。

286.　Filmer/Schwan (1990), S.278.

287.　FORSA – Repräsentativerhebung im Bundesgebiet, 12. Bis 14.6.1990, 参

见 Manfred Güllner,》Schillernde Konturen《, in：Filmer/Schwan（1990）,
S. 357ff, S. 368ff. 。

288. Filmer/Schwan（1990）, S. 281.

289. 同上，S. 283。

290. 参阅 Ehmke（1996）, S. 417。

291. Vogel（1996）, S. 328f.；Genscher（1995）, S. 786. 参阅 zu den Zwei –
plus – Vier – Gesprächen die Pressedokumentation in：Deutschland 1990,
Bd. 19, S. 11858ff.；Genscher（1995）, S. 709ff；Kiessler/Elbe（1993）；
Bruck/Wagner（1996）。

292. 同时参阅 Schuh（1997）, S. 307ff. 。

293. 参阅同上，S. 321。

294. 参阅报道 Deutschland 1990, Bd. 18, S. 11393 ff. 。

295. Deutscher Bundestag, Ausschuss 》Deutsche Einheit《, 18. Sitzung,
14. 9. 1990, 14. 9. 1990, S. 570f；》Vogel：PDS keine Gefahr für die SPD《,
in：*Flensburger Tageblatt* vom 26. 7. 1990［Deutschland 1990, Bd. 67,
S. 1105 f.]；Interview Lafontaine, 》Im Herbst wird das wieder ganz
anders sein...《, in：*Saarbrücker Zeitung* vom 20. 7. 1990［同上,
S. 1099f. , hier S. 1099]；Ehmke（1996）, S. 420；Bahrmann/Links
（1995）, S. 276f.

296. Deutscher Bundestag, Ausschuss 》Deutsche Einheit《, 15. Sitzung,
9. 8. 1990 S. 459；》Das wird wahnsinnig schwer《, in：*Der Spiegel* Nr. 33
vom 13. 8. 1990［Deutschland 1990 Bd. 67, S. 1135ff].

297. 可以参阅 Deutscher Bundestag, Ausschuss 》Deutsche Einheit《, 10.
Sitzung, 4. 7. 1990, S. 346f. , S. 350f, S. 356f. 。详细阅读关于选举条
约的章节，以及相关报道：Deutschland 1990, Bd. 12；Schuh（1997）,
S. 281ff.；Filmer/Schwan（1990）, S. 284。

298. 可以参阅》de With：Beim Wahlrecht bitte keine Taschenspieler – Tricks《,
in：Die SPD im Deutschen Bundestag Nr. 1414 vom 29. 6. 1990
［Deutschland 1990, Bd. 12, S. 6892］。

299. 可以参阅 Anke Fuchs, 》Mitteilung für die Presse《, in：Presseservice der
SPD 283/90 vom 11. 7. 1990［Deutschland 1990, Bd. 12, S. 6943］。

300. Deutscher Bundestag, Ausschuss 》Deutsche Einheit《, 10. Sitzung,

4. 7. 1990, S. 347；»Die Sozialdemokraten drohen mit einer Verfassungsklage«, in: *Frankfurter Allgemeine Zeitung* vom 23. 6. 1990 [Deutschland 1990, Bd. 12, S. 7163]；»Bei ungleichem Wahlrecht droht Vogel mit Verfassungsklage«, in: *Neue Presse* vom 29. 6. 1990 [同上, S. 6895]。

301. »Keine gesetzestechnischen Finessen! «, in: Sozialdemokratischer Pressedienst 45/129 vom 10. 7. 1990 [Deutschland 1990, Bd. 12, S. 693 Iff. , Zit. S. 6932]。

302. »SPD – Antrag an die Ausschüsse überwiesen«, in: *Frankfurter Allgemeine Zeitung* vom 10. 7. 1990 [Deutschland 1990, Bd. 12, S. 7224]。

303. »SPD – Länder in der Frage des Wahlrechts gespalten«, in: *Kölner Stadtanzeiger* vom 7. 7. 1990 [Deutschland 1990, Bd. 12, S. 7225]；格哈尔德·施罗德之前就有表示，他反对使用相同的 5% 门槛限制条款。参阅»Blamable Regie« in: *Süddeutsche Zeitung* vom 7. 7. 1990 [同上, S. 7227]。

304. Deutscher Bundestag, Ausschuss »Deutsche Einheit«, 10. Sitzung, 26. 7. 1990；Deutscher Bundestag/Volkskammer der Deutschen Demokratischen Republik, Ausschuss »Deutsche Einheit«, 12. Sitzung, 26. 7. 1990.

305. »Gesamtdeutsche Wahlen nach einheitlichem Recht«, in: *Handelsblatt* vom 27. 7. 1990 [Deutschland 1990, Bd. 12, S. 7324]。

306. »Kompromiss über Wahlrecht in Sicht«, in: *Frankfurter Rundschau* vom 26. 7. 1990 [Deutschland 1990, Bd. 12, S. 7305 f.]；»Kompromiss über das Wahlrecht in Sicht«, in: *Süddeutsche Zeitung* vom 26. 7. 1990 [同上, S. 7308]。

307. »Sozialdemokraten in Ost und West suchen gemeinsame Position im Wahlstreit«, in: *Frankfurter Allgemeine Zeitung* vom 27. 7. 1990 [Deutschland 1990, Bd. 12, S. 7320]；»Bereitschaft zur Senkung der Sperrklausel angedeutet«, in: *Handelsblatt* vom 27. 7. 1990 [同上, S. 7323]。

308. »DSU signalisiert Einlenken beim Wahlrecht«, in: *Die Welt* vom 13. 7. 1990 [Deutschland 1990, Bd. 12, S. 6948]。

309. »Zustimmung der SPD zu Wahlrechtskompromiss «, in: *Handelsblatt* vom 2. 8. 1990 [Deutschland 1990, Bd. 12, S. 7422].

310. 参阅报道 Deutschland 1990, Bd. 12, S. 7512 ff. 。

311. 参阅 de Maizière (1996), S. 87；Michael Walter 与 Lothar de Maizière 于 1995 年 7 月 4 日在 Neuseddin 的访谈；Kohl (1996), S. 453f. ；Schäuble (1991), S. 158ff. 。

312. Momper (1991), S. 383；Schuh (1997), S. 90.

313. Bahrmann／Links (1995), S. 288f. 参阅 Schuh (1997), S. 91。

314. »Hans – Jochen Vogel: Schweigen des Bundeskanzlers empörend«, in: Die SPD im Deutschen Bundestag Nr. 1630 vom 9. 8. 1990 [Deutschland 1990, Bd. 12, S. 7111].

315. Erklärung von Regierungssprecher Klasen am 9. 8. 1990 [Deutschland 1990, Bd. 13, S. 7705].

316. 详细情况参阅相关章节。

317. 这里参阅 Bundestagsausschuss » Deutsche Einheit «, 10. Sitzung am 4. 7. 1990, S. 363；13. Sitzung am 26. 7. 1990, S. 428f. 同时参见 Schuh (1997), S. 288；*Der Spiegel* Nr. 29 vom 16. 7. 1990 [Deutschland 1990, Bd. 67, S. 1092ff. , S. 1094]。

318. 参阅 Die SPD im Deutschen Bundestag vom 27. 6. 1990 [Deutschland 1990, Bd. 10, S. 5840f.]。同时参见 Interview des WDR 2 mit Däubler – Gmelin am 27. 6. 1990, 7. 10 Uhr [同上, S. 5842 f.]。

319. 参阅 Vogel (1996), S. 341。

320. 参阅 Interview des WDR 3 mit Hans – Jochen Vogel am 4. 7. 1990, 7. 10 Uhr [Deutschland 1990, Bd. 10, S. 5866f.]。

321. 参阅 Interview der RUFA mit Oskar Lafontaine am 5. 7. 1990 [同上, S. 5871 ff.]。

322. Schuh (1997), S. 289. 同时参见 Vogel (1996), S. 343。

323. Schuh (1997), S. 290f.

324. 参阅同上, S. 291。

325. »Ein weiteres Hinauszögern wäre verheerend«, in: *Die tageszeitung* vom 21. 8. 1990. 同时参见 Die SPD im Deutschen Bundestag vom 5. 8. 1990 [Deutschland 1990, Bd. 10, S. 5906]。

326. Vogel（1996），S. 342.

327. 1990 年 3 月 6 日，约翰内斯·劳博士写给米夏埃尔·瓦尔特的信函。

328. 参阅 Schuh（1997），S. 296ff.；Vogel（1996），S. 343。

329. 参阅 Schuh（1997），S. 299f. f。同时参见 Vogel（1996），S. 343 以及 DLF－Interview vom 31. 8. 1990，8. 43 Uhr ［Deutschland 1990，Bd. 10，S. 6030f.］。

330. 参阅 »Der Beitrag war bedeutsam«，in：*Frankfurter Allgemeine Zeitung* vom 20. 12. 1997。

331. Vogel（1996），S. 341. 同时参阅 Interview der Deutschen Welle mit der Bundesgeschäftsführern der SPD Anke Fuchs am 20. 8. 1990，12. 00 Uhr ［Deutschland 1990，Bd. 10，S. 5952］。

332. 参阅 Bahrmann/Links（1995），S. 296。同时参见 Presseservice der SPD，Erklärung des Sprechers des SPD－Parteivorstandes Eduard Heußen vom 18. 8. 1990 ［Deutschland 1990，Bd. 10，S. 5934］。

333. 参阅 Brief von Hans－Jochen Vogel，Oskar Lafontaine，Johannes Rau，Herta Däubler－Gmelin an Bundeskanzler Kohl vom 24. 8. 1990 ［同上，S. 5971 f.］。同时参见 gemeinsame Entschließung der Ost－und West－SPD vom 27. 8. 1990 ［同上，S. 5985f.］。

334. 参阅 Interview des WDR 2 mit Oskar Lafontaine vom 31. 8. 1990，8. 10 Uhr ［同上，S. 6032 f.］。

335. 参阅 Schuh（1997），S. 304ff. 。

336. 参阅同上，S. 303。同时参阅 Die SPD im Deutschen Bundestag vom 4. 9. 1990 ［Deutschland 1990，Bd. 10，S. 6054 ff.］以及 Presseservice der SPD vom 6. 9. 1990 ［同上，S. 6057f.］。

337. Bahrmann/Links（1995），S. 328f. 文件和报道参阅 Deutschland 1990，Bd. 44，S. 862－882；Bd. 70，S. 683－905。

338. Manifest »zur Wiederherstellung der Einheit der Sozialdemokratischen Partei Deutschlands«，in：*Vorwärts*，1. 10. 1990 ［Deutschland 1990，Bd. 70，S. 723］；Stationen der Einheit：die letzten Monate der DDR. Gesamtleitung：Geri Nasarski，Dokumentarfilm. Deutschland 1995.

339. Hubert Kleinert，Aufstieg und Fall der Grünen. Analyse einer alternativen Partei. Bonn 1992，S. 152.

340. 在老的联邦德国选区内，绿党获得了 4.8% 的支持率。在前民主德国选区内，联盟 90/绿党获得了 6.0% 的支持率。联盟 90 和绿党在 1990 年 12 月 3 日建立了全德选举联盟。

341. Wolfgang Jäger/Werner Link, Republik im Wandel 1974 – 1982. Die Ära Schmidt. (Geschichte der Bundesrepublik Deutschland Bd. 5/ü. Hrsg. Von Karl Dietrich Bracher u. A.) Stuttgart 1982, S. 149 – 159.

342. 关于绿党内部的政治导向，尤其是对资本主义和社会主义的态度，参阅 Raschke (1993), S. 60ff. 。

343. Kleinert (1992), S. 141.

344. Ferdinand Müller – Rommel/Thomas Poguntke, » Die Grünen «, in: Alf Mintzel/ Heinrich Oberreuter (Hrsg.), Parteien in der Bundesrepublik Deutschland. Bonn 1992, S. 339.

345. Kleinert (1992), S. 141.

346. Hubert Kleinert, Vom Protest zur Regierungspartei. Die Geschichte der Grünen. Frankfurt a. M. 1992a, S. 263.

347. Reinhard Stuth, » Die Außen – und Deutschlandpolitik der Grünen «, in: Klaus Gotto/Hans – Joachim Veen (Hrsg.), Die Grünen – Partei wider Willen. Mainz 1984, S. 65 ff.

348. Gespräch Michael Walter mit Lukas Beckmann am 13. 12. 1993 in Bornheim – Widdig. 同时参阅 Werner Weidenfeld/Hans Rudolf Korte (Hrsg.), Handwörterbuch der deutschen Einheit. Bonn ²1992, S. 211 f. 。

349. Willi Brüggen, Vorstandsmitglied der AL, » ‹ Heim ins Reich › – oder was? «, in: Die tageszeitung vom 29. 8. 1989 [Deutschland 1989, Bd. 25, S. 2 f.].

350. 同上。

351. » Die Grünen und Osteuropa «, Gespräch mit Ralf Fücks, Vorstandssprecher der Grünen, in: Die tageszeitung vom 1. 9. 1989 [Deutschland 1989, Bd. 25, S. 4].

352. » Demokratie, nicht Wiedervereinigung steht auf der Tagesordnung. Zur neuen Reiseregelung für DDR – Bürger erklären der Vorstand der Fraktion Die Grünen und der Bundesvorstand der Partei «, in: Die GRüNEN im Bundestag, Pressenutteilung Nr. 943/89 vom 10. 11. 1989.

353. 意见交换会原本计划的是一次讨论红绿政府联盟可能性与机会的论坛，但是鉴于现实的结果，德国政策成为讨论的重点。

354. Positionspapier des Linken Forums für den Perspektivkongress in Saarbrücken vom 17. – 19. 11. 1989：»Die demokratische Erneuerung in der DDR wird zur Nagelprobe für die Grünen：Schwimmen sie in einer neuen Welle der ‹nationalen Einheit› mit oder machen sie Ernst mit einer Politik der radikalen Umgestaltung der Bundesrepublik – auch um der demokratischen Volksbewegung in der DDR den Rücken freizuhalten? « [Archiv Grünes Gedächtnis；以下简称 GG].

355. »Zu den zehn ‹deutschlandpolitischen Punkten› des Bundeskanzlers Kohl erklären Harald Wolf für den Geschäftsführende Ausschuss und Albert Statz für die Fraktion der AL：Große Koalition zur Verkohlung der DDR«, in：Alternative Liste Berlin, PresseErklärung Nr. 52/89 vom 29. 11. 1989.

356. »Wiedervereinigung contra legem«, in：*Die tageszeitung* vom 25. 11. 1989.

357. »Hurra – wir kaufen die DDR! «, in：*Die tageszeitung* vom 24. 11. 1989.

358. »Unter grausam deutschem linken überich «, Interview mit dem Sozialwissenschafter und GRüNEN – Mitglied Zoltan Szankay, in：*Die tageszeitung* vom 21. 11. 1989.

359. Hans Imanuel Herbers/Hajo von Kracht/Winfried Kretschmann u. A. , »Gemeinheit. DDR reißt Mauer ein! Grüne wieder nicht gefragt! DDR – Revolution und NATO – Zugehörigkeit hängen enger zusammen als Vielen in allen Parteien lieb ist« [GG].

360. Grüner Aufbruch 1/90, » Ökologische Konföderation beider deutscher Staaten. Gemeinsamkeit in Autonomie« [GG].

361. Ralf Fücks zit. Nach：»Aufbruch im Osten stürzt Grüne in Krise«, in：*Die Welt* vom 27. 12. 1989 [Deutschland 1989, Bd. 25, S. 86].

362. »Ein grünes Kartenhaus：Zweistaatlichkeit «, Diskussionsbeitrag zur Deutschland – politik von Norbert Kostede und Helmut Wiesenthal vom 19. 12. 1989 [GG].

363. Joschka Fischer, »Jenseits von Mauer und Wiedervereinigung. Thesen zu einer neuen grünen Deutschlandpolitik «, in：*Die tageszeitung* vom 16. 11. 1989 (精简版) [Deutschland 1989, Bd. 25, S. 22ff].

364. 参阅 »Das ‹grüne Weltbild› wankt. Im Gespräch mit Ruth Hammerbacher«, in: *Frankfurter Rundschau* vom 10. 2. 1990 ［Deutschland 1990, Bd. 68, S. 1968］: »Die Europäische Gemeinschaft wurde von den Grünen bislang als eine Wirtschafts – gemeinschaft mit auch militärischen Großmachtinteressen abgelehnt «。

365. Joschka Fischer, »Jenseits von Mauer und Wiedervereinigung. Thesen zu einer neuen grünen Deutschlandpolitik «, in: *Die tageszeitung* vom 16. 11. 1989（精简版）［Deutschland 1989, Bd. 25, S. 22ff］.

366. Roland Wünsch, Das Ende der Alternative. Die Grünen in der Wiedervereinigung. Bonn 1995, S. 135.

367. »Für eine grüne Deutschlandpolitik«, Beschluβ der Landesmitgliederversammlung der Grünen in Hessen vom 2. –3. 12. 1989 ［GG］.

368. » Zukunft gestalten, nicht vereinnahmen «, in: *Die tageszeitung* vom 15. 12. 1989 ［Deutschland 1989, Bd. 25, S. 84］.

369. Christian Ströbele, »Gegen den nationalen Taumel«, in: *Die tageszeitung* vom 15. 12. 1989.

370. 泰·埃希在预算案辩论中如是说，援引自»Zukunft gestalten, nicht vereinnahmen «, in; *Die tageszeitung* vom 15. 12. 1989 ［Deutschland, Bd. 25, S. 84］。

371. Bundestagsdrucksache 11/5936 vom 30. 11. 1989. Entschließungsantrag der Fraktion Die Grünen zur dritten Beratung des Haushaltsgesetzes 1990. Einzelplan 04. Geschäftsbereich des Bundeskanzlers und des Bundeskanzleramtes ［GG］.

372. Norbert Kostede/Helmut Wiesenthal, »Nach der Wiedervereinigung – Das historische Versagen der Grünen und der westdeutschen Linken «, 29. 11. 1989 ［GG］.

373. »Müssen deutsche Einheit akzeptieren«, Interview mit Joschka Fischer, in: *Frankfurter Rundschau* vom 7. 2. 1990 ［Deutschland 1990, Bd. 68, S. 1961］. Ebenso Udo Knapp, »DDR war Scheinstaatlichkeit«, in: *Die tageszeitung* vom 6. 2. 1990 ［同上, S. 1957 f］.

374. » Zukunft gestalten, nicht vereinnahmen «, in: *Die tageszeitung* vom 15. 12. 1989 ［Deutschland, Bd. 25, S. 84］.

375. Wünsch（1995），S. 135.

376. Ralf Fücks，»Nicht links, nicht rechts, sondern grün. über die notwendige Neuorientierung grüner Politik«（Anfang Marz 1990）［GG］.

377. Raschke（1993），S. 919.

378. Ralf Fücks，»Nicht links, nicht rechts, sondern grün. über die notwendige Neuorientierung grüner Politik«（Anfang März 1990）［GG］.

379. » Thesen zur Deutschlandpolitik «. Beschluβ der Fraktionssitzung am 6. 2. 1990［GG］.

380. » Skandal：Grüne Wunsche unberücksichtigt! «，PresseErklärung der Bundestagsabgeordneten Siggi Friess, Marie – Luise Schmidt, Tay Eich vom 7. 2. 1990［Deutschland 1990, Bd. 68, S. 1959］.

381. Antje Vollmer in einem Interview mit dem Deutschlandfunk am 9. 2. 1990［Deutschland 1990, Bd. 68, S. 1967］.

382. »Nicht auf den fahrenden Zug aufspringen! Zu dem angeblichen Positionswechsel der Grünen in der Deutschlandpolitik erklärt Verena Krieger, Sprecherin im Bundesvorstand der Grünen«, in：Die GRüNEN, Pressedienst Nr. 24 vom 8. 2. 1990.

383. Jürgen Maier，» Grünes Chaos in der Deutschlandpolitik «，8. 2. 1990［GG］.

384. Helmut Lippelt in einem Brief an die grünen Bundestagsabgeordneten vom 9. 2. 1990［GG］.

385. Die Abgeordneten Kleinert, Beck – Oberdorf, Hillerich, Trenz, Meneses – Vogl，»Stellungnahme zur deutschlandpolitischen Diskussion vom 6. 2. 1990«［GG］.

386. »Für eine deutsch – deutsche Selbstbeschränkung in Europa. Deutschlandpolitische Opposition ohne Politikverzicht«. Deutschland – und europapolitisches Positionspapier des Linken Forums vom 11. 3. 1990［GG］.

387. 1990 年 2 月 9 日 Karitas Hensel 向党团所作的报告［GG］。

388. Ralf Fücks 写给绿党联邦议会党团执行部的一封信，以及 Gerald Häfner 议员关于"重新统一"的人民决议（o. D.，aber nach 18. 3. 1990）［GG］。

389. 参阅 Ralf Fücks, Brief an den BuVo (Fraktionsvorstand zur Kenntnis)。有
关：DDR – Wahlen und Grüne vom 30. 1. 1990 [GG]。

390. Dietrich Wetzel/Jürgen Schnappertz, »Bericht an die Bundestagsfraktion
Die Grünen über Anforderungen an das in West – Berlin neu eingerichtete
Unterstützungsbüro für DDR – Gruppen vom 12. Februar 1990« [GG].

391. Telefonisches Interview Sybille Schickmit Ludger Volmeram 25. 9. 1997.

392. Deutschlandpolitische Erklärung der Bundesdelegiertenversammlung in
Hagen vom 30. 3. – 1. 4. 1990: Grüner Basisdienst Nr. 3/April 1990.

393. »Müssen deutsche Einheit akzeptieren«, Interview mit Joschka Fischer, in:
Frankfurter Rundschau vom 7. 2. 1990 [Deutschland 1990, Bd. 68,
S. 1961].

394. »Für eine europäische Zukunft Deutschlands «. Beschluβ der
Landesmitgliederversammlung Die Grünen Hessen am 24. 3. 1990 in Fulda
[GG].

395. Deutschlandpolitische Erklärung der Bundesdelegiertenversammlung in
Hagen vom 30. 3. – 1. 4. 1990: Grüner Basisdienst Nr. 3/April 1990.

396. Brief von Jürgen Reents an Ruth Hammerbacher am 13. 3. 1990 [GG].

397. Jürgen Reents, »Zur ‹PDS – Debatte› « vom 29. 3. 1990 [GG].

398. »Zur Situation der Grünen erklβrt die Sprecherin im Bundesvorstand der
Grünen Ruth Hammerbacher«, in: Die GRüNEN, Pressedienst Nr. 53/90
vom 13. 3. 1990.

399. Waltraud Schoppe in einem Interview im Deutschlandfunk am 20. 3. 1990
[Deutschland, Bd. 68, S. 2121].

400. 例如 »Spaltet die PDS die Grünen? «, in: *Weser – Kurier* vom 21. 3. 1990
[Deutschland 1990, Bd. 68, S. 2122]。

401. Beschluβ der Grünen zur Bündnispolitik mit DDR – Gruppen: Grüner
Basisdienst Nr. 3/April 1990.

402. Joschka Fischer, »Von der Umweltkrise zum deutschen Vaterland. Oder:
Der Bankrott des Sozialismus/Gedanken über die zukünftigen Wege der
Partei Die Grünen «, in: *Frankfurter Rundschau* vom 7. 6. 1990
[Deutschland 1990, Bd. 68, S. 1990].

403. M. Beck – Oberdorf, R. Fücks, Chr. Nickels, B. Ulrich, A. Vollmer,

W. Weber, »Opposition bis ins Jahr 2000?«, in: *Die tageszeitung* vom 21. 9. 1990 [Deutschland 1990, Bd. 68, S. 2017].

404. »Jetzt kontrolliert niemand mehr dieses Deutschland außer uns«, Interview mit Antje Vollmer, in: *Frankfurter Rundschau* vom 15. 9. 1990 [Deutschland 1990, Bd. 68, S. 2012ff.].

405. 可以参阅»Nach mehreren Parteiaustritten: Grüne beklagen ‹ Rechtsruck ›«, in: *Süddeutsche Zeitung* vom 13. 9. 1990 [Deutschland 1990, Bd. 68, S. 2155]。

406. »Austritte bzw. übertritte von Mitgliedern der Grünen zur PDS. Die Pressesprecherin der Grünen, Anne Nilges, teilt mit: auf seiner Sitzung am 11. 9. Hat sich der Bundesvorstand mit den Austritten Grüner Politiker aus der AL in Berlin und aus dem Landesverband Baden − Württemberg befasst und folgende Erklärung verabschiedet«, in: Die GRüNEN, Pressedienst Nr. 182/90 vom 11. 9. 1990.

407. »Grüne nehmen Stellung zum Prozess der deutschen Einheit. Zur Diskussion über den Staatsvertrag und den Zeitplan zur Einheit erklären die drei Mitglieder der Grünen im Ausschuss ‹ Deutsche Einheit › Gerald Hafner, Almut Kottwitz und Antje Vollmer«, in: Die GRüNEN im Bundestag, Pressemitteilung Nr. 449 vom17. 5. 1990.

408. Telefonisches Interview Sybille Schickmit Ludger Volmer am 25. 9. 1997.

409. 韦雷娜·克里格尔（Verena Krieger）在 1997 年 9 月 18 日写给西比勒·希克的一封信中如是说。

410. »Gemeinsame Erklärung zum Staatsvertrag der Fraktionen von Bündnis 90/Grüne in der Volkskammer, DIE GRüNEN im Bundestag. Berlin/DDR, Bonn 6. 6. 1990« [GG].

411. Erklärung zum Staatsvertrag und zur Deutschlandpolitik der Bundesdelegiertenkonferenz in Dortmund vom 8. − 10. 6. 1990: Grüner Basisdienst Nr. 6/Juni 1990.

412. »Wir brauchen eine demokratisch legitimierte Verfassung«, in: Die GRüNEN. Beschlüsse der außerordentlichen Bundesversammlung in Bayreuth vom 22. − 23. 9. 1990 [GG].

413. Wünsch (1995), S. 140f.

414. Erklärung zur aktuellen Diskussion um gesamtdeutsche Wahlen der Bundesdelegiertenkonferenz in Dortmund vom 8. – 10. 6. 1990, in: Grüner Basisdienst Nr. 6/ Juni 1990.

415. Deutschlandpolitische Erklärung der Bundesdelegiertenkonferenz in Dortmund vom 8. – 10. 6. 1990: Grüner Basisdienst Nr. 6/Juni 1990.

416. Erklärung zum Wahlbündnis DIE GRüNEN/BüNDNIS 90, in: Die GRüNEN. Beschlüsse der außerordentlichen Bundesversammlung in Bayreuth vom 22. – 23. 9. 1990 [GG].

417. Kleinert (1992), S. 123.

第三章　民主德国转型时期的新旧政党

1. 参阅 Mit dem Blick auf den XII. Parteitag die Aufgaben der Gegenwart lösen. Aus dem Bericht an die 7. Tagung des ZK der SED. (Ost –) Berlin 1988; Ilse Spittmann, »Weichenstellung für die neunziger Jahre«, in: Deutschland Archiv 21 (1988), S. 1249 ff.; Johannes L. Kuppe, » Offensiv in die Defensive. Zum 7. Plenum des ZK der SED«, 同上, 22 (1989), S. 1 ff. 。

2. 参阅 Neues Deutschland vom 3. 12. 1988。第 12 次党代会应该在 1990 年 6 月 15 ~ 19 日召开。

3. 参阅 Margot Honecker, Unser sozialistisches Bildungssystem – Wandlungen, Erfolge, neue Horizonte. 1IX. Pädagogischer Kongress der DDR. 13. Bis 15. Juni 1989. (Ost –) Berlin 1989。

4. 参阅 Johannes L. Kuppe, »In der Defensive. Zum 8. Plenum des ZK der SED«, in: Deutschland Archiv 22 (1989), S. 837ff. 。

5. 参阅 Aus dem Bericht des Politbüros an die 8. Tagung des ZK der SED. (Ost –) Berlin 1989; Aus den Diskussionsreden. 8. Tagung des ZK der SED. (Ost –) Berlin 1988 [SAPMO – BArch, DY 30/1V 2/1/697]。

6. 参阅 Beginn der Wende und Erneuerung. (Ost –) Berlin 1989, S. 5ff; Neues Deutschland vom 12. 10. 1989. 声明的形成过程参阅 Gysi/Falkner (1990), S. 33 ff. 。

7. 参阅 Hans Modrow (Hrsg.), Das Große Haus. Insider berichten aus dem ZK der SED. Berlin 1994; Manfred Uschner, Die zweite Etage. Funktionsweise eines Machtapparates. Berlin 1993。

8. 参阅 Fred Oldenburg, Die Implosion des SED – Regimes. Ursachen und Entwicklungs – prozesse. Köln 1991 （Berichte des Bundesinstituts für ostwissenschaftliche und internationale Studien, H. 10/1991）。

9. 参阅 Gunter Schabowski, Das Politbüro. Ende eines Mythos. Reinbek 1990, S. 106f.；ders.，Der Absturz. Berlin 1991, S. 266 f.。

10. 沙博夫斯基事后描述了他是如何准备这份声明的（参阅 *Neues Deutschland* vom 19. 10. 1989）。但是他不理解，为什么偏偏是克伦茨被推选为新的总书记。参阅 Schabowski (1990), S. 107f; ders. (1991), S. 267ff.。根据昂纳克的说法，他自己对这个"最后意愿"进行了措辞。取代了之前的："中央委员会和人民议院应该为此推举一名同志"的表述，改成了："应该推举埃贡·克伦茨同志"[SAPMO – BArch, DY 30/IV 2/1/701]。昂纳克的声明的结尾处也被修改了，不过不是很重要。参阅 Reinhold Andert/Wolfgang Herzberg, Der Sturz. Erich Honecker im Kreuzverhör. Berlin/ Weimar 1990, S. 33f.。

11. SAPMO – BArch, DY 30/IV 2/1/701.

12. 参阅 Beginn der Wende und Erneuerung. S. 11 ff.；*Neues Deutschland* vom 19. 10. 1989。

13. 主要内容摘要刊登在 *Neues Deutschland* vom 20. 10. 1989。

14. 参阅 *Neues Deutschland* vom 6. 11. 1989。

15. 参阅同上，4. /5. 11. 1989。

16. 参阅 SAPMO – BArch, DY 30/IV 2/1/704。

17. 参阅同上。

18. 同上，IV 2/1/705。

19. 参阅 Schritte zur Erneuerung. （Ost – ）Berlin 1989, S. 3 ff.；*Neues Deutschland* vom 9. 11. 1989。

20. SAPMO – BArch, DY 30/IV 2/1/706.

21. "新论坛"的呼吁于 1989 年 9 月 13 日发表在《法兰克福评论报》（*Frankfurter Rundschau*）上。几天之后这份要求以组织形式注册的申请遭到了民主德国内政部长的拒绝。参阅 *Neues Deutschland* vom 22. 9. 1989。

22. SAPMO – BArch, DY 30/IV 2/1/706.

23. *Neues Deutschland* vom 9. 11. 1989.

24. 参阅 SAPMO – BArch, DY 30/IV 2/1/708；Krenz（1990），S. 180f. 。

25. SAPMO – BArch, DY 30/IV 2/1/708. 莱因霍尔德在夏天和初秋的时间内反复发表了相似的看法。参阅» Die ‹ sozialistische Identität › der DDR. überlegungen von Otto Reinhold in einem Beitrag für Radio DDR am 19. August 1989«, in：Blätter fü deutsche und internationale Politik, H. 10/1989, S. 1175；ders. , » Eine sozialistische Alternative zur BRD «, in：Horizont, H. 10/1989, S. 8ff. ； ders. , » Wie spezifisch ist unser Sozialismus? «, in: Berliner Zeitung vom 12. 10. 1989。

26. SAPMO – BArch, DY 30/IV 2/1/708.

27. 参阅同上，IV 2/1/704。

28. 参阅 Schürer 和 Jarowinsky 的文章，同上，IV 2/1/709。

29. 参阅 Hans – Hermann Hertle, Vor dem Bankrott der DDR（Berliner Arbeitshefte und Berichte der sozialwissenschaftlichen Forschung, Nr. 63）. Berlin 1991；ders. , »Der Weg in den Bankrott der DDR – Wirtschaft«, in：Deutschland Archiv 24（1991），S. 127ff. ； ders. , » Staatsbankrott. Der ökonomische Untergang des SED – Staates«, 同上，S. 1019 ff. 。

30. SAPMO – BArch, DY 30/IV/2/1/709.

31. 参阅 Neues Deutschland vom 11. /12. 11. 1989。

32. 参阅 SAPMO – BArch, DY 30/IV 2/1/714。

33. 同上。

34. 参阅 Neues Deutschland vom 14. 11. 1989。

35. BStU, ZA SdM 1997；BStU, ZA, SED – KL 87.

36. 在 1989 年 11 月 22 日的政治局会议上，成立了一个内部工作组对“国家机构为企业内的党派工作提供的财政支出进行暗中调查”；同样地，也要准备一份财政法规 ［SAPMO – BArch, DY 30/J IV 2/2A/ 3262］。

37. 参阅 SAPMO – BArch, DY 30/J IV 2/2A/3257, 3255, 3256（II）。

38. 参阅 SAPMO – BArch, DY 30/J IV 2/2A/3262。

39. 由于前行政区书记汉斯·阿尔布雷西特（Hans Albrecht）及格哈尔德·米勒（Gerhard Müller）违反法规，1989 年 12 月 1 日，中央党派管理委员会开始了反对他们的进程；1989 年 11 月 18 日人民议院设立了一个委员会，监督滥用职权、腐败以及个人贪污行为。

40. 参阅 Robert Weiβ, Chronik eines Zusammenbruchs. Der »heiβe« Herbst

und seine Folgen in den Ländern des Warschauer Paktes. Berlin 1990, S. 11 ff. , S. 60ff. 。

41. 参阅 1989 年 12 月 1 日电传 ［SAPMO – BArch, DY 30/IV 2/1/715］。

42. 居西表示，他被“要求”进行演讲。参阅 Gysi/Falkner (1990), S. 75。

43. 根据与会者的说法，罗兰·克劳泽（Roland Claus）（哈勒）要求在格雷戈尔·居西领导下建立一个调查委员会，并且准备党派的新建。

44. 参阅 Schabowski (1990), S. 179ff. 。

45. 除中央委员会辞职，以及建立工作总结报告组之外，还确认了开除以下人员的党籍：Hans Albrecht, Erich Honecker, Gunter Kleiber, Werner Krolikowski, Erich Mielke, Dieter Müller, Gerhard Müller, Alexander Schalck – Golodkowski, Horst Sindermann, Willi Stoph, Harry Tisch 以及 Herbert Ziegenhahn。

46. 赫尔伯特·克罗克（Herbert Kroker）在 1989 年 11 月 1 日被选为东德社民党埃尔福特区第一书记。直到 1989 年 12 月 8 ~ 9 日的特别党代会之前，东德社民党工作委员会一直由他领导。参阅 Neues Deutschland vom 4. Und 5. 12. 1989。

47. 参阅 André Brie, »Der zweigeteilte Parteitag. Versuch eines Beitrags gegen neue Legenden«, in: Lothar Bisky/Jochen Czerny/Herbert Mayer/Michael Schumann (Hrsg.), Die PDS – Herkunft und Selbstverständnis. Eine politisch – historische Debatte. Berlin 1996, S. 59。

48. 参阅 SAPMO – BArch, DY 30/J IV 2/2A/3265。

49. 参阅 Sabine und Zeno Zimmerling, Neue Chronik DDR. 5 Bde. (Ost –) Berlin 1989 f. , Bd. 3, S. 37。

50. 参阅 Von den Anfangen. Eine illustrierte Chronik der PDS 1989 – 1994. Berlin 1995, S. 10。

51. 参阅 Zimmerling (1989), Bd. 3, S. 36f. 。行政区内的“民主选举”虽然被政治局办公室的领导施威尔特纳认为是具有合法性的，但是不能摆脱自己出身于政治局范围的背景，他们都是为了相应的功能而被任命的。参阅 E. Schwertner, »Zur Bildung des SED – Arbeitsausschusses«, in: Bisky u. A. (1996), S. 160。福克纳为中央委员会顾问中心主任，前中央委员会青年部部长舒尔茨在工作委员会中安排了一个重要的职位。参阅 Thomas Falkner, »‹Putsch› oder ‹Sturm aufs Große Haus›? «,

同上，S. 154。

52. 参阅 u. A. Gysi/Falkner（1990），S. 91f.。

53. 政治局建议成立一个 80 人的工作主席团，成员包括 Hermann Kant, Gisela May, Markus Wolf, Wolfgang Berghofer 以及来自科学学院、柏林的大学以及莱比锡的大学中"有影响力的"同志们，还有 3 名新任统社党行政区第一书记（Wötzel, Vietze und Peck）。最终除了如上人员还扩充了 20 名成员，恰好与新选出理事会成员的数量相符 [SAPMO – BArch, DY 30/f IV 2/2A/3263]。

54. 参阅 Gysi/Falkner（1990），S. 95 f.。

55. 参阅 Falkner（1996），S. 154f.。

56. 参阅 *Neues Deutschland* vom 12. Bis 16. /17. 12. 1989。

57. 同时参阅 André Brie, »Der zweigeteilte Parteitag. Versuch eines Beitrags gegen neue Legenden «, in：Bisky u. A.（1996），S. 54ff.；Ellen Brombacher, »Zum Sonderparteitag im Dezember 1989«, 同上，S. 148f.。

58. 参阅 Michael Nelken, » Schwierigkeiten einer Emanzipation. Zur Stalinismusdebatte in der PDS«, 同上，S. 69。

59. 参阅 die Ausführungen von Hans Modrow auf der geschlossenen Sitzung des ersten Beratungstages）：Außerordentlicher Parteitag der SED/PDS. Partei des Demokratischen Sozialismus. 8. /9. Und 16. /17. Dezember 1989, Materialien. Berlin 1990 [以下简称：Außerordentlicher Parteitag], S. 31ff.。

60. 参阅 die Wahlergebnisse in：Außerordentlicher Parteitag, S. 153 ff.。以改革者身份示人的米夏埃尔·布里获得了大约 86% 的选票，他的票数明显少于其他理事会成员。参阅 *Neues Deutschland* vom 11. 12. 1989；Heinrich Bortfeld, Von der SED zur PDS. Wandlung zur Demokratie. Bonn/Berlin 1992, S. 177 ff.；Eberhard Schneider, »Der letzte Parteitag der SED«. Köln 1990（Berichte des Bundesinstituts für ostwissenschaftliche und Internationale Studien, H. 19/1990），S. 54f.。

61. 参阅 z. B. Gysi/Falkner（1990），S. 101。

62. Außerordentlicher Parteitag, S. 129.

63. 参阅 Bortfeldt（1992），S. 134ff.。

64. Michael Schumann, »Wir brechen unwiderruflich mit dem Stalinismus als

System！Referat ‹Zur Krise in der Gesellschaft und zu ihren Ursachen，zur Verantwortung der SED›«，in：Auβerordentlicher Parteitag，S. 41 ff. 报告的起草者是由菲策（Vietze）组织起来的工作小组，成员包括历史学家 Benser，Finker，Jahnke，Libera，Schott 以及 Schumann。参阅 Parteivorstand der PDS，Archiv［以下简称：PDS – Archiv］。

65. 参阅迪特尔·克莱因所汇报的集体成果»Fertige Lösungen – das wäre wieder der Anfang von alten Strukturen. über die Neuformierung einer modernen sozialistischen Partei und ihren Beitrag für eine neue sozialistische Gesellschaft«，in：Auβerordentlicher Parteitag，S. 57ff. 。

66. 参阅 zum Selbstverständnis der Partei：Manfred Behrend/Helmut Meier （Hrsg. ），Der schwere Weg der Erneuerung. Von der SED zur PDS. Eine Dokumentation. Berlin 1991，S. 284ff. 。

67. 详细参阅 Gero Neugebauer/Richard Stöss，Die PDS. Geschichte. Organisation. Wahler. Konkurrenten. Opladen 1996，S. 35 ff. 。

68. Gysi/Falkner（1990），S. 113.

69. 同上，S. 125。

70. 参阅同上，S. 125f. 。

71. 同上，S. 128。

72. 参阅 *Neues Deutschland* vom 22. 1. 1990。

73. 在 1989 年 12 月的统社党特别党代会以及 1990 年 2 月的民社党党代会之间，大约有一百万成员离开了党派。

74. 参阅 *Neues Deutschland* vom 10. ，17. Und 18. 11. 1989。

75. 参阅 PDS – Archiv。党代会演讲中没有这项要求。

76. 参阅 PDS – Archiv。

77. 统社党的老年照顾将移交给养老保险，在上呈主席团的草案中，其中还评论这条规定将保证党派的下台不再影响退休金，这样对于"成员的纪律教育"也随之省略，但是目前为止的种种规定可能"由于保险法规而无法持久"［PDS – Archiv］。

78. 参阅 Patrick Moreau，Die PDS. Anatomie einer postkommunistischen Partei. Bonn/ Berlin 1992，S. 174。

79. Thomas Falkner/Dietmar Huber，Aufschwung PDS. Rote Socken – zurück zur Macht？ München 1994，S. 136ff.

80. PDS – Archiv.

81. PDS – Archiv.

82. 1990 年 10 月，将 1.07 亿德国马克非法转往苏联的尝试失败了；人们试图通过民社党可能的违法行为，或者没收财产来"拯救"这一财政物资。

83. 参阅 Zwischenbericht der Unabhängigen Kommission zur überprüfung des Vermögens der Parteien und Massenorganisationen der DDR，Deutscher Bundestag, Drucksache 12/622, S. 13。

84. 总体来说这里涉及超过 5500 万马克（中央和地方）。参阅 PDS – Archiv。

85. Neugebauer/ Stöss (1996)，S. 149.

86. 民社党的新团体中，包括具有高校毕业证书的工人，失业者（13.8%），提前退休人员（14.6%），被解雇者（17.2%）；所有的这些比例都远远超过社会平均值。参阅 Dietmar Wittich，»Sozialstruktur von PDS – Mitgliedern «, in：Oskar Niedermayer/Richard Stöss（Hrsg.），Parteien und Wahler im Umbruch. Opladen 1994，S. 234。

87. Wahlparteitag der Partei des Demokratischen Sozialismus，PDS. 24. / 25. 2. 1990. Berlin 1990. Auszüge aus dem Programm der PDS. 同时参阅 Behrend/Meier（1991），S. 383 ff.。

88. Wahlparteitag der Partei des Demokratischen Sozialismus（1990），S. 90.

89. 参阅 Oskar Niedermayer/Richard Stöss，» DDR – Regimewandel. Bürgerorientierung und die Entwicklung des gesamtdeutschen Parteiensystems «, in：dies.（1994），S. 11 ff.。

90. 其中包括社会主义论坛成员德国共产党的改革者，围绕《社会主义》杂志的"社会主义学习团体"，共产主义联盟成员，社会主义导向的绿党，左倾工会会员以及左倾社民党人。

91. Linke Liste/PDS. Für eine starke linke Opposition. Gesamtdeutscher Wahlkongress der linken Liste/PDS. Berlin，15. /16. September 1990. Potsdam o. J.

92. 特别参阅 Demokratischer Sozialismus. Materialien der Konferenz der PDS vom 8. Juli 1990 in Berlin.（Ost –）Berlin o. J.；PDS. Eine neue Partei？Erneuerungskonferenz der PDS, Berlin 8. /9. September 1990. Berlin o. J.。同时参阅 Der Stalinismus in der KPD und SED – Wurzeln, Wirkungen,

Folgen. Materialien der Konferenz der Historischen Kommission beim Parteivorstand der PDS am 17. /18. November 1990。

93. 参阅 Hasko Hüning, »PDS – Systemopposition oder Reformpolitik? Eine Zwischenbilanz«, in: Deutschland Archiv 23 (1990), S. 1670 – 1678。

94. 参阅 Linke Liste/PDS. Für eine starke linke Opposition, S. 41 ff. 。

95. 关于东德基民盟详细参阅 Wolfgang Jäger/Michael Walter, Die Allianz für Deutschland. CDU, Demokratischer Aufbruch und Deutsche Soziale Union 1989/90. Weimar/Köln 1998; Ute Schmidt, Von der Blockpartei zur Volkspartei? Die Ost – CDU im Umbruch 1989 – 1994. Opladen 1997。研究情况可参阅 Manfred Agethen, »Die CDU in der SBZ/DDR 1945 – 1990. Neuere Literatur (1990 – 1996) «, in: Historisch – Politische Mitteilungen. Archiv für christlich – demokratische Politik (HPM). Herausgegeben von der Konrad – Adenauer – Stiftung, 3. Jahrgang, Köln/Weimar/Wien 1996, S. 235 – 253。

96. 参阅 Manfred Agethen, »Unruhepotentiale und Reformbestrebungen in der Ost – CDU. Der ‹Brief aus Weimar› und der ‹Brief aus Neuenhagen› «, in: HPM 1 (1994), S. 89 – 114, S. 99; Michael Richter, »Zur Entwicklung der Ost – CDU im Herbst 1989«, 同上, S. 115 – 133, S. 115ff; ders. , »Rolle, Bedeutung und Wirkungsmöglichkeiten der Blockparteien – die CDU«, in: Deutscher Bundestag (1995), Bd. II, 4, S. 2587 – 2638ff; Katharina Landgraf, »Die ‹Neuen› «, in: Zeitschrift zur politischen Bildung/ Eichholz Brief 2/91, S. 42 – 45, hier S. 44。

97. Neuenhagen 地方小组成员的攻击就是个例外。Vgl. Agethen (1994), S. 99 – 114; Else Ackermann, »Die Revolution – ein Flächenbrand? Eindrücke aus Brandenburg «, in: Zeitschrift zur politischen Bildung/ Eichholz Brief 2/91, S. 101 – 115.

98. 参见 »Brief aus Weimar« v. A. Agethen (1994), S. 94ff. Und Christine Lieberknecht, »Der Weimarer Brief und die Erneuerung der Ost – CDU«, in: Andreas Dornheim/Stephan Schnitzler (Hrsg.), Thüringen 1989/90. Akteure des Umbruchs berichten. Erfurt 1995, S. 267 – 273。

99. Eduard Lintner in: SR 1 – Das Journal vom 19. 9. 1989 [Deutschland 1989, Bd. 16, S. 143].

100. Martin Kirchner,»Bericht zur politischen Lage aus der Sicht der Ost –
     CDU«, Tagung des Krone – Ellwanger – Kreises am 12./13. Januar 1990 in
     Schloss Eichholz. Vertraulich (Tonbandabschrift vom 13. 1. 1990), S. 3.

101. Lieberknecht (1995), S. 269.

102. 援引自 Richter (1994), S. 120; 参阅 Lieberknecht (1995), S. 269.

103. *Neue Zeit* vom 19. 9. 1989.

104. 《新时代》的评论引发了一场激烈的讨论, 参阅»Information über die
     Meinungsbildung der Mitglieder der CDU in einigen aktuellen politischen
     Fragen«, in: Siegfried Suckut,»Die DDR – Blockparteien im Lichte neuer
     Quellen«, in: Jürgen Weber (Hrsg.), Der SED – Staat: Neues über eine
     vergangene Diktatur. München 1994, S. 99 – 197, S. 178ff.。

105. 参阅 Lieberknecht (1995), S. 271。

106. 援引自 Richter (1994), S. 121。

107. *Neue Zeit* vom 9. 10. 1989. 但是声明没有完全按照商定好的原文发布。
     参阅 Agethen (1994), S. 95; Lieberknecht (1995), S. 271。

108. 援引自 Richter (1994), S. 121。

109. 参阅 Richter (1994), S. 121; Ackermann (1991), S. 110f.。

110. »Unsere Verantwortung«, in: *Neue Zeit* und *Die Union* vom 12. 10. 1989.

111. *Neue Zeit* vom 17. 10. 1989.

112. »Brief aus Weimar an die Mitglieder und Vorstande der Christlich –
     Demokratischen Union Deutschlands«, in: *Neue Zeit* vom 26. 10. 1989.

113. »Was wir wollen und brauchen: Reformen und Erneuerung – Vertrauen und
     neue Kraft. Entwurf zur Diskussion«, in: *Neue Zeit* vom 28. 10. 1989. 参
     阅 Luck (1989), S. 129f.; Richter (1994), S. 125; Thomas Habicht,»
     Wer war das Volk? Gesichter der Revolution«, in: Zeitschrift zur
     politischen Bildung/Eichholz Brief 2/91, S. 1 ff., hier S. 6。参阅»Die
     Ost – CDU will sich die Forderungen der Kirchen zu eigen machen«, in:
     Frankfurter Allgemeine Zeitung vom 28. 10. 1989 [Deutschland 1989,
     Bd. 16, S. 109];»Ost – CDU verlangt lebendige Demokratie«, in: *Die
     Welt* vom 28. 10. 1989 [同上, Bd. 16 S. 108]。

114. Ute Schmidt,»Transformation einer Volkspartei – Die CDU im Prozess der
     deutschen Vereinigung«, in: Oskar Niedermayer/Richard Stöss (Hrsg.),

Parteien und Wahler im Umbruch. Parteiensystem und Wählerverhalten in der ehemaligen DDR und den neuen Bundesländern. Opladen 1994, S. 37 – 74, S. 44; Ralf Georg Reuth, »Wie de Maizière an die Spitze kam«, in: *Frankfurter Allgemeine Zeitung* vom1. 7. 1991.

115. 1995 年 4 月 7 日米夏埃尔·瓦尔特在诺伊赛丁（Neuseddin）对德梅齐埃进行的访谈，参阅 »Eine Vision, die man noch nicht ausprobiert hat«, in: *Die Weltwoche* vom 23. 11. 1989 〔Deutschland 1989, Bd. 16, S. 90ff.〕; Margarita Mathiopoulos, Rendezvous mit der DDR. Politische Mythen und ihre Aufklarung. Düsseldorf/Wien 1994, S. 230ff. , hier S. 238。

116. 1995 年 4 月 7 日对德梅齐埃进行的访谈。参阅 Gregor Gysi, Das war's. Noch lange nicht! Autobiographische Notizen. Düsseldorf 1995, S. 66。

117. 参阅 »CDU hüben, CDU drüben. Ein Maler aus der DDR, der Exodus und das Drahtseil. – Bilder einer Ausstellung«, in: *Frankfurter Allgemeine Zeitung* vom 9. 11. 1989 〔Deutschland 1989, Bd. 16, S. 171〕。

118. 参阅 *Neue Zeit vom* 12. 12. 1989。

119. 参阅 »CDU – Vorsitzender Lothar de Maizière: Namen CDU neu in den Blick nehmen, mit Inhalt fallen und einen eigenständigen Beitrag leisten«, in: *Neue Zeit* vom 11. 11. 1989。

120. 根据 Manfred Gawlik 和 Dieter Eberle 的个人意愿，他们离开了党派领导层。参见 Wahlprotokoll für die Vertrauensabstimmung über die stellvertretenden Vorsitzenden, die Mitglieder des Präsidiums und des Sekretariats des Hauptvorstandes der CDU auf der VII. Tagung des Hauptvorstandes am 10. 11. 1989 in Berlin 〔ACDP – VII – 011 – 3911〕.

121. Wahlprotokoll über die Wahl des Vorsitzenden der CDU auf der VII. Tagung des Hauptvorstandes am 10. 11. 1989 in Berlin 〔ACDP – VII – 011 – 3911〕.

122. 这项判决于 1991 年 12 月 21 日生效（Schreiben der Staatsanwaltschaft II bei dem Landgericht Berlin – Der Generalstaatsanwalt – vom 8. 5. 1996 〔1451 E 10/96〕）。

123. *Neue Zeit* vom 11. 11. 1989.

124. 同上，参阅手稿 »Zur Sache« 〔ACDP – VIl – 010 – 3933〕。

125. 参阅 Tessmer（1991），S. 184。

126. 参阅 Helmut Kohls Beitrag zur 53. Sitzung der Enquete – Kommission am 4. 11. 1993, in: Deutscher Bundestag (1995), Bd. V, 1, S. 932f. 。

127. Presse Erklärung der CDA – Hauptgeschäftsstelle vom 19. 9. 1989 [Deutschland 1989, Bd. 16, S. 144].

128. Pressemitteilung der CDU vom 20. 9. 1989 Deutschland 1989, Bd. 16, S. 145.

129. 参阅 »Rühe: Kontakte zu Ost – CDU – Mitgliedern«, in: *Die Welt* vom 2. 11. 1989 [Deutschland 1989, Bd. 16, S. 165]。

130. CDU/CSU – Fraktion im Deutschen Bundestag, Sitzung der Gesamtfraktion am 17. 101. 1989, S. 7 f. [ACDP – VIII – 001 – Nr. 1086/1], 参阅 Kohl (1996), S. 203ff. 。

131. 1995 年 4 月 7 日对德梅齐埃的访谈。

132. Protokoll des Treffens vom 2. 11. 1989 [Privatarchiv Thomas de Maizière].

133. 同上。

134. Protokoll des Treffens vom 2. 11. 1989 [Privatarchiv Thomas de Maizière].

135. 参阅 Gerlach (1991), S. 322。

136. Tessmer (1991), S. 184.

137. »Ost – CDU glaubt weiter an den Sozialismus«, in: *Bild am Sonntag* vom 19. 11. 1989 [Deutschland 1989, Bd. 16, S. 89]; »Für Ost – CDU ist Sozialismus eine der schönsten Visionen«, in: *Die Welt v*om 20. 11. 1989 [同上, S. 176].

138. »Preuße, Christ und Demokrat«, in: *Stern* Nr. 50 vom 7. 12. 1989 [Deutschland 1989, Bd. 16, S. 119ff, Zit. S. 120].

139. 同上, S. 120f. 。

140. »‹Inoffiziell› trifft Rühe de Maizière«, in: *Die Welt* vom 21. 11. 1989 [Deutschland 1989, Bd. 16, S. 180].

141. 1995 年 4 月 7 日米夏埃尔·瓦尔特对德梅齐埃进行的访谈；参阅 de Maizière (1998), S. 65。

142. 1995 年 4 月 7 日对德梅齐埃进行的访谈；参阅 de Maizière (1996), S. 64。

143. *Junge Welt* und *Neues Deutschland* vom 2. /3. 12. 1989.

144. Schmidt (1994), S. 46ff.

145. 参阅同上，S. 47。

146. *Neue Zeit* vom 25. 11. 1989.

147. 同上；CDU – Pressedienst：Erklärung des Pressesprechers 1/89 vom 24. 11. 1989；» Dokumentation 2/89：Beschluβ des Hauptvorstandes der CDU auf seiner VIII. Tagung vom 22. 11. 1989 in Burgscheidungen：Gemeinsam handeln – Angebot der CDU« ［ACDP – VII – 011 – 3542］。

148. Notizen Thomas de Maizières am 7. 4. 1995. ［Privatarchiv Thomas de Maizière］.

149. 参阅 » Preuβe, Christ und Demokrat«, in：*Stern* Nr. 50 vom 7. 12. 1989 ［Deutschland 1989, Bd. 16, S. 119ff. , Zit. S. 120f. ］；CDU/CSU – Fraktion im Deutschen Bundestag, Protokoll der Fraktionssitzung am 27. 11. 1989, S. 33 ［ACDP – VIII – 001 – Nr. 1086/1］。

150. Stenographisches Protokoll der Sitzung des Demokratischen Blocks am 28. 11. 1989 ［SAPMO – BArch – CY 30 – vorl. SED – 40745, Bd. 2］.

151. Schäuble（1991），S. 23；1995 年 8 月 4 日，作者在根恩巴赫对沃尔夫冈·朔伊布勒进行的访谈。

152. 1995 年 8 月 4 日与朔伊布勒的访谈；1995 年 4 月 7 日与德梅齐埃的访谈。参阅 Schäuble（1991），S. 32f. 。

153. 参阅 Frankfurter *Allgemeine Zeitung* und *Neue Ruhr Zeitung* vom 12. 12. 1989；Kohl（1996），S. 2。

154. Chronik der Wende, Bericht über den 11. 12. 1989.

155. CDU/CSU – Fraktion des Deutschen Bundestages, Protokoll der Fraktionssitzung am 12. 12. 1989, S. 23 ［ACDP – VIII – 001 – 1086/1］.

156. 同上，S. 6。

157. 参阅报道：Deutschland 1989, Bd. 16, S. 122 – 142, *Bauern – Echo*, *Der Morgen* und *National – Zeitung* vom 16. /17. 12. 1989 und 18. 12. 1989；Schmidt（1994），S. 48 ff. 。

158. CDU – Texte 1/90. Erneuerung und Zukunft. Positionen vom CDU – Sonderparteitag am 15. /16. Dezember 1989 in Berlin, S. 7.

159. »DDR – CDU für Einheit der Nation «, in：*Süddeutsche Zeitung* vom 16. 12. 1989 ［Deutschland 1989, Bd. 16, S. 130］.

160. 1995 年 4 月 7 日与德梅齐埃的访谈。

161. CDU – Texte 1/90, S. 10.

162. 同上，S. 19。

163. 参阅 »Streit um die beiden Kernfragen staatliche Einheit und soziale Marktwirtschaft«, in: *Handelsblatt* vom 15. 12. 1989 [Deutschland 1989, Bd. 16, S. 124]。

164. Chronik der Wende, Bericht über den 15. 12. 1989.

165. *Handelsblatt* vom 15. 12. 1989 [Deutschland 1989, Bd. 16, S. 124].

166. »Auch de Maizière spricht unter großem Beifall vom ‹Zusammenwachsen›«, in: *Frankfurter Allgemeine Zeitung* vom 16. 12. 1989 [Deutschland 1989, Bd. 16, S. 125f., Zit. S. 125]; Chronik der Wende, Bericht über den 15. 12. 1989.

167. 参阅 ADN vom 15. 12. 1989; *Frankfurter Rundschau* vom 18. 12. 1989。

168. 1995 年 4 月 7 日与德梅齐埃的访谈。

169. 参阅 Chronik der Wende, Bericht über den 16. 12. 1989。

170. Wahlprotokoll über die Wahl des Parteivorsitzenden der CDU auf dem Sonderparteitag vom 15. – 16. 12. 1989 in Berlin [ACDP – VII – 011 – 3911].

171. Wahlprotokoll über die Wahl des Generalsekretärs [同上].

172. Wahlprotokoll über die Wahl der stellvertretenden Parteivorsitzenden [同上].

173. Siegfried Suckut, »DDR – CDU wandelt sich zur ‹Partei der Mitte›«, in: *Das Parlament* vom 9. 2. 1990.

174. Satzung der Christlich – Demokratischen Union Deutschlands, § 1 [ACDP-VII – 011 – 3911].

175. Schmidt (1994), S. 52.

176. ADN und dpa vom 15. 12. 1989; *Kieler Nachrichten* vom 23. 1. 1990; Notizen Thomas de Maizières, der den Parteitag als Begleiter Eberhard Diepgens beobachtete [Privatarchiv Thomas de Maizière].

177. De Maizière (1996), S. 17.

178. *Welt am Sonntag* vom 17. 12. 1989.

179. 援引自 Richter (1994), S. 132。

180. Frankfurter Neue Presse vom 19. 12. 1989.

181. Westfälische Rundschau vom 20. 12. 1989.

182. 1995 年 3 月 9 日，沃尔夫冈·耶格尔与鲁道夫·塞特斯的访谈；1995 年 8 月 4 日与朔伊布勒的访谈。

183. Protokoll »Gespräch mit Vertretern von Oppositionsgruppen am 20. 12. Von 10. 00 bis 11. 30 Uhr im Hotel Bellevue«〔BA – B 288/290〕．

184. Die CDU in der DDR – Eine Bestandsaufnahme〔ACDP – VII – 011 – 3900〕．

185. 同上。

186. 同上。

187. Bahrmann/Links（1995），S. 42；参阅 de Maizière（1996），S. 73。

188. ACDP – VII – 010 – 3622.

189. Wortprotokoll der I. Tagung des Parteivorstandes der CDU am 5. Und 6. 1. 1990 in Burgscheidungen〔ACDP – VII – 010 – 3134〕．

190. 同上，S. 103。

191. 同上，S. 104。

192. Thaysen（1990），S. 71.

193. 同上，Faksimile Dokument Nr. 3；Helmut Herles/Ewald Rose（Hrsg.），Vom Runden Tisch zum Parlament. Bonn 1990，S. 51。

194. Martin Kirchner，»Bericht zur politischen Lage aus der Sicht der Ost – CDU «，Tagung des Krone – Ellwanger – Kreises am 12. /13. 1. 1990 in Schloss Eichholz. Vertraulich.（Tonbandabschrift vom 13. 1. 1990）．

195. 同上，S. 15。

196. 同上，S. 17。

197. 同上，S. 20。

198. 信息来源于联邦总理周围的人。

199. CDU/CSU – Fraktion im Deutschen Bundestag，Protokoll der Fraktionssitzung am 16. 1. 1990，S. 4 f.〔ACDP – VIII – 001 – 1087/1〕．

200. CDU/CSU – Fraktion im Deutschen Bundestag，Protokoll der Fraktionssitzung am 16. 1. 1990，S. 15 f.〔ACDP – VIII – 001 – 1087/1〕．

201. 同上，S. 16。

202. ACDP – VII – 010 – 3622.

203. 1995 年 4 月 7 日与德梅齐埃的访谈。

204. Materialien aus dem Büro Lothar de Maizière [ACDP – VII – 010 – 3621].

205. Erklärung des Vorsitzenden der CDU zu den Äuβerungen des Generalsekretärs Martin Kirchner, in: Manuskripte Lothar de Maizière 1988 – 1990 [ACDP – VII – 010 – 3933]. 参阅 Erklärung der CDU auf der 8. Sitzung des Runden Tisches am 18. 1. 1990, in: Herles/Rose (1990), S. 61。

206. *Welt am Sonntag* vom 21. 1. 1990.

207. Schäuble (1991), S. 43.

208. 1995 年 4 月 7 日与德梅齐埃的访谈。

209. Schäuble (1991), S. 40.

210. 1995 年 8 月 4 日与朔伊布勒的访谈; Schäuble (1991), S. 40f.。

211. CDU/CSU – Fraktion des Deutschen Bundestages, Protokoll der Fraktionssitzung am 23. 1. 1990 in Berlin im Reichstagsgebäude [ACDP – VIII – 001 – 1087/1].

212. 德梅齐埃在 1990 年 2 月 10 日于德累斯顿召开的第二次党理事会会议上的发言, siehe Protokoll, S. 4 [ACDP – VII – 010 – 3135]。

213. Erklärung des Präsidiums des Parteivorstandes vom 25. 1. 1990 [ACDP – VII – 010 – 3621].

214. Protokoll der 2. Sitzung des Parteivorstandes am 10. 2. 1990 in Dresden, S. 5 [ACDP – VII – 010—3135].

215. De Maizière (1996), S. 74; Kohl (1996), S. 284f.

216. 1995 年 4 月 7 日对德梅齐埃的访谈。

217. 同上。

218. De Maizière (1996), S. 74.

219. 1995 年 4 月 7 日对德梅齐埃的访谈。

220. Protokoll der Präsidiumssitzung am 30. Januar 1990, Beschluβ – Nr. 71/90 [ACDP – VII – 010 – 3620].

221. Kohl (1996), S. 288.

222. 1995 年 4 月 7 日对德梅齐埃的访谈; *Der Spiegel* Nr. 5 vom 27. 1. 1997。

223. 1994 年 12 月 6 日, 对汉斯 – 威廉·埃伯林的访谈。

224. 1995 年 3 月 9 日对塞特斯的访谈; 1995 年 5 月 29 日在波恩对科尔的访谈。根据科尔的说法 [Kohl (1996), S. 287], 总理在 1 月 29 日的基民盟主席团会议上，就已经提出了这个名字。

225. CDU/CSU – Fraktion im Deutschen Bundestag, Protokoll der Fraktionssitzung am 2. 6. 1990, S. 9〔ACDP – VIII – 001 – 1087/2〕.

226. 同上。

227. 同上，S. 10。

228. Protokoll der 2. Sitzung des Parteivorstandes am 10. 2. 1990 in Dresden, S. 13〔ACDP – VII – 010 – 3135〕; Gedanken zum Vortrag vor dem Parteivorstand am 10. 2. 1990, in: Manuskripte Lothar de Maizière〔ACDP – VII – 010 – 3933〕; 1995 年 4 月 7 日与 Lothar de Maizière 的访谈。

229. 参阅 I. Tagung des Parteivorstandes der CDU am 5. Und 6. 1. 1990 in Burgscheidungen, Wortprotokoll, S. 146〔ACDP – VI1 – 010 – 3134〕。

230. Protokoll der 2. Sitzung des Parteivorstandes am 10. 2. 1990 in Dresden, S. 71〔ACDP – VII – 010 – 3935〕.

231. 1995 年 4 月 7 日对德梅齐埃的访谈。

232. Protokoll der 2. Sitzung des Parteivorstandes am 10. 2. 1990 in Dresden, S. 74〔ACDP – VII – 010 – 3935〕.

233. Bahrmann/Links（1995）, S. 106.

234. So etwa auf der Sitzung der CDU/CSU – Fraktion im Deutschen Bundestag am 6. 2. 1990, S. 12〔ACDP – VIII – 001 – 1087/2〕.

235. CDU/CSU – Fraktion im Deutschen Bundestag, Protokoll der Fraktionssitzung am 6. 3. 1990, S. 2ff〔ACDP – VIII – 001 – 1087/2〕.

236. Peter Haungs, »Die CDU im Parteiensystem des vereinten Deutschland«, in: Peter Eisenmann/Gerhard Fischer（Hrsg.）, Die Entwicklung der Volksparteien im vereinten Deutschland. München 1992, S. 11 – 26, S. 19.

237. ACDP – VII – 011 – 3900.

238. 同上。

239. 同上。

240. CDU/CSU – Fraktion im Deutschen Bundestag, Protokoll der Fraktionssitzung am 8. 5. 1990, S. 4〔ACDP – Vlü – 001 – 1087/1〕.

241. Kommunalwahlen: Auswertung der Ergebnisse in den Land – und Stadtkreisen und in den Gemeinden〔ACDP – VII – 11 – 3900〕.

242. Pressemitteilung: Rede de Maizières vor dem Bundesausschuss am 18. 6. 1990 in Bonn, in: Manuskripte Lothar de Maizière 1988 – 1990, S. 3 [ACDP – VII – 010 – 3933]. 同时参阅 die Ansprache de Maizières auf der ersten gemeinsamen Sitzung der CDU/CSU – Bundestagsfraktion und der Volkskammerabgeordneten der Allianz für Deutschland am 29. 5. 1990 im Berliner Reichstag [ACDP – VIII – 001 – 1087/1]。

243. *Die Zeit* vom 14. 9. 1990；参阅 Josef Schmid, » Die CDU in Ostdeutschland«, in: Deutschland Archiv 27 (1994), S. 793 ff. , S. 794。

244. 详细参阅关于民农党的章节。

245. 1995 年 4 月 7 日对德梅齐埃的访谈。

246. » Absturz eines Senkrechtstarters? «, in: *Stern* Nr. 34 vom 16. 8. 1990 [Deutschland 1989, Bd. 55, S. 1854ff.]. 参阅 die vom Presse – und Informationsamt der Bundesregierung dokumentierten Medienberichte, 同上, S. 1850 – 1866。

247. 参阅 Schmidt (1994), S. 43。

248. Bahrmann/Links (1995), S. 318。

249. 参阅 Kohl (1996), S. 476ff. 。

250. Peter Schmidt, »Erster Parteitag der CDU Deutschlands in Hamburg«, in: Deutschland Archiv 22 (1990), S. 1662ff. , S. 1663, 参阅 Josef Schmid (1994), S. 793ff; ders. , »Die Vereinigung der CDU«, in: Frank Löbler/ Josef Schmid/Heinrich Tiemann (Hrsg.), Wiedervereinigung als Organisationsproblem. Gesamtdeutsche Zusammenschlüsse von Parteien und Verbanden. Bochum 1991, S. 48ff, S. 56f. 。

251. Schmidt (1994), S. 53.

252. 这个章节的内容以位于古墨斯巴赫（Gummersbach）的弗里德里希 – 诺曼（Friedrich – Naumann）基金会自由主义档案为依据（以下简称：AdL – FNSt）。在这里作者必须感谢曼弗雷德·格尔拉赫教授, 感谢他为在柏林和弗莱堡进行的多次访谈而进行的准备, 感谢他在访谈中与作者讨论他的研究成果。德国自民党在所研究时间范围内的发展参阅 Manfred Gerlach, Mitverantwortlich. Als Liberaler im SED – Staat. Berlin 1991, S. 176ff. ; Gerhard Papke, » Rolle, Bedeutung und Wirkungsmöglichkeiten der Blockparteien – Die LDPD «, in: Deutscher Bundestag (1995), Bd. 11, 4,

S. 2399 – 2463 ff. ; Thomas Pfau, »Aspekte der Entwicklung liberaler Kräfte in der DDR vom Herbst 1989 bis zum Herbst 1990«, in: Oskar Niedermayer/ Richard Stöss (Hrsg.), Parteien und Wähler im Umbruch. Parteiensystem und Wählerverhalten in der ehemaligen DDR und den neuen Bundesländern. Opladen 1994, S. 105ff; Ulf Sommer, Die Liberal – Demokratische Partei Deutschlands. Eine Blockpartei unter der Führung der SED. Munster 1996, S. 298 – 311。

253. 参阅 Peter Joachim Lapp, »Die Blockparteien und ihre Mitglieder«, in: Deutscher Bundestag (1995), Bd. ü, 1, S. 290ff, S. 298; Sommer (1996), S. 298ff. 。

254. Siegfried Suckut, »Die LDP (D) in der DDR. Eine zeitgeschichtliche Skizze«, in: Aus Politik und Zeitgeschichte B 16 – 17/96 vom 12. 4. 1996, S. 31ff, Zit. S. 37. 同时参阅 Vorschläge und Hinweise der LDPD an den IX. Pädagogischen Kongress 1989 [SAPMO – BArch, vorl. SED 42308]; Hinweise und Vorschlage der LDPD in Vorbereitung des XII. Parteitages der SED 1989 [SAPMO – BArch, vorl. SED 42225]。

255. *Der Morgen* vom 30. 9. /1. 10. 1989.

256. Lapps (1995), S. 296f. ; 参阅 Papke (1995), S. 2441。

257. 6. Sitzung des Zentralvorstandes der LDPD am 14. 6. 1989, S. 3 [AdL – ENSt – LDPD – 31442].

258. *Der Morgen* vom 13. 10. 1989.

259. Außerordentliche Beratung des Sekretariats des Zentralvorstandes mit den Vorsitzenden der Berzirksverbände, Abteilungsleitern und Beauftragten des Zentralvorstandes am 10. 10. 1989 [AdL – FNSt – LDPD – 31713].

260. 同上。

261. Sc hreiben Schorlemmers und Eppelmanns an das ZK der SED vom 23. 10. 1989 [SAPMO – BArch, IV B 2/14/36].

262. 参阅 Peter Juling, »Deutschlandpolitik der EDP«, in: Werner Weidenfeld/ Karl – Rudolf Korte (Hrsg.), Handwörterbuch zur deutschen Einheit. Bonn [2]1992, S. 202 – 208. , S. 206; Gerlach (1991), S. 198 – 201, S. 207f, S. 308 ff. ; Wolfgang Lüder, » Berlin: Brennpunkt deutsch – deutschen Wandels «, in: FDP – Fraktion im Deutschen Bundestag

（Hrsg. ），Nachlese. Deutsch – deutsche Wege. Zur Aufarbeitung der deutschen Nachkriegsgeschichte durch die Enquete – Kommission des Bundestages. Bonn 1994，S. 23ff. ，S. 26；Papke（1995），S. 2437f. ；Sommer（1996），S. 293 – 296。

263. »Wenn man sich freien Wahlen stellt, muss man jedes Risiko eingehen«, in：*Der Tagesspiegel* vom 10. 11. 1989 ［Deutschland 1989，Bd. 16，S. 45ff. ，Zit. S. 47］.

264. *Freie Demokratische Korrespondenz* vom 20. 11. 1989 ［Deutschland 1989，Bd. 16，S. 68f. ］.

265. Gerlach（1991），S. 3 10f.

266. »DDR – Liberale proben den Aufstand gegen Krenz«, in：*Abendzeitung* vom 4. 11. 1989 ［Deutschland 1989，Bd. 16，S. 43］.

267. 617 名"新论坛"（伯斯多夫）的基层组织成员就这样带着相应请求转向了德国自民党人民议院党团。参见 Stenografisches Protokoll der 7. Sitzung des Zentralvorstandes der LDPD am 24. 11. 1989，S. 82 ［AdL – FNSt – LDPD – 31546］。

268. *Die tageszeitung* vom 9. 11. 1989.

269. Gerlach（1991），S. 332.

270. Modrow（1991），S. 29 und S. 32.

271. 参阅 Gerlach（1991），S. 328。

272. Stenografisches Protokoll der geschlossenen Sitzung des Zentralvorstandes der LDPD am 24. 11. 1989，S. 1ff. ，S. 36ff. ［AdL – FNSt – LDPD – 31546］.

273. 同上，S. 9ff. 。

274. 21. Sitzung des Sekretariats des Zentralvorstandes am 11. 11. 1989，Beschluβ – Nr. 170/1989 ［ADL – FNSt – LDPD – 31713］.

275. Stenografisches Protokoll der 7. Sitzung des Zentralvorstandes der LDPD am 24. 11. 1989 in Berlin, S. 18 ［AdL – FNSt – LDPD – 31546］.

276. 同上，S. 26。

277. 同上，S. 6。

278. 同上 S. 7。

279. 同上，S. 11f. 。

280. 同上, Zur Diskussion S. 42 – 150〔FNSt – AdL – LDPD – 31546〕, 参阅 Gerlach（1991）, S. 333 f.。

281. Gerlach（1991）, S. 335.

282. Rolf Berndt/Silke Jansen, »Organisationsprobleme und Organisationserfolge aus der Sicht der F. D. P. «, in: Frank Löbler/Josef Schmidt/Heinrich Tiemann（ Hrsg. ）, Wiedervereinigung als Organisationsproblem: Gesamtdeutsche Zusammenschlüsse von Parteien und Verbänden. Bochum 1991, S. 66ff, S. 67.

283. 24. Sitzung des Sekretariats des Zentralvorstandes am 5. 12. 1989, BeschluβNr. 192/89〔AdL – FNSt – LDPD – 31713〕.

284. 参阅 Gerlach（1991）, S. 344f.。

285. ORB, Chronik der Wende, Beitrag zum 6. 12. 1989.

286. 参阅 Berndt/Jansen（1991）, S. 67f.。

287. 参阅同上, S. 68; Gerlach（1991）, S. 336。

288. 参阅 Ivo Klatte, »Die Gründung der Jungliberalen Aktion（JuliA） «, in: Tom Steinborn/Ivo Klatte, Liberale Jugend in Ostdeutschland. Dresden 1994, S. 42 – 52。

289. Gerlach（1991）, S. 354f.。

290. 同上, S. 355f.。

291. Stenografisches Protokoll der 7. 〔muss heiβen: 8. 〕Sitzung des Zentralvorstandes der LDPD am 19. 12. 1989, S. 28〔AdL – FNSt – LDPD – 31555〕.

292. 同上, S. 74。

293. ADN, 13. 12. 1989; *Frankfurter Allgemeine Zeitung* vom 14. 12. 1989.

294. 8. Sitzung des Zentralvorstandes am 19. 12. 1989〔AdL – FNSt – LDPD – 31555 〕.

295. 参阅 Berndt/Jansen（1991）, S. 67。

296. 24. Sitzung des Sekretariats des Zentralvorstandes am 5. 12. 1989, Beschluβ – Nr. 191/89〔AdL – FNSt – LDPD – 31713〕.

297. Stenografisches Protokoll der 7. 〔muss heiβen: 8. 〕Sitzung des Zentralvorstandes der LDPD am 19. 12. 1989, S. 148〔AdL – FNSt – LDPD – 31555〕.

298. »Erklärung der LDPD«, S. 3.

299. 8. Sitzung des Zentralvorstandes am 19. 12. 1989 [AdL – FNSt – LDPD – 31555].

300. Außerordentliche Sitzung des Sekretariats des Zentralvorstandes am 26. 1. 1990, Beschluß – Nr. 23. 1/90 [AdL – FNSt – LDPD – 31714].

301. 参阅 Gerlach (1991), S. 407。

302. »Liberaldemokraten sagen sich von Plan und Sozialismus los«, in: *Die Welt* vom 27. 12. 1989. [Deutschland 1989, Bd. 16, S. 67].

303. *Frankfurter Allgemeine Zeitung* vom 22. 12. 1989.

304. Jürgen Bohn, » Mittragen an der Geschichte «, in: Andreas Dornheim/ Stephan Schnitzler (Hrsg.), Thüringen 1989/90. Akteure des Umbruchs berichten. Erfurt 1995, S. 275 und S. 279; Gerlach (1991), S. 425f. ; » Lambsdorff will sich um ein Wahlbündnis der liberalen Parteien in der DDR bemühen «, in: *Frankfurter Allgemeine Zeitung* vom 9. 2. 1990 [Deutschland 1990, Bd. 43, S. 480]; 4. Sitzung des Sekretariats des Zentralvorstandes am 23. 1. 1990 [AdL – FNSt – LDPD – 31714].

305. 在这个阶段，问卷调查的结果不是很有说服力。与实际内容无关，但这一结果却在行为者的感觉中扮演了重要角色。参阅 Stenografisches Protokoll der 10. Sitzung des Zentralvorstandes der LDPD am 8. 2. 1990 in Dresden, S. 2 [AdL – FNSt – LDPD – 31704]。德国自民党 23% 支持率来源于莱比锡青年问题中央机构的问卷调查 [Neues Deutschland vom 7. 12. 1989]。与此相对，1989 年 12 月 29 日，社会科学研究院的社会学家公布了一份民意调查的结果，其中只有 2.6% 的选民支持德国自民党。参见 Ilse Spittmann/Gisela Helwig (Hrsg.), Chronik der Ereignisse in der DDR. Köln 1989, S. 46。

306. Sonderparteitag [AdL – FNSt – LDPD – 31706], Bl. 6.

307. 参阅 Gisela Helwig, » Bund Freier Demokraten. Die Liberalen auf dem mühsamen Weg zur Vereinigung «, in: Deutschland Archiv 23 (1990), S. 511 ff. , S. 512。

308. 投票结果参阅：Sonderparteitag, Bl. 276 – 280 [AdL – FNSt – LDPD – 31706]。

309. 同上，Bl. 87。

310. 同上，Bl. 329 f. ; Gerhard Papke, »Erzwungene Anpassung und innere Vielschichtigkeit. Zur Rolle und Bedeutung der Liberaldemokratischen Partei Deutschlands «, in: FDP – Fraktion im Deutschen Bundestag (1994), S. 35ff, S. 39。

311. 参阅 »Es ist Frühling, und wir sind so frei«, in: *Frankfurter Allgemeine Zeitung* vom 12. 2. 1990 [Deutschland 1990, Bd. 43, S. 487] und die entsprechende Filmsequenz in: Zurück nach Europa? Moskaus Verbündete nach dem Zusammenbruch. ARD 1990。

312. Stenografisches Protokoll der 7. [muss heißen: 8.] Sitzung des Zentralvorstandes der LDPD am 19. 12. 1989, S. 121f [AdL – FNSt – LDPD – 31555].

313. Sonderparteitag, Bl. 88 [AdL – FNSt – LDPD – 31706].

314. 参阅 C. Soe, »Unity and Victory for the German Liberals«, in: R. J. Dalton (Hrsg.), The New Germany Votes. Borg Publishers Inc. 1993, S. 111。

315. 参阅 Berndt/Jansen (1991), S. 69。

316. Bund Freier Demokraten, Erklärung der Vorsitzenden der Liberalen Demokratischen Partei, der Freien Demokratischen Partei in der DDR und der Deutschen Forumpartei. Berlin, 20. 3. 1990 [Deutschland 1990, Bd. 43, S. 448].

317. 参阅 Berndt/Jansen (1991), S. 69。

318. Entwicklung des Mitgliederstandes, S. 1 [AdL – FNSt – BFD – 1 1 – 5].

319. Bund Freier Demokraten, Hauptgeschäftsstelle, Kurzinformation für die Landes –, Bezirks – und Kreisgeschäftsstellen. Standpunkte des Parteivorstandes des Bundes Freier Demokraten – Die Liberalen zum Vereinigungsparteitag der liberalen deutschen Parteien. Berlin, 12. 7. 1990, S. 2 f Zit. Ortleb, 同上, S. 3 [AdL – BFD – L 1 – 36]。

320. 同上，S. 3。

321. 参阅 Peter Joachim Lapp, Das Zusammenwachsen des deutschen Parteiengefüges. Bonn 1993, S. 37; Soe (1993), S. 117; Berndt/Jansen (1991), S. 73。

322. 详细参阅 Berndt/Jansen (1991); 此外还有 Glaeßner (1991), S. 158ff,

S. 159；Genscher（1995），S. 852 ff.。

323. 民农党 1989/90 年间发展详细参阅 Wolfgang Jäger/Michael Walter, »Die Demokratische Bauernpartei Deutschlands «, in：HPM 4/1997, S. 141 – 168。在这章内容的草拟过程中，得到了前民农党主席君特·马洛伊达（Günther Maleuda）博士以及乌尔里希·容格内斯（Ulrich Junghanns）先生的友好帮助，他们于 1995 年 1 月 10 日在波恩、1994 年 11 月 18 日在法兰克福（奥德河畔）接受了米夏埃尔·瓦尔特的访问。

324. 参阅 35. Sitzung des Sekretariats vom 10. 10. 1989, Beschluβ – Nr. 154/ 25/89［ACDP – VI – 052 – 127/1］。

325. 参阅 Demokratische Bauernpartei Deutschlands, Parteivorstand, Abteilung Leitende Parteiorgane［以 下 简 称：Abt. Leitende Parteiorgane］, Information Nr. 54/89 vom 9. 10. 1989［ACDP – VI – 052 – 22/2］。

326. *Bauern – Echo* vom 13. 10. 1989.

327. »Kommunique der 32. Sitzung des Präsidiums des Parteivorstandes der DBD«, in：*Bauern – Echo* vom 18. 10. 1989.

328. Abt. Leitende Parteiorgane, Information Nr. 67/89 vom 3. 11. 1989, S. 3 ［ACDP – VI – 052 – 22/2］.

329. Pressemitteilung zur Sitzung des Sekretariats des Parteivorstandes der DBD vom 6. 11. 1989［ACDP – VI – 052 – 94/4］.

330. *Bauern – Echo* vom 4. /5. 11. 1989.

331. 参 阅 Abt. Leitende Parteiorgane, Informationen Nr. 68/89 vom 8. 11. 1989, 69/89 und 70/89 vom 9. 11. 1989, 71/89 vom 10. 11. 1989 ［ACDP – VI – 052 – 22/2］。

332. 此 处 参 阅 Günther Maleuda, » Entdeckter Parlamentarismus. Die Volkskammer der Deutschen Demokratischen Republik im Prozess der ‹Wende› «, in：Siegfried Prokop（Hrsg. ）, Die kurze Zeit der Utopie. Die ‹zweite DDR› im vergessenen Jahr 1989/90. Berlin 1994, S. 140 – 154, S. 141。

333. Büro des Sekretariats, 9. Tagung des Parteivorstandes am 14. 11. 1989, Referat des Parteivorsitzenden Günther Maleuda［ACDP – VI – 052 – K 052］.

334. 同上，S. 20，原件中有下画线。

335. 同上，S. 49。

336. 在投票表决之前，民农党副主席以及部长会议多年的副主席保罗·朔尔茨（Paul Scholz），*Bauern - Echo* 总编辑以及国务委员莱昂哈德·黑尔姆施罗特（Leonhard Helmschrott）以及党仲裁法庭庭长赫尔伯特·艾希霍恩（Herbert Eichhorn）这三位主席团成员就请求解除自己的职务。

337. 参阅 Abt. Leitende Parteiorgane, Information über die Parteiarbeit in den Monaten Oktober und November 1989 [ACDP – V1 – 052 – 27/19]。

338. 参阅 Abt. Leitende Parteiorgane, Information über die Parteiarbeit in den Monaten Oktober und November 1989 [ACDP – VI – 052 – 27/1]。

339. Abt. Leitende Parteiorgane, Information Nr. 77/89 vom 4. 12. 1989, S. 3 [ACDP – VI – 052 – 22/2].

340. BPA/DDR – Spiegel vom 18. 11. 1989.

341. 君特·马洛伊达在 1995 年 1 月 10 日的访谈中如是说。

342. Abt. Leitende Parteiorgane, Information Nr. 78/89 vom 6. 12. 1989, S. 2 [ACDP – VI – 052 – 22/2].

343. Pressemitteilung vom 5. 12. 1989 [ACDP – VI – 052 – 94/4].

344. 参阅 Peter Joachim Lapp, »Ehemalige DDR – Blockparteien auf der Suche nach Profil und Glaubwürdigkeit«, in: Deutschland Archiv 23 (1990), S. 62 – 68, S. 66f.。

345. »Die Demokratische Bauernpartei Deutschlands im Prozess der gesellschaftlichen Erneuerung der DDR«, in: *Bauern – Echo* vom 16. / 17. 12. 1989.

346. Abt. Leitende Parteiorgane, Information Nr. 80/89 vom 14. 12. 1989, S. 2 f. [ACDP – VI – 052 – 22/2].

347. Zahlenangaben nach Abt. Organisation, Organisationsbericht, 15. 8. 1990 [ACDP – VI – 052 – 194/3].

348. Chronik der Ereignisse in der DDR. Köln ⁴1990, S. 46.

349. Pressemitteilungen vom 29. 12. 1989, vom 11. Und vom 23. 1. 1990 [ACDP – VI – 052 – 94/4].

350. Bahrmann/Links (1995), S. 82.

351. Stenografisches Protokoll des Außerordentlichen Parteitages der DBD am 27. Und 28. 1. 1990 in Berlin［ACDP – VI – 052 – K0046］；以下简称：Außerordentlicher Parteitag］, Teil I, S. 4 f.

352. 同上。

353. 同上, S. 5。

354. »Programm der Demokratischen Bauernpartei Deutschlands«, in: *Bauern – Echo* vom 1. 2. 1990.

355. 参阅 Abteilung Organisation, Einschätzung der politischen und organisatorischen Lage in der Partei, 8. 5. 1990, S. 5［ACDP – VI –052 – 23/1］。

356. Außerordentlicher Parteitag, Bd. 2, Bl. 329f.［ACDP – VI – 052 – K0046］.

357. Büro des Sekretariats, 5. Sitzung des Präsidiums vom 26. 3. 1990［ACDP – VI – 052 –406］.

358. Abt. Organisation, Einschätzung der politischen und organisatorischen Lage in der Partei, 8. 5. 1990, S. 5［ACDP – VI –052 – 23/1］.

359. 同上, S. 3 f.。

360. Büro des Sekretariats, 6. Sitzung des Präsidiums vom 17. 4. 1990［ACDP – 052 –406］.

361. Büro des Präsidiums, 4. Tagung des Parteivorstandes am 28. 4. 1990 in Borkheide, Beschlußprotokoll, Beschluß – Nr. : PV 09/04/90［ACDP – VI –052 –94/2］.

362. 同上, Beschluß – Nr. PV 10/04/90。

363. 参阅 Abt. Organisation, Information Nr. 17/90 vom 26. 3. 1990, Nr. 19/90 vom 10. 4. 1990 und Nr. 20/90 vom 18. 4. 1990［ACDP – VI –052 –23/1］。

364. »Vorläufige Ergebnisse von den Kommunalwahlen am 6. Mai 1990 in der DDR«, in: *Neues Deutschland* vom 9. 5. 1990.

365. Pressemitteilung vom 22. 5. 1990［ACDP – VI – 052 –94/4］.

366. 同上。

367. Pressemitteilung vom 10. 5. 1990［ACDP – VI – 052 –94/4］.

368. Pressemitteilung vom 7. 6. 1990［ACDP – VI – 052 –94/4］.

369. Büro des Sekretariats, 8. Sitzung des Präsidiums vom 19. 6. 1990,

Beschluβ – Nr.：20/08/90.

370. 1998 年 3 月 5 日，君特·马洛伊达博士写给米夏埃尔·瓦尔特的信函。

371. Büro des Sekretariats, 6. Tagung des Parteivorstandes am 25.6.1990 in Berlin［ACDP – VI – 052 – 094/2］.

372. 同上，S. 22ff. 。

373. 同上，S. 24，原文上标有下画线。

374. 同上，S. 25f. 。

375. 同上，S. 3。

376. Beschluβ der 6. Tagung des Parteivorstandes der Demokratischen Bauernpartei Deutschlands vom 25.6.1990［ACDP – VI – 52 – KO 94/2］.

377. Informationen von Bezirksbeauftragten und Auswertung zum Beschluβ der Zusammenführung von DBD und CDU［ACDP – VI – 052 – 27/2］.

378. Abt. Organisation, Information über die Beratung des stellv. Vorsitzenden der DBD, Horst Packmohr, mit den Landes – und Bezirksbeauftragten des Parteivorstandes am 27.7.1990, S. 2［ACDP – VI – 052 – 23/1］.

379. 同上。

380. » CDU wird zweitstärkste Partei «, in：*Frankfurter Rundschau* vom 28.6.1990［Deutschland 1990, Bd. 43, S. 193］.

381. Beschluβprotokoll der Zentralen Delegiertenversammlung der DBD am Sonnabend, den 15.9.1990 in Borkheide, 15.9.1990；Zentrale Delegiertenversammlung der Demokratischen Bauernpartei Deutschlands, 15.9.1990, Erklärung［beide ACDP – VI – 052 – 94/1］.

382. Abt. Organisation, Organisationsbericht, 15, 8.1990［ACDP – VI – 052 – 194/3］.

383. 这个章节主要根据 SAPMO 对德国国家民主党资料的评价。有关国民党的新的出版物包括 Roland Höhne, »Von der Wende zum Ende：Die NDPD wehrend des Demokratisierungsprozesses «, in：Oskar Niedermayer/Richard Stöss（Hrsg. ）, Parteien und Wähler im Umbruch. Parteiensystem und Wählerverhalten in der ehemaligen DDR und den neuen Bundesländern. Opladen 1994, S. 113 – 142, und Jürgen Frölich, » Transmissionsriemen, Interessenvertretung des Handwerks oder Nischenpartei? Zu Rolle,

Bedeutung und Wirkungsmöglichkeiten der Partei«, in: Deutscher Bundestag (1995), Bd. II, 1, S. 1542 – 1578。

384. 1956 年，人们宣布之前的整合阶段已经结束。国民党现在首先将自己定义为城市中产阶级党派。参见 Frölich (1995), S. 1555, S. 1567。参阅 a. Höhne (1994), S. 113ff; Lapp (1988), S. 7。

385. 参阅 Peter Joachim Lapp, »Die Blockparteien und ihre Mitglieder«, in: Deutscher Bundestag (1995), Bd. II, 1, S. 290ff, S. 297f. 。

386. Abt. Parteiinformationen, Aktuelle Information [以 下 简 称: Aktuelle Information] Nr. 79 vom 9. 10. 1989, S. 18 [SAPMO – BArch – NDPD – DZ 16 – 477].

387. 对此参阅关于德国自民党的章节。

388. Aktuelle Information Nr. 80 vom 16. 10. 1989, S. 5 [SAPMO – BArch – NDPD – DZ 16 – 477].

389. Protokoll der 19. Sitzung des Präsidiums des Hauptausschusses am 17. 10. 1989 [SAPMO – BArch – NDPD – DZ 16 – 477], die Verlautbarung in der *National – Zeitung* vom 19. 10. 1989 und Höhne (1994), S. 118.

390. Höhne (1994), S. 118.

391. Aktuelle Information Nr. 81 vom 30. 10. 1989, S. 7 f. [SAPMO – BArch – NDPD – vorl. Sign. 437].

392. Aktuelle Information Nr. 80 vom 16. 10. 1989, S. 4 f. [SAPMG – BArch – NDPD – DZ 16 – 477].

393. Aktuelle Information Nr. 81 vom 30. 10. 1989, S. 5 f. [SAPMO – BArch – NDPD – vorl. Sign. 437].

394. Notiz über eine Sitzung des Präsidiums des Hauptausschusses am 2. Und 3. 11. 1989 [SAPMO – BArch – NDPD – DZ 16 – 477].

395. *National – Zeitung* vom 4. 11. 1989.

396. Höhne (1994), S. 120f.

397. 同上, S. 120f. 。

398. ErklärungGünter Hartmanns auf der Volkskammersitzung vom 13. 11. 1989, nach: Helmut Herles/Ewald Rose (Hrsg.), Parlaments – Szenen einer deutschen Revolution. Bundestag und Volkskammer im November 1989.

Bonn 1990, S. 99ff.

399. Aktuelle Information Nr. 83 vom 20. 11. 1989, S. 10f.　[SAPMO – BArch – NDPD – 437].

400. Stellungnahme von Günter Hartmann für die NDPD zur RegierungsErklärung Hans Modrows vor der Volkskammer am 17. 11. 1989, in: BPA/DDR – SPIEGLL vom 18. 11. 1989 [Deutschland 1989, Bd. 19, S. 37ff]．参阅 *National – Zeitung* vom 23. 11. 1989。

401. Modrow (1991), S. 118f.

402. 参阅 Stenographisches Protokoll der Sitzung des Demokratischen Blocks am 28. 11. 1989, Bl. 42 ff.　[SAPMO – BArch – vorl. SF. D – DY 30/40745, Bd. 2]。

403. Aktuelle Information Nr. 85 vom 4. 12. 1989, S. 2 [SAPMO – BArch – NDPD – 437].

404. 参阅 Peter Joachim Lapp, »Ehemalige Blockparteien auf der Suche nach Profil und Glaubwürdigkeit«, in: Deutschland Archiv 23 (1990), S. 62 – 68, S. 66。

405. 参阅 Hohne (1994), S. 123。

406. 参阅 Vorschlag für die Beschluβfassung der 6. Tagung des Hauptausschusses am 28. 11. 1989, S. 2 f.　[SAPMO – BArch – NDPD – DZ 16 – 477]; Hohne (1994), S. 122。

407. *Der Tagesspiegel* vom 30. 11. 1989 [Deutschland 1989, Bd. 16, S. 74]．参阅 ORB, Chronik der Wende, Beitrag zum 29. 11. 1989 und Vorschlag für die Beschluβfassung der 6. Tagung des Hauptausschusses am 28. 11. 1989 [SAPMO – BArch – NDPD – DZ 16 – 477]。

408. Bahrmann/Links (1994), S. 183, 参阅 dazu Bernd – Rainer Barth/ Christoph Links/ Helmut Müller – Enbergs/Jan Wielgohs, Wer war wer in der DDR. Ein biographisches Handbuch. Frankfurt a. M. 1995, S. 321。

409. 参阅 Aktuelle Information Nr. 86 vom 11. 12. 1989, S. 1 ff.　[SAPMO – BArch – NDPD – 437]。

410. 参阅 Hohne (1994), S. 126ff.。

411. 同上, S. 127。

412. Bahrmann/Links (1994), S. 201.

413. Aktuelle Information Nr. 87 vom 18. 12. 1989, S. 2 ［SAPMO – BArch – NDPD – 437］.

414. Aktuelle Information Nr. 85 vom 4. 12. 1989, S. 5 ［SAPMO – BArch – NDPD – 437］.

415. *National – Zeitung* vom 27. 12. 1989. 同时参阅 Bahrmann／Links（1995）, S. 24。

416. 参见 14. Parteitag, Arbeitsprotokoll（1. Beratungstag）［SAPMO-BArch-NDPD-DZ 16 – 766］. 参阅 Hohne（1994）, S. 129if. , sowie die Berichterstattung in：Deutschland 1989, Bd. 43, S. 128ff. 。

417. 参阅 Höhne（1994）, S. 131。

418. 参见 14. Parteitag, Arbeitsprotokoll（1. Beratungstag）［SAPMO – BArch – NDPD – DZ 16 – 766］。

419. 参阅 14. Parteitag, Arbeitsprotokoll（1. Beratungstag）, Referat Hartmanns, S. 47 ［SAPMO – BArch – NDPD – DZ 16 – 766］。

420. 同上，S. 39。

421. 同上，S. 62f. 。

422. 同上，S. 43。

423. 哈特曼的继任格莱泽（Glaeser）在一次访谈中，将所有超过5%的结果都称为"巨大的成就"（Riesenerfolg）。参见 *Berliner Morgenpost* vom 23. 1. 1990 ［Deutschland 1990, Bd. 43, S. 131］。

424. 14. Parteitag, Arbeitsprotokoll（1. Beratungstag）, Referat Hartmanns, S. 47 ［SAPMO – BArch – NDPD – DZ 16 – 766］. 按照霍恩的说法 ［Höhne（1994）, S. 135］, 实际的成员数早在 1 月中旬就远远低于 97800 人。

425. 参阅 Höhne（1994）, S. 130。

426. 参见 1989 年 12 月 3 日，哈特曼为《图片报》所做访谈的最后一点。

427. 14. Parteitag, Arbeitsprotokoll（2. Beratungstag）, S. 196ff ［SAPMO – BArch – NDPD – DZ 16 – 767］.

428. 同上，S. 280。

429. 可以参阅 Abt. Parteiinformation, Aus einigen Informationen von Bezirks – und Kreissekretariaten. Berlin, 26. 1. 1990 ［SAPMO – BArch – NDPD – 437］, S. 3 f："主席的结语遭到了一致否定。它被评价为愚蠢的、政

治上不成熟、自负并且有损党派形象。"

430. 同上，S. 5 f.。参阅哈特曼在党代会中的论述（1. Beratungstag），S. 111 f.。

431. 参阅 Höhne（1994），S. 133 f.。

432. Abt. Parteiinformation, Aus einigen Informationen von Bezirks – und Kreissekretariaten. Berlin, 26. 1. 1990, S. 7 ［SAPMO – BArch – NDPD – 437］.

433. Abt. Parteiinformation, Aus Informationen von Bezirks – und Kreissekretariaten. Berlin, 8. 2. 1990, S. 5 ［SAPMO – BArch – NDPD – 437］.

434. 14. Parteitag, Arbeitsprotokoll（3. Beratungstag），S. 119 ［SAPMO – BArch – NDPD – DZ 16 – 767］.

435. 同上，S. 132f.。

436. 参阅 Bahrmann/Links（1995），S. 120。

437. »Nationaldemokraten droht das politische Ende«, in: *Süddeutsche Zeitung* vom 23. 3. 1990 ［Deutschland 1990, Bd. 43, S. 136］.

438. 参阅 Frölich（1995），S. 1573。

439. »Nationaldemokraten droht das politische Ende«, in: *Süddeutsche Zeitung* vom 23. 3. 1990 ［Deutschland 1990, Bd. 43, S. 136］.

440. 参阅 Frölich（1995），S. 1554。

441. 参阅 Arbeitsprotokoll vom 31. 3. 1990, S. 9 ［SAPMO – BArch – NDPD – DZ 16 – 768］; Hohne（1994），S. 138。

442. 参阅 Arbeitsprotokoll vom 31. 3. 1990, S. 2 f. ［SAPMO – BArch – NDPD – DZ 16 – 768］; Gisela Helwig, »Bund Freier Demokraten. Die Liberalen auf dem mühsamen Weg zur Vereinigung«, in: Deutschland Archiv 23（1990），S. 511 – 514。

443. 参阅 Höhne（1994），S. 139。

444. Frölich（1995），S. 1553.

445. 成立证书原本有四份，其中还有两份得到保留。一份以真迹复制品被印刷收录在：Dieter Dowe（Hrsg.），Von der Bürgerbewegung zur Partei. Die Gründung der Sozialdemokratie in der DDR, Heft 3 der Reihe Gesprächskreis Geschichte（Forschungsinstitut der Friedrich – Ebert –

Stiftung）. Bonn 1993, S. 2。

446. 关于东德社民党创始人梅克尔（Meckel）和古特蔡特（Gutzeit）的政治论文参见 Markus Meckel/ Martin Gutzeit, Opposition in der DDR. Zehn Jahre kirchliche Friedensarbeit – kommentierte Quellentexte. Köln 1994。同时参阅 Wolfgang Herzberg,»Der Gründerkreis des sozialdemokratischen Neubeginns in der DDR 1989: Versuch einer Analyse ihrer kollektiven Biographie«, in: Wolfgang Herzberg/Patrick von zur Mühlen（Hrsg.）, Auf den Anfang kommt es an: Sozialdemokratischer Neubeginn in der DDR 1989, Interviews und Analysen. Bonn 1993, S. 11 – 37。参阅 Wolfgang Thierse, in: Martin Gorholt/Norbert W. Kunz（Hrsg.）, Deutsche Einheit – Deutsche Linke. Reflexionen der politischen und gesellschaftlichen Entwicklung. Köln 1991, S. 319。

447. Gutzeit, in: Herzberg/von zur Mühlen（1993）, S. 71ff; Meckel/Gutzeit（1994）, S. 114 ff.

448. Herzberg/von zur Mühlen（1993）, S. 59f.

449. Steffen Reiche 说到，政党就是"一副铠甲，这铠甲必将阻断党派、国家以及斯塔西恶龙的獠牙"in: Dowe（1993）, S. 23。

450. Gutzeit, in: Herzberg/von zur Mühlen（1993）, S. 278. 他是最早有建立东德社民党"想法"的人，虽然毫无疑问其他人也有类似的念头，比如 Steffen Reiche 在 1989 年 1 月前往西德时就拜访了社民党在 Köln 的一个办公室，并且设法搞到了党纲等材料，参见 ders., 同上, S. 188。

451. 号召的副本作为 1 号文件收录在附件中: Gero Neugebauer/Bernd Niedbalski, Die SPD in der DDR 1989 – 1990. Aus der Bürgerbewegung in die gesamtdeutsche Sozialdemokratie. Nr. 74 der Reihe: Berliner Arbeitshefte und Berichte zur sozialwissenschaftlichen Forschung. Berlin 1992, und in: Historische Kommission beim Parteivorstand der SPD, Von der SDP zur SPD. Bd. 8 der Broschürenreihe Geschichtsarbeit in den neuen Ländern. Bonn 1994, S. 44 – 48。"号召"是对拟定的方案所进行的大约 3 页纸的高度概括，结尾给出了 4 名签署人的联系地址。

452. 此外，古特蔡特在一次与比安卡·冯·魏登（Bianca von der Weiden）的访谈中表示，大部分人反对"社会民主的导向"，载 Bianca von der Weiden, Das Profil der Sozialdemokratischen Partei in der DDR（SDP/

SPD）．Von ihrer Gründung bis zum ersten Parteitag（1989/90）．Magisterarbeit. München 1995，在附件中，没有页码。研究成果也得以发表：Bianca von der Weiden，»Das Profil der Sozialdemokratischen Partei in der DDR（SDP/SPD）．Von ihrer Gründung bis zum ersten Parteitag（1989/90）«，in：Petra Schuh/Bianca von der Weiden，Die deutsche Sozialdemokratie 1989/90．SDP und SPD im Einigungsprozess. München 1997，S. 9 - 180。因为这次访谈是 von der Weiden 为了撰写她的硕士论文而进行，没有被公开刊登，我们在这里以及下文中引用的都是没有发表过的版本。

453. 研讨会的题目是《法国大革命与人权》，为了纪念法国大革命200周年，大约有 400 人参加了研讨会，参见 Meckel/Gutzeit（1994），S. 350。

454. 大学生教士赫尔穆特·贝克（Helmut Becker）也签了字，但是不能继续参加后续协商，所以在号召公开发表的版本中抹去了他的签名，古特蔡特如是说：von der Weiden（1995），Anhang；参阅 Meckel/Gutzeit（1994），S. 351。

455. "五个人响应了我们的倡议．其他人有所顾虑并且'大吃一惊'，"古特蔡特如是说：von der Weiden（1995），Anhang。斯塔西的报告显示，共有大约 55 人出席，参见 Meckel/Gutzeit（1994），S. 351。

456. Gutzeit，in：von der Weiden（1995），Anhang.

457. Meckel/Gutzeit（1994），S. 374 ［SAPMO - BArch. Stasi Akte：SED Zentralarchiv, Büro Axen, ZPA IV 2/2. 035/81］.

458. 除了古特蔡特，梅克尔和诺亚克之外，还有其他 7 名参加了准备会谈的人员拥有教会身份；大学生教士 Dankward Brinksmaier（9 月 18 日缺席）、Konrad Elmer 博士及 Rainer Hartmann，牧师 Steffen Reiche、Jochen Goertz 以及 Diakon Rainer Rühle。

459. So Gutzeit，in：Herzberg/von zur Mühlen（1993），S. 278.

460. Gutzeit，in：von der Weiden（1995），Anhang. 成立的地点或者说成立的地方选择了施万特（Schwante）的牧师住宅，其实原本应该选择一个非教会地点的，但因为其他可供使用的地点都与被国安部关注的人员（Meckel, Reiche, Gutzeit 等）有关联，不再适合使用。参与者们之前无法预见，由于伯梅的参与，所有密谋的努力全部白费了。参阅

Gutzeit, in: Herzberg/von zur Mühlen (1993), S. L00f. 。今天在牧师住宅的外墙上有一块小牌子，纪念着当年的成立举动。

461. Meckel, in: Herzberg/von zur Mühlen (1993), S. 287.

462. Gutzeit, in: Dowe (1993), S. 43.

463. 两份预备成立证书由 Angelika Barbe, Ibrahim Böhme, Dankward Brinksmaier, Konrad Elmer, Joachim Goertz, Martin Gutzeit, Rainer Hartmann, Gotthard Lemke, Markus Meckel, Arndt Noack 以及 Steffen Reiche 共同签署，参见 Herzberg/von zur Mühlen (1993), S. 45。

464. 米塞尔维茨是这样解决这个问题的，他告知了联邦议院议员弗赖穆特·迪夫，由他将消息转达给勃兰特和福格尔，参见 Meckel, in: Herzberg/von zur Mühlen (1993), S. 101；参阅 Gutzeit, in: Dowe (1993), S. 44。

465. IMB = Inoffizieller Mitarbeiter mit Feindberührung（与敌方有联系的非正式工作人员），参阅 Gutzeit, in: Dowe (1993), S. 51 f. 。伯梅自从1968 年 11 月 27 日起为斯塔西工作，化名"易卜拉欣"（"Ibrahim"）监视作家 Lutz Rathenow，但是从 1985 年起也开始公开使用这个名字。1986 年，他获得了"马克西米利安"（Maximilian）这个新的化名，也是他最后一个化名；参见 Birgit Lahann, Genosse Judas. Die zwei Leben des Ibrahim Böhme. Berlin 1992, S. 207ff. 。

466. 比如康纳德·埃尔默就和他的同行者一起甩掉了跟梢，参见 ders., »Auf den Anfang kommt es an!«, in: Neue Gesellschaft/Frankfurter Hefte 38, 1/1991, S. 136 – 140, S. 138f. 。在成立仪式于柏林召开几天前，梅克尔隐藏了起来，参见 Gutzeit, in: Herzberg/von zur Mühlen (1993), S. 102。

467. 刊登于: Neugebauer/Niedbalski (1992), Anhang Dokument Nr. 4 und in: Historische Kommission beim Parteivorstand der SPD (1994)。

468. Elmer, in: Dowe (1993), S. 34, 参阅 Hilsberg, in: Herzberg/von zur Mühlen (1993), S. 141 f. 。埃尔默受到梅克尔委任，和他的邻居 Klaus-Dieter Kaiser 一起拟定了党章讨论的草案，他为这个问题赋予了重要的意义："党章问题始终是权利问题。"受到罗莎·卢森堡（Rosa Luxemburg）和汉娜·阿伦特（Hannah Arendt）对于议会民主思想的影响，埃尔默的建议明显以基层民主导向的党派建构为特征，同上，

S. 29ff. 。参阅 Elmer（1991），S. 136 – 140，S. 137f. 。

469. Meckel/Gutzeit（1994），S. 351. Das Statut ist samt Anhang abgedruckt in：Dowe（1993），S. 121 – 130. 创始人成员施特凡·芬格（Stefan Finger）在施万特（Schwante）感觉到，大部分在场人员都不过是小配角，是为梅克尔和古特蔡特"一手炮制"的东德社民党成立论坛的参与者："从根本上而言，这就是一次'走过场的活动'；但是当时对我而言这不成问题；一个社会民主的党派是对统社党最大的打击，比右翼党派的打击更甚；这点是最重要的。"芬格如是说，in：von der Weiden（1995），Anhang。

470. 明确规定的组织机构首先出现于东柏林东德社民党区协会，它沿用了1989 年11 月5 日的施万特章程的11 – 28 条，参见 Elmer，in：Dowe（1993），S. 130f. 。

471. 一些在场人员没有签字，比如夫妇共同在场的话，就只有其中一人在证书上写下名字，这样如果出现签字者被逮捕的情况，另一个人可以留下照顾孩子，这是安格莉卡·芭布后来讲述的，参见 Hans – Jürgen Fink，»Die SPD in der DDR«，in：Deutschland Archiv 23（1990），S. 180 – 185，S. 181。

472. 参见 Meckel，in：Herzberg/von zur Mühlen（1993），S. 130f. 。

473. 同上；参阅 Elmer，S. 177，oder Hilsberg selbst，同上，S. 143。

474. 在东德社民党章程中，虽然没有一处明确提及统社党的垄断地位，但是在很多描述中都可以清晰体现出这种意味："反对国家和社会中所有的垄断和中央集权化"，还有"东德社民党致力于坚决反对任何极权主义的政治思想和行为，以实现国家和社会中的去垄断化、民主化以及权力分配"，出自 1989 年10 月7 日东德社民党章程，刊登于：Dowe（1993），S. 121 – 128。此外章程中还要求为了大多数民众追求"自由联盟"以及"民主竞赛"。

475. Meckel/Gutzeit（1994），S. 379f.

476. Elmer，in：Herzberg/von zur Mühlen（1993），S. 195.

477. 参见《"民主觉醒"》一章。

478. 1989 年末，哈拉尔德·赛德尔（Harald Seidel）签署了一份国安部有关东德社民党的计划，其中原文引用了斯塔西文件中的句子："在政治上适宜的时候，为快速肃清做好前提准备"，ders. , in：Dowe

（1993），S. 17。

479. 援引自斯塔西文件：Dowe（1993），S. 49；参阅 Herzberg/von zur Mühlen（1993），S. 51 f.。

480. 援引自 Dowe（1993），S. 45。

481. Gutzeit，同上，S. 52. 他补充道："要是他［伯梅，作者注］试图公开反对它［东德社民党的原则，作者注］的话，我可以保证，会有足够多的成员阻止他这样做。"

482. Meckel, in：Herzberg/von zur Mühlen（1993），S. 122.

483. 同上，S. 280。梅克尔回忆，在创始人成员中，他之前大概只认识 10 个人，参阅 ders., in：Dowe（1993），S. 62。

484. Herzberg/von zur Mühlen（1993），S. 11 – 37.

485. 同上，S. 49。

486. 同上，S. 31ff.。

487. Meckel，同上，S. 280。

488. 参阅 Herzberg，同上，S. 31 und S. 35。

489. 比如赖歇在 1990 年成为人民议院成员，以及社民党勃兰登堡州协会主席；古特蔡特从 1993 年开始就是柏林州揭露斯塔西活动的代表；梅克尔，芭布和埃尔默都成为人民议院成员，后来是联邦议院成员。

490. 古特蔡特和梅克尔在 1989 年都 38 岁，这个年纪大概是平均年龄。

491. Statut der SDP – Sozialdemokratische Partei in der DDR – vom 7. 10. 1989，刊登于：Dowe（1993），S. 22f.。

492. Barbe, in：*Bremer Nachrichten* vom 18. 10. 1989；Reiche, in：Dowe（1993），S. 22f.。

493. 参阅 Meckel，同上，S. 24，S. 61。

494. Gutzeit, in：Herzberg/von zur Mühlen（1993），S. 87f.

495. Elmer，同上，S. 166。埃尔默总结了对当时意图的看法："其实我们本想建立一个和维利·勃兰特党派那样的政党，以便对现实社会主义的主要罪行形成特殊的拦截"，埃尔默自己想要一个"改良的社会民主主义"，而梅克尔则支持"西德的社会民主主义"，伯梅支持"真实的社会主义"，同上，S. 169f.。

496. Reiche, in：Dowe（1993），S. 24；Meckel，同上，S. 61。

497. Meckel，同上，S. 61。

498. Meckel, 同上；ders. , Interview in：*Augsburger Allgemeine* vom 22. 12. 1989；Gutzeit, in：Herzberg/von zur Mühlen（1993），S. 281f. 。据康纳德·埃尔默回忆，在施万特投票表决这个要成立的党派是否应该是一个人民党的时候，支持率刚刚过半；ders. （1991），S. 38。

499. 比如伯梅在 1989 年 10 月底的一次访谈中如是说。Gerhard Rem （Hrsg. ）, Die Opposition in der DDR. Entwürfe für einen anderen Sozialismus. Berlin 1989, S. 98.

500. 在所有与西德的接触中，在所有的访谈和对话中，这点被反复强调，而东德社民党这个名字也有相应的象征性特点，将东德社民党更名为社民党的计划就遭到了第一届选举出来的理事会（全部由创始人组成）的坚决反对，参阅 Reiche, in：Dowe（1993），S. 26。

501. 在是否有可能让东柏林的社民党复活的问题上，社民党持保留意见。维利·勃兰特当时说，这是他任期内"最艰难最痛苦的决定"。参见 *Frankfurter Rundschau* vom 1. 9. 1989。这里参阅 W. Buschfort, » Das Ostbüro der SPD 1946 – 61«, in：Aus Politik und Zeitgeschichte 21/1992, S. 23 – 32；Manfred Rexin, »Zugelassen 1946 – aufgelöst 1961. Die SPD in Ost – Berlin«, in：ders. （Hrsg. ）, Die SPD in Ost – Berlin 1946 – 1961, Heft 5 der Schriftenreihe des Franz – Neumann – Archivs 1989, S. 2 – 20。

502. 参阅 » Soll die SPD in Ost – Berlin wiederbelebt werden？ « , in：*Frankfurter Allgemeine Zeitung* vom 5. 8. 1989 und »SPD in der DDR kann nichts bewegen« vom 30. 8. 1989.

503. 对于创始人圈子而言，东柏林社民党的重生早就因为接洽点和人员的缺乏无法实现，赖歇在 1989 年 10 月 18 日与德国电台的访谈中如是说 ［Deutschland 1989, Bd. 16, 286ff. ］。同时参阅 Herzberg/von zur Mühlen（1993），S. 44。

504. 比如《法兰克福评论报》还有《日报》略加删节后，基本上原文刊登了 1989 年 8 月 31 日的呼吁书。

505. Tessmer （1991），S. 157, 参阅 S. 102 ff. 。

506. Karsten D. Voigt, 1989 年 8 月 29 日与德国电台的访谈 ［Deutschland 1989, Bd. 16, S. 261 f. ］。

507. »Momper：Neue Parteien in der DDR nicht die Lösung«, in：*Die Welt* vom 30. 8. 1989.

508. So Barbe, in：Gorholt/Kunz（1991），S. 19/f. ；Tessmer（1991），S. 101f.

509. So Gutzeit, in：von der Weiden（1995），Anhang.

510. Egon Bahr, in：*Abendzeitung* vom 9. 10. 1989.

511. So z. B. Böhme, Interview, in：*Vorwärts*, Nr. 11/1989, S. 26.

512. 参阅》SPD und DDR – Opposition《，in：*Frankfurter Rundschau* vom 21. 11. 1989。

513. 1996 年 9 月 26 日，米夏埃尔·瓦尔特与诺伯特·甘索在波恩的访谈。

514. Reiche, in：Herzberg/von zur Mühlen（1993），S. 196. 梅克尔回忆说，赖歇的西德访问并没有在党派中明确商定好，人们还是可以阻止赖歇拜访科尔的，参见 Meckel, 同上，S. 132。

515. 参阅 Tessmer（1991），S. 160f. 。但是福格尔早在 1989 年 10 月 17 日就对东德社民党的申请加入社会主义国际表示了积极态度，并且表示支持，参阅 Hans – Jochen Vogels politischer Bericht vor der Fraktion vom 17. 10. 1989 ［Deutschland 1989, Bd. 16, S. 278ff. ］。

516. 参阅 Herzberg/von zur Mühlen（1993），S. 56；Reiche, 同上，S. 196f. 。

517. 参阅 dazu z. B. 》NRW – SPD bietet DDR – Opposition praktische Hilfe an《，in：*Neue Ruhr Zeitung* vom 17. 11. 1989。在赖歇访问波恩之后，大批的高层领导访问了民主德国，比如 Momper, Brandt, Spöri, Ehmke, Hiersemann 等。

518. 参阅 Herzberg/von zur Mühlen（1993），S. 53。

519. 在党章里所做的决定只能为其他那些还没有组建的行政区提供参考，参阅 Statut der SPD vom 7. 10. 1989 ［Dowe（1993），S. 128］。

520. Hilsberg, in：Herzberg/von zur Mühlen（1993），S. 144.

521. Neugebauer/Niedbalski（1992），Anhang Dokument Nr. 4, S. 8.

522. 赖歇和梅克尔在 12 月中的时候估计大约有 15000 成员，这个数字可能估计过高了。So Reiche, Interview in：*Allgemeine Zeitung Mainz* vom 11. 12. 1989 und Meckel, in：*Augsburger Allgemeine* vom 22. 12. 1989. 伯梅在人民议院选举前估计当时的情况为 85000 人。*Vorwärts*, Nr. 3/1990, S. 10. 参阅 Vogel（1996），S. 322。"慢慢会被证明，易卜拉欣·伯梅常常提到的那个成员数，有一次他和我说有 10 万人，这个数字完全是不切实际的。"

523. 在会谈期间，决定建立一个由 16 人组成的，双方人数相等的联系委员会，以使得双方的合作机制化，参阅»SPD und SDP gehen formale Partnerschaft ein«, in: *Süddeutsche Zeitung* vom 14. 12. 1989。

524. 参阅 »Inzwischen duzen sich die Genossen in Ost und West «, in: *Stuttgarter Zeitung* vom 15. 12. 1989。

525. Wolfgang Gröf, »In der frischen Tradition des Herbstes 1989«. Die SDP/SPD in der DDR: Von der Gründung über die Volkskammerarbeit zur deutschen Einheit. Beitrage aus dem Archiv der sozialen Demokratie (AdsD) Bd. I, Friedrich – Ebert – Stiftung. Bonn 1996, S. 22.

526. 同上，S. 24 und S. 61。

527. 在选举联盟中，除了东德社民党外还包括"现在就实行民主"、"新论坛"，以及和平与人权倡议组织，它在 1990 年 2 月 7 日与联盟 90 结盟，此外还有"民主觉醒"，它于 1990 年 2 月 5 日加入了"德国联盟"，以及左翼联盟，它和东德社民党在同一天离开了联盟。

528. Thierse, in: Gorholt/Kunz (1991), S. 336f.

529. 例如 Reiche, »DDR – SDP fürchtet um ihre Position «, in: *Allgemeine Zeitung Mainz* vom 11. 12. 1989。

530. Programmatischer Vortrag zur Gründung der Sozialdemokratischen Partei in der DDR (SDP) am 7. 10. 1989. In: Neugebauer/Niedbalski (1992), im Anhang, Dokument Nr. 4, S. 11.

531. 1989 年 12 月 3 日，《东德社民党对于德国问题的声明》，其中表示："我们要在这种发展中成为同等重要的伙伴. 以加入联邦德国为形式的迅速统一恰恰将威胁这一点。这个国家的人民承受了不公正的社会和政治负担。" 同上，Anhang, Dok. Nr. 6。

532. Zur deutschen Frage, 同上，Anhang, Dok. Nr. 8。

533. 参见 Elmer, in: von der Weiden (1995), Anhang。在州代表大会进行更名之前，一些地方的协会就采纳了社民党这个党派名称，参见 Herzberg/von zur Mühlen (1993), S. 56。希尔斯贝格说，西德社民党方面，尤其是 Gert Weisskirchen 早在 11 月底，12 月初的时候就对改名进行施压，参见 Hilsberg, in: von der Weiden (1995), Anhang; ders. , in: Herzberg/von zur Mühlen (1993), S. 149。

534. Reiche, in: Herzberg/von zur Mühlen (1993), S. 194. 在 12 月 12 日，理事会就决定了更名，并且顶着一些成员的反对得以实现。改名的原

因一方面是对于统一的渴望，以及担心统社党会进行更名并且占用"SPD"这个缩写，参阅 Reiche, »DDR – SDP fürchtet um ihre Position«, in: *Allgemeine Zeitung Mainz* vom 11. 12. 1989。先前在理事会中大多数人还是支持保留原名的，而一些人加入支持改名的行列，则主要是出于策略上的原因。Reiche, in: Herzberg/von zur Mühlen（1993），S. 194；参阅 Reiche, in: von der Weiden（1995），Anhang, und Elmer, 同上。

535. 就连"同志/女同志"这个被统社党败坏了声誉的、饱受争议的对党员的称呼也得到了讨论，此处以及整个东柏林州代表委员会内容，参见 von der Weiden（1995），S. 87 ff u. Hilsberg u. Elmer, 同上，Anhang；参阅 ders. , in: Herzberg/von zur Mühlen（1993），S. 174。

536. Von der Weiden（1995），Anhang；参阅 Elmer, in: Herzberg/von zur Mühlen（1993），S. 174。

537. 比如理查德·施罗德说："为了抵制其他说法的谣言：我们自己制定了我们的纲领，并没有从西德引进。"In: Dowe（1993），S. 74. 赖歇则表示相反观点："莱比锡的党代会主要受到了西德的影响；这次活动的整体运作都被西德社民党接管了；东德社民党基本价值委员会决定内容，其他所有的事情都由西德同志敏锐而收敛地操控着；基层在莱比锡有着很重要的影响。"参阅 Reiche, in: von der Weiden（1995），Anhang。

538. 希尔斯贝格谈到了"我们的执行理事易卜拉欣·伯梅完全的不作为"，in: Herzberg/von zur Mühlen（1993），S. 144。

539. Von der Weiden（1995），S. 104f. 施特凡·芬格推测，曾有这样的考虑，在莱比锡选举之前通过阴谋诡计败坏伯梅的声誉，好让梅克尔当选党主席；参见 ders. , 同上，Anhang。

540. Von der Weiden（1995），S. 105.

541. 这样伯梅的斯塔西活动并没有影响选举结果，因为他为国家安全部工作被曝光以及他的下台都是选举之后发生的。

542. 参阅 Thierse, in: *Vorwärts*, Nr. 7, Juli/1990, S. 32。

543. Gröf（1996），S. 33.

544. Barbe, in: Gorholt/Kunz（1991），S. 202.

545. Gero Neugebauer, » Die SDP/SPD in der DDR: Zur Geschichte und

Entwicklung einer unvollendeten Partei«, in: Niedermayer/Stöss (1994), S. 75 – 104, S. 90.

546. 有 48 名联邦议院议员警告不要参与政府。当然也有很明确的支持者，比如 Ingrid Matthäus – Meier und Herta Däubler – Gmelin，参阅同上，S. 90f.。

547. Richard Schröder, Vom Gebrauch der Freiheit. Gedanken über Deutschland nach der Vereinigung. Stuttgart 1996, S. 142.

548. 参阅 Interview Bohme, in: *Vorwärts*, Nr. 3, Marz/1990, S. 8; Gröf (1996), S. 33。

549. Gröf (1996), S. 33.

550. Thierse 证实了这一点, in: *Vorwärts*, Nr. 7, Juli/1990, S. 32。

551. 古特蔡特当选议会执行理事，目标是党团执行理事。

552. 参见 Gröf (1996), S. 29。

553. 参见 Lahann (1992), S. 233ff.。

554. Gutzeit, in: Dowe (1993), S. 52.

555. 参阅 Herzberg/von zur Mühlen (1993), S. 50; 参阅 Seidel, in: Dowe (1993), S. 16。

556. Lahann (1992), S. 169ff. 据伯梅在诺伊施特雷利茨剧院的好友和同事 Gerhard Machnik 说，伯梅在这段有争论的时间里正在诺曼大街接受培训，这是他通过伯梅的秘书得知的消息，这名秘书和一名斯塔西工作人员结婚了，同上，S. 176 u. S. 195f.。伯梅自己表示，在他把传单从车厢内散发出去之后遭到了逮捕，被监禁在格拉以及霍恩施豪森 (Hohenschönhausen)，直到 1978 年 7 月 27 日，同上，S. 171 f.。

557. 参见 Lahann (1992), S. 202ff.。

558. 比如 Arnold Vaatz 和 Jürgen Fuchs，参见 Lahann (1992), S. 166f, S. 76 u. S. 206。

559. 伯梅 1989 年 10 月底在一次访谈中谈到，参见 Rein (1989), S. 102; 参阅 Lahann (1992), S. 203f.。哈拉尔德·赛德尔证实："伯梅一直到最后都从没有隐瞒过他是一个马克思主义者。"这点他在"施万特"也表示过，ders., in: Herzberg/von zur Mühlen (1993), S. 239。

560. Schröder (1993), S. 43.

561. 之后伯梅彻底从公众视线中消失。根据可以作为伯梅罪证的有关梅克尔、古特蔡特和波佩的斯塔西文件，他于 1992 年 7 月被社民党除名。

562. Lahann（1992），S. 242.

563. 参见同上，S. 243；Meckel, in: von der Weiden（1995），Anhang。

564. 同上。

565. 参见 Gröf（1996），S. 34f. ；Neugebauer（1994），S. 75 – 104，S. 90。

566. Wolfgang Thierse, Mit eigener Stimme sprechen. München 1992，S. 38.

567. 社民党在地方层面上只偶尔出现胜利，比如 1990 年 5 月 30 日对东柏林市长 Timo Schwierzina 的选举。

568. 参见 Neugebauer（1994），S. 75 – 104，S. 92。

569. 参阅 Gröf（1996），S. 39f. U. S. 66。

570. 这其中涉及联邦州财政平衡，在这个问题上，社民党党团主席施罗德自己表示，他并不是始终认同龙姆贝格的观点。另外一个离开社民党的部长是 Peter Pollack，德梅齐埃任命社民党国务秘书 Peter Kaufholt 代替他；参见 Schröder（1996），S. 139f. 。

571. 早在 8 月 16 日，也就是部长离职后一天，党主席团和党团执行部成员的多数支持退出联盟，施罗德并不在场。

572. Schröder（1996），S. 146.

573. 解职被评价为违宪的行为，因为部长应该直接由人民议院选举，而不是由政府首脑任命。这份动议无法在人民议院进行表决，因为党团中没有人提出这一申请，同上，S. 147。

574. 参阅 Neugebauer（1994），S. 75 – 104，S. 94。

575. 在东德社民党的建立和改制过程中，在波恩的核心部门表现出来的影响并不总是积极的。因此前民主德国的社民党州理事会的工作人员中，只有一小部分继续在党内任职，参阅»Die Sozis（Ost）sind sauer auf die Sozis（West）«, in: *Frankfurter Rundschau* vom 28. 11. 1990。

576. 关于“民主觉醒”详细情况，参阅 Jäger/Walter（1998）。关于“民主觉醒”的信息和私人文件，作者对以下人员表示感谢：Peter Albach（魏森湖），Thomas Behrendt（慕尼黑），Rainer Eppelmann（柏林），Andres Krüger（迈斯堡），Ehrhart Neubert（柏林），以及 1995 年 1 月 21 日参与了在阿尔腾（Artern）进行的“民主觉醒”图林根州工作组会面的成员。

577. 下文亦参阅 Friedrich Schorlemmer, Worte öffnen Fauste: Die Rückkehr in

ein schwieriges Vaterland. München 1992, S. 168ff. 。

578. 1994 年 11 月 14 日，米夏埃尔·瓦尔特与伊尔哈特·诺贝伊特在柏林的访谈。参阅 Martin Jander unter Mitarbeit von Thomas Voβ, »Die besondere Rolle des politischen Selbstverständnisses bei der Herausbildung einer politischen Opposition in der DDR auβerhalb der SED und ihrer Massenorganisationen seit den siebziger Jahren«, in: Deutscher Bundestag (1995), S. 896ff, S. 944f. 。

579. 1994 年 11 月 14 日，米夏埃尔·瓦尔特与伊尔哈特·诺贝伊特在柏林的访谈。

580. 参阅 Edelbert Richter, Erlangte Einheit – Verfehlte Identität. Auf der Suche nach den Grundlagen für eine neue deutsche Politik. Berlin 1991, S. 15。

581. Ehrhart Neubert, »Motive des Aufbruchs«, in: Hubertus Knabe (Hrsg.), Aufbruch in eine andere DDR. Reformer und Oppositionelle zur Zukunft ihres Landes. Reinbek bei Hamburg 1989, S. 141 ff. ; Richter (1991), S. 16f. , »›Die neue Partei konnte nur eine sozialdemokratische sein‹ – der Demokratische Aufbruch bis zu seiner Spaltung« (Interview von Stephan Schnitzler), in: Andreas Dornheim/Stephan Schnitzler (Hrsg.), Thüringen 1989/90. Akteure des Umbruchs berichten. Erfurt 1995, S. 42ff.

582. Richter (1991), S. 16.

583. 1994 年 11 月 14 日与伊尔哈特·诺贝伊特的访谈。

584. MfS – Information 416/89, 19. 9. 1989: »Information über Bestrebungen feindlicher, oppositioneller Kräfte zur Schaffung DDR – weiter Sammlungsbewegungen /Vereinigungen «, abgedruckt in: Armin Mitter/ Stefan Wolle (Hrsg.), Ich liebe euch doch alle! Befehle und Lageberichte des MfS, Januar – November 1989. Berlin ^{2}1990, S. 153ff. ; hier S. 156f. , und in: Roland Pechmann/Jtirgen Vogel (Hrsg.), Abgesang der Stasi. Das Jahr 1989 in Presseartikeln und Stasi – Dokumenten. Braunschweig 1991, S. 192 ff. , hier S. 196.

585. Richter (1991), S. 18f. ; ders. (1995), S. 43f.

586. Richter (1991), S. 19; ders. (1995), S. 44.

587. Interview Edelbert Richter，»Bei uns hat der Sozialismus noch einen guten Klang«, in: *Die tageszeitung* vom 16. 9. 1989［Deutschland 1989，Bd. 16，S. 1 f，hier S. 1］.

588. Interview mit Ehrhart Neubert am 14. 11. 1994. 参阅 »Es gab schon etliche Rätsel«, in: *Die tageszeitung* vom 10. 3. 1990［Deutschland 1990，Bd. 55，S. 1663］。

589. Eppelmann（1993），S. 337. 参阅 Richter（1991），S. 19；ders.（1995），S. 44。

590. Eppelmann 回顾时如是说，参见 ders. , Wendewege. Briefe an die Familie. Hrsg. Von Dietmar Herbst. Bonn/Berlin 1992，S. 5。

591. 参阅以下文献：1994 年 11 月 14 日与伊尔哈特·诺贝伊特的访谈，以及 1996 年 9 月 25 日与莱纳·埃佩尔曼的访谈；Eppelmann（1993），S. 338；Schorlemmer（1992），S. 237E；»Neue Oppositionsgruppe in der DDR gegründet«, in: *Süddeutsche Zeitung* vom 3. 10. 1989［Deutschland 1989，Bd. 16，S. 413］。

592. Interview Rainer Eppelmann，»Das wird sehr bunt sein müssen«, in: *Die tageszeitung* vom 3. 10. 1989［Deutschland 1989，Bd. 16，S. 12f. ］.

593. 在会面前的国安部信息情况参阅 MfS，ZAIG，Nr. 432/89，»Information über eine geplante Zusammenkunft zur Konstituierung einer oppositionellen Sammlungs – bewegung › Demokratischer Aufbruch ‹«, abgedruckt in: Mitter/Wolle（1990），S. 178f. 。

594. Eppelmann（1993），S. 338.

595. 可以参阅 Interview Rainer Eppelmann，»Das wird sehr bunt sein müssen«, in: *Die tageszeitung* vom 3. 10. 1989［Deutschland 1989，Bd. 16，S. 12f.，hier S. 12］。

596. Aufruf des »Demokratischen Aufbruchs« vom 2. 10. 1989.

597. 暂行基本原则声明。

598. Eppelmann（1993），S. 338f.

599. 同上，S. 209 und 313。

600. 暂行基本原则声明。

601. Schorlemmer（1992），S. 209.

602. 1989 年 10 月 30 日决议。

603. Eppelmann（1993）, S. 339.

604. »Für Gott und Stasi. Die Lebensbeichte des Wolfgang Schnur«, in: *Stern* vom 5. 4. 1990.

605. 同上。

606. Interview mit Wolfgang Schnur, »Der Blumenstrauß bei uns wird bunt«, in: *Saarbrücker Zeitung* vom 4. 11. 1989 [Deutschland 1989, Bd. 16, S. 401 f.].

607. Eppelmann（1993）, S. 334. 参阅 ders. : Die deutsche Frage sei »nicht die Frage nach der Wiedervereinigung gewesen, und zwar deswegen, weil wir uns diese Frage nicht in die Realität umgesetzt haben vorstellen können«, in: Deutscher Bundestag（1995）, Bd. V, 1, S. 832。

608. "民主觉醒"对于《为了我们的祖国》（»Für unser Land«）这一呼吁的媒体声明。

609. 参阅 die Pressedokumentation in Deutschland 1989, Bd. 16, S. 139 ff. Sowie S. 447ff.。

610. 1994 年 11 月 14 日，米夏埃尔·瓦尔特与伊尔哈特·诺贝伊特的访谈。

611. Bahrmann/Links（1994）, S. 161.

612. »Kohls 10 – Punkte – Plan größte Katastrophe nach Öffnung der Grenzen«. Zit. Nach *Westfälische Rundschau* vom 16. 1. 1990 [Deutschland 1990, Bd. 43, S. 138].

613. 1994 年 11 月 14 日，与 Ehrhart Neubert 的访谈。

614. »› Demokratischer Aufbruch ‹ wird zur Partei «, in: *Süddeutsche Zeitung* vom 6. 12. 1989 [Deutschland 1989, Bd. 16, 5 – 415].

615. 关于党代会参阅媒体文件: Deutschland 1989, Bd. 16, S. 420ff. ; Schorlemmer（1992）, S. 313ff.。

616. »Die Vergangenheit ist für alle ein rotes Tuch«, in: *Frankfurter Rundschau* vom17. 12. 1989 [Deutschland 1989, Bd. 16, S. 423ff, hier S. 425].

617. » Pfarrerstreit um Modrow überlagert die Sammlung zum Demokratischen Aufbruch «, in: *Die Welt* vom 18. 12. 1989 [Deutschland 1989, S. 16, S. 420f. , Zit. S. 420].

618. Interview Edelbert Richter, »DDR – Opposition. Schon gar nicht so was wie

die Republikaner«, in: *Bild* vom 7. 12. 1989 [Deutschland 1989, Bd. 16, S. 32 und S. 404]; »Eppelmann: Ohne neue Regierung ist die Existenz der DDR gefährdet«, in: *Der Tagesspiegel* vom 9. 12. 1989 [同上, S. 419].

619. »Eppelmann: Ohne neue Regierung ist die Existenz der DDR gefährdet«, in: *Der Tagesspiegel* vom 9. 12. 1989 [Deutschland 1989, Bd. 16, S. 419].

620. 基民盟派出了 Rita Süssmuth, Norbert Blum 和 Kurt Biedenkopf, 基社盟派出了 Erwin Huber, 社民党是 Herta Däubler – Gmehn 和 Gert Weisskirchen, 自民党派出了 Hans – Dietrich Genscher, 绿党派出了 Tobias Pfluger。

621. »Die Vergangenheit ist für alle ein rotes Tuch«, in: *Frankfurter Rundschau* vom18. 12. 1989 [Deutschland 1989, Bd. 16, S. 423 ff., hier S. 425]; » Eine neue Partei mit Bonner Bugelfalten«, in: *Die Zeit* vom 22. 12. 1989 [同上, S. 435ff, hier S. 437].

622. 参阅 Schorlemmer (1992), S. 313f.。

623. Programm des DEMOKRATISCHEN AUFBRUCHS – sozial + ökologisch (Beschlossen auf dem Gründungsparteitag in Leipzig am 17. 12. 1989), S. 2. 同时参见» Wahltreff 90 « – Zentrum für politikwissenschaftliche Information und Dokumentation (Hrsg.), Die aktuelle Programmatik von Parteien und politischen Vereinigungen in der DDR, Dokumentation. Berlin 1990, S. 89ff.。

624. Strategiepapier ' 90.

625. Programm des DEMOKRATISCHEN AUFBRUCHS – sozial + ökologisch (Beschlossen auf dem Gründungsparteitag in Leipzig am 17. 12. 1989), S. 4.

626. » Demokratischer Aufbruch im Tumult «, in: *Süddeutsche Zeitung* vom 19. 12. 1989 [Deutschland 1989, Bd. 16, S. 429f., Zit. S. 429].

627. Eppelmann (1993), S. 348.

628. 同上, S. 348f.。

629. 1996 年 9 月 25 日与莱纳·埃佩尔曼的访谈。

630. Eppelmann (1993), S. 349f.

631. » Der Demokratische Aufbruch ist zu einem bürgerlich – konservativen Wahlbündnis bereit«, in: *Frankfurter Allgemeine Zeitung* vom 4. 2. 1990.

632. 政治声明：Für ein einiges Deutschland. Halle, 4. 2. 1990。

633. Presseerklärung Minister Rainer EPPELMANN（Demckratischer Aufbruch）im Anschluβ an den Besuch der DDR – Regierung in Bonn, 14. 2. 90, 13, 30 uhr.

634. CDU/CSU – Fraktion im Deutschen Bundestag, Protokoll der Fraktionssitzung am 13. 2. 1990, S. 11［ACDP – VIII – 001 – 1087/2］.

635. 参阅 Bahrmann/Links（1995）, S. 138。

636. 参阅 Cordula Schubert, »Chronologie einer Wende«, in：Zeitschrift zur politischen Bildung/Eichholz Brief 2/91, S. 46ff. , S. 49。

637. CDU/CSU – Fraktion im Deutschen Bundestag, Protokoll der Fraktionssitzung am 13. 2. 1990, S. 19［ACDP – VIII – 001 – 1087/2］.

638. 这里参阅媒体文件 Deutschland 1990, Bd. 55, S. 1610ff; Thomas Ammer/Hans – Joachim Memmler（Hrsg. ）, Staatssicherheit in Rostock. Zielgruppen, Methoden, AufLösung. Köln 1991, S. 8; Kohl（1996）, S. 320ff. 。

639. 1990 年 3 月 15 日 "民主觉醒" 的媒体声明。

640. Interview Wolfgang Schnur, »Nur neu gegründete Parteien sind unbefleckt«, in：*Kieler Nachrichten* vom 15. 12. 1989.

641. Eppelmann（1992）, S. 2.

642. Bahrmann/Links（1994）, S. 201; Chronik der Ereignisse in der DDR. Köln [4]1990, S. 75.

643. » Eppelmann an die Spitze gewählt «, in：*Süddeutsche Zeitung* vom 23. 4. 1990［Deutschland 1990, Bd. 43, S. 180］; Eppelmann（1993）, S. 292f.

644. » Eppelmann an die Spitze gewählt «, in：*Süddeutsche Zeitung* vom 23. 4. 1990［Deutschland 1990, Bd. 43, S. 180］.

645. 同上。

646. Demokratischer Aufbruch – Landesverband Thüringen. Kom. Wahl – Analyse – Zwischenbericht, 18. 5. 1990.

647. 同时参阅以下文献 Michael Richter, »Zur Entwicklung der Ost – CDU vom Januar 1990 bis zum Vereinigungsparteitag am 1. Oktober 1990«, in：Richter/ Riβmann（1995）, S. 235ff. , hier S. 248f. 。

648. 决议。Berlin, 4. 8. 1990。

649. 同上。

650. 详细参阅 Jäger/Walter（1998）。关于德国社会联盟的信息，作者需要感谢前党主席 Hans－Wilhelm Ebeling，他不仅参加了多次访谈，而且还为作者提供了他的私人档案室。同时还要感谢前德社盟秘书长 Alexander Achiminow 和他的工作人员 Irmgard Ritter（莱比锡），他们为我们提供了丰富的资料。其他的资料来源于延斯·格贝尔（Jens Goebel）教授（施马尔卡尔登），前图林根州执行理事以及联邦理事会秘书。保罗·拉图塞克（Paul Latussek）博士（伊尔梅瑙），Joachim Hubertus Nowack（莱比锡），而且前德社盟主席 Hansjoachim Walther 教授也抽出时间，讲述了他对德社盟历史的看法。基社盟政策与计划部部长彼得·穆勒（Peter Müller），还有瓦尔特的前办公室主任 Christoph Schmidt，也提供了基社盟总部（Franz Josef－Strauβ－Hause）对德社盟政策的观察。

651. 1990 年 1 月 2 日，德国基督教社会党的新闻稿。

652. Protokoll »Gespräch mit Vertretern von Oppositionsgruppen am 20. 12. Von 10. 00 bis 11. 30 Uhr im Hotel Bellevue«［BA－B 288/290］。

653. *Stern* vom 21. 12. 1989［Deutschland 1989, Bd. 16, S. 150］;»Waigel: CSU in DDR vorstellbar«, in: *Münchner Merkur* vom 31. 10. 1989［同上, S. 553］;»Waigel denkt an eine CSU－Gründung in der DDR«, in: *Hannoversche Allgemeine Zeitung* vom 31. 10. 1989［同上, S. 554］。

654. Freie Deutsche Union（FDU）, PresseErklärung. Abgedruckt in: Tage, die Bürger bewegten, Bd. 2. Ausgewählte Dokumente zur Chronik des Umbruchs in Rostock vom August 1989 bis zum Oktober 1990 von Bernhard Schmidtbauer. Rostock 1989, S. 94f. 参阅 »Ost－CSU tritt an, legt die Latte auf 50 plus X«, in: *Die Welt* vom 6. 1. 1990［Deutschland 1990, Bd. 43, S. 271］;»Christlich－soziale Volkspartei tritt zu DDR－Wahlen an«, in: *Münchner Merkur* vom 8. 1. 1990［同上, S. 203］。

655. 援引自 »übersicht über politische Gruppierungen der DDR«, in: *Die Welt* vom 15. 1. 1990［Deutschland 1990, Bd. 43, S. 17ff.］。

656. 米夏埃尔·瓦尔特与保罗·拉图塞克博士和汉斯约阿希姆·瓦尔特教授的访谈。同时参阅以下文献 Das Interview von Andreas Dornheimmit

Paul Latussek：»Die Gründung der Forum – Partei Thüringen und der DSU«, in：Dornheim/Schnitzler（1995），S. 89ff. 。

657. 参阅 *Welt am Sonntag* vom 21. 1. 1990 ［Deutschland 1990，Bd. 43，S. 208］。

658. »Die West – CSU lehnt es ab，sich auf die Ost – CSU festlegen zu lassen«，in：*Die Welt* vom 13. 1. 1990 ［Deutschland 1990，Bd. 69，S. 412］。

659. »Einig gegen Stasi und Gysi«，in：*Rheinischer Merkur* vom 19. 1. 1990 ［Deutschland 1989，Bd. 43，S. 25］。

660. 1995 年 1 月 21 日，米夏埃尔·瓦尔特与汉斯约阿希姆·瓦尔特教授的访谈；Volkmar Weiss，Die Rolle der Deutschen Sozialen Union（DSU）bei der Einigung Deutschlands. Leipzig 1990（Ms.），S. 5。

661. 最开始同样感兴趣的青年联盟还是放弃了。德国论坛党的两名代表虽然努力想让他们党派加入，但是没有被授予签字权。对于德社盟方案的支持，是一周后由他们的党派正式发出的，Weiss（1990），S. 5。前德国论坛党秘书长霍斯特·考夫曼（Horst Kauffmann）在 1995 年 4 月 5 日与米夏埃尔·瓦尔特进行访谈时证实了这一点。

662. »Die CSU will der DSU Hilfe leisten«，in：*Frankfurter Allgemeine Zeitung* vom 23. 1. 1990 ［Deutschland 1990，Bd. 69，S. 410］；»CSù beschließt die Partnerschaft mit der Deutschen Sozialen Union «，in：*Die Welt vom* 23. 1. 1990 ［同上，S. 369］。

663. »DDR – Konservative gründen DSU – Schwesterpartei der Union«，in：*Welt am Sonntag* vom 21. 1. 1990 ［Deutschland 1990，Bd. 43，S. 208］。

664. Interview Michael Walter im Franz Josef – Strauβ – Haus.

665. Deutsche Soziale Union，Grundsatzprogramm，hrsg. Vom Bundesvorstand der DSU. Leipzig，Januar 1990. 参阅 Volkmar Weiss，»Offener Brief zur Krise der DSU«，in：*Neues Deutschland* vom 20. 6. 1990。

666. 1994 年 12 月 6 日，与 Hans – Wilhelm Ebeling 的访谈。

667. Schäuble（1991），S. 48.

668. 参阅 1990 年 2 月 9 日，Heiner Lueg 写给 Hans – Wilhelm Ebeling 的信函。

669. »Eine Mehrheit für die Einheit！« Rede des Vorsitzenden der Deutschen Sozialen Union Hans – Wilhelm Ebeling auf dem 1. Parteitag der DSU am

18. 2. 1990 in Leipzig.

670. Weiss (1990), S. 7.

671. DSU – Bundesparteitag, 30. 6. 1990, Protokoll, S. 6.

672. Peter Müller 在 1994 年 11 月 22 日的访谈中如是说。

673. Protokoll der Sitzung der CDU/CSU – Bundestagsfraktion am 13. 2. 1990, S. 6 [ACDP – VIII – 001 – Nr. 1087/2]。

674. Vgl. Briefe im Privatarchiv Ebelings.

675. 参阅 Kohl (1996), S. 315f. 。

676. 援引自 *Der Spiegel* 16/90 vom 16. 4. 1990 [Deutschland 1990, Bd. 40, S. 2247]。

677. 彼得·穆勒在与米夏埃尔·瓦尔特的访谈中如是说。汉斯约阿希姆·瓦尔特证实了这种说法，但是将组织得不成功的责任归咎于基社盟。

678. 一项社会科学研究所的分析显示，德社盟是“最为坚定的促进民主德国迅速加入联邦德国的党派……从趋势上来看，移民比例最高的地区支持率也最高”。参见 Siegfried Grundmann,》Außen – und Binnenmigration der DDR 1989, Versuch einer Bilanz《, in: Deutschland Archiv 23 (1990), S. 1422 ff., S. 1425。在单个选区内的选举结果参阅 Forschungsgruppe Wahlen, Wahl in der DDR. Eine Dokumentation der Volkskammerwahl vom 18. Marz 1990. Berichte der Forschungsgruppe Wahlen e. V. Mannheim, Nr. 56 vom 6. 4. 1990, S. 10。根据其结果，德社盟的最佳选区是卡尔·马克思城（Karl – Marx – Stadt），支持率达到 14.8%，最差的结果是在马格德堡（Magedburg）和什未林（Schwerin），只有 2.0%。同时参阅 Roth (1991), S. 119f. 。

679. 参阅 *Der Spiegel* 13/90 vom 26. 3. 1990 [Deutschland 1990, Bd. 40, S. 2010]。

680. 1994 年 12 月 6 日与汉斯 – 威廉·埃伯林的访谈；参阅 *Die Welt* vom 22. 3. 1990 [Deutschland 1990, Bd. 40, S. 2467]。

681. 参阅新闻报道 Deutschland 1990, Bd. 40, S. 1940, S. 1972ff. 。

682. 1995 年 4 月 18 日，米夏埃尔·瓦尔特与亚历山大·阿奇米诺夫（Alexander Achminow）在莱比锡的访谈。

683. 》Zur Information《, Schreiben Markus Meckel an alle Mitglieder der SPD. Berlin, 21. 4. 1990, S. 2 [AdsD – FES – Bcstand SDP/SPD der DDR –

vorl. Sign. 31〕.

684. » DSU will Staatschef und vier Minister «, in: *Neues Deutschland* vom 29. 3. 1990.

685. 参阅 *Stuttgarter Zeitung* vom 10. 4. 1990; *Süddeutsche Zeitung* vom 11. 4. 1990 〔Deutschland 1990, Bd. 40, S. 2147 und 2176f〕。

686. 1995 年 4 月 7 日，米夏埃尔·瓦尔特在诺伊赛丁（Neuseddin）对德梅齐埃进行的访谈。

687. 同上。

688. 德国社会联盟在人民议院党团工作的基本原则文件。

689. Antrag der DSU – Fraktion an die Volkskammer 〔AdsD – FES – SDP/SPD der DDR – vorl. Sign. 26〕.

690. *Süddeutsche Zeitung* vom 12. 4. 1990 〔Deutschland 1990, Bd. 40, S. 2207〕; *Stuttgarter Zeitung* vom 12. 4. 1990 〔同上, S. 2219〕。

691. 1994 年 12 月 6 日与对汉斯 – 威廉·埃伯林的访谈。

692. Protokoll zur Bundesvorstandssitzung am 21. 4. 1990 in Leipzig. Vertraulich; Deutsche Soziale Union, Landesverband Thüringen. » Information über die Sitzung des Bundesvorstandes am 21. April 1990«.

693. 1995 年 4 月 18 日与亚历山大·阿奇米诺夫的访谈。

694. 米夏埃尔·瓦尔特与保罗·拉图塞克博士以及亚历山大·阿奇米诺夫的访谈。

695. DSU – Bundesparteitag, 30. 6. 1990, Protokoll, S. 5.

696. Weiss（1990）, S. 10.

697. 根据 Rainer Wagner 的陈述。» Wissenswertes über die Deutsche Soziale Union«, Informationspapier der DSU zum 3. Bundesparteitag der DSU, o. O. , o. D. ; Keller gibt eine Zahl von » 1500 Mandatsträger 〔n〕 auf kommunaler Ebene « an, siehe » Deutsche Soziale Union. Unbelastet und glaubwürdig«, in: *Bayernkurier* vom 5. 10. 1991.

698. Schatzmeister Schieck auf dem DSU – Bundesparteitag, 30. 6. 1990, Protokoll, S. 41 f.

699. DSU – Bundesparteitag, 30. 6. 1990, Protokoll, S. 5.

700. Hans Gundermann: » Die DSU Mecklenburg – Vorpommern nach der Volkskammerwahl am 18. 3. 1990. Strategische überlegungen «, o.

O. 16. 4. 1990.

701. Deutschland Archiv 23（1990），S. 812.

702. 彼得·穆勒在 1994 年 11 月 22 日的访谈中如是说。

703. »DSU fordert Diestel zum Rücktritt auf«，in：*Die Welt* vom 23. 5. 1990 ［Deutschland 1990，Bd. 43，S. 305f.］.

704. 参阅媒体文件 Deutschland 1990，Bd. 5，S. 2969ff. 。

705. *Die tageszeitung* vom 30. 8. 1990［Deutschland 1990，Bd. 58，S. 583］.

706. 参阅媒体文件 Deutschland 1990，Bd. 58，S. 568ff. 。

707. Stenographische Niederschrift der 15. Tagung der Volkskammer，17. 6. 1990，S. 534. 参阅 »DSU – Fraktion wollte im Handstreich Beitritt zur BRD«，in：*Neues Deutschland* vom 18. 6. 1990；*Stuttgarter Nachrichten* und *Frankfurter Allgemeine Zeitung* vom 18. 6. 1990［Deutschland 1990，Bd. 5，S. 2922，S. 2932f.］；*Neue Zürcher Zeitung* vom 19. 6. 1990。

708. 参见 Stationen der Einheit：die letzten Monate der DDR.

709. 1995 年 4 月 18 日与亚历山大·阿奇米诺夫的访谈。

710. 作者在基社盟总部（Franz Josef – Strauβ – Haus）的访谈。

711. DSU – Bundesparteitag，30. 6. 1990，Protokoll，S. 69.

712. 同上，S. 84。

713. » DDR – Innenminister Diestel verlässt seine Partei im Streit «，in：*Frankfurter Allgemeine Zeitung*［Deutschland 1990，Bd. 43，S. 342］；*Frankfurter Rundschau* vom 2. 7. 1990［同上，S. 343 ff.］.

714. » Streit in der DSU über Diestel wurde beigelegt «，in：*Die Welt* vom 5. 6. 1990［Deutschland 1990，Bd. 43，S. 320］.

715. 例如基社盟秘书长埃尔温·胡贝尔 1990 年 7 月 3 日在德国西部广播 2 台（WDR 2）的早间杂志频道上的谈话内容。

716. »Waigel will wetten：DSU über 5% «，in：*Münchner Merkur* vom 26. 6. 1990［Deutschland 1990，Bd. 43，S. 336］.

717. DSU – Bundesparteitag，30. 6. 1990，Protokoll，S. 85.

718. 援引自 *Welt am Sonntag* vom 1. 7. 1990［Deutschland 1990，Bd. 43，S. 341］。

719. 与亚历山大·阿奇米诺夫、汉斯约阿希姆·瓦尔特教授以及延斯·格贝尔教授的访谈。

720. » Enge Verbindung zwischen DSU und Republikanern «, in: *Neues Deutschland vom 8. 7. 1990*；»Ebeling：DSU hat keine Zukunft mehr«, in：*Neues Deutschland* vom 11. 7. 1990.

721. »Initiative für CSU Sachsen«, in：*Die Welt* vom 6. 7. 1990［Deutschland 1990，Bd. 43，S. 386］.

722. 与彼得·穆勒和亚历山大·阿奇米诺夫的访谈。

723. 杜塞尔多夫和波恩的州法院在 1990 年 7 月通过了民主德国德社盟的申请，禁止西德团体使用这个名字。参阅 Landgericht Düsseldorf, 4. Zivilkammer, Beschluss vom 2. 7. 1990（4 0 173/90）；*Suddeutsche Zeitung*，*Die Welt* vom 22. 7. 1990 und *Bonner Rundschau* vom 16. 8. 1990［Deutschland 1990，Bd. 43，S. 424］。

724. » Die DSU und die deutsche Einheit. Der Beitrag der DSU zum Beitrittsbeschluss der Volkskammer in der Nacht zum 23. August«.

725. 1995 年 6 月 28 日与保罗·拉图塞克博士的访谈。

726. Bahrmann/Links（1995），S. 316f.

727. 在 10 月的州议院选举中，德社盟在所有新联邦州内的支持率都没有超过 5% 门槛。在联邦宪法法院拒绝了基社盟和德社盟的名单合并之后，1990 年 12 月的全德联邦议院选举中，德社盟在东德选区的支持率跌至 1.4%，在整个联邦领土内仅为 0.2%。

728. 关于德国论坛党的信息，作者要感谢前主席于尔根·史密德博士，他于 1994 年 9 月 19 日在柏林接受了一次采访，1995 年 3 月 8 日又接受了一次电话采访。同时也要感谢前论坛党秘书长 Horst Kauffmann 于 1990 年 4 月 5 日在柏林接受的采访，以及将他私人档案室内的资料转借给作者。

729. 参阅 ORB, Chronik der Wende, Bericht über den 11. 11. 1989。

730. 参阅 *Die Neue Bonner Depesche* 3/90, S. 4。

731. 同上。

732. Alexander Schintlmeister, Wahlanalyse zu den Volkskammerwahlen 18. 3. 1990 aus DFP – Sicht.

733. Deutsche Forumpartei, Programm（beschlossen auf dem Gründungsparteitag am 27. 1. 1990）in：»Wahltreff 90 « – Zentrum für politikwissenschaftliche Information und Dokumentation（Hrsg.），Die aktuelle Programmatik von

Parteien und politischen Vereinigungen in der DDR. Dokumentation. Berlin 1990, S. 112f.

734. Deutsche Forumpartei, Der Generalsekretär, Beratungsvorlage21/II/90. Thema: Wertung Treffen der PV und GS von DA, DSU, CDU und DFP. 秘密文件仅限于联邦理事会成员；1990 年 4 月 5 日米夏埃尔·瓦尔特与霍斯特·考夫曼在柏林的访谈。

735. 参阅 DA – Sekretariat. Protokoll der Vorstandssitzung vom 8. 2. 1990 [ACDP – VII – 012 – 3505]。

736. Volker Rühe, in: ZDF – Heute Journal vom 5. 2. 1990 [Deutschland 1990, Bd. 37, S. 325]。

737. *Freie Demokratische Korrespondenz* Nr. 45 vom 12. 2. 1990 [Deutschland 1990, Bd. 37, S. 399ff]。

738. Schintlmeister (1990)。

739. 同上。

740. Protokoll der Sitzung des Bundesvorstandes am 14. 3. 1990.

741. 参阅 Berndt/Jansen (1991), S. 69。

742. Protokoll über die erste Fraktionssitzung. Berlin, 24. 3. 1990, S. 4 [AdL – RFD – FNSt – L 1 – 27]。

743. *Freie Demokratische Korrespondenz*, Ausgabe 102 vom 19. 4. 1990 [Deutschland 1990, Bd. 70, S. 447f.]；»FDP für Zusammenschluss mit DDR – Liberalen«, in: *Frankfurter Allgemeine Zeitung* vom 19. 4. 1990 [同上，S. 475]。参阅关于德国自民党的章节。

744. Erklärung zu dem Schritt des Chemnitzer Bezirksverbandes [AdL – FNSt – BFD – L 1 – 28]。

745. 同上。

746. 参阅 *Freie Demokratische Korrespondenz*, Ausgabe 227 vom 13. 8. 1990 [Deutschland 1990, Bd. 70, S. 529f£, S. 531]。

747. 关于民主德国自民党的信息，作者需要感谢前东德自民党主席 Bruno Menzel 博士，以及前自民党梅克伦堡州主席迪特尔·韦斯特恩贝克（Dieter Wöstenberg）博士，他们分别在 1994 年 6 月 22 日于波恩，以及 1995 年 1 月 26 日于什未林接受了作者的采访。

748. 参阅 z. B. ORB, Chronik der Wende, Bericht über den 25. 11. 1989。

749. »Die neue DDR – FDP hofft auf Hilfe der Bonner Liberalen«, in: *Die Welt* vom 29. 1. 1990 [Deutschland 1990, Bd. 43, S. 432].

750. 参阅 »Zukunftschance Freiheit. Liberales Manifest für eine Gesellschaft im Umbruch«, 1985 年 2 月 23～24 日在萨布尔吕肯召开的德国社民党联邦党代会上的决议。St. Augustin o. J., und »Zukunftschance Freiheit. Liberales Manifest der F. D. P. – Länderverbände der DDR«. 1990 年 2 月 4 日于柏林召开的德国自民党成立党代会协商讨论的结果, in: »Wahltreff 90«, S. 151 – 161。

751. 参阅 z. B. » Sächsische FDP will Volksbefragung «, in: *Frankfurter Allgemeine Zeitung* vom 24. 1. 1990 [Deutschland 1990, Bd. 43, S. 465]。

752. »Die neue DDR – FDP hofft auf Hilfe der Bonner Liberalen«, in: *Die Welt* vom 29. 1. 1990 [Deutschland 1990, Bd. 43, S. 432].

753. 1994 年 6 月 22 日, 米夏埃尔·瓦尔特与布鲁诺·门采尔博士在波恩的访谈。参阅 Carola Wuttke/Berndt Musiolek (Hrsg.), Parteien und politische Bewegungen im letzten Jahr der DDR. Berlin 1991, S. 42。

754. 1994 年 6 月 22 日与布鲁诺·门采尔博士在波恩的访谈。

755. 同上。参阅 1990 年 2 月 14 日, 图林根区主席 Kolbe 写给 Ortleb 的信函。

756. » Lambsdorff: › Wer abspringt, bekommt keine Unterstützung ‹ «, in: *Westfälische Rundschau* vom 17. 2. 1990 [Deutschland 1990, Bd. 37, S. 438]; » Lambsdorff verteidigt liberales Bündnis «, in: *Frankfurter Allgemeine Zeitung* vom 20. 2. 1990 [同上, S. 442].

757. *Junge Welt* vom 9. 3. 1990.

758. Protokoll über die 1. Fraktionssitzung [FNSt – AdL – BFD – L 1 – 27].

759. »Geschärfte Bombe«, in: *Der Spiegel* Nr. 26 vom 9. 7. 1990 [Deutschland 1990, Bd. 70, S. 500].

760. 那些支持单独参加选举的人看到他们的决定在投票结果中得到了证实, 在一些地方他们获得了甚至三倍于自由民主党的投票。东德自民党在德绍区获得了 15. 18% 的支持率, 在厄尔斯尼茨 (Oelsnitz) 也有 10. 38%。参阅 *Die Neue Bonner Depesche* Nr. 6/1990, S. 74。

761. *Die Neue Bonner Depesche*, Sonderausgabe Mürz 1990, S. 6. 根据不同观察家的估计, 真正的成员数最多有 4000 人。

762. 迪特尔·韦斯特恩贝克在 1995 年 1 月 26 日于什未林与米夏埃尔·瓦尔特的访谈中如是说。

763. Wolfgang Kühnel/Carola Sallmon – Metzner, »Grüne Partei und Grüne Liga. Der geordnete Aufbruch der ostdeutschen Ökologiebewegung«, in：Helmut Müller – Enbergs/Marianne Schulz/Jan Wielgohs（Hrsg.）, Von der Illegalität ins Parlament. Werdegang und Konzept der neuen Bürgerbewegungen. Berlin 1991, S. 166 – 220, hier S. 172.

764. 同上，S. 173。

765. Christoph Hohlfeld, »Die Grünen in Ostdeutschland«, in：Joachim Raschke, Die Grünen. Wie sie wurden, was sie sind. Köln 1993, S. 395 – 416, hier S. 397.

766. Kühnel/Sallmon – Metzner（1991）, S. 174ff.

767. 同上，S. 76ff.。

768. »Die SED ist uns nicht grün«, Interview mit Mario Hamel, Sprecher des Grün – Ökologischen Netzwerks für Stadtbau – Ökologie, in：*Die tageszeitung* vom 7. 11. 1989 [Deutschland 1989, Bel. 16, S. 541].

769. »Gegen Ellenbogenfreiheit, Verschwendung, Wegwerfmentalität. Erklärung zur Gründungsinitiative für eine grüne Partei in der DDR«, in：*Die tageszeitung* vom 7. 11. 1989 [Deutschland 1989, Bd. 16, S. 542].

770. 援引自 »Grüne Partei versus Grüne Liga in der DDR«, in：*Die tageszeitung* vom 27. 11. 1989 [Deutschland 1989, Bd. 16, S. 545]。

771. Hohlfeld（1993）, S. 400.

772. So Carlo Jordan im *Tagesspiegel* vom 29. 11. 1989 [Deutschland 1989, Bd. 16, S. 546].

773. 关于绿色联盟的成立和历史参阅 Anne Hampele, »Dem Aufschwung Ost Ökologisch auf die Beine helfen. Die Grüne Liga e. V. – Ein Beispiel erfolgreicher ostdeutscher Selbstbehauptung«, in：Deutschland Archiv 30（1997）, S. 242 – 251。关于绿色联盟 2 月初成立大会的信息参阅 *Die tageszeitung* vom 5. 2. 1990 [Deutschland 1990, Bd. 44, S. 1024]。

774. 发言人委员会包括：Christine Weiske, Marianne Dörfler, Carlo Jordan, Volrad Kuhn, Henry Schramm, Gerd Klötzer。

775. Kühnel/Sallmon – Metzner（1991）, S. 191 f. 这两个团体的利益共同点

也可以通过双重成员身份得到体现，参阅 *Der Tagesspiegel* vom 29. 11. 1989［Deutschland 1990，Bd. 16，S. 546］。

776. 章程中极其详细地介绍了一些领域，环保运动组织已经在这些领域进行了深入研究，比如林业经济、水资源保护等。对于社会和经济改造的介绍则显得很普通。参阅 Hallenser Rahmenprogramm，beschlossen am 10. 2. 1990 auf dem 1. Parteitag der Grünen Partei in Halle［GG］。

777. 在新的理事会中，Henry Schramm 也来自方舟网络；其他的理事会成员则是来自公民运动组织的"跨界成功人士"：Christine Weiske，Dorit Nessing‐Stranz，Friedrich Heilmann，Judith Demba，Viktor Liebrenz。参阅 Kühnel/Sallmon‐Metzner（1991），S. 197。

778. 同上，S. 203f.。

779. *Der Tagesspiegel* vom 29. 11. 1989［Deutschland 1989，Bd. 16，S. 546］；Kühnel/Sallmon‐Metzner（1991），S. 203f.

780. Kühnel/Sallmon‐Metzner（1991），S. 205.

781. 根据 Hohlfeld（1993），S. 401，绿党获得了大约 500 万民主德国马克作为启动资金。

782. 年初西德绿党为东德绿党配备技术设备筹集了 5 万德国马克资金，Hohlfeld（1993），S. 401。

783. Kühnel/Sallnion‐Metzner（1991），S. 191.

784. PresseErklärung der Grünen DDR vom 29. 1. 1990［Deutschland 1990，Bd. 44，S. 1014］.

785. 援助办公室财政花销的估算大约为 45 万德国马克，参阅 Dietrich Wetzel/Jürgen Schnappertz，»Bericht an die Bundestagsfraktion Die Grünen über Anforderungen an das in West‐Berlin neu eingerichtete Unterstützungsbüro für DDR‐Gruppen vom 12. Februar 1990«［GG］.

786. Kühnel/Sallmon‐Metzner（1991），S. 202f.

787. »›DDR‐Grüne：Weder alternativ noch frauenfreundlich ‹«，Das Vorstandsmitglied der Ost‐Grünen，Friedrich Heilmann，zum Knatsch mit dem Unabhängigen Frauenverband，in：*Die tageszeitung* vom 27. 3. 1990［Deutschland 1990，Bd. 44，S. 1018］.

788. Erklärung des 1. Parteitags der Grünen Partei zur deutschen Frage vom 10. 2. 1990［GG］.

789. Gemeinsame Erklärung zum Staatsvertrag der Fraktionen Bündnis 90/Grüne in der Volkskammer, Die Grünen im Bundestag. Berlin/DDR, Bonn 6.6.1990 [GG].

790. Mario Hamel 如是说，援引自》Mit den Strömungsstreitigkeiten ihrer Schwesterpartei wollen sie nichts zu tun haben《, in: *Frankfurter Allgemeine Zeitung* vom 7.3.1990 [Deutschland 1990, Bd. 44, S. 1033]。

791. 在这些基本取向上，东德绿党相比公民运动组织与西德绿党有更多共同点，公民运动组织与西德绿党只有共同的目标，就是通过民主体制替换统社党政权，卢德格尔·福尔默（Ludger Volmer）在1995年9月25日与西比勒·希克的访谈中如是说。

792. Hohlfeld (1993), S. 401.

793. Kühnel/Sallmon – Metzner (1991), S. 201.

794. 》Die Angst vor Instrumentalisierung《, Judith Demba, Mitglied des Vorstands der DDR – Grünen, über das Innenleben ihrer Partei, in: *Die tageszeitung* vom 11.6.1990 [Deutschland 1990, Bd. 44, S. 1019].

795. Hohlfeld (1993), S. 403.

第四章　民主德国转型时期的社会力量

1. 参阅 Kleines Politisches Wörterbuch. Berlin (Ost) 1989, S. 707。

2. 民主德国反对派定义的问题参阅 Eppelmann, in: Deutscher Bundestag (1995), Bd. VII, 1, Protokoll der 67. Sitzung, S. 14, und Ehrhart Neubert, Geschichte der Opposition in der DDR 1949 – 1989. Bonn 1997, S. 25 – 33。

3. 参阅 Martin Jander/Klaus Schroeder, 》Verspätete Liebe zu seltenen deutschen Helden《, in: *Frankfurter Allgemeine Zeitung* vom 19.8.1996。

4. 关于反对形式的变化以及反对派的特点，参阅 Detlef Pollack/Dieter Rink, 》Einleitung《, in: dies., Politischer Protest in der DDR 1970 – 1989. Frankfurt a. M. 1997, S. 7 – 29, hier S. 11f.。

5. 参阅 Hubertus Knabe, in: Deutscher Bundestag (1995), Bd. VII, 1, Protokoll der 67. Sitzung, S. 85。"学校里是禁止穿牛仔裤的，长头发的人被警察拖到派出所剪短头发。"

6. 参阅 Eckhard Jesse, 》Artikulationsformen und Zielsetzungen von

widerständigem Verhalten in der Deutschen Demokratischen Republik《, in:
Deutscher Bundestag (1995), Bd. VII, 1, S. 987 – 1030, hier S. 999。

7. 参阅 Jan Wielgohs/Marianne Schulz, 》Von der friedlichen Revolution in die
politische Normalität. Entwicklungsetappen der ostdeutschen Bürgerbewegung《,
in: Hans Joas/Martin Kohli (Hrsg.), Der Zusammenbruch der DDR.
Soziologische Analysen. Frankfurt a. M. 1993, S. 222 – 245, S. 227。

8. 参阅 Wolfgang Rüddenklau, Störenfried, DDR – Opposition 1986 –
1989. 2. überarb. Aufl., Berlin 1992, hier S. 28ff.。

9. 参阅 Martin Gutzeit, in: Deutscher Bundestag (1995), Bd. VII, 1,
Protokoll der 68. Sitzung, S. 240ff; Knabe (1995), S. 77 – 84。

10. 参阅 Jarausch (1995), S. 61 f.。

11. 参阅 Pollak/Rink (1997), S. 12。

12. Hubertus Knabe, 》Politische Opposition in der DDR, Ursprunge,
Programmatik, Perspektiven《, in: Aus Politik und Zeitgeschichte B 1/2 vom
5. 1. 1990, S. 21 – 32, hier S. 23.

13. 参阅 Knabe (1990), S. 21。

14. 参阅 Karl Bruckmeier, 》Vorgeschichte und Entstehung der Bürgerbewegungen
in der DDR《, in: Gerda Haufe/Karl Bruckmeier (Hrsg.), Die
Bürgerbewegungen in der DDR und in den ostdeutschen Ländern. Opladen
1993, S. 9 ff.。

15. Eckhard Jesse, 》Der innenpolitische Weg zur deutschen Einheit《, in:
Eckhard Jesse/ Armin Mitter (Hrsg.), Die Gestaltung der deutschen
Einheit. Bonn 1992, S. 119.

16. 沃尔夫冈·坦普林在 1997 年 11 月 3 日于弗赖堡和戴安娜·克劳斯
(Diana Kraus) 进行会面时如是说。

17. 1995 年 5 月 2 日，鲁特·赫尔滕 (Rut Herten) 与沃尔夫冈·坦普林在
柏林的访谈。

18. 下文亦参阅 Rainer Eckert, 》Die revolutionäre Krise am Ende der achtziger
Jahre und die Formierung der Opposition《, in: Deutscher Bundestag
(1995), Bd. VII, 1, S. 667 – 757, zur IFM S. 709f. Und 722ff, sowie
Wolfgang Templin/Reinhard Weiβhuhn, 》 Initiative Frieden und
Menschenrechte《, in: Helmut Müller – Enbergs/Marianne Schulz/Jan

Wielgohs, Bündnis 90. Entstehung, Entwicklung, Perspektiven. Berlin 1992, zur IFM: S. 148 – 165。

19. Ralf Hirsch, »Die Initiative Frieden und Menschenrechte«, in: Ferdinand Kroh (Hrsg.), Freiheit ist immer Freiheit⋯: Berlin 1988, S. 210 – 233, hier S. 213.

20. 参阅 Templin/Weißhuhn (1991), S. 148。

21. 援引自 Martin Jander/Thomas Voß, »Die besondere Rolle des politischen Selbstverständnisses bei der Herausbildung einer politischen Opposition in der DDR außerhalb der SED und ihrer Massenorganisationen seit den siebziger Jahren«, in: Deutscher Bundestag (1995), Bd. VII, 1, S. 896 – 986, hier S. 941。

22. 参阅 Stephan Bickhardt, »Die Entwicklung der DDR – Opposition m den achtziger Jahren«, in: Deutscher Bundestag (1995), Bd. VII, 1, S. 450 – 503, hier S. 483。

23. 参阅 Eckert (1995), S. 723。

24. Templin/Weißhuhn (1991), S. 157.

25. Bickhardt (1995), S. 482.

26. 同上, S. 481。

27. 参阅 Wielgohs/Schulz (1993), S. 225 – 230; Christian Dietrich, »Der Protest formiert sich... Zur Entwicklung der Opposition am Ende der DDR in den achtziger Jahren«, in: Bernd Lindner (Hrsg.), Zum Herbst ' 89. Demokratische Bewegung in der DDR. Leipzig 1994, S. 38 – 52, hier S. 38ff.。

28. 参阅 Wielgohs/Johnson, »Entstehungsgründe, Handlungsbedingungen, Situationsdeutungen, Analytische Perspektiven auf die DDR – Opposition der 80er Jahre«, in: Pollack/Rink (1997), S. 332 – 363, hier S. 345f.。

29. 参阅 Wielgohs/Schulz (1993), S. 225。

30. 参阅 Wielgohs/Johnson (1997), S. 345。

31. 参阅 Bickhardt (1995), S. 492 f.。

32. 参阅 Wielgohs/Schulz (1993), S. 229。

33. 参阅与沃尔夫冈·坦普林的访谈。

34. 参阅 Detlef Pollack, »Außenseiter oder Repräsentanten? Zur Rolle der

politisch alternativen Gruppen im gesellschaftlichen Umbruchprozess der DDR«, in: Deutschland Archiv 23 (1990), S. 1216 – 1223, hier, S. 1217; Eckert (1995), S. 700; 同时参阅 Martin Gutzeit, »Der Weg in die Opposition. über das Selbstverständnis und die Rolle der › Opposition ‹ im Herbst 1989 in der ehemaligen DDR «, in: Walter Euchner (Hrsg.), Politische Opposition in Deutschland und im internationalen Vergleich. Göttingen 1993, S. 89。

35. 参阅 Bickhardt (1995), S. 490ff. Und Ulrike Poppe/Rainer Eckert/Ilko – Sascha Kowalczuk, »Opposition und widerständiges Verhalten in der DDR«, in: dies. (Hrsg.), Zwischen Selbstbehauptung und Anpassung: Formen des Widerstandes und der Opposition in der DDR. Berlin 1995, S. 9 – 26, hier S. 22。

36. Bickhardt (1995), S. 492.

37. 参阅 Wielgohs/Johnson (1997), S, 346 und 348。

38. 参阅 Neubert (1997), S. 635ff.。

39. 参阅 同上, S. 810 – 814; Jarausch (1995), S. 62 f.。

40. 参阅 Neubert (1997), S. 815f.。

41. 参阅 Jander/Voβ (1995), S. 908。

42. Information 150/89 des MfS, 刊登于 Armin Mitter/Stefan Wolle (Hrsg.), »Ich liebe euch doch alle... « Befehle und Lageberichte des MfS Januar – November 1989. Berlin 1990, S. 46 – 71。

43. 参阅 Gutzeit (1995), S. 243。

44. 参阅 Ulrike Poppe, »Bürgerbewegungen in Ostdeutschland «, in: Deutschland Archiv 24 (1991), S. 1220 – 1223, hier S. 1220。

45. 参阅 Eckert (1995), S. 703 ff.。

46. 参阅 Neubert (1997), S. 825。

47. 参阅 Gerhard Rein (Hrsg.), Die Opposition in der DDR. Berlin 1989, S. 84ff.。

48. 参阅东德社民党/社民党章节。

49. 参阅 Jens Reich, »Augen zu und Gas geben«, in: Die Zeit Nr. 37 vom 9. 9. 1994。

50. 参阅 Neubert (1997), S. 863f.。

51. 刊登于 Charles Schüddekopf（Hrsg.），》Wir sind das Volk！《 Flugschriften，Aufrufe und Texte einer deutschen Revolution. Reinbek bei Hamburg 1990，S，29ff.。

52. Gert – Joachim Glaeβner，Der schwierige Weg zur Demokratie. Vom Ende der DDR zur deutschen Einheit. Opladen ²1991，S. 48.

53. 可以参阅 Peter R. Weilemann u. A.，Parteien im Aufbruch：nichtkommunistische Parteien und politische Vereinigungen in der DDR vor der Volkskammerwahl am 18. März 1990. Melle 1990，S. 50 – 57，hier S. 51。

54. 参阅 Schüddekopf. （1990），S. 30。

55. 参阅 Reich，》Augen zu und Gas geben《，in：*Die Zeit* Nr. 37 vom 9. 9. 1994。

56. 刊登于：Schüddekopf（1990），S. 32 – 38。

57. 参阅 Weilemann u. A. （1990），S. 57ff.。

58. 参阅 Helmut Müller – Enbergs，Demokratie Jetzt. Dokumentation des Arbeitsbereiches DDR – Forschung und Archiv. Berliner Arbeitshefte und Berichte zur sozialwissenschaftlichen Forschung Nr. 19. Berlin 1990，S. 7。

59. 参阅 "民主觉醒" 的章节以及 Neubert（1997），S. 638f.。

60. 参阅 Jarausch（1995），S. 67。

61. 援引自 Neubert（1997），S. 639。

62. 》Aufruf zum ›Demokratischen Aufbruch – sozial，ökologisch‹《，abgedruckt in：Rein（1989），S. 34 – 37，hier S. 34.

63. 参阅 Eckert（1995），S. 718 und S. 736f.。

64. 参阅关于民主德国绿党的章节以及 Eckert（1995），S. 755。

65. 参阅 Bickhardt（1995），S. 499f.，S. 494。

66. 沃尔夫冈·坦普林在与鲁特·赫尔滕的访谈中如是说；莱纳·埃佩尔曼与沃尔夫冈·耶格尔还有米夏埃尔·瓦尔特的访谈。

67. 参阅 Wielgohs/Schulz（1993），S. 232 f；Jarausch（1995），S. 70。

68. 》Gemeinsame Erklärung vom 4. Oktober《，in：Mitter/Wolle （1990），S. 212f.

69. Eppelmann（1993），S. 334.

70. 参阅 Martin Jander/Klaus Schroeder，》Verspätete Liebe zu seltenen deutschen Helden《，in：*Frankfurter Allgemeine Zeitung* vom 19. 8. 1996。

71. 沃尔夫冈·坦普林在与鲁特·赫尔滕的访谈中如是说。

72. 参阅 Wielgohs/Schulz（1993），S. 235。

73. Pollack（1990），S. 1220f.

74. 参阅 Wielgohs/Schulz（1993），S. 233ff.。

75. Jens Reich，»Auf nach rechts, nach Western, in«：*Die Zeit* Nr. 46 vom 11. 11. 1994.

76. Ernst – Michael Brandt，»Jeanne d'Arc ist müde«，in：*Die Woche* vom 7. 10. 1994.

77. 参阅 Isolde Stark，» Wirtschaftspolitische Vorstellungen der DDR – Opposition 1989 «，in：Deutschland Archiv 28（1995），S. 1183 – 1193, hier S. 1188。

78. 参阅 Pollack（1990），S. 1216。

79. Wolfgang Bergsdorf，»Von der Vorhut zur Nachhut«，in：Deutschland Archiv 24（1991），S. 113 – 115, hier S. 114f.

80. 同上，S. 115。

81. » Politkarriere will fast keine machen «，Interview mit Ina Merkel vom Unabhängigen Frauenverband，in：*Die tageszeitung* vom 19. 2. 1990 ［Deutschland 1990, Bd. 38, S. 884］.

82. 同上。

83. 参阅 » DDR – Grüne：Weder alternativ noch frauenfreundlich «，Das Vorstandsmitglied der Ost – Grünen。

84. »Bündnis 90：Global denken – lokal handeln «，in：*Die tageszeitung* vom 17. 2. 1990 ［Deutschland 1990, Bd. 38, S. 901］.

85. »Kein durchdachtes Wirtschaftsprogramm«，in：*Handelsblatt* vom 9. 3. 1990 ［Deutschland 1990, Bd. 38, S. 914］.

86. Spittmann/Helwig（1990），S. 78.

87. » Auch der Mai machte nicht alles neu «，in：*Neues Deutschland* vom 8. 11. 1990 ［Deutschland 1990, Bd. 41, S. 220］.

88. »Bürgerbewegung in Cottbus gegen Koalition mit CDU«，in：*Der Tagesspiegel* vom 17. 5. 1990 ［Deutschland 1990, Bd. 41, S. 265］.

89. » Auch der Mai machte nicht alles neu «，in：*Neues Deutschland* vom 8. 11. 1990 ［Deutschland 1990, Bd. 41, S. 220］. "新论坛"的支持率

在 Annaberg 接近 16%。

90. 参阅 »Keine Revolution, nur ziviler Ungehorsam. Erreichte die DDR – Bürgerbewegung ihr Ziel? Jens Reich, Mitbegründer des Neuen Forums, zieht in einem KN – Interview Bilanz «, in：*Kieler Nachrichten* vom 21.7.1990［Deutschland 1990, Bd. 44, S. 929］。

91. Haufe（1993），S. 93.

92. Marianne Schulz, »Neues Forum«, in：Müller – Enbergs/Schulz/Wielgohs （1991），S. 90. 同时参阅 Anne Hampele, »Das Wahlbündnis › Die Grünen/Bündnis 90 – BürgerInnen – bewegungen‹«, 同上，S. 316。

93. »Erleichterung über Zusage des Neuen Forum«, in：*Frankfurter Allgemeine Zeitung* vom 26.9.1990［Deutschland 1990, Bd. 97, S. 941］. 同时参阅 Haufe（1993），S. 115, und Schulz（1991），S. 89。

94. "新论坛" 内部的分歧参阅 Haufe（1993），S. 109 – 112。

95. 参阅选举条约的章节；Hampele（1991），S. 319。

96. »Frischzellenkur für die SPD. Die Volkskammerabgeordnete des Bündnis 90, Marianne Birthler, über die Diskussion, auf Listenplätzen der SPD zu kandidieren «, in：*Die tageszeitung* vom 19.7.1990［Deutschland 1990, Bd. 97, S. 851］. 同时参阅 Hampele（1991），S. 322。

97. Haufe（1993），S. 121 ff.

98. Helmut Müller – Enbergs, »Schritte auf dem Weg zur Demokratie：Die Rolle der Bürgerbewegungen in der Volkskammer«, in：Gert – Joachim Glaeßner （Hrsg.），Eine Deutsche Revolution. Frankfurt a. M. 1991, S. 102.

99. Müller – Enbergs（1991），S. 103.

100. 同上，S. 106。

101. 例如统一条约中关于斯塔西文件管理的后续磋商，参阅 Schulz （1991），S. 71。

102. 参阅 Haufe（1993），S. 99。

103. 参阅 Müller – Enbergs（1991），S. 96。

104. 参阅 Bahrmann/Links（1994），passim。

105. 这样，在 "新论坛" 成立号召的 28 名签署者中，13 人来自柏林地区，而 7 名来自萨克森。

106. 一份梅前州专员就前民主德国国家安全部门的文件所出版的文献汇编

的题目就是如此 ［副标题：关于什未林转折的开端（über den Beginn der Wende in Schwerin）］。Schwerin 1994。

107. 上条中有详细说明。

108. 参阅本卷中的相应章节。

109. 作者需要感谢许多谈话伙伴，他们的回忆以及提供的资料使得追溯什未林公民运动组织的作用成为可能，其中包括 Martin Klähn, Kurt - Christian Kruse, Heiko Lietz, Jörn Mothes, Martin Proksch, Friedrich - Karl Sagert, Ekkehard Schwerin 以及 Reiner Sendzik。

110. 成立的号召"觉醒 1989 - '新论坛'"刊登于：Aufbruch 89（1994），S. 103 ff. 。

111. 1996 年 10 月 25 日，他在梅前州调查委员会中的叙述是：Leben in der DDR, Leben nach 1989 - Aufarbeitung und Versöhnung，刊登于：Aufarbeitung und Versöhnung. Zur Arbeit der Enquete - Kommission Leben in der DDR, Leben nach 1989 - Aufarbeitung und Versöhnung, Anträge, Debatten, Berichte Bd. III. Schwerin 1996, S. 135ff. 。

112. 参阅 Wolfgang Rüddenklau, Störenfried. DDR - Opposition 1986 - 1989. Mit Texten aus den»Umweltblättern«. Berlin ²1992, S. 43ff. 。

113. 同上 S. 44。

114. 比如在维滕贝格出现的»Briefe ［n］ zur Orientierung im Konflikt Mensch - Erde oder Anstöße ［n］ von und für christliche Umweltgruppen «；Rüddenklau (1992), S. 45f. 。

115. 行李车和自行车就挂在火车上，没有被运输到什未林。

116. 参阅国安部瓦解措施负责人的报告：Claus Wergin,» Fluchtpunkt Paulskirehenkeller in Schwerin «, in：Jörn Mothes u. A. （Hrsg.），Beschädigte Seelen. DDR - Jugend und Staatssicherheit. Bremen 1996, S. 288 - 293。

117. 1989 年，"新论坛"代表在柏林参加中央圆桌会议。

118. 参阅 Uwe Koch/Stephan Eschler, Zähne hoch, Kopf zusammenbeißen. Dokumente zur Wehrdienstverweigerung in der DDR 1962 - 1990. Kückeshagen 1994, S. 49, 89ff. , 92。

119. Aufbruch 89, S. 24.

120. 对于这个时期的活跃分子——Jörn Mothes, Heiko Lietz, Martin Klöhn

等人——国安部文件中都有详细的记录，除了纯粹的观察之外还记录了内容丰富的针对措施。

121. 1989 年夏天，成员们开始接受 Rolf Henrich 的作品。Der vormundschaftliche Staat. Vom Versagen des real existierenden Sozialismus. Hamburg 1989. 相互鼓舞并且将这一点记录在内部讨论文件中。参阅 Aufbruch 89, S. 73 ff. 。

122. 同上，S. 13ff. 。

123. 作者于 1989 年 5 月在 Meißener Fraeunkirche 亲身经历了一次公开抗议集会，这一机会使在一个形式类似论点类似的照片展（»Ruinen schaffen ohne Waffen«）的背景下，明确反对民主德国的住宅和城市建设政策。

124. 参阅 Aufbruch 89, S. 16ff. 。

125. 梅克伦堡国家剧院很长时间以来都表现得很反叛。1989 年 9 月 13 日，在 Schiller 的»Wilhelm Tell«新编的首映上，其内容就有意与当下政局相联系。1989 年 10 月 23 日，在"新论坛"的第一次大规模街头示威游行上（见后），游行地点 Alter Garten 紧邻的剧院工作室就为游行队伍准备了标语牌。

126. 填表负责人要接受许许多多询问并和感兴趣的人进行交流，有些人甚至不得不和一眼就能看出是斯塔西观察员的人擦肩而过。早期的签署人中还包括兽医 Berndt Seite，今天梅前州的部长会议主席。

127. 参阅国安局什末林行政区管理部门的报告，Aufbruch 89, S. 120ff. 。

128. 梅克伦堡的高级教区委员会已经在 1989 年 9 月 18 日的会议上对"新论坛"的成立表示了祝贺。参阅同上，S. 229。

129. "新论坛"成立号召的结束语。

130. 相应的国安部报道对此表现得洋洋得意："社会力量的政治攻势植入已经如此有影响力，以至于敌对消极的组织已经失去了其组织内容上的主动权以及活动引领力……这样它们将无法实现自己的意图和目标。"Aufbruch 89, S. 153ff. 。

131. 同上，S. 36ff. 。

132. 后来一个已经被圆桌会议控制的市研究委员会在 1990 年 2 月 13 日的一份研究报告中，分析并且记录了 1989 年 10 月 23 日事件的措施和经过，报告人是来自"新论坛"的 Martin Proksch。

133. 第二天的《什未林人民报》的报道中也有所体现，它在第 1 页报道了 4 万什未林人聚集在老花园，他们自以为所有人都已经知道了《对话与行动——共同为了我们国家的革新》；到了下一页才报道了"新论坛"的示威游行（*Schweriner Volkszeitung* vom 24. 10. 1989）。

134. 参阅 Aufbruch 89，S. 231。

135. 这次地方媒体甚至可以对此进行报道；参阅 *Schweriner Volkszeitung* vom 18. 11. 1989，S. 1。

136. 参阅 Die Hamburger Dissertation von Fred Mrotzek，Der Zusammenbruch der DDR am Beispiel der mecklenburgischen Stadt Parchim. Hamburg 1996，passim。

137. 同上，S. 124。

138. 同上，S. 135ff. 。

139. 那里从 1989 年 11 月 7 日开始，就有一个委员会研究 1989 年 10 月7 ~ 8 日警察武力镇压示威游行事件（»Gorbi hilf! «），参阅 Bahrmann/ Links（1994），S. 86f. 。

140. 它隶属于秩序与安全常任委员会，官方说法是借助国家和安全机构以及什未林市的机构和党团调查违法以及滥用职权的行为。

141. 领导者为"新论坛"的 Martin Proksch，他后来撰写了关于 1989 年 10 月 23 日背景的委员会总结报告（见上）。

142. 参阅 Bahrrnann/Links（1994）；Mrotzek（1996）。

143. "新论坛"成立号召如是说。

144. 参 阅 Hermann Weber，Einleitung zu Kapitel IV. Gesellschaftliche Organisationen，in：Martin Broszat/Hermann Weber（Hrsg. ），SBZ – Handbuch. München 1990，S. 621 ff. 。

145. 关于这一官僚统治原则的内容，参阅 Hartmut Zimmermann unter Mitarbeit von Horst Ulrich und Michael Fehlauer，DDR – Handbuch，Bd. II. Köln 1985，S. 876。

146. 所有提及的群众组织到 1947 年就已经都出现了，依旧是在苏占区的头几年。它们的成立——一部分在莫斯科进行了计划——是德国共产党/统社党的倡议下实现的，这些人几乎占据了所有的领导职位，并且对于章程纲领和组织结构有深远的影响。当时的目标就确立为稳固并且扩大德国共产党/统社党的影响力。不过群众组织的建立也仍然得益于跨党派口号的宣传。在 1948 年的斯大林化阶段过后，章程中就只剩下形式上的规定。在 1952 年统社党第二次党代会之后，所有的群众组织都接受了章程中承认统社党领导地位的规定。这导致统社党政策得以分毫不差地落实，并且建立了清晰的运作体制。它们的一般职能，可以参阅 Rainer Eckart,》Zur Rolle der Massenorganisationen im Alltag der DDR - Bevölkerung《, in：Deutscher Bundestag（1995），Bd. II, 2, S. 1243 ff.；Peter Hübner,》Zur Rolle der ‹Massenorganisationen› im Alltag des DDR - Bürgers《, 同上，Bd. II, 3, S. 1722 ff.；Ulrich Mählert, Die Freie Deutsche Jugend 1945 - 1949. Paderborn 1995, S. 13f. 。值得一提的是以统社党为导向的控制职能（对社会的引导和控制），传输职能（动员无党派民众），参与职能（有限的民众利益代表，但基本没有反对国家的），招募职能（为党派和国家培养并社会化骨干力量），还有管理职能（群众组织常常可以构建一种类似部门的机构，比如德自工会其实就是工作与社会部）。

147. 除此之外，组织之间还有细微的差别，使得它们的价值有所区别。比如在统社党中央委员会或者政治局中成员的数量、财产关系，以及组织自身的出版机构，其层次可以从日报（德自工会，德青团）到每月一期的薄薄刊物（农互会）。

148. 这个阶段的农互会历史，参阅 Bernhardt Werner - Tietz, Bauernverband und Bauernpartei in der DDR. Die VdgB und die DBD 1945 - 1952. Ein Beitrag zum Wandlungsprozess des Parteiensystems der SBZ/DDR. Köln 1984。

149. 参阅 Zimmermann（1995），S. 1407。

150. 为什么统社党做出了这个决定，这里无法详细讨论。一方面波兰农民工会 "Land - Solidarnosc" 的例子把他们吓得够呛，另一方面也要强调，民主德国所有的公民组织在政治上都是一体的，而且 "融入民主德国色彩" 的联盟政策也被推崇。

151. 参阅 *Unser Dorf*, Zeitung des Zentralvorstandes der VdgB, Heft 10/1989。

152. *Unser Dorf*, Januar 1989.

153. *Unser Dorf*, Mai 1989.

154. 参阅 SAPMO - BArch, VdgB, 19/93 - 5. Bericht des Sekretariats des Zentralvorstandes der VdgB, Berichterstatter Klaus Fügemann。

155. 参阅 *Unser Dorf*, Heft 10/1989。

156. *Unser Dorf*, Heft 11/1989.

157. *Unser Dorf*, Heft 1/1990.

158. 详情参阅 Thaysen（1990），S. 39ff.。

159. SAPMO – BArch, VdgB, 19/93 – 5.

160. 它们刊登于 *Unser Dorf*, Heft 2/1990。

161. 参阅 die 4. Sitzung des Zentralvorstandes vom 2.2.1990［SAPMO – BArch, VdgB, 19/50 – 21］。

162. 关于民妇盟在民主德国最后一年的发展，参阅 Gerda Weber,»DFD – letztes Kapitel«, in: Deutschland Archiv 23（1990），S. 1092ff.。后续组织在 1995 年自己出版了名为"Jahr der Wende"的民妇盟文件合集，参阅 Wendezeiten – Zeitenwende. Vom DFD zum dfd. Eine Dokumentation – das Jahr der Wende. Berlin 1995。此外，民妇盟在民主德国妇女情况的许多研究工作中，以及 1990 年开始的转型进程中都至少扮演着边缘角色。在 SAPMO 能够找到民妇盟的档案，并且对外开放。

163. 参见民妇盟早期历史，Broszat/Weber（1990），S. 691 ff.。但是联盟的官方表述却几乎无法使用，如 Bundesvorstand des DFD（Hrsg.），Geschichte des Demokratischen Frauenbundes Deutschlands. Leipzig 1989。

164. 成员流动参见 SAPMO – BArch, DFD, BV 499。

165. 参见报道 *lernen und handeln* Heft 8/1989。

166. 参见活动记录 SAPMO – BArch, DFD, BV, 291。

167. 援引自 G. Weber（1990），S. 1092。

168. SAPMO – BArch, DFD, BV 291.

169. 所有援引同上，Protokoll der Erweiterten Präsidiumssitzung vom 26. 10.1989。

170. 参见区主席信息报告 Wendezeiten（1995）。

171. 参阅 G. Weber（1990），S. 1093。

172. SAPMO – BArch, DFD, BV – 500.

173. 同上，S. 244。

174. 参阅 *lernen und handeln*, Heft 1/1990 S. 5ff.。

175. 特别是仍然专职的地区理事会向柏林发送了许多革新建议。但这并不能掩饰在成员中只有少数人具有觉醒的态度。参阅 Wendezeiten

（1995）。

176. *lernen und handeln*，Heft 2/1990，S. 14ff.

177. 演说摘要被刊登于 Wendezeiten（1995），S. 60ff. 。

178. 参阅新纲领。同上，S. 69ff. 。

179. 研究生学历的女法学家 Karin Bencze 加入了民农党。民妇盟和选举情况参阅 G. Weber（1990），S. 1096。

180. 参阅 Der Beschluß des Bundesvorstandes vom 14. Juli，in：Wendezeiten（1995），S. 86。

181. 这个协会一直到今天仍是相对较小的、财政疲软的协会，主要从事社会政策领域的活动。其中一个子公司从 1990/91 年开始提供改行就业培训和继续培训课程，取得了一些成绩。人们可以肯定地推断，民妇盟正是许许多多的组织之一，它们共同加固了民社党在新联邦州的文化统治地位。从这个角度而言，格尔达·韦伯（Gerda Weber）在 1990 年表示民妇盟将很快灭亡的预言无法得到证实，即使她在某些方面是正确的，比如民妇盟从货币联盟成立后所有的活动都是"艰难的垂死挣扎"。参阅 G. Weber（1990），S. 1097。

182. 相对而言，对德国自由青年团历史的研究最为成功。即使大部分论著也是集中在对组织前期历史的研究，但是对于青年团 1989/1990 年迅速倒台的描写也十分详尽且出处丰富。参阅 Michael Walter, Die Freie Deutsche Jugend（FDJ）. Ihre Funktionen im politischen System der DDR. Freiburg i. Br. 1997（zugl. Diss. Freiburg 1996）；Gerd – Rüdiger Stephan,》Die Führung der FDJ und die Krise in der DDR in der zweiten Hälfte der achtziger Jahre《, in：Helga Gotschlich（Hrsg. ），》Links und links und Schritt gehalten... 《Die FDJ. Konzepte, Abläufe, Grenzen. Berlin 1994；ders. ,》Die Bewertung der politischen Situation in der DDR im Sommer und Frühherbst 1989 durch die Führung der FDJ《, in：Institut für zeitgeschichtliche Jugendforschung, Jahresbericht 1992. Berlin 1992；Ulrich Mählert/Gerd – Rüdiger Stephan, Blaue Hemden. Rote Fahnen. Die Geschichte der Freien Deutschen Jugend. Opladen 1996, S. 241 – 274；Arnold Freiburg,》Die FDJ nach Honecker. Chronik eines Abgangs《, in：Deutschland Archiv 23（1990）, S. 517 – 520。德青团中央委员会的档案保存在 SAPMO，并且很大部分都对外开放。在接下来几年内，会

继续加入没有开放的部分以及那些只是临时对外开放的部分。

183. 关于成员数量参阅 Edeltraud Schulze（Hrsg.），unter Mitarbeit von Gert Noack，DDR – Jugend. Ein statistisches Handbuch. Berlin 1995。

184. 此处参阅 Komplex SAPMO – BArch，DY 24/10521 und Gerd – Rüdiger Stephan,»› Wir brauchen Perestroika und Glasnost für die DDR. › Zur Reflexion des Zustands der Gesellschaft durch die Leipziger Jugendforschung 1987 – 1989 «, in：Deutschland Archiv 28（1995），S. 721 – 733.

185. *Neues Deutschland* vom 17. 5. 1989；同时参阅德青团领导提交政治局的草案，其中说道："德青团在圣灵降临节的聚会充满了青年对于他们社会主义祖国的深切热爱。这有助于继续加强他们的社会主义爱国情结以及对家乡的热爱。"［SAPMO – BArch，DY 30，J IV 2/2A/3217.］

186. 参阅 SAPMO – BArch，DY 24/1099。

187. Mählert/Stephan（1996），S. 258.

188. 参阅 SAPMO – BArch，DY 24/11803。

189. Mählert/Stephan（1996），S. 265.

190. 参阅 SAPMO – BArch，DY 30/IV 2/2039/246。

191. 参阅 SAPMO – BArch，DY 24/A 11 562。

192. 参阅 SAPMO – BArch，DY 24/A 11 564。

193. 参阅 Walter（1997），S. 59ff. 。

194. 这里最重要的例子当属 1990 年 1 月 20 日在波茨坦建立的社会主义学生联盟（SSB）。作为这个活动的见证人，格特·诺亚克完全可以证实，其成立无论从人员上还是财政上都是由德青团中央委员会学生部组织的。

195. Walter（1997），S. 63.

196. 援引自 Mählert/Stephan（1996），S. 27。

197. 在来自慕尼黑的女主席 Martina Holzinger（她同时也是"德国共产党重建工人联盟"成员）的领导下，这个约包含 300 名成员的联合会彻底驶入了宗派主义的航道中，直到今天也最多只能通过一些具有冷战风格的怪异行为引起一些注意。关于"纲领"参阅 Andrea Grimm/Martina Holzinger/Mathias Rudolph,» Unser Zeichen ist die aufgehende Sonne«, in：Hans Modrow（Hrsg. ），Unser Zeichen war die Sonne. Berlin

1996, S. 155 – 178。

198. 德自工会的 Ulrich Gill 提供了一个很好的概述。Die DDR – Gewerkschaft von 1945 bis zu ihrer Auflösung. Köln 1991. 还有 Martin Jander 对档案中相应段落的分析，Formierung und Krise der DDR – Opposition. Die »Initiative für unabhängige Gewerkschaften « – Dissidenten zwischen Demokratie und Romantik. Berlin 1996。内部报告也被获取：Günther Simon, Tischzeiten – Aus den Notizen eines Chefredakteurs. Berlin 1990 sowie Wolfgang Eckelmann/Hans – Hermann Hertle/Rainer Weinert, FDGB intern. Innenansichten einer Massenorganisation der SED. Berlin 1990。毫无疑问，Hans – Hermann Hertle 最为深入地经历了德自工会的消亡。参阅 Theo Pirker/Hans – Hermann Hertle, Wende zum Ende – Auf dem Weg zu unabhängigen Gewerkschaften? Köln 1990；Manfred Wilke/Hans – Hermann Hertle, Deutsche Gewerkschaftsgeschichte zwischen Ost und West. Forschungsbericht Berlin 1992 sowie Hans – Hermann Hertle, »› Die Gewerkschaft hat in der Verharrung gelegen ‹. Interview mit Werner Peplowski über den Wandlungsprozess des FDGB «, in：Berliner Arbeitshefte und Berichte zur sozialwissenschaftlichen Forschung Nr. 26/1990；ders. , » Transmissionsriemen ohne Mission. Der FDGB im Umwälzungsprozess der DDR «, 同上，Nr. 21/1990。Manfred Wilke/Hans Peter Müller 也提供了相近的描述，FDGB：Vom alten Herrschaftsapparat zu neuer Gewerkschaftsmacht? Forschungsinstitut der Konrad – Adenauer – Stiftung. Interne Studien Nr. 17/1990。文献情况对于进一步研究是十分有利的。德自工会的档案储存于 SAPMO，一部分开放，另一部分还在开发阶段。参阅 Heinz Braun, » Die überlieferung des FDGD in der Stiftung Archiv der Parteien – und Massenorganisationen der DDR «, in：Internationale wissenschaftliche Korrespondenz zur Geschichte der Arbeiterbewegung 32（1996），S. 520 – 534。

199. 参阅 Gerd – Rüdiger Stephan, » Vorwärts immer, rückwärts nimmer «. Berlin 1994, S. 16。

200. 重点参阅 Jander（1996），S. 85f. ；Eckelmann/Hertle/Weinert（1990），S. 141f. 。

201. 参阅 » Aufruf zur Gründung unabhängiger Gewerkschaften «, in：*Die*

tageszeitung vom 24. 10. 1989；Hans – Peter Müller，» Die ›Oktoberrevolution‹ und das Ende des FDGB«，in：Konrad Low（Hrsg.），Ursachen und Verlauf der deutschen Revolution 1989，Berlin 1991，S. 88。

202. 有趣的是，后来被证明对于南斯迪尔的指责是站不住脚的。这证明了1990 年初就出现了的怀疑，即 " 南斯迪尔事件" 是一件有预谋的诡计。参阅 Hertle，Interview mit W. Peplowski，in：Berliner Arbeitshefte Nr. 26/1990，S. 15。

203. 参阅 Eckelmann/Hertle/Weinert（1990），S. 147。

204. 参阅 *Tribüne* vom 3. 11. 1989。

205. 参阅 *Tribüne* vom 24. 11. 1989。

206. 此处参阅 Jander（1996），S. 109。

207. 例如在 1990 年 1 月 12 日，柏林的出租车司机就为了解散德自工会，建立独立工会而示威游行。

208. 直到 1990 年 1 月，有 100 万成员退出；最后并没有达到原计划的 9.64 亿马克会员费，而只有大约 6.5 亿马克入账。参阅 Müller（1991），S. 93。

209. 参阅 *Tribüne* vom 5. Und 29. 1. 1990。

210. 参阅 *Tribüne* vom 5. 2. 1990。

211. 参阅 *Tribüne* vom 2. 2. 1990。

212. 参阅 *Tribüne* vom 5. 2. 1990。

213. 参阅 Gill（1991），S. 75f. 。

214. 参阅 Gill（1991），S. 76。德自工会的法规审核权以及原计划用于支付干部工资的国家福利基金会被取消。

215. 参阅 Müller（1991），S. 96 – 98。

216. Pirker/Hertle（1990），S. 116.

217. 参阅 Gill（1991），S. 120。

218. *Tribüne* vom 7. 5. 1990.

219. *Tribüne* vom 10. 5. 1990.

220. 参阅 Gill（1991），S. 137。

221. 文化联盟在 1989/90 年间的历史还有很大程度没有被研究。其档案存于 SAPMO，并且大部分都对外开放。此外一个很重要的来源是文化联盟出版发行的周报 *Sonntag*。

222. 参阅 *Sonntag* vom 1. 10. 1989。

223. 同上。

224. 同上。

225. *Sonntag* vom 22. 10. 1989.

226. *Sonntag* vom 29. 10. 1989.

227. *Sonntag* vom 2. 11. 1989.

228. *Sonntag* vom 10. 12. 1989.

229. *Sonntag* vom 4. 2. 1990.

230. 援引自 Gerhard Besier/Stephan Wolf（Hrsg.），Pfarrer，Christen，Katholiken. Neukirchen 1991，S. 183。

231. 莱因哈德·亨基斯（Reinhard Henkys）强调说，在统社党的教会政策中，并没有与政治和教会政治行为本质差别相对应的不同的教会政策，»Kirchenpolitik von SED und MfS. Tagung der Gauck – Behörde zum Stand der Forschung und der Aufarbeitung«，in：Deutschland Archiv 28（1995），S. 417 – 420，hier S. 417。

232. 伊尔哈特·诺贝伊特等人甚至要求进行"新教改革"。参阅 Ehrhart Neubert, Eine protestantische Revolution. Osnabrück 1990。

233. » Religion und gesellschaftlicher Wandel. Zur Rolle der evangelischen Kirche im Prozess des gesellschaftlichen Umbruchs in der DDR«，in：Hans Joas/Martin Kohli（Hrsg.），Der Zusammenbruch der DDR. Soziologische Analysen. Frankfurt a. M. 1993，S. 246 – 266，hier S. 249.

234. "教会是唯一一个没有被牵扯进正式的国家建设中的机构。" Pollack（1993），S. 249。1934 年的巴马神学声明在第四个题目中对于新教教会进行了权威定义："我们摒弃错误的教义，因为我们允许教会将其布告和规章的制定按照自己的意愿或者跟随当时主流的世界观和政治信念的变化来决定。" 刊登于 ：Grundordnung der Evangelischen Landeskirche in Baden mit Unionsurkunde und Barmer Erklärung（Stand：1. September 1996），S. 15。

235. 参阅 Holger Kremser，»Der Weg der Kirchen/Religionsgemeinschaften von der sozialistischen DDR in das vereinte Deutschland«，in：Jahrbuch des öffentlichen Rechts der Gegenwart. Neue Folge，Bd. 40. Tübingen 1991/92，S. 501 – 536，hier S. 509。作者指出，根据法规内容——也因为在

波恩基本法中直接沿用了魏玛的国家教会法——从国家教会法的角度来看，东西德之间的情况是可以进行比较的。

236. Kremser（1991/92），S. 510. 参阅 Klaus Sonnberger, » Aspekte – Die katholische Kirche in der DDR «, in: Hans Ester（Hrsg. ）, Dies ist nicht unser Haus: die Rolle der Kirche in den politischen Entwicklungen der DDR. Amsterdam 1992, S. 21 – 31, hier S. 29f. 。

237. Ehrhart Neubert, » Die Ekklesiologie des Erich Mielke. Stasi – Dokumente und kirchliche Vergangenheitsbewältigung «, in: Kirche im Sozialismus 2/1990, S. 71. 参阅 auch Horst Dahn, » Ziele, Praxis und Methoden der Kirchenpolitik der DDR（1949 – 1989）«, in: Gert Kaiser/Ewald Frie, Wissenschaftszentrum Nordrhein – Westfalen, Arbeitskreis Christen, Staat und Gesellschaft in der DDR. Vorträge und Diskussionen 1993/4, Köln 1994, S. 19 – 31, hier v. A. S. 21f. 。

238. 关于分裂的原因，参阅 Werner Leich, Interview von»Glaube und Heimat«, 刊登于: Kirche im Sozialismus 1/1990, S. 9。

239. 参阅 Joachim Mehlhausen, » Landeskirche «. In: Theologische Realenzyklopädie 20, S. 427 – 432; E. Wilkens, Art. » EKD «, in: Evangelisches Staatslexikon, Sp. 816 – 834; Reinhard Henkys, » Weg zu einem neuem Miteinander. Probleme der angestrebten Kircheneinheit «, in: Kirche im Sozialismus 1/1990, S. 5 – 9。

240. Henkys（1990），S. 7. 为了进行定期的联系和合作，教会联盟和德国基督教会还组建了一个所谓的协商团体和一个顾问团体。

241. 援引自 Richard Schröder, »Dokumente zu › Kirche im Sozialismus ‹ «, in: Deutscher Bundestag（1995），Bd. VI, 2, Kirchen in der SED – Diktatur, S. 1342。理论上而言，舍恩赫尔试图以这种方式与迪特里希·潘霍华（Dietrich Bonhoeffer）的传统以及他"教会为他人"的概念联系起来的，并且继续维持民主德国的局势。

242. 理查德·施罗德为"社会主义教会"这个概念的历史提供了全面的概述，还提供了一份带有重要文件的附录，参阅同上，S. 1164 – 1429。除了联邦教会代表会议声明之外，施罗德还提到"教会与社会委员会"起草的两份文件，分别是 1973 年的《新教教会和基督徒在社会主义民主德国的成绩与任务》和 1976 年的所谓的《意识形态文件》

（Ideologiepapier）。参阅同上，S. 1229f.。文件刊登于，同上，S. 1251 – 1296。

243. Albrecht Schönherr, Kirche als Lerngemeinschaft, Dokumente aus der Arbeit des Bundes der Evangelischen Kirchen in der DDR. Berlin（Ost）1981，S. 221.

244. 比如 Manfred Stolpe 就认为通过这次对话，教会作为"独立的社会力量"被认可了，1980 年 10 月 15 日，引自 Reinhard Henkys,»Kirche – Staat – Gesellschaft«, in: ders.（Hrsg.），Die Evangelischen Kirchen in der DDR. München 1982, S. 21。

245. 对此做出巨大贡献的是 Gerhard Besier 的研究，广泛全面，部分内容十分具有批判性。（参阅 Peter Widmann 的评论,»Die Hilfe der Historiker bei der Bewältigung der Vergangenheit«, in: Theologische Literaturzeitung 9/1992, Sp. 641 – 650。）Ehrhart Neubert 也研究过，国安部是通过怎样的方式试图对教会行为产生影响的。他得出结论是，斯塔西活动的主要特点是破坏性的。国安部虽然能够破坏、减缓并且妨碍教会工作，但是几乎没有结构性的介入。Ders. ,»Das MfS und die Kirchenpolitik der SED«, in: Deutschland Archiv 25（1992），S. 346 – 358. 同时参阅 Reinhard Henkys,»In wortreiches Schweigen gehüllt«, in: Evangelische Kommentare 2/1992, S. 7: »Trotz immer intensiverer Bemühungen und eines riesigen konspirativen Aufwandes gelang es der Staatssicherheit nie, das Steuer der Kirche in die Hand zu kriegen«。

246. »Bundes –, Landes –, Kreissynoden, Gemeindekirchenrate, Kuratorien, Konvente u. A. M. Gestalteten kirchliche Arbeit wesentlich mit. Bei aller Unzulänglichkeit haben diese demokratischen Einrichtungen ausreichend Öffentlichkeit, innerkirchlich wie gesellschaftlich, schaffen können «, so Neubert（1992）S. 352.

247. Materialdienst des Konfessionskundlichen Instituts Bensheim［以下简称：Materialdienst］41（1990），S. 22. 作为比较，根据 Pollack（1993），S. 249, 1950 年时还有 81.6% 的民主德国民众属于新教教会。

248. Josef Homeyer 进行了详细描述,»Die katholische Kirche im geteilten Deutschland und ihre Bedeutung für das Zusammengehörigkeitsgefühl der Deutschen«, in: Deutscher Bundestag（1995），Bd. VI, 2 Kirchen in der

SED – Diktatur, S. 265 – 276。

249. 根据教会法，圣徒管理处（Apostolische Administratur）是"上帝子民一个特定的组成部分，它们由于特殊的并且十分重要的原因没有被教皇安排在教区内，并且将对它们的精神指导交予了圣徒管理员，他们将以教皇的名义领导这里"。援引自 Klemens Richter,» Die DDR – Katholiken nach der Wende«, in：Deutschland Archiv 22 (1990), S. 1594 – 1603, S. 1594。

250. Klemens Richter,» Die achtziger Jahre – eine neue Phase im DDR – Katholizismus «, in：Deutschland Archiv 22（1989）, S. 1231 – 1240, S. 1239. 这些教区中位于苏占区的部分被根据 1945 年的主教专员命名，到了 1973 年他们被称为管理员，从那时开始就不再隶属于联邦德国主教，而是直接受命于罗马教皇——对于民主德国政权的小小让步。参阅 Richter（1990）, S. 1601。

251. 参阅 Sonnberger（1992）, S. 25。

252. 参阅 Matthias Hartmann, » Kirchen «, in：Werner Weidenfeld/Karl – Rudolf Korte（Hrsg.）, Handbuch zur deutschen Einheit, Aktualisierte Neuausgabe. Bonn 1996. S. 419 – 429, S. 420。

253. 参阅 Richter（1990）, S, 1601。两个主教会议之间存在的"纽带"构建了柏林主教，他同时也是德国主教会议的正式成员。

254. Martin Lohmann, »Christen mit Distanz? Kritische Anmerkungen zur Rolle der katholischen Kirche in der DDR«, in：Die politische Meinung, Mai/Juni 1990, S. 89 – 95, S. 92.

255. 一种少数派宗教教徒的意识，"让他们数十年来在社会政治上麻木迟钝，并且只隐居在一个少数派居住区过着纯宗教的生活"，Reinhard Frieling 如是说, in：Materialdienst 41/1990, S. 2. 于此观点相反，参阅 Kardinal Joachim Meisner1990 年初发表的言论："不，我们没有隐藏起来。耶稣在比拉多面前沉默不语。沉默有时比发声更为响亮。"in：»Wir dienten der Einheit unserer Nation«. Interview mit Kardinal Meisner, in：*Rheinischer Merkur/Christ und Welt* vom 5. 1. 1990。

256. 参阅 Lohmann（1990）, S. 92。

257. 进行对比的只是官方官员和普通天主教徒的言论，比如 Klemens Richter 的对比；参见 ders.（1990）或者 Friedrich Rebbelmund 的文章，他作为热情的天主教徒常年担任哈勒行动区 （Aktionskreis Halle） 的发言人：»Politisches Engagement und Kirche von unten. Nicht aufmucken, um Schlimmeres zu verhüten? «, in: Ester u. A. （1991）, S. 47 – 58。

258. Neubert （1992）, S. 353. 埃尔福特的原教旨主义神学家和天主教神学院院长 Bernhard Dittrich 也自我批评性地问道："至少对于过去的 10 年必须问问，我们的置身事外，我们对于国家的拒绝，是否并不比积极参与政事的部分新教教会更为舒服？" Bernhard Dittrich,» Stützen oder Kritiker eines sozialistischen Staates? Die Kirchen am Vorabend der Revolution«, in: Ester u. A. （1992）, S. 33 – 45, hier S. 44.

259. Michael Albus,» Umbruch und kein Ende. Zur Rolle der katholischen Kirche auf dem Gebiet der ehemaligen DDR «, in: Eichholz Brief/ Zeitschrift zur politischen Bildung 2/91, S. 20 – 26, S. 22.

260. 参阅»Materialsammlung zu 40 Jahre Wandel in der römisch – katholischen Kirche in der DDR«, in: Materialdienst 41/1990, S. 23。

261. 参阅 Theo Mechtenberg,»Sorge um die Gesellschaft. DDR – Katholiken im Aufbruch«, in: Kirche im Sozialismus 6/1989, S. 253。最开始天主教会只想满足于一个观察者的角色，但是后来到底还是发展成了有建设性的参与者。同时参阅 Lothar Ulrich,»Probleme nur gemeinsam zu lösen«, in: Glaube und Heimat vom 8. 10. 1989。

262. Joachim Garstecki,» Selbstorganisationspotentiale der DDR – Gesellschaft. Der konziliare Prozess für Gerechtigkeit, Frieden und Bewahrung der Schöpfung«, in: Wissenschaftszentrum Nordrhein – Westfalen （1994）, S. 49 – 57, hier S. 54.

263. 参阅 Richter （1989）, S. 1236。

264. BAB 137/10640.

265. Briefwechsel W. Herger und P. Kraußer, Arbeitsgruppe Kirchenfragen, Briefe vom 15. 11. 1989 und 24. 11. 1989 [SAPMO – BArch IV B 2/14/ 159].

266. 原文：KNA – Dokumentation vom 11. 11. 1989.

267. 援引自 Richter （1990）, S. 1594。

268. Joachim Garstecki,» Teilnahme mit beschränkter Haftung? Die Rolle der

Kirchen aus ökumenischer Sicht«, in: Ester u. A. （1992）, S. 59 – 70, hier S. 66.

269. 参阅以下"变革时期"之后的言论。Kardinal Meisner, 他在 1988 年底前一直担任柏林主教会议主席，从 1989 年开始担任科隆大主教，对于两个教会发展的情况这样解释："我们可以基于我们世界教会的联系，负担起其他教会团体无法或者不想负担的任务。这样他们（新教教会。——作者注）就很可能通过他们州教会的结构——这里我只能有保留地这样说——被说服，将教会边界和国家边界相靠拢。"而他的柏林主教会议主席职位的继任者 Georg Sterzinsky 在 1990 年 2 月 23 ~ 25 日，在民主德国新教教会联盟第六次教会代表会议致辞时说："我们还有许多需要考虑，我们对于天主教方面的抗拒到底植根于何处。这种认知还不够成熟。这种信仰的表白还没有发声。[……] 很遗憾的，我们还太谨慎，我们对于新起点的准备工作参与得还太少。"援引自 Richter （1990）, S. 1598。

270. Klemens Semtner, Der Runde Tisch in der DDR. München 1992, S. 1.

271. "教会出面邀请带来的最重要的成就就是：使那些新成立的、出于抵抗而建立的团体不仅仅在法律上得到承认，并且政治上也被提高到平等的地位。[……] 正如后来，保证圆桌会议在民主德国的存在和发挥作用被完全评价为教会对反对派团体组织的积极支持。"参见 Thaysen （1990）, S. 36。

272. Henkys,»Die Kirchen im Umbruch der DDR«, in: Deutschland Archiv 23 （1990）, S. 177 – 180, hier S. 177.

273. 参阅同上, S. 32。

274. "新教教会意欲推进圆桌会议发展，其实是反对派团体的请求。教会联盟接受了这个请求，并且自发地从世俗精神（ökumenischen Geiste）出发，请求在民主德国的、包含了天主教会以及独立教会的基督教会工作组（AGCK）同样以东道主的身份产生影响。"Reinhard Henkys, in: epd – ZA vom 9. 1. 1990, 援引自 Richter （1990） S. 1598。

275. 援引自 Semtner （1990）, S. 21。

276. "在柏林主教会议秘书处以及基督教会工作组的批准下，联盟秘书处邀请了新教教会。（Presseinformation Nr. 38/89 vom Bund der Evangelischen Kirchen in der DDR.）参阅»» Blutvergießen konnte

vermieden werden! ‹ Gespräch von Ewald Rose mit den Moderatoren Oberkirchenrat Martin Ziegler und Pastor Martin Lange in Ost – Berlin am 3. April 1990«, in: Herles/Rose (1990), S. 330 – 338, S. 330f. 。

277. 3 位主持人的简短介绍以及访谈同上，S. 318 – 330。参阅 Semtner (1992), S. 56。

278. Semtner 的估计，Semtner (1992), S. 56。

279. 不清晰的是，是否"教会将作为独立的代表以拥有席位和投票权的方式参与其中，还是说他们'仅仅'准备对会面进行中立的领导。根据 Ziegel 的说法，至少新教教会是打算在圆桌会议 1989 年 12 月 8 日的第一次会议之后，对他们的权利作出决定"。Thaysen (1990), S. 32. 在 1989 年 12 月 8 日于柏林进行的新教教会领导大会协商会上，就讨论了教会应该以何种身份参与未来圆桌会议的问题：是否除了主持者的身份，还应该作为派别参加会议，或者将工作人员派入委员会。此外遭到批评的还有"'我们是人民'团体的苛刻要求"，"现实根本无法满足这种要求"。最后决定，除了继续履行主持事务之外，还提名教会中的专家加入委员会——也就是放弃了自己以党团身份参与圆桌会议 [ACDP VII – 010 – 3620]。

280. »Der physische und auch der soziale Frieden im Land durfte nicht gefährdet werden. «Thaysen (1990), S. 37. Thaysen 指出，在 1989 年 10 月 7 日时，国务秘书还建议高级教会委员会成员 Martin Ziegel 解决教会问题。同上，S. 158。

281. Herles/Rose (1990), S. 335.

282. 同上，S. 331。

283. 参阅 Protokoll der 129. Sitzung der KKL vom 8. 12. 1989。

284. 如果下文对于新教教会的讨论更多的话，是出于阐述的领域的原因，正如之前所说，这个领域对于天主教会而言提供的是另外一种初始状态，和另外一种自我认知。

285. 比如 Katharina Strobel, » Als Vertreterin der katholischen Kirche am Runden Tisch des Bezirkes Suhl – ein Erlebnisbericht «, in: Dornheini/ Schnitzler (1995), S. 232。

286. 参阅呈递给统社党中央委员会教会问题工作组的大量的呈文和信函 [SAPMO – BArch IV B 2/14/35]。

287. 如勃兰登堡州教会主教 Gottfried Forck 说：“教会的目标不是摧毁民主德国。对于教会来说重要的是，促进民众参与到社会建设中去。”

288. 可以参阅 Bernd Winkelmann,»Politische Spiritualität in der Wendezeit der DDR – erlebt im Bezirk Suhl«, in: Dornheim/Schnitzler（1995），S. 161 – 177。对于 Winkelmann 而言，当他妻子“在 1987 年秋天从西德回来时偷带回‘Perestroika’这本书时”，“前变革时期”就已经开始了，“在教会基层团体的我们都受到鼓舞”，同上，S. 161。

289. 参阅 Reinhard Henkys,»Die Bedeutung und Rolle der evangelischen Kirche im demokratischen Reformprozess «, im: Eichholz Brief/Zeitschrift für politische Bildung 2/1991, S. 13 – 19, S. 15。“教会领导层以及主教们，尤其是教会联盟和 8 个新教州教会的教会代表大会，在 70 年代和 80 年代不断地谈及民主德国内一般缄口不言或者被否认的问题和有异议的问题。”

290. 参见 1989 年 9 月 4 日，民主德国新教教会联盟（BEK）写给乡镇的信件，1989 年 9 月 8 日由 Werner Jarowinsky 转交给政治局成员和候选人，“坚决明确地提出请求，在这种基础之上，坚持实事求是的、有建设性的合作将受到严重威胁”［SAPMO – BArch SED, ZK, Arbeitsgruppe Kirchenfragen, IV B 2/14/21, Bl. 42 ff.］。

291. 参阅 Henkys（1991），S. 15。

292. 一个例子就是工作组被命名为团结教会（Solidarische Kirche）。参阅 Thomas A. Seidel,»Der Arbeitskreis Solidarische Kirche und das Ende der DDR«, in: Dornheim/Schnitzler（1995），S. 50。“强烈的教会内部意向在接下来的时期内越来越明显地将工作重心转移到了现实社会政策的焦点上。”

293. 根据伊尔哈特·诺贝伊特的观点，教会通过这种方式“基本上成为社会的替代品［……］在新教教会内，那些在外部无法解决的社会分歧，完全爆发出来”。与伊尔哈特·诺贝伊特的访谈。

294. 从不同的方面，对于动机和基督教自我认知产生了疑问。这些团体认为：“如果你们的教会想支持别人，那么我们在这个或者那个团体中如此热情地当作己任来操办的事情，就还是你们，整个教会自己的事情。”教会方面认为：“是教会从这些团体里产生了吗？难道不是完全外围的人想要利用教会吗？”Christoph Demke, in: Deutscher Bundestag

（1995），Bd. VI，1，Die Kirche und die Gruppen，S. 216. 同时参阅诺贝伊特的访谈：“并不是说双方间存在不可调和的矛盾，而实际上更多的问题其实是，一个乡镇教会委员会是怎样的，多数比例是怎样的，以及这些人表明自己观点的勇气如何。”

295. 比方说在谈到教会和团体间的关系时，就不得不提到埃尔福特的大教主 Heino Falcke，他常年领导民主德国基督新教教会委员会“教会与社会”。“他非常重视教会基层不安定的运动”，Helmut Hartmann 如是说。»Eine Hoffnung lernt gehen – wie ich in Erfurt die politische Wende erlebte（1986 – 1990）«，in：Dornheim/Schnitzler（1995），S. 139.

296. Detlef Pollack，»Kirche zwischen inszenierter Öffentlichkeit und informellen Kommunikationszusammenhängen«，in：Wissenschaftszentrum Nordrhein – Westfalen（1994），S. 33 – 48，hier S. 46.

297. 比如 1989 年 5 月 25 日，第一书记 Horst Schumann 向昂纳克汇报的 1989 年 7 月 6 ~ 9 日在莱比锡计划的教会议会筹备情况：其中 Horst Schumann 将如下内容列为工作重点，“让教会高层更严格履行自己的义务。如果教会高层在莱比锡的尼古拉教堂中举行的‘周一祷告’中所进行的承诺不能快速实现的话，而且这个‘周一祷告’继续落在消极力量的手里，那就必须严肃考虑，萨克森的教会领导到底有没有能力，或者是否准备好在莱比锡的教会中，为实现相应的宗教生活提供安稳和秩序 ［……］5 月 25 日，在客观的但是复杂的气氛中，这场对话开始了。Hempel 主教努力避免进行对峙，但同时也像一些地方团体所要求的那样，为一些内容性问题抗争……”SAPMO – BArch，DT 30/IV 2/2.039/324，248.］。同时参阅 Gerhard Rein，Die Protestantische Revolution. Berlin 1990，S. 90。

298. Henkys（1991），S. 15.

299. 从 1988 年起，由于位于 Zionsgemeinde 的环境图书馆事件，与卢森堡/李卜克内西游行相关的逮捕，对于奥西埃茨基（Ossietzky）学校学生的开除等，气氛就很紧张了。参阅 Rainer Eppelmann，»Die ›friedliche Revolution‹ – aus der Sicht eines Ost – Berliner Gemeindepastors«，in：Eichholz Brief/Zeitschrift zur politischen Bildung 2/1991，S. 95 – 100。

300. Henkys（1991），S. 16.

301. 同时参阅 Das Protokoll der 129. Sitzung der Konferenz der Evangelischen

Kirchenleitungen in der DDR vom 8. 12. 1989 in Ost – Berlin, 在这次会议后，教会方面确定，"教会被国家质问，他们到底想将多少自己圈子里的人员建议并安插到行政区领导职位上去"〔ACDP VII – 010 – 3620〕。

302. 同上。

303. 应该如何进行这件事，除了已经知道的在教会内部"区别化"的方法，并没有很有说服力的办法。所以最后决定，在民主德国教会中"反对派集会以及其活动的民主德国形式将继续得到支持、批准和同意"〔SAPMO – BArch IV 2 – 2. 039 – 318（Büro Egon Krenz）〕。

304. 比如在马格德堡，新教教会委员会在 1989 年 9 月决定，所有的教会区域和社区都可以被新成立的民主运动团体所使用。参阅 Hartmann（1995），S. 143。

305. 参阅 Eppelmann（1991），S. 95 – 100。

306. Henkys（1991），S. 18.

307. 民主德国高层不情愿地意识到，需要加强努力，"普及'民主觉醒'（埃佩尔曼牧师），社民党（围绕梅克尔牧师），'现在就实行民主'（围绕教会会议成员 Fischbeck）以及'新论坛'（围绕 Bohley 和 Heinrich）的观点"〔SAPMO – BArch IV 2 – 2. 039 – 318（Büro Egon Krenz）〕。

308. 参阅 Kremser（1991/92）S. 507。

309. 档案清晰地表明了这一点，比如 Wener Jarowinsky 转交给 Egon Krenz 的 1989 年 10 月 30 日《关于与新教教会联盟对话的信息》〔SAPMO – BArch DY 30/IV 2/2. 039/318，1〕。

310. 可以参阅 Thaysen（1990），S. 160。

311. 参阅 Beschlüsse des Ministerrates vom 10. 8. 1990，vom 5. 9. 1990 und vom 17. 9. 1990。

312. 可以参阅 »Für eine gemeinsame Zukunft«，die Erklärung der Bischöfe Demke, Sterzinsky, Lehmann, Kruse vom 26. 6. 1990。

313. BAB 137/10640.

314. 同上。

315. 同上。

316. Renate Köcher, in: *Rheinischer Merkur* vom 28. 9. 1990；刊登于 Dieter

Golombek/Dietrich Ratzke, Facetten der Wende. Reportagen über eine deutsche Revolution, Band II. Frankfurt a. M. 1991, S. 293 – 299, hier S. 298。

317. Axel Noack,» Kirche der kleinen Leute. Christliche Existenz in Ostdeutschland «, in: Evangelische Kommentare 3/1997, S. 132 – 135, S. 133.

318. 主教们也同样态度一致，"已经存在的司法管辖权地区应该首先继续存在。" Gespräch des Herrn Staatsministers mit den Generalvikaren der Bistümer der Bundesrepublik Deutschland am 21. März 1990, 19：00 Uhr, im Katholischen Büro, S. 2 [BArch B 136/25052].

319. 同上，S. 3。根据 Homeyer（1995）, S. 275，可以认定，天主教会通过这一表决结果继续维持他们一直以来的态度，也就是说"他们在所有的行动中都表明，不能容忍德国的分裂"。对于国家统一较为宽容的态度让天主教会在德国更为容易在"变革时期"产生较为广泛的政治影响力。这对于一些新教教徒而言苦不堪言，比如，» Die Wende – Sieger schenkten die Revolutionsdividende den Katholiken «. So der Theologe Friedrich Wilhelm Graf bei der Sommertagung des Politischen Clubs der Evangelischen Akademie Tutzing vom 13. – 15. 6. 1997 unter dem Titel »Ist der Protestantismus noch eine politische Kraft? «。

320. 参阅 Oskar Niedermayer, » Das intermediäre System «, in: Max Kaase/ Andreas Eisen/ Oscar W. Gabriel/Oskar Niedermayer/Hellmut Wollmann, Politisches System. Berichte der Kommission für die Erforschung des sozialen und politischen Wandels in den neuen Bundesländern e. V. （KSPW）. Opladen 1996, S, 155 – 230, S. 203ff, hier S. 204. Garstecki （1992）, S. 65 – 69。在看待天主教会在变革时期之后的政治热情上，态度十分具有批判性。

321. 这在新教教会的新合作和教会团结道路上，是"对教会法很重要的第一步"。Reinhard Henkys,»Weg zu einem neuen Miteinander«, in: Kirche im Sozialismus 1/1990, S. 5 – 8, S. 5.

322. Kirche im Sozialismus 6/1989, S. 276. 同时参阅 1989 年 11 月 28 日由东柏林名人向民众发起的号召，其中包括马格德堡主教 Christoph Demke，他们号召，即使朝向联邦共和国的社会形态，也要促进西德为统一所做的努力。对于联邦总理同一天在波恩发表的重新统一的段性计划的评论，同上。

323. »Bericht des Vorsitzenden der Konferenz der Ev. Kirchenleitungen für die konstituierende Tagung der VI. Synode des Bundes der Evangelischen Kirchen in der DDR vom 23. Bis 25. Februar 1990 in Berlin «, in: Mitteilungsblatt des Bundes der Evangelischen Kirchen, Sonderdruck vom 25. 6. 1991, S. 33.

324. 对于这个"特别的共同体"的认可记录在 1969 年 6 月 10 日《民主德国新教教会联盟规章》中的第 4.4 条："联盟承认德国内部这一全体新教基督徒的特殊共同体。"

325. Gemeinsame AbschlußErklärung Loccum, 17. 1. 1990, veröffentlicht in: Aktion Sühnezeichen/Friedensdienste e. V. Und Theologische Studienabteilung beim Bund der Evangelischen Kirchen in der DDR. Die gemeinsame AbschlußErklärung der Loccumer Klausurtagung der Evangelischen Kirche in Deutschland und des Bundes der Evangelischen Kirchen in der Deutschen Demokratischen Republik in der Diskussion. Beienrode 1990, S. 3 f.

326. "这里可以提到很事情：和平祷告以及代人祈祷礼拜，在教堂的对话，新教代表大会声明以及世俗集会，尤其是许多工作人员和教区成员的个人世俗。"同上，S. 3。

327. » Die Kirche als Bannerträger deutscher Einheit? «, in: *Frankfurter Rundschau* vom 28. 1. 1990. 在克雷克的辩论中，他表现出了明显的新教战后传统，让所有与基督教民族概念相临近的东西都联想到德国基督教神学。

328. »Pfarrer und kirchliche Mitarbeiter hingegen stehen der kirchlichen Einheit eher zögerlich gegenüber «, in: *Frankfurter Allgemeine Zeitung* vom 20. 1. 1990.

329. "尤其是年轻的教会成员，对于将重新成立共同教会的消息不怎么高兴。在过去的 20 年里教区里的教徒赢得了见证权利以及马克思主义者的友谊，他们通过这 20 年学到了一些东西。这无法全部抹去。" Interview mit Bischof Christoph Demke (Magdeburg), Evangelische Kirche der Kirchenprovinz Sachsen, in: *Der neue Weg – Die Union* (Halle) vom

27. 1. 1990.

330. »Vor 5 Jahren – denke ich – ist eine Vereinigung nicht möglich«. Ebd.

331. Interview mit Bischof Werner Leich（Vorsitzender der Konferenz der Evangelischen Kirchenleitung），in：*Die Welt* vom 17. 1. 1990.

332. Mitteilungsblatt des Bundes der Evangelischen Kirchen，Sonderdruck vom 25. 6. 1991.

333. 签署人来自俗世的倡议圈子：Ulrich Duchrow（Heidelberg），Heino Falcke（Erfurt），Joachim Garstecki（Berlin），Konrad Raiser（Witten）。由民主德国新教教会联盟神学研究部发表，柏林。

334. 它的出现被评价为是对教会方面希望的社会民主化的"明显反抗"，原本应该由对此负责的教会代表会议处理。

335. » Reformierte gegen Eile bei kirchlichem Einheitsstreben «，in：epd Zentralausgabe vom 12. 2. 1990，S. 12. 同时参阅 1990 年 2 月 20 日发表的 » Genfer Stellungnahme zur besonderen Gemeinschaft der deutschen Kirchen – Loccumer Erklärung«von so namhaften Theologen wie Götz Planer – Friedrich（LWB），Volkmar Deile（ORK）und Hermann Goltz（KLHK）. In：Aktion Sühnezeichen/Friedensdienste，Loccum in der Diskussion. Beienrode 1990，S. 16f.

336. "洛库姆声明在我们的教会和教区中引发了认同与反对的声音。反对者认为，这一声明干扰了我们教会上意见形成过程，导致我们在同一时间不得不被许多问题所困扰。"Beschluss der 1. Tagung der VI, Synode des Bundes der Evangelischen Kirchen in der DDR in Berlin vom 25. 2. 1990，in：Christoph Demke u. A.，Zwischen Anpassung und Verweigerung：Dokumente aus der Arbeit des Bundes der Evangelischen Kirchen in der DDR，im Auftrag der Evangelischen Kirche in Deutschland. Leipzig 1994，S. 123 – 126，S. 124.

337. 同上，S. 123。

338. Interview vom1. 3. 1990，in：evangelische information 22（9）.

339. 在这次访谈中，德姆克也谈及了后来极富争议的两方面的问题，在新的教会共同体中必须决定到底应该朝向有利于"民主德国新教教会联盟（BEK）的模式"还是朝向有利于"德国新教教会（EKD）的模式"；以及关于教会税和在学校进行的宗教课程的问题。

340. 参阅 Johannes Weiß，»Wieder eine gesamtdeutsche Kirchenleitung«, in：Übergänge 3/1990, S. 129。

341. 参阅 Reinhard Henkys»Der Kirchenbund vor dem Ende«, in：übergänge 5/1990, S. 173。Henkys 明确表示，与公众对于洛库姆声明的共鸣相反，公众对于教会决定的兴趣减弱了。

342. Nach Henkys, übergänge 5/1990, S. 173.

343. 参阅 Martin Ziegler，»Zwanzig Jahre waren nicht nur ein Zwischenfall«, in：übergänge 5/1990, S. 176。

344. übergänge 5/90, S. 211.

345. »Zum weiteren gemeinsamen Weg von Bund und EKD«: Beschluss der 2. Tagung der VI. Synode des Bundes der Evangelischen Kirchen m Leipzig vom 25. 9. 1990, in：Demke (1994), S. 134ff., sowie in：übergänge 5/1990, S. 175. 其他代表大会材料：epd Dokumentation 43/1990。在莱比锡代表大会会议之前，新教教会联盟就去掉了名字中"民主德国"的部分，根据 Reinhard Henkys 的观点，这表明了"它已经失去了其特殊的基准点"。参见 ders.，»Der Kirchenbund vor dem Ende«, in：übergänge 5/1990, S. 173。

346. 同时还有建议称对基本规则进行改变，德国新教教会（EKD）未来不再称作"联盟"（Bund），而叫作"共同体"（Gemeinschaft），以便和参与的州教会大大拉近距离. übergänge 6/1990, S. 259。

347. Henkys, übergänge 5/1990, S. 174.

348. Clifford Geertz, Dichte Beschreibung. Beiträge zum Verstehen kultureller Systeme. Frankfurt a. M. 1994, S. 43 und 131f.

349. Jean – François Lyotard, Grabmal des Intellektuellen. Graz/Wien 1985, S. 9.

350. 同上，S. 10。

351. Hans Peter Müller，»Kulturkrise oder das Schweigen der Intellektuellen«, in：Das Parlament, Nr. 32 – 33, August 1994, S. 2.

352. Dietz Bering, Die Intellektuellen. Geschichte eines Schimpfwortes. Stuttgart 1978.

353. M. Rainer Lepsius, »Kritik als Beruf. Zur Soziologie der Intellektuellen«, in：Kölner Zeitschrift für Soziologie und Sozialpsychologie 16 (1964),

S. 75 – 91.

354. Lepsius（1964），S. 86f.

355. 这里所涉及的交叉的问题，尤其是记者的职业形象这种情况，不需要进行研究，因为这里只对理想化可比事物进行讨论。

356. Wolfdietrich Schnurre 如是说，援引自 Lepsius（1964），S. 76。

357. 同上。

358. Lyotard（1985），S. 82.

359. Thomas Neumann, Die Maßnahme. Eine Herrschaftsgeschichte der SED. Reinbek 1991, S. 173.

360. 1989 年 12 月 2 日由 Frank Schirrmacher 引用。

361. Müller（1994），S. 2.

362. Heiner Müller in der *Welt – Woche* vom 18. 1. 1990. 在 11 月 17 日的《时代》周报上，Wolf Biermann 在一次普通辩论上也表达了相似的观点：所有在亚历山大广场大游行中，以人民之名要求接受民主德国的人，都是早就"怀揣可以通往西德的雅利安人的护照（Arierpass）"的人。参见 Wolfgang Jäger/Ingeborg Villinger, Die Intellektuellen und die deutsche Einheit. Freiburg 1997, S. 73, 104 und 183f. 。

363. 施特凡·海姆（Stefan Heym）在被选为新联邦议院名誉议长之前，于 1994 年 11 月 2 日在德国电视二台（ZDF）（20：00）和德国西部广播电台（WDR）（23：15）的讲话。海姆的抱怨是对文学自由时期终结的回应，在 1953 年 6 月 17 日之后，在现实社会主义作为文学新的黄金时代中觉醒之后，文学的自由阶段就终结了。»Sinn und Form«杂志以纲领性的语言这样总结文学的价值："我们的文学作品"与"过去那些合法的、观点尽失的大文学作品完全不同。它可以再次充满热情，通过艰辛之苦而重要非凡，可以放弃英雄人物。它可以再次充满悲伤，就如索福柯勒斯和莎士比亚对悲剧的理解一样，因为未来的光明越过黑暗照耀大地。在生活的所有的矛盾之中，小说会指明道路，不让读者迷茫彷徨"。Dokumente zur Geschichte der SED, Band 2, 1945 – 1971.（Ost – ）Berlin 1989, S. 275f. 。

364. Lyotard（1985），S. 15.

365. 同上，S. 17。

366. 同上，S. 18。

367. 在西德，这种对知识分子在德国统一进程中的自我认知最突出的代表当属 Martin Walser 和 Hans Manugs Enzensberger。参阅 Martin Walser, Vormittag eines Schriftstellers, Frankfurt a. M. 1994, S. 19（首次发表于：Die *Zeit* vom 14. 1. 1990），以及 Enzensberger:»Gangarten — Ein Nachtrag zur Utopie. Wenn ein Alltag anbricht, der ohne Propheten auskommt«, in: *Frankfurter Allgemeine Zeitung* vom 19. 5. 1990。

368. Hauke Brunkhorst, Der entzauberte Intellektuelle. über die neue Beliebigkeit des Denkens. Hamburg 1990.

369. Enzensberger（1990）；Lyotard（1985）, S. 18.

370. Heym in der *Zeit*；参见 Jäger/Villinger（1997）, S. 41 und 179f. 。

371. Karl Mannheim, Ideologie und Utopie. Frankfurt a. M. 1969, S. 76.

372. Günter Grass am 20. 11. 1989 im *Spiegel*.

373. Schirrmacher am 10. 4. 1990 in der *Frankfurter Allgemeinen Zeitung*.

374. Jäger/Villinger（1997）, S. 186.

375. Heiner Müller, Zur Lage der Nation. Berlin 1990, S. 9. 穆勒是为数不多的知识分子之一，他与施特凡·海姆不同，完全不隐瞒自己和民众以及知识分子和民众之间的距离。参阅他 1989 年 12 月 12 日，1990 年 1 月 16 日和 18 日的言论。1990 年 3 月 14 日，Lutz Rathenow 也这样表示，但将这种情况归结为被柏林墙遮护下的民主德国的环境所引起的。

376. Lothar Baiers, »über das eilige Vaterland«, Berlin 1990, bes. S. 101 ff.

377. Fritz Raddatz in der *Zeit* vom 15. 12. 1989.

378. Vgl. Dazu auch Frank Schirrmacher am 2. 6. 1990 im Rahmen des deutsch-deutschen Literaturstreites, sowie Lutz Rathenow, der am 14. 3. 1990 die DDR als »Höhle voll drohender Geborgenheit« bezeichnet. Vgl. Dazu: Jäger/Villinger（1997）, S. 124 und 145.

379. 同上，S. 184ff. 。Max Gallos 的公开信明白无误地向知识分子表明，他将类似的期望寄托于此。因为他作为社会主义政府的发言人要求知识分子们，"对法国将要进行的社会'变革'进行公开讨论，以便国家可以弥补和克服其经济和社会层面上的'落后性'"。Lyotard（1985），S. 9 f.

380. Stefan Heym am 4. 12. 1989 im *Spiegel* unter dem Titel »Aschermittwoch in

der DDR«.

381. Christa Wolf 在 1989 年 11 月 8 日民主德国电视节目中的呼吁和 1989 年 11 月 26 日的《为了我们的祖国》号召中如是说。Stefan Hermlin 也发表了类似言论：他回忆起民主德国建立，回忆起它“有趣的历史”，回忆起它除了一些特例之外，相比于西德“更为有趣的文学作品”，回忆起“为了实现目标而紧张的奋斗”，并且猜测，新的一代将离开国家，因为他们到目前为止由于官僚主义和严格控制没有或者没有足够地了解到民主德国的独特之处。

382. Veröffentlicht in: Neue Deutsche Literatur, Oktober – Heft 1989，同时参见 Jäger/Villinger（1997），S. 32ff. 。

383. Positionspapier der Akademie der Künste vom 4. 10. 1989，参见 Jäger/Villinger（1997），S. 35f. 。

384. Stefan Heym im *Spiegel* vom 6. 11. 1989 unter dem Titel »Hurra für den Pöbel«. 他使用了 Kurt Hager 的论点，此人在政治局担任主管科学和文化的中央书记处书记。参见 Bahrmann/Links（1994），S. 23。

385. 参阅 Peter Wensierski/Wolfgang Büscher, Null Bock auf DDR: Aussteigerjugend im anderen Deutschland. Reinbek 1984；Peter Forster, Die deutsche Frage im Bewusstsein der Bevölkerung in beiden Teilen Deutschlands. Das Zusammengehörigkeitsgefühl der Deutschen – Einstellungen junger Menschen in der DDR. Eine Dokumentation empirischer Untersuchungsergebnisse der Jugendforschung der DDR aus den Jahren 1966 bis 1989, in: Deutscher Bundestag（1995），Bd V, 2, S. 1212 – 1380。

386. Irene Charlotte Streul,»Eigensinn, Selbständigkeit und Kreativität«, in: Deutschland Archiv 28（1995），S. 102f. , hier S. 102. 同时参阅 Forschungsstelle Osteuropa（Hrsg. ），Eigenart und Eigensinn. Alternative Kulturszene in der DDR（1980 – 1990）. Mit einem Bestandskatalog, bearbeitet und kommentiert von Frank Eckardt. Bremen 1993.

387. Peter Schneider, Vom Ende der Gewissheit. Berlin 1994, S. 97ff.

388. 参阅 Jäger/Villinger（1997），S. 100, 105f. Und 199f. 。

389. 对此有计划的首先是科尔 1989 年 11 月 28 日的《十点纲领》，以及 1990 年 5 月 18 日作为国家条约的经济、货币和社会联盟。

390. Jäger/Villinger（1997）, S. 203f.

391. Günter Grass, Deutscher Lastenausgleich. Wider das dumpfe Einheitsgebot. Frankfurt a. M. 1990, S. 7 – 12.

392. Rudolf Augstein/Günter Grass, Deutschland einig Vaterland? Ein StreitGespräch. Göttingen 1990. 该书同样记录了 Karl Jaspers 在 1960 年与 Thilo Koch 的对话。

393. 参见 Jäger/Villinger（1997）, S. 204ff. 。

394. 参阅 Karl Deiritz/Hannes Krauss（Hrsg.）, Der deutsch – deutsche Literaturstreit oder» Freunde, es spricht sich schlecht mit gebundener Zunge«. Analysen und Materialien, Zürich 1991; Thomas Anz（Hrsg.）, »Es geht nicht um Christa Wolf«. Der Literaturstreit im vereinigten Deutschland. Frankfurt a. M. 1995, sowie: Jäger/Villinger（1997）, S. 150ff. Und S. 212 ff. 。

395. Delius am 2. 2. 1990 in der *Zeit*; Walter Jens 努力宣传"消灭纳粹主义法庭思想（Spruchkammerdenken）"以及"追捕大野兽（Großwildjagd）"这两个概念，二者都以背弃民主德国文化为目标，参见 Jäger/Villinger（1997）, S. 150f. 。

396. Günter Grass in der *tageszeitung* vom 23. 2. 1990.

397. 1990 年 6 月 11 日，Walter Jens 在波茨坦召开的第三届贝塔斯曼研讨会上的开幕演讲, »Plädoyer gegen die Preisgabe der DDR – Kultur«中如是说。

398. Christian Meier in der *Frankfurter Allgemeinen Zeitung* vom 7. 6. 1990.

399. 这一说法源自 Bohrer 在 1990 年 1 月 18 日《法兰克福汇报》上发表的文章《为什么我们不是一个民族，为什么我们应该成为一个民族》。

400. 与 Bohrer 不同，对于 Walter 而言，民族是"历史性的东西。它们出现，然后被其他形式替换。但是目前看来它们还正当道"。Martin Walser, Vormittag eines Schriftstellers, in: *Die Zeit* vom 14. 12. 1990，援引自 ders.（1994）, S. 16。

401. Jäger/Villinger（1997）, S. 170f. , 190f. Sowie S. 209f.

402. Raymond Aron, Opium für Intellektuelle. Köln/Berlin 1957, S. 257.

403. Helmuth Kiesel, »Die Intellektuellen und die deutsche Einheit«, in: Die politische Meinung, November 1991, S. 61.

404. Hans Magnus Enzensberger,»Gangarten – Ein Nachtrag zur Utopie«, in：*Frankfurter Allgemeine Zeitung* vom 19. 5. 1990.

第五章　政治自治组织在过渡时期的尝试

1. 下文亦参阅 Uwe Thaysen, Der Runde Tisch oder wo blieb das Volk？：Der Weg der DDR in die Demokratie. Opladen 1990。

2. "旧势力"与"新势力"（反对派团体）相对；概念来自 Uwe Thaysen/Hans – Michacl Kloth,»Der Runde Tisch und die Entmachtung der SED. Widerstände auf dem Weg zur freien Wahl«, in：Deutscher Bundestag（1995），Bd. VII, 2, S. 1706 – 1852, S. 1712。

3. Thaysen（1990），S. 28.

4. 同时参阅 Gerda Haufe,»Die Bürgerbewegungen im Jahr 1990«, in：dies. / Karl Bruckmeier（Hrsg.）, Die Bürgerbewegungen in der DDR und in den ostdeutschen Bundesländern. Opladen 1993, S. 78 – 158, S. 88f.。

5. 同上，S. 90。

6. 参阅 »Nach Polen und Ungarn jetzt die DDR«, in：*Die tageszeitung* vom 24. 11. 1989［Deutschland 1989, Bd. 19, S. 182 f］。

7. »Anregung der S£ D«, in：*Neues Deutschland* vom 23. 11. 1989. 参阅相关媒体报道»Modrow kündigt unpopuläre Maßnahmen an – Die SED lädt an einen ›runden Tisch‹ ein«, in：*Frankfurter Allgemeine Zeitung* vom 23. 11. 1989［Deutschland 1989, Bd. 19, S. 170］。参阅 dagegen»Ergebnisse bis zum Frühjahr«, in：*Die tageszeitung* vom 24. 11. 1989［同上，S. 170］。

8. 关于中央圆桌会议的各种构成，参见 Thaysen（1990），S. 44ff.；Thaysen/Kloth（1995），S. 1820ff.。

9. 参阅 Thaysen（1990），S. 36 – 39。

10. 第四次会议时，开会地点进行了变更：1989 年 12 月 27 日，中央圆桌会议不再于 Bonhoeffer – Haus 开会，而改为 Niederschönhausen 城堡的会议室的锤子和圆圈的标志下面开会。根据 Thaysen 的说法，这一地点变更显示了圆桌会议不断的专业化，随着工作组、工作人员以及顾问数量的不断增加，圆桌会议需要更大的空间。参见 Thaysen（1990），S. 98。

11. 出自 1989 年 12 月 7 ~ 8 日第一次圆桌会议，援引自 Herles/Rose

（1990），S. 23。

12. Thaysen 提到了没有爆炸力的"聪明的措辞"，还有"精心设计的战略"，参见 Thaysen/Kloth（1995），S. 1725。

13. Thaysen（1990），S. 51.

14. »Nach kontroverser Debatte Konsens zu neuer Verfassung und Wahltermin«, in：*Neues Deutschland* vom 8. 12. 1989 ［Deutschland 1989，Bd. 19，S. 175］；Thaysen（1990），S. 52ff.

15. Thaysen/Kloth（1995），S. 1787.

16. Thaysen（1990），S. 145.

17. Thaysen/Kloth（1995），S. 1788.

18. Thaysen（1990），S. 149.

19. 参阅 Thaysen/Kloth（1995），S. 1789。

20. Thaysen（1990），S. 146.

21. 同上，S. 149。

22. 同上，S. 56ff.。

23. 可以参阅 »Spannungen zwischen dem ›runden Tisch‹ und Modrow«, in：*Die Welt.* vom 28. 12. 1989 ［Deutschland 1989，Bd. 19，S. 179］；»Kritik an Informationspolitik«, in：*Frankfurter Allgemeine Zeitung* vom 28. 12. 1989 ［同上，S. 222］。

24. 莫德罗没有出现，反对派认为是因为他在国外。实际上他还在机场的时候就知道了这个消息。

25. 最后通牒的原文参见 Thaysen/Kloth（1995），S. 1742。

26. 莫德罗（在 1990 年 1 月 22 日第九次圆桌会议上）表示："您来告诉我希望怎么样进行职务分配，避免产生我在挑选人员的印象。"援引自 Thaysen（1990），S. 82。

27. 援引自 Thaysen（1990），S. 93。

28. 具体名单为：Walter Romberg（SPD），Wolfgang Ullmann（Demokratie Jetzt），Tatjana Bohm（unabhängiger Frauenverband），Rainer Eppelmann（Demokratischer Aufbruch），Sebastian Pflugbeil（Neues Forum），Gerd Poppe（Initiative Frieden und Menschenrechte），Klaus Schlüter（Grüne Liga）und Matthias Platzek（Grüne Partei）。参阅 »Die DDR – Opposition regiert jetzt mit«, in：*Frankfurter Rundschau* vom 6. 2. 1990。

29. Thaysen（1990），S. 81f.

30. 同上，S. 98ff. 。

31. 同上，S. 103 ff. Und S. 134 ff. 。

32. 同时参见 Thaysen/Kloth（1995），S. 1727 und S. 1789 – 1792。与其有关的还有宪法草案以及社会宪章的制定。

33. 参阅 Wolfgang Jäger, »Der Weg zur Wiedervereinigung«, in: Eberhard Kuhrt u. A.（Hrsg.）, Die SED – Herrschaft und ihr Zusammenbruch. Am Ende des realen Sozialismus. Beiträge zu einer Bestandsaufnahme der DDR – Wirklichkeit in den achtziger Jahren, Opladen 1996, S. 349 – 370。

34. Thaysen（1995），S. 1792f.

35. Uwe Thaysen, Der Runde Tisch. Oder: Wer war das Volk. Teil 2, in: *Zeitschrift für Parlamentsfragen*, Heft 2/1990, S. 257 – 308, S. 273.

36. Thaysen（1990），S. 150ff.

37. 同上，S. 141。

38. 参阅 Lothar Probst, Der Norden wacht auf. Zur Geschichte des politischen Umbruchs in Rostock im Herbst 1989. Bremen/Rostock 1993；Andreas Dornheim, Politischer Umbruch in Erfurt 1989/90. Weimar 1995。

39. Bericht des Referatsleiters 514 über »Entwicklungen in der DDR« an den Chef des Bundeskanzleramtes u. A. Vom 23. 10. 1989［BA – ZA – B 136/25084］.

40. 作者需要感谢 Martin Klöhn, Kurr – Chriscian Kruse, Heiko Lietz, Jörn Mothes, Martin Proksch, Reiner Sendzik 以及其他一些匿名者，感谢他们接受访谈以及提供的资料。很遗憾的是，无论是市档案馆还是梅克伦堡的州档案馆都没有关于圆桌会议在什未林的工作文件。

41. 参见公民运动组织/什未林案例章节。

42. 参阅 Aufbruch' 89. über den Beginn der Wende in Schwerin, 文件由梅前州负责前民主德国国家安全部门资料的州专员提供。Schwerin 1994, S. 19f. 。

43. *Norddeutsche Zeitung* vom 30. 11. 1989.

44. *Norddeutsche Zeitung* vom 27. 11. 1989；Schweriner Volkszeitung vom 30. 11. 1989.

45. 同样刚被选出来的统社党行政区主席 Hans – Jürgen Audehm 仅仅在莫德

罗当选总理之后两天，就与什未林"新论坛"代表 Uta Loheit 以及 Martin Klöhn 进行了"热烈的对话"，媒体对此进行了大肆报道。参阅 *Schweriner Volkszeitung* vom 18. 11. 1989。

46. *Aufbruch'89*, Nr. 2/89, Redaktionsschluss 30. 11. 1989.

47. （Ergebnis－）Festlegungsprotokoll der RT－Sitzung am 13. 12. 1989.

48. Festlegungsprotokoll der RT－Sitzung am 21. 12. 1989.

49. 参阅 Thaysen（1990），S. 56 ff. , S. 62。

50. 同时参阅 Das Bericht der *Schweriner Volkszeitung*, ehedem »Organ der Bezirksleitung der Sozialistischen Einheitspartei Deutschlands« vom 4. 1. 1990。

51. Festlegungsprotokoll der RT－Sitzung am 4. 1. 1990.

52. *Schweriner Volkszeitung* vom 8. 1. 1990 und vom 9. 1. 1990.

53. Festlegungsprotokoll der RT－Sitzung am 11. 1. 1990.

54. 参阅 Thaysen（1990），a. A. O。

55. 同上，S. 64ff. 。

56. *Schweriner Volkszeitung* vom 17. 1. 1990.

57. 同上。

58. *Schweriner Volkszeitung* vom 20. 1. 1990.

59. 同上。

60. *Schweriner Volkszeitung* vom 3. 2. 1990.

61. *Schweriner Volkszeitung* vom 6. 2. 1990.

62. Festlegungsprotokoll der RT－Sitzung am 1. 3. 1990.

63. Festlegungsprotokoll der RT－Sitzung am 15. 3. 1990.

64. （Inoffizielles）Verlaufsprotokoll der RT－Sitzung am 29. 3. 1990 von Reiner Szendik.

65. 11 月底，基民盟、国民党以及"新论坛"在吕布茨（Lübz）会面时就要求该区设立圆桌会议。参阅 *Der Demokrat*（基民盟报纸）vom 8. 12. 1989。

66. *Der Demokrat* vom 9. 12. 1989.

67. Protokoll－Erklärung des Runden Tisches für den Bezirkstag vom 13. 12. 1989.

68. Protokoll der Sitzung des Runden Tisches vom 28. 12. 1989.

69. Protokoll der Sitzung des Runden Tisches vom 9. 1 1990.

70. Protokoll der Sitzung des Runden Tisches vom 23. 1. 1990.

71. » Ein Bericht nach altem Strickmuster «, in: *Schweriner Volkszeitung* vom 8. 2. 1990.

72. Protokoll der Sitzung des Runden Tisches vom 6. 2. 1990.

73. *Schweriner Volkszeitung* vom 25. 2. 1990.

74. 同上。

75. 它 的 出 现 不 是 没 有 反 对 意 见 的，参 见 *Schweriner Volkszeitung* vom 29. 2. 1990。

76. 可 以 参 阅 » Die Macht liegt auf der Straße «, in: *Der Spiegel* Nr. 50 vom 11. 12. 1989 [Deutschland 1989, Bd. 19, S. 1570ff.] ; » Die unaufhaltsame Erosion der DDR «, in: *Neue Zürcher Zeitung* vom 16. 2. 1990 [Deutschland 1990, Bd. 47, S. 256 ff.] ; Michael Richter, » Räte, › Volksvertretungen ‹, Runde Tische. Die Entwicklung der staatlichen Struktur im Bezirk Dresden bis zur Wahl des sächsischen Landtages im Oktober 1990 «, in: Alexander Fischer/Günther Heydemann (Hrsg.), Die politische » Wende « 1989/90 in Sachsen. Rückblick und Zwischenbilanz. Weimar u. A. 1995, S. 157 – 188, S. 159 ; Sabine Lorenz/Kai Wegerich, » Lokale Ebene im Umbruch: Aufbau und Modernisierung der Kommunalverwaltung in Ostdeutschland «, in: *Aus Politik und Zeitgeschichte* B 5 1998, S. 29 – 38。

77. 详细参阅 Catherine Isabel Froehling, Die kommunale Verwaltung der Stadt Leipzig in der Umbruchphase 1989/90 (Arbeitstitel). Freiburg 1998 [i. E.]。

78. 参阅 Hartmut Zwahr, Ende einer Selbstzerstörng. Leipzig und die Revolution in der DDR. Göttingen [2]1993, S. 118。

79. 参 阅 Hartmut Zwahr, » Die Revolution in der DDR 1989/90 – eine Zwischenbilanz «, in: Fischer/Heydemann (1995), S. 205 – 252, S. 238 £ , S. 241 ; Cornelia Liebold, » Zwischen zentralstaatlicher Abhängigkeit und demokratischem Neubeginn. Leipziger Kommunalpolitik in der Wende 1989/90 «, in: Fischer/Heydemann (1995), S. 71 – 116, S. 72。

80. 参阅 Zwahr (1995), S. 228, 238。

81. 参阅 Liebold (1995), S. 77ff. 。

82. »Oberbürgermeister erklärt Rücktritt«in：*Leipziger Volkszeitung* vom 4. / 5. 11. 1989.

83. 以下简称为 RdSL。

84. Protokoll der 26. Sitzung des RdSL am 27. 12. 1989/3. 1. 1990［StVuR（2）2194，Bl. 70f.］.

85. Protokoll der 4. Sitzung des RdSL am 21. 2. 1990），Beschluß – Nr. 0017/90 ［StVuR（2）2198，Bl. 35f.，50ff.，68］.1990 年 3 月 7 日，圆桌会议 （以下简称 RTSL）收到了相关决议草案［RTSL Ord. 3，Bl. 108ff.］。

86. »Standpunkte des Rates der Stadt zur Arbeit am und mit dem Planvorschlag 1990« vom 25. 1. 1990［RTSL Ord. 9，Bl. 164f.］．文件中将极其重要的 城市职能领域定义为：生态、医疗和社会照料、民众供给、建筑业、 工作岗位情况以及市财政情况。

87. 除了市议会（以下简称 SVV）以及市委员会，7 个市行政区内还分别 设立了一个议员会议和市区委员会。

88. 委员会要对市委员会和市议会决议的准备工作负责。Protokoll der 26. Sitzung des RdSL am 27. 12. 1989/3. 1. 1990 ［StVuR（2）2194， Bl. 65f.］。

89. 参阅 Liebold（1995），S. 72ff.，96 ff. Sowie »Die Ausweise auf den Tisch gelegt und heimgegangen«，in：*Leipziger Volkszeitung* vom 27. /28. 1. 1990。

90. 参阅 »Stadt muss am Leben bleiben«，in：*Leipziger Volkszeitung* vom 27. / 28. 1. 1990. 圆桌会议和市委员会都收到了内容类似的声明［RTSL Ord. 2，Bl. 169］。

91. Beschlußprotokoll des RTSL, Beschluß – Nr. 053101BK［RTSL Ord. L0， Bl. 2］；»Vorschläge des Bürgerkomitees und von Vertretern der neuen demokratischen Kräfte am RTSL zur Gewährleistung der Regierbarkeit der Stadt nach Auflösung der SVV«，Anlage des Protokolls der Beratung des RTSL am 31. 1. 1990［RTSL Ord. 1，Bl. 441］.

92. Beratung des RTSL am 17. 1. 1990［RTSL Ord. 2，Bl. 273 f.］．参阅 auch Liebold（1994），S. 101。

93. Beratung des RTSL am 7. 2. 1990［RTSL Ord. 2，Bl. 234.］。

94. Beschlußprotokoll des RTSL, Beschluß – Nr. 171402RT［RTSL Ord. 10， Bl. 4］．同时参阅 »Nach ›Stasi raus‹ heißt es jetzt：Neue Mieter rein«，in：

Leipziger Volkszeitung vom 16. 2. 1990；Liebold（1995），S. 102。

95. Protokoll der 3. Sitzung des RdSL am 7. 2. 1990 ［StVuR （2） 2197, Bl. 40］. 10 月底，市议会建立了建议委员会，其任务是处理莱比锡市民的呈文和建议，并且转交给市议会以及其专业委员会，参阅 Liebold（1995），S. 85ff. 。

96. Protokoll der Beratung des RTSL am 7. 2. 1990 ［RTSL Ord. 1, Bl. 414f. ］.

97. »Ziele und Aufgaben der Arbeit des Rundes Tisches der Stadt Leipzig und seiner Kommissionen ［und］ Vorschläge für ein Aktionsprogramm«, Beratung RTSL am 14. 2. 1990 ［RTSL Ord. 2, Bl. 173 ff. ］.

98. Protokoll des Gesprächs zwischen dem amtierenden OBM Hädrich, Ratsmitgliedern und den Vertretern der oppositionellen Gruppen am 29. 11. 1989 ［RTSL Ord. 9, Bl. 3331. ］；Protokoll der Beratung des RTSL am 7. 2. 1990 ［RTSL Ord. 1, Bl. 414］.

99. 除了前市议会建立的委员会之外，还出现了新的委员会，参阅同上，S. 107。

100. Protokoll der Beratung des RTSL am 7. 2. 1990 ［RTSL Ord. 1, Bl. 414f. ］; Beschlußprotokoll des RTSL, Beschluß – Nr. 140702RT ［RTSL Ord. 10, Bl. 4］; Protokoll der 3. Sitzung des RdSL am 7. 2. 1990 ［StVuR （2） 2197, Bl. 40 ］. 参阅» Noch immer viele MfS – Geheimnisse «, in: *Leipziger Volkszeitung* vom 2. 2. 1990；» Beistand für das Leben in der Stadt«, in: *Leipziger Volkszeitung* vom 9. 2. 1990。

101. Kommissionsmaterialien ［RTSL Ord. 7, Bl. 7］; Protokoll der 4. Sitzung des RdSL am 21. 2. 1990 ［StVuR （2）. 2198, Bl. 62］; Protokoll des Beratung des RTSL am 16. 5. 1990 ［RTSL Ord. 1, BL 125f. ］.

102. 但是不是市委员会的所有成员都参与了圆桌会议的协商，以至对部分委员掌管的领域的职能和工作并不清楚，Protokoll der 6. Sitzung des RdSL am 21. /26. 3. 1990 ［StVuR （2） 2200, BL 49f. ］。

103. 基督教牧师 Magirius 同意这一评估，参阅 Protokoll der Beratung des RTSL am 21. 3. 1990 ［RTSL Ord. L, Bl. 316］。

104. Protokoll der 6. Sitzung des RdSL am 21. /26. 3. 1990 ［StVuR （2） 2200, Bl. 49］.

105. Protokoll der Beratung des RTSL am 21. 3. 1990 ［RTSL Ord. 1, Bl. 315］.

106. Beschlußprotokoll des RTSL, Beschluß – Nr. 792504RT［RTSL Ord. 10, Bl. 17］; Protokoll der 9. Sitzung des RdSL am 2. /7. 5. 1990［StVuR（2）2203, Bl. 110］; Beratung des RTSL am 16. 5. 1990［RTSL Ord. 6, Bl. 13 ff. ］. 参阅» Die Zeit reichte nicht, um alle Probleme zu lösen «, in: *Leipziger Volkszeitung* vom 18. 5. 1990。

107. Protokoll des Beratung des RTSL am 16. 5. 1990［RTSL Ord. 1, Bl. 125f. ］.

108. Protokollder 2. Sitzung des RdSL am 24. 1. 1990［StVuR（2）2196, Bl. 64］.

109. » Hintergrundpapier über Ziele und Aufgaben der Arbeit des RTSL und seiner Kommissionen［und］Vorschläge für ein Aktionsprogramm «, Beratung des RTSL am 14. 2. 1990［RTSL Ord. 2, BL. 175］.

110. Protokoll der 5. Sitzung des RdSL am 7. /12. 3. 1990［StVuR（2）2199, B. 56f. ］.

111. Beratung des RTSL am 21. 3. 1990［RTSL Ord. 4, Bl. 557 f. ］; Kommissionsmaterialien［RTSL Ord. 9, Bl. 106f. ］.

112. 它们是：一般性管理、财政、法律/秩序/安全、学校/文化、医疗卫生与社会事业、城市发展/空间规划、公共设施、经济促进、环保以及平等问题。Protokoll der Beratung des RTSL am 21. 3. 1990［RTSL Ord. L, Bl. 317］.

113. Protokoll der 6. Sitzung des RdSL am 21. /26. 3. 1990［StVuR（2）2200, Bl. 49］; Protokoll der Beratung des RTSL am 21. 3. 1990［RTSL Ord. L, Bl. 317］.

114. Grundlagen der Kommissionsarbeit［RTSL Ord. 7, Bl. 5］.

115. Protokoll der Beratung des RTSL am 11. 4. 1990［RTSL Ord. 1, Bl. 122］.

116. Protokoll der Beratung des RTSL am 28. 2. 1990［同上, Bl. 381］。

117. Protokoll der Beratung des RTSL am 16. 5. 1990［同上, Bl. 125ff. ］。

118. Bericht über die Schwerpunkte der Arbeit der ständigen Kommissionen der SVV Leipzig von Mai bis Dezember 1989［RTSL Ord. 2, Bl. 235f. ］.

119. 9 月时已经缺少 7000 劳动力，到了年底时这个数字达到了 9000，参阅» Offene Debatte über Wende in der Stadt und im Parlament «, in: *Leipziger Volkszeitung* vom 30. 10. 1989。12 月初时已经明确，缺少 3%

的 "劳动者"（10000 名 劳 动 力），参阅》Leipzig darf nicht langer Blutspender fürs Land sein《，in：*Leipziger Volkszeitung* vom 9./ 10. 12. 1989。

120. 参阅 》Offene Debatte über Wende in der Stadt und im Parlament《，in：*Leipziger Volkszeitung* vom 30. 10. 1989。

121. 参阅 》› Zweite Schicht‹ nach Feierabend in Pflegeheimen《，in：*Leipziger Volkszeitung* vom 6. 11. 1989 und 》Keine Leute，keine Leute...《，in：*Leipziger Volkszeitung* vom 6. 12. 1989。

122. 1989 年 10 月时估算的收入赤字大约有 3360 万民主德国马克，到了年底这个数字会增长一倍。Protokoll der 23，Sitzung des RdSL am 15./ 20. 11. 1989〔StVuR（2）2190，Bl. 57〕。

123. 》Standpunkte des RdSL zur Arbeit am und mit dem Planvorschlag 1990《 vom 25. 1. 1990〔RTSL Ord. 9，BL 165〕．2 月底，汉诺威州政府提供了一项金额高达 2.14 亿德国马克的紧急援助项目，参阅 Forum Verlag Leipzig（1991），S. 67。

124. Der Haushalt und die Planvorschlage für 1990 vom 26. 1. 1990 lagen dem RTSL auf seiner Beratung am 7. 3. 1990 vor〔RTSL Ord. 3，Bl. 98f，132ff〕．

125. 尽管如此，莱比锡还是在很大程度上依赖于柏林额外承诺的资金，参阅》Bürgerkomitee wirkt mit《，in：*Leipziger Volkszeitung* vom 21. 12. 1989。

126. Protokoll der 3. Sitzung des RdSL am 7. 2. 1990〔StVuR（2）2197，Bl. 42 f〕；1990 年 3 月 7/12 日，Protokoll der 5. Sitzung des RdSL am 7./ 12. 3. 1990〔StVuR（2）2199，Bl. 59〕；Protokoll der 7. Sitzung des RdSL am 4. /9. 4. 1990〔StVuR（2）2201，Bl. 103〕；Protokoll der Beratung des RTSL am 2. 5. 1990〔RTSL Ord. 1，Bl. 154〕．

127. Protokoll der 6. Sitzung des RdSL am 21. 3. /26. 3. 1990〔StVuR（2）2200，Bl. 52〕．

128. 参阅 》Wer will für Leipzig spenden？《，in：*Leipziger Volkszeitung* vom 11，12. 1989；》Leipziger – Konto wachst《，in：*Leipziger Volkszeitung* vom 26. 1. 1990。同时参见 Protokoll der 7. Sitzung des RdSL am 4. /9. 4. 1990〔StVuR（2）2201，Bl. 103〕．

129. 参阅 》Mit weniger Geld und ohne honoriges Komitee zum 825.《，in：

Leipziger Volkszeitung vom 15. 12. 1989。

130. Protokoll der 7. Sitzung des RdSL am 4./9. 4. 1990［StVuR（2）2201，Bl. 103］.

131. 参阅 Forum Verlag Leipzig（1991），S. 93。

132. 参阅》Ostberliner Magistrat soll bis 1990 im Amt bleiben《, in: *Die Welt* vom 15. 12. 1989［Deutschland 1989, Bd. 8, S. 2243］;》Zu wenig Kraft für zuviel Elend《, in: *Die Zeit* vom 2. 2. 1990［Deutschland 1990, Bd. 47, S. 213ff.］;》Die politische Moral ist dahin《, in: *Der Spiegel* Nr. 6 vom 5. 2. 1990［同上, S. 350ft.］;》Die unaufhaltsame Erosion der DDR《, in: *Neue Zürcher Zeitung* vom 16. 2. 1990［同上, S. 256ff. J;》Stadtsanierung in der DDR: Rennen gegen die Zeit《, in: *Neue Zürcher Zeitung* vom 5. 5. 1990［Deutschland 1990, Bd. 51, S. 3814 ff.］。

133. Protokoll der 3. Sitzung des RdSL am 7. 2. 1990［StVuR（2）2197, Bl. 42 f］; Protokoll der 4. Sitzung des RdSL am 21. 2. 1990［StVuR（2）2198, BL 63］.

134. Protokoll der 5. Sitzung des RdSL am 7./12. 3. 1990［StVuR（2）2199, Bl. 59］; Protokoll der 6. Sitzung des RdSL am 21. 3./26. 3. 1990［StVuR（2）2200, Bl. 52］.

135. 2 月时，行政区议会向30 家西德贸易公司发放了进口许可证，允许他们进行水果、蔬菜和啤酒领域的进口。参阅》Im Rückwärtsgang nicht aufzuhalten?《, in: *Leipziger Volkszeitung* vom 24./25. 2. 1990; Forum Verlag Leipzig（1991），S. 66f. 。

136. Protokoll der 8. Sitzung des RdSL am 18. 4. 1990［StVuR（2）2202, Bl, 43］.

137. Protokoll der 23. Sitzung des RdSL am 15./20, 11. 1989［StVuR（2）2190, Bl. 59, 68］; Protokoll der 26. Sitzung des RdSL am 27. 12. 1989/3. 1. 1990［StVuR（2）2194, BL 66］; Protokoll der 2. Sitzung des RdSL am 24. 1. 1990［StVuR（2）2196, Bl. 62］; Protokoll der 3. Sitzung des RdSL am 7. 2. 1990［StVuR（2）2197, Bl. 43］; Protokoll der 4. Sitzung des RdSL am 21. 2. 1990［StVuR（2）2198, Bl. 63］; Kommissionsmaterialien［RTSL Ord. 8, S. 108, 111 ff.］.

138. 参阅》›Schmerzen‹ der Bezirksindustrie mit Auslandshilfe heilen?《, in:

Leipziger Volkszeitung vom 13. 12. 1989。

139. »Standpunkte des RdSL zur Arbeit am und mit dem Planvorschlag 1990《［RTSL Ord. 9, BL 164］;»Hintergrundpapier über Ziele und Aufgaben der Arbeit des RTSL und seiner Kommissionen ［und］ Vorschläge für ein Aktionsprogramm《, Beratung RTSL am 14. 2. 1990［RTSL Ord. 2, Bl. 174f］.

140. Beschlußprotokoll des RTSL, Beschluß - Nr. 860205［RTSL Ord. 10, Bl. 18］.

141. Beratung RTSL am 7. 3. 1990［RTSL Ord. 3, Bl. 323］. 圆桌会议在 1990 年 3 月 7 日协商会议上提供的计划建议指出，面包师、屠夫、裁缝、理发师和鞋匠应该得到特别援助。 ［同上，Bl. 139f.］. 同时参阅 》 Große Erwartungen und kleine Chancen《, in: *Leipziger Volkszeitung* vom 1. 2. 1990;»Gewerbescheine in der Tasche, und wie weiter?《, in: *Leipziger Volkszeitung* vom 6. 4. 1990。

142. Protokoll der 26. Sitzung des RdSL am 27. 12. 1989/3. 1. 1990［StVuR (2) 2194, BL 66］.

143. 参阅 »Zu Hannovers Wirtschaft Kontakte enger gestalten《, in: *Leipziger Volkszeitung* vom 10. 1. 1990。

144. 参阅 »Ostberliner Magistrat soll bis 1990 im Amt bleiben《, in: *Die Welt* vom 15. 12. 1989［Deutschland 1989, Bd. 8, S. 2243］; 》 Die erschreckende Normalität des Verfalls《, in: *Suddeutsche Zeitung* vom 24. 1. 1990［Deutschland 1990, Bd. 47, S. 186 ff.］;»Die politische Moral ist dahin《, in: *Der Spiegel*, Nr. 6 vom 5. 2. 1990［同上, S. 350ff.］;»Die unaufhaltsame Erosion der DDR《, in: *Neue Zürcher Zeitung* vom 16. 2. 1990［同上, S. 256ff.］. Dies wurde auch von Herrn Kahlin, Stadtreinigungsamt Leipzig, bestätigt (Interview mit Catherine I. Froehling am 9. 10. 1994)。

145. 参阅 »Berghofers Erfolg begann in Hamburg《, in: *Die tageszeitung* vom 9. 12. 1989［Deutschland 1989, Bd. 21, S. 999］;»Fachkundiger Rat gefragt《, in: *Handelsblatt* vom 12. 1. 1990［Deutschland 1990, Bd. 62, S. 2584］;»Zu wenig Kraft für zuviel Elend《, *in*: *Die Zeit* vom 2. 2. 1990 ［Deutschland 1990, Bd. 47, S. 213 ff.］。

146. 参阅 » Neues Stadtreinigungsamt auf einer soliden Basis «, in: *Leipziger Volkszeitung vom* 21. /22. 4. 1990。

147. 参阅 » Offene Debatte über Wende in der Stadt und im Parlament «, in: *Leipziger Volkszeitung* vom 30. 10. 1989; » Gemeinsamer Standpunkt: Gewaltlosigkeit«, in: *Leipziger Volkszeitung* vom 15. 11. 1989。

148. 引自 Abschlussbericht der Kommission 2 [RTSL Ord. 10, Bl. 39]。

149. 同上。

150. 参阅 » Noch an erster Stelle Schutz der Bürger und der Demokratie«, in: *Leipziger Volkszeitung* vom 4. 5. 1990。

151. 参阅 » Bauen in Leipzig«, in: *Leipziger Volkszeitung* vom 5. 1. 1990; » Ein Aufschrei, aber kein Schrei der Verzweiflung«, in: *Leipziger Volkszeitung* vom 8. 1. 1990; »Alte Lösung – keine Lösung«, in: *Leipziger Volkszeitung* vom 22. 2. 1990。

152. Planvorschlag des RdSL vom 26. 1. 1990, dem RTSL auf seiner Beratung am 7. 3. 1990 vorgelegt [RTSL Ord. 3, Bl. 138]。

153. 参阅 »Einstürzende Altbauten«, in: *Die Zeit* vom 22. 12. 1989 [Deutschland 1989, Bd. 7, S. 1702]; »Die Gefahr von Enteignung ist gewachsen«, in: *Süddeutsche Zeitung* vom 23. 12. 1989 [同上, S. 1690]; » Die erschreckende Normalität des Verfalls «, in: *Süddeutsche Zeitung* vom 24. 1. 1990 [Deutschland 1990, Bd. 47, S. 186ff.]; »Rund ein Drittel der DDR – Wohnungen ist sanierungsbedürftig«, in: *Welt am Sonntag* vom 15. 4. 1990 [Deutschland 1990, Bd. 51, S. 3694 f.]。

154. Bericht des amt. Oberbürgermeisters vor der Beratung des RTSL am 17. 1. 1990 [RTSL Ord. 1, Bl. 470]. 从 1986 年开始, 建筑业从业人员的数量减少了, 参阅 »Bauen in Leipzig«, in: *Leipziger Volkszeitung* vom 5. 1. 1990。10 月底时缺少 450 名劳动力, 参阅 »Offene Debatte über Wende in der Stadt und im Parlament «, in: *Leipziger Volkszeitung* vom 30. 10. 1989。

155. 参阅 » Ein kritischer Disput ums Bauen in Leipzig «, in: *Leipziger Volkszeitung* vom 26. 10. 1989; »Bezirksabgeordnete forderten selbstbewusst ihre Rechte ein«, in: *Leipziger Volkszeitung* vom 8. 11. 1989。

156. 参阅 »Ein Aufschrei, aber kein Schrei der Verzweiflung«, in: *Leipziger*

Volkszeitung vom 8. 1. 1990。

157. 参阅 »Bauen in Leipzig«, in：*Leipziger Volkszeitung* vom 5. 1. 1990；»Mit Wunschvorstellung kein Haus reparierbar«, in：*Leipziger Volkszeitung* vom 15. 12. 1989。

158. 参阅 »Frau Hasselfeld hilft der DDR bei Stadtsanierung«, in：*Die Welt* vom 30. 12. 1989 ［Deutschland 1989, Bd. 21, S. 1616］；» Wo soll man anfangen? «, in：*Frankfurter Allgemeine Zeitung* vom 24. 1. 1990 ［Deutschland 1990, Bd. 47, S. 42f.］；» Die unaufhaltsame Erosion der DDR«, in：*Neue Zürcher Zeitung* vom 16. 2. 1990 ［同上, S. 256ff.］；» Geplante Stadtsanierung in der DDR soll nicht ohne Bürgerbeteiligung stattfinden«, in：*Handelsblatt* vom 5. 2. 1990 ［Deutschland 1990, Bd. 62, S. 2681］；» Gemeinsam werden Wohnungen gebaut und saniert «, in：*Handelsblatt* vom 24. 4. 1990 ［同上, S. 2688］。

159. 参阅 » Mit der Vergrünauerung Leipzigs nun aufhören «, in：*Leipziger Volkszeitung* vom 22. 11. 1989；»Baugeschäft Rudloff bringt beachtliches«, in：*Leipziger Volkszeitung* vorn 6. /7. 1. 1990；»Ein Aufschrei, aber kein Schrei der Verzweiflung«, in：*Leipziger Volkszeitung* vom 8. 1. 1990。

160. 参阅 »Das geht nicht auf：Wenige bauen mehr«, in：*Leipziger Volkszeitung* vom 4. 1. 1990。

161. » Hintergrundpapier über Ziele und Aufgaben der Arbeit des RTSL und seiner Kommissionen ［und］ Vorschläge für ein Aktionsprogramm «, Beratung RTSL am 14. 2. 1990 ［RTSL Ord. 2, Bl. 175］.

162. Protokoll der Beratung des RTSL am 28. 2. 1990 ［RTSL Ord. 1, Bl. 378f.］；1990 年 2 月 28 日, Beratung RTSL am 28. 2. 1990 ［RTSL Ord. 2, Bl. 84］。根据圆桌会议决议，采用公开招标完成了分配。3 月初，圆桌会议已经收到了 200 份来自西德建筑公司的申请，参阅»› Personalmangel ‹ – kann er die Wahlen gefährden? «, in：*Leipziger Volkszeitung* vom 2. 3. 1990。

163. 这些住宅都由莱比锡建筑业国有公司 （GWL） 掌握。

164. » Hintergrundpapier über Ziele und Aufgaben der Arbeit des RTSL und seiner Kommissionen ［und］ Vorschläge für ein Aktionsprogramm «, Beratung RTSL am 14. 2. 1990 ［RTSL Ord. 2, Bl. 175］. Beratung des

RTSL am 28. 2. 1990［同上，Bl. 53］.

165. 有建议称尤其应该为医生和护理人员提供住房，以便缓解这些人员的缺失状况，参阅 » Vertreibt Leipzig seine ärzte？ «, in: *Leipziger Volkszeitung* vom 22. 3. 1990。空房还应该分配给学生，参阅» Ins Parlament mit sauberer Weste«, in: *Leipziger Volkszeitung* vom 6. 4. 1990。

166. Protokoll der Sitzung der Kommission 14 am 22. 2. 1990［RTSL Ord. 8, Bl. 224f.］; Protokoll der Sitzung der Kommission 14 am 7. 3. 1990［同上，Bl. 215］; Beschlußprotokoll des RTSL Beschluß – Nr. 370703BK［RTSL Ord. 10, Bl. 8］.

167. Beratung des RTSL am 28. 2. 1990［RTSL Ord. 2, Bl. 48］.

168. 参阅 » Auf die Tischsitten achten «, in: *Leipziger Volkszeitung* vom 23. 3. 1990。这样，莱比锡建筑业国有公司的房屋就只有在当地居民委员会的批准下进行出租才是合法的，参阅»›Ja‹ zum Arbeitsamt«, in: *Leipziger Volkszeitung* vom 9. 3. 1990。

169. » Hintergrundpapier über Ziele und Aufgaben der Arbeit des RTSL und seiner Kommissionen［und］Vorschläge für ein Aktionsprogramm «, Beratung des RTSL am 14. 2. 1990［RTSL Ord. 2, BL. 175］; Beschlußprotokoll des RTSL Beschluß – Nr. 412103RT［RTSL Ord. 10, Bl. 8］;［RTSL Ord. 8, Bl. 229］. 参阅 »Volkseigentum nicht verscherbeln«, in: *Leipziger Volkszeitung* vom 30. 1. 1990。

170. Beschlußprotokoll des RTSL, Beschluß – Nr. 772504AR［RTSL Ord. 10, Bl. 15］. 参阅 »Debatte um › Dauerbrenner‹ «, in: *Leipziger Volkszeitung* vom 14. ／15. 4. 1990。

171. 参阅 »Runder Tisch bestätigte Kriterien für den Erwerb von Gebäuden«, in: *Leipziger Volkszeitung* vom 27. 4. 1990。由于申请手续不齐全，出卖一两栋家庭住宅还是复杂且花销很多。Protokoll der Beratung des RTSL am 16. 5. 1990［RTSL Ord. 1, Bl. 123］.

172. Protokoll der Sitzung der Kommission 14 am 2. 5. 1990［RTSL Ord. 8, Bl. 193］.

173. 早在 1990 年 1 月 11 日，市委员会就收到一份文件，关于如何使用国安部财物以及已经准备好提出申请的房屋和地产的清单［RTSL Ord. 9, Bl 193ff.］。基督教牧师 Magirius 在会议上对于清单的内容（8

处）表示不满，因为前国安部实际上的情况比这个数字的四倍还多，参阅»Kein Mangel an Bewerbern für ehemalige MfS – Gebäude «, in：*Leipziger Volkszeitung* vom 19. 1. 1990。2 月中旬，这 8 处房产被分配了出去。莱比锡人民报上定期刊登新的公共使用情况，参阅»Nach ›Stasi raus‹ heißt es jetzt：Neue Mieter rein «, in：*Leipziger Volkszeitung* vom 16. 2. 1990。在两个委员会建立之前，已经决定建立一个工作组，在出席圆桌会议的党派和组织的共同参与下，监督这些建筑的使用情况。它为分配情况制定优先顺序表。Beschlußprotokoll RTSL, Beschluß – Nr. 021701RT, ［RTSL Ord. 10, Bl. 2］.

174. Beschlußprotokoll RTSL, Beschluß – Nr. 093101AR ［RTSL Ord. 10, Bl. 3］.

175. Beschlußprotokoll RTSL, Beschluß – Nr. 113101SPD ［同上］；Brief der überprüfungskommission für Anträge auf Verkauf von Wohnhäusern des RTSL vom 15. 5. ［RTSL Ord. 8, Bl. 190］；Protokoll der Beratung des RTSL am 31. 1. 1990 ［RTSL Ord. 1, Bl. 438f. ］；Beschlußprotokoll RTSL, Beschluß – Nr. 26210224 ［RTSL Ord. 10, Bl. 5］.

176. 服民役者在免除军役之前还要通过民役法审查，参阅»Erstmals Zivildienst in der DDR erlaubt «, in：*Frankfurter Rundschau* vom 21. 11. 1989 ［Deutschland 1989, Bd. 8, S. 2155］；»Neues DDR – Zivildienstgesetz geplant «, in：*Frankfurter Allgemeine Zeitung* vom 29. 12. 1989 ［同上, S. 2159］。

177. Information des Kreisarztes Dr. Kersting auf der 23. Sitzung des RdSL am 15. /20. 11. 1989 ［StVuR （2） 2190, Bl. 55f. ］；Beratungsmaterialien ［RTSL Ord. 2, Bl. 241］. 参阅 »Vom Rathaus in den Handel «, in：*Leipziger Volkszeitung* vom 3. 11. 1989；»Soldaten in Weift«, in：*Leipziger Volkszeitung* vom 2. /3, 12. 1989；»Zwei lange Debatten – noch wenig Ertrag«, in；*Leipziger Volkszeitung* vom 22. 12. 1989。这点获得了莱比锡卫生局 Trimper 医生的证实 （1990 年 10 月 9 日与 Catherine I. Froehling 的访谈）。

178. Protokoll der Sitzung der Kommission 4 am 22. 3. 1990 ［RTSL Ord. 7, Bl. 171］. 参阅»Partner für Gesundheit«, in：*Leipziger Volkszeitung* vom 21. 12. 1989。

179. Protokoll der 2. Sitzung des RdSL am 24. 1. 1990 ［StVuR（2）2196, Bl. 64］; Kommissionsmaterialien ［RTSL Ord. 7, Bl. 180f. ］. 但是柏林提供的救护车一个月后还没有投入使用，因为人们无法在分配问题上达成共识 ［同上, Bl. 243］。

180. Protokoll der 2. Sitzung des RdSL am 24. 1. 1990 ［StVuR（2）2196, Bl. 64］.

181. Protokoll der 7. Sitzung des RdSL am 4. ／9. 4. 1990 ［StVuR（2）2201, Bl. 103］.

182. » Hintergrundpapier über Ziele und Aufgaben der Arbeit des RTSL und seiner Kommissionen ［und］ Vorschläge für ein Aktionsprogramm «, Beratung RTSL am 14. 2. 1990 ［RTSL Ord. 2, Bl. 174］.

183. Beratungsmaterialien ［同上, Bl. 217ff. ］; Kommissionsmaterialien ［RTSL Ord. 7, Bl. 266ff. ］. 12 月初时，已经有 50 个私人诊所向市委员会提出了申请，参阅» Mit bewilligtem Budget chancenlos «, in: *Leipziger Volkszeitung* vom 5. 12. 1989。2 月底，已经有 12% 门诊医生为开设自己的诊所提出申请 ［RTSL Ord. 7, Bl. 242］。Beratung des RTSL am 28. 3. 1990 ［RTSL Ord. 4, Bl. 44］; Beschlußprotokoll des RTSL, Beschluß – Nr. 60040404 ［RTSL Ord. 10, Bl. 11］.

184. 参阅 »Lazarett Leipzig endlich für Burger aus dem Landkreis offen«, in: *Leipziger Volkszeitung* vom 2. 2. 1990。

185. 参阅 » Gästehäuser Kindern öffnen «, in: *Leipziger Volkszeitung* vom 3. 11. 1989。

186. Planvorschlag des RdSL vom 26. 1. 1990, dem RTSL auf seiner Beratung am 7. 3. 1990 vorgelegt ［RTSL Ord. 3, Bl. 148］.

187. Protokoll der Beratung des RTSL am 16. 5. 1990 ［RTSL Ord. 1, Bl. 121 f. ］; Zusammenfassende übersicht bisheriger Arbeitsvorhaben und – ergebnisse der Kommission 9 des RTSL ［RTSL Ord. 10, Bl. 51］.

188. Beratung des RTSL am 2. 5. 1990 ［RTSL Ord. 5, Bl. 121 f. ］. 参阅 auch » Wiederum hohe Wogen um das PDS – Eigentum«, in: *Leipziger Volkszeitung* vom 4. 5. 1990。

189. 根据莱比锡学校管理部门的 Degener 女士所言，这并没有导致课程无法进行（1990 年 10 月 9 日与 Catherine I. Froehling 的访谈）。

190. 通过一次警告性罢工可以体现出对于未来的恐慌，参阅»Runder Tisch statt Streik?«, in: *Leipziger Volkszeitung* vom 9.2.1990。

191. Kommissionsmaterialien［RTSL Ord. 8, Bl. 39］；1990 年 3 月 7 日圆桌会议协商会议（Beratung des RTSL am 7.3.1990）［RTSL Ord. 3, Bl. 327］。

192. Protokoll der 4. Sitzung des RdSL am 21.2.1990［StVur（2）2198, Bl. 65］；Protokoll der 5. Sitzung des RdSL am 7./12.3.1990［StVuR（2）2199, Bl. 60］。

193. Protokoll der Beratung des RTSL am 25.4.1990［RTSL Ord. 1, Bl. 200f.］；Protokoll der Beratung des RTSL am 2.5.1990［同上, Bl. 152］. 参阅»In Leipzig sind Wahlvorstände für 6. Mai erst zur Hälfte komplett«, in: *Leipziger Volkszeitung* vom 26.4.1990。根据议员 Kasek 女士的说法，选举委员会满员的问题是因为，一大部分热情居民本身就参与市议会的竞选，另一个原因是许多被接受了这一任务的统社党成员被愤怒的民众拒绝了（1994 年 12 月 2 日与 Catherine I. Froehling 的访谈）。

194. Protokoll der Beratung des RTSL am 25.4.1990［RTSL Ord. 1, Bl. 200f.］；Protokoll der 9. Sitzung des RdSL am 2./7.5.1990［StVuR（2）2203, Bl. 110, 113］, 参阅»In Leipzig sind Wahlvorstände für 6. Mai erst zur Hälfte komplett«, in: *Leipziger Volkszeitung* vom 26.4.1990。

195. 可以参阅 Protokoll der Beratung des RTSL am 21.3.1990［RTSL Ord. 1, Bl. 315］。

196. 同上。

197. 同上, Bl. 89。

198. 参阅 Forum Verlag Leipzig（1991）, S. 97。

199. Protokoll der 7. Sitzung des RdSL am 4./9.4.1990［StVuR（2）2201, BL 104］；Dem RTSL lag der Antrag auf seiner Sitzung am 11.4.1990 vor［RTSL Ord. 4, Bl. 67］；Beschlußprotokoll des RTSL, Beschluß-Nr. 671104AR［RTSL Ord. 10, Bl. 13］；Protokoll der Sitzung der Kommission 18 am 9.4.1990［RTSL Ord. 9, Bl. 90f.］；Protokoll der Sitzung der Kommission 18 am 17.4.1990［同上, Bl. 83］；Protokoll der Beratung des RTSL am 11.4.1990［RTSL Ord. 1, BL 264f.］。

200. Protokoll der 8. Sitzung des RdSL am 18. 4. 1990 ［StVuR（2）2202, Bl. 43f.］.

201. Kommissionsmaterialien ［RTSL Ord. 9, Bl. 75］.

202. Protokoll der Beratung des RTSL am 23. 5. 1990 ［RTSL Ord. 1, Bl – 97］; Protokoll der Beratung des RTSL am 21. 3. 1990 ［同上, Bl. 315t.］.

203. Beschlußprotokoll des RTSL, Beschluß – Nr. 580404NF ［RTSL Ord. 10, Bl. 10f.］; Protokoll der Beratung des RTSL am 4. 4. 1990 ［RTSL Ord. 1, BL 280］. 参阅 »Ins Parlament mit sauberer Weste«, in: *Leipziger Volkszeitung* vom 6. 4. 1990; »Schon Behauptung genügt für Politiker – Abschu? «, in: *Leipziger Volkszeitung* vom 29. 3. 1990。

204. 其他结果: PDS: 13. 02%（17 Mandate）, Bündnis 90: 7. 51 %（10 Mandate）, DSU: 4. 25%（6 Mandate）, BFD: 4. 05%（5 Mandate）, Grüne: 3. 67%（5 Mandate）, FDP: 1. 15%（2 Mandate）, DFD: 0. 71%（ein Mandat）, unabhängiger Frauenverband: 0. 66%（1 Mandat）, Volkssolidarität: 0. 46%（ein Mandat）und F. Magirius: 0. 66%, 参阅 Protokoll der 9. Sitzung des RdSL am 2. /7. 5. 1990 ［StVuR（2）2203, Bl. 113］。所有当选议员以及每个选区的选举结果列表刊登于 *Leipziger Volkszeitung* am 12. /13. 5. 1990 und 15. 5. 1990。

205. 123 票中 115 票通过, 参阅 »Integrer Mann wird von allen Parteien getragen«, in: *Leipziger Volkszeitung* vom 31. 5. 1990。

206. Protokoll der 9. Sitzung des RdSL am 2. /7. 5. 1990 ［StVuR（2）2203, Bl. 110］.

207. 这里囊括了绝大部分, 市议会的议事规程等包括其中, Lehmann – Grube, 参阅 »Einstieg mit der Stadtverfassung«, in: *Leipziger Volkszeitung* vom 31. 5. 1990。主要的暂行法规刊登于莱比锡人民报, 参阅 *Leipziger Volkszeitung* vom 7. 6. 1990。在市议会的组成会议上对法规进行了一读, 参阅 Forum Verlag Leipzig（1991）, S. 118。

208. 参阅 »Rekokapazität konnte › eingekauft ‹ werden«, in: *Leipziger Volkszeitung* vom 16. 1. 1990。

209. Protokoll der Beratung des RTSL am 11. 4. 1990 ［RTSL Ord. 1, Bl. 262］.

210. 这只涉及零星的框架决议, 即来自柏林的战略性路线方针。

211. 1989 年 10 月底, 莱比锡人民报读者论坛首次出现, 参阅 *Leipziger*

Volkszeitung vom 26. 10. 1989。

212. 援引自 Kasek 女士，莱比锡市议会议员（1994 年 12 月 2 日与 Catherine I. Froehling 的访谈）。

213. 参阅 Liebold（1995），S. 103。

第六章　通过选举实现民主合法性

1. 参阅 »Erklärung der Opposition zum Wahlbündnis 90« （undatiert）。

2. » Bundesparteien dürfen nicht mithelfen «, in: *Süddeutsche Zeitung* vom 11. 1. 1990 ［Deutschland 1990, Bd. 38, S. 1087］; » Wahlgesetz ohne Sperrklausel«, in: *Die Welt* vom 24. 1. 1990 ［同上, S. 1095］。

3. »Verbietet Ost – Berlin Hilfe aus dem Westen? «, in: *Die Welt* vom 6. 1. 1990 ［Deutschland 1990, Bd. 38, S. 1083］; »DDR – Wahlgesetz soll im Sommer beschlossen werden «, in: *Süddeutsche Zeitung* vom 11. 1. 1990 ［同上, S. 1089］。

4. Thaysen（1990）, S. 137.

5. Gesetz über die Wahlen zur Volkskammer der Deutschen Demokratischen Republik am 18. März 1990. Gesetzblatt der DDR 1990 Teil I, Nr. 9, S. 60 ff; Gesetz über Parteien und andere politische Vereinigungen. Gesetzblatt der DDR 1990 Teil I, Nr. 17, S. 66ff.

6. Vgl. Zum Wahlkampf der Allianz die Presseberichterstattung in Deutschland 1990, Bd. 37, S. 445ff.

7. 一些宣传海报被刊登于: Gerd Langguth（Hrsg.）, Politik und Plakat. 50 Jahre Plakatgeschichte am Beispiel der CDU. Bonn 1995, S. 187ff. 。

8. CDU – Pressemitteilung vom 9. 2. 1990 ［Deutschland 1990, Bd. 37, S. 486ff.］.

9. "德国联盟" 选举信息。

10. Wulf Schönbohm, 援引自 *Das Parlament* vom 9. 3. 1990。

11. Jens Reich, in: *Die Zeit* vom 17. 3. 1995.

12. Tempra – Dokumente（1991）, S. 113.

13. Wahlinformation: »Nur die Parteien der Mitte schaffen den Aufbau unseres Landes «; Wahlaufruf und Sofortprogramm der Allianz; Handzettel der Allianz.

14. »Kohl sichert › Anschubfinanzierung ‹ zu «, in: *Der Tagesspiegel* vom 7. 3. 1990［Deutschland 1990, Bd. 37, S. 714］.

15. »DDR – Wahlen als Willensakt deutscher Einheit«, in: *Neue Zürcher Zeitung* vom 23. 2. 1990［Deutschland 1990, Bd. 37, S. 702ff］.

16. » Stunden, die nicht wiederkommen «, in: *Süddeutsche Zeitung* vom 12. 3. 1990 ［Deutschland 1990, Bd. 37, S. 720］; » Bei Kohls Wahlkampfauftritt jubelten 250 000 Menschen«, in: *General – Anzeiger* vom 15. 3. 1990［同上, S. 726］。

17. Bericht des unabhängigen »Kontakttelefons«, siehe: *Die tageszeitung* vom 15. 3. 1990［Deutschland 1990, Bd. 36, S. 184］.

18. 信息出自 Kohl（1996）, S. 316。根据基民盟联邦办事处和"民主觉醒"的清单, 所落实的活动要远远少得多。

19. Tessmer（1991）, S. 195.

20. »Argumente zur Wahl am 18. 3. 1990«; Handzettel der Allianz.

21. Wolfgang Schnur, in: Heute – Journal vom 26. 1. 1990［Deutschland 1990, Bd. 37, S. 461］; Hans – Wilhelm Ebeling, Protokoll der Fraktionssitzung vom 13. 2. 1990, S. 24［ACDP – VIII – 001 – 1087/2］.

22. Interview mit Erwin Huber, »DSU tritt mit Freiheit statt Sozialismus an«, in: *Die Welt* vom 31. 1. 1990［Deutschland 1990, Bd. 37, S. 465］; Lothar de Maizière, in: *Der Spiegel* vom 5. 3. 1990 ［同上, S. 611 ff.］; Nasarski（1995）, Teil 3; »STOP PDSPDSEDSPDPDS« – Plakat des DA in: Langguth（1995）, S. 188.

23. » DA – Info « des Landesverbandes Thüringen; Protokoll der Abteilungsleitersitzung der Allianzparteien vom 19. 2. 1990 in Berlin; Angebot der DSU Mecklenburg – Vorpommern zum Flugblattaustausch vom 6. 3. 1990.

24. Michael Richter, »Zur Entwicklung der Ost – CDU vom Januar 1990 bis zum Vereinigungsparteitag am 1. Oktober 1990 «, in: ders. /Martin Rißmann, Die Ost – CDU. Beitrage zu ihrer Entstehung und Entwicklung. Weimar/ Köln/ Wien 1995, S. 235 – 251, S. 246.

25. » Mit der Zeitmaschine in den › Freistaat ‹ Sachsen «, in: *Frankfurter Rundschau* vom 21. 2. 1990［Deutschland 1990, Bd. 37, S. 688ff. ］; »In

Chemnitz blast ein blinder Trompeter die Bayernhymne «, in: *Frankfurter Allgemeine Zeitung* vom 13. 3. 1990 [同上，S. 724].

26. » Wahlkampf importiert «, in: *Süddeutsche Zeitung* vom 28. 2. 1990 [Deutschland 1990, Bd. 36, S. 119]；1994 年 11 月 22 日，米夏埃尔·瓦尔特与基社盟总部（Franz Josef Strauß – Haus）政策与计划部门领导彼得·穆勒的访谈。

27. 关于 Wolfgang Schnur 媒体露面情况可以参阅民觉办公室记录。

28. 宣传海报和电视出境的例子参见 Nasarski（1995），Teil 3。

29. Textentwurf der Werbeagentur Ogilvy & Mather Partner für den BFD vom 2. 3. 1990 [AdL – JBFD – L 1 – 47]；Alexander Schintlmeister, Wahlkampfanalyse 1990 aus DFP – Sicht, S. 2. Vgl. Zum Wahlkampf der Liberalen die Presseberichterstattung in Deutschland 1990, Bd. 38, S. 849ff.

30. Schintlmeister（1990），S. 1 f；Tessmer（1991），S. 179.

31. Tessmer（1991），S. 179.

32. Information für die Mitglieder des Sekretariats zur Öffentlichkeitsarbeit von Hoyer/Fahlenkamp [AdL – BFD – L 1 – 47].

33. Schintlmeister（1990），S. 2.

34. Ebd. ; Sofortinformation über kritische Meinungen zum Wahlkampf der LDP aus der Mitgliederversammlung in Lichtenberg vom 28. 2. 1990 [AdL – BFD – L 1 – 63].

35. Vereinbarung zur Gründung des »Bundes Freier Demokraten«, abgedruckt in: fdk vom 12. 2. 1990 [Deutschland 1990, Bd. 37, S. 399ff. , S. 401].

36. Schintlmeister（1990），S. 1.

37. LDP – Pressemitteilung vom 15. 2. 1990.

38. Vgl. Interne übersicht Wahlkampfauftritte [AdL – BFD – L 1 – 4], die Presseberichterstattung in Deutschland 1990, Bd. 38, S. 867ff, sowie SPIEGEL TV, Deutschland im Frühling 1990. Protokoll einer deutschen Revolution, Teil 2.

39. Schintlmeister（1990），S. 2.

40. 同上，S. 3；Tessmer（1991），S. 180。

41. 这里参阅自由民主者联盟的章节。

42. Textentwurf der Werbeagentur Ogilvy & Mather Partner für den BFD vom

2. 3. 1990 ［AdL – JBFD – L 1 – 47］.

43. BFD – Wahlkampffaltblatt, zit. Nach Tessmer（1991）, S. 57.

44. Vgl. Die Presseberichterstattung in Deutschland 1990, Bd. 38, S. 867ff.

45. » Die Sangershausener saugen die Worte ihres provinzsächsischen Westdemokraten auf «, in: *Frankfurter Allgemeine Zeitung* vom 2. 3. 1990 ［Deutschland 1990, Bd. 38, S. 871 f, S. 871］; SPIEGEL TV, Deutschland im Frühling 1990. Protokoll einer deutschen Revolutions, Teil 2. 不过根舍的"记忆"却与此不同, 他总是看到大批欢呼的群众, 参阅 ders., （1995）, S. 733ff. 。

46. Sofortinformation über kritische Meinungen zum Wahlkampf der LDP aus der Mitgliederversammlung in Lichtenberg vom 28. 2. 1990 ［AdL – BFD – L 1 – 63］.

47. Schintlmeister（1990）, S. 5.

48. 参阅 Bodo Hombach, » Regie macht mißtrauisch «, in: *Der Spiegel* vom 29. 1. 1990 ［Deutschland 1990, Bd. 38, S. 738］; Interview mit Bjorn Engholm, »Wahlkampf drüben: › Es geht darum wie, nicht ob wir es tun‹ «, in: *Kieler Nachrichten* vom 7. 2. 1990 ［同上, S. 742］. Vgl. Zum SPD – Wahlkampf die Presseberichterstattung in Deutschland 1990, Bd. 38, S. 734ff. ; Momper（1991）, S. 323ff; Ehmke（1994）, S. 408ff. 。

49. Ehmke（1994）, S. 413.

50. Tessmer（1991）, S. 166ff.

51. Michael Scholing 在 1990 年第 2 期的 »*Vorwärts*«杂志第 13 页中这样报道: "几乎每一天, 都有都有一辆小货车满载着办公用品, 从圆珠笔到复印机和电脑跨越边境。"

52. Tessmer（1991）, S. 167.

53. Vgl. Auszüge aus internen Informationen für SPD – Funktionäre in Nordrhein Westfalen, verfaßt von Bodo Hombach（Berater von Johannes Rau）, abgedruckt in »Regie macht mißtrauisch «, in: *Der Spiegel* vom 29. 1. 1990 ［Deutschland 1990, Bd. 38, S. 737］.

54. Presseservice der SPD 120/90 vom 16. 3. 1990 ［Deutschland 1990, Bd. 38, S. 781］.

55. »So wichtig wie die Mark sind Selbstachtung und Würde «, in: *Frankfurter*

Rundschau vom 3，3.1990［Deutschland 1990，Bd. 38，S. 827f.］；»Lafontaine als ehrlicher Oskar«，in：*Frankfurter Allgemeine Zeitung* vom 13.3.1990［同上，S. 843］；»Ohne Wanken im Wechselwind der Wählererwartungen«，in：*Hannoversche Allgemeine Zeitung* vom 14.3.1990［同上，S. 845f.］。

56. Ehmke（1994），S. 414；Nasarski（1995），Teil 3；»Mitten hinein ins alte Deutschland«，in：*Süddeutsche Zeitung* vom 6.3.1990［Deutschland 1990，Bd. 38，S. 830 ff.，S. 831］。

57. 关于 Willy Brandt 的出现，参阅媒体报道 Deutschland 1990，Bd. 38，S. 825ff.。

58. »Mitten hinein ins alte Deutschland«，in：*Süddeutsche Zeitung* vom 6.3.1990［Deutschland 1990，Bd. 38，S. 830 ff.，S. 830］。

59. Ibrahim Böhme，»Nicht Anschluss，sondern Zusammenschluss«，in：*Frankfurter Rundschau* vom 9.3.1990［Deutschland 1990，Bd. 38，S. 835ff.，S. 836］。

60. »Mitten hinein ins alte Deutschland«，in：*Süddeutsche Zeitung* vom 6.3.1990［Deutschland 1990，Bd. 38，S. 830ff.，S. 830］。

61. »Nicht Anschluss，sondern Zusammenschluss«，in：*Frankfurter Rundschau* vom 9.3.1990［Deutschland 1990，Bd. 38，S. 835ff.，S. 836］；»Mitten hinein ins alte Deutschland«，in：*Süddeutsche Zeitung* vom 6.3.1990［Deutschland 1990，Bd. 38，S. 830ff.，S. 831］；»Ein heiterer Patriot«，in：*Die Zeit* vom 9.3.1990［同上，S. 838 ff.，S. 839］。

62. »Willy bemüht die historische Stunde«，in：*Die tageszeitung* vom 5.3.1990［Deutschland 1990，Bd. 38，S. 829f.］。

63. Nasarski（1995），Teil 3；»Mitten hinein ins alte Deutschland«，in：*Süddeutsche Zeitung* vom 6.3.1990［Deutschland 1990，Bd. 38，S. 830ff.，S. 831］。

64. 同上。

65. »Lafontaine als ehrlicher Oskar«，in：*Frankfurter Allgemeine Zeitung* vom 13.3.1990，Bd. 38，S. 843。

66. »So wichtig wie die Mark sind Selbstachtung und Würde«，in：*Frankfurter Rundschau* vom 3.3.1990［Deutschland 1990，Bd. 38，S. 827f.］。

67. »Ohne Wanken im Wechselwind der Wählererwartungen«, in: *Hannoversche Allgemeine Zeitung* vom 14. 3. 1990 [Deutschland 1990, Bd. 38, S. 845 f., S. 846].

68. Süddeutsche Zeitung *vom 29. 1. 1990*.

69. 参阅 » Mit dem Teufel marschiert «, in: *Der Spiegel* vom 5. 3. 1990 [Deutschland 1990, Bd. 37, S. 611 ff.]; Ibrahim Böhme 访谈, » Bonn muss tief in die Tasche greifen «, in: *Stern* vom 8. 2. 1990 [Deutschland 1990, Bd. 38, S. 743f., S. 744]; Horst Niggemeier, in: Sozialdemokratischer Pressedienst 31/90 vom 13. 2. 1990, S. 5 f. [同上, Bd. 37, S. 493 f.]。

70. Vgl. Den offenen Brief von Hans – Jochen Vogel an Helmut Kohl und Theo Waigel, in: Presseservice der SPD 39/90 vom 26. 1. 1990) [Deutschland 1990, Bd. 37, S. 456]; Wahlprogramm der SPD [同上, Bd. 38, S. 753 ff., S. 766]。

71. 参阅沙尔平 (Rudolf Scharping) 对其党派做出的警告: Sozialdemokratischer Pressedienst 36/90 vom 20. 2. 1990 [Deutschland 1990, Bd. 37, S. 497] 以及 Karl – August Kamilli, 东德社民党副主席的言论, 参见»Die West – Union ist die größte Wendehals – Gemeinschaft«, in: *Die tageszeitung* vom 9. 3. 1990 [Deutschland 1990, Bd. 38, S. 774]。

72. Anke Fuchs 在 Bautzen 和 Görlitz 的选举集会上如是说, 参见 Presseservice der SPD 108/90 vom 11. 3. 1990 [Deutschland 1990, Bd. 38, S. 775f.]; 参阅 *Vorwärts* 4/1990, S. 30。

73. » Böhme: Keine Koalition mit der DSU «, in: *Süddeutsche Zeitung* vom 12. 3. 1990 [Deutschland 1990, Bd. 37, S. 815].

74. Karlheinz Hiersemann 将他 1990 年 3 月 12 日在 Jena 演讲的一半时间都用来谴责由基社盟引发的 "泥浆混战" (Schlammschlacht), 参见» Wenn Hiersemann ins Träumen kommt «, in: *Suddeutsche Zeitung* vom 12. 3. 1990 [Deutschland 1990, Bd. 38, S. 841]。

75. Wahlzeitung *Geradeaus* [Domaschk – Archiv, Sign. 70/1990]. 下文参阅 die Pressedokumentation in Deutschland 1990, Bd. 38, S. 879ff.。

76. Konrad Weiß,»›Ehrlich‹ – aber chancenlos? «, in: *Die tageszeitung* vom 16. 3. 1990 [Deutschland 1990, Bd. 38, S. 922 ff., S. 924].

77. Interview mit Wolfgang Ullmann, »Gemeinsamer Nenner für Wahlbündnis«, in: *Neues Deutschland* vom 8.2.1990 [Deutschland 1990, Bd. 37, S. 398].

78. Handzettel Bündnis 90/Demokratie Jetzt: » Wir waren die ersten « [Domaschk – Archiv, Sign. 70/1990].

79. 1995 年 5 月 2 日，鲁特·赫尔滕与沃尔夫冈·坦普林在柏林进行的访谈；参阅 ders. , » Wir werden nicht den dreifachen Wahlkampf – Salto machen«, in: *Die tageszeitung* vom 9.2.1990 [Deutschland 1990, Bd. 38, S. 882]。

80. Jarausch (1995), S. 188.

81. 同上，S. 191。

82. Wahlkampfzeitung *Geradeaus* [Domaschk – Archiv, Sign. 70/1990].

83. Bericht von Wolfgang Helm über eine Veranstaltung der Bundestagsfraktion der Grünen in Schwedt/Oder am 8.3.1990 [GG 1587/1588]：根据他的估算，联盟 90 对此事比绿党更感兴趣；Bericht von Dietrich Wetzel und Jürgen Schnappertz an die Bundestagsfraktion der Grünen über die Einrichtung des Unterstützungsbüros in Berlin vom 12.2.1990, S. 11 [GG]："新论坛" 希望能有著名的绿党人士出席，比如 Joschka Fischer 或者 Waltraud Schoppe。

84. Beschluß der Fraktionsversammlung vom 6.2.1990, S. 1 und Anhang vom 12.2.1990 [GG]；参阅 » Wir werden nicht den dreifachen Wahlkampf – Salto machen «, in: *Die tageszeitung* vom 9.2.1990 [Deutschland 1990, Bd. 38, S. 882]。

85. Hans Jürgen Fink, » Bündnis 90 «, in: Deutschland Archiv 23 (1990), S. 515.

86. » Ein Rocker entpuppt sich am Ende als Gregor Gysi «, in: *Frankfurter Rundschau* vom 26.2.1990 [Deutschland 1990, Bd. 36, S. 280].

87. »Ernüchtert im Kampf gegen die › politische Besoffenheit‹ «, in: *Frankfurter Rundschau* vom 16.3.1990 [Deutschland 1990, Bd. 38, S. 920f. , S. 920].

88. »› Ehrlich ‹ – aber chancenlos? «, in: *Die tageszeitung* vom 16.3.1990 [Deutschland 1990, Bd. 38, S. 922ff. , S. 924].

89. Jens Reich, in: *Die Zeit* vom 17.3.1995.

90. Jarausch (1995) (S. 185) 在提到 "新论坛" 时做出了同样的判断。

91. Interview mit Vera Wollenberger, »Unsere erste freie Wahl ist fremdbestimmt«, in: *Kölner Stadtanzeiger* vom 3. 3. 1990 [Deutschland 1990, Bd. 38, S. 885].

92. Wahlzeitung Grüne/UFV, Marz 1990, S. 1 [Domaschk – Archiv, Sign. 70/ 1990].

93. Bericht über die »Arbeit und die Zukunft des Berliner Büros im Reichstag« vom 16. 3. 1990 [GG 1589/90].

94. Brief der Grünen Partei an die Fraktion der Grünen vom 5. 3. 1990 [GG].

95. Interview mit Vera Wollenberger, »Unsere erste freie Wahl ist fremdbestimmt«, in: *Kölner Stadtanzeiger* vom 3. 3. 1990 [Deutschland 1990, Bd. 38, S. 885]; 同时参阅 Matthias Platzeck (Frankfurt/Oder 首席候选人), in: Wahlzeitung Grüne/ UFV, März 1990, S. 2 [Domaschk – Archiv, Sign. 70/ 1990]。

96. Wahlzeitung Grüne/UFV, März 1990, S. 3 [Domaschk – Archiv, Sign. 70/ 1990].

97. Flugblatt Demokratie Jetzt vom 10. 2. 1990 [Domaschk – Archiv, Sign. 69/ 1990]; Wahlplattform Grüne/UFV, Beilage DA Nr. 6 vom 1. 3. 1990 [Umweltbibliothek]; Jens Reich zit. Nach: » Reich prangert Unentschlossenheit der amtierenden Regierung an «, in: *Der Tagesspiegel* vom 25. 2. 1990 [Deutschland 1990, Bd. 38, S. 903].

98. 1995 年 5 月 2 日鲁特·赫尔滕与沃尔夫冈·坦普林在柏林的访谈。

99. 说法援引自»Eine Koalition mit der PDS wird von allen Parteien grundsätzlich ausgeschlossen«, in: *Handelsblatt* vom 9. 3. 1990 [Deutschland 1990, Bd. 36, S. 147]。

100. PDS – Wahlkampfzeitung *Die Neue* [Domaschk – Archiv, Sign. 70/1990].

101. Wahlparteitag der PDS (1990); 同时参阅 Behrendt/Meier (1991), S. 383 ff. ; Partei des Demokratischen Sozialismus, Dokumente, Standpunkte, Materialien. Auswahl. Januar bis Mai 1990. Berlin 1990, S. 5ff. 。

102. 参阅 Wahlzeitung [Domaschk – Archiv, Sign. 70/1990]。

103. »Ein Rocker entpuppt sich am Ende als Gregor Gysi «, in: *Frankfurter Rundschau* vom 26. 2. 1990 [Deutschland 1990, Bd. 36, S. 280].

104. » Der Steuermann des Wendemanövers «, in: *Süddeutsche Zeitung* vom 5. 3. 1990 [Deutschland 1990, Bd. 38, S. 993ff.].

105. » Gregor Gysi setzt routiniert seinen dialektischen Charme ein «, in: *Frankfurter Allgemeine Zeitung* vom 7. 3. 1990 [Deutschland 1990, Bd. 38, S. 982f.].

106. »Wer früher nicht feige war, kann heute den Mut haben, das Programm der PDS sympathisch zu finden «, in: *Neues Deutschland* vom 14. 3. 1990 [Deutschland 1990, Bd. 38, S. 945].

107. 关于 1990 年人民议院竞选民意研究的困难性，参见 Manfred Berger/ Wolfgang G. Gibowski/Dieter Roth, »Ein Votum für die Einheit«, in: *Die Zeit* vom 23. 3. 1990 [Deutschland 1990, Bd. 39, S. 1384ff.]; Matthias Jung, » Parteiensystem und Wahlen in der DDR. Eine Analyse der Volkskammerwahl vom 18. März 1990 und der Kommunalwahlen vom 6. Mai 1990«, in: Aus Politik und Zeitgeschichte B 27 1990, S. 3 – 15, S. 7; Elisabeth Noelle – Neumann, » Ein demokratischer Wahlkampf gab den Ausschlag «, in: *Frankfurter Allgemeine Zeitung* vom 23. 3. 1990 [Deutschland 1990, Bd. 39, S. 1379ff.].

108. 下列叙述基于曼海姆选举研究组的分析结果以及 Infas 进行的调查并公开发表的分析结果，尤其是以选举日的问卷调查的结果为依据。

109. Dieter Roth, » Die Wahlen zur Volkskammer in der DDR. Der Versuch einer Erklärung«, in: PVS 31 (1990), S. 369 – 393.

110. Ulrich Eith/Gerd Mielke, » Wahlforschung: Zur Bedeutung und Methodik empirischer Sozialforschung in der Politikwissenschaft«, in: Manfred Mols u. A. (Hrsg.), Politikwissenschaft. Eine Einführung. Paderborn 1994, S. 278 – 306; Jürgen W. Falter/Siegfried Schumann/JürgenWinkler, » Erklärungsmodelle von Wählerverhalten «, in: Aus Politik und Zeitgeschichte B 37 – 38 1990, S. 3 – 13.

111. Thomas von Winter, » Wählerverhalten in den östlichen Bundesländern: Wahlsoziologische Erklärungsmodelle auf dem Prüfstand «, in: ZParl 27 (1996), S. 298 – 316; Ulrich Eith, Wählerverhalten in Sachsen – Anhalt. Zur Bedeutung sozialstruktureller Einfluäfaktoren auf die Wahlentscheidungen 1990 und 1994. Berlin 1997, zugl. Diss. Freiburg

1995，S. 61 –69.

112. 可以参阅文件 Deutschland 1990，Bd. 39，S. 1238ff. 。

113. Werner Kaltefleiter，» Hoffnung auf ein Wirtschaftswunder «，in：*Handelsblatt* vom 20. 3. 1990 ［Deutschland 1990，Bd. 39，S. 1342 f. ］.

114. Berger/Gibowski/Roth 的标题如此（1990）；同时参阅 Infas，»› Revolutionäre‹ rücken in den Hintergrund«，in：*Süddeutsche Zeitung* vom 21. 3. 1990 ［Deutschland 1990，Bd. 39，S. 1361ff. ］。

115. Roth（1990），S. 371；在 Ursula Feist/Hans – Jürgen Hoffmann 的文章中可以找到可对比的立场，参见» Wahlen in der DDR 1990：Referendum für die Einheit und Exempel für modernes Wahlverhalten«，in：Journal für Sozialforschung 30（1990），S. 253 – 277；Wolfgang G，Gibowski，» Demokratischer（Neu –）Beginn in der DDR. Dokumentation und Analyse der Wahl vom 18. März 1990«，in：ZParl 21（1990），S. 5 – 22；Jung（1990）。

116. Roth（1990），S. 382.

117. 同上，S. 376。

118. 参阅 Gibowski（1990），S. 21；Feist/Hoffmann（1990），S. 254，277；Roth（1990），S. 390f. 。

119. 参阅 Carsten Bluck/Henry Kreikenbom，»Die Wähler der DDR：Nur issue – orientiert oder auch parteigebunden? «，in：ZParl 22（1991），S. 495 – 502；Hermann Schmitt，» So dicht war die Mauer nicht! über Parteibindungen und Cleavages im Osten Deutschlands «，in：Peter Eisenmann/Gerhard Hirscher（Hrsg. ），Die Entwicklung der Volksparteien im vereinten Deutschland. München 1992，S. 229 – 252，Peter Gluchowski/Carsten Zelle，» Demokratisierung in Ostdeutschland «，in：Peter Gerlich/Fritz Plasser/Peter A. Ulram（Hrsg. ），Regimewechsel. Wien 1992，S. 231 –274。

120. Bluck/Kreikenbom（1991），S. 496.

121. Schmitt（1992），S. 231.

122. 参阅 zur »Konvergenzthese« v. Winter（1996），S. 304f。

123. Neu（1994），S. 141f.

124. 同时参阅 v. Winter（1996），S. 308；Syra Averkorn/Ulrich Eith，»

Zwischen Hoffen und Bangen. Determinanten der Wählerentscheidung in Sachsen – Anhalt «, in: Dieter Oberndörfer/Gerd Mielke/Ulrich Eith (Hrsg.), Die Bundesrepublik im Umbruch. Freiburg 1992, S. 24 – 55, S. 44 – 49。

125. Oberndörfer u. A. (1994).

126. 参阅 etwa Hans Rattinger,» Parteineigungen, Sachfragen – und Kandidatenorientierungen in Ost – und Westdeutschland 1990 – 1992«, in: ders./Oscar W. Gabriel/ Wolfgang Jagodzinski (Hrsg.), Wahlen und politische Einstellungen im vereinten Deutschland. Frankfurt a. M. 1993, S. 267 – 315; Gluchowski/Zelle (1992)。

127. Rainer – Olaf Schultze, » Widersprüchliches, Ungleichzeitiges und kein Ende in Sicht: Die Bundestagswahl vom 16. Oktober 1994«, in: ZParl 26 (1995), S. 325 – 352; weiterhin Averkorn/Eith (1992); Karl Schmitt, » Politische Landschaften im Umbruch: Das Gebiet der ehemaligen DDR 1928 – 1990 «, in: Oscar W. Gabriel/Klaus G. Troitzsch (Hrsg.), Wahlen in Zeiten des Umbruchs. Frankfurt a. M. 1993, S. 403 – 441.

128. 关于东西德的社会结构参见 Rainer Geißler, Die Sozialstruktur Deutschlands. Ein Studienbuch zur sozialstrukturellen Entwicklung im geteilten und vereinten Deutschland. Opladen 1992。

129. Schmitt (1993), S. 433f.

130. 参见对 Schultze (1990) 的论文的扩展性探讨，尤其是 Eith 论著 (1997), S. 85 – 89; 而 Schmitt (1993) 在文中使用的是另一套术语。

131. »Zweiter wichtiger Demokratietest für die DDR«, in: Welt am Sonntag vom 6. 5. 1990 [Deutschland 1990, Bd. 41, S. 34]; die Frankfurter Allgemeine Zeitung vom 7. 5. 1990 meldet 7. 784 Kommunen [同上, S. 191]。

132. 参阅 etwa Jarausch (1995), S. 62f.; Stephan Bickhardt, » Die Entwicklung der DDR – Opposition in den achtziger Jahren «, in: Deutscher Bundestag (1995), Bd. VII, 1, S. 450 – 503, S. 493 f.。

133. 同时参阅 Jung (1990), S. 14; »Erstmals ganz unter sich. Am Sonntag wahlen die DDR – Bürger ohne Westhilfe«, in: Die Zeit vom 4. 5. 1990 [Deutschland 1990, Bd, , 41, S. 85f.]。

134. » CDU trotz Verlusten stärkste Partei «, in: Die Welt vom 7. 5. 1990

［Deutschland 1990, Bd. 41, S. 194］.

135. » Bei den Bauern gärte es seit Wochen «, in：*Die Welt* vom 7. 5. 1990 ［Deutschland 1990, Bd. 41, S. 195］；参阅 Jäger/Walter（1997）, S. 164f. 。

第七章　　德梅齐埃政府

1. 参阅 Bundesarchiv, Abt. Potsdam（seit 1996 Berlin）, Bestand Ministerrat der DDR ［DC 20 1/3 − 2941；DC 20 1/3 − 2942］。

2. 比如新任总理在 1990 年 4 月 25 日还作了一个报告，关于前外交部长 Gerhard Beil 在前商贸合作领域的滥用职权和腐败行为，参阅同上 ［DC 20, 6083］。关于彻底解散国家安全部以及国家安全局，德梅齐埃领导下的民主德国部长会议在 1990 年 5 月 16 日作出了内容广泛的决议，参阅同上 ［DC 20, 1/3 − 2952］。

3. Lothar de Maizière in einem ZDF − Spezial vom 19. 3. 1990 ［Deutschland 1990, Bd. 40, S. 1754f. , S. 1755］. 关于联合政府谈判参见大量报告文件 Deutschland 1990, Bd. 40, S. 1753 ff. 。

4. 参阅 BBC, dt. , Heute Aktuell vom 19. 3. 1990, 17. 30 Uhr ［同上, S. 1758］；ZDF − Mittagsmagazin vom 19. 3. 1990 ［同上, S. 1760］。

5. "从情感上而言，我宁可放弃德社盟也不想放弃社民党"，德梅齐埃在 1995 年 4 月 7 日与米夏埃尔·瓦尔特的会谈上如是说。

6. 1990 年 3 月 19 日，"德国联盟"这样阐释自我："出于民族责任，为了给即将建立的政府提供广泛的基础以进行坚决有效的行动，我们希望建立一个尽可能大规模的联盟 。"［Deutschland 1990, Bd. 40, S. 1763. ］

7. 参阅 de Maizière（1996）, S. 76。

8. Verhandlungspositionen in Bezug auf DSU ［AdsD − FES − Bestand SDP/SPD der DDR. Vorl. Sign. 39］.

9. »Kohl will die Rechnung nicht allein begleichen «, in：*Frankfurter Rundschau* vom 20. 3. 1990 ［Deutschland 1990, Bd. 40, S. 1940］.

10. 参阅 »DDR − SPD will sich › nicht in den Schmollwinkel zurückziehen‹ «, in：*Westfälische Rundschau* vom 20. 3. 1990 ［同上, S. 1761］。

11. "只有在极其必要的情况下我才可能和社民党共建联合政府"，Hans − Wilhelm Ebeling 在采访中如是说，»› Die eindeutige Absage an den

Sozialismus verpflichtet uns‹«, in：*Frankfurter Neue Presse* vom 20. 3. 1990 ［同上，S. 1762］。

12. 1990 年 3 月 20 日，基民盟/基社盟联邦议会党团德国政策发言人 Eduard Lintner 在基民盟/基社盟联邦议会党团新闻稿中如是说［同上，S. 1768f.，S. 1769］。

13. SPD – Vorstand, Beschluß vom 10. 3. 1990［AdsD – Ff. S – Bescand SDP/SPD der DDR. Vorl. Sign. 30］．这个决定与 2 月 25 日莱比锡党代会决议一致，支持在所有的民主党派影响下建立一个大联合政府。参阅 Ibrahim Böhme 的观点，即使社民党在人民议院选举中获得了"足够多数"，也希望努力建立一个联合政府；参见 Protokoll der Gemeinsamen Sitzung GFV/Präsidium zu DDR und Unterlagen I（1990）vom 4. 2. 1990 ［AdsD – FES – Bestand Bundestagsfraktion. Ohne Sign. ］。

14. SPD – Vorstand. Protokoll der Vorstandssitzung vom 19. 3. 1990［AdsD – FES – Bestand SDP/SPD der DDR. Vorl. Sign. 30］.

15. 参阅 Schröder（1996），S. 110f. 。

16. »Beratungen zwischen Kohl und Allianz – Vertretern«, in：*Der Tagesspiegel* vom 22. 3. 1990［Deutschland 1990，Bd. 40，S. 1974］.

17. 1996 年 9 月 25 日，沃尔夫冈·耶格尔与莱纳·埃佩尔曼在波恩的访谈；参阅 Eppelmann（1993），S. 384。

18. 东德社民党党团副主席施罗德（Richard Schröder）很积极地强调："目前必须把国家的可治理性放在第一位。"参见 »›Führer‹ der DDR eilen von Rapport zu Rapport «, in：*Neue Ruhr Zeitung* vom 23. 3. 1990 ［Deutschland 1990，Bd. 40，S. 1980］。

19. »In der Koalitionsfrage ist die DDR – SPD noch uneins«, in：*Die Welt* vom 22. 3. 1990［同上，S. 1788］。

20. 社民党德国政策发言人 Hans Büchler 表示："社民党不允许自己再逃避参与两德统一的建设性工作。"参阅 »DDR – Regierungsbildung gefährdet«, in：*Die Welt* vom 26. 3. 1990［同上，S. 2014］。

21. »Die SPD in der DDR ist zu Verhandlungen mit der CDU bereit «, in：*Frankfurter Allgemeine Zeitung* vom 28. 3. 1990［同上，S. 2021］；»Ost – CDU will Außenamt und › Super – Ministerium ‹«, in：*Die Welt* vom 28. 3. 1990［同上，S. 2023］。

22. 参阅 DLF – Informationen am Morgen vom 28. 3. 1990, 7. 24 Uhr［同上，S. 1842f. , S. 1843］。

23. Presseservice der SPD Nr. 132/90 vom 25. 3. 1990［同上，S. 1824ff. , S. 1825］。

24. 首先，德梅齐埃作为经济部长人选推荐的基民盟/基社盟中产阶级联合会主席和前柏林经济议员 Elmar Pieroth 就有争议。社民党表示担忧，并且指出 Pieroth 在莱茵兰－普法尔茨的酒精丑闻中扮演的角色尚未澄清。德社盟对此观点表示支持，他们本就对西德来的部长候选人普遍持反对态度。这一原则据称成为联合政府谈判的固定部分。参阅 »DDR – SPD beansprucht Außen – und Sozialressort«, in: *Die Welt* vom 29. 3. 1990［同上，S. 2031］。

25. 参阅 Heute – Journal vom 28. 3. 1990［同上，S. 1847］。

26. überlegungen zur Regierungsbeteiligung aus der Sicht der SPD – West［AdsD – FES – Bestand SDP/SPD der DDR. Vorl. Sign. 40］。

27. 同上。

28. 社民党方面的代表包括代理党主席 Markus Meckel，临时党团主席 Richard Schröder，临时党团副主席 Frank Terpe，议会党团秘书长 Martin Gutzeit，以及理事会成员 Wolfgang Thierse。基民盟方面参与者包括：党和党团主席 Lothar de Maizière，秘书长 Martin Kirchner，基本价值委员会成员 Thilo Steinbach 以及秘书长的私人顾问 Matthias Gehler。

29. 参阅 handschriftliche Notizen Lothar de Maizières während des InformationsGesprächs am 1. 4. 1990［ACDP – 07/12/3917］。

30. SPD – Vorstand. Protokoll der Vorstandssitzung vom 2. 4. 1990［AdsD – FES, Bestand SDP/SPD der DDR. Vorl. Sign. 30］。

31. »Die Parteien in der DDR wollen einen Umtauschkurs von eins zu zwei nicht akzeptieren «, in: *Frankfurter Allgemeine Zeitung vom* 2. 4. 1990［Deutschland 1990, Bd. 40, S. 2057f. ］。

32. »In der DDR zügige Verhandlungen über Bildung einer groäen Koalition «, in: *Die Welt* vom 4. 4. 1990［同上，S. 2077］。

33. 根据谈判主题不同，每个代表团的组成也有区别。但是谈判参与者中还是有一个核心团体，对话主要是由他们推进的。基民盟方面包括党和党团主席 Lothar de Maizière，秘书长 Martin Kirchner，基本价值委员

会成员 Thilo Steinbach 以及秘书长的私人顾问 Matthias Gehler。社民党
方面包括党主席 Markus Meckel，党团主席 Richard Schröder，党团副主
席 Frank Terpe，议会党团 Martin Gutzeit，理事会成员 Reihard Höppner，
基本原则委员会成员 Walter Romberg，理事会成员 Wolfgang Thierse 和
Dankwart Brinksmeier。自由党人方面：德国自民党主席 Rainer Ortleb，
自民党主席 Bruno Menzel 以及德国论坛党主席 Jürgen Schmieder。德社
盟派出党主席 Hans－Wihelm Ebeling，党团主席 Hansjoachim Walther 以
及秘书长 Peter－Michael Diestel，"民主觉醒"派出 Rainer Eppelmann
以及秘书长 Oswald Wutzke。

34. 参阅 Gemeinsame Sitzung GfV/Präsidium zu DDR und Unterlagen I (1990)
    vom 22. 4. 1990［AdsD － FES － Bestand SPD － Bundestagsfraktion. Ohne
    Sign.］。

35. Richard Schröder 如是说［同上］。

36. 分别于 1990 年 4 月 3、4、7、8、9、10 日进行。

37. 社民党谈判代表团成员表示："德社盟在谈判中表现得很随和，但是所
    有的目标都没有实现。"SPD － Vorstand. Protokoll der Präsidiumssitzung
    vom 6. 4. 1990［AdsD － FES － Bestand SDP/SPD der DDR. Vorl.
    Sign. 30］。

38. 参阅 Protokoll der 1. Koalitionsverhandlung vom 3. 4. 1990）［ACDP － 07/
    12/3917］。

39. »Ein 1：1 als Bedingung im Koalitionsspiel«, in：*Süddeutsche Zeitung* vom
    5. 4. 1990［Deutschland 1990, Bd. 40, S. 2099 ff. , S. 2100］.

40. 值得注意的是，社会事务专家组并没有涉及工作这个主题。不过在联
    合政府谈判时期，民主德国的失业率只有 0.7% 。 ［参阅 Jonathan
    Osmond（Hrsg. ）, German Unification. A reference guide and commentary.
    Exeter 1992, S. 253．］而且参与的人中没人预测到，在第二年中这个比
    例会翻了三倍。

41. So Reinhard Höppner laut Protokoll der 1. Koalitionsverhandlung vom
    3. 4. 1990［ACDP － 07/12/3917］.

42. 参阅 handschriftliche Notizen Lothar de Maizières während der 1.
    Koalitionsverhandlung vom 3. 4. 1990［同上］。

43. 参阅 Interview Schröder, »› Nicht unter den Rock kriechen ‹«, in：*Der*

Spiegel vom 9. 4. 1990［Deutschland 1990, Bd. 40, S. 1874f., S. 1875］.

44. Vgl. Zu den Parlamentsausschüssen：»Auf dem Weg zur Deutschen Einheit. Deutschlandpolitische Debatten im Deutschen Bundestag«（mit Beiträgen der Volkskammer der DDR）, III－V. Hrsg. Vom Referat Öffentlichkeitsarbeit des Deutschen Bundestages. Bonn 1990.

45. 参阅 handschriftliche Notizen Lothar de Maizières während der 2. Koalitionsverhandlung vom 4. 4. 1990）［ACDP－07/12/3917］。

46. 1995 年 5 月 29 日，沃尔夫冈·耶格尔与赫尔穆特·科尔的访谈。

47. 1995 年 4 月 7 日，米夏埃尔·瓦尔特与德梅齐埃的访谈。

48. 这里参阅关于德社盟的章节。

49. 德梅齐埃在 1995 年 4 月 7 日与米夏埃尔·瓦尔特的访谈中表示，在对社民党胜利的确定无疑的预期中，梅克尔应该在人民议院选举之前就向总理莫德罗提出自己的请求，以便让部长会议本身对于社民党部长的意愿提前加以重视。

50. »› Das werden für uns keine Feiertage‹«, in: *Frankfurter Rundschau* vom 11. 2. 1990［Deutschland 1990, Bd. 40, S. 2170E, S. 2170］.

51. 参阅 Ingo v. Münch（Hrsg.）, Dokumente der Wiedervereinigung. Stuttgart 1991, S. 116。

52. » Volkes Wille «, in: *Deutsches Allgemeines Sonntagsblatt* vom 6. 4. 1990 ［Deutschland 1990, Bd. 40, S. 2105］.

53. »CDU：Notfalls ohne SPD«, in: *Süddeutsche Zeitung* vom 7. 4. 1990［同上，S. 2109］。

54. » Meckel：Regierungsbildung ist noch völlig offen «, in: *Frankfurter Allgemeine Zeitung* vom 7. 4. 1990［同上，S. 2114］。

55. »Neues Gesicht für alten Staat«, in: *Süddeutsche Zeitung* vom 9. 4. 1990［同上，S. 2118］。

56. 梅克尔在前一天还表示："我们看得到德梅齐埃先生的个人意愿，但是也看得到他党派的弱点……不过这不能表明，党团会在多大程度上落实这个人所说的话……。"参见»Meckel：de Maizière hat erste Nagelprobe nicht bestanden «, in: *Westfälische Rundschau* vom 7. 4. 1990［同上，S. 1873］。

57. »Neue Gesichter für alten Staat«, in: *Süddeutsche Zeitung* vom 9. 4. 1990

［同上，S. 2118］。

58. 总理在就职之后立刻建立了一个直接隶属于他的"经济问题专家委员会"，这证明了对于德梅齐埃而言，波尔只是一个权宜性的候选人。因为德梅齐埃只提名了艾玛·碧洛德为专家委员会的主席。通过这种方式，他终于成功落实了其经济问题的理想候选人。

59. 1995 年 4 月 7 日与德梅齐埃的访谈。

60. » Sieg der Vernunft «, in: *Neue Onabrücker Zeitung* vom 10. 4. 1990 [Deutschland 1990, Bd. 40, S. 2141].

61. 参阅 Hdie Ministerliste aus den handschriftlichen Notizen Hans – Wilhelm Ebelings während des KoalitionsGesprächs am 8. 4. 1990 [Privatarchiv Ebeling]。

62. 米夏埃尔·瓦尔特与汉斯 – 威廉·埃伯林和汉斯约阿希姆·瓦尔特的访谈。

63. 完整部长名单如下。总理: Lothar de Maizière (CDU)，总理办公室部长: Klaus Reichenbach (CDU)，内政部长以及部长会议副主席: Peter – Michael Diestel (DSU)，外交部长: Markus Meckel (SPD)，财政部长: Gerhard Pohl，司法部长: Kurt Wünsche，裁减军备与防御部长: Rainer Eppelmann (DA)，工作与社会事务部长: Regine Hildebrandt，地方事务部长: Manfred Preiß (LDP)，供给、农业与林业部长: Peter Pollack (无党派，由 SPD 推举)，交通部长: Horst Gibrner (CDU)，建筑业、城市建设与住宅经济部长: Axel Viehweger (FDP)，教育与科学部长: Hans – Joachim Meyer (无党派，由 CDU 推举)，青年与体育运动部长: Cordula Schubert (CDU)，家庭与妇女部长: Christa Schmidt (CDU)，健康卫生部长: Jürgen Kleditzsch (CDU)，环境、自然保护、能源与核反应安全部长: Karl – Hermann Steinberg (CDU)，邮政与电信部长: Emil Schnell (SPD)，文化部长: Herbert Schirmer (CDU)，媒体政策部长: Gottfried Müller (CDU)，研究与技术部长: Frank Terpe (SPD)，经济合作部长: Hans – Wilhelm Ebeling (DSU)，贸易与旅游部长: Sybille Reider (SPD)。

64. Die *Rheinische Post* vom 10. 4. 1990: »Die Kräfte bündeln«, sprach spitz vom, Kabinett der Pfarrerß [Deutschland 1990, Bd. 40, S. 2138].

65. Text der Koalitionsvereinbarung vom 12. 4. 1990, S. 1 [ACDP – 07/12/

3917；BArch，P，DC 20，6002］．

66. 同上。

67. 同上。

68. 同上，S. 4。

69. 同上，S. 5。

70. 同上。

71. 同上，S. 7。

72. 同上。

73. 同上，S. 15。

74. 同上，S. 14f. 。

75. 同上，S. 17。

76. 同上。

77. 同上，S. 18。

78. 同上，S. 22。

79. 参阅同上，S. 24。

80. 同上。

81. 同上，S. 25。

82. 同上，S. 30。

83. 同上，S. 27。

84. 同上。

85. 同上，S. 28。

86. 参阅 1. Sitzung des Ministerrates am 12. 4. 1990［BArch – DC 20，I/3 – 2043］。

87. 参阅同上。

88. 参阅 2. Sitzung des Ministerrates am 18. 4. 1990［BArch – DC 20，I/3 – 2944］。

89. 援引自 *Neues Deutschland* vom 20. 4. 1990，下文原文也出自同样出处。

90. 3. Sitzung des Ministerrates am 20. 4. 1990［BArch – DC 20，I/3 – 2945］.

91. 参阅同上，此外从部长会议分析结果，民主德国政府在 1990 年 5 月 16 日作出以下决议，»Beschluß über Maßnahmen zur Förderung der Industrie und des Binnenhandels in Vorbereitung und Durchführung der Wirtschafts – und Währungsunion mit der BRD）«。参阅 6. Sitzung des Ministerrates am

16. 5. 1990［BArch – DC 20，I/3 – 2953］。

92. 参阅 Hans Tietmeyer，»Erinnerungen an die Vertragsverhandlungen«，in：Waigel/Schnell（1994），S. 57 – 117。

93. 参阅 BArch – DC 20，6002；6007。

94. 参阅同上，S. 111。

95. 同上，S. 76。

96. 同上，S. 76，81，89。

97. 同上，S. 77，87f.。

98. 在1990年5月2日的会议上，德梅齐埃以及其他人都在研究如何撰写国家条约的准备文件，其中应该特别考虑到养老金收入较低的人群以及学生的社会利益，参阅 4. Sitzung des Ministerrates am 2. 5. 1990［BArch – DC 20，I/3 – 2947］。5月9日，Günther Krause 汇报了"工作状况"。参阅 5. Sitzung des Ministerrates am 9. 5. 1990［BArch – DC 20，I/3 – 2949］。根据决议记录几乎找不到关于问题情况的具体说明。

99. 参阅同上。

100. 参阅完整信函［BArch – DC 20，6091］。

101. 7. Außerordentliche Sitzung des Ministerrates am 18. 5. 1990［BArch – DC 20，I/3 – 2955］.

102. Der Vertrag über die Schaffung einer Währung – ，Wirtschafts – und Sozialunion zwischen der Bundesrepublik Deutschland und der Deutschen Demokratischen Republik. Erklärung und Dokumente. Bonn 1990.

103. 德梅齐埃手稿参阅 BArch – DC 20，6056。

104. 8. Sitzung des Ministerrates am 23. 5. 1990［BArch – DC 20，1/3 – 2956］.

105. 同上。

106. 参阅同上。

107. 9. Sitzung des Ministerrates am 30. 5. 1990［BArch – DC 20，1/3 – 2958］.

108. 11. Sitzung des Ministerrates am 13. 6. 1990［BArch – DC 20，1/3 – 2982］.

109. 参阅 12. Außerordentliche Sitzung des Ministerrates am 14. 6. 1990［BArch – DC 20，1/ 3 – 2992］.

110. 参阅 BArch – DC 20, 6006 以及 1990 年 6 月 10 日法令草案［BArch – DC 20, 6090］。1990 年 7 月 4 日，内阁批准了主席 Detlev Rohwedder 以及其他 7 名信托机构管理委员会成员，参阅 15. Sitzung des Ministerrates am 4. 7. 1990［BArch – DC 20, 1/3 – 3009］。

111. 13. Sitzung des Ministerrates am 20. 6. 1990［BArch – DC 20, 1/3 – 2993］.

112. Vgl. Z. B. Einen Brief des UdSSR – Ministerpräsidenten Nikolai Ryshkow an Lothar de Maizière vom 18. 7. 1990［BArch – DC 20, 6063］；Nakath/Stephan（1996），S. 356f.

113. 自由党人部长还是在内阁待到了 8 月中旬。

114. 参阅 20. Sitzung des Ministerrates am 25. 7. 1990［BArch – DC 20, 1/3 – 3031］。

115. 18. Sitzung des Ministerrates am 18. 7. 1990［BArch – DC 20, 1/3 – 3025］.

116. 尤其值得注意的是 Pohl 的免职，因为他属于基民盟。

117. 参阅 Festlegung der Ministerratssitzung vom 22. 8. 1990［BArch – DC 20, I/ 3 – 3048］。在这次会议上，德梅齐埃确定将不再任命新的政府成员，不过部门间的合并是否有必要，这还有待商榷。

118. 参阅 Bericht über Probleme des Staatshaushaltsplans im zweiten Halbjahr 1990［BArch – DC 20, 6089］。

119. 与德梅齐埃不同，1990 年 8 月 13 日财政部长龙姆贝格估计的民主德国财政储备尚有 79 亿民主德国外汇马克［BArch – DC 20, 6006］。但是这里面包括了民主德国可兑换外汇的国家货币储备，这部分资金是从 1990 年 6 月开始，计划在 1990 年第三、第四季度用于偿还国外债务［BArch – DC 20, 1/3 – 2990］。8 月 1 日，内阁第一次呼吁"大幅紧缩"，并且建议改善外资在民主德国投资的框架条件。参阅 18 Sitzung des Ministerrates am 18. 7. 1990［BArch – DC 20, I/ 3 – 3025］。

120. 过程参阅［BArch – DC 20, 6089］；所提及的重要文件 Nakath/Stephan（1996），S. 358ff.。

121. 详细参阅关于统一条约的章节。

122. 参阅 BArch – DC 20, 6010；6012；6020；6021；6029；6033/1 und II；6040 I und II；6041；6042；6043。

123. 原文参见 BArch – DC 20, 6056。

124. 参阅 BArch – DC 20, 6087。

125. 同上。

126. 同上。

127. 参阅 BArch – DC 20, 1/3 – 3053。

128. 带有详细解释的决议草案参阅同上。

129. 参阅 29. Sitzung des Ministerrates am 5. 9. 1990 [BArch – DC 20, 1/3 – 3058]。

130. BArch – DC 20, 6100.

131. 参阅同上。关于布什和德梅齐埃在 1990 年 9 月 6、7 日的信件往来参阅 Nakath/Stephan（1996），S. 364ff.。

132. 参阅 Jarausch（1995），S. 286f.。

133. 参阅 Biermann（1997），S. 647 ff.。

134. 参阅 31. Sitzung des Ministerrates am 19. 9. 1990 [BArch – DC 20, 1/3 – 3067]。

135. 同上；参阅德梅齐埃报告：Nakath/Stephan（1996），S. 369ff.。1990 年 9 月 12 日寄送给 4 名外交部长的相同信件参阅同上，S. 367ff.。

136. 1990 年 9 月 26 日信件原文参阅 BArch – DC 20, 6060。

137. 同时参阅 1990 年 9 月 19 日，德梅齐埃发给根舍的关于民主德国外交部工作人员未来任用内容的信件，Nakath/ Stephan（1996），S. 372 ff.。

138. 参阅 BArch – DC 20, 6087。

139. 同上；参阅 29. Sitzung des Ministerrates am 5. 9. 1990 [BArch – DC 20, 1/3 – 3058]。

140. 参阅 BArch – DC 20, 6075。这一章节还可以作为时代研究的有趣对象。参阅 *Der Spiegel* Nr. 42 vom 2. 10. 1995, S. 162 ff.。关于 1990 年民主德国与苏联的经济关系的规模，参阅 »Tätigkeitsbericht der Arbeitsgruppe des Regierungsbeauftragten für zwei – und mehrseitige Regierungsabkommen, insbesondere mit der UdSSR « vom 25. 9. 1990 [BArch – DC 20, 6063]。

141. 1990 年 8 月 29 日的政府文件中记录了民主德国华沙条约成员身份的终止，参阅 BArch – DC 20, 6077。

142. 原文参阅 Bulletin, Presse – und Informationsamt der Bundesregierung Nr. 121 vom 10. 10. 1990。文件参阅 Kaiser（1991），S. 260ff.。

143. 除了必要的总理局势报告，一些法律法规以及人事问题（也就是说关于调离所有部长和国务秘书以及核心国家机构领导的决议，从 1990 年 10 月 3 日 0 点开始生效）之外，还有"考虑到社会、生态以及经济问题，关闭 Neustadt/Orla 养猪业以及猪饲料股份有限公司的决议"，以及"查明国家人民军训练场地 Delitzsch 土地污染的决议"。参阅 32. Sitzung des Ministerrates am 26. 9. 1990，〔BArch – DC 20, 1/3 – 3070〕.

144. 参阅详细论述，同上；Protokollauszug vom 26. 9. 1990 auch in Nakath/ Stephan（1996），S. 377。

145. 详细参阅相关章节。

146. Hellmut Wollmann,»Kommunalpolitik und – verwaltung in Ostdeutschland: Institutionen und Handlungsmuster im › paradigmatischen ‹ Umbruch, eine empirische Skizze«, in: Bernhard Blanke/Susanne Benzler, Staat und Stadt. Systematische, vergleichende und problemorientierte Analysen dezentraler Politik. Opladen 1991, S. 237 – 258, S. 237.

147. 莫德罗的政府声明，刊登于 *Neues Deutschland* vom 18. /19. 11. 1989 〔Deutschland 1989, Bd. 19, S. 28〕。

148. Vertrauliches Schreiben des Abteilungsleiters Wedler an einen anderen Abteilungsleiter des BMI vom 5. 2. 1990, S. 3〔BA – ZA – B 106/BMI – 109751〕; Beschlußniederschrift der IMK vom 15. /16. 3. 1990, TOP 3 a, vom 16. 3. 1990〔BA – ZA – B 106/BMI – 109765〕.

149. Christoph Hauschild,»DDR: Vom sozialistischen Einheitsstaat in die föderale und kommunale Demokratie«, in: Blanke/Benzler（1991），S. 213 – 236, S. 224.

150. 参阅 Mitteilung der ständigen Vertretung vom 20. 2. 1990 an verschiedene Bonner Ministerien〔BA Koblenz II A 3 – 3800 – 13007/90〕; Udo Bullmann/Wito Schwanegel, » Zur Transformation territorialer Politikstrukturen. Landes – und Kommunalverwaltungen in den neuen Bundesländern «, in: Benzler/Bullmann/Eißel（Hrsg.），Deutschland – Ost vor Ort. Opladen 1995, S. 194 – 224, S. 208。

151. Oliver Scheytt（德国城市代表会议中新联邦州城市的代表），»Kreise und Gemeinden im Umbruch«, in: Deutschland Archiv 25（1992），S. 12 – 21, S. 12; ders. , » Einführung: Kommunen der neuen Länder im Umbau. Probleme und Perspektiven «, in: Wilhelm Beckord（ Hrsg. ），Die Kommunen und die Einheit Deutschlands. Munster 1993, S. 1 – 10, S. 3.

152. Scheytt（1992），S. 16.

153. Helmut Schliesing（勃兰登堡市市长），»Praxisbericht: Die Kommunen der neuen Länder im Umbau. Probleme und Perspektiven «, in: Beckord（1993），S. 11 – 21, S. 15。

154. 同上，S. 13。

155. 同上，S. 12。

156. GBI. I DDR Nr. 28, 17. 5. 1990, S. 255.

157. Siegfried Petzold,»Entstehungsgeschichte und wesentliche Erwägungen bei der Ausarbeitung des Entwurfs für eine vorläufige Kommunalverfassung in der DDR«, in: Franz – Ludwig Knemeyer（ Hrsg. ），Aufbau kommunaler Selbstverwaltung in der DDR. Baden – Baden 1990, S. 71 – 80, S. 72f.

158. Siegfried Petzold, » Der übergang zur kommunalen Selbstverwaltung – Bestandteil des demokratischen Erneuerungsprozesses in der DDR «, in: Knemeyer（1990），S. 27 – 32, S. 30.

159. Wilhelm Beckord, » Kommunale Demokratie – Theorie und Praxis «, in: ders. （1993），S. 92 – 103, S. 98.

160. Hauschild（1991），S. 225.

161. 同上，S. 225ff. 。

162. Wolfgang Bernet,»Gemeinden und Gemeinderecht im Regimewandel. Von der DDR zu den neuen Bundesländern«, in: Aus Politik und Zeitgeschichte B 36/1993, S. 27 – 38, S. 34.

163. Schliesing（1993），S. 12f.

164. 关于 1990 年地方财政情况，Dieter Eißel, » Problemfelder und Lösungskapazitäten in den Kommunen Ostdeutschlands «, in: Benzler/ Bullmann/Eißel（1995），S. 123 – 140, S. 125。

165. Scheytt（1993），S. 8f.

166. 即使是领导人员也没有进行彻底的人事改革，参见 Hellmut Wollmann/

Wolfgang Jaedicke, »Neubau der Kommunalverwaltung in Ostdeutschland –
zwischen Kontinuität und Umbruch«, in: Wolfgang Seibel/ Arthur Benz/
Heinnch Mäding (Hrsg.), Verwaltungsreform und Verwaltungspolitik im
Prozess der deutschen Einigung. Baden – Baden 1993, S. 98 – 116,
S. 106。

167. Herbert Schneider, » Der Aufbau der Kommunalverwaltung und der
kommunalen Selbstverwaltung in den neuen Bundesländern «, in: Aus
Politik und Zeitgeschichte B 36 (1993), S. 18ff. ; Schliesing (1993),
S. 13; Wollmann/Jaedicke (1993), S. 106.

168. Wollmann/Jaedicke (1993), S. 108.

169. WolfgangBernet/Helmut Lecheler, » Zustand einer DDR – Stadtverwaltung
vor den Kommunalwahlen vom 6. 5. 1990 «, in: Landes – und
Kommunalverwaltung 1991, S. 68 – 71.

170. Wollmann (1991), S. 247.

171. Scheytt (1993), S. 5; Schliesing (1993), S. 17f.

172. Scheytt (1993), S. 8.

173. Schliesing (1993), S. 17.

174. Scheytt (1992), S. 13, S. 21f.

175. Beckord (1993), S. 100.

176. Bericht des Instituts für Umweltschutz (1990), nach Eißel (1995),
S. 125.

177. Scheytt (1993), S. 5.

178. Wollmann/Jaedicke (1993), S. 105.

179. Beckord (1993), S. 99.

180. Eißel (1995), S. 125.

181. Wollmann/Jaedicke (1993), S. 105.

182. 同上。

183. Bernet (1993), S. 34.

184. Scheytt (1993), S. 4.

185. Manfred Klaus, »Städtepartnerschaften zwischen ost – und westdeutschen
Kommunen«, in: Graue Reihe der Kommission für die Erforschung des
sozialen und politischen Wandels in den neuen Bundesländern e. V. Berlin

1994，S. 13，S. 16.

186. BA Koblenz，B 137/10878，ü A 3 – 3800 – 13007/90.

187. Deutscher Städtetag（Hrsg.），Die innerdeutschen Städtepartnerschaften，Reihe A der DST – Beiträge zur Kommunalpolitik，Heft 18. Köln 1992，S. 24.

188. Klaus（1994），S. 54ff.；1990 年 2 月 5 日 Wedler 信函 [BA – ZA – B 106/BMI – 109751]。

189. Schreiben Wedler vom 5. 2. 1990 [BA – ZA – B 106/BMI – 109751].

190. Klaus（1994），S. 55.

191. 同上，S. 67f.；Scheytt（1992），S. 16。

192. Klaus（1994），S. 13.

193. 比如罗斯托克（Rostock）的管理部门就和其伙伴城市不来梅的管理部门一样自称"参议院"。

194. Wollmann/Jaedicke（1993），S. 106.

195. Vgl. Den Vorschlag zur Sicherung der Regierungsfähigkeit in den Bezirken bis zur Bildung funktionsfähiger Länder. Eingereicht vom Minister für regionale und kommunale Zusammenarbeit Manfred Preiß in Abstimmung mit den Räten der Bezirke am 27. 4. 1990，S. 2 [Privatarchiv Thomas de Maizière].

196. Michael Kilian,» Wiedererstehen und Aufbau der Länder im Gebiet der vormaligen DDR«，in：Josef Isensee/Paul Kirchhoff（Hrsg.），Handbuch des Staatsrechts der Bundesrepublik Deutschland. Bd. VIII. Heidelberg. 1995，§ 186（S. 55 – 100），Rn. 24（S. 70）；Robert Kaufmann，Bundesstaat und Deutsche Einheit. Heidelberg 1992，S. 96.

197. Vgl. Beschlußvorlage des Ministerrates » Beschluß zur Vorbereitung des übergangs von Verwaltungsorganen und sonstigen der öffentlichen Verwaltung oder Rechtspflege dienenden Einrichtung der Republik in die Hoheit der Länder « und das dazu gehörende Protokoll der 29. Ministerratssitzung vom 5. 9. 1990，Tagesordnungspunkt 8，S. 10（Bestätigung der Vorlage）[Privatarchiv Thomas de Maizière].

198. Schliesing（1993），S. 12.

199. Vgl. Z. B. Vorschlag der thüringischen Arbeitsgruppe Verwaltungsstruktur

des Politisch Beratenden Ausschusses zur » Bildung und Arbeitsweise von MiettelBehörden im Land Thüringen « vom 20. 7. 1990. [Privatarchiv Albach].

200. Hauschild (1991), S. 221.

201. Gert Hoffmann, »Die staatliche Mittelinstanz in den neuen Bundesländern«, in: Die Öffentliche Verwaltung, 1991, 45. Jg., Heft 16, S. 689 – 696, S. 691 f.

202. Hauschild (1991), S. 220.

203. »Wagner strebt Partnerschaft mit Thüringen an«, in: *Frankfurter Allgemeine Zeitung* vom 18. 12. 1989 [Deutschland 1989, Bd. 21, S. 1012].

204. » Hessen will sich vor allem in Thüringen engagieren «, in: *Frankfurter Rundschau* vom 14. 11. 1989 [Deutschland 1989, Bd. 21, S. 964]; »250 Millionen Mark für Thüringen «, in: *Frankfurter Neue Presse* vom 6. 12. 1989 [同上, S. 984]; » Hessen hilft Thüringen mit 250 Millionen Mark«, in: *Frankfurter Rundschau* vom 6. 12. 1989 [同上, S. 987]; 和图林根的紧张情况相似，巴登 – 符腾堡州和巴伐利亚对于萨克森也进行了大规模援助。

205. Bayrische Staatskanzlei, Arbeitsstab Deutschlandpolitik und Interministerielle Arbeitsgruppe Deutschlandpolitik (Hrsg.), Aufbau der neuen Länder mit bayrischer Hand, Materialien zum Gespräch des Bayrischen Ministerpräsidenten Dr. h. c. Max Streibl mit der Bayrischen Landtagspresse e. V. am Dienstag den 9. 4. 1991. München 4/1991, S. 7.

206. Bullmann/Schwanegel (1995), S. 204.

207. BA Koblenz, II B 1 – 3575 A; Hauschild (1991), S. 219.

208. Hauschild (1991), S. 219.

209. 同上, S 220。

210. 参阅 Bullmann/Schwanegel, S. 202。

211. Länderinitiativen in der DDR, Stand Februar 1990 [BA Koblenz, B 137 – 10641].

212. 乌尔里克·明希与 Kaisers 博士的电话访谈，后者在 1990 年负责联邦内部关系部人员调动。

213. 参阅 Brief des Ministers for Regionale und Kommunale Angelegenheiten an

den Ministerpräsidenten vom 16. 8. 1990 ［Privatarchiv Thomas de Maizière］。

214. 同上。

215. 参阅 BA – ZA – B 106/BMI – 109751 vom 21. 3. 1990, S. 2 f. 。

216. 同上, S. 2。

217. 参阅 BA Koblenz, II A 3 – 3890 – 13018/90; BA – ZA B 106/BMI – 109751 vom 21. 3. 1990, Arbeitsgruppe »Innenpolitische Grundsatzfragen«, überlegungen zu einem Programm »Verwaltungshilfe für die DDR«, S. 1 f. ; 1990 年 8 月 30 日, 乌尔里克·明希与联邦内政部长 Jauck 的电话访谈。

218. Gespräch über Verwaltungsfragen, Staatssekretär Harri Höbis mit Ministerialdirigent Meyer – Sebastian von der ständigen Vertretung am 27. 3. 1990, S. 3 ［BA – ZA – B 106/BMI – 109751 vom 2. 4. 1990］。

219. Klaus – Henning Rosen, »Hilfe beim Aufbau der Verwaltungen in den neuen Bundesländern. Eine Zwischenbilanz«, in: Deutschland Archiv 26 (1993), S. 434 – 441, S. 435.

220. 参阅同上; BA – ZA – B 106/BMI – 109765 vom 16. 3. 1990, S. 12。

221. 1990 年 7 月 21 日, 乌尔里克·明希与联邦内政部副部长 Lohr 的电话访谈。

222. 参阅基民盟、德社盟、民党、自由党人和社民党在 1990 年 4 月 12 日签订的联合政府协定。

223. 1990 年 8 月 31 日统一条约第 15 条的记录附注。

224. Ulrich Reusch, »Starthilfe für die neuen Länder. Aufgaben und Arbeit der Bund – Länder – Clearingstelle für die Verwaltungshilfe«, in: Deutschland Archiv 24 (1991), S. 230 – 233, S. 230ff.

225. » Reisen nach Bonn werden verlost «, in: General – Anzeiger vom 24. 11. 1989 ［Deutschland 1989, Bd. 21, S. 970］。

226. Beschlußvorlage zu Tagesordnungspunkt 1. 6. 37 der Sitzung des Rates der Stadt Bonn am 29. 3. 1990, S. 369c.

227. Der Tagesspiegel vom 12. 10. 1990.

228. Klaus (1994), S. 65.

229. 同上。

230. *General – Anzeiger* vom 25. 6. 1990.

231. Klaus（1994）, S. 68.

232. 具体会面情况参见 Klaus（1994）, S. 67 ff. 。

233. Erklärung von Ministerpräsident Hans Modrow vom 18. 11. 1990, in: *Neues Deutschland* vom 18. 11. 1990 ［Deutschland 1989, Bd. 19, S. 21 f £, S. 23, S. 28］.

234. Günter Hartmann, NDPD, BPA/DDR – Spiegel, S. 25; Lothar de Maizière, CDU, BPA/DDR – Spiegel/Anhang, S. 36ff., S. 38 ［Deutschland 1989, Bd. 19, S. 37 und S. 41ff., S. 43］.

235. Peter Joachim Lapp, Die DDR geht, die Länder kommen. Forum Deutsche Einheit. Perspektiven und Argumente. Nr. 1, hrsg. Von der Friedrich – Ebert – Stiftung. Bonn 1990, S. 29; Heinz Laufer/Ursula Münch, »Die Neugestaltung der bundesstaatlichen Ordnung«, in: Eckhard Jesse/Armin Mitter（Hrsg.）, Die Gestaltung der deutschen Einheit. Bonn 1992, S. 215 – 245, S. 215.

236. Schreiben der ständigen Vertretung der Bundesrepublik an die bundesdeutschen Ministerien ［BA Koblenz, II A 3 – 3800 – 13007/90］.

237. Lapp（1990）, S. 33; Robert Christian Kaufmann, Bundesstaat und Deutsche Einheit. Die historischen, politischen und rechtlichen Voraussetzungen der Föderalisierung der ehemaligen DDR und die Auswirkungen ihres Beitritts auf den Bundesstaat unter dem Grundgesetz. München 1992（zugl. Diss.）, S. 78.

238. Laufer/Münch（1992）, S. 219; Siegfried Mampel, »Föderalismus in Deutschland«, in: Alexander Fischer/Maria Haendcke – Hoppe – Arndt, Auf dem Weg zur Realisierung der Einheit Deutschlands. Berlin 1992, S. 95ff., S. 120.

239. »Schäuble in der Halle der Freundschaft«, in: *Frankfurter Allgemeine Zeitung* vom 16. 2. 1990 ［Deutschland 1990, Bd. 37, S. 683］; »DDR – Wahlen als Willensakt deutscher Einheit«, in: *Neue Zürcher Zeitung* vom 23. 3. 1990 ［同上, S. 702ff., S. 704］.

240. »Helmut Kohl in Leipzig — › We like Birne‹«, in: *Hamburger Abendblatt* vom 15. 3. 1990 ［Deutschland 1990, Bd. 37, S. 730］.

241. 同时参阅 Kohl （1996），S. 213f. 。

242. Vgl. Zielsetzung im Entwurf des DA – Landesverbandes Thüringen zur »
Einführung föderaler Länderstrukturen in der DDR « S. 1 [Privatarchiv
Albach]；Karlheinz Blaschke，» Alte Länder – Neue Länder. Zur
territorialen Neugliederung der DDR«, in: Aus Politik und Zeitgeschichte B
27/90 vom 29. 6. 1990, S. 39 – 54, S. 39；Kaufmann （1992） S. 75f.

243. Blaschke （1990），S. 39ff. , S. 39；Kaufmann （1992），S. 76.

244. Kaufmann （1992），S. 76.

245. Grundsätze der Koalitionsvereinbarung zwischen den Fraktionen der CDU，
der DSU，dem DA，den Liberalen （DFP，BFD，F. D. P. ） und der SPD
vom 12. 4. 1990，S. 13.

246. 1990 年 4 月 19 日，民主德国总理政府声明。

247. BGBl II，S. 537，gemeinsames Protokoll über Leitsatze，A. L1.

248. Verfassungsentwurf des Runden Tisches, veröffentlicht z. B. In: Kritische
Justiz 1990, S. 226ff.

249. Siegfried Mampel,»Das Ende der sozialistischen Verfassung der DDR«, in:
Deutschland Archiv 23 （1990），S. 1377 – 1369, S. 1384ff.

250. Gesetz zur Änderung und Ergänzung der Verfassung der Deutschen
Demokratischen Republik （ VerfassungsÄnderungsgrundsätzgesetz ） vom
17. 6. 1990，GBl. S. 299.

251. Klaus von Beyme，Das politische System der Bundesrepublik Deutschland
nach der Vereinigung. Münchcn [6]1991，S. 348.

252. Riner Dudek，政府委员会书记如是说，援引自»Bildung der Länder in
der DDR beginnt mit einem Geburtsfehler «, in: *Handelsblatt* vom
18. 4. 1990 [Deutschland 1990，Bd. 8，S. 4727f.]。

253. 参阅 Kapitel VII. 2。

254. Entwurf des DA – Landesverbandes Thüringen zur » Einführung föderaler
Länderstrukturen in der DDR«S. 2 [Privatarchiv Albach].

255. Heiderose Kilper/Roland Lhotta，Föderalismus in der Bundesrepublik
Deutschland. Eine Einführung. Opladen 1996，S. 248.

256. Kaufmann （1992），S. 93.

257. Persönliches Gespräch Ministerium für regionale und kommunale

Zusammenarbeit und Ministerpräsident Lothar de Maizière am 16. 8. 1990,
S. 4f. [Privatarchiv Thomas de Maizière].

258. Erklärung der Fraktion von CDU/DA » Schnelle Wiedereinführung der Länder « vom 30. 5. 1990, in : Deutschland – Union – Dienst Nr. 101 [Deutschland 1990, Bd. 8, S. 4656].

259. Manfred Preiß, Interview im *Spiegel* vom 4. 6. 1990 [Deutschland 1990, Bd. 8, S. 4657 f].

260. 参阅 »Bildung der Länder in der DDR beginnt mit einem Geburtsfehler«, *in*: *Handelsblatt* vom 18. 4. 1990 [Deutschland 1990, Bd. 8, S. 4727f.]。

261. Beschluß des Ministerrates der DDR 4/3/90 vom 2. 5. 1990 in der Endredaktion vom 10. 5. 1990 zum Vorschlag über ein Gesetz zur Bildung von Ländern in der DDR einschließlich Ländergliederung S. 13f. , 援引自 Kaufmann (1992), S. 76f. 。

262. Horst Gobrecht, Bevollmächtigter Hamburgs beim Bund, 援引自 *Die Welt*, *Handelsblatt*, *Frankfurter Allgemeine Zeitung*, *Die tageszeitung* vom 19. 4. 1990 [Deutschland 1990, Bd. 7, S. 4598ff.]。

263. ZDF – Länderspiegel vom 14. 4. 1990 [Deutschland 1990, Bd. 7, S. 4561]; »Engholm schlägt einen neuen Nordstaat vor«, in: *Die Welt* vom 2. 3. 1990 [同上, S. 4585]; »Kontroverse um Länderneugliederung«, in: *Die Welt* vom 28. 9. 1990 [同上, S. 4627].

264. Kommentar » Zur Unzeit «, in: *Frankfurter Allgemeine Zeitung* vom 19. 4. 1990 [Deutschland 1990, Bd. 7, S. 4601].

265. »Wir haben nicht vor, Selbstmord zu begehen«, in: *Die tageszeitung* vom 21. 4. 1990 [Deutschland 1990, 13d. 7, S. 4564]; »Nordstaat hat keine Chancen«, in: *Weser – Kurier* vom 21. 4. 1990 [同上, S. 4565]。

266. Blaschke (1990), S. 52 ff.

267. Entwurf zum Ländereinführungsgesetz, S. 19f. ; Blaschke (1990), S. 47.

268. »Bildung der Länder in der DDR beginnt mit einem Geburtsfehler«, in: *Handelsblatt* vom 18. 4. 1990 [Deutschland 1990, Bd. 8, S. 4727 f].

269. Michael Kilian, »Wiedererstehen und Aufbau der Länder im Gebiet der vormaligen DDR«, in: Josef Isensee/Paul Kirchhof (Hrsg.), Handbuch des Staatsrechts der Bundesrepublik Deutschland. Bd. VIII, Die Einheit

Deutschlands – Entwicklung und Grundlagen. Heidelberg 1995, S. 55 – 99, Rn. 21.

270. »Neue Grenzen für die alten Länder Mitteldeutschlands«, in: *Frankfurter Allgemeine Zeitung* vom 23. 7. 1990 [Deutschland 1990, Bd. 8, S. 4739].

271. Manfred Preiß, in: DDR – Informationen, Radio DDR vom 14. 5. 1990 [Deutschland 1990, Bd. 8, S. 4655].

272. Brennpunkt vom 18. 7. 1990 [Deutschland 1990, Bd. 7, S. 4613].

273. Kaufmann (1992), S. 79.

274. Lapp (1990), S. 33.

275. 引自政府委员会成员 Konrad Scherf 教授的观点，见 Karlheinz Blaschke,»Das Werden der neuen BundesLänder«, in: Fischer/Haendcke – Hoppe – Arndt (1992), S. 128 – 142, S. 135。

276. »Anstoß oder Anmaßung? Zur Forderung, die alten Länder in der DDR wieder herzustellen«, in: Sozialdemokratischer Pressedienst Nr. 224 vom 21. 11. 1989 [Deutschland 1989, Bd. 4, S. 2343];» Streibl schlägt Partnerschaft mit Thüringen und Sachsen vor«, in: *Frankfurter Allgemeine Zeitung* vom 15. 11. 1989 [Deutschland 1989, Bd. 21, S. 965].

277. 可以参阅»Streibl für Partnerschaft zwischen Bayern und Saychsen«, in: *Süddeutsche Zeitung* vom 11. 11. 1989 [Deutschland 1989, Bd. 21, S. 960f.];»Späth reist nach Dresden«, in: *Die Welt* vom 7. 12. 1989 [同上, S. 992]; m. W. N. Kaufmann (1992), S. 81ff. 。

278. 参见下文。

279. »Albrecht: DDR – Hilfe nicht mit Schnellschüssen leisten«, in: *Die Welt* vom 15. 12. 1989 [Deutschland 1989, Bd. 21, S. 1010];»NRW – Hilfe für den Bezirk Leipzig in Aussicht«, in: *Neue Ruhr Zeitung* vom 30. 12. 1989 [同上, S. 1020]. 同时参阅 Auflistung der Länderinitiativen vom Februar 1990 [BA Koblenz, B 137 – 10641]。

280. Kaufmann (1992), S. 89.

281. Blaschke (1990), S. 43; Kaufmann (1992), S. 80.

282. Blaschke (1990), S. 43.

283. 同上; Kaufmann (1992), S. 80。

284. Lapp (1990), S. 1082.

285. » Hannover bremst das ungeduldige Eichsfeld «, in: *Die Welt* vom 20. 3. 1990 [Deutschland 1990, Bd. 7, S. 4593].

286. Blaschke (1990), S. 44.

287. Grundsätze der Koalitionsvereinbarung zwischen den Fraktionen der CDU, der DSU, dem DA, den Liberalen (DFP, BFD, F. D. P.) und der SPD vom 12. 4. 1990, S. 13.

288. Blaschke (1990) S. 45. 原文斜体。

289. Lapp (1990), S. 27; Kaufmann (1992), S. 79.

290. Kaufmann (1992), S. 79.

291. 同上, S. 80。

292. »Bezirke müssen ihr Vermögen abliefern«, in: *Die Welt* vom 25. 7. 1990 [Deutschland 1990, Bd. 8, S. 4747].

293. »Neue Grenzen für die alten Länder Mitteldeutschlands«, in: *Frankfurter Allgemeine Zeitung* vom 23. 7. 1990 [Deutschland 1990, Bd. 8, S. 4739].

294. 主要在萨克森出现了平行发展。

295. Vgl. Diskussion auf der konstituierenden Tagung des Politisch Beratenden Ausschusses zur Bildung des Landes Thüringen am 16. 5. 1990 [Privatarchiv Albach].

296. § 1 des Gesetzes zur Privatisierung und Reorganisation des volkseigenen Vermögens vom 17. 6. 1990, GBl. I, S. 300.

297. Gesetz über die Selbstverwaltung von Gemeinden und Landkreisen in der DDR vom 17. 5. 1990, GBl. I, S. 255; Gesetz über die Aufgaben und Befugnisse der Polizei vom 13. 9. 1990, GBl. I, S. 1489.

298. Lapp (1990), S. 26; Blaschke (1992), S. 129.

299. Vgl. Protokoll über die 5. Beratung des Politisch Beratenden Ausschusses zur Bildung des Landes Thüringen, Top. 1: Diskussion zur Landeshauptstadt Thüringens [Privatarchiv Albach].

300. Papier der Bezirksverwaltungen Erfurt, Gera und Suhl zum Einsatz von Arbeits – gruppen im Auftrage des Politisch Beratenden Ausschusses zur Bildung des Landes Thüringen vom 19. 6. 1990, Anlagen 1 und 2 [Privatarchiv Albach].

301. Johannes Hoefert, 宪法工作组成员, in: Franz Greß (Hrsg.), Die Rolle

der BundesLänder in einem geeinten Deutschland und geeinten Europa. Eine Herausforderung für Landesparlamente und Föderalismus. Hessische Schriften zum Föderalismus und Landesparlamentarismus, Hessischer Landtag. Wiesbaden 1992, S. 63 – 76, S. 65。

302. Hoefert (1992), S. 66. 对于萨克森州宪法工作的援助，参阅 Klaus Michel Rogner, Der Verfassungsentwurf des zentralen Runden Tischs der DDR. Berlin 1993, S. 157。

303. Hoefert (1992), S. 76.

304. Kaufmann (1992), S. 89.

305. » CDU für Zuammenschluß Hessen – Thüringen «, in: *Frankfurter Allgemeine Zeitung* vom 21. 4. 1990 [Deutschland 1990, Bd. 7, S. 4605]; » CDU – Landesverbande beanspruchen Vorreiterrolle « in: *Frankfurter Allgemeine Zeitung* vom 30. 4. 1990 [同上, S. 4607 A].

306. » Mit zwanzig Tonnen Babynahrung in Dresden ganz nach vorne «, in: *Frankfurter Rundschau* vom 2. 12. 1990 [Deutschland 1990, Bd. 37, S. 671 f., S. 672].

307. Grundsätze der Koalitionsvereinbarung zwischen den Fraktionen der CDU, der DSU, dem DA, den Liberalen (DFP, BFD, F. D. P.) und der SPD vom 12. 4. 1990, S. 13.

308. § § 7, 8, 9, 10 des Entwurfs zum LeinfG; bzgl. Der ausschließlichen und konkurrierenden Gesetzgebung ebenso Art. 95, 96, 97 Verfassungsentwurf des Runden Tisches. 框架立法在这里只被规定为国家在竞争立法范围内的管辖权。

309. § § 12ff. Des Entwurfs zum LeinfG, Art. L0lff. Verfassungsentwurf des Runden Tisches.

310. § 18 des Entwurfs zum LeinfG; anders der Verfassungsentwurf des Runden Tisches, der Regelungen entspr. Art. 104 a ff. GG vorsah.

311. *Süddeutsche Zeitung* vom 28. 5. 1990.

312. »Neue Grenzen für die alten Länder Mitteldeutschlands«, in: *Frankfurter Allgemeine Zeitung* vom 23. 7. 1990 [Deutschland 1990, Bd. 8, S. 4739].

313. Anlage II, Kapitel II, Sachgebiet A, Abschnitt II des Einigungsvertrages.

314. Kilper/Lhotta (1996), S. 248f.

第八章　从经济统一到德国统一

1. »Günter Gaus: Wir müssen die Bundestagswahl verschieben«, Interview in: *Bild vom* 2. 2. 1990 [Deutschland 1990, Bd. 13, S. 7523].

2. »Ruhl: Gesamtdeutsche Wahl nach 1990 ist reine Spekulation«, Interview in: *Bremer Nachrichten* vom 13. 2. 1990 [Deutschland 1990, Bd. 13, S. 7524].

3. 比如基社盟政治家 Carl – Dieter Spranger»Offene Fragen, mögliche Modelle«, in: *Bayernkurier* vom 14. 4. 1990 [Deutschland 1990, Bd. 13, S. 7537]。

4. Heinz Vielain, »Bonner Streit um Verschiebung der Bundestags – Wahl«, in: *Welt am Sonntag* vom 15. 4. 1990 [同上, S. 7540]。

5. Schäuble – Interview, in: Deutschlandfunk vom 17. 4. 1990 [同上, S. 7541 f.].

6. »Schäuble: Die Bundestagswahl kann nicht verschoben werden«, in: *Frankfurter Allgemeine Zeitung* vom 18. 4. 1990 [同上, S. 7744];»Lambsdorff steht mit dem Vorschlag späterer Gesamtwahlen isoliert da«, in: *Die Welt* vom 18. 4. 1990 [同上, S. 7746];»Schäuble gegen Verschiebung der Bundestagswahl«, in: *Süddeutsche Zeitung* vom 18. 4. 1990 [同上, S. 7749].

7. »Arbeitsgruppe der Koalition soll gesamtdeutsche Wahlen vorbereiten« in: *Frankfurter Allgemeine Zeitung* vom 25. 4. 1990 [同上, S. 7756]。

8. »Verwirrung um Termin der Wahlen«, in: *Bonner Rundschau* vom 2. 5. 1990 [同上, S. 7555]。

9. Dokumentation zur Wahlstaatsvertrag BMI Ref. VI 5, VI 5 – 121000/28 vom 14. 12. 1990, S. 5 f.

10. Schäuble (1991), S. 83.

11. 同上, S. 83f. 。

12. Zur FDP:»Forderung in Koalition wird lauter: Gesamtdeutsche Wahlen am 2. Dezember«, in: *Die Welt* vom 15. Mai [Deutschland 1990, Bd. 13, S. 7779]; zum Vorstand der CDU/CSU – Fraktion: CDU/CSU – Fraktion im Deutschen Bundestag, Pressedienst vom 16. 5. 1990 [同上, S. 7588ff.]; sowie:»Union und FOP wollen Dezember – Wahlen«, in: *General – Anzeiger* vom 16. 5. 1990 [同上, S. 7789]。

13. Interview in *Südwestpresse* und *Stuttgarter Nachrichten* vom 21. 5. 1990.

14. »Differenzen über den Wahltermin zwischen Bonn und Ost – Berlin«, in: *Frankfurter Allgemeine Zeitung* vom 21. 5. 1990 [Deutschland 1990, Bd. 13, S, 7824];»DDR – CDU läßt Wahltermin weiter offen«, in: *Süddeutsche Zeitung* vom 29. 5. 1990 [同上, S. 7827]。

15. 同上, S. 91 ff. 。

16. 参见 1991 年 6 月 20 日, 德国统一委员会第 9 次会议。

17. 1991 年 7 月 4 日, 德国统一委员会第 10 次会议。

18. 参阅 1990 年 7 月 19 日在德国电台（Deutschlandfunk）中的访谈。

19. »Einigung auf gemeinsame Wahl«, in: *Die Welt* vom 27. 7. 1990 [Deutschland 1990, Bd. 12, S. 7326].

20. Monika Zimmermann,»Zum Glück müssen sie ihre Drohung nicht wahr machen« in: *Frankfurter Allgemeine Zeitung* vom 28. 7. 1990 [Deutschland 1990, Bd. 12, S. 7337].

21. Schäuble（1991）, S. 93.

22. »DSU signalisiert Einlenken beim Wahlrecht«, in: *Die Welt* vom 13. 7. 1990 [Deutschland 1990, Bd. 12, S. 6948].

23. »Vertrag zur Vorbereitung und Durchführung der ersten gesamtdeutschen Wahl des Deutschen Bundestages«, in dpa – Bulletin vom 2. 8. 1990 [Deutschland 1990, Bd. 12, S. 7078ff.];»Einigung über deutsch – deutschen Wahlvertrag«, in: *Neue Zürcher Zeitung* vom 4. 8. 1990 [同上, S. 7454]。

24. Schäuble（1991）, S. 92.

25. Hanno Kühnert:»Wahlrecht verfassungsfest machen«, in: Westdeutscher Rundfunk vom 2. 8. 1990.

26. Schäuble（1991）, S. 95.

27. 同上, S. 95。

28. »Sondersitzung am 22. August«, in: *Frankfurter Allgemeine Zeitung* vom 10. 8. 1990 [Deutschland 1990, Bd. 12, S. 7487];»Neue Abstimmung über den Wahlvertrag am 24. Augusts«, in: *Süddeutsche Zeitung* vom 10. 8. 1990 [同上, S. 7488]。

29. 参阅媒体报道 Deutschland 1990, Bd. 12, S. 7512ff. 。

30. »5 – Prozent – Klausel war nicht zu verhindern«, in: *Neues Deutschland* vom 23. 8. 1990 [Deutschland 1990, Bd. 12, S. 7513].

31. » Der Bundesrat billigt das Wahlgesetz für den 2. Dezember «, in: *Frankfurter Allgemeine Zeitung* vom 25. 8. 1990 [Deutschland 1990, Bd. 12, S. 7516 f].

32. Dokumentation des BMI zum Wahlstaatsvertrag, S. 33.

33. »Eine Sperrklausel verhindert gleiche Chancen. Auszüge aus dem Urteil des Bundesverfassungsgerichts zum Wahlgesetz«, in: *Süddeutsche Zeitung* vom 1. 10. 1990 [Deutschland 1990, Bd. 14, S. 8905 f.].

34. » Der Weg für die Wahlen am 2. Dezember ist frei «, in: *Frankfurter Allgemeine Zeitung* vom 6. 10. 1990 [Deutschland 1990, Bd. 14, S. 9016f.].

35. Dokumentation, S. 41.

36. 参阅 Kohl (1996), S. 453 和 Schäuble (1991), S. 158ff. 。

37. De Maizière (1996), S. 87.

38. Kohl (1996), S, 454.

39. Erklärung Nr. 310/90 [Deutschland 1990, Bd. 13, S. 8049].

40. PresseErklärung Lafontaines 325/90 vom 3. 8. 1990 [Deutschland 1990, Bd. 13, S. 8054].

41. PresseErklärung Vogels 330/90 vom 4. 8. 1990 [Deutschland 1990, Bd. 13, S. 8058].

42. Vgl. Schäubles Darstellung, in: Schäuble (1991), S. 160f.

43. 同上, S. 163 ff. 。

44. 1995 年 8 月 4 日, 作者与沃尔夫冈·朔伊布勒的对话。

45. Erklärung von Regierungssprecher Klasen am 9. 8. 1990 [Deutschland 1990, 33d. 13, S. 7705].

46. De Maizière (1996), S. 87.

47. Bulletin des BPA Nr. 63 vom 18. 5. 1990, S. 517.

48. Wolfgang Schäuble, »Der Einigungsvertrag in seiner praktischen Bewahrung«, in: Deutschland Archiv 25 (1992), S. 233 – 242, S. 234.

49. Schäuble (1993), S. 108.

50. 同上, S. 109。

51. U. A. Der SPD（DDR）- Fraktionsvorsitzende Richard Schröder:»DDR - SPD stellt Zeitplan für die Einheit in Frage«, in: *Die Welt vom* 14. 5. 1990 [Deutschland 1990, Bd. 4, S. 1807]; DDR - Finanzminister Walter Romberg in einem Interview mit RTL am 10. 6. 1990 [ebd., S. 1825ff.]; der SPD（DDR）- Vorsitzende Wolfgang Thierse in einem Interview mit RIAS am 10. 6. 1990 [ebd., S. 1830]. 关于西德社民党立场参见 u. A. Die stellvertretende SPD - Vorsitzende Herta Däubler - Gmelin in einem Interview mit dem WRD am 11. 6. 1990 [Deutschland 1990, Bd. 10, S. 5828];»SPD - Schwerpunkte für eine Beitrittsvereinbarung mit der DDR «, vorgestellt vor der Bundespressekonferenz am 27. 6. 1990, Pressedienst der SPD im Deutschen Bundestag, Nr. 1394 [ebd., S. 5840]。

52. Vgl. Etwa das Interview mit Lothar de Maizière mit Elf 99 am 23. 4. 1990 [Deutschland 1990, Bd. 4, S. 1792f.].

53. *Spiegel* - Gespräch vom 26. 3. 1990 [同上, S. 1781 ff.]。

54. Interview mit DLF am 24. 6. 1990 [同上, S. 1838ff.]。

55. Schäuble（1991）, S. 34.

56. Gespräch mit der *Zeit* vom 29. 6. 1990:»Der Prozess der Einigung ist unumkehrbar«[Deutschland 1990, Bd. 4, S. 1857ff.].

57. *Spiegel* - Gespräch mit Krause vom 13. 8. 1990 [同上, S. 1892 ff.]. 同时参阅 de Maizière（1996）, S. 94ff.。

58. Schäuble（1993）, S. 158, 特尔切克表达过类似的观点, Teltschik（1991）, S. 347, 在 8 月中旬与德梅齐埃的访谈。

59. 同上; 同时参阅 S. 143 ff.。

60. 改写自 Schäuble（1991）, S. 124。

61. 同上, S. 101 ff.。

62. 1995 年 8 月 4 日, 朔伊布勒在根恩巴赫与作者进行访谈时如是说。

63. 同上。

64. Christian Dästner,»Der Beitrag war bedeutsam. Die Mitwirkung der Länder bei den Entscheidungen zur Wiederherstellung der Einheit Deutschlands«, in: *Frankfurter Allgemeine Zeitung* vom 20. 12. 1997.

65. Josef Isensee,»Die junge Demokratie der DDR im Netz der alten SED - Verfassung«, in: *Die Welt* vom 9. 4. 1990 [Deutschland 1990, Bd. 9,

S. 5382 f.].

66. *Spiegel* – Gespräch mit Ulrich K. Preuß, Rupert Scholz und Wolfgang Ullmann vom 21. 5. 1990 [同上, S. 5408ff.].

67. Schäuble (1991), S. 109.

68. 日期标注为 1990 年 5 月 28 日，批注为 "为了 5 月 29 日，联邦部长朔伊布勒博士与主席 Krause 博士在柏林的会谈所准备并转交的文件 [BA – B 106/125869, Bd. 1/2]。同时参阅 Schäuble (1991), S. 137。

69. » Standpunkt zum Material des Bundesministers des Innern der Bundesrepublik Deutschland › Grundstrukturen eines Staatsvertrages zur Herstellung der Deutschen Einheit‹ « vom 29. 5. 1990 (Berlin). Von Herrn Dr. Lässig am 1. 6. 1990 übergeben [BA – B 106/125869, Bd. 1/2].

70. »Diskussionspapier des Bundesministers des Innern mit *Elementen* einer zur Herstellung der deutschen Einheit zu treffenden Regelung«, Stand: 25. Juni 1990 [BA – B 136/29251].

71. Schäuble (1991), S. 137; 同时参阅 S. 113。

72. 同上, S. 138。

73. »Einheit Deutschlands. Beitritt der DDR nach Artikel 23 Grundgesetz für die Bundesrepublik Deutschland« (没有日期，但是有手写批注), Von PSt Dr. Krause Herrn Minister am 29. 5. 90 übergeben [BA – B 106/125869, Bd. 1/2]。

74. Schäuble (1991), S. 136.

75. 同上, S. 136f. 。

76. 同上, S. 129ff. 。

77. 同上, S. 131。

78. 同上, S. 172。

79. 同上, S. 135。

80. 同上, S. 83。

81. 同上, S. 103 ff. 。

82. 同上, S. 120。

83. 同上, S. 154f. 。

84. 同上, S. 155。

85. Teltschik (1993), S. 267.

86. 在这个时期，重新统一本身还不具有现实意义，参阅 1990 年 12 月 20 日，联邦总理府德国政策工作组组长对于 1990 年 12 月 19 日，科尔和莫德罗在德累斯顿会谈的对话评价。S. 3［BA － B 136/20579］。

87. 条约草案参阅 Vertrag über die Gründung einer Vertragsgemeinschaft zwischen der Bundesrepublik Deutschland und der DDR, BMB, Stand 2. 1. 1990［BA － B 136/20635］; Vertrag zwischen der Bundesrepublik Deutschland und der DDR über Zusammenarbeit und gute Nachbarschaft, Bundeskanzleramt, Stand 3. 1. 1990［BA － B 136/20635］以及 Stand 16. Und 18. 1. 1990［BA － B 136/20635］; Vertrag über Zusammenarbeit und gute Nachbarschaft zwischen der DDR und der Bundesrepublik Deutschland, DDR － Regierung, Stand 15. 1. 1990［BA － B 136/20579］。

88. 参阅 Papier des Arbeitsstabes Deutschlandpolitik im Bundeskanzleramt mit Gesprächslinie zur Dresdenreise des Bundeskanzlers vom 18. 12. 1990, S. 1 und 3［BA － B 136/20578］。这个时期只涉及对于条约草案的考量；实际的条约需要在人民议院选举之后，与新任民主德国政府进行协商。不过在这种方式下，条约双方都必须遵守后来的条约，参阅 Brief Dr. Mahnke（BMB）an das Bundeskanzleramt vom 28. 12. 1990 zu einer Vertragsgemeinschaft der beiden deutschen Staaten, S. 1［BA － B 137/10876］; Entwurf für Gesprächslinie für die Seiters － Reise vom 23. 1. 1990, S. 3［BA － B 136/20635］。Listen mit einer Aufzählung der gebildeten Kommissionen befinden sich in den Dokumenten BA － B 136/24675（122 － 14020）Doknr. 0006 und BA － B 136/26429（441 － 35020）Doknr. 0017。

89. 参阅 Brief Dr. Mahnke（BMB）an das Bundeskanzleramt vom 28. 12. 1990 zu einer Vertragsgemeinschaft der beiden deutschen Staaten, S. 3［BA － B 137/10876］; Protokoll vom 4. 1. 1990 der Abteilungsleiterbesprechung im Bundeskanzleramt am 3. 1. 1990, S. 1 f.［BA － B 137/10876］。

90. 参阅 kurzgefasste übersicht des BMB vom 5. 2. 1990 über den Stand der innerdeutschen Beziehungen seit dem Kanzlerbesuch in Dresden 19. Und 20. 12. 1989［BA － B 136/20579］。

91. 由于局势不断恶化，联邦内部关系部在 2 月初提议在国务秘书层面建立工作组，其任务是秘密准备应对措施，以防"第一届自由选举的人民议院在组建之后过于迅速地要求民主德国加入联邦德国"。参与工作组的应包括联邦总理府、外交部、联邦内部关系部、联邦财政部、联邦经济部、联邦工作与社会事务部以及其他所需部门。联邦内部关系部接管联邦领导任务，参阅 Brief Dr. Priesnitz（BMB）an den Chef des Bundeskanzleramtes Seiters vom 1. 2. 1990, S. 1 f. ［BA – B 137/10876］。

92. 参阅 Bericht der Ministerin BMB vom 9. 3. 1990 vor dem innerdeutschen Ausschuβ des Deutschen Bundestages über die Beratungen des Kabinettsausschusses» Deutsche Einheit «（KADE）am 14. 3. 1990, S. 1 f. ［BA – B 137/10877］；KabinettsBeschluß zu TOP 2（Aussprache zu deutschlandpolitischen Fragen）in der Kabinettssitzung am 7. 2. 1990；Information des Bundespresse – und Informationsamts über die Gründung des Ausschusses vom 7. 2. 1990；Tischvorlage vom 5. 2. 1990 des Chefs des Bundeskanzleramtes Seiters für die Kabinettssitzung am 7. 2. 1990 ［BA – B 136/292246（122 – 14020）Doknr. 0015］。同时参见 Schäuble（1993），S. 53。根据绿党的看法，统一就是一个向内政以及国会核心领域靠拢的进程。他们因此要求，"对于统一条约的谈判和撰写"需要在联邦议院"德国统一"委员会以及人民议院的领导下进行，参阅 10. Sitzung des Bundestagsausschusses» Deutsche Einheit «（BADE）am 4. 7. 1990, S. 363。

93. 专家和外部人员应该在多大程度上参与"德国统一"内阁委员会的工作组，应该由它自己规定，参阅 Protokoll vom 13. 2. 1990 der Sitzung der AG» Staatsstrukturen und Öffentliche Ordnung « im KADE am 12. 2. 1990, S. 4。

94. 参阅 Information des Referats 224 im Bundeskanzleramt vom 6. 3. 1990 über die Sitzung des KADE am 7. 3. 1990, S. 1 ff. ; Protokoll der Sitzung der CDU/CSU – Fraktion im Bundestag am 8. 8. 1990, S. 22 ［ACDP VIII – 001 Nr. 1088/1］。"德国统一"联邦议院委员会成员赞扬了朔伊布勒提供的"内容广泛，及时的信息"，参阅 13. Sitzung des BADE vom 26. 7. 1990, S. 428ff. , 435；15 Sitzung des BADE vom 9. 8. 1990, S. 464，"德国统一"联邦议院委员会的会议分别在 1990 年 2 月 7 日、14 日，6 月 25 日，7 月 4 日、12 日、18 日和 8 月 20 日召开，时间顺序参阅 1990 年 12 月 12 日"德国统一"内阁委员会工作组的统一条约（Einigungsvertrag der

AG»KADE« im BMI vom 12. 12. 1990, S. 6 f. ; 19; 21; 23 f. Und 29）。

95. 成立会议于 1990 年 2 月 12 日在内政部召开。受邀者包括外交部、联邦司法部、联邦财政部、联邦内部关系部、联邦工作与社会事务部以及联邦总理府，参阅 Telex des BMI vom 9. 2. 1990。主题列表（国家结构［Art. 23 GG, Art 146 GG, Hauptstadt］、管理机构、公共服务/服务权、内部安全/警察、对于外国人权利、难民权利以及国民权利问题的影响），参阅 Protokoll der konstituierenden Sitzung vom 13. 2. 1990, S. 1 f. 。

96. 参阅 Protokoll vom 13. 2. 1990 der Sitzung der AG»Staatstrukturen und Öffentliche Ordnung« im KADE am 12. 2. 1990, S. 2。

97. 参阅 Ergebnissvermerk der AG»Deutsche Einheit« im BMI（AGDE）über die Ressortbesprechungen am 7. 6. 1990 im BMI zur überleitung von Bundesrecht）, S. 1［BA – B 106/125870］; Papier der AGDE über einen Staatvertrag/überleitungsgesetzgebung im Zusammenhang mit einem Beitritt der DDR gemäß Art. 23 GG vom 13. 6. 1990［BA – B 106/125870］。同时参见 Schäuble（1993）, S. 27, 53f. 。

98. 1996 年 9 月 18 日 Ingo H. Bücher 与 Klaus – Dieter Schnappauff 在波恩的访谈。

99. 参阅 Protokoll des Bundeskanzleramtes vom 15. 3. 1990 über das Gespräch des Bundeskanzlers mit DDR – Ministerpräsident Hans Modrow am 13. 2. 1990 in Bonn, S. 6。

100. 参阅 Information der Gruppe 31 im Bundeskanleramt vom S. 4。

101. 参阅 Bericht des Leiters des Arbeitsstabes Deutschlandpolitik im Bundeskanzleramt vom 15. 3. 1990 zum weiteren Vorgehen auf dem Weg zur deutschen Einheit, S. 1 ff.［BA – B 136/21664］; Information des Referats 221 im Bundeskanzleramt vom 8. 5. 1990 über Schritte zur deutschen Einheit, S. 1f.［Doknr. 0841］。

102. 参阅 Koalitionsvereinbarung vom 12. 4. 1990, S. 1［ACDP VII – 012, Nr. 3917］; BArch DC 20, 6002. RegierungsErklärung vom 19. 4. 1990 in: *Neues Deutschland* vom 20. 4. 1990; de Maizière（1996）, S. 7 f. 。

103. Vgl. Information des Arbeitsstabes Deutschlandpolitik im Bundeskanzleramt vom 19. 4. 1990 über die RegierungsErklärung von Ministerpräsident de

Maizière am 19. 4. 1990, S. 2 ［ Doknr. 0824 ］; Information des Arbeitsstabes Deutschlandpolitik im Bundeskanzleramt vom 17. 4. 1990 über die Koalitionsvereinbarung der Regierung in der DDR, S. 1 f. ［ Doknr. 0825 ］; Ergebnisprotokoll des BMI vom 8. 7. 1990 über die erste Verhandlungsrunde am 6. 7. 1990 in Berlin, S. 3 f. ; 10. Sitzung des BADE am 4. 7. 1990; S. 344; 13. Sitzung des BADE vom 26. 7. 1990, S. 445. 同时参见 Schäuble（1993）, S. 112f. , 以及沃尔夫冈·耶格尔与朔伊布勒 1995 年 8 月 4 日在根恩巴赫的访谈。

104. 参阅 Diskussionspapier des Bundesministers des Innern vom 25. 6. 1990 mit Elementen einer zur Herstellung der deutschen Einheit zu treffenden Regelung ［ BA － H 106/125871 ］; Information des Referats 224 im Bundeskanzleramt vom 4. 7. 1990 über die Herstellung der deutschen Einheit, S. 1。1990 年 6 月中旬, 在一次康拉德·阿登纳基金会的立法政策（rechtspolitisch）代表大会上, 朔伊布勒通过公共讨论报告的方式发表了自己的考量, 参阅 Schäuble（1993）, S. 113; Chronologie zum Einigungsvertrag der AG»KADE« im BMI vom 12. 12. 1990, S. 16。"德国统一"内阁委员会为第一轮谈判准备的讨论要点获得了批准, Information der Gruppe 22 im Bundeskanzleramt vom 3. 7. 1990 über die Herstellung der deutschen Einheit, S. 2; Information des Referats 221 im Bundeskanzleramt vom 17. 7. 1990 zur überleitung von Bundesrecht durch den Einigungsvertrag。

105. 考虑到 12 月全德选举, 以及议会协商需要大约 2 个月时间, 统一条约必须在 9 月底时签订。联合政府以及"德国统一"内阁委员会最晚必须在 1990 年 7 月 1 日之后立刻着手加入谈判以及过渡时期立法的构想。参阅 Ergebnisbericht vom 12. 6. 1990 über das Gespräch zwischen BMI, BMJ, BMF und Bundeskanzleramt（Gruppe 33）am 11. 6. 1990 über überlegungen für VerfassungsÄnderungen im Zusammenhang mit dem Beitritt der DDR, S. 4。

106. 参阅 Information des Referats 331 im Bundeskanzleramt vom 3. 7. 1990 über den Stand der überlegungen zu Staatsvertrag und überleitung des GG im Zusammenhang mit dem Beitritt der DDR, S. 1; Chronologie zum Einigungsvertrag der AG»KADE« im BMI vom 12. 12. 1990, S. 19。同时

参见 Schäuble（1993），S. 113ff. 。

107. DDR – Papier mit Arbeitsschritten zur Herstellung der Einheit Deutschlands vom 12. 6. 1990［Privatarchiv Thomas de Maizière］. 1990 年 6 月 17 日，这份文件被上交，参见 Chronologie zum Einigungsvertrag der AG»KADE« im BMI vom 12. 12. 1990，S. 17。参阅 Protokoll der 14. Sitzung des Ministerrates am 27. 6. 1990［BArch DC 20，1/3 – 3000］；Brief Günther Krause an die DDR – Ministerien vom 27. 6. 1990［Privatarchiv Thomas de Maizière］。暂定的时间计划如下。7 月 6 日：在东柏林开启首轮官方谈判，划定谈判范围；7 月 9 日：相关职能部门开始进行谈判；7 月底：第二轮谈判；8 月 20 日之前：在职能部门间澄清有争议的问题；8 月底：结束官方谈判，确立草案内容，参阅 Protokoll der 15. Sitzung des Ministerrates am 4. 7. 1990［BArch DC 20，1/3 – 3009］。

108. 参阅 Information der Gruppe 22 im Bundeskanzleramt vom 3. 7. 1990 über die Herstellung der deutschen Einheit，S. 3；Ergebnisprotokoll des BMI vom 8. 7. 1990 über die erste Verhandlungsrunde am 6. 7. 1990 in Berlin，S. 2。朔伊布勒不想看到，因谈判的参与者的单个发言而导致谈判耗时过长。所以每个代表团只有一个话筒，而且只有代表团团长可以发言，参阅 Schäuble（1993），S. 115f. ，118。

109. 根据联邦政府议事规则，联邦总理府部长同时是所有国务秘书的主席，参阅 Schäuble（1993），S. 119。

110. 参阅 15. Sitzung BADE am 9. 8. 1990），S. 467。同时参见 Schäuble（1993），S. 119。

111. Ergebnisprotokoll des BMI vom 8. 7. 1990 über die erste Verhandlungsrunde am 6. 7. 1990 in Berlin，S. 1；Brief Günther Krause an die DDR – Ministerien vom 27. 6. 1990［Privatarchiv Thomas de Maizière］.

112. Chronologie zum Einigungsvertrag der AG » KADE « im BMI vom 12. 12. 1990，S. 14f. 同时参见 Schäuble（1993），S. 136f. 。

113. Ergebnisprotokoll des BMI vom 8. 7. 1990 über die erste Verhandlungsrunde am 6. 7. 1990 in Berlin，S. 4；同时参见 Schäuble（1993），S. 135f. 。

114. 参阅 DDR – Konzeption zum Inhalt des Staatsvertrages zwischen DDR und Bundesrepublik Deutschland über die Modalitäten zur Herstellung der Einheit Deutschlands vom 15. 6. 1990［BA – B 106/125870］；DDR –

Entwurf einer Grobstruktur für den zweiten Staatsvertrag vom 25. 6. 1990 [Privatarchiv Thomas de Maizière]; DDR – Konzeption zum Inhalt des Staatsvertrages zwischen DDR und Bundesrepublik Deutschland über die Modalitäten zur Herstellung der Einheit Deutschlands vom 25. 6. 1990 [同上]; BMI (nach 3. 8. 1990): Leitfaden für die Erstellung der Anlagen zum Einigungsvertrag。

115. 参阅 Punktation mit Anlagen für die Gesprächsführung zur ersten Verhandlungsrunde vom 5. 7. 1990 [BA – B 106/125871]; Ergebnisprotokoll des BMI vom 5. 7. 1990 über die erste Verhandlungsrunde am 6. 7. 1990 in Berlin, S. 2f. [BA – B 106/125872]。在联邦德国进行合并条约讨论时，内政部长与联邦议院态度相反，内政部长尤其反复强调统一条约是民主德国政府的意愿。参阅 113. Sitzung des BADE am 26. 7. 1990, S. 432。在 1990 年 7 月 6 日德梅齐埃和朔伊布勒的协商中敲定，统一条约可以在 9 月签署，10 月 14 日开始东德州议院选举，然后在 1990 年 12 月进行全德选举以及实现加入 [BArch DC 20, 6033/2]。

116. 参阅 Katalog der vorläufigen Verhandlungsthemen zum Vertrag über die Herstellung der Einheit Deutschlands (Einigungsvertrag), Stand 5. 7. 1990 [Doknr. 0838]。

117. 君特·克劳泽在 1990 年 11 月 26 日与凯瑟琳·伊莎贝尔·弗勒林通电话时表示，民主德国制订第一份草案要早于联邦德国。在 1990 年 6 月 23 日总理节的时候，克劳泽从朔伊布勒那里获得了讨论要点，参阅 Chronologie zum Einigungsvertrag der AG » KADE « im BMI vom 12. 12. 1990, S. 18。

118. 参阅 Abgestimmter Katalog der Verhandlungsthemen zum Vertrag über die Herstellung der Einheit Deutschlands und Richtlinien für die RessortGespräche über die im Zusammenhang mit dem Beitritt gemäß Art. 23 Absatz 2 GG zu treffenden Regelungen vom 9. 7. 1990 [BA – B 106/125871]。

119. 参阅 Information des Referats 331 im Bundeskanzleramt vom 3. 7. 1990 über den Stand der überlegungen zu Staatsvertrag und überleitung des GG im Zusammenhang mit dem Beitritt der DDR, S. 4。此外"当然还要和反

对派进行政治游戏；毕竟那年是选举年"，朔伊布勒在 1995 年 8 月 4 日与沃尔夫冈·耶格尔在根恩巴赫的访谈中如是说。

120. 参阅 Information des Referats 224 im Bundeskanzleramt vom 11. 7. 1990 über die Herstellung der deutschen Einheit, S. 2。同时参见 Schäuble (1993), S. 137f. 。

121. 参阅 Information des Referats 224 im Bundeskanzleramt vom 4. 7. 1990 über die Herstellung der deutschen Einheit, S. 1。

122. 参阅 Bericht des BMI über die Vorbereitungen zum Einigungsvertrag vom 4. 8. 1990; Leitfaden zur Erstellung der Anlagen zum Einigungsvertrag vom BMI vom 2. 8. 1990; Leitfaden über die Erstellung der finanziellen Auswirkungen der deutschen Einheit durch das BMF vom 6. 8. 1990，同时 参见 Schäuble (1993), S. 152。

123. 参阅 Vermerk des Referats 332 im Bundeskanzleramt vom 23. 7. 1990 über die RessortGespräche, S. 1 [Doknr. 0377]; Information des BMI vom 23. 7. 1990 über den Stand der Ergebnisse der FachGespräche zum Einigungsvertrag [BA – B 136/29252 (121 – 14020) Doknr. 0021]; DDR – Papier des Arbeitsstabes Deutsche Einheit mit einer Zusammenstellung der TextVorschläge aus den Ressortverhandlungen für den Einigungsvertrag vom 30. 7. 1990 [Privatarchiv Thomas de Maizière]; Papier des BMI über den Stand und Ergebnisse der FachGespräche zum Einigungsvertrag vom 23. 7. 1990 [Privatarchiv Thomas de Maizière]。人们共同确立了一个时间安排：从 7 月 10 日开始进行职能部门会议；8 月 1 日进行第二轮谈判；从 8 月 6 日开始再次开展职能部门工作；从 8 月 27 日到 9 月 2 日进行第三轮以及最后一轮谈判。条约被签署后在 10 月被批准。加入将在 12 月进行。参阅 Kurzbericht der Gruppe 22 des Bundeskanzleramtes vom 6. 7. 1990 über die erste Verhandlungsrunde, S. 1 f. [Doknr. 0837]; Ergebnisprotokoll des BMI vom 8. 7. 1990 über die erste Verhandlungsrunde am 6. 7. 1990 in Berlin, S. 9 [BA – B 106/125872]。

124. 参阅 Chronologie zum Einigungsvertrag der AG » KADE « im BMI vom 12. 12. 1990, S. 24。

125. 参阅 Protokoll der 17. Außerordentlichen Sitzung des Ministerrates am 16. 7. 1990 [BArch DC 20, 1/3 – 3024]。

126. Protokoll der 17. Außerordentlichen Sitzung des Ministerrates am 16. 7. 1990, S. 3 [BArch DC 20, 1/3 – 3024].

127. 同上, S. 5 [BArch DC 20, 1/3 – 3024]。

128. 同上 [BArch DC 20, 1/3 – 3024]。

129. Protokoll der 21. Außerordentliche Sitzung des Ministerrates am 31. 7. 1990 [BArch DC 20, 1/3 – 3034]; Protokoll der 23. Außerordentlichen Sitzung des Ministerrates am 2. 8. 1990 [BArch DC 20, 1/3 – 3037].

130. Protokoll der 20. Sitzung des Ministerrates am 25. 7. 1990 [BArch DC 20, 1/ 3 – 3031] . 同时参见 de Maizière (1996), S. 82ff. 。

131. 参阅 Chronologie zum Einigungsvertrag der AG » KADE « im BMI vom 12. 12. 1990, S. 25。

132. 参阅 den Bericht der Gruppen 22 und 33 des Bundeskanzleramtes vom 4. 8. 1990 über die zweite Verhandlungsrunde, S. 1 [Doknr. 0834]; Dästner, in: *Frankfurter Allgemeine Zeitung* vom 20. 12. 1997。同时参见 Schäuble (1993), S. 157ff. 。

133. 参阅 erster DDR – Entwurf des Vertrages zwischen der Deutschen Demokratischen Republik und der Bundesrepublik Deutschland über die Herstellung der Einheit Deutschlands (Einigungsvertrag), Stand 31. 7. 1990 und 3. 8. 1990 [Privatarchiv Thomas de Maizière]。

134. Protokoll der 23. Außerordentlichen Sitzung des Ministerrates am 2. 8. 1990 [BArch DC 20, 1/3 – 3037].

135. 同上, S. 5 f. [BArch DC 20, 1/3 – 3037]。

136. 参阅 Dästner, in: *Frankfurter Allgemeine Zeitung* vom 20. 12. 1997。同时参见 Schäuble (1993), S. 171ff。

137. 参见 erster Entwurf des Vertrages zwischen der Deutschen Demokratischen Republik und der Bundesrepublik Deutschland über die Herstellung der Einheit Deutschlands) (Einigungsvertrag), Stand 6. 8. 1990 [Doknr. 0835]。同时参见 Chronologie zum Einigungsvertrag der AG » KADE« im BMI vom 12. 12. 1990, S. 26。

138. 参阅 Protokoll der Gruppen 22 und 33 im Bundeskanzleramt vom 4. 8. 1990 zur zweiten Verhandlungsrunde zum Einigungsvertrag vom 1. – 3. 8. 1990 in Ost – Berlin, S. 1 f. ; 15. Sitzung des BADE am 9. 8. 1990, S. 462f. 。

139. 参阅 Chronologie zum Einigungsvertrag der AG»KADE« im BMI vom 12. 12. 1990, S. 26。

140. 参阅 Schreiben des BMI an alle Ressorts zur Vorbereitung eines Einigungsvertrages zwischen BRD und DDR（nach 3. 8. 1990）mit Leitfaden für die Erstellung der Anlagen, S. 4ff. ; Papier des BMJ vom 2. 8. 1990 mit Hinweisen für die rechtsförmige Gestaltung der Anlagen; Papier des BMF vom 6. 8. 1990 mit Muster von übersichten zu den finanziellen Auswirkungen des Einigungsvertrages auf Bund, Länder, Gemeinden und Sozialversicherungsträger。

141. 参阅 Papier des Referats 332 im Bundeskanzleramt vom 17. 8. 1990 zum Entwurf des Einigungsvertrages, S. 1; Information der Gruppe 33 im Bundeskanzleramt vom 17. 8. 1990 zur 3. Verhandlungsrunde zum Einigungsvertrag, S. 1; 15. Sitzung des BADE am 9. 8. 1990, S. 463; Protokoll der Sitzung der CDU/CSU – Fraktion im Bundestag am 8. 8. 1990, S. 3［ACDP VIII – 001 Nr. 1088/1］; Chronologie zum Einigungsvertrag der AG»KADE« im BMI vom 12. 12. 1990, S. 29。

142. 参阅 Protokoll der 24. Sitzung des Ministerrates am 8. 8. 1990, S. 4 ［BArch DC 20, I/ 3 – 3037］; DDR – Schwerpunkte für die Verhandlungen zum Einigungsvertrag vom 18. 8. 1990［Privatarchiv Thomas de Maizière］; Vergleich des BMI über die Entwurfsfassungen der Bundesrepublik Deutschland und der DDR nach dem letzten Stand vom 20. 8. 1990［BA – B 106/125576］。

143. 参阅 Protokoll der Gruppen 22 und 33 im Bundeskanzleramt vom 4. 8. 1990 zur zweiten Verhandlungsrunde zum Einigungsvertrag vom 1. – 3. 8. 1990 in Ost – Berlin, S. 2［Doknr. 0820］; 15. Sitzung des BADE am 9. 8. 1990, S. 462。同时参见 Schäuble（1993）, S. 161。

144. 社民党要求对一直到最后都存在争议的核心领域进行修改。此外他们针对未清算财产问题、联邦州和乡镇财政配备以及堕胎问题的规定做了批评。他们要求将国家目标加入基本法并且根据基本法第146条进行全民公决，参阅社民党德国政策章节，Schäuble（1993）, 185ff, und Vogel（1996）, S. 342。同时参见 Dästner, in: *Frankfurter Allgemeine Zeitung* vom 20. 12. 1997。

145. Protokoll der Sitzung der CDU/CSU – Fraktion im Bundestag am 8.8.1990, S.69〔ACDP VIII – 001 Nr.1088/1〕. Siehe auch Vogel (1996), S.341.

146. 参阅 Bericht der Referate 332/221 des Bundeskanzleramtes vom 22.6.1990 über die Alternativen Einigungsvertrag – überleitungsgesetzgebung；Bericht der Gruppe 33 des Bundeskanzleramtes vom 17.8.1990 über die Folgen eines scheiternden Einigungsvertrages；13. Sitzung des BADE am 26.7.1990, S.434. 同时参见 Schäuble (1993), S.189ff. 。

147. 参阅 Information des Referats 224 im Bundeskanzleramt vom 17.8.1990 zur Sitzung des KADE am 20.8.1990, S.2；Papier der AG Deutsche Einheit des BMI mit einer Auflistung der noch offenen Punkte in den Anlagen des Einigungsvertrages vom 23.8.1990〔BA – B 106/125877〕。同时参见 Schäuble (1993), S.192, 196ff. Und 205。

148. Information des Abteilungsleiters 3 im Bundeskanzleramt vom 25.8.1990 über die Verhandlungen zum Einigungsvertrag, S.1〔BA – B 136/29254（121 – 14020）Doknr.0051〕；Papier der AGDE mit einer Auflistung der noch offenen Punkte in den Anlagen des Einigungsvertrages vom 23.8.1990〔BA – B 106/125877〕. 同时参见 Schäuble (1993), S.209f. 。

149. 参阅 1990 年 8 月 17 日联邦总理府第 332 号报告关于统一条约的时间安排。

150. 参阅 Schäuble (1993), S.210；Kohl (1996), S.451；沃尔夫冈·耶格尔与朔伊布勒于 1995 年 8 月 4 日在根恩巴赫的访谈。

151. 尤其是刑法法典第 218 条、首都问题和财政法规要求进行一次政府和反对派之间的高层对话，参阅 Information der Gruppenleiter 22 und 33 im Bundeskanzleramt vom 23.8.1990 über ein internes Gespräch mit Vertretern der BundesLänder, S.5〔BA – B 136/29254（121 – 14020）Doknr.0058〕；Information des Abteilungsleiters 3 im Bundeskanzleramt vom 25.8.1990 über die Verhandlungen zum Einigungsvertrag, S.1〔BA – B 136/29254（121 – 14020）Doknr.0051〕。同时参见 Schäuble (1993), S.2l0f. Und Kohl (1996), S.460。

152. 政府方面的参与者包括联邦总理 Kohl，党团主席 Dregger，总理办公厅主席 Seiters 以及联邦内政部长 Schäuble，基社盟主席 Waigel 以及州团体主席 Bötsch。自民党代表为 Graf Lambsdorff，党团主席 Mischnick 以及外交部长 Genscher。Däubler – Gmelin 以及社民党总理候选人 Lafontaine 陪同社民党主席 Vogel 共同出席。参阅 Schäuble （1993），S. 212；Dästner，in：*Frankfurter Allgemeine Zeitung* vom 20. 12. 1997。

153. 参阅 16. Sitzung des BADE am 22. 8. 1990，S. 484ff.。其他反对派批评的问题参阅 17. Sitzung des BADE am 6. 9. 1990，S. 524ff.。同时参见 Schäuble（1993），S. 212ff.。

154. 参阅 Vogel（1996），S. 341。同时参见 Dästner in：Frankfurter Allgemeine Zeitung vom 20. 12. 1997。

155. 参阅 13. Sitzung des BADE am 26. 7. 1990，S. 432；Protokoll der Sitzung der CDU/ CSU – Fraktion im Bundestag am 8. 8. 1990，S. 73［ACDP VIII – 001 Nr. 1088/1］。绿党的 Antje Vollmer 建议把有争议的困难问题"交给人民处理，他们通过革命也获得了对这种问题作出决定的能力"，13. Sitzung des BADE am 26. 7. 1990，S. 437。

156. Schäuble（1993），S. 229f.

157. 参阅 Protokoll der Sitzung der CDU/CSU – Fraktion im Bundestag am 30. 8. 1990，S. 114ff.［ACDP VIII – 001 Nr. 1088/1］。同时参见 Schäuble（1993），S. 230ff，237f. Und 247。

158. Protokoll der 27. Sitzung des Ministerrates am 29. 8. 1990，S. 7［BArch DC 20，I/ 3 – 3052］。

159. 参阅 Protokoll der Sitzung der CDU/CSU – Fraktion im Bundestag am 4. 9. 1990，S. 3［ACDP VIII – 001 Nr. 1088/1］。

160. 参阅 Protokoll der 28. Außerordentlichen Sitzung des Ministerrates am 31. 8. 1990［BArch DC 20，1/3 – 3055］。

161. 同时参见 Schäuble（1993），S. 277f.。

162. 此外补充内容还涉及人民议院成员的过渡报酬、环保领域、教育体制以及无线电广播引入法规，参阅 Protokoll der Sitzung der CDU/CSU – Fraktion im Bundestag am 18. 9. 1990，S. 15ff.［ACDP VII – 001 Nr. 1088/1］；19. Sitzung des BADE am 18. 9. 1990，S. 620ff.。

163. 8 名联邦议院成员在 Herbert Czajas 的领导下打算在联邦宪法法院进行起诉，因为议员的权利受到了损害，所以要求阻止批准过程，但这一

起诉遭到了一致反对。参阅 1Protokoll der Sitzung der CDU/CSU –
Fraktion im Bundestag am 30. 8. 1990，S. 133 ff.，150，262ff. ［ACDP
VII – 001 Nr. 1088/1］；Protokoll der Sitzung der CDU/CSU – Fraktion im
Bundestag am 10. 9. 1990，S. 264 ［ACDP VII – 001 Nr. 1088/1］；18.
Sitzung des BADE am 14. 9. 1990，S. 582ff，；Protokoll der Sitzung der
CDU/CSU – Fraktion im Bundestag am 18. 9. 1990，S. 11 ［ACDP VII –
001 Nr. 1088/1］。

164. 7. Sitzung des BADE am 15. 6. 1990，S. 266；20. Sitzung des BADE am
19. 9. 1990，S. 669；Chronologie zum Einigungsvertrag der AG》KADE《 im
BMI vom 12. 12. 1990，S. 33. 社民党主席 Vogel 也认为 "在短短几周之
内完成条约草案是波恩的职能部门取得的一项巨大成就"，参阅 Vogel
(1996)，S. 341。同时参见 Schäuble (1993)，S. 252ff. 。在联邦议院和
联邦参议院中，社民党人无一例外对统一条约投了赞成票，参阅
Vogel (1996)，S. 345。

165. 参阅 Protokoll des BMI vom 20. 7. 1990 über die Ergebnisse der
FachGespräche im Zeitraum vom 10. Zum 20. 7. 1990，S. 2；Der
Einigungsvertrag, Vertrag zwischen der Bundesrepublik Deutschland und
der DDR über die Herstellung der Einheit Deutschlands vom 31. 8. 1990，
in：Die Vertrage zur Einheit Deutschlands. München 1990，S. 43 – 569，
S. 43。

166. 参阅 Protokoll des BMI vom 20. 7. 1990 über die Ergebnisse der
FachGespräche im Zeitraum vom 10. Zum 20. 7. 1990，S. 2ff. ，3f. Und
6ff. ；Der Einigungsvertrag, S. 44ff. 。

167. 参阅 Protokoll des BMI vom 20. 7. 1990 über die Ergebnisse der
FachGespräche im Zeitraum vom 10. Zum 20. 7. 1990，S. 11f；Der
Einigungsvertrag, S. 47ff. 。

168. 参阅 Protokoll des BMI vom 20. 7. 1990 über die Ergebnisse der
FachGespräche im Zeitraum vom 10. Zum 20. 7. 1990，S. 2，12ff. ，20ff. ，
40ff. Und 45；Der Einigungsvertrag, S. 49ff. 。

169. 参阅 Protokoll des BMI vom 20. 7. 1990 über die Ergebnisse der
FachGespräche im Zeitraum vom 10. Zum 20. 7. 1990，S. 34ff. ，45 und
50f；Der Einigungsvertrag, S. 58ff. 。

170. 参阅 Protokoll des BMI vom 20. 7. 1990 über die Ergebnisse der FachGespräche im Zeitraum vom 10. Zum 20. 7. 1990, S. 5; Einigungsvertrag, S. 66f. 。

171. 参阅 Einigungsvertrag, S. 68 ff. 。

172. 参阅 Protokoll des BMI vom 20. 7. 1990 über die Ergebnisse der FachGespräche im Zeitraum vom 10. Zum 20. 7. 1990, S. 1。

173. 参阅 Papier des BMI vom 19. 2. 1990 mit überlegungen zu verfassungsrechtli – chen Fragen im Zusammenhang mit der Einigung Deutschlands, S. 1f. ［BA – B 137/10878］; erster Bericht der AG des BMI » Staatsstrukturen und Öffentliche Ordnung« im Rahmen des KADE vom 5. 3. 1990, S. 1ff. ［BA – B 137/10878］。

174. 参阅 1990 年 2 月 19 日联邦内政部关于德国统一宪法合法性问题的文件 (Papier des BMI vom 19. 2. 1990 mit überlegungen zu verfassungsrechtlichen Fragen im Zusammenhang mit der Einigung Deutschlands), 4ff. ［BA – B 137/10878］。

175. 参阅 Papier des BMI vom 19. 2. 1990 mit überlegungen zu verfassungsrechtli – chen Fragen im Zusammenhang mit der Einigung Deutschlands, S. L0ff. ［BA – 13 137/10878］。

176. 根据主流意见，德国民众对于奥德尼斯河边界问题不感兴趣，因为对于在统一领土上居住的德国民众来说这只涉及一个"少数群体"。

177. 参阅 Papier des BMI vom 19. 2. 1990 mit überlegungen zu verfassungsrechtli – chen Fragen im Zusammenhang mit der Einigung Deutschlands, S. L0ff. ［BA – 13 137/10878］。

178. 参阅 Papier des BMI vom 19. 2. 1990 mit überlegungen zu verfassungsrechtli – chen Fragen im Zusammenhang mit der Einigung Deutschlands, S. 15f. ［BA – B 137/10878］; Punktation der AL 2 im Bundeskanzleramt vom 22. 3. 1990 über Fragen des Beitritts nach Art. 23 Abs. 2 GG; Papier des AA vom 22. 2. 1990 zu verfassungsrechtlichen Fragen im Zusammenhang mit der Einigung Deutschlands, S. 3 ［BA – B 137/10878］; Argumentationspapier des Referats 221 vom 28. 5. 1990 im Bundeskanzleramt zur Frage einer Volksabstimmung ［BA – B 136/31102 (132 – 10000) Doknr. 0044］。同时参见 Schäuble (1993), S. 140。

179. Information der Referate 332 und 221 im Bundeskanzleramt vom 22. 6. 1990 über überlegungen zu VerfassungsÄnderungen und Überleitungsgesetz im Zusammenhang mit dem Beitritt der DDR , S. 2ff; Information des Referats 332 im Bundeskanzleramt zum Einigungsvertrag vom 17. 8. 1990 , S. 1 f.

180. Papier der Gruppe 22 im Bundeskanzleramt vom 7. 8. 1990 , S. 2.

181. 仅仅凭借基本法第146条无法超越这种范围。参阅 Ergebnisvermerk der AGDE über die Ressortbesprechung am 7. 6. 1990 im BMI zur überleitung von Bundesrecht vom 7. 6. 1990 , S. 2 [BA – B 106/125870]。同时参见 Dästner, in: *Frankfurter Allgemeine Zeitung* vom 20. 12. 1997。

182. Information des Referats 332 im Bundeskanzleramt vom 17. 8. 1990 zum Einigungsvertrag, S. 2. 总体参阅 Information der Referate 332 und 221 im Bundeskanzleramt vom 22. 6. 1990 über überlegungen zu VerfassungsÄnderungen und Überleitungsgesetz im Zusammenhang mit dem Beitritt der DDR , S. 1ff. 。

183. 参阅 Papier des BMI vom 21. 2. 1990 mit überlegungen zu verfassungsrechtlichen Fragen im Zusammenhang mit der Einigung Deutschlands, S. 1 f. [BA – B 137/10878]。

184. 无论是根据基本法第23条还是第146条，宪法实施都只需要获得简单多数支持即可。

185. 参阅 Papier des BMI vom 21. 2. 1990 mit überlegungen zu verfassungsrechtlichen Fragen im Zusammenhang mit der Einigung Deutschlands, S. 1 f. [BA – B 137/10878]。

186. 第一部有关经济、货币和社会的国家条约包含了联邦政府在四年半时间内的财政决定。一部新的国家条约应该可以引导新的东德需求。

187. 参阅 Ergebnisbericht vom 12. 6. 1990 über das Gespräch zwischen BMI, BMJ, BMF und Bundeskanzleramt (Gruppe 33) am 11. 6. 1990 über überlegungen für VerfassungsÄnderungen im Zusammenhang mit dem Beitritt der DDR) , S. 2 f. ; Information der Referate 332 und 221 im Bundeskanzleramt vom 22. 6. 1990 über überlegungen zu Verfassungs Änderungen und Überleitungsgesetz im Zusammenhang mit dem Beitritt der DDR , S. 3。

188. 应该注意到，除了需要获得德国内部关系的认同之外，对外政策的框架条件也要考虑进来，参阅 lerster Bericht der AG des BMI »Staatsstrukturen und Öffentliche Ordnung« im Rahmen des KADE vom 5.3.1990, S.3. [BA – B 137/10878]. 1Bericht des Leiters des Arbeitsstabes Deutschlandpolitik im Bundeskanzleramt vom 15.3.1990 zum weiteren Vorgehen auf dem Weg zur deutschen Einheit, S.2. [BA – B 136/21664]。

189. 而且通过这种方式，民主德国加入欧共体也更容易一些。最主要的困难是如何向西德的管理框架转换，参阅 Bericht der Ministerin des BMB vom 9.3.1990 vor dem innerdeutschen Ausschuss des Deutschen Bundestages über die Beratungen des KADE am 14.3.1990 S.13f. [BA – B 137/10877]。

190. 参阅 Information des Referats 331 im Bundeskanzleramt vom 3.7.1990 über den Stand der überlegungen zu Staatsvertrag und überleitung des GG im Zusammenhang mit dem Beitritt der DDR, S.1。

191. 参阅 Schäuble (1993), S.25, 140。为了满足民主德国的愿望，以有说服力的论证原则来进行应对，各个职能部门必须制定关于可能主题的高度保密的非文件。在联邦司法部的领导下，如下问题被评判：引入社会基本法以及国家目标法规，国家债务法以及刑法法典第218条；在联邦内政部的领导下，对如下问题进行了处理：加强公民表决要素、加强联邦州相对与联邦和教会的能力、教会税、外国人的地方选举法以及民主德国公共服务。参阅 Vermerk vom 5.6.1990 über erste überlegungen für VerfassungsÄnderungen im Zusammenhang mit dem Beitritt der DDR aus einem Gespräch zwischen BMI und BMJ vom 1.6.1990, S.2 f.。许多这样的改变受到了反对派的欢迎，参阅 10. Sitzung des BADE am 4.7.1990, S.359; 13. Sitzung des BADE am 26.7.1990, S.44f.。

192. 参阅 Protokoll der Sitzung der CDU/CSU – Fraktion im Bundestag am 8.8.1990, S.21, 75 [ACDP VIIL – 001 Nr. 1088/1]。

193. 除了下文提到的变化之外，人们还讨论了基本法中财政宪法和国防宪法的实施，第29条（联邦州新结构）的修改和对于第116条（国籍）的修改，参阅 Ergebnisbericht vom 12.6.1990 über das Gespräch zwischen BMI, BMJ, BMF und Bundeskanzleramt (Gruppe 33) am

11. 6. 1990 über überlegungen für VerfassungsÄnderungen im
Zusammenhang mit dem Beitritt der DDR , S. 3 f. ; Vermerk vom 5. 6. 1990
über erste überlegungen für VerfassungsÄnderungen im Zusammenhang mit
dem Beitritt der DDR aus einem Gespräch zwischen BMI und BMJ vom
1. 6. 1990, S. 1 f. ; Information des Referats 332 im Bundeskanzleramt vom
20. 7. 1990 über die Änderungen des GG im Zusammenhang mit dem
Beitritt der DDR nach Art. 23 GG〔BA – B 136/29252（121 – 14020）
Doknr. 0026〕; Information des BMI vom 23. 7. 1990 über den Stand der
Ergebnisse der FachGespräche zum Einigungsvertrag〔BA – B 136/29252
（121 – 14020）Doknr. 0021〕; 10. Sitzung des BADE am 4. 7. 1990 ,
S. 370f. 。

194. 毫无疑问，序言必须进行修改，但是是否应该在其中加入尽善尽美的
德国统一的思想，从一开始就存在争议。对于删除基本法第 146 条，
内部关系部表示支持，联邦司法部反对，外交部保持中立。此外还涉
及一个问题，即保持民族和国家统一是否应该成为序言内容。对这个
问题联邦司法部和外交部表示支持，而内政部则表示反对，参阅
Information des Referats 331 im Bundeskanzleramt vom 3. 7. 1990 über den
Stand der überlegungen zu Staatsvertrag und überleitung des GG im
Zusammenhang mit dem Beitritt der DDR, S. 1f. ; 17. Sitzung des BADE
am 6. 9. 1990, S. 540f. ; Protokoll der Sitzung der CDU/CSU – Fraktion im
Bundestag am 8. 8. 1990, S. 57ff.〔ACDP VIII – 001 Nr. 1088/1〕。

195. 参阅 1Ergebnisbericht vom 12. 6. 1990 über das Gespräch zwischen BMI,
BMJ, BMF und Bundeskanzleramt（Gruppe 33）am 11. 6. 1990 über
überlegungen für VerfassungsÄnderungen im Zusammenhang mit dem Beitritt
der DDR）, S. 3; Kurzbericht der Gruppe 22 des Bundeskanzleramtes vom
6. 7. 1990 über die erste Verhandlungsrunde, S. 3; Ergebnisprotokoll des BMI
vom 8. 7. 1990 über die erste Verhandlungsrunde am 6. 7. 1990 in Berlin ,
S. 8〔BA – B 106/125872〕; 参阅 Protokoll der Gruppen 22 und 33 im
Bundeskanzleramt vom 4. 8. 1990 zur zweiten Verhandlungsrunde zum
Einigungsvertrag vom 1. – 3. 8. 1990 in Ost – Berlin, S. 2 f. 。

196. Information des Referats 332 im Bundeskanzleramt vom 17. 7. 1990 zur
Sitzung des KADE am 18. 7. 1990 , S. 1; Information des Referatsleiters

514 im Bundeskanzleramt vom 1. 8. 1990 über die innenpolitische Entwicklung im Juli 1990, S. 8 [BA – B 136/32897 (51 – 35400) Doknr. 0034].

197. 这对于堕胎法的规定至关重要，不过对于行政法也是一样。法律的调整不可以违反基本法的本质（Art. 19 II GG）或者违反基本法第 1 条和第 20 条的原则（Art. 79 III GG），参阅 Information des Referats 332 des Bundeskanzleramtes vom 17. 8. 1990 zur dritten Verhandlungsrunde , S. 2; den Bericht der Gruppen 22 und 33 des Bundeskanzleramtes vom 4. 8. 1990 über die zweite Verhandlungsrunde, S. 3; Protokoll der Sitzung der CDU/CSU – Fraktion im Bundestag am 8. 8. 1990, S. 23 [ACDP VIII – 001 Nr. 1088/1]。同时参见 Schäuble (1993), S. 168f. 。

198. Schäuble (1993), S. 192. 同时参见 Einigungsvertrag, Art. 4。

199. 参阅 Information des Referats 332 des Bundeskanzleramtes vom 17. 8. 1990 zur dritten Verhandlungsrunde , S. 2。

200. Protokoll der Sitzung der CDU/CSU – Fraktion im Bundestag am 4. 9. 1990, S. 76 [ACDP VIII – 001 Nr. 1088/1].

201. Ergebnisbericht vom 12. 6. 1990 über das Gespräch zwischen BMI, BMJ, BMF und Bundeskanzleramt (Gruppe 33) am 11. 6. 1990 über überlegungen für VerfassungsÄnderungen im Zusammenhang mit dem Beitritt der DDR , S. 4; Information der Gruppe 22 im Bundeskanzleramt vom 3. 7. 1990 über die Herstellung der deutschen. Einheit, S. 2; Information des Referats 331 im Bundeskanzleramt vom 3. 7. 1990 über den Stand der überlegungen zu Staatsvertrag und überleitung des GG im Zusammenhang mit dem Beitritt der DDR, S. 2f; Kurzbericht der Gruppe 22 des Bundeskanzleramtes vom 6. 7. 1990 über die erste Verhandlungsrunde, S. 3; Sitzung des BADE am 4. 7. 1990, S. 353 f. , 357f. , 360ff. , 369; 13. Sitzung des BADE am 26. 7. 1990, S. 428ff. ; 16. Sitzung des BADE am 22. 8. 1990, S. 508; Protokoll der Sitzung der CDU/CSU – Fraktion im Bundestag am 30. 8. 1990 , S. 153, 158, 163. 同时参见 Schäuble (1993), S. 120f. 。

202. 参阅 Schäuble (1993), S. 193。

203. 16. Sitzung des BADE am 22. 8. 1990, S. 486, 501, 507, 509; 17.

Sitzung des BADE am 6. 9. 1990，S. 526 ff.

204. Protokollder Sitzung der CDU/CSU – Fraktion im Bundestag am 8. 8. 1990，S. 69.〔ACDP VIII – 001 Nr. 1088/1〕.

205. 参阅 Bericht vom 12. 7. 1990 des Gesprächs zwischen BMI，BMJ，BMF und Bundeskanzleramt am 11. 7. 1990 über beitrittsbedingte VerfassungsÄnderungen；Sitzung des BADE am 4. 7. 1990，S. 345。

206. Protokoll der Gruppen 22 und 33 im Bundeskanzleramt vom 4. 8. 1990 zur zweiten Verhandlungsrunde zum Einigungsvertrag vom 1. – 3. 8. 1990 in Ost – Berlin，S. 2；Information des Referats 332 des Bundeskanzleramtes vom 17. 8. 1990 zur dritten Verhandlungsrunde，S. 2；Protokoll der Sitzung der CDU/CSU – Fraktion im Bundestag am 8. 8. 1990，S. 24〔ACDP VIII – 001 Nr. 1088/1〕；Protokoll der Sitzung der CDU/CSU – Fraktion im Bundestag am 30. 8. 1990，S. 154f.〔同上〕. 现在社民党领导的联邦州可以放弃自己的要求了，他们无法将一个具有立宪代表大会职能的宪法委员会以及全民公决写入统一条约中，参阅 Information der Gruppenleiter 22 und 33 im Bundeskanzleramt vom 23. 8. 1990 über ein internes Gespräch mit Vertretern der BundesLänder，S. 3〔BA – B 136/29254（121 – 14020）Doknr. 0050〕；16. Sitzung des BADE am 22. 8. 1990，S. 495，508f. 对于即将建立的为修宪提供建议的委员会存在争议。尤其是社民党和绿党要求建立宪法委员会，基民盟建议成立调查委员会，参阅 16. Sitzung des BADE am 22. 8. 1990，S. 500。同时参见 Schäuble（1993），S. 213f.；Vogel（1996），S. 342。

207. 在统一条约中纳入了序言的修改以及第 23 条、第 146 条、第 131 条和第 143 条的修改，参阅 Bericht der Gruppen 22 und 33 des Bundeskanzleramtes vom 4. 8. 1990 über die zweite Verhandlungsrunde；15. Sitzung des BADE am 9. 8. 1990，S. 463；Protokoll der Sitzung der CDU/CSU – Fraktion im Bundestag am 8. 8. 1990，S. 22f.〔ACDP VIII – 001 Nr. 1088/1〕。同时参见 Schäuble（1993），S. 213f.；Vogel（1996），S. 342。

208. 参阅 Schäuble（1993），S. 25f. Und de Maizière（1996），S. 85f. 。

209. 参阅 Ergebnisbericht vom 12. 6. 1990 über das Gespräch zwischen BMI，BMJ，BMF und Bundeskanzleramt（Gruppe 33）am 11. 6. 1990 über

überlegungen für VerfassungsÄnderungen im Zusammenhang mit dem Beitritt der DDR , S. 1 f. ; 13. Sitzung des BADE vom 26. 7. 1990), S. 438 ; Protokoll der Sitzung der CDU/CSU – Fraktion im Bundestag am 29. 8. 1990, S. 6 〔ACDP VIII – 001 Nr. 1088/1〕。

210. 参阅 Protokoll der Sitzung der CDU/CSU – Fraktion im Bundestag am 30. 8. 1990, S. 148. 〔ACDP VIII – 001 Nr. 1088/1〕。同时参见 Schäuble (1993), S. 15ff. , 82。

211. 一共建立了 5 个专家组：在刑法案件、工商业法律保护、司法改革、未清算财产问题以及普通民法、刑法和商法和社会法方面提供法律援助。此外还提供在业务上和人员上的司法领域的具体援助，主要通过准备法律文本，法律文献以及办公设备，包括数据处理等方式。此外还确立了要和民主德国建立一个共同专家组，参阅 Bericht der Ministerin des BMB vom 9. 3. 1990 vor dem innerdeutschen Ausschuss des Bundestages über die Beratungen des KADE am 14. 3. 1990. , S. 11 ff. 〔BA – B 137/10877〕; Bericht vom 27. 2. 1990 der AG des BMJ »Rechtsfragen, insbesondere Rechtsangleichung« am KADE 〔BA – B 136/20254〕; Information der Gruppe 33 im Bundeskanzleramt vom 6. 3. 1990 zu der AG des BMJ »Rechtsfragen, insb. Rechtsangleichung«, S. 1。

212. 参阅 Bericht vom 27. 2. 1990 der AG des BMJ »Rechtsfragen, insbesondere Rechtsangleichung« am KADE 〔BA – B 136/20254〕。同时参见 Schäuble (1993), S. 56, 150ff. 。

213. 参见 Erster Bericht der AG »Staatsstrukturen und Öffentliche Ordnung« des KADE vom 5. 3. 1990 〔BA – B 137/10878〕; Information vom 3. 5. 1990 zur Staatssekretär – Runde am 7. 5. 1990 über Kontakte mit der DDR, S. 4 〔BA – B 136/24675 (031 – 14223) Doknr. 0001〕。同时参见 Schäuble (1993), S. 56f. , 151。

214. 参阅 1Ergebnisvermerk der AGDE über die Ressortbesprechung am 7. 6. 1990 im BMI zur überleitung von Bundesrecht vom 7. 6. 1990, S. 4 〔BA – B 106/125870〕; Bericht des Referats 221 im Bundeskanzleramt vom 17. 7. 1990 über die überleitung von Bundesrecht durch den Einigungsvertrag; Protokoll vom 19. 7. 1990 der Sitzung von Vertretern des Bundes, der DDR und der BundesLänder am 18. 7. 1990 , S. 13 f; Bericht

der Referate 332/221 im Bundeskanzleramt vom 22. 6. 1990 über die Alternativen Einigungsvertrag - überleitungsgesetzgebung；Bericht der Gruppe 33 im Bundeskanzleramt vom 17. 8. 1990 über die Folgen eines scheiternden Einigungsvertrages；Bericht des Referats 332 im Bundeskanzleramt vom 19. 7. 1990 über die überleitung von Bundesrecht durch den Einigungsvertrag, S. 1。同时参见 Schäuble（1993），S. 14, 120, 150f. , 153 ff. 。

215. 参阅 Bericht vom 27. 2. 1990 der AG des BMJ »Rechtsfragen, insbesondere Rechtsangleichung« im KADE ［BA - B 136/20254］；Information des Referats 221 im Bundeskanzleramt vom 17. 7. 1990 zur überleitung von Bundesrecht durch den Einigungsvertrag；Protokoll über die Ergebnisse der Besprechung des Chefs des Bundeskanzleramtes mit den Chefs der Staats - und Senatskanzleien der Länder am 25. 7. 1990 in Bonn, S. 9 ［BA - B 136/24675（422 - 14020）Doknr. 0010］。

216. 参阅 Information des Referats 221 im Bundeskanzleramt vom 17. 7. 1990 zur überleitung von Bundesrecht durch den Einigungsvertrag；Information des BMI vom 23. 7. 1990 über den Stand der Ergebnisse der FachGespräche zum Einigungsvertrag ［BA - B 136/29252（121 - 14020）Doknr. 0021］；113. Sitzung des BADE am26. 7. 1990, S. 426f. 。

217. 参阅 15. Sitzung des BADE am 9. 8. 1990, S. 463；Papier des BMI zur Umstellung der übernahme der Rechtsvorschriften von einer »Positivliste« auf eine »Ausnahmeliste« vom 25. 8. 1990 ［BA - B 106/19412］，同时参见 Schäuble（1993），S. 14 以及沃尔夫冈·耶格尔与朔伊布勒在 1995 年 8 月 4 日在根恩巴赫的访谈。

218. 13. Sitzung des BADE am26. 7. 1990, S. 427.

219. 参阅 Bericht der Gruppen 22 und 33 des Bundeskanzleramtes vom 4. 8. 1990 über die zweite Verhandlungsrunde；Protokoll der Sitzung der CDU/CSU - Fraktion im Bundestag am 8. 8. 1990, S. 24. ［ACDP VIII - 001 Nr. 1088/1］。

220. 参阅 Protokoll der Gruppen 22 und 33 im Bundeskanzleramt vom 4. 8. 1990 zur zweiten Verhandlungsrunde zum Einigungsvertrag vom 1. - 3. 8. 1990 in Ost - Berlin, S. 4；Chronologie zum Einigungsvertrag der AG »KADE« im

BMI vom 12. 12. 1990, S. 26。同时参见 Schäuble（1993）, S. 153 ff. 。

221. Bericht des Referats 332 im Bundeskanzleramt vom 17. 8. 1990 zur dritten Verhandlungsrunde. 同时参见 Schäuble（1993）, S. 194；16. Sitzung des BADE am 22. 8. 1990, S. 506。

222. 这里关系到整个德国国家的名字、国旗和国歌，参阅 Schäuble（1993）, S. 128ff. Und Kohl（1996）, S. 450f. 。

223. 根据 2 月初联邦内政部的文件，首都（议会和政府所在地）选址的问题原则上应该由联邦议院通过法律文件决定。如果没有官方决定，那么每个宪法机构可以自行决定自己的所在地。但因为存在机构忠诚性的基本原则，所以议会的决定也同时确定了联邦政府的所在地。在选择走基本法第 146 条这条道路时，决定权就通过宪法表决归属到立宪的国民议会。参阅 Papier des BMI vom 19. 2. 1990 mit überlegungen zu verfassungsrechtlichen Fragen im Zusammenhang mit der Einigung Deutschlands, S. 16 ［BA－B 137/10878］；13. Sitzung des BADE am26. 7. 1990, S. 440。

224. 参阅 13. Sitzung des BADE am26. 7. 1990, S. 445。

225. 参阅 Brief des MdB Dr. Franz Möller an den Chef des Bundeskanzleramtes vom 4. 7. 1990 ［BA－B 136/26422（441－34905）Doknr. 0019］；Brief des MdB Julius Louven an den Chef des Bundeskanzleramtes Seiters vom 9. 7. 1990 ［BA－B 136/26422（441－34905）Doknr. 0020］；Brief des Landesvorsitzenden der CDU NRW Norbert Blüm an Bundeskanzler Helmut Kohl vom 3. 7. 1990 ［BA－B 136/ 26422（441－34905）Doknr. 0019］；Information des Referatsleiters 514 im Bundeskanzleramt vom 1. 8. 1990 über die innenpolitische Entwicklung im Juli 1990, S. 9 ［BA－B 136/ 32897（51－35400）Doknr. 0034］. 13. Sitzung des BADE am26. 7. 1990, S. 427f. , 431 f. ；Protokoll der Sitzung der CDU/CSU－Fraktion im Bundestag am 8. 8. 1990, S. 40ff. ［ACDP VIII－001 Nr. 1088/1］。同时参见 Schäuble（1993）, S. 131ff. , 170 und Kohl（1996）, S. 455f. 。

226. 参阅 Kurzbericht der Gruppe 22 des Bundeskanzleramtes vom 6. 7. 1990 über die erste Verhandlungsrunde, S. 2 f. , Ergebnisprotokoll des BMI vom 8. 7. 1990 über die erste Verhandlungsrunde am 6. 7. 1990 in Berlin,

S. 6 f. 。

227. 参阅 Schäuble（1993）, S. 133f. 。

228. Protokoll der Gruppen 22 und 33 im Bundeskanzleramt vom 4. 8. 1990 zur zweiten Verhandlungsrunde zum Einigungsvertrag vom 1. − 3. 8. 1990 in Ost − Berlin, S. 3. 同时参见 Schäuble（1993）, S. 170。

229. 参阅 Protokoll der Gruppen 22 und 33 im Bundeskanzleramt vom 4. 8. 1990 zur zweiten Verhandlungsrunde。同时参见 Schäuble（1993）, S. 172 f. ; 15. Sitzung des BADE am 9. 8. 1990, S. 463; Protokoll der Sitzung der CDU/CSU − Fraktion im Bundestag am 8. 8. 1990, S. 11 f. , 17, 25f. ［ACDP VIII − 001 Nr. 1088/1］。

230. Protokoll der Sitzung der CDU/CSU − Fraktion im Bundestag am 8. 8. 1990, S. 54. ［ACDP VIII − 001 Nr. 1088/1］.

231. 参阅 Eckpunkte der Länder über eine bundesstaatliche Ordnung im vereinten Deutschland, Stand Juli 1990, darin Protokollnotiz von Berlin und NRW/Hessen［BA − B 136/31471（132 − 10000）Doknr. 0045］; Brief Wolfgang Clement, Chef der Staatskanzlei NRW, an den Chef des Bundeskanzleramtes。

232. Bericht des Referats 332 im Bundeskanzleramt vom 17. 8. 1990. 同时参见 Schäuble（1993）, S. 195f. ; Information der Gruppenleiter 22 und 33 im Bundeskanzleramt vom 23. 8. 1990 über ein internes Gespräch mit Vertretern der BundesLänder, S. 3f. ［BA − B 136/29254（121 − 14020）Doknr. 0058］; 15. Sitzung des BADE am 9. 8. 1990, S. 474; Protokoll der Sitzung der CDU/CSU − Fraktion im Bundestag am 8. 8. 1990, S. 25f. ［ACDP VIII − 001 Nr. 1088/1］。

233. 参阅 17. Sitzung des BADE am 6. 9. 1990, S. 542 f. 。同时参见 Schäuble（1993）, S. 215ff. 。

234. 参阅 Vermerk des Referats 224 im Bundeskanzleramt vom 19. 3. 1990 zur Unterrichtung von StS Dr. Schröder über die Sitzung des KADE am 7. 3. 1990）, S. 1。

235. 参阅 Bericht der Arbeitsgruppe des BMJ » Rechtsfragen, insbesondere Rechtsangleichung« im Rahmen des KADE vom 27. 2. 1990 ［BA − B 136/20254］; 15. Sitzung des BADE am 9. 8. 1990, S. 465; Protokoll der

Sitzung der CDU/CSU – Fraktion im Bundestag am 8. 8. 1990, S. 25f. [ACDP VIII –001 Nr. 1088/1]。参阅 Schäuble（1992), S. 101f.。

236. 详细参见 Information des BMJ vom 26. 3. 1990 »Offene Vermögensfragen, Darstellung der wesentlichen Problemfelder im privatrechtlichen Bereich«。

237. übersicht des BMB vom 5. 2. 1990 über den Stand der wichtigsten Fragen in den innerdeutschen Beziehungen seit dem Dresdenbesuch des Bundeskanzlers am 19. Und 20. 12. 1990, S. 8f. [BA – B 136/20579].

238. 参阅 Schäuble（1993), S. 102。

239. 参阅 Bericht der Arbeitsgruppe des BMJ »Rechtsfragen, insbesondere Rechtsangleichung« im Rahmen des KADE vom 27. 2. 1990 [BA – B 136/20254]。还包括一份问题领域列表。

240. Erklärung der Regierung der DDR zu den Eigentumsverhältnissen vom 1. 3. 1990 [BA – B 137/10879]; Stellungnahme des BMF zur Erklärung der DDR – Regierung zu den Eigentumsverhältnissen vom 5. 3. 1990 [BA – B 106/125895]; Stellungnahme des BMJ zur Erklärung der DDR – Regierung zu den Eigentumsverhältnissen vom 28. 3. 1990 [BA – B 106/125895].

241. 参阅 ACDP VII –012, Nr. 3917。

242. 参阅 BA – B 137/10882; Protokoll der Ministerratssitzung vom 2. 5. 1990 [BArch – DC 20, 1/3 –2947]。

243. 参阅 DDR – RegierungsErklärung vom 19. 4. 1990, in: Neues Deutschland vom 20. 4. 1990; Information des BMJ vom 12. 10. 1990 über die Haltung der DDR zu den Enteignungen während der sowjetischen Besatzungshoheit 1945 –1949 [BA – B 136/29248（121 –44008) Doknr. 0009]. Siehe auch Schäuble（1993), S. 103。

244. 参阅 Stellungnahme des BMJ zu dem Schreiben von Ministerpräsident Modrow vom 2. 3. 1990 und zu der Erklärung des Ministerrates der DDR vom 1. 3. 1990, S. 5; Stellungnahme des BMJ zur Erklärung der DDR – Regierung zu den Eigentumsverhältnissen vom 28. 3. 1990, S. 5ff. [BA – B 106/125895]。

245. 参阅 Sprechzettel des BMB vom 13. 3. 1990 für die Sitzung des KADE am 14. 3. 1990, S. 5; Stellungnahme des BMJ zu dem Schreiben von

Ministerpräsident Modrow vom 2. 3. 1990 und zu der Erklärung des Ministerrates der DDR vom 1. 3. 1990, S. 6。

246. 参阅 Stellungnahme des BMJ zu dem Schreiben von Ministerpräsident Modrow vom 2. 3. 1990 und zu der Erklärung des Ministerrates der DDR vom 1. 3. 1990, S. 7ff. 。

247. 参阅 Schäuble (1993), S. 103 f. 。

248. 参阅 Information des Referats 224 im Bundeskanzleramt vom 6. 3. 1990 über die Sitzung des KADE am 7. 3. 1990, S. 2。

249. Papier des BMJ: Sprachregelang der Bundesregierung zu den offenen Vermögensfragen) [BA – B 137/10879].

250. 参阅 Kurzbericht vom 3. 4. 1990 über die 2. Sitzung der Expertengruppe » Klärung offener Vermögensfragen « am 29. /30. 3. 1990 im Finanzministerium der DDR, S. 2 [BA – B 137/10879]。

251. Papier des BMJ zu den offenen Vermögensfragen vom 6. 6. 1990, S. 5 [BA – B 106/125896].

252. 这是有可能的，因为问题是民主德国自己造成的，而且那些有争议的财产并不是消失了，而是被重新分配到了现存的民主德国的区域内。建立基金是一种选择。参阅 Kurzbericht vom 3. 4. 1990 über die 2. Sitzung der Expertengruppe »Klärung offener Vermögensfragen « am 29. / 30. 3. 1990 im Finanzministerium der DDR, S. 3, 5 [BA – B 137/10879]; Information vom 3. 5. 1990 zur Staatssekretär – Runde am 7. 5. 1990 über Kontakte mit der DDR, S. 4 [BA – B 136/24675 (031 – 14223) Doknr. 0001]。

253. 参阅 Schäuble (1993), S. 104f. 。

254. 参阅 Bericht der zweiten Sitzung der Expertengruppe »Klärung offener Vermögensfragen « vom 3. 4. 1990, [BA – B 137/10879]。同时参见 Schäuble (1993), S. 105, 255。

255. Protokoll der Sitzung der CDU/CSU – Fraktion im Bundestag am 30. 8. 1990, S. 151. [ACDP VIII – 001 Nr. 1088/1].

256. Entwurf des BMJ einer gemeinsamen Erklärung der Regierungen der Bundesrepublik und der DDR zu den offenen Vermögensfragen, Stand: 17. 5. 1990 [BA – B 106/125895]. Presse – und Informationsamt der

Bundesregierung, Gemeinsame Erklärung zur Regelung offener Vermögensfragen, Bulletin Nr. 77 vom 19. 6. 1990. 这份草案获得了民主德国部长会议的通过，有两票弃权——财政部长 Romberg（社民党）和司法部长 Wünsche（自由民主者联盟），Protokoll der 12. Außerordentlichen Sitzung des Ministerrates am 14. 6. 1990［BArch DC 20, 1/3 – 2992］。

257. 参阅 Presse – und Informationsamt der Bundesregierung, Gemeinsame Erklärung zur Regelung offener Vermögensfragen, Bulletin Nr. 77 vom 19. 6. 1990, S. 662; 1 Anmerkung des BMJ vom 28. 6. 1990 zur gemeinsamen Erklärung der Regierungen der Bundesrepublik Deutschland und der DDR zur Regelung offener Vermögensfragen vom 15. 6. 1990, S. 2, 4［BA – B 136/29250（122 – 14020）Doknr. 0081］; Information des BMJ vom 14. 8. 1990 zur offenen Vermögenfrage, S. 2［BA – B 136/29248（121 – 44008）Doknr. 0005］; 15. Sitzung des BADE am 9. 8. 1990, S. 465, 477。同时参见 Schäuble（1993）, S. 106, 254f. 。

258. Schäuble（1993）, S. 101 f. 在 1997 年的《明镜周刊》（Spiegel）的一次访谈中，德梅齐埃却表示，他反对"归还先于赔付"的形式，"自己有更好的处理方式"。这项规定是"统一基因里的错误，［因为它］唤醒了大量东德人社会和心理的创伤"，参阅 Der Spiegel Nr. 5 vom 27. 1. 1997, S. 67。

259. 1952 年的负担平衡法规规定，从战争中抢救出自身财产的人必须以为基金会捐款的形式贡献出一部分自己的收益。这部分钱加上联邦和联邦州的补贴金将共同用于援助失去了个人财产的人；损失将通过金钱进行补偿。如果将这一原则的追溯效用在民主德国领土上使用的话，1945 年到 1949 年，将带来了大约 80 亿德国马克的公共财政负担，参阅 Schäuble（1993）, S. 255ff. 。但是这个法规并不是为了对于所有的损失进行完全赔付，而只是进行困难救助。如果捐款人本身失去经济财富的话，基金会就要把他的捐款退回，参阅 Sprechzettel des BMB vom 13. 3. 1990 für die Sitzung des KADE am 14. 3. 1990, S. 11; Presse – und Informationsamt der Bundesregierung, Gemeinsame Erklärung zur Regelung offener Vermögensfragen, Bulletin Nr. 77 vom 19. 6. 1990, S. 662; Protokoll der Sitzung der CDU/CSU – Fraktion im Bundestag am

8. 8. 1990, S. 76. ［ACDP VIII－001 Nr. 1088/1］。

260. Anmerkung des BMJ vom 28. 6. 1990 zur gemeinsamen Erklärung der Regierungen der Bundesrepublik Deutschland und der DDR zur Regelung offener Vermögensfragen vom 15. 6. 1990, S. 14f.

261. 参阅 Information des Referats 222 im Bundeskanzleramt vom 17. 8. 1990 zu den offenen Vermögensfragen, S. 1 f. ［BA－B 136/29254 (122－14020) Doknr. 0039］。

262. Protokoll der Gruppen 22 und 33 im Bundeskanzleramt vom 4. 8. 1990 zur zweiten Verhandlungsrunde zum Einigungsvertrag vom 1. － 3. 8. 1990 in Ost－Berlin, S. 6; Information des Referats 332 des Bundeskanzleramtes vom 17. 8. 1990 zur dritten Verhandlungsrunde , S. 8; Protokoll der Sitzung der CDU/CSU － Fraktion im Bundestag am 8. 8. 1990, S. 67f. , 74 ［ACDP VIII－001 Nr. 1088/1］.

263. 参阅 Information des Referats 222 im Bundeskanzleramt vom 17. 8. 1990 zu den offenen Vermögensfragen, S. 1 f. ［BA－B 136/29254 (122－14020) Doknr. 0039］。同时参见 Schäuble (1993), S. 257f. 。此外统一条约中还收入了一部《处理未清算财产问题法规》。随着条约的生效, 这两部法规都将成为民主德国法律并且为《共同声明》加以补充, 参阅 Information des Referats 222 im Bundeskanzleramt vom 3. 9. 1990 über die Regelung offener Vermögensfragen mit der DDR ［BA－B 136/29248 (121－44008) Doknr. 0007］。

264. Protokoll über die Ergebnisse der Besprechung des Chefs des Bundeskanzleramtes Seiters mit den Chefs der Staats － und Senatskanzleien der Länder am 20. 8. 1990, Anlage 3 ［BA － B 136/26282 (141－14020) Doknr. 0050 ］; Information der Gruppenleiter 22 und 33 im Bundeskanzleramt vom 23. 8. 1990 über ein internes Gespräch mit Vertretern der BundesLänder, S. 1 ［BA － B 136/29254 (121－14020) Doknr. 0050］; 16. Sitzung des BADE am 22. 8. 1990, S. 503. 同时参见 Schäuble (1993), S. 188; Vogel (1996), S. 343。

265. 参阅 Schäuble (1993), S. 212。

266. 参阅 16. Sitzung des BADE am 22. 8. 1990, S. 512f. 。同时参见 Schäuble (1993), S. 258f. 。

267. 参阅 17. Sitzung des BADE am 6. 9. 1990，S. 545。

268. 参阅 Information des BMJ vom 14. 8. 1990 zu den offenen Vermögensfragen [BA – B 136/29248（121 – 44008）Doknr. 0005]。同时参见 Schäuble（1993），S. 259ff. 。

269. 联邦总理强调，甚至在基民盟中对此问题存在"非常对立的观点"，而且人们可以重新找到"所有现实社会的立场"。所以在时间压力之下，只可能选择过渡时期法规，参阅 Protokoll der Sitzung der CDU/CSU – Fraktion im Bundestag am 8. 8. 1990, S. 10, 17 [ACDP VIII – 001 Nr. 1088/1]。

270. 无论如何居住地原则使得不同法规在有期限的共存更容易获得通过，参阅 Information des Referats 331 im Bundeskanzleramt vom 17. 8. 1990 zur Regelung des Schwangerschaftsabbruchs nach Beitritt der DDR，S. 2；13. Sitzung des BADE am 26. 7. 1990，S. 438。

271. 参阅 Information des Referats 514 im Bundeskanzleramt vom 1. 8. 1990 über die innenpolitische Entwicklung im Juli 1990, S. 9 [BA – B 136/32897（51 – 35400）Doknr. 0034]；Bericht des Referats 331 im Bundeskanzleramt vom 17. 8. 1990 zur Regelung des Schwangerschaftsabbruchs nach Beitritt der DDR。

272. 参阅 33. Sitzung des BADE am 26. 7. 1990，S. 433。

273. 参阅同上，S. 444。

274. 社民党和绿党极力争取这一点，参阅 13. Sitzung des BADE vom 26. 7. 1990, S249；15. Sitzung des BADE am 9. 8. 1990, S. 475。

275. 参阅 Information des Referats 331 im Bundeskanzleramt vom 17. 8. 1990 zur Regelung des Schwangerschaftsabbruchs nach Beitritt der DDR，S. 1；Protokoll der Sitzung der CDU/CSU – Fraktion im Bundestag am 8. 8. 1990, S. 29ff. [ACDP VIII – 001 Nr. 1088/1]。同时参阅 Schäuble（1993），S. 230ff. 。

276. 这种态度的转变（同时联系到司法部长 Engelhard），之前在媒体报道中就有体现，参阅 Information des Referats 331 im Bundeskanzleramt vom 17. 8. 1990 zur Regelung des Schwangerschaftsabbruchs nach Beitritt der DDR, S. 2。

277. 参阅 15. Sitzung des BADE am 9. 8. 1990, S. 472, 495。社民党领导的联邦州也威胁说，如果政府和反对派党派之间不进行高层对话，就拒绝进行投票。参阅 Information der Gruppenleiter 22 und 33 im Bundeskanzleramt vom 23. 8. 1990 über ein internes Gespräch mit Vertretern der BundesLänder, S. 3［BA－B 136/29254（121－14020）Doknr. 0058］。

278. 参阅 16. Sitzung des BADE am 22. 8. 1990 ，S. 486，496f. . 50；Chronologie zum Einigungsvertrag der AG » KADE « im BMI vom 12. 12. 1990，S. 29。同时参见 Schäuble（1993），S. 239f. 。

279. Protokoll der Sitzung der CDU/CSU－Fraktion im Bundestag am 23. 8. 1990 S. 22［ACDP VIII－001 Nr. 1088/1］. 同时参见 Schäuble（1993），S. 238。

280. 参阅 Schäuble（1993），S. 213。

281. 早在 1990 年 6 月的职能部门协商会上人们就在考虑，在过渡时期内，基本法可以在多大程度上允许不同法规存在，参阅 Ergebnisbericht vom 12. 6. 1990 über das Gespräch zwischen BMI，BMJ，BMF und Bundeskanzleramt（Gruppe 33）am 11. 6. 1990 über überlegungen für VerfassungsÄnderungen im Zusammenhang mit dem Beitritt der DDR ，S. 4。

282. 参阅 Information des Referats 331 im Bundeskanzleramt vom 17. 8. 1990 zur Regelung des Schwangerschaftsabbruchs nach Beitritt der DDR，S. 1。同时参见 Schäuble（1993），S. 194。

283. 参阅 Protokoll der Sitzung der CDU/CSU－Fraktion im Bundestag am 8. 8. 1990，S. 38［ACDP VIII－001 Nr. 1088/1］；Protokoll der Sitzung der CDU/CSU－Fraktion im Bundestag am 29. 8. 1990 ，S. 9［ACDP VIII－001 Nr. 1088/1］。同时参见 Schäuble（1993），S. 235ff. 。

284. 参阅 Protokoll der Sitzung der CDU/CSU－Fraktion im Bundestag am 29. 8. 1990 ，S. 9［ACDP VIII－001 Nr. 1088/1］。同时参见 Schäuble（1993），S. 240f. 。

285. 参阅 Protokoll der Sitzung der CDU/CSU－Fraktion im Bundestag am 29. 8. 1990 ，S. 4f. ［ACDP VIII－001 Nr. 1088/1］。同时参见 Schäuble（1993），S. 242ff. 。

286. 参阅 Schäuble（1993），S. 244。

287. Protokoll der Sitzung der CDU/CSU－Fraktion im Bundestag am 30. 8. 1990，S. 116. ［ACDP VIII－001 Nr. 1088/1］.

288. 参阅 Protokoll der Sitzung der CDU/CSU－Fraktion im Bundestag am 30. 8. 1990，S. 114ff. ［ACDP VIII－001 Nr. 1088/1］。同时参见

Schäuble（1993），S. 245ff. 以及 Vogel（1996），S. 345。

289. 参阅 16. Sitzung des BADE am 22. 8. 1990，S. 502，511；Protokoll der Sitzung der CDU/CSU – Fraktion im Bundestag am 4. 9. 1990，S. 8ff ［ACDP VIII – 001 Nr. 1088/1］。同时参见 Schäuble（1993），S. 248ff.。

290. Recht. Eine Information des Bundesministers der Justiz Nr. 28/90 vom 10. 8. 1990［Deutschland 1990，Bd. 54，S. 1406］。

291. Bundesrat，Mitteilung an die Presse 138/90 vom 7. 9. 1990［Deutschland 1990，Bd. 54，S. 1412］。

292. »Vogel fordert umfassende Amnestie«，in：*Stuttgarter Zeitung* vom 12. 9. 1990［Deutschland 1990，Bd. 54，S. 1477］。

293. »Amnestie für Stasi – Spione vertagt«，in：*Stuttgarter Zeitung* vom 20. 9. 1990［Deutschland 1990，13d. 54，S. 1491］。

294. »Aus der Bundesrepublik zwei Millionen bespitzelt«，in：*Die Welt* vom 24. 4. 1990.

295. 参阅 BArch DC 20，1/3 – 3058。

296. »Diestel：Stasi – Akten vernichten«，in：*Frankfurter Allgemeine Zeitung* vom 1. 8. 1990［Deutschland 1990，Bd. 54，S. 1007］。

297. BArch DC 20，1/3 – 3060.

298. Schäuble（1993），S 274.

299. 参阅 Zusammenfassung der Kritik der Ressorts der Bundesregierung in einem Vermerk des Referats 331［331 – 35022 – De 12/90］vom 20. 8. 1990。

300. Schäuble（1991），S. 275f.；Auszug aus der Besprechung der beamteten Staatsse – kretare vom 27. 8. 1990.

301. 同上，S. 276。参阅 BArch DC 20，1/3 – 3058。

302. Zusammenfassung des Diskussionsstandes in einem Vermerk des Referats 331 des Bundeskanzleramts für die Sitzung des Kabinettsausschusses » Deutsche Einheit« am 12. 9. 1990.

303. 1990 年 9 月 12 日国务秘书克劳泽写给内政部长朔伊布勒的信函，信函由国务秘书 Neusel 以及人民议院特别委员会主席 Gauck 通过，信中包含了后续发展的基本原则。

304. 参阅 BArch DC 20，1/3 – 3067。

305. 参阅 Zeitschrift für Parlamentsfragen（1990），S. 194。

306. Vermerk des BMI zum Stand der Gespräche und Verhandlungen mit der DDR vom 14. 2. 1990；Vermerk des BMJ vom 19. 7. 1990 zu Teilnahme von Ländervertretern an der zweiten Verhandlungsrunde；Interview des DLF mit Reinhold Kopp, Chef der saarländischen Staatskanzlei, am 25. 7. 1990〔Deutschland 1990，Bd. 8，S. 4753〕；Besprechung des Chefs des Bundeskanzleramtes mit den Chefs der Staats‐ und Senatskanzleien der Länder zur deutschlandpolitischen Situation am 19. 7. 1990. 来自 Nordrhein‐Westfalen, Bayern, Hamburg, Baden‐Württemberg, Niedersachsen 和 Berlin 的代表参与了第一轮谈判。

307. 1990 年 9 月 18 日施纳保夫在与英戈·比歇尔进行访谈时如是说。

308. Siehe hierzu den Beschluß der Ministerpräsidenten vom 29. 6. 1990 als Anlage zu dem Ergebnisprotokoll der Besprechung des Chefs des Bundeskanzleramtes mit den Chefs der Staats‐ und Senatskanzleien der Länder am 5. 7. 1990 in Bonn.

309. Ernst‐Wolfgang Böckenförde, »Sozialer Bundesstaat und parlamentarische Demokratie. Zum Verhältnis von Parlamentarismus und Föderalismus unter den Bedingungen des Sozialstaates«, in：Jürgen Jekewitz u. A. （Hrsg. ）, Politik als gelebte Verfassung, Festschrift für Friedrich Schäfer. Opladen 1980，S. 182ff. ，184f. ；Gunter Kisker, Ideologie und theoretische Grundlagen der bundesstaatlichen Ordnung in der Bundesrepublik Deutschland. Zur Rechtfertigung des Föderalismus. Tübingen 1985，S. 23ff. ，29f.

310. Ergebnisprotokoll der Besprechung des Bundeskanzlers mit den Regierungschefs der Länder am 16. 5. 1990. 在 1990 年 8 月 31 日同意条约中也可以找到这条决议 BGBl 1990 II，S. 889，参阅 Art. 7 III。

311. Die SPD im Bundestag vom 21. 2. 1990 und vom 19. 3. 1990〔Deutschland 1990，Bd. 8，S. 4844 und S. 4850〕；同时参阅 die Finanzministerin von Schleswig‐Holstein Heide Simonis, in：*Die Welt* vom 9. 3. 1990〔同上，S. 4849〕。

312. *Handelsblatt* vom 9. 3. 1990〔Deutschland 1990，Bd. 8，S. 4848〕；Pressedienst Die Grünen/Bündnis 90 vom 23. 11. 1990〔同上，S. 4857〕。

313. Ulrich Exler, » Aktuelle Probleme der Finanzpolitik und des Finanzausgleichs «, in: Gerhard Hirscher, Die Zukunft des kooperativen Föderalismus in Deutschland. Bayreuth 1991, S. 90; Wolfgang Renzsch, » Föderative Problembewältigung. Zur Einbeziehung der neuen Länder in einen gesamtdeutschen Finanzausgleich ab 1995 «, in: Zeitschrift für Parlamentsfragen (1994), S. 119.

314. Exler (1991), S. 99.

315. Klaus – Dirk Henke, »Maßnahmen zur Stärkung der Eigenstaatlichkeit der Länder und die Finanzierung der deutschen Einheit «, in: Staatswissenschaften und Staatspraxis (1993), S. 20.

316. Heidrun Abromeit, Der verkappte Einheitsstaat. Opladen 1992, S. 82; Gerhard Lehmbruch, » Die deutsche Vereinigung, Strukturen und Strategien, « in: Politische Vierteljahresschrift (1991), S. 588; Heinrich Mäding, » Die föderativen Finanzbeziehungen im Prozess der deutschen Einigung «, in: Hans – Hermann Hartwich u. A., Regieren in der Bundesrepublik IV. Opladen 1992, S. 194f.

317. Hesse/Renzsch, » Zehn Thesen zur Entwicklung des deutschen Föderalismus«, in: Staatswissenschaften und Staatspraxis (1990), S. 562 – 578, S. 571; Rainer – Olaf Schultze, » Statt Subsidiarität und Entscheidungsautonomie – Politikverflechtung und kein Ende. Der deutsche Föderalismus nach der Wiedervereinigung«, in: Staatswissenschaften und Staatspraxis (1993), S. 225 – 255, S. 235.

318. Exler (1991), S. 91. 人们是因为不了解信息错误所以对民主德国经济局势进行了错误估计，还是如同 Mäding (1992), S. 190 所怀疑的有意使用了错误信息，并没有得到解释。

319. Mäding (1992), S. 190; Georg Mildhradt, » Die Finanzausstattung der neuen BundesLänder «, in: Wolfgang Seibl u. A. (Hrsg.), Verwaltungsreform und Verwaltungspraxis im Prozess der deutschen Einigung. Baden – Baden 1993, S. 275f.

320. Ergebnisprotokoll der Besprechung des Chefs des Bundeskanzleramtes mit den Chefs der Staats – und Senatskanzleien der Länder am 20. 8. 1990; Beschluß der Landerfinanzminister vom 28. 8. 1990.

321. Vermerk des BMF über Gespräch des Bundesfinanzministeriums mit den Länderfinanzministern zu Finanzfragen des Einigungsvertrages am 28. 8. 1990; Bericht über Gespräch von Bundesinnenminister Wolfgang Schäuble mit den Vertretern der BundesLänder vom 28. 8. 1990; Beschluß der Landerfinanzminister vom 28. 8. 1990.

322. Lehmbruch (1991), S. 589f.

323. Mäding (1992), S. 191.

324. *Handelsblatt* vom 9. 3. 1990 [Deutschland 1990, Bd. 8, S. 4848].

325. Interviews mit Carl Ludwig Wagner, Ministerpräsident von Rheinland Pfalz, am 28. 7. 1990 im ZDF – Länderspiegel und am 27. 12. 1990 im Heute – Journal [同上 S. 4855 und S. 4858]。

326. Robert Kaufmann, Bundesstaat und Deutsche Einheit. München 1992, S. 135.

327. 参阅 Standpunkt der DDR – Delegation und Standpunkt des Bundes, Anlage 1 und 2 zu Zwischenbericht der Arbeitsgruppe Haushalts – und Finanzwesen an die Leiter der Verhandlungsdelegationen zur Vorbereitung des Einigungsvertrages vom 20. 7. 1990。

328. Vermerk des BMI für die Sitzung des Kabinetts – Ausschusses »Deutsche Einheit« am 24. 7. 1990; Vermerk des BMI für die Sitzung des Kabinetts – Ausschusses »Deutsche Einheit« am 20. 8. 1990.

329. Stellungnahme Baden – Württembergs zu den Eckpunkten der Länder, 9. 7. 1990; Beschluß der Finanzministerkonferenz vom 28. 8. 1990.

330. Ergebnisprotokoll der Besprechung des Bundeskanzlers mit den Regierungschefs der Länder vom 29. 8. 1990; Exler (1991), S. 99.

331. Exler (1991), S. 89), S. 89.

332. 1. Entwurf zum Einigungsvertrag vom 3. 8. 1990.

333. Beschluß der Finanzministerkonferenz vom 28. 8. 1990.

334. Vermerk des BMF über Gespräch des Bundesfinanzministeriums mit den Länderfinanzministern zu Finanzfragen des Einigungsvertrages am 28. 8. 1990.

335. Beschluß der Finanzministerkonferenz vom 28. 8. 1990.

336. 1. Entwurf zum Einigungsvertrag vom 3. 8. 1990.

337. Art. 7 V Nr. 2 des Einigungsvertrages vom 31. 8. 1990, BGBl 1990 II, S. 889.

338. Brief des Ministerpräsidenten von Baden – Württemberg an den Bundeskanzler vom 6. 7. 1990; Beschluß der Finanzministerkonferenz vom 28. 8. 1990.

339. Stellungnahme Baden – Württembergs zu den Eckpunkten der Länder vom 9. 7. 1990; Bericht vom 4. 8. 1990 an den Chef des Bundeskanzleramtes über die 2. Verhandlungsrunde zum Einigungsvertrag vom 1. – 3. 8. 1990; Beschluß der Finanzministerkonferenz vom 28. 8. 1990.

340. Vermerk des BMF zum Stand des Einigungsvertrages im Bereich Finanzen vom 16. 8. 1990; Beschluß der Finanzministerkonferenz vom 28. 8. 1990.

341. Vermerk des BMF zum Stand des Einigungsvertrages im Bereich Finanzen vom 16. 8. 1990.

342. 参阅 Standpunkt der DDR – Delegation, Anlage 1 zu Zwischenbericht der Arbeitsgruppe Haushalts – und Finanzwesen an die Leiter der Verhandlungsdelegationen zur Vorbereitung des Einigungsvertrages vom 20. 7. 1990. Vermerk des BM für die Sitzung des Kabinetts – Ausschusses » Deutsche Einheit« am 24. 7. 1990。

343. 1. Entwurf zum Einigungsvertrag vom 3. 8. 1990.

344. 参阅 Art. 7 des 1. Entwurfs zum Einigungsvertrag vom 3. 8. 1990。

345. 参阅 Art 7 III des Einigungsvertrages vom 31. 8. 1990, BGBl II, S. 889。

346. Kaufmann (1992), S. 125.

347. Mäding (1992), S. 195.

348. Abromeit (1992), S. 86; Mäding (1992), S. 189.

349. Stellungnahme Baden – Württembergs zu den Eckpunkten der Länder vom 9. 7. 1990; Besprechung des Bundeskanzlers mit den Regierungschefs der Länder vom 25. 7. 1990.

350. Brief des bayrischen Ministerpräsidenten an den Bundeskanzler vom 17. 7. 1990; Erklärung des Amtschefs der bayrischen Staatskanzlei in der Besprechung des Chefs des Bundeskanzleramtes mit den Chefs der Staats – und Senatskanzleien der Länder am 25. 7. 1990.

351. Protokollnotiz der Länder Berlin, Bremen und Rheinland – Pfalz zu den

Eckpunkten der Länder vom 5. 7. 1990; Interview des DLF mit Reinhold Kopp, Chef der saarländischen Staatskanzlei, vom 25. 7. 1990 [Deutschland 1990, Bd. 8, S. 4752]; Pressedienst mit Beitrag von Walter Momper vom 27. 8. 1990 （同上, S. 4754）; 参阅 Besprechung des Bundeskanzlers mit den Regierungschefs der Länder am 29. 8. 1990。

352. Bericht über Gespräch von Bundesinnenminister Wolfgang Schäuble mit den Vertretern der BundesLänder vom 28. 8. 1990.

353. 在 1990 年 8 月 29 日，联邦总理与联邦州政府首脑会谈中，Nordrhein - Westfalen 总理 Johannes Rau 提出了这个建议。

354. Entwurf des BMI zu Neufassung des Art. 29 GG vom 19. 7. 1990; nicht so weitgehend: Enwurf des BMJ zu Neufassung des Art. 29 GG, undatiert.

355. 同上。

356. Stellungnahme Baden - Württembergs zu den Eckpunkten der Länder vom 9. 7. 1990; Interview im *Kölner Stadtanzeiger* vom 5. 7. 1990 mit dem Hamburger Senator Horst Gobrecht [Deutschland 1990, Bd. 8, S. 4751]; Interview im ZDF - Länderspiegel vom 28. 7. 1990 mit Carl Ludwig Wagner, Ministerpräsident von Rheinland - Pfalz [Deutschland 1990, Bd. 8, S. 4855 f].

357. Protokollnotiz der Länder Berlin, Bremen und Rheinland - Pfalz zu den Eckpunkten der Länder vom 5. 7. 1990.

358. Bundesratsentschließung vom 24. 8. 1990, BR - Drucksache 551/2/90, Ziff. 4 und 5; BR - Plenarprotokoll vom 24. 8. 1990, S. 438ff, S. 452; Vermerk des BMJ über Änderungen des GG im Zusammenhang mit dem Beitritt der DDR vom 20. 7. 1990.

359. Vermerk des BMJ über Änderungen des GG im Zusammenhang mit dem Beitritt der DDR vom 20. 7. 1990; Beschluß des Abgeordnetenhauses von Berlin vom 28. 6. 1990.

360. Art. 5 des Einigungsvertrages vom 31. 8. 1990, BGBl. II 1990, S. 889.

361. 比如包括东柏林在内的新联邦州的特别项目，包括来自共同任务计划委员会的改善地方经济结构项目为 1991 年到 1992 年投入了 24 亿德国马克。参见 *Frankfurter Allgemeine Zeitung* vom 7. 5. 1991。

362. 参阅 Schäuble, S. 15, 173, 192 ff. Und 205。

访　谈

Achminow, Alexander; Generalsekretär der DSU.
　　Gespräch mit Michael Walter am 18. 4. 1995 in Leipzig.
Albach, Peter; Bürgermeister, DA.
　　Gespräch mit Michael Walter am 18. 4. 1995 in Weißensee.
Arentz, Jürgen; Ministerialrat im Bundeskanzleramt.
　　Gespräch mit Wolfgang Jäger am 8. 3. 1995 in Bonn.
Beckmann, Lukas; Bundestagsabgeordneter der Grünen.
　　Gespräch mit Michael Walter am 13. 12. 1993 in Bornheim-Widdig.
Behrendt, Thomas; Rechtsanwalt, Berater des DA.
　　Gespräch mit Michael Walter am 18. 11. 1995 in München.
Bender, Peter; Publizist.
　　Gespräch mit Ingeborg Villinger am 17. 2. 1985 in Berlin.
Bertele, Dr. Franz; Ständiger Vertreter der Bundesrepublik in Ost-Berlin.
　　Gespräch mit Wolfgang Jäger am 2. 8. 1995 in Freiburg.
Buchstab, Dr. Günther; Direktor des ACDP.
　　Gespräch mit Wolfgang Jäger am 23. 3. 1995 in Bonn.
Degener, Frau; Schulverwaltungsamt Leipzig.
　　Gespräch mit Catherine Isabel Froehling am 9. 10. 1994 in Leipzig.
Duisberg, Dr. Claus-Jürgen; Leiter des Arbeitsstabes Deutschlandpolitik im Bundes-
　　kanzleramt.
　　Gespräch mit Wolfgang Jäger am 21. 4. 1995 in Bonn.
Ebeling, Hans-Wilhelm; Vorsitzender der DSU.
　　Gespräche mit Michael Walter am 6. 12. 1994 und am 5. 4. 1995 in Berlin.
Ehlers, Wolfgang; Volkskammerabgeordneter der CDU.
　　Gespräch mit Michael Walter am 26. 1. 1995 in Schwerin.
Eppelmann, Rainer; Vorsitzender des DA, Minister ohne Geschäftsbereich im Kabinett
　　Modrow, Minister für Abrüstung und Verteidigung in der Regierung de Maizière.
　　Gespräch mit Wolfgang Jäger und Michael Walter am 25. 9. 1996 in Bonn.
F.; Wehrpflichtiger aus Budapest.
　　Gespräch mit Michael Walter am 12. 9. 1989 in Budapest.
Freund, Ingo; Kreissekretär der CDU Schwerin-Land.
　　Gespräch mit Michael Walter am 26. 1. 1995 in Schwerin.
Gansel, Norbert; Bundestagsabgeordneter der SPD.
　　Gespräch mit Michael Walter am 27. 9. 1996 in Bonn.
Gerlach, Prof. Manfred; Vorsitzender der LDPD und Staatsratsvorsitzender von Dezember
　　1989 bis März 1990.
　　Gespräch mit Wolfgang Jäger und Michael Walter am 1. 7. 1994 in Freiburg.

Gill, David; Vorsitzender des Bürgerkomitees Normannenstraße und Sekretär des Volkskammerausschusses zur Stasi-Auflösung.
Gespräch mit Michael Walter am 2.2. 1994 in Freiburg.

Goebel, Jens; Landesgeschäftsführer der DSU Thüringen und Schriftführer im DSU Bundesvorstand.
Gespräch mit Michael Walter am 26.6. 1995 in Schmalkalden.

Gotto, Dr. Klaus; Ministerialdirektor, Presse- und Informationsamt der Bundesregierung.
Gespräch mit Wolfgang Jäger am 7.3. 1995 in Bonn.

Grass, Günter; Schriftsteller.
Gespräch mit Ingeborg Villinger am 23.2. 1995 bei Lübeck.

Henscheid, Eckhard; Schriftsteller.
Gespräch mit Ingeborg Villinger am 9.12. 1994 in Frankfurt a. M.

Herger, Wolfgang; Mitglied des Politbüros und Mitarbeiter des Parteivorstandes der SED/PDS.
Gespräche mit Gerd-Rüdiger Stephan am 8.3. 1994 und am 28.11. 1994 in Berlin.

Hönisch, Prof. Dr. Jochen; Literaturwissenschaftler.
Gespräch mit Ingeborg Villinger am 12.2. 1995 in Berlin.

Höpcke, Klaus; Stellvertretender Kulturminister, Präsidiumsmitglied der SED/PDS.
Gespräch mit Gerd-Rüdiger Stephan am 25.3. 1996 in Berlin.

Jauck, Erhard; Ministerialdirektor im Bundesinnenministerium.
Telefonisches Gespräch mit Ulrike Münch am 30.8. 1994.

Junghanns, Ulrich; Vorsitzender der DBD.
Gespräch mit Michael Walter am 18.11. 1994 in Frankfurt/Oder.

Kaisers, Dr.; Bundesinnenministerium, zuständig für den Personaltransfer im Jahre 1990.
Telefonisches Gespräch mit Ulrike Münch am 30.8. 1994.

Kahlin, Gert; Stadtreinigungsamt Leipzig.
Gespräch mit Catherine Isabel Froehling am 9.10. 1994 in Leipzig.

Kasek, Christina; Abgeordnete der Leipziger Stadtverordnetenversammlung.
Gespräch mit Catherine Isabel Froehling am 2.12. 1994.

Kass, Dr. Rüdiger; 1989/90 im ASD des Bundeskanzleramts tätig.
Gespräch mit Wolfgang Jäger am 21.4. 1995 in Bonn.

Kauffmann, Horst; Generalsekretär der DFP.
Gespräch mit Michael Walter am 5.4. 1995 in Berlin.

Klähn, Martin; Bürgerrechtler.
Gespräch mit Michael Lißke am 13.12. 1995 in Schwerin. Weitere Gespräche sind undatiert.

Kohl, Dr. Helmut; Bundeskanzler und CDU-Vorsitzender.
Gespräch mit Wolfgang Jäger am 29.5. 1995 in Bonn.

Koselleck, Prof. Dr. Reinhart; Historiker.
Gespräch mit Ingeborg Villinger am 21.1. 1995 in Essen.

Krockow, Prof. Dr. Christian Graf von; Historiker.
Gespräch mit Ingeborg Villinger am 16.12. 1994 in Göttingen.

Krüger, Andres; Mitarbeiter des DA.
Gespräch mit Rut Herten und Michael Walter am 23.11. 1995 in Freiburg.

Kruse, Kurt-Christian; Bürgerrechtler.
Gespräch mit Michael Lißke am 14.12. 1995 und 19.2. 1997 in Schwerin. Weitere Gespräche sind undatiert.

Küttler; Superintendent.
Gespräche mit Wolfgang Jäger in Plauen und Mainz, undatiert.

Kunert, Günter; Schriftsteller.
Gespräch mit Ingeborg Villinger am 3.4. 1995 in Kaisberstel.

Latussek, Dr. Paul; Vorsitzender des Landesverbandes Thüringen und Mitglied des Bundesvorstandes der DSU.
  Gespräch mit Michael Walter am 18. 6. 1995 in Ilmenau.
Lietz, Heiko; Bürgerrechtler.
  Gespräch mit Michael Lißke am 29. 1. 1996 in Schwerin.
Löhr, Herr; Ministerialrat.
  Telefonisches Gespräch mit Ulrike Münch am 21. 7. 1990.
Luft, Prof. Dr. Christa; Ministerin für Wirtschaft.
  Gespräch mit Gerd-Rüdiger Stephan am 28. 7. 1992 in Berlin.
Maizière, Lothar de; Ministerpräsident der DDR und Vorsitzender der Ost-CDU.
  Gespräch mit Michael Walter am 7. 4. 1995 in Neuseddin.
Maizière, Dr. Thomas de; Pressesprecher der West-Berliner CDU.
  Gespräch mit Michael Walter am 25. 1. 1995 in Schwerin.
Maleuda, Günter; Vorsitzender der DBD.
  Gespräch mit Michael Walter am 10. 1. 1995 in Bonn.
Menzel, Dr. Bruno; Vorsitzender der Ost-FDP.
  Gespräch mit Michael Walter am 22. 6. 1994 in Bonn.
Mertes, Michael; Ministerialdirektor im Bundeskanzleramt.
  Gespräche mit Wolfgang Jäger am 2. 3. 1994, 6. 3. 1995 und 30. 1. 1997 in Bonn.
Meyer, Wolfgang; DDR-Regierungssprecher.
  Gespräch mit Gerd-Rüdiger Stephan am 2. 11. 1995 in Berlin.
Modrow, Hans; Erster Sekretär der SED-Bezirksleitung Dresden, Vorsitzender des Ministerrates der DDR.
  Gespräche mit Gerd-Rüdiger Stephan am 18. 8. 1992, am 17. 1. 1994 und am 1. 11. 1994 in Berlin.
Mothes, Jörn; Bürgerrechtler.
  Gespräch mit Michael Lißke am 3. 11. 1995 in Schwerin. Weitere Gespräche sind undatiert.
Müller, Peter; Leiter der Abteilung Politik und Planung der CSU.
  Gespräch mit Michael Walter am 22. 11. 1994 in München.
Müller, Ehepaar; Mitglied des Landesvorstandes Thüringen des DA bzw. Vorsitzender des DA in Nordhausen.
  Gespräch mit Michael Walter am 21. 1. 1995 in Artern.
Nehring, Dr. Sighart; Ministerialdirektor im Bundeskanzleramt.
  Gespräch mit Wolfgang Jäger am 7. 3. 1995 in Bonn.
Neubert, Ehrhart; Stellvertretender Vorsitzender des DA.
  Gespräch mit Michael Walter am 14. 11. 1994 in Berlin.
Nolte, Prof. Dr. Ernst; Historiker.
  Gespräch mit Ingeborg Villinger am 13. 2. 1995 in Berlin.
Nowack, Joachim Hubertus; kommissarischer Vorsitzender der DSU.
  Gespräch mit Michael Walter am 19. 6. 1995 in Leipzig.
Prill, Dr. Norbert; Mitglied der Planungs- und Redenschreibergruppe des Bundeskanzlers.
  Gespräch mit Wolfgang Jäger am 4. 12. 1995 in Bonn.
Proksch, Martin; Bürgerrechtler.
  Gespräche mit Michael Lißke am 24. 1. 1995 und 1. 3. 1997 in Schwerin. Weitere Gespräche sind undatiert.
Rathenow, Lutz; Schriftsteller.
  Gespräch mit Ingeborg Villinger am 21. 1. 1995 in Freiburg.
Saeger, Uwe; Schriftsteller.
  Gespräch mit Ingeborg Villinger am 14. 2. 1995 in Berlin.

Sagert, Friedrich-Karl; Bürgerrechtler.
Gespräch mit Michael Lißke am 9. 10. 1997 in Schwerin.
Scharrenbroich, Heribert; Bundestagsabgeordneter der CDU.
Gespräch mit Catherine Isabel Froehling am 10.3. 1996 in Bonn.
Schäfer, Harald B.; Bundestagsabgeordneter der SPD.
Gespräch mit Michael Walter am 13. 1. 1994 in Freiburg.
Schäuble, Wolfgang; Bundesinnenminister.
Gespräch mit Wolfgang Jäger am 4. 8. 1995 in Gengenbach.
Schiera, Prof. Dr. Pierangelo; Philosoph.
Gespräch mit Ingeborg Villinger am 15. 2. 1995 in Berlin.
Schirrmacher, Dr. Frank; Mitherausgeber der *Frankfurter Allgemeinen Zeitung*.
Gespräch mit Ingeborg Villinger am 14. 12. 1994 in Frankfurt a. M.
Schmidt, Christoph; Büroleiter des DSU-Vorsitzenden Hansjoachim Walther.
Gespräch mit Michael Walter am 18. 11. 1995 in München.
Schmieder, Jürgen; Vorsitzender der DFP.
Gespräch mit Michael Walter am 19. 9. 1994 in Berlin und Telefoninterview
am 8. 3. 1995.
Schubert, Helga; Schriftstellerin.
Gespräch mit Ingeborg Villinger am 18. 2. 1995 in Neu-Meteln.
Schwerin, Ekkehard; Bürgerrechtler.
Undatiertes Gespräch mit Michael Lißke in Schwerin.
Seiters, Rudolf; Kanzleramtsminister.
Gespräch mit Wolfgang Jäger am 9. 3. 1995 in Bonn.
Sendzik, Reiner; Bürgerrechtler.
Gespräche mit Michael Lißke am 12. 12. 1995 und am 28. 1. 1997 in Schwerin.
Stange, Carmen; CDU-Kreisvorsitzende in Genthien und Volkskammerabgeordnete
der CDU.
Gespräch mit Michael Walter am 24. 1. 1996 in Freiburg.
Templin, Wolfgang; Bürgerrechtler.
Gespräche mit Rut Herten am 2. 5. 1995 in Berlin, mit Diana Kraus und
Michael Walter am 3. 11. 1997 in Freiburg.
Trimper, Dr. Brigitte; Gesundheitsamt Leipzig.
Gespräch mit Catherine Isabel Froehling am 9. 10. 1994 in Leipzig.
Volmer, Ludger; Bundestagsabgeordneter der Grünen.
Telefonisches Gespräch mit Sybille Schick am 25. 9. 1997.
Walther, Hansjoachim; Vorsitzender der DSU.
Gespräch mit Michael Walter am 21. 1. 1995 in Artern.
Wehler, Prof. Dr. Ulrich; Historiker.
Gespräch mit Ingeborg Villinger am 20.3. 1996 in Bielefeld.
Wöstenberg, Dr. Dieter; Landesvorsitzender der FDP in Mecklenburg.
Gespräch mit Michael Walter am 26. 1. 1995 in Schwerin.
Wötzel, Roland; Erster Sekretär der SED/PDS-Bezirksleitung Leipzig, Mitglied des
SED/PDS-Parteivorstandes.
Gespräch mit Gerd-Rüdiger Stephan am 6. 10. 1994 in Leipzig.
Zitelmann, Rainer; Ressortleiter »Zeitgeschichte« der Tageszeitung *Die Welt*.
Gespräch mit Ingeborg Villinger am 15. 2. 1995 in Berlin.

Archive

Archiv der sozialen Demokratie der Friedrich-Ebert-Stiftung, Bonn.
Archiv des Bundesvorstandes der PDS, Berlin.
Archiv des deutschen Liberalismus der Friedrich-Naumann-Stiftung, Gummersbach.
Archiv der Leipziger Volkszeitung.
Archiv der Umweltbibliothek, Berlin.
Archiv Grünes Gedächtnis, Bornheim-Widdig.
Archiv für Christlich-Demokratische Politik der Konrad-Adenauer-Stiftung,
    St. Augustin.
Archiv für soziale Bewegungen, Freiburg.
Bundesarchiv, Koblenz.
Bundesarchiv, Abteilungen Berlin (ehemals Potsdam).
Bundesarchiv, Zwischenarchiv Hangelar.
Domaschk-Archiv, Berlin.
Jugendarchiv im Institut für zeitgeschichtliche Jugendforschung, Berlin.
Privatarchiv Alexander Achminow/Irmgard Ritter, Leipzig.
Privatarchiv Peter Albach, Weißensee.
Privatarchiv Thomas Behrendt/Andres Krüger, München.
Privatarchiv Hans-Wilhelm Ebeling, Berlin.
Privatarchiv Jens Goebel, Schmalkalden.
Privatarchiv Horst Kaufmann, Berlin.
Privatarchiv Verena Krieger.
Privatarchiv Kurt-Christian Kruse, Schwerin.
Privatarchiv Thomas de Maizière, Schwerin.
Privatarchiv Ehrhart Neubert, Berlin.
Privatarchiv Martin Proksch, Schwerin.
Privatarchiv Reiner Sendzik, Schwerin.
Privatarchiv der Autoren, Freiburg i.Br.
Sächsisches Hauptstaatsarchiv, Dresden.
Stadtarchiv Leipzig.
Stiftung Archiv der Parteien und Massenorganisationen der DDR im Bundesarchiv,
    Berlin.
Zentralarchiv beim Bundesbeauftragten für die Unterlagen des Staatssicherheitsdienstes
    der ehemaligen Deutschen Demokratischen Republik, Berlin.

Pressedokumentation

Presse- und Informationsamt der Bundesregierung – Zentrales Dokumentationssystem,
Dokumentation zu der Berichterstattung über die Ereignisse in der DDR und die
deutschlandpolitische Entwicklung. Deutschland 1989 und 1990.

文献资料

Abromeit, Heidrun: Der verkappte Einheitsstaat. Opladen 1992.

Ackermann, Eduard: Mit feinem Gehör. Vierzig Jahre in der Bonner Politik. Bergisch Gladbach 1994.

Aktion Sühnezeichen/Friedensdienste e.V. und Theologische Studienabteilung beim Bund der Evangelischen Kirchen in der DDR: Die gemeinsame Abschlußerklärung der Loccumer Klausurtagung der Evangelischen Kirche in Deutschland und des Bundes der Evangelischen Kirchen in der Deutschen Demokratischen Republik in der Diskussion. Beienrode 1990.

Ammer, Thomas/Hans-Joachim Memmler (Hrsg.): Staatssicherheit in Rostock. Zielgruppen, Methoden, Auflösung. Köln 1991.

Andert, Reinhold/Wolfgang Herzberg: Der Sturz. Erich Honecker im Kreuzverhör. Berlin/ Weimar 1990.

Anz, Thomas (Hrsg.): »Es geht nicht um Christa Wolf«. Der Literaturstreit im vereinigten Deutschland. Frankfurt a.M. 1995.

Arnold, Karl-Heinz: Die ersten hundert Tage des Hans Modrow. Berlin 1990.

Aron, Raymond: Opium für Intellektuelle. Berlin/Köln 1957.

Augstein, Rudolf/Günter Grass: Deutschland einig Vaterland? Ein Streitgespräch. Göttingen 1990.

Bahr, Egon: Zum Europäischen Frieden. Eine Antwort auf Gorbatschow. Berlin 1988.

Ders.: Zu meiner Zeit. München ²1996.

Bahrmann, Hannes/Christoph Links: Chronik der Wende. Die DDR zwischen 7. Oktober und 18. Dezember 1989. Berlin 1994.

Dies.: Chronik der Wende 2. Stationen der Einheit. Die letzten Monate der DDR. Berlin 1995.

Baier, Lothar: Über das eilige Vaterland. Berlin 1990.

Barth, Bernd-Rainer/Christoph Links/Helmut Müller-Engbergs/Jan Wielgohs: Wer war Wer in der DDR. Ein biographisches Handbuch. Frankfurt a.M. 1995.

Bayrische Staatskanzlei, Arbeitsstab Deutschlandpolitik und Interministerielle Arbeitsgruppe Deutschlandpolitik (Hrsg.): Aufbau der neuen Länder mit bayrischer Hand, Materialien zum Gespräch des Bayrischen Ministerpräsidenten Dr. h.c. Max Streibl mit der Bayrischen Landtagspresse e.V. am Dienstag, den 9.4. 1991. München 4/1991.

Beckord, Wilhelm (Hrsg.): Die Kommunen und die Einheit Deutschlands. Münster 1993.

Behrend, Manfred/Helmut Meier (Hrsg.): Der schwere Weg der Erneuerung. Von der SED zur PDS. Eine Dokumentation. Berlin 1991.

Benzler, Susanne/Udo Bullmann/Dieter Eißel (Hrsg.): Deutschland-Ost vor Ort. Opladen 1995.

Bering, Dietz: Die Intellektuellen. Geschichte eines Schimpfwortes. Stuttgart 1978.

Besier, Gerhard/Stephan Wolf (Hrsg.): Pfarrer, Christen, Katholiken. Neunkirchen 1991.

Beyme, Klaus von: Das politische System der Bundesrepublik Deutschland nach der Vereinigung. München ⁶1991.

Bisky, Lothar/Jochen Czerny/Herbert Mayer/Michael Schumann (Hrsg.): Die PDS - Herkunft und Selbstverständnis. Eine politisch-historische Debatte. Berlin 1996.

Blanke, Bernhard/Susanne Benzler: Staat und Stadt. Systematische, vergleichende und problemorientierte Analysen dezentraler Politik. Opladen 1991.

Bortfeld, Heinrich: Von der SED zur PDS. Wandlung zur Demokratie? Berlin/Bonn 1992.

Bourdieu, Pierre: Die feinen Unterschiede. Kritik der gesellschaftlichen Urteilskraft. Frankfurt a.M. 1982.

Bracher, Karl Dietrich/Wolfgang Jäger/Werner Link: Republik im Wandel 1969–1974. Die Ära Brandt. Bd. V/1 der Geschichte der Bundesrepublik Deutschland, hrsg. von Karl Dietrich Bracher/Theodor Eschenburg/Joachim C. Fest/Eberhard Jäckel. Mannheim/Stuttgart 1986.

Brandt, Willy: Erinnerungen, erweiterte Ausgabe. Berlin/Frankfurt a.M. 1994.

Ders.: Die SPIEGEL-Gespräche, hrsg. von Erich Böhme/Klaus Wirtgen. Reinbek bei Hamburg 1995.

Ders.: »... was zusammengehört«. Reden zu Deutschland. Bonn 1990.

Brunkhorst, Hauke: Der entzauberte Intellektuelle. Über die neue Beliebigkeit des Denkens. Hamburg 1990.

Bundesministerium für innerdeutsche Beziehungen (Hrsg.): Texte zur Deutschlandpolitik. Redaktionelle Bearbeitung: Gesamtdeutsches Institut, Bundesanstalt für gesamtdeutsche Fragen. Bonn 1989/90.

Bundesvorstand des DFD (Hrsg.): Geschichte des Demokratischen Frauenbundes Deutschlands. Leipzig 1989.

Dalton, Russell J. (Hrsg.): The new Germany votes: unification and the creation of the new German party system. Providence 1993.

Deiritz, Karl/Hannes Krauss (Hrsg.): Der deutsch-deutsche Literaturstreit oder »Freunde, es spricht sich schlecht mit gebundener Zunge«. Analysen und Materialien. Zürich 1991.

Demke, Christoph u.a.: Zwischen Anpassung und Verweigerung: Dokumente aus der Arbeit des Bundes der Evangelischen Kirchen in der DDR, im Auftrag der Evangelischen Kirche in Deutschland. Leipzig 1994.

Demokratischer Sozialismus: Materialien der Konferenz der PDS vom 8. Juli 1990 in Berlin. Berlin o.J. (1990).

Deutsche Soziale Union: Grundsatzprogramm, hrsg. vom Bundesvorstand der DSU. Leipzig, Januar 1990.

Deutscher Bundestag (Hrsg.): Materialien der Enquete-Kommission »Aufarbeitung von Geschichte und Folgen der SED-Diktatur in Deutschland« (12. Wahlperiode des Deutschen Bundestages). Baden-Baden/Frankfurt a.M. 1995.

Ders. (Hrsg.): Auf dem Weg zur deutschen Einheit, Bde. 1–5. Bonn 1990.

Ders. (Hrsg.): Zur Sache. Themen parlamentarischer Beratung. Bonn 1989/90.

Deutscher Städtetag (Hrsg.): Die innerdeutschen Städtepartnerschaften, Reihe A der DST-Beiträge zur Kommunalpolitik, Heft 18. Köln 1992.

Dohnanyi, Klaus von: Das Deutsche Wagnis. München 1990.

Dokumente zur Geschichte der SED, Band 2, 1945–1971. (Ost-)Berlin ³1989.

Dornheim, Andreas: Politischer Umbruch in Erfurt 1989/90. Köln/Weimar/Wien 1995.

Ders./Stephan Schnitzler (Hrsg.): Thüringen 1989/90. Akteure des Umbruchs berichten. Erfurt 1995.

Dowe, Dieter (Hrsg.): Von der Bürgerbewegung zur Partei. Die Gründung der Sozialdemokratie in der DDR. Heft 3 der Reihe Gesprächskreis Geschichte (Forschungsinstitut der Friedrich-Ebert-Stiftung). Bonn 1993.

Eckelmann, Wolfgang/Hans-Hermann Hertle/Rainer Weinert: FDGB intern. Innenansichten einer Massenorganisation der SED. Berlin 1990.

Ehmke, Horst: Mittendrin. Von der großen Koalition zur deutschen Einheit. Berlin 1994.

Eisenmann, Peter/Gerhard Hirscher (Hrsg.): Die Entwicklung der Volksparteien im vereinten Deutschland. München 1992.

Eith, Ulrich: Wählerverhalten in Sachsen-Anhalt. Zur Bedeutung sozialstruktureller Einflußfaktoren auf die Wahlentscheidungen 1990 und 1994. Berlin 1997. Zugleich Diss. Freiburg 1994.

Enquete-Kommission des Landes Mecklenburg-Vorpommern: »Leben in der DDR, Leben nach 1989 – Aufarbeitung und Versöhnung«, Aufarbeitung und Versöhnung. Zur Arbeit der Enquete-Kommission »Leben in der DDR, Leben nach 1989 – Aufarbeitung und Versöhnung«, Anträge, Debatten, Berichte. Schwerin 1996.

Eppelmann, Rainer: Fremd im eigenen Land. Mein Leben im anderen Deutschland. Köln 1993.

Ders.: Wendewege. Briefe an die Familie. Hrsg. von Dietmar Herbst. Berlin/Bonn 1992.

Eppler, Erhard: Komplettes Stückwerk. Erfahrungen aus fünfzig Jahren Politik. Frankfurt a.M./Leipzig 1996.

Eschenfelder, Jörg: »Wir sind ein Hühnerhaufen«. Willensbildungs- und Entscheidungsprozesse zur Frage der deutschen Vereinigung 1989/90. Magisterarbeit. München 1995.

Falkner, Thomas/Dietmar Huber: Aufschwung PDS. Rote Socken – zurück zur Macht? München 1994.

FDP-Fraktion im Deutschen Bundestag (Hrsg.): Nachlese. Deutsch-deutsche Wege. Zur Aufarbeitung der deutschen Nachkriegsgeschichte durch die Enquete-Kommission des Bundestages. Bonn 1994.

Fichter, Tilman: Die SPD und die Nation. Vier sozialdemokratische Generationen zwischen nationaler Selbstbestimmung und Zweistaatlichkeit. Berlin/Frankfurt a.M. 1993.

Filmer, Werner/Heribert Schwan: Wolfgang Schäuble. Politik als Lebensaufgabe. München 1992.

Fischer, Alexander/Maria Haendcke-Hoppe-Arndt: Auf dem Weg zur Realisierung der Einheit Deutschlands. Berlin 1992.

Forschungsgruppe Wahlen: Wahl in der DDR. Eine Dokumentation der Volkskammerwahl vom 18. März 1990. Berichte der Forschungsgruppe Wahlen e.V. Mannheim, Nr. 56 vom 6.4. 1990.

Forschungsstelle Osteuropa (Hrsg.): Eigenart und Eigensinn. Alternative Kulturszenen in der DDR (1980–1990). Mit einem Bestandskatalog, bearbeitet und kommentiert von Frank Eckardt. Bremen 1993.

Forum Verlag Leipzig (Hrsg.): Von Leipzig nach Deutschland (Okt. 1989 – Okt. 1990). Leipzig 1991.

Froehling, Catherine Isabel: Die kommunale Verwaltung der Stadt Leipzig in der Umbruchphase 1989/90 (Arbeitstitel). Freiburg 1998 [im Druck].

Fuchs, Anke: Mut zur Macht. Selbsterfahrung in der Politik. Hamburg 1991.

Gabriel, Oscar W. (Hrsg.): Politische Orientierungen und Verhaltensweisen im vereinigten Deutschland. Opladen 1997.

Ders./Klaus G. Troitzsch (Hrsg.): Wahlen in Zeiten des Umbruchs. Frankfurt a.M. 1993.

Garton Ash, Timothy: Im Namen Europas. Deutschland und der geteilte Kontinent. München/Wien 1993.

Gaus, Günter: Wo Deutschland liegt. Eine Ortsbestimmung. München 1986 (zuerst Hamburg 1983).

Geertz, Clifford: Dichte Beschreibung. Beiträge zum Verstehen kultureller Systeme. Frankfurt a.M. 1994.

Geißler, Rainer: Die Sozialstruktur Deutschlands. Ein Studienbuch zur sozialstrukturellen Entwicklung im geteilten und vereinten Deutschland. Opladen 1992.

Genscher, Hans-Dietrich: Erinnerungen. Berlin 1995.

Gerlach, Manfred: Mitverantwortlich. Als Liberaler im SED-Staat. Berlin 1991.

Gerlich, Peter/Fritz Plasser/Peter A. Ulram (Hrsg.): Regimewechsel. Wien 1992.

Gill, David/Ulrich Schröter, Das Ministerium für Staatssicherheit. Anatomie des Mielke-Imperiums. Reinbek bei Hamburg 1993 (Erstveröffentlichung Berlin 1991).

Gill, Ulrich: FDGB. Die DDR-Gewerkschaft von 1945 bis zu ihrer Auflösung. Köln 1991.

Glaeßner, Gert-Joachim: Der schwierige Weg zur Demokratie. Vom Ende der DDR zur deutschen Einheit. Opladen 1991.

Golombek, Dieter/Dietrich Ratzke: Facetten der Wende. Reportagen über eine deutsche Revolution, Band II. Frankfurt a.M. 1991.

Gorbatschow, Michael: Erinnerungen. Berlin 1995.

Gorholt, Martin/Norbert W. Kunz (Hrsg.): Deutsche Einheit – Deutsche Linke. Reflexionen der politischen und gesellschaftlichen Entwicklung. Köln 1991.

Grass, Günter: Deutscher Lastenausgleich. Wider das dumpfe Einheitsgebot. Frankfurt a.M. 1990.

Greß, Franz (Hrsg.): Die Rolle der Bundesländer in einem geeinten Deutschland und geeinten Europa. Eine Herausforderung für Landesparlamente und Föderalismus. Hessische Schriften zum Föderalismus und Landesparlamentarismus, Hessischer Landtag. Wiesbaden 1992.

Gröf, Wolfgang: »In der frischen Tradition des Herbstes 1989«. Die SDP/SPD in der DDR: Von der Gründung über die Volkskammerarbeit zur deutschen Einheit. Beiträge aus dem Archiv der sozialen Demokratie (AdsD), Bd. I. Bonn 1996.

Groh, Dieter/Peter Brandt: »Vaterlandslose Gesellen«. Sozialdemokratie und Nation 1860–1990. München 1992.

Gros, Jürgen: Entscheidung oder Alternative? Die Wirtschafts-, Finanz- und Sozialpolitik im deutschen Vereinigungsprozeß 1989/90. Mainz 1994.

Gysi, Gregor: Das war's. Noch lange nicht! Autobiographische Notizen. Düsseldorf 1995.

Ders./Thomas Falkner: Sturm aufs Große Haus. Der Untergang der SED. Berlin 1990.

Hacker, Jens: Deutsche Irrtümer. Schönfärber und Helfershelfer der SED-Diktatur im Westen. Frankfurt a.M. 1992.

Hartwich, Hans-Hermann/Göttrik Wewer (Hrsg.): Regieren in der Bundesrepublik III. Systemsteuerung und »Staatskunst«. Opladen 1991.

Henrich, Rolf: Der vormundschaftliche Staat. Vom Versagen des real existierenden Sozialismus. Hamburg 1989.

Herbst, Andreas/Winfried Ranke/Jürgen Winkler: So funktionierte die DDR. 3 Bde. Reinbek bei Hamburg 1994.

Herles, Helmut/Ewald Rose (Hrsg.): Parlaments-Szenen einer deutschen Revolution. Bundestag und Volkskammer im November 1989. Bonn 1990.

Dies. (Hrsg.): Vom Runden Tisch zum Parlament. Bonn 1990.

Hertle, Hans-Hermann: Chronik des Mauerfalls. Die dramatischen Ereignisse um den 9. November 1989. Berlin 1996.

Ders.: Der Fall der Mauer. Die unbeabsichtigte Selbstauflösung des SED-Staates. Opladen 1996.

Ders.: Vor dem Bankrott der DDR (Berliner Arbeitshefte und Berichte der sozialwissenschaftlichen Forschung, Nr. 63). Berlin 1991.

Ders./Gerd-Rüdiger Stephan (Hrsg.): Das Ende der SED. Die letzten Tage des Zentralkomitees. Berlin 1997.

Herzberg, Wolfgang/Patrick von zur Mühlen: Auf den Anfang kommt es an: Sozialdemokratischer Neubeginn in der DDR 1989, Interviews und Analysen. Bonn 1993.

Hirschmann, Albert O.: Abwanderung und Widerspruch. Tübingen 1974.

Historische Kommission beim Parteivorstand der SPD (Hrsg.): Von der SDP zur SPD. Bd. 8 der Broschürenreihe Geschichtsarbeit in den neuen Ländern. Bonn 1994.

Honecker, Margot: Unser sozialistisches Bildungssystem – Wandlungen, Erfolge, neue Horizonte. IX. Pädagogischer Kongreß der DDR. 13. bis 15. Juni 1989. Berlin 1989.

Horn, Gyula: Freiheit, die ich meine. Erinnerungen des ungarischen Außenministers, der den Eisernen Vorhang öffnete. Hamburg 1991.

House, Peter W./Roger D. Shull: Rush to Policy. Using Analytic Techniques in Public Sector Decision Making. New Brunswick/Oxford 1988.

Isensee, Josef/Paul Kirchhof (Hrsg.): Handbuch des Staatsrechts der Bundesrepublik Deutschland, Bd. VIII. Heidelberg 1995.

Jäger, Wolfgang/Michael Walter: Die Allianz für Deutschland. CDU, Demokratischer Aufbruch und Deutsche Soziale Union 1989/90. Köln/Weimar/Wien 1998.

Jander, Martin: Formierung und Krise der DDR-Opposition. Die »Initiative für unabhängige Gewerkschaften« – Dissidenten zwischen Demokratie und Romantik. Berlin 1996.

Jarausch, Konrad H.: Die unverhoffte Einheit. 1989–1990. Frankfurt a.M. 1995.

Jesse, Eckhard/Armin Mitter (Hrsg.): Die Gestaltung der deutschen Einheit. Geschichte – Politik – Gesellschaft. Bonn/Berlin 1992.

John, Antonius: Rudolf Seiters. Einsichten in Amt, Person und Ereignisse. Berlin/Bonn 1991.

Kaufmann, Robert Christian: Bundesstaat und Deutsche Einheit. Die historischen, politischen und rechtlichen Voraussetzungen der Föderalisierung der ehemaligen DDR und die Auswirkungen ihres Beitritts auf den Bundesstaat unter dem Grundgesetz. Heidelberg 1992 (zugl. Diss. München 1992).

Kiessler, Richard/Frank Elbe: Ein runder Tisch mit scharfen Ecken. Der diplomatische Weg zur deutschen Einheit. Baden-Baden 1993.

Kilper, Heiderose/Roland Lhotta: Föderalismus in der Bundesrepublik Deutschland. Eine Einführung. Opladen 1996.

Kleinert, Hubert: Aufstieg und Fall der Grünen. Analyse einer alternativen Partei. Bonn 1992.

Ders.: Vom Protest zur Regierungspartei. Die Geschichte der Grünen. Frankfurt a.M. 1992.

Knabe, Hubertus (Hrsg.): Aufbruch in eine andere DDR. Reformer und Oppositionelle zur Zukunft ihres Landes. Reinbek bei Hamburg 1989.

Knemeyer, Franz-Ludwig (Hrsg.): Aufbau kommunaler Selbstverwaltung in der DDR. Baden-Baden 1990.

Koch, Uwe/Stephan Eschler: Zähne hoch, Kopf zusammenbeißen. Dokumente zur Wehrdienstverweigerung in der DDR 1962–1990. Kückeshagen 1994.

Kohl, Helmut: Bilanzen und Perspektiven. Regierungspolitik 1989–1991, 2 Bde. Bonn 1992.

Ders.: Ich wollte Deutschlands Einheit. Dargestellt von Kai Diekmann und Ralf Georg Reuth. Berlin 1996.

Korte, Karl-Rudolf: Die Chance genutzt? Die Politik zur Einheit Deutschlands. Frankfurt a.M. 1994.

Kotschemassow, Wjatscheslaw: Meine letzte Mission. Fakten, Erinnerungen, Überlegungen. Berlin 1994.

Krenz, Egon: Wenn Mauern fallen. Die Friedliche Revolution: Vorgeschichte – Ablauf – Auswirkungen. Unter Mitarbeit von Hartmut König und Gunter Rettner. Wien 1990.

Kuhn, Ekkehard: Gorbatschow und die deutsche Einheit. Aussagen der wichtigsten russischen und deutschen Beteiligten. Bonn 1993.

Kuhrt, Eberhard u.a. (Hrsg.): Die SED-Herrschaft und ihr Zusammenbruch. Am Ende des realen Sozialismus. Beiträge zu einer Bestandsaufnahme der DDR-Wirklichkeit in den achtziger Jahren. Opladen 1996.

Kunze, Reiner: Deckname »Lyrik«. Frankfurt a.M. 1990.

Kwizinskij, Julij A.: Vor dem Sturm. Erinnerungen eines Diplomaten. Berlin 1993.

Lahann, Birgit: Genosse Judas. Die zwei Leben des Ibrahim Böhme. Berlin ²1994.

Landesbeauftragter Mecklenburg-Vorpommern für die Unterlagen des Staatssicherheitsdienstes der ehemaligen DDR (Hrsg.): Aufbruch 89. Über den Beginn der Wende in Schwerin. Schwerin 1994.

Langguth, Gerd (Hrsg.): Politik und Plakat. 50 Jahre Plakatgeschichte am Beispiel der CDU. Bonn 1995.

Lapp, Peter Joachim: Die DDR geht, die Länder kommen. Forum Deutsche Einheit. Perspektiven und Argumente. Nr.1, hrsg. von der Friedrich-Ebert-Stiftung. Bonn 1990.

Ders.: Das Zusammenwachsen des deutschen Parteiengefüges. Bonn 1993.

Laue, Sabine: Parlamentarische Opposition und deutsche Einheit. Zur Problematik »kooperativer Opposition«, dargestellt am Beispiel der Beratungen über die Verträge zur deutschen Einheit im Bundestag. Egelsbach/Köln/New York 1992.

Linke Liste/PDS: Für eine starke linke Opposition. Gesamtdeutscher Wahlkongreß der Linken Liste/PDS. Berlin, 15./16. September 1990. Potsdam o.J.

Löbler, Frank/Josef Schmid/Heinrich Tiemann (Hrsg.): Die Wiedervereinigung als Organisationsproblem. Gesamtdeutsche Zusammenschlüsse von Parteien und Verbänden. Bochum 1991.

Luft, Christa: Zwischen Wende und Ende. Eindrücke, Erlebnisse, Erfahrungen eines Mitglieds der Modrow-Regierung. Berlin 1991.

Lyotard, Jean-François: Grabmal des Intellektuellen. Graz/Wien 1985.

Mählert, Ulrich: Die Freie Deutsche Jugend 1945–1949. Paderborn 1995.

Ders./Gert-Rüdiger Stephan: Blaue Hemden, Rote Fahnen. Die Geschichte der Freien Deutschen Jugend. Opladen 1996.

Mannheim, Karl: Ideologie und Utopie. Frankfurt a.M. 1969.

Mathiopoulos, Margarita: Rendezvous mit der DDR. Politische Mythen und ihre Aufklärung. Düsseldorf/Wien 1994.

Mazière, Lothar de: Anwalt der Einheit. Ein Gespräch mit Christine de Maizières. Berlin 1996.

Meckel, Markus/Martin Gutzeit: Opposition in der DDR. Zehn Jahre kirchliche Friedensarbeit - kommentierte Quellentexte. Köln 1994.

Mengele, Hans-Peter: Wer zu Späth kommt ... Baden-Württembergs außenpolitische Rolle in den Umbruch-Jahren. Stuttgart/Tübingen 1995.

Mitter, Armin/Stefan Wolle (Hrsg.): Ich liebe euch doch alle! Befehle und Lageberichte des MfS, Januar – November 1989. Berlin ²1990.

Modrow, Hans: Aufbruch und Ende. Hamburg ²1991.

Ders. (Hrsg.): Das Große Haus. Insider berichten aus dem ZK der SED. Berlin 1994.

Mols, Manfred u.a. (Hrsg.): Politikwissenschaft. Eine Einführung. Paderborn 1994.

Momper, Walter: Grenzfall. Berlin im Brennpunkt deutscher Geschichte. München 1991.

Moreau, Patrick: Die PDS. Anatomie einer postkommunistischen Partei. Berlin/Bonn 1992.

Moseleit, Klaus: Die zweite Phase der Entspannungspolitik der SPD 1983–1989: eine Analyse ihrer Entstehungsgeschichte, Entwicklung und der konzeptionellen Ansätze. Frankfurt a.M. u.a. 1991.

Mrotzek, Fred: Der Zusammenbruch der DDR am Beispiel der mecklenburgischen Stadt Parchim. Diss. Hamburg 1996.

Müller, Heiner: Zur Lage der Nation. Berlin 1990.

Münch, Ingo von (Hrsg.): Dokumente der Wiedervereinigung. Stuttgart 1991.

Muszynski, Bernhard (Hrsg.): Deutsche Vereinigung. Probleme der Integration und der Identifikation. Opladen 1991.

Nakath, Detlef/Gerd-Rüdiger Stephan: Countdown zur deutschen Einheit. Eine dokumentierte Geschichte der deutsch-deutschen Beziehungen 1987–1990. Berlin 1996.

Dies.: Von Hubertusstock nach Berlin. Eine dokumentierte Geschichte der deutsch-deutschen Beziehungen auf höchster Ebene. 1980–1987. Berlin 1995.

Neubert, Ehrhart: Eine protestantische Revolution. Osnabrück 1990.

Ders.: Geschichte der Opposition in der DDR 1969–1989. Bonn 1997.

Neues Forum Leipzig: Jetzt oder nie – Demokratie. Leipziger Herbst '89. München 1990.

Neugebauer, Gero/Bernd Niedbalski: Die SPD in der DDR 1989–1990. Aus der Bürgerbewegung in die gesamtdeutsche Sozialdemokratie. Berlin 1992.

Neugebauer, Gero/Richard Stöss: Die PDS. Geschichte – Organisation – Wähler – Konkurrenten. Opladen 1996.

Neumann, Thomas: Die Maßnahme. Eine Herrschaftsgeschichte der SED. Reinbek bei Hamburg 1991.

Niedermayer, Oskar/Richard Stöss (Hrsg.): Parteien und Wähler im Umbruch. Opladen 1994.

Nölling, Wilhelm: Geld und die deutsche Vereinigung. Hamburger Beiträge zur Wirtschafts- und Währungspolitik in Europa, Heft 8. Hamburg 1991.

Ders. (Hrsg.): Wiedervereinigung. Chancen ohne Ende? Dokumentation von Antworten auf eine einmalige Herausforderung. Hamburg 1990.

Oberndörfer, Dieter/Gerd Mielke/Ulrich Eith (Hrsg.): Die Bundesrepublik im Umbruch. Freiburg 1992.

Oldenburg, Fred: Die Implosion des SED-Regimes. Ursachen und Entwicklungsprozesse (Berichte des Bundesinstitutes für ostwissenschaftliche und internationale Studien, Heft 10/1991). Köln 1991.

Osmond, Jonathan (Hrsg.): German Unification. A reference guide and commentary. Exeter 1992.

PDS: Eine neue Partei? Erneuerungskonferenz der PDS, Berlin 8./9. September 1990. Berlin o.J.

Pechmann, Roland/Jürgen Vogel (Hrsg.): Abgesang der Stasi. Das Jahr 1989 in Presseartikeln und Stasi-Dokumenten. Braunschweig 1991.

Pirker, Theo/Hans-Hermann Hertle: Wende zum Ende – Auf dem Weg zu unabhängigen Gewerkschaften? Köln 1990.

Poßner, Wilfried: Immer bereit! Parteiauftrag: kämpfen, spielen, fröhlich sein. Berlin 1995.

Potthoff, Heinrich: Die »Koalition der Vernunft«. Deutschlandpolitik in den 80er Jahren. München 1995.

Probst, Lothar: Der Norden wacht auf. Zur Geschichte des politischen Umbruchs in Rostock im Herbst 1989. Bremen/Rostock 1993.

Zur Programmatik der Partei des Demokratischen Sozialismus: Ein Kommentar. Berlin 1997.

Prokop, Siegfried (Hrsg.): Die kurze Zeit der Utopie. Die »zweite DDR« im vergessenen Jahr 1989/90. Berlin 1994.

Przybylski, Peter: Tatort Politbüro, Bd. 2: Honecker, Mittag und Schalck-Golodkowski. Berlin 1992.

Raschke, Joachim: Die Grünen. Wie sie wurden, was sie sind. Köln 1993.

Rattinger, Hans/Oscar W. Gabriel/Wolfgang Jagodzinski (Hrsg.): Wahlen und politische Einstellungen im vereinten Deutschland. Frankfurt a.M. 1993.

Reich, Jens: Rückkehr nach Europa. Bericht zur neuen Lage der deutschen Nation. München/Wien 1991.

Rein, Gerhard (Hrsg.): Die Opposition in der DDR. Entwürfe für einen anderen Sozialismus. Berlin 1989.

Ders.: Die Protestantische Revolution. Berlin 1990.

Rexin, Manfred (Hrsg.): Die SPD in Ost-Berlin 1946–61, Heft 5 der Schriftenreihe des Franz-Neumann Archivs. Berlin 1989.

Richter, Edelbert: Erlangte Freiheit – Verfehlte Identität. Auf der Suche nach den Grundlagen für eine neue deutsche Politik. Berlin 1991.

Richter, Michael: Die Staatssicherheit im letzten Jahr der DDR. Köln/Weimar/Wien 1996.

Ders./Martin Rißmann (Hrsg.): Die Ost-CDU. Beiträge zu ihrer Entstehung und Entwicklung. Köln/Weimar/Wien 1995.

Rogner, Klaus Michel: Der Verfassungsentwurf des zentralen Runden Tischs der DDR. Berlin 1993.

Rüddenklau, Wolfgang: Störenfried. DDR-Opposition 1986–1989. Mit Texten aus den »Umweltblättern«. Berlin ²1992.

Sachverständigenrat zur Begutachtung der gesamtwirtschaftlichen Entwicklung: Auf dem Wege zur wirtschaftlichen Einheit Deutschlands. Jahresgutachten 1990/91. Stuttgart 1990.

Schabowski, Günther: Der Absturz. Berlin 1991.

Ders.: Das Politbüro. Ende eines Mythos. Reinbek bei Hamburg 1990.

Schäuble, Wolfgang: Der Vertrag. Wie ich über die deutsche Einheit verhandelte. Stuttgart 1991.

Schmidt, Ute: Von der Blockpartei zur Volkspartei? Die Ost-CDU im Umbruch 1989–1994. Opladen 1997.

Schmidtbauer, Bernhard: Tage, die Bürger bewegten, Bd. 2. Ausgewählte Dokumente zur Chronik des Umbruchs in Rostock vom August 1989 bis zum Oktober 1989. Rostock 1991.

Schneider, Eberhard: Der letzte Parteitag der SED (Berichte des Bundesinstituts für ostwissenschaftliche und internationale Studien, Heft 19/1990). Köln 1990.

Schneider, Peter: Vom Ende der Gewißheit. Berlin 1994.

Schönherr, Albrecht: Kirche als Lerngemeinschaft, Dokumente aus der Arbeit des Bundes der Evangelischen Kirchen in der DDR. Berlin (Ost) 1981.

Schorlemmer, Friedrich: Worte öffnen Fäuste: Die Rückkehr in ein schwieriges Vaterland. München 1992.

Schröder, Richard: Deutschland schwierig Vaterland. Für eine neue politische Kultur. Freiburg 1993.

Ders.: Vom Gebrauch der Freiheit. Gedanken über Deutschland nach der Vereinigung. Stuttgart 1996.

Schulze, Edeltraud (Hrsg.), unter Mitarbeit von Gert Noack: DDR-Jugend. Ein statistisches Handbuch. Berlin 1995.

Seibel, Wolfgang/Arthur Benz/Heinrich Mäding (Hrsg.): Verwaltungsreform und Verwaltungspolitik im Prozeß der deutschen Einigung. Baden-Baden 1993.

Semtner, Klemens: Der Runde Tisch in der DDR. München 1992.

Simon, Günther: Tischzeiten – Aus den Notizen eines Chefredakteurs. Berlin 1990.

Sommer, Ulf: Die Liberal-Demokratische Partei Deutschlands. Eine Blockpartei unter der Führung der SED. Münster 1996.

Spittmann, Ilse: Die DDR unter Honecker. Köln 1990.

Dies./Gisela Helwig (Hrsg.): Chronik der Ereignisse in der DDR. Köln 1989.

Der Stalinismus in der KPD und SED – Wurzeln, Wirkungen, Folgen: Materialien der Konferenz der Historischen Kommission beim Parteivorstand der PDS am 17./18. November 1990.

Steinborn, Tom/Ivo Klatte: Liberale Jugend in Ostdeutschland. Dresden 1994.

Stephan, Cora (Hrsg.): Wir Kollaborateure. Hamburg 1992.

Stephan, Gerd-Rüdiger (Hrsg.): »Vorwärts immer, rückwärts nimmer!« Interne Dokumente zum Zerfall von SED und DDR 1988/89. Unter Mitarbeit von Daniel Küchenmeister. Berlin 1994.

Teltschik, Horst: 329 Tage. Innenansichten der Einigung. Berlin 1993 (zuerst 1991).

Tessmer, Carsten: Innerdeutsche Parteienbeziehungen vor und nach dem Umbruch in der DDR. Erlangen 1991.

Thaysen, Uwe: Der Runde Tisch. Oder: Wo blieb das Volk? Der Weg der DDR in die Demokratie. Opladen 1990.

Thierse, Wolfgang: Mit eigener Stimme sprechen. München 1992.

Uschner, Manfred: Die Ostpolitik der SPD. Sieg und Niederlage einer Strategie. Berlin 1991.

Ders.: Die Zweite Etage. Funktionsweise eines Machtapparates. Berlin ²1995.

Vogel, Hans-Jochen: Nachsichten. Meine Bonner und Berliner Jahre. München/Zürich 1996.

Vogtmeier, Andreas: Egon Bahr und die deutsche Frage. Zur Entwicklung der sozialdemokratischen Ost- und Deutschlandpolitik vom Kriegsende bis zur Vereinigung. Bonn 1996.

Von den Anfängen. Eine illustrierte Chronik der PDS 1989–1994. Berlin 1995.

Vorstand der SPD (Hrsg.): Die Deutschen in Europa. Berliner Erklärung der Sozialdemokratischen Partei Deutschlands. Bonn 1989.

Ders.: Jahrbuch der SPD 1988–1989. Bonn 1991.

Ders.: Sekretariat der Programmkommission (Hrsg.), Das neue Grundsatzprogramm der Sozialdemokratischen Partei Deutschlands. Entwurf März 1989. o.O.

Wahlkommission der DDR: Wahlen zur Volkskammer der DDR am 18. März 1990. Endgültiges Ergebnis. Berlin 1990.

»Wahltreff 90« – Zentrum für politikwissenschaftliche Information und Dokumentation (Hrsg.): Die aktuelle Programmatik von Parteien und politischen Vereinigungen in der DDR, Dokumentation. Berlin 1990.

Waigel, Theo/Manfred Schell: Tage, die Deutschland und die Welt veränderten. Vom Mauerfall zum Kaukasus. Die deutsche Währungsunion. München 1994.

Walter, Michael: Die Freie Deutsche Jugend. Ihre Funktionen im politischen System der DDR. Freiburg 1997 (zugl. Diss. Freiburg 1996).

Ders.: »Es ist Frühling, und wir sind (so) frei«. CDP(D), NDPD, DFP und FDP der DDR 1989/90. Würzburg 1998.

Walters, Vernon A.: Die Vereinigung war voraussehbar. Hinter den Kulissen eines entscheidenden Jahres. Die Aufzeichnungen des amerikanischen Botschafters. Berlin 1994.

Weber, Jürgen (Hrsg.): Der SED-Staat: Neues über eine vergangene Diktatur. München 1994.

Weiden, Bianca von der: Das Profil der Sozialdemokratischen Partei in der DDR (SDP/SPD). Von der Gründung bis zum ersten Parteitag (1989/90). Magisterarbeit. München 1995.

Weidenfeld, Werner/Karl-Rudolf Korte (Hrsg.): Handbuch zur Deutschen Einheit. Aktualisierte Neuausgabe. Bonn 1996.

Dies. (Hrsg.): Handwörterbuch zur deutschen Einheit. Bonn ²1992.

Weiß, Robert: Chronik eines Zusammenbruchs. Der »heiße« Herbst und seine Folgen in den Ländern des Warschauer Paktes. Berlin 1990.

Weiss, Volkmar: Die Rolle der Deutschen Sozialen Union (DSU) bei der Einigung Deutschlands. Leipzig 1990 (Ms.).

Weizsäcker, Richard von: Vier Zeiten: Erinnerungen. Berlin 1997.

Wendezeiten – Zeitenwende: Vom DFD zum dfd. Eine Dokumentation – das Jahr der Wende. Berlin 1995.

Wensierski, Peter/Wolfgang Büscher: Null Bock auf DDR: Aussteigerjugend im anderen Deutschland. Reinbek bei Hamburg 1984.

Werner-Tietz, Bernhardt: Bauernverband und Bauernpartei in der DDR. Die VdgB und die DBD 1945–1952. Ein Beitrag zum Wandlungsprozeß des Parteiensystems der SBZ/DDR. Köln 1984.

Wilke, Manfred/Hans-Hermann Hertle: Deutsche Gewerkschaftsgeschichte zwischen Ost und West. Forschungsbericht. Berlin 1992.

Wilke, Manfred/Hans Peter Müller: FDGB: Vom alten Herrschaftsapparat zu neuer Gewerkschaftsmacht? Forschungsinstitut der Konrad-Adenauer-Stiftung. Interne Studien Nr. 17/1990.

Wünsch, Roland: Das Ende der Alternative. Die Grünen in der Wiedervereinigung. Bonn 1995.

Wuttke, Carola/Berndt Musiolek (Hrsg.): Parteien und politische Bewegungen im letzten Jahr der DDR. Berlin 1991.

Zimmer, Matthias: Nationales Interesse und Staatsräson. Zur Deutschlandpolitik der Regierung Kohl 1982–1989. Paderborn 1992.

Zimmerling, Sabine und Zero: Neue Chronik der DDR. 5 Bde. (Ost-)Berlin 1989.

Zimmermann, Hartmut, unter Mitarbeit von Horst Ulrich und Michael Fehlauer: DDR-Handbuch. Köln 1985.

Zwahr, Hartmut: Ende einer Selbstzerstörung. Leipzig und die Revolution in der DDR. Göttingen ²1993.

Zwischenbericht der Unabhängigen Kommission zur Überprüfung des Vermögens der Parteien und Massenorganisationen der DDR, Deutscher Bundestag, Drucksache 12/622.

Aufsätze

Ackermann, Else: »Die Revolution – ein Flächenbrand? Eindrücke aus Brandenburg«, in: Zeitschrift zur politischen Bildung/Eichholz Brief 2/1991, S. 101–115.

Agethen, Manfred: »Die CDU in der SBZ/DDR 1945–1990. Neuere Literatur (1990–1996)«, in: Historisch-Politische Mitteilungen. Archiv für christlich-demokratische Politik (HPM). Herausgegeben von der Konrad-Adenauer-Stiftung, 3. Jahrgang. Köln/Weimar/Wien 1996, S. 235–253.

Ders.: »Unruhepotentiale und Reformbestrebungen in der Ost-CDU. Der ›Brief aus Weimar‹ und der ›Brief aus Neuenhagen‹«, in: Historisch-Politische Mitteilungen. Archiv für christlich-demokratische Politik (HPM) 1 (1994), S. 89–114.

Albus, Michael: »Umbruch und kein Ende. Zur Rolle der katholischen Kirche auf dem Gebiet der ehemaligen DDR«, in: Eichholz Brief/Zeitschrift zur politischen Bildung 2/91, S. 20–26.

Ammer, Thomas: »Politische Kontakte Bundesrepublik-DDR im ersten Halbjahr 1989«, in: Deutschland Archiv 22 (1989), S. 1019–1027.

Arnold, Karl-Heinz/Hans Modrow: »Von Dresden über Davos nach Bonn. Drei deutsch-deutsche Begegnungen und ihr politisches Umfeld«, in: Detlef Nakath (Hrsg.), Deutschlandpolitiker der DDR erinnern sich. Berlin 1995, S. 39–60.

Averkorn, Syra/Ulrich Eith: »Zwischen Hoffen und Bangen. Determinanten der Wahlentscheidung in Sachsen-Anhalt«, in: Dieter Oberndörfer/Gerd Mielke/Ulrich Eith (Hrsg.), Die Bundesrepublik im Umbruch. Freiburg i. Br. 1992, S. 24–55.

Bahr, Egon: »Die Deutschlandpolitik der SPD nach dem Kriege«, in: Dieter Dowe (Hrsg.), Die Ost- und Deutschlandpolitik der SPD in der Opposition 1982–1989. Papiere eines Kongresses der Friedrich-Ebert-Stiftung am 14. und 15. September 1989. Reihe Gesprächskreis Geschichte, Heft 4. Bonn 1993, S. 11–40.

Beckord, Wilhelm: »Kommunale Demokratie – Theorie und Praxis«, in: ders. (Hrsg.), Die Kommunen und die Einheit Deutschlands. Münster 1993, S. 92–103.

»Bericht des Vorsitzenden der Konferenz der Evangelischen Kirchenleitungen für die konstituierende Tagung der VI. Synode des Bundes der Evangelischen Kirchen in der DDR vom 23. bis 25. Februar 1990 in Berlin«, in: Mitteilungsblatt des Bundes der Evangelischen Kirchen, Sonderdruck vom 25. 6. 1991.

Berndt, Rolf/Silke Jansen: »Organisationsprobleme und Organisationserfolge aus der Sicht der F.D.P.«, in: Frank Löbler/Josef Schmid/Heinrich Tiemann (Hrsg.), Wiedervereinigung als Organisationsproblem. Gesamtdeutsche Zusammenschlüsse von Parteien und Verbänden. Bochum 1991, S. 66–76.

Bernet, Wolfgang: »Gemeinden und Gemeinderecht im Regimewandel. Von der DDR zu den neuen Bundesländern«, in: Aus Politik und Zeitgeschichte B 36/1993, S. 27–38.

Ders./Helmut Lecheler: »Zustand einer DDR-Stadtverwaltung vor den Kommunalwahlen vom 6.5. 1990«, in: Landes- und Kommunalverwaltung 1991, S. 68–71.

Blaschke, Karlheinz: »Alte Länder – Neue Länder. Zur territorialen Neugliederung der DDR«, in: Aus Politik und Zeitgeschichte B 27/90, S. 39–54.

Ders.: »Das Werden der neuen Bundesländer«, in: Alexander Fischer/Maria Haendcke-Hoppe-Arndt, Auf dem Weg zur Realisierung der Einheit Deutschlands, Berlin 1992, S. 128–142.

Bluck, Carsten/Henry Kreikenbom: »Die Wähler der DDR: Nur issue-orientiert oder auch parteigebunden?«, in: Zeitschrift für Parlamentsfragen 22 (1991), S. 495–502.

Bohn, Jürgen: »Mittragen an der Geschichte«, in: Andreas Dornheim/Stephan Schnitzler (Hrsg.), Thüringen 1989/90. Akteure des Umbruchs berichten. Erfurt 1995, S. 275–282.

Bourdieu, Pierre: »La fin des intellectuels?«, in: Noroit, Nr. 253, November 1980.

Bracher, Karl Dietrich: »Betrachtungen zur Entwicklung des Machtverständnisses in der Bundesrepublik Deutschland«, in: Zum Staatsverständnis der Gegenwart, hrsg. von der Akademie für Politische Bildung. Tutzing 1987, S. 101–110.

Braun, Heinz: »Die Überlieferung des FDGB in der Stiftung Archiv der Parteien- und Massenorganisationen der DDR«, in: Internationale wissenschaftliche Korrespondenz zur Geschichte der Arbeiterbewegung 32 (1996), S. 520–534.

Brie, André: »Der zweigeteilte Parteitag. Versuch eines Beitrags gegen neue Legenden«, in: Lothar Bisky/Jochen Czerny/Herbert Mayer/Michael Schumann (Hrsg.), Die PDS – Herkunft und Selbstverständnis. Eine politisch-historische Debatte. Berlin 1996, S. 52–62.

Brombacher, Ellen: »Zum Sonderparteitag im Dezember 1989«, in: Lothar Bisky/Jochen Czerny/Herbert Mayer/Michael Schumann (Hrsg.), Die PDS – Herkunft und Selbstverständnis. Eine politisch-historische Debatte. Berlin 1996, S. 147–150.

Bullmann, Udo/Wito Schwanegel: »Zur Transformation territorialer Politikstrukturen. Landes- und Kommunalverwaltungen in den neuen Bundesländern«, in: Susanne Benzler/Udo Bullmann/Dieter Eißel (Hrsg.), Deutschland-Ost vor Ort. Opladen 1995, S. 194–224.

Busch, Andreas: »Die deutsch-deutsche Währungsunion: Politisches Votum trotz ökonomischer Bedenken«, in: Ulrike Liebert/Wolfgang Merkel (Hrsg.), Die Politik zur deutschen Einheit. Probleme – Strategien – Kontroversen. Opladen 1991, S. 185–207.

Buschfort, Wolfgang: »Das Ostbüro der SPD 1946–61«, in: Aus Politik und Zeitgeschichte 21/1992, S. 23–32.

Dähn, Horst: »Ziele, Praxis und Methoden der Kirchenpolitik der DDR (1949–1989)«, in: Gert Kaiser/Ewald Frie, Wissenschaftszentrum Nordrhein-Westfalen, Arbeitskreis Christen, Staat und Gesellschaft in der DDR. Vorträge und Diskussionen 1993/4, Köln 1994, S. 19–31.

Deutsche Forumpartei: Programm (beschlossen auf dem Gründungsparteitag am 27.1. 1990), in: »Wahltreff 90« – Zentrum für politikwissenschaftliche Information und Dokumentation (Hrsg.), Die aktuelle Programmatik von Parteien und politischen Vereinigungen in der DDR, Dokumentation. Berlin 1990, S. 112 f.

Dittrich, Bernhard: »Stützen oder Kritiker eines sozialistischen Staates? Die Kirchen am Vorabend der Revolution«, in: Hans Ester (Hrsg.), Dies ist nicht unser Haus: die Rolle der Kirche in den politischen Entwicklungen der DDR. Amsterdam 1992, S. 33–45.

Eckert, Rainer: »Zur Rolle der Massenorganisationen im Alltag der DDR-Bevölkerung«, in: Deutscher Bundestag (Hrsg.), Materialien der Enquete-Kommission »Aufarbeitung von Geschichte und Folgen der SED-Diktatur in Deutschland«, Bd. II, 2, S. 1243–1300.

Eißel, Dieter: »Problemfelder und Lösungskapazitäten in den Kommunen Ostdeutschlands«, in: Susanne Benzler/Udo Bullmann/Dieter Eißel (Hrsg.), Deutschland-Ost vor Ort. Opladen 1995, S. 1123–1140.

Eith, Ulrich: »Kommunales Wählerverhalten in Ost- und Westdeutschland: Brandenburg, Baden-Württemberg und Nordrhein-Westfalen im Vergleich«, in: Oscar W. Gabriel (Hrsg.), Politische Orientierungen und Verhaltensweisen im vereinigten Deutschland. Opladen 1997, S. 377–400.

Ders./Gerd Mielke: »Wahlforschung: Zur Bedeutung und Methodik empirischer Sozialforschung in der Politikwissenschaft«, in: Manfred Mols u.a. (Hrsg.), Politikwissenschaft. Eine Einführung. Paderborn 1994, S. 278–306.

Elmer, Konrad: »Auf den Anfang kommt es an!« in: Neue Gesellschaft/Frankfurter Hefte 38,1/1991, S. 136–140.

Ders.: »Vor- und Wirkungsgeschichte des Organisationsstatuts der SDP«, in: Dieter Dowe (Hrsg.), Von der Bürgerbewegung zur Partei. Die Gründung der Sozialdemokratie in der DDR. Bonn 1993, S. 29–39.

Eppelmann, Rainer: »Die ›friedliche Revolution‹ aus der Sicht eines Ost-Berliner Gemeindepastors«, in: Eichholz Brief/Zeitschrift zur politischen Bildung 2/1991, S. 95–100.

Eppler, Erhard (Interview): »Es wurde gestritten, und wie!«, in: Martin Gorholt/Norbert W. Kunz (Hrsg.), Deutsche Einheit – Deutsche Linke. Reflexionen der politischen und gesellschaftlichen Entwicklung. Köln 1991, S. 186–196.

Erhard, Ludwig: »Wirtschaftliche Probleme der Wiedervereinigung. Unbegründete Befürchtungen der Planwirtschaftler hinsichtlich ungünstiger Rückwirkungen«, in: Bulletin des Presse- und Informationsamtes der Bundesregierung Nr. 174 (12.9. 1953), S. 1453 f.

Exler, Ulrich: »Aktuelle Probleme der Finanzpolitik und des Finanzausgleichs«, in: Gerhard Hirscher, Die Zukunft des kooperativen Föderalismus in Deutschland. Bayreuth 1991.

Falkner, Thomas: »›Putsch‹ oder ›Sturm aufs Große Haus‹?«, in: Lothar Bisky/Jochen Czerny/Herbert Mayer/Michael Schumann (Hrsg.), Die PDS – Herkunft und Selbstverständnis. Eine politisch-historische Debatte. Berlin 1996, S. 5–23.

Falter, Jürgen W.: »Wahlen 1990. Die demokratische Legitimation für die deutsche Einheit mit großen Überraschungen«, in: Eckhard Jesse/Armin Mitter (Hrsg.), Die Gestaltung der deutschen Einheit. Geschichte – Politik – Gesellschaft. Bonn 1992, S. 163–188.

Ders./Siegfried Schumann/Jürgen Winkler: »Erklärungsmodelle von Wählerverhalten«, in: Aus Politik und Zeitgeschichte B 37–38, 1990, S. 3–13.

Feist, Ursula/Hans-Jürgen Hoffmann: »Wahlen in der DDR 1990: Referendum für die Einheit und Exempel für modernes Wahlverhalten«, in: Journal für Sozialforschung 30 (1990), S. 253–277.

Fichter, Tilman: »Die SPD und die nationale Frage«, in: Cora Stephan (Hrsg.), Wir Kollaborateure. Hamburg 1992, S. 107–124.

Fink, Hans Jürgen: »Bündnis 90. Die Revolutionäre der ersten Stunde verloren die Wahl«, in: Deutschland Archiv 23 (1990), S. 515–517.

Ders.: »Die SPD in der DDR«, in: Deutschland Archiv 23 (1990), S. 180–185.

Förster, Peter: »Die deutsche Frage im Bewußtsein der Bevölkerung in beiden Teilen Deutschlands. Das Zusammengehörigkeitsgefühl der Deutschen – Einstellungen junger Menschen in der DDR. Eine Dokumentation empirischer Untersuchungsergebnisse der Jugendforschung der DDR aus den Jahren 1966 bis 1989«, in: Deutscher Bundestag (Hrsg.), Materialien der Enquete-Kommission »Aufarbeitung von Geschichte und Folgen der SED-Diktatur in Deutschland«, Bd. V, 2. Baden-Baden/Frankfurt a.M. 1995, S. 1212–1380.

Freiburg, Arnold: »Die FDJ nach Honecker. Chronik eines Abgangs«, in: Deutschland Archiv 23 (1990), S. 517–520

Frieling, Reinhard: »Die Kirchen bei der Wende in Osteuropa«, in: Materialdienst 41/1990 (Materialdienst des Konfessionskundlichen Instituts Bensheim. Hg. vom Konfessionskundlichen Institut des Ev. Bundes – Arbeitswerk der Ev. Kirche in Deutschland), S. 1 f.

Frölich, Jürgen: »Transmissionsriemen, Interessenvertretung des Handwerks oder Nischenpartei? Zu Rolle, Bedeutung und Wirkungsmöglichkeiten der Partei«, in: Deutscher Bundestag (Hrsg.), Materialien der Enquete-Kommission »Aufarbeitung von Geschichte und Folgen der SED-Diktatur in Deutschland«, Bd. II, 2. Baden-Baden/Frankfurt a.M.1995, S. 1542–1578.

Garstecki, Joachim: »Selbstorganisationspotentiale der DDR-Gesellschaft. Der konziliare Prozeß für Gerechtigkeit, Frieden und Bewahrung der Schöpfung«, in: Wissenschaftszentrum Nordrhein-Westfalen, Arbeitskreis Christen, Staat und Gesellschaft in der DDR. Vorträge und Diskussionen 1993/94 (Hg. von Gert Kaiser/Ewald Frie), Duisburg/Köln 1994, S. 49–57.

Ders., »Teilnahme mit beschränkter Haftung? Die Rolle der Kirchen aus ökumenischer Sicht«, in: Hans Ester (Hrsg.), Dies ist nicht unser Haus: Die Rolle der katholischen Kirche in den politischen Entwicklungen der DDR. Amsterdam 1992, S. 59–70.

Gibowski, Wolfgang G.: »Demokratischer (Neu-) Beginn in der DDR. Dokumentation und Analyse der Wahl vom 18. März 1990«, in: Zeitschrift für Parlamentsfragen 21 (1990), S. 5–22.

Gluchowski, Peter/Carsten Zelle: »Demokratisierung in Ostdeutschland«, in: Peter Gerlich/Fritz Plasser/Peter A. Ulram (Hrsg.), Regimewechsel. Wien 1992, S. 231–274.

Grimm, Andrea/Martina Holzinger/Mathias Rudolph: »Unser Zeichen ist die aufgehende Sonne«, in: Hans Modrow (Hrsg.): Unser Zeichen war die Sonne. Berlin 1996, S. 155–172.

Grundmann, Siegfried: »Außen- und Binnenmigration der DDR 1989. Versuch einer Bilanz«, in: Deutschland Archiv 23 (1990), S. 1422–1432.

Güllner, Manfred: »Schillernde Konturen«, in: Werner Filmer/Heribert Schwan, Oskar Lafontaine. Düsseldorf/New York/Wien 1990, S. 357–370.

Habicht, Thomas: »Wer war das Volk? Gesichter der Revolution«, in: Eichholz Brief/Zeitschrift zur politischen Bildung 2/1991, S. 1–12.

Haller, Gert: »Das Wort ›Anschluß‹ war tabu: einige persönliche Erinnerungen«, in: Theo Waigel/Manfred Schell, Tage, die Deutschland und die Welt veränderten. Vom Mauerfall zum Kaukasus. Die deutsche Währungsunion. München 1994, S. 149–159.

Hampele, Anne: »Dem Aufschwung Ost ökologisch auf die Beine helfen. Die Grüne Liga e.V. – Ein Beispiel erfolgreicher ostdeutscher Selbstbehauptung«, in: Deutschland Archiv 30 (1997), S. 242–251.

Hartmann, Helmut: »Eine Hoffnung lernt gehen – wie ich in Erfurt die politische Wende erlebte (1986–1990)«, in: Andreas Dornheim/Stephan Schnitzler (Hrsg.), Thüringen 1989/90. Akteure des Umbruchs berichten. Erfurt 1995, S. 139–148.

Hartmann, Matthias: »Kirchen«, in: Werner Weidenfeld/Karl-Rudolf Korte (Hrsg.), Handbuch zur deutschen Einheit, Aktualisierte Neuausgabe. Bonn 1996, S. 419–429.

Hartwich, Hans-Hermann: »Die Bundesregierung im Prozeß der deutschen Vereinigung (1989/90). Skizze zu einer kategorial geleiteten Analyse des Regierungshandelns«, in: Ders./Göttrik Wewer (Hrsg.), Regieren in der Bundesrepublik III. Systemsteuerung und »Staatskunst«. Opladen 1991, S. 237–273.

Haufe, Gerda: »Die Bürgerbewegungen im Jahr 1990«, in: dies./Karl Bruckmeier (Hrsg.), Die Bürgerbewegungen in der DDR und in den ostdeutschen Bundesländern. Opladen 1993, S. 78–158.

Haungs, Peter: »Die CDU im Parteiensystem des vereinten Deutschland«, in: Peter Eisenmann/Gerhard Fischer (Hrsg.), Die Entwicklung der Volksparteien im vereinten Deutschland. München 1992, S. 11–26.

Hauschild, Christoph: »DDR: Vom sozialistischen Einheitsstaat in die föderale und kommunale Demokratie«, in: Bernhard Blanke/Susanne Benzler, Staat und Stadt. Systematische, vergleichende und problemorientierte Analysen dezentraler Politik. Opladen 1991, S. 213–236.

Helwig, Gisela: »Bund Freier Demokraten. Die Liberalen auf dem mühsamen Weg zur Vereinigung«, in: Deutschland Archiv 23 (1990), S. 511–514.

Henke, Klaus-Dirk: »Maßnahmen zur Stärkung der Eigenstaatlichkeit der Länder und Finanzierung der deutschen Einheit«, in: Staatswissenschaften und Staatspraxis 4 (1993), S. 10–25.

Henkys, Reinhard: »Die Bedeutung und Rolle der evangelischen Kirche im demokratischen Reformprozeß«, in: Eichholz Brief/Zeitschrift für politische Bildung 2/1991, S. 13–19.

Ders.: »In wortreiches Schweigen gehüllt«, in: Evangelische Kommentare 2/1992, S. 73–75.

Ders.: »Kirche – Staat – Gesellschaft«, in: ders. (Hrsg.), Die Evangelischen Kirchen in der DDR. München 1982, S. 11–61.

Ders.: »Die Kirchen im Umbruch der DDR«, in: Deutschland Archiv 23 (1990), S. 177–180.

Ders.: »Der Kirchenbund vor dem Ende«, in: Übergänge 5/1990, S. 173 f.

Ders.: »Kirchenpolitik von SED und MfS. Tagung der Gauck-Behörde zum Stand der Forschung und der Aufarbeitung«, in: Deutschland Archiv 28 (1995), S. 417–420.

Ders.: »Weg zu einem neuen Miteinander. Probleme der angestrebten Kircheneinheit«, in: Kirche im Sozialismus 1/1990, S. 5–9.

Hertle, Hans-Hermann: »›Die Gewerkschaft hat in der Verharrung gelegen‹. Interview mit Werner Peplowski über den Wandlungsprozeß des FDGB«, in: Berliner Arbeitshefte und Berichte zur sozialwissenschaftlichen Forschung, Nr. 26/1990.

Ders.: »Der 9. November 1989 in Berlin«, in: Deutscher Bundestag (Hrsg.), Materialien der Enquete-Kommission »Aufarbeitung von Geschichte und Folgen der SED-Diktatur in Deutschland«, Bd. VII, 1. Baden-Baden/Frankfurt a.M. 1995, S. 787–872.

Ders.: »Staatsbankrott. Der ökonomische Untergang des SED-Staates«, in: Deutschland Archiv 25 (1992), S. 1019–1030.

Ders.: »Transmissionen ohne Mission. Der FDGB im Umwälzungsprozeß der DDR«, in: Berliner Arbeitshefte und Berichte zur sozialwissenschaftlichen Forschung, Nr. 21/1990.

Ders.: »Der Weg in den Bankrott der DDR-Wirtschaft«, in: Deutschland Archiv 25 (1992), S. 127–145.

Herzberg, Wolfgang: »Der Gründerkreis des sozialdemokratischen Neubeginns in der DDR 1989: Versuch einer Analyse ihrer kollektiven Biographie«, in: ders./Patrick von zur Mühlen (Hrsg.), Auf den Anfang kommt es an: Sozialdemokratischer Neubeginn in der DDR 1989, Interviews und Analysen. Bonn 1993, S. 11–37.

Hesse, Joachim/Wolfgang, Renzsch: »Zehn Thesen zur Entwicklung und Lage des deutschen Föderalismus«, in: Staatswissenschaften und Staatspraxis, 1 (1990), S. 562–578.

Hilsberg, Stephan: »›Der Streit der Ideologien und die gemeinsame Sicherheit.‹ Zur Diskussion um das Streitkultur-Papier von SPD und SED«, in: Dieter Dowe (Hrsg.), Die Ost- und Deutschlandpolitik der SPD in der Opposition 1982–1989. Papiere eines Kongresses der Friedrich-Ebert-Stiftung am 14. und 15. September 1989. Reihe Gesprächskreis Geschichte, Heft 4. Bonn 1993, S. 67–73.

Hoefert, Johannes: »Mitglied der Arbeitsgruppe Verfassung«, in: Franz Greß (Hrsg.), Die Rolle der Bundesländer in einem geeinten Deutschland und geeinten Europa. Eine Herausforderung für Landesparlamente und Föderalismus. Hessische Schriften zum Föderalismus und Landesparlamentarismus, Hessischer Landtag. Wiesbaden 1992, S. 63–76.

Hoffmann, Gert: »Die staatliche Mittelinstanz in den neuen Bundesländern«, in: Die Öffentliche Verwaltung 45 (1991), Heft 16, S. 689–696.

Hofmann, Gunter: »Zwischen Bonn und Saarbrücken«, in: Werner Filmer/Heribert Schwan, Oskar Lafontaine. Düsseldorf/New York/Wien 1990, S. 292–302.

Hohlfeld, Christoph: »Die Grünen in Ostdeutschland«, in: Joachim Raschke, Die Grünen. Wie sie wurden, was sie sind. Köln 1993, S. 395–416.

Höhne, Roland: »Von der Wende zum Ende: Die NDPD während des Demokratisierungsprozesses«, in: Oskar Niedermayer/Richard Stöss (Hrsg.), Parteien und Wähler im Umbruch. Opladen 1994, S. 113–142.

Homeyer, Josef: »Die katholische Kirche im geteilten Deutschland und ihre Bedeutung für das Zusammengehörigkeitsgefühl der Deutschen,«, in: Deutscher Bundestag (Hrsg.), Materialien der Enquete-Kommission »Aufarbeitung von Geschichte und Folgen der SED-Diktatur in Deutschland«, Bd. VI, 1. Baden-Baden/Frankfurt a.M. 1995, S. 265–276.

Hübner, Peter: »Zur Rolle der ›Massenorganisationen‹ im Alltag des DDR-Bürgers«, in: Deutscher Bundestag (Hrsg.), Materialien der Enquete-Kommission »Aufarbeitung von Geschichte und Folgen der SED-Diktatur in Deutschland«, Bd. II, 3. Baden-Baden/Frankfurt a.M. 1995, S. 1722–1765.

Hüning, Hasko: »PDS – Systemopposition oder Reformpolitik? Eine Zwischenbilanz«, in: Deutschland Archiv 22 (1990), S. 1670–1678.

Jander, Martin, unter Mitarbeit von Thomas Voß: »Die besondere Rolle des politischen Selbstverständnisses bei der Herausbildung einer politischen Opposition in der DDR außerhalb der SED und ihrer Massenorganisationen seit den siebziger Jahren«, in: Deutscher Bundestag (Hrsg.), Materialien der Enquete-Kommission »Aufarbeitung von Geschichte und Folgen der SED-Diktatur in Deutschland«, Bd. VII, 1. Baden-Baden/Frankfurt a.M. 1995, S. 896–986.

Jäger, Wolfgang: »Die Deutschlandpolitik der Bundesregierungen der CDU/CSU-FDP-Koalition (Kohl-Genscher), die Diskussion in den Parteien und in der Öffentlichkeit 1982–1989«, in: Deutscher Bundestag (Hrsg.), Materialien der Enquete-Kommission »Aufarbeitung von Geschichte und Folgen der SED-Diktatur in Deutschland«, Bd. V, 2. Baden-Baden/Frankfurt a.M. 1995, S. 1572–1611.

Ders.: »Der Weg zur Wiedervereinigung«, in: Eberhard Kuhrt u.a. (Hrsg.), Die SED-Herrschaft und ihr Zusammenbruch. Am Ende des realen Sozialismus. Beiträge zu einer Bestandsaufnahme der DDR-Wirklichkeit in den achtziger Jahren. Opladen 1996, S. 349–370.

Ders./Michael Walter: »Die Demokratische Bauernpartei Deutschlands«, in: Historisch-Politische Mitteilungen. Archiv für christlich-demokratische Politik 4/1997, S. 141–168.

Ders./Werner Link: Republik im Wandel 1974–1982. Die Ära Schmidt, in: Karl Dietrich Bracher u.a. (Hrsg.), Geschichte der Bundesrepublik Deutschland, Bd. 5/II. Stuttgart 1982, S. 149–159.

Jesse, Eckhard: »Der innenpolitische Weg zur deutschen Einheit. Zäsuren einer atemberaubenden Entwicklung«, in: ders./Armin Mitter (Hrsg.), Die Gestaltung der deutschen Einheit. Geschichte – Politik – Gesellschaft. Berlin/Bonn 1992, S. 111–141.

Juling, Peter: »Deutschlandpolitik der FDP«, in: Werner Weidenfeld/Karl-Rudolf Korte (Hrsg.), Handwörterbuch zur deutschen Einheit. Bonn ²1992, S. 202–208.

Jung, Matthias: »Parteiensystem und Wahlen in der DDR. Eine Analyse der Volkskammerwahlen vom 18. März 1990 und der Kommunalwahlen vom 6. Mai 1990«, in: Aus Politik und Zeitgeschichte B 27 (1990), S. 3–15.

Kiesel, Helmuth: »Die Intellektuellen und die deutsche Einheit«, in: Die politische Meinung 36 (November 1991), S. 49–62.

Kilian, Michael: »Wiedererstehen und Aufbau der Länder im Gebiet der vormaligen DDR«, in: Josef Isensee/Paul Kirchhoff (Hrsg.), Handbuch des Staatsrechts der Bundesrepublik Deutschland. Bd. VIII. Heidelberg 1995, § 186 (S. 55–100).

Klatte, Ivo: »Die Gründung der Jungliberalen Aktion (JuliA)«, in: Tom Steinborn/Ivo Klatte, Liberale Jugend in Ostdeutschland. Dresden 1994, S. 42–52.

Klaus, Manfred: »Städtepartnerschaften zwischen ost- und westdeutschen Kommunen«, in: Graue Reihe der Kommission für die Erforschung des sozialen und politischen Wandels in den neuen Bundesländern e.V. Berlin 1994, S. 13 ff.

Klein, Dieter: »Fertige Lösungen – das wäre wieder der Anfang von alten Strukturen. Über die Neuformierung einer modernen sozialistischen Gesellschaft«, in: Partei des Demokratischen Sozialismus, Außerordentlicher Parteitag, 8./9. und 16./17. Dezember 1989, Materialien. Berlin 1990, S. 57 ff.

Kloth, Hans Michael: »Der Runde Tisch und die Entmachtung der SED. Widerstände auf dem Weg zur freien Wahl«, in: Deutscher Bundestag (Hrsg.), Materialien der Enquete-Kommission »Aufarbeitung von Geschichte und Folgen der SED-Diktatur in Deutschland«, Bd. VII, 2. Baden-Baden/Frankfurt a.M. 1995, S. 1706–1852.

Köhler, Horst: »Alle zogen mit«, in: Theo Waigel/Manfred Schell, Tage, die Deutschland und die Welt veränderten. Vom Mauerfall zum Kaukasus. Die deutsche Währungsunion. München 1994, S. 118–134.

Kohl, Helmut: »Neuanfang als Entscheidung für eine moralische Dimension der Politik«, in: ders., Bilanzen und Perspektiven. Regierungspolitik 1989–1991, 2 Bde. Bonn 1992, Bd. 1, S. 45–54.

Ders.: Rede in der 53. Sitzung der Enquete-Kommission »Aufarbeitung von Geschichte und Folgen der SED-Diktatur in Deutschland« am 4.11. 1993, in: Deutscher Bundestag, Materialien der Enquête-Kommission »Aufarbeitung von Geschichte und Folgen der SED-Diktatur in Deutschland«, Bd. V, 1. Baden-Baden/Frankfurt a.M. 1995, S. 915–925.

Kremser, Holger: »Der Weg der Kirchen/Religionsgemeinschaften von der sozialistischen DDR in das vereinte Deutschland«, in: Jahrbuch des öffentlichen Rechts der Gegenwart. Neue Folge, Bd. 40. Tübingen 1991/92, S. 501–536.

Krenz, Egon: Referat auf der 10. Tagung des ZK der SED, 8. November 1989, Aktionsprogramm der SED, Diskussionsreden, in: Schritte zur Erneuerung (1. Teil). (Ost-) Berlin 1989, S. 3 ff.

Kühnel, Wolfgang/Carola Sallmon-Metzner: »Grüne Partei und Grüne Liga. Der geordnete Aufbruch der ostdeutschen Ökologiebewegung«, in: Helmut Müller-Enbergs/Marianne Schulz/Jan Wielgohs (Hrsg.), Von der Illegalität ins Parlament. Werdegang und Konzept der neuen Bürgerbewegungen. Berlin 1991, S. 166–220.

Kuppe, Johannes L.: »Offensiv in die Defensive. Zum 7. Plenum des ZK der SED«, in: Deutschland Archiv 22 (1989), S. 1–7.

Ders.: »In der Defensive. Zum 8. Plenum des ZK der SED«, in: Deutschland Archiv 22 (1989), S. 837–843.

Lafontaine, Oskar: Rede auf dem Parteitag in Leipzig vom 22.–25.2. 1990, in: Vorstand der SPD (Hrsg.), Unkorrigierte Bandabschrift. Berlin o.J. (1990).

Landgraf, Katharina: »Die ›Neuen‹«, in: Zeitschrift zur politischen Bildung/Eichholz Brief 2/1991, S. 42–45.

Lapp, Peter Joachim: »Die Blockparteien und ihre Mitglieder«, in: Deutscher Bundestag, Materialien der Enquete-Kommission »Aufarbeitung von Geschichte und Folgen der SED-Diktatur in Deutschland«, Bd. II,1. Baden-Baden/Frankfurt a.M. 1995, S. 290–300.

Ders.: »Ehemalige DDR-Blockparteien auf der Suche nach Profil und Glaubwürdigkeit«, in: Deutschland Archiv 23 (1990), S. 62–68.

Latussek, Paul: »Die Gründung der Forum-Partei Thüringen und der DSU (Interview von Andreas Dornheim)«, in: Andreas Dornheim/Stephan Schnitzler (Hrsg.), Thüringen 1989/90. Akteure des Umbruchs berichten. Erfurt 1995, S. 89–87.

Laufer, Heinz/Ursula Münch: »Die Neugestaltung der bundesstaatlichen Ordnung«, in: Eckhard Jesse/Armin Mitter (Hrsg.), Die Gestaltung der deutschen Einheit. Bonn 1992, S. 215–245.

Lehmbruch, Gerhard: »Die deutsche Vereinigung. Strukturen der Politikentwicklung und strategische Anpassungsprozesse«, in: Beate Kohler-Koch (Hrsg.), Staat und Demokratie in Europa, hrsg. im Auftrag der DVPW. Opladen 1992, S. 22–46.

Lepsius, M. Rainer: »Kritik als Beruf. Zur Soziologie der Intellektuellen«, in: Kölner Zeitschrift für Soziologie und Sozialpsychologie 16 (1964), S. 75–91.

Lhotta, Roland: »Verfassung, Bundesstaatsreform und Stärkung der Eigenstaatlichkeit der Länderparlamente im Zeichen der deutschen Einheit und der europäischen Integration. Zur Arbeit einer Sachverständigenkommission des Landtags Nordrhein-Westfalen«, in: Zeitschrift für Parlamentsfragen 22 (1991), S. 253–258.

Lieberknecht, Christine: »Der Weimarer Brief und die Erneuerung der Ost-CDU«, in: Andreas Dornheim/Stephan Schnitzler (Hrsg.), Thüringen 1989/90. Akteure des Umbruchs berichten. Erfurt 1995, S. 267–273.

Liebold, Cornelia: »Zwischen zentralstaatlicher Abhängigkeit und demokratischem Neubeginn. Leipziger Kommunalpolitik in der Wende 1989/90«, in: Alexander Fischer/ Günther Heydemann (Hrsg.), Die politische »Wende« 1989/90 in Sachsen. Rückblick und Zwischenbilanz. Weimar 1995, S. 71–116.

Lohmann, Martin: »Christen mit Distanz? Kritische Anmerkungen zur Rolle der katholischen Kirche in der DDR«, in: Die politische Meinung, Mai/Juni 1990, S. 89–95.

Lorenz, Sabine/Kai Wegrich: »Lokale Ebene im Umbruch: Aufbau und Modernisierung der Kommunalverwaltung in Ostdeutschland«, in: Aus Politik und Zeitgeschichte, 5/1988, S. 29–38.

Lück, Helmut: »Ein Mehr an Demokratie. Die neue CDU«, in: Helmut Knabe (Hrsg.), Aufbruch in eine andere DDR. Reformer und Oppositionelle zur Zukunft ihres Landes. Reinbek bei Hamburg 1989, S. 126–133.

Lüder, Wolfgang: »Berlin: Brennpunkt deutsch-deutschen Wandels«, in: FDP-Fraktion im Deutschen Bundestag (Hrsg.), Nachlese. Deutsch-deutsche Wege. Zur Aufarbeitung der deutschen Nachkriegsgeschichte durch die Enquete-Kommission des Bundestages. Bonn 1994, S. 23–26.

Mäding, Heinrich: »Die föderativen Finanzbeziehungen im Prozeß der deutschen Vereinigung. Erfahrungen und Perspektiven«, in: Hartwich/Wewer, Regieren in der Bundesrepublik IV. Opladen 1992, S. 183–213.

Maleuda, Günter: »Entdeckter Parlamentarismus. Die Volkskammer der Deutschen Demokratischen Republik im Prozeß der ›Wende‹«, in: Siegfried Prokop (Hrsg.), Die kurze Zeit der Utopie. Die ›zweite DDR‹ im vergessenen Jahr 1989/90. Berlin 1994, S. 140–154.

Mampel, Siegfried: »Das Ende der sozialistischen Verfassung der DDR«, in: Deutschland Archiv 23 (1990), S. 1377–1396.

Ders.: »Föderalismus in Deutschland«, in: Alexander Fischer/Maria Haendcke-Hoppe-Arndt, Auf dem Weg zur Realisierung der Einheit Deutschlands. Berlin 1992, S. 95–126.

Maximytschew, Igor F./Hans-Hermann Hertle: »Die Maueröffnung. Eine russisch-deutsche Trilogie«, in: Deutschland Archiv 27 (1994), S. 1137–1158.

Mechtenberg, Theo: »Sorge um die Gesellschaft. DDR-Katholiken im Aufbruch«, in: Kirche im Sozialismus 6/1989, S. 253–257.

Meckel, Markus: »Konsequenzen aus den Erfahrungen der Oppositionszeit: Partei oder soziale Bewegung?«, in: Dieter Dowe (Hrsg.), Von der Bürgerbewegung zur Partei. Die Gründung der Sozialdemokratie in der DDR. Bonn 1993, S. 53–66.

Ders.: »Wir haben den Raum der Kirche verlassen«, in: Gerhard Rein (Hrsg.), Die Opposition in der DDR. Entwürfe für einen anderen Sozialismus. Berlin 1989, S. 95–97.

Mehlhausen, Joachim: »Landeskirche«, in: Theologische Realenzyklopädie XX. Berlin/New York 1990, S. 427–432.

Meyer, Thomas: »›Der Streit der Ideologien und die gemeinsame Sicherheit.‹ Zur Diskussion um das Streitkultur-Papier von SPD und SED«, in: Dieter Dowe (Hrsg.), Die Ost- und Deutschlandpolitik der SPD in der Opposition 1982–1989. Papiere eines Kongresses der Friedrich-Ebert-Stiftung am 14. und 15. September 1989. Reihe Gesprächskreis Geschichte, Heft 4. Bonn 1993, S. 57–66.

Meyer, Wolfgang: »Deutsch-deutsche Widersprüchlichkeiten. Aus der Sicht eines DDR-Sprechers«, in: Detlef Nakath (Hrsg.), Deutschlandpolitiker der DDR erinnern sich (Spurensicherung). Berlin 1995, S. 61–94.

Mildbradt, Georg: »Die Finanzausstattung der neuen Bundesländer«, in: Wolfgang Seibl/Arthur Benz/Heinrich Mäding (Hrsg.), Verwaltungsreform und Verwaltungspraxis im Prozeß der deutschen Einigung. Baden-Baden 1993, S. 271f.

Mühlen, Patrick von zur: »Die Opposition gegen die SED und die Gründung der Sozialdemokratie in der DDR«, in: Dieter Dowe (Hrsg.), Von der Bürgerbewegung zur Partei. Die Gründung der Sozialdemokratie in der DDR, Heft 3 der Reihe Gesprächskreis Geschichte. Bonn 1993, S. 101–117.

Müller, Frank: »Innerdeutsche Beziehungen im Vorfeld der Wende. Die Kontakte zwischen SPD und SED 1982–1989«, in: Historisch-Politische Mitteilungen. Archiv für Christlich-Demokratische Politik 2/1995, S. 189–221.

Müller, Hans-Peter: »Die ›Oktoberrevolution‹ und das Ende des FDGB«, in: Konrad Löw (Hrsg.), Ursachen und Verlauf der deutschen Revolution 1989. Berlin 1991, S. 85–103.

Müller-Rommel, Ferdinand/Thomas Poguntke: »Die Grünen«, in: Alf Mintzel/Heinrich Oberreuter (Hrsg.), Parteien in der Bundesrepublik Deutschland. 2., akt. und erw. Aufl., Bonn 1992, S. 319–361.

Nelken, Michael: »Schwierigkeiten einer Emanzipation. Zur Stalinismusdebatte in der PDS«, in: Lothar Bisky/Jochen Czerny/Herbert Mayer/Michael Schumann (Hrsg.), Die PDS – Herkunft und Selbstverständnis. Eine politisch-historische Debatte. Berlin 1996, S. 66–86.

Neu, Viola: »Wahlverhalten in den neuen Ländern der Bundesrepublik Deutschland. Theoretische Erklärungsansätze und Analyse«, in: Gegenwartskunde 43 (1994), S. 119–149.

Neubert, Ehrhart: »Die Ekklesiologie des Erich Mielke. Stasi-Dokumente und kirchliche Vergangenheitsbewältigung«, in: Kirche im Sozialismus 2/1990, S. 71.

Ders.: »Das MfS und die Kirchenpolitik der SED«, in: Deutschland Archiv 25 (1992), S. 346–358.

Ders.: »Motive des Aufbruchs«, in: Hubertus Knabe (Hrsg.), Aufbruch in eine andere DDR. Reformer und Oppositionelle zur Zukunft ihres Landes. Reinbek bei Hamburg 1989, S. 141–155.

Neugebauer, Gero: »Die SDP/SPD in der DDR: Zur Geschichte und Entwicklung einer unvollendeten Partei«, in: Oskar Niedermayer/Richard Stöss (Hrsg.), Parteien und Wähler im Umbruch. Opladen 1994, S. 75–104.

Niedermayer, Oskar: »Das intermediäre System«, in: Max Kaase/Andreas Eisen/Oscar W. Gabriel/Oskar Niedermayer/Hellmut Wollmann, Politisches System. Berichte der Kommission für die Erforschung des sozialen und politischen Wandels in den neuen Bundesländern e.V. (KSPW). Opladen 1996, S. 155–230.

Ders./Richard Stöss: »DDR-Regimewandel, Bürgerorientierungen und die Entwicklung des gesamtdeutschen Parteiensystems«, in: dies. (Hrsg.), Parteien und Wähler im Umbruch. Opladen 1994, S. 11–33.

Noack, Axel: »Kirche der kleinen Leute. Christliche Existenz in Ostdeutschland«, in: Evangelische Kommentare 3/1997, S. 132–135.

Papke, Gerhard: »Erzwungene Anpassung und innere Vielschichtigkeit. Zur Rolle und Bedeutung der Liberaldemokratischen Partei Deutschlands«, in: FDP-Fraktion im Deutschen Bundestag (Hrsg.), Deutsch-deutsche Wege. Zur Aufarbeitung der deutschen Nachkriegsgeschichte durch die Enquete-Kommission des Bundestages. Bonn 1994, S. 35–39.

Ders.: »Rolle, Bedeutung und Wirkungsmöglichkeiten der Blockparteien – die LDPD«, in: Deutscher Bundestag (Hrsg.), Materialien der Enquete-Kommission »Aufarbeitung von Geschichte und Folgen der SED-Diktatur in Deutschland«, Bd. II, 4. Baden-Baden/Frankfurt a.M. 1995, S. 2399–2463.

Petzold, Siegfried: »Entstehungsgeschichte und wesentliche Erwägungen bei der Ausarbeitung des Entwurfs für eine vorläufige Kommunalverfassung in der DDR«, in: Franz-Ludwig Knemeyer (Hrsg.), Aufbau kommunaler Selbstverwaltung in der DDR. Baden-Baden 1990, S. 71–80.

Ders.: »Der Übergang zur kommunalen Selbstverwaltung – Bestandteil des demokratischen Erneuerungsprozesses in der DDR«, in: Franz-Ludwig Knemeyer (Hrsg.), Aufbau kommunaler Selbstverwaltung in der DDR. Baden-Baden 1990, S. 27–32.

Pfau, Thomas: »Aspekte der Entwicklung liberaler Kräfte in der DDR vom Herbst 1989 bis zum Herbst 1990«, in: Oskar Niedermayer/Richard Stöss (Hrsg.), Parteien und Wähler im Umbruch. Opladen 1994, S. 105–112.

»Phasen der Deutschlandpolitik«: Protokoll der 52. Sitzung der Enquete-Kommission am 3.11.1993, in: Deutscher Bundestag (Hrsg.), Materialien der Enquete-Kommission »Aufarbeitung von Geschichte und Folgen der SED-Diktatur in Deutschland«, Bd. V, 1. Baden-Baden/Frankfurt a.M. 1995, S. 734–910.

Pollack, Detlef: »Kirche zwischen inszenierter Öffentlichkeit und informellen Kommunikationszusammenhängen«, in: Wissenschaftszentrum Nordrhein-Westfalen, Arbeitskreis Christen, Staat und Gesellschaft in der DDR. Vorträge und Diskussionen 1993/94 (Hg. von Gert Kaiser, Ewald Frie), Duisburg/Köln 1994, S. 33–48.

Ders.: »Religion und gesellschaftlicher Wandel. Zur Rolle der evangelischen Kirche im Prozeß des gesellschaftlichen Umbruchs in der DDR«, in: Hans Joas/Martin Kohli (Hrsg.), Der Zusammenbruch der DDR. Soziologische Analysen. Frankfurt a.M. 1993, S. 246–266.

»Provisorium: Materialsammlung zu 40 Jahre Wandel in der römisch-katholischen Kirche in der DDR«, in: Materialdienst 41/1990 (Materialdienst des Konfessionskundlichen Instituts Bensheim. Hg. vom Konfessionskundlichen Institut des Ev. Bundes – Arbeitswerk der Ev. Kirche in Deutschland), S. 22–24.

Rattinger, Hans: »Parteineigungen, Sachfragen- und Kandidatenorientierungen in Ost- und Westdeutschland 1990–1992«, in: ders./Oscar W. Gabriel/Wolfgang Jagodzinski (Hrsg.), Wahlen und politische Einstellungen im vereinten Deutschland. Frankfurt a.M. 1993, S. 267–315.

Rebbelmund, Friedrich: »Politisches Engagement und Kirche von unten. Nicht aufmucken um Schlimmeres zu verhüten?«, in: Hans Ester (Hrsg.), Dies ist nicht unser Haus: Die Rolle der Kirche in den politischen Entwicklungen der DDR. Amsterdam 1992, S. 47–58.

Reiche, Steffen: »Motivation der Gründergeneration«, in: Dieter Dowe (Hrsg.), Von der Bürgerbewegung zur Partei. Die Gründung der Sozialdemokratie in der DDR. Bonn 1993, S. 21–28.

Ders.: »Neubeginn oder Kollaps«, in: Neue Gesellschaft/Frankfurter Hefte 12/1989, S. 1074–1080.

Reinhold, Otto: »Die ›sozialistische Identität‹ der DDR. Überlegungen von Otto Reinhold in einem Beitrag für Radio DDR am 19. August 1989«, in: Blätter für deutsche und internationale Politik, Heft 10/1989, S. 1175.

Ders.: »Eine sozialistische Alternative zur BRD«, in: Horizont, H. 10/1989, S. 8 ff.

Renzsch, Wolfgang: »Förderative Problembewältigung. Zur Einbeziehung der neuen Länder in einen gesamtdeutschen Finanzausgleich ab 1995«, in: Zeitschrift für Parlamentsfragen 25 (1994), S. 116–138.

Reusch, Ulrich: »Starthilfe für die neuen Länder. Aufgaben und Arbeit der Bund-Länder-Clearingstelle für die Verwaltungshilfe«, in: Deutschland Archiv 24 (1991), S. 230–233.

Rexin, Manfred: »Zugelassen 1946 – aufgelöst 1961. Die SPD in Ost-Berlin«, in: ders. (Hrsg.), Die SPD in Ost-Berlin 1946–61, Heft 5 der Schriftenreihe des Franz-Neumann Archivs, 2., erw. Aufl., Berlin 1989, S. 2–30.

Richter, Edelbert: »›Die neue Partei konnte nur eine sozialdemokratische sein‹ – der Demokratische Aufbruch bis zu seiner Spaltung« (Interview von Stephan Schnitzler), in: Andreas Dornheim/Stephan Schnitzler (Hrsg.), Thüringen 1989/90. Akteure des Umbruchs berichten. Erfurt 1995, S. 42–49.

Richter, Klemens: »Die achtziger Jahre – eine neue Phase im DDR-Katholizismus«, in: Deutschland Archiv 22 (1989), S. 1231–1240.

Ders.: »Die DDR-Katholiken nach der Wende«, in: Deutschland Archiv 23 (1990), S. 1594–1603.

Richter, Michael: »Räte, ›Volksvertretungen‹, Runde Tische. Die Entwicklung der staatlichen Strukturen im Bezirk Dresden bis zur Wahl des sächsischen Landtages im Oktober 1990«, in: Alexander Fischer/Günther Heydemann (Hrsg.), Die politische »Wende« 1989/90 in Sachsen. Rückblick und Zwischenbilanz. Weimar 1995, S. 157–188.

Ders.: »Zur Entwicklung der Ost-CDU im Herbst 1989«, in: Historisch-Politische Mitteilungen. Archiv für christlich-demokratische Politik 3 (1996), S. 115–133.

Ders.: »Zur Entwicklung der Ost-CDU vom Januar 1990 bis zum Vereinigungsparteitag am 1. Oktober 1990«, in: ders./Martin Rißmann (Hrsg.), Die Ost-CDU. Beiträge zu ihrer Entstehung und Entwicklung. Köln/Weimar/Wien 1995, S. 235–251.

Ders.: »Rolle, Bedeutung und Wirkungsmöglichkeiten der Blockparteien – die CDU«, in: Deutscher Bundestag (Hrsg.), Materialien der Enquete-Kommission »Aufarbeitung von Geschichte und Folgen der SED-Diktatur in Deutschland«, Bd. II, 4. Baden-Baden/Frankfurt a.M. 1995, S. 2587–2638.

Rosen, Klaus-Henning: »Hilfe beim Aufbau der Verwaltungen in den neuen Bundesländern. Eine Zwischenbilanz«, in: Deutschland Archiv 26 (1993), S. 434–441.

Roth, Dieter: »Die Wahlen zur Volkskammer in der DDR. Der Versuch einer Erklärung«, in: Politische Vierteljahresschriften 31 (1996), S. 369–393.

Sarrazin, Thilo: »Die Entstehung und Umsetzung des Konzepts der deutschen Wirtschafts- und Währungsunion«, in: Theo Waigel/Manfred Schell, Tage, die Deutschland und die Welt veränderten. Vom Mauerbau zum Kaukasus. Die deutsche Währungsunion. München 1994, S. 160–225.

Schäuble, Wolfgang: »Der Einigungsvertrag in seiner praktischen Bewährung«, in: Deutschland Archiv 25 (1992), S. 233–242.

Scheytt, Oliver: »Einführung: Kommunen der neuen Länder im Umbau. Probleme und Perspektiven«, in: Wilhelm Beckord (Hrsg.), Die Kommunen und die Einheit Deutschlands. Münster 1993, S. 1–10.

Ders.: »Kreise und Gemeinden im Umbruch«, in: Deutschland Archiv 25 (1992), S. 12–21.

Schliesing, Helmut: »Praxisbericht: Die Kommunen der neuen Länder im Umbau. Probleme und Perspektiven«, in: Wilhelm Beckord (Hrsg.), Die Kommunen und die Einheit Deutschlands. Münster 1993, S. 11–21.

Schmid, Josef: »Die CDU in Ostdeutschland«, in: Deutschland Archiv 27 (1994), S. 793–801.

Ders.: »Gesamtdeutsche Zusammenschlüsse von Parteien und Verbänden: Organisationspraktische und organisationstheoretische Probleme«, in: Frank Löbler/Josef Schmid/Heinrich Tiemann (Hrsg.), Die Wiedervereinigung als Organisationsproblem. Gesamtdeutsche Zusammenschlüsse von Parteien und Verbänden. Bochum 1991, S. 39–47.

Ders.: »Die Vereinigung der CDU«, in: Frank Löbler/Josef Schmid/Heinrich Tiemann (Hrsg.), Die Wiedervereinigung als Organisationsproblem. Gesamtdeutsche Zusammenschlüsse von Parteien und Verbänden. Bochum 1991, S. 48–59.

Schmidt, Manfred G.: »Die politische Verarbeitung der deutschen Vereinigung im Bund-Länder-Verhältnis«, in: Wolfgang Seibel/Arthur Benz/Heinrich Mäding (Hrsg.), Verwaltungsreform und Verwaltungspolitik im Prozeß der deutschen Einigung. Baden-Baden 1993, S. 448–453.

Schmidt, Peter: »Erster Parteitag der CDU Deutschlands in Hamburg«, in: Deutschland Archiv 22 (1990), S. 1662–1664.

Schmidt, Ute: »Transformation einer Volkspartei – Die CDU im Prozeß der deutschen Vereinigung«, in: Oskar Niedermayer/Richard Stöss (Hrsg.), Parteien und Wähler im Umbruch. Parteiensystem und Wählerverhalten in der ehemaligen DDR und den neuen Bundesländern. Opladen 1994, S. 37–74.

Schmidt-Bleibtreu, Bruno: »Zur rechtlichen Gestaltung des Staatsvertrags vom 18. Mai 1990«, in: Theo Waigel/Manfred Schell, Tage, die Deutschland und die Welt veränderten. Vom Mauerfall zum Kaukasus. Die deutsche Währungsunion. München 1994, S. 226–242.

Schmitt, Hermann: »So dicht war die Mauer nicht! Über Parteibindungen und Cleavages im Osten Deutschlands«, in: Peter Eisenmann/Gerhard Hirscher (Hrsg.), Die Entwicklung der Volksparteien im vereinten Deutschland. München 1992, S. 229–252.

Schmitt, Karl: »Politische Landschaften im Umbruch: Das Gebiet der ehemaligen DDR 1928–1990«, in: Oscar W. Gabriel/Klaus G. Troitzsch (Hrsg.), Wahlen in Zeiten des Umbruchs. Frankfurt a.M. 1993, S. 403–441.

Schneider, Herbert: »Der Aufbau der Kommunalverwaltung und der kommunalen Selbstverwaltung in den neuen Bundesländern«, in: Aus Politik und Zeitgeschichte 43 (1993) B 36, S. 18–26.

Scholz, Bettina: »Die Abgeordneten der ersten demokratischen Volkskammer. Von parlamentarischen Anfängern zu Berufspolitikern«, in: Bernhard Muszynski (Hrsg.), Deutsche Vereinigung. Probleme der Integration und der Identifikation. Opladen 1991, S. 85–98.

Schöpflin, George: »Das Ende des Kommunismus«, in: Europa-Archiv 45 (1990), S. 51–60.

Schröder, Richard u. a.: »Der Versuch einer eigenständigen Standortbestimmung der Evangelischen Kirchen in der DDR am Beispiel der ›Kirche im Sozialismus‹«, in: Deutscher Bundestag (Hrsg.), Materialien der Enquête-Kommission »Aufarbeitung von Geschichte und Folgen der SED-Diktatur in Deutschland«, Bd. VI, 2. Baden-Baden/ Frankfurt a.M. 1995, S. 1164–1429.

Ders.: »Ein eigenes Profil – das Leipziger Grundsatzprogamm der SPD (Ost) vom Februar 1990«, in: Dieter Dowe (Hrsg.), Von der Bürgerbewegung zur Partei. Die Gründung der Sozialdemokratie in der DDR. Bonn 1993, S. 73–80.

Schubert, Cordula: »Chronologie einer Wende«, in: Eichholz Brief/Zeitschrift zur politischen Bildung 2/1991, S. 46–50.

Schuh, Petra: »Die SPD (West) im Einigungsprozeß 1989/90. Positionen, Kontroversen, Strategien«, in: dies./Bianca M. von der Weiden, Die deutsche Sozialdemokratie 1989/90. SDP und SPD im Einigungsprozeß. München 1997, S. 181–348.

Schütt, Peter: »Störrische DDR-Hinterbliebene«. Rezension von Thomas Grimm, Was von den Träumen blieb. Eine Bilanz der sozialistischen Utopie. Berlin 1993, in: Deutschland Archiv (27) 1994, S. 1329–1331.

Schultze, Rainer-Olaf: »Statt Subsidiarität und Entscheidungsautonomie – Politikverflechtung und kein Ende. Der deutsche Förderalismus nach der Vereinigung«, in: Staatswissenschaften und Staatspraxis 4 (1993), S. 225–255.

Ders.: »Wählerverhalten u. Parteiensystem«, in: Der Bürger im Staat 40 (1990), S. 135–144.

Ders.: »Widersprüchliches, Ungleichzeitiges und kein Ende in Sicht: Die Bundestagswahl vom 16. Oktober 1994«, in: Zeitschrift für Parlamentsfragen 26 (1995), S. 325–352.

Schulz, Eberhard: »Die Deutschland- und Entspannungspolitik von den sechziger Jahren bis 1989«, in: Deutscher Bundestag (Hrsg), Materialien der Enquete-Kommission »Aufarbeitung von Geschichte und Folgen der SED-Diktatur in Deutschland«, Bd. V, 1. Baden-Baden/Frankfurt a.M. 1995, S. 446–457.

Schumann, Michael: »Wir brechen unwiderruflich mit dem Stalinismus als System! Referat ›Zur Krise in der Gesellschaft und zu ihren Ursachen, zur Verantwortung der SED‹«, in: Partei des Demokratischen Sozialismus, Außerordentlicher Parteitag 8./9. und 16./17. Dezember 1989, Materialien. Berlin 1990, S. 41 ff.

Schwertner, Edwin: »Zur Bildung des SED-Arbeitsausschusses«, in: Lothar Bisky/Jochen Czerny/Herbert Mayer/Michael Schumann (Hrsg.), Die PDS – Herkunft und Selbstverständnis. Eine politisch-historische Debatte. Berlin 1996, S. 160–162.

Seidel, Thomas A.: »Der Arbeitskreis Solidarische Kirche und das Ende der DDR«, in: Andreas Dornheim/Stephan Schnitzler (Hrsg.), Thüringen 1989/90. Akteure des Umbruchs berichten. Erfurt 1995, S. 149–159.

Soe, C.: »Unity and victory for the German Liberals«, in: Russell J. Dalton (Hrsg.), The new Germany votes: unification and the creation of the new German party system, Providence 1993, S. 99–133.

Sonnberger, Klaus: »Aspekte – Die katholische Kirche in der DDR«, in: Hans Ester (Hrsg.), Dies ist nicht unser Haus: Die Rolle der Kirche in den politischen Entwicklungen der DDR. Amsterdam 1992, S. 21–31.

Spittmann, Ilse: »Weichenstellungen für die neunziger Jahre«, in: Deutschland Archiv 21 (1988), S. 1249–1253.

Stephan, Gerd-Rüdiger: »Die Bewertung der politischen Situation in der DDR im Sommer und Frühherbst 1989 durch die Führung der FDJ«, in: Institut für zeitgeschichtliche Jugendforschung, Jahresbericht 1992. Berlin 1992, S. 151–165.

Ders.: »Die Führung der FDJ und die Krise in der DDR in der zweiten Hälfte der achtziger Jahre«, in: Helga Gotschlich (Hrsg.), »Links und links und Schritt gehalten...« Die FDJ. Konzepte, Abläufe, Grenzen. Berlin 1994, S. 311–325.

Ders.: »Die letzten Tagungen des Zentralkomitees der SED 1988/89. Abläufe und Hintergründe«, in: Deutschland Archiv 26 (1993), S. 296–325.

Ders.: »›Wir brauchen Perestroika und Glasnost für die DDR.‹ Zur Reflexion des Zustands der Gesellschaft durch die Leipziger Jugendforschung 1987–1989«, in: Deutschland Archiv 28 (1995), S. 721–733.

Streul, Irene Charlotte: »Eigensinn, Selbständigkeit und Kreativität«, in: Deutschland Archiv 28 (1995), S. 102 f.

Strobel, Katharina: »Als Vertreterin der katholischen Kirche am Runden Tisch des Bezirkes Suhl – ein Erlebnisbericht«, in: Andreas Dornheim/Stephan Schnitzler (Hrsg.), Thüringen 1989/90. Akteure des Umbruchs berichten. Erfurt 1995, S. 232–234.

Stuth, Reinhard: »Die Außen- und Deutschlandpolitik der Grünen«, in: Klaus Gotto/Hans-Joachim Veen (Hrsg.), Die Grünen – Partei wider Willen. Mainz 1984, S. 54–72.

Suckut, Siegfried: »Die DDR-Blockparteien im Lichte neuer Quellen«, in: Jürgen Weber (Hrsg.), Der SED-Staat: Neues über eine vergangene Diktatur. München 1994, S. 99–197.

Ders.: »Die LDP(D) in der DDR. Eine zeitgeschichtliche Skizze«, in: Aus Politik und Zeitgeschichte 46 (1996), B 16–17, S. 31–38.

Süß, Walter: »Die Demonstration am 4. November 1989 – ein Unternehmen von Stasi und SED? Wider Tendenzen zur historischen Legendenbildung«, in: Deutschland Archiv 28 (1995), S. 1240–1252.

Ders.: »Entmachtung und Verfall der Staatssicherheit. Ein Kapitel aus dem Spätherbst 1989«, Berlin 1994 (BF informiert, H. 5/1994); nachgedruckt in: Deutschland Archiv 28 (1995), S. 122–151.

Thaysen, Uwe: »Der Runde Tisch, Oder: Wer war das Volk. Teil 2«, in: Zeitschrift für Parlamentsfragen 2 (1990), S. 257–308.

Ders./Hans-Michael Kloth: »Der Runde Tisch und die Entmachtung der SED. Widerstände auf dem Weg zur freien Wahl«, in: Deutscher Bundestag (Hrsg.), Materialien der Enquete-Kommission »Aufarbeitung von Geschichte und Folgen der SED-Diktatur in Deutschland«, Bd. VII, 2. Baden-Baden/Frankfurt a. M. 1995, S. 1706–1852.

Vogel, Hans-Jochen: »Phasen der Deutschlandpolitik (80er Jahre)«, in: Deutscher Bundestag (Hrsg.), Materialien der Enquete-Kommission »Aufarbeitung von Geschichte und Folgen der SED-Diktatur in Deutschland«, Bd. V, 1. Baden-Baden/Frankfurt a.M.1995, S. 944–956.

Ders.: »Statement zum Referat von Egon Bahr«, in: Dieter Dowe (Hrsg.), Die Ost- und Deutschlandpolitik der SPD in der Opposition 1982–1989. Papiere eines Kongresses der Friedrich-Ebert-Stiftung am 14. und 15. September 1989. Reihe Gesprächskreis Geschichte, Heft 4. Bonn 1993, S. 41–47.

Wardin, Peter: »Der gesamtdeutsche Zusammenschluß der SPD«, in: Frank Löbler/Josef Schmid/Heinrich Tiemann (Hrsg.), Die Wiedervereinigung als Organisationsproblem. Gesamtdeutsche Zusammenschlüsse von Parteien und Verbänden. Bochum 1991, S. 60–65.

Weber, Gerda: »DFD – Letztes Kapitel«, in: Deutschland Archiv 23 (1990), S. 1092–1097.

Weber, Hermann: »Einleitung zu Kapitel IV. Gesellschaftliche Organisationen«, in: Martin Broszat/Hermann Weber (Hrsg.), SBZ-Handbuch. München 1990, S. 621–625.

Weiden, Bianca von der: »Das Profil der Sozialdemokratischen Partei in der DDR (SDP/SPD). Von ihrer Gründung bis zum ersten Parteitag (1989/90)«, in: Petra Schuh/Bianca von der Weiden, Die Deutsche Sozialdemokratie 1989/90. SDP und SPD im Einigungsprozeß. München 1997, S. 9–180.

Weiß, Johannes: »Wieder eine gesamtdeutsche Kirchenleitung«, in: Übergänge 3/1990, S. 129.

Wergin, Claus: »Fluchtpunkt Paulskirchenkeller in Schwerin«, in: Jörn Mothes u.a. (Hrsg.), Beschädigte Seelen. DDR-Jugend und Staatssicherheit. Bremen 1996, S. 288–293.

Widmann, Peter: »Die Hilfe der Historiker bei der Bewältigung der Vergangenheit«, in: Theologische Literaturzeitung 9/1992, Sp. 641–650.

Wilke, Manfred: »Der instrumentelle Antifaschismus der SED und die Legitimation der DDR«, in: Deutscher Bundestag (Hrsg.), Materialien der Enquete-Kommission »Aufarbeitung von Geschichte und Folgen der SED-Diktatur in Deutschland«, Bd. III, 1. Baden-Baden/Frankfurt a.M. 1995, S. 120–140.

Wilkens, Erwin: »Evangelische Kirche in Deutschland«, in: Evangelisches Staatslexikon, 3., neubearb. und erw. Aufl., Stuttgart 1987, Sp. 816–836.

Winkelmann, Bernd: »Politische Spiritualität in der Wendezeit der DDR – erlebt im Bezirk Suhl«, in: Andreas Dornheim/Stephan Schnitzler (Hrsg.), Thüringen 1989/90. Akteure des Umbruchs berichten. Erfurt 1995, S. 161–177.

Winter, Thomas von: »Wählerverhalten in den östlichen Bundesländern: Wahlsoziologische Erklärungsmodelle auf dem Prüfstand«, in: Zeitschrift für Parlamentsfragen 27 (1996), S. 298–316.

Wittich, Dietmar: »Sozialstruktur von PDS-Mitgliedern«, in: Oskar Niedermayer/Richard Stöss (Hrsg.), Parteien und Wähler im Umbruch. Opladen 1994, S. 227–235.

Wollmann, Hellmut: »Kommunalpolitik und -verwaltung in Ostdeutschland: Institutionen und Handlungsmuster im ›paradigmatischen‹ Umbruch, eine empirische Skizze«, in: Bernhard Blanke/Susanne Benzler, Staat und Stadt. Systematische, vergleichende und problemorientierte Analysen dezentraler Politik. Opladen 1991, S. 237–258.

Ders./Wolfgang Jaedicke: »Neubau der Kommunalverwaltung in Ostdeutschland – zwischen Kontinuität und Umbruch«, in: Wolfgang Seibel/Artur Benz/Heinrich Mäding (Hrsg.), Verwaltungsreform und Verwaltungspolitik im Prozeß der deutschen Einigung. Baden-Baden 1993, S. 98–116.

Ziegler, Martin: »Zwanzig Jahre waren nicht nur ein Zwischenfall«, in: Übergänge 5/1990, S. 176–178.

»Zukunftschance Freiheit. Liberales Manifest für eine Gesellschaft im Umbruch«: beschlossen vom Bundesparteitag der F.D.P. am 23./24. Februar 1985 in Saarbrücken/ »Zukunftschance Freiheit. Liberales Manifest der F.D.P.-Landesverbände der DDR«. Beraten auf dem Gründungsparteitag der F.D.P. am 4. Februar 1990 in Berlin, in: »Wahltreff 90« – Zentrum für politikwissenschaftliche Information und Dokumentation (Hrsg.), Die aktuelle Programmatik von Parteien und politischen Vereinigungen in der DDR, Dokumentation. Berlin 1990, S. 151–161.

»Zum weiteren gemeinsamen Weg von Bund und EKD«: Beschluß der 2. Tagung der VI. Synode des Bundes der Evangelischen Kirchen in Leipzig vom 25.9.1990, in: Übergänge 5/1990, S. 175f.

Zwahr, Hartmut: »Die Revolution in der DDR 1989/90 – eine Zwischenbilanz«, in: Alexander Fischer/Günther Heydemann (Hrsg.), Die politische »Wende« 1989/90 in Sachsen. Weimar/Köln/Wien 1995, S. 205–252.

Filmdokumentationen

Audiovisuelle Medien

ARD-Fernsehaufzeichnung der Kundgebung am Schöneberger Rathaus am 10. 11. 1989, 17.00–18.15 Uhr.

Chronik der Wende, Dokumentarfilm; Konzeption und Regie: Wolfgang Drescher. Deutschland 1994.

Das war die DDR. Eine Geschichte des anderen Deutschland. Ein Film von Martina Körbler. Mitteldeutscher Rundfunk 1993.

Geschichte der DDR. Film von Dieter Bub. Norddeutscher Rundfunk 1990.

SPIEGEL-TV, Der Fall der Mauer. Eine historische Dokumentation zum 9. November 1989, Leitung: Stefan Aust, 1994.

SPIEGEL-TV, Deutschland im Frühling 1990. Protokoll einer deutschen Revolution Teil 2. Von der Öffnung des Brandenburger Tores bis zu den ersten freien Wahlen am 18. März 1990.

Stationen der Einheit: Die letzten Monate der DDR, Dokumentarfilm. Gesamtleitung: Geri Nasarski. Deutschland 1995.

Zurück nach Europa? Moskaus Verbündete nach dem Zusammenbruch. ARD 1990.

名称缩写一览表

AND   Allgemeiner Deutscher Nachrichtendienst（DDR）   德意志通讯社（民主德国）

AfNS   Amt für Nationale Sicherheit（DDR）   国家安全局（民主德国）

AL   Alternative Liste   替代名单

ARD   Arbeitsgemeinschaft der Rundfunkanstalten Deutschlands   德国公共广播联盟

ASD   Arbeitsstab Deutschlandpolitik   德国政策工作组

BDI   Bund Deutscher Ingenieure   德国工程师联盟

BEK   Bund der Evangelischen Kirchen in DDR   民主德国新教教会联盟

BFD   Bund Freier Demokraten（DDR）   自由民主者联盟（民主德国）

BHG   Bäuerliche Handelsgenossenschaften（DDR）   农民商业合作社（民主德国）

BK   Bundeskanzler   联邦总理

BMB   Bundesministerium für Innerdeutsche Beziehungen   德意志内部关系部

BMF   Bundesministerium für Finanzen   联邦财政部

BND   Bundesnachrichtendienst   联邦情报局

BRD   Bundesrepublik Deutschland   德意志联邦共和国

BVG   Bundesverfassungsgericht   联邦宪法法院

CDA   Christlich – Demokratische Arbeitnehmerschaft   基督教民主职

工联合会

CDSU	Christlich – Demokratische Soziale Union（DDR）	基督教民主社会联盟（民主德国）
CDU	Christlich – Demokratische Union	基督教民主联盟
CSPD	Christlich – Soziale Partei Deutschlands（DDR）	德国基督教社会党（民主德国）
CSSR	Tschechoslowakische Sozialistische Republik	捷克斯洛伐克社会主义共和国
CSU	Christlich – Soziale Union	基督教社会联盟
CSU/FDU	Christlich Soziale Union/Freie Deutsche Union（DDR）	基督教社会联盟/德国自由联盟（民主德国）
CSV	Christlich – Soziale Vereinigung（DDR）	基督教社会联合会（民主德国）
DA	Demokratischer Aufbruch（DDR）	民主觉醒（民主德国）
DBD	Demokratische Bauernpartei Deutschlands（DDR）	德国民主农民党（民主德国）
DDR	Deutsche Demokratische Republik	德意志民主共和国
DFD	Demokratischer Frauenbund Deutschlands（DDR）	德国民主妇女联盟（民主德国）
DFP	Deutsche Forumpartei（DDR）	民主论坛党（民主德国）
DIHT	Deutscher Industrie – und Handelstag	德国工商业联合会
DJ	Demokratie Jetzt（DDR）	现在就实行民主（民主德国）
DSF	Gesellschaft für Deutsch – Sowjetische Freundschaft（DDR）	德苏友好协会（民主德国）
DSU	Deutsche Soziale Union（DDR）	德国社会联盟（民主德国）
DTSB	Deutscher Turn – und Sportbund（DDR）	德国体操与运动协会（民主德国）
DVP	Deutsche Volkspartei（DDR）	德国人民党（民主德国）
EG	Europäische Gemeinschaft	欧洲共同体
EKD	Evangelische Kirche in Deutschland	德国新教教会
FAZ	Frankfurter Allgemeine Zeitung	法兰克福汇报

FDGB	Freier Deutscher Gewerkschaftsbund（DDR） 德国自由工会联合会（民主德国）	
FDJ	Freier Deutsche Jugend（DDR） 德国自由青年团（民主德国）	
FDP	Freie Demokratische Partei 自由民主党	
FDU	Freie Deutsche Union（DDR） 德国自由联盟（民主德国）	
FPT	Forum – Partei Thüringen（DDR） 图林根论坛党（民主德国）	
GNU	Gesellschaft fürNatur und Umwelt（DDR） 自然与环境协会（民主德国）	
GPG	Gärtnerische Produktionsgenossenschaft（DDR） 园艺生产合作社（民主德国）	
GST	Gesellschaft für Sport und Technik（DDR） 运动与技术协会（民主德国）	
IFM	Initiative Frieden und Menschreichte（DDR） 和平与人权倡议组织（民主德国）	
IM	Inoffizieller Mitarbeiter des Ministeriums für Staatssicherheit（DDR） 国家安全部非正式员工（民主德国）	
IPM	Institut für internationale Politik und Wirtschaft 国际政治与经济所	
JuliA	Jungliberale Aktion（DDR） 自由青年行动（民主德国）	
KB	Kulturbund in der DDR 民主德国文化联盟	
KKL	Konferenz der evangelischen Kirchenleitungen in der DDR 民主德国新教教会领导会议	
KPD	Kommunistische Partei Deutschlands 德国共产党	
KPdSU	Kommunistische Partei der Sowjetunion 苏联共产党	
KSZE	Konferenz für Sicherheit und Zusammenarbeit in Europa 欧洲安全与合作会议	
LASD	Leiter Arbeitsstab Deutschlandpolitik 德国政策工作组组长	
LDP（D）	Liberale – Demokratische Partei（Deutschlands）（DDR）（德国）自由民主党（民主德国）	
LPG	Landwirtschaftliche Produktionsgenossenschaft（DDR） 农业	

生产合作社（民主德国）

MfAA	Ministerium für Auswärtige Angelegenheiten（DDR）　外交部（民主德国）
MfS	Ministerium für Staatssicherheit（DDR）　国家安全部（民主德国）
MP	Ministerpräsident　部长会议主席
NATO	North – Atlantic Treaty Organization　北大西洋公约组织
NDPD	National – Demokratische Partei Deutschlands（DDR）　德国国家民主党（民主德国）
NF	Neues Forum（DDR）　新论坛（民主德国）
NSDAP	National – Sozialistische Deutsche Arbeiterpartei　德国国家社会主义工人党
NVA	Nationale Volksarmee（DDR）　国家人民军（民主德国）
PDS	Partei des Demokratischen Sozialismus　民主社会主义党
RGW	Rat für gegenseitige Wirtschaftshilfe　经济互助委员会
SBZ	Sowjetische Besatzungszone　苏联占领区
SDP	Sozialdemokratische Partei（DDR）　社会民主党（民主德国）
SED	Sozialistische Einheitspartei Deutschlands（DDR）　德国统一社会党（民主德国）
SED- PDS	Sozialistische Einheitspartei Deutschlands – Partei des Demokratischen Sozialismus（DDR）　德国统一社会党—民主社会主义党（民主德国）
SMAD	Sowjetische Militäradministration in Deutschland　驻德苏联军事管理机构
SPD	Sozialdemokratische Partei Deutschlands　德国社会民主党
taz	die tageszeitung　日报
UdssR	Union der Sozialistischen Sowjetrepubliken　苏维埃社会主义共和国联盟
UFV	Unabhängiger Frauenverband（DDR）　独立妇女联盟（民主德国）
UNO	United Nations Organization　联合国组织

VdgB   Vereinigung der gegenseitigen Bauernhilfe（DDR）   农民互助协会（民主德国）

VE   Verrechnungseinheiten   结算单位

VEG   Volkseigenes Gut（DDR）   人民自由财产（民主德国）

VL   Vereinigte Linke（DDR）   左翼联盟（民主德国）

VM   Valutamark（DDR）   民主德国外汇马克（民主德国）

ZDF   Zweites Deutsches Fernsehen   德国电视二台

ZIJ   Zentralinstitut für Jugendforschung   青年研究中央研究所

ZK   Zentralkomitee（DDR）   中央委员会（民主德国）

大事年表
（德国统一）

1989 年

2 月 16 日　联邦总理赫尔穆特·科尔拉开了"德意志联邦共和国 40 周年庆典"的序幕。他强调在欧洲一体化的进程中，将结束德国的分裂状态。

2 月 25 日　总理府部长沃尔夫冈·朔伊布勒在巴德博尔新教学院发表了演说。在演说中他努力降低对于迅速解决德国问题的期望。人们必须以演变为目标，而不是革命。必须要避免东德的动荡。

3 月 29 日　社民党党理事会基本价值委员会对与统社党的对话做了一个批判性的中期评价。

5 月 2 日　匈牙利政府开始拆除与奥地利之间的边境安保设施。

5 月 7 日　民主德国开始了地方选举。在全国范围内的行动中，有组织的反对派网络和团体可以证明统社党的选举造假行为。

6 月 12～15 日　米哈伊尔·戈尔巴乔夫访问联邦德国。

6 月 13～15 日　人民教育部长玛戈·昂纳克在柏林召开的第 9 届教育工作者大会上发表了"阶级斗争般"的好战演说。其中表示在必要情况下需要用武力维护社会主义。

6 月 22/23 日　中央委员会第八次全体会议。

7 月　随着暑假的开始，难民浪潮已经无法控制。成千上万的民主德国民众前往布达佩斯并且在那儿等待逃往西部。许多难民通过绿色边境成功到达了奥地利。

7 月 27 日　民主德国部长会议主席团在会议上处理消费品的供给问题。

8 月 15 日　埃里希·昂纳克在柏林迎接来自埃尔福特的微电子专业人

员，并且发表了其死硬论调："无论公牛还是驴子都不能阻止社会主义。"

8 月 18 日 民主德国外交副部长赫尔伯特·克罗利克夫斯基以及总理府部长鲁道夫·塞特斯在一次会谈中对于停留在联邦德国代表机构的希望出境的民主德国居民的戏剧化情势进行了商讨。

8 月 19 日 700 名民主德国民众涌向索普隆通往奥地利的边境。

8 月 29 日 统社党政治局第一次讨论了出境问题并且试图将责任推给西德。

8 月 30 日 统社党总书记埃里希·昂纳克要求联邦总理赫尔穆特·科尔，停止干涉民主德国内政。联邦德国政府应该拒绝民主德国民众在联邦德国代表处停留。

9 月 5 日 在联邦议院财政预算辩论中，联邦总理表示，两个德国之间的关系是整个欧洲稳定的关键要素之一。

9 月 9 日 公民运动组织"新论坛"公开发表了他们的号召《觉醒89——"新论坛"》。其目的是鼓动更多公民参与其中，相应的，其纲领也很务实。

9 月 11 日 匈牙利政府批准民主德国难民前往西方阵营。在 72 小时之内就有 15000 民主德国民众利用了这一机会。

9 月 12 日 公民运动组织"现在就实行民主"公开发表了一份文件，其中包含《在民主德国进行民主改革的要点》。

9 月 14 日 民主德国部长会议终于开始讨论不断激化的国家政治局势，但仍然停留在一些陈词滥调的水平上。

9 月 15 日 统社党临时拒绝了社民党代表团访问民主德国。官方理由是霍斯特·艾姆克以及汉斯－约亨·福格尔的言论具有"侮辱性和挑衅性"。因此这次访问"是多余的"。

9 月 18 日 社民党党理事会在激烈的讨论之后作出了德国政策决议。

9 月 21 日 民主德国部长会议再一次通过供给问题迂回对内部局势表态。根本性讨论被淡化了。

9 月 29 日 统社党政治局决定，使用德意志帝国铁路的火车将滞留在布拉格和华沙的联邦德国代表处的民主德国难民经由东德领土运送往联邦德国。

9 月 30 日 晚间，联邦外交部长，汉斯－迪特里希·根舍宣布了出境可能性，获得了布拉格使馆内难民的热烈欢呼。

9月30日/10月1日　德国自民党党报《晨报》上公开发表了其主席曼弗雷德·格尔拉赫在卡尔·冯·奥西茨基100岁生日之际的讲话。第一次，民主德国的重要政客表明了改革的决心。

10月1日　6000名移居者抵达霍夫和赫尔姆施泰特。

10月2日　公民运动组织"民主觉醒"公开发表了其成立宣言。

10月3日　为了停止难民浪潮，民主德国政府终止了与捷克斯洛伐克社会主义共和国的免护照免签证往来。

10月4日　统社党政治局决定，再次实行特别列车行动。在德累斯顿，数千名希望跳上火车出境的民主德国民众和安全部队爆发争吵。

10月7日　党和国家领导人在东柏林庆祝民主德国成立40周年。

在施万特，刚成立的民主德国社会民主党通过签署其成立文书的方式，公开表明了反对统社党的国家的立场。

10月9日　7万余名群众参与了莱比锡周一大游行。这是自1953年6月17日以来最大的一次抗议行动。与所有的担忧相反，这次示威游行得以和平进行。

10月11日　政治局仔细研究了民主德国社会危机，并且第一次表明了对话的意愿。

10月12日　政治局发表了对于内政情况的声明，但就连附件中都没有表明改革的意愿。

10月17日　总理维利·斯多夫在政治局中提案，不再选举埃里希·昂纳克担任统社党总书记。

一个独立的企业工会在泰尔托成立，反抗德自工会的无限权力。

10月18日　在第九次中央委员会会议上，委员会成员通过了埃里希·昂纳克"出于健康原因"的辞职申请，只有一票反对。埃贡·克伦茨担任继任。他同样将统社党总书记、国务委员会主席以及国防委员会主席这些头衔纷纷集于一身。

10月24日　总理府部长塞特斯，联邦内政部长朔伊布勒与民主德国国务秘书亚历山大·沙尔克－哥罗德科夫斯基在波恩进行了非正式会谈。他对民主德国内政局势的看法十分不乐观。为了稳定局势，联邦德国有必要提供紧急援助。

10月26日　联邦总理科尔与统社党新任秘书长埃贡·克伦茨进行了电话会谈，并且要求东德领导层采取具体的改革措施。

德青团中央委员会第 12 次会议主张进行革新，但是没有提到任何人事变动。

10 月 29 日 "民主觉醒"在东柏林成立。对组织机构问题开始存有争议，后来达成一致，将其定位为"一个具有向政党发展意愿的政治联合会"。

10 月 31 日 统社党政治局讨论了新的出境法规草案，并对"行动计划"提出建议。

联邦德国社民党理事会证明了其成功的德国政策。人们对后续发展进行了激烈讨论并且决定，在一份声明中将重点放在民主德国民众的自决权上。

11 月 1 日 统社党总书记埃贡·克伦茨前往莫斯科拜访米哈伊尔·戈尔巴乔夫。他准备好进行对话和改革，但是并不想放弃统社党的集权地位。他希望获得苏联方面的经济和政治支持。戈尔巴乔夫鼓励克伦茨说，只要革命力量不反对社会主义，不犯法，就可以与他们共同合作。

民主德国高层重新开放了与捷克斯洛伐克社会主义共和国的免护照免签证往来。这导致出境浪潮再次迎来高峰。

德国自民党基本原则委员会开始筹备制定新的党纲。

所谓的"南斯迪尔事件"为一系列腐败曝光拉开了序幕，使得德自工会成为公众舆论猛烈批评的众矢之的。

11 月 2 日 埃贡·克伦茨向民主德国部长会议上呈了出境法规草案。他希望通过这项法规减弱不断持续的出境浪潮。

德国国民党主席海因里希·霍曼卸任。接班人是之前的党派副主席以及国民党人民议院党团主席君特·哈特曼。

东德基民盟主席杰拉尔德·格廷也宣布卸任。党领导工作临时由党副主席沃尔夫冈·海尔接管。

11 月 3 日 埃贡·克伦茨宣布了一个涵盖范围广泛的一揽子改革计划以及政治局人事变动。

德国国民党主席团发表一份草案，关于《国家民主党在民主德国社会改造时期的基本原则和目标》。

11 月 4 日 捷克斯洛伐克社会主义共和国和联邦德国开放了彼此边境。晚间，民主德国内政部副部长迪特尔·温德里希在电视上宣布，民主德国居民前往西德不再需要通过行政机构而直接在人民警局申请即可。他们不再需要绕路捷克洛伐克社会主义共和国。这样，柏林墙实际上已经名存实亡。

在东柏林，数十万的民众示威游行，要求实现民主和社会变革，并反对统社党的领导地位和滥用职权。亚历山大广场的集会表明，统社党权力正在削弱。

11月6日 民主德国部长会议发表了出境法规草案，一时间该草案在民众间遭遇了强烈反对。

鲁道夫·塞特斯以及沃尔夫冈·朔伊布勒在波恩和亚历山大·沙尔克－哥罗德科夫斯基进行了后续会谈。他再一次描述了民主德国惨淡的经济局势，并且希望联邦德国提供财政帮助。两位联邦部长对此反应慎重。

在公开声明中，基民盟联邦理事会要求东德领导层进行"真正的政治改革"。

在莱比锡进行的目前为止最大规模的示威游行上，第一次以罢工进行威胁。

11月7日 在民主德国政府正式辞职之后，进行了大量的人事变动。但是在新一轮选举之前原来的成员仍然在其职位上工作。

11月8日 联邦总理科尔在德国联邦议院进行了民族现状报告，其中承诺积极支持民主德国的民主化，也将提供经济援助。联邦议院以压倒性多数赞同科尔的立场。

在第十次全体大会上，汉斯·莫德罗（统社党）被任命为新任总理。

民主德国内政部批准了公民运动组织"新论坛"。

11月9日 中央委员会第10次全体大会召开。核心内容是出境法规措施。捷克洛伐克社会主义共和国威胁说，如果出境浪潮不减弱，就关闭与民主德国之间的边境。克伦茨提议不通过行政机构的出境程序，但是并不是完全的出境自由。从11月10日开始，一直到人民议院提出新的出境法规之前，将采用过渡时期法规。在中央委员会全体大会新闻发布会上的一个错误导致了柏林墙的倒塌。君特·沙博夫斯基漏看了部长会议草案的最后一句话，并在询问下强调说法规立刻生效。面对柏林墙聚集的大规模的人群，边境士兵缴械投降开放了过境通道。联邦议院中也发生了令人感动的一幕。所有的党团共同唱起了国歌。

11月10日 当天下午，中央委员会第10次全体大会结束。关于其会议结果，即统社党行动计划，几乎没有人做了笔记。

联邦总理科尔在华沙获悉了柏林墙倒塌的消息，他费尽周折才赶回柏林。西柏林执政市长瓦尔特·蒙佩尔在舍内贝格区政府召开集会，参与者多达2万至5万人。科尔的演说成了口哨大会。前联邦总理勃兰特、外交部长根舍和蒙佩尔的演讲都得以顺利进行。除了蒙佩尔之外，所有的演说者都特别强调了结束德国分裂，但是也呼吁谨慎思考。

不久后，基社盟在纪念教堂前举行了一次集会。超过10万人以热烈的掌声欢迎科尔。

赫尔穆特·科尔与英国首相玛格丽特·撒切尔、美国总统乔治·布什进行了电话会谈，很晚的时候还与塞特斯、朔伊布勒、特尔切克、魏格尔、魏姆斯女士在总理官邸共同商讨目前局势。

民主德国部长会议证实了旅游和出境法令。

相对宽松的出境往来导致了混乱的出入境状况。

汉斯·莫德罗在第一轮联合政府谈判中会见了卫星党代表，商讨政府声明以及内阁组成。

统社党基层在柏林进行了一次示威游行。

东德基民盟总理事会在第七次全体大会上作出了深远的决议。主席团第一次以不记名选举方式选举了洛塔尔·德梅齐埃为新任党主席。

11月11日 赫尔穆特·科尔与埃贡·克伦茨进行电话会谈。会谈核心内容是鲁道夫·塞特斯前往东柏林访问，以便准备两位政府首脑在民主德国的会面。克伦茨强调，重新统一不在议事日程之上，联邦总理则以基本法的要求对此进行反驳。此外埃贡·克伦茨还直接暗示，以东德改革换取联邦德国财政援助。

赫尔穆特·科尔与米哈伊尔·戈尔巴乔夫，汉斯－迪特里希·根舍与苏联外交部长爱德华·谢瓦尔德纳泽分别进行了电话会谈。两次会谈的关键词都是"稳定"。苏联方面对发展可能会超出控制担忧。

联邦德国社民党主席团召开特别会议。会议确定，"虽然有柏林墙存在，但是彼此归属的感觉始终保持着"。

在中央全国统一战线会议上，洛塔尔·德梅齐埃表示支持一个独立自主的、社会主义性质的民主德国。民农党主席君特·马洛伊达被提名为人民议院主席候选人。

11月13日 人民议院召开第11次全体大会。统社党党团推举的候选人汉斯·莫德罗当选民主德国总理，并负责组建政府。

君特·马洛伊达（民农党）当选人民议院主席。

统社党中央委员会在人民议院会议之后也召开会议。总书记埃贡·克伦茨强调，委员会几乎完全丧失公信力，而且许许多多的统社党组织已经没有行动力。他要求在 12 月中旬召开特别党代会，其重要任务就是选举新的中央委员会。

11 月 14 日　在民农党党理事会第 9 次会议上，党派重新表明了自己对于革新进程的态度。党主席团在不记名投票中通过。

11 月 15 日　沙尔克－哥罗德科夫斯基以及塞特斯进行了非正式会谈，内容核心为民主德国的政治体制改革。

德国自民党人民议院党团提出申请，将"工人阶级及其马克思列宁主义党派的领导地位"从民主德国宪法第一条中删除。

11 月 16 日　联邦总理赫尔穆特·科尔在政府声明中重申了联邦德国将对于民主德国提供援助，但是前提为"民主德国对政治和经济体制进行彻底的转变"。

11 月 17/18 日　在人民议院第 12 次全体会议上，总理汉斯·莫德罗宣读了他的政府声明。他宣布了改革计划的基本特点，但是和统社党高层至今为止发表的宣言没有什么区别。虽然讨论过程很激烈，但最后仍然全体通过。此外莫德罗提出了新内阁名单以接受表决。其任务是确保民主革新进程顺利进行，并且稳定经济。莫德罗很明显没有准备好将国家问题的决定大权交给政治局或者其他的党组织。在基民盟的压力下，内阁名单需连夜进行修改。第二天，人民议院通过了修改名单。虽然卫星党的力量增强了，但是统社党仍然拥有霸权地位。

11 月 17～19 日　绿党在萨尔布吕肯召开了前景展望大会。"左翼论坛"的意见书表明了对于重新统一的保留态度。

11 月 18 日　新任民主德国政府召开组成会议。总理莫德罗对内政局势发表看法。

11 月 20 日　在埃贡·克伦茨和鲁道夫·塞特斯的官方会谈中，民主德国代表团表示支持改革，但是同时强调重新统一不在议事日程之上。同时他们期望随着放宽出境限制可以获得波恩方面的财政支持。塞特斯向东德代表团递交了联邦经济部的一份文件，其中列举了关于经济合作的六点内容。

11 月 21 日　苏联信使尼古拉·波图加洛夫拜访霍斯特·特尔切克。

"邦联"和"重新统一"这两个概念被提出。

11月22日 统社党政治局接受了民权维护者提出的建立中央圆桌会议的想法。在联合政府中合并的党派应该和公民运动组织共同合作。德国自由民主党发表《行动计划》，表明自由民主党人在民主革新进程中的立场。

11月23日 赫尔穆特·科尔的亲信在总理官邸会面。他们将"阶段性进程的想法"具体化为了结束分裂。在特尔切克的领导下，联邦高层将对这个想法进行彻底研究。

11月24日 洛塔尔·德梅齐埃和基民盟秘书长福尔克尔·鲁厄进行了关于党派合作的第一次会谈，虽然两党之间还存在敌对情绪。

东柏林召开第六次生态学研讨会，这是民主德国不同环保组织会面的论坛，这次研讨会促成了东德绿党的成立。

11月26日 民主德国作家、艺术家以及教会代表在其《为了我们的祖国》宣言中要求民主德国保持主权独立，作为"联邦德国的社会主义形式"存在。

11月27日 赫尔穆特·科尔在基民盟/基社盟党团中表达了自己对德国政策的看法。他向党主席团和基民盟理事会告知了自己的阶段性计划。联邦总统和一部分被挑选出来的记者也同样获悉了这个消息。

国民党主席团发表了新的党纲草案。

11月28日 联邦总理赫尔穆特·科尔在德国政策上采取攻势。在联邦议院财政预算辩论中，他发表了《十点纲领》，以结束德国和欧洲的分裂状态。他向一个准备好改革的民主德国提出合作建议，并且表示可以发展邦联式结构。目标是实现"德国的联邦制国家秩序"。

反对派社民党支持科尔计划中的所有要点，这导致了内部的批评。媒体报道称，联邦议院中取得了广泛一致，只有绿党表示反对。

德梅齐埃提议解散民主阵营。他认为圆桌会议已经提供了一种合作的新形式。

国民党总委员会召开第六次会议。对党主席团进行了人事更新并且决定召开党代会。

民主德国文化联盟主席团全体辞职。

11月30日 "电视电子厂平台"在柏林电视电子工厂成立了。这样就在统社党内部建立了一个反对派组织。

12月1日 联邦议院以执政联盟的多数票通过赫尔穆特·科尔的阶段性方案。

海因里希·特普利茨（基民盟）在人民议院宣读了处理滥用职权和腐败问题委员会的第一份报告。这份报告对统社党老领导层造成沉重打击。东德议会几乎一致同意，将统社党的领导权从民主德国宪法中删除。

12月2日 在中央委员会大楼前的一次示威游行中，格雷戈尔·居西支持统社党基层的主张，要求政治局和中央委员会下台。

12月3日 退党的行为以及余下的统社党成员所带来的压力，迫使统社党政治局成员以及中央委员会辞职。

12月4日 在华沙条约领导人的一次协商会议中，汉斯·莫德罗向苏联总理尼古拉·雷日科夫汇报了民主德国的情况。

东德基民盟和德国自民党退出了民主阵营。

12月5日 鲁道夫·塞特斯在东德会见了汉斯·莫德罗。双方就改善两德间关系进行了具体协商，并且为科尔访问民主德国做准备。在出境法规方面的谈判也有进展。塞特斯坚持进行更深入的改革。此外还谈及了民主德国的联邦化。随着埃贡·克伦茨的下台，东德联合政府必须就新任的国务委员会主席达成一致。德国自民党主席曼弗雷德·格尔拉赫接过了这一任务。

民农党主席团公开要求所有国务委员会成员卸任。并且宣称结束在民主阵营内的工作，支持圆桌会议政策。

12月7日 国民党宣称结束在民主阵营内的工作。

中央圆桌会议在东柏林成立。首要问题是要确定其自我认知、政治纲领目标以及工作方式。

12月8/9日 统社党在东柏林召开了特别党代会。中央委员会被101人组成的党理事会和一个新的党主席团所取代。

12月9日 德自工会联邦理事会整体辞职。

12月10日 在斯特拉斯堡的欧共体峰会结束时，英格里德·马特乌斯–迈尔以及沃尔夫冈·罗斯提议，在联邦德国和民主德国之间建立经济和货币联盟。这样，联邦德国社民党短暂地占据了德国政策上风。

"民主觉醒"作为第一个民主德国反对派团体公开宣布支持德国统一。

12月14日 在民主德国部长会议第六次会议上，国家安全局解散。为了替代它要建立一个情报机构和一个宪法保护部门。此外还解散了准军事性的"工人阶级武装团体"。

在德青团中央委员会第 14 次以及最后一次会议上，他们试图从纲领方面进入新开端，并宣布与原来的青年组织彻底决裂。

12 月 15 日 民农党公开发表了其《纲领性指导原则》的修改版本。

12 月 15/16 日 东德基民盟在东柏林召开了特别党代会。德梅齐埃被批准担任党主席。代表们宣布了新的规章以及《基民盟当前及未来的立场》。其中党派表示支持社会的、生态的市场经济，以及"德意志民族的统一"。

12 月 16 日 "民主觉醒"在莱比锡召开成立党代会。它因此成为民主德国第一个公开以党派形式成立的反对派团体。

12 月 16/17 日 统社党在东柏林召开特别党代会。党派更名为统社党/民社党。双重名字为了表示连续性和变革性。

12 月 18/19 日 社民党在柏林召开纲领性党代会。代表们发表了德国政策声明并且承认东德社民党为姐妹党派。

12 月 19 日 赫尔穆特·科尔与教会、艺术家、反对派团体代表会面。当晚联邦总理在圣母教堂废墟前发表讲话，获得了上千德累斯顿人的欢呼。

东德自由民主党人公开与社会主义决裂，表示支持社会的、生态的市场经济。他们主张在 1989 年边境状况下，逐步实现德国统一。

12 月 19/20 日 联邦总理科尔在德累斯顿会见民主德国总理汉斯·莫德罗。双方进行了 45 分钟的私人会谈，而后其他人加入进来。与此同时，还在进行部长层级的会谈。代表团决定，按照不同政策领域组建各种各样的委员会和专家小组。这些委员会和小组的工作应为以后的条约共同体奠定基础。

12 月 21 日 统社党党理事会同意建立一个工作组来保护党派财产，并为此制定了措施。

12 月 22 日 在联邦总理赫尔穆特·科尔、民主德国总理汉斯·莫德罗、执政市长瓦尔特·蒙佩尔以及东柏林市长艾哈德·克拉克的见证下，勃兰登堡大门被打开了。

12 月 31 日 在德国共产党的建党日，统社党/民社党中建立了共产主义平台。

1990 年

1 月 3 日 在位于柏林 – 特雷普托的苏维埃战争纪念碑前，统社党/民社党主导了一场反对新法西斯主义和极右主义的示威游行。

1 月 4 日 民主德国部长会议决定建立不同的委员会，以准备两个德国的条约共同体。

1 月 9 日 在民主德国外交部的领导下，条约共同体的第一份条约草案完成。

1 月 14 日 东柏林召开的东德社民党州代表会议表示支持德国统一进程。此外这个党派现在自称社民党。这明显是向联邦德国社民党靠拢的信号。

1 月 15 日 在不明情况下，东柏林前国安部总部大楼被攻占。

1 月 18 日 总理府部长塞特斯在联邦议院德国政策辩论中详细阐明了联邦政府对于条约共同体的态度，通过邦联式结构，其最终目标应该是在全德实现联邦式结构。

联邦总理府提出了条约共同体条约的反对草案。

统社党党理事会的不同平台在会面时要求召开党代会，并应在党代会上决定解散统社党/民社党。这一"倒台清算"应该在公开监督下进行。

1 月 20 日 "德国社会联盟"在莱比锡成立。莱比锡牧师汉斯 – 威廉·埃伯林当选主席。

1 月 20/21 日 国民党第 14 次正式党代表大会在东柏林召开。会议发表了民主德国党派体制的纲领性编排、人事决定以及选举纲领。

1 月 25 日 总理府部长鲁道夫·塞特斯访问东柏林，为民主德国总理汉斯·莫德罗访问波恩做准备。

在数周讨论之后，东德基民盟主席团决定退出莫德罗政府。但是通过建立"民族责任政府"，基民盟可以继续承担执政的责任。

1 月 26 日 中央圆桌会议在东柏林要求实现更大的话语权并且建立独立于政党的政府。

1 月 27 日 "德国论坛党"在卡尔马克思城召开了成立党代会。于尔根·史密德当选党主席。

1 月 27/28 日 民农党在东柏林组织了特别党代会。君特·马洛伊达当选党主席。

1 月 28/29 日 经过旷日持久的谈判，反对派团体终于决定参与"民族责任政府"。他们获得了八位无任所部长职位。人们取得一致将人民议院选举提前到 3 月 18 日。

1 月 30 日 汉斯·莫德罗在莫斯科会见了米哈伊尔·戈尔巴乔夫。二人就两德逐步实现统一进行了商讨。

2 月 1 日 莫德罗在东柏林再次召开了关于其莫斯科访问的新闻发布会。以"德国，唯一的祖国"为题，他阐述了自己的德国统一观念。

2 月 2 日 联邦财政部长特奥·魏格尔向公众提出了与莫德罗阶段性计划相反的设想。其想法建议将德国马克作为官方支付手段引入民主德国，以期为东德民众提供未来愿景。

2 月 4 日 民主德国自民党在东柏林正式成立。党代会代表选举布鲁诺·门采尔为党主席。

2 月 5 日 作为基民盟党主席，赫尔穆特·科尔策划了由东德基民盟、德社盟以及"民主觉醒"共建"德国联盟"。

东柏林的中央圆桌会议要求西德嘉宾发言人不要干涉人民议院选举。

人民议院支持"民族责任政府"。

2 月 6 日 联邦总理赫尔穆特·科尔建议基民盟/基社盟联邦议会党团与民主德国共建货币联盟。英格里德·马特乌斯－迈尔从她的角度向社民党联邦议会党团阐述了自己对于两德建立经济和货币联盟的想法。

绿党联邦议会党团正式放弃维持两个德国局面的要求。

2 月 7 日 联邦内阁决定与民主德国政府进行有关货币和经济联盟的谈判。此外，为了准备统一进程，还建立了"德国统一"内阁委员会。

联邦议院反对派表示支持联邦总理的想法，参与到了与民主德国进行货币和经济联盟的谈判之中。

2 月 9/10 日 德国自民党的革新与选举党代会在德累斯顿召开。因为党内的纲领性讨论已经基本完成，讨论的核心内容是人事更迭以及摆脱历史。会议选举出了莱纳·奥尔特勒布领导下的新任党派领导层，并将自己命名为自由民主党。

2 月 9~11 日 东德绿党的成立党代会在哈勒召开。代表们发表了党章以及党纲，并选举了新的理事会。

2 月 10 日 联邦总理赫尔穆特·科尔访问莫斯科。他获得了米哈伊尔·戈尔巴乔夫对于两德统一的首肯。苏共总书记表示，这个过程应由德国人民自己决定。

2月11日 德国国民党召开第14次党代会。

自民党主席、东德自民党以及论坛党主席协商，以自由民主者联盟的身份共同参加人民议院选举。这样联邦德国自民党毫无疑问会提供帮助。

2月13日 民主德国总理汉斯·莫德罗与来自民主德国13个党派和团体的代表共同前往波恩。联邦总理科尔递交给莫德罗一份关于货币和经济联盟的意见书。科尔和魏格尔拒绝了东德方面对财政的要求。联邦政府希望和具有民主合法性的民主德国政府就此进行谈判。

2月18日 德社盟在莱比锡召开正式成立党代会。汉斯－威廉·埃伯林被批准担任党主席。

2月20日 联邦总理科尔在埃尔福特的群众活动上第一次参与了民主德国竞选。而后他又五次在东德大城市露面。

民主德国议会通过《人民议院选举法》。

2月21日 人民议院通过《政党法》。

2月22~25日 东德社民党在莱比锡召开党代会。除党章外，代表们还通过了基本原则和选举纲领。此外会议还就"实现统一的时刻表"达成一致，并选举了以易卜拉欣·伯梅为主席的党领导层。

2月24/25日 统社党/民社党在柏林召开选举党代会。代表们通过了新的党章，允许各种平台、利益团体以及工人联合会存在。成立党团仍然被禁止。

3月6日 联邦德国执政联合伙伴决定根据《基本法》第23条实现统一。

3月18日 民主德国开始了第一次自由的人民议院选举。有悖于所有预测结果，"德国联盟"成为选举胜利者。

3月19日 "德国联盟"代表要求东德社会民主党人参与政府工作。与自由民主者联盟代表也进行了相同谈话。

3月20日 社民党党理事会一致提名奥斯卡·拉封丹为总理候选人。

3月22日 东德社民党副主席马尔库斯·梅克尔以及东德基民盟主席洛塔尔·德梅齐埃在联合政府谈判的第一次试探性会谈中会面。

3月26日 东德基民盟理事会提名洛塔尔·德梅齐埃担任政府首脑候选人。他们支持建立一个大联合政府。

3月27日 自民党在其在代表会议上以"自由民主者联盟—自由党人"的身份重建。第二天国民党加入了自由民主者联盟。

3月29日 东德社民党和东德基民盟进行了第一次联合政府谈判的筹

备性会谈。

3月29/30日 "未决财产问题解释"专家组第二次会议上清楚表明，1945到1949年的土地改革几乎不可逆转。

3月30日~4月1日 绿党联邦党代会在哈根召开。会议讨论了未来希望和哪些东德团体和政党进行合作。

4月1日 东德社民党和东德基民盟为联合政府会谈进行第二次信息对话会。

4月2日 由于斯塔西历史曝光，易卜拉欣·伯梅辞去社民党党主席以及党团主席职位。但是保留了人民议院中的席位。

4月3日 来自基民盟、社民党、德社盟、民觉、论坛党、自民党和德国自民党的代表参加了第一轮联合政府会谈。共有5个专家组准备联合政府协议。

4月4日 东德党派代表召开第二轮联合政府谈判。

4月5日 洛塔尔·德梅齐埃在第10届人民议院成立会议上被委任建立政府。

4月7/8日 民主德国党派代表团在第三轮会面时就建立共同联合政府达成一致，并且通过了内阁名单。

4月11日 东德社民党同意了联合政府协议。

4月12日 联合政府协议正式签署。德梅齐埃在人民议院中以385票中265票支持的结果当选总理。东德内阁也成功通过表决，召开了其成立会议。

4月15日 "民主觉醒"总委员会鉴于沃尔夫冈·施努尔的损害党派的行为将其开除出党，并且重新选举了莱纳·埃佩尔曼为代理主席。

4月18日 德国论坛党、自由民主者联盟、东德和西德自民党主席表示，希望共同组成全德自民党。但是在东德地方选举中，民主德国自由党人还是分开参与竞选。

民主德国总理德梅齐埃在人民议院中宣读了其政府声明。

4月22日 "民主觉醒"在什未林召开特别党代会。埃佩尔曼被批准当选党主席。

4月24日 联邦总理赫尔穆特·科尔和民主德国总理洛塔尔·德梅齐埃在波恩会面。双方同意通过《关于建立经济、货币和社会联盟的条约》，将德国马克在1990年7月1日之前引入民主德国。

4 月 25 日 东德和西德代表团为第一部国家条约进行正式谈判。

5 月 2 日 民主德国部长会议决定建立联邦州。

5 月 5 日 在波恩开始进行联邦德国、民主德国以及四个战胜国之间的"2+4"会谈。

5 月 6 日 民主德国举行地方选举。其结果基本与人民议院选举结果相同。

5 月 9 日 东德单一行业工会的主席们决定解散德自工会。

5 月 13 日 约翰内斯·劳(社民党)在北威州州议院选举中获得了绝对多数。格哈尔德·施罗德(社民党)赢得了下萨克森州的州议院选举。社会民主党人第一次在联邦参议院中占据多数。

5 月 17 日 人民议院颁布地方宪法,其中规定东德地方和乡镇可以重新获得自我管理的权利。

5 月 18 日 财政部长特奥·魏格尔以及瓦尔特·龙姆贝格在波恩签署了建立经济、货币和社会联盟的条约。

5 月 29 日 统一条约的预备会谈在柏林召开。沃尔夫冈·朔伊布勒转交给君特·克劳泽一份《国家条约基本结构》文件,并相应地从克劳泽处获得了东德具体问题的列表。

5 月 31 日 由于缺乏民主合法性,行政区委员会被解散。

6 月 1 日 两德代表团在波恩继续进行统一条约的预备会谈。君特·克劳泽转交给联邦内政部长一份对于其《国家条约基本结构》的回复文件。

6 月 8~10 日 绿党联邦党代会在多特蒙德召开。代表们选举了新任联邦理事会,并且决定与民主德国绿党建立紧密合作。

6 月 9~10 日 东德社会民主党人在哈勒召开其特别党代会。沃尔夫冈·蒂尔泽当选新任党主席。

6 月 15 日 在统一条约会谈中,双方就《处理未决财产问题的共同声明》达成一致。除了 1945 到 1949 年间没收的财产之外,全部遵循"归还先于赔付"的原则。

6 月 17 日 人民议院通过信托法规。由莫德罗政府建立的管理民主德国人民财产的信托机构转变为私有化机构。

6 月 21 日 联邦议院和人民议院以 2/3 多数通过了《关于建立经济、货币和社会联盟的条约》。此外他们还通过了承认波兰西部边界的声明。

6月23日　沃尔夫冈·朔伊布勒在波恩转交给君特·克劳泽一份"讨论文件"，关于"以实现德国统一的要素转化为相关法规"。

6月25日　民农党理事会决定与基民盟合并。因此党主席马洛伊达请求解除自己的党内职务。成员一致选举乌尔里希·容格内斯作为继任。

联邦德国"德国统一"内阁委员会正式决定，在国家条约中规定根据基本法第23条实现民主德国加入。负责人为内政部的职能部门。

6月29日　西德联邦州通过《联邦州对于统一德国内联邦国家秩序原则态度》文件明确了在统一条约谈判中的基础。

6月30日　德社盟召开了第一次正式党代会。

7月1日　建立经济、货币和社会联盟条约生效。

7月6日　统一条约第一轮谈判在东柏林举行。

7月20日　在高加索峰会期间，苏联领导人同意统一德国继续留在北约中。

7月21/22日　人民议院通过联邦州引入法及选举法。此外议会委托政府制定12月全德选举条约。

7月24日　自由党人的自由民主者联盟退出东德政府。

7月26日　"德国统一"委员会以及人民议院在选举条约问题上达成一致。但是限制门槛条款和选举时间还未确定。

沃尔夫冈·朔伊布勒会见联邦德国各党团主席和各党派主席，准备即将到来的统一条约谈判。

8月1日　东德政府首脑德梅齐埃在联邦总理科尔于沃尔夫冈湖度假时对其进行了拜访。

8月1~3日　统一条约谈判在东德进行。会谈结束时完成了第一版草案。

8月3日　联邦内政部长朔伊布勒以及民主德国国务秘书克劳泽在柏林签署了《选举条约》。

8月4日　"民主觉醒"又一次在东柏林召开特别党代会。代表们委托理事会以及州主席实现与东德基民盟的合并。

8月11/12日　民主德国自由党人（东德自民党、论坛党以及自由民主者联盟）在汉诺威与西德自民党合并。

8月15日　梅迈齐埃罢免了部长龙姆贝格、温舍、波拉克和波尔。

8月20日　社民党部长梅克尔、莱特尔、希尔德布兰德、施内尔以及特佩共同退出民主德国内阁。

8 月 20 ~ 24 日　统一条约第三轮谈判在波恩进行。最终取得了一份在重要问题上都达成一致的条约草案。

8 月 22/23 日　夜间，人民议院以 2/3 必要多数决定民主德国在 10 月 3 日根据第 23 条加入。同时通过了选举条约。

8 月 23 日　联邦议院以 2/3 多数同意了《选举条约》。

8 月 24 日　人民议院出台《关于前国家安全部/国家安全局个人信息的保障和使用法规》。

8 月 26 日　各党派和党团主席在联邦总理府进行高层对话，以协商对于统一条约的不同观点。

8 月 29/30 日　联邦政府代表和西德社民党代表进行了漫长的会谈，希望解决关于统一条约的争议。

8 月 31 日　君特·克劳泽和沃尔夫冈·朔伊布勒在东柏林签署《统一条约》。

联邦政府通过了赦免规定的法规草案。

9 月 7 日　联邦参议院拒绝联邦政府的赦免规定法规草案。

9 月 7 ~ 9 日　东德绿党在马格德堡的第二次党代会上决定与西德绿党合并。

9 月 10 日　两德代表团在波恩会面，准备《统一条约》的补充协议。

9 月 12 日　"2 + 4"会谈在莫斯科结束。

9 月 14 日　德自工会代表正式决定在当月 30 日之前解散组织。

9 月 15 日　东德基民盟和民农党合并。

9 月 15/16 日　民社党召开选举大会。会议决定以"'左翼名单'/民社党"为名的"公开个人联盟"身份参与第一次全德选举中。

9 月 21 日　联邦参议院一致通过统一条约。

9 月 24 日　民主德国退出华沙条约。

9 月 26/27 日　东德和西德社民党在柏林分别进行的党代会上决定进行合并。第二天，所有联邦州协会和行政区主席以及党派高层成员共同签署了《重新实现德国社会民主党统一的声明》。

9 月 29 日　联邦宪法法院宣布选举条约违宪。

10 月 1/2 日　东德和西德基民盟在汉堡合并。选举出了新的联邦理事会以及新的主席团。

盟友们在纽约的欧洲安全与合作会议的外交部长会议上达成一致，放弃他们自二战以来获得的限制权。

10月2日　人民议院召开最后一次会议。

10月3日　零点，民主德国加入德意志联邦共和国。

10月5日　联邦议院通过了选举国家条约的新法规。

10月14日　民主德国开始联邦州议院选举。

12月2日　在联邦德国和前民主德国领土上举行了联邦议院全德选举。赫尔穆特·科尔连任联邦总理

致　　谢

民主德国的档案依照联邦档案法被开放之后，经常出现"在档案使用中存在问题"的抱怨，而我们获得了查阅现任联邦政府档案文件的许可，才第一次对这一抱怨进行了很好的修正。我感谢做出这一决定的政策负责人。不过仅仅依靠阅读档案的许可并不能完成本书。如果没有许许多多女士和先生的热忱帮助，这一研究项目不能得以完成。为此我要特别感谢米夏埃尔·梅尔特斯（Michael Mertes）、克劳斯·戈托（Klaus Gotto）以及沃尔夫冈·贝格尔斯多夫（Wolfgang Bergsdorf），他们随时都愿意为我提供帮助，解答我的问题。我同样还要感谢联邦总理府的弗兰克·格姆（Frank Gehm）和威廉·卢森（Wilhelm Loosen）所给予的不厌其烦的支持和帮助，当然还有联邦内政部的曼弗雷德·施佩克（Manfred Speck）和康拉德·阿登纳基金会的君特·布赫施塔布（Günter Buchstab）。多个档案馆的工作人员也为我提供了许多建议和帮助，在此，我也要向他们表示诚挚的谢意。

因为档案本身只能还原一部分事实，所以必须通过对档案进行研究、通过学术和新闻来源获得线索，与当年的见证人进行大量访谈，从中获得信息对事实情况加以补充。所以我要感谢所有的时代见证人，从波恩到德累斯顿、从什未林到弗莱堡，他们有的甚至与我们进行了长达数小时的访谈。他们中的很多人向我们开放了他们的地下室和储藏室，向我们提供了私人文件，这些资料也通过这种方式第一次获得了科学地分析利用。

我要感谢为本书各个章节贡献力量的专家们，他们是英戈·比歇尔（布鲁塞尔），乌尔里希·艾特（弗莱堡），拉尔夫·卡德莱特（斯图加特），米夏埃尔·里斯克（什未林），格尔特·诺亚克（柏林），埃尔克·罗斯迈耶（海德堡），西比勒·希克（弗莱堡），格尔德-吕迪格尔·施特凡（柏林），英格博格·菲林根（弗莱堡）和尼古拉·瓦尔克（富特旺根）。

— 773 —

我还要感谢弗莱堡大学政治学教研室的同事们所提供的不知疲倦的付出。尤其需要感谢凯瑟琳·伊莎贝尔·弗勒林，鲁特·赫滕，戴安娜·克劳斯，乌尔里克·明希，阿明·内尔廷，安德烈亚斯·普赖辛还有我的秘书吉斯林德·莫尔（Gislinde Mohr）。

最后我必须着重感谢我的合著者米夏埃尔·瓦尔特所做出的巨大贡献。他不仅一丝不苟、不辞辛劳地编写了政治派别部分的内容，还负责研究项目和本卷书的总体编辑工作。如果没有米夏埃尔·瓦尔特的努力这本书无法问世。我在1995年秋季担任了弗莱堡大学校长一职，这项工作比我预想的占用了更多的时间。

人名索引
（以外文姓氏首写字母为序）

总体上，以下均为当事人到本研究时间范围为止时担任的职务。

A

伊万·帕夫洛维奇·阿波依莫夫（Aboimov, Ivan Pavlovich），1988～1990 年任苏联外交部副部长　32

亚历山大·阿奇米诺夫（Achminow, Alexander），德国社会联盟，历史学家，1990 年 6 月起担任德社盟秘书长　252～254

谢尔盖·阿什罗梅耶夫（Achromejew, Sergej），苏军总参谋部部长　90

爱德华·阿克曼（Ackermann, Eduard），司长，1982～1994 年任联邦总理府第五司（社会与政治分析，交流与公共关系）司长　33，34，53，80，115

特奥·亚当（Adam, Theo），民主德国，歌剧演员　71

伊马加德·亚当–施瓦策尔（Adam–Schwaetzer, Irmgard），自民党，自 1980 年起担任联邦议院议员，议会党团副主席　97，450

康拉德·阿登纳（Adenauer, Konrad, 1876–1967），基民盟，1949～1963 年担任联邦总理　2，10，34，47，72，99，102，198，413

鲁道夫·阿纳特（Ahnert, Rudolf），基民盟，1990 年 6 月起任莱比锡副市长　355

恩斯特·阿尔布雷西特（Albrecht, Ernst），基民盟，1976～1990 年任下萨克森州州长　55，121，147

奥托·阿伦特（Arndt, Otto），民主德国，1970～1989 年任交通部长，1975～1989 年任统一社会党中央委员会委员　16

卡尔–海因茨·阿诺尔德（Arnold, Karl–Heinz），汉斯·莫德罗办公室主任　63，101

汉斯–于尔根·奥德姆（Audehm, Hans–Jürgen），民主德国，自 1989 年 12 起任统一社会党什未林地区主席　282

鲁道夫·奥古史坦因（Augstein, Rudolf），时评家，《明镜周刊》出版人 94

艾伯哈德·奥里希（Aurich, Eberhard），民主德国，1983～1990 年 12 月任德国自由青年团中央理事会第一秘书 294～296

赫尔曼·阿克森（Axen, Hermann），民主德国，1970～1989 年任统一社会党政治局成员，1966～1989 年任统一社会党中央委员会国际联络秘书 22，175

B

格哈尔德·贝歇尔（Bächer, Gerhard），民主德国，民主德国绿党创始人之一 260，261

帕特里克·巴纳斯（Bahners, Patrick），《法兰克福汇报》记者 323，325

埃贡·巴尔（Bahr, Egon），社民党，1972～1990 年任联邦议院议员，社民党主席团成员，1981 年起任社民党裁军及军备控制委员会主席，1984～1994 年任汉堡和平研究与安全政策研究所所长 51，122～124，126，127，133，135，138，144，145，229

安格莉卡·芭布（Barbe, Angelika），民主德国，生物学家，东德社民党创始人之一，理事会副发言人，1990 年 2 月起任东德社民党副主席 224，225，227，229，230，232，236

莱纳·巴泽尔（Barzel, Rainer），基民盟，1957～1987 年任联邦议院议员，1982～1983 年任联邦德意志内部问题部长 51

格尔特·巴斯蒂安（Bastian, Gert, 1923－1992），少将，绿党，1983～1987 年任联邦议院议员，议会党团发言人，国防委员会成员，1984 年退出议会党团，1986～1987 年 1 月重新加入 160

格哈尔德·鲍姆加特尔（Baumgärtel, Gerhard），民主德国，基民盟，1986～1990 年 3 月任人民议院议员，1982～1989 任魏玛市长，1989 年 11 月～1990 年 3 月任建筑部长 194，201

约翰内斯·贝歇尔（Becher, Johannes R., 1881～1958）民主德国，作家，1954～1958 年任文化部长 49，90，425

玛丽路易斯·贝克－奥伯多夫（Beck－Oberdorf, Marieluise），绿党，1983～1985 年及 1987～1990 年任联邦议院议员，1983～1984 年任绿党联邦议会党团发言人 167

格哈尔德·拜尔（Beil, Gerhard），民主德国，1981～1989 年任统一社会党中央委员会成员，1986～1990 年 3 月任外贸部长 70

布鲁诺·本廷（Benthien, Bruno），民主德国，德国自民党，1989 年 11 月～1990 年 4 月任旅游部长 207

西格弗里德·贝格豪斯（Berghaus, Siegfried），民主德国，东柏林基民盟行政区理事会主席 194

沃尔夫冈·贝格霍费尔（Berghofer, Wolfgang），民主德国，1986～1990 年 5 月任德累斯顿市长，1989 年 12 月～1990 年 1 月任统一社会党/民主社会主义党副主席，1 月退出统一社会党/民主社会主义党 182，184

萨宾娜·贝格曼－波尔（Bergmann－Pohl, Sabine），民主德国，基民盟，1990 年 4～10 月任人民议院议员，基民盟柏林理事会成员，1990 年 4～10 月任人民议院议长及民主德国国家元首 205，385

沃尔夫冈·贝格尔斯多夫（Bergsdorf, Wolfgang），司长，1982～1993 年任联邦政府新闻局第三司司长 53

弗兰茨·贝特乐（Bertele, Franz），1989～1990 年联邦德国驻东柏林常设代表处负责人 15，21，22，43，44，59，63，79，83，95，131

沃尔夫冈·拜罗伊特尔（Beyreuther, Wolfgang），民主德国，1971～1990 年任人民议院议员，1976～1981 年任人民议院国防委员会主席，1977～1990 年任劳动与工资国务秘书及民主德国部长会议成员 23

施特凡·比克哈特（Bickhardt, Stephan），民主德国，民权维护者，"现在就实行民主"创始人之一，1990 年任该组织干事长 266

库尔特·比登科普夫（Biedenkopf, Kurt），基民盟，1976～1980 年及 1987～1990 年任联邦议院议员 97，102

玛丽安娜·波特勒（Birthler, Marianne），民主德国，民权维护者（"和平与人权倡议"），1990 年 3 月～10 月任人民议院议员 362

卡尔海因茨·布拉施克（Blaschke, Karlheinz），历史学家 408～410

诺贝特·布吕姆（Blüm, Norbert），基民盟，1972 年起任联邦议院议员，1982 年起任联邦劳动和社会部长 70，242

维利巴尔德·伯克（Böck, Willibald），民主德国，1990 年 3～10 月任人民议院议员，基民盟图林根州主席 412

弗兰克·伯格什（Bogisch, Frank），民主德国，东德社民党创始人之一，1990 年 2 月起任东德社民党理事会成员 232

贝贝尔·博勒（Bohley, Bärbel），民主德国，画家，民权维护者，"和平与人权倡议"及"新论坛"创始人 23，49，129，133，176，223，238，239，265，268，271

汉斯－约阿希姆·伯梅（Böhme, Hans－Joachim），民主德国，1981～1989 年任人民议院议员，1973～1989 年任统一社会党中央委员会成员 177，225

易卜拉欣·伯梅（Böhme, Ibrahim）［真名曼弗雷德（Manfred）］，民主德国，东德社民党创始人之一，1990 年 3～8 月任人民议院议员，1990 年 2～4 月任东德社民党主席 59，84，88，110，112，143，223～226，229～235，237，362，372，382，383

卡尔－海因茨·伯雷尔（Bohrer, Karl－Heinz），比勒费尔德大学文学研究教授 324，325

海因里希·伯尔（Böll, Heinrich, 1917－1985）作家 318

克劳斯·伯林（Bölling, Klaus），时评家，1981～1982 年任联邦德国驻东柏林常设代表处负责人 3

保罗·邦卡尔兹（Bonkarz, Paul），民主德国，易卜拉欣·伯梅在斯塔西的化名 233

马丁·伯特格尔（Böttger, Martin），民主德国，民权维护者，"和平与人权倡议"及"新论坛"创始人之一 265，268

卡尔－迪特里希·布拉赫尔（Bracher, Karl – Dietrich），波恩大学政治学与时代史教授 2

彼得·勃兰特（Brandt, Peter），柏林工业大学历史学研究所讲师 125

维利·勃兰特（Brandt, Willy, 1913 – 1992），社民党，1949～1992 年任联邦议院议员，年 1964～1987 任社民党主席，1969～1974 任联邦总理 5，11，34，35，91，96，128，130，132，134，135，139，140，143，145，150，227，232，361，362

恩斯特·布莱特（Ernst Breit），德国工会联合会主席 300

格哈尔德·布兰德勒（Brendler, Gerhard），民主德国中央历史研究所教授，柏林 302

列昂尼德·勃列日涅夫（Breschnew, Leonid），（1906 – 1982），苏联共产党中央委员会秘书长，1960～1964 年及 1977～1982 年任苏联最高苏维埃主席团主席 8

米夏埃尔·布里（Brie, Michael），民主德国，1974～1990 年统一社会党成员，1989 年，统一社会党"第三条道路"论坛创始人之一，1989 年 12 月～1990 年 1 月任统一社会党/民主社会主义党理事会成员，自 1990 年起任柏林洪堡大学社会科学系社会哲学教授 40

丹克瓦尔特·布林克斯梅尔（Brinksmeier, Dankwart），民主德国，东德社民党创始人之一，1990 年 3～10 月任人民议院议员，东柏林社民党代表及发言人，1990 年 2～3 月任内政部政府全权代表 230

维利·布吕根（Brüggen, Willi），柏林"替代名单"成员 160

汉斯·比希勒（Büchler, Hans），社民党，自 1971 年起任联邦议院议员，联邦议院德意志内部关系委员会，1971～1991 年任议会党团理事会成员，党团德国政策发言人 124，126，129，141，142，146

彼得－克劳斯·布迪希（Budig, Peter – Klaus），民主德国，自 1982 年起任德国自民党中央理事会成员，1989 年 11 月～1990 年 3 月任科学与技术部长 207

乔治·布什（Bush, George），1981～1989 年任美国副总统，1989～1992 年任美国总统 36，55，398

C

约翰内斯·开姆尼策尔（Chemnitzer, Johannes），民主德国，1967～1989 年任统一社会党中央委员会成员，1989 年 11 月罢免党内职务 177

罗兰·克劳斯（Claus, Roland），民主德国，1983～1989年德青团中央委员会成员，自1989年11月起任统一社会党哈勒行政区第一秘书 181

乔治·本杰明·克列孟梭（Clemenceau, Georges Benjamin, 1841–1929），1906～1909年及1917～1920年任法国总理 316

沃尔夫冈·克莱门特（Clement, Wolfgang），社民党，自1989年1月起任北威州州长办公厅主任，自1990年起兼任特别任务部长 148, 155, 156, 419, 445, 454

赫尔伯特·切亚（Czaja, Herbert, 1914–1997），基民盟，1953～1987年任联邦议院议员，1970～1994年任被驱逐者联盟主席 118

D

迪特马尔·乔克（Czok, Dietmar），民主德国，东德基民盟，主席团成员 196

弗里茨·达尔曼（Dallmann, Fritz），民主德国，自1982年起任农民互助会主席 288

卡尔·德姆里希（Dämmrich, Karl），民主德国，1990年任民主德国农民联盟主席 290

蕾娜特·达姆斯（Damus, Renate），绿党，1989～1990年任联邦理事会发言人 171

克里斯蒂安·丹斯特纳尔（Dästner, Christian），联邦参议院副议长、联邦参议院法律委员会秘书、联邦议院和联邦参议院调解委员会干事 422

赫塔·多伊布勒－格梅林（Däubler–Gmelin, Herta），社民党，自1972年起任联邦议院议员，1983～1993年任议会党团副主席，自1988年起任党副主席 143, 157, 158

弗里德里希·克里斯蒂安·戴留斯（Delius, Friedrich Christian），作家 323

克里斯多夫·德姆克（Demke, Christoph），民主德国，马格德堡主教，自1990年2月起任民主德国新教教会联盟代表会议主席 313～315

弗里德里希·迪科尔（Dickel, Friedrich），统一社会党，1963～1989年任内政部长及人民警察局局长，1967～1989年任人民议院议员及统一社会党中央委员会成员 31

艾伯哈德·迪普根（Diepgen, Eberhard），基民盟，1984～1989年及1991年起任柏林市长 193, 194, 197, 200

彼得－米夏埃尔·迪斯特尔（Diestel, Peter–Michael），民主德国，自1989年12月起任德国新教社会党秘书长，德国社会联盟创始人之一，1990年1～6月任德社盟秘书长，1990年4～10月任内政部长及副总理 71, 202, 216, 245～253, 384, 386～388, 396, 453

布克哈特·多贝伊（Dobiey, Burkhard），自1985年任德意志内部关系部第二司（德国政策）司长 43

格尔德·德灵（Döhling, Gerd），民主德国，东德社民党财务主管 225

克劳斯·冯·多纳伊（Dohnanyi, Klaus von），社民党，1981～1988年任汉堡第一市长 132, 142, 145

阿尔弗雷德·德雷格尔（Dregger, Alfred），基民盟，自1972年担任联邦议院议员，1982～1991年任基民盟/基社盟联邦议会党团主席　33，130，196，199

奥古斯特·德雷普克尔（Drempker, August），民主德国，易卜拉欣·伯梅在斯塔西的化名　233

鲁道夫·德雷斯勒（Dreßler, Rudolf），社民党，自1980年起任联邦议院议员，自1987年任社民党党团副主席以及社会政策发言人　148

西格弗里德·杜贝尔（Dübel, Siegfried），联邦德国的流亡基民盟主席　198

卡尔－海因茨·杜克（Ducke, Karl－Heinz），民主德国，中央圆桌会议主持人，1988～1991年任柏林主教会议副秘书长　308，328

克劳斯－于尔根·杜伊斯贝格（Duisberg, Claus－Jürgen），处长，1986～1990年任联邦总理府"德国政策工作组"组长　21，43，45，53，54，75～77，80，95，114

弗赖穆特·迪夫（Duve, Freimut），社民党，自1980年起任联邦议院议员，社民党议会党团理事会成员及文化政策发言人　123，125

E

汉斯－威廉·埃伯林（Ebeling, Hans－Wilhelm），民主德国，莱比锡托马斯教堂牧师，德国基督教社会党创始人之一，自1989年12月起任主席，1990年1～4月任德国社会联盟主席，1990年4～10月任经济合作部长　71，202，245～250，252，385，388，396

霍斯特·艾姆克（Ehmke, Horst），社民党，1969～1994年任联邦议院议员，1977～1991年任社民党联邦议会党团副主席　51，52，94，123～125，129，133，134，138，141，145，148，150～152

君特·艾伦施佩格（Ehrensperger, Günter），民主德国，1974～1989年任统一社会党中央委员会计划与财政部部长，1990年2月退出统一社会党/民主社会主义党　177

泰·埃希（Eich, Tay），绿党，1989～1990年任联邦议院议员　161，165，166，199，421

海因茨·埃希勒（Eichler, Heinz），民主德国，人民议院议员及民主德国国务委员会秘书，人民议院主席团成员　43

施特凡·艾瑟尔（Eisel, Stephan），1983～1987就职于联邦总理府五司（社会与政策分析，交流与公关工作），自1987年起任总理办公室副主任　53

康拉德·埃尔默（Elmer, Konrad），民主德国，东德社民党创始人之一，自1990年2月起任东德社民党理事会成员　225～227，232，236

汉斯－海因茨·埃蒙斯（Emons, Hans－Heinz），民主德国，统一社会党，1988年任民主德国科学院副院长，1989年12月～1990年3月任教育部长　41

汉斯·恩格尔哈德（Engelhard, Hans A.），自民党，1972～1994年任联邦议院议员，1982～1991年任联邦司法部长　450，452

比约恩·恩格霍姆（Engholm, Björn），社民党，1983～1988年任社民党石荷州议院党团主席，1988～1993年任石荷州州长　122，124，131，135，149～151

汉斯－马格努斯·恩岑斯贝格（Enzensberger, Hans－Magnus），作家　325，326

莱纳·埃佩尔曼（Eppelmann, Rainer），民主德国，1974～1989年任东柏林急救协会牧师，"民主觉醒"创始人之一，自1990年3月起任主席，1990年2～3月任无所任部长，至1990年10月任裁军与国防部长　59，111，112，196，202，206，237～244，381，385，387

艾哈德·艾普乐（Eppler, Erhard），社民党，1961～1976年任联邦议院议员，1968～1974年任联邦经济合作部长，1984～1991年任社民党主席团成员　122，123，125，127，139

路德维希·艾哈德（Erhard, Ludwig, 1897－1977），基民盟，1963～1966年任联邦总理　100

格尔诺特·埃勒尔（Erler, Gernot），社民党，1987年起任联邦议院议员，外交与安全政治家　137，138

F

弗里茨·乌尔里希·法克（Fack, Fritz Ullrich），《法兰克福汇报》共同出版人　48

瓦伦丁·法林（Falin, Valentin M.），1978年起任信息部第一副部长，1988～1991年任苏共中央委员会国际部部长　52，90，112

托马斯·福克纳（Falkner, Thomas），民主德国，记者，1989～1990年春为统一社会党/民主社会主义党成员　93

贝恩德·芬戴斯（Findeis, Bernd），民主德国，1989年12月起任"民主觉醒"副主席　242

施特凡·芬格（Finger, Stefan），民主德国，东德社民党创始人之一，1990年2月起任东德社民党理事会成员　232

汉斯－于尔根·菲施贝克（Fischbeck, Hans－Jürgen），民主德国，民权维护者，"现在就实行民主"创始人之一，1990年3～12月任柏林市政委员会联盟90议会党团成员　71，269，362

约施卡·菲舍尔（Fischer, Joseph），本命为：约瑟夫·菲舍尔（Fischer, Joseph），绿党，1983～1985年、1994年起任联邦议院议员，1985～1987年任黑森州环境与能源部长　163，165，169，170

奥斯卡·菲舍尔（Fischer, Oskar），民主德国，1975～1990年任外交部长，1971～1989

年任统一社会党中央委员会委员 22，43，87

曼弗雷德·弗莱格尔（Flegel，Manfred），民主德国，1967～1989 年 11 月任副总理，1987～1989 年 11 月任德国国家民主党副主席，1989 年 11 月～1990 年 3 月任贸易和供给部长 219

戈特弗里德·福克（Forck，Gottfried），民主德国，1981～1991 年任柏林－勃兰登堡新教教会东部区主教 192，239，308

米尔顿·弗里德曼（Friedman，Milton），美国经济学家 196

瓦尔特·弗里德里希（Friedrich，Walter），民主德国，1966～1990 年任中央青年研究所所长 293

西格林德·弗里斯（Friess，Sieglinde），绿党，1989～1990 年任联邦议院议员 161，166

于尔根·弗罗利希（Frölich，Jürgen），德国自由主义档案室负责人 222

弗里德里希·卡尔·弗洛姆（Fromme，Friedrich Karl），《法兰克福汇报》记者 64

安科·福克斯（Fuchs，Anke），社民党，1980 年起任联邦议院议员，1987～1991 年任联邦干事长 135

君特·福克斯（Fuchs，Günther），民主德国，1989 年 11 月任人民教育部长 24

拉尔夫·菲克斯（Fücks，Ralf），绿党，1989～1990 年任联邦理事会发言人 159，162，165

G

诺贝特·甘索（Gansel，Norbert），社民党，1972～1997 年任联邦议院议员，1986～1991 年任党理事会主席 124，125，130，144，229

约阿希姆·戈尔施太奇（Garstecki，Joachim），民主德国，民主德国天主教会哈勒行动圈（AKH）发言人圈成员，1990 年起任《公共论坛》杂志共同出版人 307

约阿希姆·高克（Gauck，Joachim），1989 年罗斯托克"新论坛"创始人之一，1990 年 10 月起任人民议院委派的斯塔西档案监管员，之后任联邦政府前国安部/国安局档案特别监管员 454

君特·高斯（Gaus，Günter），时评家，1974～1981 年任联邦德国常驻民主德国代表处处长 323，414

米夏埃拉·盖格尔（Geiger，Michaela），基社盟，1990 年起任联邦议院议员，1987～1991 年任基民盟/基社盟党团外交政策发言人 117，118

海纳·盖斯勒（Geißler，Heiner），基民盟，1956～1967 年及 1980 年起任联邦议院议员，1982～1985 年任联邦青年、家庭与健康部长，1977～1989 年任基民盟秘书长 13，64，200

汉斯－迪特里希·根舍（Genscher, Hans－Dietrich），自民党，1965～1985 任联邦议院议员，1974～1985 年任党主席，1974～1992 年任联邦外交部长及副总理　5，9，17，34，35，37，47，51，56，58～61，64，77，110，113，115，118，120，121，144，153，211，243，360，398

克劳斯－彼得·格哈尔德（Gerhard, Klaus－Peter），民主德国，基民盟，纲领委员会发言人　197

曼弗雷德·格尔拉赫（Gerlach, Manfred），民主德国，1967～1990 年 2 月任德国自由民主党（民主德国）主席，1960～1989 年任国务委员会副主席，1989 年 12 月～1990 年 4 月任国务委员会执行主席　42，64，85，89，205～210，218

沃尔夫冈·吉波夫斯基（Gibowski, Wolfgang），"选举"研究小组，曼海姆　53

瓦列里·吉斯卡尔·德斯坦（Giscard d'Estaing, Valery），1974～1981 任法国总统　55

沃尔夫冈·格莱泽（Glaeser, Wolfgang），民主德国，1990 年 1 月 21～23 日任德国国家民主党主席　221

彼得·葛罗茨（Glotz, Peter），社民党，1972～1996 年任联邦议院议员　143，144

霍斯特·戈布雷希特（Gobrecht, Horst），社民党，汉堡联邦议员　408

米哈伊尔·戈尔巴乔夫（Gorbatschow, Michail S.），1985～1991 年任苏联党和国家主席、苏共党主席，苏共中央总书记　3，5～9，13，14，17，20～22，36，37，52，56，60～63，90，91，94，106，109，111，125，128，153，158，165，173，175～177，182，185，267，278，309，320，396，398，426，446

杰拉尔德·格廷（Götting, Gerald），民主德国，1966～1989 年 11 月任东德基民盟主席　190～193

克劳斯·戈托（Gotto, Klaus），康拉德－阿登纳基金会基督民主政治档案馆馆长，1989 年起任联邦总理府"社会与政策研究"51 小组负责人　99

维尔讷·格兰博（Grambow, Werner），民主德国，什未林区委委员　346

霍斯特·格拉姆利克（Gramlich, Horst），1990 年起任波茨坦市长　406

君特·格拉斯（Grass, Günter），作家　320，323，363

乌尔里希·格雷纳（Greiner, Ulrich），记者，1986～1995 年任《时代周报》副刊部门负责人　323

卡尔·格林海德（Grünheid, Karl），民主德国。1983～1989 年任玻璃与制陶工业部长，1989 年 11 月～1990 年月任机械制造业部长，1990 年 1～3 月任经济委员会主席　109

约阿希姆·君特（Günther, Joachim），民主德国，1990 年 2～8 月任自由民主党和自由民主者联盟总干事，1990 年 8 月起任自民党主席团陪席理事　213

马丁·古特蔡特（Gutzeit, Martin），民主德国，东德社民党创始人之一，1990 年 2 月起任东德社民党党理事会成员，1990 年 3～10 月任社民党人民议院党团干事长　223～225，227，229，230，232～234，268

维尔讷·古兹默（Gutzmer, Werner），民主德国，1990 年任民主德国农民联盟副主席 290

格雷戈尔·居西（Gysi, Gregor），民主德国，1989 年 12 月 ~ 1992 年任统一社会党/民主社会主义党及民主社会主义党主席　41，82，85，86，93，176，180 ~ 182，184，186，188，192，365

H

于尔根·哈贝马斯（Habermas, Jürgen），法兰克福大学哲学教授　2，323

奥托·冯·哈布斯堡（Habsburg – Lothringen, Otto von），基社盟，1979 年起任联邦德国欧洲议会议员　15

延斯·哈克（Hacker, Jens），民主德国，东德社民党创始人之一　335

君特·黑德里希（Hädrich, Günther），民主德国，莱比锡副市长，城市规划委员会主席，1989 年 11 月 ~ 1990 年 6 月领导市政事务　349

杰拉尔德·哈夫纳（Häfner, Gerald），绿党，1987 ~ 1990 年任联邦议院议员，1994 年起任"德国统一"委员会成员　171

库尔特·哈格尔（Hager, Kurt），民主德国，1963 ~ 1989 年任统一社会党政治局成员及政治局意识形态委员会主席，1990 年 1 月被统一社会党/民主社会主义党除名　22，175

格尔特·哈勒尔（Haller, Gert），联邦财政部副部长、七司（货币与信贷）司长　97，98

贡特·哈尔姆（Halm, Gunter），民主德国，1989 年 11 月 ~ 1990 年 3 月任轻工业部长，1990 年 4 ~ 10 月任经济部国务秘书　219，363

马里奥·哈梅尔（Hamel, Mario），民主德国，绿党创始人之一，绿色生态网络城市生态建设发言人　33，169，260，261

希尔德加德·哈姆 – 布吕歇尔（Hamm – Brücher, Hildegard），自民党，1976 ~ 1990 年任联邦议院议员　363

露特·哈梅尔巴赫尔（Hammerbacher, Ruth），绿党联邦理事会发言人　33，169

马丁·汉茨（Hanz, Martin），总理府工作人员　115，116

格哈尔德·哈特曼（Hartmann, Gerhard），民主德国，医生　234

蕾吉娜·哈特曼（Hartmann, Regina），民主德国，医生　234，235

君特·哈特曼（Hartmann, Günter），民主德国，1987 ~ 1989 年任德国国家民主党副主席，1989 年 11 月 ~ 1990 年 1 月任德国国家民主党主席，1990 年 1 ~ 3 月再任副主席 219 ~ 222

彼得·哈特曼（Hartmann, Peter），联邦总理府二司（外交与德意志内部关系、发展政

策、外部安全）副司长 54

汉斯－赫尔曼·哈特维希（Hartwich, Hans－Hermann），汉堡大学政治学教授 10

赫尔穆特·豪斯曼（Haussmann, Helmut），自民党，1976 年起任联邦议院议员，1988 ~
1991 年任联邦经济部长 70，78，103，104，119

瓦茨拉夫·哈维尔（Havel, Václav），捷克诗人，1989 ~ 1992 年任捷克斯洛伐克共和国
国家元首，1993 年起任捷克共和国国家元首 271，318，331

卡佳·哈费曼（Havemann, Katja），民主德国，民权维护者，"新论坛"创始人 268，
275

格哈尔德·海曼（Heimann, Gerhard），社民党，1983 ~ 1990 年任联邦议院议员 134

伯恩哈德·海西希（Heisig, Bernhard），民主德国，画家 71

约翰内斯·亨佩尔（Hempel, Johannes），民主德国，1972 年起任新教路德教会萨克森
州主教 71

西格弗里德·亨佩尔（Hempel, Siegfried），民主德国，什未林区委主席 346

莱因哈德·亨基斯（Henkys, Reinhard），时评家 308

卡里塔斯·亨泽尔（Hensel, Karitas），绿党，1987 ~ 1990 年任联邦议院议员，德意志
内部关系委员会副主席 167

沃尔夫冈·赫格尔（Herger, Wolfgang），民主德国，1985 ~ 1989 年任统一社会党中央委
员会安全问题部门负责人，1989 年 11 月/12 月任政治局成员 18

约阿希姆·海尔曼（Herrmann, Joachim），民主德国，1976 ~ 1989 年统一社会党中央委
员会秘书长，1978 年起任政治局成员 18，173，175

沃尔夫冈·赫茨贝格（Herzberg, Wolfgang），民主德国，作家和作词人 227

汉斯－约阿希姆·霍伊辛格（Heusinger, Hans Joachim），民主德国，德国自民党副主席
及党秘书处成员，1972 ~ 1990 年 1 月任司法部长 207，209，210

沃尔夫冈·海尔（Heyl, Wolfgang），民主德国，1958 ~ 1990 年 3 月任人民议院议员，
1971 ~ 1989 年任东德基民盟副主席 192

施特凡·海姆（Heym, Stefan），民主德国，作家 23，64，133，147，318，320，322

卡尔－海因茨·希尔泽曼（Hiersemann, Karl－Heinz），社民党，巴伐利亚州州议会议
员，1986 ~ 1992 年任党团主席 150

雷吉娜·希尔德布兰德（Hildebrandt, Regine），民主德国，社民党，1990 年 4 ~ 8 月任
劳动和社会部长 387，397

伊马·希勒里希（Hillerich, Imma），绿党，1987 ~ 1990 年任联邦议院议员 167

施特凡·希尔斯贝格（Hilsberg, Stephan），民主德国，东德社民党创始人及理事会发言
人，1990 年 2 ~ 7 月任东德社民党干事长 132，225，226，232，236

阿尔贝特·希尔施曼（Hirschman, Albert O），美国普林斯顿大学高等研究院社会学教
授 5，121

汉斯－约阿希姆·霍夫曼（Hoffmann, Hans－Joachim），民主德国，1976 ~ 1989 年任统

一社会党中央委员会成员，1973～1989 年任文化部长　31

卢茨·霍夫曼（Hoffmann, Lutz），1989 年起任德国经济研究所所长　142

贡特·霍夫曼（Hofmann, Gunter），《时代周报》记者　1

海因里希·霍曼（Homann, Heinrich），民主德国，1960～1989 年 11 月任国务委员会副
　主席，1972～1989 年 11 月任德国国家民主党主席　218～220

埃里希·昂纳克（Honecker, Erich, 1912～1994），民主德国，1971～1989 年 10 月任统
　一社会党中央委员会总书记，1973～1989 年 10 月任国务委员会主席，国防委员会主
　席，1989 年 12 月 3 日被开除出党　4～8，14～16，18～21，24，27，46，68，118，
　123，127，128，130，173～175，179，206，218，229，287，288，290，292～295，
　297，298，300，302，305，310，380

玛戈特·昂纳克（Honecker, Margot），民主德国，1963～1990 年 11 月任统一社会党中
　央委员会成员及人民教育部长　14，15，24，380

克劳斯·霍普克（Höpcke, Klaus），统一社会党/民主社会主义党理事会成员　182

莱茵哈德·赫普纳（Höppner, Reinhard），民主德国，社民党，1990 年 3～10 月任人民
　议院副议长　310

维利·霍斯（Hoss, Willi），绿党，巴登－符腾堡州州议院党团主席，1983～1990 年任
　联邦议院议员　165

埃尔文·胡贝尔（Huber, Erwin），基社盟，1988～1994 年任秘书长　197

阿诺·休伯纳（Hübner, Arno），波恩市总部负责人　406

玛蒂娜·胡恩（Huhn, Martina），民主德国，基民盟，律师，1989 年 9 月《魏玛来信》
　联名签署人　190

迪特尔·胡默尔（Hummel, Dieter），绿党，1989/90 年绿党巴登符腾堡州州协会理事会
　发言人　170

I

约瑟夫·伊森泽（Isensee, Josef），1975 年起任波恩大学国家法、管理法与税法教授
　423

J

伯恩哈德·雅戈达（Jagoda, Bernhard），1987～1990 年任联邦工作部国务秘书　109

亚历山大·雅科夫列夫（Jakowlew, Alexander N），俄罗斯政治家及历史学家，1987～
　1989 年任苏共政治局成员，戈尔巴乔夫的顾问　60，90

康拉德·雅拉施（Jarausch, Konrad），美国北卡罗来纳大学欧洲史教授　89

维尔讷·雅罗温斯基（Jarowinsky, Werner），民主德国，1984～1990 年 12 月任统一社会党中央委员会政治局成员。1990 年被统一社会党/民主社会主义党除名　24，177

卡尔·雅斯贝尔斯（Jaspers, Karl, 1883 – 1969），哲学家及精神科医生　323

瓦尔特·延斯（Jens, Walter），时评家。蒂宾根大学普通修辞学研究所所长　363

卡罗·约旦（Jordan, Carlo），民主德国，1990 年 6～9 月任民主农民党主席　260

乌尔里希·荣格汉斯（Junghanns, Ulrich），民主德国，民主农民党主席竞选人　215，217

托马斯·容克尔（Junker, Thomas），民主德国，至 1990 年 7 月任东德社民党媒体发言人　252

K

约阿希姆·凯勒（Kähler, Joachim），民主德国，东德社民党创始人之一　225

雅各布·凯瑟（Kaiser, Jakob, 1888 – 1961），1945 年柏林基民盟创始人之一，1945～1947 年任主席，1950～1961 任流亡基民盟主席　198，205

卡尔－奥古斯特·卡米力（Kamilli, Karl – August），民主德国，东德社民党创始人之一，1990 年 2 月起任东德社民党副主席　147，232

霍斯特·卡明斯基（Kaminsky, Horst），民主德国，1974～1990 年任国家银行行长　102，109

赫尔曼·康德（Kant, Hermann），民主德国，1978～1990 年 3 月任作家联合会主席，1986～1989 年任统一社会党中央委员会成员　322

霍斯特·考夫曼（Kauffmann, Horst），民主德国，1990 年 1 月起任德国论坛党秘书长，1990 年任自由党人人民议院发言人　202，254～256

佩德拉·凯利（Kelly, Petra, 1947 – 1992）绿党，1980～1982 年任主席，1983～1990 年任联邦议院议员　160

海因茨·凯赛勒（Keßler, Heinz），民主德国，军队将军，1985～1989 年 11 月任民族防御部长，1986～1989 年 11 月任统一社会党中央委员会政治局成员　15，16，19，24

安内利斯·金梅尔（Kimmel, Annelies），民主德国，1989 年 11/12 月任德国自由工会主席　298

克劳斯·金克尔（Kinkel, Klaus），自民党，1982～1993 年及 1987～1991 年任联邦司法部国务秘书　113，156，417，447～450

马丁·基希讷尔（Kirchner, Martin），民主德国，1987～1989 年任新教路德教会图林根州教会委员会副主席，1989 年 9 月《魏玛来信》签署人，1989 年 12 月～1990 年 8 月任东德基民盟秘书长　88，190，191，196，197，199，200，202，204，386

马丁·克伦（Klahn, Martin），民主德国，民权维护者，"新论坛"创始人之一　275，277，279

于尔根·克勒狄齐（Kleditsch, Jürgen），民主德国，基民盟，1990 年 4～10 月任卫生部长，8 月起还担任劳动和社会部长　397

君特·克莱伯（Kleiber, Günther），民主德国，1984～1989 年 11 月任统一社会党中央委员会政治局成员，1973～1989 年 11 月任副总理，1989 年 12 月被统一社会党除名　19，36

迪特尔·克莱因（Klein, Dieter），民主德国，柏林洪堡大学政治经济学教授　40

汉斯·克莱因（Klein, Hans, 1931－1997），基社盟，1976～1997 年任联邦议院议员，1982～1987 年任基民盟/基社盟联邦议会党团外交发言人，1987～1989 年任联邦经济合作部长，1989～1990 年任联邦特别任务部长，199 年任联邦媒体与信息部部长（政府发言人）　36，53，70

胡贝特·克莱纳特（Kleinert, Hubert），绿党，1983～1990 年任联邦议院议员，1987～1990 年任议会干事长　33，167

莱因哈德·克里姆特（Klimmt, Reinhard），社民党，1985 年起任社民党萨尔州议会党团主席　148～151

汉斯－乌尔里希·克洛泽（Klose, Hans－Ulrich），社民党，1983 年起任联邦议院议员　133，135

威廉·克纳贝（Knabe, Wilhelm），绿党，1982～1984 年任联邦理事会发言人，1987～1990 年任联邦议院议员　160

乌多·克纳普（Knapp, Udo），绿党，1983～1990 年任联邦议会党团研究人员　170

蕾娜特·科谢尔（Köcher, Renate），阿伦斯巴赫民意调查机构工作人员　311

布里吉塔·凯格勒（Kögler, Brigitta），民主德国，"民主觉醒"创始人之一，1989 年 10～12 月任临时副主席　240

汉内洛蕾·科尔（Kohl, Hannelore），赫尔穆特·科尔夫人　54

赫尔穆特·科尔（Kohl, Helmut），基民盟，1976 年起任联邦议院议员，1973 年起任党主席，1982 年起联邦总理　2，10，13，70，91，96，146，152，205，368，418

霍斯特·科勒尔（Köhler, Horst），1989 年起任联邦财政部 7 号部门（货币与信贷）部长，1990 年 1 月起任国务秘书　97，101，105，108，397

格尔德·科尼希（König, Gerd），民主德国，1987～1990 年任苏联大使　110，182

赫塔·科尼希（König, Herta），民主德国，财政部副部长　70

莱因霍尔德·柯普（Kopp, Reinhold），国务秘书，1985～1991 年任萨尔州州长办公厅主任　454

英格里德·克佩（Köppe, Ingrid），民主德国，1989 年 9 月～1990 年 3 月任"新论坛"发言人委员会成员　59，302，362

霍斯特·考贝拉（Korbella, Horst），民主德国，1989 年 12 月～1990 年 8 月任东德基民

盟副主席　197，204

诺贝特·克斯泰德（Kostede, Norbert），绿党，1984～1987年任联邦理事会陪席理事163，164

维亚切斯拉夫·科切马索夫（Kotschemassow, Wjatschcslaw），1983～1989年任苏联驻东柏林大使　21，32，89，206

阿尔穆特·科特维茨（Kottwitz, Almut），绿党，1989～1990年任联邦议院议员，"德国统一"委员会　171

艾哈德·克拉克（Krack, Erhard），民主德国，1974～1990年任东柏林市长。1981～1989年任统一社会党中央委员会成员　129

君特·克劳泽（Krause, Günther），民主德国，1990年3～10月任基民盟人民议院党团主席，4～10月任总理府办公厅的议会国务秘书　205，388，393，397，415，420，423

鲁道夫·克劳泽（Krause, Rudolf），民主德国，1989年12月～1990年8月任基民盟副主席　197

瓦尔特·克雷克（Kreck, Walter），波恩大学系统神学教授　312

埃贡·克伦茨（Krenz, Egon），民主德国，1984年起任统一社会党政治局成员，国务院副主席，1989年10～12月任统一社会党秘书长级国务院主席，1990年1月退出统一社会党/民主社会主义党　14，18，20～22，24，26～32，36～38，42～46，48，59，68，128～131，174～180，182，206，209，218，288，292，295，301，302，307，310

弗拉基米尔·克留奇科夫（Krjutschkow, Wladimir），1988～199年任克格勃主席　90

赫尔伯特·克罗克（Kroker, Herbert），民主德国，1989年11月起任统一社会党埃尔福特区委第一秘书，1989年11/12月任统一社会党工作委员会临时主席　180

赫尔伯特·克罗利克夫斯基（Krolikowski, Herbert），民主德国，1975～1989年任民主德国外交部第一副部长　15

维也讷·克罗利克夫斯基（Krolikowski, Werner），民主德国，统一社会党政治局委员288

哈特穆特·克鲁格（Krüger, Hartmut），民主德国，图林根论坛党创始人之一　246

汉斯－约阿希姆·克鲁斯（Kruse, Hans－Joachim），社民党，柏林市市长办公厅主任155

马丁·克鲁斯（Kruse, Martin），（西）柏林主教，1985年起任德国新教教会理事会主席　312

莱纳·坤泽（Kunze, Reiner），民主德国，作家　233，234

约翰内斯·科瓦史可（Kwaschik, Johannes），民主德国，东德社民党创始人之一，1990年起任什未林市长　335

L

奥斯卡·拉封丹（Lafontaine, Oskar），社民党，1985年起任萨尔州州长，1987年起任社民党副主席，1990年任总理候选人　52，57，119，120，124，125，133～136，139，140，143～155，157，158，229，360～362，381～383，416，418，419，445，454

奥托·格拉夫·拉姆斯多夫（Lambsdorff, Otto Graf），自民党，1972年起任联邦议院议员，1990～1993年任党主席　58，97，102～104，119，207，208，211，256，258，360，433，450

格哈尔德·朗格（Lange, Gerhard），民主德国，1974～1989年任天主教会代表，为教会问题国家秘书处工作　307

英格伯格·朗格（Lange, Ingeburg），又称英格·朗格（Lange, Inge），民主德国，1961～1989年任统一社会党中央委员会妇女部负责人，1971～1991年任劳动和社会政策委员会主席　291

马丁·朗格（Lange, Martin），民主德国，神学家，1989年12月～1990年3月任柏林中央圆桌会议主持者　308，309，328

彼得·约阿希姆·拉普（Lapp, Peter Joachim），记者与时评家　214

乌韦·拉森（Laßen, Uwe），民主德国，德国国家民主党副主席，主席团成员　221，222

保罗·拉图塞克（Latussek, Paul），民主德国，图林根论坛党创始人之一，1990年3～10月任人民议院议员　246，253

萨宾娜·莱格尔（Leger, Sabine），民主德国，东德社民党创始人之一，1990年2月起任东德社民党理事会成员　232

乌韦·莱曼－布劳恩斯（Lehmann－Brauns, Uwe），基民盟，基民盟社会委员会德国政策发言人　193

亨利希·莱曼－格鲁贝（Lehmann－Grube, Hinrich），1990年6月～1998年任莱比锡市长　355

格哈尔德·莱姆布鲁赫（Lehmbruch, Gerhard），康斯坦茨大学政治学教授　10

维尔讷·莱希（Leich, Werner），民主德国，主教，1986～1990年2月任民主德国新教教会领导会议主席　71，308，310，313

克劳斯·伦克（Lenk, Klaus），民主德国，文化联盟联邦秘书　301

沃尔夫·莱普尼斯（Lepenies, Wolf），普通社会学教授，1986年起任柏林科学研究院院长　323

马里奥·莱纳·莱普修斯（Lepsius, Mario Rainer），海德堡大学社会学教授　316，317

克里斯蒂娜·李卜克内西（Lieberknecht, Christine），民主德国，1989 年 9 月《魏玛来信》联名签署人，1989 年 12 月起任基民盟理事会成员　190，191，197

卡尔·李卜克内西（Liebknecht, Karl, 1871 – 1919），德国马克思主义者，1900 年加入社民党，1912～1916 代表社民党左翼革命派担任帝国议会议员，1919 年遭谋杀　6

海科·利茨（Lietz, Heiko），民主德国，神学家，民权维护者，“新论坛”创始人之一，1990 年 1～3 月任“新论坛”共和国发言人委员会成员　277，279，282

赫尔穆特·林森（Linssen, Helmut），基民盟，1987～1991 年任基民盟北威州议会党团副主席及秘书长　198

爱德华·林特内尔（Lintner, Eduard），基社盟，1976 年起任联邦议院议员，1982～1990 年任联邦议院基民盟/基社盟议会党团德国政策及柏林问题工作组组长　3，86

赫尔穆特·利佩尔特（Lippelt, Helmut），绿党，1987～1990 年任联邦议院议员，绿党联邦议会党团发言人　33，118，165，166

乌塔·洛埃特（Loheit, Uta），民主德国，“新论坛”创始人之一　275，277，279，282，285

克里斯蒂娜·卢奇卡（Lucyga, Christina），民主德国，社民党人民议院党团副主席　233

约翰内斯·路德维希（Ludewig, Johannes），联邦总理府四司（经济与财政政策）司长与小组负责人　54，98，99，101，105，150

海纳·鲁埃克（Lueg, Heiner），基民盟内政部负责人　247

克里丝塔·卢福特（Luft, Christa），民主德国，1988～1989 年任柏林卡尔斯霍斯特经济学院院长，1989 年 11 月～1990 年 3 月任经济部长及负责经济的副总理　39，78，86，102

罗莎·卢森堡（Luxemburg, Rosa, 1871 – 1919），德国马克思主义政治家，德国共产党奠基人，1919 年遭谋杀　6，173，223，266，267

让·弗朗索瓦·利奥塔（Lyotard, Jean Francois），法国哲学家　319，321

M

弗里德里希·马吉瑞（Magirius, Friedrich），民主德国，神学家，1982 年起任东莱比锡教区牧师及圣尼古拉教堂牧师，1989～1990 年任莱比锡圆桌会议主持者，1990 年 7 月起任莱比锡市政委员会主席　349，355，356

汉斯·海因里希·曼克（Mahnke, Hans Heinrich），处长，德意志内部关系部基本原则问题分管司中的处长　75，76

洛塔尔·德梅齐埃（Maizière, Lothar de），民主德国，1989 年 11 月起任东德基民盟主席，1990 年 3～10 月任总理　59，64，71，85，146，154，192～205，234～236，

249，258，299，300，311，372，380～389，391，392，394～401，403，407，415，416，418，419，421～423，425，426，428～432，434，443～446，452，453，460

君特·马洛伊达（Maleuda, Günther），民主德国，民主农民党主席，1989 年 11 月～1990 年 3 月任人民议院议长　42，213～217

西蒙娜·曼茨（Manz, Simone），民主德国，东德社民党创始人之一，1990 年 2 月起任东德社民党理事会成员　232

英格里德·马特乌斯－迈尔（Matthäus－Maier, Ingrid），社民党，1983 年起任联邦议院议员，1988 年 9 月起社民党联邦议会党团副主席　142，156，157

沃尔夫冈·马托伊尔（Mattheuer, Wolfgang），民主德国，画家　71

赫尔加·毛施（Mausch, Helga），民主德国，1990 年 2 月起任德国自由工会主席　299，300

格哈尔德·迈耶－弗菲尔德（Mayer－Vorfelder, Gerhard），基民盟，巴登－符腾堡州议院议员，1980～1991 年任州文化与体育部长　101

塔德乌什·马佐维耶茨基（Mazowiecki, Tadeusz），1989～1990 年任波兰总理　33

阿尔弗雷德·梅西特斯海默（Mechtersheimer, Alfred），少将，绿党联邦议会党团中的无党派人士，1987～1990 年任联邦议院议员，1982～1990 年任施塔恩贝格和平政策研究所所长　160

马尔库斯·梅克尔（Meckel, Markus），民主德国，牧师，东德社民党创始人之一，理事会副发言人，1990 年 2 月起任东德社民党副主席，1990 年 4～8 月任外交部长　84，138，144，223，225，249，268，362，382

路德维希·梅尔霍恩（Mehlhorn, Ludwig），民主德国，"现在就实行民主"创始人之一　84，138，140，144，223～227，229～232，234，236，249，268，362，382～388，397

贝恩德·迈耶（Meier, Bernd），民主德国，1985～1989 年任统一社会党中央委员会党组成员，1990 年 3～10 月任人民议院议员，民主社会主义党议会党团临时干事长　181

格尔曼·梅内塞斯－福格尔（Meneses－Vogl, German），绿党，1989～1990 年任联邦议院议员　167

布鲁诺·门采尔（Menzel, Bruno），民主德国，1990 年 1 月起任民主德国自民党发言人，2 月起任主席，8 月起任自民党联邦主席　213，215，217，218

米夏埃尔·梅尔特斯（Mertes, Michael），处长，1987 年起任联邦总理府 523 处处长　53，80，81，99，115，116

汉斯－约阿希姆·梅耶（Meyer, Hans－Joachim），民主德国，1990 年 4～10 月任教育部长，8 月起还担任研究部长　397

沃尔夫冈·梅耶（Meyer, Wolfgang），民主德国，1975～1989 年 11 任民主德国外交部新闻部部长，1989 年 11 月～1990 年任政府发言人　24，41

埃里希·米尔克（Mielke, Erich），民主德国，1976～1989 年任政治局成员，1957～
1989 年任民主德国国家安全部部长，1989 年 11 月被开除出党　22, 82, 175, 304

沃尔夫冈·米什尼克（Mischnick, Wolfgang），自民党，1961 年起任联邦议院议员，
1968～1990 年任自民党联邦议会党团主席　33, 130, 210, 211, 258

汉斯·米瑟维茨（Misselwitz, Hans），民主德国，东德社民党创始人　129, 144, 225,
229

露特·米瑟维茨（Misselwitz, Ruth），民主德国，神学家，1988～1989 年任"民主德国
更公正"组织成员，1989～1990 年担任在柏林潘科区召开的圆桌会议主持者　129

君特·米塔格（Mittag, Günter），（1926～1994）民主德国，1966～1989 年任政治局成
员及统一社会党中央委员会秘书，1982～1989 年任民主德国民族防御委员会成员，
1989 年 11 月退出党派　14, 18, 28, 29, 174, 175

弗朗索瓦·密特朗（Mitterrand, Francois），（1916～1996）1981～1995 年任法国总理
68

祖西·莫贝克（Möbbeck, Susi），社民党，德国自由青年团主席　136

哈里·默比斯（Möbis, Harry），民主德国，部长会议秘书处负责人　61, 404

汉斯·莫德罗（Modrow, Hans），民主德国，1973～1989 年任统一社会党德累斯顿区第
一秘书，1989～1990 年任总理　13, 24, 39～46, 48, 51, 52, 59, 61～64, 66～
76, 78～96, 98～101, 104～109, 111, 112, 120, 126, 127, 131, 137, 141, 178,
179, 182, 184～186, 188, 194, 198, 200, 201, 203, 207, 208, 210, 214, 215,
219, 220, 230, 243, 246, 247, 249, 262, 283, 284, 289, 299, 308, 328, 330～
332, 335～339, 344, 357, 364, 365, 372, 380, 386～388, 394, 395, 400, 406,
446, 447

克劳斯·彼得·默勒（Möller, Klaus Peter），基民盟，1988～1991 黑森州议会主席
409

瓦尔特·蒙佩尔（Momper, Walter），社民党，1985～1989 年任柏林党团主席，1989～
1991 年任柏林执行市长　34, 35, 47, 50, 56, 63, 122, 123, 129, 132, 149, 228

彼得·莫瑞斯（Moreth, Peter），民主德国，德国自由民主党（民主德国），1986～1990
年任人民议院议员，1989 年 11 月～1990 年 3 月任负责地方国家机构的副总理　42,
61, 207

约恩·莫特思（Jörn Mothes），民主德国，民权维护者和环保者　76

埃里希·米肯贝格尔（Mückenberger, Erich），民主德国，1950～1989 年任人民议院议
员，1980～1989 年任统一社会议会党团主席，1954～1989 年任统一社会党中央委
员会政治局成员　23, 175

帕特里克·冯·米伦（Mühlen, Patrick von zur），弗里德里希－艾伯特基金会研究所成
员，波恩　227

戈特弗里德·穆勒（Müller, Gottfried），民主德国，神学家，1989 年 9 月《魏玛来信》

联名签署人，1989 年 12 月～1990 年 10 月任基民盟副主席　190，191，197

海纳·穆勒（Müller, Heiner），民主德国，作家，1987 年任文化部戏剧顾问组成员，1990 年任艺术协会主席　318，320

彼得·穆勒（Müller, Peter），民主德国，梅克伦堡新教路德教会高级教区委员会主席　277

N

蒂尔·内克尔（Necker, Tyll），制造业者，至 1994 年任德国工业联合会主席　98

奥斯卡·内阁特（Negt,），汉诺威科技大学社会学教授　325

西格哈特·内林（Nehring, Sighart），部长，联邦总理府　99

格哈尔德·南斯迪尔（Nennstiel, Gerhard），民主德国，1988～1989 年任金属工业工会主席　298

埃尔哈特·诺伊贝特（Neubert, Ehrhart）民主德国，民权维护者，"民主觉醒"创始人之一，1989 年 12 月～1990 年 1 月任"民主觉醒"主席及中央圆桌会议代表　65，237

弗兰克·诺伊贝特（Neubert, Frank），民主德国，教会社会学家，民权维护者及"民主觉醒"创始人　71

于尔根·诺伊贝特（Neubert, Jürgen），民主德国，1990 年 2 月起任民主德国自民党副主席　257

瓦尔特·诺伊尔（Neuer, Walter），1982～1984 任联邦总理府 211 处处长，1987 年起任总理办公室主任　101

阿尔弗雷德·诺伊曼（Neumann, Alfred），民主德国，1968～1989 年任第一副总理，1954～1989 年任统一社会党中央委员会委员，1985 年起任政治局成员　19，23，175

汉斯－亨利·诺伊泽尔（Neusel, Hans－Heinrich），联邦内政部国务秘书　454

乌塔·尼克尔（Nickel, Uta），民主德国，1989～1990 年 1 月任财政部长　88

阿道夫·尼格迈尔（Niggemeier, Adolf），民主德国，1967～1989 年任人民议院议员，1977～1989 年任东德基民盟主席团成员及总理事会秘书处成员，1990 年任人民议院管理部门负责人　191

威廉·尼克斯（Nix, Wilhelm），民主德国，民主农民党媒体发言人　216

阿伦特·诺亚克（Noack, Arndt），民主德国，神学家　224

阿克塞尔·诺亚克（Noack, Axel），民主德国，神学家　311，314

英戈尔夫·诺亚克（Noack, Ingolf），民主德国，劳动和薪酬部副部长（司长）　70，109

恩斯特·诺尔特（Nolte, Ernst），柏林自由大学近代史教授　325

约阿希姆·胡贝图斯·诺瓦克（Nowack, Joachim Hubertus），民主德国，1990年1月起任基督教社会联盟/德国自由联盟主席，1990年1月起任德社盟副主席，1990年4~6月任执行主席，1990年9月起任联邦议院议员 245，246，249，251，252

O

赫尔穆特·奥德（Oder, Helmut），民主德国，1984年起任什未林市长 281，335

彼得·冯·厄尔岑（Oertzen, Peter von），社民党，1973~1993年任党理事会成员 153

卡尔·冯·奥西茨基（Ossietzky, Carl von, 1989–1938），德国魏玛和纳粹时期记者，1935年获得诺贝尔和平奖 205，218

莱纳·奥尔特勒布（Ortleb, Rainer），民主德国，1990年2月起任德国自民党（3月起为自由民主者联盟）党主席，8月起任自民党联邦副主席 211~213，255，360

P

鲁迪·帕恩克（Pahnke, Rudi），民主德国，神学家，"民主觉醒"创始人之一及理事会成员，1989年12月退党 237，238，241，242

克里斯蒂娜·佩措尔德（Pätzold, Christine），民主德国，德国论坛党，1990年8月起任自民党主席团陪席理事 213

维尔讷·佩普洛夫斯基（Peplowski, Werner），民主德国，1989年12月~1990年2月任德自工会主席 298，299

塞巴斯蒂安·普夫卢格拜尔（Pflugbeil, Sebastian），民主德国，1989年"新论坛"创始人及工作委员会成员，"新论坛"中央圆桌会议代表 107，268

托比亚·弗鲁格（Pflüger, Tobias），绿党联邦总委员会 242

克劳斯·普福诺尔（Pfnorr, Klaus），自民党，联邦办事处成员 254

玛丽安娜·皮尔（Piehl, Marianne），民主德国，1989年12月~1990年3月任文化联盟柏林圆桌会议常任发言人，1990年3月起任文化联盟主席 302

艾玛·碧洛德（Pieroth, Elmar），基民盟，1981年起任基民盟联邦理事会成员，1990年6月任东柏林经济市委员会成员，1990年5/10月任民主德国引入社会市场经济专家委员会成员 387

汉斯·皮施纳尔（Pischner, Hans），民主德国，1977~1989年11月任文化联盟主席，1980~1989年任统一社会党中央委员会成员 301，302

马蒂亚斯·普拉策克（Platzeck, Matthias），民主德国，绿色联盟创始人及发言人，1989年12月起任中央圆桌会议工作人员，1990年2月起任莫德罗政府无所任部长 107，111，112

格哈尔德·波尔（Pohl, Gerhard），民主德国，1981～1990年任人民议院议员，1990年4～8月任经济部长　387，397

卡尔·奥托·珀尔（Pöhl, Karl Otto），1980～1991年任德国联邦银行行长　74，101，102，104

沃尔夫冈·波尔（Pohl, Wolfgang），民主德国，1978～1989年任统一社会党马格德堡市区领导部第一秘书，1990年3～10月任人民议院议员　182

彼得·波拉克（Pollack, Peter），民主德国，1990年4～8月任农业部长（无党派）235，397

格尔德·波佩（Poppe, Gerd），民主德国，1989～1990年任"和平与人权倡议"发言人，中央圆桌会议"和平与人权倡议"代表，"民主德国新宪法"工作组成员，1990年2～4月任无所任部长　111，223，265

乌尔里克·波佩（Poppe, Ulrike），民主德国，民权维护者，"现在就实行民主"创始人之一，1989～1991年"现在就实行民主"发言人委员会成员，1989年12月～1990年3月中央圆桌会议"现在就实行民主"代表　223，269，270

尼古拉·波图加诺夫（Portugalow, Nikolai），苏联记者，1978年起任苏共中央委员会外交顾问　52

维尔弗里德·鲍斯纳（Poßner, Wilfried），民主德国，1985～1989年任少先队组织"恩斯特·台尔曼"主席，1986～1989年任统一社会党中央委员会成员，1986～1989年任人民议院议员，1990年3月～1990年10月任国务秘书及青年与体育部长，1979～1984年任部门负责人及德国自由青年团中央委员会秘书　41，295

伊姆雷·波茨盖依（Pozsgay, lmre），匈牙利国务部长，1980～1989年任中央委员会委员，1988～1989年任政治局成员　15

曼弗雷德·普莱斯（Preiß, Manfred），民主德国，1990年1～3月任地方国家机构部国务秘书，4～10月任地方事务部长　61，407～409

诺贝特·普利尔（Prill, Norbert），1987～1991年任联邦总理府计划与演讲稿撰写小组成员　53，54，80，81，99

马丁·普罗克施（Proksch, Martin），民主德国，民权维护者，"新论坛"，什未林　337

R

洛萨·拉敏（Ramin, Lothar），民主德国，1990年5月起任德国论坛党主席　256

拉姆施特尔兄弟（Ramstetter, Brüder），教会长老、教学总监，路德维希港，科尔的亲信　54

汉斯–迪特尔·拉斯佩（Raspe, Hans – Dieter），民主德国，1984～1990年任中央理事会秘书，1987～1990年同时任德国自民党副主席，1986～1990年任人民议院议员，

1990 年 3 ~ 8 月自由民主者联盟　210

海因里希·拉特克（Rathke, Heinrich），民主德国，1977 ~ 1981 年任新教路德教会联合会限制主教，"新论坛"创始人之一　279，282

约翰内斯·劳（Rau, Johannes），社民党，1982 年起任联邦副主席，1978 ~ 1990 年任北威州州长　130，131，135，136，147，150，158

沃尔夫冈·劳赫富斯（Rauchfuß, Wolfgang），民主德国，1967 ~ 1989 年任人民议院议员及统一社会党中央委员会成员，1974 ~ 1989 年任材料部部长　78

沃尔夫冈·劳尔斯（Rauls, Wolfgang），民主德国，1990 年 2 月起担任德国国家民主党主席　221

于尔根·雷茨（Reents, Jürgen），绿党，绿党联邦理事会成员　169

延斯·赖希（Reich, Jens），民主德国，"新论坛"创始人之一，1990 年 3 ~ 10 月任人民议院议员　23，48，59，227，229 ~ 231，268，271，362，363

施特芬·赖歇（Reiche, Steffen），民主德国，神学家，德国社民党成立成员，1990 年 3 ~ 10 月任人民议院议员　16，19，225，227

汉斯·里歇尔特（Reichelt, Hans），民主德国，民主农民党，1950 年起任党理事会及秘书处成员，1971 年 3 月 ~ 1989 年 11 月任负责环保与水利经济的副主席，1989 年 11 月 ~ 1990 年 1 月任自然保护、环境保护与水利经济部长　214

克劳斯·赖兴巴赫（Reichenbach, Klaus），民主德国，1987 年起任基民盟总理事会成员，1990 年 3 ~ 10 月任人民议院议员，4 ~ 10 月任总理府办公厅主任　205，388

西比勒·莱德尔（Reider, Sybille），社民党，1990 年 4 ~ 8 月任德梅齐埃第一任政府内阁成员　397

莱因弗里德（Reinfried），民主德国，"新论坛"创始人之一　71

奥托·莱因霍尔德（Reinhold, Otto），民主德国，1962 ~ 1989 年任统一社会党中央委员会社会科学研究院院长　177

约翰·乔治·莱斯穆勒（Reißmüller, Johann Georg），时评家，《法兰克福汇报》出版人　115

安娜玛丽·伦格尔（Regner, Annamarie），1972 ~ 1976 年任联邦议院议长、1976 ~ 1990 年任联邦议院副议长　32

埃德尔贝格·里希特（Richter, Edelbert，民主德国，民权维护者，牧师，"民主觉醒"创始人之一，1989 年 10 ~ 12 月任临时理事会成员，1990 年 3 ~ 10 月任人民议院议员（社民党）　237，238，240，241，242

赫尔伯特·里希特（Richter, Herbert），民主德国，1981 ~ 1989 年任统一社会党中央委员会成员　182

汉斯于尔根·里茨克（Rietzke, Hansjürgen），民主德国，什未林保罗教堂牧师，"新论坛"创始人之一　276，279，285

海宁·里特（Ritter, Henning），历史学家，法兰克福　325

阿希姆·罗德（Rohde, Achim），1985～1995 任自民党北威州议会党团主席　257

罗洛夫博士（Rohloff Dr. ），民主德国，易卜拉欣·伯梅在斯塔西的化名　234

伊娃·罗曼（Rohmann, Eva），民主德国，1989 年 11 月～1990 年 10 月任民主妇女盟主
　　席，之后任执行干事　292，293，303

瓦尔特·龙姆贝格（Romberg Walter），民主德国，东德社民党基本原则委员会成员，
　　1989 年 2 月～1990 年 3 月任无所任部长，1990 年 4～8 月任财政部长　109，110，
　　112，114，144，148，230，235，387，388，393～395，397，419

曼弗雷德·隆美尔（Rommel, Manfred），基民盟，1974～1996 年任斯图加特市长，1989～
　　1993 年任德国城市协会主席　127

让－雅克·卢梭（Jean－Jacques Rousseau，1712－1778），法国思想家、哲学家、教育
　　家　320

迪特尔·罗特（Roth, Dieter），"选举"研究小组成员，曼海姆　374

欧根·罗特（Roth, Eugen），民主德国，民主农民党，农业生产合作社主席，1990 年任
　　民主德国农民联盟副主席　290

沃尔夫冈·罗特（Roth, Wolfgang），社民党，经济政策发言人，柏林德国经济研究所所
　　长　142，157

福尔克尔·鲁厄（Rühe, Volker），基民盟，1976 年起任联邦议院议员，1982～1989 年
　　任基民盟/基社盟联邦议院议会党团副主席，1989～1992 年任基民盟秘书长　3，38，
　　123，127，193，195，196，198，200，202，255，414，417

海德·鲁勒（Rühle, Heide），绿党，1991 年起任联邦理事会政治干事长　171

尼古拉·雷日科夫（Ryschkow, Nikolaj），1985～1991 年任苏联总理　61，62，78，90，
　　112，399

S

乌韦·泽格（Saeger, Uwe），民主德国，作家　323

赫尔穆特·萨科夫斯基（Sakowski, Helmut），民主德国，作家。1961～1991 年任艺术
　　学院成员，文化联盟副主席　301

蒂洛·萨拉辛（Sarrazin, Thilo），副部长，联邦财政部"民族货币问题"处长　97，
　　112

让·保罗·萨特（Sartre, Jean Paul，1905－1980），法国哲学家和作家　319

曼弗雷德·绍尔（Sauer, Manfred），民主德国，部长会议秘书处副负责人　61，406

君特·沙博夫斯基（Schabowski, Günter），民主德国，1984 年起任统一社会党政治局成
　　员，1986 年起任统一社会党中央委员会秘书，1990 年 1 月退出统一社会党/民主社
　　会主义党　18，20，21，23，32，129，130，174，178

乔治·沙赫纳萨罗夫（Schachnasarow, Georgi），1988～1991 任戈尔巴乔夫政治顾问
　　90

恩斯特·沙德里茨（Schadlitz, Emst），民主德国，德国自由工会马格德堡主席　298

亚历山大·沙尔克-哥罗德科夫斯基（Schalck-Golodkowski, Alexander），民主德国，
　　1966～1989 年 12 月任民主德国外贸部商业协调部门负责人，1967～1989 年任国家安
　　全部特别军官　4，6，27，29，36，43，63

鲁道夫·沙尔平（Scharping, Rudolf），社民党，1994 年起任联邦议院议员，1985～
　　1993 年任莱茵兰-普法尔茨州社民党主席，1991～1994 年任莱普州州长，1994 年起
　　任社民党联邦议会党团主席　150，151

沃尔夫冈·朔伊布勒（Schäuble, Wolfgang），1981～1984 年任基民盟/基社盟联邦议会
　　党团第一干事长，1984～1986 任联邦特别任务部长和总理府部长，1989～1991 年任
　　联邦内政部长　4，6，7，22，27～29，36，77，84，96，105，106，120，121，
　　154，195，196，200，388，397，398，414～426，428～434，439～441，443～446，
　　448～454，458，460

赫尔曼·舍尔（Scheer, Hermann），社民党，社民党联邦议会党团裁军工作组组长
　　145

沙伊布勒（Scheibler），民主德国，莱比锡圆桌会议代表　350

曼弗雷德·舍勒（Scheler, Manfred），民主德国，1982 年起任农民互助会第一秘书，
　　1990 年任民主德国农民联盟总干事　288，290

爱德华·谢瓦尔德纳泽（Schewardnadse, Eduard A.），1985～1990 年任苏联外交部长，
　　苏共中央委员会政治局成员　9，37，87，90，110

拉尔夫·席克（Schieck, Ralph），民主德国，1990 年 4～6 月任德社盟秘书长　249，
　　252

埃卡特·席费尔（Schiffer, Eckart），司长，1974 年起任联邦内政部第五司（宪法、国
　　家法与管理）司长　105

卡尔·席勒（Schiller, Karl, 1911-1994），社民党，1966～1972 年任联邦经济部长，
　　1971～1972 年兼任联邦财政部长　104

弗兰克·希尔马赫（Schirrmacher, Frank），1985 年起任《法兰克福汇报》副刊编辑，
　　1989～1993 年任《文学与文学人生》编辑部主任　320，321

赫尔穆特·施莱辛格（Schlesinger, Helmut），1980～1991 年任德国联邦银行副行长，
　　1991～1993 年任行长　105，108

赫尔穆特·施密特（Schmidt, Helmut），社民党，1974～1982 年任联邦总理　77，143，
　　229

玛丽-路易丝·施密特（Schmidt, Marie-Luise），绿党，1989～1990 年任联邦议院议
　　员　166

布鲁诺·施密特-布莱布特罗伊（Schmidt-Bleibtreu, Bruno），联邦财政部五司（国内

与国际财政关系）司长 98，113

于尔根·史密德（Schmieder, Jürgen），民主德国，1990 年 1 月起任德国论坛党主席，3~
  10 月任人民议院议员，4 月起任副议长 202，212，254~256

于尔根·施穆德（Schmude, Jürgen），社民党，1969 年起任联邦议院议员，1983~1985
  年任社民党联邦议会党团副主席 118，125

克劳斯－迪特尔·施纳保夫（Schnappauf, Klaus－Dieter），处长，联邦内政部"德国统
  一"工作组组长 428

于尔根·施纳佩茨（Schnappertz, Jürgen），绿党，1983~1990 年任联邦议会党团研究人
  员 168

埃米尔·施内尔（Schnell, Emil），民主德国，1989 年 10 月起任社民党成员，1990 年 3~
  10 月任人民议院议员，1990 年 4~8 月任邮政和电信部长 397

沃尔夫冈·施努尔（Schnur, Wolfgang），民主德国，"民主觉醒"创始人之一，1989 年
  10 月~1990 年 3 月任副主席，1990 年 3 月由于为国家安全部秘密工作过而退出"民
  主觉醒" 71，202，238~240，242~244，255，359，360

鲁佩特·朔尔茨（Scholz, Rupert），基民盟，国家法教师，1981~1988 年任柏林司法与
  联邦事务议员，1988~1989 年任联邦国防部长 54，423

阿尔布雷西特·舍恩赫尔（Schönherr, Albrecht），民主德国，1969~1981 年任新教联盟
  领导会议主席，1972~1981 年任柏林勃兰登堡东部教区主教 305

瓦尔特劳德·舍佩（Schoppe, Waltraud），绿党，1983~1985 年及 1987~1990 年任联邦
  议院议员，1990~1994 年任下萨克森州妇女、家庭与青年部长 165，169

弗里德里希·朔尔勒莫（Schorlemmer, Friedrich），民主德国，牧师，民权维护者，
  1989 年 9 月"民族觉醒"创始人之一，1990 年 1 月转入东德社民党，1990 年 5 月起
  任维腾堡市议会党团主席 59，206，237，238，240~242

布里吉特·施罗德（Schröder, Birgit），民主德国，1990 年 1 月起任德青团主席 296

迪特尔·施罗德（Schröder, Dieter），社民党，1989~1991 年任柏林市市长办公厅主任，
  1985~1989 年任柏林自由大学教授 155

格哈尔德·施罗德（Schröder, Gerhard），社民党，1990 年起任下萨克森州州长 124，
  146~150

理查德·施罗德（Schröder, Richard），民主德国，1990 年 4~8 月任社民党人民议院党
  团主席 147，150，223，233，234，249，382

索尼娅·施勒特尔（Schröter, Sonja），民主德国，1989 年 12 月~1990 年 1 月任"民主
  觉醒"副主席 71，242

赫尔加·舒伯特（Schubert, Helga），民主德国，作家，心理医生，1987~1991 年参与
  民主德国诗人、随笔作家、小说家中心（PEN－Zentrum），1989 年 12 月~1990 年任
  柏林中央圆桌会议媒体发言人 323

卡尔－海因茨·舒尔迈斯特（Schulmeister, Karl－Heinz），民主德国，1958~1990 年 3

月任人民议院议员，19986 年起任文化联盟第一副主席 301，302

莱纳 - 奥拉夫·舒尔泽（Schultze，Rainer - Olaf），奥格斯堡大学政治科学教授 375

格尔德·舒尔茨（Schulz，Gerd），民主德国，1985～1989 年任中央委员会青年部负责
　人，1986～1990 年 3 月任人民议院议员，1990 年 12 月起任民社党即统一社会党/民
　主社会主义党仲裁委员会副主席 16，295

鲁道夫·舒尔策（Schulze，Rudolph），民主德国，哲学教授，1990 年 3～10 月任人民议
　院议员 16

米夏埃尔·舒曼（Michael Schumann），历史学家 183，187

格哈尔德·许雷尔（Schürer，Gerhard），民主德国，1963 年起任统一社会党中央委员会
　成员，1967 年起任副总理，1973 年起中央委员会政治局候选人 24，177

沃尔夫冈·施瓦尼茨（Schwanitz，Wolfgang），民主德国，1986～1989 年任统一社会党
　中央委员会候选人，1989 年 11 月任国家安全局局长 45，63，82

于尔根·施瓦茨（Schwarz，Jürgen），民主德国，1990 年 6 月起任德社盟副主席 252

迪特尔·施瓦策（Schwarze，Dieter），民主德国，德梅齐埃政府国务秘书（德社盟）
　252

埃克哈特·什未林（Schwerin，Ekkehard），民主德国，新教路德教会梅克伦堡州高级教
　区委员会成员 128，244，274～286，333～340，342～344，346，347，363，366，
　367，378，379，404

布伦特·斯考克罗夫特（Scowcroft，Brent），美国总统国家安全顾问 36

贝恩德·赛德尔（Seidel，Bernd），民主德国，1986～1989 年 11 月莱比锡市长 349

尤塔·赛德尔（Seidel，Jutta），民主德国，“新论坛”创始人之一 176

卡尔·赛德尔（Seidel，Karl），民主德国，1971 年起任外交部联邦德国司司长，1981～
　1989 年任统一社会党中央委员会健康政策部部长，1986～1989 年 12 月任中央委员
　会委员 22

鲁道夫·塞特斯（Seiters，Rudolf），基民盟，1969 年起任联邦议院议员，1984～1989
　年任基民盟/基社盟联邦议会党团第一干事长，1989～1991 年任总理府部长和联邦特
　别任务部长 15，21，27～29，32，36，37，42～46，52，53，56，66，67，70，
　74，77，79～82，95，98，106，107，113，130，202，255，427，454

托马斯·赛尔（Sell，Thomas），民主德国，神学家，“民主觉醒”创始人之一 238

瓦尔特·西格尔特（Siegert，Walter），民主德国，1980～1989 年任财政部国务秘书，
　1990 年初起任财政部长，与民主德国关于货币联盟协商国家条约专家委员会成员
　109

霍斯特·西拉夫（Sielaff，Horst），社民党，1980 年起任联邦议院议员，社民党莱茵 -
　普法尔茨州团体主席，社民党联邦议会党团农业政策发言人 125

汉斯 - 于尔根·西弗斯（Sievers，Hans - Jürgen），民主德国，牧师，莱比锡圆桌会议主
　持者 349，356

霍斯特·辛德曼（Sindermann, Horst），（1915～1990）民主德国，1967 年起任统一社会党政治局成员，1976～1989 年任人民议院议长及国务委员会副主席，1989 年 12 月被开除出党　125，295

维尔讷·斯科乌伦（Skowron, Werner），民主德国，1990 年 8～10 月任财政部干事　397

克日什托夫·斯库比斯泽夫斯基（Skubiszewski, Krzysztof），1989～1993 年任波兰外交部长　128，153

斯特芬·索拉兹（Solarz, Stephen J.），美国众议院议员　79

赫尔曼·奥托·索尔姆斯（Solms, Hermann Otto），自民党联邦议会党团财政政策发言人兼副主席　103

特奥·索默（Sommer, Theo），记者，《时代周报》联合出版人　151，323

洛塔尔·施佩特（Späth, Lothar），基民盟，1981～1989 年任基民盟联邦副主席，1978～1992 年任巴登－符腾堡州州长　67，101，121，127，455

曼弗雷德·施佩克（Speck, Manfred），总理府部长塞特斯办公室主任　43

迪特尔·施珀尔（Spöri, Dieter），社民党，1988 年起任巴符州议院议会党团主席　126，127，150

阿克塞尔·施普林格（Springer, Axel, 1912－1985）出版商　3

卡尔－赫尔曼·斯坦伯格（Steinberg, Karl－Hermann），民主德国，基民盟，1971～1990 年任人民议院议员，1989 年 12 月任党副主席，1990 年 4～10 月任环境与自然保护、能源与核能安全部长，1990 年 10 月任联邦政府萨克森－安哈尔特州全权代表　197

吉泽拉·斯坦埃克特（Steineckert, Gisela），作家，1990 年 10 月起任民主妇女盟荣誉主席　293

恩斯特·施特恩（Stern, Ernst），司长，联邦总理府 22 小组负责人　2，114

多尔夫·施特恩贝格尔（Sternberger, Dolf, 1907－1987），时评家与政治家　2

格奥尔格·施特钦斯基（Sterzinsky, Georg），民主德国，1989 年任柏林教区主教，1990 年起任德国主教会议工作团主席　71

克里斯托弗·施蒂尔（Stier, Christoph），民主德国，1984 年起任新教路德教会梅克伦堡州教会主教，1986 年起任新教路德教会联盟领导主教　277

迪特里希·施托贝（Stobbe, Dietrich），社民党，1983～1990 年任联邦议院议员，1977～1981 年任柏林市长　124，148

曼弗雷德·施托尔佩（Stolpe, Manfred），民主德国，1982 年起任柏林勃兰登堡州教会监理会主席，1990 年 10 月起任勃兰登堡州议会议员（社民党），1990 年 11 月起任州长　41，129，194～196，381

格哈尔德·施托滕贝格（Stoltenberg, Gerhard），基民盟，1957～1971 及 1983 年起任联邦议院议员，1982～1989 年任联邦财政部长，1989～1992 年任联邦国防部长　95，

399

维利·斯多夫（Stoph, Willi），民主德国，1953～1989 年任政治局成员，1964～1973 年
及 1976～1989 年任总理，1973～1976 年任国务院主席，1989 年 12 月退出党派 13，
16，18，19，23，30，36，38，41，42，53，174，175，179，364

弗兰茨·约瑟夫·施特劳斯（Strauß, Franz Joseph），基社盟，1961～1988 年任党主席，
1978～1988 年任巴伐利亚州州长 27，245

马克思·施特赖布尔（Streibl, Max），基社盟，1977～1988 年任财政国家部长，1988～
1993 年任巴伐州州长 409，412

汉斯－克里斯蒂安·施特勒贝勒（Ströbele, Hans－Christian），绿党，1985～1987 年任
联邦议院议员，1990～1991 年任联邦理事会发言人 171

米夏埃尔·施蒂默尔（Stürmer, Michael），埃尔朗根大学中世纪史和近代史教授，1988
年起任埃本豪森科学与政治基金会研究所所长 325

丽塔·聚斯穆特（Süssmuth, Rita），基民盟、联邦议院议长 363

T

霍斯特·特尔切克（Teltschik, Horst），司长，1982～1991 年任联邦总理府二司（外交
与德意志内部关系、发展政策、外部安全）司长 7，34～37，50，52～54，56，
60，61，68，73，77，85，101，106，115，117，118，135

沃尔夫冈·坦普林（Templin, Wolfgang），民主德国，民权维护者，"和平与人权倡议"
创始人之一 265，266，364

弗兰克·特佩（Terpe, Frank），民主德国，1990 年 2 月起任社民党理事会成员，1990
年 4 月起任社民党人民议院党团副主席，1990 年 4～10 月任民主德国研究与技术部
长 233，397

玛格丽特·撒切尔（Thatcher, Margaret），1979～1990 年任英国首相 36

乌韦·泰森（Thaysen, Uwe），1974 年起任吕纳堡大学政治学教授，1986～1994 年任德
国政治科学联合会政府体制与比较政治学领域发言人，1990～1991 年任德累斯顿大
学客座教授 199，331，332

伊尔莎·蒂勒（Thiele, Ilse），民主德国，1953 年 9 月～1989 年 11 月任民妇盟主席，
1954～1989 年任统一社会党中央委员会成员及民族前线民族委员会成员，1971～
1990 年 1 月任国务院成员 290～292

沃尔夫冈·蒂尔泽（Thierse, Wolfgang），民主德国，1990 年 4 月起任社民党人民议院
党团副主席，8 月起任主席，1990 年 6 月起任东德社民党主席，1990 年 9 月起任社
民党联邦副主席 147，158，216，230，235，236

彼得·蒂茨（Thietz, Peter），民主德国，1990 年 2 月起任民主德国自民党副主席 257

汉斯·蒂特梅耶（Tietmeyer, Hans），至 1982 年任联邦经济部经济政策司司长，1982～1989 年任联邦财政部国务秘书，1989 年起任联邦银行行长　101，393

哈里·蒂施（Tisch, Harry, 1927－1995）民主德国，1975～1989 年任德国自由工会主席，1975 年起任统一社会党政治局成员，至 1989 年任国务院成员，1989 年 12 月退出党派　18，297，298

海因里希·特普利茨（Toeplitz, Heinrich），民主德国，基民盟，1959 年起任基民盟总理事会成员，1966～1989 年任基民盟副主席，1960～1986 年任民主德国最高法院院长，1989～1990 年任人民议院"滥用职权、腐败、个人获益及其他行为案件监督"临时委员会主席　61

埃里卡·特伦茨（Trenz, Erika），绿党，1987～1990 年任联邦议院议员　167

莱因霍尔德·特立尼乌斯（Trinius, Reinhold），社民党，1985 年起任社民党北威州议院成员及议会党团副主席　136

安纳托利·切尔纳耶夫（Tschernajew, Anatolij），戈尔巴乔夫的外交顾问　52，90

汉斯－约亨·蒂歇（Tschiche, Hans－Jochen），民主德国，新教神学家及民权委员会，"新论坛"创始人之一，1990 年 3～10 月任人民议院议员，联盟 90/绿党议会党团成员　268

弗兰克·图尔科夫斯基（Türkowsky, Frank），民主德国，1989 年 11 月～1990 年 1 月任德青团主席　296

U

瓦尔特·乌布利希（Ulbricht, Walter），（1893～1973）民主德国，1960～1093 年任国务院主席　51，54，92

君特·乌尔曼（Ullmann, Günter），民主德国，音乐家　234

沃尔夫冈·乌尔曼（Ullmann, Wolfgang），民主德国，民权维护者，"现在就实行民主"创始人之一，1990 年 4～10 月任人民议院议员，联盟 90/绿党人民议院党团副主席　48，107，111，269，363

贝恩德·乌尔里希（Ulrich, Bernd），绿党，1987～1990 年任联邦议会党团科学工作者　170

V

阿尔布雷西特·瓦茨（Vaatz, Albrecht），民主德国，民权维护者，"新论坛"创始人之一　71

迪特里希·福格尔（Vogel, Dietrich），部长，1989 年 10 月任联邦政府副发言人　117

汉斯 - 约亨·福格尔（Vogel, Hans - Jochen），社民党，1972～1981 年及 1983 年起任联邦议院议员，1987～1991 年任党主席，1983～1991 年任社民党联邦议院议会党团主席　52，124，125，135，139～142，150，152，157，229

沃尔夫冈·福格尔（Vogel, Wolfgang），民主德国，律师及人权问题谈判者　41

卡斯滕·福格特（Voigt, Karsten D.），社民党，1976 年起任联邦议院议员，1980～1994 年任社民党联邦理事会成员，社民党联邦议会党团外交政策发言人　51，57，123，134，228，410

海因茨·彼得·福尔克特（Volkert, Heinz Peter），基民盟，1975～1996 年任莱茵 - 普法尔茨州议会成员，1985～1991 年任州议院议长　409

安特耶·福尔默（Vollmer, Antje），绿党，1983～1985 年和 1987～1990 年任联邦议院议员　159，162，165，166，170，171

威廉·弗恩德兰（Vorndran, Wilhelm），1988～1990 年任巴伐利亚州州长办公厅主任　84

海宁·福舍劳（Voscherau, Henning），社民党，1989～1998 年任汉堡第一市长　122，132，141，156

W

巴尔杜尔·瓦格纳（Wagner, Baldur），1987 年起任联邦总理府第三司（内部事务，社会政策）司长　53

哈拉尔德·瓦格纳（Wagner, Harald），民主德国，牧师，“民主觉醒”创始人之一　238

赫尔伯特·瓦格纳（Wagner, Herbert），民主德国，1989～1990 年任反对派团体“20 人组织”发言人，1990 年起任德累斯顿市长　71

拉尔夫·瓦格纳（Wagner, Ralf），民主德国，经济学院德青团基层组织秘书　296

特奥多尔·魏格尔（Waigel, Theodor），基社盟，1972 年起任联邦议院议员，1982～1989 年任基社盟德国联邦议院各州团体主席，1988 年起任党主席，1989 年起任联邦财政部长　36，95～99，101～105，107，114，118，119，134，148，235，247，248，252，394，419

维尔讷·瓦尔德（Walde, Werner），民主德国，1971～1989 年任人民议院议员，1976～1989 年任政治局候选人，1990 年 1 月被开除出党　177

瓦尔特·瓦尔曼（Wallmann, Walter），基民盟，1987～1991 年任黑森州州长　44，67，412

马丁·瓦尔泽（Walser, Martin），作家　325

维侬·沃尔特斯（Walters, Vernon A.），美国驻联邦德国大使　34

汉斯约阿希姆·瓦尔特（Walther, Hansjoachim），民主德国，图林根论坛党创始人之一，1990 年 1 月起任德社盟副主席，1990 年任德社盟人民议院党团主席，1990 年 6 月起任党主席　246，247

瓦滕贝格（Wartenberg），"现在就实行民主"创始人之一　71

汉斯·瓦茨克（Watzek, Hans），民主德国，民主农民党，1989 年 11 月～1990 年 4 月任土地、森林及食品经济部长，1990 年 3～10 月任人民议院议员　214

赫尔曼·韦伯（Weber, Hermann），曼海姆政治学与时间史教授，民主德国历史研究负责人　4

尤莉娅娜·韦伯（Weber, Juliane），联邦总理科尔的人事处处长　53，202

克劳斯·韦德迈尔（Wedemeier, Klaus），社民党，1985～1995 年不来梅市长及参议院议长　141，149

赫尔伯特·魏纳（Wehner, Herbert），（1906～1990）社民党，1949～1983 年任联邦议院议员，1966 年任联邦全德问题部长　51

康拉德·魏斯（Weiß, Konrad），民主德国，民权维护者，"现在就实行民主"创始人之一，1990 年 4～10 月任人民议院联盟 90/绿党议员　84，269，362

格尔特·魏斯基兴（Weisskirchen, Gert），社民党，1976 年起任联邦议院议员。（Weißhuhn, Reinhard），民主德国，民权维护者，"和平与人权倡议"创始人之一，1990 年夏季联盟 90/绿党人民议院党团工作人员　125，229

理查德·冯·魏茨泽克（Weizsäcker, Richard von），基民盟，1981～1984 年任柏林执政市长，1983～1994 年任联邦主席　50，63，64，66，363，419

迪特尔·韦勒斯霍夫（Wellershof, Dieter），1986～1991 年任联邦国防军总监　325

托马斯·韦尔茨（Welz, Thomas），民主德国，神学家，"民主觉醒"创始人之一　238

德克·维斯劳（Weßlau, Dirk），民主德国，至 1990 年 7 月任德社盟勃兰登堡州协会主席　252

迪特里希·威策尔（Wetzel, Dietrich），绿党，1987～1990 年任联邦议院议员　168

汉斯－格奥尔格·维克（Wieck, Hans－Georg），1985～1990 年任联邦情报局局长　14，85

海德玛丽·维乔雷克－措伊尔（Wieczorek－Zeul, Heidemarie），社民党，1987 年起任联邦议院议员，1988 年起任社民党黑森州南部区主席　144，145

赫尔穆特·维森塔尔（Wiesenthal, Helmut），绿党，1986～1987 年任联邦理事会陪席理事　163，164

格哈德·维尔克宁（Wilkening, Gerhard），民主德国，东德基民盟，总理事会成员，基民盟圆桌会议代表　192

汉斯－约阿希姆·维勒尔丁（Willerding, Hans－Joachim），民主德国，1981～1990 年 10 月任人民议院议员，1989 年 11 月～1989 年 12 月任政治局候选人　178，182

多罗特·魏姆斯（Wilms, Dorothee），基民盟，1976 年起任联邦议院议员，1987～1991

年任德意志内部关系部部长 4，36，70，115

迪特尔·温德里希（Winderlich, Dieter），民主德国，内政部副部长 22

君特·维尔特（Wirth, Günther），民主德国，基民盟中央理事会主席团成员，1972～1990 年任文化联盟副主席，1990 年任基民盟理事会科学工作小组组长 301，302

汉斯－于尔根·维什涅夫斯基（Wischnewski, Hans－Jürgen），社民党，1957～1990 年任联邦议院议员，1976～1979 年任联邦总理府国务秘书 124，144

马丁·维塞尔（Wisser, Martin），民主德国，1990 年 1 月起任德社盟副主席 246

马蒂亚斯·魏斯曼（Wissmann, Matthias），基民盟，1976 年起任联邦议院议员，基民盟/基社盟议会党团经济政策发言人 97

克里丝塔·沃尔夫（Wolf, Christa），民主德国，作家 321

克劳斯·沃尔夫（Wolf, Klaus），民主德国，东德基民盟，1989 年 11 月～1990 年 4 月任邮政和电信部长 194

马尔库斯·沃尔夫（Wolf, Markus），民主德国，1955～1986 年任国家安全部副部长 41

托尔斯滕·伍尔夫格拉姆（Wolfgramm, Torsten），自民党联邦议会党团国会执行理事 210

温弗里德·沃尔克（Wolk, Winfried），民主德国，东德基民盟，1989 年 11/12 月任理事会成员 192，196，198

罗兰·韦策尔（Wötzel, Roland），民主德国，统一社会党莱比锡区委书记，统一社会党/民主社会主义党理事会成员 180

库尔特·温舍（Wünsche, Kurt），民主德国，1967～1972 年任司法部长，1989 年 12 月～1990 年 3 月任德国自民党副主席，1990 年 1～8 月任司法部长 209，387，388，395～397

维尔讷·温施曼（Wünschmann, Werner），民主德国，基民盟，1976～1990 年 3 月任人民议院议员，1990 年任建筑部工作人员 191

乌塔·维费尔（Würfel, Uta），自民党，1987 年起任联邦议院议员 33

迪特尔·冯·伏尔岑（Würzen, Dieter von），1982～1995 年任联邦经济部国务秘书 108

奥斯瓦尔德·武茨克（Wutzke, Oswald），民主德国，牧师，1990 年 1 月起任"民主觉醒"秘书长 243，244

Z

马丁·齐格勒（Ziegler, Martin），民主德国，1983 年参加高级教区委员会，至 1991 年任民主德国新教联盟秘书处处长，1989 年 12 月～1990 年 3 月任中央圆桌会议主持者

308，309，328

海因茨·齐格纳（Ziegner, Heinz），民主德国，1974～1989 年任统一社会党什未林区委
　　第一秘书　281

阿尔文·齐尔（Ziel, Alwin），民主德国，社民党人民议院党团总干事　233

克里斯蒂安娜·齐勒尔（Ziller, Christiane），民主德国，"民主觉醒"媒体发言人　242

埃米尔·左拉（Zola, Emile, 1840 – 1902），法国作家　316

作者简介

沃尔夫冈·耶格尔（Wolfgang Jäger）　政治学博士，于 1940 年出生于（巴登的）菲利根（Villigen）。他先后在弗莱堡、慕尼黑和伦敦学习政治学、历史、古典语文学以及哲学。1974 年晋升为教授，1982 年起任布列斯高（Breisgau）的阿尔贝特－路德维希－弗莱堡大学政治学教习教授，1995 年起任该校校长。

耶格尔曾经为六卷本的《联邦德国历史》撰写"社会－自由政府（1969~1982）的对内政策"部分。他任海外的德国历史研究所学术顾问、慕尼黑当代史研究所的学术顾问，以及波恩当代史委员会的成员。

译者简介

杨　橙　女，2010 年毕业于浙江大学，主修专业德国学，第二专业国际事务管理；后于柏林洪堡大学修读对外德语专业，获硕士学位。

审校者简介

杨解朴　女，欧洲政治专业，博士，中国社会科学院欧洲研究所副研究员。目前主要研究方向：福利国家制度、欧盟社会政策、德国政治制度、中德关系等。

郑春荣　教授、博士，同济大学德国问题研究所/欧盟研究所所长、德国研究中心常务副主任、《德国研究》杂志副主编。近年主要研究领域：德国政治制度、德国外交与安全政策、中德与中欧关系及欧盟治理。